Die von den Siegermächten auf den Konferenzen von Teheran und Jalta vorgesehene Umsiedlung der deutschen Bevölkerung aus den deutschen Ostprovinzen weitete sich in den Jahren 1944 bis 1947 aus zur gewaltsamen Vertreibung von über 10 Millionen Deutschen aus Ostpreußen, Schlesien und Pommern, aus z. T. alten Siedlungsgebieten in den baltischen Ländern, in Polen und Rußland, in Ungarn, Rumänien und Jugoslawien und in Böhmen, Mähren und der Slowakei. Zuvor waren schon viele vor der Roten Armee geflohen oder evakuiert worden; andere wurden nach dem Einmarsch in sowjetische Arbeitslager verschleppt.

Die deutsche Bundesregierung hat einige bekannte Historiker in den fünfziger Jahren – d. h. sobald es schon und solange es noch möglich war – damit beauftragt, Vorgeschichte, Verlauf und Folgen der Vertreibung in Aussagen, Berichten und Aufzeichnungen von direkt Betroffenen festzuhalten, also Primärquellen zu sammeln. Die veröffentlichten Bände enthalten nur eine Auswahl aus dem riesigen Material. Beigegeben sind diesen Augenzeugenberichten die wichtigsten Gesetze, Verordnungen und Aufrufe; vorangestellt sind ausführliche Einleitungen sowie Tabellen und Übersichten, die die historischen Voraussetzungen und die Hintergründe der Vertreibung darstellen und das Geschehen zusammenfassen.

Das Gesamtwerk

Band I, 1–3:	Die Vertreibung der deutschen Bevölkerung aus den Gebieten östlich der Oder-Neiße. 3 Bände (3270)
Band II:	Das Schicksal der Deutschen in Ungarn (3271)
Band III:	Das Schicksal der Deutschen in Rumänien (3272)
Band IV, 1–2:	Die Vertreibung der deutschen Bevölkerung aus der Tschechoslowakei. 2 Bände (3273)
Band V:	Das Schicksal der Deutschen in Jugoslawien (3274)

Dokumentation der Vertreibung
der Deutschen aus Ost-Mitteleuropa

In Verbindung mit Adolf Diestelkamp, Rudolf Laun, Peter Rassow
und Hans Rothfels
bearbeitet von Theodor Schieder

Herausgegeben vom Bundesministerium für Vertriebene

Band I/1

Die Vertreibung der deutschen Bevölkerung aus den Gebieten östlich der Oder-Neiße

Band 1

Deutscher Taschenbuch Verlag

Unveränderter Nachdruck der Ausgabe von 1954

Mai 1984
Deutscher Taschenbuch Verlag GmbH & Co. KG,
München

Umschlaggestaltung: Celestino Piatti
Vorlage: Bilderdienst Süddeutscher Verlag
Gesamtherstellung: C. H. Beck'sche Buchdruckerei,
Nördlingen
Printed in Germany · ISBN 3-423-03270-7

VORWORT

Die Vertreibung der Deutschen aus dem Osten ist ein Ereignis, dessen volle geschichtliche Tragweite sich heute noch einem Urteil entzieht. Mag man es als Schlußakt eines Krieges betrachten, in dem die geschriebenen und ungeschriebenen Gesetze des Nationen- und Staatenverkehrs tausendfach verletzt und die Vernichtung ganzer Völker nicht nur als Ziel verkündet sondern in der Tat begonnen worden war; oder mag man es als die Endphase eines fast anderthalb Jahrhunderte tobenden immer erbitterteren Nationalitätenkampfes in der Völkermischzone Europas ansehen; in jedem Falle lassen uns die geläufigen Maßstäbe der europäischen Geschichte im Stich. Es belastet die Erinnerung von Millionen, die das Schicksal der Heimatlosigkeit zu tragen haben, und ist darin noch ganz Gegenwart, daß es soziale, bevölkerungsmäßige, politische Bewegungen ausgelöst hat, die noch längst nicht ausgelaufen sind.

Ein solches Phänomen scheint für eine wissenschaftliche Behandlung, die sich nur von unbestechlicher Wahrheitsliebe und nicht von dem Willen zur Anklage oder zur Rechtfertigung leiten läßt, noch kaum zugänglich. Wenn dieser Versuch hier doch schon unternommen wird — und zwar mit vollem Ernst und im ganzen Wissen um die Schwierigkeit der Aufgabe —, so geschieht dies in der Sorge, Geschehnisse von der furchtbaren Größe der Massenaustreibung könnten in Vergessenheit fallen, die abschreckenden und aufrüttelnden Erfahrungen aus dieser europäischen Katastrophe könnten für die Staatsmänner und Politiker, denen ein glücklicheres Europa zu schaffen aufgetragen ist, verloren gehen. Kaum ein Aktenstück gibt der Nachwelt von den ungeheuerlichen Vorgängen im Osten Europas am Ende des zweiten Weltkriegs authentische Kunde; die Opfer dieser Katastrophe haben keine amtlichen Berichte verfaßt und keinen Dienstweg einhalten können. Sie würden für die Nachwelt stumm, wenn ihnen nicht Gelegenheit geboten würde, ihre Erlebnisse aus dem Gedächtnis niederzuschreiben oder sie zu Protokoll zu geben. Aus diesen Überlegungen erwuchs der vom Bundesministerium für Vertriebene geförderte Plan, die Lücken der geschichtlichen Überlieferung durch eine Dokumentation auszufüllen, in der das Schicksal von Tausenden und Millionen seinen Ausdruck finden soll. Zu diesem Zweck wurde eine Sammelaktion eingeleitet, die für die Gebiete östlich der Oder-Neiße-Linie unter der

Leitung von Hans von Spaeth-Meyken, für das Sudetenland von Dr. Wilhelm Turnwald, für Südosteuropa von Professor Dr. Fritz Valjavec durchgeführt wurde.

Die Ziele dieser Sammlung konnten nur dadurch erreicht werden, daß Zeugnisse von Miterlebenden nach einem System gesammelt wurden, das nach gebiets- und bevölkerungsmäßiger Dichte wie nach Ereignisschwerpunkten ein für den Gesamtvorgang der Vertreibung in allen Räumen des Ostens repräsentatives Ergebnis erwarten ließ. Entscheidend war dabei, ob es gelingen konnte, alle die Menschen zum Sprechen zu bringen, die nicht nur die Erinnerung an ihre Erlebnisse bewahrt hatten, sondern auch das richtige Wort fanden, sie wiederzugeben. Nur selten konnte auf Niederschriften (Briefe, Tagebücher) zurückgegriffen werden, deren Abfassungsdatum mit den Ereignissen selbst zusammenfiel; in den meisten Fällen lagen diese Jahre zurück. Jedoch zeigte sich das Erstaunliche, daß, wo nur immer die Ausdrucksfähigkeit stärker entwickelt war, auch nach diesem längeren Zeitraum noch die Kraft zur Aussage und zur wahrheitsgetreuen Wiedergabe erhalten blieb. Mögen sich Einzelzüge im Erinnerungsbild verwischt haben, das Wesentliche ging nicht verloren; dazu hatten sich die Erlebnisse in ihrer Einzigartigkeit und Unvergleichbarkeit zu stark eingeprägt. Und eben diese Erfahrung rechtfertigte nach den ersten Versuchen ein Unternehmen, das auf die Sammlung nachträglich verfaßter Erinnerungsberichte gerichtet war. Es erwies sich dabei, daß an dieses Material eine Reihe methodischer Vorfragen zu stellen war, daß es kritischer Sichtung und einer Einordnung in objektiv gesicherte Zusammenhänge bedurfte. Damit mußte unzweifelhaft wissenschaftliches Neuland betreten werden. So entstand im Bundesministerium für Vertriebene durch die Initiative von Bundesminister Dr. H. Lukaschek und Staatssekretär Dr. O. Schreiber der Gedanke, mit den damit gesetzten Aufgaben eine wissenschaftliche Kommission zu betrauen, der volle Freiheit und Unabhängigkeit des Urteils und der Entscheidung gewährleistet wurde.

Sie wurde im Herbst 1951 aus den Unterzeichneten gebildet, wobei der Erstunterzeichnete, beraten durch die anderen Mitglieder, die Leitung der Arbeiten übernahm. In regelmäßigen Sitzungen sind die Methoden der Arbeit geklärt und alle aus dem eingehenden Material sich ergebenden Fragen besprochen worden. Da das überwiegend aus Erlebnisberichten und zu einem geringen Teil aus Protokollen, privaten Briefen, Tagebüchern und einigen amtlichen Schriftstücken bestehende Material seinem historischen Quellencharakter nach teilweise erheblich von sonst üblichen historischen Quellen abweicht und bezüglich seiner

Zuverlässigkeit zunächst als problematisch gelten mußte, war ein besonders sorgfältiges, dem eigenartigen Charakter der Quellen angemessenes Verfahren der Überprüfung und Auswahl notwendig, um zur Ermittlung eines sowohl quellenkritisch unanfechtbaren als auch inhaltlich und formal zur Veröffentlichung geeigneten und brauchbaren Bestandes von Dokumenten zu gelangen.

Hierbei ergab sich z. B., daß mit dem Nachweis der Echtheit der Dokumente (Authentifizierung) noch wenig gewonnen war; denn eher als bewußte Fälschungen waren fehlerhafte oder übertreibende Einzelangaben und Unsachlichkeiten zu befürchten, die teils aus Schwächen oder Trugbildern der Erinnerung, teils aus der Leidenschaftlichkeit und Gefühlsbestimmtheit herrühren mochten, von der sich nicht alle Berichterstatter freimachen konnten. Um alle Erscheinungen einer solchen anfechtbaren Berichterstattung auszuschließen, wurden — soweit dies irgend möglich war — zu den wichtigsten in den Berichten enthaltenen Angaben jeweils Bestätigungen in anderen Berichten nachgesucht und auf diese Weise die Richtigkeit der Angaben durch gegenseitigen Vergleich der Dokumente geprüft. Dort, wo es sich um die Wiedergabe ganz persönlicher und individueller Erlebnisse oder um sonstige Ereignisse handelte, die sich einer Nachprüfung durch Vergleich mit anderen Dokumenten entzogen, mußte an die Stelle objektiver Verifizierung die Ermittlung der Glaubwürdigkeit treten, die aus bestimmten inneren Indizien ersichtlich ist, wie Sachlichkeit der Ausführungen, innere Widerspruchsfreiheit, Abgewogenheit der Urteile oder andererseits Neigung zur Polemik, zur Übertreibung und Verallgemeinerung oder zur Ausschmückung. Im Interesse absoluter Sauberkeit bei der Auswahl der zur Veröffentlichung bestimmten Berichte wurden dort, wo nach den Richtlinien des Prüfungsverfahrens nicht in allen Punkten Zuverlässigkeit herrschte, nicht nur die anfechtbaren Stellen sondern prinzipiell jeweils die gesamten Berichte ausgeschieden, da sie auf Grund einzelner Mängel auch in ihren anderen Teilen nicht mehr als voll glaubwürdig gelten konnten.

Nachdem durch die Authentifizierung und Verifizierung alles hinsichtlich der Echtheit und Glaubwürdigkeit anfechtbare Material ausgeschieden war, mußte zur Feststellung der positiven Qualifikation der Dokumente ihre inhaltliche Brauchbarkeit, d. h. ihr Aussagewert und die Wichtigkeit der einzelnen Schilderungen und Angaben für eine historische Erfassung des Vertreibungsvorganges überprüft werden. Es kam hierbei nicht darauf an, Berichte mit besonderen literarischen Qualitäten herauszufinden, ausschlaggebend war vielmehr die Unmittelbarkeit und Anschaulichkeit der Darstellung. Auch unbeholfene Schilderungen sind deshalb nicht ausgeschieden worden, sofern die Konkretisierung einzelner Begebenheiten und die Deutlichkeit im Ausdruck nicht in Mitleidenschaft gezogen waren. Da es nicht in der Absicht der Wissenschaftlichen Kommission liegt, einzelne aus dem Zusammenhang herausgelöste Fakten darzustellen oder gar eine Sammlung von Belegen über Ausschreitungen und Greuel zu veröffentlichen, sondern es ihr darum geht, den Gesamtvorgang der Vertreibung in historischer Treue zu erfassen, d. h. in allen seinen zeitlichen Abschnitten, örtlichen Bedingtheiten und der Vielzahl der dabei auftretenden Erscheinungen und Begleitumstände, mußten zunächst alle Berichte als ungeeignet abgewiesen werden, die sich entweder in summarischen Feststellungen erschöpften, durch allzu emotionale Betrachtungen die Wiedergabe der Geschehnisse trübten oder sich auf die isolierte Betrachtung besonders schwerer Übergriffe und Schicksalsschläge beschränkten. Nur solche Berichte kamen für eine Publizierung in Frage, bei denen konkrete, sich auf Zeit- und Ortsangaben stützende Schilderungen der Erlebnisse vorlagen, die sich möglichst kontinuierlich auf die gesamte Zeit und die wesentlichsten Ereignisse der Vertreibung erstreckten und somit eine wirkliche Wiedergabe des Vertreibungsprozesses darstellten.

Liegt schon ganz allgemein bei der Publikation von historischen Quellenzeugnissen zur modernen Geschichte das eigentliche Problem in ihrer erdrückenden Masse, so wurde dies in besonderer Weise bei dem hier zur Bearbeitung vorliegenden, mehrere Tausende von Berichten zählenden Material spürbar, das durch die Massen der Vertriebenen selbst geliefert worden war und einen Vorgang betrifft, bei dem selbst Massen mit jeweils individuellem Schicksal beteiligt gewesen waren. So wenig sinnvoll eine Veröffentlichung des gesamten auch nach der Ausscheidung seiner anfechtbaren und unbrauchbaren Bestandteile noch viel zu umfangreichen Materials war, so mußte doch versucht werden, die Vielzahl individueller, örtlicher und zeitlicher Verschiedenheiten, die dieses Massenschicksal kennzeichneten, zum Ausdruck zu bringen. Zu diesem Zweck ist aus der Fülle der Dokumente eine Auswahl getroffen worden, die als repräsentativ für alle Landschaften, Bevölkerungsgruppen, Vorgänge und Schicksale gelten konnte. Diese Auswahl war nicht in jedem Falle einfach, wenn sie auch dadurch erleichtert wurde, daß die vorhergegangene Sammlung ihre Ergebnisse nicht dem Zufall verdankte sondern systematisch angelegt war. So galt es, immer jeweils das beste Zeugnis, die beste Aussage zu finden und dennoch Sorge zu tragen, daß nicht etwa durch den Grundsatz der qualitätsmäßigen Auslese der Grundsatz der möglichst vollständigen Bezeugung aller Vorgänge in den Hintergrund gedrängt wurde. Das bedeutet, daß manchmal Berichte herangezogen werden mußten, die in ihrem Wert hinter anderen wesentlich zurückstehen, wenn sie nur die einzige Quelle für ein bestimmtes Ereignis darstellten. Es ist zu hoffen, daß in einer späteren Auflage solche Stücke durch bessere ersetzt, anderswo Lücken ergänzt werden können.

Neben den Richtlinien für die Auswahl der Dokumente mußte auch die bei jeder Dokumentenpublikation so wichtige Frage der Anordnung und Verarbeitung sehr sorgsam erwogen werden. Es kam darauf an, ohne gegen das Prinzip der Integrität der Dokumente zu verstoßen, die Berichte systematisch so anzuordnen, daß die Hauptphasen des Vertreibungsprozesses in der Abfolge der Berichte als geschlossene Abschnitte hervortreten und innerhalb dieser Abschnitte wiederum diejenigen Berichte in besonderen Gruppen zusammenstehen, die von Ereignissen handeln, welche sachlich, örtlich und ihrer zeitlichen Kontinuität nach zusammengehören und sich gegenseitig bestätigen oder ergänzen. Eine solche dem Gesamtvorgang der Vertreibung in seinem Verlauf und in seiner gebietsmäßigen Verschiedenheit wiederspiegelnde Anordnung war unerläßlich, sollte die Vielzahl der teilweise sehr umfangreichen Berichte sich nicht in ein unüberschaubares Nebeneinander verlieren und zu ermüdender Wiederholung führen. Aus diesem Gesichtspunkt heraus hat sich die Wissenschaftliche Kommission dazu entschlossen, auch der Kürzung oder Teilung von Berichten zuzustimmen, wenn dies die einzige Möglichkeit war, sachlich Zusammengehöriges in übersichtlicher Weise anzuordnen. Überall dort, wo aus Gründen der Anordnung Auslassungen von größeren Partien oder eine Zerschneidung von Dokumenten vorgenommen wurde, ist dies jedoch mit Hilfe besonderer, durch Kursivdruck hervorgehobener Überleitungstexte kenntlich gemacht worden, die jeweils eine kurze inhaltliche Charakterisierung der ausgelassenen Stellen enthalten oder durch Anmerkungen auf den Ort innerhalb der Dokumentation verweisen, wo sich der abgetrennte Teil eines Berichts vorfindet. Nur völlig unerhebliche Auslassungen weniger Worte sind lediglich durch Punkte markiert worden. Der ursprüngliche Charakter und die Einheit der Erlebnisberichte wurden somit trotz gelegentlicher Kürzungen und Zerlegungen keineswegs entstellt, zumal jede Sorgfalt angewandt wurde, um Auslassungen des Originaltextes auf ein Mindestmaß herabzudrücken. So sind mitunter auch einzelne sehr subjektive Äußerungen nicht angetastet worden, selbst da, wo es sich um leidenschaftliche und einseitige Urteile handelt, wenn nur durch sie der objektive historische Gehalt der betreffenden

Dokumente nicht in Frage gestellt wurde. Auch Stileigentümlichkeiten sind nirgends verbessert worden, und selbst bei der im allgemeinen durchgeführten Korrektur orthographischer Fehler wurde dort haltgemacht, wo diese in ihrer unverfälschten Unmittelbarkeit selbst Aussagewert gewinnen. Absichtlich ist beim Abdruck der Dokumente mit äußerster wissenschaftlicher Akribie verfahren worden. Obwohl es sich bei den vorliegenden Quellen nicht um aktenmäßige, urkundliche Zeugnisse handelt sondern um „Gedächtnisprotokolle", denen man den Gelegenheitscharakter ihrer Entstehung zuweilen anmerkt, wurden sie doch in der Art ihrer Behandlung abgeschlossenen, aus dem historischen Vorgang selbst erwachsenen Dokumenten gleichgestellt. So wurde an den Kopf jedes Dokumentes eine in Petitdruck gehaltene Erläuterung gestellt, aus der Art und Umfang des Originaldokumentes, das Datum der Abfassung sowie Name, Beruf und ehemaliger Wohnort des Verfassers in den Vertreibungsgebieten ersichtlich sind. Ein Teil der Verfassernamen mußte jedoch im Hinblick auf besondere persönliche Umstände mancher Berichterstatter verschwiegen werden. Es muß aber ausdrücklich festgestellt werden, daß sämtliche Verfasser der veröffentlichten Dokumente persönlich beglaubigt und ihre vollen Namen bekannt sind.

Der Plan der mit der Publikation betrauten Wissenschaftlichen Kommission sieht eine Reihe von Veröffentlichungen vor, wobei die beiden vorliegenden ersten Bände der Vertreibung des Deutschtums östlich der Oder-Neiße-Linie gelten. Weitere Bände, die zur Zeit vorbereitet werden, sollen die Austreibung der Sudetendeutschen und des Deutschtums in Südosteuropa behandeln. Größere Quellenzeugnisse, die aus dem Rahmen der Hauptbände durch ihren Umfang herausfallen, sollen in Sonderpublikationen erscheinen. Als Abschluß ist ein auswertender Ergebnisband vorgesehen, der das Ereignis der Austreibung der ostdeutschen Bevölkerung nach seiner geschichtlichen, völkerrechtlichen und soziologischen Bedeutung untersucht und in den Zusammenhang der europäischen und welthistorischen Entwicklung stellt. Hierbei sollen auch die gesamten Probleme erörtert werden, die durch das Zusammenwohnen der Völker in Ostmitteleuropa in der Vergangenheit aufgeworfen worden sind, und ihre Lösungsmöglichkeiten für die Zukunft bedacht werden.

Die Herausgeber fühlen sich in ihrem Gewissen nur an das Ethos der wissenschaftlichen Forschung gebunden. Wenn sie darüber hinaus auf einen politischen Grundsatz verpflichtet sind, so ist es der in der Charta der deutschen Heimatvertriebenen ausgesprochene Verzicht auf

Rache und Vergeltung. Sie wollen mit der von ihnen betreuten Veröffentlichung nicht einem Willen Vorschub leisten, der diesem Verzicht entgegensteht, nicht Empfindungen auslösen, die selbstquälerisch im eigenen Leid wühlen. Dazu sind sie sich viel zu sehr des deutschen Anteils an den Verhängnissen der beiden letzten Jahrzehnte bewußt. Sie hoffen vielmehr, daß durch ihre Arbeit die Einsicht gestärkt wird, daß sich Ereignisse wie die Vertreibung nicht wiederholen dürfen, wenn Europa noch eine Zukunft haben soll. Sie hoffen auf eine Neuordnung der Völkerbeziehungen in dem Raume, der zuletzt ein Inferno der Völker geworden war. Nicht aus einem Vorbeisehen an der jüngsten Vergangenheit, sondern nur aus der verantwortungsbewußten Auseinandersetzung mit ihr kann eine neue moralische Kraft geboren werden, um die Spannungen zwischen den Völkern des östlichen Mitteleuropas, g a n z Europas zu überwinden, damit das unsagbare Leid unserer Generation nicht ganz sinnlos bleibt.

Dr. Theodor Schieder
o. Prof. a. d. Universität Köln

Dr. Adolf Diestelkamp
Oberarchivrat am Bundesarchiv

Dr. Rudolf Laun
o. Prof. a. d. Universität Hamburg

Dr. Peter Rassow
o. Prof. a. d. Universität Köln

Dr. Hans Rothfels
o. Prof. a. d. Universität Tübingen

[illegible]

Dr. Theodor Schieder
o. Prof. a. d. Universität Köln

Dr. Adolf Diestelkamp
Oberarchivrat am Bundesarchiv

Dr. Rudolf Laun
o. Prof. a. d. Universität Hamburg

Dr. Peter Rassow
o. Prof. a. d. Universität Köln

Dr. Hans Rothfels
o. Prof. a. d. Universität Tübingen

VORBEMERKUNG

zu Band I

Das Ziel des hier vorgelegten ersten Teiles des Gesamtwerkes über die Vertreibung ist es, die Massenaustreibung der Deutschen aus den Gebieten östlich der Oder-Neiße in allen ihren Phasen anhand von Aussagen und Berichten der Betroffenen selbst darzustellen. Die Dokumente und Zeugnisse folgen in ihrer Anordnung dem großen Gang der Ereignisse, sie sollen daher auch nicht einzeln sondern im Zusammenhang gelesen werden. Wenn damit die Quellenveröffentlichung schon ein gutes Stück Verarbeitung enthält, so lag es nahe, noch einen Schritt weiter zu gehen und den in großer Fülle dargebotenen Stoff, den die Dokumente enthalten, auch zu einer erzählenden Darstellung zu verwerten. Ein solcher Versuch wird hier gewagt. Durch ihn soll eine Art Wegweiser zu den Dokumenten geschaffen werden; dies soll vor allem dadurch geschehen, daß die zahlreichen in den Berichten behandelten und dort meist in aller Breite und Ausführlichkeit geschilderten Vorkommnisse unter Verzicht auf alles Unwesentliche aus der Enge der jeweiligen persönlichen und lokalen Horizonte der Berichterstatter herausgelöst und zu einem allgemeinen Bild verdichtet werden. Durch eine große Zahl von Hinweisen (Anmerkungen) ist dabei Sorge getragen worden, daß die enge Beziehung zwischen allgemeiner Darstellung und dokumentarischen Belegen aufrechterhalten bleibt. Diese Anmerkungen stellen zugleich eine erste Aufschlüsselung der in den Berichten enthaltenen großen Menge von Einzelangaben nach ihrer sachlichen Zusammengehörigkeit dar. — Die einleitende Darstellung soll aber auch insofern ein Wegweiser zur rechten Beurteilung der einzelnen Dokumente sein, als sie vorweg einen Überblick über das Ganze des Vertreibungsprozesses gibt und damit von vornherein aufzeigt, in welchem Zusammenhang die einzelnen Abschnitte und Ereignisse des Vertreibungsvorganges miteinander stehen und worin ihre spezielle Bedeutung für das Gesamtgeschehen der Vertreibung liegt. Als wichtigstes Ergebnis dieses Versuchs, die Vertreibung der ostdeutschen Bevölkerung darzustellen und historisch zu erfassen, muß die Erkenntnis gelten, daß die Vertreibung nicht bloß ein „Bevölkerungstransfer“ war und nicht einfach identisch ist mit der Ausweisung, sondern daß sie ein vielgestaltiges Schicksal und ein mehrjähriger Prozeß gewesen ist, zu dem die Flucht vor der Roten Armee und die Ereignisse, Maßnahmen und

Zustände der russisch-polnischen Herrschaft in Ostdeutschland nach 1945 ebenso gehören wie die Ausweisungsbefehle und -transporte, durch die der Gesamtvorgang der Vertreibung seinen Abschluß fand. Mit dem Nachweis dieser Zusammenhänge erfüllt die einleitende Darstellung einen wichtigen Zweck und befriedigt vor allem das Verlangen, die Einzelvorgänge rasch zu überschauen und sie in das Gesamtgeschehen der Vertreibung einzuordnen. Dennoch ist die Einleitung weit davon entfernt, die Lektüre der Berichte überflüssig zu machen oder auch nur deren ganze inhaltliche Fülle ausschöpfen zu können. Die Originalität und größere Ausführlichkeit, aber auch die Unmittelbarkeit, in der das Schicksal der Vertreibung in den veröffentlichten Dokumenten Ausdruck findet, sichert ihnen unbedenklich den Vorrang.

Dies ist umso mehr der Fall, als die darstellende Einleitung nur eine erste noch keineswegs abschließende Konzeption des Vertreibungsverlaufs geben kann, da viele mit der Vertreibung zusammenhängende Ereignisse noch unzureichend geklärt und manche von ihnen vielleicht erst nach langen Forschungsarbeiten, wenn überhaupt, erfaßt werden können.

Da die einleitende Darstellung auf die primäre Aufgabe beschränkt bleibt, ein Führer durch die Dokumente zu sein, können in ihr die allgemeinen weltgeschichtlichen Hintergründe der Vertreibung der ostdeutschen Bevölkerung nur insofern erwähnt werden, als dies für das Verständnis des Ereignisablaufs erforderlich ist. Unberücksichtigt bleiben muß ferner die allgemein-geschichtliche Einordnung des Phänomens der Vertreibung. Weder ihre viele Jahrhunderte zurückreichenden Voraussetzungen noch ihre ideologische und diplomatische Vorgeschichte können hier schon gebührend gewürdigt werden, da es sich bei dem vorliegenden Werk zunächst nur um einen auf die Oder-Neiße-Gebiete begrenzten Ausschnitt aus dem Gesamtereignis der Vertreibung handelt, das auch anderwärts in Ostmitteleuropa, im Gebiet der Tschechoslowakei, Ungarns, Jugoslawiens und Rumäniens stattfand.

Die Sammlung der Dokumente über die Gebiete östlich der Oder und Neiße stand unter der Leitung von Hans von Spaeth-Meyken, der einen größeren Mitarbeiterkreis dazu heranzog und durch die bereitwillige Mitwirkung zahlreicher Vertriebener aller Landsmannschaften unterstützt wurde. Die wissenschaftlichen Richtlinien hat die Wissenschaftliche Kommission für die Dokumentation der Vertreibung unter dem Vorsitz von Professor Dr. Theodor Schieder-Köln, bestehend aus Oberarchivrat am Bundesarchiv Dr. Adolf Diestelkamp-Koblenz, Universitätsprofessor Dr. Rudolf Laun-Hamburg, Universitätsprofessor Dr. Peter Rassow-Köln, Universitätsprofessor Dr. Hans Rothfels-Tübingen, ausgearbeitet. Sie bildete einen wissenschaftlichen Arbeitskreis, dem Dr. Hans Booms, Dr. Martin Broszat, Dr. Gerhard Papke und cand. phil. Heinrich Smikalla angehörten. Die vorliegenden Bände sind unter der Leitung von Professor Dr. Theodor Schieder aus der Gemeinschaftsarbeit dieses Kreises hervorgegangen, an der alle Mitarbeiter beteiligt waren. Dr. H. Booms hat im besonderen die Fertigstellung des Dokumententeils, Dr. M. Broszat die Arbeiten für die Einleitung betreut.

Die Wissenschaftliche Kommission schuldet für freundliche Beratung und Unterstützung dem Statistischen Bundesamt in Wiesbaden, Amt für Landeskunde in Remagen, dem J. G. Herder-Institut in Marburg, der Arbeitsgemeinschaft für Osteuropa-Forschung in Göttingen und dem Institut für Zeitgeschichte in München ihren aufrichtigen Dank.

Universitätsprofessor Dr. Rudolf [illegible] Hamburg, [illegible] [illegible] Köln, Universitätsprofessor Dr. Hans [illegible] [illegible] [illegible] [illegible] [illegible] Archivrektor [illegible] Dr. Martin [illegible], Dr. Bernhard [illegible] und [illegible] phil. [illegible] [illegible], die vorliegenden Bände [illegible] die Leitung [illegible] Professor Dr. Theodor [illegible] [illegible] hervorgegangen, an der alle Mitarbeiter beteiligt waren. [illegible] besonders [illegible] die Zusammenstellung der [illegible] [illegible] Dr. [illegible] für die [illegible]

Die Wissenschaftliche Kommission [illegible] für freundliche Beratung und [illegible] der [illegible] [illegible] in [illegible] für [illegible] [illegible] Herder-Institut in Marburg, der [illegible] für Osteuropa-Forschung in [illegible] und [illegible] ihren aufrichtigen Dank.

INHALTSVERZEICHNIS

Band I, 1

EINLEITENDE DARSTELLUNG

DOKUMENTE

Die Vertreibung der deutschen Bevölkerung aus den Gebieten östlich der Oder-Neiße

Erster Abschnitt:

Die Flucht vor der Roten Armee

I. DIE FLUCHTEREIGNISSE IN OSTPREUSSEN, WESTPREUSSEN UND POMMERN

Inhaltsübersicht[1]

Band I, 2

---

[1]) Das detaillierte Inhaltsverzeichnis ist dem Band I, 2 vorangestellt.

Einleitende Darstellung

Erster Abschnitt.

I. Stand der deutschen Bevölkerung in den Gebieten östlich der Oder-Neiße vor Beginn der sowjetischen Offensive nach Ostdeutschland.

Jede Darstellung der Austreibung der Deutschen aus dem Osten wird, wenn sie den richtigen Ausgangspunkt gewinnen will, von den Bevölkerungsbewegungen auszugehen haben, die sich während des zweiten Weltkrieges seit 1939 in allen Teilen des Deutschen Reiches vollzogen haben. Gelenkte und spontane Wanderungsvorgänge größten Stils, Evakuierungen auf der einen Seite, Menschenkonzentrationen auf der anderen veränderten den Bevölkerungsstand in den einzelnen Reichsgebieten gegenüber der Vorkriegszeit erheblich. Während der ersten Kriegshälfte — bis in die Jahre 1942/43 — waren Millionen von Männern zum Kriegsdienst einberufen worden[1]). Ihr Ausscheiden aus dem Zivilleben und aus der Wirtschaft sollte durch die Hinzuziehung von zahlreichen Kriegsgefangenen und ausländischen Zivilarbeitern, vor allem aus Polen, Frankreich und Rußland, ausgeglichen werden[2]). — Daneben ergaben sich aber noch Bevölkerungsverlagerungen anderer Art, besonders dadurch, daß neue Industrien errichtet, kriegswichtige Anlagen und Einrichtungen verlegt wurden. Dazu kam das Kontingent derer, die zur Verwaltung und Bewirtschaftung in die während der ersten Kriegsjahre eroberten und besetzten Gebiete außerhalb der Reichsgrenzen abströmten[3]), und schließlich die Hunderttausende von Volksdeutschen, die im Zuge der „Rücksiedlung" verstreuter

[1]) Bis zum Mai 1944 wurden im Gebiet des deutschen Reiches (in den Grenzen von 1937) rund 10,7 Millionen Männer zum Wehrdienst einberufen. S. ‚Wirtschaft und Statistik', hrsg. vom Statistischen Bundesamt Wiesbaden, Jg. 3, H. 7, Juli 1951, S. 271.

[2]) Über die Anzahl und nationale Zusammensetzung der Kriegsgefangenen und ausländischen Zivilarbeiter, die sich während des Krieges in Deutschland befanden, s. ‚Wirtschaft und Statistik' ebenda sowie vor allem: ‚Das deutsche Flüchtlingsproblem' (Sonderheft der Zeitschrift für Raumforschung), Bielefeld 1950, S. 5 und S. 37.

[3]) Über das Ausmaß der Abwanderung von Reichsdeutschen nach Gebieten außerhalb der Reichsgrenzen von 1937 während des Krieges gibt das Ergebnis der 1950 im Bundesgebiet stattgefundenen Volkszählung einen gewissen Aufschluß. Aus ihm geht hervor, daß sich im Gebiet der Bundesrepublik 1950 insgesamt 686 000 Personen befanden, die nicht wie die Mehrzahl der Ostvertriebenen schon am 1. September 1939 in den Vertreibungsgebieten ansässig waren, sondern erst während des Krieges aus dem Gebiet der Bundesrepublik oder der Sowjetzone in die Vertreibungsgebiete abgewandert waren. Die Mehrzahl von ihnen hatte während des Krieges Verwaltungs- oder Wirtschaftsaufgaben in den ‚eingegliederten Ostgebieten' und in den unter deutsche Verwaltung gestellten Gebieten außerhalb der Reichsgrenze übernommen.

deutscher Volksgruppen aus Osteuropa im Reichsgebiet untergebracht wurden[1]).

Mit dem Jahr 1943 begannen infolge der ständigen Verschärfung des Luftkrieges neue, noch tiefer greifende Veränderungen des Bevölkerungsstandes. Rund eine halbe Million Zivilpersonen fiel den Bombenangriffen zum Opfer[2]), und mit Beginn dieser Angriffe setzte die Evakuierung oder der freiwillige Abzug besonders von Frauen und Kindern aus den Großstädten und aus den am stärksten luftgefährdeten Gebieten im Nordwesten des Reiches und aus Berlin ein. Der Umfang dieser Bewegung geht daraus hervor, daß die Großstädte des deutschen Reiches (i. d. Grenzen von 1937), die vor Beginn des Krieges 22,5 Millionen Menschen beherbergt hatten, Ende 1944 nur noch eine Bevölkerung von 15 Millionen zählten[3]). Insgesamt waren es etwa 10 Milionen Menschen, d. i. nahezu ein Sechstel der damaligen deutschen Zivilbevölkerung des Reiches, die bei Kriegsende als Luftkriegsevakuierte, getrennt von ihren in näherer oder weiterer Entfernung gelegenen Wohnorten, in den verschiedensten Notunterkünften und Zufluchtsorten über das Reichsgebiet verstreut lebten[4]).

Alle diese kriegsbedingten Bevölkerungsverschiebungen wirkten sich auf die deutschen Ostgebiete jenseits der Oder und Neiße aus. Gewiß noch höher als in den industriellen Gegenden des Reiches war in den vorwiegend agrarischen Ostgebieten der Anteil der zum Wehrdienst abberufenen Männer, da die Freistellungen vom Kriegsdienst in der Landwirtschft nicht den zahlenmäßigen Umfang annahmen wie in der Industrie, und die Bauern und Landarbeiter besser als die Facharbeiter in der Industrie durch ausländische Arbeitskräfte ersetzt werden konnten. Die Folge war, daß sich die arbeitsfähige Bevölkerung Ostpreußens, Ostpommerns, Ostbrandenburgs und Niederschlesiens in hohem Maße aus Frauen und ausländischen Arbeitern zusammensetzte, was sich in der kommenden Zeit der Flucht vor der Roten Armee sehr zum Schaden auswirkte. — Obwohl in den Ostgebieten jenseits der Oder und Neiße auf Grund der weiteren Entfernung von den alliierten Luftbasen größere Sicherheit vor Bombenangriffen bestand als in Mittel- und Westdeutschland, löste die in den letzten Kriegsjahren immer weiter ausgedehnte Tätigkeit der alliierten Luftwaffe auch in der, mit Ausnahme Oberschlesiens, geringen Zahl von ostdeutschen Großstädten eine Abwanderungsbewegung auf das Land aus. Lediglich in den Städten des oberschlesischen Industriegebietes, das als einziges noch von Bombenangriffen verschontes Industrierevier zu einem kriegswirtschaftlichen Schwerpunkt erster Ordnung geworden war, wurde die Evakuierung von Frauen und Kindern durch das Hinzukommen neuer Arbeitskräfte etwa ausgeglichen.

[1]) Noch 1944 war nur etwa die Hälfte der insgesamt fast 800 000 volksdeutschen Umsiedler in den ‚eingegliederten Ostgebieten' angesiedelt worden, die andere Hälfte war noch immer, meist in Lagern, im Altreich untergebracht. Dies ist ersichtlich aus dem vom „Reichskommissar für die Festigung deutschen Volkstums" im Januar 1944 für den Dienstgebrauch herausgegebenen ‚Kleinen Umsiedlungsspiegel' (hektographiert).

[2]) s. ‚Wirtschaft und Statistik', Jg. 1, H. 8 (November 1949), S. 228.

[3]) Ersichtlich aus ‚Statistische Berichte' vom 28. Februar 1953, hrsg. vom Statistischen Bundesamt Wiesbaden, Arb.-Nr. VIII/19/1, S. 24.

[4]) s. ‚Das deutsche Flüchtlingsproblem' (Sonderheft der Zeitschrift für Raumforschung), S. 38.

Die Abwanderung aus ostdeutschen Großstädten während der letzten Kriegsjahre[1]).

Großstädte östlich der Oder-Neiße	Einwohnerzahl 17.5.1939	Einwohnerzahl Ende 1944	Abnahme
Königsberg	372 164	251 752	32,3 v. H.
Danzig	267 251	236 439	11,5 v. H.
Stettin	382 984	238 116	37,8 v. H.
Breslau	629 565	527 128	16,3 v. H.
Hindenburg OS.	126 220	121 729	3,6 v. H.
Gleiwitz	117 250	111 999	4,5 v. H.
Beuthen OS.	101 084	95 391	5,6 v. H.

Zusammen mit den Evakuierten aus den ostdeutschen Großstädten strömten Hunderttausende von Bombenflüchtlingen aus dem mittleren und westlichen Reichsgebiet in die ländlichen Gegenden Ostdeutschlands ein. Die Zunahme der Bevölkerung auf dem Lande war besonders auffällig in der näheren Umgebung der Großstädte. Auch landschaftlich begünstigte Gegenden wie das Riesengebirge und die Ostseeküste erwiesen sich als besondere Anziehungspunkte. In diese Gegenden führte u. a. auch die sogenannte Kinderlandverschickung, bei der schulpflichtige Kinder aus luftgefährdeten Städten in Heime auf dem Lande evakuiert wurden. — Als Beispiele für die Zunahme der Bevölkerung in den ländlichen Gebieten Ostdeutschlands sind im folgenden einige Landkreise aus den Provinzen östlich der Oder-Neiße angeführt, die eine besonders hohe Zuwanderungsquote aufwiesen:

Zustrom nach ländlichen Kreisen Ostdeutschlands in den letzten Kriegsjahren[1]).

Landkreise im Gebiet östlich der Oder-Neiße	Einwohnerzahl 17.5.1939	Einwohnerzahl Ende 1944	Zunahme
Hirschberg (Schles.)	80 257	90 003	20,9 v. H.
Reichenbach (Schles.)	85 428	98 392	15,2 v. H.
Glatz (Schles.)	125 273	140 346	12,0 v. H.
Stolp (Pommern)	83 009	96 548	16,4 v. H.
Regenwalde (Pommern)	49 668	66 343	33,6 v. H.
Samland (Ostpr.)	120 246	146 929	22,2 v. H.

[1]) Zusammengestellt nach der während des Krieges geführten Verbrauchergruppenstatistik, die in ‚Statistische Berichte', hrsg. vom Statistischen Bundesamt Wiesbaden, Arb.-Nr. VIII/19/1, am 28. Februar 1953 veröffentlicht wurde. Die Bevölkerungszahl von Danzig nach der Personenstandsaufnahme vom 10. Oktober 1941 und nach der Verbrauchergruppenstatistik für August/September 1944.

Unmittelbarer als die Evakuierung der westlichen Städte des Reiches wirkte sich auf Ostdeutschland die Evakuierung der Reichshauptstadt Berlin aus. Bis Ende 1944 hatten 1,5 Millionen Menschen Berlin verlassen[1]) und waren zunächst vor allem in Brandenburg, später aber auch zu großen Teilen in Ostpreußen, Schlesien und selbst im *Reichsgau Wartheland* untergebracht worden. Zusammen mit den zahlreichen Westdeutschen, die meist aus persönlicher Initiative bei Verwandten und Bekannten in Ostdeutschland Unterkunft gefunden hatten, bewirkte der Bevölkerungszustrom aus Berlin, daß die Zahl der in Ostdeutschland lebenden Zivilbevölkerung in den letzten Kriegsjahren fortgesetzt anstieg. Diese Zunahme wurde jedoch auch durch den nicht unwesentlichen natürlichen Bevölkerungszuwachs mitverursacht. Denn wenn man von den Wehrmachtsverlusten, die bei der Ermittlung der Anzahl der bei Kriegsende in Ostdeutschland anwesenden Menschen unberücksichtigt bleiben können, absieht, ergibt sich, daß die Zahl der Lebendgeborenen während der Kriegsjahre in den Ostgebieten die Zahl der Verstorbenen um fast eine halbe Million übertraf.

Natürliche Bevölkerungszunahme in den Provinzen östlich der Oder-Neiße von 1939—1943[2]).

Ostpreußen[3])	131 000
Schlesien	232 000
Ostpommern[4])	90 000
Ostbrandenburg[5])	14 000
Insgesamt	467 000

Die Folge des relativ hohen natürlichen Bevölkerungszuwachses, vor allem aber des Zustroms der Bombenflüchtlinge war, daß die Bevölkerungszahl der deutschen Provinzen östlich der Oder und Neiße im Frühjahr 1944, als noch keinerlei Bevölkerungsverschiebungen durch das Vordringen der Roten Armee eingetreten waren, trotz des Fehlens der zum Kriegsdienst Einberufenen höher war als 1939, wobei die im Lande befindlichen Kriegsgefangenen und ausländischen Zivilarbeiter nicht mitgezählt sind.

[1]) Ende 1944 lebten in Berlin nur noch 2 837 000 Menschen gegenüber 4 339 000 bei der Volkszählung vom 17. Mai 1939. vgl. ‚Statistische Berichte‘, Arb.-Nr. VIII/19/1, S. 24.

[2]) Die folgenden Zahlen beruhen auf der standesamtlichen Statistik, die bis 1944 in ‚Wirtschaft und Statistik‘, hrsg. vom Statistischen Reichsamt in Berlin, veröffentlicht wurden. Sie konnten nur ermittelt werden für den Zeitraum vom Beginn des Jahres 1939 bis zum Ende des Jahres 1943, der nicht identisch ist mit der Kriegszeit, sie können aber ungefähr als Ausdruck der natürlichen Bevölkerungsvermehrung während des Krieges gelten, da die Bevölkerungszunahme im Jahre 1944 relativ gering war und etwa der Zunahme in den acht Vorkriegsmonaten (Januar—August) des Jahres 1939 entsprach.

[3]) Einschließlich des Reg.-Bez. Westpreußen.

[4]) Einschließlich des gesamten Reg.-Bez. Stettin.

[5]) Einschließlich der westlich der Oder gelegenen Teile des Reg.-Bez. Frankfurt a. O.

Die Bevölkerungszahl der in den Reichsgebieten östlich der Oder-Neiße leben- lebenden deutschen Bevölkerung 1939 und 1944[1]).

Deutsche Gebiete östlich der Oder-Neiße-Linie (Grenzen von 1937)	17. 5. 1939 Volkszählung	Februar/März 1944 (nach der 59. Zuteilungsperiode der Lebensmittelversorgung)
Ostpreußen	2 488 000	2 519 000
Ostpommern	1 895 000	1 861 000
Ostbrandenburg	645 000	660 000
Schlesien	4 592 000	4 718 000
Insgesamt	9 620 000	9 758 000

Während die Gesamtzahl der Zivilbevölkerung des deutschen Reiches (i. d. Grenzen v. 1937) gegenüber dem Stand von 1939 durch die Einberufungen zur Wehrmacht um viele Millionen abgenommen hatte, war die Zahl der im Reichsgebiet östlich der Oder-Neiße lebenden Zivilbevölkerung sogar um 138 000 über den Friedensstand gestiegen. Diese Bevölkerungszunahme in Ostdeutschland war in erster Linie verursacht durch den Zustrom von Luftkriegsevakuierten aus den mittleren und westlichen Gebieten Deutschlands. Ihre ungefähre Zahl und Verteilung lassen sich aus den Ergebnissen der Verbrauchergruppenstatistik errechnen, die während des Krieges geführt wurde[2]).

Anzahl und Verteilung der Luftkriegsevakuierten in Ostdeutschland (Februar/März 1944).

Ostpreußen	200 000
Ostpommern	100 000
Ostbrandenburg	75 000
Schlesien	450 000
Oder-Neiße-Gebiete insgesamt	825 000

[1]) Den Angaben für den Bevölkerungsstand der deutschen Ostgebiete vom Februar/März 1944 liegen die Ergebnisse der ‚Großen Verbrauchergruppenstatistik' für die 59. Zuteilung der Lebensmittelversorgung zugrunde. Sie sind in ‚Statistische Berichte', Arb.-Nr. VIII/19/1 veröffentlicht. Auf Grund der dort vorliegenden Angaben über die Zahl der versorgten Kriegsgefangenen und ausländischen Zivilarbeiter war es möglich, diese zu eliminieren, so daß die angeführten Zahlen sich nur auf die Zivilbevölkerung deutscher Staatsangehörigkeit beziehen. Da die der Verbrauchergruppenstatistik zugrunde liegende Provinzeinteilung für Ostpommern, Ostbrandenburg und Schlesien nicht mit den durch die Oder-Neiße-Linie entstandenen Gebietsgrenzen identisch ist, mußte eine entsprechende Umrechnung erfolgen.

[2]) Da die Evakuierung der Bombenflüchtlinge im wesentlichen nur eine innerdeutsche Bevölkerungsbewegung gewesen ist, die für den Bevölkerungsstand im Gesamtgebiet des Reiches kaum eine Veränderung bedeutet hat, läßt sich die Zu- oder Abnahme der Bevölkerung, die in den einzelnen Provinzen infolge der Evakuierungen entstanden ist, in ungefährer Weise ermitteln durch die jeweilige errechenbare Abweichung von der im Gesamtgebiet des Reiches feststellbaren Bevölkerungsentwicklung. Die in den einzelnen Provinzen unterschiedliche Bevölkerungszunahme infolge von Geburtenüberschuß ist dabei mitberücksichtigt.

Wie die einheimische Ostbevölkerung wurden auch die Bombenevakuierten, die sich in Ostdeutschland aufhielten, in die Ereignisse der Vertreibung hineingerissen. Sie sind Mitleidende dieser Ereignisse gewesen, wenngleich sie hierbei nicht wie die einheimischen Ostdeutschen ihre angestammte Heimat verloren haben und deshalb auch in keiner Statistik der Vertriebenen enthalten sind.

Zu den 9,7 Millionen Personen deutscher Staatsangehörigkeit, die am Ende des Krieges in den ostdeutschen Gebieten lebten, gehören neben den zahlenmäßig geringen echten Minderheiten fremden Volkstums auch die Gruppen, die zwar nicht oder nur teilweise der deutschen Sprachgemeinschaft zugerechnet werden können, jedoch in der überwiegenden Mehrzahl sich politisch als Deutsche fühlten, soweit sie nicht in die Kategorie des *schwebenden Volkstums* eingeordnet werden müssen. Dies gilt z. B. für diejenigen Masuren in Ostpreußen, die sprachlich noch nicht vollständig in das deutsche Volkstum aufgegangen waren, und für bestimmte Teile der das sogenannte *Wasserpolnisch* sprechenden Oberschlesier. In allen diesen Fällen lassen sich bei den verwickelten sprach- und volkspolitischen Verhältnissen des Ostens nationales Bewußtsein und Sprache nicht einfach gleichsetzen. Wie sich diese Gruppen beim Einfall der Roten Armee und später verhalten haben, läßt sich heute noch nicht hinreichend feststellen. Sicher ist jedoch, daß ihre Existenz die sehr fragwürdige Grundlage der polnischen Versuche bildete, rund eine Millionen Personen deutscher Staatsangehörigkeit in Ostdeutschland als sogenannte *Autochthone* zu reklamieren. Demgegenüber ist festzustellen, daß in den ostdeutschen Gebieten (Reichsgrenzen v. 1937) bei Beginn des 2. Weltkrieges im Ganzen nur etwa 450 000 Angehörige entweder nicht deutsch sprechender oder doppelsprachiger Volksgruppen lebten[1]), von denen jedoch nur etwa der vierte Teil echten Minderheiten zugehörte, während der überwiegende Teil seinem politischem Bewußtsein nach deutsch gesinnt war[2]).

---

[1]) Bei der Volkszählung von 1933 gaben in Ostdeutschland (östlich der Oder-Neiße) als Muttersprache an:

polnisch:	113 010
(davon 99 193 in Oberschlesien)	
polnisch und deutsch:	285 092
(davon 266 375 in Oberschlesien)	
masurisch:	15 689
masurisch und deutsch:	24 103
litauisch:	965
litauisch und deutsch:	1 272
kaschubisch:	976
kaschubisch und deutsch:	1 298
Insgesamt:	442 405

(vgl. Statistik des Deutschen Reiches, Bd. 451, H. 4, S. 46).

[2]) Dies wurde vor allem bei den Reichstagswahlen ersichtlich. So haben in Ober- und Niederschlesien, in Ostpreußen und Pommern bei der Reichstagswahl am 14. Sept. 1930 insgesamt nur 42 710 Wähler für die polnisch-katholische Volkspartei gestimmt (vgl. ‚Die Wahlen zum Reichstag am 14. 9. 1930', Berlin 1932). Da nur ein Teil der Bevölkerung wahlberechtigt war und nicht alle Wahlberechtigten zur Wahl gingen, entspricht dieser Zahl polnischer Wahlstimmen im Höchstfalle eine polnische Minderheit von 100 000 Personen. Dabei muß allerdings berücksichtigt werden, daß die sich im wesentlichen auf Oberschlesien konzentrierende polnische Minderheit unmittelbar nach dem ersten Weltkrieg stärker war. Infolge der Abwanderung von Polen und der allmählichen politischen Assimilierung ist die Zahl der für polnische Listen abgegebenen Stimmen nach 1921 stetig zurückgegangen.

Die Erfassung der Anzahl der Deutschen, die bei Kriegsende östlich der Oder-Neiße lebten und infolgedessen das Schicksal der Vertreibung erlitten, wäre sehr unvollständig, würde sie nicht auch alle jene Deutschen einbeziehen, die außerhalb der deutschen Ostgrenzen (nach dem Stande vom 31. Dezember 1937) ansässig waren. Es handelt sich hierbei vor allem um die fast rein deutsche Bevölkerung Danzigs und um die zahlreichen deutschen Memelländer, von denen ein kleiner Teil litauisch sprach. Ferner wurden in gleicher Weise wie die Reichsdeutschen östlich der Oder-Neiße auch die rund 1,5 Millionen Personen eindeutig deutscher Volkszugehörigkeit betroffen, die in den Gebieten des polnischen Staates (i. d. Grenzen von 1937) lebten. Vor allem Westpreußen und der nach der deutschen Besetzung gebildete *Reichsgau Wartheland* sowie der polnische Teil Ostoberschlesiens hatten eine zahlreiche einheimische deutsche Bevölkerung, die während des Krieges noch vermehrt worden war durch den Zuzug von Umsiedlern aus den baltischen Staaten, aus Wolhynien, Bessarabien, der Dobrudscha, der Bukowina und der Gottschee. Auch aus dem Reich waren während der Zeit der deutschen Okkupation einige Hunderttausend Deutsche nach Polen zugewandert. Teils waren es Personen, die in den Jahren nach 1919 durch systematischen polnischen Boykott aus diesen Gebieten verdrängt worden waren[1]) und nach 1939 zurückkehrten, teils auch Reichsdeutsche, die zur Verwaltung und Bewirtschaftung der polnischen Gebiete ins Land kamen.

Anzahl, Verteilung und Zusammensetzung der deutschen Bevölkerung Danzigs, des Memellandes und Polens nach dem Stande von 1944[2]).

Gebiete mit deutscher Bevölkerung außerh. d. dt. Ostgrenzen v. 31. 12. 1937	Alteingesessene dt. Bevölkerung	Umsiedler	Deutsche aus dem Reich	Insgesamt
Danzig[3])	394 000	—	10 000	404 000
Memelland[3])	129 000	—	5 000	134 000
Polnische Gebiete des Reichsgaues Danzig-Westpreußen	210 000	57 000	40 000	307 000
Reichsgau Wartheland	230 000	250 000	194 000	674 000
An die Provinz Ostpreußen angegliederte polnische Gebiete	31 000	8 000	26 000	65 000
Ostoberschlesien	238 000	38 000	100 000	376 000
Generalgouvernement	80 000	—	100 000	180 000
Insgesamt	1 312 000 (62 %)	353 000 (16 %)	475 000 (22 %)	2 140 000 (100 %)

[1]) Zwischen 1919 und 1923 sind mehrere Hunderttausend Deutsche hauptsächlich durch wirtschaftlichen Boykott zum Verlassen der im Versailler Vertrag an Polen abgetretenen Provinzen Westpreußen und Posen gezwungen worden. vgl. dazu

(Fortsetzung der Anmerkungen siehe nächste Seite)

Aus den vorangegangenen Übersichten geht hervor, daß bei Kriegsende in den Reichsgebieten östlich der Oder-Neiße (i. d. Grenzen von 1937) 9,75 Millionen Menschen deutscher Staatsangehörigkeit lebten, die mit geringen Ausnahmen auch eindeutig deutscher Sprach- und Volkszugehörigkeit waren. Daneben waren zur gleichen Zeit in Danzig, im Memelland und in Polen 2,14 Millionen Personen deutscher Volkszugehörigkeit anwesend. Dies bedeutet, daß über 11 Millionen Menschen östlich der Oder und Neiße wegen ihrer deutschen Volkszugehörigkeit die Ereignisse im Zusammenhang mit der Vertreibung erleiden mußten. — Nicht einbegriffen in diese Zahl sind ca. 1,5 Millionen zum Kriegsdienst eingezogener ostdeutscher Männer, die, soweit sie aus dem Kriege zurückgekehrt sind, ebenso zu Heimatvertriebenen wurden wie ihre ostdeutschen Angehörigen, die den Vertreibungsprozeß selbst erlebt hatten.

H. Rauschning: Die Entdeutschung Westpreußens und Posens. 10 Jahre polnischer Politik. Berlin, 1930.

[2]) Den Zahlen über die deutsche Bevölkerung in Polen liegt die im ‚Kleinen Umsiedlungsspiegel' enthaltene Statistik zugrunde. Als alteingesessene deutsche Bevölkerung gelten dabei nur die in die Volksliste I und II aufgenommenen Volksdeutschen, da es sich bei den Angehörigen der Volksliste III und IV in der Regel um Personen handelte, deren deutsche Volkszugehörigkeit sehr zweifelhaft war.

[3]) Die Angaben über die Bevölkerungszahl der Freien Stadt Danzig und des Memellandes beruhen auf der Personenstandsaufnahme vom 10. 10. 1941. Die Anzahl der Reichsdeutschen, die nach 1939 nach Danzig und dem Memelland zugezogen sind, beruht auf Schätzungen. Unter den 394 000 alteingesessenen Danzigern ist auch die im Höchstfalle 2—3 Prozent betragende Anzahl derjenigen Personen inbegriffen, die sich als Polen fühlten. Desgleichen sind unter den 129 000 alteingesessenen Memelländern einige zahlenmäßig nicht ins Gewicht fallende Litauer enthalten.

II. Die Lage in Ostdeutschland im Herbst 1944.

1. Sowjetrussische Truppen vor den Grenzen Ostdeutschlands.

Bis zum Sommer 1944 lagen die deutschen Ostprovinzen fernab von allem Kriegsgeschehen. Von Luftangriffen leidlich verschont, schienen sie die sichersten Gebiete des Reiches zu sein. Das ständige Zurückweichen der Ostfront beeinträchtigte das Sicherheitsgefühl ihrer Bewohner wenig, spielten sich die Kampfhandlungen doch immer noch Hunderte von Kilometern östlich von Memel und Weichsel ab.

Diese Lage änderte sich grundlegend nach dem Beginn der russischen Großoffensive am 22. Juni 1944[1]). Innerhalb weniger Wochen durchmaßen die zahlenmäßig weit überlegenen sowjetischen Angriffsarmeen den weiten Raum zwischen Dnjepr und Weichsel, zerschlugen dreißig deutsche Divisionen und gelangten in unmittelbare Nähe Ostpreußens. In den ersten Augusttagen verursachten vorgeprellte sowjetische Panzerspitzen eine überstürzte Flucht der Bevölkerung des Memellandes[2]), die sich jedoch als übereilt erwies, da die russischen Truppen die Reichsgrenze nicht überschritten und in der Folgezeit wieder zurückgeworfen wurden.

Mit der Niederwerfung des polnischen Aufstandes in Warschau im September 1944 hatte die Entwicklung der Operationen im polnischen Raum einen vorläufigen Abschluß gefunden. Die Front verlief von Süden nach Norden im allgemeinen entlang dem großen Weichselbogen bis Warschau, folgte dann dem Narew und lief auf einer Linie östlich von Lyck bis östlich von Schloßberg dicht an der ostpreußischen Grenze entlang bis über die Memel und führte weiter in nördlicher Richtung durch Litauen hindurch. Ostpreußen war nunmehr unmittelbares Hinterland der Front geworden, und auch das für die deutsche Kriegsindustrie so außerordentlich wichtige Industriegebiet Oberschlesien lag nur noch 150 km von der Weichselfront entfernt.

Der russische Angriffserfolg war umso schwerwiegender, als er außer den westlichen Gebieten Rußlands auch einen beträchtlichen Teil Ostpolens der deutschen Herrschaft entrissen hatte und die russischen Truppen für die folgenden Kämpfe auf eine aktive Teilnahme polnischer Kampfverbände rechnen konnten. Sogleich nach der Besetzung Ostpolens durch sowjetische Truppen hatte das *Polnische Komitee der Nationalen Befreiung* das Regiment in dem befreiten Teil Polens übernommen (22. Juli 1944), und bereits vier Tage später wurde zwischen ihm und dem sowjetischen Befehlshaber ein Abkommen geschlossen, wonach Polen sich verpflichtete, alle militärisch mögliche Hilfe zur Bekämpfung der Deutschen zu leisten[3]). — Durch Aushebung von Soldaten und die Vereinigung der Partisanenverbände aus Ostpolen mit den seit dem Herbst 1943 auf russischer Seite eingesetzten polnischen Divisionen wurden die polnischen Streitkräfte beträchtlich vermehrt.

---

[1]) Detaillierte Angaben über den Verlauf dieses Angriffes bei Tippelskirch: Geschichte des zweiten Weltkrieges, Bonn 1951, S. 529 ff.

[2]) vgl. die Berichte Bd. I, 1: Nr. 1 und Nr. 2, S. 1— S. 4.

[3]) vgl. ‚Ausländische Dokumente zur Oder-Neiße-Linie' (Osthandbuch, H. 6) hrsg. vom Deutschen Büro für Friedensfragen, Stuttgart 1949, S. 52.

Da sich das polnische Befreiungskomitee, das sich am 31. Dezember 1944 zur *Provisorischen Regierung der Polnischen Republik* konstituierte, ausschließlich aus kommunistisch gesinnten Polen zusammensetzte, die während des Krieges der *Union der Polnischen Patrioten* in der Sowjetunion angehört hatten, stellte die Wiedererrichtung des polnischen Staates auch einen politischen Erfolg der Sowjets dar, der von weitreichenden Folgen sein sollte.

2. Deutsche Verteidigungsmaßnahmen und Räumungspläne in den östlichen Provinzen.

Die unmittelbare Bedrohung Ostdeutschlands, die durch den sowjetischen Vormarsch bis zur Weichsel und zur ostpreußischen Grenze entstanden war, führte seitens der deutschen politischen Führung zu verzweifelten Maßnahmen. Obwohl die Gesamtkriegslage im Herbst 1944 infolge des Vormarsches der Westalliierten bis an die deutsche Westgrenze, bei dem stetigen Zurückweichen der deutschen Armee in Italien und den Verlusten an der Südostfront bereits als aussichtslos gelten mußte, machte man sich glauben, daß durch ein Aufgebot des ganzen Volkes in letzter Stunde das Schicksal noch einmal gewendet werden könnte. Zu dieser Verkennung der Lage kam bei Hitler nach dem Attentat vom 20. Juli 1944 die zum äußersten gesteigerte Zwangsvorstellung — von seinen politischen Vertrauten noch bewußt genährt —, die Generalität habe durch Sabotage die militärischen Rückschläge mitverursacht. Die Folge davon war Hitlers Erlaß vom 25. Juli 1944, durch den Goebbels das Amt eines *Reichsbevollmächtigten für den totalen Kriegseinsatz* übertragen erhielt und der gesamte Staats- und Wirtschaftsapparat in erhöhtem Maße der Kontrolle der Bevollmächtigten der Partei unterstellt wurde. Neben Goebbels waren dies vor allem die Gauleiter, die schon seit dem 16. November 1942 zugleich auch die Stellung von *Reichsverteidigungskommissaren* innehatten und deren Befugnisse nun erweitert und auch auf Fragen der militärischen Verteidigung ausgedehnt wurden. Ihnen, nicht der militärischen Führung, wurde der Ausbau von Befestigungsanlagen in den Ostprovinzen und durch einen Erlaß Hitlers vom 18. Oktober 1944 die Aufstellung und Leitung des *Volkssturms* übertragen.

Noch im Juli 1944 wurde die gesamte arbeitsfähige männliche Bevölkerung Ostpreußens zum Ostwallbau aufgerufen. Bauern und Landarbeiter sowie die wegen Unabkömmlichkeit bisher von Einberufungen zum Kriegsdienst verschont gebliebenen Männer bis zum 65. Lebensjahr, dazu auch ausländische Arbeitskräfte wurden von den Kreisleitungen der NSDAP. zu Schippkolonnen zusammengestellt und in drei- bis vierwöchigen Kommandos während des Sommers und Herbstes 1944 an der östlichen Grenze Ostpreußens und hinter der Narew-Front zum Bau von Panzergräben, Schützenlöchern und Bunkern befohlen. Für den gesamten Ostwallbau von der Memel bis Warschau lag der Oberbefehl in den Händen des äußerst ehrgeizigen und brutalen Gauleiters und Reichsverteidigungskommissars von Ostpreußen Erich Koch[1]).

---

[1]) Ausführliche Angaben maßgeblicher Persönlichkeiten der ostpr. Provinzialverwaltung über den Ostwallbau in Ostpreußen, besonders auch über die verhängnisvolle Rolle Kochs, enthalten eine Reihe unveröffentlichter Berichte der Dokumentensammlung.

Im Gebiet des *Generalgouvernements* und des *Warthegaues* kam es ebenfalls zu umfangreichen Schanzarbeiten. Unter Einsatz von Polen und Deutschen wurden zwei hintereinander gestaffelte Stellungen ausgehoben, die vordere entlang der Linie Leslau—Kutno—Wielun, die weiter rückwärts gelegene längs der Linie Kolmar—Posen—Lissa. Weitere Befestigungsanlagen wurden im Zuge des *Unternehmens Barthold* entlang der alten schlesisch-polnischen Grenze gebaut und Teile der schlesischen Bevölkerung zu den Erdarbeiten herangezogen[1]). Desgleichen mußte die Zivilbevölkerung im östlich der Weichsel gelegenen Teil des *Reichsgaues Danzig-Westpreußen* und im Bereich der alten Pommern- und Obra-Stellung, die sich an der östlichen Grenze Pommerns und Brandenburgs hinzog, zum Stellungsbau antreten[2]).

Die Militärbefehlshaber der einzelnen Frontbereiche hatten bei diesen von den Reichsverteidigungskommissaren geleiteten Befestigungsbauten nur beratende Funktionen; daraus ergaben sich naturgemäß zahlreiche Meinungsverschiedenheiten, teilweise kam es zur Anlage von Befestigungen, die militärisch unbrauchbar oder taktisch unzweckmäßig waren. Im Hinblick auf die Tatsache, daß später fast überall die nötigen Truppeneinheiten zur Besetzung der in langen Monaten ausgebauten Stellungen fehlten, erscheint die ganze Aktion des Ostwallbaues heute als eine der verzweifelten und letztlich nutzlosen Anstrengungen der letzten Kriegsmonate.

Ähnliches gilt auch von der Einrichtung des Volkssturms. Die Idee des Volksturms war eine Folge des nach dem 20. Juli proklamierten totalen Kriegseinsatzes gewesen. Ursprünglich von dem damaligen Generalstabschef des Heeres, Generaloberst Guderian, an Hitler herangetragen, ging die Ausführung dieser Idee bald auf die Partei über, in der vor allem der ostpreußische Gauleiter Koch als ihr Verfechter hervortrat. Im Oktober 1944 wurde durch Goebbels im ganzen Reich die Bildung des Volkssturms proklamiert, der alle Männer vom 16. bis 65. Lebensjahr erfassen sollte, die bisher wegen kriegswichtiger Arbeiten oder wegen mangelnder Tauglichkeit vom Wehrdienst befreit gewesen waren. Die Gau- und Kreisleitungen der NSDAP. hatten die Aufstellung und Leitung dieser quasi-militärischen Organisation in der Hand. Zuerst in Ostpreußen, aber noch im Herbst 1944 auch in allen anderen Provinzen des Reiches wurden Volkssturmeinheiten geschaffen. Ihr militärischer Wert hat sich als äußerst gering erwiesen, und gerade im Osten des Reiches hat ihr Aufgebot im Grunde nur dazu geführt, daß die Zivilbevölkerung in den Wochen der Flucht vor der Roten Armee kaum noch männlichen Beistand besaß, was zur Steigerung ihrer Hilflosigkeit, ihrer Verluste und des Ausmaßes an Leiden führte.

Wesentlich bedeutsamer als die reinen Verteidigungsaufgaben wurde für das künftige Schicksal der ostdeutschen Bevölkerung die Art und Weise, wie sich die deutschen Behörden in der Frage der Räumung und Evakuierung verhielten. Bei den Parteiorganen war jede Beschäftigung mit Räumungsplänen von vornherein dadurch gehemmt, daß sie alles zu vermeiden hatten,

---

[1]) vgl. Bericht Bd. I, 1: Nr. 109, S. 414 und J. Kaps: Die Tragödie Schlesiens 1945—1946, München 1952/53, S. 94.

[2]) Auch darüber finden sich in den unveröffentlichten Berichten der Dokumentensammlung zahlreiche Einzelangaben.

was der mit allen Mitteln der Propaganda aufrechterhaltenen Siegeszuversicht der Bevölkerung Abbruch tun könnte, und daß überdies ihre Funktionäre in fast unglaublicher Hartnäckigkeit und Blindheit die wirklichen Gefahren ignorierten und an die immer aufs Neue angekündigte plötzliche Wendung der militärischen Lage Deutschlands glaubten oder solchen Glauben wenigstens zur Schau stellten. Gleichwohl begann man, oft auf Initiative der zivilen Verwaltungsstellen, der Regierungspräsidenten, Landräte und Oberbürgermeister hin, seit dem Sommer 1944 ernste Erwägungen darüber anzustellen, was mit der Zivilbevölkerung geschehen solle, wenn es den sowjetischen Armeen gelänge, in die östlichen Provinzen des Reiches einzudringen.

So unzulänglich die hier erörterten Maßnahmen blieben und so sehr sie propagandistisch beeinflußt sein mochten, so haben sie sich doch in einem Punkt als absolut gerechtfertigt erwiesen, nämlich in dem Wissen oder der Ahnung davon, daß ein Einbruch sowjetischer Truppen in deutschbewohnte Gebiete unerträgliche Leiden für die Zivilbevölkerung heraufführen werde und deshalb die Flucht oder Evakuierung der Bevölkerung die einzige Chance ihrer Rettung sei. In dieser Frage stimmten Regierungspräsidenten, Landräte und Bürgermeister, die sich sonst nicht selten gegen die Bevormundung seitens der Parteistellen wehrten, durchaus mit diesen überein. Und auch die Wehrmachtsbefehlshaber, die aus ihrer Erfahrung am deutlichsten wußten, was der Zivilbevölkerung bevorstehen würde, wenn sie in die Hände der siegreichen russischen Truppen fiele, unterstützten kategorisch das Verlangen, die deutsche Zivilbevölkerung des Ostens aus den Gefahrenbereichen zu evakuieren. Der Unterschied zwischen den einzelnen verantwortlichen Behörden bestand nur darin, daß die zivilen Verwaltungsbehörden ebenso wie die Wehrmachtsbefehlshaber in der Regel zeitiger an Räumungsvorbereitungen dachten und intensiver auf die Evakuierung der Zivilbevölkerung drängten, als die Gau- und Kreisleitungen dies aus Gründen des Prestiges zuließen. Leider aber lag die Kompetenz in allen Evakuierungsangelegenheiten in letzter Instanz bei den politischen Leitern der NSDAP., die eifersüchtig darauf achteten, daß ihre Anordnungen befolgt wurden. Dennoch zeigte es sich in der Behandlung der Evakuierungsfrage, daß auch unter den für die Räumung verantwortlichen Gauleitern keineswegs einheitliche Auffassungen herrschten. Während der Gauleiter von Ostpreußen, Koch, als ihm im Sommer 1944 vom Oberpräsidium Königsberg ein Plan zur Evakuierung der Bevölkerung Ostpreußens vorgelegt wurde, sich weigerte, diesen Plan auch nur als geheime Instruktion an die Verwaltungs- und Parteidienststellen in Ostpreußen weiterzuleiten, waren im *Reichsgau Wartheland*, im *Reichsgau Danzig-Westpreußen*, in Schlesien und in Pommern seit Juli/August 1944 immerhin bereits detaillierte Räumungspläne ausgearbeitet und geheime Instruktionen für den Ernstfall der Räumung ausgegeben worden[1]). Allerdings lag ihnen sämtlich eine völlig falsche Einschätzung der zu erwartenden russischen Großangriffe zugrunde. Insbesondere erwiesen sich die Vorstellungen über die Zeit, die man zur Evakuierung der Bevölkerung haben würde, als sehr irrig. Auch erstreckten sich diese Pläne meist nur auf

[1]) Über die Räumungspläne im Warthegau s. Bericht Bd. I, 1: Nr. 89, im Gau Danzig-Westpreußen Bericht Bd. I, 1: Nr. 9 und Nr. 13, in Pommern Bericht Bd. I, 1: Nr. 45.

das Hinterland der Front, und in vielen Fällen sahen sie Aufnahmegebiete für die Evakuierten vor, die im Zuge des späteren sowjetischen Angriffs selbst in kürzester Zeit zur Kampfzone wurden. Der Verlauf der russischen Offensive im Januar 1945 machte schließlich alle diese Überlegungen gegenstandslos und erwies die getroffenen Vorbereitungen als absolut unzulänglich.

Im Ganzen hat sich die Befehlsgewalt der Gau- und Kreisleitungen in der Räumungsfrage auch später mehr hemmend als fördernd ausgewirkt. Wenn es hier und dort durch die persönliche Tatkraft und die umsichtige Leitung einzelner auch gelang, das Chaos der Flucht zu bannen und durch die Organisation der Verpflegung und Unterkunft manche Not der Flüchtlinge zu mildern[1]), so hat der Zwang der Parteibefehle fast in allen Gegenden verhindert, daß die Flucht der Bevölkerung rechtzeitig begann[2]).

3. Die ersten sowjetischen Vorstöße nach Ostpreußen und die Flucht eines Teiles der ostpreußischen Bevölkerung im Herbst 1944.

Im Verlauf der russischen Anstrengungen zur Einschließung der im Baltikum von der Memel bis zum Peipussee stehenden deutschen *Heeresgruppe Nord* kam es Anfang Oktober 1944 zum ersten sowjetischen Vorstoß in das Memelland[3]). Am 5. Oktober 1944 begannen aus der Gegend südlich von Schaulen russische Angriffe in Richtung Memel und Tilsit. Am 10. Oktober wurde die Stadt Memel eingeschlossen und mit dem sowjetischen Durchbruch zur Ostsee zwischen Memel und Libau die *Heeresgruppe Nord* von ihrer Landverbindung zum Reich abgeschnitten. Die ganze nördliche Hälfte des Memellandes war verloren gegangen, während gegenüber Tilsit ein ausgedehnter Brückenkopf jenseits der Memel von deutschen Truppen gehalten werden konnte.

Schon wenige Tage später, am 16. Oktober, begann entlang der ca. 140 km breiten Front längs der östlichen Grenze Ostpreußens ein massiver russischer Angriff, der ins Innere Ostpreußens zielte[4]). Zwischen Ebenrode und der Rominter Heide gelang den Russen am 19. Oktober ein tiefer Einbruch, und am 22. Oktober waren sie südlich Gumbinnen bis an die Angerapp vorgedrungen und bedrohten die Stadt Gumbinnen. Am 23. Oktober fielen Ebenrode im Nordabschnitt und Goldap im Südabschnitt des russischen Einbruchs in die Hände der Sowjettruppen. Auch der Südteil des Memellandes mußte aufgegeben und die deutschen Truppen mußten hinter die Memel zurückgenommen werden. Ein weiteres Vordringen nach Ostpreußen gelang der Roten Armee vorerst jedoch nicht.

Deutsche Gegenangriffe vernichteten Ende Oktober/Anfang November durch Flankenangriffe die sowjetische Angriffsspitze, drängten die Russen von der Angerapp nach Osten zurück und befreiten Goldap am 5. November, ohne jedoch verhindern zu können, daß ein Teil der ostpreußischen Kreise Schloßberg, Gumbinnen, Goldap, der gesamte Kreis Ebenrode und das Memelland in russischer Hand blieben.

[1]) vgl. die Berichte Bd. I, 1: Nr. 23, S. 95 ff; Nr. 38, S. 166; Nr. 76, S. 287 f.
[2]) Hierauf wird in der nachfolgenden Darstellung über den Verlauf der Flucht vor der Roten Armee in den einzelnen Provinzen noch mehrfach näher eingegangen.
[3]) Einzelheiten darüber bei Tippelskirch, S. 562 ff.
[4]) vgl. Tippelskirch, S. 564 ff.

Es war ein Glück, daß trotz des Zögerns der für die Räumung verantwortlichen Parteistellen der größte Teil der Bevölkerung aus diesen Kreisen gerade noch rechtzeitig herauskam. Am wenigsten gelang dies im Memelland.

Erst zwei Tage nach Beginn des sowjetischen Angriffs vom 5. Oktober wurde für die memelländischen Kreise der Räumungsbefehl gegeben. Teile der Bevölkerung befanden sich bereits auf der Flucht, andere gingen nichtsahnend ihrer Arbeit nach. Nachdem die Russen südlich der Stadt Memel zum Haff vorgestoßen waren, war eine Flucht der Bevölkerung aus dem nördlichen Teil des Kreises Memel auf dem Landweg unmöglich geworden. Nur diejenigen, die sich in die Stadt Memel begeben hatten, konnten während der Zeit der Einschließung Memels (Oktober 1944 bis Januar 1945) auf die Kurische Nehrung entrinnen. Die Bevölkerung der weiter südlich gelegenen Gebiete des Memellandes strömte teilweise entlang der Haffküste nach der Windenburger Halbinsel, von wo aus mehrere Tausende nach der Kurischen Nehrung und nach dem Kreis Elchniederung übergesetzt wurden[1]). Andere versuchten in Richtung Tilsit über die Memel zu kommen. Aber auch dabei wurden noch zahlreiche Flüchtlinge von den russischen Truppen erfaßt. Mindestens 30 000 Menschen, d. i. knapp ein Viertel der Bevölkerung des Memellandes, darunter sowohl deutsch als auch litauisch Sprechende, sind entweder nicht geflohen oder bei der Flucht in russische Hände gefallen[2]).

Nicht nur im Memelland, auch bei dem russischen Vorstoß an die Angerapp versagte der Reichsverteidigungskommissar, dem die Räumung oblag. Als der Befehlshaber der 4. Armee, General Hoßbach, erkannte, daß ein russischer Angriff bevorstand, beantragte er die Evakuierung der Zivilbevölkerung aus den östlichen Kreisen, jedoch ohne Erfolg. Erst mehrere Tage nach dem Beginn des russischen Angriffs, nachdem ein Teil der östlichen Kreise bereits in russischen Händen war, kamen die Räumungsbefehle. Inzwischen war durch Zusammenarbeit der Militärbefehlshaber mit dem Regierungspräsidenten des Regierungsbezirkes Gumbinnen aus eigener Initiative und gegen den Willen des Gauleiters die Evakuierung der Zivilbevölkerung veranlaßt worden[3]). Dort, wo dies nicht rechtzeitig oder nicht vollständig gelang, zeigte sich in aller Deutlichkeit, was die deutsche Bevölkerung von den russischen Truppen zu

---

[1]) vgl. die Berichte Bd. I, 1: Nr. 1 und Nr. 2. — Über die Kampfhandlungen und die Fluchtwege der Bevölkerung des Memellandes liegt außerdem ein unveröffentlichter Bericht (Dokumentensammlung) des Generalmajors a. D. Müller-Hillebrand vor.

[2]) Da aus dem Gebiet des Memellandes, das der Sowjetrepublik Litauen eingegliedert wurde,so gut wie keine Ausweisungen erfolgten, läßt sich auf Grund der Anzahl der z. Zt. in Deutschland befindlichen Memeldeutschen abschätzen, wieviele von ihnen nicht durch Flucht aus dem Memelland herausgelangten. 1941 hatte das Memelland 134 000 Einwohner. Fast 50 000 befinden sich z. Zt. im Bundesgebiet. Unter Zugrundelegung des sonstigen Verteilungsverhältnisses kann angenommen werden, daß ca. 30 000 Memeldeutsche z. Zt. in der Sowjetzone leben. Von den übrigen 54 000 mögen allenfalls 15—20 000 entweder auf der Flucht umgekommen oder erst nach Ende der Kampfhandlungen ins Memelland zurückgekehrt sein, mindestens 30 000 aber sind sicher beim Einfall der Russen im Oktober 1944 noch im Lande gewesen.

[3]) Mitteilungen darüber sind niedergelegt in einem unveröffentlichten Bericht (Dokumentensammlung) des Generalmajors a. D. Erich Dethleffsen, der 1944 unter General Hoßbach Chef des Generalstabs der in Ostpreußen eingesetzten 4. Armee war.

erwarten hatte. Am 20. Oktober fuhren südlich von Gumbinnen russische Panzerspitzen bei Großwaltersdorf an der Rominte und bei Nemmersdorf an der Angerapp in Flüchtlingstrecks hinein, und es kam dabei zu furchtbaren Gewalttaten[1]). Diese Vorfälle erhielten dadurch noch eine besondere Bedeutung, daß sie nach der Rückeroberung dieser Gebiete in aller Form bekanntgemacht wurden, was erheblich dazu beitrug, in der Bevölkerung den Schrecken vor der Roten Armee zu verbreiten und sie zur Flucht anzuspornen.

Der russische Vorstoß bis an die Angerapp trieb fast die gesamte Bevölkerung des Regierungsbezirks Gumbinnen auf die Flucht. Besonders Stadt und Kreis Insterburg standen im Zentrum dieser Fluchtbewegung[2]). Nicht nur aus den in russischer Hand befindlichen Gebieten, sondern auch aus den Kreisen Lyck, Treuburg, Angerburg, Angerapp, Insterburg, Tilsit-Ragnit und Elchniederung retteten sich große Teile der Bevölkerung nach Westen.

Nachdem sich die Lage Ende Oktober gefestigt und der russische Einbruch eingedämmt war, zog auch die Gauleitung die Konsequenz aus begangenen Fehlern und ordnete auf Drängen der Militärs und der zivilen Verwaltungsbehörden an, daß ein etwa 30 km breiter Streifen hinter der Front von der Zivilbevölkerung geräumt werden müsse. Die Räumungsgrenze verlief von Norden nach Süden etwa längs der Linie Elchwerder am Kurischen Haff—Kreuzingen—Insterburg—Angerburg—Lyck. Das Evakuierungsgebiet umfaßte mit Ausnahme des östlichen Teiles des Kreises Insterburg und Angerapp das gesamte Gebiet des Regierungsbezirkes Gumbinnen[3]) sowie die östliche Hälfte des zum Regierungsbezirk Allenstein gehörigen Kreises Lyck, d. i. ca. 30 Prozent der Fläche der Provinz Ostpreußen. Über 600 000 Menschen, die in diesem Gebiet wohnten, d. h. ca. 25 Prozent der ostpreußischen Bevölkerung, mußten somit bereits im Oktober 1944 die Heimat verlassen. Von ihnen wurde die Mehrzahl der städtischen und der sonstigen nichtbäuerlichen Bevölkerung, ferner Frauen mit kleinen Kindern, Alte und Kranke nach Sachsen, Thüringen und Pommern verbracht, während die mit Fuhrwerken und Vieh unterwegs befindliche ländliche Bevölkerung in den weiter westlich gelegenen Kreisen Ostpreußens aufgenommen wurde. Zu diesem Zweck war für jeden der geräumten Kreise je ein bestimmter Aufnahmekreis festgelegt, der außer der Bevölkerung und den Verwaltungsbehörden auch das Vieh und die Sachgüter aus den geräumten Kreisen aufzunehmen hatte[4]).

Da die Unterbringungsmöglichkeiten in den Aufnahmekreisen nicht ausreichten, ging man jedoch bald dazu über, größere Teile der Bevölkerung aus Ostpreußen heraus ins Innere des Reiches zu transportieren. Sehr viele begaben sich auch freiwillig zu Verwandten ins Reich. Überhaupt riefen die Ereignisse im Oktober 1944 in der ostpreußischen Bevölkerung ein starkes Gefühl des Bedrohtseins hervor, wie es die anderen östlichen Gebiete des Reiches zu diesem Zeitpunkt noch nicht kannten. Dies führte dazu, daß neben der Evakuierung aus dem Regierungsbezirk Gumbinnen auch in anderen

---

[1]) vgl. Bericht Bd. I, 1: Nr. 4, S. 7 f.

[2]) vgl. den Bericht des Insterburger Bürgermeisters Dr. Wander Bd. I, 1: Nr. 5, S. 10 f. sowie Bericht Bd. I, 1: Nr. 16, S. 65 f.

[3]) Im Februar/März 1944 hatte der Reg.-Bez. Gumbinnen 717 000 Einwohner. vgl. „Statistische Berichte", Arb.-Nr. VIII/19/1, S. 24.

[4]) vgl. die Berichte Bd. I, 1: Nr. 1, S. 2; Nr. 5, S. 11; Nr. 16, S. 66 f.; Nr. 18, S. 75; Nr. 19, S. 78.

ostpreußischen Gebieten allmählich eine stille Abwanderung einsetzte, gegen die auch alle Drohungen der Gauleitung nichts ausrichten konnten. Zusammen mit einem großen Teil der Flüchtlinge aus der evakuierten Zone im Ostteil der Provinz verließen auch Zehntausende aus den Regierungsbezirken Königsberg und Allenstein das gefährdete Ostpreußen, insbesondere der größte Teil der Bombenevakuierten aus Berlin und Westdeutschland, daneben aber auch Frauen und Kinder sowie viele Personen, die zur Ausübung ihres Berufes nicht an Ostpreußen gebunden waren. Während sich im März 1944 noch 2 346 000 Menschen in Ostpreußen[1]) befanden, lebten am Ende des Jahres 1944 nur noch 1 754 000 Personen in dem noch in deutscher Hand befindlichen ostpreußischen Gebiet[2]). Etwa eine halbe Million Menschen hatte unter dem Druck der Roten Armee bereits vor der russischen Großoffensive vom Januar 1945 Ostpreußen verlassen und war nach weiter westlich gelegenen Provinzen des Reiches abgewandert, und ca. 100 000 Menschen waren im Memelland und im Regierungsbezirk Gumbinnen in die Hände der sowjetischen Truppen gefallen. Soweit sich die aus Ostpreußen Geflohenen in Pommern und Ostbrandenburg befanden, gerieten sie jedoch noch einmal in den Strudel der Ereignisse hinein, die sich mit dem russischen Vormarsch und der russisch-polnischen Verwaltung für die deutsche Zivilbevölkerung der Gebiete jenseits von Oder und Neiße ergeben sollten.

III. Überblick über die militärischen Operationen und die Fluchtbewegungen in den Provinzen jenseits der Oder-Neiße-Linie seit Januar 1945[3]).

Nach Abschluß der sowjetischen Sommeroffensive, die bis zur Weichsel führte, und nach Beendigung der Kämpfe in Ostpreußen vom Oktober 1944 blieben die Fronten in Ostpreußen und Polen bis zum Januar 1945 im wesentlichen stabil. Doch mußte jeden Tag mit dem Losbrechen einer neuen Offensive der Sowjets gerechnet werden. Trotzdem wurden im Winter 1944/45 mehrere deutsche Divisionen aus Ostpreußen und der Weichselfront heraus-

[1]) In den Grenzen von 1939, d. h. einschl. des Memellandes, aber ohne die 1937 zu Ostpreußen gehörenden Kreise des Reg.-Bez. Westpreußen, die mit ihren rund 300 000 Einwohnern 1939 dem Reichsgau Danzig-Westpreußen eingegliedert wurden. Nicht einbegriffen sind ferner die polnischen Gebiete des Reg.-Bez. Zichenau sowie des Kreises Sudauen mit ihrer fast rein polnischen Bevölkerung.

[2]) vgl. „Statistische Berichte‘, Arb.-Nr. VIII/19/1, S. 24.

[3]) Eingehende Darstellungen dieser Operation liegen vor in: Tippelskirch: Geschichte des zweiten Weltkrieges; Thorwald: Es begann an der Weichsel, 4. Aufl. Stuttgart 1951; Matzky: Vertreibung der Ostdeutschen. Kriegsgeschichtliche Grundlagen (unveröffentlichter Bericht der Dokumentensammlung); Frh. v. Weitershausen: Die Besetzung Schlesiens durch die Russen von Januar bis Mai 1945, in ‚Die Tragödie Schlesiens 1945—1946‘, München 1952/53, S. 92 ff.

gezogen und teils nach Ungarn, teils nach der Rheinfront übergeführt[1]), wo im Dezember die deutsche Ardennenoffensive begann. Die an der Ostfront zur Verfügung stehenden deutschen Kräfte waren damit weiter geschwächt worden; so gut wie völlig fehlten hinter der dünn besetzten Frontlinie kampffähige Reserven, die bei einem etwaigen Durchbruch sowjetischer Truppen hätten eingesetzt werden können.

Nachdem die deutsche Armeeführung Anfang Januar 1945 den Aufmarsch von mehr als zehnfach überlegenen russischen Kräften in den drei russischen Weichselbrückenköpfen von Baranów, Puławy und Magnuszew festgestellt und trotz dringender Vorstellungen beim Führerhauptquartier keine Verstärkung erhalten hatte[2]), war bereits deutlich, daß der zu erwartende russische Angriff eine militärische Katastrophe auslösen und die Zivilbevölkerung in ihren Wirbel reißen mußte.

Hatten die erbittert geführten Kämpfe auf allen Kriegsschauplätzen des 2. Weltkrieges eine möglichst vorsorgliche Evakuierung der Zivilbevölkerung notwendig gemacht und auch allenthalben eine Fluchtbewegung ausgelöst, so ließen die Erfahrungen mit dem ersten Einbruch sowjetischer Truppen in Ostpreußen erst recht ein Ausweichen der ostdeutschen Bevölkerung vor den ihr drohenden Gefahren geraten sein. Ihre einzige Chance lag darin, sich durch rechtzeitige Flucht dem Zugriff der Roten Armee zu entziehen. Ob und wieweit es für sie noch Fluchtmöglichkeiten geben würde, sollte ganz von der Schnelligkeit und der Richtung der russischen Vorstöße abhängen, die in den einzelnen Operationsgebieten sehr verschieden waren.

Die militärischen Operationen bestimmten weitgehend die Fluchtwege, die Fluchtrichtung, die Entstehung gewisser Brennpunkte der Fluchtbewegung. Eine erste Orientierung über den Verlauf des sowjetischen Vormarsches nach Ostdeutschland ermöglicht deshalb bereits eine Übersicht über die Hauptfluchtwege und die verschiedenen Fluchtsituationen in den einzelnen Operationsgebieten[3]).

Vom 12.—15. Januar erfolgte — bei kurzer zeitlicher Staffelung der einzelnen Vorstöße aus den verschiedenen Aufmarschräumen — an der gesamten Front von der Memel bis zur oberen Weichsel der russische Großangriff.

Am 12. Januar brachen die Truppen der *1. Ukrainischen Front* (Konjew) aus dem Baranów-Brückenkopf in Richtung Schlesien vor, am 13. folgte aus den Weichselbrückenköpfen Magnuszew und Puławy der Angriff der *1. Weißrussischen Front* (Shukow), der zum frontalen Stoß über Lodz und Kalisch auf die mittlere Oder angesetzt war. Zwei weitere Vorstöße sollten Ostpreußen abschnüren: Am 13. Januar vom Osten her der Angriff der *3. Weißrussischen Front* (Tschernjakowski) in Richtung Königsberg, zwei Tage später, am 15. Januar, der aus dem Narew-Brückenkopf Pułtusk über Ciechanów und

---

1) vgl. Tippelskirch, S. 611.

2) Die Forderung des Chefs des Generalstabes, Generaloberst Guderian, Kurland zu räumen und die Kurlandtruppen in Ostpreußen und an der Weichsel einzusetzen, wurde von Hitler ebenso kategorisch abgelehnt wie die Anträge der Armeeführer auf Verkürzung ihrer Fronten (vgl. Tippelskirch, S. 613).

3) Einzelheiten zu der folgenden Operationsskizze bei Tippelskirch, S. 611 — S. 632 und S. 654 ff.

Soldau angesetzte Vorstoß der 2. *Weißrussischen Front* (Rokossowski), der auf Thorn und Elbing zielte, um Ostpreußen vom Reich abzuschneiden.

Die mit ungeheurem Truppen- und Materialeinsatz geführten sowjetischen Angriffe erzielten schon in wenigen Tagen große Erfolge. Am schlimmsten entwickelte sich die Lage für die deutsche Abwehrfront im großen Weichselbogen und im Raum von Warschau. Schon am ersten Tag waren hier tiefe Einbrüche erfolgt, und am 15. Januar gab es in diesem Gebiet keinerlei zusammenhängende deutsche Front mehr. Im südlichen Teil der Weichselfront konnten Durchbrüche und Umgehungen nur dadurch verhindert werden, daß die deutschen Truppen sich vor den überlegenen sowjetischen Streitkräften nach Westen absetzten und hierbei wenigstens der Zusammenhalt der Front gewahrt blieb. Am 18. Januar befanden sich die Armeen Shukows und Konjews auf der Linie Płock - Lodz - Tschenstochau - Krakau in weiterem schnellen Vorgehen. Zwischen ihnen bewegten sich noch einzelne deutsche Verbände, die nach Westen auszubrechen suchten. Am 20. Januar überschritten russische Truppen östlich Breslau die alte Reichsgrenze und stießen bis an die Außenbezirke des oberschlesischen Industriegebietes vor. Schon wenige Tage später hatten sie bei Brieg (23. 1.) und nördlich Breslau bei Steinau (28. 1.) die Oder erreicht.

Im Gebiet des *Warthegaues* waren zu dieser Zeit die Städte Wreschen und Gnesen von russischen Truppen besetzt und am 25. Januar die Festung Posen eingeschlossen worden (Kapitulation Posens am 23. Februar), und noch immer drängten die Truppen Shukows in zügigem Vormarsch weiter nach Westen. Ihre Spitzen stießen bald beiderseits der Obra-Stellung vorbei und erreichten schon in den letzten Januartagen die Oder bei Fürstenberg und Küstrin. Am 2./3. Februar war ganz Ostbrandenburg bereits von russischen Truppen besetzt.

In kürzester Zeit waren die sowjetischen Angriffsarmeen vom großen Weichselbogen bis an den Mittellauf der Oder vorgestoßen und hatten mit den deutschen Truppen auch die flüchtende deutsche Bevölkerung aus dem *Warthegau* und Ostbrandenburg vor sich hergetrieben. Infolge der Schnelligkeit des russischen Vormarsches waren viele Flüchtlingstrecks auf dem Wege nach Westen überrollt worden. Nur diejenigen, die rechtzeitig über die Oder gelangten, waren vorerst in Sicherheit, denn bis zum April blieb die Front an der mittleren Oder stehen.

Inzwischen war auch in Ostpreußen die strategische Entscheidung bereits gefallen. Der am 13. Januar zwischen Ebenrode und Schloßberg begonnene Angriff führte am 18. Januar zu einem Durchbruch bis an die Inster, der alle nördlich der Einbruchstelle stehenden deutschen Truppen zwang, sich hinter die Deime zurückzuziehen. Am 22. Januar fiel Insterburg, und am 25. Januar waren bereits alle ostpreußischen Kreise westlich der durch die Deime, den Masurischen Kanal und die Masurischen Seen gekennzeichneten Linie in russischer Hand.

Nicht minder erfolgreich war der aus dem Narew-Brückenkopf Pultusk vorgetragene sowjetische Angriff. Bis zum 19. Januar waren Ciechanów und Soldau gefallen und die ostpreußische Grenze im Kreis Neidenburg von russischen Truppen überschritten. Noch am gleichen Tage erreichten die ersten sowjetischen Verbände die Kreise Ortelsburg und Osterode und setzten ihren Vormarsch in Richtung Allenstein und Elbing fort. Bald fielen die Städte Allenstein (21. 1.) und Mohrungen (23. 1.), und noch am 23. Januar drangen russische Panzer vorübergehend in Elbing ein, das jedoch erst nach schweren Kämpfen am 9. Februar eingenommen wurde. Schon am 26. Januar hatten die Russen bei Tolkemit das Frische Haff erreicht und damit die Land- und Bahnverbindung Ostpreußens zum Reich unterbrochen.

Nur einem geringen Teil der ostpreußischen Flüchtlinge war es gelungen, vor der Einschließung Ostpreußens die Weichsel nach Westen zu überschreiten. Jede weitere Fluchtbewegung in Richtung Westpreußen war nunmehr unmöglich geworden, und als letzter Ausweg für die im mittleren Teil Ostpreußens unterwegs befindlichen Trecks blieben nur das Samland mit dem Hafen von Pillau und vor allem das zugefrorene Frische Haff und die Nehrung, die noch eine letzte Landverbindung nach Westen bot.

Am 26. Januar mußte auch die Deimestellung ostwärts Königsberg aufgegeben werden, so daß die russischen Truppen ins Samland vorstoßen und am 31. Januar Königsberg einschließen konnten. — Indessen hatten die unter General Hoßbach stehenden Truppen der 4. Armee in Eilmärschen die Stellung entlang der Masurischen Seen verlassen, um durch eine gegen den Willen des Führerhauptquartiers unternommene Angriffsoperation nach Westen die Abschnürung Ostpreußens zu durchstoßen und den Anschluß an die westlich der Weichsel stehenden deutschen Truppen wiederzugewinnen. Nach anfänglichen Erfolgen hat dieser kühne Versuch am 26. Januar mit der Absetzung Hoßbachs und der Einstellung der von ihm begonnenen Operation sein Ende gefunden.

Am 30. Januar war die Besetzung des ostpreußischen Territoriums durch konzentrische russische Angriffe von Osten, Süden und Westen bereits weit fortgeschritten. Die Linie, auf der die deutschen Truppen in dieser Zeit standen, verlief von Tolkemit am Frischen Haff in südöstlicher Richtung nach Wormditt, bog dann ganz nach Osten um und folgte der Alle über Heilsberg nach Bartenstein, von wo aus sie in nordwestlicher Richtung bis nach Brandenburg bei Königsberg dicht an das Frische Haff zurückschwenkte und sich dann im Belagerungsring um Königsberg fortsetzte.

In diesem schlauchartigen Kessel, der an das Frische Haff angelehnt war und in seinem Zentrum die Kreise Braunsberg und Heiligenbeil umfaßte, waren Hunderttausende von ostpreußischen Flüchtlingen zusammengedrängt, die von dort aus in endlosen Trecks den gefahrvollen Weg über das Eis des Frischen Haffs antraten. Neben dem Kessel südlich des Frischen Haffs waren noch die Stadt Königsberg sowie das westliche Samland mit Neukuhren, Rauschen, Pillau und Fischhausen in deutscher Hand. Hier hatten sich ebenfalls unzählige Flüchtlinge versammelt.

Diese letzten deutschen Bastionen in Ostpreußen wurden in den folgenden Monaten äußerst zäh verteidigt, um Zeit zum Abtransport der Zivilbevölkerung über das Haff und über den Seehafen Pillau zu gewinnen. Erst am 25. März verließen die letzten, auf der Halbinsel Balga zusammengedrängten deutschen Truppen über das Haff den Heilsberger Kessel. Am 9. April fiel Königsberg und am 25. April Pillau, während sich auf der Frischen Nehrung noch bis zum Waffenstillstand am 9. Mai deutsche Truppen hielten.

Zu einer ähnlichen Aufspaltung der deutschen Abwehrfront und zur Zusammenballung deutscher Truppen und Flüchtlinge in einzelnen Kesseln war es unterdessen auch in den weiter westlich gelegenen Ostseegebieten um Danzig und in Pommern gekommen.

Der gleiche russische Vorstoß, der mit seinem rechten Flügel Soldau, Osterode und Elbing erfaßte, zielte mit seinem linken Flügel am Nordufer der Weichsel entlang nach Westen. Am 23. Januar wurde Thorn eingeschlossen, das sich bis zum 30. Januar hielt. Schon vorher war Bromberg in russische Hand gefallen (27. 1.), und bald waren sowjetische Panzerspitzen auch bis zur Festung Graudenz vorgestoßen, die allerdings noch bis Anfang März zäh verteidigt wurde. Etwa gleichzeitig mit Elbing wurde auch Marienburg erreicht, so daß Ende Januar die Nogat-Weichsel-Linie von Elbing bis Graudenz in russischer Hand war. Bei Graudenz bog die Front über die Weichsel weit nach Osten vor, wo in den letzten Januartagen Schneidemühl eingeschlossen worden war (Kapitulation am 14. Februar) und die ersten Einbrüche der Roten Armee in die südpommerschen Kreise Flatow, Dt. Krone, Netzekreis, Friedeberg, Arnswalde, Pyritz und Greifenhagen erfolgt waren. Schon damals versuchten die Sowjets, Stettin und die Oder-Mündung zu erreichen, doch diese Versuche scheiterten an der deutschen Abwehr.

Während des ganzen Monats Februar blieb die Front in Pommern und Westpreußen mit nur geringen Veränderungen ca. 50 km nördlich der Warthe-Netze-Linie stehen. Die Weichselmündung, Danzig und die nördlichen Kreise Westpreußens sowie Ostpommerns blieben somit für alle über das Haff und die Nehrung aus Ostpreußen kommenden und für die aus dem Südteil Westpreußens und aus den polnischen Gebieten verdrängten deutschen Truppen und Bevölkerungsmassen noch als Zufluchtsstätten offen. Erst Anfang März begann von Süden her die Aufspaltung Pommerns. Am 1. März stießen russische Angriffsspitzen bei Köslin an die Ostseeküste vor, versperrten dadurch den im Danziger Raum und in den östlichsten Kreisen Pommerns nach Westen Fliehenden den Weg und zwangen sie zur Umkehr nach Osten, wo über die Häfen von Danzig und Gdingen noch eine Möglichkeit des Entkommens bestand. — Für die Bevölkerung und die deutschen Truppen, die sich in der westlichen Hälfte Ostpommerns aufhielten, wurde der Flucht- und Rückzugsweg über die Oder nach Westen in den ersten Märztagen immer mehr eingeengt, bis auch hier der Landweg nach Westen am 10. März endgültig unterbrochen war. Nur die Stadt Kolberg, die erst am 18. März nach 14-tägiger Belagerung fiel, stellte noch einen letzten Zufluchtsort dar, von dem aus mit Schiffen noch zahlreiche Flüchtlinge und Truppenteile nach dem Westen gebracht werden konnten. Nachdem dann am 27. März auch Gdingen und Danzig, von allen Seiten umfaßt, aufgegeben werden mußten, blieben nur noch die Weichselmündung bei Schiewenhorst und die Landzunge von Hela feindfrei. Wie die Frische Nehrung in Ostpreußen konnten diese durch ihre natürliche Lage geschützten Gebiete bis zur Kapitulation gehalten und als letzte Ausgangspunkte für Seetransporte nach Rügen, Kiel oder nach Dänemark benutzt werden.

Es bleibt schließlich nur noch ein Blick auf Schlesien zu tun. Hier waren die sowjetischen Vorstöße auf Brieg und Steinau nach den Seiten hin so weit verbreitert worden, daß Ende Januar bereits alle östlich der Oder gelegenen schlesischen Gebiete in russischer Hand waren. Außerdem war es den Russen gelungen, bei Brieg und Steinau Brückenköpfe am Westufer der Oder zu bilden. Auch Oppeln war am 26. Januar gefallen. Nur um Glogau hielt sich in Niederschlesien noch ein deutscher Brückenkopf östlich der Oder, und in Oberschlesien wurde noch heftig um Teile des östlich der Oder gelegenen Industriegebietes gekämpft, nachdem dessen Zentrum mit den Städten Beuthen, Gleiwitz, Hindenburg und Kattowitz bereits in den letzten Januartagen verloren gegangen war. Am 10. Februar mußten sich die letzten im oberschlesischen Industriegebiet stehenden deutschen Truppen nach dreiwöchigen Kämpfen hinter die Oder zurückziehen, wo sie dann bis Anfang April einen ebenso hartnäckigen Kampf zur Verteidigung des Mährisch-Ostrauer Industriereviers führten.

Am 8. Februar begannen die in Niederschlesien an der Oder stehenden sowjetischen Divisionen einen erneuten Angriff nach Westen. Aus dem Brükkenkopf Steinau vorstoßend und gleichzeitig nördlich Glogau die Oder überschreitend, erreichten die russischen Truppen nach schweren Kämpfen und deutschen Gegenangriffen am Bober die Görlitzer Neiße. Zwischen Guben im Norden und Penzig im Süden gingen die deutschen Truppen am 25. Februar hinter die Neiße zurück, nur um Görlitz wurde noch ein deutscher Brückenkopf gehalten. Im Zuge dieses sowjetischen Angriffs war am 10. Februar Liegnitz fast kampflos in russische Hände gefallen und am 12. Februar Glogau eingeschlossen worden. Gleichzeitig mit dem Vorstoß zur Neiße begann am 8. Februar eine Zangenbewegung der Roten Armee aus den Brückenköpfen Steinau und Brieg, die nach harten Kämpfen am 16. Februar zur Einschließung Breslaus führte. Auch Jauer, Striegau und Schweidnitz wurden Mitte Februar von den Russen eingenommen.

Nachdem am 3./4. März ein Versuch zur Überschreitung der Görlitzer Neiße nach Sachsen hinein in der Panzerschlacht von Lauban abgewehrt worden war, änderte sich die seit Mitte Februar entstandene Lage in Schlesien nur noch unerheblich. Bis Ende März konnte sich Glogau halten, und Breslau ergab sich erst am 6. Mai, zwei Tage vor der allgemeinen Kapitulation.

Anfang März verlief die Front von Ratibor bis zur Höhe von Oppeln entlang dem westlichen Oderufer und von dort über Strehlen—Striegau—Lauban bis zur Neiße bei Görlitz. In der zweiten Märzhälfte wurde auch der westlich der Oder gelegene Teil Oberschlesiens nahezu vollständig besetzt, und nur längs des böhmisch-schlesischen Grenzgebirges blieb ein sich durch ganz Schlesien hindurchziehender breiter Streifen noch bis in die Tage unmittelbar vor dem Waffenstillstand in deutscher Hand.

Entsprechend der geographischen Lage Schlesiens und dem Verlauf der Kampfhandlungen erfolgte die Flucht der schlesischen Bevölkerung in zwei Hauptrichtungen: Entweder in westlicher Richtung unter Benutzung der Hauptverkehrswege nach Sachsen oder in südlicher Richtung nach dem von allen Gegenden Schlesiens aus relativ schnell erreichbaren Gebirge bzw. über das Gebirge hinweg nach Böhmen und Mähren.

In allen deutschbewohnten Gebieten östlich der Oder-Neiße-Linie waren die Kampfhandlungen im wesentlichen bereits Ende März beendet und mit Ausnahme von einigen Häfen, Landzungen, Festungsstädten und Gebirgs-

Die Fluchtwege der ostdeutschen Bevölkerung während des Vordringens der Roten Armee bis zur Oder-Neiße-Linie. (Januar—April 1945).

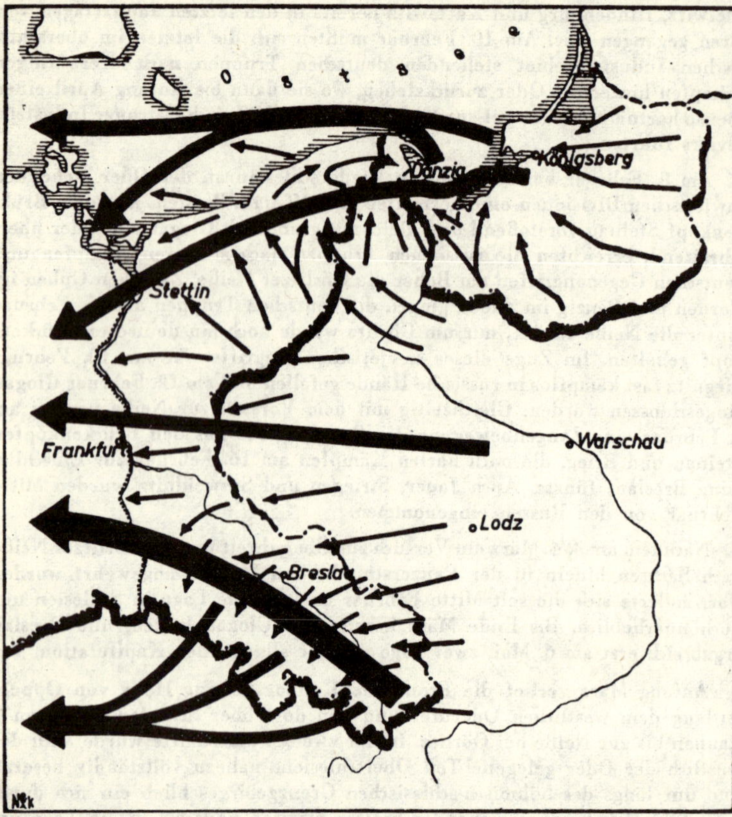

= Allgemeine Fluchtrichtungen und Hauptfluchtwege.

= Örtliche Fluchtbewegungen, verursacht durch das jeweilige Vordringen der Roten Armee.

gegenden das ganze Land von russischen Truppen besetzt. Die umfassendsten militärischen Operationen und demzufolge auch die Hauptfluchtbewegungen fielen in die Wochen von Mitte Januar bis Ende März 1945. Vor allem während dieser Zeit, vereinzelt auch noch in den darauffolgenden Wochen, strömten Millionen Deutsche aus dem Osten über die Oder und Neiße in das mittlere und westliche Reichsgebiet sowie über die alte Reichsgrenze nach Böhmen und Mähren oder auf dem Seewege nach den westlichen deutschen und dänischen Häfen. — Die vorstehende Skizze der Hauptfluchtwege soll diese Bevölkerungsbewegung von Ost nach West veranschaulichen.

IV. Die Flucht der ostdeutschen Bevölkerung vor der Roten Armee.

1. Allgemeines.

Innerhalb des Gesamtprozesses der Vertreibung von über zehn Millionen Ostdeutschen nach Mittel- und Westdeutschland, der in den letzten Kriegsmonaten begann, später in den Potsdamer Beschlüssen von den Siegermächten zum Programm erhoben und durch die Ausweisungsaktionen der folgenden Jahre beendet wurde, stellt die Flucht der ostdeutschen Bevölkerung vor der Roten Armee den ersten Abschnitt dar. Etwa die Hälfte aller Deutschen aus Ostpreußen, Ostpommern, Ostbrandenburg, Schlesien und aus Polen, die heute in Mittel- und Westdeutschland als Vertriebene leben, kam während dieses ersten Zeitabschnittes auf dem Wege der Flucht aus ihren ostdeutschen Heimatorten über die spätere Oder-Neiße-Linie nach Westen. Diese Ost-West-Bewegung von rund 5 Millionen Ostdeutschen war zunächst nichts anderes als eine der kriegsbedingten Bevölkerungsverlagerungen innerhalb Deutschlands[1]), deren es schon mehrere gegeben hatte. Auch aus Berlin waren infolge des Luftkrieges 1,5 Millionen Menschen evakuiert worden oder selbständig abgewandert, und in der Rheinprovinz, die ebenfalls durch Luftangriffe besonders heimgesucht und seit dem Herbst 1944 zusätzlich durch die Annäherung der Westfront bedroht war, lebten um die Jahreswende 1944/45 rund 2 Millionen Menschen (d. i. 25 v. H.) weniger als 1939[2]).

Die Flucht der ostdeutschen Bevölkerung nach Innerdeutschland unterschied sich von diesen Bevölkerungsbewegungen allerdings durch die Plötzlichkeit, mit der sie infolge des schnellen russischen Vormarsches hereinbrach, und die dadurch hervorgerufenen zahllosen Katastrophen. Auch das Ausmaß der Flucht aus dem Osten war größer, weil der Schrecken, den die sowjetischen Armeen unter der deutschen Bevölkerung verbreiteten, die Furcht vor der Besetzung durch die anglo-amerikanischen Truppen, ja selbst vor den Bombenangriffen um ein Vielfaches übertraf. Dennoch war prinzipiell die Evakuierung bzw. Flucht der ostdeutschen Bevölkerung nicht von anderer Natur als die Vielzahl kleiner und großer Bevölkerungsbewegungen innerhalb Deutschlands,

---

[1]) Auch in anderen Ländern ist es während des zweiten Weltkrieges zu Evakuierungsmaßnahmen ähnlicher Art gekommen, so z. B. in Frankreich, wo 1939/40 die Bevölkerung des Elsaß vorsorglich evakuiert wurde.

[2]) vgl. ‚Statistische Berichte', Arb.-Nr. VIII/19/1, S. 31.

die durch Kriegsmaßnahmen und Kampfhandlungen hervorgerufen worden waren und deren Rückläufigkeit nach Ende des Krieges als sicher zu erwarten stand.

Da die Flucht der ostdeutschen Bevölkerung heute fast nur noch als Einleitung und Vorstufe der darauffolgenden Vertreibung betrachtet wird, ist es notwendig, darauf hinzuweisen, daß den Flüchtlingen damals, als sie vor der Roten Armee flohen, nichts ferner lag als der Gedanke, ihre Entfernung von der Heimat könnte eine Verdrängung für längere Dauer oder schließlich gar eine dauernde Trennung von ihren angestammten Wohnsitzen, den Verlust ihrer Heimat bedeuten. Es war ihnen vielmehr selbstverständlich, daß das Verlassen der gefährdeten Heimatorte wie jede andere kriegsbedingte Evakuierung innerhalb Deutschlands nur eine vorübergehende und allenfalls für die Dauer des Krieges geltende Notmaßnahme war. Kaum jemand in Deutschland ahnte, daß zu dieser Zeit bereits die polnische Exilregierung und die Alliierten darin übereinstimmten, große Teile Ostdeutschlands an Polen zu übergeben und die dort wohnenden Deutschen auszusiedeln, und daß durch die Flucht somit die spätere Ausweisungsarbeit der Polen erleichtert, ihr gleichsam vorgearbeitet worden war. Wenn auf den Konferenzen von Jalta und Potsdam aus der Flucht der ostdeutschen Bevölkerung auf ihren Willen zur Preisgabe der Heimat geschlossen und damit die spätere Austreibung begründet wurde, so war dies ein verhängnisvoller Fehlschluß und mußte in den Ohren der Ostdeutschen wie Hohn klingen. Denn erst durch die alliierten Beschlüsse über die Ausweisung der Deutschen östlich der Oder-Neiße, die während der Potsdamer Verhandlungen im Juli/August 1945 endgültig formuliert wurden, ist die im Zuge der Flucht erfolgte Ost-West-Wanderung von 5 Millionen Deutschen zu etwas anderem als einer kriegsbedingten und vorübergehenden Bevölkerungsbewegung geworden. Erst jetzt und dadurch, daß die Ausweisung auch der in Ostdeutschland Zurückgebliebenen beschlossen wurde, hörte die schon im Gange befindliche Rückkehr der Ostdeutschen, auf[1]) und wurde die durch die Flucht aus Ostdeutschland hervorgerufene Bevölkerungsverlagerung nach Westen endgültig. Die Flüchtlinge aus Ostpreußen, Ostpommern, Ostbrandenburg und Schlesien waren nunmehr, da ihnen die Rückkehr verwehrt und das Heimatrecht genommen worden war, im wahren Sinne des Wortes „Vertriebene". Aus diesem Grunde muß auch die Flucht für die historische Betrachtung als ein Teil des Gesamtvorganges der Vertreibung gelten, obwohl sie zunächst eine rein kriegsbedingte Erscheinung darstellte.

Die Ursachen, die den Flüchtlingsstrom aus Ostdeutschland in den ersten Monaten des Jahres 1945 auslösten, waren zwingender, als dies bei anderen Evakuierungs- und Fluchtbewegungen der Zivilbevölkerung im Ersten oder Zweiten Weltkrieg der Fall war. Es galt nicht allein, der Front und den Kampfhandlungen auszuweichen, sondern einem Gegner, der, wie die im Herbst 1944 in Ostpreußen und schon vorher in den baltischen Ländern gemachten Erfahrungen gezeigt hatten, keinerlei Rücksicht auf die Zivilbevölkerung nahm, sondern — zur Vergeltung gegenüber der deutschen Bevölkerung und zum Beutemachen ermuntert — zügellos und brutal plünderte, die Frauen vergewaltigte und nach Belieben Zivilisten erschoß, Tausende in provisorisch errichtete Lager zusammentrieb und nach Osten verschleppte. Der Entschluß zur

[1]) s. unten Zweiter Abschnitt, II.

Flucht vor den sowjetischen Truppen war deshalb unter der gesamten deutschen Ostbevölkerung nahezu allgemein. Wohl benutzte die Parteipropaganda die Kunde von Greueltaten für ihre Zwecke, vor allem um eine Stärkung des Widerstandswillens zu erreichen, aber auch unabhängig davon war man in Ostdeutschland einer Meinung darüber, daß die Zivilbevölkerung Schlimmstes von den sowjetischen Truppen zu erwarten hatte.

Die ostdeutsche Bevölkerung machte sich auf die Flucht, obwohl von Januar bis März 1945 in allen ostdeutschen Provinzen ein äußerst strenger Winter herrschte, der unterwegs Erfrierungen, auf den eisglatten Straßen und schneeverwehten Wegen härteste Strapazen befürchten ließ. Hierzu kam, daß die Plötzlichkeit des russischen Vormarsches und der Mangel an ausreichenden Transportmitteln dazu zwangen, nur die nötigsten Gebrauchsgegenstände und Lebensmittel mitzunehmen. Der größte Teil des Besitzes, die Habe in Haus und Hof, mußten zurückgelassen werden, vor allem auch zahlreiches Vieh, was gleichbedeutend war mit seinem Verlust. Außerdem war vielerorts die Chance des Entkommens schon äußerst gering, da die russischen Panzer schneller waren als die Flüchtlingstrecks und überdies ständig die Gefahr bestand, eingeschlossen zu werden oder auf offener Straße in die Kampfhandlungen hineinzugeraten. Auch das Fehlen der zum Kriegsdienst eingezogenen Männer machte sich in dieser Notzeit für die Zivilbevölkerung sehr erschwerend bemerkbar.

Die hohe Zahl von Verzweiflungstaten und Selbstmorden in jener Zeit und bereits vor dem Eintreffen der russischen Truppen verdeutlicht die verzweifelte Notlage der ostdeutschen Bevölkerung in ihrer Furcht vor den Gefahren der Flucht und den unermeßlichen Leiden, die von der Roten Armee drohten. — In dieser entsetzlichen Not entschied sich dennoch die überwiegende Mehrzahl in allen deutschbewohnten Gebieten jenseits der Oder-Neiße für den Aufbruch zur Flucht, da alle Bedenken, die davon abhalten konnten, von der Furcht vor den Kampfhandlungen und vor den zu erwartenden Übergriffen der sowjetischen Truppen übertroffen wurden.

Bei der panikartigen Flucht, die überall allein das Erscheinen der Roten Armee auslöste, waren die amtlichen Anordnungen zur Räumung oft nahezu ohne Bedeutung. Eine geregelte Evakuierung im großen war meistens nicht mehr möglich oder zu spät begonnen worden. Die für die Räumung verantwortlichen Behörden vermochten eine überstürzte und regellose Flucht nicht zu verhindern, und die mit der Evakuierung beauftragten Organisationen waren trotz mancher aufopfernder Bemühungen, vor allem bei der NSV. und den Kreis- und Ortsbauernschaften, nicht imstande, den plötzlich anwachsenden Flüchtlingsstrom hinreichend zu lenken und zu versorgen.

Die Befehlsgewalt der Partei in allen Räumungsangelegenheiten hatte im ganzen zweifellos nachteilige Folgen, sie bedeutete aber keineswegs, daß die Flucht oder Evakuierung gegen den Willen der ostdeutschen Bevölkerung erzwungen worden ist. Dies geht allein schon daraus hervor, daß die Bevölkerung auch dann, wenn keine Räumungsbefehle gegeben wurden, in gleicher Weise flüchtete. Der Zwangscharakter, den die Räumung infolge der Anordnungen der Partei erhielt, bezog sich nur auf die von den Gau- und Kreisleitern angeordneten Räumungstermine, nicht auf die Flucht als solche. Nicht darin lag die Unverantwortlichkeit der parteiamtlichen Maßnahmen, daß Räumungsbefehle gegeben wurden, sondern daß dies infolge des Unvermögens der Parteibehörden, sich die wirkliche Lage einzugestehen, meist zu spät erfolgte und damit der Aufbruch zur Flucht eine Verzögerung erlitt, die ein rechtzeitiges Entkommen für Teile der ostdeutschen Bevölkerung unmöglich machte.

Obwohl die Flüchtenden, als sie sich auf die Flucht begaben, zweifellos nicht absehen konnten, was ihnen im einzelnen unter russischer Herrschaft bevorstand, so hat sich doch später an der vielfältigen schrecklichen Erfahrung derjenigen, die zurückgeblieben waren oder denen die Flucht mißlang, eindeutig erwiesen, daß die Flucht im Rahmen des Gesamtschicksals der ostdeutschen Bevölkerung nach 1945 noch das geringste Übel war. Unzählige Menschen sind dadurch vor Schlimmerem bewahrt geblieben, denn die Verluste, die während der Flucht entstanden, reichten — so schmerzlich sie waren — nicht an die viel höheren Verluste und Schädigungen heran, die als Folge der russisch-polnischen Herrschaft über Ostdeutschland für diejenigen entstanden, die in diesen Gebieten zurückgeblieben waren.

2. Der Fluchtverlauf in den einzelnen Operationsgebieten jenseits von Oder und Neiße.

a. Die Flucht der deutschen Bevölkerung aus den westpolnischen Gebieten[1]) und aus Ostbrandenburg.

Das annähernd 100 000 qkm umfassende Gebiet, das im Norden durch die Warthe, Netze und Weichsel, im Osten durch den großen Weichselbogen, im Süden durch den Oberlauf der Weichsel und die schlesisch-polnische Grenze und nach Westen hin durch den Mittellauf der Oder begrenzt wird, stellte im Angriffsplan der russischen Großoffensive vom Januar 1945 einen einheitlichen Operationsraum dar. Es wurde der Schauplatz des russischen Frontalangriffs, der in ungeheurer Schnelligkeit innerhalb von 18 Tagen die über 400 km weite Strecke vom Weichselbogen bis zur mittleren Oder überwand. Gleichsam keilförmig brach die Rote Armee in diesem sich schon in seiner äußeren Konfiguration nach Westen verengenden Gebiet bis in die Mitte des Reiches vor, während an den beiderseitigen Flanken in Ostpreußen, in Westpreußen, in Pommern und in Schlesien selbständige Fronten entstanden und strategische Räume, um die noch monatelang der Kampf ging.

Wie der Verlauf der Operationen, so unterschied sich auch die Flucht der deutschen Bevölkerung in diesem mittleren Gebiet zunächst dadurch von den übrigen Ostgebieten, daß sie Ende Januar 1945 im wesentlichen bereits abgeschlossen war. Während sich in Ostpreußen und Schlesien die Fluchtbewegung der Bevölkerung durch vier Monate hinzog, entschied sich das Fluchtschicksal der Deutschen aus den Gebieten des damaligen *Generalgouvernements*, des *Warthegaues* und Ostbrandenburgs innerhalb von vierzehn Tagen.

[1]) Ehemals Generalgouvernement und Reichsgau Wartheland. Die Flucht der deutschen Bevölkerung aus dem ehemaligen Reichsgau Danzig-Westpreußen ist in „Erster Abschnitt", IV, 2 c, die der Deutschen aus dem polnischen Teil Oberschlesiens in 2 d behandelt.

Im Verhältnis zu den Dimensionen dieses Gebietes, dessen Fläche fast doppelt so groß wie die Ostpreußens ist, war die Zahl der deutschen Bevölkerung relativ gering. Sie betrug ca. 1,4 Millionen. Davon entfielen allein 640 000 auf das kleine Gebiet Ostbrandenburgs. Im *Warthegau* lebten rund 670 000 und in der westlichen Hälfte des *Generalgouvernements*[1]) rund 90 000 Deutsche. Abgesehen von dem rein deutsch bewohnten Ostbrandenburg war die deutsche Bevölkerung weit in der Minderheit. Sie war am dichtesten in der westlichen Hälfte des *Warthegaues*, im Bereich der alten Provinz Posen, insbesondere in den unmittelbar an die alte Reichsgrenze von 1937 angrenzenden Gegenden. Hier betrug der Anteil der deutschen Bevölkerung etwa 30 Prozent[2]). Östlich der Linie Hohensalza—Kalisch war die Dichte der deutschen Bevölkerung geringer. Eine zahlenmäßig starke deutsche Minderheit gab es nur noch im Gebiet von Lodz, in dem über 100 000 Deutsche lebten. Im übrigen wird der Anteil der deutschen Bevölkerung — verstärkt durch den Zuzug von volksdeutschen Umsiedlern und Deutschen aus dem Reich — durchschnittlich 10 Prozent betragen haben[3]). Im Gebiet des *Generalgouvernements* war er jedoch weit geringer. Auf einhundert Polen kam hier durchschnittlich nur ein Deutscher.

Die Flucht der in ihrer Masse in Brandenburg und der Provinz Posen lebenden und mit ihren Ausläufern weit nach Osten verstreuten deutschen Volksteile war in hohem Maße eine Frage der Zeit und der Entfernungen.

Die weiten Strecken, die bis zur Oder zurückzulegen waren, und das Tempo des Vormarsches der sowjetischen Armeen ließen für die überwiegende Zahl der aus Zentralpolen und dem östlichen Teil des Warthegebietes fliehenden Deutschen die Flucht mißlingen[4]). Dazu kam, daß die verantwortlichen Parteibehörden sich und die Bevölkerung völlig über den Ernst der Lage und die Schnelligkeit des sowjetischen Vormarsches täuschten und kostbare Zeit vergehen ließen, indem sie noch mehrere Tage nach dem Beginn der russischen Offensive kategorisch die Flucht der Bevölkerung verboten.

Wie die Stoßrichtung der russischen Armeen verlief in Zentral- und Westpolen auch die Flucht der deutschen Bevölkerung gleichmäßig von Osten nach Westen. Dabei führte die Mehrzahl der Fluchtwege nach Ostbrandenburg. Teile der deutschen Bevölkerung aus dem nördlichen Warthegebiet zogen nach Pommern, und im Süden flohen viele Deutsche nach Schlesien. Entsprechend dem russischen Vordringen begann die Flucht zuerst in den am weitesten östlich gelegenen Bezirken an den Tagen des 16., 17. und 18. Januar und ergriff dann die sich nach Westen anschließenden Gebiete. Am 20.—23. Januar war im Gebiet der Provinz Posen der Höhepunkt der Fluchtwelle erreicht, während die Flucht der ostbrandenburgischen Bevölkerung, soweit sie überhaupt in Gang kam, erst in die letzten Januartage fiel.

[1]) Die östliche Hälfte war bereits seit Sommer 1944 in russischer bzw. polnischer Hand.

[2]) vgl. z. B. die in Bericht Bd. I, 1: Nr. 101, S. 381 f enthaltene Bevölkerungsstatistik der Stadt und des Kreises Wollstein.

[3]) Eine genaue Angabe liegt für den Kreis Wielun vor, in dem Anfang 1945 30 000 Deutsche und 200 000 Polen lebten (nach einem unveröffentlichten Bericht von Walter Bräutigam aus Wielun, Dokumentensammlung).

[4]) vgl. die Berichte Bd. I, 1: Nr. 90, Nr. 91, Nr. 92.

Entsprechend dem Räumungsplan der deutschen Behörden, der eine Einteilung des *Warthegaues* in drei Zonen vorsah und auf Grund dessen die Räumungsbefehle an die einzelnen Zonen in zeitlicher Aufeinanderfolge ergingen, verlief die Flucht zunächst in zeitlicher Staffelung und gleichsam wellenförmiger Bewegung, ehe sie in ein Chaos allgemeiner Überstürzung mündete.

Erst am 16. Januar wurde für das Gebiet östlich der Linie Kutno—Sieradz—Wielun die Räumung angeordnet, und auch dies zunächst nur für Frauen mit kleinen Kindern und für Kranke und Gebrechliche[1]). Diese beschränkte Räumungsaktion blieb für die östlichen Gebiete die einzige, die mit einigem Erfolg durchgeführt werden konnte. Es gelang z. B., mit mehreren Sonderzügen einige tausend Frauen und Kinder aus Lodz nach dem Kreis Wollstein zu bringen, von wo aus sie dann wenig später die Flucht über die Oder fortsetzen konnten[2]). Auch aus Wielun wurden durch tatkräftigen Einsatz der örtlichen Behörden 3 000 Frauen und Kinder in den Kreis Lissa und anschließend weiter über die Oder transportiert[3]). Durch fehlende Eisenbahnzüge und Verkehrsstockungen wurde aber auch diese am 16. Januar zur Rettung der Mütter und Kinder angeordnete Maßnahme stark behindert, und als am 18. Januar die Evakuierung der ganzen östlichen Zone des *Warthegaues* befohlen wurde, konnten aus diesem Gebiet bereits keine Züge mehr nach Westen fahren, da russische Truppen inzwischen Lodz erreicht hatten und die Eisenbahnstrecken Lodz—Posen, Kutno—Posen und die südliche Strecke Wielun—Lissa schon unterbrochen waren.

Mit Ausnahme eines Teiles der städtischen Bevölkerung, der schon in den Tagen vorher trotz Fluchtverbot mit der Eisenbahn nach dem Westen gelangt war, wurde mit dem 18. Januar die Flucht der Bevölkerung aus der östlichen Hälfte des Warthegebietes ein fast aussichtsloses Beginnen[4]). Lastkraftwagen und motorisierte Verkehrsmittel standen nur in ganz seltenen Fällen zur Verfügung, und so blieb trotz starker Kälte nichts anderes übrig als der Treck mit Pferd und Wagen. Sehr viele Deutsche haben versucht, auf diesem Wege den vorstoßenden Russen zu entgehen, aber sie wurden nahezu sämtlich unterwegs von russischen Panzern eingeholt, meist schon im Raum Kalisch—Konin[5]). In Lodz, dem östlichsten Zentrum des Deutschtums in Polen, fielen Zehntausende von Deutschen, ehe sie noch aufgebrochen waren, den Russen in die Hände.

Erfolgreicher verlief die Flucht der deutschen Bevölkerung aus dem Zentrum des Warthegebietes, das etwa durch die Städte Hohensalza—Posen—

---

[1]) vgl. Bericht Bd. I, 1: Nr. 89, S. 346.

[2]) vgl. Bericht Bd. I, 1: Nr. 101, S. 382.

[3]) Nach Angaben des unveröffentlichten Berichtes von W. Bräutigam, Dokumentensammlung.

[4]) In den zahlreichen Berichten ehemaliger Einwohner von Lodz und Umgebung wird nicht eine Flucht mit dem Treck erwähnt, die erfolgreich verlaufen wäre. Nur einige Trecks, die auf dem direkten Wege nach Schlesien zogen, scheinen rechtzeitig in Sicherheit gekommen zu sein; vgl. Bericht Bd. I, 1: Nr. 112, S. 420.

[5]) vgl. Bericht Bd. I, 1: Nr. 91, S. 348. Hierüber auch ein unveröffentlichter Bericht, Dokumentensammlung, von Rudolf Bayer aus Kutno, der die Überrollung der Kutnoer Trecks im Raum von Konin schildert.

Kalisch abgesteckt werden kann. Obwohl für dieses Gebiet erst am 20. Januar die Räumungserlaubnis gegeben wurde, ist die Mehrzahl der städtischen Bevölkerung teilweise schon vor diesem Datum mit der Eisenbahn nach dem Westen gelangt[1]). Nach dem 20. Januar war allerdings auch hier eine Flucht auf dem Schienenwege nicht mehr möglich[2]). Da die Entfernungen bis zur Oder aus dem Raum Hohensalza—Posen—Kalisch im allgemeinen unter 200 Kilometer lagen, bestand jedoch auch für die Trecks der Dörfer und Güter eine Chance des Entkommens, sofern nicht Straßenverstopfungen, Wagenbrüche und sonstige Verzögerungen eintraten oder Erfrierungen und Erkrankungen bei der schneidenden Kälte die Flucht behinderten[3]). Die knappe Hälfte der auf dem Treck befindlichen Bevölkerung mag aus diesem Gebiet bis über die Oder gelangt sein[4]). Dagegen haben es die Trecks mit besonders langen Fluchtwegen in der Regel nicht vermocht, die Oder vor den Russen zu erreichen[5]).

In den am weitesten westlich gelegenen Gebieten der ehemaligen Provinz Posen, die an Pommern, Brandenburg und Schlesien angrenzten, waren die Aussichten für eine erfolgreiche Flucht hinsichtlich der Zeit und der Entfernungen am günstigsten. Ab 20. Januar lag die Räumungserlaubnis vor, und die Bahnverbindungen Wollstein—Guben, Bentschen—Frankfurt, Birnbaum—Schwerin—Soldin und Filehne—Landsberg—Küstrin stellten ein intaktes Eisenbahnnetz dar. Ein großer Teil der städtischen Bevölkerung konnte auf diesem Wege rechtzeitig in das innere Reichsgebiet und nach Pommern gelangen[6]). Die Mehrzahl aber begab sich auf den Treck mit Pferden und Fuhrwerken. Denn auch die städtische Bevölkerung zog vielerorts die Flucht mit Fuhrwerken vor, da hierbei mehr Gepäck mitgeführt werden konnte.

Diejenigen Trecks, die bereits am 20. oder 21. Januar aufgebrochen waren und keinen weiten Weg bis zur alten Reichsgrenze zurückzulegen hatten, gelangten fast ausnahmslos an die Bestimmungsorte in Pommern und Brandenburg[7]). Die Hauptfluchtlinie aus den Kreisen Kolmar, Czarnikau, Obornik, Samter und Birnbaum war die von Posen kommende Hauptstraße, auf der die Trecks über Schwerin—Landsberg—Soldin durch die Neumark und weiter nach der Prignitz zogen. Zahlreiche Flüchtlinge zogen auch über Schneide-

---

[1]) Aus Posen ist offenbar der überwiegende Teil der deutschen Bevölkerung herausgekommen (vgl. z. B. Bericht Bd. I, 1: Nr. 89, S. 347), auch aus anderen Teilen des mittleren Warthelandes wird von Abtransporten bis zum 20. 1. berichtet (vgl. Bd. I, 1: Nr. 98).

[2]) vgl. Bericht Bd. I, 1: Nr. 98, S. 366.

[3]) vgl. z. B. Bericht Bd. I, 1: Nr. 96, S. 360 ff.

[4]) Beispiele für Trecks, denen die Flucht aus diesem Gebiet gelang, geben die Berichte Bd. I, 1: Nr. 95 und Nr. 98.

[5]) Typische Beispiele sind die in den Berichten Bd. I, 1: Nr. 93, Nr. 94 und Nr. 96 geschilderten Fluchtschicksale von Trecks aus den Kreisen Wreschen, Mogilno und Schubin, die unterwegs überrollt wurden. Ähnlich erging es auch den meisten Trecks aus der Stadt und dem Kreis Hohensalza.

[6]) vgl. Bericht Bd. I, 1: Nr. 101, S. 383, wo Eisenbahntransporte aus Wollstein erwähnt werden.

[7]) vgl. die Berichte Bd. I, 1: Nr. 98 — Nr. 101.

mühl und Dt. Krone nach Ostpommern hinein[1]). Weiter südlich waren die Straßen Bentschen—Schwiebus—Frankfurt und Wollstein—Crossen—Guben die meist befahrenen Treckwege. In die östlich der Oder gelegenen Kreise Schlesiens strömten auf den von Wielun und Ostrowo kommenden Straßen viele Trecks aus dem südlichen Warthegebiet[2]).

Da in den Tagen vom 20.—24. Januar auch die aus den weiter östlich gelegenen Gebieten stammenden Trecks die westlichen Grenzkreise erreichten, kam es hier auf den Straßen bald zu erheblichen Ansammlungen von Fahrzeugen und infolgedessen zu Stockungen der Fluchtbewegung. Im Kreis Kolmar nahmen die Straßenverstopfungen bereits solche Ausmaße an, daß ganze Gemeinden geschlossen zurückblieben, weil ein Weiterkommen unmöglich war. Zur Katastrophe kam es vor Czarnikau. An diesem Kreuzungspunkt dreier Straßen, von dem aus eine Brücke über die Netze nach Pommern führte, ballten sich die Trecks massenweise zusammen, als völlig unerwartet schon am 23. Januar — zu einer Zeit, als sonst in dieser Gegend noch keinerlei russische Truppen erschienen waren — sowjetische Panzer anrollten und große Verheerungen unter den Flüchtlingsmassen anrichteten[3]).

Auch von schon weiter westlich unterwegs befindlichen Trecks aus dem Wartheland wurden manche im Raum von Schneidemühl, im Netzekreis und den nördlich der Netze gelegenen südpommerschen Kreisen Friedeberg und Dt. Krone von sowjetischen Panzern überrollt, nachdem die Russen am 26. Januar die Netze in breiter Front überschritten[4]) und bald darauf Schneidemühl eingeschlossen hatten.

Trotz solcher nicht seltenen Fluchtkatastrophen kann als sicher gelten, daß über die Hälfte der deutschen Bevölkerung aus dem westlichen, am stärksten von Deutschen bewohnten Gebiet des *Warthegaues* über die Oder gelangt ist[5]).

Anders verhielt es sich jedoch in Ostbrandenburg. Obwohl die dortige Bevölkerung etwa seit dem 22. Januar den Durchzug von Flüchtlingen aus dem Wartheland erlebte, glaubte sie zunächst nicht, daß eine ernsthafte Gefahr bestünde. War es doch in der Tat schwer vorstellbar, daß die russischen Truppen, ohne entscheidenden Widerstand zu finden, so nahe an die Reichshauptstadt Berlin herankommen würden. Überdies glaubte sich Brandenburg geschützt durch die alte, entlang der Reichsgrenze führende Obra-Stellung, an der während des ganzen Herbstes 1944 geschanzt worden war.

Vor allem die Parteibehörden wiegten sich in diesem optimistischen Glauben oder schützten ihn zumindest vor. Noch in den letzten Januartagen

---

[1]) vgl. die Berichte Bd. I, 1: Nr. 46, S. 189 ff; Nr. 47, S. 191; Nr. 49, S. 197.

[2]) vgl. die Berichte Bd. I, 1: Nr. 109, S. 415 ff; Nr. 110, S. 418; Nr. 111, S. 419; Nr. 112, S. 420 ff; Nr. 113, S. 426 ff.

[3]) vgl. die Berichte Bd. I, 1: Nr. 94, Nr. 96, Nr. 97 sowie Nr. 45, S. 186.

[4]) vgl. Bericht Bd. I, 1: Nr. 45, S. 184 und S. 185 f.

[5]) Obwohl darüber kein statistisches Material existiert, läßt sich aus der Fülle der vorliegenden Berichte von Deutschen aus diesen Kreisen mit ziemlicher Sicherheit feststellen, daß die Zahl derer, denen die Flucht gelang, größer ist als die Anzahl derjenigen, die auf der Flucht überrollt wurden oder freiwillig zurückblieben.

verboten sie die Flucht der brandenburgischen Bevölkerung[1]). Nur die ca. 100 000 nach Ostbrandenburg evakuierten Bombenflüchtlinge aus Berlin[2]), die hier eine Notaufnahme gefunden hatten, wurden nicht gehindert, und sie verließen deshalb z. T. rechtzeitig das Gebiet östlich der Oder[3]).

Kaum irgendwo sonst haben die für die Räumung verantwortlichen Kreisleitungen der NSDAP. eine solche verhängnisvolle Rolle gespielt wie in Brandenburg. Fast überall löste erst das unmittelbare Auftauchen russischer Panzer eine überstürzte Flucht der Bevölkerung aus, für die bis zu diesem Zeitpunkt noch keine Räumungserlaubnis vorlag, oft war dann auch eine Flucht völlig unmöglich geworden.

Die zeitlich frühesten russischen Vorstöße nach Ostbrandenburg fanden etwa gleichzeitig am 28. Januar im Süden und im Norden statt. Der südliche Angriff führte durch die Kreise Züllichau-Schwiebus, Crossen und Guben bis an die Oder südlich von Frankfurt (Fürstenberg). Nur einem äußerst geringen Teil der Bevölkerung dieser Kreise gelang die Flucht, die Mehrzahl wurde völlig überrascht, ehe sie noch an einen Aufbruch gedacht hatte.

Im Norden hatten sowjetische Truppen am 26. Januar zwischen Usch und Czarnikau die Netze überschritten, waren am 28. Januar durch den Netzekreis und durch den pommerschen Kreis Friedeberg gestoßen und eilten am nördlichen Netzeufer nördlich an Landsberg vorbei durch die Kreise Landsberg, Soldin und Königsberg/Nm. in Richtung Küstrin, wo sie in den letzten Januartagen die Oder erreichten. Der Bevölkerung der Neumark und des Kreises Schwerin, die durch diesen Vorstoß am unmittelbarsten betroffen war, erging es nicht viel anders als der Bevölkerung der südlichen Kreise Ostbrandenburgs. In der Zeit vom 29. bis zum 31. Januar begann eine panikartige Flucht der Bevölkerung aus den Kreisen Schwerin, Landsberg, Soldin und Königsberg/Nm.[4]). Die Masse der ländlichen Bevölkerung wurde jedoch so von den Ereignissen überrascht, daß fast nirgends mehr die Möglichkeit des Fortkommens bestand[5]). Aus der Stadt Landsberg konnte ebenfalls nur noch ein geringer Teil mit der Eisenbahn entkommen[6]). Etwas größer war die Zahl der Stadtbevölkerung von Schwerin und Königsberg/Nm., die teilweise mit Sonderzügen noch rechtzeitig hinter die Oder gelangte[7]).

Die Tatsache, daß die Russen sowohl vor Küstrin als auch vor Frankfurt standen, verhinderte auch, daß aus den mittleren Kreisen Brandenburgs noch Eisenbahnstrecken nach Westen benutzt werden konnten; denn über Frankfurt und Küstrin führten die einzigen Bahnverbindungen aus Ostbrandenburg über die Oder. Die Strecke über Frankfurt war schon seit dem 28. Januar

[1]) vgl. die Berichte Bd. I, 1: Nr. 103, S. 387; Nr. 105, S. 392.

[2]) Vom März 1943 bis Ende 1944 waren 110 000 Personen nach Ostbrandenburg eingeströmt (vgl. ‚Statistische Berichte', Arb.-Nr. VIII/19/1, S. 25) die nahezu ausschließlich zu den 1,5 Mill. Berlinern zählten, welche in dieser Zeit aus der Reichshauptstadt evakuiert worden waren.

[3]) vgl. Bericht Bd. I, 1: Nr. 105, S. 392.

[4]) vgl. die Berichte Bd. I, 1: Nr. 102, Nr. 103, Nr. 104.

[5]) vgl. Bericht Bd. I, 1: Nr. 104. S. 389 f.

[6]) vgl. Bericht Bd.I, 1: Nr. 102, S. 385 f.

[7]) vgl. Bericht Bd. I, 1: Nr. 104, S. 390.

gesperrt[1]) und drei Tage später auch die über Küstrin. Als am 1. Februar ein Zug mit Flüchtlingen aus der Stadt Drossen (Kreis Weststernberg) in Richtung Küstrin fuhr, wurde er unterwegs von russischen Panzern unter hohen Menschenverlusten völlig zerschossen[2]).

Wie in den südlichen und nördlichen Kreisen Ostbrandenburgs gelang es auch in den mittleren Gebieten (Meseritz, Ost-und Weststernberg) nur ganz geringen Teilen der Bevölkerung zu fliehen.

Nahezu in allen ostbrandenburgischen Kreisen hatte der sowjetische Vorstoß eine heillose Verwirrung verursacht, was zur Folge hatte, daß die Masse der Bevölkerung von den Russen überrollt worden ist. Der Anteil derer, die noch zu fliehen vermochten und die Gebiete jenseits der Oder erreichten, wird 30 bis 40 Prozent nicht überschritten haben[3]).

Für das gesamte Gebiet zwischen dem großen Weichselbogen und der mittleren Oder, das den westlichen Teil des damaligen *Generalgouvernements*, den *Warthegau* und Ostbrandenburg umfaßt, kann abschließend gesagt werden:

Fast die gesamte deutsche Bevölkerung, schätzungsweise 80 bis 90 Prozent, hatte sich — mit Ausnahme der in den östlichen Gebieten und in Ostbrandenburg völlig überraschten Bevölkerung — auf die Flucht begeben. Die ansässigen Polen haben, von einzelnen Fällen abgesehen, von der Möglichkeit der Flucht keinen Gebrauch gemacht[4]). Sie wurden auch dort, wo eine reguläre Evakuierung der Bevölkerung stattfand, seitens der deutschen Behörden nicht gezwungen, ihre Heimat zu verlassen, und haben ihrerseits in der Regel den Abzug der Deutschen nicht gestört[5]). Nur in Einzelfällen ist die flüchtende deutsche Bevölkerung von fanatischen Polen belästigt oder bedroht worden[6]).

Über die Gesamtzahl der Deutschen, die durch Evakuierung und Flucht das Reichsgebiet westlich der Oder erreichten, lassen sich vorerst nur Schätzungen anstellen. Eine vorsichtige Auswertung der verfügbaren Unterlagen ergibt, daß von den 1,4 Millionen Deutschen, die Anfang 1945 zwischen großem Weichselbogen und mittlerer Oder lebten, 40 bis 60 Prozent bis Ende Januar 1945 dieses Gebiet verließen. Mindestens 600 000 Deutsche wurden entweder auf der Flucht von den sowjetischen Truppen überrollt oder fielen bereits in ihren Heimatorten den Russen in die Hände.

Schon auf der Flucht traten durch Feindeinwirkung und vor allem infolge der großen Kälte und auf Grund von Entkräftung unter Alten und Kindern z. T. hohe Verluste ein[7]), deren Gesamtzahl jedoch nie zu ermitteln sein wird.

---

[1]) vgl. Bericht Bd. I, 1: Nr. 105, S. 393.

[2]) vgl. Bericht Bd. I, 1: Nr. 106, S. 400.

[3]) Diese Feststellung ergibt sich aus dem Vergleich zahlreicher Berichte sowie aus systematischen Befragungen ostbrandenburgischer Vertriebener.

[4]) vgl. z. B. für den Kreis Wollstein Bericht Bd. I, 1: Nr. 101, S. 382.

[5]) vgl. die Berichte Bd. I, 1: Nr. 89, S. 346 f.; Nr. 100, S. 379; Nr. 101, S. 382.

[6]) vgl. die Berichte Bd. I, 1: Nr. 92, S. 350; Nr. 95, S. 358; Nr. 96, S. 360.

[7]) vgl. die Berichte Bd. I, 1: Nr. 96, S. 363; Nr. 98, S. 368 f; Nr. 100, S. 379 ff; Nr. 101, S. 384.

b. Die Flucht der ostpreußischen Bevölkerung.

Der russische Vorstoß vom Oktober 1944 hatte dazu geführt, daß die östliche Zone Ostpreußens nahezu völlig von der Bevölkerung geräumt und die Gesamteinwohnerzahl des noch unbesetzten Landes Ende 1944 auf 1¾ Millionen abgesunken war[1]). Da ein beträchtlicher Teil der evakuierten Bevölkerung in den Regierungsbezirken Königsberg und Allenstein untergebracht worden war, hatte sich dort die Einwohnerzahl der Städte und Landgemeinden durchschnittlich um rund 15 Prozent erhöht[2]). Diese dichte Ansammlung von Menschen in dem kleiner gewordenen ostpreußischen Raum erschwerte von vornherein die Flucht.

Als Mitte Januar 1945 vom Osten und Süden der russische Großangriff auf Ostpreußen begann, traf er auf eine Provinz, deren oberste Parteiführung ohne Bedacht auf die exponierte Lage Ostpreußens hartnäckig die Notwendigkeit vorsorglicher Evakuierungen leugnete und an dieser Haltung auch dann noch festhielt, als der Vormarsch der Roten Armee nach Ostpreußen in vollem Gange war[3]). Die Eifersucht, mit der der Gauleiter und Reichsverteidigungskommissar von Ostpreußen darüber wachte, daß kein Räumungsbefehl in den Städten und Landgemeinden gegeben wurde, den er nicht genehmigt hatte, führte dazu, daß die Anordnungen der Gauleitung in Königsberg ständig hinter der Entwicklung der militärischen Lage herhinkten und die Räumungserlaubnis oft erst gegeben wurde, als eine ordnungsgemäße und gelenkte Evakuierung längst unmöglich geworden war. Vielerorts waren die Räumungsbefehle völlig überflüssig geworden, weil sich die Bevölkerung bereits selbständig auf die Flucht begeben hatte.

Eine rechtzeitige und organisierte Räumung fand fast nirgends statt, vielmehr stellte der Aufbruch der ostpreußischen Bevölkerung meist eine regellose, im letzten Moment ausgelöste und oft völlig verwirrte Flucht dar. Und dabei erwies es sich noch als ein Glück, daß sich wenigstens ein Teil der Bevölkerung nicht um das Fluchtverbot kümmerte, sondern, ohne die Bekanntgabe des Räumungsbefehls abzuwarten, mit der Eisenbahn oder auf dem Treckwege die bedrohten Wohnorte verließ.

Der Verlauf, die Richtung und der Erfolg der Flucht der ostpreußischen Bevölkerung waren in erster Linie bestimmt vom Ablauf der militärischen Operationen. Durch diese und die geographische Lage Ostpreußens bedingt, ergaben sich für die Flucht verschiedene zeitliche und örtliche Schwerpunkte.

Der erste Abschnitt der Flucht setzte etwa am 19./20. Januar ein und dauerte bis zur Abschnürung Ostpreußens bei Elbing am 26. Januar. Während dieser Zeit verlief die Fluchtbewegung im allgemeinen von Osten nach Westen. Aus den nordöstlichen Kreisen Labiau und Wehlau floh die Bevölkerung seit dem 19. Januar ins Samland und in Richtung Königsberg. Aus den östlich der Masurischen Seen gelegenen Kreisen Angerburg, Lötzen, Lyck, Johannisburg,

---

[1]) s. oben erster Abschnitt, II, 3, S. 16 E.

[2]) An der Spitze stand der Kreis Braunsberg, in dem die Bevölkerungszahl von September bis Dezember 1944 von 66 000 auf 97 000 anstieg (vgl. „Statistische Berichte‘, Arb.-Nr. VIII/19/1, S. 24).

[3]) vgl. die Berichte Bd. I, 1: Nr. 5, S. 14; Nr. 30, S. 133 f.

die im Oktober entweder gar nicht oder nur teilweise geräumt waren, begann der Aufbruch ziemlich gleichzeitig am 20. Januar.

Die Flüchtlingstrecks versuchten zunächst, quer durch Ostpreußen zu kommen, um dann bei Marienwerder oder Dirschau die Weichsel zu überqueren; denn jedermann glaubte, an der unteren Weichsel werde der Vormarsch der Russen zum Stehen kommen. Der russische Vorstoß von Süden nach Elbing machte diese Absicht jedoch weitgehend zunichte.

Nur ein geringer Teil der Bevölkerung der östlichen Kreise, der schon am 20., 21. und 22. Januar auf dem Schienenwege flüchtete, hat noch vor der Einschließung Ostpreußens die westlich der Weichsel gelegenen Gebiete erreichen können. Vor allem aus Königsberg sind auf diesem Wege schon ab 15. Januar schätzungsweise 75 000 Menschen herausgekommen[1]). Am 21. Januar fuhren die letzten Flüchtlingszüge aus Königsberg ab, von denen einige aber bereits nicht mehr nach Elbing durchkamen und von Braunsberg nach Königsberg zurückgeleitet werden mußten[2]). — Schon am Vortage war durch die Einnahme Allensteins die südliche Strecke blockiert. Über andere Eisenbahnverbindungen, wie die von Lötzen über Rastenburg nach Heilsberg und Elbing, mögen am 22. Januar ebenfalls noch einige Tausende Ostpreußen verlassen haben. Spätestens ab 22. Januar war jedoch der Zugverkehr von Ostpreußen nach dem Reich auf allen Strecken eingestellt[3]).

Ganz aussichtslos war es für die Masse der Bevölkerung aus den östlichen Kreisen, die mit dem Treck losgezogen war, auf dem Wege nach Westen über die Weichsel zu gelangen. Schnee und Kälte trugen das Ihre dazu bei, daß ein Vorwärtskommen der Trecks auf den von Flüchtlings- und Wehrmachtsfahrzeugen verstopften Straßen sehr verzögert wurde. Es gelang kaum einem dieser Trecks, auf dem Landweg in westlicher Richtung die Weichsel zu erreichen. Am 21. Januar fiel Allenstein in russische Hand, wodurch für die südöstlichen Gebiete der Fluchtweg auf den nach Westen führenden Straßen endgütig versperrt wurde. Die unterwegs befindlichen Trecks mußten nach Norden ausweichen, und als am 23. Januar erste russische Panzer durch Elbing fuhren, war jeglicher Landweg nach Westen über die Weichsel abgeschnitten. Nur am Frischen Haff entlang konnten noch einige wenige Flüchtlinge aus der Elbinger Gegend sowie aus Tolkemit durch die Niederungen von Nogat und Weichsel nach Westen gelangen, bis am 26. Januar durch den russischen Vorstoß nach Tolkemit ans Haff auch diese beschränkte Möglichkeit fortfiel.

Zunächst etwas günstiger war die Situation für die südwestlichen und westlichen Kreise Ostpreußens, durch die der sowjetische Durchbruch aus dem Raum Ciechanów—Soldau nach Elbing führte.

Vom 19. bis 21. Januar fuhren aus den Kreisen Neidenburg, Ortelsburg, Allenstein, Osterode, Mohrungen und Pr. Holland noch mehrere Flüchtlingszüge entweder über Dt. Eylau und Thorn nach Südwesten oder über Marienburg und Elbing nach Nordwesten. Der ungeheuer schnelle russische Vormarsch, der bereits am 18. Januar den am weitesten südlich gelegenen Kreis

---

[1]) Über die Durchfahrt von Flüchtlingszügen aus Königsberg ab 15. 1. 1945 durch Elbing vgl. Bericht Bd. I, 1: Nr. 13, S. 48.

[2]) vgl. Bericht Bd. I, 1: Nr. 16, S. 67.

[3]) vgl. Bericht Bd. I, 1: Nr. 20, S. 80.

Neidenburg erreichte, am 19. und 20. die Kreise Ortelsburg, Osterode und Dt. Eylau erfaßte und sich am 21./22. Januar auf das Gebiet um Allenstein, Mohrungen und Pr. Holland ausdehnte, verursachte auf den Bahnhöfen der Städte ungeheure Menschenansammlungen[1]). Dieser russische Vorstoß wurde aber vor allem denen zum Verhängnis, die sich seit dem 19. Januar auf dem Treck nach Norden und Nordwesten unterwegs befanden. Mit Ausnahme derjenigen Trecks aus dem Kreise Pr. Holland und aus der westlichen Hälfte des Kreises Mohrungen, die den direkten Weg nach Westen in Richtung Marienburg eingeschlagen hatten und sich auf diese Weise der Einschließung Ostpreußens entziehen konnten[2]), bewegten sich die Dorf- und Gutstrecks aus den südlichen und südwestlichen Kreisen auf den Straßen nach Nordwesten in Richtung Elbing/Frisches Haff, also genau auf der Linie und in der Richtung, die die sowjetischen Panzer für ihren Vormarsch gewählt hatten.

Ein Teil der Trecks aus den Kreisen Ortelsburg, Allenstein, Mohrungen konnte noch rechtzeitig nach Norden abschwenken, der größere Teil aber fiel in russische Hand. Besonders die Trecks aus dem Kreise Osterode, der im Zentrum der russischen Angriffsbewegung lag, wurden meist schon im Kreisgebiet von sowjetischen Panzern überrollt[3]).

Groß war in diesem südwestlichen Teil Ostpreußens auch die Zahl derer, die noch, ehe sie sich zur Flucht entschlossen hatten, in ihren Heimatdörfern und -städten unter die Russen gerieten. In Allenstein war noch die Hälfte der Bevölkerung in der Stadt, als diese völlig überraschend von sowjetischen Truppen besetzt wurde, und auch in der Stadt Osterode hielten sich während des russischen Einmarsches noch Tausende von Einheimischen und Flüchtlingen auf.

Von den über 500 000 Menschen, die im Südwestteil Ostpreußens (südlich der Linie Elbing—Allenstein—Ortelsburg) lebten, wurde etwa die Hälfte infolge des sowjetischen Vorstoßes, der zur Abschnürung Ostpreußens führte, überrascht bzw. unterwegs überrollt. Rund ein Viertel gelangte mit der Eisenbahn, mit Kraftwagen oder mit dem Treck nach Westen über die Weichsel, und die übrigen flohen in den Raum südlich des Frischen Haffs, der in den folgenden Wochen im Brennpunkt der Fluchtbewegung in Ostpreußen stehen sollte.

Nachdem schon eine Woche nach dem Beginn der Fluchtbewegung der direkte Landweg von Ostpreußen nach dem Reich unterbrochen war, blieben nur noch zwei Fluchtmöglichkeiten: über See im Schiffstransport von Pillau aus oder über das Eis des Frischen Haffs auf die Nehrung und von dort aus über Kahlberg und die Weichselmündung nach Danzig und dann weiter nach Pommern.

Für die Bevölkerung, die sich im nördlichen Zipfel Ostpreußens (nördlich des Pregels) befand, war der Weg nach dem Samland und Pillau der gegebene, während die Masse der aus den südöstlichen und mittleren

---

[1]) vgl. Bericht Bd. I, 1: Nr. 22, S. 88.

[2]) Über den Durchzug ostpreußischer Trecks durch Westpreußen und die Überquerung der Weichsel vgl. die Berichte Bd. I, 1: Nr. 11, S. 39; Nr. 12, S. 43 f.

[3]) vgl. die Berichte Bd. I, 1: Nr. 7 und Nr. 8.

ostpreußischen Gebieten fliehenden Bevölkerung den Weg zum Frischen Haff einschlug. Diejenigen Trecks, die aus den östlich der Masurischen Seen gelegenen Kreise Lötzen, Lyck und Johannisburg schon am 20./21. Januar aufgebrochen waren und sich zunächst in westlicher Richtung bewegt hatten, bogen jetzt nach Nordwesten um und zogen durch die Kreise Sensburg, Rössel und Rastenburg. Dazu kamen noch Teile der Trecks aus dem Kreis Ortelsburg, die vor dem südlichen russischen Angriff geflohen waren. Dadurch strömte in dem Gebiet unmittelbar westlich der Masurischen Seen bald eine unübersehbare Menge von Flüchtlingen zusammen. Als schließlich seit dem 25. Januar auch die Bevölkerung der Kreise Rastenburg, Sensburg und Rössel vor den nachdrängenden Russen die Flucht ergriff, waren die Straßen bald so verstopft, daß die Bewohner mancher Ortschaften die Flucht als aussichtslos betrachteten und die sowjetischen Truppen zu Hause erwarteten[1]).

Der harte ostpreußische Winter, die Nachrichten von dem Vorstoß der Sowjets bis nach Elbing und bis vor Königsberg sowie das sichtbare Elend der Flüchtlingszüge nahmen Teilen der Bevölkerung allen Mut, sich an den Aufbruch zu machen. Am 26. Januar wurde Rastenburg, am 28. die Städte Sensburg und Rössel von Truppen der Roten Armee eingenommen, und dabei fielen nicht nur zahlreiche Bewohner dieser Städte in russische Hand[2]), sondern auch viele Trecks aus den weiter östlich gelegenen Gebieten, die nicht schnell genug vorangekommen waren.

Dennoch gab die Bevölkerung im ganzen die Flucht keineswegs auf. Obwohl der feindfreie Raum südlich des Haffs Ende Januar zusehends kleiner wurde, strömten weitere Massen von Osten und Süden in die Kreise Pr. Eylau, Heilsberg, Braunsberg und Heiligenbeil ein, wobei die nachdringenden Russen unter der fliehenden Bevölkerung immer wieder heillose Verwirrung anrichteten[3]). Trecks und Flüchtlinge aus nahezu allen ostpreußischen Kreisen trafen hier zusammen[4]), und es entstand eine Zusammenballung von Menschen, der das Organisationsvermögen der Behörden nicht mehr gewachsen war. Kälte, Hunger und Luftangriffe kamen hinzu und verursachten besonders in den Städten Braunsberg, Mehlsack und Heiligenbeil hohe Verluste[5]).

Seit Ende Januar bis in die letzten Februartage vollzog sich von der Haffküste bei Heiligenbeil und Braunsberg der Abmarsch von Hunderttausenden von Flüchtlingen über das Eis des Frischen Haffs nach der Nehrung[6]). Während der Kessel südlich des Haffs hartnäckig von deutschen Truppen verteidigt und nur in wochenlangen Kämpfen eingeengt werden konnte, zogen

[1]) vgl. die Berichte Bd. I, 1: Nr. 23 und Nr. 24.
[2]) vgl. Bericht Bd. I, 1: Nr. 25.
[3]) Einer der folgenschwersten dieser Vorstöße führte Ende Januar in die Gegend von Landsberg, wo zahlreiche Trecks aus den weiter östlich gelegenen Kreisen in russische Hände fielen.
[4]) Die Berichte Bd. I, 1: Nr. 16 — Nr. 20 und Nr. 22, 23, 26 und 27 geben nur eine kleine Auswahl von Beispielen für Fluchtschicksale der Bevölkerung verschiedenster Kreise, die in den Raum südlich des Frischen Haffs floh, um von dort aus über das Eis auf die Nehrung zu gelangen.
[5]) vgl. die Berichte Bd. I, 1: Nr. 20, S. 81; Nr. 23, S. 92 f. und Nr. 27, S. 121 f.
[6]) Detaillierte Angaben darüber in den Berichten Bd. I, 1: Nr. 17 und Nr. 16, S. 67 ff.

Tag und Nacht auf abgesteckten Treckwegen Tausende von Menschen und hochbeladenen Pferdewagen durch diese letzte, gefahrvolle Öffnung des russischen Einschließungsrings um Ostpreußen. Einbrüche in das Eis, russische Luftangriffe auf den endlosen Flüchtlingszug und Bombenabwürfe auf die Eisdecke sowie Erfrierungen, Hunger, Durst und das Übermaß der Anstrengungen kosteten während dieser Flucht über das Eis und die Nehrung vielen Menschen das Leben[1]).

Vom Haff aus führte der Weg der Flüchtlinge auf der Nehrungsstraße in westlicher Richtung nach Kahlberg und Stutthof. Der weitaus größte Teil der Menschen, die glücklich die Nehrung erreichten, setzte die Flucht auf diesem Wege nach Danzig und Pommern fort. Ein geringer Teil wandte sich auf der Landzunge ostwärts nach Neutief und suchte, unter Zurücklassung von Pferden und Wagen, von Pillau aus über See in das westliche Reichsgebiet zu gelangen[2]). Ende Februar begann die Eisdecke zu schmelzen; damit wurde der Flucht über das Haff ein Ende gesetzt.

Inzwischen war auch der Kessel an der Haffküste immer enger geworden. Ein Teil der einheimischen Bevölkerung und der Flüchtlinge war in den Kreisen Braunsberg und Heiligenbeil während der wochenlangen schweren Kämpfe, die diesen Landstreifen verwüsteten, bereits unter die Russen geraten oder hatte sich, von dem Elend und den Gefahren der Flucht über das Haff abgeschreckt, zur Aufgabe weiterer Fluchtversuche entschlossen. Die überwiegende Mehrzahl der Menschen, die sich in den Monaten Januar und Februar südlich des Haffs zusammengedrängt hatten, war jedoch über das Eis entkommen. Ihre Zahl kann auf knapp eine halbe Million berechnet werden[3]).

Nachdem Ende Februar die Flucht über das Haff geendet hatte und Ende März die Abwehrkämpfe im Kessel von Heiligenbeil endgültig eingestellt werden mußten, blieben nur noch in Königsberg und im Samland letzte Schlupfwinkel für die deutsche Bevölkerung. In den letzten Januartagen war der Angriff sowjetischer Truppen mit voller Wucht in den Raum um Königsberg und ins Samland hineingetragen worden. Er hatte dazu geführt, daß

[1]) vgl. die Berichte Bd. I, 1: Nr. 16, S. 68; Nr. 17, S. 73; Nr. 19, S. 79; Nr. 22, S. 89; Nr. 26, S. 109 f.

[2]) vgl. Bericht Bd. I, 1: Nr. 17, S. 74. — Über die Anzahl der nach Neutief gezogenen Flüchtlinge geben die unveröffentlichten Aufzeichnungen (Dokumentensammlung) des Stadtbürodirektors Kaftan aus Pillau Aufschluß. Sie enthalten die Angabe, daß bis zum 10. Februar 1945 von Braunsberg und Heiligenbeil über das Haff und die Nehrung 10 000 bis 12 000 Menschen nach Pillau gekommen sind. — Diesen Aufzeichnungen, auf die auch im folgenden noch verwiesen wird, liegen die seinerzeit in Pillau von den städtischen und militärischen Behörden vorgenommenen Registrierungen zahlreicher wichtiger Ereignisse und Vorgänge der letzten Kriegswochen zugrunde. Von ihrer Veröffentlichung wurde abgesehen, weil sie sich überwiegend auf militärische und personelle Vorgänge und weniger auf den Verlauf der Flucht beziehen.

[3]) Diese Zahl läßt sich mit ziemlicher Sicherheit abschätzen auf Grund der genauen Angaben, die über den Abtransport der Bevölkerung von Pillau vorliegen, sowie der durch Auswertung systematischer Befragungen entstandenen Schätzungen der in Ostpreußen Zurückgebliebenen und der auf dem Landwege bis zum 23. Januar 1945 nach Westen Gelangten (s. Schluß des Kapitels).

Königsberg eingeschlossen und die Samlandfront bis dicht an die Ostseeküste zurückgedrängt wurde.

Einige Zehntausende von Einheimischen und Flüchtlingen waren in Cranz und anderen Orten des Samlandes von sowjetischen Einheiten überrascht worden[1]), und auch nördlich von Königsberg kam es im Zuge der Einschließung der Stadt in und bei Metgethen für die in Richtung Pillau fliehenden Menschen zu einer Begegnung voller Schrecken mit russischen Truppen[2]).

Der Masse der im Samland zusammengeströmten Flüchtlinge und der einheimischen Bevölkerung gelang es jedoch, sich zunächst entweder in die Stadt Königsberg oder in den schmalen Küstenstreifen von Neukuhren bis nach Pillau und Fischhausen zu retten[3]). Über 150 000 Menschen befanden sich zu dieser Zeit in Königsberg und über 200 000 wurden in den noch feindfrei gebliebenen Raum des Samlandes zusammengedrängt.

Die Königsberger Bevölkerung war zunächst mit Eisenbahnzügen geflohen, bis der Zugverkehr nach dem Reich am 21. Januar aufhörte. Danach hatten sich große Teile nach Pillau begeben[4]), um von dort aus entweder über die Nehrung nach Westen zu gelangen oder über See ins Reich abtransportiert zu werden. Als Ende Januar 1945 die Einschließung der Stadt vollendet war, wurden noch geringe Teile der Bevölkerung zu Schiff von Königsberg nach Pillau gebracht[5]), und Mitte Februar, nachdem im Norden der Stadt die Verbindung nach dem Samland für einige Wochen wieder freigekämpft war, konnten noch weitere Teile der Zivilbevölkerung aus Königsberg ins Samland übergeführt werden[6]). Dennoch blieben ca. 100 000 Menschen in Königsberg zurück[7]). Viele von ihnen kamen den Räumungsaufforderungen der Partei absichtlich nicht nach, weil sie sich in der Stadt sicherer glaubten als im Samland oder auf dem gefahrvollen Fluchtweg über Pillau[8]).

Fortgesetzte Bombenabwürfe und Artilleriebeschuß auf Königsberg zerstörten während der Wochen der Einschließung einen großen Teil der ohnehin durch Luftangriffe schon früher schwer mitgenommenen Stadt und

[1]) vgl. Bericht Bd. I, 1: Nr. 30, S. 136 — s. auch J. Thorwald, Es begann an der Weichsel, S. 194.

[2]) Die Greueltaten sowjetischer Truppen in und bei Metgethen waren damals in aller Munde und trugen erheblich dazu bei, die Furcht der deutschen Bevölkerung vor der Roten Armee zu erhöhen. Über die Vorgänge von Metgethen liegt eine Reihe Schilderungen vor (Dokumentensammlung). Von ihrer Veröffentlichung wurde zunächst abgesehen, da sie in einigen Angaben nicht voll übereinstimmen und diese bisher nicht eindeutig geklärt werden konnten.

[3]) vgl. Bericht Bd.I, 1: Nr. 30, S. 135.

[4]) ebenda.

[5]) vgl. Bericht Bd. I, 1: Nr. 28.

[6]) vgl. Bericht Bd. I, 1: Nr. 30, S. 138 f.

[7]) Diese Zahl kann als ziemlich gesichert gelten. J. Thorwald, Es begann an der Weichsel, S. 193, nennt sogar 130 000 Zurückgebliebene. Prof. Dr. Erhardt, der als Arzt von 1945 bis 1947 in Königsberg lebte, gibt in einem unveröffentlichten Bericht (Dokumentensammlung) die Zahl der Zurückgebliebenen mit 100 000 an. — s. auch die Anm. zu Bericht Bd. I, 2: Nr. 171, S. 107.

[8]) vgl. die Berichte Bd. I, 1: Nr. 29, S. 128 und Nr. 30, S. 139, — s. auch die von Hans Deichelmann verfaßte Broschüre ‚Ich sah Königsberg sterben', S. 1.

richteten unter der nur noch in Kellern lebenden Zivilbevölkerung hohe Verluste an. Als schließlich am 6.—9. April der Generalangriff der Roten Armee auf Königsberg erfolgte, wurden nochmals viele Zivilisten in die Kriegsereignisse hineingerissen[1]). Ca. 25 Prozent der in Königsberg verbliebenen Bevölkerung waren im Laufe der Kampfhandlungen ums Leben gekommen, als am 9. April die Stadt an die Russen übergeben wurde[2]).

Als letzte Bastion in Ostpreußen blieb nunmehr nur noch der Streifen entlang der Samlandküste und der Raum um Pillau—Fischhausen in deutscher Hand. Noch immer betrug die Zahl der aus Königsberg, dem Samland und aus weiter östlich gelegenen Kreisen in Pillau, Fischhausen, Palmnicken, Rauschen und Neukuhren untergebrachten Menschen viele Tausende, obwohl die Hauptmasse der Flüchtlinge bereits von Pillau aus über See abtransportiert worden war.

Die ersten mit Flüchtlingen beladenen Schiffe hatten am 25. Januar Pillau verlassen, und am 15. Februar konnte in Pillau bereits registriert werden, daß 204 000 Flüchtlinge mit Schiffen abbefördert und weitere 50 000 nach Neutief übergesetzt und im Treck oder Fußmarsch auf der Frischen Nehrung weitergeleitet worden waren[3]).

Aber noch immer strömten viele Tausende nach Pillau. Sie kamen nicht nur über Land, sondern auch von Neukuhren aus mit kleinen Schiffen an[4]). Die Stadt beherbergte an manchen Tagen über 75 000 Menschen, unter denen die ständigen sowjetischen Fliegerangriffe hohe Verluste anrichteten. Allein in der Zeit von Anfang März bis Mitte April fanden 13 schwere Luftangriffe auf Pillau statt, während gleichzeitig auch sowjetische Artillerie Stadt und Hafen beschoß[5]).

Vom 8. März an mußte für ca. drei Wochen der Abtransport von Flüchtlingen aus Pillau eingestellt werden, weil aller zur Verfügung stehende Schiffsraum in dieser Zeit zum Abtransport der Flüchtlinge aus den Städten Danzig und Gdingen benötigt wurde, denen in Kürze die Einnahme durch sowjetische Truppen drohte[6]). In dieser Zeit, als keine Schiffe von Pillau abfuhren, zogen viele Tausende nach Neutief herüber und die Nehrung entlang, denn von der Danziger Niederung aus verkehrten auch nach der Einnahme Danzigs noch Fährprähme nach Hela, von wo aus dann der Weitertransport ins Reich erfolgen konnte.

Ab Ende März wurde der Schiffsverkehr von Pillau aus nach dem Westen wieder aufgenommen. Erst als nach dem Fall von Königsberg der sowjetische

[1]) s. hierüber außer den bisher genannten Veröffentlichungen auch Günter Braunschweig, ‚Untergangstage in Königsberg', im Jahrbuch der Albertus-Universität zu Königsberg/Pr., 1953, S. 182 — S. 231.

[2]) Hans Deichelmann gibt auf S. 6 seiner Broschüre an, daß nach russischer Schätzung 30 000 Zivilisten durch Kampfhandlungen den Tod fanden.

[3]) Nach Angaben aus den obengenannten Aufzeichnungen des ehemaligen Stadtbürodirektors Kaftan aus Pillau.

[4]) vgl. Bericht Bd. I, 1: Nr. 31, S. 145 f.

[5]) vgl. Bericht Bd. I, 1: Nr. 32.

[6]) s. Erster Abschnitt, IV, c, S. 49 E.

Großangriff gegen die Samlandfront Mitte April begann[1]), stand auch für das Fluchtzentrum Pillau das Ende bevor. Innerhalb weniger Tage mußten die letzten Verteidigungsstellungen längs der Samlandküste aufgegeben werden. Aus Neukuhren, Rauschen und z. T. auch aus Palmnicken und der Stadt Fischhausen konnte nur noch ein Teil der Bevölkerung fliehen. Zahlreich waren auch diejenigen, denen der Mut zu einer weiteren Flucht gesunken war und die resigniert den Einzug der Russen abwarteten[2]). Am 20. April begann der Kampf um die Festung Pillau, der nach fünf Tagen mit dem Übersetzen sowjetischer Truppen nach Neutief endete. Zahlreiche Soldaten fielen dabei in russische Hände, aber der Hauptteil der Flüchtlinge war bereits vorher abbefördert worden.

Die Flucht nach Pillau hatte sich für Hunderttausende als Rettung erwiesen. Insgesamt verließen von Ende Januar 1945 bis Ende April 451 000 Flüchtlinge mit Schiffen den Hafen von Pillau, und in der gleichen Zeit wurden 180 000—200 000 Menschen nach Neutief übergesetzt[3]).

Durch Schiffsuntergänge fanden mehrere Tausende ein entsetzliches Ende[4]). Die überwiegende Mehrzahl der über See abtransportierten Flüchtlinge kam jedoch wohlbehalten im westlichen Reichsgebiet oder in dem damals noch von deutschen Truppen besetzten Dänemark an[5]).

Während der sowjetischen Offensive gegen Ostpreußen haben über 75 Prozent der ostpreußischen Bevölkerung, die Anfang 1945 noch im Lande war, Ostpreußen verlassen, um dem sowjetischen Zugriff und den russischen Truppen zu entgehen. Nur ca. 400 000 Menschen sind entweder durch den sowjetischen Vormarsch überrascht worden oder aus persönlichem Entschluß in Ostpreußen zurückgeblieben[6]). Es kann angenommen werden, daß dazu die zahlenmäßig kleine Gruppe der echten polnischen Minderheit gehörte, obwohl darüber keine Zeugnisse vorliegen. Zusammen mit den ca. 100 000 Menschen, die schon im Herbst 1944 im Memelland und im Regierungsbezirk Gumbinnen in die Hände der Russen gefallen waren, blieben somit rund eine halbe Million Menschen in Ostpreußen zurück. — Faßt man den Verlauf der Flucht der ostpreußischen Bevölkerung vom Herbst 1944 bis zum April 1945 in wenige große Abschnitte und ungefähre Zahlen zusammen, so ergibt sich folgendes Bild:

---

[1]) vgl. Bericht Bd. I, 1: Nr. 30, S. 140 ff.

[2]) vgl. ebenda.

[3]) Nach den Aufzeichnungen des Pillauer Stadtbürodirektors Kaftan, denen amtliche Daten zugrundeliegen — s. Anm. zu Bericht Bd. I, 1: Nr. 32, S. 150 f.

[4]) vgl. die Berichte Bd. I, 1: Nr. 21, 33 und 34.

[5]) s. die von Knud Langberg verfaßte Broschüre ‚Flüchtlingsleben in Dänemark', Stuttgart, 1951, S. 13 ff.

[6]) Diese Zahl ergibt sich recht zuverlässig aus einer systematischen Auswertung zahlreicher Fragebogen und Berichte, die über die Zahl der in den einzelnen Kreisen Ostpreußens Zurückgebliebenen Auskunft geben. Infolge der Rückkehr zahlreicher Ostpreußen, die in Danzig/Westpreußen und Pommern von sowjetischen Truppen überrollt wurden, hat sich diese Zahl im Sommer 1945 beträchtlich erhöht (s. Zweiter Abschnitt, II.).

Zahl der Anfang 1944 in Ostpreußen lebenden Bevölkerung (einschließlich Memelland, ohne Reg.-Bez. Westpreußen)	2 350 000
im Herbst 1944 evakuiert oder abgewandert	500 000
ab Januar 1945:	
auf dem Landwege (Eisenbahn oder Treck) nach Westen	250 000[1])
über das Haff in den Raum Danzig—Pommern	450 000[1])
von Pillau über die Nehrung in den Raum Danzig—Pommern	200 000
von Pillau über See abtransportiert	450 000
in Ostpreußen in russische Hand gefallen	500 000

Für Hunderttausende von Menschen war mit dem Verlassen der ostpreußischen Heimat jedoch ihr Leidensweg noch nicht beendet. Sie gerieten im Raum um Danzig und in Ostpommern abermals in das Chaos des Krieges hinein, und viele von ihnen wurden noch dort von russischen Truppen erfaßt.

c. Die Flucht der deutschen Bevölkerung aus Danzig-Westpreußen und Ostpommern.

Das von der Provinz Ostpreußen sich nach Westen hin erstreckende Land, das im Süden durch den Lauf der Netze, im Westen durch die Oder und im Norden durch die Ostseeküste begrenzt wird, war im Verlauf der militärischen Kampfhandlungen seit Ende Januar 1945 ein gesondertes Operationsgebiet. Der russische Vorstoß über Thorn—Bromberg—Schneidemühl nach Küstrin hatte wohl auch die südlichen Kreise Westpreußens und Pommerns berührt, er ließ aber an seiner nördlichen Flanke zwischen Weichsel und Oder einen ca. 100 km breiten Landstrich entlang der Ostseeküste verschont. Zur gleichen Zeit war dieses Gebiet durch den sowjetischen Angriff in Richtung Elbing auch von Ostpreußen getrennt worden. Nur über die Landzunge der Frischen Nehrung bestand, wie erwähnt, eine schmale Verbindung mit Ostpreußen, über die Hunderttausende von Flüchtlingen nach der Weichselniederung und nach Danzig und Pommern hineinströmten.

So wurde dieses Gebiet, das den Nordteil Westpreußens mit der Weichselmündung, Danzig, Gdingen und Hela sowie Ostpommern umfaßte, seit Ende Januar der große Auffang- und Durchmarsch-Raum für die Flüchtlinge aus Ostpreußen und den westpolnischen Gebieten. Mit rund 800 000 Flüchtlingen stellte Ostpreußen den Hauptanteil dieses Zuzuges.

Die ostpreußischen Flüchtlinge durchlebten, nachdem sie Ostpreußen verlassen hatten, ein sehr verschiedenes Schicksal. Viele durchzogen in endlosen

---

[1]) Die Gesamtzahl derer, die bis zum 23. Januar auf dem direkten Landweg nach Westen gelangten, und derer, die in der darauffolgenden Zeit über das Haff zogen, ist unter Zugrundelegung der anderen Zahlen errechnet. Das Verhältnis beider Zahlen zueinander ist nach Teilangaben aus einzelnen Berichten und umfangreichen Erhebungen für zahlreiche ostpreußische Kreise abgeschätzt; eine geringfügige Verschiebung ist möglich.

Trecks Pommern[1]), ein Teil trat mit der Eisenbahn von Danzig oder Pommern die Fahrt nach dem Reichsgebiet westlich der Oder an[2]), und anderen gelang es, in Danzig ein Schiff zu besteigen, das sie in Sicherheit brachte[3]). Schätzungsweise die Hälfte aller ostpreußischen Flüchtlinge blieb aber im Raum von Danzig oder Pommern und wurde später, im März, von russischen Truppen überrollt[4]). Zu dieser großen Anzahl ostpreußischer Flüchtlinge kamen schätzungsweise noch 100 000—200 000 Flüchtlinge hinzu, die in den letzten Januartagen aus den nördlichen Kreisen des Warthegebietes fliehen mußten und von Süden her nach Pommern hineinzogen[5]).

Abgesehen von all diesen Flüchtlingen, von denen etwa die Hälfte (ca. eine halbe Million) in Westpreußen, Danzig und Pommern blieb, lebten zu dieser Zeit fast drei Millionen einheimischer Deutscher in dem Gebiet zwischen Ostpreußen und dem Unterlauf der Oder: über 1,6 Millionen allein in Ostpommern, 404 000 im Gebiet der Freien Stadt Danzig, 310 000 in den alten westpreußischen Gebieten, die bis 1939 zu Ostpreußen gehört hatten, und weitere 307 000 in dem seit 1920 polnischen Teil des *Reichsgaues Danzig-Westpreußen.*

Die zeitlich früheste Berührung mit den sowjetischen Truppen innerhalb dieses Bereichs fand in Westpreußen statt, dessen östlich der Weichsel gelegene Teile von Elbing bis Thorn von dem russischen Vorstoß zur Abschnürung Ostpreußens gleichzeitig und in gleichem Maße erfaßt wurden wie die benachbarten ostpreußischen Kreise[6]). Im Gegensatz zur Provinz Ostpreußen waren für die östlich der Weichsel gelegenen Bezirke Westpreußens seit dem Herbst 1944 detaillierte Räumungspläne mit begrenzten, nahegelegenen Zielen aufgestellt, die Treckwege für die Bevölkerung festgelegt und Aufnahmekreise im benachbarten Gebiet westlich der Weichsel bestimmt worden[7]). Dennoch wurde auch hier die Ausgabe der Räumungsbefehle in den entscheidenden Tagen der zweiten Januarhälfte so lange verzögert, daß die vorbereiteten Pläne durch die Ereignisse über kurz oder lang umgestoßen wurden. Lediglich in den am weitesten östlich gelegenen Kreisen Lipno, Rypin, Strasburg und Neumark wurde der Räumungsbefehl bereits am 18. Januar gegeben und dadurch — so vor allem im Kreise Neumark[8]) — eine rechtzeitige und nahezu vollständige Evakuierung der deutschen Bevölkerung nach den vorgesehenen Aufnahmekreisen westlich der Weichsel ermöglicht.

Weniger reibungslos verlief die Flucht der Bevölkerung vor den von Süden nach Norden vorstoßenden sowjetischen Truppen in den nördlich angrenzenden Kreisen Rosenberg und Marienwerder, die erst am 20. Januar

---

[1]) vgl. die Berichte Bd. I, 1: Nr. 26, S. 111 ff. und Nr. 27, S. 123 f.

[2]) vgl. die Berichte Bd. I, 1: Nr. 20, S. 82 und Nr. 23, S. 97 f.

[3]) vgl. Bericht Bd. I, 1: Nr. 23, S. 98.

[4]) vgl. die Berichte Bd. I, 1: Nr. 18, Nr. 19 und Nr. 23, S. 93.

[5]) s. oben Erster Abschnitt, IV, 2 a.

[6]) Die Berichte über das Fluchtschicksal der westlichen Kreise Ostpreußens und der östlichen Kreise Westpreußens sind deshalb in der Dokumentation unter einem Abschnitt zusammengefaßt (Bd. I, 1: Nr. 6 — Nr. 15).

[7]) vgl. die Berichte Bd. I, 1: Nr. 9 — Nr. 13.

[8]) vgl. Bericht I, 1: Nr. 10.

Fluchterlaubnis erhielten, und in den Kreisen Stuhm und Marienburg, wo die Räumung bis zum 23. Januar hinausgezögert wurde. Da russische Panzer bereits am 23. Januar auf ihrem Vorstoß in Richtung Elbing diese Gebiete erreichten und da überdies die Straßen und die Nogat- und Weichselübergänge bereits von ostpreußischen Flüchtlingen verstopft waren[1]), wurden mehrere Trecks noch östlich von Nogat und Weichsel von russischen Truppen erfaßt[2]). Immerhin gelangte die große Mehrheit der Bevölkerung aus den fast ausschließlich deutsch bewohnten Kreisen zwischen Nogat, Weichsel und der ostpreußischen Grenze nach dem westlichen Teil Westpreußens oder nach Pommern, wo allerdings ein beträchtlicher Teil im März von den sowjetischen Truppen eingeholt wurde[3]). Auch der Abtransport der städtischen Bevölkerung mit der Eisenbahn gelang zum größten Teil noch in letzter Minute[4]).

Die Weichselübergänge bei Marienwerder und Dirschau sowie an der Nogat bei Marienburg und die Stadt und Umgebung von Elbing standen in diesen Tagen im Brennpunkt der Fluchtbewegung[5]). Seit dem 15. Januar waren die von Elbing abfahrenden Eisenbahnzüge bereits durch Flüchtlinge aus Königsberg überfüllt, zahlreiche Trecks aus Ostpreußen waren durch Elbing hindurchgefahren, und viele Flüchtlinge hatten sich in der für sicher geltenden Stadt niedergelassen. Zusammen mit den über 90 000 einheimischen Elbingern bildeten sie eine große Massierung von Menschen, die plötzlich in panischer Angst die Flucht zu ergreifen begannen, als am 23. Januar die ersten russischen Panzer nach Elbing eindrangen. In den folgenden Tagen begann ein Sturm auf die wenigen noch fahrenden Züge und alle sonstigen Transportmittel. Da bis zum 30. Januar der Weg nach dem Westen und Norden mit Unterbrechungen offen blieb, ist es schließlich ca. 80 Prozent der in Elbing zusammengedrängten Menschen noch gelungen, nach Danzig und Pommern, teils sogar mit Booten in einer Fahrrinne quer durch das Haff nach Pillau zu entkommen. Mehrere Tausende blieben jedoch während der Einschließung in der Stadt und fielen am 9. Februar bei der Einnahme Elbings in die Gewalt der sowjetischen Truppen[6]). Im Landkreis Elbing war der Anteil der Bewohner, die durch den überraschenden russischen Vorstoß überrollt wurden, jedoch wesentlich größer.

Etwa gleichzeitig mit dem Aufbruch der Bevölkerung aus den alten deutschen Gebieten längs der ostpreußischen Grenze setzte der Abzug der deutschen Einwohner der teils deutsch, teils polnisch bewohnten Gebiete um Graudenz, Kulm, Schwetz, Thorn und Bromberg ein[7]). Bis Ende

---

[1]) vgl. die Berichte Bd. I, 1: Nr. 11, S. 38; Nr. 12, S. 43 f; Nr. 36, S. 159.

[2]) vgl. die Berichte Bd. I, 1: Nr. 11, S. 40; Nr. 12, S. 45 f.

[3]) vgl. die Berichte Bd. I, 1: Nr. 10, Nr. 11, Nr. 36, Nr. 72, Nr. 73, Nr. 87.

[4]) vgl. Bericht Bd. I, 1: Nr. 12, S. 44.

[5]) Sehr eingehende Darlegungen darüber finden sich in den Berichten Bd. I, 1: Nr. 13 und Nr. 14.

[6]) vgl. die Berichte Bd. I, 2: Nr. 239 und Nr. 240.

[7]) Im Gesamtgebiet des Reichsgaues Danzig-Westpreußen wohnten Anfang 1945 rund 1 Million Deutsche und 700 000 Polen. Während das Gebiet von Danzig und die Kreise an der ostpreußischen Grenze fast rein deutsch waren, stand der Anteil von Deutschen und Polen in den übrigen Gebieten durchschnittlich im Verhältnis 1:2.

Januar 1945 waren auch hier alle Gebiete östlich der Weichsel und südlich der Linie Graudenz—Zempelburg von russischen Angriffen erfaßt worden. Ab 22./23. Januar begann die Flucht der Deutschen aus Thorn, Bromberg und Graudenz und Umgebung, teils mit der Bahn, teils mit dem Treck[1]), und innerhalb kürzester Frist war im ganzen Südabschnitt Westpreußens der Abzug der deutschen Bevölkerung nach Westen im Gange.

Da die Weichselbrücken den Wehrmachtkolonnen vorbehalten waren, mußten die Trecks über das Eis des Stromes ziehen[2]). Je weiter die Flüchtlingszüge nach Westen kamen, desto ärger wurden die Verstopfungen der Wege und Straßen. Im Kreis Wirsitz, an der pommerschen Grenze, war das durch die Flüchtlinge erzeugte Chaos so groß geworden[3]), daß für Teile der dort ansässigen Bevölkerung alle Fluchtversuche vergeblich blieben[4]). Ganz allgemein muß angenommen werden, daß aus den südlichen Kreisen Westpreußens nur ein geringerer Teil der deutschen Bevölkerung herausgelangte als aus den einheitlich deutsch besiedelten Gebieten an der ostpreußischen Grenze[5]).

Im Anschluß an die Ereignisse in Westpreußen und die gleichzeitigen Operationen im Warthegebiet und Ostbrandenburg[6]) begann Ende Januar 1945 der erste Einfall sowjetischer Truppen in die südlichen Gebiete Ostpommerns. Im Zusammenhang mit dem russischen Vorstoß über Schneidemühl nach Küstrin, dessen offensichtliches Ziel es war, auch die Odermündung bei Stettin zu erreichen, drang die Rote Armee in den letzten Januartagen nördlich der Netze in den Netzekreis und die Kreise Flatow, Dt. Krone, Friedeberg und Arnswalde vor. Die Bevölkerung dieser ostwärts der Pommernstellung gelegenen Kreise hatte etwa ab 20. Januar die Aufforderung bekommen, sich auf den Treck vorzubereiten; aber als schließlich am 26. Januar die ersten russischen Panzer erschienen, herrschte eine völlige Verwirrung. Räumungsbefehle wurden ausgegeben und widerrufen[7]). Teile der Bevölkerung machten sich trotz Schneesturms und härtester Kälte auf den Weg. Teile blieben zurück und wurden von den sowjetischen Truppen noch in ihren Wohnorten angetroffen[8]), andere gerieten schon kurz nach dem Abmarsch unter vorrückende russische Einheiten[9]). Außer der Stadt Schneidemühl, die schon seit dem 20. Januar bis auf wenige Tausende von der Bevölkerung geräumt war, konnte sich von den Bewohnern des Netzekreises sowie der Kreise Flatow, Dt. Krone und Friedeberg nur etwa ein Viertel bis ein Drittel der

---

[1]) vgl. die Berichte Bd. I, 1: Nr. 38. Nr. 39, Nr. 40; Bd. I, 2: Nr. 253, S. 517.

[2]) vgl. die Berichte Bd. I, 1: Nr. 38, S. 165; Nr. 39, S. 168; Nr. 40, S. 171.

[3]) Es handelt sich hierbei um die gleiche Massierung von Trecks wie in den benachbarten, zum Warthegau gehörenden Kreisen Kolmar und Czarnikau, von denen oben unter Erster Abschnitt IV, 2, A. die Rede war.

[4]) vgl. die Berichte Bd. I, 1: Nr. 42 und Nr. 43.

[5]) Während es für die alten reichsdeutschen Gebiete Westpreußens ziemlich eindeutig feststeht, daß ca. 80 % der Bevölkerung über die Weichsel gelangte, sind für die weiter südlich gelegenen Gebiete nur sehr ungefähre Feststellungen möglich. Die Flucht der Deutschen verlief dort nahezu unter den gleichen Voraussetzungen wie im nördlichen Teil des Warthegaues. (S. oben Erster Abschnitt IV, 2, A.).

[6]) vgl. die obigen Ausführungen im Ersten Abschnitt IV, 2, A.

[7]) vgl. den Bericht Bd. I, 1: Nr. 45.

[8]) vgl. die Berichte Bd. I, 1: Nr. 47 und Nr. 50.

[9]) vgl. die Berichte Bd. I, 1: Nr. 48 und Nr. 49.

Bevölkerung über die Oder retten[1]). Günstiger lagen die Verhältnisse in den Kreisen Arnswalde, Pyritz und Greifenhagen, die erst in den ersten Februartagen von russischen Truppen erreicht wurden. Über die Hälfte der Bevölkerung konnte aus diesen nahe der Oder gelegenen Kreisen entkommen.

Im Gebiet dieser Kreise kam der russische Vormarsch in Richtung Odermündung schließlich zum Stehen. Er griff zwar noch auf die südlichen Ausläufer der Kreise Stargard, Dramburg, Neustettin und Schlochau über, konnte aber an der unteren Oder keinen Raum mehr gewinnen, da kampffähige deutsche Truppen die Oderübergänge verteidigten, Anfang Februar in Gegenangriffen sogar Geländegewinne erzielen und einen Teil der bereits unter russischer Gewalt stehenden deutschen Bevölkerung befreien konnten[2]). Für Pommern und Westpreußen trat nunmehr eine vierwöchige relative Ruhe ein. Die Front, die sich während des Monats Februar nur wenig veränderte, verlief ungefähr entlang der Linie Graudenz—Zempelburg—Märkisch Friedland—Stargard—Pyritz bis zum nördlichen Zipfel des Kreises Königsberg/Nm.

Innerhalb des Raumes nördlich dieser Linie, der zusätzlich zu den Flüchtlingen aus Ostpreußen und dem *Warthegau* große Teile der Bevölkerung aus Westpreußen und aus südpommerschen Gebieten aufzunehmen hatte, konzentrierte sich die Fluchtbewegung während der folgenden Wochen auf die Stadt und Umgebung von Danzig. Dorthin zog im Monat Februar der Hauptstrom der ostpreußischen Flüchtlinge, die über das Frische Haff gekommen waren. Ungeheure Mengen von Menschen und Fuhrwerken drängten sich auf der schmalen Nehrungstraße zusammen, und schreckliche Szenen der Verzweiflung und Not spielten sich hier ab[3]). Trotz umfangreicher Hilfsmaßnahmen der NSV.-Stellen, des Roten Kreuzes und anderer Organisationen in Kahlberg und Stutthof konnte dem Andrang der Verpflegung und Unterkunft Suchenden sowie der unterwegs Verletzten und Erkrankten nicht annähernd in hinreichendem Maße begegnet werden[4]). Da die Straßen überfüllt waren, wurden viele Flüchtlinge von Kahlberg und Stutthof in Kähnen und Schiffen nach Danzig gebracht[5]), andere warteten in Barackenlagern in Stutthof auf den Weitertransport. Auch in Danzig mußte ein Teil der Flüchtlingsmassen zunächst in Auffanglagern untergebracht werden, da die abfahrenden Schiffe am Hafen ebenso überfüllt waren wie die noch über Stettin nach dem westlichen Reichsgebiet verkehrenden Eisenbahnzüge[6]).

Viele Flüchtlinge aus Ost- und Westpreußen haben sich durch die relativ friedlichen Verhältnisse, die in Danzig und Pommern während des Februar 1945 herrschten, verleiten lassen, in diesen Gebieten zu bleiben. Noch mehr gilt dies für die einheimische Bevölkerung, von der nur sehr ge-

---

[1]) Die im Bericht Bd. I, 1: Nr. 45, S. 188 enthaltene Schätzung, daß nur ca. 25 % der Bevölkerung des Kreises Dt. Krone fliehen konnte, trifft, wie aus zahlreichen unveröffentlichten Berichten hervorgeht, erst recht für den Netzekreis und im allgemeinen auch für die Kreise Flatow und Friedeberg zu.

[2]) vgl. den Bericht Bd. I, 1: Nr. 50.

[3]) vgl. die Berichte Bd. I, 1: Nr. 9, S. 34; Nr. 20, S. 81 f.; Nr. 23, S. 95 f.

[4]) vgl. die Berichte Bd. I, 1: Nr. 23, S. 95 f.; Nr. 76, S. 287 ff.

[5]) vgl. die Berichte Bd. I, 1: Nr. 22 und Nr. 76.

[6]) vgl. Bericht Bd. I, 1: Nr. 23, S. 97 f.

ringe Teile die noch bestehenden Verbindungen nach dem Westen benutzten, um mit der Bahn, zu Schiff oder im Treck in die Gebiete westlich der Oder zu gelangen. Erschwerend wirkte in dieser Beziehung, daß für ganz Pommern und das nördliche Westpreußen die Flucht der Bevölkerung von den Parteibehörden ausdrücklich verboten und teilweise sogar den aus dem Osten kommenden Trecks die Weiterfahrt in Pommern untersagt wurde[1]). Infolgedessen hatte Anfang März, als der russische Großangriff auf Ostpommern und Danzig begann, die Bevölkerung dieser Gebiete keineswegs abgenommen, sondern war durch den Zuzug von Flüchtlingen noch um einige Hunderttausende vermehrt worden. Noch mindestens 2½ Millionen Deutsche, davon über 25 Prozent Flüchtlinge[2]), befanden sich im nörlichen Teil Westpreußens, im Raum um Danzig und in Ostpommern, und nur ein geringer Teil von ihnen vermochte nach Beginn des russischen Angriffs in den ersten Märztagen nach Westen über die Oder zu gelangen.

In den letzten Februartagen begannen die sowjetischen Armeen — unterstützt von der 1. polnischen Armee — gleichzeitig in Westpreußen und in Ostpommern ihre entscheidenden Angriffe zur Gewinnung der Ostseeküste und zur Besetzung des Landes zwischen dem Unterlauf der Weichsel und dem Unterlauf der Oder. Von Süden nach Norden wurde innerhalb von knapp 14 Tagen ganz Ostpommern in Besitz genommen. Die zwei Hauptstöße der sowjetischen Truppen im Raum Ostpommerns führten einerseits aus dem Raum Friedeberg—Arnswalde nach der Odermündung bei Stettin und weiter nordwärts zur Ostseeküste bei Cammin und andererseits aus dem Raum Schneidemühl—Dt. Krone über Neustettin, Bublitz nach der Ostseeküste östlich Köslin. Beide Ziele wurden in kürzester Zeit erreicht, und damit entstand eine für die flüchtende Bevölkerung Pommerns fast aussichtslose Lage. Schon am 1. März standen russische Truppen östlich Köslin an der Ostseeküste, wodurch Ostpommern in zwei Teile gespalten und für alle östlich der Linie Neustettin—Köslin liegenden Kreise die Landverbindung nach Westen abgeschnitten war.

Aber auch für die westliche Hälfte Ostpommerns waren die Fluchtmöglichkeiten sehr zusammengeschrumpft, da die russischen Truppen schon am 3. März die Odermündung bei Stettin erreicht hatten und die wichtigsten Straßen- und Bahnverbindungen, die aus Ostpommern herausführten, versperrt waren. Größer als in anderen ostdeutschen Provinzen war deshalb in Ostpommern die Zahl derjenigen, denen die Flucht nicht mehr gelang, zumal auch in Pommern Räumungsverbote der Partei von einem rechtzeitigen Aufbruch abhielten oder ihn verhinderten[3]). Teils ohne, teils mit Räumungs-

---

[1]) vgl. die Berichte Bd. I. 1: Nr. 36, S. 159 und Nr. 39, S. 169 f.

[2]) Insgesamt lebten in Ostpommern und im Reichsgau Danzig-Westpreußen über 3 Millionen Deutsche, davon rund 900 000 in den Gebieten, die bis Ende Januar 1945 von russischen Truppen besetzt waren. Rechnet man, daß ca. 2—300 000 Flüchtlinge aus Ostpreußen, dem östlichen und südlichen Teil Westpreußens, dem Warthegau und den südlichen Kreisen Pommerns sich in dem während des Monats Februar noch unbesetzten Gebiet um Danzig und in Ostpommern aufhielten, so ergibt sich die Zahl von 2,5 Millionen als Mindestzahl für die Anfang März im unbesetzten Teil Pommerns und Danzig-Westpreußens befindlichen Deutschen.

[3]) vgl. die Berichte Bd. I, 1: Nr. 45, Nr. 46, S. 189 f; Nr. 61, S. 236; Nr. 62, S. 238; Nr. 63, S. 245 f.; Nr. 64, S. 247.

erlaubnis suchten dennoch Hunderttausende aus Pommern den Russen zu entkommen. In der westlichen Hälfte Ostpommerns erreichte die Fluchtwelle, die in den Kreisen Neustettin und Köslin schon in den letzten Februartagen begann, ihren Höhepunkt in den Tagen vom 3.—7. März. Ein Teil der Bevölkerung aus den Kreisen Köslin, Belgard, Dramburg flüchtete zunächst mit dem Treck oder der Eisenbahn in Richtung Kolberg[1]), um von dort aus entweder mit dem Schiff oder an der Ostseeküste entlang über Dievenow nach dem Westen zu kommen[2]).

Auch in den anderen Kreisen zielte die allgemeine Fluchtrichtung nach Norden und Nordosten[3]). Doch in den meisten Fällen waren die russischen Truppen schneller als die durch Verkehrsstauungen gehemmten Fuhrwerke der Zivilbevölkerung. Zahllose Trecks und mehrere mit Flüchtlingen belegte Eisenbahnzüge wurden auf den von Süden nach Norden und Nordosten führenden Straßen und Bahnstrecken bei Belgard und vor Kolberg überrollt[4]). Als schließlich am 3. März der Vorstoß sowjetischer Truppen an die Küste bei Kolberg erfolgte, war abermals für eine große Zahl von Trecks der Weg nach Westen abgesperrt. Manche von ihnen retteten sich nach Kolberg und konnten später während der Belagerung der Stadt über See abtransportiert werden[5]). Immer mehr verengte sich die noch vom Feinde freie nordwestliche Ecke Ostpommerns zwischen Stettiner Haff und Ostseeküste. Am 3. März waren russische Truppen bereits in die Kreise Cammin, Regenwalde und Greifenberg eingebrochen, hatten am 4. März Treptow genommen und auf den Straßen Labes—Schivelbein und Kolberg—Treptow zahllose Flüchtlinge überrascht[6]). Im Schutze deutscher Truppen, die sich ebenfalls in aller Eile von Ost nach West bewegten, gelang es bei der allgemeinen Verwirrung der Lage noch einigen wenigen, die bereits von russischen Vorhuten eingeholt worden waren, die Flucht fortzusetzen[7]). Für die meisten aber war es viel zu spät, um noch dem Feinde zu entrinnen[8]).

Am 7. März waren russisch-polnische Einheiten beiderseits Kolberg bis an die Ostseeküste vorgestoßen, und damit begann die Belagerung der Stadt[9]). Trotz eiligen Abzuges großer Teile der Bevölkerung in westlicher Richtung an der Küste entlang über Treptow[10]) befanden sich z. Zt. der Einschließung noch ca. 80 000 Menschen in Kolberg, von denen über die Hälfte Flüchtlinge aus den Kreisen Köslin und Belgard waren. Dank der zähen Verteidigung gelang es aber bis zur Einnahme der Stadt (18. März) 70 000 Menschen über See abzutransportieren[11]). Nur einige Tausende blieben zurück[12]).

---

[1]) vgl. die Berichte Bd. I, 1: Nr. 51, Nr. 57 und Nr. 61, S. 236.
[2]) vgl. die Berichte Bd. I, 1: Nr. 57, Nr. 58, Nr. 59.
[3]) vgl. die Berichte Bd. I, 1: Nr. 52 und Nr. 56.
[4]) vgl. die Berichte Bd. I, 1: Nr. 51, S. 203 und Nr. 61, S. 237.
[5]) vgl. die Berichte Bd. I, 1: Nr. 62 und Nr. 63.
[6]) vgl. die Berichte Bd. I, 1: Nr. 56 und Nr. 58.
[7]) vgl. den Bericht Bd. I, 1: Nr. 56.
[8]) vgl. den Bericht Bd. I, 1: Nr. 60.
[9]) Ausführlich geschildert im Bericht Bd. I, 1: Nr. 62.
[10]) vgl. die Berichte Bd. I, 1: Nr. 57, S. 224 und Nr. 62, S. 238 f.
[11]) vgl. den Bericht Bd. I, 1: Nr. 62, S. 244.
[12]) vgl. den Bericht Bd. I, 1: Nr. 63.

Ehe Kolberg fiel, war auch der letzte Durchschlupf nach Westen an der Ostseeküste bei Dievenow geschlossen worden. Bis zum 10. März hatte dort noch ein schmaler Streifen unmittelbar am Ostseestrand gehalten werden können, durch den noch Tausenden von Menschen der Übergang auf die Insel Wollin oder der Abtransport zu Schiff nach Swinemünde ermöglicht wurde[1]).

Indessen hatte sich im östlichsten Zipfel Pommerns eine Fluchtbewegung in entgegengesetzter Richtung vollzogen. Für die Bevölkerung der Kreise Rummelsburg, Bütow, Schlawe, Stolp und Lauenburg bestand, seitdem die Russen am 1. März die Ostsee bei Köslin erreicht hatten, keine Möglichkeit mehr, auf dem Landweg nach Westen zu gelangen. Und auch alle Flüchtlinge, die von Ostpreußen, Westpreußen oder Danzig her sich in diesem Gebiet auf dem Wege nach Westen befanden, mußten kehrtmachen und nach Osten auszuweichen versuchen. Denn den einzigen Ausweg konnten jetzt nur die pommerschen Häfen Stolpmünde und Leba und vor allem die Häfen von Gdingen und Danzig bieten[2]).

Da die sowjetischen Truppen gleichzeitig mit dem Angriff auf Pommern auch in Westpreußen nach Norden vorstießen und in die Kreise Konitz, Pr. Stargard und Berent eindrangen, wurde in den ersten Märztagen eine Massenflucht von Süden, Südwesten und Westen in den Raum um Danzig ausgelöst. Völlig rat- und hilflos irrte die mit ihren Fahrzeugen treckende bäuerliche Bevölkerung umher. In der Mehrzahl konnte sie sich nicht entschließen, die Trecks zu verlassen und sich von ihren letzten Habseligkeiten zu trennen, um noch über See zu entkommen. So wurden besonders in der Gegend von Stolp unzählige ostpreußische, westpreußische und pommersche Trecks von den sowjetischen Truppen überrollt[3]).

Da die Russen bereits am 5. März nach Bütow eindrangen, am 8. März Stolp und die Hafenstadt Stolpmünde besetzten und schon am 9. und 10. März auch Leba und Lauenburg erreichten und die Räumungserlaubnis für die Bevölkerung meist erst 24 Stunden vorher gegeben wurde[4]), begann in diesen Tagen eine wilde überstürzte Flucht, mit Zügen, Kraftwagen und zu Fuß nach dem Gebiet von Danzig. Bald waren alle Straßen verstopft und in den ostpommerschen Kreisen Stolp und Lauenburg sowie in den westpreußischen Kreisen Neustadt und Karthaus entstand eine heillose Verwirrung[5]).

Einem sehr großen Teil der Bevölkerung des Landes sowie der Städte gelang es jedoch nicht mehr zu entkommen. Selbst dort, wo die Zeit noch ausgereicht hätte, hinderten entweder völlige Ermattung nach wochenlanger Flucht oder die Furcht vor dem gefahrvollen Seewege viele, die letzte Chance zu ergreifen. Die Versenkung mehrerer Flüchtlingsschiffe, vor allem der „Wilhelm Gustloff", die von Danzig kommend am 30. Januar vor Stolpmünde von russischen U-Booten versenkt worden war und über 5 000 Flüchtlinge in der Ostsee begrub[6]), schreckte manche Flüchtlinge von der Besteigung

[1]) vgl. die Berichte Bd. I, 1: Nr. 56 und Nr. 59.
[2]) vgl. z. B. die Berichte Bd. I, 1: Nr. 64, S. 250; Nr. 71, S. 273; Nr. 88, S. 336.
[3]) vgl. die Berichte Bd. I, 1: Nr. 18, S. 76; Nr. 39, S. 168 f.; Nr. 40, S. 173; Nr. 65, S. 256 ff.; Nr. 66, S. 261.
[4]) vgl. die Berichte Bd. I, 1: Nr. 64, S. 247; Nr. 65, S. 258; Nr. 69, S. 267.
[5]) vgl. die Berichte Bd. I, 1: Nr. 64 — Nr. 74.
[6]) vgl. Heinz Schön: Der Untergang der ‚Wilhelm Gustloff', Göttingen 1952.

der Schiffe ab[1]). In den Städten Stolp, Bütow, Lauenburg und in den Landgemeinden blieben viele Tausende zurück und erlebten bald die Schrecken des russischen Einmarsches[2]). Von den kleinen pommerschen Häfen von Stolpmünde und Leba fuhren vor der Besetzung durch die Russen nur noch wenige Schiffe ab, und zahlreiche Flüchtlinge warteten vergeblich auf einen Abtransport nach dem Westen, bis die Russen von Land her diese Häfen in Besitz nahmen[3]). Mit Ausnahme von Kolberg, das bis zum 18. März verteidigt wurde, war am 10. März ganz Ostpommern von der Roten Armee besetzt.

Der Ring um Danzig wurde inzwischen immer enger. In Gdingen und Danzig waren die Kais überfüllt von Menschen, die die Gefahr eines Seetransportes der Auslieferung an die Russen vorzogen und sehnlichst auf die Ankunft von Schiffen warteten.

Aller verfügbare Schiffsraum wurde nach den Häfen von Danzig, Gdingen und Hela beordert, selbst in Pillau wurde der Abtransport von Flüchtlingen vorübergehend eingestellt[4]), um vor der drohenden Einnahme Danzigs und Gdingens möglichst viele der Hunderttausende aus Ostpreußen, Westpreußen und Pommern abzutransportieren, die sich in dem Küstengebiet der Danziger Bucht, vor allem in Danzig selbst zusammengedrängt hatten[5]). Täglich legten Transportschiffe in den Häfen von Danzig und Gdingen an und brachten Flüchtlinge nach dem Westen, doch immer noch strömten neue Menschen hinzu[6]). So zogen, nachdem Mitte März die deutsche Bevölkerung von Gdingen fast restlos auf Schiffe verladen worden war, in den folgenden Tagen Flüchtlinge aus Westpreußen, Ostpreußen und Pommern in großer Zahl in die leergewordenen Wohnungen ein[7]).

Am 22. März gelang den sowjetischen Truppen zwischen Danzig und Gdingen der Durchbruch an die Küste. Damit begann der Endkampf um diese beiden „Festungen".

Am 25. März wurden von Oxhöft, nördlich von Gdingen, als die Russen bereits in der Nähe waren, noch einmal ca. 35 000 Soldaten und Flüchtlinge in Booten und Pontons nach Hela übergeführt. Nur wenige Tausende blieben zurück[8]).

Nachdem am 25. März die Hafenanlagen von Danzig und Gdingen gesprengt, der Schiffsverkehr eingestellt worden war, mußten viele Tausende in Danzig zurückbleiben, das am 27. März von den Russen besetzt wurde. Knapp eine halbe Million Menschen hatte sich in den Märzwochen in Danzig befunden[9]), und höchstens die Hälfte von ihnen war in den letzten Tagen noch zu Schiff nach dem westlichen Reichsgebiet oder mit Fähren nach Hela gebracht worden. Ca. 200 000 Einheimische und Flüchtlinge, die in Danzig

[1]) vgl. dazu z. B. Bericht Bd. I, 1: Nr. 64, S. 250.
[2]) vgl. die Berichte Bd. I, 1: Nr. 66 — Nr. 70.
[3]) vgl. die Berichte Bd. I, 1: Nr. 65, Nr. 67, Nr. 70.
[4]) s. oben Erster Abschnitt IV, 2, b, S. 39 E.
[5]) Über die Menschenansammlungen in der Stadt und am Hafen von Gdingen vgl. die Berichte Bd. I, 1: Nr. 64, S. 255 und Nr. 81, S. 307 ff. Über Danzig vgl. Bericht Bd. I, 1: Nr. 75, S. 281 f.
[6]) vgl. Bericht Bd. I, 1: Nr. 75.
[7]) vgl. Bericht Bd. I, 1: Nr. 81, S. 308.
[8]) vgl. Bericht Bd. I, 1: Nr. 81, S. 310.
[9]) vgl. die Berichte Bd. I, 1: Nr. 75, S. 281 und Bd. I, 2: Nr. 241, S. 456.

und den Städten Zoppot und Gdingen Unterschlupf gesucht hatten, erlebten dort schreckensvolle Szenen beim Eindringen der sowjetischen Truppen, nachdem sie bereits Wochen schwerer Luftangriffe hinter sich hatten[1]).

Nach dem Fall der *Festung Danzig-Gotenhafen* blieben bis zur Kapitulation des Reiches noch Hela und ein schmaler Küstenstreifen an der Weichselniederung bei Schiewenhorst als letzte Ausgangspunkte für den Seetransport von Flüchtlingen. Begünstigt durch ihre natürliche Lage, konnten sich die beiden Plätze bis Kriegsende halten. Zehntausende von Flüchtlingen und Soldaten befanden sich in dem kleinen Raum an der Weichselniederung um Schiewenhorst und Nickelswalde, und sie wurden fast sämtlich im Laufe der Monate April/Mai mit Kähnen und Fähren nach Hela übergesetzt[2]). Der in die Danziger Bucht hineinragende Zipfel der schmalen Nehrung mit dem Dorf und Hafen Hela wurde das Zentrum der letzten Seetransporte in den Monaten April/Mai 1945.

Von Oxhöft im Westen, von der Weichselmündung (Schiewenhorst—Nickelswalde) und Kahlberg im Süden und von Pillau im Osten trafen Marinefahrzeuge, Boote und Frachtschiffe ein und brachten Soldaten und Flüchtlinge in unablässiger Folge. Zu den über 100 000 Menschen, die bereits im März nach Hela gelangt waren, kamen im April noch 265 000 hinzu[3]). Ständige russische Luftangriffe riefen nicht nur hohe Verluste unter den in Hela unvorstellbar dicht zusammengedrängten Soldaten und Zivilisten hervor, sondern erschwerten auch den Abtransport auf das äußerste[4]). Es war eine beachtliche Leistung, daß es dennoch gelang, die überwiegende Zahl dieser Menschen über See nach Schleswig-Holstein oder Dänemark zu schaffen. Im Monat April allein waren es 387 000 Menschen, die Hela auf dem Seewege verließen[5]). Die letzten Schiffe mit über 40 000 Soldaten und Flüchtlingen gingen am 6. Mai von Hela ab. 60 000 Menschen blieben zurück, die Mehrzahl von ihnen Angehörige der Wehrmacht[6]).

Insgesamt waren aus der Danziger Bucht und von den ostpommerschen Häfen von Ende Januar bis Ende April rund 900 000 Flüchtlinge nach Westen verschifft worden[7]). Demgegenüber ist die Zahl derer, die in den ersten Märztagen noch auf dem Landweg aus Pommern herausgelangten, weitaus niedriger. Sie wird kaum mehr als 200 000—300 000 betragen haben.

Ein weitaus größerer Teil der einheimischen deutschen Bevölkerung als in Ostpreußen mußte in Ostpommern, im Raum um Danzig und in West-

---

[1]) vgl. die Berichte Bd. I, 1: Nr. 22, S. 89; Nr. 77, S. 294; Nr. 78, Nr. 79 und Bd. I, 2: Nr. 241, S. 457 f.

[2]) Über den Abtransport über die Weichselmündung nach Hela vgl. die Berichte Bd. I, 1: Nr. 76, S. 289; Nr. 77, S. 295.

[3]) vgl. Bericht Bd. I, 1: Nr. 83, S. 321.

[4]) Ausführliche Berichte über die Zustände in Hela sind abgedruckt Bd. I, 1: Nr. 80 — Nr. 83.

[5]) vgl. Bericht Bd. I, 1: Nr. 83, S. 321.

[6]) vgl. Bericht Bd. I, 1: Nr. 83, S. 323.

[7]) Nach den Aufzeichnungen des Stadtbürodirektors Kaftan aus Pillau (Dokumentensammlung), denen die Lageberichte des deutschen Marineoberkommandos-Ost über die Schiffstransporte in der Ostsee zugrunde liegen.

preußen trotz unermüdlichen Einsatzes der Kriegsmarine zurückbleiben. Etwa 1,5 bis 2 Millionen Deutsche, von denen viele Tausende aus Ostpreußen stammten, gerieten hier unter russische Herrschaft.

d. Die Flucht der schlesischen Bevölkerung.

Die Tatsache, daß ca. 40 Prozent aller jenseits der Oder-Neiße seßhaft gewesenen Deutschen aus Schlesien stammten, verleiht dem Vertreibungsschicksal der Schlesier im Hinblick auf den Gesamtvorgang der Vertreibung ein besonderes Gewicht.

Zu Anfang des Jahres 1945 lebten in Schlesien (i. d. Grenzen von 1937) rund 4,7 Millionen Menschen deutscher Staatsangehörigkeit. Unter ihnen war auch eine kleine Bevölkerungsgruppe, besonders in Oberschlesien, deren Angehörige sich entweder als Polen fühlten, polnisch sprachen oder polnischer Herkunft waren und deshalb den Einfall der Roten Armee weniger befürchteten und in der Folgezeit tatsächlich von Russen und Polen anders behandelt wurden als die Masse der deutschen Bevölkerung. Dieser Bevölkerungsgruppe im westlichen Teil Oberschlesiens kamen in Ostoberschlesien, das seit 1921 zum polnischen Staat gehört hatte, die Personen deutscher Volkszugehörigkeit und Sprache etwa gleich[1]). Sie wurden von der Vertreibung in gleicher Weise betroffen wie die deutsche Bevölkerung der ostdeutschen Reichsgebiete und müssen deshalb auch bei der Betrachtung des Fluchtverlaufs in Schlesien miteinbegriffen werden.

Für die Flucht der schlesischen Bevölkerung war es von besonderer Bedeutung, daß sie im allgemeinen unter günstigeren Bedingungen stattfand als die Flucht anderer Teile der ostdeutschen Bevölkerung. Anders als die westpolnischen Gebiete, als Ostpreußen, Ostpommern und Ostbrandenburg konnte Schlesien nicht im Handstreich überrollt werden, und außerdem blieb für die schlesische Bevölkerung bis zuletzt die Möglichkeit zur Flucht auf dem relativ unbehinderten Weg in das schlesisch-böhmische Gebirge oder hinüber nach Böhmen und Mähren offen. — Die Überrollung von Trecks, die Einschließung in Kessel und die Versperrung der Fluchtwege, die in so vielen Fällen das Fluchtschicksal der deutschen Bevölkerung aus Ostpreußen, Pommern, Brandenburg und den polnischen Gebieten besiegelte, ist auch in Schlesien oft genug vorgekommen, hat aber dort nicht in gleicher Weise den Verlauf der Fluchtbewegung bestimmt.

Die Evakuierung bzw. Flucht der schlesischen Bevölkerung verlief in einzelnen aufeinanderfolgenden Wellen, die, vom Vordringen der Russen bestimmt, jeweils verschiedene Landesteile ergriffen.

Die erste große Fluchtwelle brach in den Tagen vom 19.—25. Januar los. Sie berührte das ganze Gebiet östlich der Oder vom Industriegebiet im

---

[1]) Diese Entsprechung zwischen dem Anteil der polnischen Bevölkerung im deutschen Teil Oberschlesiens und dem Anteil der deutschen Bevölkerung in Ostoberschlesien war in gewisser Weise die Grundlage gewesen für die nach der oberschlesischen Volksabstimmung am 20. März 1921 erfolgte Aufteilung Oberschlesiens zwischen Deutschland und Polen.

äußersten Südosten bis in den Kreis Grünberg an der schlesisch-brandenburgischen Grenze. In diesem sich längs des rechten Oderufers hinziehenden Teil Schlesiens lebten rund 1½ Millionen Deutsche: die knappe Hälfte davon in den vorwiegend ländlichen Kreisen Niederschlesiens und im Reg.-Bez. Oppeln und die übrigen in dem flächenmäßig kleinen, aber vorwiegend städtischen Industriebezirk um Kattowitz, Beuthen, Gleiwitz und Hindenburg. In das ausgedehnte ländliche Gebiet rechts der Oder und in das städtisch-industrielle Revier an der Südostecke Schlesiens, stießen die russischen Truppen gleichzeitig in den Tagen vom 19—25. Januar vor.

Im ostoberschlesischen Industriegebiet waren lediglich Frauen mit kleinen Kindern zur Evakuierung aufgerufen und mit der Eisenbahn abtransportiert worden, als die Front näher kam. Für alle anderen, besonders die in der Industrie und Verwaltung Beschäftigten, bestand das strikte Gebot der oberschlesischen Gauleitung, daß niemand seinen Wohnort verlassen dürfe, damit die Produktion in vollem Umfange aufrecht erhalten werden könne [1]). Dennoch machten sich in den Tagen um den 20. Januar, als die sowjetischen Truppen immer näher an Kattowitz, Beuthen, Gleiwitz und Hindenburg heranrückten, noch zahlreiche Deutsche auf und suchten vor allem mit der Eisenbahn, teilweise auch mit Lastkraftwagen nach Westen zu gelangen. Nachdem erste russische Einheiten am 22. Januar zwischen Brieg und Ohlau die Oder überschritten hatten, war der Zugverkehr aus dem Industriegebiet über Breslau nach Westen auf allen Hauptstrecken gesperrt, und so blieb nur noch die Möglichkeit, über die südliche Strecke Ratibor—Neiße zu fliehen. Auch hier reichten die Züge aber schon bald nicht aus, um die nach Westen strebenden Menschen befördern zu können. Entlang der ganzen Südstrecke waren die Bahnhöfe von Ratibor bis Schweidnitz und Liegnitz von Menschen aus Oberschlesien überfüllt, und manche Entfernung mußte zu Fuß zurückgelegt werden [2]). Viele der Flüchtlinge aus dem Industriegebiet begaben sich in die Grenzgebirge oder nach dem Sudetenland, andere setzten die Fahrt bis nach Sachsen, Thüringen und in das westliche Reichsgebiet fort, um dort bei Verwandten oder Bekannten Unterkunft zu finden.

Obwohl unzählige Einwohner das ostoberschlesische Industriegebiet inzwischen verlassen hatten, befanden sich mehrere Hunderttausende von Deutschen, der größte Teil der Polen und der polnisch sprechenden Oberschlesier nach dort, als sowjetische Truppen in den letzten Januartagen die Städte Kattowitz, Gleiwitz, Beuthen, Hindenburg und damit den Hauptteil der oberschlesischen Zechen und Industrieanlagen in Besitz nahmen. Besonders die in der Industrie tätigen Menschen hatten sich meist dem Befehl zum Dableiben nicht entziehen können, und viele von ihnen förderten unter der Erde noch Kohlen, als oberhalb schon um die Zechenanlagen gekämpft wurde [3]). Insgesamt mögen es eine halbe Million Deutsche

---

[1]) vgl. das Dokumentenwerk ‚Die Tragödie Schlesiens 1945/46‘, S. 58; ferner: Bericht Bd. I, 2: Nr. 213, S. 313.

[2]) vgl. Bericht Bd. I, 1: Nr. 107, S. 406.

[3]) vgl. ‚Die Tragödie Schlesiens‘, S. 58 und S. 111.

gewesen sein, die freiwillig zurückblieben oder zurückbleiben mußten[1]). Vielen von denen, die Polnisch sprechen oder wenigstens verstehen konnten und mit den gleichfalls im oberschlesischen Industriegebiet arbeitenden Polen eng zusammengelebt hatten, mag die Zuversicht auf die im Alltag erprobte Verständigungsmöglichkeit den eigenen Entschluß zum Bleiben gestärkt haben. Aber der Einmarsch der Russen, der in Oberschlesien ein besonders schweres Schicksal über die deutsche Bevölkerung brachte, hat alle darauf gegründeten Hoffnungen zunichte gemacht[2]).

Anders als im oberschlesischen Industrierevier hat von der Bevölkerung in den östlich der Oder gelegenen Landkreisen Ober- und Niederschlesiens nur ein sehr geringer Teil den Einzug der Roten Armee in seiner Heimat erlebt. Durchziehende Trecks aus dem Warthegebiet[3]) hatten schon seit Tagen die Kunde von dem bedrohlichen Ansturm der Roten Armee gebracht. Aber erst am 19., 20. und 21. Januar wurde — meist auf Drängen der Militärbefehlshaber — mit der Evakuierung begonnen, und mitunter drangen schon 24 Stunden nach dem Räumungsbefehl die ersten russischen Truppen ein. Dennoch blieben von den rund 700 000 Einwohnern der zwischen Oppeln und Glogau östlich der Oder gelegenen Kreise höchstens 100 000 in ihren Wohnorten zurück[4]).

Nachdem die Räumungsbefehle ergangen waren, stürmte die Masse der Bevölkerung, mit Ausnahme der älteren Leute, von denen viele freiwillig zurückblieben[5]), die Eisenbahnzüge, Omnibusse und Kraftfahrzeuge, die zum Abtransport zur Verfügung standen. Da diese nicht ausreichten, mußten große Teile der städtischen Bevölkerung mit nur wenig Gepäck auf die verfügbaren Fuhrwerke verteilt[6]) und zusammen mit den Trecks der Landgemeinden in Marsch gesetzt werden.

Für die einzelnen Kreise östlich der Oder wurden Aufnahmekreise auf der anderen Oderseite bestimmt. Da man daran glaubte, daß die Oder den russischen Truppen für längere Zeit Halt bieten würde, wurde die evakuierte Bevölkerung zunächst in relativ nahe gelegene Kreise längs des linken Oderufers untergebracht, in die Gegend von Liegnitz, Goldberg, Schweidnitz oder in andere Kreise auf dem linken Oderufer[7]). Als die militärische Führung die Evakuierung einer 20-km-Zone hinter der Oderfront durchsetzte und später die Kampfhandlungen auch auf diese Gebiete übergriffen, er-

---

[1]) Eine statistische Erfassung ist dafür zwar z. Zt. noch nicht möglich, aber die Vielzahl individueller Berichte mit Schätzungen und teilweise konkreten Zahlenangaben erlaubt den Schluß, daß etwa die Hälfte der deutschen Bevölkerung des oberschlesischen Industriegebietes zurückblieb. vgl. z. B. den in ‚Tragödie Schlesiens' unter Nr. 14 abgedruckten Bericht mit der Angabe, daß allein in der Stadt Hindenburg (1939: 126 000 Einwohner) 30 000 Männer von den Russen interniert worden seien.

[2]) Über den Einmarsch der Russen in das oberschlesische Industriegebiet vgl. die Berichte Bd. I, 2: Nr. 213 und Nr. 214. — s. auch die in ‚Tragödie Schlesiens', S. 147 — S. 168 abgedruckten Berichte.

[3]) vgl. die Berichte Bd. I, 1: Nr. 109, S. 414; Nr. 110, S. 418; Nr. 112, S. 420; Nr. 113, S. 426; Nr. 115, S. 431.

[4]) Der Anteil der Zurückgebliebenen betrug durchschnittlich nicht mehr als 10 Prozent. In einigen Kreisen war er niedriger, vgl. die Berichte Bd. I, 1: Nr. 109, S. 415 und Nr. 110, S. 418.

[5]) vgl. die Berichte Bd. I, 1: Nr. 110, S. 418 und Nr. 111, S. 420.

[6]) vgl. Bericht Bd. I, 1: Nr. 112, S. 420.

[7]) vgl. die Berichte Bd. I, 1: Nr. 111, S. 419; Nr. 112, S. 420 f.; Nr. 113, S. 427.

folgte dann der Weitertransport entweder nach Sachsen[1]) oder über das Gebirge nach dem Sudetenland und ins Innere Böhmens[2]).

Innerhalb von 4—5 Tagen wurden die Kreise Glogau-Land, Fraustadt, Guhrau, Wohlau, Militsch, Trebnitz, Groß Wartenberg, Oels, Namslau, Kreuzberg, Rosenberg sowie die östliche Hälfte der Kreise Oppeln und Brieg von dem überwiegenden Teil der Bevölkerung geräumt und dadurch die verfügbaren Transportmittel und die Straßen aufs äußerste beansprucht. Um die Flüchtlingsnot zu lindern, die durch die winterliche Kälte noch verschärft wurde, wurden hier und dort in den Durchmarsch-Gebieten provisorische Verpflegungsstationen[3]) errichtet, doch der Andrang ging bald schon über deren Kräfte.

Mit der Räumung des rechten Oderufers hatte die erste große Fluchtwelle noch kein Ende gefunden. Denn die russischen Truppen, die in den letzten Januartagen auf die Oder vorstießen, bedrohten nicht nur zahlreiche ländliche Kreise Nieder- und Oberschlesiens, sondern vor allem auch Breslau, die Hauptstadt Schlesiens, mit ihren über 500 000 Einwohnern[4]). Als am 20./21. Januar die ersten russischen Truppen in die Kreise Groß-Wartenberg, Oels und Trebnitz eingedrungen waren und in Breslau bereits der Geschützdonner zu hören war, wurden alle Frauen, Kinder, Kranke und Alte dringend aufgefordert, die Stadt zu verlassen, und alle verfügbaren Organisationen zur Räumung der Stadt aufgeboten[5]). Da die Züge und Kraftfahrzeuge zum Abtransport nicht ausreichten, mußten über 100 000 Menschen, meist Frauen, die Stadt zu Fuß verlassen[6]). Viele Kilometer zogen sie mit nur wenigem Handgepäck während härtester Kälte auf den Landstraßen nach Südwesten und Westen, und manche, die durch die Kälte, die harten Strapazen und die Überfüllung aller Transportmittel mutlos geworden waren, kehrten heimlich wieder nach Breslau zurück. Als die russischen Truppen Mitte Februar den Ring um das zur Festung erklärte Breslau geschlossen hatten, waren noch ca. 200 000 Zivilpersonen in der Stadt[7]), die in der folgenden langen Belagerungszeit durch Luftangriffe und Kampfhandlungen Schweres zu erleiden hatten[8]) und von denen schätzungsweise 40 000 umgekommen waren, als die Stadt am 6./7. Mai kapitulierte[9]).

---

[1]) vgl. die Berichte Bd. I, 1: Nr. 112, S. 421 f. und Nr. 115, S. 431.

[2]) vgl. die Berichte Bd. I, 1: Nr. 109, S. 415 und Nr. 110, S. 418.

[3]) vgl. Bericht Bd. I, 1: Nr. 124, S. 456.

[4]) Im Januar 1945 zählte Breslau nur noch 527 000 Einwohner gegenüber 592 000 im März 1944 (vgl. ‚Statistische Berichte', Arb.-Nr. VIII/19/1, S. 26). Über 60 000 Menschen, vor allem Frauen und Kinder, waren bereits in das mittlere Reichsgebiet evakuiert worden, zumal Breslau schon im Herbst 1944 zur Festung erklärt worden ist.

[5]) vgl. ‚Die Tragödie Schlesiens', S. 51 und S. 123.

[6]) vgl. Bericht Bd. I, 1: Nr. 119, S. 442.

[7]) Die Angabe über die Zahl der Zivilpersonen, die während der Belagerung noch in Breslau waren, schwanken zwischen 150 000 und 250 000 (vgl. Bericht Bd. I, 1: Nr. 119, S. 442, Anm. 2). Die Zahl von 200 000 stellt somit einen Mittelwert der verschiedenen Angaben dar.

[8]) vgl. die „Tragödie Schlesiens", S. 51 — S. 58 und S. 124 ff.; ferner den ausführlichen Erlebnisbericht über die Belagerung Breslaus, der unter dem Titel ‚Breslau 1945. Schicksal einer Stadt' in den ‚Breslauer Nachrichten' 1950, Nr. 29 — Nr. 34 veröffentlicht worden ist.

[9]) vgl. ‚Die Tragödie Schlesiens', S. 57.

Noch waren auf den Straßen und Bahnlinien, die aus dem Industriegebiet, aus Breslau und aus den Kreisen östlich der Oder nach Süden und Westen führten, mit Flüchtlingen überfüllte Züge und endlose Trecks nach dem Sudetenland und nach Sachsen unterwegs, als am 8. Februar auch westlich der Oder weite schlesische Gebiete in das Kampfgeschehen einbezogen und neue Fluchtbewegungen ausgelöst wurden.

Nach einer kurzen Kampfpause an der Oderfront während der ersten Februartage gingen die sowjetischen Armeen am 8. Februar beiderseits Breslau mit starken Kräften zum Angriff über, erreichten trotz erbitterter deutscher Gegenwehr in einer Zangenbewegung aus den Brückenköpfen bei Brieg und Steinau die Einschließung der Hauptstadt, stießen über den Bober nach Westen vor und besetzten nach heftigen Kämpfen bis Ende des Monats einen breiten Streifen westlich der Oder zwischen den Einmündungen der Glatzer und der Lausitzer Neiße.

Im Verlauf dieser Kämpfe war es den russischen Truppen im Süden und Westen von Breslau gelungen, bis nach Grottkau, Strehlen, Striegau und Jauer vorzustoßen. Die Bevölkerung aus den Bezirken längs der Oder war z. T. schon vorher evakuiert worden[1]). Sofern sie noch zurückgeblieben war, geriet sie mancherorts in die heftigen Kämpfe hinein. Besonders im Kreise Neumarkt, der schon von den Kämpfen um den Steinauer Brückenkopf erfaßt worden war, sowie in den Kreisen Ohlau, Brieg, Grottkau und Strehlen kam es zu erbitterten Gefechten, und manche Orte wechselten mehrmals ihren Besitzer. Dennoch gelang einem großen Teil der Bevölkerung dieser Gegenden noch in letzter Minute die Flucht. Aus dem Landkreis Breslau konnte der überwiegende Teil der Bevölkerung rechtzeitig im Treck ins Glatzer Bergland fliehen[2]). Im Kreis Neumarkt waren es nur 10—15 Prozent der Einwohner, die meist freiwillig zurückblieben[3]), der Hauptteil war mit der Eisenbahn, mit Autobussen oder Trecks nach dem Gebirge oder nach Böhmen gebracht worden[4]); viele fuhren selbständig nach Sachsen oder Thüringen.

Die Einwohner der Städte Strehlen, Schweidnitz, Striegau und Jauer wurden ebenfalls von dieser Fluchtwelle erfaßt und schlossen sich dem Flüchtlingsstrom nach Süden ins Glatzer Bergland oder hinüber nach Böhmen an. Die Räumungserlaubnis wurde hier jedoch durch die Parteibehörden teilweise so sehr verzögert, daß viele Tausende aus den Städten und Dörfern nicht mehr rechtzeitig aufbrechen konnten. Am schlimmsten wurde die Bevölkerung der Stadt Striegau betroffen, wo 15 000 Menschen (d. i. die Hälfte der Einwohner) noch in der Stadt waren, als diese am 13. Februar von den Russen besetzt wurde[5]).

Bis Anfang Mai blieb im Raum südwestlich von Breslau die Front vor den Ausläufern des Gebirges auf der Linie Strehlen—Zobten—Striegau stehen. Striegau konnte Mitte März sogar von deutschen Truppen zurückerobert werden, wobei allerdings von den zurückgebliebenen Einwohnern nur noch die Getöteten aufgefunden wurden; die anderen waren in rückwärtige

[1]) vgl. die Berichte Bd. I, 1: Nr. 120, S. 446; Nr. 121, S. 450; Nr. 123, S. 453 f.; Nr. 124, S. 456.

[2]) vgl. die Berichte Bd. I, 1: Nr. 120 — Nr. 122.

[3]) vgl. Bericht Bd. I, 1: Nr. 123, S. 454.

[4]) vgl. die Berichte Bd. I, 1: Nr. 123 — Nr. 125.

[5]) vgl. Bojanowski-Bosdorf: Striegau. Schicksal einer schlesischen Stadt, 1951, S. 55.

russisch-besetzte Gebiete vertrieben[1]). Mehr noch als im Frontabschnitt südlich Breslau hatten die sowjetischen Truppen im westlichen Niederschlesien, im Reg.-Bez. Liegnitz, während des Angriffs Mitte Februar Boden gewonnen. Trotz verzweifelter deutscher Gegenangriffe am Bober waren russische Einheiten vom 8.—25. Februar bis an die Lausitzer Neiße gestoßen und hatten selbst im Kreis Görlitz eine überstürzte Evakuierung und Flucht der Bevölkerung ausgelöst[2]). Görlitz und Umgebung fielen zwar erst Anfang Mai in russische Hand, aber die weiter nördlich und östlich gelegenen Gebiete zwischen Oder und Lausitzer Neiße mit den Städten Liegnitz, Goldberg, Löwenberg, Bunzlau, Sprottau einschließlich des südbrandenburgischen Kreises Sorau waren im Februar sämtlich von den Russen besetzt worden[3]). Nur Glogau, das nach nahezu vollständiger Evakuierung der Zivilbevölkerung am 12. Februar eingeschlossen wurde, hielt sich noch bis Ende März. Auch in der Stadt Grünberg konnte die Mehrzahl der Einwohner rechtzeitig mit Eisenbahnzügen und Treckkolonnen aufbrechen. Von ca. 35 000 Einwohnern blieben etwa 4 000 in der Stadt zurück[4]). In Liegnitz dagegen, nach Görlitz der größten Stadt in diesem Gebiet[5]), waren es immerhin ca. 20 000 Menschen, d. i. etwa ein Viertel der Bevölkerung, die sich noch in der Stadt aufhielten, als diese am 10. Februar von sowjetischen Truppen genommen wurde[6]).

Die Schnelligkeit, mit der die Rote Armee im Bereich des Regierungsbezirkes Liegnitz den Landstrich zwischen Oder und Neiße überwand, erschwerte die Flucht der Bevölkerung sehr. Nachteilig wirkte ferner, daß in diesem Gebiet Zehntausende von Flüchtlingen aus den östlich der Oder gelegenen Kreisen Fraustadt, Guhrau, Wohlau, Militsch u. a. untergebracht oder auf dem Durchzug nach Sachsen waren[7]). Da Niederschlesien zudem keine so ausgesprochen ländlich-agrarische Struktur wie etwa Pommern und Ostpreußen hatte, fehlte es selbst in den Dörfern an Fuhrwerken zur Zusammenstellung von Trecks. Dazu kam wie überall die Überbeanspruchung der Eisenbahn und der motorisierten Transportmittel[8]). So erklärt es sich, daß hier viele Tausende zurückblieben und manche Trecks noch unterwegs überrollt wurden. Es kann angenommen werden, daß im Westabschnitt des Reg.-Bez. Liegnitz durchschnittlich ein Viertel der Be-

---

[1]) vgl. Bojanowski-Bosdorf: Striegau. Schicksal einer schlesischen Stadt, S. 68 f. und S. 88 — S. 92.

[2]) vgl. Bericht Bd. I, 1: Nr. 133, S. 486.

[3]) Über die Flucht der Bevölkerung aus dem Kreis Sorau vgl. Bericht Bd. I, 1: Nr. 132.

[4]) vgl. Bericht Bd. I, 2: Nr. 221, S. 349.

[5]) Nach ‚Statistische Berichte', Arb.-Nr. VIII/19/1, S. 26, zählte Liegnitz im Januar 1945 76 000 Einwohner, zu denen noch etwa 10 000 Flüchtlinge hinzugerechnet werden müssen, die Ende Januar/Anfang Februar nach Liegnitz strömten. Liegnitz war z. B. Aufnahmekreis für die Bevölkerung des östlich der Oder gelegenen Kreises Militsch, vgl. Bericht Bd. I, 1: Nr. 112, S. 420 f.

[6]) Über den Einmarsch der Russen in Liegnitz vgl. Bericht Bd. I, 1: Nr. 127.

[7]) vgl. die Berichte Bd. I, 1: Nr. 112 — Nr. 115.

[8]) vgl. z. B. die Berichte Bd. I, 1: Nr. 112, S. 420; Nr. 113, S. 427; Nr. 127, S. 467; Nr. 132, S. 480.

völkerung nicht mehr rechtzeitig fliehen konnte oder freiwillig zurückblieb und das schwere Schicksal des Einzuges der sowjetischen Truppen erlebte[1]).

Von denen, die sich nach Sachsen aufgemacht hatten, gerieten ungezählte Tausende, die in den Tagen um den 10. Februar ihre Heimatorte verlassen hatten, am 13./14. Februar in die schweren Bombenangriffe auf Dresden und nahmen dort ein gräßliches Ende[2]).

Während der Monate März/April blieb in Niederschlesien die Frontlage relativ stabil. Dennoch fand aus den noch unbesetzten Kreisen längs der schlesisch-böhmischen Grenze in dieser Zeit ein fortgesetzter Abzug von Flüchtlingen nach Böhmen statt, und seitens der deutschen Behörden wurde mitunter sehr energisch zur Räumung der mit Menschen und Flüchtlingsgut überfüllten Gebirgsorte in den Kreisen Hirschberg, Landeshut und Glatz aufgefordert[3]). Der Flüchtlingsstrom nach dem Sudetenland zog sich vor allem auf den von Feindeinwirkungen ungestörten Straßen und Bahnstrecken entlang, die von Hirschberg, Landeshut und Glatz über das Gebirge führen. Manche Flüchtlinge zogen einzeln oder in geschlossenen Trecks bis nach Bayern weiter[4]).

Anders war im Monat März die Situation in Oberschlesien. Hier war nach Aufgabe des Industriegebietes die Front südlich von Oppeln bis nach Ratibor entlang der Oder gehalten worden. Am 15. März jedoch begannen die Russen einen konzentrischen Angriff aus dem Raum südlich von Breslau her auf das westliche Oberschlesien. In langwierigen und schweren Kämpfen mit den sich hartnäckig verteidigenden deutschen Einheiten wurden bis Ende März die noch unbesetzten Teile der Kreise Grottkau und Cosel sowie die Kreise Falkenberg, Neustadt und der größte Teil des Kreises Neiße von russischen Truppen in Besitz genommen[5]).

Da die Front an der Oder in diesem Gebiet lange stehengeblieben war, hatte sich die Bevölkerung allmählich an ihre Nähe gewöhnt und war deshalb in der Mehrzahl bis unmittelbar vor Eintreffen der Russen in ihren Heimatorten geblieben[6]). Selbst von den zum großen Teil schon früher in das rückwärtige Gebiet evakuierten Bewohnern der Ortschaften längs der Oder hatten manche bereits wieder den Rückweg angetreten, als dann plötzlich das Wiederaufleben der Kampfhandlungen durch den russischen Angriff von Norden her seit Mitte März einen allgemeinen Aufbruch der westoberschlesischen Bevölkerung auslöste, so daß alle Straßen nach dem Gebirge bald verstopft waren und eine organisierte Weiterleitung der Flüchtlingstrecks nahezu unmöglich wurde[7]). So sind manche Trecks unterwegs von russischen Verbänden eingeholt worden[8]), während es anderen noch gelang zu ent-

---

[1]) Über die Vorgänge bei der russischen Besetzung dieses Gebietes vgl. die Berichte Bd. I, 1: Nr. 127 — Nr. 132 und Bd. I, 2: Nr. 221.

[2]) vgl. Bericht Bd. I, 1: Nr. 112, S. 425; ferner vor allem Thorwald: Es begann an der Weichsel, S. 126.

[3]) vgl. die Berichte Bd. I, 1: Nr. 126, S. 462; Nr. 134, S. 488; Nr. 135, S. 492.

[4]) vgl. die Berichte Bd. I, 1: Nr. 107, S. 407; Nr. 126, S. 463; Nr. 133, S. 468.

[5]) vgl. die Berichte Bd. I, 1: Nr. 108; Nr. 117; Nr. 118.

[6]) vgl. die Berichte Bd. I, 1: Nr. 117, S. 434; Nr. 118, S. 439.

[7]) vgl. Bericht Bd. I, 1: Nr. 117, S. 435 f.

[8]) vgl. Bericht Bd. I, 1: Nr. 118, S. 440.

kommen[1]). In der Stadt Neiße allerdings, die erst am 24. März von russischen Truppen besetzt werden konnte, war der allergrößte Teil der Bevölkerung rechtzeitig geflohen. Von ca. 40 000 Einwohnern blieben nur etwas über 2 000 zurück[2]).

Insgesamt mögen es 300 000 bis 400 000 Menschen gewesen sein, die über Troppau, Jägerndorf und Ziegenhals aus dem westlich der Oder gelegenen Teil Oberschlesiens nach Böhmen und Mähren flohen, während Zehntausende nicht mehr fortkamen oder von der Roten Armee auf der Flucht eingeholt wurden.

Der letzte Abschnitt der Flucht der schlesischen Bevölkerung fiel in die Zeit unmittelbar vor der Kapitulation (8./9. Mai). In diesen Tagen nahm die Rote Armee von den ausgedehnten Gebieten Niederschlesiens Besitz, die entlang der schlesisch-böhmischen Grenze liegen. In diesen gebirgigen Gegenden der Grafschaft Glatz, des Riesen- und Isergebirges hatten viele Zehntausende von Flüchtlingen aus Schlesien Zuflucht gesucht, soweit sie nicht weiter auf die böhmische Seite und ins Innere des damaligen *Protektorats Böhmen und Mähren* gewiesen worden waren. Die Bevölkerung der Gebirgsorte hatte den unaufhörlichen Durchzug von Flüchtlingen erlebt und so wochenlang die Not der Flucht vor Augen gehabt[3]). Als deshalb in den ersten Maitagen, zu einer Zeit, in der der Zusammenbruch und das Ende des Krieges für jedermann offenbar waren, auch für diese Orte der Räumungsbefehl gegeben wurde, befolgte ihn die Bevölkerung nur noch sehr widerstrebend, und große Teile blieben zurück[4]). In manchen Gegenden, wie z. B. im Kreis Landeshut, ist der Räumungsbefehl gar nicht mehr bis an die einzelnen Gemeinden gelangt[5]), andere, wie der Kreis Glatz, wurden vom Einmarsch der russischen Truppen überhaupt erst nach dem Waffenstillstand betroffen[6]). Lediglich aus der Stadt Hirschberg ist noch ein großer Teil der Bevölkerung über das Gebirge geflohen.

Der Masse der hier Zurückgebliebenen blieb nach der Kapitulation jene Fülle an Greueln erspart, die die Bevölkerung anderer schlesischer Gegenden in den Wochen und Monaten vorher beim Einzug russischer Truppen hatte über sich ergehen lassen müssen, dennoch kam es auch in den Gebirgsorten an der schlesisch-böhmischen Grenze noch in den Maitagen zu Gewalttaten und Übergriffen[7]).

---

1) Über das Hin- und Herwogen der Kämpfe in diesem Raum geben die in ‚Tragödie Schlesiens' unter Nr. 26 — Nr. 74 abgedruckten Berichte ein gutes Bild.

2) vgl. de . in ‚Tragödie Schlesiens' unter Nr. 49 abgedruckten Bericht, S. 223.

3) vgl. die Berichte Bd. I, 1: Nr. 117, S. 435 f.; Nr. 126, S. 462; Nr. 134, S. 488; Nr. 135, S. 491 f.

4) vgl. Bericht Bd. I, 1: Nr. 134, S. 488.

5) vgl. Bericht Bd. I, 1: Nr. 135, S. 492.

6) vgl. Bericht Bd. I, 1: Nr. 136, S. 493 f.

7) vgl. die Berichte Bd. I, 1: Nr. 134 — Nr. 136.

Schlimmer allerdings erging es den vielen Hunderttausenden, die nach Böhmen und Mähren geflohen waren und dort bei Kriegsende neben dem Einmarsch der Russen die tschechische Erhebung erlebten. Zwar richtete sich die Wut der Tschechen in erster Linie gegen die Sudetendeutschen, aber auch die deutschen Flüchtlinge aus Schlesien, die sich im Mai und Juni im Gebiet der Tschechoslowakei befanden, hatten bei den Vergeltungsmaßnahmen gegen die Deutschen mitunter eine geradezu sadistische Behandlung zu erleiden, die in mancher Hinsicht schlimmer war als die brutalen Gewalttaten der sowjetischen Truppen, vor denen sie geflohen waren[1]).

Eine zahlenmäßige Erfassung der Fluchtbewegung der schlesischen Bevölkerung, die naturgemäß nur in groben Umrissen möglich ist, ergibt etwa das folgende Bild[2]):

Deutsche Bevölkerung Schlesiens Anfang 1945	4,7 Mill.
davon zurückgeblieben oder unterwegs überrollt	1,5 Mill.
in das Gebiet der Tschechoslowakei geflohen	1,6 Mill.
auf direktem Wege in Reichsgebiete (Sachsen, Thüringen, Bayern) geflohen	1,6 Mill.

[1]) vgl. die Berichte Bd. I, 1: Nr. 107, S. 408; Nr. 109, S. 416; Nr. 124, S. 458; Nr. 125, S. 460 f. und vor allem Nr. 126, S. 464 ff.

[2]) Die folgenden Zahlen sind auf Grund systematischer Erhebungen, die bisher für 9 schlesische Landkreise angestellt wurden, und durch die Vergleichung zahlreicher Einzelangaben aus Berichten aller schlesischen Kreise abgeschätzt. Sie können keinen Anspruch auf statistische Genauigkeit erheben, die hierfür niemals zu erreichen ist, sie treffen aber als Schätzungen zumindest das ungefähre Verhältnis der einzelnen schlesischen Flüchtlingsgruppen.

Zweiter Abschnitt

I. Übergriffe und Gewalttaten der sowjet-russischen Truppen beim Einzug in Ostdeutschland

Die Ereignisse, die sich beim ersten Zusammentreffen der siegreichen Truppen der Roten Armee mit der ostdeutschen Bevölkerung abspielten, stellen zweifellos den tiefsten Punkt der Erniedrigung dar, den die Deutschen jenseits von Oder und Neiße erleben mußten. Auf die wenigen Tage der ersten Begegnung mit den russischen Truppen drängt sich in der Erinnerung vieler Vertriebener zusammen, was sie an Schrecklichem seit 1945 in ihrer Heimat erlebt haben.

Daher rührt es, daß in einer so großen Zahl von Erlebnisberichten über die Vertreibung die Tage des Einmarsches der Roten Armee im Mittelpunkt stehen und erlebnismäßig alles andere in den Schatten stellen. Dies war nicht nur eine subjektive Empfindung, sondern entspricht auch der tatsächlichen Schwere der Erlebnisse, die in diese Tage fallen. Massenhafte Vergewaltigungen von Frauen, willkürliche Tötung vieler Deutscher, Raub und Mißhandlung während des Einzuges der Roten Armee sind in einem Maße und in solcher Gleichförmigkeit in allen Gebieten jenseits der Oder und Neiße verübt worden, daß keine Darstellung der Vertreibung daran vorübergehen kann.

Die ins einzelne gehende Wiedergabe dieser Ereignisse beim Einzug der Roten Armee kann dabei den Opfern dieser Zeit überlassen werden, die von ihren Schicksalen berichten. Sie tun es in einer Eindringlichkeit, die von keiner Nacherzählung erreicht werden könnte. Der historische Berichterstatter muß darüber hinaus den Versuch machen, zu einer allgemeinen Aussage über diese Vorkommnisse zu gelangen, das Typische an ihnen herauszustellen und die Triebkräfte und Tendenzen zu erhellen, die eine Erklärung der oft unvorstellbaren Grausamkeiten und unmenschlichen Handlungen geben können, wenngleich uns diese dennoch im Letzten unverständlich bleiben.

1. Die Vergewaltigungen von Frauen.

Unter den Ausschreitungen der einziehenden russischen Truppen hatten ganz besonders die Frauen zu leiden. Bei den zahlreichen Erlebnisberichten, die vom Einzug der Roten Armee handeln, gibt es kaum einen, der nicht von Vergewaltigungen deutscher Frauen und Mädchen zu berichten weiß, in vielen wird sogar in aller Offenheit von selbsterlittenen Vergewaltigungen erzählt[1]). Es kann auch bei kritischster Prüfung dieser Berichte kein Zweifel sein, daß es sich bei den Vergewaltigungen deutscher Frauen und Mädchen durch sowjetische Soldaten und Offiziere um ein Massenvergehen im wahren Sinne des Wortes handelt, keineswegs um bloße Einzelfälle. Darauf deutet schon hin, daß förmliche Razzien auf Frauen unternommen wurden[2]), daß ferner manche Frauen in vielfacher Folge nacheinander mißbraucht wurden[3]) und daß die Vergewaltigungen oft in aller Öffentlichkeit vor sich gingen[4]). In gleicher Weise befremdend und Entsetzen erregend wirkte es auf die deutsche Bevölkerung, daß von den Vergewaltigungen auch Kinder und Greisinnen nicht verschont wurden[5]). Abgesehen von den physischen und psychischen Schädigungen, die die Vergewaltigungen für die ungeheure Zahl der betroffenen deutschen Frauen bedeuteten, haben besonders die Brutalität und Schamlosigkeit, mit der sich diese Vorgänge oft vollzogen, zur Verbreitung von Angst und Schrecken unter der deutschen Bevölkerung beigetragen.

Es läßt sich erkennen, daß hinter den Vergewaltigungen eine Verhaltensweise und Mentalität stand, die für europäische Begriffe fremd und abstoßend wirkt, und man wird sie teilweise auf jene, besonders in den asiatischen Gebieten Rußlands noch nachwirkenden Traditionen und Vorstellungen zurückführen müssen, nach denen die Frauen im gleichen Maße eine dem Sieger zustehende Beute sind, wie Schmuckstücke, Wertgegenstände und die Sachgüter in Wohnungen und Magazinen.

Ohne eine solche unter den sowjetischen Truppen verbreitete Grundhaltung wären die Formen und die massenhaften Fälle von Vergewaltigungen nicht denkbar. Die Tatsache, daß sowjetische Soldaten asiatischer Herkunft sich dabei durch besondere Maßlosigkeit und Wildheit hervortaten[6]), bestätigt, daß gewisse Züge asiatischer Mentalität wesentlich zu jenen Ausschreitungen beigetragen haben.

Aber noch anderes ist in Rechnung zu stellen. Durch Soldatenzeitungen, Flugblätter und Rundfunksendungen, z. B. des Schriftstellers Ilja Ehrenburg, sind die sowjetischen Truppen vor Beginn der Offensive gegen die deutschen Gebiete und noch in den Wochen der Eroberung mit brutaler Offenheit dazu aufgefordert worden, Rache und Vergeltung an den Deutschen zu üben. Von deutschen Truppen erbeutete Briefe russischer Soldaten sowie sow-

---

[1]) Berichte von Frauen, die besonders schwere selbsterlebte Schicksale dieser Art schildern, finden sich u. a. in Bd. I, 1 unter Nr. 122, Nr. 128, Nr. 130; in Bd. I, 2 unter Nr. 198.

[2]) vgl. u. a. die Berichte Bd. I, 1: Nr. 131, S. 479; Bd. I, 2: Nr. 182, S. 160; Nr. 185, S. 171; Nr. 197, S. 219; Nr. 210, S. 293; Nr. 239, S. 448; Nr. 242, S. 466.

[3]) vgl. z. B. die Berichte Bd. I, 1: Nr. 47, S. 194; Nr. 68, S. 266; Nr. 78, S. 297; Nr. 131, S. 479; Bd. I, 2: Nr. 188, S. 189 f.; Nr. 197, S. 218; Nr. 202, S. 241; Nr. 207, S. 266; Nr. 245, S. 482.

[4]) vgl. z. B. die Berichte Bd. I, 1: Nr. 78, S. 298; Nr. 129, S. 476; Bd. I, 2: Nr. 211, S. 302 f.; Nr. 214, S. 319.

[5]) vgl. z. B. die Berichte Bd. I, 1: Nr. 48, S. 196; Nr. 57, S. 223; Nr. 78, S. 299; Bd. I, 2. Nr. 188, S. 190; Nr. 197, S. 218.

[6]) vgl. z. B. die Berichte Bd. I, 1: Nr. 68, S. 266; Bd. I, 2: Nr. 211, S. 303; Nr. 222 S. 333.

jetische Zeitungen aus dieser Zeit bestätigen dies einwandfrei[1]), und von exilrussischer Seite ist offen zugegeben worden, daß ein Teil der sowjetischen Offiziere und Soldaten und besonders die überzeugten Stalinisten unter ihnen durch diese Haßparolen Ilja Ehrenburgs und anderer sowjetischer Journalisten beeinflußt wurden und die Schändung deutscher Frauen als einen Akt der Rache an den Deutschen betrachteten[2]). Nur auf diese Weise läßt es sich erklären, daß es in vielen Fällen nicht bei der Vergewaltigung blieb, sondern daß die deutschen Frauen anschließend getötet und mitunter auf sadistische Weise entstellt wurden[3]).

Manches davon mag auf das Konto einer durch den Krieg verursachten Zügellosigkeit gehen, im ganzen lassen sich die Vorgänge jedoch damit nicht erklären und entschuldigen. Es steht auch fest, daß zumindest in den ersten Wochen der Besetzung der deutschen Gebiete die sowjetische Armeeführung und die Truppenführer gegen die massenhaften Vergewaltigungen deutscher Frauen nicht eingeschritten sind, sie also durchaus duldeten, wenn nicht förderten[4]).

Es soll im Interesse objektiver Berichterstattung nicht verschwiegen werden, daß es erfreulicherweise auch unter den russischen Soldaten und Offizieren eine beträchtliche Anzahl gegeben hat, die sich nicht an den Ausschreitungen beteiligten, ja den Frauen und Mädchen sogar ihren Schutz anboten oder durch energisches persönliches Eingreifen manche Vergehen verhinderten. Sie haben damit verdient, besonders hervorgehoben zu werden[5]). Trotz solcher rühmenswerten Ausnahmen bleibt die Tatsache bestehen, daß die Vergewaltigungen zu den furchtbarsten Vorgängen innerhalb des Gesamtprozesses der Vertreibung gehören.

Sie hatten zur Folge, daß zahllose deutsche Frauen durch Geschlechtskrankheiten und sonstige körperliche Schädigungen für ihr ganzes Leben ruiniert wurden, und vor allem, daß seelische Depressionen und Verzweiflung,

---

[1]) Bei den Kampfhandlungen um Königsberg wurden im Zuge eines deutschen Gegenangriffes im Februar 1945 in einem sowjetischen Regimentsgeschäftszimmer zahlreiche Papiere, darunter auch Briefe sowjetischer Soldaten, sowjetische Zeitungen u. a. erbeutet, aus denen einwandfrei ersichtlich ist, daß die sowjetischen Soldaten in aller Form zur Vergewaltigung deutscher Frauen ermuntert wurden. Ein Teil dieser Beutepapiere ist übersetzt worden und befindet sich — von dem ehemaligen Chef des Generalstabs der Festung Königsberg beglaubigt — unter dem unveröffentlichten Material der Dokumentensammlung.

[2]) Dies wird u. a. ausdrücklich betont in der von dem ehemaligen Offizier der Roten Armee, Sabik-Wogulow verfaßten Schrift ‚W pobejdennoi Germanij' (Im besiegten Deutschland), Februar 1947, S. 9—17. — Auch aus den abgedruckten Berichten geht hervor, daß die Vergewaltigungen mitunter von Haß und Rachegefühlen begleitet waren, vgl. z. B. die Berichte Bd. I, 1: Nr. 78, S. 298; Bd. I, 2: Nr. 174, S. 127 f.

[3]) vgl. u. a. die Berichte Bd. I, 1: Nr. 122, S. 453; Bd. I, 2: Nr. 195, S. 212; Nr. 221, S. 349; Nr. 239, S. 451; Nr. 257, S. 537.

[4]) vgl. dazu Sabik-Wogulow, S. 17 sowie Günter Braunschweig: Untergangstage in Königsberg (Jahrbuch der Albertus-Universität zu Königsberg/Pr.) 1953, S. 223 f.

[5]) Dies ist geschehen in dem sehr lobenswerten Werk ‚Dokumente der Menschlichkeit', hrsg. vom Göttinger Arbeitskreis, Kitzingen 1950.

daneben ein dumpfer Fatalismus sich unter ihnen ausbreitete. Viele zogen den von eigener Hand gegebenen Tod der immer wiederholten Schande vor[1]). Viele leiden noch heute unter den psychischen Nachwirkungen des Schreckens und der Entehrung.

2. Die Tötung ostdeutscher Zivilpersonen.

Neben den zügellosen Ausschreitungen gegenüber Frauen und Mädchen kam es in den Tagen unmittelbar nach dem Einzug der Roten Armee in den Städten und Dörfern Ostdeutschlands zu zahlreichen „Liquidierungen" von Zivilpersonen und auch zu bloßem Mord. Es handelte sich dabei in der Regel um ein Vorgehen, dem keine auch nur formale gerichtliche Entscheidung vorherging, sondern um bloße Exekutionen auf Grund irgendwelcher Verdachtsmomente oder Beschuldigungen und oft genug auch um rein willkürliche Handlungen einzelner Sowjetsoldaten.

Trotz großer Verschiedenheit der Vorfälle im einzelnen läßt das Vorgehen der sowjetischen Truppen gewisse Grundzüge erkennen, die auf allgemeine Motive schließen lassen. So wurden von den Erschießungen durch einrückende sowjetische Truppen zunächst vor allem Personen betroffen, die exponierte Parteistellen innehatten oder bestimmten nationalsozialistischen Organisationen angehörten. In gleicher Weise wie die Ortsgruppenleiter und Ortsbauernführer, die SA.- und SS.-Männer wurden häufig aber auch Bürgermeister und höhere Angestellte der Zivilverwaltung sowie Polizeiangehörige behandelt, von denen die Sowjets offenbar annahmen, daß sie allesamt führende NS.-Funktionäre waren[2]).

Im Unterschied zu der Behandlung von Parteimitgliedern, wie sie sich in der späteren Zeit der russischen Militäradministration und der polnischen Verwaltung entwickelte, sind diejenigen Personen, die direkt von den einziehenden russischen Truppen — zu Recht oder Unrecht — als exponierte NS.-Leute identifiziert wurden, zu einem großen Teil kurzerhand ohne weiteres Verfahren erschossen worden. Fast überall in den Dörfern und Städten Ostdeutschlands sind auf diese Weise hier einige, dort mehrere Menschen getötet worden[3]), die offenbar durch die den sowjetischen Truppeneinheiten beigegebenen politischen Kommissare aufgespürt worden waren.

Es steht fest, daß bei diesen Exekutionen viele an verbrecherischen Maßnahmen des NS.-Regimes völlig Unbeteiligte ums Leben gekommen sind. Dies rührt zum Teil daher, daß die russischen Kommissare eine oft sehr unzutreffende Vorstellung von den Kompetenzen und der Verantwortlichkeit der einzelnen NS.-Funktionäre und -Organisationen hatten[4]). Wie weit die Unkenntnis oder aber der Mutwille auf russischer Seite in dieser Beziehung ging, wird daran deutlich, daß es wiederholt vorkam, daß fälschlicherweise

---

[1]) vgl. z. B. die Berichte Bd. I, 1: Nr. 25, S. 101; Nr. 68, S. 266; Nr. 72, S. 274; Nr. 116, S. 432; Nr. 131, S. 479.

[2]) Dies geht aus verschiedenen unveröffentlichten Berichten der Dokumentensammlung hervor. Auch unter den abgedruckten Berichten finden sich einzelne Hinweise, so z. B. in Bd. I, 1: Nr. 104, S. 389; in Bd. I, 2: Nr. 204, S. 249.

[3]) Angaben über die Zahl der beim Einmarsch der sowjetischen Truppen Erschossenen liegen in einzelnen Berichten vor, z. B. in Bd. I, 1: Nr. 53, S. 208; Nr. 131, S. 479; Bd. I, 2: Nr. 195, S. 211 f; Nr. 288, S. 275.

[4]) vgl. Bericht Bd. I, 2: Nr. 230, S. 404.

Eisenbahnbeamte, Feuerwehrleute und andere Uniformträger des öffentlichen Dienstes als Angehörige nationalsozialistischer oder militärischer Organisationen betrachtet und ohne Befragung erschossen wurden. Nicht anders wurde gegen diejenigen verfahren, in deren Wohnungen Waffen oder Uniformstücke gefunden worden waren[1]). In vielen solchen Fällen genügten der bloße äußere Anschein und der geringste Verdacht, um Menschen hinzurichten.

Eine wichtige Rolle spielte in dieser Hinsicht vor allem der Verdacht, die von den sowjetischen Truppen in ihren Heimatorten angetroffenen Deutschen seien als Partisanen mit geheimem Auftrag zurückgelassen worden[2]). Zweifellos leitete sich dieser Verdacht von den offiziellen deutschen Ankündigungen über die Schaffung des „Werwolfs" wie von der wohlorganisierten Partisanentätigkeit her, mit der die Sowjets in Rußland die deutschen Truppen bekämpft hatten. Nichtsdestoweniger war er bei der allgemeinen Verängstigung und Einschüchterung der zurückgebliebenen deutschen Bevölkerung unhaltbar. Es geschah besonders in den ersten Wochen des sowjetischen Vordringens nach Ostdeutschland überaus häufig, daß vor allem Männer auf Grund irgendeines den argwöhnischen Sowjetsoldaten verdächtig erscheinenden Verhaltens kurzerhand erschossen wurden[3]).

Auch andere Motive wirkten bei den Erschießungen von Deutschen in den Tagen des Einzuges der sowjetischen Armeen mit. Besonders der aus den Traditionen der russischen Revolution stammende Haß gegen die „Kapitalisten" fand vielfältig Entladung[4]). Da nicht nur Großgrundbesitzer und Unternehmer, sondern auch kleine Leute, soweit sie nur ein eigenes Haus besaßen, in den Augen der sowjetischen Soldaten „Kapitalisten" waren, sind von diesen Haßgefühlen nahezu unterschiedslos sowohl Gutsbesitzer und Geschäftseigentümer als auch Beamte, Angestellte und selbst Arbeiter betroffen worden. Die in Ostdeutschland besonders zahlreichen Gutsbesitzer wurden in den Augen der Russen in besonderer Weise in schlechtes Licht gesetzt durch den Umstand, daß bei ihnen während des Krieges zahlreiche russische Kriegsgefangene und Zivilarbeiter beschäftigt gewesen waren. Die Aussagen dieser russischen oder auch polnischen Zivilarbeiter oder Kriegsgefangenen waren deshalb für das Schicksal der Gutsbesitzer und ihrer Familien im positiven wie im negativen Sinne vielfach entscheidend[5]). Die geringste Beschuldigung wegen schlechter Behandlung kostete manchem Landwirt das Leben, wie andererseits auch positive Zeugnisse oft Wunder wirkten.

Daneben zeigen sehr viele andere Beispiele von Erschießungen, daß die Tötung von Deutschen in hohem Maße dem seltsam naiven und zu plötzlichen und willkürlichen Handlungen fähigen Temperament der Russen zugeschrieben werden muß, dessen Unberechenbarkeit sich in den Tagen der Eroberung dadurch noch unheilvoller auswirkte, daß große Teile der sowjetischen Truppen fast ständig unter Alkoholeinfluß standen. Die zahllosen Trinkgelage

1) vgl. z. B. Bericht Bd. I, 1: Nr. 43, S. 179; Nr. 50, S. 277.
2) vgl. die Berichte Bd. I, 2: Nr. 150, S. 41; Nr. 157, S. 62; Nr. 210, S. 296.
3) vgl. die Berichte Bd. I, 2: Nr. 189, S. 196; Nr. 221, S. 349.
4) vgl. die Berichte Bd. I, 2: Nr. 187, S. 178; Nr. 210, S. 291; Nr. 221, S. 349.
5) vgl. die Berichte Bd. I, 1: Nr. 48, S. 196; Nr. 49, S. 197; Nr. 50, S. 200; Nr. 105, S. 399; Bd. I, 2: Nr. 195, S. 212; Nr. 204, S. 251; Nr. 225, S. 375.

endeten fast regelmäßig nicht nur mit Vergewaltigungen von Frauen, sondern auch mit Schießereien, denen nicht wenige völlig unschuldige Deutsche zum Opfer fielen. Doch auch wenn sie sich in nüchternem Zustand befanden, war es für viele russische Soldaten charakteristisch, daß sie in einer spielerisch-kindlichen Weise mit ihren Schußwaffen umgingen und jederzeit zum Schießen und Erschießen bereit waren, was vielen ahnungslosen Deutschen das Leben kostete[1]).

Häufig kam es vor, daß Männer, die der Vergewaltigung ihrer Ehefrauen und Eltern, die der Schändung ihrer Töchter Widerstand leisten wollten, brutal niedergeschossen wurden[2]), ebenso wie Frauen, die sich nicht mißbrauchen lassen wollten, oder Alte und Schwache, die nicht erfüllen konnten, was von ihnen verlangt wurde[3]). In einzelnen Fällen waren auch völlig belanglose Dinge, nicht selten sprachliche Mißverständnisse, die Ursache, daß von der Schußwaffe Gebrauch gemacht wurde. Es muß als charakteristischer Zug dieser Vorgänge festgehalten werden, daß hinter ihnen — im Gegensatz zu den späteren polnischen Ausschreitungen — viel weniger nationalistisch bestimmter Deutschenhaß stand, sondern teils sozialrevolutionäre, kommunistische oder antifaschistische Gefühle, teils einfach selbstherrliche naive Willkür des einzelnen russischen Soldaten oder Offiziers.

Noch ist es zur Zeit nicht möglich, eine Schlußbilanz der Zahl der Opfer zu ziehen, die in den ostdeutschen Gebieten während des Einzuges der Roten Armee umgekommen sind. Systematische Umfragen und Ermittlungen, deren Ergebnisse für eine große Zahl von ostpreußischen und ostpommerschen Landgemeinden vorliegen[4]), lassen jedoch bereits Schlüsse auf die vermutliche Gesamthöhe dieser Verluste zu. Aus ihnen geht übereinstimmend hervor, daß von der zurückgebliebenen deutschen Bevölkerung aus den Gebieten östlich der Oder-Neiße durchschnittlich 2—3 Prozent in den ersten Wochen nach der russischen Besetzung erschossen oder auf andere Weise umgebracht wurden, was bedeuten würde, daß insgesamt rund 75 000 bis 100 000 Menschen aus Ostdeutschland allein durch Gewaltmaßnahmen dieser Art ums Leben gekommen sind.

---

[1]) Über willkürliche Erschießungen dieser Art vgl. z. B. die Berichte Bd. I, 1: Nr. 50, S. 200; Nr. 56, S. 218; Nr. 69, S. 268; Bd. I, 2: Nr. 182, S. 159; Nr. 185, S. 170; Nr. 199, S. 232; Nr. 202, S. 241; Nr. 251, S. 512.

[2]) vgl. die Berichte Bd. I, 1: Nr. 72, S. 274; Nr. 78, S. 298; Nr. 131, S. 479; Bd. I, 2: Nr. 188, S. 190.

[3]) vgl. die Berichte Bd. I, 1: Nr. 15, S. 63; Nr. 68, S. 266; Bd. I, 2: Nr. 139, S. 9; Nr. 152, S. 48; Nr. 167, S. 87; Nr. 239, S. 447, Nr. 240, S. 454.

[4]) Aus 22 verschiedenen ostpreußischen Kreisen konnte bisher die ehemalige Einwohnerschaft von insgesamt 455 Landgemeinden (= 152 124 Personen) namentlich erfaßt und ihr Schicksal aufgeklärt werden. Daraus ergab sich, daß in diesen Gemeinden insgesamt 1 731 Menschen nach dem Einzug der Roten Armee umgebracht wurden. Da in Ostpreußen die Zahl der in russische Hände Gefallenen nur etwa 25 Prozent der Gesamtbevölkerung betrug, bedeutet dies, daß fast 4,5 Prozent der Zurückgebliebenen erschossen oder ermordet wurden. — In Ostpommern, das zum größten Teil erst im März besetzt wurde, verfuhren die sowjetischen Truppen etwas weniger brutal. In 432 kleinen Landgemeinden mit einer Einwohnerschaft von insgesamt 137 709 erfaßten Personen betrug die Anzahl der durch Erschießungen o. a. gewaltsame Tötungen entstandenen Verluste 1 278. Da in Pommern etwa 50 Prozent der Bevölkerung in russische Hände gefallen war, bedeutet dies, daß von ihnen rund 2 Prozent durch Erschießungen und Morde nach dem sowjetischen Einmarsch umgekommen sind.

3. Plünderungen und Brandstiftungen.

Neben den Vergewaltigungen der Frauen und den Erschießungen, von denen vor allem die Männer bedroht waren, gab es auch Übergriffe, denen keiner der zurückgebliebenen Deutschen entrann und die, mochten sie auch im einzelnen als nicht so tragisch empfunden worden sein, doch auf Grund ihrer allgemeinen Verbreitung die deutsche Bevölkerung stark in Mitleidenschaft zogen.

An erster Stelle stehen hier die unaufhörlichen Plünderungen und Beraubungen, die beim Einmarsch der Roten Armee begannen und noch lange unter der russischen Besatzung andauerten, so daß die zurückgebliebene ostdeutsche Zivilbevölkerung durch fortgesetzte Beraubungen ihrer persönlichen Habe weitgehend verarmte.

Das furchtbare Ausmaß, das die Plünderungen in den ersten Tagen und Wochen nach der Eroberung der ostdeutschen Städte und Dörfer angenommen haben, die systematische Gründlichkeit, mit der sie geschahen, läßt auf planmäßiges Vorgehen schließen. Zweifellos hatten die sowjetischen Truppen lange Zeit uneingeschränkte Plünderungfreiheit. Nicht nur, daß die sowjetische militärische Führung ihre Soldaten gewähren ließ, sie ermunterte sie noch in ganz offensichtlicher Weise, sich an deutschem Eigentum zu bereichern, oder leistete durch gelenkte Maßnahmen Plünderungsaktionen Vorschub[1]).

So spielten Plünderungsabsichten zweifellos eine wichtige Rolle, wenn in größeren Orten, z. B. in Königsberg, Elbing und Danzig, daneben auch besonders in pommerschen Städten die deutsche Bevölkerung nach dem Einzug der Russen in tagelangen Märschen in der Umgebung umhergetrieben wurde[2]). Obwohl diese zeitweiligen Austreibungen mitunter durch die Nähe der Front bedingt waren oder auch anderen Zwecken, wie Verhören und Registrierungen dienten, so stand dabei doch offenbar die Absicht im Vordergrund, durch eine vorübergehende Entfernung der Bevölkerung aus ihren Wohnungen das deutsche Eigentum für die Beschlagnahme und Aneignung durch die sowjetischen Truppen freizugeben. Bei diesen Aktionen hat zweifellos die Vorstellung eine Rolle gespielt, daß der einzelne russische Soldat auf seine Weise an einer Wiedergutmachung teilnehmen solle. Der Warenhunger von Menschen, die aus einem Lande kamen, in dem seit Jahrzehnten ein ungeheurer Mangel an Verbrauchsgütern bestand, trug das

---

[1]) Aufmunternd wirkte in dieser Beziehung allein schon, daß im Dezember 1944, d. h. vor Beginn der Januaroffensive nach Ostdeutschland, durch den Volks-Verteidigungskommissar der Sowjetunion eine sehr weitgehende Sondererlaubnis für die Angehörigen der Roten Armee zur Verschickung von Paketen von Deutschland nach Rußland erlassen worden war. Übersetzung des Wortlauts dieses Befehls befindet sich unter dem nicht veröffentlichten Material der Dokumentensammlung. Über sonstige Aufmunterungen zum Plündern s. auch die auf S. 62 E, Anm. 4, genannten Darstellungen.

[2]) vgl. über Königsberg die Berichte Bd. I, 1: Nr. 29, S. 131; Bd. I, 2: Nr. 171, S. 108; Nr. 172, S. 116 ff. — Über Elbing: Bd. I, 2: Nr. 239, S. 448; Nr. 240, S. 453. — Über Danzig: Bd. I, 1: Nr. 79, S. 303 f; Bd. I, 2: Nr. 241, S. 458. — Über pommersche Städte: Bd. I, 2: Nr. 203, S. 244 (Köslin); Nr. 207, S. 265 (Treptow).

Seinige dazu bei, den ideologisch genährten Haß gegen alle Besitzenden zu offenen Raubhandlungen oder, was noch fuchtbarere Wirkungen hatte, zu systematischen Zerstörungsakten zu steigern.

Viele Erlebnisberichte geben ein Bild nicht nur von Raub und Plünderungen, sondern auch von mutwilligen und fahrlässigen Vernichtungen, von Brandstiftungen in Wohnungen, Häusern, ja von der Niederbrennung ganzer Orte und Stadtteile. Da ein großer Teil der Wohnungen und Häuser leer stand, als die ostdeutschen Provinzen erobert wurden, gab es nichts, was die sowjetischen Truppen hätte hindern können, dort ganz nach ihrem Gefallen zu plündern und zu wüten. Diejenigen Deutschen, die von der Flucht zurückkamen, fanden in der Regel ihre Wohnungen in völlig ruiniertem Zustand vor. Besonders dann, wenn die sowjetischen Truppen in Erfahrung gebracht hatten, daß der Besitzer dieses oder jenes Hauses Nationalsozialist war, oder wenn sie in verlassenen Wohnungen NS.-Embleme, Bilder von deutschen Soldaten, Hitlerbilder o. ä. fanden, führten solche Entdeckungen in der Regel dazu, daß die Wut gegen die abwesenden Besitzer sich auf deren Wohnungen und Häuser übertrug[1]), die meist nicht nur völlig verwüstet, sondern auch in Brand gesetzt wurden. Die Verlassenheit der Orte in jenen Tagen hat dazu geführt, daß das Feuer von den einzelnen Häusern ungehindert auf ganze Straßenzüge und Stadtteile übergriff und Brände in großer Zahl wüteten. Manchmal gewinnt man geradezu den Eindruck, daß das Feuer von vornherein planmäßig gelegt wurde, um nicht nur einzelne Gebäude, sondern ganze Orte in Brand zu setzen.

So wurden in allen deutschen Provinzen jenseits der Oder und Neiße — am zahlreichsten wohl in Pommern — viele Güter, Dörfer und Städte in den Tagen nach dem Einmarsch durch Feuer ganz oder teilweise vernichtet[2]). Unter den Großstädten war es vor allem Danzig, das zu großen Teilen durch Brände zerstört wurde, die an einzelnen Stellen vorsätzlich angelegt worden waren, und dann immer weiter griffen, da niemand dagegen einschritt[3]).

Es ist erwiesen, daß durch die Zerstörungen und Brandstiftungen in den Tagen des Einmarsches der Roten Armee in Ostdeutschland größerer Schaden verursacht wurde als durch Bombenangriffe und Kampfhandlungen[4]).

4. Zusammenfassung.

Eine summarische Betrachtung der hauptsächlichen Erscheinungsformen der zahllosen Übergriffe, wie sie von der Roten Armee gegen die ostdeutsche Bevölkerung und ihr Eigentum verübt wurden, kann nur das Typische hervorkehren. Dabei darf nicht übersehen werden, daß die Vorgänge je nach Örtlichkeit, Umständen und Zeit gewisse Varianten zeigten.

---

[1]) vgl. z. B. die Berichte Bd. I, 1: Nr. 122, S. 453, Anm. 1; Bd. I, 2: Nr. 214, S. 318.

[2]) Über das Zustandekommen der Brände und ihre Folgen in den Städten Pommerns vgl. für Stolp die Berichte Bd. I, 1: Nr. 40, S. 174; Nr. 66, S. 262; Bd. I, 2: Nr. 208, S. 268 f; — für Schönlanke Bd. I, 2: Nr. 196, S. 215; — für Regenwalde Bd. I, 1: Nr. 60, S. 235; — für Schivelbein Bd. I, 2: Nr. 204, S. 250.

[3]) vgl. die Berichte Bd. I, 1: Nr. 79, S. 303 f; Bd. I, 2: Nr. 241, S. 459 f; Nr. 242, S. 466.

[4]) vgl. ‚Osthandbuch', H. 18, hrsg. vom Dt. Büro für Friedensfragen, Stuttgart 1949, S. 5 f.

In größeren Städten, in denen sich noch eine relativ hohe Zahl Deutscher aufhielt, verteilten sich naturgemäß die Übergriffe auf eine größere Zahl, und das Leid traf den Einzelnen weniger gleichmäßig und manchmal auch weniger schwer als in Dörfern, in denen starke russische Einheiten Quartier machten. Die größere Anonymität, mit der sich das Leben einer Stadtbevölkerung vollzieht, setzte auch den Denunziationen polnischer und russischer Zivilarbeiter oder übelwollender Nachbarn engere Grenzen als auf dem Lande. Dazu kam, daß die Weitläufigkeit von Städten wie Königsberg, Breslau und Danzig größere Unterschlupf- und Versteckmöglichkeiten bot.

In Dörfern und kleinen Landstädten hing das Maß des beim Einzug russischer Truppen zu Erleidenden in erster Linie davon ab, ob starke russische Verbände oder nur kleine Einheiten einzogen. In der Regel waren es auch nicht die Kampftruppen, die noch im Gefecht befindlich waren, sondern die Nachschubeinheiten und Reserven, von denen die schwersten Übergriffe ausgingen[1]). Besonders katastrophal wirkte sich das Zusammentreffen mit russischen Truppen dort aus, wo es auf offener Landstraße während des Trecks erfolgte[2]). Hierbei gerieten die Flüchtlinge mitunter in Gefechte zwischen russischen und deutschen Truppen hinein; aber auch wenn sie davon verschont blieben, hatte das Auftreffen russischer Panzer auf Flüchtlingstrecks verheerende Wirkungen: Fuhrwerke wurden niedergewalzt, Menschen erschossen, das Gepäck geplündert.

Der Ablauf der Ereignisse bei der Begegnung mit den sowjetischen Truppen wurde schließlich auch durch den Zeitpunkt bestimmt, an dem diese erfolgten. Ganz allgemein gilt, daß in den ersten Wochen des sowjetischen Einmarsches im Januar/Februar 1945 schlimmere Übergriffe stattfanden als in den letzten Wochen vor dem Waffenstillstand im April und Mai. In den zuerst von russischen Truppen eroberten Gebieten Ostdeutschlands, in Ostbrandenburg, den südlichen Kreisen Ostpommerns, in manchen Gegenden Ostpreußens und in Oberschlesien war die Anzahl der Erschießungen größer, das allgemeine Verhalten der russischen Truppen ungezügelter und hemmungsloser als etwa in den schlesischen Randgebirgen, die erst im Mai in russische Hände fielen. Es ist auch deutlich, daß die Bevölkerung Danzigs und Königsbergs unter Ausschreitungen dieser Art schwerer zu leiden hatte als die Breslaus, das bis zum 6. Mai gehalten werden konnte. — Vielleicht hat in diesem Zusammenhang auch die Herkunft der Truppen und ihr Zivilisationsstand oder die Haltung der einzelnen Kommandeure eine Bedeutung gehabt. Ob man verglichen mit solchen grausamen Exzessen, wie denen von Nemmersdorf/Ostpr. im Oktober 1944, von Metgethen bei Königsberg im Februar 1945 und anderen, die sich zu Beginn der Besetzung deutscher Gebiete ereigneten, später von einer gewissen Abkühlung des Fanatismus der russischen Truppen sprechen kann, sei dahingestellt. Sicher ist, daß seitens der sowjetischen Armeeführung nach den ersten Wochen der Eroberung die Tendenz zu wachsen begann, Ausschreitungen zu begegnen,

---

[1]) vgl. z. B. die Berichte Bd. I, 1: Nr. 70, S. 271; Nr. 131, S. 479; Bd. I, 2: Nr. 139, S. 9; Nr. 167, S. 86; Nr. 204, S. 249.

[2]) vgl. z. B. die Berichte Bd. I, 1: Nr. 4, S. 7 f; Nr. 8, S. 28; Nr. 19, S. 79; Nr. 55, S. 213; Nr. 74, S. 279; Nr. 85, S. 328; Nr. 92, S. 350 f; Nr. 93, S. 353; Nr. 96, S. 363.

weil diese auf die Dauer die Disziplin der Armee untergraben mußten. Auch das Problem der Rückwirkungen, die auf die Moral kommunistischer Soldaten bei einer zu engen Berührung mit der kapitalistischen Welt eintreten konnten, wird mitgewirkt haben. Die sowjetischen Aufrufe, die die Rote Armee zur Vergeltung aufforderten, wurden daher etwa ab März 1945 eingestellt und statt dessen Tagesbefehle und Flugblätter ausgegeben, die zur Disziplin aufriefen[1]).

Gleichwohl vollzog sich auch in den Monaten März—Mai 1945 die Besetzung ostdeutschen Gebietes unter schwersten Leiden für die Zivilbevölkerung. Nur die Dichte und Intensität der Übergriffe und Gewalttaten wurde, soweit wir nach den Berichten urteilen können, etwas geringer; besonders krasse Einzelereignisse werden nicht mehr so oft bezeugt. Erst mit dem Zeitpunkt des Waffenstillstandes aber hat eine wirklich merkbare Erleichterung für die deutsche Zivilbevölkerung eingesetzt.

II. Die Rückkehr von Teilen der geflohenen Bevölkerung nach dem Ende der Kampfhandlungen.

Allen deutschen Flüchtlingen, die in den ersten Monaten des Jahres 1945, getrieben von dem Entsetzen vor der Roten Armee, ihre Heimat in Ostdeutschland verließen, war die Vorstellung gemeinsam, daß sie bald wieder, wenn alles dies vorbei sei, in ihre Wohnorte zurückkehren könnten. Mancher mag dabei an eine militärische Wendung der Dinge gedacht haben, wie sie die Parteipropaganda fortgesetzt prophezeite, andere werden im Einfall der Roten Armee nach Deutschland deutlich das bevorstehende Ende des Krieges erkannt und sich davon eine Normalisierung und baldige Rückkehr versprochen haben. Sicher hatte der überwiegende Teil der Flüchtlinge überhaupt keine klaren Vorstellungen über das Wie und Wann einer Rückkehr, an die man aber doch fest glaubte, weil man sich einfach nicht vorzustellen vermochte, daß es anders kommen könnte oder daß mit der Flucht etwa gar der erste Schritt zu einer ständigen Entfernung von der Heimat getan sei. — Viele Flüchtlinge haben sich schon bei der Flucht so sehr von dem Gedanken an eine schnelle Rückkehr leiten lassen, daß sie sich nur so weit von ihren Heimatorten entfernten, wie es nach der jeweiligen Frontlage unbedingt nötig war, und mancher Flüchtlingstreck ist durch solches wiederholte Haltmachen schließlich doch noch von sowjetischen Truppen eingeholt worden.

---

[1]) Sabik-Wogulow schreibt dazu auf S. 18 seines Berichtes: „Unter den Soldaten und Offizieren wurde ein Flugblatt, das von Marschall Shukow unterzeichnet war, verbreitet. Das Flugblatt enthielt eine Aufforderung, das Morden und Brandschatzen und Vergewaltigen deutscher Frauen zu unterlassen und die Fabrikeinrichtungen unangetastet zu lassen. Dieses alles wurde als Sabotage bezeichnet. Der Schlußsatz des Flugblattes lautete wörtlich folgendermaßen: ‚Soldaten, gebt acht, daß Ihr nicht wegen der Schürze eines deutschen Mädchens vergeßt, warum Euch das Vaterland gerufen hat!‘ “

Es gehörte mit zu den Erfahrungen, die der Zusammenbruch im Mai 1945 über Deutschland brachte, daß die Vorstellungen von einer friedlichen Rückkehr der Flüchtlinge in die von ihnen vor der Roten Armee geräumten Orte sich als falsch erwiesen. — Wie wenig das Ende der Kampfhandlungen Gelegenheit für eine friedliche Rückkehr bot, merkten am ehesten diejenigen unter der geflohenen ostdeutschen Bevölkerung, die noch während der Flucht, oft schon bald nach ihrem Aufbruch, oft auch erst nach tagelangem Treck, unterwegs von vorstoßenden sowjetischen Truppen erfaßt wurden. Sofern sie überhaupt in ihre Heimatorte zurückkehren konnten, war es eine Rückkehr von geschlagenen, geschändeten und ausgeraubten Menschen, die, müde und verzweifelt, sich zuletzt nur in ihrer heimatlichen Umgebung noch einen Trost versprachen und oft genug auch darin enttäuscht wurden, weil sie kein Zuhause, sondern zerstörte und abgebrannte Wohnungen inmitten verlassener Orte vorfanden. — Auch die zahlreichen ostdeutschen Flüchtlinge, die bis nach Mitteldeutschland, nach dem Westen des Reiches, nach Böhmen und Mähren oder nach Dänemark gelangt waren, erfuhren sehr bald nach dem Zusammenbruch des Deutschen Reiches, daß mit dem Ende des Krieges der Weg für eine Rückkehr nicht frei geworden war, sondern daß sich viele Barrieren und Hindernisse zwischen sie und ihre Heimat gestellt hatten. Die Aufteilung Deutschlands in Besatzungszonen machte die Entfernung von Schleswig-Holstein nach Ostpreußen oder von Bayern nach Schlesien nahezu unüberbrückbar, und spätere Maßnahmen der Besatzungsmächte oder der nach Ostdeutschland eingedrungenen Polen, vor allem die Bestimmungen der Konferenz von Potsdam, ließen eine Rückkehr überhaupt unmöglich werden.

Daß es unter diesen Bedingungen und nach allem, was man in Mittel- und Westdeutschland vom Vorgehen sowjetischer Truppen und polnischer Milizeinheiten in Ostdeutschland erfuhr, überhaupt noch zu umfangreichen Rückkehrbewegungen von Flüchtlingen über die Oder und Neiße nach Osten gekommen ist, ist höchst verwunderlich und fraglos in den meisten Fällen nur dadurch zu erklären, daß sich nach dem Ende des Krieges, wo jedermann wieder nach Hause zog, die Bombenevakuierten in ihre zerstörten Städte und die aus Kriegsgefangenschaft entlassenen Soldaten zu ihren Familien, auch viele Flüchtlinge aus Ostdeutschland von jenem Drang zur Rückkehr in die Heimat erfaßt wurden, der sich über alle rationalen Einwände und kritischen Bedenken hinwegsetzte.

Bei der Betrachtung der einzelnen Rückkehrbewegungen der Flüchtlinge aus den Gebieten jenseits der Oder-Neiße ist zu unterscheiden zwischen den nicht aus Ostdeutschland herausgekommenen Flüchtlingen, deren Rückkehr nur einen internen Wanderungsvorgang innerhalb der einzelnen Provinzen östlich der Oder und Neiße darstellte, und der Rückkehr von geflohenen Ostdeutschen, die außerhalb der Oder-Neiße-Gebiete Zuflucht gefunden hatten, weil ihre Rückkehr eine effektive Zunahme der damaligen durch die Flucht stark zusammengeschmolzenen deutschen Bevölkerung in den Gebieten östlich der Oder-Neiße bedeutete.

Die Rückwanderung innerhalb der Oder-Neiße-Gebiete begann schon sehr zeitig. In den polnischen Gebieten, in Ostpreußen, Ostbrandenburg, in Teilen Westpreußens und im südlichen Streifen Ostpommerns machten sich bereits seit den letzten Januartagen Tausende auf den Rückweg, nachdem das schnelle Vordringen der Russen eine weitere Flucht unmöglich gemacht hatte[1]). Eine neue Welle der Rückwanderung folgte vor allem im März, als von Ostpommern und Danzig her zahlreiche Deutsche aus Ost- und Westpreußen wieder in ihre Heimat zogen[2]) und gleichzeitig auch die während der Flucht von sowjetischen Truppen überrollte Bevölkerung Ostpommerns in ihre Heimatorte zurückstrebte[3]).

Eine Rückkehr von geflohenen Ostdeutschen aus Gegenden außerhalb der Oder-Neiße-Gebiete erfolgte dagegen erst nach dem Waffenstillstand und zwar im wesentlichen nur aus den Flüchtlingsaufnahmegebieten Böhmens und Mitteldeutschlands, die entweder schon bei Kriegsende von russischen Truppen besetzt waren oder später der russischen Besatzungsmacht unterstellt wurden. Das Protektorat Böhmen und Mähren, das von allen unter deutscher Herrschaft stehenden Gebieten als letztes von den Gegnern Deutschlands besetzt wurde, hatte als Aufnahmeland für Hunderttausende von Schlesiern besondere Bedeutung gehabt. Die Mehrzahl der hier versammelten Flüchtlingsmassen geriet schließlich doch noch in russische Hände; denn der überwiegende Teil Böhmens und Mährens wurde teils unmittelbar vor der Kapitulation Deutschlands, teils in den Tagen danach von sowjetischen Truppen besetzt, und nur einen schmalen Streifen längs der bayrischen Grenze nahmen amerikanische Truppen ein. Für die zahlreichen Flüchtlinge aus Schlesien, die in Böhmen und Mähren doch noch unter die Gewalt der Russen geraten waren, blieb die Rückkehr in ihre Heimat das einzig Gebotene, zumal die tschechischen Behörden und Milizeinheiten sehr drastische Maßnahmen zur Entfernung aller deutschen Flüchtlinge ergriffen[4]). — In einer ähnlichen Lage befanden sich die ostdeutschen Flüchtlinge, die in Mitteldeutschland Zuflucht gefunden hatten. Fast ganz Sachsen, das gesamte Gebiet Brandenburgs mit Berlin sowie Vorpommern und Mecklenburg waren in den Wochen vor dem Waffenstillstand von der Roten Armee erobert worden, und später, Ende Juni 1945, fielen auch der westliche Teil des Landes und der Provinz Sachsen sowie Thüringen im Austausch gegen Westberlin unter die Verwaltung der sowjetischen Besatzungsmacht. Alle in diesen Gebieten Mitteldeutschlands befindlichen Flüchtlinge aus Ostpreußen, Schlesien, Ostpommern und Ostbrandenburg befanden sich somit in der Lage, daß sie ihre Heimatorte vor der Roten Armee verlassen hatten, ohne dem Regime der Sowjets entkommen zu sein, und viele von ihnen erstrebten deshalb die Rückkehr, wobei sie nicht unbeeinflußt davon blieben, daß die russischen Truppen

[1]) vgl. die Schlußpartien der Berichte Bd. I, 1: Nr. 6, Nr. 7, Nr. 8, Nr. 43, Nr. 49, Nr. 91, Nr. 92, Nr. 93, Nr. 94, Nr. 97, und die einleitenden Bemerkungen der Berichte Bd. I, 2: Nr. 146, S. 29; Nr. 181, S. 154 f; Nr. 257, S. 537; Nr. 271, S. 618.

[2]) vgl. die Schlußpartien der Berichte Bd. I, 1: Nr. 19, Nr. 36, Nr. 73, Nr. 87, Nr. 88, sowie Bericht Bd. I, 2: Nr. 244, S. 477.

[3]) vgl. die Schlußpartien der Berichte Bd. I, 1: Nr. 51, Nr. 53, Nr. 54, Nr. 55, Nr. 58, Nr. 61, Nr. 67, Nr. 85.

[4]) vgl. die Schlußpartien der Berichte Bd. I, 1: Nr. 107, Nr. 108, Nr. 111, Nr. 113, Nr. 117, Nr. 118, Nr. 120, Nr. 121, Nr. 123, Nr. 124, Nr. 125, Nr. 133; — ferner die Berichte Bd. I, 2: Nr. 218, S. 336; Nr. 224, S. 362 f; Nr. 225, S. 374 und S. 376.

sich im Gebiet der sowjetischen Besatzungszone nach dem Waffenstillstand sehr viel disziplinierter verhielten als vorher und man hoffen konnte, dies sei auch in der Heimat östlich der Oder-Neiße der Fall[1]).

Die russischen Militärbefehlshaber und die in den einzelnen Orten eingerichteten Kommandanturen verhielten sich zur Rückkehr der durch die Flucht versprengten deutschen Bevölkerung durchaus nicht einheitlich. Die auf der Flucht befindlichen Trecks, die unterwegs in russische Hände fielen, wurden in vielen Fällen sofort zur Umkehr gezwungen, oder es wurde ihnen wenigstens die Erlaubnis zur Rückkehr in ihre Heimatorte erteilt[2]). In anderen Fällen wieder kümmerte man sich wenig um sie, ließ sie bleiben, wo sie waren, registrierte sie an ihren Zufluchtsorten und behandelte sie wie die einheimische Bevölkerung.

Offensichtlich hatte die russische Führung ursprünglich beabsichtigt, daß in den gesamten deutschen und außerdeutschen Gebieten, die 1945 von russischen Streitkräften besetzt worden waren, die Bevölkerung wenigstens vorübergehend in ihre Heimatgebiete zurückkehren sollte, damit Flüchtlingsansammlungen vermieden und eine bessere Kontrolle der Bevölkerung ermöglicht werden konnten. Dahinter mochte einfach die Absicht stehen, aus militärischen Gründen eine gewisse äußere Ordnung zu schaffen oder die politische Siebung der Bevölkerung zu erleichtern; keinesfalls haben Maßnahmen dieser Art etwas mit der grundsätzlichen Einstellung der sowjetischen Politik zur Vertreibung zu tun. Diese war im Prinzip ihr letztes Ziel, das nur an einigen Stellen durch Erwägungen praktischer Natur verdunkelt wurde. Dies läßt sich etwa auch aus dem uneinheitlichen Verhalten der Sowjets zu den schon vor dem Potsdamer Abkommen von den polnischen Behörden begonnenen Ausweisungsaktionen erkennen, die von den Russen zwar damals aus besonderen Interessen in Einzelfällen behindert, im Prinzip aber gebilligt wurden[3]).

Auch an anderen Stellen erscheint die Haltung der Russen undurchsichtig und widerspruchsvoll. So wurde ein großer Teil der Flüchtlinge, die sich im Gebiet der sowjetischen Besatzungszone befanden und die teils von den zuständigen sowjetischen Kommandanturen oder den ihnen unterstellten deutschen Behörden den Befehl zur Rückkehr erhalten[4]) oder zu großen Teilen selbständig den Rückweg angetreten hatten, vor den Übergängen an der Oder und Neiße abgewiesen und nicht in ihre Heimatgebiete hineingelassen.

Die größte Verwirrung entstand hierbei im Raum von Görlitz. Dort wurden ab Ende Mai durch polnische Militärkommandos und die östlich der Neiße eingesetzten polnischen Verwaltungsbehörden die Neiße-Übergänge nach Schlesien für alle Rückkehrer gesperrt, so daß sich am westlichen Ufer und in der Stadt Görlitz der Rückwanderungsstrom staute. Die allgemeine Not stieg ins Unermeßliche, da zusätzlich vom Osten her die von den Polen in eilig betriebenen Aktionen zwangsweise Ausgetriebenen über die Neiße nach

---

[1]) vgl. die Schlußpartien der Berichte Bd. I, 1: Nr. 46, Nr. 52, Nr. 57, Nr. 76, Nr. 86. Nr. 119; — ferner Bericht Bd. I, 2: Nr. 180, S. 150.

[2]) vgl. die auf S. 71 E, Anm. 1—3 genannten Berichte.

[3]) s. unten Dritter Abschnitt, 1.

[4]) vgl. die Berichte Bd. I, 1: Nr. 119, S. 445 und Nr. 124, S. 459.

Westen kamen[1]). In ähnlicher Weise ist Ende Juni/Anfang Juli 1945 überall an den Übergängen über die Oder und Neiße der Weg für die Rückkehr gesperrt worden und gleichzeitig die erste Austreibungswelle aus den Gebieten östlich der Oder und Neiße erfolgt, so daß in diesen Tagen und Wochen unzählige heimatlos gewordene Menschenmassen sich von Schlesien bis nach Stettin am westlichen Ufer von Neiße und Oder zusammendrängten.

Aber auch die Bevölkerungsbewegung z w i s c h e n den einzelnen deutsch bewohnten Gebieten östlich der Oder-Neiße-Linie, die sich aus dem Bestreben der Flüchtlinge zur Rückkehr in die Heimat ergab, wurde durch das Eingreifen russischer Truppen in mannigfacher Weise behindert oder vereitelt. Vor allem war es die Verpflichtung zur Zwangsarbeit, der alle Deutschen in den Wochen nach der Besetzung unterlagen, wodurch eine Rückkehr oft unmöglich gemacht wurde. Gleich, ob es sich um Flüchtlinge oder Einheimische handelte, wurden die in den Dörfern und Städten angetroffenen Deutschen zur Beseitigung von Trümmern, Bestellung von Feldern, zum Abbau von Eisenbahngeleisen sowie zu anderen Demontagearbeiten und Diensten für die sowjetische Truppe herangezogen[2]).

Vielen der Geflohenen war dadurch der Rückweg versperrt, und selbst diejenigen, die davon nicht betroffen waren oder heimlich den Rückweg angetreten hatten, mußten damit rechnen, unterwegs aufgegriffen und zu irgendwelchen Arbeiten gezwungen zu werden[3]).

Für manche Flüchtlinge dauerte es Wochen und Monate, ehe sie ihre Heimat erreichten, und ganz allgemein stellte es sich heraus, daß der Rückweg die vorangegangene Flucht an Strapazen und Gefahren noch weit übertraf[4]). Da der Eisenbahnverkehr im allgemeinen noch stillag, die Trecks in der Mehrzahl ihrer Pferde beraubt und die Gepäckstücke immer wieder geplündert worden waren, zogen die Flüchtlinge in der Regel zu Fuß mit nur wenigem Gepäck auf den Landstraßen einher, dabei ständig in Furcht vor russischen Truppen und polnischer Miliz. Der Weg führte durch zerschossene und abgebrannte Orte und über Landstraßen, wo noch die Tierkadaver sowie Leichen von Soldaten und Zivilisten lagen. Hunger und Durst forderten neue Opfer, und in der Regel fanden die Heimgekommenen zu Hause völlig ausgeraubte, wenn nicht gar abgebrannte Wohnungen vor, oder aber russische Besatzungstruppen hatten die Häuser bezogen.

Die allgemeine Unsicherheit jener Zeit und die auf dem Weg in die Heimat zu erwartenden Strapazen hielten manche Flüchtlinge davon ab, sofort nach dem Einzug sowjetischer Truppen den Rückweg anzutreten. Dies trifft beispielsweise für zahlreiche ostpreußische Flüchtlinge zu, die in Pommern von russischen Truppen überrollt worden waren. Die meisten von ihnen hatten einen 6-8 Wochen langen, gefahrvollen, seelisch und körperlich aufs äußerste

---

[1]) vgl. die Berichte Bd. I, 1: Nr. 119, S. 445 und Bd. I, 2: Nr. 296 — Nr. 303; ferner 'Die Tragödie Schlesiens', S. 75 ff und den dort unter Nr. 2 abgedruckten Bericht, S. 130 ff.

[2]) s. unten Zweiter Abschnitt, IV, 2.

[3]) vgl. die Berichte Bd. I, 1: Nr. 19, S. 80; Nr. 46, S. 191; Nr. 73, S. 277; Bd. I, 2: Nr. 181, S. 155.

[4]) Ausführliche Schilderung der Erlebnisse und allgemeinen Zustände während des Rückweges geben die Berichte Bd. I, 1: Nr. 46, Nr. 73, Nr. 85 — Nr. 88, Nr. 124; Bd. I, 2: Nr. 174, S. 126 f.

anstrengenden Treck hinter sich, als sie in Pommern in die Hände der Russen fielen, und scheuten deshalb den Hunderte von Kilometern langen Rückweg, weil sie zu fürchten hatten, dabei ihrer letzten Habe beraubt zu werden, und nicht sicher sein konnten, ihre Heimatorte auch wirklich zu erreichen.

Da sie überdies erlebten, wie selbst in den Orten Pommerns polnische Behörden die Verwaltung übernahmen und polnische Miliz eine immer bedeutendere Rolle zu spielen begann, mußten sie, gestützt auf ihre Erfahrungen aus der Zeit nach dem ersten Weltkrieg, für ihre noch weiter östlich gelegene ostpreußische Heimat das Schlimmste befürchten, zumal schon im Februar 1945, wovon freilich damals nur wenige Deutsche Kenntnis hatten, von den Vertretern der britischen, der amerikanischen und der russischen Regierung auf der Konferenz von Yalta erklärt worden war, „daß Polen beträchtlichen Landzuwachs im Norden und Westen erhalten muß“[1]).

Ähnliche Überlegungen spielten auch für die große Mehrzahl derjenigen eine Rolle, denen die Flucht in das mittlere oder westliche Reichsgebiet gelungen war. Für sie galt es, zunächst abzuwarten, was mit ihrer Heimat geschah, und nicht leichtsinnig das Leben und den wenigen geretteten Besitz aufs Spiel zu setzen, nachdem sie glücklich vor den Russen davongekommen waren. Die Nachrichten von Sperrungen der Oder-Neiße-Linie für Rückkehrer, von Deutschenverfolgungen in den Ostgebieten und von ersten Ausweisungen im Juni 1945 hielt die Masse der in der sowjetischen, amerikanischen, englischen und französischen Besatzungszone befindlichen Flüchtlinge vom sofortigen Aufbruch zur Rückkehr ab.

Im übrigen hatte die Einrichtung von Besatzungszonen eine Rückkehr aus der amerikanischen, der britischen und französischen Zone nach dem Osten rein technisch so gut wie unmöglich gemacht, da die Zonengrenzen wie überhaupt die Anordnungen aller Besatzungsmächte die Freizügigkeit des Verkehrs quer durch Deutschland verhindert hatten. Lediglich aus dem Gebiet der Sowjetzone konnten in den Wochen nach dem Waffenstillstand noch in größerer Zahl Flüchtlinge über di Oder und Neiße nach Osten zurückkehren. In Mecklenburg und dem westlichen Teil Pommerns waren es vor allem geflohene Einwohner aus Ostpommern, in Sachsen vor allem Schlesier, die den Rückweg antraten. Teilweise wurden sie von sowjetischen Kommandanturen oder deutschen Bürgermeistern dazu aufgefordert, teilweise machten sie sich auch selbständig auf den Weg zurück in ihre Heimat.

Bis die Sperrmaßnahmen der Polen Ende Juni 1945 den Massenstrom der Rückwanderer abstoppten, waren schätzungsweise bereits 300 000 bis 400 000 Flüchtlinge aus der sowjetischen Besatzungszone wieder in ihre Heimat östlich der Oder und Neiße zurückgekehrt. Als schließlich in den Potsdamer Beschlüssen die Zustimmung der Großmächte zur Ausweisung der ostdeutschen Bevölkerung gegeben wurde, hörte die Rückkehr nach Ostdeutschland bis auf ganz geringe Nachzügler vollständig auf.

Erheblich größer als die Zahl der Rückkehrer aus der sowjetischen Besatzungszone war die Zahl derer, die nach dem Waffenstillstand aus dem Ge-

[1]) s. J. F. Byrnes: In aller Offenheit, Frankfurt 1949, S. 49.

biet der Tschechoslowakei in ihre Heimat zurückkehrten. — Rund 1,6 Millionen Deutsche aus Schlesien waren durch das Vordringen der Roten Armee nach Böhmen und Mähren hinübergedrängt worden[1]). Etwa die Hälfte von ihnen hatte in dem Schlesien unmittelbar benachbarten Streifen des Sudetenlandes Zuflucht gefunden. In den deutschen Orten des Sudetenlandes von Troppau im Süden bis nach Reichenberg im Norden war es infolgedessen zu einer ungeheueren Massierung von schlesischen Flüchtlingen gekommen, denen teils in Privatquartieren, teils in Massenlagern eine Notunterkunft geschaffen worden war. Da der Flüchtlingsstrom aus Schlesien trotzdem angehalten hatte, waren weitere Hunderttausende in dem an Sachsen angrenzenden Teil des Sudetenlandes oder im Innern Böhmens untergebracht worden, und viele waren auch quer durch Böhmen nach Bayern weitergezogen.

Je nach der Gegend, in der sich die schlesischen Flüchtlinge zum Zeitpunkt der Kapitulation befanden, ergab sich für sie eine sehr verschiedene Situation. Die nach Bayern Hereingeströmten waren froh, nicht mehr im Gebiet der Tschechoslowakei zu sein; aber eine Rückkehr nach Schlesien war für sie infolge der Besatzungsgrenzen in Deutschland nahezu unmöglich geworden. Für die vielen anderen, die sich im Sudetenland oder im Inneren Böhmens befanden, galt es, so schnell wie möglich dieses Gebiet zu verlassen, da seit dem Waffenstillstand überall in der Tschechoslowakei die Verfolgung und Internierung der Deutschen begann[2]). Die tschechischen Behörden ergriffen sogleich Maßnahmen, um die vielen deutschen Flüchtlinge, die nicht nur aus Schlesien, sondern auch aus der Slowakei, aus Ungarn und Rumänien in Böhmen und Mähren Zuflucht gesucht hatten, über die Grenzen abzuschieben. Viele Schlesier hatten sich, als der Krieg zu Ende war, bereits selbständig auf den Heimweg begeben; die anderen wurden in den folgenden Tagen und Wochen, teils zu Fuß, teils in Eisenbahntransporten, eiligst und auf dem kürzesten Weg über die Grenze geschickt. Auf diesem Rückmarsch durch das Gebiet der Tschechoslowakei waren sie fortgesetzten Belästigungen ausgesetzt, an denen sich russische Soldaten und tschechische Miliz je auf ihre Weise beteiligten[3]).

Bei ihrem Bestreben, die deutschen Flüchtlinge aus dem tschechischen Staatsgebiet zu entfernen, nahmen die tschechischen Behörden wenig Rücksicht darauf, ob den Schlesiern daraus wirklich eine Rückkehr in ihre Heimat erwuchs. Soweit sie sich in der Gegend um Prag und im Innern Böhmens aufhielten, wurden sie zunächst in Lager eingewiesen und dann meist auf dem nach Deutschland kürzesten Wege, nach Sachsen abtransportiert. Ebenfalls nach Sachsen hinüber drängte man die im nördlichen Teil des Sudetenlandes zwischen Eger und Reichenberg befindlichen Schlesier, denen es bei der allgemeinen Furcht vor tschechischen Verfolgungen oft auch selbst darauf ankam, so schnell wie möglich die tschechische Grenze zu passieren[4]). Viele versuchten von Sachsen aus, wo ihnen teilweise Lebensmittelkarten verweigert

---

[1]) s. oben Erster Abschnitt, IV, 2 d.

[2]) vgl. „Dokumente zur Austreibung der Sudetendeutschen", hrsg. von der Arbeitsgemeinschaft zur Wahrung sudetendeutscher Interessen, München 1950.

[3]) vgl. die Berichte Bd. I, 1: Nr. 107, S. 408 f; Nr. 108, S. 413; Nr. 109, S. 416 f; Nr. 123, S. 455; Nr. 124, S. 458; — Bd. I, 2: Nr. 224, S. 362 f.

[4]) vgl. die Berichte Bd. I, 1: Nr. 109, S. 416; Nr. 123, S. 455; Nr. 124, S. 458 f.

und längerer Aufenthalt untersagt wurden[1]), nach Schlesien zurückzukehren, was aber nur wenigen gelang, da, wie bereits dargestellt, ab 1. Juni die Neiße-Übergänge bei Görlitz für die Rückkehrer gesperrt waren.

Für diejenigen Schlesier, die im westlichen Teil Böhmens den Waffenstillstand erlebten, führte der kürzeste Weg aus dem Bereich der Tschechoslowakei hinaus nach Bayern. Er war auch insofern am ungefährlichsten, weil dieser Teil Böhmens nicht von russischen sondern von amerikanischen Truppen besetzt worden war und die Flüchtlinge infolgedessen der Berührung mit sowjetischen Truppen aus dem Wege gehen konnten.

Der Rückweg nach Schlesien blieb nur denen nicht verwehrt, die im östlichen Teil Böhmens Unterkunft gefunden hatten. Dies war jedoch etwa nur die Hälfte all derer, die aus Schlesien vor der Roten Armee über das Gebirge geflohen waren, insgesamt schätzungsweise 800 000 Menschen. An der schlesisch-tschechischen Grenze konnten die Polen nicht wie an der Oder und Neiße den Rückkehrerstrom sperren, dies gebot allein die Rücksicht auf die Tschechen. Deshalb begann sofort nach dem Waffenstillstand am 9. Mai ein gewaltiger Rückkehrerstrom über das böhmisch-schlesische Gebirge einzusetzen, der sich auf die gleichen Wege ergoß wie in den Wochen vorher die Flucht, nur daß die Flüchtlinge jetzt beträchtlich ärmer geworden waren und, nachdem sie Pferde und Wagen und einen beträchtlichen Teil des Gepäcks den Russen und Tschechen hatten lassen müssen, meist zu Fuß einherliefen. Bis Mitte Juni etwa dauerte dieser Rückstrom nach Ober- und Niederschlesien an[2]). Die teils völlig entleerten Dörfer und Städte Schlesiens füllten sich wieder mit Menschen, und als im Juli die Rückbewegung abgeschlossen war, hatten sie durchschnittlich wieder 50 Prozent ihrer alten Einwohnerzahl erreicht. Zusammen mit den rund 200 000 Schlesiern, denen es gelungen war, über die Neiße zurückzukehren, war es rund eine Million Menschen, die im Mai und Juni 1945 wieder in Schlesien eintrafen. Die deutsche Bevölkerung Schlesiens (Grenzen von 1937) war damit wieder auf rund 2,5 Millionen[3]) angewachsen, so daß hier auch unter der Herrschaft von Russen und Polen die deutsche Bevölkerung sehr zahlreich war.

Auch in Ostpommern war der Anteil der noch unter russischer Besetzung im Lande befindlichen Einwohner relativ hoch. Dabei spielte weniger die Rückkehr eine Rolle; denn infolge der polnischen Sperrmaßnahmen an der Oder kamen schätzungsweise nur 150 000 Ostpommern aus Mecklenburg und Vorpommern während der Monate Mai und Juni zurück, wobei dieser Zuzug etwa ausgeglichen wurde durch den Abzug zahlreicher ostpreußischer und westpreußischer Flüchtlinge, die von Ostpommern aus wieder in ihre Heimat zurückkehrten. Im Gegensatz zu anderen Provinzen war aber in Ostpommern die Zahl der Zurückgebliebenen und nicht mehr rechtzeitig Herausgekommenen sehr hoch, so daß sich im Juni 1945, vor Beginn der ersten Ausweisungen, ca. eine Million Menschen in Ostpommern befand. Die Städte und Dörfer hatten durchschnittlich 50 bis 60 Prozent

---

[1]) vgl. die Berichte Bd. I, 1: Nr. 119, S. 445 und Nr. 124, S. 459.
[2]) Über den Verlauf der Rückkehr vgl. die unter Anm. 3 auf S. 71E genannten Berichte.
[3]) Dabei sind die im polnischen Teil Oberschlesiens zurückgebliebenen oder dorthin zurückgekehrten Deutschen nicht berücksichtigt.

ihrer ehemaligen Einwohnerzahlen. In ihnen lebten schätzungsweise noch 150 000—250 000 Deutsche aus Ost- und Westpreußen sowie aus den polnischen Gebieten, die nicht in ihre Heimat zurückgekehrt waren, sondern ihr weiteres Schicksal in Ostpommern abwarteten[1]).

Die Bevölkerungsdichte in den einzelnen ostpommerschen Gebieten war sehr verschieden, je nach den Fluchtmöglichkeiten, die im Januar und März bestanden hatten[2]). Während in den westlichen Kreisen Pyritz, Greifenhagen, Naugard, Cammin und in den Hafenstädten Kolberg und Stolpmünde nur noch relativ wenige Deutsche lebten, betrug die Einwohnerzahl in anderen Kreisen, in der Gegend um Belgard, Köslin, Neustettin, Dt. Krone, Friedeberg, Stolp und Lauenburg teilweise über 75 Prozent des alten Standes[3]).

Am niedrigsten war die Zahl der Bevölkerung im Sommer 1945 in Ostpreußen. Rund 500 000 Einwohner waren in den Regierungsbezirken Gumbinnen, Königsberg und Allenstein in russische Hand gefallen[4]). Daneben sind auch in den westlich angrenzenden Kreisen Elbing, Marienburg, Stuhm, Marienwerder und Rosenberg fast 100 000 deutsche Einwohner zurückgeblieben, als die Rote Armee dieses Gebiet eroberte, oder später dahin zurückgekehrt. Zusammen mit den rund 200 000, die teils schon im März und April, teils auch erst nach der Kapitulation vor allem aus Pommern nach Ostpreußen zurückkehrten, zählte Ostpreußen (in den Grenzen von 1937) im Juni 1945 rund 800 000 Einwohner, d. i. knapp ein Drittel seiner Bevölkerung aus dem Jahre 1944[5]).

Am schwächsten war die Bevölkerungsdichte in den östlichen Kreisen, dem Reg. Bez. Gumbinnen. Dort hatten die russischen Truppen nahezu menschenleeres Land in Besitz genommen, und obwohl schon ab Februar 1945 zahlreiche im Samland unter die sowjetischen Truppen geratene Deutsche zwangsweise dorthin deportiert wurden[6]), hat die deutsche Bevölkerungszahl im östlichen Teil Ostpreußens unter russischer und polnischer Verwaltung kaum 15 Prozent ihrer ehemaligen Höhe erreicht. — Wesentlich zahlreicher war die deutsche Bevölkerung dagegen in den südlichen und mittleren Kreisen Ostpreußens. Die Städte Osterode, Allenstein, Mohrungen, Sensburg, Bartenstein, Heilsberg, Lötzen und die umliegenden Landgemeinden erreichten im Sommer 1945 durchschnittlich wieder die Hälfte ihrer alten Einwohnerzahlen. Die Masse der zu dieser Zeit in Ostpreußen lebenden deutschen Bevölkerung, wohl 500 000—550 000 Menschen, verteilte sich auf die südlichen Kreise, welche später auf Grund des Potsdamer Abkommens unter polnische Verwaltung kommen sollten, während in dem unter russische Verwaltung gestellten nördlichen Teil Ostpreußens, einschließlich Königsbergs, nur ca. 250 000—300 000 Menschen lebten[7]).

---

[1]) vgl. oben S. 73 E f.

[2]) vgl. oben Erster Abschnitt, IV, 2 c.

[3]) Dies geht hervor aus der Vergleichung verschiedener Einzelangaben unveröffentlichter Berichte und einer systematischen Befragung der Vertriebenen aus diesen Kreisen. (Das Ergebnis liegt in der Dokumentensammlung vor.)

[4]) s. oben Erster Abschnitt, IV, 2 b, S. 41 E.

[5]) s. oben Erster Abschnitt, I, S. 5 E.

[6]) vgl. die Berichte Bd. I, 2: Nr. 179 — Nr. 183.

[7]) In Königsberg lebten damals rund 70 000 Deutsche. vgl. Bericht Bd. I, 2: Nr. 171, S. 107, Anm. 1.

In dem relativ kleinen Ostbrandenburg hat sich die Zahl der deutschen Einwohner durch Rückkehrer nur unerheblich vermehrt, zumal aus diesem Gebiet schon Ende Juni 1945 durch systematische Austreibungen der größte Teil der Deutschen gezwungen wurde, die Heimat zu verlassen. Vor Beginn dieser Austreibungsaktionen haben in Ostbrandenburg, dessen Bevölkerung zum größten Teil nicht rechtzeitig hatte fliehen können, jedoch noch rund 350 000 Menschen gelebt.

Nur von geringfügigem Ausmaß war die Rückkehr geflohener Deutscher in Danzig, in Westpreußen und in den west- und zentralpolnischen Gebieten. Die Deutschen, die sich in diesen Gebieten im Mai/Juni 1945 aufhielten, waren in der Regel Personen, die freiwillig dortgeblieben oder während der Flucht in russische Hände gefallen waren. Im Gebiet der Freien Stadt Danzig waren es rund 200 000 und auf polnischem Territorium etwa 800 000 Deutsche, die die Zeit der polnischen Herrschaft und der Ausweisungen in ihrer Heimat erlebten.

Veränderungen des deutschen Bevölkerungsstandes östlich der Oder-Neiße-Linie infolge der Flucht und der Rückkehr im Jahre 1945[1]).

Die Gebiete östlich der Oder und Neiße	Stand der deutschen Bevölkerung Ende 1944	Stand d. deutschen Bevölkerung nach d. Flucht vor der Roten Armee April-Mai 1945	Stand der deutschen Bevölkerung nach der Rückkehr (Sommer 1945) und vor d. Austreibung
Ostpreußen[2])	2 653 000	600 000	800 000
Ostpommern	1 861 000	1 000 000	1 000 000[3])
Ostbrandenburg	660 000	300 000	350 000
Schlesien	4 718 000	1 500 000	2 500 000
Polnische Gebiete	1 612 000	800 000	800 000
Danzig	420 000	200 000	200 000
Insgesamt	11 924 000	4 400 000	5 650 000

[1]) Die Zahlenangaben über den Bevölkerungszustand nach der Flucht und nach der Rückkehr beruhen weitgehend auf Durchschnittswerten, die durch systematische Erhebungen und durch die Vergleichung der in den Berichten enthaltenen Angaben über den Bevölkerungsstand der einzelnen ostdeutschen Kreise und Orte zustandegekommen sind. Obwohl sie keine statistische Genauigkeit beanspruchen können, geben sie doch die Größenordnung der Veränderungen des Bevölkerungsstandes in zuverlässiger Weise wieder.

[2]) Einschließlich des Memellandes mit 134 000 Einwohnern (nach der Personenstandsaufnahme vom 10. Oktober 1941) und Reg.-Bez. Westpreußen mit 310 000 Einwohnern (Stand der bei der Lebensmittelversorgung vom Februar bis März 1944 erfaßten Personen).

[3]) Die zahlenmäßige Gleichheit des Bevölkerungsstandes in Ostpommern vor und nach der Rückkehr bedeutet nicht, daß dort kein Zustrom von Rückkehrern erfolgt sei; sie erklärt sich lediglich daraus, daß dem Zustrom der über die Oder Zurückgekehrten ungefähr der Abzug der nach Pommern geflüchteten ost- und westpreußischen Bevölkerungsbestandteile gleichzusetzen ist.

III. Die Zwangsverschleppung ostdeutscher Zivilpersonen nach der Sowjetunion.

Vom Ablauf der Ereignisse und der Entwicklung der Zustände in Ostdeutschland zu trennen ist das Schicksal derjenigen Männer und Frauen aus den Gebieten östlich der Oder und Neiße, die schon in den Tagen nach dem Einmarsch der Roten Armee aufgegriffen und nach der Sowjetunion verschleppt wurden, wo sie, oft Tausende von Kilometern von ihren in Ostdeutschland verbliebenen Angehörigen entfernt, das harte Los der Zwangsdeportierten zu erleiden hatten.

Im Gegensatz zu den Erschießungen oder sonstigen Gewalttaten und Exzessen, die zu einem beträchtlichen Teil Willkürhandlungen einzelner sowjetischer Soldaten und Offiziere waren, handelt es sich bei der Zwangsdeportation ostdeutscher Zivilpersonen um eine systematisch betriebene Aktion, die von der obersten sowjetischen Führung geplant und in allen sowjetischen Armeebereichen jenseits von Oder und Neiße in gleicher Weise gehandhabt wurde. Die zentrale Leitung und Planung dieser Aktion durch die sowjetische Führung ist daran erkennbar, daß schon seit Dezember 1944 auch in Rumänien, Ungarn und Jugoslawien viele Tausende von Volksdeutschen zusammengetrieben und nach Rußland, meist in das Industriegebiet am Donez und Don, in den Ural oder nach dem Kaukasus deportiert worden waren.

In den deutsch bewohnten Gebieten jenseits von Oder und Neiße begann die Verschleppung von Zivilpersonen vereinzelt bereits Ende Januar 1945[1]) und wurde dann im Monat Februar systematisch in allen bis zu dieser Zeit von der Roten Armee besetzten Gebieten betrieben.

In diese Zeit, in der die Deportationen in Ostdeutschland anliefen, fiel die Konferenz von Jalta (4.—11. Februar 1945), auf der Stalin die Zustimmung der Westmächte zu erlangen vermochte, daß die UdSSR. nach dem Siege über Deutschland als einen Teil der ihr zugesprochenen Reparationen Arbeitskräfte aus Deutschland nach Rußland schaffen könne[2]). Diese interalliierte Abmachung kam zwar erst zustande, als die Deportationen im Südosten nahezu beendet und aus den Ostgebieten jenseits von Oder und Neiße schon viele Tausende von Deutschen nach der Sowjetunion unterwegs waren, dennoch gab sie eine Art Rechtsgrundlage, auf die sich die sowjetische Führung bei der Deportation großer deutscher Volksteile berufen konnte.

In Ostdeutschland erreichte die Verschleppung ihren Höhepunkt im Monat März 1945 und dauerte bis Ende April. Da bis zu diesem Zeitpunkt lediglich die östlich von Oder und Neiße gelegenen Gebiete in der Hand der Roten Armee waren, blieb die Verschleppungsaktion auf die Deutschen

---

[1]) vgl. Bericht Bd. I, 2: Nr. 137, S. 3, der erwähnt, daß bereits Ende Januar Verhaftungen zum Zwecke der Deportation nach Rußland stattfanden.

[2]) Über den Hergang der Verhandlungen über das Reparationsproblem während der Krim-Konferenz vgl. J. F. Byrnes: In aller Offenheit, S. 46 f.

in diesen Gebieten beschränkt und griff nicht auf die spätere sowjetische Besatzungszone über[1]).

Die Organisation der Verschleppung lag bei den Heeresgruppen der Roten Armee. Sie begann in den jeweils eroberten Gebieten im allgemeinen bereits zwei bis drei Wochen nach der Besetzung. Jede der vier sowjetischen Heeresgruppen, die an der Eroberung Ostdeutschlands beteiligt waren, betrieb in ihrem Bereich die Verhaftung der Deutschen und ihre Einlieferung in die Durchgangs- und Sammellager selbständig. An ihrem Vorgehen zeigt sich, daß die Verschleppung weniger auf einem Plan zur Deportation bestimmter Personen und Personengruppen beruhte, sondern daß es vielmehr darauf ankam, möglichst schnell eine möglichst große Zahl arbeitsfähiger Deutscher zusammenzutreiben; denn offenbar war jeder der vier sowjetischen Heeresgruppen ein gleich hohes „Verschleppungssoll" auferlegt worden. Da die Anzahl der in den einzelnen Provinzen östlich der Oder-Neiße in sowjetische Hand gefallenen Deutschen örtlich sehr verschieden war und manche Gegenden schon im Januar und Februar von russischen Truppen erfaßt wurden, andere erst, als die Deportationen zu Ende gingen, zeigte das sowjetische Vorgehen sehr verschiedene Grade der Härte.

Die einzelnen Heeresgruppenbereiche umfaßten folgende Teile des Gebiets jenseits von Oder und Neiße[2]): Zum Bereich der *Heeresgruppe Tschernjakowski* gehörte Ostpreußen mit Ausnahme des Streifens westlich der Linie Elbing — Dt. Eylau. In diesem Bezirk war Insterburg das Hauptsammellager für die zur Deportation vorgesehenen Deutschen und der Verladebahnhof für die Transporte nach Rußland[3]).

Das Gebiet der *Heeresgruppe Rokossowskij* umschloß den westlichen Sektor Ostpreußens, ganz Westpreußen und den östlichen Zipfel Pommerns bis etwa zur Linie Köslin—Flatow. Hauptsammellager für die Deportationen waren zunächst Ciechanów (Zichenau)[4]) und Soldau[5]) und ab Mitte März vor allem Graudenz[6]), das erst am 5. März gefallen war.

---

[1]) Es ist anzunehmen, daß man absichtlich darauf verzichtet hat, Deutsche aus dem Gebiet der späteren sowjetischen Besatzungszone zu deportieren, wohingegen die Verschleppung von Deutschen aus den später unter polnische Verwaltung gestellten Gebieten den Russen nicht schadete und den polnischen Ausweisungswünschen entgegenkam. Über die Gründe, die zur Beendigung der Verschleppungsaktion Ende April führten, obwohl sich in manchen Verschleppungslagern, so z. B. in Graudenz, noch Tausende von Deutschen befanden, sind nur Mutmaßungen möglich. Möglicherweise hatte sich die Deportation von Zivilpersonen als wenig gewinnbringend erwiesen, da die Verschleppten schon auf den Transporten nach Rußland durch hohe Sterblichkeit dezimiert wurden. Außerdem bestand gerade zu dieser Zeit für die Sowjets ein Überangebot an Arbeitskräften durch die zahlreichen deutschen Soldaten, die in den Monaten März und April in russische Kriegsgefangenschaft gerieten und meist nach Rußland gebracht wurden.

[2]) Gerade durch die Auswertung von zahlreichen Einzelangaben über den Verlauf der Deportationen ist eine Rekonstruktion der sowjetischen Heeresgruppenbereiche in Ostdeutschland möglich geworden.

[3]) vgl. die Berichte Bd. I, 2: Nr. 141 — Nr. 146; Nr. 187, S. 179.

[4]) vgl. die Berichte Bd. I, 2: Nr. 137, S. 3; Nr. 138, S. 6 und Nr. 139.

[5]) vgl. die Berichte Bd. I, 2: Nr. 139, S. 9; Nr. 159, S. 65; Nr. 160, S. 67.

[6]) vgl. die Berichte Bd. I, 2: Nr. 164, S. 77 f; Nr. 165, S. 78 f; Nr. 166, S. 82; Nr. 167, S. 87; Nr. 168, S. 89; Nr. 169, S. 93.

Südlich daran grenzte der Bereich der *Heeresgruppe Shukow*, zu dem das westliche Polen, Ostbrandenburg und die westliche Hälfte Ostpommerns gehörten. Hauptsammellager und Ausgangspunkte für die Transporte waren hier Schwiebus in Brandenburg[1]), Posen[2]) sowie Sikawa bei Lodz[3]).

Den Abschluß bildete die *Heeresgruppe Konjew*, der ganz Schlesien und das südliche Polen unterstand. Sammelpunkte für die Deportation der Deutschen waren im oberschlesischen Industriegebiet das Lager in Beuthen[4]) und der Verladebahnhof Peiskretscham[5]), ferner Lager, die in Krakau[6]) und den in der Gegend von Przemysl gelegenen Orten Sanok und Sambor eingerichtet worden waren.

Als Auffanglager dienten in der Regel Zuchthäuser und Gefängnisse, mitunter auch Kasernen oder Barackenlager. Die Umstände der Inhaftierung waren im allgemeinen überall die gleichen. Die arbeitsfähigen Männer und Frauen eines Ortes oder eines ganzen Kreises erhielten plötzlich Befehl, sich zu einem festgesetzten Termin an einem bestimmten Ort zu melden. Von dort aus begann der Transport oder Fußmarsch zu dem nächsten größeren Sammellager. Es folgten erneute Zusammenstellungen und die Beförderung in das Hauptlager, wo nach oberflächlicher Überprüfung des Gesundheitszustandes die zur Deportation Bestimmten in russische Güterzüge verladen wurden.

Die Aushebung und Verhaftung der zur Verschleppung bestimmten Menschen erfolgte großenteils — vor allem in den Städten — durch Aufrufe, daß sich alle Männer bis zum 60. Lebensjahr zu melden hätten[7]). In vielen Gegenden war die Verschleppung auch mit der Registrierung der deutschen Bevölkerung gekoppelt[8]), die überall in den Wochen nach der Besetzung der einzelnen Orte vorgenommen wurde. Da jedoch weite Gebiete besonders auf dem Lande auf diese Weise nicht erfaßbar waren, wurden Sonderkommandos der sowjetischen Armee gebildet, die den Auftrag hatten, aus den einzelnen Gebieten eine bestimmte Anzahl arbeitsfähiger deutscher Personen zusammenzutreiben und ihre Überführung in die Sammellager durchzuführen[9]). Oft hielten diese sich nicht damit auf, eine Gegend planmäßig durchzukämmen, sondern trieben, um ihren Auftrag möglichst schnell zu erfüllen, aus einzelnen Dörfern nahezu alle erwachsenen deutschen Personen zusammen, während andere Orte gänzlich von ihnen verschont blieben.

Am leichtesten hatten es die Deportationskommandos in Oberschlesien. Dort waren zahlreiche Bergleute und Industriearbeiter, die einst wegen ihrer Unabkömmlichkeit nicht zum Heeresdienst einberufen worden waren und

[1]) vgl. die Berichte Bd. I, 2: Nr. 157, S. 60 f; Nr. 158, S. 62.
[2]) vgl. die Berichte Bd. I, 2: Nr. 163, S. 76; Nr. 261, S. 553; Nr. 271, S. 618.
[3]) vgl. die Berichte Bd. I, 2: Nr. 155, S. 54 und Nr. 156, S. 58 f.
[4]) vgl. die Berichte Bd. I, 2: Nr. 150, S. 41; Nr. 152, S. 48; Nr. 153, S. 49.
[5]) vgl. Bericht Bd. I, 2: Nr. 149, S. 40.
[6]) vgl. Bericht Bd. I, 2: Nr. 151, S. 44.
[7]) vgl. die Berichte Bd. I, 2: Nr. 148, S. 35 f; Nr. 162, S. 73; Nr. 196, S. 214; Nr. 204, S. 251; Nr. 210, S. 287.
[8]) vgl. die Berichte Bd. I, 2: Nr. 203, S. 244 Anm.; Nr. 208, S. 270 f.
[9]) vgl. die Berichte Bd. I, 2: Nr. 196, S. 214 f; Nr. 200, S. 235; Nr. 201, S. 237; Nr. 203, S. 244.

denen aus dem gleichen Grunde die Flucht untersagt worden war, zurückgeblieben[1]). In Gleiwitz, Beuthen, Hindenburg und anderen Städten des Industriebezirks wurden deshalb bald nach der Eroberung dieses Gebietes alle Männer von 17—50 Jahren interniert und in Lagern untergebracht. Ein erheblicher Teil von ihnen wurde über Beuthen, Peiskretscham oder Krakau nach Rußland transportiert[2]).

Da Schlesien auch nach dem Einfall der Roten Armee die volkreichste der deutschen Ostprovinzen war, fand die russische Militärverwaltung hier genügend Menschen vor, um ihr „Verschleppungssoll" zu erfüllen. Die *Heeresgruppe Konjew*, der Schlesien unterstellt war, stand deshalb mit rund 62 000 deportierten Deutschen — überwiegend Männern — an der Spitze der vier Militärbereiche in Ostdeutschland.

Anders war die Lage in den übrigen Gebieten, ganz besonders in Ostpreußen[3]). Dort griffen die sowjetischen Deportationskommandos zu den drastischsten Maßnahmen, um die ihnen auferlegte Zahl von Verschleppten zu erreichen. Da Männer arbeitsfähigen Alters kaum noch im Lande waren und die Bevölkerung Königsbergs nicht in Betracht kam, weil um diese Stadt während der Hauptverschleppungszeit im Februar und März noch gekämpft wurde, sind in Ostpreußen in der Mehrzahl Frauen und Mädchen von 15—50 Jahren ergriffen und in das Sammellager Insterburg eingeliefert worden[4]). Dabei kam es vor, daß zahlreiche Mütter von ihren kleinen Kindern getrennt und auch alte Leute verschleppt wurden[5]). Dennoch blieb die Zahl der aus dem Armeebereich Ostpreußen (Tschernjakowskij) Verschleppten weit unter denen aus den anderen sowjetischen Heeresgruppenbereichen.

Umfassende Nachforschungen darüber, wie viele ostdeutsche Zivilpersonen aus den einzelnen sowjetischen Heeresbereichen nach Rußland transportiert wurden und wie hoch die Gesamtzahl der nach Rußland verschleppten Ostdeutschen war, haben bisher ergeben[6]):

---

[1]) vgl. Bericht Bd. I, 2: Nr. 148, S. 35.

[2]) vgl. die Berichte Bd. I, 2: Nr. 148, S. 149; Nr. 213, S. 315; Nr. 214, S. 319. — Auch in den anderen bis Ende März 1945 von der Roten Armee besetzten Gebieten Schlesiens liefen die üblichen Verschleppungsaktionen, s. Bericht Bd. I, 1: Nr. 116, S. 432, und Bd. I,2: Nr. 150 — Nr. 154.

[3]) vgl. die obigen Ausführungen über den Stand der deutschen Bevölkerung in Ostpreußen nach der Flucht, S. 40 E f.

[4]) vgl. die Berichte Bd. I, 2: Nr. 146, S. 30; Nr. 147, S. 33 f., sowie auch die Berichte Bd. I, 2: Nr. 141 — Nr. 143, die von geschlossenen Frauentransporten aus Ostpreußen nach Rußland handeln.

[5]) vgl. die Berichte Bd. I, 1: Nr. 25, S. 101; Nr. 88, S. 340; — Bd. I,2: Nr. 140, S, 11; Nr. 144, S. 23; Nr. 162, S. 73; Nr. 164, S. 77; Nr. 165, S. 78; Nr. 184, S. 166; Nr. 185, S. 170; Nr. 186, S. 175; Nr. 188, S. 191; Nr. 245, S. 482.

[6]) Ergebnisse nach dem Stande von 1952. Nicht einbegriffen sind in den folgenden Zahlen diejenigen Deutschen, die zwar in Verschleppungslager eingeliefert worden waren, aber dort verstorben sind oder wegen Krankheit, Schwäche und aus anderen Gründen nicht nach Rußland gebracht wurden.

Anzahl der verschleppten Zivilpersonen

aus Schlesien (Heeresgruppenbereich Konjew):	62 000
aus dem westlichen Polen, Ostbrandenburg, der westlichen Hälfte Ostpommerns (Heeresgruppenbereich Shukow):	57 000
aus dem westlichen Sektor Ostpreußens, Danzig-Westpreußen und aus der östlichen Hälfte Ostpommerns (Heeresgruppe Rokossowskij):	55 000
aus Ostpreußen (Heeresgruppenbereich Tschernjakowskij):	44 000
Gesamtzahl der nach Rußland verschleppten deutschen Zivilpersonen aus den Gebieten ostwärts von Oder und Neiße:	218 000

Mit Schwierigkeiten besonderer Art hatten es die sowjetischen Deportationskommandos in den Gebieten Polens zu tun. Dies lag daran, daß die polnischen Behörden unmittelbar nach der Besetzung des Landes durch sowjetische Truppen einen sehr großen Teil der deutschen Bevölkerung in polnischen Straf- und Arbeitslagern sowie in Gefängnissen interniert hatten[1]). Die russischen Deportierungsabsichten stießen hier erstmalig mit polnischen Tendenzen zusammen. Jedoch setzte sich die sowjetische Armeeführung in der Regel gegenüber den Polen durch. Die russischen Deportationskommandos erschienen in den von den polnischen Behörden und Sicherheitsorganen errichteten Internierungslagern für Deutsche und suchten sich arbeitsfähige deutsche Internierte heraus, um sie nach Rußland zu deportieren[2]).

Die Vorgänge im Zusammenhang mit der Deportation brachten über die Betroffenen schlimme Leiden. Schon die oft tagelangen Märsche nach den Sammellagern und die dabei erduldeten Drangsalierungen durch die russischen, teils auch polnischen Begleitmannschaften forderten zahlreiche Opfer unter den für die Verschleppung vorgesehenen Deutschen[3]).Als eine besondere Plage erwiesen sich ferner die fortgesetzten Verhöre, die die Verhafteten auf den Zwischenstationen und in den Sammellagern über sich ergehen lassen mußten. Aus ihnen läßt sich schließen, daß die Sowjets offenbar bemüht waren, den Deportationen eine formal-rechtliche Grundlage zu geben. Konnte man den Verschleppten keine Zugehörigkeit zu nationalsozialistischen Organisationen nachweisen, so wurde versucht, irgendwelche anderen belastenden Geständnisse aus ihnen herauszupressen, die als Grund für die Verschleppung gelten konnten[4]).

Besonders in den Gefängnissen von Insterburg und Graudenz wurden bei diesen Verhören Gewalttaten schlimmster Art begangen[5]). Infolge schwe-

[1]) Näheres darüber s. unten Zweiter Abschnitt, IV, 4.

[2]) vgl. z. B. Bericht Bd. I, 2: Nr. 156, s. auch Nr. 265, S. 549.

[3]) vgl. die Berichte Bd. I, 2: Nr. 137, S. 3; Nr. 139, S. 10; Nr. 144, S. 23; Nr. 159, S. 65; Nr. 161, S. 70 f; Nr. 162, S. 73 ff; Nr. 164, S. 77; Nr. 165, S. 78 f; Nr. 168, S. 89; Nr. 169, S. 93; Nr. 170, S. 105 f; Nr. 261, S. 550 ff.

[4]) vgl. die Berichte Bd. I, 1: Nr. 78, S. 300 f; — Bd. I, 2: Nr. 145, S. 28; Nr. 166, S. 81; Nr. 167, S. 87; Nr. 187, S. 178; Nr. 188, S. 191 f.

[5]) Für Insterburg vgl. die Berichte Bd. I, 2: Nr. 141, S. 14 und Nr. 145, S. 28; für Graudenz Bericht Bd. I, 2: Nr. 166, S. 81 f.

rer Drangsalierungen, unzureichender Verpflegung und durch Krankheiten starben bereits in den Sammellagern viele Hunderte der Verschleppten[1]). Andere befanden sich in einem Gesundheitszustand, der selbst den sowjetischen Kommandanten einen Bahntransport nach Rußland nicht geraten erscheinen ließ. Dies galt vor allem für die vielen alten Leute, die von den Deportationskommandos in die Verschleppungslager eingeliefert worden waren. Viele dieser Alten und Arbeitsuntauglichen wurden, sofern sie nicht infolge der Anstrengungen und Entbehrungen in den Lagern starben, nach Monaten wieder entlassen[2]).

Als Ende April keine weiteren Deportationen nach Rußland mehr erfolgten, wurden die hierfür errichteten Sammellager teils aufgelöst, teils auch den Polen übergeben[3]). Besonders die Lager Graudenz, Posen und Sikawa spielten später unter polnischer Verwaltung als Internierungs- und Zwangsarbeitslager eine verhängnisvolle Rolle[4]).

Die zweite verlustreiche Etappe der Deportation stellte der Transport nach Rußland dar. In regelmäßigen Abständen wurden von den Hauptverladestationen aus Transportzüge zusammengestellt, die durchschnittlich je 2 000 Verschleppte aufnahmen. Die Fahrt zu den Arbeitslagern in Rußland dauerte im allgemeinen 3—6 Wochen. Während dieser Zeit wurden die Verschleppten nur völlig ungenügend mit Nahrungsmitteln und Wasser versorgt, und da die ersten Transporte noch im Februar abgingen, wirkte sich auch die Kälte unter den vielen oft unzureichend bekleideten Menschen verheerend aus. Die Sterblichkeit auf der Fahrt nach Rußland war deshalb allgemein sehr hoch, mitunter betrug sie 10 Prozent der Deportierten[5]).

Die Arbeitslager, denen die Transporte zugeleitet wurden, lagen über ganz Rußland verstreut. Sowohl nach dem Eismeer im Norden wie nach dem Kaukasus im Süden, ja sogar bis nach Turkmenien[6]) wurde die aus Ostdeutschland verschleppte Zivilbevölkerung befördert. Der überwiegende Teil der zahlreichen Lager mit teils nur wenigen hundert, teils mehreren tausend Deportierten, befand sich in den Industriebezirken am Ural, im Donez- oder Don-Gebiet.

Von den Strapazen des wochenlangen Transportes waren die Deportierten so geschwächt, daß ihnen im allgemeinen nach der Ankunft einige Wochen der Ruhe gewährt werden mußten, sollten sie wieder arbeitsfähig werden[7]). Mit der Ankunft in den russischen Arbeitslagern hörten im großen Ganzen die Quälereien durch die Wachmannschaften auf, von denen die Verschleppten auf dem Weg in die Sammellager in Ostdeutschland und bis zur

---

[1]) vgl. die Berichte Bd. I, 2: Nr. 139, S. 10; Nr. 158, S. 62; Nr. 162, S. 74; Nr. 163, S. 76.

[2]) vgl. z. B. die Berichte Bd. I, 2: Nr. 139, S. 10 f und Nr. 187, S. 179.

[3]) vgl. die Berichte Bd. I, 2: Nr. 139, S. 10 f und Nr. 163, S. 76.

[4]) s. unten Zweiter Abschnitt, IV, 4.

[5]) vgl. die Berichte Bd. I, 2: Nr. 140, S. 12; Nr. 141, S. 14 f; Nr. 143, S. 19; Nr. 145, S. 28; Nr. 146, S. 31; Nr. 147, S. 34; Nr. 150, S. 41 f; Nr. 152, S. 48; Nr. 153, S. 50; Nr. 157, S. 61; Nr. 158, S. 63; Nr. 167, S. 87; Nr. 169, S. 94.

[6]) vgl. Bericht Bd. I, 2: Nr. 146.

[7]) vgl. die Berichte Bd. I, 2: Nr. 141, S. 15; Nr. 144 ,S. 25; Nr. 153, S. 50; Nr. 159, S. 66.

Abfahrt heimgesucht worden waren. Auch Vergewaltigungen von Frauen scheinen kaum noch vorgekommen zu sein[1]).

Statt dessen begannen besonders im Frühjahr 1945 das Übermaß der zu leistenden Arbeit und die unzureichende Verpflegung in den Lagern katastrophale Folgen hervorzurufen. Allein die Art der zu leistenden Arbeit bedeutete eine Überforderung der Deportierten. Denn in der Regel waren es die körperlich schwersten Arbeiten, die sie zu verrichten hatten. In den Waldgebieten Nordrußlands und des Kaukasus mußten Bäume gefällt und zersägt[2]), daneben auch schwere Erd- und Torfarbeiten geleistet werden[3]). In den Industrierevieren im Ural und am Donez und Don haben Frauen und Männer aus Ostdeutschland in langen Schichten unter Tage Kohle und Erz fördern müssen[4]), und zahlreiche verschleppte Deutsche wurden hier auch zu schweren Verlade- und Transportarbeiten herangezogen[5]) und in Fabriken, Steinbrüchen und Ziegeleien[6]) oder beim Straßen- und Schienenbau eingesetzt[7]). Je nach Jahresfrist wechselten die Arbeiten. Im Sommer und Herbst nahm die Kolchoswirtschaft einen großen Teil Deportierter in Anspruch[8]); im Winter bestand die Zwangsarbeit oft darin, die Schienen- und Straßenwege von den Schneemassen freizuhalten[9]). — Verstärkt wurden die arbeitsmäßige Überbeanspruchung und bewußte Ausnutzung durch Arbeitszeiten von oft 12 und mehr Arbeitsstunden täglich. In diesem Zusammenhang kam vor allem dem sowjetischen Leistungs- und Norm-Prinzip eine verhängnisvolle Bedeutung zu. Je nach Gesundheitszustand und körperlicher Verfassung in Arbeitsgruppen mit verschieden hoher Norm eingestuft[10]), haben die Deportierten oft versucht, durch Übererfüllung der Leistungsnorm sich zusätzliche Verpflegung zu erarbeiten, da der kärgliche Normalsatz oft völlig unzureichend war. Solche regelmäßigen Übersoll-Leistungen bedeuteten aber nicht nur eine fortgesetzte Ausbeutung der Arbeitskraft, sondern führten oft auch dazu, daß die Normen erhöht wurden. Im Gegensatz zu den russischen Arbeitern, die mit solchen Gepflogenheiten der „Leistungssteigerung" schon vertraut waren und sich davon kaum noch antreiben ließen, sind viele Deutsche diesem ausgeklügelten System zum Opfer gefallen. Da die Verhälnisse in den Lagern außerdem meist völlig unhygienisch waren, nahmen — trotz anerkennenswerter, aber wegen des Mangels an Medikamenten meist fruchtloser Bemühungen rus-

[1]) vgl. z. B. Bericht Bd. I, 2: Nr. 157, S. 61.
[2]) vgl. die Berichte Bd. I, 2: Nr. 142, S. 17; Nr. 143, S. 21; Nr. 159, S. 66.
[3]) vgl. die Berichte Bd. I, 2: Nr. 137, S. 5; Nr. 145, S. 28; Nr. 147, S. 34; Nr. 158, S. 63; Nr. 166, S. 83 f; Nr. 169, S. 95 f; Nr. 170, S. 104.
[4]) vgl. die Berichte Bd. I, 2: Nr. 138, S. 7; Nr. 143, S. 20; Nr. 152, S. 48; Nr. 155, S. 55; Nr. 160, S. 67 f.
[5]) vgl. die Berichte Bd. I, 2: Nr. 138, S. 7; Nr. 143, S. 20; Nr. 152, S. 48; Nr. 155, S. 55; S. 101.
[6]) vgl. die Berichte Bd. I, 2: Nr. 138, S. 7; Nr. 141, S. 15; Nr. 143, S. 25; Nr. 146, S. 31; Nr. 149, S. 40; Nr. 169, S. 100 f.
[7]) Nr. 146, S. 31 Nr. 147, S. 34; Nr. 154, S. 53.
[8]) vgl. die Berichte Bd. I, 2: Nr. 138, S. 7; Nr. 142, S. 17; Nr. 143, S. 20 f; Nr. 149, S. 40; Nr. 160, S. 67; Nr. 165, S. 79; Nr. 169, S. 101 f.
[9]) vgl. die Berichte Bd. I, 2: Nr. 142, S. 17; Nr. 143, S. 20 f.
[10]) vgl. z. B. die Berichte Bd. I, 2: Nr. 138, S. 4; Nr. 149, S. 40; Nr. 152, S. 48; Nr. 169, S. 95.

sischer Ärzte und Ärztinnen — Krankheiten und Sterbefälle im Jahre 1945 immer stärker zu. Weitaus die meisten Verluste, die unter den deportierten Deutschen entstanden, fielen in die Zeit vom Frühjahr bis zum Herbst 1945, als in manchen Lagern mehr als die Hälfte der Belegschaft zugrunde ging[1]).

Für diejenigen, die diese Zeit überstanden, begann sich die Lage in der folgenden Zeit etwas zu bessern. Zwar ließ das Übermaß der Arbeit in Kohlengruben, in der Landwirtschaft, beim Holzfällen oder bei der Aufräumung von Städten nicht nach, aber allmählich wurden die Verpflegungssätze erhöht, so daß der Gesundheitszustand der Verschleppten sich besserte. Unterschlagungen von Lebensmitteln durch die Lagerleitung sowie Bestechungen und Übervorteilungen durch die Wachmannschaften, bei denen in manchen Lagern auch Polen mitwirkten, haben jedoch dazu geführt, daß auch später noch teilweise recht schlimme Verhältnisse herrschten[2]). Da die Lager für Zivilpersonen in Rußland ganz allgemein als Straf- oder Besserungslager galten, waren ihre Insassen im Grundsatz wesentlich schlechter gestellt als die deutschen Kriegsgefangenen. In den Jahren 1947—1948 wurden in manchen Lagern die strengen Bestimmungen gelockert und den Verschleppten eine größere Bewegungsfreiheit gewährt. Teilweise gab es zu dieser Zeit auch eine geringfügige Entlohnung für die geleistete Arbeit, so daß die Verschleppten sich Lebensmittel oder Kleidung kaufen konnten[3]). Soweit sich ein Kontakt mit der russischen Zivilbevölkerung ergab, zeigte diese keine Feindschaft gegenüber den Deutschen[4]).

Schon im Sommer und Herbst 1945 waren, zum Teil verursacht durch die enorm hohe Sterblichkeit, die ersten Lagerauflösungen und Rücktransporte erfolgt. Damals wurden vor allem zahlreiche Kranke und Nichtarbeitsfähige nach Deutschland entlassen; auch von ihnen starben noch manche unterwegs[5]), obwohl die Verpflegung auf der Rückfahrt im allgemeinen wesentlich besser war als auf der Hinfahrt.

Nach der ersten großen Entlassungswelle von 1945 zogen sich die Lagerauflösungen und Rücktransporte nach Deutschland in großen Abständen und Unterbrechungen durch die Jahre 1946, 1947 und 1948 hin. Die letzten größeren Rücktransporte fanden im Jahre 1949 statt, nachdem die Verschleppten

[1]) vgl. die Berichte Bd. I, 2: Nr. 137, S. 3 f; Nr. 138, S. 7 f; Nr. 141, S. 15; Nr. 143, S. 20; Nr. 144, S. 25 f; Nr. 145, S. 28; Nr. 146, S. 32; Nr. 151, S. 45; Nr. 153, S. 50 f; Nr. 155, S. 55; Nr. 157, S. 62; Nr. 159, S. 66; Nr. 161, S. 72; Nr. 166, S. 83; Nr. 167, S. 87; Nr. 168, S. 89; Nr. 169, S. 94.

[2]) Bei den in mehreren Berichten ehemaliger Zwangsverschleppter genannten Polen (vgl. z. B. die Berichte Bd. I, 2: Nr. 151, S. 46; Nr. 157, S. 61; Nr. 159, S. 65) handelt es sich offenbar um eingedeutschte Polen aus der Zeit der deutschen Herrschaft, die sich in die deutsche Volksliste aufnehmen ließen und deshalb später von den Polen als Verräter betrachtet wurden. Ähnlich wie von den der Wlassow-Armee angehörenden Russen manche zusammen mit Deutschen in sowjetische Arbeitslager verschleppt wurden (vgl. z. B. Bericht Bd. I, 2: Nr. 151, S. 44), sind offenbar auch manche von diesen Polen in russische Lager deportiert worden (vgl. z. B. Bericht Bd. I, 2: Nr. 255, S. 513).

[3]) vgl. die Berichte Bd. I, 2: Nr. 159, S. 66; Nr. 160, S. 68 f; Nr. 167, S. 88; Nr. 169 S. 99 f.

[4]) vgl. die Berichte Bd. I, 2: Nr. 146, S. 33; Nr. 161, S. 72.

[5]) vgl. die Berichte Bd. I, 2: Nr. 144, S. 26 f; Nr. 145, S. 28 f; Nr. 151, S. 46; Nr. 153, S. 51; Nr. 166, S. 84 f; Nr. 170, S. 104.

vierjährige Zwangsarbeit geleistet hatten[1]). Seitdem sind nur noch vereinzelt verschleppte ostdeutsche Zivilpersonen zurückgekehrt. Obwohl bekannt ist, daß noch manche von ihnen in der UdSSR. leben, muß zweifellos damit gerechnet werden, daß der überwiegende Teil der Nichtzurückgekehrten in Rußland verstorben ist.

Die Höhe der durch die Verschleppungsaktion unter der ostdeutschen Zivilbevölkerung hervorgerufenen Verluste kann vorläufig nur annähernd erfaßt werden. Nach allen bisher vorliegenden Ermittlungen und den Angaben der Berichterstatter über die Sterblichkeit in den Verschleppungslagern und während der Transporte, muß angenommen werden, daß etwa die Hälfte der Deportierten und dazu noch mehrere Tausende von denen, die zwar festgenommen und in Sammellager eingeliefert, aber nicht mehr deportiert wurden, im Verlaufe der Verschleppungsaktion umgekommen sind. Die Gesamtverluste, die infolge der Verschleppung eintraten, beziffern sich sicher auf mindestens 100 000 bis 125 000 Tote.

IV. Das Schicksal der deutschen Bevölkerung östlich von Oder und Neiße unter russisch-polnischer Herrschaft seit 1945.

Der Einfall der Roten Armee nach Ostdeutschland hatte zur Folge gehabt, daß über die Hälfte der deutschen Bevölkerung aus den Gebieten östlich von Oder und Neiße nach Mittel- und Westdeutschland verdrängt worden war. Die Millionen von Deutschen, die durch die Flucht vor der Roten Armee die Heimat verlassen mußten, hatten an den Folgen der Vertreibung noch lange schwer zu tragen, und noch heute haben sie unter der Besitz- und Heimatlosigkeit zu leiden. Dennoch blieb ihnen wenigstens das schwerere Schicksal der Deutschen erspart, die im Frühjahr und Sommer 1945 unter sowjetische und polnische Herrschaft gekommen waren. Auch diesen über 5 Millionen Ostdeutschen, die den Einzug der sowjetischen Truppen in ihrem Lande erlebten oder nach dem Ende der Kampfhandlungen dorthin zurückgekehrt waren, ist der Verlust ihrer angestammten Heimat nicht erspart geblieben, nur traf sie dieses Schicksal später, und der Weg dahin gestaltete sich für sie unvergleichlich schwerer. Ehe sie mit nur wenigem Handgepäck ihre Heimat verlassen mußten, lebten sie lange Monate und manchmal Jahre unter russischer oder polnischer Herrschaft im Zustande völliger Rechtlosigkeit unter menschenunwürdigen Lebensbedingungen, die ihnen schließlich die Austreibung, wenn sie sie noch erlebten, als Erlösung von unsagbaren Leiden erscheinen ließ.

Im Gesamtvorgang der Vertreibung der ostdeutschen Bevölkerung muß dem Schicksal der Deutschen in den Jahren der russisch-polnischen Herrschaft deshalb besondere Aufmerksamkeit geschenkt werden. Sowohl die Flucht, die am Beginn des Vertreibungsprozesses stand, wie die Ausweisung als sein Ende würden weitgehend unverständlich bleiben und nicht hinreichend zu erklären sein ohne Betrachtung der dazwischen liegenden Zeit,

---

[1]) Beispiele für den erst im Jahre 1949 erfolgten Rücktransport geben die Berichte Bd. I, 2: Nr. 152, S. 48; Nr. 154, S. 53; Nr. 159, S. 66; Nr. 160, S. 70.

die die Deutschen jenseits von Oder und Neiße seit 1945 unter der Herrschaft der Russen und Polen in ihrer Heimat erlebten.

Nachdem Deutschland militärisch besiegt war, entwickelte sich die Lage in den deutschen Ostgebieten, in Danzig und in Polen für die dort lebende deutsche Bevölkerung sehr unterschiedlich.

Völlig abgesondert von den übrigen ostdeutschen Provinzen wurde der Nordteil von Ostpreußen, der durch die Potsdamer Beschlüsse der Alliierten unter die Verwaltung der UdSSR. gestellt worden war. Im Unterschied zu diesem Gebiet erlebte die deutsche Bevölkerung im südlichen Ostpreußen, in Danzig, Ostpommern, Ostbrandenburg und Schlesien zunächst zwar ebenfalls mehrere Monate oder zumindest einige Wochen russischer Besatzung, kam aber später unter polnische Verwaltungshoheit. Ein wiederum anderes Los traf die Deutschen in den alten polnischen Gebieten, die ohne vorübergehende russische Besatzungszeit sofort nach Ende der Kampfhandlungen in den wiedererrichteten polnischen Staat zurückgegliedert wurden.

Für die Darstellung empfiehlt es sich deshalb, zuerst die Hergänge im nördlichen Ostpreußen, dann die Entwicklung in den übrigen ostdeutschen Reichsgebieten und schließlich das Schicksal der Deutschen im polnischen Staatsgebiet zu betrachten.

1. Das Schicksal der Deutschen im sowjetisch verwalteten Teil Ostpreußens.

Schon im Februar 1945 waren die Alliierten in Jalta übereingekommen, daß ein Teil Ostpreußens der Sowjet-Union zugesprochen werden solle[1]). Dieser Übereinkunft wurde im Potsdamer Abkommen Rechnung getragen durch den Beschluß, den nördlichen Teil Ostpreußens mit Königsberg unter die Verwaltung der UdSSR. zu stellen. Die angloamerikanischen Mächte bekräftigten diese Abmachung durch ihre gemeinsame Zusage, die Übertragung dieses Gebietes an Rußland bei der Friedensregelung zu unterstützen. Als Grenze zwischen dem sowjetisch verwalteten und dem polnisch verwalteten Teil Ostpreußens wurde eine Linie festgelegt, die fast gradlinig von der Küste des Frischen Haffes unmittelbar südlich von Heiligenbeil nach Osten quer durch Ostpreußen verläuft und nördlich von Goldap auf die alte ostpreußisch-litauische Grenze stößt.

Nördlich dieser Grenzlinie befanden sich nach dem Einmarsch der Russen und dem Abschluß der Rückkehrbewegung nur noch etwa 250 000—300 000 Deutsche[2]), von denen sich ca. ein Viertel in der Stadt Königsberg aufhielt. Der östlichste Teil des Landes, der die Kreise Tilsit, Ebenrode, Schloßberg, Gumbinnen und Insterburg umfaßte, war fast gänzlich von Menschen entblößt[3]). Auch die Städte zählten hier nur noch wenige Tausend Deutsche[4]). Schon im Februar 1945 deportierten die Russen deshalb zahlreiche Einheimische und Flüchtlinge, die sie im Samland angetroffen hatten, nach diesen

---

[1]) Aus einem Rundfunkbericht Trumans vom 9. August 1945 (veröffentlicht in „New York Herald Tribune" vom 10. August 1945) über die Potsdamer Konferenz geht dies eindeutig hervor.

[2]) s. oben Zweiter Abschnitt, II, S. 77 E.

[3]) vgl. über Ebenrode Bericht Bd. I, 2: Nr. 183, S. 163; über den Kreis Tilsit Nr. 181, S. 156.

[4]) vgl. z. B. Bericht Bd. I, 2: Nr. 179, S. 145 f.

östlichen Kreisen, wo sie für die sowjetischen Truppen Zwangsarbeiten zu verrichten hatten und später auf Kolchosen zusammengefaßt wurden[1]). In der folgenden Zeit sind dann auch aus Königsberg und im Frühjahr 1946 vor allem aus dem Kreis Labiau Deutsche in die menschenarmen Gebiete im Osten des sowjetisch verwalteten Ostpreußens verschleppt worden[2]).

Dieser erzwungene Bevölkerungstransfer, der zahlreiche Deutsche aus ihrer engeren Heimat riß, hat dazu geführt, daß die Entwurzelung der Bevölkerung, die schon durch die Flucht- und Rückkehrbewegungen bewirkt worden war, noch weitere Fortschritte machte. In einer fremden Umgebung mit gleichfalls verschleppten Landsleuten aus den verschiedensten Gegenden Ostpreußens nebeneinander zu leben, die alle der Heimatlosigkeit preisgegeben waren, kennzeichnete im nördlichen Teil Ostpreußens mehr als in allen anderen deutschen Ostgebieten das Schicksal der in russische Hand gefallenen Deutschen[3]). Dazu kam der Zustand absoluter Unsicherheit und ständiger Gefährdung, der noch Monate und Jahre nach der Besetzung andauerte. Obwohl allmählich russische Kommandanturen eingerichtet und Vergewaltigungen und Plünderungen verboten wurden, vermochten die Anordnungen der Kommandanten und die vereinzelt ausgesandten Streifen und Wachposten nicht, die deutsche Bevölkerung vor Übergriffen durch Soldaten und Offiziere zu schützen[4]). Selbst in Königsberg hatte die deutsche Bevölkerung noch lange nach der Einnahme der Stadt unter fortgesetzten Beraubungen durch russische Soldaten zu leiden[5]). Wesentlich unsicherer noch war die Lage aber auf dem Lande und besonders in abgelegenen und menschenarmen Orten und Gütern. Hier hörten die Belästigungen durch einzelne russische Soldaten, die Räubereien ganzer Banden und die Vergewaltigungen der deutschen Frauen noch zu Ende des Jahres 1945 und selbst im Laufe des nächsten Jahres nicht auf[6]).

Besonders traurig war das Schicksal der vielen Tausende, die nach der Besetzung des Landes wiederholten Verhaftungen zum Opfer fielen, die nicht nur unter den ehemaligen Mitgliedern der NSDAP. viele Unbelastete, sondern auch viele fälschlich Verdächtigte erfaßten. Sofern die Verhafteten nicht nach Rußland verschleppt wurden, hielt man sie nach zahllosen Verhören und Mißhandlungen in Gefängnissen, Zuchthäusern und Lagern fest. Im nördlichen Teil Ostpreußens waren das Zuchthaus von Tapiau[7]), das Gefängnis von Insterburg und das in den Kasernen von Pr. Eylau errichtete Lager die Hauptsammelstellen für die Verhafteten. Im Lager Pr. Eylau befanden sich allein über 10 000 Deutsche, die bei schlechtester Ernährung harte Arbeit leisten mußten. Über die Hälfte von ihnen ist bis zur Auflösung des Lagers Ende 1945 an Unterernährung und Erschöpfung und den berüchtigten Typhuserkrankungen gestorben[8]).

---

1) vgl. Bericht Bd. I,2: Nr. 182, S. 160 f.
2) vgl. Berichte Bd. I, 2: Nr. 172, S. 119; Nr. 177, S. 142; Nr. 180, S. 151.
3) vgl. die Berichte Bd. I, 2: Nr. 177, S. 142; Nr. 179, S. 146.
4) vgl. z. B. Bericht Bd. I, 2: Nr. 188, S. 190.
5) vgl. z. B. Bericht Bd. I, 2: Nr. 171, S. 110 sowie auch die von Pfarrer Hugo Linck verfaßte Broschüre ‚Königsberg 1945—1948', S. 97 ff.
6) vgl. die Berichte Bd. I, 2: Nr. 174, S. 127 f; Nr. 175, S. 134; Nr. 176, S. 138.
7) vgl. Bericht Bd. I, 2: Nr. 174, S. 130.
8) Über die Zustände im Lager Pr. Eylau vgl. Bericht Bd. I, 2: Nr. 173. Zur hohen Zahl der Todesfälle im Lager Pr. Eylau vgl. die Angaben auf S. 124 dieses Berichtes.

Aber auch die übrige Bevölkerung des sowjetisch verwalteten Ostpreußens hat in den auf die Eroberung folgenden Monaten und Jahren Schwerstes durchmachen und ungeheure Opfer bringen müssen. Die weitgehende Entvölkerung und wirtschaftliche und verkehrsmäßige Abschließung des Landes, besonders aber die brutale sowjetische Behandlung seiner wenigen deutschen Menschen, führte im Nordteil Ostpreußens seit 1945 zu einem Prozeß wachsender Verelendung, Verwilderung und Primitivisierung, demgegenüber die zur gleichen Zeit in manchen Gegenden Schlesiens und Pommerns herrschenden Zustände als noch kultiviert erscheinen mochten. In wenigen Jahren verwischten sich die Züge einer alten europäischen Kulturlandschaft, und den Menschen verwandelte sich ihre Heimat unter ihren Augen in eine unheimliche Fremde.

In Königsberg und den kleineren Städten des nördlichen Ostpreußens wurde die Bevölkerung sofort nach der Eroberung durch sowjetische Truppen systematisch zu Zwangsarbeiten aller Art herangezogen[1]). Ein Teil der arbeitsfähigen Männer und Frauen wurde zu diesem Zweck vorübergehend interniert; die anderen wurden dadurch zur Arbeit gezwungen, daß sie nur dann Verpflegung erhielten, wenn sie unter Aufsicht der sowjetischen Truppen arbeiteten[2]). Eine organisierte allgemeine Lebensmittelversorgung, d. h. eine Ausgabe und regelmäßige Belieferung von Lebensmittelkarten, hat es im nördlichen Teil Ostpreußens offenbar nirgends gegeben. Für Alte, Kranke und Kinder begann die Ernährungslage in den Städten und besonders in Königsberg bald katastrophal zu werden. In den ersten Wochen nach der Einnahme Königsbergs konnten noch die Vorräte in den verlassenen Häusern und Magazinen, soweit sie nicht schon von Russen ausgeraubt waren, über die erste Not hinweghelfen. Plündernde russische Soldaten und nahrungsuchende Deutsche durchzogen die Wohnungen und Keller der Stadt. Da die Zahl der Deutschen, die in russischen Haushalten und Kommandanturen oder in den wenigen von den Russen wieder in Gang gesetzten Betrieben Arbeit fanden, beständig abnahm, wurde die Ernährungslage für die Bevölkerung immer schlechter. Eine Ausnahme bildeten in dieser Beziehung lediglich die wenigen qualifizierten Facharbeiter, die als *Spezialisten* meist ausreichende Verpflegung und mitunter sogar Bezahlung erhielten[3]). Im übrigen hat aber wohl in keiner anderen deutschen Stadt der Hunger in den Jahren 1945—1947 so viele Opfer gefordert wie in Königsberg. Große Teile der Bevölkerung nährten sich von Abfällen[4]), und die Verwilderung führte schließlich sogar dazu, daß Fleisch getöteter Menschen feilgeboten wurde[5]).

---

[1]) vgl. die Berichte Bd. I, 2: Nr. 171, S. 110; Nr. 175, S. 132.

[2]) vgl. die Berichte Bd. I, 2: Nr. 171, S. 110; Nr. 172, S. 119.

[3]) Über die bevorzugte Behandlung von Spezialisten vgl. die Berichte Bd. I, 2: Nr. 175, S. 132; Nr. 177, S. 143; Nr. 179, S. 147.

[4]) vgl. z. B. Bericht Bd. I, 2: Nr. 171, S. 111.

[5]) So unglaubwürdig dies erscheinen mag, so kann doch zufolge mehreren Berichten kein Zweifel daran sein, daß der Verkauf und Genuß von Menschenfleisch in Königsberg mehrfach vorgekommen ist und daß dadurch in hohem Maße Entsetzen und Unruhe unter der deutschen Bevölkerung hervorgerufen wurden, vgl. auch Bericht Bd. I, 2: Nr. 172, S. 121.

Furchtbare hygienische Verhältnisse[1]) trugen das Ihre dazu bei, daß Typhus-, Ruhr-, Krätze-, ja selbst Malariaepidemien um sich griffen und die Sterblichkeit in unerhörtem Maße stieg[2]). Zwei Jahre lang — vom Sommer 1945 bis zum Sommer 1947 — hielt die hohe Sterblichkeit in Königsberg infolge der Unterernährung und der Epidemien an. Innerhalb dieser zwei Jahre ist von den rund 70 000 Deutschen, die im Sommer 1945 in Königsberg registriert worden waren, mindestens die Hälfte gestorben. Im Sommer 1947 befanden sich nach übereinstimmenden Angaben nur noch 20 000—25 000 Deutsche in der Stadt[3]). Da die Krankenhäuser in Königsberg teilweise noch unter der Leitung deutscher Ärzte und Schwestern standen, die, soweit es in ihrer Macht lag, es an ärztlicher Betreuung nicht fehlen ließen, konnte vielen Kranken Erleichterung verschafft werden[4]). Dennoch war es nicht zu verhindern, daß die Sterblichkeit anhielt.

Nicht viel besser war die Lage in den kleineren Städten des sowjetisch verwalteten Gebietes. Auch in ihnen stieg mit dem Sommer 1945 die Zahl der Todesfälle unter der Bevölkerung ungewöhnlich an[5]).

Etwas günstigere Voraussetzungen bestanden anfangs für die Landbevölkerung. Obwohl die sowjetischen Truppen wiederholt Getreide requirierten und fast sämtliches Vieh beschlagnahmten[6]), fand sie im Frühjahr und Sommer 1945 gelegentlich noch einiges an Vorräten von der vorjährigen Ernte, so daß sie ein kümmerliches Leben fristen konnte. Hier und dort wurde jedoch auch sie schon im Sommer 1945 zu verzweifelten Handlungen getrieben. Manchen von denen, die erst im Mai und Juni von ihrer Flucht zurückkamen und ihre Wohnungen und Höfe völlig ausgeplündert vorfanden, blieb nichts anderes übrig, als bei den russischen Soldaten um Nahrung zu betteln[7]). Die Gutmütigkeit und Freigebigkeit einzelner Russen kleinen Kindern und ihren Müttern gegenüber, die in seltsamem Kontrast zu den vielen Exzessen und Ausschreitungen stand, haben für manche deutsche Familie eine große Hilfe in ihrer furchtbaren Not bedeutet[8]).

Im Sommer und Herbst 1945 besserte sich die Ernährungslage auf dem Lande insofern, als die Wintersaat, die überall noch vor dem russischen Einfall nach Ostpreußen in den Boden gekommen war, geerntet werden konnte. Auf allen großen Gütern waren sowjetische Militärkommandos eingesetzt. unter deren Leitung die deutsche Bevölkerung die Erntearbeiten verrichten mußte[9]). Nach sowjetischem Arbeitsnormsystem hatten Frauen und Männer, oft auch Kinder, schwerste Arbeit zu leisten[10]). Jedoch brachte ihnen dies gegenüber der Stadtbevölkerung den Vorteil, daß sie sich beim Ernten, Dre-

---

[1]) vgl. z. B. Bericht Bd. I, 2: Nr. 171, S. 112 f.
[2]) vgl. Bericht Bd. I, 2: Nr. 171, S. 112 und S. 115 — s. auch H. Deichelmann: Ich sah Königsberg sterben. Tagebuch eines Arztes.
[3]) vgl. Bericht Bd. I, 2: Nr. 171, S. 107, Anm. und die dortigen Verweise, ferner Bericht Bd. I, 2: Nr. 364, S. 860, Anm. 2.
[4]) vgl. z. B. Bericht Nr. 171, S. 115.
[5]) vgl. die Berichte Bd. I, 2: Nr. 175, S. 132 f und Nr. 179, S. 148.
[6]) vgl. die Berichte Bd. I, 2: Nr. 175, S. 132 und Nr. 181, S. 155.
[7]) vgl. z. B. Bericht Bd. I, 2: Nr. 174, S. 127.
[8]) vgl. z. B. Bericht Bd. I, 2: Nr. 179, S. 146.
[9]) vgl. die Berichte Bd. I, 2: Nr. 174, S. 129 und Nr. 181, S. 156.
[10]) vgl. die Berichte Bd. I, 2: Nr. 175, S. 134 und Nr. 183, S. 164.

schen und Kühemelken neben den kargen Rationen zusätzlich Lebensmittel verschaffen konnten[1]). Häufig wird berichtet, wie ehemalige Bauersfrauen und Gutsbesitzerinnen nachts auf ihre eigenen Felder schleichen und Korn für sich und ihre Kinder stehlen mußten, weil die russische Armeeführung die Ernte beschlagnahmt hatte. Mit Ausnahme der geringen Zuteilung, die die Landbevölkerung für ihre Arbeit auf den Feldern erhielt, war das gesamte auf den ostpreußischen Gütern geerntete Getreide für die Versorgung der sowjetischen Besatzungstruppen bestimmt[2]), deren Zahl besonders im nördlichen Ostpreußen auch lange nach der Eroberung ungewöhnlich hoch war. Daraus erklärt sich, daß seit dem Frühjahr 1946 die allgemeine Hungersnot in wachsendem Maße auch die Landbevölkerung ergriff[3]).

Im Jahre 1946 wurde in Königsberg, dessen Sowjetisierung durch die Umbenennung in Kaliningrad auch nach außen demonstriert wurde, und im ganzen nördlichen Ostpreußen die sowjetische Militäradministration durch staatliche Zivilverwaltungsbehörden abgelöst[4]). Der nördliche Teil Ostpreußens bildete — mit Ausnahme des Memellandes, das der Sowjetrepublik Litauen einverleibt wurde — fortan als *Oblast Kaliningrad* (Departement Kaliningrad) eine administrative Einheit, die verwaltungsmäßig in die großrussische Republik (RSFSR.) eingegliedert wurde[5]). Schon Anfang 1946 kamen die ersten Zivilrussen aus dem Inneren Rußlands in die ostpreußischen Städte und Dörfer[6]). Dennoch blieb das Land auch in der folgenden Zeit vorwiegend militärisch beherrscht. Pillau und Königsberg wurden zu Marinestützpunkten ausgebaut, und auch im Hinterland wurden starke sowjetische Einheiten stationiert[7]).

Zivile Verwaltungsaufgaben standen demgegenüber völlig im Hintergrund. Besonders die Landwirtschaft wurde im nördlichen Teil von Ostpreußen aufs äußerste vernachlässigt. Infolge der Menschenarmut, die auch durch den Zuzug von Zivilrussen nur sehr wenig und nur ganz allmählich etwas behoben werden konnte, lag in den Jahren 1946—1949 der überwiegende Teil der landwirtschaftlichen Nutzfläche brach, womit eine zunehmende Versteppung einsetzte[8]).

Lediglich einige der großen Güter wurden als sowjetische Kolchosen organisiert. Auf ihnen mußte der größte Teil der ländlichen deutschen Bevöl-

[1]) vgl. die Berichte Bd. I, 2: Nr. 175, S. 133 und Nr. 181, S. 156.

[2]) vgl. z. B. Bericht Bd. I, 2: Nr. 176, S. 137.

[3]) vgl. die Berichte Bd. I, 2: Nr. 176, S. 137 und Nr. 182, S. 161 f.

[4]) vgl. z. B. Bericht Bd. I, 2: Nr. 176, S. 136 sowie vor allem Hugo Linck: Königsberg 1945—1948, S. 77 und Hans Deichelmann: Ich sah Königsberg sterben, S. 22.

[5]) vgl. ‚Ostwärts der Oder und Neiße‘, hrsg. von Seraphim, Maurach, Wolfrum, Hannover 1949, S. 90 und S. 103 f.

[6]) vgl. die Berichte Bd. I, 2: Nr. 171, S. 112; Nr. 172, S. 119; Nr. 176, S. 140; Nr. 177, S. 142; Nr. 178, S. 144; Nr. 179, S. 146; Nr. 180, S. 151; Nr. 182, S. 162.

[7]) vgl. z. B. die Berichte Bd. I, 2: Nr. 174, S. 131; Nr. 176, S. 138; ferner ‚Osthandbuch‘, H. 19, S. 12 und zahlreiche Pressenotizen (s. Pressedienst des Göttinger Arbeitskreises 1951: Nr. 24, S. 3; Nr. 25, S. 3 f. — 1952: Nr. 20, S. 8).

[8]) vgl. z. B. Bericht Bd. I, 2: Nr. 176, S. 137. — Ausführliche Darlegungen über den Zustand der Landwirtschaft im sowjetisch verwalteten Ostpreußen finden sich in ‚Osthandbuch‘, H. 18, S. 8, S. 17 und S. 23 ff.

kerung und teilweise auch die Bevölkerung der kleinen Städte arbeiten[1]). Die Mehrzahl dieser Kolchosen befand sich in der Gegend um Insterburg, Gumbinnen, Schloßberg und Ebenrode. Die Deutschen, die zwangsweise auf die Kolchosen verschleppt worden waren oder in Ermangelung anderer Existenzmöglichkeiten dort Arbeit gesucht hatten, lebten und arbeiteten in den Jahren 1946 und 1947 in äußerst primitiven Verhältnissen. Die Wasser- und Lichtversorgung war kaum irgendwo in Gang gesetzt[2]), die wichtigsten Maschinen und das Vieh waren abtransportiert, so daß mitunter Frauen vor den Pflug gespannt wurden und die Felder mit der Sense gemäht werden mußten[3]). Die Gutshöfe waren großenteils verwildert[4]), und es setzte sich die in Rußland seit altersher übliche Gewohnheit durch, leerstehende Scheunen und Gehöfte abzureißen und die Holzteile im Winter als Brennmaterial zu verheizen[5]).

Durch die Ankunft von Zivilrussen, die gleichfalls auf den Kolchosen arbeiten mußten, wurden viele Deutsche aus ihren Unterkünften verdrängt und neue Belästigungen und Plünderungen hervorgerufen, gegen die es keine Wehr gab[6]). Krankheiten, Erschöpfung durch die schwere Arbeit und mangelhafte Ernährung kamen hinzu und hielten den überwiegenden Teil der Landbevölkerung im nördlichen Ostpreußen in einem Zustand des bloßen Vegetierens. Einzelne versuchten deshalb, die streng bewachte Grenze zu überschreiten, die den nördlichen, sowjetischen Teil Ostpreußens von dem südlichen, polnisch verwalteten Teil trennte, um von dort aus nach Westen zu gelangen[7]). Eine besondere Anziehungskraft übten vor allem aber Litauen und Lettland aus. Viele Deutsche aus den östlichen Kreisen Ostpreußens, aber auch aus Königsberg machten sich trotz Verbots und drohender Verhaftung auf den gefahrvollen Weg nach den baltischen Staaten, die zu dieser Zeit landwirtschaftlich und ernährungsmäßig wesentlich günstiger gestellt waren als das durch die Sowjets ausgeraubte und verwahrloste Ostpreußen. Vor allem in das nahegelegene Litauen, vereinzelt aber auch nach dem entfernteren Lettland, zogen Frauen, Männer und viele Jugendliche aus Ostpreußen, um sich Nahrungsmittel zu erbetteln und dann zu ihren Angehörigen in Ostpreußen zurückzukehren oder auch, um dort zu bleiben und bei litauischen oder lettischen Bauern Arbeit und Brot zu finden[8]). Die große Hilfsbereitschaft und Freundlichkeit der Litauer und Letten haben für viele Ostpreußen eine sehr wirksame Erleichterung ihrer Lage bedeutet und manchem Gelegenheit gegeben, sich den unerträglichen Verhältnissen und den sowjetischen Zwangsmaßnahmen solange zu entziehen, bis eine Ausreise nach Mittel- oder Westdeutschland möglich wurde.

Die große Masse der deutschen Bevölkerung in Königsberg und auf dem Lande mußte jedoch bleiben, wo sie war, und auf eine Besserung ihrer Lage

---

[1]) vgl. die Berichte Bd. I, 2: Nr. 174, S. 129; Nr. 176, S. 139; Nr. 177, S. 142; Nr. 178, S. 144; Nr. 180, S. 150 f.; Nr. 181, S. 156 f.; Nr. 183, S. 163 f.
[2]) vgl. z. B. Bericht Bd. I, 2: Nr. 180, S. 153.
[3]) vgl. die Berichte Bd. I, 2: Nr. 182, S. 161 und Nr. 189, S. 195.
[4]) vgl. z. B. Bericht Bd. I, 2: Nr. 174, S. 130.
[5]) vgl. die Berichte Bd. I. 2: Nr. 175, S. 140; Nr. 178, S. 144.
[6]) vgl. die Berichte Bd. I, 2: Nr. 174, S. 130; Nr. 180, S. 152 f.
[7]) vgl. die Berichte Bd. I, 2: Nr. 175, S. 135 f. und Nr. 176, S. 138.
[8]) vgl. die Berichte Bd. I, 2: Nr. 179, S. 146 und S. 149; Nr. 181, S. 158; Nr. 183, S. 164.

in der Zukunft hoffen. Besonders niederdrückend war es, daß sie fast ohne jegliche Verbindung mit der Außenwelt lebte und nur die spärlichste Kunde vom übrigen Deutschland erhielt. Der Grad der Abgeschlossenheit von der Welt, in der sich die Deutschen seit Januar 1945 in Ostpreußen befanden, wird daran deutlich, daß manche von ihnen erst im Herbst 1945 vom Waffenstillstand und vom Ende des Krieges erfuhren[1]), und daß die Deutschen in Königsberg und in anderen Orten des nördlichen Ostpreußens erstmalig im Jahre 1946 Post von ihren Angehörigen aus Mittel- und Westdeutschland empfingen[2]). Im Gegensatz zu den anderen Provinzen Ostdeutschlands, in denen die Bevölkerung bereits seit dem Sommer 1945 zu Tausenden nach Mittel- und Westdeutschland ausgetrieben wurde, blieben die Deutschen im sowjetischen Teil Ostpreußens zwar im Lande[3]), aber herabgedrückt auf die niedrigste Stufe menschlichen Daseins, die sie zwang, sich in primitivster Weise nur noch um die pure Erhaltung ihres Lebens zu kümmern, war ihnen die Heimat völlig entfremdet worden.

In Königsberg sowie in den Städten nahe der litauischen Grenze verhalf der Schwarzmarkt-Handel, der seit 1946 überall in Gang gekommen war, manchem, sich über Wasser zu halten. Seit Herbst 1945 war der Rubel als allein gültiges Zahlungsmittel eingeführt worden[4]), und jedermann suchte durch Verkauf der restlichen irgendwie entbehrlichen Kleidungsstücke und noch nicht geraubten Sachgüter in Besitz von Rubeln zu kommen, mit denen auf dem Schwarzen Markt Lebensmittel zu teueren Preisen erstanden werden konnten. In Königsberg, in Tapiau, Gumbinnen, Wirballen, Tilsit und anderen Orten wurde der Schwarze Markt sehr stark durch litauische und polnische Verkäufer belebt, und auch die russischen Soldaten suchten hier direkt oder indirekt Gelegenheit zu unsauberen Geschäften[5]).

Während die Landbevölkerung weiter in unerträglich primitiven Verhältnissen lebte, begann sich seit 1947 wenigstens in Königsberg die Lage für die Deutschen etwas zu bessern. Seit dem Sommer flauten die Typhusepidemien ab. Im Dezember des gleichen Jahres kam die russische Währungsreform, durch die die Kaufkraft des Rubels erheblich erhöht wurde[6]). Seitdem wurden die Lebensmittel billiger und die Versorgung der am Leben gebliebenen deutschen Bevölkerung, die für Arbeitsleistungen nunmehr auch entlohnt wurde, allmählich geregelter.

Zu dieser Zeit hatte die alte Ordensstadt aber infolge des fortgesetzten Zuzugs russischer Zivilisten bereits das Aussehen einer russischen Stadt erhalten. Die ca. 25 000 am Leben gebliebenen Deutschen traten im Straßenbild kaum noch hervor, zumal sie weitgehend in die zerstörten und abgelegenen Stadtteile abgedrängt worden waren. Das fortgesetzte Eintreffen von Zivil-

[1]) vgl. z. B. Bericht Bd. I, 2: Nr. 187, S. 187.
[2]) vgl. die Berichte Bd. I, 2: Nr. 179, S. 148 f.
[3]) Lediglich aus einigen Orten an der sowjetisch polnischen Demarkationslinie quer durch Ostpreußen wurde Ende 1945 ein Teil der nicht arbeitsfähigen Bevölkerung ausgewiesen, vgl. z. B. Bericht Bd. I, 2: Nr. 175, S. 135.
[4]) vgl. z. B. Bericht Bd. I, 2: Nr. 171, S. 111.
[5]) vgl. die Berichte Bd. I, 2: Nr. 171, S. 112; Nr. 172, S. 120; Nr. 174, S. 131; Nr. 179, S. 147 f.; Nr. 181, S. 157.
[6]) vgl. z. B. Bericht Bd. I, 2: Nr. 176, S. 140; — s. auch Hugo Linck: Königsberg 1945—1948, S. 139 und Hans Deichelmann: Ich sah Königsberg sterben, S. 40 f.

russen nahm den Deutschen auch allmählich ihre Arbeitsplätze, die für sie die einzige Existenzmöglichkeit bedeuteten. Damit wurde es offensichtlich, daß die Deutschen in jeder Beziehung entbehrlich geworden waren, und es begann im Sommer und Herbst 1947, als durch die Besserung der Ernährungslage neue Hoffnung unter den Deutschen in Königsberg erwacht war, ihre Ausweisung nach den westlichen Teilen Deutschlands.

Ähnlich wie in Königsberg war das deutsche Bevölkerungselement in den anderen Städten, ebenso in den Kolchosen auf dem Lande, infolge der hohen Sterblichkeit in den Jahren 1945—1947 ständig geringer geworden und gegenüber den in steigendem Maße hinzukommenden Russen in den Hintergrund getreten. Die Deutschen verloren damit auch als Arbeitssklaven an Bedeutung, und mit der gleichen Entschiedenheit, mit der die Sowjets in der vergangenen Zeit verhindert hatten, daß sie das sowjetisch besetzte Ostpreußen verließen, betrieben sie in den Jahren 1947—1949 ihre Ausweisung[1]).

Abgesondert von dem sowjetisch besetzten Teil Ostpreußens und getrennt von den dort ansässigen Deutschen erlebten nach Kriegsende die Memeldeutschen ein besonderes Schicksal. Mehrere Tausende von ihnen waren beim Einzug der sowjetischen Truppen im Herbst 1944 zurückgeblieben, und viele versuchten, nachdem sie geflüchtet waren, im Frühjahr und Sommer 1945 in ihre Heimat zurückzukehren. — Wie alle anderen Gebiete, die während des nationalsozialistischen Regimes nach 1937 dem Reiche einverleibt worden waren, wurde auch das i. J. 1939 durch einen Vertrag mit Litauen zurückgegliederte Memelland bei Kriegsende von den Siegermächten nicht als Teil Deutschlands betrachtet und wieder mit Litauen vereinigt, das nunmehr allerdings als Sowjetrepublik Litauen einen Teil der UdSSR. bildete. Die verlassenen Wohnungen und Gehöfte der geflohenen Deutschen wurden bereits im Frühjahr und Sommer 1945 zum großen Teil von Litauern besetzt, wodurch die Rückkehr der Deutschen von vornherein erschwert war. Dazu kam, daß bis zum Herbst 1945 die Grenze an der Memel für die rückkehrenden Deutschen gesperrt blieb, so daß diese meist im Kreis Tilsit und in anderen Gegenden südlich der Memel Zuflucht suchen mußten[2]). Dennoch gelang schon im Sommer 1945 und auch in den folgenden Jahren noch zahlreichen Memeldeutschen die Rückkehr in die Heimat; teils ließen sie sich, weil sie vor 1939 die litauische Staatsbürgerschaft besessen hatten, von den Flüchtlingslagern in Mittel- und Westdeutschland sowie in Dänemark als litauische DPs. repatriieren, teils kamen sie heimlich von Ostpreußen über die Memel zurück[3]).

Ähnlich wie in Ostpreußen regierte auch im Memelland zunächst die russische Militärverwaltung, die ihre eigenen Kolchosen errichtete und dafür besonders die im Lande befindlichen Deutschen zur Arbeit heranzog. Andere Deutsche mußten bei litauischen Bauern arbeiten. Trotz der nationalen Spannungen zwischen Litauern und Deutschen, die anläßlich der Rückgliederung

[1]) Über den Verlauf der Ausweisung aus dem sowjetisch verwalteten Teil Ostpreußens s. unten Dritter Abschnitt, I.

[2]) vgl. z. B. Bericht Bd. I, 2: Nr. 181, S. 157 ff.

[3]) Aus systematischen Befragungen von Memeldeutschen, die sich noch 1945 im Memelland befanden, geht hervor, daß durchschnittlich 10—20 % der geflohenen Deutschen des Memellandes zurückkehrten, im ganzen etwa 10—15 000.

des Memellandes im Jahre 1939 und durch die Beschlagnahme zahlreicher den Memeldeutschen gehörender Vermögen durch die Litauer im Jahre 1945 verstärkt worden waren, ist das persönliche Verhältnis zwischen Litauern und Deutschen im Memelland nach 1945 im allgemeinen durchaus freundlich gewesen. Der gemeinsame Gegensatz zur sowjetischen Herrschaft hat sehr zur Überwindung der seit dem Ende des ersten Weltkriegs aufgetretenen nationalen Gegensätze beigetragen.

Während des Frühjahrs und Sommers 1945 ging die Zivilverwaltung im Memelland allmählich in litauische Hände über, obwohl russische Kommandanturen oft noch lange im Lande blieben. Sofern die Deutschen noch im Besitz ihrer Höfe waren, fiel ihr Land ebenso wie das der litauischen Bauern der im Jahre 1947 beginnenden radikalen sowjetischen Kollektivierungspolitik zum Opfer, die jeden privaten Grundbesitz aufhob. Der Unterschied zwischen Deutschen und Litauern wurde dadurch immer mehr verwischt, und die Memeldeutschen, die inzwischen meist die litauische Staatsbürgerschaft angenommen hatten, leben infolgedessen heute nahezu gleichberechtigt zusammen mit ihren litauischen Nachbarn im Memelland. Wieweit sie in sprachlicher und kultureller Hinsicht ihre Eigenart zu erhalten imstande sind, nachdem der größte Teil der Memeldeutschen auf dem Wege der Flucht nach Mittel- und Westdeutschland abgewandert ist, kann bei den spärlichen Nachrichten, die aus Litauen nach Westen gelangen, kaum festgestellt werden.

2. Vorgänge und Verhältnisse östlich der Oder und Neiße unter sowjetischer Militärverwaltung.

Anders als im nördlichen Teil Ostpreußens blieb die sowjetrussische Militärverwaltung in den übrigen Gebieten Ostdeutschlands auf eine kurze Übergangszeit beschränkt, die mit der Besetzung bis Mai 1945 begann und mit der Verwaltungsübergabe an die Polen spätestens im Herbst 1945 endete. Je nach dem Zeitpunkt der Eroberung und der Verwaltungsübergabe an polnische Behörden war die sowjetische Militärverwaltung in den einzelnen Gegenden und Orten östlich der Oder-Neiße-Linie von unterschiedlicher Dauer.

In vielen Orten und Kreisen Niederschlesiens und Ostpommerns hat sich nach dem Ende der Kampfhandlungen zunächst ein mehrere Monate dauerndes Provisorium gebildet, das ohne polnische Mitwirkung allein durch die Maßnahmen der sowjetischen Besatzungsmacht bestimmt wurde und sich in vieler Hinsicht deutlich von der darauffolgenden Zeit der polnischen Verwaltung abhebt. Dagegen scheint für Oberschlesien, für Teile des südlichen Ostpreußens und vor allem für Danzig eine exakte Unterscheidung zwischen sowjetischer Besatzungs- und polnischer Verwaltungszeit kaum möglich zu sein, da in diesen Gebieten außer den russischen Truppen von Anfang an polnische Miliz, polnische Behörden und zahlreiche polnische Zivilpersonen neben- und durcheinander Einfluß ausübten.

Trotz solcher weitgehenden Verschiedenheiten in den einzelnen Gebieten[1]) kann jedoch insofern von einer allgemeinen sowjetischen Besatzungszeit ge-

---

[1]) Sie wurden noch dadurch vermehrt, daß in manchen Gebieten Pommerns und Niederschlesiens im Rahmen der sowjetischen Militärverwaltung auch polnische Militäreinheiten als Besatzungstruppen eingesetzt waren, vgl. die Berichte Bd. I, 2: Nr. 197, S. 220; Nr. 221, S. 351; Nr. 289, S. 665; Nr. 301, S. 694; Nr. 332, S. 751.

sprochen werden, als in allen deutschen Ostgebieten bestimmte von der sowjetischen Militärverwaltung ausgehende Maßnahmen durchgeführt wurden, und in allen Gebieten auf die Eroberung zunächst eine Zeit folgte, in der in erster Linie die sowjetischen Truppen und Befehlshaber das Schicksal der Deutschen bestimmten. — Bei vielem, was nach der Eroberung Ostdeutschlands durch die sowjetische Besatzungsmacht angeordnet oder durch einzelne ihrer Angehörigen in die Wege geleitet wurde, fällt es mitunter schwer, zu unterscheiden, wo es sich um Maßnahmen handelte, die im Interesse der Okkupationsmacht für nötig gehalten wurden, wo um Härte und Grausamkeit und bloße Schikane, und ob diese immer beabsichtigt waren oder nur menschlichem bzw. organisatorischem Unvermögen entsprangen.

So wurde die ohnedies durch die Flucht und die Kriegsereignisse durcheinandergeschüttelte Bevölkerung weiterhin durch Räumungs- und Evakuierungsmaßnahmen in Atem gehalten, vor allem, solange die Kriegshandlungen fortgingen.

In Ostbrandenburg, das den sowjetischen Armeen im Frühjahr 1945 als Aufmarschraum für den Kampf um Berlin diente, ist im Februar 1945 eine 25 km breite Zone an der Oder geräumt und die deutsche Bevölkerung in weiter ostwärts gelegene Kreise evakuiert worden[1]). Eine ähnliche Evakuierungszone entstand im März/April 1945 in Ostpommern, wo ein 15 km breiter Streifen längs der Ostseeküste aus militärischen Gründen der sowjetischen Armeeführung von der Landbevölkerung geräumt werden mußte[2]). Vorübergehende Evakuierungen dieser Art erfolgten im Zuge der Besetzung des Landes auch überall dort, wo die Front längere Zeit stillstand und eine Zusammenarbeit der deutschen Zivilbevölkerung mit deutschen Truppen befürchtet wurde. Schon im Samland waren aus diesem Grunde viele Deutsche nach Osten verschleppt worden[3]), und auch in Schlesien sind im Zuge solcher Maßnahmen durch die Rote Armee viele Tausende von Menschen in alle Winde zerstreut worden[4]). Erst im Sommer 1945 hörten diese Menschenverschiebungen allmählich auf, und die Deutschen konnten Hoffnung schöpfen, in ihrer Heimat oder in den Orten, in denen sie Unterkunft gefunden hatten, wieder seßhaft zu werden[5]).

Um einen Überblick über die Bevölkerungsverhältnisse zu gewinnen, hatten die nach dem Abschluß der Kampfhandlungen in den Städten und größeren Dörfern eingerichteten russischen Kommandanturen die Registrie-

---

1) vgl. die Berichte Bd. I, 1: Nr. 104, S. 391, Anm.; — Bd. I, 2: Nr. 211, S. 304; Nr. 212, S. 308; — s. auch Sabik Wogulow: ‚W pobejdennoi Germanij', S. 21.

2) vgl. z. B. Bericht Bd. I, 2: Nr. 205, S. 255.

3) Ein Befehl der sowjetischen Armeeführung zur Evakuierung der deutschen Bevölkerung aus dem Samland befand sich unter den von deutschen Truppen erbeuteten Papieren eines sowjetischen Regimentsgeschäftszimmers.

4) Besonders schwer war z. B. das Schicksal der ca. 15 000 Deutschen, die in Striegau in Niederschlesien in russische Hand fielen und in der zweiten Hälfte des Monats Februar in rückwärtige Gegenden getrieben wurden. vgl. Bojanowski-Bosdorf: Striegau. Schicksal einer schlesischen Stadt. S. 68 f. — vgl. auch die Berichte Bd. I, 1: Nr. 122, Nr. 127, Nr. 128.

5) Besonders in Pommern waren zahlreiche Flüchtlinge aus allen möglichen Gegenden verstreut und lebten mit der einheimischen Bevölkerung zusammen. vgl. z. B. die Berichte Bd. I, 2: Nr. 205, S. 256 und Nr. 207, S. 266.

rung aller deutschen Einwohner angeordnet. Diese Registrierungen hatten jedoch noch einen anderen Zweck. Sie waren meist mit Befragungen und Verhören der einzelnen Deutschen verbunden und sollten alle nach Ansicht der Sowjets politisch verdächtigen und gefährlichen Elemente ausfindig machen, neben ehemaligen Mitgliedern der NSDAP. und ihrer verschiedenen Organisationen auch Volkssturmmänner sowie die ganze Gruppe der als „Kapitalisten" Bezeichneten[1]). Wurde dabei schon der Kreis der Verhafteten weit über das später in den Potsdamer Beschlüssen vorgesehene Maß ausgedehnt, so ließ sich die Behandlung der Verhafteten überhaupt nicht mehr rechtfertigen. Die in Gefängnissen und Lagern untergebrachten Verhafteten hatten, soweit sie nicht sofort nach Rußland deportiert wurden, unter fortgesetzten Verhören, zahlreichen Mißhandlungen und kärglichster Ernährung zu leiden. Im oberschlesischen Industriegebiet, wo die Zahl der Männer noch höher war als in anderen Gegenden, wurden die Verhöre und Verhaftungen aller irgendwie mit der NSDAP. verbundenen Deutschen, auch soweit es sich nur um formelle Mitglieder handelte, bereits eine Woche nach der Besetzung mit systematischer Gründlichkeit durchgeführt[2]). In den ländlichen Gegenden zogen sie sich dagegen meist durch die ganze Zeit der sowjetischen Militärverwaltung hin[3]). Offensichtlich entartete die politische Säuberung, die „Entnazifizierung", unter den Händen der politischen Kommissare oft zu bloßen Rache- und Verfolgungsakten, die nur noch wenig mit Rechtsprozessen zu tun hatten. In vielen Fällen bildete sie lediglich den Vorwand für Aktionen ganz anderer Art, wie vor allem die Deportation, vielleicht sogar die bewußte Vernichtung bürgerlicher Schichten[4]).

Besonders in den Wochen, die unmittelbar auf die Eroberung und Besetzung folgten, war die Behandlung der Deutschen durch die sowjetische Militärverwaltung in offenkundiger Weise von Vergeltungsgefühlen und der deutlichen Absicht zu einer mit europäischen Rechtsbegriffen unvereinbaren Erniedrigung der Beschuldigten geleitet. Da vielen Betroffenen die den Deutschen insgesamt zur Last gelegten Verbrechen der nationalsozialistischen Führung und Verwaltung in Rußland unbekannt geblieben waren, haben sie den kausalen Zusammenhang mit dem Vorhergegangenen nicht verstehen können.

Das gilt u. a. von der Art, mit der die russischen Besatzungsbehörden die deutsche Bevölkerung zum Arbeitseinsatz heranzogen. Grundsätzlich bestand Arbeitspflicht für die gesamte männliche und weibliche deutsche Bevölkerung von 15—65 Jahren[5]). Da es in denjenigen Orten, in denen sich noch Tausende von Deutschen aufhielten, nicht genügend sinnvolle Beschäftigung gab, wurden Arbeiten erfunden. Zweifellos spielte dabei neben dem Vergeltungstrieb

[1]) vgl. die Berichte Bd. I, 2: Nr. 208, S. 270; Nr. 219, S. 344; Nr. 241, S. 462.

[2]) vgl. z. B. Bericht Bd. I, 2: Nr. 214, S. 319.

[3]) vgl. die Berichte Bd. I, 2: Nr. 187, S. 178; Nr. 188, S. 191; Nr. 208, S. 271; Nr. 210, S. 294 ff.

[4]) Teilweise waren die Registrierung und Vernehmung geradezu ein Mittel zur Deportierung, vgl. z. B. die Berichte Bd. I, 2: Nr. 187, S. 178 f.; Nr. 203, S. 244, Anm. 1; Nr. 208, S. 270 f.; s. auch Zweiter Abschnitt, III.

[5]) vgl. die Berichte Bd. I, 2: Nr. 175, S. 132; Nr. 208, S. 270; Nr. 217, S. 329; Nr. 218, S. 337 f.

der durch deutsche Maßnahmen in den russischen Besatzungsgebieten aufgereizt worden war, auch ein gewisser revolutionärer Fanatismus gegenüber der bürgerlichen Wohlhabenheit der Deutschen eine nicht unwesentliche Rolle[1]). Eine der ersten und der qualvollsten Arbeiten, zu denen die Deutschen herangezogen wurden, war das Aufsuchen und die Bestattung der Leichen und Tierkadaver, die infolge der Kämpfe und der vielen wahllosen Erschießungen in den Tagen des Einmarsches in den Ortschaften und auf den Landstraßen oft schon seit mehreren Wochen herumlagen[2]). Zu besonders unangenehmen Arbeiten suchten sich die sowjetischen Wachtposten vielfach bevorzugt solche Personen aus, in denen sie „Kapitalisten" sahen[3]).

Obwohl diese Zwangsarbeiten manche Schikane mit sich brachten und im allgemeinen auch äußerst anstrengend und erschöpfend waren, da bei langen Arbeitszeiten auch von Frauen schwerste Männerarbeit verlangt wurde[4]), blieb die Arbeit unter russischer Leitung für die deutsche Bevölkerung auch später, als der Arbeitszwang nachließ, die einzige Möglichkeit des Existierens; denn nur diejenigen, die arbeiteten, erhielten Verpflegung[5]), und überdies bot die Arbeit unter Aufsicht sowjetischer Wachen einen gewissen Schutz vor Übergriffen und Beraubungen[6]). Noch immer kamen nämlich trotz ausdrücklicher Verbote der sowjetischen Kommandanturen[7]) sowohl Vergewaltigungen als auch Plünderungen, ja selbst Erschießungen durch einzelne russische Soldaten und Überfälle marodierender Banden keineswegs vereinzelt vor. Am häufigsten ereigneten sich die Übergriffe auf dem Lande, wo die sowjetischen Kommandanturen oft viele Kilometer weit entfernt waren[8]); aber auch in Städten wie Breslau, Danzig, Stettin sowie in den dicht besiedelten Orten des oberschlesischen Industriegebietes haben die sowjetischen Befehlshaber nicht vermocht, Plünderungen und Vergewaltigungen zu verhindern[9]). Erklärte Antifaschisten, ja selbst deutsche Juden hatten darunter bisweilen ebenso zu leiden wie ehemalige Parteiangehörige[10]).

Noch am günstigsten hatten es diejenigen Deutschen, die im persönlichen Dienst russischer Offiziere standen, so z. B. Frauen, die für die Kommandanturen kochen, waschen oder schneidern mußten. Sie wurden im allgemeinen gut behandelt, erhielten regelmäßige Verpflegung und lernten die Russen mitunter von einer besseren Seite kennen[11]). Eine gewisse Sonderbehandlung

---

[1]) vgl. z. B. Bericht Bd. I, 2: Nr. 208, S. 271.

[2]) vgl. die Berichte Bd. I, 2: Nr. 181, S. 155; Nr. 185, S. 171.

[3]) vgl. z. B. die Berichte Bd. I, 2: Nr. 185, S. 171; Nr. 211, S. 304.

[4]) vgl. die Berichte Bd. I, 2: Nr. 183, S. 164; Nr. 186, S. 176; Nr. 188, S. 190 f.; Nr. 201, S. 238; Nr. 211, S. 305; Nr. 213, S. 315 f.

[5]) vgl. z. B. die Berichte Bd. I, 2: Nr. 185, S. 171; Nr. 206, S. 263 f.; Nr. 208, S. 271; Nr. 225, S. 375.

[6]) vgl. die Berichte Bd. I, 2: Nr. 189, S. 166; Nr. 201, S. 239.

[7]) vgl. die Berichte Bd. I, 2: Nr. 188, S. 190; Nr. 195, S. 212; Nr. 214, S. 319; Nr. 217, S. 327; Nr. 219, S. 344; Nr. 230, S. 405 f.

[8]) vgl. die Berichte Bd. I, 2: Nr. 186, S. 174 f.; Nr. 187, S. 184; Nr. 188, S. 190; Nr. 189, S. 196; Nr. 197, S. 219; Nr. 203, S. 245; Nr. 205, S. 263; Nr. 208, S. 271 f.

[9]) vgl. z. B. die Berichte Bd. I, 2: Nr. 214, S. 319; Nr. 217, S. 327 f.; Nr. 218, S. 342; Nr. 219, S. 344; Nr. 241, S. 463.

[10]) vgl. die Berichte Bd. I, 2: Nr. 217, S. 328 und S. 332; Nr. 219, S. 344 f.

[11]) vgl. die Berichte Bd. I, 2: Nr. 198, S. 230 ff.; Nr. 200, S. 235.

erfuhren auch die deutschen Arbeiter im oberschlesischen Industriegebiet. Dort traten bei den Maßnahmen der russischen Militäradministration sehr bald wirtschaftliche Gesichtspunkte in den Vordergrund. Ein erheblicher Teil der Bergarbeiter und Fachkräfte, die man zunächst fast sämtlich in Sammellager interniert hatte[1]), wurde auf Reklamation der einzelnen russischen Kommandanturen freigegeben[2]). Sie konnten nach ersten Notstandsarbeiten meist an ihre alten Arbeitsplätze zurückkehren und erhielten bevorzugte Verpflegung.

In den anderen ostdeutschen Städten jedoch war das Los der deutschen Bevölkerung im allgemeinen sehr viel schwerer. Abgesehen von geringfügigen Aufräumungsarbeiten traf die sowjetische Militärverwaltung kaum irgendwelche Maßnahmen zum Wiederaufbau oder zur Ingangsetzung der Betriebe. Vielmehr wurde die deutsche Bevölkerung in den Städten mit dem systematischen Abbau allen wertvollen Inventars beschäftigt. Nicht genug damit, daß sämtliche Radio- und Photoapparate, alle Fahrräder, Schreibmaschinen und Klaviere abgeliefert werden mußten[3]), auch die Maschinen und Apparate aus den Fabriken, Versorgungsbetrieben und Wohnstätten, öffentliche Verkehrseinrichtungen, elektrische Anlagen sowie Inventar aus Schulen, Rathäusern, Hotels, Krankenhäusern u. a. wurden abgebaut und nach Rußland verladen. — Die Sowjetunion, die außenpolitisch den Anspruch der kommunistischen polnischen Regierung auf Ostdeutschland guthieß und unterstützte, hat nichts destoweniger alles getan, um vor der Auflösung ihrer Kommandanturen in Ostdeutschland und vor Übergabe der Verwaltung an den polnischen Staat aus den deutschen Ostprovinzen an wirtschaftlichen Werten herauszuholen, was noch irgend möglich war. Vom Frühjahr bis zum Herbst 1945 hat sie durch ihre Besatzungsorgane den Abbau wertvoller Industrieeinrichtungen und den Abtransport von Sachgütern mit äußerster Intensität und Beschleunigung betreiben lassen[4]) und hat hierbei auch durch eine Haltung des Gewährenlassens ihren Besatzungssoldaten und -offizieren gestattet, sich persönlich an deutschem Eigentum zu bereichern. — Von den radikalen sowjetischen Demontagen in Ostdeutschland blieb nur das oberschlesische Industriegebiet bis zu einem gewissen Grade verschont. Hier ist es nur zum Abbau einzelner Anlagen und Maschinen gekommen[5]), im ganzen jedoch scheint die polnische *Provisorische Regierung*, die schon im Frühjahr 1945 die Zivilverwaltung in Oberschlesien übernommen hatte[6]), durch ihren Einfluß oder durch Verhandlungen mit der sowjetischen Besatzungsmacht erreicht zu haben, daß die Demontagen auf ein Maß beschränkt blieben, das die Produktionsfähigkeit des oberschlesischen Industriegebietes nicht in Frage gestellt hat.

---

[1]) s. oben Zweiter Abschnitt, III.

[2]) vgl. z. B. Bericht Bd. I, 2: Nr. 214, S. 320.

[3]) vgl. die Berichte Bd. I, 2: Nr. 207, S. 266; Nr. 219, S. 345.

[4]) vgl. die Berichte Bd. I, 2: Nr. 186, S. 177; Nr. 187, S. 185 u. S. 187; Nr. 191, S. 203; Nr. 195, S. 212 f.; Nr. 196, S. 215; Nr. 200, S. 236; Nr. 202, S. 242; Nr. 206, S. 262; Nr. 208, S. 272; Nr. 224, S. 368 f.

[5]) vgl. Bericht Bd. I, 2: Nr. 214, S. 320.

[6]) vgl. unten Zweiter Abschnitt, IV, 3.

Die Folge der umfangreichen Demontagen und Zerstörungen war, daß selbst die dringend notwendigen Versorgungsbetriebe stillgelegt wurden[1]). Die sowjetische Reparationsentnahme blieb indessen nicht auf die Städte und Industrieanlagen beschränkt, auch die Landwirtschaft wurde von ihr aufs stärkste betroffen. Der größte Teil der landwirtschaftlichen Maschinen, vor allem aber auch zahlloses Vieh wurde nach Osten weggeschafft. Schon beim Einzug der Sowjettruppen wurden für militärische Zwecke Tausende von Pferden requiriert; später erschienen immer neue sowjetische Kommandos auf den Höfen der deutschen Bauern, um auch die Kühe, Schweine, Ziegen und Schafe, ja selbst das Geflügel zu beschlagnahmen. Alle Ostdeutschen, die die Zeit der sowjetischen Militärverwaltung in ihrer Heimat erlebten, kennen aus eigener Anschauung die riesigen Viehherden, die im Frühjahr und Sommer 1945 nach Osten geleitet wurden[2]), oder wurden auf Befehl der Russen selbst zum Viehtreiben beordert und mußten es mit ansehen, wie wertvolles Nutz- und Zuchtvieh auf dem Wege nach dem Osten verendete[3]).

Durch diese sowjetischen Maßnahmen wurde die landwirtschaftliche Kapazität der deutschen Ostgebiete auch für die nun eindringenden Polen entscheidend geschwächt[4]). Wo einst eine sehr rationell arbeitende Landwirtschaft betrieben wurde, mußte man jetzt, sofern das Land überhaupt noch bebaut werden konnte, zu primitivsten Wirtschaftsmethoden und hunderterlei Notbehelfen greifen[5]).

Eine gewisse Ausnahme bildeten während des allgemeinen Niedergangs der Landwirtschaft lediglich die großen Güter. Im Gegensatz zu den kleinen Bauernhöfen, um deren Bewirtschaftung sich die sowjetische Militärverwaltung in der Regel wenig kümmerte, so daß sie nach Entnahme des Viehs und der Maschinen ausgeraubt und in ruiniertem Zustand ihren Besitzern überlassen oder leer und verlassen dem Verfall preisgegeben blieben, ist ein großer Teil der Rittergüter und Domänen von der sowjetischen Militärverwaltung beschlagnahmt und unter Aufsicht sowjetischer Militärkommandos in Betrieb genommen worden.

Während der größte Teil der Äcker infolge des Mangels an Arbeitskräften, Maschinen und Vieh brach lag[6]), wurden auf den von der Roten Armee in Besitz genommenen Gütern die deutschen Landbewohner aus der Umgebung versammelt, auch Vieh und nötiges Inventar zur Wiederaufnahme der Bewirtschaftung zusammengebracht.

---

[1]) Nach einer polnischen Statistik betrug im Juli 1945 die Zahl der arbeitsfähigen industriellen und handwerklichen Betriebe nur rund ein Fünftel der Anzahl der Betriebe, die 1939 in den deutschen Gebieten östlich der Oder-Neiße existierten. (vgl. ‚Osthandbuch‘, H. 19, S. 13 ff.).

[2]) vgl. die Berichte Bd. I, 2: Nr. 175, S. 132; Nr. 181, S. 155; Nr. 184, S. 167; Nr. 186, S. 175 f.; Nr. 188, S. 189; Nr. 195, S. 213; Nr. 196, S. 215; Nr. 197, S. 220; Nr. 202, S. 242; Nr. 206, S. 262; Nr. 207, S. 266; Nr. 210, S. 288 ff.; Nr. 221, S. 350; Nr. 226, S. 381; Nr. 230, S. 406 f.

[3]) vgl. die Berichte Bd. I, 2: Nr. 185, S. 171; Nr. 187, S. 177; Nr. 205, S. 254; Nr. 210, S. 288.

[4]) vgl. ‚Osthandbuch‘, H. 18, S. 6 ff.

[5]) vgl. z. B. Bericht Bd. I, 2: Nr. 195, S. 213.

[6]) vgl. die Berichte Bd. I, 2: Nr. 185, S. 171; Nr. 188, S. 192; Nr. 196, S. 215; Nr. 202, S. 242; Nr. 208, S. 273.

Ein erheblicher Teil der deutschen Landbevölkerung arbeitete bis zur Beendigung der Ernte- und Drescharbeiten im Herbst 1945 auf diesen in russische Militärkolchose umgewandelten Gütern[1]). Selbst aus den Städten wurden Deutsche zusammengeholt und nicht wenige gingen auch freiwillig dorthin, um für ihre Arbeit Lebensmittel zu erhalten[2]).

Manche der sowjetischen Militärkolchosen blieben noch in russischer Hand, als sonst bereits überall die polnische Verwaltung eingerichtet worden war[3]). Einzelne, besonders in Niederschlesien, waren wirtschaftlich leidlich geordnet; in einigen hatten sogar deutsche Verwalter die Leitung[4]). Sehr viele dieser Güter waren aber nur in Betrieb genommen worden, um das Getreide, das im Sommer 1945 auf den Feldern stand, zu ernten und für die Versorgung der sowjetischen Truppen zu gewinnen[5]). Nachdem dieses Ziel erreicht war, verlor die sowjetische Militärverwaltung das Interesse an ihnen, trieb auch hier das Vieh ab und verlud die Maschinen nach Rußland[6]). Es kam sogar vor, daß die russischen Erntekommandos vor ihrem Abzug die Einrichtungen der Gutshöfe mutwillig zerstörten, um den Polen nichts zu überlassen[7]).

Für eine große Anzahl von Deutschen brachte die Beschäftigung auf den sowjetischen Kolchoswirtschaften wenigstens den Vorteil, daß ihnen eine, wenn auch noch so armselige Existenzgrundlage gegeben war. Nicht immer reichte auch hier die ausgegebene Verpflegung aus, um den Hunger der schwer Arbeitenden zu stillen; aber viele hatten wenigstens Gelegenheit, sich während der Ernte heimlich das Nötigste an Nahrungsmitteln zu verschaffen[8]).

Entschieden schlechter als auf dem Lande war die Ernährungslage in den Städten. Zwar setzte die russische Militärverwaltung zunächst in den Städten wie auf den Dörfern deutsche Bürgermeister und Verwaltungsstellen ein[9]), doch diese waren lediglich dazu verurteilt, die Befehle der sowjetischen Kommandanturen auszuführen, und sie hatten keineswegs die Macht, das Leben und die Wirtschaft in den Städten in Gang zu

---

1) vgl. die Berichte Bd. I, 2: Nr. 188, S. 192; Nr. 194, S. 207; Nr. 201, S. 238; Nr. 209, S. 279; Nr. 211, S. 304; Nr. 226, S. 382; Nr. 228, S. 392.

2) vgl. die Berichte Bd. I, 2: Nr. 224, S. 368; Nr. 225, S. 375 ff.

3) Vielerorts hatte sich die Lage Ende 1945 und in den Jahren 1946/47 so entwickelt, daß auf den großen Gütern die Russen befehligten, während die Verwaltung der übrigen Höfe und der Dörfer in polnischer Hand lag, vgl. die Berichte Bd. I, 2: Nr. 202, S. 242; Nr. 206, S. 262 f; Nr. 228, S. 393 und S. 395. — Die Übergabe der russischen Militärkolchose an die Polen erfolgte erst ganz allmählich. Zufolge zahlreicher Informationen scheint es, daß auch gegenwärtig sowohl in Pommern, besonders in der Gegend von Stolp, als auch in Schlesien noch verschiedene große Güter in russischer Hand sind. (vgl. Informationsdienst des Göttinger Arbeitskreises, Jg. 1951, Nr. 10, S. 3 und Nr. 19, S. 3).

4) vgl. z. B. Bericht Bd. I, 2: Nr. 206, S. 263.

5) vgl. Bericht Bd. I, 2: Nr. 201, S. 238; Nr. 224, S. 369 f; Nr. 225, S. 375; Nr. 228, S. 392 f. — s. auch Osthandbuch, H. 18, S. 7.

6) vgl. die Berichte Bd. I, 2: Nr. 201, S. 240 und Nr. 228, S. 393.

7) vgl. die Berichte Bd. I, 2: Nr. 187, S. 187, Nr. 209, S. 279; Nr. 224, S. 368 ff.

8) vgl. die Berichte Bd. I, 2: Nr. 184, S. 168; Nr. 201, S. 239; Nr. 212, S. 309; Nr. 225, S. 376 f.

9) vgl. die Berichte Bd. I, 2: Nr. 186, S. 174; Nr. 187, S. 182; Nr. 189, S. 195; Nr. 200, S. 235; Nr. 203, S. 246; Nr. 207, S. 265; Nr. 210, S. 287; Nr. 217, S. 328; Nr. 229, S. 396; Nr. 230, S. 403; Nr. 237, S. 441 f.

setzen. Da weder Lebensmittel im Lande waren, noch die Betriebe arbeiteten, lagen die Läden und Geschäfte still[1]). Deutsches Geld war nahezu wertlos geworden, und selbst in Großstädten wie Breslau wurde die Entlohnung für die arbeitende Bevölkerung fast ausschließlich in Naturalien gezahlt[2]). Auch die Strom- und Wasserversorgungswerke, ebenso die öffentlichen Verkehrseinrichtungen arbeiteten in den deutschen Ostgebieten während der Zeit der sowjetischen Militäradministration wohl fast nirgends[3]). Die Ursache lag zum Teil darin, daß manche Versorgungsanlagen durch Kriegseinwirkungen zerstört, die wichtigsten Fabriken demontiert und die Magazine geplündert waren.

Eine sehr verhängnisvolle Wirkung hatte es aber auch, daß bereits im Sommer 1945 nach Ostpreußen, Ostpommern und Schlesien eine große Anzahl polnischer Zivilpersonen eingeströmt war und sogleich begonnen hatte, die Geschäfte und Handwerksbetriebe ebenso wie die Bauernhöfe für sich zu beschlagnahmen. Jede Initiative zur Neubelebung des Wirtschaftslebens, die von der städtischen deutschen Bevölkerung hätte ausgehen können, wurde dadurch im Keime erstickt. Lediglich in einigen Städten Niederschlesiens, wo noch zahlreiche Deutsche lebten und die Polen sich erst im Herbst festzusetzen begannen, war nach den ersten Wochen der Besetzung ein eigenes Leben mit Ansätzen zu langsamer Aufwärtsentwicklung in Gang gekommen. Dies trifft z. B. für Schweidnitz zu, wo im Sommer 1945 sogar eine Reihe Läden wieder geöffnet hatte und wo mit deutschem Geld bezahlt werden konnte[4]). Auch in manchen kleineren Orten dieser Gegend konnten deutsche Verwaltungsstellen in der Versorgung der Bevölkerung im Sommer 1945 beachtliche Fortschritte erzielen[5]).

Im ganzen gesehen handelt es sich hier jedoch um Ausnahmen. Auch für Niederschlesien gilt, daß die Mehrzahl der Städte einer wachsenden Verwahrlosung anheimfielen, verwilderten und ihr deutsches Gesicht zu verlieren begannen. Es war überall das gleiche Bild, ob man Liegnitz, Glogau und Grünberg, die ostpreußischen Städte Osterode, Allenstein, Sensburg oder die pommerschen Köslin, Stolp und Treptow nimmt.

Die katastrophale Lage in den Städten Ostdeutschlands während des Sommers und Herbstes 1945 wird am deutlichsten veranschaulicht durch die unerhört hohe Sterblichkeit unter den Deutschen infolge des Hungers, der unhygienischen Verhältnisse und der großen körperlichen Erschöpfung. Nahezu in allen Städten Ostdeutschlands wüteten Typhusepidemien[6]), in Breslau und den kleineren schlesischen Städten ebenso wie in Ostpreußen, Ostpommern und Ostbrandenburg. In den pommerschen Städten scheint die Zahl der dabei entstandenen Menschenverluste am höchsten gewesen zu sein.

---

[1]) vgl. die Berichte Bd. I, 2: Nr. 207, S. 265; Nr. 208, S. 270.

[2]) vgl. z. B. die Berichte Bd. I, 2: Nr. 217, S. 328 und Nr. 218, S. 337.

[3]) vgl. z. B. die Berichte Bd. I, 2: Nr. 186, S. 174; Nr. 195, S. 213; Nr. 196, S. 214; Nr. 221, S. 349.

[4]) vgl. Bericht Bd. I, 2: Nr. 224, S. 363.

[5]) vgl. Bericht Bd. I, 2: Nr. 237, S. 441 ff.

[6]) vgl. die Berichte Bd. I, 2: Nr. 188, S. 190; Nr. 189, S. 195; Nr. 194, S. 207; Nr. 203, S. 248; Nr. 211, S. 307; Nr. 217, S. 330 u. S. 332; Nr. 218, S. 341; Nr. 224, S. 369; Nr. 226, S. 383; Nr. 241, S. 461 f.

So starb in Treptow und Stolp etwa ein Drittel der Einwohner während des Sommers und Herbstes 1945[1]).

Ehe die Städte und Dörfer Ostdeutschlands offiziell unter polnische Verwaltung gestellt wurden und die russischen Besatzungsorgane ihre Kompetenzen an den polnischen Staat übergaben, kam es zu einer teilweise recht langen Periode des Überganges, des Nebeneinander- und Durcheinanderregierens von Polen und Russen, was vor allem für die im Lande befindlichen Deutschen höchst unerfreuliche Zustände schuf. Schon unmittelbar nach der Eroberung Ostdeutschlands hatten die Russen sich der Polen, die als Kriegsgefangene oder Zivilarbeiter in Ostdeutschland lebten, als Ordnungsmiliz bedient und ihnen Aufsichtsrechte und Befehlsgewalt über die deutsche Bevölkerung gegeben[2]). In einzelnen Orten wurden ehemalige polnische Kriegsgefangene oder Zivilarbeiter sogar als Bürgermeister eingesetzt[3]). Zu den bereits während des Krieges wie überall in Deutschland so auch in den Ostgebieten befindlichen polnischen Zivilarbeitern und Kriegsgefangenen, von denen viele zwangsweise aus Polen zur Arbeit nach Deutschland verbracht worden waren, kamen außer den Angehörigen der polnischen Armee im Gefolge der sowjetischen Armeen viele Tausende von Zivilpersonen aus Polen über die alte deutsch-polnische Grenze[4]). Besonders im südlichen Ostpreußen, in Danzig, Oberschlesien und in manchen Gegenden Pommerns war das Gesicht der Städte und Dörfer schon im Frühjahr und Sommer 1945 stärker von den Polen als von russischen Truppen geprägt. An vielen Orten hatten sich sogar schon im Frühjahr 1945 polnische Verwaltungsbehörden etabliert[5]).

Während sich das reguläre polnische Militär als Besatzungstruppe offenbar im allgemeinen korrekter verhielt als die russischen Truppen[6]), wurde die aus bewaffneten polnischen Zivilisten bestehende polnische Bürgermiliz bald von der deutschen Bevölkerung mehr gefürchtet als die Truppen der Roten Armee[7]).

Aus dem Nebeneinander polnischer Behörden und russischer Kommandanturen, die weiter bestehen blieben, ergaben sich im Sommer und Herbst 1945 fortgesetzte Überschneidungen polnischer und russischer Anordnungen, wodurch die allgemeine Rechtlosigkeit und Unsicherheit für die deutsche Bevölkerung erheblich gesteigert wurden[8]). Nur teilweise erwuchsen daraus auch gewisse Vorteile, so, wenn z. B. die russischen Kommandanturen, wie es manchmal geschah, Schutz vor Übergriffen der Polen gewährten. Im allgemeinen waren sie dazu allerdings entweder nicht willens oder auch nicht imstande[9]).

[1]) vgl. die Berichte Bd. I, 2: Nr. 207, S. 267; Nr. 208, S. 274 f.
[2]) vgl. die Berichte Bd. I, 2: Nr. 213, S. 315; Nr. 214, S. 320; Nr. 229, S. 396.
[3]) vgl. die Berichte Bd. I, 2: Nr. 207, S. 265 und Nr. 231, S. 414.
[4]) vgl. z. B. die Berichte Bd. I, 2: Nr. 197, S. 217 f.; Nr. 207, S. 265; Nr. 213, S. 314 und S. 316; Nr. 217, S. 328 f.; Nr. 229, S. 395.
[5]) s. das folgende Kapitel.
[6]) vgl. die Berichte Bd. I, 2: Nr. 197, S. 220; Nr. 235, S. 436.
[7]) s. das folgende Kapitel.
[8]) vgl. z. B. die Berichte Bd. I, 2: Nr. 187, S. 182 f; Nr. 205, S. 261; Nr. 209, S. 278; Nr. 211, S. 351.
[9]) vgl. die Berichte Bd. I, 2: Nr. 217, S. 329 und S. 336; Nr. 224, S. 366 f.; Nr. 227, S. 390 f.; Nr. 241, S. 463.

Die Kompetenzverhältnisse zwischen den polnischen Behörden und der sowjetischen Militäradministration waren in der Regel für die deutsche Bevölkerung völlig undurchsichtig, wahrscheinlich oft auch tatsächlich ungeklärt[1]). In manchen Gegenden kam es zu völlig getrennten nebeneinander liegenden polnischen und russischen Einflußbereichen. So gab es während des Jahres 1945 Dörfer, in denen allein die Russen bestimmten, während in Nachbardörfern polnische Behörden regierten[2]). In den Städten wurden mitunter getrennte deutsche Viertel eingerichtet, in denen die russische Kommandantur zuständig war, während in anderen Stadtvierteln polnische Behörden fungierten[3]).

Das Verhältnis zwischen Polen und Russen war in Ostdeutschland infolge der gegenseitigen Konkurrenz in der Beherrschung des Landes naturgemäß sehr gespannt, und in vielen Orten ist es zu fortgesetzten Auseinandersetzungen, ja sogar zu Schießereien zwischen ihnen gekommen[4]). Neben der alten nationalen Feindschaft hat dabei vor allem die Tatsache mitgewirkt, daß die russischen Truppen in Ostdeutschland einen systematischen Abbau aller wertvollen Sachgüter betrieben und den Polen ein Land übergaben, dessen Landwirtschaft und Industrie weitgehend ausgeraubt waren.

Nachdem auf der Potsdamer Konferenz (17. Juli bis 2. August 1945) durch alliierten Beschluß — als provisorische Regelung bis zur endgültigen Entscheidung in einem Friedensvertrag — Ostdeutschland auch mit Zustimmung der Westmächte unter polnische Verwaltungshoheit gestellt worden war, sahen sich die Polen in ihren Bestrebungen gestärkt und setzten nunmehr die Polonisierung Ostdeutschlands mit gesteigerter Intensität fort. Obwohl ein Teil der sowjetischen Truppen im Lande blieb und russische Militärkolchose noch jahrelang in Ostdeutschland bestanden, war die Zeit der sowjetischen Militärverwaltung in Ostdeutschland mit dem Herbst 1945 im allgemeinen zu Ende.

3. Die Lage der deutschen Bevölkerung unter polnischer Verwaltung bis zur Ausweisung.

Auf der Potsdamer Konferenz waren die Regierungen der UdSSR., der Vereinigten Staaten und Großbritanniens übereingekommen, die deutschen Gebiete östlich der Oder und der Lausitzer Neiße bis zur endgültigen Festlegung der deutschen Grenzen in einem künftigen Friedensvertrag unter die Verwaltung des polnischen Staates zu stellen[5]).

Es kann nach der heute möglichen Einsicht in die diplomatische Vorgeschichte der Entstehung der Oder-Neiße-Linie kein Zweifel sein, daß die Westmächte gegen Ende des Krieges im Prinzip mit der UdSSR. darüber einer Meinung waren, „daß Polen einen beträchtlichen Gebietszuwachs im

[1]) vgl. z. B. die Berichte Bd. I, 2: Nr. 205, S. 261; Nr. 209, S. 278; Nr. 224, S. 366 f.
[2]) vgl. z. B. Bericht Bd. I, 2: Nr. 224, S. 370.
[3]) vgl. z. B. die Berichte Bd. I, 2: Nr. 203, S. 246; Nr. 208, S. 270.
[4]) vgl. die Berichte Bd. I. 2: Nr. 186, S. 177; Nr. 187, S. 187; Nr. 200, S. 236; Nr. 202, S. 243; N. 208, S. 273; Nr. 211, S. 306; Nr. 217, S. 334 f.; Nr. 221, S. 351; Nr. 224, S. 366 f.; Nr. 227, S. 391; Nr. 241, S. 463; Nr. 243, S. 472 f.
[5]) vgl. Artikel XIII des Potsdamer Abkommens, abgedruckt im Amtsblatt des Kontrollsrats in Deutschland, Ergänzungsblatt Nr. 1.

Norden und Westen erhalten solle"[1]). Anzunehmen ist jedoch, daß sie schließlich nach anfänglichem Schwanken die künftigen polnischen Grenzen nicht bis zur Oder und Lausitzer Neiße ausgedehnt wissen wollten. Auch nach Potsdam betonten die Vertreter Großbritanniens und der Vereinigten Staaten wiederholt, was schon eindeutig aus dem Wortlaut der Potsdamer Beschlüsse hervorging, daß die Frage der Westgrenzen Polens nach wie vor offen sei und erst der Regelung in einem künftigen Friedensvertrag bedürfe[2]).

Wenn sich die Westmächte dennoch in Potsdam darauf einließen, die deutschen Gebiete östlich der Oder und Neiße provisorisch der Verwaltung des polnischen Staates zu unterstellen, so war das außer aus taktischen Überlegungen unter dem Zwang von vollendeten Tatsachen geschehen, vor die sich die Vertreter der angloamerikanischen Staaten in Potsdam gestellt sahen. Entgegen den Beschlüssen der Großen Drei in Jalta waren weite Gebiete Ostdeutschlands ohne Fühlungnahme mit den Westmächten durch einseitige russisch-polnische Maßnahmen der Verwaltung des polnischen Staates unterstellt worden, und sowohl die Ansiedlung von Polen in Ostdeutschland als auch die Aussiedlung der deutschen Bevölkerung hatten schon begonnen. Da die Vertreter der Westmächte außerstande waren, die Sowjets zu zwingen, dieses Vorgehen wieder rückgängig zu machen, und da sie vor allem Wert darauf legten, daß die sich bereits anbahnenden Spannungen zwischen der Sowjetunion und den Westmächten nicht zu einem Scheitern der ganzen Konferenz führten, haben sie sich veranlaßt gesehen, der polnischen Verwaltungshoheit in Ostdeutschland als einem Provisorium zuzustimmen.

Obwohl aus der Formulierung der Potsdamer Beschlüsse eindeutig hervorgeht, daß die Zustimmung der Westmächte zu dem geschaffenen Provisorium keinerlei Festlegung hinsichtlich des Verlaufes der künftigen deutsch-polnischen Grenze bedeutet[3]), so haben doch die Vertreter Großbritanniens

---

[1]) vgl. das in J. F. Byrnes: In aller Offenheit, Frankfurt 1949, S. 49, zitierte Protokoll der Verhandlungen von Jalta über die Grenzen Polens.

[2]) Seit dem Potsdamer Abkommen, erstmalig durch Churchills Rede vom 6. 3. 1946 in Fulton, dann durch die Rede des damaligen britischen Außenministers Bevin im Unterhaus am 25. 7. 1946 und schließlich durch die Ansprache des damaligen amerikanischen Staatssekretärs für auswärtige Angelegenheiten J. F. Byrnes in Stuttgart am 6. 9. 1946, haben die Westmächte immer wieder die Unrechtmäßigkeit der Inbesitznahme Ostdeutschlands durch den polnischen Staat betont und an der im Potsdamer Abkommen niedergelegten Bestimmung festgehalten, daß die endgültige Regelung der polnischen Westgrenze erst in einem Friedensvertrag mit Deutschland geschehen könne; vgl. dazu die im ‚Osthandbuch', Heft 6, veröffentlichten ausländischen Dokumente; ferner Friedrich Hoffmann: Die Oder-Neiße-Linie, und W. Wagner: Die Entstehung der Oder-Neiße-Linie, sowie die dort angegebene Literatur.

[3]) Man wählte für den Beschluß der Unterstellung Ostdeutschlands unter polnische Verwaltung (Art. IX des Potsdamer Abkommens) eine Formulierung, die sich von der Verfügung über die Unterstellung des nördlichen Teils von Ostpreußen unter die Verwaltung der UdSSR. (Art. VI des Potsdamer Abkommens) sehr deutlich unterschied. In Bezug auf Polen hieß es lediglich: „... Die Häupter der drei Regierungen bekräftigen ihre Auffassung, daß die endgültige Festlegung der Westgrenze Polens bis zu der Friedenskonferenz zurückgestellt werden soll.

Die Häupter der drei Regierungen stimmen darin überein, daß bis zur endgültigen Festlegung der Westgrenze Polens die früher deutschen Gebiete östlich der Linie,

und der Vereinigten Staaten in verhängnisvoller Weise unberücksichtigt gelassen, daß auch aus einem Provisorium ein Dauerzustand werden konnte, wenn künftige Meinungsverschiedenheiten den Abschluß eines Friedensvertrages verhindern sollten. Von dem Vorwurf, dies entweder nicht gesehen oder es stillschweigend übergangen zu haben, um das Einvernehmen mit der Sowjetunion zu erhalten, sind die Westmächte fraglos nicht freizusprechen. — Die eigentlichen Urheber jenes Beschlusses über die polnische Verwaltungsübernahme östlich der Oder und Neiße sind jedoch die UdSSR. und die ihnen hörige polnische Regierung gewesen, die in bewußter Absicht und mit Erfolg eine Politik der vollendeten Tatsachen getrieben hatten.

Bereits am 5. Februar 1945 gab Bolesław Bierut als Ministerpräsident der Provisorischen Regierung der Polnischen Republik in einer Presseerklärung bekannt, daß Polen die Zivilverwaltung in den Reichsgebieten östlich der Oder-Neiße-Linie übernommen habe[1]). Faktisch lag zu dieser Zeit die Befehlsgewalt über die deutschen Ostprovinzen, soweit sie bis dahin schon von der Roten Armee erobert waren, bei der sowjetischen Armeeführung, aber aus der Erklärung Bieruts wird deutlich, daß der von der Sowjet-Union allein anerkannten polnischen Regierung bereits im Februar 1945 prinzipiell die Verwaltungshoheit über die deutschen Ostgebiete durch die sowjetische Regierung eingeräumt wurde.

In weiten Gebieten Ostdeutschlands haben aber auch faktisch die inzwischen gebildeten polnischen Behörden bereits lange vor dem Potsdamer Abkommen die Verwaltung ausgeübt.

In auffälliger Weise geschah dies im Gebiet der Freien Stadt Danzig. Am 30. März 1945 erließ die polnische *Provisorische Regierung* das Dekret „Über die Bildung der Wojewodschaft Danzig", welches das Gebiet des ehemaligen Freistaates dem polnischen Staat einverleibte und der polnischen Gesetzgebung unterstellte[2]). Schon im April wurde, ähnlich wie im alten polnischen Staatsgebiet unmittelbar nach dem Einmarsch der Roten Armee, auch in Danzig die sowjetische Besatzungstruppe durch polnische Miliz zum größten Teil abgelöst, und im gleichen Monat wurden auch bereits die ersten Polen aus den ostpolnischen an Rußland abgetretenen Gebieten

---

die von der Ostsee unmittelbar westlich von Swinemünde und von dort die Oder entlang bis zur Einmündung der westlichen Neiße und die westliche Neiße entlang bis zur tschechisch-slowakischen Grenze verläuft, einschließlich des Teiles Ostpreußens, der nicht unter die Verwaltung der Union der Sozialistischen Sowjetrepubliken in Übereinstimmung mit den auf dieser Konferenz erzielten Vereinbarungen gestellt wird, und einschließlich des Gebietes der früheren Freien Stadt Danzig, unter die Verwaltung des polnischen Staates kommen und in dieser Hinsicht nicht als Teil der sowjetischen Besatzungszone in Deutschland betrachtet werden soll." Demgegenüber enthielt der Text des Potsdamer Abkommens bezüglich der Abtretung des nördlichen Ostpreußens an die UdSSR. bereits eine feste Zusage; denn es hieß dort: „. . . Die Konferenz hat grundsätzlich den Vorschlag der Sowjetregierung hinsichtlich der endgültigen Übergabe der Stadt Königsberg und des anliegenden Gebietes an die Sowjetunion gemäß der obigen Beschreibung zugestimmt, wobei der genaue Grenzverlauf einer sachverständigen Prüfung vorbehalten bleibt . . ."

[1]) vgl. ‚Ostdeutschland', herausgegeben vom Göttinger Arbeitskreis, 1. Auflage 1950, S. 85.

[2]) Dziennik Ustaw, Pos. 57/45; vgl. dazu ‚Wissenschaftlicher Dienst' des Herder-Institutes, Jg. 2, H. 1/2, S. 42 f.

in Danzig angesiedelt[1]). Die für die alten polnischen Gebiete erlassenen Gesetze wurden nun in ihrer Geltung auf die Freie Stadt Danzig ausgedehnt[2]), ohne daß eine alliierte Abmachung über das künftige Schicksal Danzigs getroffen worden war.

Aber auch in einem großen Teil des deutschen Staatsgebietes erfolgte die Verwaltungsübernahme durch polnische Behörden schon im Frühjahr 1945. In Elbing geschah sie am 1. April[3]), in Osterode, Sensburg und anderen südostpreußischen Kreisstädten im Mai[4]). Im oberschlesischen Industriegebiet wurde von der einmarschierenden sowjetischen Armee sofort die Aufstellung einer polnischen Miliz organisiert und diese von Anfang an mit der Beaufsichtigung der Deutschen beauftragt. Bereits im Februar, März und April strömten massenhaft Polen über die alte polnisch-deutsche Grenze in diese Gebiete ein[5]). Ende April 1945 übernahmen polnische Behörden offiziell die Verwaltung in den Städten Gleiwitz, Beuthen, Hindenburg und ihren Industrieanlagen[6]). Selbst für Niederschlesien, in dessen Orten im allgemeinen erst im Sommer und Herbst eine organisierte polnische Verwaltung einsetzte, bestand seit Ende April 1945 eine Wojewodschaftsbehörde, die damals, als Breslau noch nicht gefallen war, ihren Sitz in Liegnitz hatte und erst später nach Breslau übersiedelte[7]). Ähnlich verhielt es sich in Ostpommern. Auch dort wurden schon im Mai 1945 manche Städte und Dörfer von polnischen Behörden regiert[8]).

Wenige Wochen nachdem die polnische *Provisorische Regierung* ihre Befugnisse auf das Gebiet der Freien Stadt Danzig ausgedehnt hatte, erweiterte sie ihre Herrschaft auch offiziell auf die deutschen Gebiete östlich der Oder und Neiße, und entsprechend dem nach 1945 mit lautem propagandistischem Aufwand immer wieder behaupteten historischen Anspruch Polens auf die deutschen Ostgebiete, wurden diese seither in der amtlichen polnischen Sprache als *Wiedergewonnene Gebiete* bezeichnet. Am 24. Mai 1945 wurde das Dekret „Betreffend die Verwaltung der Wiedergewonnenen Gebiete" erlassen, welches bestimmte, daß die ehemaligen deutschen Ostgebiete den Organen des polnischen Staates unterstellt werden. Wenige Tage später, am 29. Mai 1945, wurde eine vorläufige Verwaltungsaufteilung der *Wiedergewonnenen Gebiete* verordnet und im Zusammenhang damit ein Provi-

---

[1]) vgl. Bericht Bd. I, 2: Nr. 242, S. 466.

[2]) Durch Verordnung vom 25. 5. 1945 wurde das Dekret vom 5. 2. 1945 über den Umtausch der Deutschen Mark auf den Freistaat Danzig ausgedehnt, und bereits am 6. 5. 1945 war das Gesetz über „Ausstoßung feindlicher Elemente aus der polnischen Gemeinschaft" erlassen worden, das auch für den Bereich der Freien Stadt Danzig Geltung hatte.

[3]) vgl. Bericht Bd. I, 2: Nr. 240, S. 455.

[4]) vgl. die Berichte Bd. I, 2: Nr. 187, S. 182; Nr. 192, S. 204.

[5]) vgl. die Berichte Bd. I, 2: Nr. 213, S. 316; Nr. 214, S. 320 f.

[6]) vgl. Bericht Bd. I, 2: Nr. 214, S. 320.

[7]) vgl. den in der polnischen Zeitung ‚Rzeczpospolita' am 14. Februar 1950 veröffentlichten und vom deutschen Büro für Friedensfragen (Stuttgart 1950) übersetzten Artikel ‚Erfolge und Sorgen der Stadt Liegnitz'.

[8]) So z. B. die Stadt Treptow a. d. R., vgl. Bericht Bd. I, 2: Nr. 207, S. 267. In anderen Städten, z. B. Stolp und Köslin, erfolgte die Verwaltungsübernahme Anfang Juli, vgl. die Berichte Bd. I, 2: Nr. 203, S. 246; Nr. 208, S. 273.

sorium beschlossen, das die Errichtung von Außenstellen der alten polnischen Wojewodschaftsbehörden im Gebiet der ostdeutschen Provinzen verfügte[1]).

Das Vorgehen der polnischen *Provisorischen Regierung*, der Erlaß polnischer Gesetze und die Einsetzung polnischer Verwaltungsbehörden in dem von der Roten Armee besetzten Ostdeutschland, Entscheidungen, die ohne Duldung und Unterstützung durch die sowjetische Regierung und Militärverwaltung unmöglich gewesen wären, führten am 8. April 1945 zu einem an Moskau gerichteten Protest der amerikanischen Regierung, der nach einer unbefriedigenden Antwort der Sowjetregierung am 8. Mai in noch schärferer Form wiederholt wurde[2]). In dieser amerikanischen Note vom 8. Mai 1945 wurde erklärt, daß die Warschauer Regierung in den ostdeutschen Gebieten bereits ihren vollständigen Staatsapparat errichtet und ihre Gesetze in Kraft gesetzt habe, daß ferner bereits eine Umsiedlung von Polen in diese Gebiete begonnen habe und offensichtlich eine noch weitere Ausdehnung der polnischen Verwaltung in Ostdeutschland geplant sei. Diese Maßnahmen seien einseitige Handlungen ohne vorherige Beratung und verstießen gegen die Grundsätze, die in Jalta über die Kontrolle und Besetzung Deutschlands aufgestellt worden seien. Proteste dieser Art rührten die Sowjetregierung indessen wenig, und in Potsdam zeigte sich, daß ihre Politik der vollendeten Tatsachen Erfolg hatte[3]).

Nachdem auch die Westmächte der Verwaltungsübernahme Polens in den deutschen Gebieten östlich der Oder und Neiße zugestimmt hatten, wurde die Polonisierung Ostdeutschlands radikal auf allen Gebieten und mit allen Mitteln betrieben. In den deutschen Orten im südlichen Teil von Ostpreußen, in Ostpommern, Ostbrandenburg und Schlesien, überall zogen polnische Verwaltungsbehörden ein und lösten die deutschen Bürgermeister ab, die von den russischen Kommandanturen installiert worden waren[4]).

Als „Organ der öffentlichen Sicherheit" herrschte in den deutschen Dörfern und Städten die polnische Miliz. Sie rekrutierte sich gewöhnlich aus bei Kriegsende anwesenden oder im Gefolge der sowjetischen Armeen ins Land gekommenen Polen, die teils schon von den sowjetischen Kommandanturen Aufsichtsfunktionen erhalten hatten. Meist nach dem Belieben der einzelnen sowjetischen Kommandanten oder der polnischen Ortsgewaltigen aufgestellt, waren die lokalen Milizeinheiten oft aus sehr fragwürdigen Elementen zusammengesetzt. Ihre überstürzte Aufstellung führte dazu, daß sich ihr häufig arbeitsunlustige junge Leute oder aber Personen anschlossen, die sich von der Tätigkeit der Miliz ein einträgliches Geschäft versprachen. Von Ausnahmen abgesehen[5]) hat diese von den polnischen Behörden aus dem Boden gestampfte Miliz eine für die deutsche Bevölkerung verhängnisvolle Rolle gespielt. Sie mißbrauchte ihre

---

[1]) vgl. ‚Wissenschaftlicher Dienst' des Herder-Institutes, Nr. 5, 1951, S. 129.

[2]) s. Arthur Bliss Lane: I saw Poland betrayed, New York, 1948. — Auszugsweise Übersetzung des Notenwechsels im ‚Osthandbuch', Heft 6, S. 109—111.

[3]) vgl. J. F. Byrnes: In aller Offenheit, S. 112—113.

[4]) vgl. die Berichte Bd. I, 2: Nr. 187, S. 188; Nr. 189, S. 198; Nr. 196, S. 216; Nr. 209, S. 277 f.; Nr. 217, S. 330; Nr. 237, S. 442.

[5]) vgl. Bericht Bd. I, 2: Nr. 229, S. 396.

Ordnungsgewalt zu zahllosen Plünderungen[1]), ließ ihren nationalen Haßgefühlen hemmungslosen Lauf und quälte und mißhandelte zahlreiche völlig unschuldige Deutsche[2]).

Im Sommer und Herbst 1945 wurde in den unter polnische Verwaltung gestellten ostdeutschen Provinzen allgemein der Złoty als Währung eingeführt[3]). Die deutschen Orts- und Straßennamen wurden beseitigt, und polnische Namen traten an ihre Stelle[4]). Die polnische Sprache wurde als Amtssprache obligatorisch[5]), und in Oberschlesien, dessen „urpolnischen" Charakter zu beweisen man besonders bemüht war, wurden selbst Gottesdienste in deutscher Sprache verboten[6]).

Eines der ersten Anzeichen der Verwaltungsübernahme durch die Polen war es, daß eine neue Verhaftungswelle in den Städten und Dörfern einsetzte[7]). Die Festnahme und Verschleppung von Tausenden ehemaliger Nationalsozialisten und anderer der Besatzungsmacht verdächtiger Personen durch die Russen genügte den polnischen Behörden nicht. Der durch die jahrelange nationalsozialistische Okkupation Polens und die dort verübten Untaten genährte Haß forderte jetzt Vergeltung und fragte nicht viel nach schuldig oder unschuldig. Es begann damit ein neues furchtbares Kapitel der grausamen Verfolgung vieler Menschen, die, obwohl persönlich meist unschuldig, für das büßen mußten, was während der Kriegsjahre im Namen Deutschlands an Polen oder polnischen Juden begangen worden war. Die Gefängnisse in den Städten füllten sich mit Deutschen. Zugehörigkeit zu den Organisationen der NSDAP. und der Polizei sowie schlechte Behandlung von polnischen Zivilarbeitern und Kriegsgefangenen waren die Hauptbeschuldigungen, die gegen sie erhoben wurden. Die Einrichtung von *Sonderstrafgerichten* für die Fahndung nach allen Verdächtigen[8]) schuf einen Zustand, der eine nur auf Verdachtsmomente gestützte Verhaftungswelle begünstigen mußte und der Willkür alle Türen öffnete. Erst am 17. Oktober 1946 wurden die Sondergerichte abgeschafft[9]).

Bis zu dieser Zeit aber wurde bei den Verhören und Verhaftungen von Deutschen oft schreiendes Unrecht begangen. Wie zu allen Zeiten eines Regime-Wechsels blühte das Denunziantentum unter Polen und Deutschen[10]), dazu kam der blinde Haß der Angehörigen der polnischen Miliz und des staatlichen Sicherheitsdienstes (UB. = Urząd Bespieczenstwa Publicznego),

---

[1]) vgl. die Berichte Bd. I, 2: Nr. 198, S. 230; Nr. 206, S. 262; Nr. 211, S. 306; Nr. 212, S. 309; Nr. 217, S. 331 f.; Nr. 224, S. 365; Nr. 226, S. 384 f.; Nr. 231, S. 414.

[2]) vgl. die Berichte Bd. I, 2: Nr. 189, S. 197 f.; Nr. 198, S. 231; Nr. 205, S. 258 f.; Nr. 207, S. 267; Nr. 215, S. 322 f.; Nr. 225, S. 378; Nr. 235, S. 436 f.; Nr. 242, S. 468.

[3]) vgl. die Berichte Bd. I, 2: Nr. 196, S. 216; Nr. 214, S. 320; Nr. 217, S. 330.

[4]) vgl. die Berichte Bd. I, 2: Nr. 209, S. 278; Nr. 223, S. 362; Nr. 343, S. 774.

[5]) vgl. die Berichte Bd. I, 2: Nr. 213, S. 316; Nr. 214, S. 320; Nr. 231, S. 414.

[6]) vgl. die Berichte Bd. I, 2: Nr. 213, S. 316; Nr. 214, S. 321; Nr. 232, S. 420 f.

[7]) vgl. die Berichte Bd. I, 2: Nr. 205, S. 257 ff.; Nr. 214, S. 320; Nr. 215, S. 322 f.; Nr. 216, S. 325; Nr. 220, S. 346; Nr. 226, S. 385; Nr. 229, S. 396; Nr. 234, S. 434.

[8]) vgl. das polnische Dekret vom 12. 9. 1944 in Dziennik Ustaw, Pos. 21/44.

[9]) vgl. Dziennik Ustaw, Pos. 354/46.

[10]) vgl. die Berichte Bd. I, 2: Nr. 190, S. 202; Nr. 207, S. 268; Nr. 209, S. 283; Nr. 210, S. 293 f.; Nr. 226, S. 385.

die mit der Ausführung der Verhaftungen und der Bewachung und Vernehmung in den Gefängnissen beauftragt waren und bisweilen mit den Verhaftungen eine üble Geschäftemacherei verbanden[1]). Wie einst die Bewachungsmannschaften der SS. in den Konzentrationslagern, deren Vergehen man sühnen wollte, so hatten jetzt die polnischen Sicherheitsorgane freie Hand, und es spielten sich in den Gefängnissen Ostpreußens, Pommerns und Oberschlesiens die gleichen Folterungen und Mißhandlungen ab[2]). Anders als bei den Verhaftungen durch die Russen begegneten den Deutschen seitens der Polen vielerorts ein ausgeprägter Deutschenhaß und ein wahrer Sadismus in der Erfindung von Grausamkeiten und sonstigen Formen der Erniedrigung[3]).

Den größten Umfang hatten die Verhaftungs- und Vergeltungsmaßnahmen in Oberschlesien, das auf Grund der polnischen Neugliederung der Verwaltungsbezirke in Ostdeutschland der Wojewodschaft Kattowitz unterstellt worden war. Die Behandlung der Deutschen nahm in diesem Gebiet Formen an, die nahe an die brutalen Maßnahmen heranreichten, die gegenüber den generell als Landesverräter und Kollaboranten geltenden Volksdeutschen in den polnischen Provinzen[4]) ergriffen wurden.

Tausende von Deutschen, die wegen Parteizugehörigkeit oder aus anderen Gründen beschuldigt waren, wurden aus Oberschlesien in Lager nach dem polnischen Teil der Wojewodschaft Kattowitz verschleppt, mußten dort jahrelang härteste Zwangsarbeit leisten und waren fortgesetzten Mißhandlungen sowie Hunger und Krankheiten infolge unzureichender Verpflegung ausgesetzt[5]). Die Vergeltungsmaßnahmen beschränkten sich in Oberschlesien jedoch nicht auf Einzelverhaftungen, so ungerechtfertigt auch diese oft schon waren. In manchen Teilen des Landes wurde die deutsche Bevölkerung ganzer Dörfer geschlossen in Lager eingewiesen, gleich ob es sich um Männer, Frauen oder Kinder handelte. Es scheint, daß es sich bei diesen Maßnahmen um Willkürhandlungen polnischer Milizkommandanten gehandelt hat. Die schrecklichen Vorkommnisse in den Lagern und die Tatsache, daß man gegenüber russischen Kontrollen vortäuschte, es handle sich bei den Inhaftierten sämtlich um ehemalige Nationalsozialisten[6]), bestätigen dies. Lager dieser Art, in denen jeweils 3 000—5 000 Deutsche untergebracht wurden, bestanden u. a. in Lamsdorf, Kreis Falkenberg[7]), und in der Stadt Grottkau[8]).

---

[1]) vgl. z. B. Bericht Bd. I, 2: Nr. 230, S. 411 f.

[2]) vgl. die Berichte Bd. I, 2: Nr. 205, S. 258 f.; Nr. 215, S. 322 f.; Nr. 220, S. 346 f.; Nr. 221, S. 352; Nr. 226, S. 385 ff.; Nr. 229, S. 396 ff.; Nr. 230, S. 412; Nr. 233, S. 423 ff.; Nr. 234, S. 434 f.

[3]) Dieser Unterschied in der Behandlung seitens der Russen und der Polen wird in manchen Berichten ausdrücklich vermerkt, so z. B. in den Berichten Bd. I, 2: Nr. 219, S. 345; Nr. 222, S. 353; Nr. 225, S. 377.

[4]) Über die besonderen Vergeltungsmaßnahmen, die gegenüber den Volksdeutschen in Polen ergriffen wurden, handelt ausführlich das folgende Kapitel.

[5]) vgl. vor allem die Berichte Bd. I, 2: Nr. 215 u. Nr. 216.

[6]) vgl. z. B. Bericht Bd. I, 2: Nr. 233, S. 431.

[7]) vgl. Bericht Bd. I, 2: Nr. 233. Daneben liegen noch mehrere unveröffentlichte Berichte (Dokumentensammlung) über das Lager Lamsdorf vor, die wohl in Einzelangaben von dem unter Nr. 233 abgedruckten Bericht abweichen, im Grundsätzlichen aber eine Übereinstimmung der Angaben erbringen.

[8]) vgl. die Berichte Bd. I, 2: Nr. 232 und Nr. 343, die ebenfalls durch andere unveröffentlichte Berichte der Dokumentensammlung bestätigt werden.

Bis zur Ausweisung der Internierten und Auflösung der Lager im Sommer 1946 war eine überaus große Anzahl der Häftlinge an den Mißhandlungen sowie den zahlreichen Seuchen und Krankheiten, die durch die schlechte Ernährung und die unhygienischen Zustände verursacht wurden, gestorben. Es muß damit gerechnet werden, daß die sehr hohe Sterblichkeit in den Lagern, die vor allem vom Sommer 1945 bis zum Winter 1946 herrschte, Verluste bis zu 50 Prozent verursacht hat, besonders unter Kindern und alten Leuten[1]).

Die schweren Mißhandlungen und die Zugrunderichtung von zahlreichen Deutschen in Lagern und Gefängnissen unter dem Vorwand von Sühne- und Strafmaßnahmen waren ein grobes Unrecht, auch wenn dieser oder jener der Inhaftierten wirklich verantwortlich für Vergehen an Polen oder polnischen Juden gewesen ist. Die Masse der Betroffenen war zweifellos unschuldig. Wie einst für die nationalsozialistischen Machthaber, so war die Kollektivbeschuldigung auch für große Teile der polnischen Behörden und der polnischen Miliz die letzte Weisheit eines engstirnigen Chauvinismus.

Infolge des durch die nationalsozialistische Herrschaft genährten Deutschenhasses, der durch das leidenschaftliche polnische Temperament noch gesteigert wurde, verfielen die Polen mehr als die westlichen Siegernationen, ja selbst mehr als die Russen der Versuchung anheim, vergangenes Unrecht durch gleiches Unrecht zu vergelten. In augenfälliger Weise wurde dies an manchen öffentlichen Lynchaktionen deutlich, die vor allem in Polen, aber hier und da auch in den deutschen Ostgebieten vorkamen. Zu einer offenen Demonstration, die in tragischer Weise die Verkettung von altem und neuem Unrecht deutlich machte, kam es überall dort, wo Massengräber von polnischen Arbeitern, polnischen Kriegsgefangenen oder polnischen Juden gefunden wurden, die aus der Zeit der nationalsozialistischen Herrschaft stammten. In solchen Fällen war es eine beliebte Maßnahme, die Deutschen aus der umliegenden Gegend an den aufgefundenen Massengräbern zusammenzutreiben und sie unter den anfeuernden Rufen eines schaulustigen Publikums unter Schlägen und Mißhandlungen zu zwingen, die Gräber auszuheben und die Leichen zu bergen[2]).

Nirgends enthüllte sich die Absurdität kollektiver Vergeltungsmaßnahmen deutlicher, nirgends aber war auch die ganze Tragik der Aufeinanderfolge von gegenseitigen Verfolgungen und Diskriminierungen so evident wie bei solchen Vorkommnissen. Gerade im Zusammenhang mit den Verhaftungs- und Vergeltungsaktionen zeigte es sich jedoch auch, daß überall dort, wo zwischen Polen und Deutschen auf Grund einer persönlichen Verbundenheit, die sich entweder durch langjährige Bekanntschaft während des Krieges entwickelt hatte oder durch das Eintreten von Deutschen für die unter der nationalsozialistischen Herrschaft oft zynisch und rücksichtslos behandelten Polen zustande gekommen war, die Thesen einer kollektiven Schuld ihre Geltung verloren. In solchen Fällen haben einzelne Polen sich oft für die

[1]) vgl. die Berichte Bd. I, 2: Nr. 216, S. 325 f.; Nr. 232, S. 418; Nr. 233, S. 432.
[2]) s. z. B. über das Lager Grottkau die Anmerkung am Ende des Berichts Bd. I, 2: Nr. 232, S. 422.
[3]) vgl. Bericht Bd. I. 1: Nr. 236, S. 439 ff.

bedrohten Deutschen freundschaftlich helfend verwendet und manchen vor schwerem Schicksal bewahrt[1]).

Wenn von Vergeltungsakten und Verhaftungen naturgemäß nur ein Teil der deutschen Bevölkerung betroffen wurde, so wirkte sich der von den Polen eingeführte unbedingte Arbeitszwang auf fast alle Deutschen aus[2]). Sie wurden eingesetzt, um Straßen und Wohnungen aufzuräumen, um abgebrannte oder zerstörte Häuser und Wohnviertel abzubrechen und das Baumaterial zum Wiederaufbau polnischer Städte, vor allem Warschaus, nach Polen zu verladen[3]). Auch zur Instandsetzung einiger Industriewerke, vor allem aber für alle Arbeiten in der Landwirtschaft zog man die Deutschen heran. Oft kam es vor, daß ein Teil der deutschen Einwohner aus den Städten in Kolonnen zusammengefaßt und zu landwirtschaftlichen Arbeiten abkommandiert wurde[4]). Die Verpflegung war dabei im allgemeinen schlechter als bei den entsprechenden Aktionen der Russen[5]). Doch es half kein Weigern. Kommandos der polnischen Miliz durchzogen die Dörfer und trieben Arbeitskolonnen von Deutschen zusammen[6]). In den Städten sind die deutschen Einwohner, sobald sie zu einer Arbeit benötigt wurden, auf offener Straße aufgegriffen und unter bewaffneter Aufsicht zum Arbeitseinsatz geführt worden[7]). Selbst der Kirchgang am Sonntag schützte nicht davor[8]). Besonders streng war der Arbeitszwang in Oberschlesien[9]). Er führte hier zur Einrichtung von regelrechten Arbeitslagern[10]), die jedoch meist nur einige Wochen und Monate bestanden.

Da die Zwangsarbeit nur eine völlig unzureichende Verpflegung einbrachte und die Deutschen ohne geldliche Entlohnung die geforderten hohen Złoty-Preise nicht aufbringen konnten, dauerte die bereits unter russischer Besatzung herrschende akute Hungersnot auch unter polnischer Verwaltung an. Zwar änderten sich die Verhältnisse gegenüber der russischen Besatzungszeit insofern, als infolge des Einströmens polnischer Geschäftsleute, die die Złoty-Währung einführten, und infolge beträchtlicher amerikanischer Hilfsaktionen für Polen in den Städten bereits ab Sommer und Herbst 1945 ein teilweise recht ansehnliches Angebot an Lebensmitteln bestand[11]). Doch

---

[1]) vgl. die Berichte Bd. I, 2: Nr. 196, S. 217; Nr. 202, S. 243; Nr. 204, S. 251; Nr. 229, S. 396; Nr. 235, S. 438; Nr. 284, S. 655.

[2]) vgl. die Berichte Bd. I, 2: Nr. 207, S. 268; Nr. 209, S. 281; Nr. 212, S. 309; Nr. 223, S. 356 und S. 359; Nr. 224, S. 373; Nr. 225, S. 374; Nr. 226, S. 382; Nr. 238, S. 444; Nr. 241, S. 463.

[3]) Dies wird in zahlreichen Berichten aus den Städten Ostpommerns berichtet. Selbst im Jahre 1951 fanden dort noch Abbrucharbeiten statt mit dem Zweck, das gewonnene Material zum Wiederaufbau Warschaus zu verwenden; vgl. den Informationsdienst des Göttinger Arbeitskreises, Jg. 1951, Nr. 22, S. 2.

[4]) vgl. die Berichte Bd. I, 2: Nr. 207, S. 268; Nr. 209, S. 281; Nr. 226, S. 382; Nr. 242, S. 467 ff.

[5]) vgl. z. B. Bericht Bd. I, 2: Nr. 224, S. 373.

[6]) vgl. Bericht Bd. I, 2: Nr. 224, S. 373.

[7]) vgl. die Berichte Bd. I, 2: Nr. 213, S. 316; Nr. 218, S. 341 f.; Nr. 236, S. 439; Nr. 238, S. 444.

[8]) vgl. die Berichte Bd. I, 2: Nr. 207, S. 267 f.; Nr. 222, S. 354; Nr. 226, S. 385; Nr. 239, S. 451 f.

[9]) vgl. Bericht Bd. I, 2: Nr. 213, S. 315 f.

[10]) vgl. Bericht Bd. I, 2: Nr. 214, S. 321.

[11]) vgl. die Berichte Bd. I, 2: Nr. 196, S. 216; Nr. 207, S. 268; Nr. 208, S. 273; Nr 209, s. 281; Nr. 213, S. 317; Nr. 217, S. 330 f; Nr. 232, S. 555.

blieben diese für die deutsche Bevölkerung unerschwinglich, da sie in der Regel für ihre Arbeit nur eine knappe Tagesverpflegung, aber kein Geld erhielt. Um in den Besitz polnischen Geldes und der von Polen eingeführten Lebensmittel zu kommen, blieb den Deutschen nur die Möglichkeit, die letzten ihnen verbliebenen und über die zahllosen Plünderungen geretteten Sachgüter und Wertgegenstände gegen Lebensmittel zu verschleudern[1]).

Hunger, Entkräftung und Epidemien in den Städten waren auch zur Zeit der polnischen Verwaltung ständige Begleiter der deutschen Bevölkerung und forderten viele Opfer[2]). In der Großstadt Breslau trieb der Hunger die Deutschen dazu, bei Russen und Polen zu betteln und die Abfalltonnen nach eßbaren Resten abzusuchen[3]). Die Verelendung der Deutschen schritt immer weiter fort, je mehr Polen ins Land kamen und sich allen deutschen Eigentums und des deutschen Grundbesitzes bemächtigten. Obwohl unter der Besatzung der Roten Armee, durch Plünderungen, Demontagen und Abtransport von Vieh und Sachgütern ein enormer Vermögensschwund und ein erhebliches Absinken der industriellen und landwirtschaftlichen Produktionskapazität in den deutschen Gebieten östlich der Oder-Neiße-Linie stattgefunden hatten, waren doch die Besitz- und Vermögensverhältnisse noch nicht prinzipiell umgestürzt worden. Wenn auch viele Rittergüter und Domänen von den Russen beschlagnahmt worden waren, so lebten doch noch zahlreiche deutsche Bauernfamilien auf ihren Höfen, und auch in den Städten besaßen die Deutschen noch ihre Handwerksbetriebe, ihre Geschäfte und ihre Häuser. Dies änderte sich alles erst mit der polnischen Verwaltungsübernahme und dem Eindringen Tausender von Polen nach Ostdeutschland, die, soweit sie aus Ostpolen stammten, selbst ihre Habe verloren hatten.

Bereits am 2. März 1945 hatte die polnische *Provisorische Regierung* das Dekret „über aufgegebene und verlassene Vermögen"[4]) erlassen, welches verfügte, daß aller Besitz von Personen, die vor der Roten Armee geflohen und nicht zurückgekehrt waren, dem polnischen Staat anheimfalle und daß ferner sämtliches Vermögen des Deutschen Reiches und von Personen deutscher Staatsangehörigkeit grundsätzlich als „aufgegebenes Vermögen" zu gelten habe und gleichfalls an den polnischen Staat übergehe. Dieses Dekret wurde in den Dörfern und Städten Ostdeutschlands meist unmittelbar nach der Verwaltungsübernahme durch die polnischen Behörden öffentlich bekanntgemacht[5]).

Infolge der Übernahme aller deutschen Vermögen durch den polnischen Staat waren die Deutschen in ihren Höfen auf dem Lande und in ihren Wohnungen in der Stadt nur noch auf Abruf geduldet, mußten teils für

---

[1]) vgl. die Berichte Bd. I, 2: Nr. 187, S. 186; Nr. 196, S. 216; Nr. 204, S. 253; Nr. 207, S. 268; Nr. 213, S. 317; Nr. 217, S. 330; Nr. 227, S. 391; Nr. 235, S. 437; Nr. 241, S. 463 f.

[2]) vgl. die Berichte Bd. I, 2: Nr. 203, S. 248; Nr. 217, S. 332; Nr. 218, S. 341; Nr. 221, S. 351; Nr. 231, S. 414.

[3]) vgl. Bericht Bd. I, 2: Nr. 218, S. 343.

[4]) vgl. Dziennik Ustaw, Pos. 45/45, ersetzt durch Dekret v. 6. 5. 1945, Pos. 97/45, abgeändert durch Dekret v. 23. 7. 1945, Pos. 179/45 und ersetzt durch Dekret v. 8. 3. 1946 (Pos. 87/46), mit weiteren Abänderungen und Ausführungsverordnungen (Pos. 182/46).

[5]) vgl. die Berichte Bd. I, 2: Nr. 224, S. 364; Nr. 226, S. 381; Nr. 229, S. 395; Nr. 238, S. 443 f.

ihre eigenen Häuser Miete zahlen[1]) und hatten ständig damit zu rechnen, ihr formell bereits enteignetes Vermögen auch faktisch zu verlieren und ihre Wohnungen verlassen zu müssen. Die ganze Gesetzgebung zur Enteignung des deutschen Vermögens sollte in erster Linie eine vermögensrechtliche Grundlage für die Ansiedlung der Polen und die Verdrängung der Deutschen durch polnische Zivilpersonen schaffen.

Die Übernahme deutschen Besitzes durch polnische Zivilpersonen und deren Ansiedlung in den deutschen Ostgebieten verliefen bis gegen Ende des Jahres 1945 in wenig geregelter Form und brachten die davon betroffene deutsche Bevölkerung in eine Lage, in der sie nicht mehr zwischen willkürlichen Bereicherungen und Plünderungen einzelner Polen und amtlichen Maßnahmen der polnischen Behörden zu unterscheiden vermochte[2]). Zunächst begann die polnische Besitzergreifung Ostdeutschlands damit, daß viele der polnischen Zivilarbeiter und Kriegsgefangenen, die sich bei der Eroberung durch die Rote Armee in den Dörfern und auf den Gütern Ostdeutschlands befanden, sich leerstehende Gehöfte oder auch Häuser in den Städten aneigneten und sich dort unter wohlwollender Duldung der Russen als neue Besitzer einrichteten[3]). Weitaus größere Bedeutung hatte es aber, daß schon unmittelbar nach der Eroberung durch die Rote Armee der Zustrom zahlreicher Zivilpersonen aus Polen begann. Ehe noch die Ansiedlung der Umsiedler aus den ostpolnischen Provinzen einsetzte, waren aus den grenznahen Gebieten Westpolens, teils auch aus den Städten Zentralpolens schon viele Tausende von Polen über die deutsch-polnische Grenze gekommen, um sich an dem deutschen Vermögen für das zu entschädigen, was ihnen in den Zeiten der deutschen Herrschaft genommen worden war, oder auch nur, um sich nach Kräften zu bereichern. Der Strom dieser Polen, die im Frühjahr 1945 nach Ostdeutschland eindrangen, ergoß sich zunächst vor allem in die grenznahen Gebiete Ostpreußens, nach Danzig, in die östlichen Kreise Pommerns und die östlich der Oder gelegenen Teile Schlesiens und setzte sich im Laufe des Sommers immer weiter nach Westen fort. Ein Teil der ins Land gekommenen Polen wollte sich, nachdem die *Provisorische Regierung* die Bevölkerung Polens zur Ansiedlung in den ostdeutschen Gebieten aufgefordert hatte, in den verlassenen Höfen der Deutschen und ihren Häusern als Ansiedler niederlassen, ein anderer Teil der polnischen Ankömmlinge bestand aber aus Spekulanten, Schiebern und Beutemachern, die nur eine günstige Chance zur Bereicherung witterten, ohne daß sie die Absicht hatten, im Lande zu bleiben. Manche von ihnen stellten sich der Miliz zur Verfügung, andere gaben sich gegenüber den polnischen Behörden in den deutschen Orten als Ansiedler aus, gewannen auf diese Weise schnell Vermögen, das sie bald abtransportierten oder verkauften, und kehrten darauf nach Polen zurück, um das gleiche Experiment an anderer Stelle zu wiederholen[4]).

Anders als dieser regellose Zustrom von Menschen aus den west- und zentralpolnischen Gebieten war die meist erst im Frühsommer 1945 beginnende Ansiedlung von Polen, die aus den an Rußland abgetretenen ostpol-

[1]) vgl. z. B. Bericht Bd. I, 2: Nr. 238, S. 443 f.
[2]) vgl. die Berichte Bd. I, 2: Nr. 223, S. 356; Nr. 225, S. 385; Nr. 343, S. 774.
[3]) vgl. die Berichte Bd. I, 2: Nr. 195, S. 213; Nr. 217, S. 329.
[4]) Vorgänge dieser Art werden z. B. geschildert im Bericht Bd. I, 2: Nr. 217, S. 331.

nischen Gebieten kamen, mehr oder weniger gelenkt. Da es sich bei ihnen vorwiegend um Bauern- und Landarbeiterfamilien handelte, wurden sie in der Regel auf dem Lande angesiedelt, und es scheint dabei die Tendenz vorgelegen zu haben, die am weitesten westlich gelegenen Teile Ostdeutschlands zuerst zu besiedeln, um auf diese Weise an der Oder und Neiße eine unumstößliche Tatsache zu schaffen. Obwohl bei den aus Ostpolen Kommenden und dort selbst Vertriebenen eine wirkliche Besitzübernahme und die ernstliche Absicht der Ansiedlung vorlagen, geschah dies nicht in rechtlichen Formen, nicht in menschlicher und geordneter Weise. Das lag in der Natur der Sache selbst und wurde besonders offenkundig, als die leerstehenden Gehöfte und Häuser nicht mehr genügend Auswahl boten. Jetzt begannen die polnischen Ansiedler im Einvernehmen mit den örtlichen Verwaltungs- und Milizbehörden die im Lande verbliebene deutsche Bevölkerung aus ihren Wohnungen und Häusern zu verweisen. Handelte es sich um einzelne polnische Ankömmlinge, so erfolgte die Besitzergreifung von Häusern und Gehöften während jener ersten Zeit der sehr mangelhaft organisierten Ansiedlung vielfach in der Weise, daß die betreffenden Polen sich in den deutschen Dörfern und Städten einen Hof oder ein Haus aussuchten, sich diese von den zuständigen polnischen Bürgermeistereien anweisen ließen und mit Hilfe polnischer Miliz die Deutschen aus dem gewünschten Grundstück vertrieben[1]). Aber auch dort, wo die polnischen Ansiedler in geschlossenen Transporten ankamen und von der polnischen Miliz in die Häuser der Deutschen eingewiesen wurden, geschah dies vielfach in der Form einer brutalen Vertreibung, wobei die deutschen Einwohner oft in Minutenfrist und mit nur wenigem Gepäck ihre Wohnungen verlassen mußten[2]).

In manchen Städten und Dörfern sind die polnischen Behörden noch rigoroser verfahren. Sie ließen mit Hilfe der Miliz ganze Orte vorübergehend von der deutschen Bevölkerung räumen, und währenddessen wurde der deutsche Besitz durchgeplündert, die wertvollen beweglichen Teile mit Lastwagen abtransportiert und die besten Häuser von Polen besetzt[3]).

Doch auch in denjenigen deutschen Städten, wo keine solchen drakonischen Maßnahmen ergriffen wurden, bewirkte die ständig steigende Zahl einströmender Polen, daß immer neue Straßenzüge und Stadtviertel von der deutschen Bevölkerung geräumt werden mußten, bis am Ende nur die schlechtesten Viertel als eine Art deutscher Ghettos übrig blieben[4]). Der Verlust der Heimat war damit bei den noch in den Ostprovinzen lebenden Deutschen im Grunde schon vor der Ausweisung vollzogen.

Am stärksten setzten sich die Polen zunächst auf dem Lande fest. Dies kam vor allem daher, daß die Hauptmasse der Ansiedler im Sommer und Herbst 1945 aus den an Rußland abgetretenen ostpolnischen, fast rein agra-

[1]) vgl. die Berichte Bd. I, 2: Nr. 198, S. 230; Nr. 199, S. 233; Nr. 206, S. 261 f.; Nr. 217, S. 331; Nr. 237, S. 443.
[2]) vgl. die Berichte Bd. I, 2: Nr. 217, S. 329; Nr. 218, S. 340; Nr. 219, S. 345.
[3]) vgl. die Berichte Bd. I, 2: Nr. 191, S. 203; Nr. 224, S. 365; Nr. 234, S. 433 f.; Nr. 342, S. 789; Nr. 350, S. 815 f.
[4]) vgl. die Berichte Bd. I, 2: Nr. 203, S. 246 f.; Nr. 208, S. 272 f.; Nr. 209, S. 280 f.; Nr. 219, S. 345; Nr. 221, S. 351; Nr. 224, S. 365.

rischen Gebieten stammte. Mit nur wenig Handgepäck ankommend, wurden sie in die deutschen Dörfer eingewiesen[1]). Rund 1,4 Millionen Polen aus dem Gebiet ostwärts des Bug wurden bis zum Juli 1946, als die Überführung der ostpolnischen Bevölkerung nach Westen nahezu abgeschlossen war, in die ostdeutschen Provinzen umgesiedelt[2]). Da sie auf die Bewirtschaftung größerer Bauerngüter im allgemeinen wenig Wert legten, führte ihre Verpflanzung nach Ostdeutschland vor allem zur Verdrängung der kleinen deutschen Bauern, die unter russischer Besatzung zwar das Inventar und Vieh verloren hatten, aber im Besitz ihrer Höfe geblieben waren. Diese wurden ihnen nunmehr enteignet und von den ankommenden Polen besetzt. Bestenfalls durften die deutschen Besitzer als Arbeitskräfte der polnischen Ansiedler zunächst noch auf ihrem Hof bleiben[3]), in vielen Fällen wurde ihnen aber auch dies verweigert. Sofern die polnischen Ansiedler aus Gebieten stammten, in denen es wenig Reibungsflächen zwischen Polentum und Deutschtum gegeben hatte, oder soweit sie nicht von den herrschenden Vergeltungsgefühlen angesteckt waren, haben sie sich gegenüber den enteigneten Deutschen zum Teil durchaus freundlich gezeigt und in vielen Fällen versucht, deren Lage etwas zu erleichtern[4]); viele aber behielten nur ihren eigenen materiellen Vorteil im Auge und gebrauchten die entrechteten Deutschen lediglich als Arbeitssklaven.

Die generelle Enteignung des deutschen Vermögens und die Ansiedlung von Polen hatte bald eine völlige Verarmung und Deklassierung der deutschen Bevölkerung in den Gebieten ostwärts der Oder-Neiße-Linie zur Folge. Die deutschen Bauern waren zu Landarbeitern bei den neuen polnischen Besitzern geworden und die Handwerksmeister zu Gehilfen bei polnischen Handwerkern[5]). Alle Hilfsdienste und schweren Arbeiten auf dem Lande und in der Stadt mußten von Deutschen geleistet werden, während nicht nur der Besitz, sondern auch der staatliche Rechtsschutz allein den ins Land kommenden Polen vorbehalten blieb.

In der Regel wurden nur die kleinen Betriebe und Bauernhöfe privates Eigentum polnischer Ansiedler. Die großen Industriewerke sind ebenso wie die Mehrzahl der Rittergüter und ehemaligen deutschen Domänen zu polnischem Staatseigentum erklärt worden. Die in allen Ostblockstaaten infolge der fortschreitenden Sowjetisierung seit 1945 beginnende Verstaatlichung des Privatvermögens richtete sich in Polen im Jahre 1945 zunächst ausschließlich

[1]) vgl. die Berichte Bd. I, 2: Nr. 197, S. 221; Nr. 222, S. 353; Nr. 228, S. 393 f.; Nr. 231, S. 415; Nr. 234, S. 434; Nr. 343, S. 790.

[2]) s. ‚Poland, Germany and European Peace‘, Teil III, hrsg. von der polnischen Botschaft in London (Presseamt), 1947. Teilweise abgedruckt und übersetzt in Friedrich Hoffmann: Die Oder-Neiße-Linie, (1949), S. 44 ff.

[3]) vgl. auch die Berichte Bd. I, 2: Nr. 196, S. 217; Nr. 208, S. 273; Nr. 224, S. 372; Nr. 237, S. 443; Als Muster der üblichen Enteignungsbescheide, die den deutschen Bauern zwecks Aussiedlung von den polnischen Behörden ausgehändigt wurden, kann das in Bd. I, 2 unter Nr. 199, S. 234 abgedruckte Dokument gelten, aus dem auch hervorgeht, daß das Schicksal der enteigneten deutschen Bauern wesentlich in der Hand der polnischen Ansiedler lag.

[4]) vgl. z. B. Bericht Bd. I, 2: Nr. 202, S. 243.

[5]) vgl. die Berichte Bd. I, 2: Nr. 204, S. 253; Nr. 208, S. 273; Nr. 222, S. 354; Nr. 226, S. 382; Nr. 227, S. 391; Nr. 341, S. 787; Nr. 343, S. 790 f.

auf das ehemalige deutsche Eigentum. Bereits am 3. Januar 1946 wurde jedoch das Dekret „Über die Übernahme der Hauptzweige der Volkswirtschaft in staatliches Eigentum" erlassen, das die Verstaatlichung auch auf polnischen Privatbesitz ausdehnte und infolgedessen auch verhinderte, daß größere ehemals deutsche Vermögen in private Hand von Polen übergingen[1]).

Die großen Güter wurden, nachdem sie von den Russen verlassen worden waren, von den staatlichen polnischen Güterverwaltungen übernommen und zu polnischen Staatsdomänen umorganisiert[2]). Vielerorts übernahmen die polnischen Verwalter beim Abzug der Russen völlig leere Gehöfte. Es fehlte an Maschinen und Vieh, und die Bewirtschaftungsformen waren äußerst primitiv[3]). Die Deutschen, die bisher als russische Kolchosarbeiter auf diesen Gütern gelebt hatten, wurden nunmehr zu Landarbeitern unter den polnischen Verwaltern; sie erhielten aber eine erheblich schlechtere Verpflegung und Entlohnung als die polnischen Landarbeiter[4]).

Erst allmählich setzten die Polen auf den Staatsgütern Traktoren und Maschinen ein, wodurch die Wirtschaft intensiver gestaltet werden konnte[5]). Demgegenüber blieben die kleinen Güter, die im Besitz polnischer Ansiedler waren, weiterhin noch lange völlig vernachlässigt[6]).

Nach polnischen Angaben lagen noch 1946 63,3 Prozent der landwirtschaftlichen Nutzfläche in den ehemaligen deutschen Ostgebieten brach, und 1948 betrug der Anteil der nicht bebauten Fläche immer noch 24,6 Prozent[7]). An diesen Zahlen wird deutlich, wie wenig der polnische Staat imstande war, die ostdeutschen Gebiete mit ihrer hochintensiven Landwirtschaft zu verwalten und ihre Kapazität zu nutzen. Dies gilt auch für die von der polnischen Verwaltung betriebene Besiedlung des Landes, das man von der einheimischen deutschen Bevölkerung eiligst und radikal entleert hatte.

Es ist bereits dargelegt worden, daß die Ansiedlung von Polen in Ostdeutschland bis gegen Ende des Jahres 1945 wenig organisiert war und im wesentlichen der Willkür einzelner Polen und untergeordneter polnischer Behörden überlassen blieb. Um die Jahreswende trat in dieser Beziehung eine allmähliche Änderung ein. Am 13. November 1945 wurde ein gesondertes *Ministerium für die Wiedergewonnenen Gebiete* gegründet[8]), das u. a. für die planmäßige Ansiedlung von Polen in den ostdeutschen Gebieten zuständig sein sollte. Denn obwohl die ostdeutschen Gebiete für die polnischen Ansiedler nahezu eine Freistatt bedeuteten, blieb die Ansiedlung bis zum Ende des Jahres 1945 weit hinter den Wünschen der polnischen Regierung zurück. Nur etwa 1,7 Millionen Polen hatten sich bis zu diesem Zeitpunkt

---

1) vgl. Dziennik Ustaw, Pos. 17/46, s. dazu auch ‚Wissenschaftlicher Dienst' des Herder-Instituts, 1952, H. 1/2, S. 40 ff.
2) vgl. die Berichte Bd. I, 2: Nr. 197, S. 222 ff.; Nr. 201, S. 240; Nr. 225, S. 378; Nr. 228, S. 393.
3) vgl. die Berichte Bd. I, 2: Nr. 197, S. 223; Nr. 201, S. 240.
4) vgl. Bericht Bd. I, 2: Nr. 197, S. 222.
5) vgl. Bericht Bd. I, 2: Nr. 225, S. 379; s. auch ‚Osthandbuch', H. 18, S. 22.
6) vgl. die Berichte Bd. I, 2: Nr. 206, S. 262; Nr. 209, S. 279.
7) Detaillierte Angaben dazu finden sich im ‚Osthandbuch', H. 18, S. 25.
8) s. Dekret v. 13. 11. 1945, Dziennik Ustaw, Pos. 295/45.

in den deutschen Ostgebieten niedergelassen[1]). Nach der Errichtung des *Ministeriums für die Wiedergewonnenen Gebiete* wurde die polnische Ansiedlung in Ostdeutschland nunmehr in jeder erdenklichen Weise forciert, denn nichts erstrebte die polnische Regierung so sehr wie den Nachweis der Notwendigkeit ihres Anspruchs auf die ostdeutschen Provinzen als Aufnahmegebiet für die polnische Überbevölkerung, und nichts wünschte sie mehr, als diesen alten deutschen Gebieten so schnell wie möglich einen rein polnischen Charakter zu verleihen.

Hand in Hand mit der Ausweisung der Deutschen, die im Jahre 1946 ihren Höhepunkt erreichte[2]), begann jetzt überall in Polen die systematische Werbung für eine Ansiedlung in den deutschen Ostgebieten. Da aus dem an Rußland abgetretenen polnischen Land jenseits des Bug nur rund 1,4 Millionen Polen repatriiert und in den deutschen Ostgebieten angesiedelt werden konnten, richtete sich die Ansiedlungspropaganda nun verstärkt an die Bevölkerung Zentralpolens, vor allem an die nach Kriegsende entlassenen Soldaten[3]). Daneben war man auch bemüht, die zahlreichen infolge der Kriegsereignisse und schon früher nach Mittel- und Westdeutschland sowie nach den westeuropäischen Staaten verschlagenen Polen, die zur Kategorie der *Displaced Persons* gehörten, zur Ansiedlung in den ehemaligen deutschen Ostgebieten zu bewegen. Selbst unter den seit Generationen im rheinisch-westfälischen Ruhrgebiet und in Frankreich lebenden Bergarbeitern polnischer Abstammung versuchten polnische Werbungskommissionen Ansiedler für die unter polnische Verwaltung gestellten Ostgebiete zu gewinnen[4]).

Im Jahre 1946 stand die polnische Ansiedlungsbewegung auf dem Höhepunkt. Nach polnischen Angaben vermehrte sich die Zahl der Polen seit der polnischen Volkszählung vom 14. Februar 1946 bis zum 1. Januar 1947 in den deutschen Ostgebieten um fast 2,5 Millionen auf insgesamt 4 584 000. Darunter war auch rund eine Million Personen deutscher Staatsangehörigkeit, die bereits früher dort gelebt hatten und von den Polen als *Autochthone* reklamiert wurden, obwohl der größte Teil von ihnen sich entschieden zum Deutschtum bekannt hatte. Von den bis Ende 1946 in den deutschen Ostgebieten angesiedelten Polen stammten rund 1,4 Millionen aus dem an Rußland abgetretenen Ostpolen, 237 000 waren repatriierte polnische *Dis-*

[1]) Nach amtlichen polnischen Angaben, denen die polnische Volkszählung vom 14. 2. 1945 zugrunde lag, befanden sich im Februar 1946 nur 2 719 320 Polen in den „Wiedergewonnenen Gebieten", von denen 992 000 als „Autochthone" bezeichnet wurden, d. h. Personen, die bereits früher in diesen Gebieten lebten und teils wegen ihrer masurischen, kaschubischen oder wasserpolnischen Sprache, teils auf Grund freiwilliger oder erzwungener Option von den Polen als Angehörige des polnischen Volkes betrachtet wurden. Die Zahl der neuangesiedelten Polen betrug also noch im Februar 1946 insgesamt nicht mehr als 1 726 000 Personen. (Zu den Zahlenangaben vgl. ‚Europa-Archiv', Jg. 1946/47, S. 595 ff.).

[2]) Über die Ausweisung s. unten: Dritter Abschnitt, I.

[3]) Nach polnischer Statistik waren am 1. 1. 1947 über 10 Prozent der in den polnisch verwalteten deutschen Ostgebieten bewirtschafteten Gütern von ehemaligen polnischen Soldaten besiedelt (vgl. ‚Osthandbuch', H. 18, S. 15). — Noch in den Jahren 1950 und 1952 lief in Polen die Propaganda zur Ansiedlung in den ‚Westgebieten' weiter, sie richtete sich besonders an die Jugend und die Soldaten (vgl. ‚Wissenschaftlicher Dienst' des Herder-Instituts, Jg. 2, 1952, H. 9, S. 231; Jg. 2, H. 4, S. 99; Jg. 3, H. 3, S. 44).

[4]) vgl. Informationsdienst des Göttinger Arbeitskreises, Nr. 25/1951, S. 2.

placed Persons aus Mittel- und Westeuropa, und ca. 1 950 000 waren aus den zentral- und südpolnischen Wojewodschaften in die deutschen Ostgebiete umgesiedelt worden.

In den folgenden Jahren nahm die polnische Bevölkerung in den polnisch verwalteten deutschen Ostgebieten nur noch langsam zu. Ende 1948 überschritt die Bevölkerungszahl dort die 5 Millionengrenze, und bis 1952 hat sie sich auf rund 6 Millionen erhöht [1]). Bedenkt man, daß in dieser Zahl ca. 1 Million Personen ehemaliger deutscher Staatsangehörigkeit einbegriffen ist, die teils als *Autochthone*, d. h. Masuren, Ermländer, Kaschuben und Ostoberschlesier wegen ihres Dialekts oder ihrer Namensform als Polen reklamiert, teils als unabkömmliche deutsche Arbeiter nicht ausgewiesen und zur Option für Polen gezwungen worden sind [2]), so ergibt sich, daß in den ostdeutschen Gebieten, soweit sie unter polnischer Verwaltung stehen, nur rund 5 Millionen Polen angesiedelt wurden, während in den gleichen Gebieten vor dem Kriege rund 8,5 Millionen deutsche Staatsangehörige lebten [3]).

Die Verschiedenheit der polnischen Bevölkerungsdichte in den einzelnen ostdeutschen Provinzen und ihr Verhältnis zur deutschen Bevölkerungsdichte vor dem Kriege geht aus der folgenden Übersicht hervor [4]).

Ostdeutsche Provinzen (in den Grenzen der späteren polnischen Wojewodschaften)	Stand vom 17. 5. 1939		Stand vom 1. 10. 1948	
	Einwohnerzahl (deutsche Bevölkerung)	Einwohner pro qkm	Einwohnerzahl (Zurückgeblieb. deutsche u. angesiedelte poln. Bevölkerung)	Einwohner pro qkm
Süd-Ostpreußen (Wojew. Bialystok und Allenstein)	1 061 000	48	617 500	27
Ostpommern (Wojew. Stettin)	1 786 000	59,3	1 005 900	35
Ostbrandenburg (Wojew. Grünberg)	661 100	59,5	401 500	36
Niederschlesien (Wojew. Breslau)	3 062 000	124,2	1 905 200	79
Oberschlesien (Wojew. Oppeln)	1 516 800	156,1	1 291 700	133

[1]) vgl. hierzu ‚Wissenschaftlicher Dienst' des Herder-Instituts, Jg. 2, 1952, H. 4, S. 96 f.

[2]) Über die besondere Behandlung der „Autochthonen" unter polnischer Verwaltung sowie das Problem der Zwangsoption s. unten Dritter Abschnitt, I.

[3]) s. ‚Ostdeutschland', hrsg. vom Göttinger Arbeitskreis 1950, S. 13.

[4]) Die folgenden Angaben über den Bevölkerungsstand vom 1. 10. 1948 in den unter polnischer Verwaltung stehenden deutschen Ostgebieten beruhen auf polnischen

An der vorstehenden Übersicht wird deutlich, daß die Ansiedlung von Polen in den deutschen Ostgebieten in keiner der einzelnen Provinzen den Bevölkerungsschwund wiedergutmachen konnte, der durch die Vertreibung der ostdeutschen Bevölkerung entstanden war, und daß die Bevölkerungskapazität und damit auch die Produktionskapazität dieser Gebiete unter polnischer Verwaltung in absolut unzureichender Weise genutzt sind.

Breslau, das 1939 weit über 600 000 Einwohner zählte, erreichte 1949 eine Einwohnerzahl von gerade 300 000, und ähnlich verhielt es sich auch in Danzig und Stettin.

Auf dem Lande waren zwar die kleinen Bauernhöfe bereits Ende 1946 nahezu sämtlich an polnische Besitzer übergeben[1]), mehr Schwierigkeiten machte jedoch die Besiedlung der größeren Höfe. Infolge der polnischen Bodenreform, die jeglichen privaten Grundbesitz über 100 Hektar unmöglich machte[2]), konnten diese Höfe nicht an private polnische Eigentümer übergehen, und andererseits bot die Aussicht auf ein bloßes Landarbeiter-Dasein auf staatlichen Domänen wenig Anreiz für Ansiedler. Man begann deshalb polnischerseits mit der sogenannten genossenschaftlichen Siedlung, die in Abwandlung des Kolchossystems eine Verbindung zwischen Kollektiv- und Privateigentum auf den größeren Gütern vorsah und ähnlich wie in der sowjetischen Besatzungszone zu einer Parzellierung vieler großer Güter führte, die zunächst vom polnischen Staat übernommen, aber infolge des nach der Ausweisung der Deutschen besonders akuten Landarbeitermangels nicht zureichend bewirtschaftet werden konnten[3]). Dieser Prozeß der Aufteilung der großen deutschen Güter ist noch gegenwärtig im Gange, aber es zeigt sich bereits, daß der größte Teil von ihnen weiterhin in Staatsbesitz bleiben wird, da die polnische Ansiedlungsbewegung heute im allgemeinen als abgeschlossen gelten kann[4]). Im großen ganzen hat die Enteignung und Ausweisung der Deutschen und die Ansiedlung von Polen bewirkt, daß es heute in den ehemaligen deutschen Ostgebieten überwiegend nur noch landwirtschaftliche Großbetriebe oder Kleinbetriebe bis zu 20 ha gibt. Der bäuerliche Mittelstand dagegen ist stark vermindert und dadurch auch der Lebensstandard der polnischen landwirtschaftlichen Bevölkerung im Vergleich zu dem der früheren deutschen Eigentümer recht erheblich gesenkt worden[5]).

Veröffentlichungen (s. Informationsdienst des Göttinger Arbeitskreises, Jg. 1949, Nr. 6, S. 3 f. und Jg. 1950, Nr. 4, S. 1 f.). Da die polnischen Wojewodschaftsgrenzen nicht mit denen der alten deutschen Provinzen übereinstimmen, sind zu Vergleichszwecken aus der deutschen Statistik die Einwohnerzahlen nach dem Stande vom 17. 5. 1939 für den Bereich der Wojewodschaften errechnet. Da ferner durch die polnische Verwaltung Teile Ostpommerns und Ostpreußens der hier nicht genannten Wojewodschaft Danzig einverleibt wurden, erfassen die folgenden Zahlen auch nicht die Gesamtzahl der Einwohner in den deutschen Ostgebieten.

[1]) vgl. ‚Europa-Archiv', Jg. 1946/47, S. 597.

[2]) ebenda S. 598.

[3]) vgl. Bericht Bd. I, 2: Nr. 228, S. 394; s. vor allem: ‚Osthandbuch', H. 18, S. 21; ‚Europa-Archiv', Jg. 1946/47, S. 597; ‚Wissenschaftlicher Dienst' des Herder-Instituts, Jg. 2, 1952, H. 10, S. 258 f.

[4]) Noch 1948 bestanden 80 Prozent der landwirtschaftlichen Großbetriebe in den deutschen Ostgebieten als polnische Staatsdomänen und nur 20 Prozent aus Landbaugenossenschaften (s. ‚Osthandbuch', H. 18, S. 18).

[5]) s. ‚Osthandbuch', H. 18, S. 19.

Wie in den anderen Ostblockstaaten und in der sowjetisch besetzten Zone Deutschlands begann auch in Polen seit 1949 eine fortgesetzt radikaler werdende Sowjetisierung aller Lebensbereiche. Diese Entwicklung fing bereits in den Jahren 1945 und 1946 an, als noch Millionen von Deutschen in den polnisch verwalteten Gebieten jenseits der Oder-Neiße-Linie lebten, und sie hat nicht wenig dazu beigetragen, daß das Leben der einheimischen Deutschen unter der Verwaltung des polnischen Staates immer unerträglicher wurde.

Die von der kommunistischen polnischen Regierung gelenkten Maßnahmen gegen die Deutschen hatten mit der dem Kommunismus eigenen Radikalität die vorhandenen nationalen Gegensätze noch verschärft durch die gegen die Deutschen als Besitzende gerichteten Bestrebungen und hatten die aus Vergeltungsabsichten gegen die ehemalige Okkupationsmacht unternommene Verfolgung und Unterdrückung der Deutschen unermeßlich gesteigert. Rechtlosigkeit, Besitzlosigkeit, Hunger, Krankheit und Zwangsarbeit drückten die deutsche Bevölkerung jenseits der Oder und Neiße zu einem großen Teil in einen Zustand apathischen Vegetierens hinab, und es wurde auch dafür gesorgt, daß die Deutschen, etwa durch das Tragen weißer Armbinden[1]), als Ausgestoßene sichtbar gekennzeichnet waren. So war es kein Wunder, daß viele von ihnen den Ausweisungsbefehl als eine Erlösung empfanden, denn ihre Heimat war ihnen seit langem entfremdet.

Da die Ausweisungen sich über eine lange Zeit erstreckten und erst in den Jahren 1947/48 allmählich zu Ende gingen, bedeutete dies für viele der in Ostpreußen, Ostpommern und Ostbrandenburg lebenden Deutschen z. T. jahrelange Unterdrückung. Noch immer aber waren Hoffnungen und der Glaube an eine Besserung unter der deutschen Bevölkerung vorhanden, was sich nicht zuletzt in den zahllosen unter ihnen umgehenden Gerüchten äußerte, die alle von einer bevorstehenden Änderung und dem Ende der polnischen Herrschaft wissen wollten. Doch schließlich setzte die Ausweisung all diesen Vorstellungen ein brutales Ende. Der Abschluß der Ausweisungen, der für die ostdeutschen Reichsgebiete im allgemeinen Ende 1947 erreicht war, stellte das bedeutsamste Datum in dem Prozeß der Entdeutschung und Polonisierung Ostdeutschlands dar.

Nachdem die polnische Verwaltung bereits vorher die an die deutsche Vergangenheit erinnernden Namen und Zeichen so weit irgend möglich beseitigt und durch polnische Namen und polnische Einrichtungen ersetzt hatte, nachdem Ende Mai 1946 durch die polnische Wojewodschaftseinteilung die historische Überlieferung der alten deutschen Ostprovinzen weitgehend zerschlagen war[2]), wurde nach der vollzogenen Ausweisung der einheimischen deutschen Bevölkerung auch ganz offen zu erkennen gegeben, daß der polnische Staat diese Gebiete nicht nur als seiner Verwaltungshoheit unterstellt, sondern als integrierenden Teil Polens betrachtete. Ende 1948 wurde das *Ministerium für die Wiedergewonnenen Gebiete* aufgelöst und die deutschen Gebiete östlich der Oder-Neiße-Linie durch einen völker-

[1]) vgl. die Berichte Bd. I, 2: Nr. 217, S. 336; Nr. 226, S. 383; Nr. 235, S. 438.

[2]) Über die Wojewodschaftsneugliederung vom Mai 1946 s. ‚Europa-Archiv', Jg. 1946/47, S. 593—595. Sie wurde später (1950/51) nochmals verändert (s. Informationsdienst des Göttinger Arbeitskreises, Jg. 1951, Nr. 25 mit Kartenbeilage.).

rechtlich unzulässigen Verwaltungsakt dem Verband des polnischen Staates eingegliedert[1]).

Durch diesen Schritt gab Polen zu verstehen, daß es die Verwaltungshoheit über Ostdeutschland nicht, wie in Potsdam festgelegt, als ein Provisorium zu betrachten gedenke, sondern diese deutschen Provinzen als einen Teil Polens für immer zu behalten entschlossen sei. Die Polonisierung der deutschen Provinzen östlich der Oder und Neiße sollte damit auch staatsrechtlich abgeschlossen werden.

4. Das Schicksal der deutschen Bevölkerung im polnischen Staatsgebiet[2]).

Nachdem im Sommer 1944 die Rote Armee die östliche Hälfte Polens erobert hatte und Lublin in ihre Hand gefallen war, konstituierte sich am 22. Juli 1944 das *Polnische Komitee der Nationalen Befreiung* zur Übernahme aller zivilen Verwaltungsangelegenheiten. Sämtliche Mitglieder waren Angehörige der *Union der polnischen Patrioten*, zu der sich im Exil in Rußland lebende Kommunisten zusammengeschlossen hatten. Unter dem Einfluß der Sowjet-Union, welche — die Londoner Exilregierung Polens ignorierend — das Lubliner Komitee als allein rechtmäßige Vertretung Polens anerkannte, erklärte sich dieses am 1. Januar 1945 zur vorläufigen Regierung Polens[3]).

Bereits unmittelbar nach seiner Konstituierung traf das *Polnische Komitee der Nationalen Befreiung* am 26. Juli 1944 mit dem sowjetischen Oberkommandierenden in Polen eine Vereinbarung, wonach alle Teile des polnischen Territoriums, die „nicht mehr in der Zone der unmittelbaren Feindseligkeiten“ liegen[4]), seiner Verwaltung unterstehen.

Auf Grund dieses Abkommens ging unmittelbar nach der Eroberung die Verwaltung Zentralpolens und der Westgebiete des polnischen Staates an polnische Behörden und polnische Miliz über. Nach kurzer Zeit rückten die russischen Kommandanturen ab. Die Organe des wiedererrichteten polnischen Staates bestimmten nunmehr das Schicksal der Deutschen, die besonderen gesetzlichen Verfügungen und politischen Maßnahmen unterworfen wurden.

Als die Rote Armee zum Angriff ansetzte, lebten in den Gebieten, die vor dem Kriege zum polnischen Staat gehört hatten, rund 1,6 Millionen Deutsche. Die Zahl derer, die in ihren Heimatorten verblieben oder nach mißglückter Flucht dorthin zurückkehrten, läßt sich nur ungefähr schätzen. Doch wird man annehmen müssen, daß etwa die Hälfte der deutschen Bevölkerung, d. h. ca. 800 000 Deutsche, noch im Gebiet des polnischen Staates anwesend war, als den polnischen Kommunisten von der Roten Armee die Verwaltungshoheit übergeben wurde.

---

[1]) vgl. ‚Osthandbuch‘, H. 19, S. 24.

[2]) in den Grenzen von 1937.

[3]) vgl. Alius: La Ligne Curzon, 1944, S. 71, und W. Wagner: Die Entstehung der Oder-Neiße-Linie, Diss. Bonn 1953, S. 83 ff.

[4]) vgl. das polnisch-sowjetische Abkommen vom 26. 7. 1944, Art. b, abgedruckt in ‚Osthandbuch‘, Heft 6, S. 55.

Das Unheil, das über diese Deutschen hereinbrach, läßt sich nicht verstehen ohne die vorausgehende Geschichte eines durch zweieinhalb Jahrzehnte sich hinziehenden erbitterten Nationalitätenkampfes. In seinem Verlauf waren nach der aufgrund des Versailler Vertrags vorgenommenen Abtrennung deutscher Gebiete Hunderttausende von Deutschen aus ihrer Heimat verdrängt worden. Nur ein geringer Teil konnte in Posen und Westpreußen zurückbleiben[1]); seine Lage hatte sich, zuletzt seit 1933, zunehmend verschlechtert. Beim Ausbruch des Zweiten Weltkrieges wurde er das Opfer furchtbarer Ausschreitungen, die Tausenden, vor allem in Bromberg, das Leben kosteten. Schließlich waren es von anderer Seite die radikalen Maßnahmen der nationalsozialistischen Unterdrückungspolitik, die auf die Vernichtung der polnischen Oberschicht und die Herabdrückung des polnischen Volkes in ein Fellachendasein zielten, die den leidenschaftlichen Haß aller Polen und einen ebenso leidenschaftlichen Vergeltungsdrang weckten, der nun auf Unrecht neues, nicht geringeres Unrecht häufte und einzelne Gruppen eines leicht erregbaren Volkes zu entsetzlichen Gewalttaten verleitete. Mit dem Einmarsch der sowjetischen Truppen begann daher für die Deutschen, die sich im Bereich des wiedererrichteten polnischen Staates befanden, eine Zeit ungeheuerer Leiden und Entbehrungen. Waren auch sie wie überall den Gewalttaten sowjetischer Soldaten ausgesetzt[2]), so wurden sie erst recht wegen ihrer volksmäßigen Verbundenheit mit der deutschen Okkupationsmacht für deren Wirken haftbar und verantwortlich gemacht. Exzesse gegen einzelne Deutsche, vor allem aber öffentliche Ausschreitungen gegenüber ganzen Gruppen und Kolonnen von Deutschen, die in Lager abgeführt oder zu Aufräumungsarbeiten eingesetzt wurden, wie etwa in Warschau, Lodz, Konitz und anderen Städten[3]), machen deutlich, welches Maß an Feindschaft und Haß sich über Menschen ergoß, die, gleich, ob persönlich mitschuldig oder unschuldig, für das büßen mußten, was gewissenlose Elemente im Namen des Volkes begangen hatten, dem auch sie angehörten. Reichsdeutsche, Umsiedler aus Ost- und Südosteuropa und alteingesessene Volksdeutsche waren in gleicher Weise den spontanen Ausschreitungen und behördlichen Maßnahmen ausgesetzt, die seit dem Einzug der Roten Armee über alle Deutschen in den polnischen Provinzen hereinbrachen, zumal die Deutschen vielerorts, zweifellos in bewußter Anknüpfung an die nationalsozialistische Judenpolitik, auf ihrer Kleidung weithin sichtbare Zeichen (weiße Armbinden, Hakenkreuze) zu tragen hatten[4]). So als Deutsche gezeichnet, wurden sie der Gegenstand von Verhöhnungen und Mißhandlungen, die oft von Halbwüchsigen und Milizangehörigen ausgingen. Unzählige Deutsche sind in jenen Tagen und Wochen nach der Eroberung von polnischen Behörden ohne Auftrag aus reiner Willkür verhaftet, von Bewachungsmannschaften gequält, dann wieder grundlos ent-

[1]) G. Rhode: Völker auf dem Wege (Kiel 1952), gibt die Zahl der Deutschen, die nach 1919 Posen und Westpreußen verlassen mußten, mit 700 000 an (S. 10). Aus dem ‚Kleinen Umsiedlungsspiegel' geht hervor, daß in diesen Gebieten 1944 nur noch 440 000 alteingesessene Deutsche lebten.

[2]) vgl. die Berichte Bd. I, 2: Nr. 245, S. 482; Nr. 252, S. 514; Nr. 266, S. 578.

[3]) vgl. die Berichte Bd. I, 2: Nr. 253, S. 521; Nr. 260, S. 545; Nr. 264, S. 564.

[4]) Diese Anordnung wurde im Mai auf Veranlassung der Russen aufgehoben. vgl. die Berichte Bd. I, 2: Nr. 255, S. 534; Nr. 268, S. 594.

lassen und aufs neue aufgegriffen worden. Es war ein Zustand ungezügelten Sieges- und Vergeltungsrausches, der sich besonders in den Städten zu Massendemonstrationen auswuchs, sich aber auch in den abgelegensten Gegenden und kleinsten Orten auswirkte, zumindest in der Weise, daß das Eigentum der Deutschen ständig geplündert wurde, daß ihnen oft auf der Straße die Kleidungsstücke vom Leibe gerissen wurden oder daß sie ganz nach Laune und Bedarf zu schmutzigen Zwangsarbeiten geholt wurden. Am meisten litten die deutschen Frauen, die zu alledem oft Tag und Nacht von russischen Soldaten belästigt wurden, so daß viele von ihnen den selbstgewählten Tod einem unerträglichen Leben vorzogen [1]).

Mitunter wurde das Los einzelner Deutscher ein wenig erleichtert, weil manches freundschaftliche Verhältnis zu polnischen Familien Schutz vor Nachstellungen russischer Soldaten, vor Plünderungen und Gewalttaten gewährte [2]), im ganzen gesehen, bedeuteten jedoch auch solche Fälle nur Gradunterschiede eines in jedem Falle entsetzlichen Schicksals, das im Zeichen der Vergeltung und Rache stand.

Im Hinblick auf die Verbrechen, die während der deutschen Okkupation an Polen und polnischen Juden begangen worden waren, ist das Vorgehen der Polen wohl erklärbar, es kann damit aber niemals entschuldigt werden. Denn gerade im Jahre 1945 waren die polnischen Behörden und Sicherheitsorgane weit entfernt von einem ernsthaften Bemühen, die Schuldigen zu finden und zu strafen, sondern der Vergeltungswille machte sich blindlings Luft und schlug auf alle Deutschen zu, obwohl man wissen mußte, daß die, die man verhöhnte, mißhandelte, verhaftete und tötete, in der Regel nicht die Schuldigen und oft völlig Ahnungslose waren. Das Blindwütige solcher unterschiedslos gegen alle Deutschen gerichteten Verfolgungen, auch dort, wo sie aus einem berechtigten Verlangen nach Sühne geschahen, zeigte sich, als man im Herbst 1945 und im Frühjahr 1946 verschiedentlich Massengräber von Polen, die während der deutschen Besetzung umgebracht worden waren, exhumieren und die Leichen auf Ehrenfriedhöfen beisetzen ließ, wobei Deutsche gezwungen wurden, unter einer zahlreichen, tobenden Zuschauermenge die Leichen umzubetten, und dabei Schmähungen, Mißhandlungen und Erniedrigungen schlimmster Art über sich ergehen lassen mußten [3]).

Von solchen mehr oder minder spontanen Äußerungen von Vergeltungsgefühlen und nationalistischer Leidenschaft sind die systematischen Maßnahmen zu unterscheiden, die der polnische Staat zur Bekämpfung des Deutschtums ergriff. Mehrere umfangreiche Gesetze mit einer Fülle sehr dehnbarer Durchführungsverordnungen boten die Handhabe, jeden Deutschen zu treffen, der sich im Bereich des wiedererrichteten polnischen Staates befand. Zwei Gruppen von Gesetzen bildeten die Grundlage für die Verfolgung der Deutschen: die Dekrete über die „Strafzumessung für faschistisch-hitlerische Verbrecher“, der Komplex von Dekreten über „Siche-

[1]) vgl. die Berichte Bd. I, 2: Nr. 264, S. 562; Nr. 273, S. 623; Nr. 276, S. 629; Nr. 277, S. 634.
[2]) vgl. die Berichte Bd. I, 2: Nr. 256, S. 536; Nr. 259, S. 541 f.: Nr. 273, S. 623.
[3]) vgl. die Berichte Bd. I, 2: Nr. 248, S. 495 ff.; Nr. 254, S. 531 f.; Nr. 263, S. 558; Nr. 271, S. 619.

rungsmaßnahmen gegen Verräter der Nation", und über die „Ausscheidung feindlicher Elemente ...", später „... von Personen deutscher Nationalität aus der polnischen Volksgemeinschaft."

Das Dekret vom 31. August 1944 über die „Strafzumessung für faschistisch-hitlerische Verbrecher"[1]) richtete sich zunächst nur gegen Personen, deren Verhalten während der deutschen Besatzung zur Schädigung polnischer Zivilpersonen und Kriegsgefangener geführt hatte. Das Abänderungsdekret vom 11. Dezember 1946[2]) erweiterte den Strafrahmen und dehnte insbesondere die Straffälligkeit auf die bloße Beteiligung an „verbrecherischen Organisationen" aus, womit zahlreiche Verhaftungen noch nachträglich legitimiert werden sollten. Denn zahlreiche Deutsche waren auf bloßen Verdacht hin oder allein ihres Deutschtums wegen während der Verhaftungswelle unmittelbar nach dem Einfall der Roten Armee ohne gesetzliche Grundlage in Gefängnisse und Zuchthäuser gesperrt worden und blieben dort mitunter noch Jahre, ehe sie abgeurteilt wurden.

Die Vielzahl willkürlicher, oft auf bloßen Denunziationen beruhender Verhaftungen von Deutschen sind durch weitauslegbare Gesetze mit unklaren oder nicht eindeutig formulierten Bestimmungen geradezu heraufbeschworen worden. So ließ sich z. B. der in dem Dekret zur Bestrafung faschistischer Verbrechen vom 31. August 1944[3]) enthaltene Passus, daß der Bestrafung anheimfalle, wer an der „grausamen Behandlung oder Verfolgung von Zivilpersonen oder Kriegsgefangener beteiligt" gewesen sei oder von diesen „Leistungen" erzwungen habe „unter der Drohung ihrer Festnahme und Übergabe in die Hände der Okkupationsmacht", auf geringfügigste Vorkommnisse anwenden[4]). Denn jeder Befehl, der von Deutschen an polnische Kriegsgefangene ergangen war, konnte notfalls als „Zwang zu Leistungen unter Drohungen" interpretiert werden, und auch die Anklage wegen „grausamer Behandlung" wurde in vielen Fällen auf bloße Behauptungen und Vermutungen gestützt[5]). Ebenso mußte die Verfügung, daß die polnischen Sicherheitsbehörden (Miliz und UB.) zur Verhaftung verpflichtet waren, sofern nur ein „begründeter Verdacht" vorlag[6]), dazu führen, daß auch böswillige Denunziationen zur Inhaftierung von Deutschen genügten.

Die in erschreckend hohem Maße willkürlich oder aus unzulänglichen Verdachtsmomenten vorgenommenen Verhaftungen wogen umso schwerer, als es für alle, die einmal verhaftet waren, auch dann, wenn die Unhaltbarkeit der Anklage offenkundig war, kaum noch eine Möglichkeit der Entlassung gab. Da meist schon über das Vermögen der Verhafteten verfügt war, hätte eine Entlassung nur neue Schwierigkeiten gebracht, und so griff man lieber zu der einfacheren Methode von Verhören, bei denen man die Verhafteten unter oft schweren Mißhandlungen zwang, Geständnisse von Ver-

---

[1]) Dziennik Ustaw, Pos. 16/44.

[2]) Dziennik Ustaw, Pos. 377/46, Art. 2 und 4.

[3]) Dziennik Ustaw, Pos. 16/44.

[4]) vgl. Bericht Bd. I, 2: Nr. 244, S. 477 f., wo der Vfn. vorgeworfen wird, den polnischen Arbeitern Margarine statt Butter gegeben zu haben.

[5]) vgl. Bericht Bd. I, 2: Nr. 256, S. 536.

[6]) Im Dekret vom 30. November 1944, § 1, 1, heißt es: „Die Behörden der öffentlichen Sicherheit sind zur Festnahme aller Personen verpflichtet, gegen die ein begründeter Verdacht besteht ..." (Dziennik Ustaw, Pos. 75/44.).

brechen abzulegen, die diese niemals begangen hatten[1]). Diese Verhöre, die dazu dienten, Anklagepunkte festzulegen, die man den Sonderstrafgerichten zuzuleiten hatte[2]), haben oft zu den schlimmsten Übergriffen geführt, und viele Deutsche sind schon dabei ums Leben gekommen.

Tausende von Deutschen, die auf der Flucht oder noch in ihren Heimatorten in Polen von der Roten Armee angetroffen wurden, sind den Massenverhaftungen, die unmittelbar nach der Eroberung einsetzten, zum Opfer gefallen. Die großen Zuchthäuser Polens, vor allem Fordon bei Bromberg, Graudenz, Krone a. d. Brahe, Lodz, Mokotow in Warschau, und auch die kleineren Gefängnisse in den Kreisstädten waren bald mit Inhaftierten überfüllt, die unter roher Behandlung, unzureichender Ernährung und bei schweren Strafarbeiten gefangen gehalten wurden[3]). Viele haben diese Zeit nicht überstanden und sind den Strapazen erlegen. Andere wurden zwangsweise nach Rußland deportiert, wenn die Russen polnische Behörden nötigten, Gefängnisinsassen zu diesem Zweck auszuliefern[4]).

Der größte Teil der Inhaftierten jedoch verbrachte mehrere Jahre in den polnischen Gefängnisanstalten. Erst 1946/47 wurden sie einem Gerichtsverfahren unterworfen und dann zumeist zu einer Gefängnishaft von mindestens drei Jahren verurteilt. Die Zeit der Untersuchungshaft wurde ihnen in verschiedener Höhe angerechnet[5]).

Nach Verbüßung ihrer Strafe erhielten die Inhaftierten jedoch ihre Freiheit nicht zurück. Sie wurden einem Arbeitslager zugeführt und entsprechend ihrer körperlichen Verfassung zu Zwangsarbeiten verwandt.

Die Maßnahmen gegen die Deutschen in Polen wurden in abgeschwächter Form auch gegen die deutsche Bevölkerung der Freien Stadt Danzig und des ehemaligen Regierungsbezirkes Westpreußen angewandt, die durch Dekret vom 30. April 1945 der Wojewodschaft Danzig einverleibt worden waren. Auch viele Bewohner dieser Gebiete wurden verhaftet, in die Danziger Gefängnisanstalten eingeliefert und später nach Fordon bei Bromberg überführt, um nach ihrer Entlassung aus der Gefängnishaft ebenfalls in Arbeitslagern interniert zu werden[6]).

Der zweite, weitaus umfassendere Kreis von Gesetzen des polnischen Staates gegen die deutsche Bevölkerung wird durch den Komplex der „Sicherungsmaßnahmen gegen Verräter der Nation" gebildet. Als „Verräter der Nation" definierte der Gesetzgeber einen „polnischen Staatsbürger, der während der deutschen Okkupation . . . entweder seine Zugehörigkeit zur deutschen Nation oder seine deutsche Abstammung erklärt oder tatsächlich

---

[1]) vgl. die Berichte Bd. I, 2: Nr. 243, S. 470 ff.; Nr. 244, S. 477 f.; Nr. 249, S. 503 f.; Nr. 261, S. 550 ff.; Nr. 272, S. 620 f.; Nr. 274, S. 624 f.; Nr. 279, S. 639 f.

[2]) Im Art. 1, § 4 des Dekrets vom 30. Nov. 1944 (Dziennik Ustaw, Pos. 75/44) heißt es: „Die Behörden der öffentlichen Sicherheit haben den Festgenommenen zu verhören und die Sachakten spätestens in 14 Tagen seit der Festnahme dem zuständigen Staatsanwalt des Sonderstrafgerichts zuzuleiten." Erst durch das Dekret vom 17. Okt. 1946 (Dziennik Ustaw, Pos. 324/46) wurden die Verhafteten ordentlichen Gerichten zugewiesen.

[3]) vgl. die Berichte Bd. I, 2: Nr. 243, S. 470 ff; Nr. 244, S. 477 ff.; Nr. 247, S. 491 f.; Nr. 267, S. 584 f.

[4]) vgl. die Berichte Bd. I, 2: Nr. 261, S. 552 f.; Nr. 262, S. 553 f.; Nr. 267, S. 585.

[5]) vgl. Dziennik Ustaw, Pos. 29/45; ferner die Berichte Bd. I, 2: Nr. 243, S. 470; Nr. 244, S. 478.

[6]) vgl. die Berichte Bd. I, 2: Nr. 243, S. 476; Nr. 244, S. 479 f.

von den Rechten und Privilegien der Zugehörigkeit zur deutschen Nation oder der deutschen Abstammung Gebrauch gemacht hat..."[1]).

Bei der strafrechtlichen Verfolgung von „Verrätern der Nation" legte die polnische Gesetzgebung die Klassifizierungen zugrunde, die im Zuge der nationalsozialistischen Volkspolitik in den besetzten und eingegliederten Ostgebieten zur Unterscheidung der Deutschen von den Polen eingeführt worden waren. Im Gebiet des *Generalgouvernements* handelte es sich hierbei um die Klasse der „Deutschstämmigen" und im *Warthegau* und den anderen Teilen der *eingegliederten Ostgebiete*, wo die Differenzierung noch weiter gegangen war, um die Angehörigen der deutschen Volksliste, die je nach dem Grade ihrer „Deutschstämmigkeit" in vier verschiedene Kategorien (Volksliste 1—4) eingestuft worden waren, ferner auch um die Gruppe der „Leistungspolen"[2]). — Alle diese durch das nationalsozialistische Regime begünstigten Personen, denen von den deutschen Behörden entsprechende Ausweise ausgestellt worden waren, die den Polen nunmehr als Beweismittel dienen konnten, galten zunächst generell als Kollaboranten und Verräter und fielen damit automatisch unter die entsprechenden polnischen Strafgesetze. Das wichtigste dieser Gesetze, das Dekret vom 28. Februar 1945 über die „Ausscheidung der der polnischen Nation feindlichen Elemente aus der Volksgemeinschaft"[3]), sah lediglich gewisse Rehabilitierungsmöglichkeiten für die Angehörigen der Volkslisten 2—4 sowie für die Gruppe der „Leistungspolen" vor, wenn diese nachweisen konnten, daß sie gegen ihren Willen und unter Zwang in die einzelnen Gruppen eingestuft worden waren, und durch ihr Verhalten ihre polnische Volkszugehörigkeit bewiesen hatten[4]), und die außerdem bereit waren, eine Loyalitätserklärung gegenüber dem polnischen Staat abzugeben[5]).

Die Konsequenzen des Ausschlusses aus der polnischen Volksgemeinschaft waren: Enteignung, Heranziehung zur Zwangsarbeit und „Unterbringung an einem abgesonderten Ort"[6]).

In den 1944 und 1945 erlassenen Gesetzen war zunächst ganz allgemein vom Ausschluß „feindlicher Elemente" gesprochen worden, später — im Dekret vom 13. September 1946 — ist dann ausdrücklich festgelegt worden,

[1]) vgl. das Dekret vom 4. November 1944 (Dziennik Ustaw, Pos. 54/44).

[2]) Angehörige polnischer Nationalität, die als Spezialarbeiter in der Wirtschaft unentbehrlich waren und aus diesem Grunde von den Evakuierungsmaßnahmen der nationalsozialistischen Regierung verschont geblieben waren und in der Lebensmittelversorgung sowie hinsichtlich der Freizügigkeit ähnliche Vorzüge genossen wie die Angehörigen der deutschen Volksliste.

[3]) Dziennik Ustaw, Pos. 30/45.

[4]) Dziennik Ustaw, Pos. 30/45, Art. 1, Art. 6 (1), Art. 7 (1).

[5]) ebenda Art. 1 und Art. 2 (1).

[6]) Dziennik Ustaw, Pos. 54/44, Art. 2 und Art. 3. — Der im Sinne dieses Dekrets Straffällige unterlag, abgesehen von der strafrechtlichen Verantwortlichkeit, „der Festnahme, Unterbringung an einem abgesonderten Ort auf unbestimmte Zeit und der Heranziehung zur Zwangsarbeit und der Vermögensentziehung" auch der mit ihm lebenden Familienangehörigen.
Dieselben Bestimmungen trafen auch Personen, deren Rehabilitierungsantrag durch Gerichtsbeschluß abgelehnt wurde. Hierzu heißt es im Dekret vom 3. Mai 1945, Dziennik Ustaw, Pos. 96/45, Art. 13: „Der ablehnende Gerichtsbeschluß ist unanfechtbar und ordnet an die Unterbringung des Antragstellers im Lager für unbegrenzte Zeit, Zwangsarbeit, Verlust der öffentlichen Rechte und bürgerlichen Ehrenrechte und die Einziehung des ganzen Vermögens."

daß es sich hierbei um die „Ausscheidung von Personen deutscher Nationalität aus der polnischen Volksgemeinschaft" handelte[1]). Es wurde darin festgelegt, daß als Kriterium der deutschen Volkszugehörigkeit die aktive Bekundung der Zugehörigkeit zum deutschen Volkstum zu gelten habe, wobei die während des Krieges vorgenommenen Deutschtumserklärungen als nicht allein maßgeblich bezeichnet wurden[2]), weil man nur die echten deutschen Volkszugehörigen treffen wollte, nicht alle Personen, die sich unter dem Druck der Verhältnisse während des Krieges formell zum Deutschtum bekannt hatten. Als Folge der Ausschließung aus der polnischen Volksgemeinschaft wurde in Art. 4 des Dekretes vom 13. September 1946 die Aussiedlung aus dem polnischen Staatsgebiet festgelegt.

Die nationale Ausschließungspolitik des polnischen Staates ist formell erst mit dem Gesetz vom 20. Juli 1950[3]) abgeschlossen worden, das schon einen rein kommunistischen Tenor besaß und gegenüber der von nationalistischen Tendenzen bestimmten Politik der ersten Nachkriegsjahre die Stärkung der „Volksmacht" in den Vordergrund stellte. Alle Verfahren gegen polnische Bürger, die in der Zeit des Krieges ihre Zugehörigkeit zum deutschen Volkstum oder ihre Deutschstämmigkeit bekundet hatten, wurden eingestellt, neue nicht mehr eingeleitet. Den Betroffenen wurden die vollen Bürgerrechte zurückgegeben. — Da aber bis zum Frühjahr 1950 die große Masse der in Polen beheimateten Volksdeutschen bereits ausgewiesen war, konnte dieses Gesetz im wesentlichen nur den „Rehabilitierten" Erleichterungen bringen; für das Deutschtum in Polen brachte nicht dieser gesetzliche Akt, sondern die Austreibung den Abschluß jahrelanger Verfolgung.

Der Leidensweg der Deutschen in Polen läßt sich aus den Gesetzestexten allein nicht erkennen. Die Erlebnisberichte erst geben uns ein Bild davon, wie die Gesetze im einzelnen angewandt wurden, und welche Folgen sie für die Deutschen hatten. Die Maßnahmen der Enteignung, der Internierung und der Zwangsarbeit machen die furchtbare Wirklichkeit aus, in die sich die deutsche Bevölkerung gestellt sah.

Zu den ersten folgenschweren Maßnahmen, die der polnische Staat gegen die deutsche Bevölkerung verhängte, gehörte die entschädigungslose Vermögensenteignung. Sie wurde in verschiedenen Formen durchgeführt und bis Ende Mai 1945 beendet. Es begann damit, daß einzelne Polen sofort nach dem Einmarsch russischer Truppen Wohnungen, Häuser und Höfe deutscher Eigentümer für sich in Besitz nahmen[4]). Nach dem Erlaß des Dekrets vom 28. Februar 1945, welches ganz allgemein die Enteignung der deutschen Bevölkerung anordnete[5]), legalisierten polnische Behörden dieses eigenmächtige Vorgehen. Bei wachsendem Zustrom polnischer Interessenten wurden die Enteignungen in den Monaten März bis Mai 1945 in geschlossenen Aktionen auf ganze Dörfer ausgedehnt und die deutschen Bewohner kurzfristig aus ihren Höfen und Häusern herausgesetzt[6]). Besitz-

[1]) Dziennik Ustaw, Pos. 310/46.
[2]) Dziennik Ustaw, Pos. 310/46, Art. 1 (2).
[3]) Dziennnik Ustaw, Pos. 270/50.
[4]) vgl. die Berichte Bd. I, 2: Nr. 256, S. 536; Nr. 263, S. 556.
[5]) Dziennik Ustaw, Pos. 30/45, Abschn. III.
[6]) vgl. die Berichte Bd. I, 2: Nr. 245, S. 482; Nr. 246, S. 485; Nr. 250, S. 507; Nr. 274, S. 625.

anweisungen wurden ausgestellt, bei deren Verteilung sich bereits der Einfluß der Kommunistischen Partei bemerkbar machte. Neben polnischen Umsiedlern aus den von Rußland annektierten Gebieten Polens waren es vornehmlich die polnischen Landarbeiter deutscher Bauern, die bei der Verteilung deutschen Eigentums berücksichtigt wurden[1]). Größere Güter soweit sie nicht von der russischen Armee in Verwaltung genommen worden waren, verfielen der Bodenreform und wurden nach der Parzellierung an polnische Siedler verteilt[2]).

Manche Polen, die ihren neuen Besitz antraten, gestatteten den enteigneten Deutschen, auf ihrem Anwesen zu bleiben, sei es, um sie nicht unmittelbar dem Elend preiszugeben, sei es, um ihre Arbeitskraft auszunützen. In Dachkammern, Schuppen und Abstellräume verdrängt, wurden diese Deutschen auf ihren ererbten Höfen zu bloßen Arbeitskräften der neuen polnischen Besitzer und mußten für karge Nahrung ohne Entgelt schwerste Arbeiten verrichten, oftmals unter Schikanen und Mißhandlungen[3]).

Andere wiederum wurden von den neuen polnischen Besitzern sofort von ihrem Eigentum verjagt, ohne daß die Eindringlinge Rücksicht auf Alte und Kinder nahmen[4]). Den Vertriebenen wurde nicht einmal gestattet, das Lebensnotwendige einzupacken; obdachlos, hungernd und frierend irrten sie umher, bis sie, oft erst nach Tagen, Unterschlupf fanden in verfallenen Gebäuden, in Viehställen, bei Verwandten oder mitleidigen Polen, die sich durch ihre Aufnahme selbst gefährdeten[5]).

Besonders hart traf dieser Verlust diejenigen Deutschen, die durch die Umsiedlungsaktion der nationalsozialistischen Regierung in den Jahren 1939 und 1940 schon einmal ihre Heimat in Ost- und Südosteuropa verloren hatten. Sie waren im damaligen *Warthegau* in landwirtschaftliche Betriebe eingewiesen worden, deren polnische Besitzer man vorher entfernt hatte. Nun kehrten diese oft schon im Gefolge der russischen Truppen zurück und ließen ihre Erbitterung an den persönlich unschuldigen, wider ihren Willen in die nationalsozialistische Verdrängungspolitik verstrickten, heimatlosen Umsiedlern aus, denen die Rückkehr in ihre alte Heimat in den baltischen Ländern, in Rumänien, Jugoslawien versperrt war. — Ein besonders tragisches Los erlebten zahlreiche Rußlanddeutsche. Viele von ihnen, zumindest diejenigen, die erst im Verlauf des Rückzuges der deutschen Truppen aus Rußland (1943/44) nach dem *Warthegau* gekommen und dort angesiedelt worden waren, wurden 1945 von den Sowjets aufgegriffen und in Straflager nach Rußland deportiert, wo vermutlich ein großer Teil von ihnen zugrunde gegangen ist[6]).

---

[1]) vgl. die Berichte Bd. I,2: Nr. 255, S. 534; Nr. 259, S. 542.
[2]) vgl. z. B. Bericht Bd. I, 2: Nr. 277, S. 635.
[3]) vgl. die Berichte Bd. I, 2: Nr. 255, S. 534; Nr. 256, S. 536; Nr. 262, S. 554; Nr. 263, S. 558.
[4]) vgl. Bericht Bd. I, 2: Nr. 278, S. 636.
[5]) vgl. z. B. Bericht Bd. I, 2: Nr. 245, S. 483.
[6]) vgl. Bericht Bd. I, 2: Nr. 271, S. 169. Selbst aus den westlichen Besatzungszonen wurden 1945 durch sowjetische Kommissionen manche der als Umsiedler nach Deutschland gekommenen Schwarzmeerdeutschen nach der UdSSR abtransportiert, vgl. Bericht Bd. I, 1: Nr. 101, S. 384.

Die Folge des Enteignungsdekrets vom 28. Februar 1945 war ein radikaler Umsturz der Besitz- und Vermögensverhältnisse der deutschen Bevölkerung in Polen. Anders als in den ostdeutschen Reichsgebieten, wo sich der Prozeß der Verelendung infolge des langsamen Einsickerns polnischer Ansiedler nur allmählich vollzogen hatte[1]), sah sich die deutsche Bevölkerung im Bereich des polnischen Staates mit einem Schlage der Besitzlosigkeit und der damit verbundenen materiellen Not ausgesetzt und als diskriminierte nationale Minderheit auf die niedrigste soziale Stufe herabgedrückt. Bereits im Mai 1945 war infolge der radikalen Enteignung das gesamte Deutschtum im polnischen Staatsgebiet entwurzelt und hinter dem Stacheldraht der Internierungslager heimatlos geworden. Ihrer Freizügigkeit beraubt und aus dem polnischen Staat und der polnischen Gesellschaft ausgeschaltet, wurden die Volksdeutschen zu jahrelanger Zwangsarbeit herangezogen, bevor man sie außer Landes verwies[2]).

Durch die Internierungslager und die schrecklichen Formen der Zwangsarbeit wurde das Schicksal der Deutschen im polnischen Staatsgebiet noch schwerer als das der Deutschen in den östlichen Provinzen des Reiches. Von der Einlieferung in Arbeitslager wurden nicht nur die eingesessenen Volksdeutschen, sondern gleichermaßen auch die in den *Reichsgau Wartheland* eingewiesenen deutschen Umsiedler sowie die noch in Polen zurückgebliebenen Reichsdeutschen betroffen, wenngleich letztere im allgemeinen früher entlassen und ausgewiesen wurden[3]).

Der Arbeitseinsatz der Deutschen in Polen begann schon unmittelbar nach der Besetzung mit Schanz- und Aufräumungsarbeiten im rückwärtigen Frontgebiet[4]). Deutsche Frauen mußten, den rohen Schikanen der polnischen Miliz ausgesetzt, von russischen Soldaten belästigt und vergewaltigt, bei völlig unzureichender Verpflegung Leichen bergen, Tierkadaver begraben, Munition und Kriegsgerät fortschaffen, Straßen und Wege freilegen und Häuser säubern[5]).

Später begann ein systematischer Einsatz in der Landwirtschaft und Industrie. Um die große Zahl der dem Arbeitszwang unterliegenden Menschen erfassen und planvoll einsetzen zu können, wurde ein Netz von Arbeitslagern über das ganze Land gelegt. Zunächst dienten als solche die zum Teil bereits im Zuge der Enteignungsaktion eingerichteten Internierungslager[6]). Im Verlauf der Jahre 1945/46 reduzierte man ihre Zahl und faßte schließlich alle im polnischen Staatsgebiet internierten Deutschen in den großen Zentralarbeitslagern Potulice bei Bromberg, Gronowo bei Lissa und Sikawa bei Lodz zusammen, die erst in den Jahren 1949 und 1950 von der polnischen Regierung aufgelöst worden sind[7]).

---

[1]) s. oben Zweiter Abschnitt, IV, 3.

[2]) vgl. die Berichte Bd. I, 2: Nr. 245; Nr. 246; Nr. 248; Nr. 250; Nr. 251; Nr. 252; Nr. 256; Nr. 257; Nr. 260; Nr. 267 — Nr. 271; Nr. 280; Nr. 281.

[3]) vgl. die Berichte Bd. I,2: Nr. 246, S. 488; Nr. 265, S. 577; Nr. 276, S . 632.

[4]) vgl. z. B. Bericht Bd. I, 2: Nr. 263, S. 556.

[5]) vgl. die Berichte Bd. I, 2: Nr. 249, S. 501; Nr. 264, S. 560 f.; Nr. 273, S. 624.

[6]) vgl. die Berichte Bd. I, 2: Nr. 246, S. 486; Nr. 248, S. 499 f.; Nr. 252, S. 515; Nr. 253, S. 526; Nr. 256, S. 537; Nr. 258, S. 540.

[7]) vgl. die Berichte Bd. I, 2: Nr. 246, S. 488 ff.; Nr. 248, S. 498.

In diese Lager sind im Laufe der Zeit so gut wie alle Deutschen in Polen eingewiesen worden, relativ spät die deutschen Bewohner der größeren Städte, z. B. von Posen, Bromberg, Lodz, die aus ihren Wohnungen gewiesen vorher oft lange Zeit in Ruinen und Kellerlöchern gehaust hatten[1]). In den Zentrallagern wurden sie alle registriert und auch diejenigen als Lagerangehörige geführt, die seit ihrer Enteignung in landwirtschaftlichen Betrieben und Wirtschaftsunternehmen arbeiteten. Kranke und Arbeitsunfähige wurden ständig in den Lagern gehalten, und dorthin mußten auch die Arbeitsfähigen zu ihrer weiteren Verwendung zurückkehren, sobald sie ihren bisherigen Arbeitseinsatz beendet hatten[2]). — Bei der Unterbringung in den „Stammlagern" und der Verschickung zum Arbeitseinsatz wurden Familienangehörige rücksichtslos auseinandergerissen[3]).

Von den Lagern aus gingen verschiedene Transporte mit internierten deutschen Zwangsarbeitern nach dem oberschlesischen Industriegebiet, andere nach Warschau zu Aufräumungsarbeiten[4]). Die Mehrzahl der Lagerinsassen wurde jedoch gruppenweise oder einzeln zur Landarbeit auf staatliche Güter oder private Höfe verteilt[5]). Um aus den Deutschen einen möglichst hohen Gewinn herauszuschlagen, ging man schon bald dazu über, von jedem, der deutsche Arbeitskräfte benutzte, einen Mietpreis zu fordern, wodurch die Sammellager zu einer Art von Sklavenmärkten wurden, auf denen man deutsche Arbeitskräfte anbot und verkaufte. Polnische Bauern und Unternehmer suchten sich die ihnen geeignet erscheinenden Männer und Frauen heraus, wobei der Mietpreis etwa ein Zehntel dessen betrug, was normalerweise der Lohn eines polnischen Arbeiters war[6]). Es war kein Wunder, daß der Wunsch, deutsche Arbeitskräfte zu bekommen, sehr groß war und daß die Deutschen mitunter zum Objekt von Schachergeschäften wurden, an denen sich vor allem mancher polnische Lagerleiter bereicherte[7]). Die billige Arbeitskraft der internierten Deutschen wurde schließlich der Grund, daß man die Ausweisung, die für alle Deutschen im Dekret vom 13. September 1946 beschlossen worden war, sehr ungern sah[8]) und sie zu verzögern trachtete.

Diese plötzliche Wertschätzung der Deutschen auf Grund ihrer Billigkeit und ihrer Arbeitskraft steigerte indessen nur die Erniedrigung, in die die deutsche Bevölkerung hinabgestoßen war, und trug kaum etwas bei, ihre Lage zu verbessern. Wehrlos mußten sie sich schwerste Arbeitsleistungen abzwingen lassen und lebten in dürftigen Unterkünften bei schlechter Verpflegung, ohne Löhnung und ärztliche Betreuung, oft auch von Ungeziefer und Krankheiten befallen oder Verhöhnungen und Schikanen ausgesetzt,

---

1) vgl. die Berichte Bd. I, 2: Nr. 241, S. 458 ff.; Nr. 264, S. 563 ff.; Nr. 266, S. 578 f.

2) vgl. die Berichte Bd. I, 2: Nr. 243, S. 476; Nr. 246, S. 488 ff.; Nr. 249, S. 504 ff.; Nr. 250, S. 509 ff.; Nr. 252, S. 515 f.; Nr. 254, S. 533; Nr. 268; Nr. 271, S. 619.

3) vgl. die Berichte Bd. I, 2: Nr. 248, S. 498; Nr. 251, S. 512 f.; Nr. 253, S. 526; Nr. 254, S. 533.

4) vgl. die Berichte Bd. I, 2: Nr. 246, S. 488; Nr. 252, S. 516; Nr. 253, S. 526; Nr. 267, S. 589 f.

5) vgl. die Berichte Bd. I, 2: Nr. 268, S. 596; Nr. 276, S. 632.

6) vgl. die Berichte Bd. I, 2: Nr. 249, S. 501; Nr. 250, S. 508; Nr. 289, S. 542; Nr. 267. S. 587.

7) vgl. Bericht Bd. I, 2: Nr. 263, S. 559.

8) vgl. Bericht Bd. I, 2: Nr. 268, S. 596 und S. 606.

ein Sklavendasein, das sie seelisch zermürbte und abstumpfte, die Gesundheit ruinierte und vielen das Leben kostete[1]).

Dennoch bewarb sich die internierte deutsche Bevölkerung um den Arbeitseinsatz, vor allem in der Landwirtschaft. Er gab immerhin die Chance, daß man es mit polnischen Arbeitgebern zu tun bekam, die sich von menschlicheren Empfindungen leiten ließen; er brachte die Möglichkeit, den Quälereien im Lager auszuweichen und sich zusätzliche Nahrungsmittel zu verschaffen[2]). Einzelnen Spezialarbeitern gelang es sogar, nach kurzer Zeit bereits wieder ein gewisses Maß an Freizügigkeit zurückzugewinnen[3]).

Demgegenüber erschien das Leben der Alten, Kranken und Kinder geradezu hoffnungslos, die — als Arbeitskräfte verschmäht — Jahr um Jahr in den Internierungslagern verbringen mußten. Ihr Leiden überschritt alles Maß. Sie konnten den quälenden Schikanen und der oft sadistischen Grausamkeit der Bewachungsmannschaften nicht entrinnen[4]). Sie mußten sich mit der unzureichenden Lagerverpflegung begnügen, die durch Unterschlagungen der Bewachungsmannschaften häufig noch verringert wurde. Durch totale Entkräftung hilflos geworden, ohne Medikamente, von Ungeziefer geplagt, ohne Möglichkeit, auch nur die primitivsten Bedürfnisse der Körperpflege zu befriedigen, siechten sie dahin[5]). Deutsches Pflegepersonal stand diesem Elend in Ermangelung jeglicher Hilfsmittel machtlos gegenüber. Typhusepidemien grassierten vor allem im Sommer und Herbst 1945 in vielen Lagern und rafften zahllose Insassen dahin[6]). Planmäßiges Erschießen von Alten und hilflosen Kranken, wie es beispielsweise im Lager Kaltwasser geschah[7]), Gewalttaten und Mißhandlungen der Wachmannschaften, oft geleitet von dem Bestreben, Behandlungsmethoden nationalsozialistischer Konzentrationslager zu imitieren, erhöhten die Zahl der Todesopfer. Allein im Altersheim des Lagers Potulice starb in den Jahren 1947 bis 1949 die Hälfte aller Eingelieferten[8]).

Wie hoch die Zahl derjenigen ist, die in der Zeit von 1945—1950 in den polnischen Internierungslagern gestorben sind, wird sich wohl nie mehr feststellen lassen. Die Zahl der Verstorbenen, wo sie überhaupt registriert wurde, ist von den Lagerleitungen möglichst geheim gehalten worden.

[1]) vgl. die Berichte Bd. I, 2: Nr. 248, S. 494 ff.; Nr. 249, S. 497; Nr. 254, S. 532 f.; Nr. 258, S. 540 f.; Nr. 262, S. 554 f.; Nr. 266, S. 580; Nr. 278, S. 636 f.; Nr. 280, S. 644.

[2]) vgl. die Berichte Bd. I, 2: Nr. 248, S. 500; Nr. 249, S. 504 f.; Nr. 263, S. 558.

[3]) vgl. z. B. Bericht Bd. I, 2: Nr. 259, S. 542 ff.

[4]) vgl. die Berichte Bd. I, 2: Nr. 266 — Nr. 268; ferner Nr. 246, S. 489 f.; Nr. 248, S. 499; Nr. 253, S. 523 ff.; Nr. 257, S. 538 ff.; Nr. 260, S. 545 ff.; Nr. 261, S. 551 f.; Nr. 276, S. 632.

[5]) vgl. die Berichte Bd. I, 2: Nr. 250, S. 508; Nr. 251, S. 512; Nr. 253, S. 526 f.; Nr. 257, S. 538; Nr. 258, S. 540; Nr. 267, S. 587 f.; Nr. 270, S. 614 ff.; Nr. 280, S. 644.

[6]) vgl. die Berichte Bd. I, 2: Nr. 253, S. 526; Nr. 257, S. 539; Nr. 267, S. 588; Nr. 280, S. 644.

[7]) vgl. Bericht Bd. I, 2: Nr. 253, S. 524 ff.

[8]) vgl. die Berichte Bd. I, 2: Nr. 252, S. 515; Nr. 253, S. 527; Nr. 256, S. 536; Nr. 260, S. 545 f.; Nr. 266, S. 581; Nr. 276, S. 630.

Massengräber wurden zum Teil eingeebnet, bepflanzt und als Grabstätten unkenntlich gemacht. Niemand durfte Gräber mit namentlich gezeichneten Holzkreuzen versehen[1]).

Katastrophal wirkte sich die Internierung auf die deutschen Kinder aus, zumal als man im Sommer 1945 dazu überging, sie rigoros von ihren Müttern zu trennen[2]), um auch deren Arbeitskraft voll ausnutzen zu können. Fast alle Säuglinge starben[3]), größere Kinder lebten in Gemeinschaftsbaracken, getrennt von ihren Eltern und sich selbst überlassen. Ihre Ernährung besserte sich in späteren Jahren dank der Hilfsaktion des Internationalen Roten Kreuzes, obwohl ihre Verwahrlosung dadurch nicht aufgehalten werden konnte[4]).

Die polnische Regierung betrachtete die von ihren Eltern getrennten deutschen Kinder als Staatseigentum und war bestrebt, sie zu polonisieren. Sie veranlaßte ihren Transport in Kinderheime, wo viele infolge der zeitweiligen Überfüllung verhungerten, oder gab sie in polnische Familien. Jeglicher Briefwechsel mit den Eltern war untersagt, und nur illegal gelang es manchen der verzweifelten Mütter, mit ihren Kindern in Verbindung zu bleiben[5]). Einer größeren Anzahl von ihnen ist es gelungen, im Laufe der nächsten Jahre ihre entfremdeten, häufig nur noch polnisch sprechenden Kinder zurückzubekommen. Viele dagegen wurden schließlich ausgewiesen, ohne ihre Kinder je wieder zu Gesicht bekommen zu haben. Anderen wiederum verweigerten polnische Familien die Rückgabe der ihnen übergebenen Kinder. Es gab Fälle, wo eine Kostenvergütung zur Bedingung der Rückgabe gemacht wurde, die von den zwangsweise und unbezahlt arbeitenden Müttern nicht aufgebracht werden konnte. Auch diese mußten die Heimat ohne ihre Kinder verlassen, falls sich nicht mitempfindende Polen fanden, die ihnen das Geld gaben[6]). Noch heute, acht Jahre nach Kriegsende, bemüht sich der Suchdienst des Deutschen Roten Kreuzes in Einzelverhandlungen, diese Kinder ihren Eltern wieder zuzuführen.

Am unerträglichsten waren die Lebensverhältnisse der Volksdeutschen in den Jahren 1945/46; erst in den folgenden Jahren besserten sie sich allmählich[7]). Zumindest in der breiten Masse des polnischen Volkes waren Haß- und Rachegefühl abgeklungen. Der Widerwille gegen das kommunistische Regime im eigenen Lande und die Abhängigkeit von der Sowjet-Union[8]) bestimmte jetzt die Empfindungen vieler Polen und nahm der Feindschaft gegenüber den Deutschen einiges an Schärfe.

---

[1]) vgl. die Berichte Bd. I, 2: Nr. 257, S. 539; Nr. 267, S. 587 ff.

[2]) vgl. die Berichte Bd. I, 2: Nr. 249, S. 502 f.; Nr. 250, S. 510; Nr. 251, S. 513; Nr. 253, S. 522; Nr. 254, S. 530; Nr. 257, S. 539; Nr. 258, S. 541; Nr. 260, S. 546; Nr. 269, S. 607 f.; Nr. 276, S. 632 f.

[3]) vgl. insbesondere Bericht Bd. I, 2: Nr. 269, S. 607 ff.; ferner die Berichte Bd. I, 2: Nr. 253, S. 526; Nr. 267, S. 592.

[4]) vgl. die Berichte Bd. I, 2: Nr. 258, S. 541; Nr. 268, S. 599 ff.

[5]) vgl. die Berichte Bd. I, 2: Nr. 250, S. 510; Nr. 267, S. 592; Nr. 268, S. 599 f.; Nr. 269, S. 607 f.; Nr. 270, S. 615 f.; Nr. 276, S. 632 f.

[6]) vgl. die Berichte Bd. I, 2: Nr. 251, S. 513; Nr. 268, S. 599 f.; Nr. 269, S. 607.

[7]) vgl. die Berichte Bd. I, 2: Nr. 261, S. 555; Nr. 272, S. 622; Nr. 275, S. 628.

[8]) vgl. die Berichte Bd. I, 2: Nr. 259, S. 544; Nr. 277, S. 635.

Aber das Leben der deutschen Bevölkerung war inzwischen hoffnungslos verelendet, das Dasein unter den drückenden Anforderungen der Zwangsarbeit und dem Mangel jeglicher Freizügigkeit in den Internierungslagern noch 1949 so quälend und entmutigend, daß sie nach dem totalen Verlust von Heimat und Besitz nur noch die Ausweisung als Erlösung aus furchtbarer menschlicher Not erhoffen konnte.

Dritter Abschnitt

I. Die Ausweisung der deutschen Bevölkerung aus den Gebieten östlich der Oder-Neiße-Linie.

Obwohl die Ausweisung der deutschen Bevölkerung östlich der Oder-Neiße-Linie nur die Endphase jener Ereignisse darstellt, die insgesamt die Vertreibung der ostdeutschen Bevölkerung ausmachen, und obwohl sie für viele der Betroffenen geradezu das Ende eines unerträglichen Zustandes und die Erlösung von unsäglichen Verfolgungen und Leiden heraufführte, ist sie das eigentliche Zentralereignis im Vertreibungsschicksal der Ostdeutschen. Alle vorhergegangenen Ereignisse werden — wie am Phänomen der Flucht bereits dargelegt wurde[1]) — ja nur deshalb zum Gesamtprozeß der Vertreibung gehörig betrachtet, weil sie am Ende alle in die Ausweisung mündeten. Entweder waren sie, wie die Verfolgungen und Diskriminierungen unter russischer und polnischer Herrschaft, der Ausweisung unmittelbar vorangegangen und hatten teils bewußt auf sie hingezielt, oder sie erhielten, wie die Flucht vor der Roten Armee, erst durch den Beschluß der Ausweisung den Charakter gewaltsamer Vertreibung.

Der Beschluß der Ausweisung der ostdeutschen Bevölkerung, der aus den Verhandlungen der Westmächte mit der Sowjetunion und den Vertretern Polens gewissermaßen als ein Nebenergebnis hervorgegangen war, wird durch die Lawine von Ereignissen, die er auslöste, für den rückschauenden Betrachter zu einer der folgenreichsten Maßnahmen, die am Ende des Krieges getroffen worden sind. Aus den Bemühungen, den Ansprüchen Sowjetrußlands auf Ostpolen Genüge zu tun, und dort gleichzeitig ein starkes Polen zu schaffen und dessen Gebietsverlust im Osten durch einen erheblichen Zuwachs im Norden und Westen auszugleichen, war die Idee der Oder-Neiße als polnischer Westgrenze entstanden[2]). Wollte man aber diese Verlagerung des polnischen Staatsgebietes von Osten nach Westen für die Vertreter Polens überhaupt schmackhaft machen, so ergab sich die Notwendigkeit, für die polnische Bevölkerung aus dem Rußland überantworteten Gebieten östlich der Curzon-Linie neue Wohngebiete in Ostdeutschland zu schaffen. Dies aber machte, so argumentierte man mit erstaunlicher Logik weiter, hinwieder die Aussiedlung der ostdeutschen Bevölkerung nötig. Das Ganze erschien dann nur als harmloser und durchaus nicht unmenschlicher „Bevölkerungsaustausch" oder „Bevölkerungstransfer". Die Ausweisung der ostdeutschen Bevölkerung war so das Schlußglied einer langen Kette von Neuordnungen auf der politischen und ethnographischen Landkarte Ostmitteleuropas, die in Ostpolen ihren Anfang nahmen, aber allesamt auf der Voraussetzung der Übergabe Ostdeutschlands an Polen basierten. Es muß hinzugefügt werden, daß die Forderung der Annexion von Teilen Ost-

---

[1]) s. oben Erster Abschnitt, IV, 1.

[2]) Über die Entstehung der Idee der Oder-Neiße-Linie vgl. z. B. Friedrich Hoffmann: Die Oder-Neiße-Linie. Politische Entwicklung und völkerrechtliche Lage, Frankfurt, 1949; — Wolfgang Wagner: Die Entstehung der Oder-Neiße-Linie in den diplomatischen Verhandlungen während des Zweiten Weltkrieges. Bonn, (maschinenschriftliche) Dissertation 1953, sowie die dortigen Literaturhinweise.

deutschlands schon in der polnischen Kriegspolitik und Kriegspropaganda, unabhängig von der späteren Kompensationsidee, einen festen Programmpunkt bildete.

Sowohl die wirtschaftlichen und politischen Folgen, die eine Abtrennung Ostdeutschlands bei gleichzeitiger Verpflanzung seiner Bevölkerung nach dem Westen für das verbleibende Restdeutschland und darüber hinaus für ganz Europa haben mußte, ebenso wie die humanitäre und rechtspolitische Seite dieser Aktionen sind in den Jahren 1943/44, als der Gedanke der Oder-Neiße-Linie und der Ausweisung sich zu einem Programm verfestigte, kaum bedacht worden, da die Niederringung des nationalsozialistischen Deutschland die Kriegspolitik der Alliierten ausschließlich bestimmte. Die ohnehin in jedem Kriege festzustellende Erhitzung der Stimmungen steigerte sich unter den Gegnern Deutschlands im zweiten Weltkrieg durch die nationalsozialistischen Maßnahmen in den besetzten Gebieten und verstärkte die Neigung zu radikalen und unüberlegten Gewaltmaßnahmen. Nur daraus kann man es verstehen, daß nicht nur die Sowjetunion, sondern auch die Westmächte sich zu einer Nachkriegspolitik bereitfinden konnten, die die gewaltsame Aussiedlung von vielen Millionen Deutschen vorsah. Wohl meldete noch vor Kriegsende auf der Konferenz von Jalta (Februar 1945) vor allem Churchill ernste Bedenken gegen ein solches Vorgehen an. Doch auch sie richteten sich nur gegen das übergroße Maß der polnischen Gebietsforderungen, nicht etwa prinzipiell gegen die Ausweisung als solche[1]). Im Prinzip war man sich unter den Gegnern Deutschlands über die Ausweisung der ostdeutschen Bevölkerung aus den an Polen abzutretenden östlichen Teilen des Reiches schon seit Teheran einig. Man meinte sogar, auf diesem Wege gleichzeitig ein für allemal mit dem deutsch-polnischen Minderheitenproblem „reinen Tisch machen“ zu können, das seit dem ersten Weltkrieg schon mehrfach Gegenstand internationaler Verhandlungen gewesen war und den Ausbruch des zweiten Weltkrieges mit ausgelöst hatte. Für eine Radikallösung schienen auch geschichtliche Vorbilder namhaft gemacht werden zu können. So berief sich der Präsident der USA. ausdrücklich auf das Beispiel der Aussiedlung der Griechen aus der Türkei im Jahre 1923[2]), die außenpolitisch in der Tat zur Befriedung geführt hatte, für die betroffene Bevölkerung aber mit schwersten Leiden verbunden war.

Zweifellos war auch die nationalsozialistische Politik nicht schuldlos daran, daß überhaupt Maßnahmen wie die der Umsiedlung und Verpflanzung millionenzähliger Volksgruppen als Mittel zur Erreichung einer politischen Neuordnung betrachtet wurden. Schon gleich nach dem deutsch-polnischen Krieg von 1939 hatte sie die Aussiedlung von Polen aus Westpreußen und der früheren Provinz Posen begonnen, diese Aktion allerdings sehr bald, bevor sie größere Ausmaße annahm, abgebrochen. Viel konsequenter wurde aber die Rücksiedlung deutscher Volksgruppen, z. B. aus dem Baltikum, Bessarabien, der Bukowina, betrieben. Sie beruhte zwar auf vertraglichen Abmachungen und wurde teilweise als Bevölkerungsaustausch deklariert, das Beispiel der Entwurzelung und Nomadisierung, der Verdrängung ein-

[1]) J. F. Byrnes: In aller Offenheit, Frankfurt 1949, S. 48 f.

[2]) s. Robert E. Sherwood: Roosevelt and Hopkins. An Intimate History. New York 1948, S. 48 f.

heimischer Bevölkerung, um für eine andere Platz zu schaffen, hatte sie jedoch gegeben, selbst wenn man ihr zugute halten muß, daß die umgesiedelten deutschen Volksgruppen vor dem Schicksal der Bolschewisierung bewahrt werden sollten.

Sowohl die hitlerische Ansiedlungspolitik in einem durch den militärischen Sieg über Polen nach Osten gewaltsam erweiterten Staatsgebiet, wie in unvergleichlich größerem Umfang die Aussiedlung der ostdeutschen Bevölkerung aus den unter russische und polnische Herrschaft gefallenen deutschen Gebieten kann man als die letzte Radikalisierung und zugleich als das Ende der Nationalstaatsidee bezeichnen, als den Moment in der Logik des nationalstaatlichen Denkens, wo sich dieses selbst ad absurdum führte. Man war jetzt schließlich von der Assimilation einer Bevölkerung innerhalb eines staatlichen Raumes zur „Reinigung" eines Raumes fortgeschritten, dessen Grenzen nach rein machtpolitischen Erwägungen gezogen wurden. Sowohl die von Hitler nach Osten vorgeschobene Grenze als auch die im Potsdamer Abkommen festgesetzte Oder-Neiße-Linie standen in krassem Widerspruch zur Nationalität der in diesem Gebiet Ostmitteleuropas lebenden Bevölkerung. Sie waren gerade entgegen allen nationalstaatlichen Gesichtspunkten entstanden, und man verschlimmerte diese Gewaltlösung nur noch, indem man nachträglich durch radikale Aus- und Umsiedlungen die so gröblich verletzte Einheit von Staats- und Volksgrenzen wiederherstellen wollte.

Der Umstand, daß die Abtretung beträchtlicher Teile Ostdeutschlands an Polen und die Ausweisung der in diesen Gebieten lebenden Deutschen spätestens seit Anfang 1944 von den Alliierten geplant[1]) und über dieses Vorhaben bereits Monate vor Kriegsende zwischen den *Großen Drei* grundsätzliche Einmütigkeit erzielt worden war, hat die seit Anfang Januar 1945 nach Ostdeutschland eindringende Rote Armee und die nachfolgenden polnischen Behörden von vornherein dazu bestimmt, der Ausweisung möglichst gründlich vorzuarbeiten, ehe diese selbst vollzogen werden konnte. Hatte doch Marschall Stalin schon in Jalta zur Beschwichtigung Churchills erklärt, daß nur wenige Deutsche zurückbleiben würden, wenn sowjetische Truppen nach Ostdeutschland vordrängen[2]). Daran wird deutlich, daß die Flucht der ostdeutschen Bevölkerung, ja möglicherweise ihre Forcierung durch ein entsprechend radikales Vorgehen der russischen Truppen bereits ganz bewußt in Hinsicht auf die spätere Ausweisung als eine begrüßenswerte Vorarbeit angesehen wurde, und es ist sehr wahrscheinlich, daß auch bei späteren sowjetischen Maßnahmen, wie der Deportation von Hunderttausenden ostdeutscher Zivilpersonen nach der Sowjet-Union, der Gesichtspunkt eine Rolle spielte, durch eine Verringerung der Anzahl der noch östlich der Oder und Neiße lebenden Deutschen die künftige Ausweisung zu er-

---

[1]) Wohl den ersten schriftlich formulierten Beschluß der Alliierten über die Ausweisung der Deutschen stellt das sogen. „5-Punkte-Programm" dar, das Churchill im Einvernehmen mit der Regierung der USA. am 22. Januar 1944 dem Premierminister der polnischen Exilregierung, Mikolajczyk, zur Annahme empfahl. In Punkt 4 war dort erklärt worden: Die gesamte deutsche Bevölkerung innerhalb der neuen Grenzen Polens soll aus Polen ausgesiedelt werden (s. Arthur Bliss Lane: I saw Poland betrayed, New York 1948, S. 55 ff.).

[2]) s. J. F. Byrnes: In aller Offenheit, S. 49.

leichtern. Noch näher liegt die Annahme solcher Bestrebungen bei der provisorischen polnischen Regierung, die bereits im Frühjahr 1945 durch ihre Behörden und Milizeinheiten weite Gebiete Ostdeutschlands verwaltete und in deren Namen schon im August 1944 im Zusammenhang mit der Frage der Ausweisung der ostdeutschen Bevölkerung geäußert worden war, es stünde zu hoffen, daß die Rote Armee zu diesem Zeitpunkt bereits „alle erwachsenen Deutschen ins Innere Rußlands zur Wiederaufbauarbeit geschickt haben“ würde[1]). Auch in der auf der Potsdamer Konferenz von polnischer Seite vorgebrachten Versicherung, ein großer Teil der Deutschen werde die Gebiete jenseits der Oder und Neiße freiwillig verlassen, wenn diese dem polnischen Staat unterstellt würden[2]), darf man mit gutem Grund den ungesagt gebliebenen Vorsatz der polnischen Regierung erkennen, alles irgend mögliche zu tun, um schon während der polnischen Verwaltung und vor der Ausweisung die Verminderung der ostdeutschen Bevölkerung in die Wege zu leiten und den Deutschen eine Behandlung widerfahren zu lassen, die ihren Willen, in der Heimat zu bleiben, sehr bald brechen würde.

Wie die vorangegangene Darstellung über das Schicksal der östlich der Oder und Neiße befindlichen deutschen Bevölkerung unter russischer und polnischer Herrschaft zu erkennen gibt, ist sowohl die Verminderung der Zahl der Deutschen als auch die Entfremdung ihrer Heimat in erschreckendem Umfang erreicht worden, noch ehe die Ausweisungen selbst begannen. Dabei tut es nur wenig zur Sache, ob dieses Ergebnis stets mit bewußtem Vorsatz oder ohne unmittelbare Absicht in erster Linie aus Rache und Vergeltungsmotiven, aus dem Streben nach Bereicherung oder aus anderen Gründen geschah. Fest steht in jedem Falle, daß schon das Vorgehen der Roten Armee, das die panische Massenflucht der deutschen Ostbevölkerung bewirkte, eine Austreibung mit anderen Mitteln war und daß erst recht die zahllosen Übergriffe, Erniedrigungen und Gewalttaten, die die ostdeutsche Bevölkerung unter der Herrschaft von Russen und Polen über sich ergehen lassen mußte, der schließlichen Austreibung in jeder Weise vorgearbeitet haben. Dies gilt insofern, als während dieser Zeit zahllose Deutsche zugrunde gingen, als die Mehrzahl der Überlebenden auf eine Stufe bloßen Vegetierens herabgedrückt wurde, als die innere Entfremdung von der Heimat durch Verlust des Eigentums, Entzug des Rechtsschutzes und der Existenzmöglichkeiten bei der großen Mehrheit der ostdeutschen Bevölkerung schon erreicht war, ehe mit der Ausweisung der letzte Schritt getan wurde.

Wie radikal diese Vorbereitung der Ausweisung während der Zeit der russisch-polnischen Verwaltung jenseits der Oder-Neiße-Linie geschehen war, wird höchst eindrucksvoll belegt durch den sich aus vielen Berichten ergebenden Eindruck, daß der Akt der zwangsweisen Ausweisung oft von den Betroffenen gar nicht mehr als jener gewalttätige Eingriff empfunden wurde, der er doch war, weil schwerere und leidvollere Gewaltmaßnahmen vorhergegangen waren. Die Einschüchterung und Niederdrückung der deutschen Bevölkerung waren so gründlich erreicht worden, daß die Ausweisung für sie bis-

---

[1]) Presseerklärung Osobka-Morawski's, eines der führenden Mitglieder des polnischen Komitees der Nationalen Befreiung (vgl. ‚Manchester Guardian' vom 30. August 1944).

[2]) s. J. F. Byrnes: In aller Offenheit, S. 113.

weilen eine ganz andere Funktion erhielt: sie schien wenigstens im Augenblick die Möglichkeit zu bieten, ein Stück der verlorenen Heimat wiederzugewinnen, weil sie unter Deutsche nach Deutschland führte und in Lebensverhältnisse, die niemals schlechter sein konnten als das bisher Erlittene. Für das Verständnis des Gesamtprozesses der Vertreibung ist es unerläßlich, diese Zusammenhänge in aller Deutlichkeit zu sehen und nicht etwa die Vertreibung der ostdeutschen Bevölkerung lediglich vom Verlauf der Ausweisungsaktionen her zu betrachten und zu beurteilen.

Die Ausweisung der deutschen Bevölkerung, die sich nach der Besetzung Ostdeutschlands noch in den Gebieten östlich der Oder und Neiße befand oder dorthin zurückgekehrt war, vollzog sich in einzelnen zeitlich begrenzten Etappen als ein Prozeß, der mehrere Jahre in Anspruch nahm und erst in der unmittelbaren Gegenwart abgeschlossen zu sein scheint. Innerhalb dieses Zeitraumes von mehreren Jahren veränderten sich nicht nur die polnischen Methoden der Ausweisung, auch die politischen und volkswirtschaftlichen Voraussetzungen und Absichten, die ursprünglich zu einer forcierten und beschleunigten Ausweisung der Deutschen gedrängt hatten, machten entgegengesetzten Bestrebungen Platz, so daß schließlich die Ausweisung der letzten noch unter polnischer Herrschaft stehenden Deutschen immer mehr verzögert wurde. Die Politik gegenüber der restlichen deutschen Bevölkerung zielte schließlich nach Jahren nicht mehr auf die Ausweisung, sondern machte im Gegenteil jede Ausreise der Deutschen geradezu unmöglich und drängte sie mit allen Mitteln dazu, im Lande zu bleiben und die polnische Staatsbürgerschaft anzunehmen.

Zu Beginn der polnischen Verwaltung Ostdeutschlands war der Austreibungswille noch uneingeschränkt herrschend. Ehe noch die Potsdamer Konferenz getagt hatte und ein offizieller Beschluß der Siegermächte über die Ausweisung der ostdeutschen Bevölkerung vorlag, begannen die polnischen Behörden bereits, die Deutschen entweder durch systematischen Druck und wiederholte Aufforderung zur Ausreise zu bewegen oder sie kurzerhand gewaltsam aus ihren Wohnorten zu vertreiben.

In der Zeit vor dem Potsdamer Abkommen war es vor allem die deutsche Bevölkerung Danzigs, die diesem Druck unterlag[1]). Hatte man sich schon bei der Einrichtung polnischer Behörden in Danzig aus offensichtlichen politischen Gründen besonders beeilt, so sollte aus den gleichen Motiven auch die Entfernung der Deutschen aus Danzig so schnell wie möglich beendet sein. Schon im Juni 1945 wurde die deutsche Bevölkerung der Stadt durch öffentliche Anschläge dringend zur Ausreise aufgefordert[2]). Diejenigen Deutschen, die — durch ihre bisherigen Erlebnisse unter Russen und Polen zermürbt — diesen Aufforderungen Folge leisteten, erhielten von den polnischen Behörden Ausreisescheine[3]) und wurden in Eisenbahnzügen nach Westen über die Oder transportiert. Neben den öffentlichen Aufforderungen wurden jedoch auch massivere Maßnahmen zur Verdrängung der Deutschen durchgeführt. Ganze Straßenzüge wurden zwangsweise durch polnische Miliz von

---

1) vgl. dazu die Berichte Bd. I, 2: Nr. 282, Nr. 283, Nr. 286, Nr. 287, Nr. 288.

2) vgl. die Berichte Bd. I, 2: Nr. 282, S. 653 und Nr. 283, S. 654.

3) vgl. die Berichte Bd. I, 2: Nr. 282, S. 653; Nr. 283, S. 654; Nr. 288, S. 662.

Deutschen geräumt[1]) und die innerhalb kürzester Frist aus ihren Wohnungen Vertriebenen in geschlossenen Eisenbahntransporten, meist in Richtung Stettin, abgeschoben. Die Regelmäßigkeit, mit der von Danzig aus Züge mit Vertriebenen nach Westen abgingen, durch Pommern hindurchfuhren und auf dem Bahnhof Stettin-Scheune ankamen, reizte zahlreiche beutelustige Polen und auch russische Soldaten zu fortgesetzten Beraubungen. Nicht selten bildete sich auf den Bahnhöfen und Zwischenstationen ein regelrecht organisiertes Plünderungs- und Raubsystem aus, dem kaum einer der Deutschen entging[2]).

Die Folge der radikalen polnischen Maßnahmen und der unerträglich gewordenen Lebensverhältnisse war, daß die Mehrzahl der über hunderttausend Deutschen, die noch nach der Eroberung in Danzig wohnten, sofern sie nicht in polnische Lager oder zur Zwangsarbeit nach Rußland deportiert worden waren, bereits im Sommer 1945 Danzig verließen. Am Ende des Jahres 1945, als in manchen anderen Orten östlich der Oder und Neiße noch keinerlei Ausweisungen stattgefunden hatten, lebten in Danzig nur noch einige Zehntausend Deutsche[3]).

War in Danzig bei der Aussiedlung der Deutschen noch weitgehend der Anschein der Freiwilligkeit gewahrt worden, so hatten die Polen Ende Juni 1945 bereits eine noch umfassendere und radikalere Austreibungsaktion begonnen, von der ganz Ostbrandenburg, aber auch die westlichen Teile Ostpommerns und Niederschlesiens betroffen wurden[4]). Offenbar handelte es sich dabei nicht um ein Vorgehen der einzelnen örtlichen polnischen Behörden, sondern um eine von höchster polnischer Stelle zentral geleitete Aktion, hinter der sehr wahrscheinlich der politische Zweck stand, das unmittelbare Hinterland der Oder-Neiße-Linie möglichst von Deutschen frei zu machen und diese von den Polen geforderte Grenzlinie bereits vor der Potsdamer Konferenz in gehöriger Weise als solche zu markieren.

Die Austreibung der deutschen Bevölkerung aus diesen nahe an der Oder und Neiße gelegenen Gegenden schien den Polen um so einfacher zu sein, als es dazu keiner Eisenbahntransporte bedurfte, die zu dieser Zeit durch die weitgehenden Zerstörungen und Demontagen ganz erheblich erschwert gewesen wären.

Von der Ostsee im Norden bis nach Schlesien im Süden geriet das Hinterland der Oder und Neiße in einer Tiefe von 100—200 km in den letzten Junitagen schlagartig in Bewegung. Überall erschienen polnische Soldaten, mitunter auch polnische Miliz, besetzten die Dörfer und Städte, sperrten die Ausgänge und befahlen das Verlassen der Häuser und die Sammlung aller deutschen Einwohner innerhalb kürzester Frist. Mit einigem schnell zusammengerafften Gepäck, das auf Handwagen und Schubkarren verpackt oder auf dem Rücken getragen werden mußte, wurden die Deutschen aus ihren Wohnungen vertrieben und zu einem Zuge formiert. Dieser setzte sich nach Westen in Bewegung, traf unterwegs mit anderen Zügen zusammen und gelangte schließlich nach tagelangen qualvollen Märschen, auf denen das aus

[1]) vgl. die Berichte Bd. I, 2: Nr. 282, S. 653; Nr. 286, S. 659; Nr. 287, S. 660.

[2]) Eine gute Darstellung dieser nahezu in allen Berichten erwähnten Plünderungen gibt Bericht Bd. I, 2: Nr. 284, S. 655.

[3]) vgl. dazu Bericht Bd. I, 2: Nr. 241, S. 464.

[4]) Diese Aktion wird geschildert in den Berichten Bd. I, 2: Nr. 289 — Nr. 303.

Soldaten und Milizangehörigen bestehende Begleitpersonal Plünderungen und Gewalttaten verübte, an die Oder bzw. die Neiße[1]). Dort drängten sich bald ungeheure Massen zusammen, die über die wenigen Flußübergänge nach Westen getrieben und am anderen Ufer, im Gebiet der sowjetischen Besatzungszone, sich selbst überlassen wurden. In den Städten hinter den Flußübergängen, vor allem in Stettin, Küstrin, Frankfurt, Cottbus und Görlitz, entstanden infolge der plötzlichen Vertreibung von Hunderttausenden aus Ostdeutschland in den letzten Junitagen und den folgenden Wochen im Juli 1945 eine ungeheure Überfüllung und ein durch Hunger, Obdachlosigkeit und völlige Ratlosigkeit der zusammengepferchten Massen gekennzeichnetes Chaos[2]). Dies vervielfachte sich noch dadurch, daß sich hier gleichzeitig alle jene zusammenfanden, die nach der Flucht vor der Roten Armee wieder nach Ostdeutschland zurückkehren wollten, aber nicht über die Oder und Neiße nach Osten hinübergelassen wurden[3]).

Keine Etappe der späteren Ausweisungen verlief unter ähnlich unmenschlichen und so brutalen Methoden wie diese erste, noch vor dem Abschluß des Potsdamer Abkommens vollzogene Vertreibung des größten Teils der ostbrandenburgischen Bevölkerung und zahlreicher Deutscher aus Ostpommern und Niederschlesien.

Nachdem Hunderttausende von Deutschen Ende Juni/Anfang Juli unter demütigendsten und entehrendsten Bedingungen von Haus und Hof verjagt worden waren, wurde diese Aktion ebenso plötzlich, wie sie begonnen hatte, gegen Mitte Juli gestoppt. Offenbar geschah dies auf Einspruch der sowjetischen Befehlshaber, die sich der Ausweisung der Deutschen hier und da bereits vorher hemmend in den Weg gestellt, teils sogar die Oderübergänge nicht freigegeben hatten[4]). Sicher war dabei die Rücksicht auf die Wirkung, die das Bekanntwerden dieser Aktion auf die verbündeten Westmächte haben würde, mitbestimmend, vor allem aber die Befürchtung, daß eine Fortsetzung dieser radikalen Austreibungen im angrenzenden Gebiet der sowjetischen Besatzungszone katastrophale Zustände schaffen würde. Nur diesem Umstand war es zu verdanken, daß es in Oberschlesien, wo die Polen, besonders im Kreis Neiße und Umgebung, ebenfalls in den letzten Junitagen damit begonnen hatten, die Deutschen systematisch aus ihren Wohnungen zu vertreiben und sie entweder in Lager einzuliefern oder einfach aus ihren Wohnorten zu verjagen, nicht mehr zu einer effektiven Austreibung kam[5]). Hier wie auch in Niederschlesien, Ostbrandenburg und Ostpommern durften die Vertriebenen, nachdem sie oft viele Kilometer von ihren Wohnorten entfernt waren, wieder zurückkehren, weil die geplante Aktion plötzlich abgebrochen worden war[6]). Selbst von denen, die bereits

[1]) Sehr ausführlich wird der Hergang dieser Vertreibungen geschildert in den Berichten Bd. I 2: Nr. 290; 291; Nr. 293; Nr. 295; Nr. 296.

[2]) vgl. die Berichte Bd. I, 2: Nr. 295, S. 687; Nr. 296, S. 689; Nr. 301, S. 695; Nr. 302, S. 698; Nr. 303, S. 699.

[3]) s. oben Zweiter Abschnitt, II.

[4]) vgl. die Berichte Bd. I, 2: Nr. 289, S. 666, Anm. 1; Nr. 292, S. 682; Nr. 338, S. 782.

[5]) vgl. die Berichte Bd. I, 2: Nr. 305, S. 703 f.; Nr. 338, S. 781; Nr. 341, S. 785 f.; Nr. 342, S. 788.

[6]) vgl. die Berichte Bd. I, 2: Nr. 289, S. 666; Nr. 290, S. 668 f.; Nr. 304, S. 701.

westlich der Oder-Neiße-Linie angelangt waren, kamen einige wieder in ihre Heimat zurück[1]).

Dennoch hat diese erste, auf den Zeitraum von 2—3 Wochen beschränkte, aber mit äußerster Konsequenz durchgeführte Vertreibungsaktion dazu geführt, daß schätzungsweise 200 000 bis 300 000 Menschen aus dem östlichen Hinterland der Oder und der Neiße aus ihrer Heimat entfernt wurden. Besonders die Dörfer und Städte Ostbrandenburgs waren bis auf einen kleinen Rest von Deutschen, die für die Russen arbeiteten oder aus anderen Gründen von der Austreibung verschont blieben[2]), entvölkert. Desgleichen war im westlichen Teil des Regierungsbezirkes Liegnitz und im Regierungsbezirk Stettin eine erhebliche Verminderung der deutschen Bevölkerung eingetreten.

Nachdem in dieser Weise in dem Landstreifen östlich der Oder-Neiße-Linie eine weitgehende Dezimierung der deutschen Bevölkerung erzielt worden war, konnten sowohl Stalin als auch die Vertreter Polens in Potsdam bei den Westmächten die Vorstellung verbreiten, als befänden sich in den deutschen Gebieten östlich der Oder und Neiße nur noch unerhebliche Reste der deutschen Bevölkerung, was nicht unwesentlich dazu beigetragen hat, die Bedenken der westlichen Staatsmänner gegen eine Ausweisung der Deutschen zu zerstreuen[3]).

Als schließlich im Artikel XIII des Potsdamer Abkommens die Aussiedlung der ostdeutschen Bevölkerung offiziell verfügt wurde, war damit noch keineswegs über alle Fragen Klarheit geschaffen. So sagte dieser Artikel über das künftige Schicksal der deutschen Bevölkerung im sowjetisch verwalteten Teil Ostpreußens überhaupt nicht aus, und die Ausweisung der Deutschen aus Polen wurde mit dem sehr undeutlich formulierten Satz begründet: „Die drei Regierungen ... erkennen an, daß die Überführung der deutschen Bevölkerung oder Bestandteile derselben, die in Polen, Tschechoslowakei und Ungarn zurückgeblieben sind, nach Deutschland durchgeführt werden muß." Eine Definition dessen, was unter *Polen* zu verstehen sei, enthielt der Artikel nicht. Nichts war darüber ausgesagt, ob auch die ostdeutschen Gebiete, die nur unter polnische Administration gestellt waren, davon betroffen sein sollten, was von den polnischen und sowjetischen Politikern einfach unterstellt wurde, während die Staatsmänner der Westmächte absichtlich oder unabsichtlich diese Unklarheit nicht aufhellten.

Im übrigen bestimmte der Artikel XIII des Potsdamer Abkommens. daß die Überführung der deutschen Bevölkerung „in an orderly and humane manner" (d. h. in geordneter und humaner Weise) durchzuführen sei, und enthielt die Aufforderung an die polnische Regierung, weitere Ausweisungen einzustellen, bis durch den Kontrollrat die Aufnahmefähigkeit der einzelnen Besatzungszonen geprüft worden und ein Ausweisungsplan aufgestellt sei. An diese Beschlüsse hat sich die polnische Regierung jedoch wenig gehalten. Obwohl der Ausweisungsplan des Kontrollrats erst am

[1]) vgl. die Berichte Bd. I, 2: Nr. 301, S. 695; Nr. 303, S. 699.

[2]) Schon in dieser ersten Phase der Ausweisungen machte sich das Prinzip bemerkbar, daß alle diejenigen, die als Arbeitskräfte für die Sowjets wertvolle Dienste leisteten, von der allgemeinen Vertreibung ausgeschlossen wurden, vgl. die Berichte Bd. I, 2: Nr. 289, S. 665, Anm. 1 und S. 666, Anm. 1; Nr. 296, S. 688; Nr. 297, S. 690.

[3]) J. F. Byrnes: In aller Offenheit. S. 113.

17. Oktober 1945 unterzeichnet wurde[1]), sind schon im August und September durch lokale polnische Behörden, vor allem in Oberschlesien, zahlreiche Deutsche in Lagern zusammengefaßt und in geschlossenen Transporten nach der sowjetischen Besatzungszone befördert worden[2]). Im Oktober/November wurden diese Ausweisungen in vollem Maße auch auf Pommern und den Südteil Ostpreußens sowie auf Teile der ehemaligen Provinzen Posen und Westpreußen ausgedehnt und wuchsen zu einer neuen Großaktion an[3]). Teils wurde die Bevölkerung ganzer Orte, teils nur die Nichtarbeitsfähigen betroffen, sehr oft auch die bäuerlichen Grundbesitzer. Die Ausweisung dieser letzteren stand offensichtlich im engsten Zusammenhang mit der Ankunft polnischer Ansiedler. In den Dörfern wird dieser Vorgang der Ausweisung der Bevölkerung sehr deutlich[4]). Tage und Wochen nachdem die Polen die Höfe besetzt hatten, oft nachts oder in den frühen Morgenstunden, binnen einer halben Stunde oder nur zehn Minuten, wurden die Bauern plötzlich zum Verlassen ihrer Wohnungen gezwungen. Es war ihnen kaum möglich, außer der notwendigen Bekleidung noch irgend etwas Brauchbares mitzunehmen. Gepackte Koffer oder Rucksäcke mußten in der Wohnung oder auf dem Sammelplatz zurückgelassen werden, eine willkommene Beute mancher polnischer Neubauern oder der Dorfmiliz. Nur selten kam es vor, daß die Ausweisung Tage vorher angekündigt wurde.

In Oberschlesien vollzog sich die Ausweisung im Herbst 1945 meist in der Weise, daß die aus ihren Wohnungen Vertriebenen zunächst in Lagern gesammelt wurden, die sich in der Regel in den Kreisstädten befanden[5]). Dort mußten sie in völlig überfüllten Baracken oder Fabrikräumen ohne ausreichende Versorgung mit Nahrungsmitteln Wochen und Monate vegetieren. Polen und Russen sortierten die noch Arbeitsfähigen aus. Alle übrigen wurden zu Transporten zusammengefaßt, zu 60—70 Personen in einen Güterwagen verladen und in einer Fahrt von meist mehr als zwei Wochen nach dem Westen abgeschoben.

Ähnlich war es auch in Pommern, wo die Bevölkerung meist in der Mitte der Ortschaften, mitunter sogar in der Kirche zusammengetrieben wurde. Von dort ging es im Fußmarsch zum nächsten Verladebahnhof, wo entweder geschlossene Transporte zusammengestellt oder einzelne Güterwagen an fahrplanmäßige Züge angehängt wurden. Sammellager war ab Oktober 1945 das Grenzübergangslager Scheune bei Stettin, wohl das berüchtigste aller Vertriebenenlager, wo im Herbst 1945 und auch

---

[1]) Wortlaut dieses Plans abgedruckt in ‚Europa-Archiv', Jg. 2, August 1947, Zweite Folge, S. 823.

[2]) vgl. die Berichte Bd. I, 2: Nr. 306 und 307.

[3]) vgl. über die Ausweisungsaktion im Herbst 1945 für das südliche Ostpreußen die Berichte Bd. I, 2: Nr. 311 — Nr. 321, für die gleichzeitigen Ausweisungen in Pommern Bd. I, 2: Nr. 322 — Nr. 328, für Posen und Westpreußen die Berichte Bd. I, 2: Nr. 308 — Nr. 310.

[4]) vgl. die Berichte Bd. I, 2: Nr. 293, S. 683; Nr. 296, S. 688; Nr. 300, S. 693; Nr. 343, S. 787; Nr. 350, S. 815 f.

[5]) vgl. die Berichte Bd. I, 2: Nr. 306, S. 707; Nr. 307, S. 708; Nr. 341, S. 786.

noch im Frühjahr 1946 Gewalttaten, Plünderungen und Willkürakte einzelner Polen und Milizangehöriger an der Tagesordnung waren[1]).

Auch im südlichen Ostpreußen war es im wesentlichen das gleiche Bild: Plötzliche Ausweisungsbefehle, lange Elendsmärsche der Vertriebenen nach den Sammelstellen und Bahnhöfen[2]), Gepäckkontrollen und während der Bahnfahrt fortgesetzte Plünderungen durch ganze Scharen von Polen, die meist die langen Wartezeiten der Transportzüge auf den Bahnhöfen für ihre Zwecke ausnützten, teils sogar auf die fahrenden Züge sprangen und überall panikartige Angst hervorriefen[3]). Auch zahlreiche Todesfälle ereigneten sich infolge der oft mehrere Wochen dauernden Transporte, die ohne Verpflegung und unter größten körperlichen Anstrengungen erfolgten[4]).

Da für die Ausweisungen im Herbst 1945 noch keine interalliierten Abmachungen vorlagen, haben die Polen sich Mühe gegeben, sie als „freiwillige Ausreise" der deutschen Bevölkerung darzustellen. Diesem Zweck diente es auch, wenn vielerorts vor der Abfahrt der Transportzüge von jedem einzelnen der Ausgetriebenen eine in polnischer Sprache abgefaßte Erklärung unterschrieben werden mußte, die die Freiwilligkeit der Ausreise, die Übertragung des Besitzes an den polnischen Staat und den Verzicht auf die Rückkehr bescheinigte[5]).

Obwohl die Anzahl derjenigen, die zur Aussiedlung bestimmt wurden, in den einzelnen Gebieten sehr verschieden gehandhabt wurde, teils auch geschlossene Ortschaften geräumt wurden, sind im Zuge der Ausweisungen im Herbst 1945 doch im allgemeinen bevorzugt die nicht arbeitsfähigen Personen, d. h. Alte, Kranke und Invaliden, Mütter mit mehreren Kindern ausgewiesen worden.

Diejenigen, die in russischen Diensten arbeiteten oder als *Spezialisten* unabkömmlich waren, wurden überwiegend vorläufig von der Austreibung zurückgestellt, auch wenn dies gegen ihren Willen geschah. Nicht ausgewiesen wurden ferner die besonders in Oberschlesien, aber in geringerem Maße auch in Ostpreußen lebenden Personen, die zwar deutsche Staatsangehörigkeit besaßen, sich aber auf Grund ihrer Abstammung und Sprache als Polen fühlten. Ihnen wurde Gelegenheit gegeben, die polnische Staatsbürgerschaft zu erwerben, und sie blieben auch von der Enteignung, der Zwangsarbeit und den sonstigen gegenüber der deutschen Bevölkerung ergriffenen Maßnahmen verschont[6]). Da man polnischerseits die ostdeutschen Gebiete in der offiziellen Propaganda als „urpolnisches Land" bezeichnete, mußte man Wert darauf legen, die Meinung zu verbreiten, als hätte es in Ostdeutschland eine zahlreiche autochthone polnische Bevölkerung gegeben. Man war deshalb nicht damit zufrieden, daß nur eine relativ geringe Zahl von Einwohnern

[1]) vgl. die Berichte Bd. I, 2: Nr. 282, S. 654 f.; Nr. 283, S. 654; Nr. 322, S. 740; Nr. 323, S. 745; Nr. 324, S. 747 f.; Nr. 325, S. 748 f.; Nr. 327, S. 751; Nr. 328, S. 754.

[2]) vgl. die Berichte Bd. I, 2: Nr. 314, S. 722; Nr. 315, S. 723; Nr. 316, S. 724; Nr. 320, S. 729 f.

[3]) vgl. die Berichte Bd. I, 2: Nr. 313, S. 720 f.; Nr. 317, S. 726; Nr. 320, S. 730 f.; Nr. 321, S. 734.

[4]) vgl. z. B. die Berichte Bd. I, 2: Nr. 317, S. 726 f.; Nr. 319, S. 729; Nr. 320, S. 731 f.

[5]) vgl. z. B. die Berichte Bd. I, 2: Nr. 323, S. 741; Nr. 328, S. 753.

[6]) vgl. den in Bd. I, 2 unter Nr. 194 veröffentlichten Brief eines Deutschen aus Ostpreußen, der für Polen optiert hat.

Oberschlesiens und Ostpreußens freiwillig für Polen optierte, sondern suchte teils durch Versprechungen und Drohungen, teils durch ausgesprochene Gewaltmaßnahmen[1]) vor allem die wasserpolnisch sprechenden Oberschlesier und die Masuren in Ostpreußen für Polen zu gewinnen. Besonders diejenigen, die polnisch klingende Namen hatten, wurden zwangsweise zurückbehalten und von der Ausweisung ausgeschlossen[2]). Manche Deutschen haben dem wiederholten Druck nachgegeben, indem sie die polnische Staatsbürgerschaft annahmen, viele andere weigern sich noch heute, dies zu tun.

Neben den systematischen Ausweisungsaktionen der polnischen Behörden setzte seit Sommer 1945 auch die Rückwanderung der als Bombenevakuierte nach Ostdeutschland verschlagenen ein, die meist bevorzugt Ausreisescheine erhielten. Ihnen schlossen sich auch manche einheimische Ostdeutsche an, denen das Übermaß der Verfolgungen, die Enteignung und Zwangsarbeit und die katastrophalen Lebensverhältnisse ein Bleiben unerträglich machten. Da überall schon umfangreiche Zwangsausweisungen erfolgten, sank die Hoffnung der ostdeutschen Bevölkerung auf eine Wendung der Dinge und auf eine Annullierung des Potsdamer Abkommens allmählich. Es setzte deshalb im Herbst 1945 neben den geschlossenen Ausweisungen eine unkontrollierte Abwanderung ein. Da für die deutsche Bevölkerung allgemein Arbeitszwang herrschte, war dies ein gefährliches Unterfangen, ganz abgesehen davon, daß immer dann, wenn die Polen von der Absicht der Ausreise Kenntnis erhielten, sich noch einmal die Wut von Milizianten und fanatischen polnischen Zivilisten an den Deutschen ausließ, wobei sich skandalöse Vorfälle ereignet haben. Noch im Sommer 1946 wurde z. B. im Landkreis Breslau auf öffentlichen Anschlägen vor der Ausreise auf eigene Initiative gewarnt[3]). Dennoch ist es manchem Deutschen möglich gewesen, durch die selbständige Ausreise den fast regelmäßig mit der gewaltsamen Vertreibung verbundenen Schikanen und Gewalttaten zu entgehen.

In einigen Orten gelang es noch im Lande befindlichen deutschen Stellen, Pastoren oder Verwaltungsangestellten in polnischen Diensten, die Organisation der Aussiedlung in die Hand zu nehmen[4]). Die Bevölkerung blieb dadurch zumindest in ihren Heimatorten vor den Willkürakten und Plünderungen bewahrt, von denen sonst die Ausweisungen in der Regel begleitet waren. Die deutschen Leiter der Aktion stellten Listen auf und benachrichtigten jeden einzelnen rechtzeitig. Die Übergabe des Eigentums, das Unterschreiben der Verzichterklärung und alle anderen Formalitäten konnten in Ruhe durchgeführt werden. Außerdem wurde vermieden, daß die Ausgewiesenen tage- und wochenlang in den Auffangstellen auf die Zusammenstellung der Transporte warten mußten. Auch russische Soldaten und Kommandanturen haben mitunter, indem sie Militärfahrzeuge zur Verfügung stellten und Deutsche bis an die Oder-Neiße-Grenze fuhren,

---

[1]) vgl. das in Bd. I, 2: unter Nr. 193, S. 205 veröffentlichte Originaldokument sowie die Berichte Bd. I, 2: Nr. 187, S. 188; Nr. 189, S. 198; Nr. 192, S. 204 f.; Nr. 232, S. 420.

[2]) vgl. z. B. Bericht Bd. I, 2: Nr. 317, S. 726.

[3]) vgl. z. B. Bericht Bd. I, 2: Nr. 312.

[4]) vgl. Bericht Bd. I, 2: Nr. 312.

[5]) vgl. z. B. Bericht Bd. I, 2: Nr. 333, S. 770 f.

helfend dazu beigetragen, daß die Vertriebenen den Schikanen der polnischen Austreibungskommandos entgingen[1]).

Die im Herbst 1945, vor allem in den Monaten Oktober und November, in Ostpommern, Oberschlesien, im Südteil Ostpreußens und auch in Danzig und Teilen Westpreußens in Gang gekommene Ausweisung der deutschen Bevölkerung bzw. ihre Abwanderung auf Grund des unerträglichen Druckes der Verhältnisse und der sicher bevorstehenden Zwangsvertreibung wurde, nachdem sie infolge des Winters im Dezember 1945 und im Januar/Februar 1946 stark abgeebbt war, im Frühjahr 1946 in verstärktem Maße fortgesetzt und dauerte ohne Unterbrechungen bis zum Spätherbst 1946 an. Das Jahr 1946 wurde in Ostdeutschland die Hauptperiode der Ausweisung. Alle unter polnischer Verwaltung stehenden ostdeutschen Provinzen und Orte, auch Niederschlesien und verschiedene Gegenden Pommerns und Ostpreußens, die bisher noch ziemlich verschont geblieben waren, wurden nunmehr von systematischen Austreibungsaktionen erfaßt[2]).

Zunächst unterschieden sich die Ausweisungen des Jahres 1946 wenig von denen des Jahres 1945. Noch immer waren die Kontrollen an den Sammelstellen und die wochenlangen Transporte von Plünderungen und Übergriffen aller Art begleitet, so daß die Mehrzahl der Ausgetriebenen völlig ausgeraubt, in verzweifelter körperlicher und seelischer Verfassung westlich der Oder-Neiße-Grenze ankamen, wo sie auf dem Gebiet der sowjetischen Besatzungszone monatelang in Quarantäne- und Flüchtlingslagern festgehalten wurden[3]).

Erst mit dem Sommer 1946 trat insofern eine Besserung ein, als sich die inzwischen festgelegten Richtlinien über die Durchführung der Ausweisung auszuwirken begannen. Bereits am 17. November 1945 hatte der alliierte Kontrollrat einen „Plan zur Überführung der deutschen Bevölkerung . . .“ aufgestellt[4]), in dem unter anderem vorgesehen war, daß die auf 3,5 Millionen geschätzte deutsche Bevölkerung aus Polen und den polnisch verwalteten deutschen Ostgebieten in die sowjetische (2 Millionen) und die britische Besatzungszone (1,5 Millionen) übergeführt werden und daß diese Überführung im Dezember 1945 beginnen und im Juli 1946 beendet sein sollte. — Später, am 14. Februar 1946, wurde in dem inzwischen errichteten internationalen *Combined Repatriation Executive* (CRX) zwischen dem britischen und dem polnischen Vertreter ein Abkommen getroffen[5]), das noch einmal wie schon das Potsdamer Abkommen die Versicherung enthielt, „daß die Aussiedlung und Überführung der Deutschen in humaner und ordentlicher

---

[1]) vgl. z. B. die Berichte Bd. I, 2: Nr. 198, S. 231 und Nr. 322, S. 738.

[2]) Vom Verlauf der Austreibungsaktionen des Jahres 1946 handeln die in Bd. I, 2, Dritter Abschnitt, III, abgedruckten Berichte Nr. 329 — Nr. 356; von ihnen betreffen die Berichte Nr. 329 — Nr. 334 die Ausweisungen aus Pommern, die Berichte Nr. 335 — Nr. 337 die Ausweisungen aus den nördlichen Kreisen Westpreußens und aus Danzig, die Berichte Nr. 338 — Nr. 356 die Ausweisungen aus Ober- und Niederschlesien.

[3]) Plünderungen während der Ausweisung, bei den Kontrollen und auf den Transporten, sind auch im Jahre 1946 noch vielfach vorgekommen. vgl. dazu die Berichte Bd. I, 2: Nr. 330, S. 763; Nr. 331, S. 767; Nr. 332, S. 769; Nr. 335, S. 775 f.; Nr. 338, S. 782; Nr. 343, S. 797; Nr. 351, S. 819; Nr. 352, S. 821 f.; Nr. 354, S. 830.

[4]) Abgedr. in ‚Europa-Archiv‘, Jg. 2, August 1947, 2. Folge, S. 823.

[5]) Abgedr. ebenda S. 824.

Weise durchgeführt werden" müsse. Auch die Fahrtrouten und die Ausweisungsquoten für die einzelnen Zeitabschnitte wurden hierbei festgelegt, und es wurde vereinbart, daß für eine Bewachung der Transporte sowie für Verpflegung und ärztliche Fürsorge während der Ausweisung Sorge getragen werden müsse. Bemerkenswert ist, daß den Ausgewiesenen nicht gestattet sein sollte, mehr als 500 RM und mehr Gepäck mitzunehmen, als sie „in den Händen tragen können".

Die sehr harten Bestimmungen über die Gepäckbeschränkung sind von polnischer Seite während der folgenden Ausweisungen des Jahres 1946 im allgemeinen beachtet worden[1]), und auch eine gewisse militärische Sicherung der Ausweisungen wurde eingerichtet, aber der eigentliche Zweck des britisch-polnischen Abkommens, eine „ordentliche und humane" Durchführung der Ausweisungen zu garantieren, ist auch bei den Massenausweisungen während des Jahres 1946 keineswegs erreicht worden. Allein schon für Verpflegung und ärztliche Betreuung war nur in den seltensten Fällen einigermaßen gesorgt. Schwerer fiel noch ins Gewicht, daß die polnischen Milizkommandos die Ausweisung der Deutschen aus ihren Wohnungen unnötig beschleunigten und in der Regel mit äußerster Strenge, ja oft geradezu in brutalen Formen durchführten. Oft standen den aus ihren Häusern Vertriebenen keinerlei Transportmittel zur Verfügung, so daß sie sich mit ihrem schweren Gepäck in kilometerlangen Märschen nach den Sammellagern schleppen mußten. Dort fehlte es meist an den primitivsten Voraussetzungen dafür, Tausende von Menschen unterzubringen, zumal es mitunter Wochen dauerte, ehe die Transporte zusammengestellt wurden[2]).

Nach allem, was heute über den Verlauf der Ausweisungen bekannt ist, steht es fest, daß ihre Durchführung durch die polnischen Behörden nicht nur ohne zureichende Organisation geschah, sondern daß vielfach ganz offensichtlich auch gar nicht der Wille vorhanden war und gar keine sonderlichen Anstrengungen gemacht wurden, um eine wirklich ordnungsgemäße und humane Überführung der deutschen Bevölkerung nach Westen zu gewährleisten.

Daß sich die Übergriffe und vor allem die Plünderungen während des Jahres 1946 überhaupt milderten, war in hohem Maße den Vertretern britischen Besatzungsmacht zu verdanken, die wiederholt gegen die Art und Weise protestierten, in der die polnischen Behörden die Ausweisung handhabten. — Der wichtigste Erfolg des britisch-polnischen Ausweisungsabkommens war, daß den Vertriebenen ab Ende 1946 der direkte Weg in die britische Besatzungszone offenstand, so daß sie nicht mehr von der sowjetischen Besatzungszone aus heimlich als Grenzgänger nach Westen zu fliehen brauchten.

[1]) Der Inhalt der öffentlichen Anschläge, durch welche die polnischen Behörden der deutschen Bevölkerung östlich der Oder-Neiße die Bedingungen der Ausweisung bekanntgaben, entsprachen im allgemeinen den im britisch-polnischen Ausweisungsabkommen vom 14. Februar 1946 vereinbarten Bestimmungen. vgl. z. B. den in Bd. I, 2: Nr. 351, S. 817, Anm. 2, wiedergegebenen Text einer im Landkreis Breslau angeschlagenen polnischen Bekanntmachung über die Durchführung der Ausweisung.

[2]) Fast sämtliche Berichte über die Ausweisung im Jahre 1946 erwähnen das schonungslose Vorgehen der polnischen Ausweisungskommandos, die Elendsmärsche der Vertriebenen und die katastrophalen Zustände in den Sammellagern. vgl. die Berichte Bd. I, 2: Nr. 329 — Nr. 356.

Waren die Vertreibungen des Jahres 1945 ausschließlich nach der Sowjetzone erfolgt, so ging der Hauptteil der im Jahre 1946 Ausgewiesenen in direkten Transporten in die britische Besatzungszone. Die Überführung von Deutschen aus den Gebieten östlich der Oder-Neiße nach der britischen Zone hielt vom Frühjahr bis zum Ende 1946 ohne wesentliche Unterbrechungen an und ist unter dem Kennwort „Operation Schwalbe" bekanntgeworden. Insgesamt 1 375 000 Deutsche aus den Oder-Neiße-Gebieten wurden im Zuge dieser Operation in geschlossenen Transporten nach Westdeutschland gebracht[1]). — Für den gesamten nördlichen Raum der Oder-Neiße-Gebiete war Stettin die Hauptstation für die Zusammenstellung und Abfertigung der Ausweisungstransporte und für ihre Übergabe an britisches Begleitpersonal. In der Umgebung von Stettin befanden sich mehrere Sammellager, in denen die zur Ausweisung Bestimmten oft wochenlang auf die Abfahrt der Transportzüge warten mußten, neben dem berüchtigten Lager Stettin-Scheune vor allem die Lager Kreckow und Frauendorf[2]). Die dort versammelten Ausgewiesenen aus Pommern und Ostbrandenburg und die mit Zügen aus Richtung Danzig oder aus Ost- und Westpreußen ankommenden Vertriebenen wurden in Stettin zu einzelnen Transporten zusammengestellt und nach Westen in Marsch gesetzt. Außer auf dem Schienenwege nach Westen erfolgte der Weitertransport von Stettin teilweise auch über See nach Lübeck[3]). — Im Südabschnitt der Oder-Neiße-Gebiete war das Zentrum für die Ausweisungstransporte der Bahnknotenpunkt Kohlfurt (nordöstlich Görlitz), von wo aus die Eisenbahntransporte mit Vertriebenen nach der sowjetischen und britischen Besatzungszone abgefertigt wurden[4]). Um eine Überschreitung der zwischen den britischen und den polnischen Behörden festgelegten Ausweisungsquoten an den einzelnen Übergabestationen zu vermeiden, kam es oft zu langwierigen und umständlichen Umlegungen der Ausweisungstransporte. So wurden manche Deutsche aus Pommern erst nach Polen geleitet und von dort aus über Schlesien nach Westen transportiert[5]).

Neben den Ausweisungen nach der britischen Besatzungszone wurden im Jahre 1946 ebenso wie 1945 mehrere Hunderttausende von Deutschen nach der sowjetischen Besatzungszone übergeführt. Viele dieser Vertriebenen haben sich, sobald sie den Aufnahmelagern der sowjetischen Zone entkommen konnten, selbständig auf den Weg in die westlichen Besatzungszonen begeben, um nicht länger unter sowjetrussischem Regime leben zu müssen, dessen Auswirkungen sie in ihrer Heimat so schmerzlich erfahren hatten. Im Jahre 1946 waren es allein ca. 250 000 Vertriebene, die außerhalb der organisierten Transporte in Westdeutschland ankamen[6]). Hatte schon im Jahre 1945 die Zahl der zwangsweise vertriebenen Ostdeutschen und derer,

---

[1]) s. ‚Das deutsche Flüchtlingsproblem' (Sonderheft der Zeitschrift für Raumforschung) Bielefeld 1950, S. 4 f.

[2]) vgl. dazu die Berichte Bd. I, 2: Nr. 329 — Nr. 334 sowie Nr. 337, S. 779.

[3]) vgl. z. B. Bericht Bd. I, 2: Nr. 332, S. 769.

[4]) Die meisten Ausweisungstransporte aus Schlesien führten über Kohlfurt. Zu dem Vorgang der Abfertigung der Transporte in Kohlfurt und ihrer Übergabe an das britische Begleitpersonal vgl. die Berichte Bd. I, 2: Nr. 346, S. 804; Nr. 349, S. 815.

[5]) vgl. z. B. Bericht Bd. I, 2: Nr. 334, S. 774.

[6]) s. ‚Das deutsche Flüchtlingsproblem', S. 4 f.

die infolge der unerträglichen Gewaltherrschaft von Polen und Russen nach Mittel- und Westdeutschland geflohen waren, schätzungsweise 600 000 bis 700 000 Menschen betragen, so verstärkte sich der Strom der Vertriebenen 1946 noch um ein Vielfaches. Rund 2 Millionen Deutsche kamen im Verlaufe dieses Jahres über die Oder-Neiße-Linie nach Westen. Die polnischen Bestrebungen zur Verdrängung der ostdeutschen Bevölkerung hatten damit bereits eine weitgehende Erfüllung gefunden. Neben den Ausweisungen hatten auch die radikalen Unterdrückungsmaßnahmen das Ihrige getan. Der Hunger und die körperliche Überbeanspruchung während der Zwangsarbeit, die Epidemien in den Städten, dazu die Mißhandlungen in den Lagern und Gefängnissen verursachten so zahlreiche Opfer unter den Deutschen, daß den polnischen Ausweisungskommandos manche Arbeit vorweggenommen wurde. — Ende 1946 war der Hauptteil der Deutschen, die beim Einzug der sowjetischen Truppen in ihrer Heimat geblieben oder später zurückgekehrt waren, bereits vertrieben oder in der Zwischenzeit umgekommen. Die Dörfer und Städte Schlesiens, Süd-Ostpreußens, Ostpommerns und Ostbrandenburgs waren zu diesem Zeitpunkt schon weitgehend von der deutschen Bevölkerung geräumt und hatten infolge der Ansiedlung von Polen ein völlig verändertes Gesicht erhalten.

Mit dem Eintritt des Winters 1946/47, als die Kälte unter den Vertriebenen bereits zahlreiche Verluste verursacht hatte[1]), verweigerten die britischen Behörden jede weitere Übernahme von Ausweisungstransporten, da sie es nicht verantworten zu können glaubten, weitere Hunderttausende völlig verelendeter Ausgewiesener in die überfüllten Aufnahmelager einzuliefern, und da gleichzeitig die polnischen Behörden gezwungen werden sollten, für bessere Ausweisungsbedingungen zu sorgen. Verschiedene Transporte liefen deshalb wieder in ihre Ausgangsorte zurück[2]), und die Ausweisungsaktionen flauten ganz allgemein während des Winters 1946/47 ab. — Da sich aber noch immer zahlreiche Deutsche östlich der Oder-Neiße befanden, begann mit dem Frühjahr 1947 eine neue, die letzte umfassende Etappe der Zwangsausweisungen. Auch jetzt waren die britischen Behörden noch nicht zu einer Übernahme der Transporte bereit, diese wurden deshalb ausschließlich in das Gebiet der sowjetischen Besatzungszone geleitet. Sie verliefen jetzt allerdings in wesentlich geregelteren Formen als 1945 und teilweise noch 1946, obwohl auch jetzt noch in den Ausweisungslagern mitunter unverändert katastrophale Zustände herrschten und noch immer manche Deutsche die Strapazen der Ausweisung mit dem Leben bezahlen mußten[3]).

Von den Ausweisungen im Jahre 1947 wurden die letzten bisher noch nicht oder teilweise betroffenen Orte erfaßt, und auch viele Deutsche, die bisher als unabkömmliche Arbeitskräfte verschont geblieben waren, mußten

---

[1]) Über die zahlreichen Todesfälle infolge von Erfrierungen, die im Laufe der rücksichtslosen Durchführung der Ausweisungsaktionen im Winter entstanden, vgl. die Berichte Bd. I, 2: Nr. 339, S. 783; Nr. 340, S. 784 f; Nr. 361, S. 846 f.

[2]) In der Regel blieben diese Zusammenhänge den Betroffenen verborgen oder wurden nur gerüchteweise bekannt. Ausdrücklich erwähnt wird der von den britischen Behörden im Winter 1946/47 erzwungene Ausweisungsstopp im Bericht Bd. I, 2: Nr. 361, S. 847.

[3]) vgl. z. B. Bericht Bd. I, 2: Nr. 361, S. 849 f.

sich nun von ihrer Heimat trennen[1]). Während des ganzen Frühjahrs, Sommers und Herbstes 1947 wurden auf diese Weise noch einmal schätzungsweise 500 000 Deutsche aus Schlesien, Ostpommern, Westpreußen und dem Südteil Ostpreußens nach Westen transportiert. Ende 1947 nahmen die systematischen Ausweisungen aus den polnisch verwalteten deutschen Ostgebieten im allgemeinen ein Ende, obwohl es auch später noch zu Einzelausweisungen kam und noch manche Deutsche in den folgenden Jahren selbständig versuchten, von Pommern oder Schlesien aus nach Westen zu gelangen.

Die Mehrzahl derer, die besonders in Oberschlesien und im südlichen Ostpreußen von der alten Bevölkerung deutscher Staatsangehörigkeit schließlich übrigblieben, bestand zum Teil aus Personen, die auf Grund ihrer polnischen Volkszugehörigkeit oder auch nur, um sich ihre Existenzgrundlage zu erhalten, freiwillig die polnische Staatsbürgerschaft erworben hatten, teils aber auch aus Personen, die, wie viele Masuren in Ostpreußen, von den Polen als polnische Volkszugehörige, als sogenannte *Autochthone* betrachtet wurden, die sich aber zum größten Teil entschieden als Deutsche fühlten und gegen ihren Willen zur Annahme der polnischen Staatsbürgerschaft gedrängt wurden. Daneben wurden sowohl in Ostpreußen als auch in Ober- und Niederschlesien, in Ostpommern und vereinzelt auch in Ostbrandenburg Personen zurückgehalten, die lediglich auf Grund ihrer Unabkömmlichkeit als Facharbeiter oder als sonstige wertvolle Arbeitskräfte gezwungen wurden, im Lande zu bleiben.

Im Gegensatz zu den polnisch verwalteten deutschen Ostgebieten hatten im sowjetisch verwalteten Teil Ostpreußens bis zum Sommer 1947 noch keinerlei Aussiedlungen stattgefunden. Anders als die Polen hatten die Sowjets kein nationales Interesse an der Vertreibung der Deutschen aus Ostpreußen, sie waren im Gegenteil sehr bemüht, durch scharfe Bewachung der quer durch Ostpreußen verlaufenden russisch-polnischen Demarkationslinie jede Abwanderung und Flucht von Deutschen aus dem von ihnen verwalteten Teil Ostpreußens zu verhindern, um aus den Deutschen an Arbeitsleistungen herauszuholen, was nur irgend möglich war. Die infolge der sowjetischen Arbeits- und Leistungsnormen eingetretene Erschöpfung der meist auf sowjetischen Kolchosen arbeitenden deutschen Bevölkerung und die katastrophalen Lebensverhältnisse im gesamten „Verwaltungsgebiet Kaliningrad", von denen an anderer Stelle bereits gesprochen wurde[2]), führten dazu, daß die deutsche Bevölkerung nichts sehnlicher wünschte, als dieses Land zu verlassen, das in kurzer Zeit unvorstellbar verelendet war, in dem ihnen nichts mehr gehörte und wohin in immer stärkerer Zahl russische Zivilpersonen einströmten. Manchen gelang die Flucht über die Grenze nach den polnisch verwalteten Gebieten, von wo aus sie leichter nach Westen gelangen konnten; sehr viele aber fielen der Unterernährung und den Seuchen zum Opfer und starben.

Erst als die Arbeitskraft der Deutschen infolge des Zustroms von Russen mehr oder weniger entbehrlich geworden war, begann für die restliche, kaum

---

[1]) Über den Verlauf der Ausweisungen aus Ostpreußen, Westpreußen und Ostpommern während des Jahres 1947 vgl. die Berichte Bd. I, 2: Nr. 357 — Nr. 362; für Schlesien vgl. Nr. 356, S. 832 f.

[2]) s. oben Zweiter Abschnitt, IV, 1.

noch mehr als hunderttausend Menschen zählende deutsche Bevölkerung in den Jahren 1947—1949 die Aussiedlung[1]). Schon im Sommer 1947 hatten einige wenige Tausend aus Königsberg Ausreisegenehmigung erhalten[2]). Im Herbst 1947, vor allem aber 1948 und abschließend im Jahre 1949 wurden dann sowohl die ca. 20 000 noch am Leben befindlichen Deutschen aus Königsberg als auch die übrige deutsche Bevölkerung im sowjetisch verwalteten Ostpreußen in geschlossenen Transporten ausgesiedelt, ohne daß an der bisherigen Bedingung von einzelnen Ausreisegenehmigungen festgehalten wurde[3]). Die Sowjets schlossen sich damit dem Vorgehen der Polen an, obwohl in den Potsdamer Beschlüssen von einer Aussiedlung der Deutschen aus dem sowjetisch verwalteten Teil Ostpreußens nicht die Rede gewesen war. Daß sie zu einer Zeit erfolgte, als sich die Lebensverhältnisse gerade zu bessern begannen, während in den Jahren vorher viele Tausende von Deutschen elend an Hunger und Krankheiten zugrunde gegangen waren, macht in besonderer Weise deutlich, wie wenig die Sowjets bei der Frage der Ausweisung oder Nichtausweisung von Rücksichten auf die deutsche Bevölkerung geleistet waren.

Nur jenseits der Memel, im Gebiet des 1945 der Sowjetrepublik Litauen eingegliederten Memellandes, fand keine Ausweisung der Deutschen statt. Die noch im Lande befindlichen Memeldeutschen mußten die litauische Staatsbürgerschaft annehmen und schieden damit aus dem Kreis der umzusiedelnden deutschen Volksteile aus. Dennoch haben sich manche Deutsche aus dem Memelland wegen des sowjetischen Drucks heimlich nach Deutschland durchgeschlagen. Die Mehrzahl der Memeldeutschen, die 1944 nicht geflohen oder später zurückgekehrt waren, ist jedoch in der Heimat verblieben.

In den Jahren 1947—1949, als die Ausweisung der deutschen Bevölkerung aus dem nördlichen Teil Ostpreußens im Gange war, kam es auch im Gebiet des polnischen Staates zu einer Welle systematischer Ausweisungen, wodurch die Ausmerzung des Deutschtums in Polen beendet werden sollte, die schon in den Jahren 1945/46 eingesetzt hatte. Damals, als in Polen die brutale Verfolgung aller Deutschen schlimmste Formen annahm, machten sich Tausende von denen, die noch nicht verhaftet oder interniert waren, selbständig von den Orten Posens und Westpreußens auf den Weg nach dem Westen, wobei verschiedentlich auch lokale polnische Behörden den Abtransport der Deutschen vorantrieben[4]). Mit dem Jahre 1946 waren jedoch nahezu alle im westpolnischen Staatsgebiet ansässigen Deutschen in Gefängnissen eingeliefert, in Lagern konzentriert oder zur Zwangsarbeit eingesetzt, und damit gab es im großen ganzen keine Möglichkeit mehr, selbständig das Land zu verlassen. Lediglich die erst während des Krieges aus dem Reich zugezogenen Deutschen und die volksdeutschen Umsiedler aus den baltischen und südosteuropäischen Staaten wurden, sofern sie nicht

---

[1]) vgl. dazu die Berichte Bd. I, 2: Nr. 363 — Nr. 367.

[2]) vgl. Bericht Bd. I, 2: Nr. 364, S. 860 (Einleitungskursiv) sowie Hugo Linck: Königsberg 1945—1948, S. 107 ff.

[3]) vgl. dazu außer den unter Anm. 2 genannten Berichten Hugo Linck: Königsberg 1945—1948, S. 136 ff.

[4]) vgl. die Berichte Bd. I, 2: Nr. 308 — Nr. 310; ferner: Nr. 245, S. 484; Nr. 261, S. 553; Nr. 264, S. 573; Nr. 276, S. 633; Nr. 277, S. 635; Nr. 278, S. 638; Nr. 279, S. 643.

bereits vorher geflohen waren, zum Teil anders als die in Polen einheimischen Volksdeutschen behandelt und schon 1945 oder 1946 des Landes verwiesen[1]).

Gegen die alteingesessenen Deutschen, die zwischen 1919 und 1939 die polnische Staatsbürgerschaft besessen hatten und dann während der deutschen Okkupation Polens als Deutsche bevorrechtet waren, richteten sich nach 1945 in erster Linie der in der Zeit der Besetzung genährte Haß und die Vergeltungsabsichten der Polen. Sie wurden nicht nur als Deutsche betrachtet, die entsprechend den Potsdamer Beschlüssen auszuweisen seien, sondern galten, wie schon dargestellt wurde, nach der neuen polnischen Gesetzgebung als Kollaboranten und „Verräter der Nation" und wurden deshalb strafrechtlich verfolgt. Erst nachdem sie jahrelanger Haft und Verfolgung ausgesetzt, viele von ihnen zugrunde gegangen, die anderen meist völlig verelendet und durch die Zwangsarbeit erschöpft waren, kam es im Jahre 1947 zu den ersten Entlassungen aus den Lagern, die in der Regel mit der Ausweisung der Entlassenen verbunden waren. — Zwar war schon am 13. September 1946 das Dekret „über die Ausscheidung von Personen deutscher Nationalität aus der polnischen Gesellschaft" erlassen worden[2]), dessen Artikel 4 bestimmte, daß die bisher in Gefängnissen und Lagern Gehaltenen, sofern ihre deutsche Gesinnung und ihr Bekenntnis zum Deutschtum erwiesen seien, ausgewiesen werden müßten. Da aber die Polen inzwischen die billige Arbeitskraft der Deutschen schätzen gelernt hatten, wurde die Ausführung dieser Bestimmung sehr verzögert bzw. zunächst nur auf die nicht arbeitsfähigen Deutschen angewandt. Diese vor allem wurden als erste in den Jahren 1947 und 1948 aus den Lagern entlassen und mit Transporten nach der sowjetischen Besatzungszone gebracht[3]). Da man die Arbeitsfähigen noch dabehielt, kam es bei diesen Ausweisungen oft zur Zerreißung von Familien und zur Trennung von Müttern und Kindern. — Erst im Sommer 1949 wurde auch ein großer Teil der Arbeitsfähigen erfaßt, und die Entlassungen, die Auflösung ganzer Lager, und die Ausweisungstransporte erreichten jetzt ihren Höhepunkt, bis sie im Jahre 1950 im wesentlichen beendet waren. Die zur Entlassung Bestimmten wurden von ihren Arbeitsstellen, die überall im Lande verteilt waren, nach den für sie zuständigen Zentrallagern befördert. Dort wurden die Entlassungen vorgenommen und die Transporte zusammengestellt. Besonders vom Lager Potulice bei Bromberg und vom Lager Sikawa bei Lodz gingen

---

[1]) vgl. z. B. Bericht Bd. I, 2: Nr. 265, S. 577.

[2]) vgl. Dziennik Ustaw Pos. 310/46 — Das Muster eines unter Berufung auf dieses Dekret erfolgten Ausweisungsurteils ist abgedruckt in Bd. I, 2: unter Nr. 369, S. 870 f.

[3]) Über die Verzögerung der Ausweisung s. z. B. Bericht Bd. I, 2: Nr. 368, S. 868 f. — Die Ausweisungen des Jahres 1947 aus Polen betrafen vor allem die Insassen der Lager, die meist aus Kranken und Nichtarbeitsfähigen bestanden, während die arbeitsfähigen Deutschen zwar auch in Lagern registriert waren, in der Regel sich aber nicht dort aufhielten, sondern an polnische Bauern oder Unternehmer zur Zwangsarbeit vermietet worden waren. Über die Entlassungen und Ausweisungen aus den Lagern und Gefängnissen im Jahre 1947 vgl. die Berichte Bd. I, 2: Nr. 257. S. 540; Nr. 266, S. 583; Nr. 267, S. 592; Nr. 269, S. 609.

1949 zahlreiche Transporte mit je durchschnittlich 2 000 Deutschen nach Deutschland ab[1]).

Nach den jahrelangen schweren Leiden erschien fast allen Deutschen aus Polen die Ausweisung als eine Erlösung. Die Empfindung des Dankes und die Freude darüber, die zurückliegenden Bedrängnisse und menschenunwürdigen Lebensverhältnisse überlebt zu haben und endlich von ihnen befreit zu sein, überdeckten für einen Moment die Erkenntnis des schweren Loses, das die zwangsweise Ausweisung aus der seit Generationen bewohnten Heimat bedeutete.

Schon bei den Ausweisungen in den Jahren 1947 bis 1949 ließ sich erkennen, daß den polnischen Behörden nicht mehr in gleichem Maße wie vorher an einer Aussiedlung der Deutschen gelegen war. Die Ansiedlung von Polen in den ostdeutschen Städten und Dörfern machte kaum noch Fortschritte, und es zeigte sich, daß man die frühere Bevölkerungs- und Produktionskapazität der deutschen Ostgebiete nach der Ausstoßung der deutschen Bevölkerung nicht wieder erreichen würde. Es setzte sich deshalb immer mehr die Erkenntnis durch, daß eine weitere restlose Ausweisung der noch im Lande befindlichen Deutschen eine wirtschaftliche Schädigung Polens bedeutete, zu der man es umso weniger kommen lassen durfte, als infolge der zunehmenden Sowjetisierung aller Lebensbereiche, wie in den anderen volksdemokratischen Staaten so auch in Polen, die Steigerung der Produktion und die Erfüllung der Wirtschaftspläne zu obersten politischen Gebot geworden waren. Um eine weitere Verminderung der in Polen lebenden arbeitsfähigen Bevölkerung und eine dadurch bedingte Herabsetzung der wirtschaftlichen Kapazität Polens zu verhindern, wurde nach den letzten umfassenden Ausweisungen im Jahre 1949 neue Abtransporte von Deutschen zu verhindern gesucht. Der nationalpolnische Chauvinismus, der ursprünglich zur Ausweisung aller Deutschen getrieben hatte, war zwar noch lange nicht erloschen, doch er wurde durch die kommunistischen Wirtschaftsprinzipien der Warschauer Regierung in den Hintergrund gedrängt.

Infolge des Abstoppens der Ausweisungen kam es zu zahlreichen gewaltsamen Trennungen von Familienangehörigen. Frauen blieben in Polen oder Ostdeutschland zurück, deren Männer bei ihrer Rückkehr aus Kriegsgefangenschaft nach Mittel- oder Westdeutschland gekommen waren, und zahlreiche Deutsche, selbst Kinder, wurden nun als wichtige Arbeitskräfte in Polen und den polnisch verwalteten deutschen Ostgebieten festgehalten, obwohl ihre engsten Angehörigen schon lange ausgewiesen waren. Um diesen Zustand zu beheben, haben britische Behörden unter Mitwirkung des Deutschen Roten Kreuzes die sogenannte *Aktion Link*[2]) in die Wege geleitet mit dem Ziele, die getrennten Familien zusammenzuführen. Im Rahmen dieser Aktion, die vom März 1950 bis Ende 1951 andauerte, sind noch einmal fast 44 000 Deutsche über die Oder-Neiße-Linie nach Westdeutschland gekom-

---

[1]) Über die Entlassung aus den Lagern und die folgende Ausweisung aus Polen im Jahre 1949 vgl. den ausführlichen Bericht Bd. I, 2: Nr. 370, S. 871 f. — ferner Nr. 244, S. 481; Nr. 251, S. 513; Nr. 252, S. 516; Nr. 254, S. 533 f.; Nr. 256, S. 537; Nr. 259, S. 544; Nr. 270, S. 616 f.; Nr. 271, S. 619 f.; Nr. 275, S. 628.

[2]) Von engl. to link = verbinden, zusammenführen.

men[1]). Allerdings haben die polnischen Behörden auch hier nicht die Vereinbarung eingehalten, indem sie meist nicht die angeforderten von ihren Angehörigen in Westdeutschland getrennten Personen auswiesen, sondern in der Mehrzahl kranke, alte oder aus anderen Gründen arbeitsunfähige Deutsche, auf deren Verbleiben in den polnisch verwalteten Ostgebieten sie wenig Wert legten[2]).

Seit dem Ende der *Aktion Link* sind nach Westdeutschland und offenbar auch nach der sowjetischen Besatzungszone nur noch ganz vereinzelt Deutsche über die Oder-Neiße-Linie nach Westen gekommen. Die Ausweisungen von Deutschen aus den polnisch verwalteten deutschen Ostgebieten und aus Polen scheinen damit ihr Ende gefunden zu haben.

Versucht man die einzelnen Etappen der Ausweisung ihrer Größenordnung nach durch Zahlen zu verdeutlichen, so ergibt sich etwa das folgende Bild:

Die einzelnen Etappen der Ausweisung.	Anzahl der Ausgewiesenen:
Vor dem Potsdamer Abkommen (Juni/Juli 1945) vor allem aus Ostbrandenburg, Ostpommern und Niederschlesien:	250 000
Vom Spätsommer bis Spätherbst 1945 aus allen ostdeutschen Gebieten mit Ausnahme des sowjetisch verwalteten Ostpreußens:	400 000
Während des Jahres 1946 vor allem aus Schlesien, Ostpommern und dem polnisch verwalteten Ostpreußen:	2 000 000
Während des Jahres 1947 aus allen polnisch verwalteten deutschen Ostgebieten und aus dem sowjetisch verwalteten Ostpreußen:	500 000
Während des Jahres 1948 aus dem sowjetisch verwalteten Ostpreußen und aus Polen	150 000
Während des Jahres 1949 aus dem sowjetisch verwalteten Ostpreußen und aus Polen	150 000
In den Jahren 1950—1951 im Rahmen der *Aktion Link:*	50 000
Insgesamt:	3 500 000

Nachdem 1950/51 mit den letzten größeren Ausweisungstransporten aus Polen und den polnisch verwalteten Gebieten die Ausweisung der Deutschen zum Stillstand gekommen war und Hunderttausende von Deutschen schon vorher infolge der katastrophalen Lebensverhältnisse, unter denen sie besonders in den Jahren 1945 und 1946 zu leben hatten, zugrundegegangen waren, blieb von der Bevölkerung deutscher Staatsangehörigkeit, die bei Kriegsende in den Reichsgebieten östlich der Oder-Neiße gelebt hatte, und von den Deutschen, die ehemals in Danzig und in Polen ansässig gewesen waren, noch insgesamt etwa eine Million zurück[3]).

[1]) Davon stammten 4 228 aus Ost- und Westpreußen, 4 023 aus Ostpommern und Ostbrandenburg, 15 368 aus Schlesien, 12 744 aus dem Wartheland und 5 964 aus Zentralpolen.

[2]) vgl. dazu Bericht Bd. I, 2: Nr. 371, S. 873 f.

[3]) Für die Annahme, daß sich von der alten Bevölkerung der ostdeutschen Reichsge-

Gegenüber diesen Menschen, von denen ein kleiner Teil auf Grund der Zugehörigkeit zum polnischen Volkstum oder zur polnischen Sprachgemeinschaft freiwillig die polnische Staatsbürgerschaft angenommen hatte, wurde nun nach Abschluß der Ausweisungen in erhöhtem Maße die Politik der *Zwangsoptionen* aufgenommen, durch die dic noch im Lande befindlichen Deutschen dem polnischen Staat eingegliedert werden sollten[1]).

Noch in dem Dekret der polnischen Regierung vom 28. April 1946 war daran festgehalten worden, daß die polnischen Bürgerrechte nur denjenigen Personen ehemaliger deutscher Staatsangehörigkeit zustanden, deren polnische Volkszugehörigkeit nachgewiesen werden konnte und die gegenüber dem polnischen Volk und Staat eine „Treue-Erklärung“ geleistet hatten[2]). Da sich nur sehr wenige von den damals noch im Lande befindlichen Personen deutscher Staatsangehörigkeit als Polen fühlten und von der Möglichkeit, die polnische Staatsbürgerschaft zu erlangen, Gebrauch machten, haben die polnischen Behörden vielerorts versucht, allen denen die polnische Staatsbürgerschaft aufzuzwingen, die sie auf Grund irgendwelcher äußerst fragwürdiger Voraussetzungen, etwa weil sie polnisch klingende Namen besaßen oder weil sie polnische Sprachkenntnisse hatten, als autochthone Polen reklamieren zu können glaubten. — Später wurden diese verzweifelten Versuche, einen beachtlichen Teil der noch in ihrer Heimat lebenden Deutschen als Polen zu deklarieren, jedoch fallen gelassen. Durch das Dekret vom 8. Januar 1951 wurde verordnet, daß allen Personen ehemals deutscher Staatsangehörigkeit, die sich noch in Ostdeutschland befinden, gleich ob sie deutscher oder polnischer Volkszugehörigkeit sind, ob sie polnisch oder deutsch sprechen, die polnische Staatsbürgerschaft zusteht[3]). Auf Grund dieser Bestimmung erhöhte sich überall in den polnisch verwalteten Gebieten Ostdeutschlands der auf die Deutschen ausgeübte Druck, für Polen zu optieren. Wie viele Deutsche diesem Druck inzwischen nachgegeben haben, ist gegenwärtig kaum feststellbar. Sicher ist jedoch, daß sehr viele von ihnen noch heute eine Annahme der polnischen Staatsbürgerschaft verweigern, weil sie fürchten müssen, damit endgültig die Aussicht auf ein Entrinnen aus einem ideologisch und national fremden Staatsgebilde und ihren Anspruch auf eine Zusammenführung mit ihren in Mittel- oder Westdeutschland lebenden Angehörigen zu verlieren. Vom Deutschen Roten

biete und den im Gebiet Polens (Grenze v. 1937) und Danzigs seßhaft gewesenen Deutschen heute noch rund 1 Million in ihrer Heimat befinden, liegen im wesentlichen nur polnische Statistiken zugrunde, aus denen verschiedentlich hervorgeht, daß die Zahl derjenigen in den deutschen Ostgebieten lebenden Personen, die schon vor der Errichtung der polnischen Verwaltung dort wohnten (sie werden in den polnischen Statistiken generell als ‚Autochthone‘ bezeichnet), gegenwärtig rund 1 Million beträgt. vgl. u. a. ‚Europa-Archiv‘, Jg. 1, S. 595, sowie die in Friedrich Hoffmann: Die Oder-Neiße-Linie, Frankfurt 1949, teilweise übersetzten polnischen Angaben aus ‚Poland, Germany and European Peace‘ (Amtliche Dokumente 1944—1948, veröffentlicht von der polnischen Botschaft in London), insbes. S. 45.

[1]) s. dazu die Berichte Nr. 372 — Nr. 382.

[2]) vgl. Dziennik Ustaw, Pos 106/46. Ein im wesentlichen gleichlautendes Gesetz wurde am 22. Oktober 1947 für das Gebiet der Freien Stadt Danzig erlassen (vgl. Dziennik Ustaw, Pos. 378/47); bemerkenswert ist, daß dabei (Art. 3) auch die Übertragung des polnischen Staatsbürgerrechtes an Personen ehemaliger deutscher Staatszugehörigkeit für zulässig erklärt wurde, die erst nach dem 31. 8. 1939 in Danzig wohnhaft waren.

[3]) vgl. Dziennik Ustaw, Pos 25/51, insbes. Art. 3.

Kreuz allein wurden bisher insgesamt 204 000 Deutsche aus Polen und den polnisch verwalteten deutschen Ostgebieten registriert, die ihre Überführung nach Deutschland beantragt haben. Eine solche Entwicklung konnte von der polnischen Regierung auch dadurch nicht aufgehalten werden, daß sie die Diskriminierungen der Deutschen aufhob und zuließ, daß heute in manchen Gegenden und Orten Schlesiens und Pommerns wieder regelmäßige deutsche Gottesdienste abgehalten werden und deutsche Schulen wiedererrichtet sind, was zweifellos darauf hinzielte, die Deutschen zum Bleiben und zur Annahme der polnischen Staatsbürgerschaft zu bewegen.

Aus alledem wird deutlich, wie sehr sich die Situation gegenüber 1945 in ihr Gegenteil verkehrt hat. Waren die Polen damals an einer möglichst schleunigen Vertreibung interessiert, so sehen sie sich heute dazu gezwungen, entweder durch Drohungen oder durch Entgegenkommen die Deutschen als Staatsbürger zu gewinnen. Indem die Leiter des polnischen Staates durch ihre Maßnahmen zu erkennen geben, daß sie die radikale Vertreibungspolitik — aus welchen Gründen auch immer — selbst nicht mehr gutheißen,wird in sehr eindringlicher Weise deutlich, daß die Vertreibung der ostdeutschen Bevölkerung in jeder Hinsicht eine politische Fehlentscheidung war. Sie brachte unsägliches Leid und erschreckend hohe Menschenverluste über ein Volk, belastete eine ganze Nation, ja, ganz Europa und die westliche Welt mit dem schier unlösbarem Problem der Vertriebenen und schadete im letzten Grunde auch dem polnischen Volk mehr, als es ihm nutzte.

Die Vertreibung hat damit längst aufgehört, ein internes deutsches Problem zu ein; sie ist zu einer Frage geworden, die die politische und soziale Ordnung und Sicherheit der ganzen westlichen Welt gefährdet. Diese ihre Wirkungen auch nur zu umreißen, überschreitet den Rahmen dieser Darstellung, die sich darauf beschränken sollte, schlicht und im vollen Wissen um das Fragmentarische eines solchen Versuches, den Hergang der großen Katastrophe Ostdeutschlands zu erzählen. Was diesem knappen Bericht an Farbe und Unmittelbarkeit fehlt, soll das Wort derjenigen ergänzen, die selbst die Opfer des großen Unheils und Unrechts gewesen sind.

II. Die Verluste der deutschen Zivilbevölkerung östlich der Oder-Neiße im Verlaufe ihrer Vertreibung.

Der Bericht über den Verlauf der Vertreibung aus dem Osten bliebe unvollständig ohne den Versuch, etwas über das Ausmaß der dabei eingetretenen Menschenverluste auszusagen und Zahlen zu nennen, durch die in sehr eindringlicher Weise bestätigt wird, was in den Erlebnisberichten über die unmenschlichen Formen der Vertreibung berichtet ist. Es muß dabei allerdings betont werden, daß darüber gegenwärtig und wohl niemals in vollem Umfange exakte, bis ins einzelne statistisch belegbareAngaben gemacht werden können.

Da die bei der Vertreibung entstandenen Verluste nirgends registriert worden sind, kann ihre Höhe heute nur noch nachträglich indirekt errechnet werden. Sie läßt sich einigermaßen aus der Differenz zwischen der Anzahl derjenigen Ostdeutschen ermitteln, die vor der Vertreibung östlich der Oder lebten[1]), und der Zahl derer, die davon entweder als Vertriebene im

[1]) In diesem Fall müssen auch die Wehrmachtsangehörigen aus den Ostgebieten mitgezählt werden, da sie bei ihrer Rückkehr aus Kriegsgefangenschaft ebenfalls als

Gebiet der Bundesrepublik und der Sowjetzone registriert wurden oder heute noch in der Heimat leben[1]).

Verluste der ostdeutschen Bevölkerung durch Kriegseinwirkungen und infolge der Vertreibung (1939—1950).

Reichsgebiete jenseits der Oder und Neiße	Bevölkerungsstand von 1939 plus Bevölkerungszuwachs während der Kriegszeit[2])	Anzahl der Vertrieb. aus d. Reichsgeb. östlich der Oder-Neiße i. Bundesgeb. u. d. Sowjet-Zone[3])	Noch in ihrer Heimat befindlich[4])	Differenz (Verluste durch Kriegseinwirkung u. Vertreibung)
Ostpreußen	2 619 000	1 930 000	75 000	614 000
Ostpommern	1 985 000	1 495 000	50 000	440 000
Ostbrandenburg	659 000	410 000	10 000	239 000
Schlesien	4 824 000	3 250 000	700 000	874 000
Insgesamt	10 087 000	7 085 000	835 000	2 167 000

Vertriebene gelten. Nicht eingerechnet werden dürfen die 1944 in Ostdeutschland befindlichen Bombenevakuierten, die nicht als Vertriebene gezählt werden, auch wenn sie den Vertreibungsprozeß in Ostdeutschland miterlebten. Die beste Grundlage für die Verlustermittlung bietet deshalb die Bevölkerungszahl von 1939 unter Einrechnung des natürlichen Bevölkerungszuwachses während der Kriegszeit, wie oben, Erster Abschnitt, S. 4 E, angegeben.

[1]) Wird dabei, wie es hier geschieht, als Stichjahr das Jahr 1950 zugrundegelegt, so können bei dieser Berechnung diejenigen Ostvertriebenen unberücksichtigt gelassen werden, die 1950 nicht im Bundesgebiet oder der Sowjet-Zone sondern in Österreich lebten oder bis zu diesem Zeitpunkt nach anderen europäischen Staaten und nach Übersee ausgewandert waren, wie andererseits auch die zahlenmäßige Zunahme der Vertriebenen außer Acht bleiben kann, die durch natürlichen Bevölkerungsüberschuß unter den in Mittel- und Westdeutschland befindlichen Vertriebenen seit ihrer Ankunft bis zum Jahre 1950 eingetreten ist. Beide Quoten bewegen sich etwa in gleicher Größenordnung, so daß angenommen werden kann, daß die durch Nichterfassung der ins Ausland abgewanderten Vertriebenen verursachte Differenz ausgeglichen wird durch die Tatsache, daß bei der Registrierung der 1950 im Bundesgebiet befindlichen Vertriebenen auch der nach der Vertreibung stattgefundene Geburtenüberschuß der Vertriebenen enthalten ist.

[2]) vgl. dazu Erster Abschnitt, I, S. 4 E u. S. 5 E.

[3]) Für das Bundesgebiet liegen den folgenden Zahlen die Ergebnisse der Volkszählung vom 13. 9. 1950 zugrunde, für die sowjetische Zone und Berlin das Ergebnis der Volkszählung vom 30. Oktober 1946. Die zeitliche Differenz dieser beiden Erfassungstermine kann in Kauf genommen werden, da die Neuankunft von Vertriebenen in der Sowjetzone nach dem 30. Oktober 1946 weitgehend ausgeglichen wurde durch die Abwanderung von Vertriebenen aus der Sowjetzone nach dem Bundesgebiet. Die effektive Zunahme der Zahl der Vertriebenen in der Sowjetzone seit Ende 1946 bis 1950 beträgt nach allgemeiner Schätzung im Höchstfalle 400 000, davon etwa 250 000 aus den Oder-Neiße-Gebieten. Diese 250 000 sind nach Abschätzung des Anteils der davon auf die einzelnen ostdeutschen Provinzen entfällt, den Zahlen hinzugezählt worden, die nach der Volkszählung von 1950 für das Bundesgebiet und nach der Volkszählung von 1946 für die Sowjet-Zone vorliegen.

[4]) Die folgenden Zahlen über die noch in ihrer Heimat befindlichen Personen ehemaliger deutscher Staatsangehörigkeit sind unter Zugrundelegung von Informationen von polnischer und deutscher Seite geschätzt. vgl. auch oben S. 155 E, Anm. 3.

Das Ergebnis der obigen Aufstellung zeigt, daß die deutsche Bevölkerung in den Reichsgebieten östlich der Oder-Neiße (Grenzen von 1937) durch Kriegseinwirkung und infolge der Vertreibung einen Gesamtverlust von 2,15 Millionen Menschen zu beklagen hatte. Da die Zahl der Gefallenen und in Gefangenschaft verstorbenen ostdeutschen Soldaten sicher nicht mehr als eine halbe Million betragen hat[1]) und die Zahl der vor Beginn der Flucht den Bombenangriffen zum Opfer gefallenen Zivilpersonen in Ostdeutschland kaum höher als 50 000 liegen dürfte[2]), ergibt sich, daß allein während des Gesamtprozesses der Vertreibung 1,6 Millionen Deutsche aus den Reichsgebieten östlich der Oder-Neiße umgekommen sind[3]), d. i. 15,8 Prozent der Gesamtbevölkerung Ostdeutschlands vor Kriegsende. Die Höhe dieser Verluste wird daran deutlich, daß sie mehr als das Dreifache derer beträgt, die infolge des Krieges unter den ostdeutschen Soldaten entstanden. — Es hat sich dabei erwiesen, daß die Zahl der Opfer bei den Deutschen, die unter russisch-polnische Herrschaft gerieten, durchschnittlich mehr als das Dreifache aller im Verlaufe der Flucht Umgekommenen beträgt. Die wahllosen Erschießungen beim Einzug der Roten Armee, die Einlieferung großer Teile der ostdeutschen Bevölkerung in Zwangsarbeitslager und Gefängnisse, die allgemeine Hungersnot und die zahlreichen in den Jahren 1945/1946 herrschenden Epidemien, schließlich auch die Vorgänge während der Deportation nach Rußland und der Zwangsaustreibung haben weit mehr Deutschen das Leben gekostet als manche Ereignisse während der Flucht, wie z. B. der Haffübergang, das Bombardement von Dresden und zahlreiche Schiffsuntergänge. Das bedeutet, daß die Verlustquote der nach 1945 in der Heimat Zurückgebliebenen sicher höher war als die Durchschnittszahl von 15,8 Prozent aussagt. Prozentual noch höher als in den Reichsgebieten östlich der Oder-Neiße waren die Verluste der deutschen Bevölkerung im Gebiet der Freien Stadt Danzig und im polnischen Staatsgebiet. In Danzig lebten nach der Personenstandsaufnahme vom 10. Oktober 1941 404 000 Deutsche; 1950 waren im Bundesgebiet, in Berlin und der Sowjetzone rund 300 000 Vertriebene aus Danzig registriert, so daß — da nur einige wenige Deutsche heute noch in Danzig leben — mit einem Gesamtverlust von rund 100 000 Danzigern, d. h. 25 Prozent, zu rechnen ist[4]).

---

[1]) Für das gesamte Reichsgebiet wird die Zahl der gefallenen und in Kriegsgefangenschaft verstorbenen Soldaten mit rund 3 Millionen angegeben. vgl. ‚Wirtschaft und Statistik', Jg. 1, H. 8, hrsg. vom Statistischen Amt des Vereinigten Wirtschaftsgebietes, November 1949, S. 228.

[2]) Die Gesamtzahl der durch den Luftkrieg unter der Zivilbevölkerung des deutschen Reiches eingetretenen Verluste beträgt rund 500 000 (vgl. ‚Wirtschaft und Statistik', hrsg. vom Statistischen Amt des Vereinigten Wirtschaftsgebietes, Jg. 1, H. 8, S. 227). Die Zahl derer, die in Ostdeutschland durch Bombenangriffe umgekommen sind, kann deshalb kaum mehr als 50 000 betragen. Nicht einbegriffen sind darin die Verluste, die während der Flucht vor der Roten Armee oder bei der Belagerung ostdeutscher Städte durch Bombenangriffe verursacht wurden. Diese waren teilweise sehr hoch, z. B. anläßlich der Luftangriffe auf Dresden, aber auch in den zu Festungen erklärten Städten Königsberg, Danzig, Breslau u. a.

[3]) Diese Zahl entspricht ziemlich genau Verlustberechnungen, die in anderer Weise zustande gekommen sind. vgl. z. B. ‚Wirtschaft und Statistik' hrsg. vom Statistischen Amt des Vereinigten Wirtschaftsgebietes, Jg. 1, H. 8, S. 228. Sie kann deshalb ihrer Größenordnung nach als durchaus zuverlässig gelten.

[4]) Einschließlich der Wehrmachtsverluste.

Eine Verlustermittlung für die Deutschen, die 1944 auf polnischem Territorium (Grenzen von 1937) lebten, ist gegenwärtig nur für die alteingesessene volksdeutsche Bevölkerung möglich[1]). Sie ergibt folgendes Bild:

Verluste der deutschen Bevölkerung in Polen 1939—1950.

Alteingesessene dt. Bevölkerung in Polen (Grenzen von 1937) nach d. Stande v. 1939 [2])	Davon bis 1950 im Bundesgebiet, i. d. Sowjetzone u. in Berlin registriert	Noch in Polen befindlich	Differenz (= Verluste)
958 000	666 000	75 000	217 000 (22,5 %)[3])

Nicht wesentlich anders als das Schicksal der alteingesessenen Deutschen in Polen hat sich das Los der während des Krieges in westpolnischen Gebieten angesiedelten deutschen Umsiedler und der aus dem Reich zugezogenen Deutschen (insgesamt rund 800 000) gestaltet. Auch unter ihnen wird es demnach ähnlich hohe Verluste gegeben haben. Alles in allem ist damit zu rechnen, daß mindestens 400 000 Deutsche aus Danzig und den polnischen Gebieten (Grenzen von 1937) den langjährigen Vertreibungsprozeß von der Flucht vor der Roten Armee bis zur Ausweisung nicht überlebten. — Die erschreckende Höhe der Menschenverluste unter der deutschen Bevölkerung Polens und Danzigs erklärt sich aus der Tatsache, daß der überwiegende Teil dieser Menschen 1945 in Lagern untergebracht wurde, in denen infolge von Mißhandlungen und Gewalttaten, auf Grund der schlechten Ernährung, absolut unhygienischer Verhältnisse und zahlreicher Seuchen und Epidemien eine Sterblichkeit von ungewöhnlichem Ausmaße herrschte.

Die Gesamtzahl der infolge der Vertreibung östlich der Oder und Neiße umgekommenen deutschen Zivilpersonen erhöht sich durch die hohen Verluste der Deutschen aus Polen und Danzig auf rund 2 Millionen[4]). Dies bedeutet, daß im Laufe des Vertreibungsprozesses etwa der sechste Teil der deutschen Bevölkerung aus den Gebieten östlich der Oder-Neiße ums Leben gekommen ist.

---

[1]) Für die während des Krieges in den polnischen Westgebieten angesiedelten Deutschen aus Beßarabien, der Dobrudscha, der Bukowina u. a. ist eine Verlustbilanz z. Zt nicht möglich, weil diejenigen von ihnen, die gegenwärtig im Bundesgebiet in der Sowjetzone und in Berlin registriert sind, statistisch nicht von den übrigen deutschen Vertriebenen aus den Südoststaaten zu trennen sind, denn für sie alle gilt als Stichtag ihrer Herkunft der 1. September 1939. Ebenso verhält es sich mit den Reichsdeutschen, die während des Krieges nach den west- und zentralpolnischen Gebieten zugezogen sind.

[2]) Zu den 789 000 Deutschen, die 1944 in den westpolnischen Gebieten lebten, (s. oben, Erster Abschnitt, I, S. 7 E), sind noch 169 000 Deutsche aus Ostpolen (Wolhynien) hinzuzuzählen, die während des Krieges meist nach dem Wartheland umgesiedelt wurden (vgl. ‚Kleiner Umsiedlungsspiegel').

[3]) Einschließlich der Wehrmachtsverluste.

[4]) Berücksichtigt man, daß die über 800 000 gegen Ende des Krieges östlich der Oder-Neiße befindlichen Bombenevakuierten aus Mittel- und Westdeutschland (vgl. Erster Abschnitt, I, S. 5 E), die im Laufe der Flucht und der späteren russisch-polnischen Herrschaft ebenfalls hohe Verluste zu beklagen hatten, nicht in dieser Berechnung inbegriffen sind, so muß diese Verlustzahl eher zu niedrig als zu hoch erscheinen.

DOKUMENTE

DIE VERTREIBUNG
DER DEUTSCHEN BEVÖLKERUNG
AUS DEN GEBIETEN
ÖSTLICH DER ODER-NEISSE

Erster Abschnitt:

DIE FLUCHT VOR DER ROTEN ARMEE

I. Die Fluchtereignisse in Ostpreußen, Westpreußen und Pommern.

1. Evakuierungsmaßnahmen und erste Fluchtbewegungen der ostpreußischen Bevölkerung seit August 1944.

Nr. 1

Protokollarische Aussagen des ehemaligen Landrats Buttgereit aus Heydekrug und des Gutsbesitzers Strauß aus Memel i. Ostpr.
Original, 6. Dezember 1952, 3 Seiten. Teilabdruck.

Das Schicksal der Bevölkerung des Memellandes von August bis Oktober 1944.

Nach einleitenden Mitteilungen über Personalfragen in der Verwaltung des Memellandes seit 1939 heißt es in der Niederschrift:

Etwa am 4. August 1944 kam ganz plötzlich ein Räumungsbefehl, nach dem die gesamte Bevölkerung unter Mitnahme des wichtigsten Inventars und vor allen Dingen des Viehs sofort abtransportiert werden sollte ... Infolge der überstürzten Räumung herrschte ein ziemliches Durcheinander. Die Bevölkerung strömte in die Elchniederung und zum Teil in den Kreis Labiau, wo sich ungeheure Herden Großvieh ansammelten, die wegen der damals herrschenden Dürre zum Teil sehr unter Durst litten. Auf den einzelnen Plätzen im Moor konnte man Herden bis zu vielen Hundert Stück antreffen, denen es zunächst an jeder Versorgung fehlte.

Bekanntlich hat dann der Russe damals die ostpreußische Grenze noch nicht überschritten. Der Räumungsbefehl war gegeben worden, weil die Front total entblößt war und auch der Ostwall nicht besetzt war. Über letzteren ging nachher das Wort, daß die Russen nur drei Stunden gebraucht hätten, um ihn zu überschreiten: 2½ Stunden hätten sie lachen müssen, und eine halbe Stunde hätten sie zur Eroberung gebraucht.

Da der Russe die Grenze nicht überschritten hatte und sich die Lage an der Front wieder besserte, wurde etwa 14 Tage später der Befehl ausgegeben, daß die arbeitsfähigen Männer wieder auf ihre Höfe zurückgehen sollten, um zunächst einmal die Ernte zu bergen.Dieser Befehl wurde insofern nicht wörtlich durchgeführt, als auch ein großer Teil der Frauen mit auf die Höfe zurückgingen. In den Kreis Heydekrug wurde auch einiges Vieh wieder mit zurückgenommen, wobei sich zeigte, daß manche kleinen Bauern, die bis dahin vielleicht nur eine schlechte Kuh gehabt hatten, nunmehr zwei gute Herdbuchkühe ihr eigen nannten. Der weitaus größere Teil des Rindviehs war allerdings mit Hilfe der Wehrmacht nach dem Westen abtransportiert worden. Die Einbringung der Ernte sollte in organisierter Gemeinschaftsarbeit durch Zusammenstellen von Drescherkolonnen usw. durchgeführt werden, doch erwies sich, daß das nicht recht funktionierte. Es bildeten sich dann kleine Gemeinschaften innerhalb der Nachbarschaften, die sich gegenseitig aushalfen, was sehr viel besser ging. Der Befehl ging dahin, daß nach Möglichkeit alles geerntet werden sollte, daß der Verkauf und der Abtransport zurückgestellt werden sollte, damit die Herbstbestellung ebenfalls noch rechtzeitig vollzogen wurde...

Vom 1. Oktober ab trat eine neue Gefährdung des Memelgebiets ein. Am 6. fuhr Strauß[1]) zum Kreisbauernführer Knutti nach Labiau, um die Aufnahmeräume für den Fall einer erneuten Flucht festzulegen. Am 7. früh kam dann der Räumungsbefehl, und zwar sollten zunächst die Bauernfrauen, die wieder auf den Höfen saßen, mit den Polen und Kriegsgefangenen trecken. Es herrschte aber auch jetzt ein großes Durcheinander, auch hinsichtlich der Befehlsgebung. Der Kreisleiter Wagner, der auch am Ostwallbau eingesetzt war, widerrief plötzlich den Räumungsbefehl und ordnete an, daß vorläufig alles an Ort und Stelle bleiben müsse. Auch wurde darüber gesprochen, daß der Räumungsbefehl tatsächlich schon am 5. gegeben sein soll, aber irgendwo zurückgehalten wurde. Als dann die Trecks wirklich in Gang kamen, war es zu spät. Bekanntlich wurden damals 4000—5000 Flüchtlinge auf der in das Kurische Haff hineinragenden Halbinsel, der sogenannten Windenburger Ecke, zusammengedrängt. Dieser Landstreifen wurde aber durch die Division Großdeutschland mit hervorragendem Opfermut verteidigt, so daß es gelang, alle Zivilpersonen, allerdings ohne Pferde und Wagen, mit Kähnen über die Kurische Nehrung überzusetzen.

Aus dem Kreise Memel sind vollbeladene Trecks kaum herausgekommen, da der Russe die Treckwege abschnitt. Mindestens ein Drittel der Bevölkerung fehlt. Der Landesbauernführer Spickschen äußerte nachher zu Strauß: „Tausende von Memelnern klagen die Unfähigen an." Bereits am 9. Oktober stand der Russe vor Memel und bombardierte die Stadt. Der Stab der Kreisbauernschaft ging befehlsgemäß aus der Stadt heraus, nachdem der Landrat schon vorher nach Labiau gegangen war, und verlegte seinen Sitz zunächst nach Nidden, später in den Kreis Samland, wo Strauß bei dem Kreisbauernführer Lukas Unterkunft fand.

Auch aus dem Kreis Heydekrug sind zahlreiche ländliche Bewohner nicht mehr rausgekommen. Zum Teil lag das auch daran, daß sich die Bauern schwer zum Trecken entschließen konnten. Sie wollten ihre Höfe vor dem herumstrolchenden Gesindel solange wie möglich bewachen und verpaßten dann häufig den richtigen Zeitpunkt. Die flüchtige Bevölkerung kam in die Kreise Labiau und Samland.

Abschließend folgen Angaben über Versuche einer Entschädigungsregelung für die aus dem Memelland Evakuierten sowie über persönliche Schicksale.

Nr. 2

Erlebnisbericht der Bauersfrau Else Steinwender aus Wensken, Kreis Memel i. Ostpr.

Original, 12. November 1952.

Evakuierung im August und Flucht im Oktober 1944 aus dem Memelland.

Wir waren Bauern im Kreise Memel in Wensken, Ortsteil Meeßeln. Unsere Vorfahren kamen als Salzburger im Jahre 1732 nach hier und vererbten ihren Hof von Generation zu Generation. Bis wir, die Unglücklichsten in der zahl-

[1]) Strauß war Bauernführer des Kreises Memel.

reichen Reihenfolge, unsere von Urahnen geerbte Heimat, Haus und Hof, auf dem Wege der Flucht verlassen mußten. Die Flucht veranlaßte die immer näher rückende Front. Zum ersten Mal sind wir am 3. August 1944 im Treck mit den Nachbardörfern und fremden, eine endlose Karawane, etwa 120 km von unsrer Heimat weit geflüchtet.

Nach einer beschwerlichen Reise kamen wir am Sonntag, dem 7. August 1944, in Grünhof-Kippen bei Kreuzingen (Elchniederung), als die dortigen Bewohner friedlich beim Kaffeetrinken waren, an. Nach einigen Schwierigkeiten bekamen wir unser Quartier. Auf der Flucht sollten auch Großtiere mitgenommen werden. Welche sind aber wieder trotz allem zurück in heimatliche Gefilde. Nach einigen 15 km mußte der Zug über ein größeres Moorgelände, weil die Hauptstraßen für das Militär frei bleiben sollten. Die an Moorland ungewohnten Tiere sind vom Wege ab und im Moor stecken geblieben, wo sie einen elenden Tod finden mußten, weil sich kein Mensch um sie kümmerte. Auch sonst lagen viele verendete Tiere am Wege des Flüchtlingszuges.

Bei unserm Quartierherrn haben wir bei der Ernte mitgeholfen und mit Sehnsucht auf eine Heimkehr gewartet, die dann auch nach 3 Wochen eintraf. Zuerst nur Wagen und Pferde und arbeitsfähige Personen zum Ernteeinsatz. So sind wir dann im Eiltempo wieder freudig nach Hause gefahren und haben den Roggen, der schon 4 Wochen auf dem Felde stand und fingerlange Keime hatte, sowie das andere Getreide unter Dach gebracht. Anschließend wurde auch die Kartoffelernte beendet. Im September wurde auch der Roggen für das nächste Jahr gesät, obwohl hier und da Stimmen laut wurden, daß wir nochmals fort müßten. Das wollte keiner wahr haben, und wenn schon, dann kommen wir ja im Frühjahr wieder. Bis dann am 7. Oktober 1944 der Befehl erging, am Sonntag, den 8. Oktober, wieder mit allem bepackt, auf der Straße zu erscheinen. Wer dem Befehl nicht nachkam, galt als Landesverräter und trägt die Konsequenzen. Nun war guter Rat teuer, denn viele glaubten nicht mehr ernstlich daran, weil wir ja das erste Mal auch hätten dableiben können. Es sind dann auch nur zwei Nachbarn aus unserm Dorf am Sonntag fort. Am Montag, dem 9. Oktober, war es dann auch für viele zu spät; denn da war die Front schon spürbar in unserer Nähe. Flüchtende Soldaten ermahnten uns zur sofortigen Flucht. Nach größtem Überwinden (beim ersten Mal blieb mein Mann daheim) verließen wir unsern Hof und überließen unsere treuen Tiere ihrem Schicksal.

Für die kurze Strecke von ca. 5 km brauchten wir bis zum Abend. Soldaten, Flüchtlinge aus Litauen und die Unsern sperrten die Straße, daß es kein Durchkommen gab. Als durch Bomben ein Munitionslager in die Luft flog, hieß es: „Runter von der Straße, in die Wiesen rein." Darauf wurde die Straße gesperrt, weil schon die Russen sie besetzt hatten. Nun war die Hauptstraße abgeschnitten. Fuhrwerke, die darauf weiter gefahren sind, sind unter feindlichen Beschuß gekommen und dabei ums Leben gekommen. Wir haben versucht, auf Nebenwegen über die schwierigsten Stellen herauszukommen, wenn wir über den Rußstrom gekommen wären, hätten wir uns außer Gefahr befunden. In dunkler, unheimlicher Nacht sahen wir, auf unsere Heimat rückblickend, als letzten Gruß die grauenhafte Feuerslohe über unserer Heimatstadt Memel. Kurz vor Heydekrug gerieten wir beinahe in ein Gefecht. Infolge verschiedener Hemmungen am Weg und an den Wagen haben wir zu unserm Unglück viel Zeit versäumt und mußten schließlich in Moorweide abseits vom Wege in ein Gehöft abbiegen.

Mit einem Male hieß es: „Die Russen sind da." Starr vor Schreck schaute ich zu, wie die deutschen Soldaten hinter Gebäuden und Strohschobern in Deckung gingen. Die Nachbarin warf sich auf die Knie und betete laut um Gottes Hilfe, sahen wir uns doch mit unsern Kindern verloren. Wie durch ein Wunder wurde es plötzlich still, bis dann flüchtende deutsche Kolonnen einsetzten, denen wir uns, nach Abwurf alles nur Entbehrlichen, anschlossen. So sind wir noch vor Sprengung der Pilem-Brücke in Minge beim Morgengrauen angekommen. Meterhohe Granathaufen, Ausrüstung, Autos und aller erdenkliche Hausrat lagen mit erschöpften Menschen am Wege. Tausende von Fuhrwerken standen auf den weiten Mingewiesen und warteten auf die Übersetzung mit einer einzigen Fähre über die Minge. Viele werden wohl die Zwecklosigkeit eingesehen haben und versuchten schwimmend das andere Ufer zu erreichen. Viele sollen es nicht erreicht haben. Pferde haben wir selbst in der Mitte des Stromes untergehen gesehen. Eine Gutsbesitzerin, die mit mehreren Wagen aus ihrer Heimat fortgefahren war, kam in Labiau nur mit dem, was sie auf dem Leibe hatte, und einem Handtäschchen an. Ihre Leute ließen die Wagen im Stich, und der Wagen, den sie fuhr, ist auf der Fähre, weil die Pferde scheuten, in den Fluß gefallen. Sie hat nur mit knapper Not ihr Leben gerettet. Ein Fall von vielen. In unserer Ratlosigkeit sind dann mit einmal Männer in SA-Kleidung gekommen und haben uns aufgefordert, mit dem bereitstehenden Schleppkahn zu fahren, aber nur Frauen und Kinder. Die Männer sollten noch dableiben, um eventuell noch mit den Wagen herauszukommen. Wir haben es uns nicht zweimal sagen lassen, weil noch der Schrecken der vergangenen Nacht in unsern Gliedern steckte. Am Nachmittag sind wir fortgefahren. Bei Einbruch der Dunkelheit, es regnete und war sehr finster, blieb unser Kahn mitten im Haff mit abgestopptem Motor stehen. Es war Fliegergefahr, denn man hörte dauernd Fliegergeräusch. Am Morgen sind wir in Labiau gelandet. Nach mehreren Tagen im Lager habe ich meine Angehörigen erwartet, und wir sind dann über Open, Kreis Braunsberg, gekommen. Nach 14 Tagen mußten wir auch da fort, weil die Quartiere mit nachkommenden Flüchtlingen überfüllt waren. So kamen wir am 3. November in Sebnitz in Sachsen an. Nun konnten wir da 5 Monate bleiben, bis wir als Fremde und Nichtsachsen auch da am 28. März fort mußten und hier in Lauterbrunn am 31. März 1945 unsere zweite Heimat bezogen.

Nr. 3

Erlebnisbericht des ehemaligen Landrats von A n g e r a p p (Darkehmen) i. Ostpr., Uschdraweit.
Photokopie, ohne Datum.

Die Räumung des Kreises Angerapp anläßlich des russischen Vorstoßes Mitte Oktober 1944.

Am 20. Oktober 1944, ca. 6 Uhr, erhielt ich die Nachricht, daß der Russe um 3.30 Uhr in Nemmersdorf eingerückt sei. Irgendein Widerstand konnte nicht geleistet werden, da bis auf einige Batterien nennenswerte Kräfte nicht vorhanden waren. Diese Batterien konnten aber links der Straße Nemmersdorf—Gumbinnen ca. 12 Panzer abschießen und damit die Spitze zum Stehen bringen. Am Tage darauf wurde eine stärkere Abteilung der Führerbegleitbrigade eingesetzt und Nemmersdorf befreit. Ergebnis der Besetzung von Nemmersdorf waren 62 tote Zivilisten, in der Mehrzahl Frauen und Kinder. Kreis Angerapp am 20. Oktober noch frei.

Am 21. Oktober etwa 21 Uhr kam Anruf vom Amtsvorsteher Umhöfer-Gründann (am weitesten vorgeschobene Kreisecke nach Buylien), daß in dem Buylliener Forst Russen am Waldrand auftauchen und daß Artillerie-Geschosse im Gelände einschlagen. Zur selben Zeit ähnlicher Anruf von Lippold-Grasgirren. Umhöfer verlangt Räumungsbefehl. Ich setze mich mit stellvertretendem Kreisleiter Kaiser inVerbindung, der nach Befehl des Reichsverteidigungskommissars Koch als Parteibeauftragter nur allein nach vorheriger Fühlungnahme mit Koch oder Dargel Räumungsbefehle geben kann. Kaiser versucht fernmündlich Dargel zu erreichen, was wegen Abwesenheit unmöglich ist. Ich fordere von Kaiser Räumungsbefehl ohne Fühlungnahme. Kaiser lehnt ab. Um 23 Uhr wieder Anruf von Umhöfer, was er machen soll. Ich ersuche ihn mit dem ausdrücklichen Bemerken, daß ich die volle Verantwortung übernehme, alle Gemeinden seines Amtsbezirks zu alarmieren und danach abzuziehen.

Etwa 1.30 Uhr am 22. Oktober ruft Umhöfer an, daß er abfährt und daß etwa 100 m vor seinem Hof ein russischer Panzer steht, der das Vorgelände bestreicht. Der ähnliche Anruf kommt von Lippold ca. 2.30 Uhr. Bei Hellwerden wird festgestellt, daß vom Kreise besetzt ist: Linie Dingelau—Wilhelmsberg, Gut — Vorfeld der Domäne Königsfelde. In dieser Linie haben sich die Russen eingegraben. Spitzen sind bis Weidegärten Weedern und Witt-Brindlacken vorgeschoben. Tagsüber versucht Kaiser Dargel zu erreichen. Vergeblich. Parteidienststellen, darunter NSV-Leiter Genée, der angeblich Quartier machen will, unauffindbar. Mir wird berichtet, daß Frauen ratlos sich in der Stadt zusammenrotten. Ich laufe zum Marktplatz, und es gelingt mir durch das Versprechen, die Bevölkerung nicht im Stich zu lassen, die Frauen zu beruhigen. Ich setze unter Leitung von Schulte und Gendarmeriemeister a. D. Neumann beide Kreisschlepper mit Anhängern ein, die alle Frauen und Kinder zum Bahnhof West fahren, wo der Vorsteher ca. 40 Güterwagen bereitgestellt hat. Schulte, Neumann und die Kreiskutscher bzw. Kraftfahrer mit der Begleitmannschaft leisten an diesem Tage Ungeheuerliches. Wenn auch der Russe nicht weiter kam, so ist doch in der Nacht kein Verlust eingetreten, als ca. 120 Bomben in die Stadt fielen, und auch in den nächsten Nächten trat kein ziviler Menschenverlust ein.

Gegen 17 Uhr kommt Anruf von Kleschauen, daß dort noch ca. 100 Frauen und Kinder auf der Straße sind und daß der Russe bereits bei Friedrichsberg näherkommt. Kaiser kann einen Lastwagen beschlagnahmen und schickt ihn nach Kleschauen. Nach 2 Stunden Anruf, daß LKW. nicht eingetroffen ist. Ich stelle fest, daß der Baustab (Parteidienststelle)[1]) den LKW. kurzerhand für Abtransport seiner Getränke und Vorräte beschlagnahmt hat. Ich schicke nun,

[1]) Organisationsgruppe für die Befestigungsanlagen des „Ostwalls", der von Zivilisten unter Leitung der Partei seit dem Sommer 1944 gebaut wurde.

etwa 21 Uhr, beide Schlepper zu Hilfe. Die Männer sind so müde, daß sie fast umfallen, aber es wird gefahren. Vorher Anruf vom Baustab, daß er die Auslieferung meiner Schlepper verlangt. Ich weigere mich, und als mit schärfstem Zwang gedroht wird, gebe ich die bindende Erklärung ab, daß ich die Schlepper unter Bewaffnung fahren lasse und auf jeden schießen lasse, der sich den Fahrzeugen nähert. Hörer wird unter Drohungen abgehängt. Die Schlepper kommen unbehelligt ca. 0.30 Uhr am 23. Oktober mit den Frauen und Kindern am Bahnhof West an. Gegen 2 Uhr geht der Güterzug Richtung Angerburg ab. Zu der Zeit beginnt der Bombenangriff. Verlust ca. 20 Soldaten, hauptsächlich in der Gudwallerstraße.

Während die Frauen und Kinder zum Bahnhof strömten, war dort Kreisleiter Lenk aufgetaucht, der bald darauf verschwand und betrunken im Gasthause Rowarren und anderen gesehen wurde. Die Tatsache führte später zu seiner Absetzung durch Dargel und Freigabe für die Wehrmacht. Es steht fest, daß in dieser höchst kritischen Situation außer Kaiser keine Parteidienststelle der Kreisinstanz am Platze war und seine Pflicht tat. Lenk begründete sein Verhalten in meiner Gegenwart, als er von Dargel abgesetzt wurde, er habe zu seinem Bauabschnitt zurückkehren müssen. (Dieser lag in der Gegend Tilsit.)

Endlich, am 23., ca. 11 Uhr, erreicht Kaiser Königsberg und schildert Dargel die Situation. Er wird von Dargel angebrüllt, weshalb er als stellvertretender Kreisleiter nicht die Bevölkerung an der Flucht gehindert habe. Wörtlich: „Ich erwarte in Kürze Meldung, daß Sie einige über den Haufen geschossen haben." Auf Einwand von Kaiser, daß fast nur Frauen und Kinder da seien, erklärt Dargel, daß diese dann die Häuser verteidigen sollten. Als nach längerem Bemühen Kaiser Dargel klar macht, daß jedenfalls keine Bevölkerung in dem bedrohten Gebiet mehr da ist, gibt Dargel den Räumungsbefehl für den Kreisteil, der begrenzt ist von der Linie: Fluß Angerapp bis zur Stadt Angerapp — Bahnhof Ost — Bahnstrecke nach Goldap. Nach längeren Bemühungen genehmigt Dargel endlich Räumung der Stadt selbst. (Gespräch wurde von mir abgehört)...

Etwa 8 Uhr, am 23. Oktober, treffen ca. 30 Panzer auf dem Markt Angerapp ein, deren Kommandeur (Oberstleutnant) zu mir kommt und erklärt, nicht Angriff fahren zu können, da Straße Angerapp—Ostbahnhof durch 3 Reihen Flüchtlingsfahrzeuge verstopft ist. Er müsse durch und könne für die dadurch entstehenden Verluste an eigenen Menschen nicht einstehen. Ich bitte um Zeit von einer Stunde, und es gelingt mir mit der Gendarmerie tatsächlich, die Straße in dem Zeitraum freizumachen und die Kolonnen in Richtung Schabienen abzulenken. Da die Panzer zu wenig Sprit haben, kann ich dem Kommandeur glücklicherweise noch 9000 kg Benzin geben, das bei Tenfert lagert und vom Bauabschnitt beschlagnahmt ist. Der Angriff wird etwa 10 Uhr gefahren, und es gelingt, bis zum 24. Oktober den Russen bis Zellmühle (Riauten) zurückzuschlagen.

Nach Beruhigung der Frontlage begann Vieh- und Getreideräumung. Mein Gespräch mit v. Jaraczewski und sein Einsatz als Räumungskommissar. Fahrt zur Armee zu Oberstleutnant Gravenhorst. Dort Zusicherung von Hilfe an

Mann und Transportmitteln. Schwierig die Freigabe von Jaraczewski vom Volkssturm. Nach vielen Bemühungen wird stets widerrufliche vorübergehende Beurlaubung genehmigt. Nach ca. 10 Tagen erscheint Landesbauernführer Spickschen bei mir und setzt Kröhm als Bauernführer ab, da er sich von mir habe vollkommen beiseiteschieben lassen. Ich kann Kröhm in Schutz nehmen, da ein Befehl von Koch herausgekommen ist, wonach Landräte die Räumung verantwortlich übernehmen. Dieser Befehl wird später widerrufen und die Bauernführer beauftragt. In den letzten Wochen vor dem ostpreußischen Zusammenbruch wurde dann jede Verantwortung den Kreisleitungen übertragen (Daten leider nicht mehr erinnerlich). Zahlen der Räumung: ca. 38000 Stück Vieh (darunter große Mengen aus Kreis Gumbinnen und Goldap), rund 20 000 t Getreide. Schweine? (Besonders aus dem Teil ostwärts der Angerapp das meiste von der Wehrmacht wild geschlachtet). Landräte behielten zum Schluß nur noch Verantwortung für Räumung von gewerblichen Gütern und Maschinen. Im Verlauf der 3 Monate bis zum Zusammenbruch der Front hat die Bevölkerung noch an eigenen Sachen große Mengen abtransportiert.

Abschließend erwähnt Vf. den Einsatz des Volkssturms und gibt detaillierte Auskunft über einzelne Fragen im Zusammenhang mit der Räumung.

Nr. 4

Erlebnisbericht des Volkssturmmannes K. P. aus Königsberg i. Ostpr.

Original, 14. Januar 1953, 7 Seiten. Teilabdruck.

Russische Greueltaten in Nemmersdorf im Oktober 1944.

Vf. berichtet eingangs über seine Einziehung zum Volkssturm und den Einsatz zur Rückeroberung Nemmersdorfs.

Meine Volkssturmkompanie erhielt dann den Befehl, in Nemmersdorf aufzuräumen. Schon kurz vor Nemmersdorf (Richtung Sodehnen—Nemmersdorf) fanden wir schon zerstörtes Flüchtlingsgepäck und umgeworfene Wagen. In Nemmersdorf selbst fanden wir den geschlossenen Flüchtlingstreck.[1] Alle Wagen waren durch die Panzer vollständig zerstört und lagen am Straßenrand oder im Graben. Das Gepäck war geplündert, zerschlagen oder zerrissen, also vollständig vernichtet. Dieser Flüchtlingstreck war aus der Gegend Ebenrode und Gumbinnen. Ich stellte dieses beim Aufräumen fest. Im Straßengraben fand ich ein Männerjackett. Aus der Brusttasche ragte ein Stück weißes Papier heraus. Nicht Neugierde, sondern tiefstes Mitleid mit diesen armen Menschen ließ mir keine Ruhe, nachzusehen, was es war. Es ist gut, daß ich es getan habe.

---

[1]) Diese und weitere Einzelheiten des Berichts werden gleichfalls erwähnt in einer protokollierten Aussage des Dr. Heinrich Amberger aus Gumbinnen, die dem Internationalen Militärgericht in Nürnberg vorgelegt wurde.

Es war ein Briefumschlag mit der Aufschrift: Schmiedemeister Grohnwald, Gumbinnen. In dem Umschlag steckten 5 Zwanzigmarkscheine. Diese steckte ich in den Umschlag zurück in der Hoffnung, daß der Besitzer doch noch einmal zurückkommt. Das ganze Flüchtlingsgut wurde gesammelt und in die Dorfkirche getragen. Von der Zivilbevölkerung haben wir nichts gefunden.

Am Dorfrand in Richtung Sodehnen-Nemmersdorf steht auf der linken Straßenseite ein großes Gasthaus „Weißer Krug", rechts davon geht eine Straße ab, die zu den umliegenden Gehöften führt. An dem ersten Gehöft, links von dieser Straße, stand ein Leiterwagen. An diesem waren 4 nackte Frauen in gekreuzigter Stellung durch die Hände genagelt. Hinter dem „Weißen Krug" in Richtung Gumbinnen ist ein freier Platz mit dem Denkmal des Unbekannten Soldaten. Hinter diesem freien Platz steht wiederum ein großes Gasthaus „Roter Krug". An diesem Gasthaus stand längs der Straße eine Scheune. An den beiden Scheunentüren waren je eine Frau, nackt in gekreuzigter Stellung, durch die Hände angenagelt. Weiter fanden wir dann in den Wohnungen insgesamt 72 Frauen einschließlich Kinder und einen alten Mann von 74 Jahren, die sämtlich tot waren,[1]) fast ausschließlich bestialisch ermordet bis auf nur wenige, die Genickschüsse aufwiesen. Unter den Toten befanden sich auch Kinder im Windelalter, denen mit einem harten Gegenstand der Schädel eingeschlagen war. In einer Stube fanden wir auf einem Sofa in sitzender Stellung eine alte Frau von 84 Jahren vor, die vollkommen erblindet [gewesen] und bereits tot war. Dieser Toten fehlte der halbe Kopf, der anscheinend mit einer Axt oder Spaten von oben nach dem Halse weggespalten war.

Diese Leichen mußten wir auf den Dorffriedhof tragen, wo sie dann liegen blieben, weil eine ausländische Ärzte-Kommission sich zur Besichtigung der Leichen angemeldet hatte. So lagen diese Leichen dann 3 Tage, ohne daß diese Kommission erschien. Inzwischen kam eine Krankenschwester aus Insterburg, die in Nemmersdorf beheimatet war und hier ihre Eltern suchte. Unter den Ermordeten fand sie ihre Mutter von 72 Jahren und auch ihren alten schwachen Vater von 74 Jahren, der als einziger Mann zu diesen Toten gehörte. Diese Schwester stellte dann fest, daß alle Toten Nemmersdorfer waren.

Am 4. Tage wurden dann die Leichen in zwei Gräber beigesetzt. Erst am nächsten Tage erschien die Ärzte-Kommission, und die Gräber mußten noch einmal geöffnet werden. Es wurden Scheunentore und Böcke herbeigeschafft, um die Leichen aufzubahren, damit die Kommission sie untersuchen konnte. Einstimmig wurde dann festgestellt, daß sämtliche Frauen wie Mädchen von 8—12 Jahren vergewaltigt waren, auch die alte blinde Frau von 84 Jahren. Nach der Besichtigung durch die Kommission wurden die Leichen endgültig beigesetzt.

Es folgen Darlegungen weiterer Erlebnisse des Vf. sowie eine Wiedergabe mehrerer Nachrichten über andere russische Gewalttaten.

---

[1]) Der Bericht des Landrats Uschdraweit (Nr. 3, S. 4) gibt die Zahl der Toten mit 62 an.

Nr. 5

Erlebnisbericht des ehemaligen Bürgermeisters von Insterburg i. Ostpr., Dr. Wander.

Original, 7. November 1952

Die letzten Monate und Tage vor der Einnahme Insterburgs durch die Russen.[1])

Nachdem Vf. ausführlich die immer bedrohlicher werdende militärische Lage im Herbst 1944 skizziert und über den schweren Luftangriff auf Insterburg am 27. Juli 1944 berichtet hat, fährt er mit der Schilderung fort:

In der nächsten Zeit folgten nur kleinere Luftangriffe, aber es verschlechterte sich die militärische Lage weiter. Anfang August drang der Feind vorübergehend ins Memelland ein und überschritt auch — es war wohl Anfang September — die Reichsgrenze bei Ebenrode und Schloßberg. Der Ostteil dieser beiden Kreise und das Memelland wurden damals von der Bevölkerung und dem lebenden Inventar evakuiert, und wir erinnern uns alle der Monate, als etwa 20 000 Stück besten Rindviehs auf den Insterwiesen unweit Insterburg standen.

Von der städtischen Bevölkerung war nach dem Luftangriff vom 27. Juli und den anschließenden schwächeren Angriffen ein Teil auf das Land zu Verwandten oder Bekannten gegangen, und das war auch den Nichtberufstätigen, den Frauen und Kindern gestattet. Verboten waren dagegen jede Vorbereitung einer Räumung für den Fall der unmittelbaren Feindgefahr. Derartige Versuche wurden als Defaitismus ausgelegt und mit dem Verfahren vor dem Sondergericht bedroht.

Als ich Anfang August mit der Planung einer etwaigen Räumung der Stadt beginnen wollte und u.a. Verhandlungen mit der Reichsbahn und der Schiffahrtsgesellschaft in Königsberg führte, wurde ich in harter Form vom Oberpräsidenten und der Regierung zur Rede gestellt, was das bedeutete und wenn das der Gauleiter ... Es war nicht leicht, eine gute Ausrede zu finden. In Königsberg machte sich wohl eine Anzahl Leute ihre Gedanken, was wohl geschehen müsse, wenn der Feind in Ostpreußen eindringe, aber wohl auf Veranlassung des Gauleiters Koch durften die im Oberpräsidium verantwortlichen Persönlichkeiten bei ihrer Planung nur mit der Möglichkeit eines vorübergehenden Feindeinbruchs rechnen, der in kürzester Zeit wieder beseitigt sein würde. Und so beschäftigte man sich auch nur mit der Frage, wie wertvolle Warenlager und wichtige Maschinen gerettet und anderweitig sichergestellt werden könnten, und auf welche Weise es zu verhindern wäre, daß der Feind Nutzen aus gewerblichen und industriellen Anlagen zöge.

So geschah es eines Tages, daß die Stadtverwaltung vom Oberpräsidium etwa 150 Briefe abholen mußte, die als „streng geheim" im Tresor zu ver-

[1]) Als wertvolle Bestätigungen und Ergänzungen zu dem folgenden Bericht enthält die Dokumentensammlung die Erlebnisberichte des Oberstudiendirektors Dr. Schultz, des Polizeileutnants M., des Hauptlehrers Leo Ewert und des F. H., sämtlich aus Insterburg.

schließen waren und auf das Stichwort „Zitronenfalter" an die Adressaten ausgehändigt werden sollten. Diese Briefe waren an die großen und mittleren Industrie- und Handelsbetriebe gerichtet, wie z. B. die Stadtwerke, Drengwitz, Toussaint, Wollenschläger, Schmissat, Enskat, die großen Druckereien, Textil- und Lederwarengeschäfte, Mühlen usw. Durch diesen Brief, der also erst auf Befehl im Falle höchster Gefahr zugestellt werden sollte, wurden die Adressaten, — also die Betriebsführer — aufgefordert, sich unverzüglich zur Bahn zu begeben und dort die sofortige Verladung der wichtigsten Maschinen oder Vorräte zu vereinbaren. Es war jedem Betrieb ein Ausweichbetrieb in einer anderen ostpreußischen Stadt, Königsberg, Zinten, Heiligenbeil, Allenstein u. a. angegeben. Diese Briefe sind niemals zugestellt worden. Was wäre wohl auch geschehen, wenn wir wirklich einmal im Augenblick der Gefahr nach diesen Weisungen hätten handeln müssen? Es wäre niemals möglich gewesen, in kürzester Zeit für so viele Güter Fahrzeuge und Waggons zu bekommen und außerdem die Arbeitskräfte, um die Maschinen zu demontieren und diese und Vorratslager zur Bahn zu schaffen.

Vorbereitungen zu einem Abtransport der Bevölkerung bei Feindgefahr war weder getroffen noch gestattet. Der Gauleiter erklärte immer wieder, nicht nur die Wehrmacht, sondern vor allem die jetzt von ihm aufgebotenen Männer würden sich im heimatlichen Boden festkrallen, und kein Feind würde weiter in die Provinz eindringen können.

Bald aber kamen die kritischen Tage des 20. bis 23. Oktober. Im plötzlichen Vorstoß erreichten die Sowjets im Norden den Memelstrom und drangen von Osten über Schloßberg hinaus und bis wenige Kilometer vor Gumbinnen und nahmen nach Durchschreiten der Rominter Heide die Stadt Goldap. Wir erinnern uns dieser Tage, die uns einen Vorgeschmack von dem gaben, was Ostpreußen drohen werde, wenn einmal die russische Flut über unsere Heimatprovinz hereinbrechen würde. Der Himmel im Osten war rot von Bränden, der Kanonendonner wurde täglich stärker, die Straßen von Flüchtenden und Fahrzeugen, von Vieh und Pferden verstopft, und unsere Stadt selbst so voller Menschen und Fahrzeuge, daß der Verkehr nur durch Einsatz des letzten Polizeibeamten notdürftig geregelt werden konnte und auch Wehrmachtseinheiten kaum hindurchkamen. Kinder und Fohlen, die ihre Mütter verloren hatten, irrten in den Straßen von Insterburg umher. Der Bahnhof selbst war belagert von Tausenden von Menschen aus den überrannten Grenzkreisen, die angsterfüllt auf ihren Habseligkeiten saßen und auf die Möglichkeit eines Abtransports mit der Bahn warteten.

Auch die Bevölkerung der Stadt selbst und des Landkreises war äußerst erregt, ratlos und voller Sorge, zumal die Nachrichten von den schrecklichen Vorkommnissen in Walterkehmen, Nemmersdorf und Goldap und dem Abschuß sowjetischer Panzer westlich Gumbinnen bekannt wurden. Züge oder Fahrzeuge zum Abtransport so vieler Menschen standen nicht zur Verfügung. Der Kreisleiter, dem die Menschenführung oblag, war beim Spateneinsatz in der Provinz eingesetzt, und die Kreisleitung hatte keine Befehle von der Gauleitung erhalten.

Als ich mich daraufhin selbst mit der Gauleitung in Königsberg in Verbindung setzte und dem dort verantwortlichen Sachbearbeiter Knuth die Lage schilderte und die sofortige Gestellung von Transportzügen verlangte, fragte er mich, ob ich wohl 44 Grad Fieber habe und ermahnte mich, warme Füße und einen kalten Kopf zu behalten. Erst als ich ihn wiederholt darauf aufmerksam machte, welche Opfer und welche Verwirrung ein einziger Luftangriff auf den mit Tausenden von Menschen angefüllten Bahnhof verursachen müsse, versprach er mir nach längerem Verhandeln, sich mit dem Gauleiter in Verbindung setzen zu wollen, der im Führerhauptquartier bei Rastenburg weile. Wider alles Erwarten wurde ich dann bereits nach einer halben Stunde angerufen und mir erklärt, daß die erbetenen Züge zum Abtransport bereitgestellt werden würden, und tatsächlich kamen die Züge im Laufe der Nacht und auf weiteres Verlangen auch an den folgenden Tagen. So gelang es, den Bahnhof frei zu machen und die Menschen aus der Stadt zu bringen.

Trotz der Schwäche der deutschen Verteidigung kamen die Sowjets nicht weiter vor. Die Front kam zum Stehen und wurde an einzelnen Stellen wieder zurückgedrückt. Goldap wurde wieder genommen, und während der nächsten Monate herrschte im allgemeinen Ruhe. Als Folge der Oktober-Katastrophe wurden jedoch nunmehr von dem Reichsverteidigungskommissar Maßnahmen angeordnet, die auch das Leben des Stadt- und Landkreises wesentlich veränderten. Es wurde die „wirtschaftliche Auflockerung“ der Stadt Insterburg und ihre Räumung von Frauen, die nicht kriegswichtig eingesetzt waren, von Frauen mit Kindern und nicht volkssturmpflichtigen Männern befohlen. Für das Land war angeordnet worden, daß der Teil des Landkreises, der ostwärts der Linie Angerburg—Nordenburg—Insterburg—Kreutzingen liegt, von Menschen und Vieh zu räumen sei. Aufnahmekreis für Stadt- und Landkreis Insterburg waren der Kreis Mohrungen und das Land Sachsen. Der Teil des Landkreises, der westlich dieser Linie lag, hatte friedensmäßig weiterzuarbeiten.

Da waren die Monate November und Dezember erfüllt mit dem Herausbringen der Menschen, die nicht unbedingt in der Stadt Insterburg sein mußten oder die aus dem östlichen Teil des Landkreises in den Teil Mohrungen verlegt wurden und der Arbeit, die die „wirtschaftliche Auflockerung“ machte. In den ersten Wochen nach den Oktober-Ereignissen waren die Züge nach Mohrungen und nach Sachsen, wohin meist ältere Leute und Frauen mit Kindern gingen, überfüllt. Mit der Zeit aber, als die Front ruhig blieb und die bekannten Gerüchte über die neuen Waffen und die Stärke der Ostfront verbreitet wurden, ebbte der Zustrom zu den Zügen ab, und gar manche Frau oder mancher alte, nicht mehr volkssturmpflichtige Insterburger kehrte zurück, weil er nicht als Evakuierter in der Fremde leben wollte und im eigenen Heim gut mit Brennstoffen und Lebensmitteln versorgt war.

Als alle Aufforderungen, die Stadt zu verlassen, gegenüber Vielen nichts fruchtete, entschloß ich mich, die Lebensmittelkarten denen zu verweigern, die in Insterburg nichts mehr zu tun hatten. Dadurch haben wir manchen zur Abwanderung gezwungen. Aber täglich waren viele bei dem Leiter des Wirtschafts- und Ernährungsamtes, Herrn Niegisch, oder mir, mit der dringenden Bitte, die Ausgabe von Lebensmittelkarten an sie doch anzuordnen. Es sei ja doch gar keine Gefahr mehr vorhanden, und wenn es doch einmal kritisch werden sollte, dann brauche man auf sie nicht Rücksicht zu nehmen, sie würden schon sehen, wie sie wegkämen. Herr Niegisch und ich sind solchen Wünschen gegenüber immer hart geblieben, weil wir von der Größe der Gefahr überzeugt waren, und so mußte man immer wieder erklären, daß im Falle der Gefahr ein jeder, der nicht unbedingt dableiben müsse, eine große Last sei für die, die dann die Aufgabe hätten, die Stadt schleunigst zu räumen. Gar mancher ist voller Zorn damals von dannen gegangen, hat uns aber später an diese Rücksprachen erinnert. Besondere Schwierigkeiten machte dabei das Landesernährungsamt in Königsberg, bei dem sich viele beschwerten und das uns anwies, die Lebensmittelkarten in jedem Falle auszuhändigen. Wir haben diese Anordnung nicht befolgt und dadurch erreicht, daß die meisten Betroffenen zur Evakuierung gezwungen wurden. Wir haben aber damals feststellen müssen, daß die evakuierte Bevölkerung praktisch dreimal aus Insterburg abtransportiert werden mußte, weil die Menschen immer wieder zurückkamen. Die Zahl der in der Stadt verbliebenen Insterburger sank aber im Laufe der Monate November und Dezember auf etwa 8 000 bis 10 000 Einwohner Anfang Januar 1495.[1])

„Die wirtschaftliche Auflockerung" hatte das Ziel, industrielle, gewerbliche und Handelsbetriebe stillzulegen und in den Aufnahmekreis Mohrungen oder andere ostpreußische Kreise zu verlagern, soweit diese Betriebe nicht mehr unbedingt für die Wehrmacht und die verringerte Bevölkerung von Insterburg Stadt und Land notwendig waren. Daher wurden im Laufe des November und Dezember nicht nur Lebensmittel- und andere Einzelhandelsgeschäfte, die Betriebe von Bäckern, Fleischern und anderen Handwerkern nacheinander geschlossen und in den Kreis Mohrungen oder anderswohin verlagert, sondern auch die großen Betriebe wie Drengwitz, Enskat, Malk & Huth, die Mühlen, Druckereien usw. ganz oder teilweise demontiert und die Maschinen und alle wichtigen Einrichtungen nach bestimmten Aufnahmeorten wie Königsberg, Heiligenbeil, Mohrungen, Samland usw. versandt.

Die technische Nothilfe, der Luftschutzinstandsetzungsdienst und auch zeitweise eine Pioniereinheit waren von früh bis spät mit dem Abbau und der Verpackung beschäftigt. Unbegreiflicherweise war es streng verboten, Maschinen und Gerätschaften und Vorräte an Lebensmitteln, Textilien usw., soweit sie nicht gebraucht wurden, außerhalb Ostpreußens zu verlagern. Jeder entsprechende Versuch wurde, oft unter Drohungen, verhindert. Auch die eindringlichsten Vorstellungen und der Nachweis, daß ein Betrieb die Produktion in einer anderen Stadt Westdeutschlands sofort aufnehmen könne, fruchteten beim Gauleiter nicht. Alles, auch wenn es künftig nutzlos herumlag, mußte in Ostpreußen bleiben. Nicht einmal in die Nachbarprovinz Westpreußen-Danzig, die wegen der Differenzen Koch-Forster als „feindliches Ausland" galt, durften Auslagerungen vorgenommen werden, von wo außerhalb der Kontrolle von Koch ein späteres Weiterschicken ins Reich viel leichter gewesen wäre. Die Bevölkerung selbst durfte nur Hausrat in Kisten ins Reich schicken oder anderweitig auslagern, darüber hinaus höchstens einmal einen zerlegbaren Schrank

[1]) 1939 zählte Insterburg 49 000 Einwohner.

oder Bettgestelle. Das Verladen von Möbeln war verboten. So ist es nur wenigen Familien aus unserer Stadt gelungen, etwas zu retten. Denn das, was ausgelagert wurde, wurde meist nicht weit genug geschickt und ist irgendwo anders in der Provinz, in Westpreußen, Pommern oder Schlesien verloren gegangen.

So wurde die Stadt langsam leerer und das beeinflußte auch die ganze Arbeit der Stadtverwaltung. Die Schulen waren seit dem 20. Oktober restlos geschlossen und die Lehrkräfte — soweit nicht volkssturmpflichtig — anderweitig eingesetzt oder beurlaubt. Da die Arbeit zur Beseitigung der Bombenschäden, die das Stadtbauamt unter Einsatz auswärtiger Handwerkertrupps leitete, eingestellt wurde, beschäftigte dieses sich in der Hauptsache mit dem Ausbau von Maschinen in gewerblichen Betrieben.

Mit der Evakuierung eines großen Teils der Bevölkerung sank auch die Zahl derer, die Familienunterhalt oder Unterstützungen bekamen, sowie der Empfänger von Lebensmittelkarten und vom Wirtschaftsamt Betreuten. Das Stadtsteueramt erhielt Anweisung, weitgehend auf die besonderen Verhältnisse und die Abwesenheit der Steuerpflichtigen Rücksicht zu nehmen. Und so war es bald möglich, einen großen Teil der Städtischen Verwaltung und vor allem die älteren und weiblichen Gefolgschaftsmitglieder in den Aufnahmekreis für die Stadt Insterburg zu verlegen und in Mohrungen selbst eine Filiale der Stadtverwaltung einzurichten. Dorthin kam alles, was nicht in Insterburg selbst unbedingt gebraucht wurde. Zum Leiter der Mohrunger Verwaltung wurde Herr Oberstudiendirektor Dr. Schultz[1]), der Leiter der Hindenburg-Oberschule für Mädchen, bestellt, da Stadtrat Dr. Sierigk bereits Anfang Oktober wieder zur Wehrmacht einberufen worden war und die beiden anderen Beigeordneten erkrankten. Regierungspräsident Dr. Rhode war mit seiner Dienststelle aus Gumbinnen, das unter ständigem Beschuß lag, nach Insterburg übergesiedelt und hatte einen Teil des neuen Rathauses in der Forchestraße bezogen.

Gauleiter Koch organisierte Ostbefestigungen und Volkssturm und erklärte immer wieder, daß keine Gefahr für die Bevölkerung bestände. Wehrmacht und Volkssturm würden in den neuen Stellungen die mit Panzergräben und „Koch"töpfen[2]) ausgestattet seien, jeden feindlichen Angriff zunichte machen. Auch Generaloberst Reinhardt erklärte anläßlich der Vereidigung des Volkssturmes auf dem Insterburger Sportplatz, daß er die Front halten werde. In Wirklichkeit wußten wir alle, daß die Ostfront völlig ungenügend durch Truppen gesichert war. In Insterburg war nunmehr auch ein Kampfkommandant, der im Divisionsgebäude (altes Krankenhaus) saß. Dieser unterrichtete mich laufend über die Lage und so wurde auch mir bereits im November bekannt, daß die Sowjets drei große Angriffsarmeen bereitgestellt hatten. Die eine ostwärts Gumbinnen mit der Stoßrichtung Königsberg, die zweite ostwärts Zichenau mit der Stoßrichtung Danzig—Elbing und die dritte bei Warschau,

[1]) Einzelheiten über die Einrichtung der Auffangstellen der Stadt Insterburg in Mohrungen sowie über das weitere Schicksal der nach Mohrungen evakuierten Insterburger enthält der in der Dokumentation vorliegende Bericht von Dr. Schultz.

[2]) Auch „Fiedler-Töpfe" genannte Einmann-Betonlöcher, die beim Ostwallbau angelegt wurden und gegen Panzerüberrollung mit einem Betondeckel versehen waren.

die die stärkste Truppenansammlung dieses Krieges gewesen sein soll und die Aufgabe hatte, auf Berlin zu marschieren.[1]) Obgleich die deutsche Heerführung dies alles wußte, entblößte sie den Osten weiter und warf zahlreiche Divisionen auch aus dem ostpreußischen Raum nach Westen, um die sinnlose Ardennenoffensive zu starten.

Anfang November konnte jeder einsichtige Mensch erkennen, daß der baldige Einbruch des Feindes bis weit nach Ostpreußen hinein nicht nur möglich, sondern wahrscheinlich war. Trotzdem verbot Gauleiter Koch weiterhin jede Planung oder Vorbereitung einer Räumung und Rettung der Bevölkerung im Falle der höchsten Gefahr. Falls die Front kleine Veränderungen erfahre, müsse eben „improvisiert" werden. Wer an dem Endsiege oder an der Festigkeit der Ostfront zweifele, sei ein Defaitist und Miesmacher, und gegen diese würde auf das Schärfste vorgegangen werden. Diese Haltung und Auffassung der höchsten Befehlsstelle der Provinz schien mir ein Verbrechen gegenüber der im Ernstfall wehrlosen Bevölkerung, und ich bin heute froh, sie nicht geachtet und ihr entgegen gehandelt zu haben.

Anfang November entwarf ich einen genauen Plan für die sofortige Räumung der Stadt Insterburg im Falle höchster Feindgefahr. Er enthielt bis ins einzelne gehende Anordnungen für die Verwaltung, Werke, Polizei, Organisationen, Behörden, Betriebe, Fahrzeuge und Bestimmungen über Alarmierung, Sammelplätze, Abtransport der Bevölkerung usw. Es waren Vereinbarungen mit der Reichsbahn getroffen und der Fahrbereitschaft bezüglich der LKWs und PKWs, sämtliche Zeiten und Uhrzeiten sowie die Aufgaben der verantwortlichen Stellen und Personen genau festgelegt. Die Aufstellung dieses Planes hatte sofort ein positives Ergebnis. Es trat bei einem Teil der Bevölkerung, insbesondere bei den Behörden und Betriebsangehörigen eine gewisse Beruhigung ein, weil die Menschen nun wußten, daß für den Fall der Gefahr Vorbereitungen getroffen sind. Vor allem die weiblichen Kräfte in den Verwaltungen, die vorher oft mit der besorgten Frage kamen: „Kommen wir auch mit, wenn es so weit ist?", taten erleichtert und vorbildlich ihre Pflicht. Die große Befürchtung, daß diese Räumungsvorbereitungen dem Gauleiter bekannt werden könnten, hat sich als unbegründet erwiesen. In einer Kameradschaft haben alle, die davon wußten oder daran beteiligt waren, geschwiegen. Ich konnte sie nur bitten, den Mund zu halten, damit uns dieser Weg offen bliebe. Zu großem Dank sind wir insbesondere auch dem Regierungspräsidenten Dr. R. verpflichtet, der von diesen Räumungsvorbereitungen bis ins Kleinste unterrichtet war, sie stillschweigend förderte und pflichtwidrig nichts nach Königsberg meldete.

Es folgt eine Aufzählung verschiedener Einzelheiten im Zusammenhang mit den Räumungsvorbereitungen, worauf der Bericht fortgesetzt wird:

Anfang Januar besserte sich das Wetter, es kam Frost und Schnee, und am 13. Januar, etwa 7 Uhr war es wohl, hörten wir ein Rollen und glaubten, daß eine größere Zahl von Panzern durch Insterburg führe. Aber bald wußten wir, daß der Russe zum Großangriff angetreten sei und ein zweistündiges Trommelfeuer auf die deutschen Stellungen eröffnet habe.

---

[1]) Vf. kennzeichnet hier zutreffend den russischen Aufmarsch zür Januaroffensive 1945; s. Darstellung, erster Abschnitt, III.

In den ersten Tagen des Angriffs, der auf der ganzen Ostfront gleichzeitig einsetzte, gelang es den sowjetischen Truppen nur an einigen Stellen, insbesondere westlich der Trappöner Forst und von Schloßberg etwas vorzukommen. Am 17. Januar aber gelangen ihm tiefe Einbrüche mit Panzern, die am 18. bei Szillen und Grünheide die Bahnlinie Insterburg—Tilsit überschritten und auch bis in die Eichwalder Forst vorstießen. Am 19. Januar, etwa 4.30 Uhr, wurde mir vom Kreisleiter fernmündlich der Befehl des Reichsverteidigungskommissars durchgegeben, daß die Räumung der Stadt Insterburg befohlen sei. Sie brauche aber nicht überstürzt werden, man habe etwa noch 5 Tage Zeit. Die Stadtwerke sollten noch nicht gelähmt oder stillgelegt werden, die industriellen Betriebe aus der Stadt wie z. B. Brauerei, Drengwitz usw. und auch die Landwirte sollten noch nicht trecken, sondern besonderen Befehl abwarten. Es sei möglich, daß die Lage sich bessere. Der Befehl für die Stillegung der Städtischen Betriebe oder das Trecken sämtlicher Betriebe ist aber niemals durchgekommen. Dieser allgemeine Befehl zur Räumung, war der letzte Befehl, den ich von einer höheren Dienststelle erhalten habe. Der Kreisleiter, dem die Menschenführung oblag, ist nach meiner Kenntnis während der kritischen Tage im Landkreis gewesen, wo er sich um das Trecken der ländlichen Bevölkerung gekümmert haben soll.

Sogleich nach Eingang des Räumungsbefehls wurde die Bevölkerung alarmiert, aber nicht durch Läuten der Kirchenglocken und Schüsse an den Straßenecken, wie es ursprünglich für den Fall des plötzlichen Feindeinbruchs vorgesehen war, sondern mündlich und durch einen Lautsprecherdienst, der von Lehrer E. Schulz und Mittelschullehrer Nötzel organisiert worden war. Da nach Ansicht der Königsberger Stellen eine akute Gefahr nicht bestand, hatten wir keine Veranlassung, die Bevölkerung unnötig und überflüssigerweise zu beunruhigen. So wie es in dem Räumungsplan vorgesehen war, traten unverzüglich noch vor Hellwerden Betriebsführer und Behördenleiter, die Abteilungsleiter der Städtischen Betriebe, Polizei, Feuerschutzpolizei, Organisationen usw. bei mir zu Besprechungen zusammen, wobei es im großen und ganzen genügte, auf die Einzelheiten des Räumungsplanes hinzuweisen. Und nun geschah, was ich kaum zu hoffen gewagt hatte. Der theoretische Räumungsplan bewährte sich bis in seine Einzelheiten. In vorbildlicher Pflichterfüllung und Zusammenarbeit tat jeder, was ihm aufgetragen oder für ihn vorgesehen war.

Die Evakuierung der Bevölkerung begann bereits in den Morgenstunden mit fahrplanmäßigen und besonderen Räumungszügen, mit LKWs und PKWs und ging trotz der inneren Spannung und des Wissens um die Nähe des Feindes und große Gefahr in Ruhe und ohne besondere Hast vor sich.

Als ich im Laufe des Vormittags dieses Tages trotz mehrfacher Anrufe von Königsberg keinen Treckbefehl für die gewerblichen und landwirtschaftlichen Betriebe bekam, gab ich von mir aus die entsprechende Anordnung, so daß die meisten Betriebe schon am Freitag zu trecken begannen. Die Beamten und Angestellten der Stadtverwaltung, die noch in Insterburg waren, wurden z. T. mit der Bahn, z .T. mit Omnibussen nach Mohrungen in Marsch gesetzt. Lediglich den weiblichen Gefolgschaftsmitgliedern stellte ich frei, sich sofort unmittelbar in den Aufnahmegau Sachsen oder anderswohin ins Reich zu begeben und sich von dort aus zu melden. Diese Anordnung widersprach zwar den Weisungen aus Königsberg, erschien aber angebracht. Neben der Räumung der Stadt durch die Bevölkerung mußte das wertvollste Maschinenmaterial und anderes Gut, das dem Feind nicht in die Hand fallen sollte, fortgeschafft werden. Das galt insbesondere auch für die Autoreparaturwerkstätten Toussaint und Wollenschläger, die nicht verlagert waren, weil sie für die Wehrmacht arbeiteten. Vor allem sollten von den Maschinen und Anlagen, die nicht in vollem Umfang verlagert werden konnten, wichtigste Teile herausgelöst und weggeschafft werden, damit sie nicht gebrauchsfähig dem Feind in die Hand fielen. Diese sogenannte „Lähmung" der wichtigsten Betriebe wurde am Freitag, begonnen und am Sonnabend, dem 20. Januar beendet.

So herrschte am Freitag, dem 19. Januar, bei aller Betriebsamkeit und der verhaltenen Furcht vor ganz plötzlich eintretenden Ereignissen eine unbedingte Ruhe, obgleich der Feind die Eichwalder Forst schon zu einem erheblichen Teil durchschritten hatte und unser Insterburger Volkssturm dort unter schweren Verlusten gekämpft hatte. Dort soll auch Oberstudiendirektor Köhler, der Leiter unseres staatlichen Gymnasiums, gefallen sein.

Am 19. und in der Nacht zum 20. Januar hatte wohl die Hälfte bis zwei Drittel der Bevölkerung Insterburg verlassen, wobei sich bei der Freimachung der Stadt besonders die Herren Nötzel und Schulz auszeichneten. Ganz vorzüglich bewährte sich unsere Schutzpolizei unter Führung des Hauptmanns Salewski, der Reviervorsteher Ottenberg und Schablowski, des Revierleutnants M.[1]) und des Meisters Baumann. Auch ihnen, die sich mit ihrer ganzen Persönlichkeit bei der Räumung der Bevölkerung einsetzten, verdankt wohl mancher Insterburger sein Leben. Besonders schmerzlich war mir daher später die Nachricht, daß Hauptmann Salewski und seine Frau in Königsberg nach der Kapitulation der Stadt aus dem Leben gegangen sind.

Bis zum Morgen des 20. Januar wurde die Räumungsaktion in Insterburg durch den Feind nicht gestört. Auch vorgesetzte Dienststellen traten nicht mehr mit Anordnungen in Erscheinung, obgleich von den Räumen der örtlichen Luftschutzleitung Verbindung mit Königsberg durch Telefon und Funk bestand. Lediglich mit dem Regierungspräsidenten, der seine Dienststelle nach Norkitten verlegt hatte, wurde Verbindung gehalten.

Es war am Morgen des 20. Januar gegen 9 oder 10 Uhr, — die letzten Omnibusse mit Gefolgschaftsmitgliedern der Stadtverwaltung unter Führung des Rechnungsdirektors Appel sollten gerade abfahren, — als ein schwerer, über dreistündiger russischer Luftangriff auf die Stadt einsetzte. Ich hatte gerade in meinem Arbeits- und Dienstraum im Stadtbauamt die letzte Besprechung in größerem Kreise beendet, als die erste Welle russischer Bomber mit ihrem Angriff begann. Zum letzten Male heulten die Sirenen in Insterburg und auch dieses Mal, wie stets in den letzten Monaten, da die Front so nahe der Stadt lag, erst nach den ersten Bombenwürfen. In rollendem Einsatz wurden bis gegen Mittag auf alle Stadtteile Spreng- und Brandbomben geworfen, die

[1]) Polizeileutnant M. schildert ausführlich die Luftschutz- und Evakuierungsmaßnahmen sowie die spätere Brandbekämpfung in Insterburg.

große Brände und Zerstörungen, vor allem in der Hindenburg- und Luisenstraße, am Alten Markt, am Markgrafenplatz, in der Wilhelmstraße, Siehrstraße, in der Karalener Chaussee und an vielen anderen Stellen verursachten.

Die Feuerlöschpolizei begann schon während des Angriffs mit den Löscharbeiten, die aber durch den starken Frost und vor allem die ständige Feindeinwirkung sehr erschwert wurde. Sie leistete dabei wieder Hervorragendes und löschte viele Brände ab oder es gelang ihr zum mindesten, sie auf ihren Herd zu beschränken. Das war notwendig, weil immer noch die schwache Möglichkeit bestand, daß sich die Lage im letzten Augenblick wieder festige, und deshalb mußte ein Ausbreiten der Brände verhindert werden. Während dieser Angriffe rumpelte der eingesetzte Lautsprecherwagen, immer wieder von Bombensplittern getroffen und notdürftig instand gesetzt, durch die Straßen der Stadt und gab dem Rest der Bevölkerung Weisung für das Verlassen der Stadt. Da die Stadt schon fast leer war, kamen bei diesem Angriff nur etwa 30 Zivilpersonen und Wehrmachtsangehörige ums Leben. Vorzüglich arbeitete der Luftschutzsanitätsdienst unter Führung des städtischen Vollziehungsbeamten Neumann, der stets sofort zur Stelle war, um die Verwundeten zu bergen und zu versorgen.

Als der letzte Feindverband gegen 13 Uhr abgeflogen war, setzten wir die letzten Omnibusse in Marsch und fanden uns vor der Luftschutzbefehlsstelle zusammen, um die Lage zu besprechen. Es waren nicht mehr viele, die hier noch zusammen kamen, aber es waren auch noch manche da, die schon hätten gehen können und die nur ihr hohes Pflichtgefühl in der brennenden Stadt zurückgehalten hatte. Ich gedenke dabei noch der Unterhaltung mit unserem Superintendenten Füg, der nicht gehen wollte, weil er noch die Opfer des Angriffs beerdigen müsse, außerdem aber auch von Königsberg keine Weisung zum Verlassen der Stadt habe. Diese letztere zu geben war ich berechtigt, aber Superintendent Füg verließ die Stadt erst, nachdem er die Toten zu Grabe geleitet hatte.

Bald nach Mittag setzten wieder leichtere Luftangriffe ein, und als wir uns etwa gegen 15 Uhr zur Lagebesprechung in meiner Befehlsstelle in der Forchestraße trafen, wurde mir berichtet, daß der Feind bei Feldeck Artillerie eingesetzt habe und daher in Kürze mit Artilleriebeschuß zu rechnen sei. Angesichts dieser Tatsache wurde endgültig die Lähmung der letzten Betriebe angeordnet. Der ausgeschickte Lautsprecherwagen kam nicht weit — Alter Markt, Hindenburgstraße, Belowstraße, Wasserturm, — da setzte ein neuer Treffer einer Fliegerbombe den Wagen endgültig außer Aktion. Zum letzten Male ließen wir die Glocken der Lutherkirche läuten, um noch einmal auch die zum Verlassen der Stadt aufzufordern, die trotz aller Mahnungen noch nicht gegangen waren. Bergungszüge und Fahrzeuge standen planentsprechend bereit, und so wurde die Evakuierung der Stadt im Laufe des Nachmittags des 20. Januar beendet.

Im folgenden zitiert Vf. den mit ihm an der Leitung der Evakuierung beteiligten Polizeioffizier Ottenberg und den Reichsbahnbeamten Catarius bezüglich der Räumungsvorgänge am 20./21. Januar 1945 und fährt danach fort:

Der Feind hatte inzwischen, wie mir der Kampfkommandant General Dormagen erklärte, den Stadtteil Sprindt erreicht und sich auch im Norden weit um die Stadt herumgeschoben. Als es uns seltsam vorkam, daß Bomben immer in die Nähe des Bahnhofs und der Siehrstraße fielen, merkten wir, daß der Artilleriebeschuß begonnen hatte. Gegen Abend habe ich bei Durchfahren und Durchgehen der Stadt keine Menschen mehr gesehen, die in Insterburg nichts mehr zu tun hatten. Und es war gut so, denn die militärische Lage hatte sich weiter sehr verschlechtert. Der Feind hatte sich bereits bis Merkthausen vorgeschoben und einzelne Feindpanzer machten die Chaussee Insterburg—Königsberg unsicher.

In Insterburg selbst war gegen Abend des 20. außer einigen Wehrmachtsangehörigen, die in der Hauptsache zu rückwärtigen Diensten gehörten, nur noch der Insterburger Volkssturm, der vor allem bei Althof eingesetzt war und über schwere Waffen nicht verfügte, ferner die Schutzpolizei, die Feuerschutzpolizei, der Sanitätsdienst, Teile der Technischen Nothilfe und ein Räumungskommando, das ich mir in Stärke von etwa 25 Mann zurückbehalten hatte und das über einen LKW und über einige PKWs verfügte. Zu diesem Räumungskommando gehörten die Herren Niegisch, Otto Hagen, du Bois, Holz (Polizei), Richard Neumann, Rabaschus, Konditoreibesitzer Gertner, Kaufmann Heinacher usw. Vom Volkssturm waren u. a. Herr Padeffke, Kampf, Rektor Radtke eingesetzt. Am Spätnachmittage wurde ich im Auftrage des Regierungspräsidenten von dem Dezernenten der Schutzpolizei der Regierung, Oberstleunant Schröder, angerufen und gefragt, warum wir Insterburg noch nicht verlassen hätten, die militärische Lage sei doch so, daß mit dem Eindringen des Feindes im Laufe der Nacht gerechnet werden müßte. Da der Kampfkommandant mir aber die Lage noch nicht so ernst geschildert hatte, hielt ich es jedoch für richtig, noch in Insterburg zu bleiben.

Und nun kam die letzte Nacht in unserer Heimatstadt, die für alle Zurückgebliebenen wohl unvergeßlich sein wird.

Auf weiteren 3 Seiten schildert Vf. ausführlich das Ausmaß der durch Fliegerbomben und Artilleriebeschuß entstandenen Brände in der Stadt sowie die verzweifelten Löschversuche durch die Feuerwehr. Die Schilderung fährt dann fort:

Der Sonntag, der 21. Januar 1945, war kalt und trübe, und das war auch uns allen von Nutzen, da nur wenige feindliche Flieger sichtbar wurden. Der letzte Treck der Stadtwerke ging in den Morgenstunden in Richtung Heiligenbeil. Beim Durchfahren der Straßen konnte man feststellen, daß Menschen nicht mehr in der Stadt waren. Wohl kann es sein, daß sich Einzelne in den Kellern versteckt hatten, die Insterburg nicht verlassen und freiwillig den feindlichen Einmarsch abwarten wollten. Am Vormittag wurden von den letzten zurückgebliebenen Luftwaffeneinheiten große Sprengungen auf dem Flugplatz durchgeführt. Der letzte Kommandant des Flugplatzes, Oberst von Busse, setzte seinem Leben selbst ein Ende. Der Feind war inzwischen bis Waldgarten zum Verpflegungsamt an der Tilsiterstraße vorgedrungen und schoß außer mit Artillerie mit leichten Granatwerfern in die Stadt. Da nunmehr die Gefahr bestand, daß sowohl vom Osten wie auch vom Norden in Kürze mit einem Einbruch in das Stadtzentrum zu rechnen war, entschloß ich mich, am Nachmittag des 21. Januar mit dem Räumungskommando die Stadt zu verlassen und zunächst nach Schulzenhof zu gehen, um dort zu übernachten.

Vf. berichtet anschließend über die letzten deutschen Maßnahmen in Insterburg und das Eindringen der ersten Russen in die Stadt während der Nacht vom 21. zum 22. Januar und schreibt abschließend:

Zahlreiche Einwohner, die den Weg zu dem unter Beschuß liegenden Bahnhof nicht gewagt hatten, waren zu Fuß nach Waldhausen gegangen. Dort standen um die Mittagszeit des 21. Januar rund 1700 Menschen. Leider war niemand da, der für den Abtransport verantwortlich war. In aller Eile wurden Mittelschullehrer Noetzel und Lehrer Albat dort hingeschickt. Ihrem tatkräftigen Eingreifen ist es zu danken, daß bereits um 14 Uhr ein Zug von Königsberg nach Waldhausen kam und die Hälfte der versammelten Frauen und Kinder mitnahm. Der zweite Zug sollte in einer Stunde folgen. Stunde um Stunde verrann, von einem Zug war nichts zu sehen. Obgleich Herr Noetzel sich jede nur erdenkliche Mühe gab, war ein Zug, der bis nach Waldhausen fahren sollte, von Königsberg nicht mehr zu erhalten.

Eine frostkalte Nacht brach herein. Ein Feldwebel der Wehrmacht erhielt den Befehl, die Brücken zu sprengen, da diese bereits unter russischem Maschinengewehrfeuer lagen. Was sollte dann aus den Frauen und Kindern werden? Herr Noetzel handelte immer wieder einen kurzen Aufschub für die Sprengung heraus, aber der Zug kam nicht. Die Russen hatten bereits den Pregel überschritten. Die Menschen standen geduldig auf dem Bahnsteig, sie ahnten nicht die Größe der Gefahr. Ein Artilleriehauptmann ließ abprotzen, er verlangte Freimachung des Bahnhofes, da er feuern müsse. Im Raume des Stationsvorstehers verhandelte Herr Noetzel immer wieder mit Königsberg, er bat, er wurde grob, er verhandelte wieder und bat wieder. Endlich um Mitternacht schob sich langsam ein langer Zug auf den Bahnhof. Und nun begann der Ansturm auf diesen letzten Zug. Es hatten sich inzwischen noch zahlreiche Kriegsgefangene mit vielem Gepäck eingefunden, die für sich und ihr Gepäck den besten Raum in Anspruch nahmen. Es war den beiden, vom Volkssturm abkommandierten Männern unmöglich, mit Machtmitteln einzugreifen. Erst als Herr Noetzel bekanntgab, daß der Zug erst dann abfahre, wenn die letzte Frau im Zuge untergekommen sei, kam man zur Vernunft. Am 22. Januar 1945, gegen 1 Uhr nachts, fuhr der Zug aus dem Bahnhof. Bis auf die Herren Noetzel und Albat, die keinen Marschbefehl hatten, blieb niemand zurück und bis auf wenige Stücke auch kein Gepäck. Herr Noetzel und Herr Albat sahen den letzten Zug davonfahren mit dem stolzen Gefühl, den letzten Insterburgern eine letzte Möglichkeit zum Abtransport geschaffen zu haben.

Sie stampften durch den verschneiten Wald nach Schulzenhof. Bei Norkitten rumpelten bereits die russischen Panzer. Als sie in Schulzenhof ankamen, verließen gerade die letzten Wehrmachtsteile den Ort. Sie begaben sich nach Jänichen, und von der Höhe aus bot sich ihnen das furchtbare Bild ihrer brennenden, untergehenden Stadt.

Das Räumungskommando der Stadt konnte seine Aufgabe am 21. Januar nicht mehr fortsetzen und verließ in den Morgenstunden des 22. Januar mit mir Schulzenhof, da auch dort Feindgefahr bestand, zumal sowjetische Einheiten schon in der Nacht bei Norkitten den Pregel überschritten hatten. Ich selbst versuchte über Allenburg nach Mohrungen herein zu kommen, wohin ja der größte Teil der Stadtverwaltung verlagert war. Dort war aber am Dienstag, dem 23. Januar früh bereits der Feind eingebrochen. Die Weiterfahrt nach Elbing verhinderten sowjetische Panzer. Die Mehrzahl der Mitglieder des letzten Räumungskommandos von Insterburg fand sich in Braunsberg zusammen, von wo dann gemeinsam der Weg über das Eis des Frischen Haffs und die Nehrung nach Danzig angetreten wurde.

Die meisten Männer, Frauen und Kinder aus unserer Heimatstadt sind heute am Leben. Aber trotz aller Maßnahmen ist doch mancher von ihnen in Königsberg, in Mohrungen, Heiligenbeil oder anderswo vom Feinde überholt worden und hat ein schweres Schicksal gehabt oder ist zugrunde gegangen.

2. Fluchtversuche aus Ostpreußen und Räumungsmaßnahmen in Westpreußen zu Beginn des russischen Angriffs südlich von Ostpreußen in Richtung auf Elbing (19.-23. Januar 1945).

Nr. 6

Erlebnisbericht der Wanda Dijer aus Borkowo (Borkenhagen), Kreis Sierpc (Sichelberg) i.. Nordpolen.
Original, 1. November 1951, 4 Seiten. Teilabdruck.

Überrollung durch die Russen auf der Flucht, Rückkehr in die Heimat.

bis zum 18. Januar 1945 war ich in meiner Heimat auf meinem eigenem Grundstik in Borkenhagen, Kr. Sichelberg. Am 21. Januar 1945 erreichten uns die Russen mit unserem Treck in Jaschen. Da waren auch Gleich die Poler da und beraubten unser restliches Hab und Gut, das wir noch mit unseren Geschpanen mit uns führten, so daß ich und meine zwei Kinder, Edith, geb. am 4. Juli 1936, und Helmuth, geb. am 24. Mai 1942, Nur im Hemd und einem Kleit Stehen bliben.

Sogar die schuhe von den Füßen wurden uns runter gezogen Und Holzklumpen hingeworfen, da sagten die Poler, so jetzt könt ihr gehen wo ihr wolt.

Ich begab mir mit meinen beiden Kindern zufus nach meine Heimat zurick. Nur über die Felder misten wir gehen, den auf den Straßen war uns ferboten, es war Tüfer schneh und sehr Kalt, den Kleinen Helmuth mußte ich auf dem Arm und auf dem Pukel schlepen. So gingen wir 3 Tage fast Tak und Nacht, Hungrich u. Durstich, kein Mensch wolte sich unser erbarmen und entweder was zu Essen geben Oder übernachten. Drausen auf dem Felde im Stroh schober misten wir übernachten. Wen wir irgend an ein Haus kamen und baten um ein Stickchen Brot. Denn sakte man uns, ihr seit Nemzes, ihr hätet schon lengst solt erschlagen sein. Kurz vor unsere Kreisstad erwischte uns die Polnische Miliz, wir wurden dann ins Gefengnis geführt. Da wurde beraten, was sie mit uns machen, ob erschisen oder am Leben lasen. Den es haten die Poler einen befel, das sie jeden Deutschen, den sie trefen werden, inerhalb 24 Stunden Erschisen konten oder mit Knipel erschlagen. Es lagen dort schon Berge von Leichen.

Da aber nun die 24 Stunden schon umwaren, So wurde ich mit den Kindern Entlasen. Andem selben Tak ereichten wir dan unsere heimat. Als wir unsere Heimat betraten, da waren schon fremde Leute drin. Wir haten dort wider keine bleibende Stäte. Da wurden wir wider von der Polnische Miliz nach der Gemeinde apgeholt. Dort misten wir die ganzen Aports und die Wohnungen sauber machen, was die Russen u. Poler eingesaut hatten, bis dort hin misten wir Täglich 8 km hin u. zurik zufus gehen, Ohne etwas zu Essen dazu noch nichts zum anzihen, Sondern wir wurden noch immer bedroht.

Anschließend schildert Vfn. ihr Leben unter polnischer Herrschaft.

Nr. 7.

Erlebnisbericht der L. S. aus Groß-Nappern, Kreis Osterode i. Ostpr.
Original, ohne Datum, 15 Seiten. Teilabdruck.

Überstürzte Flucht, Überrollung des Trecks durch die Russen bei Saalfeld, Rückkehr nach Groß-Nappern.

17. Januar 1945. Warschau geräumt! Rufe Frau Pfarrer Decke-Cornill in Groß-Schmückwalde an, frage, ob dies höchste Alarmbereitschaft sei, was sie verneint. Abends kein Licht, kein Radio.

18. Januar 1945. Finde keine Ruhe. Nachts gegen 3 Uhr wieder aufgestanden. Es ist mir immer, als ob man mich riefe. An den Betten der Kinder, die wie die Engel schlafen. Als der Morgen graut, beginne ich übernächtigt zu packen.

19. Januar 1945. Schon vor 8 Uhr kommt Lehrer Hopp und sagt: „Frau Sternberg, es ist so weit! Richten Sie sofort Ihren Treck!" Fieberhaftes Rennen treppauf, treppab. Was soll aus Tante Käthe werden? Sie ist 81, krank, und will von nichts wissen. Am Abend kommt die Meldung: „Abfahrt nicht notwendig, Feind 60 km zurückgeschlagen!" Darf man es glauben? Wieder kein Licht. Es liegt etwas Unheimliches in der Luft. Beim trüben Schein einer Petroleumlampe packen wir weiter. Es ist ein gegenseitiges Aushelfen, wo etwas fehlt. Die Kinder finden es herrlich. Gott sei Dank, daß sie den Ernst der Stunde nicht spüren.

20. Januar 1945. 13 Uhr Treffen im Schulhaus. Es handelt sich um die Verteilung der Leiter- und Kastenwagen an die Flüchtlinge. Während Lehrer Hopp und Inspektor Henzler noch disponieren, kommt Schuster Rudolf Sendzik angestürzt: „Sofort los! Nur mit Handgepäck!" Im Nu sind wir auf der Dorfstraße, die mit einem Mal voll von jammernden Frauen ist. Ich laufe, ziehe die Kinder warm an. Unsere Gumbinner Flüchtlinge sind unschlüssig. Trage mit Lotte Saremba Tante Käthe in den Landauer, wo sie in Pelzdecken gehüllt ganz friedlich sitzt, neben ihr Ingrid (siebenjährig), ihr gegenüber Jutta (sechsjährig) und Oda (zweijährig). Dann gilt es, unsere, Sarembas, Kaminskis, Fräulein Knoops Sachen zu verstauen. Natürlich ist es viel zu viel, alle Wagen sind überlastet. 15.30 Uhr geht es endlich los. Lotte Saremba ist bei den Kindern. Ich laufe mit Fräulein Knoop nebenher, immer in Sorge, daß der Treck nur zusammenbleibt. Hopp und Henzler sind längst über alle Berge. Peterswalder überholen uns, Frau Dobrik, Frau Glesinski, Fräulein Porsch. Bei Rheinsgut erste Stockung. Die Chaussee ist eisglatt. Es sind mindestens - 20 Grad, doch keiner spürt die Kälte in der fieberhaften Aufregung. 18 Uhr stehen wir dicht ineinandergekeilt am ersten Bahnübergang der Wilhelmstraße in Osterode. Löse Lotte Saremba im Wagen ab, da sie nach ihren Eltern sehen will. Tante Käthe plagt mich mit Fragen: „Warum steht der Wagen still, was wollen wir hier, warum essen wir kein Abendbrot?" Auf der Straße rennen die Menschen, als wenn sie gejagt würden. Züge mit Panzern Richtung Allenstein. Erst im Morgengrauen können wir weiter, als der große Treckstrom, von

Buchwalde kommend, unterbrochen ist. Wir fahren Osterode—Post—Kreishaus—Milliner—Richtung Waldau. Hier wieder Halt. Plötzlich ist Henzler da mit heißem Kaffee. Das tut gut. Unser kriegsversehrter Volontär Stöckel bemüht sich um den Zusammenhalt des Groß-Napperner Trecks. Saremba, der alte Ehmke, Janowski, Bolz, Kruschinski, Blaskowitz sind weit zurück, bei uns sind Lipowski, Kronberg und Nickel. Wir dürfen nicht überholen, sehen ja auch ein, daß die Wehrmacht die Straße frei haben muß. Mit Bangen sehen wir sie immer noch nach Osten ziehen.

Endlich können wir weiter, kommen aber nur langsam vorwärts. Tante Käthe beginnt wieder mit Fragen, und wenn meine Antworten nicht befriedigend ausfallen, zerrt sie an meiner Hand. Im Liebemühler Wald bleiben wir stecken. Nehme Frau Kaminski und Hildchen in den Wagen, Friedchen neben Kutscher Wischnewski auf den Bock. Versorge alle aus dem Rucksack. Sehe die ersten zurückgehenden deutschen Soldaten im Schneehemd, erschöpft und abgehetzt. Der Russe scheint uns auf den Fersen zu sein. Wie zur Bestätigung erschallt Kanonendonner. Weiter, nur weiter. Vorbei an Pillauken kommen wir in der Dämmerung nach Liebemühl. Frage nach der NSV. Tante Käthe will aus dem Wagen. Befehl der Kreisleitung: Sofort einsteigen und weiterfahren! Groß-Altenhagen. Die Kinder sind eingeschlafen, Tante Käthe redet wirr und zerrt an meinen Nerven. 1 Uhr nachts vor einem Bauernhof in Nickelshagen. Die Tür ist verrammelt. Nach langem Klopfen erscheint ein weißbehaubtes Mütterchen am Fenster, und es bedarf guten deutschen Zuredens, um ihr klarzumachen, daß wir noch nicht die Russen sind. Sie öffnet. Wir tragen Tante Käthe ins Haus, wärmen und stärken uns. Osterode, will man wissen, soll brennen. Feuerschein überall. Weiter. Sehe, daß auch Lotte Münz und Frau Perk bei uns sind. Die Straßen verstopfen sich immer mehr. Schimpfende Landser. 15 Uhr Saalfeld. Halt auf dem Marktplatz. Wir vertreten uns die Beine. Der Kutscher steht bei den Pferden.

Plötzliches Rasseln und Dröhnen, ein Panzer, nein, kein deutscher, ein russischer Panzer, riesenhaft. Maschinengewehre tacken. Ich reiße die Kinder in den Wagen, Kaminskis flüchten in ein Haus. Der Kutscher schreit: „Mich hat es getroffen!" Ich kann nicht helfen, da ich die wild um sich schlagende Tante Käthe halten muß. Der nächste Panzer rammt uns, die Deichsel bricht, und die Pferde gehen durch. Wir streifen in rasender Fahrt eine Bretterwand, eine Hausecke. Wieder ein Panzer, die Pferde biegen aus, dabei kippt der Wagen um, wir fliegen durcheinander, werden weiter geschleift. Ich liege auf Ingrid, wühle mich hoch, frage: „Wem tut was weh?" „Nichts!", sagt Ingrid, „nur Angst, Mutti, laß uns beten." Endlich kommen wir zum Stehen. Ich sehe eine Gestalt vorbeilaufen, schreie, klopfe, schlage wie rasend gegen die Wand des Wagens, erkenne unseren französischen Gefangenen Michel, der einen Treckwagen fuhr. Er hilft das Dach öffnen, und wir können die Kinder herausheben, schwieriger ist es mit Tante Käthe, die sich mit Händen und Füßen sträubt. Wir müssen sie zurücklassen, als uns neue Panzer zu überrollen drohen. Mit den Kindern und einer rasch aufgerafften Decke unter dem Arm kann ich in das nächste Haus flüchten. Panzer toben vorbei.

Als wir uns wieder hervorwagen, sind Pferd und Wagen verschwunden. Michel will mich zum verwundeten Kutscher bringen, er ist nicht mehr zu finden. Wir stapfen durch tiefen Schnee, kommen an einen Schuppen. Heftiges

Maschinengewehrfeuer in den Straßen. Längst ist es dunkel. Mit Mühe entziffere ich auf der Tür des etwas abgelegenen Schuppens „Giftkammer Ceresan!“ Nun, ein Beizmittel kann eine Landfrau nicht schrecken. Ich stoße die Tür auf, alles dunkel, aber ich höre Menschen, lasse mit zitternden Händen ein Streichholz aufflammen: acht todernste Männer in Wlassowuniform starren mich an, eine Frau mit Säugling, eine Alte. Rasch ziehe ich meine Drei rein, mache die Tür wieder dicht. Wir kauern uns in eine Ecke. Ich lege die jetzt so kostbar gewordene Decke über die Kinder. Die Stunden schleichen. Meine Gedanken kreisen um Tante Käthe. Habe ich sie im Stich gelassen? Lebt sie noch? Wrde ich jemals etwas über ihr Schicksal erfahren? Ich muß jetzt bei meinen Kindern bleiben, noch haben sie das Leben vor sich, meine einzige Aufgabe ist es, das ihre zu beschützen und zu bewahren.

Allmählich gewöhnen sich die Augen an das Dunkel, ich entdecke noch ein Ukrainerehepaar mit Kind, die bei uns gearbeitet haben, kann ihnen ein Stück Brot geben. Die Stadt scheint in den Händen der Russen zu sein, ich höre, wie sie im Vorderhaus mit den Kolben die Türen einschlagen. Alles hält den Atem an. Werden sie uns finden? Man fürchtet, sich durch den wilden Herzschlag zu verraten. Es geht vorüber. Die Füße erstarren in der Kälte. Ingrid und Jutta flüstern: „Mutti, die Russen, was werden sie mit uns machen?“ „Nichts“, sage ich, während es mich schüttelt, „Nichts!“, und lege meine Hand auf ihre Lippen.

Vier Uhr morgens versuche ich, ins Vorderhaus zu gehen. Wir können hier nicht bleiben, es muß etwas geschehen. Plötzlich steht unser Obermelker Nickel vor mir. Dem Mann laufen die hellen Tränen herunter, er vermißt seine Frau und seine Tochter Gertrud. Führt uns in eine Fleischerei, wo wir Frau Henzler mit Mann und Sohn, Kronberg mit Frau und Sohn und Fräulein Schröder finden, die als Gumbinner Flüchtling bei uns gewohnt hat. Wir bekommen zu essen. Aber es dauert nicht lange, bis die ersten Russen kommen. Wir kommen, vielleicht der Fleischerei wegen, mit Uhren und Ringen, die Männer mit bzw. ohne Langschäfter noch gnädig davon. Ich sage zu Nickel: „Es hat keinen Zweck, uns hier festzusetzen, wir müssen aus dem brennenden Saalfeld raus!“ Ja, Saalfeld brennt an allen Ecken und Enden. Organisiere einen Schlitten, auf den ich Odchen setzen kann. Marschieren los, kommen ins Kampfgelände, finden, auf Kartoffelkraut liegend, Schutz in einer Gärtnerei. Dann in einem Bunker. Nicht lange, da jagen uns die Russen raus, nehmen Henzler mit, der behauptet, Pole zu sein, obwohl sein Sprachschatz mit dem Wort „Popolski“ erschöpft ist. Seine Frau und Sohn Ulrich laufen mit uns. Nickel immer noch untröstlich. Ich sage: „Zu Fuß können wir nur nach Groß-Nappern zurück, da werden auch Ihre Frau und Gertrud sein!“ Kronberg hat sich abgesondert.

Wir marschieren, von den Russen getrieben, die Straße des Todes zurück, in unserem Rücken die brennende Stadt. Brennende Bauernhöfe begleiten uns, brüllendes Vieh. Kommen in ein schweres Panzergefecht und müssen im Straßengraben Deckung suchen. Odchen schreit so, daß Nickel böse wird. Er ist jetzt unser Schutz, denn er kann wirklich polnisch. Es wird dunkel, die Kinder können nicht mehr. In einer Holzhütte finden wir Unterschlupf, sie ist eng vollgestapelt, und wir sind 11 Erwachsene und 9 Kinder, aber es muß gehen. Barbarische Kälte, mache Feuer. Russen kommen und wärmen sich.

„Schimna, schimna[1])!“, rufen sie und strecken die mit Trauringen bedeckten Finger über das Feuer. Mit steifen Händen kochen wir in einer Konservenbüchse Schneewasser und trinken es. Mit einer Eisenstange breche ich eine Miete auf: Kartoffeln wie Steine, aber doch Kartoffeln! Halbgar schlingen wir sie hinab. Weiter. Ungeheure Massen amphibienhafter Panzer begegnen uns, auf denen Trauben von Menschen hängen. Russen, nichts als Russen. Über Kuppen nach Groß-Hanswalde. Überfahrenes, zerquetschtes Vieh, Zivilisten mit eingeschlagenen Köpfen neben ausgeplünderten, umgestürzten Trecks, tote deutsche Soldaten. Die Gesichter der Kinder sind ganz klein und blaß und so stumm geworden. In Groß-Hanswalde zur Nacht keine Unterkunft, Häuser ohne Dach. Binde mir die Leine des Schlittens um den Leib, um Ingrid und Jutta an die Hand nehmen zu können. In Schliewe, nahe der abgebrannten Kirche will mich ein Russe abseits zerren, kann mich losreißen. Niedergebranntes Gutsgehöft seitlich der Straße, in einer halbzerstörten Scheune etwas Stroh. Ich reibe den Kindern die erfrorenen Füße mit etwas Schnee ein, bereite ein Lager. Nickel fängt eine Kuh ein und strahlt, daß er wieder melken kann. Ich strahle auch, obwohl die Milch des euterkranken Tieres gelb ist. Greifen und rupfen zwei Hühner. Der brennendste Hunger kann gestillt werden. Aber die Kinder jammern immer noch über ihre geschwollenen Füße. Trage sie zum Austreten raus, Jutta kriecht auf allen Vieren.

Als der Morgen kommt, tauchen Menschen auf. Ein Landarbeiter auf Groß-Gröben mit Pferd und Wagen. Angesichts der erfrorenen Füße der Kinder kann ich ihn bewegen, uns mitzunehmen. Das Pferd ist alt und schwach, so daß wir oft schieben helfen müssen. Tiefer Schnee, wohl 20—25 Grad unter Null. Wo der eisige Ostwind den Schnee weggefegt hat, ist die Chaussee spiegelglatt. Die Helle blendet. Keine Handschuhe, die man mir abgenommen hat, finde in einem Tornister ein paar Socken. Wieder bleiben wir stecken, der abgetriebene Gaul droht zu fallen. Die Polenfrau, die auch auf dem Wagen ist, will die Kinder heruntersetzen. Wir reisen ja gewissermaßen unter ihrem Schutz, und sie kann sich alles erlauben. Wir dürfen nicht einmal den toten deutschen Soldaten am Wege die Soldbücher abnehmen. Wer wird ihre Angehörigen benachrichtigen? Schnellwalde, kein Haus mehr, nur noch Mauerreste. Über Dittersdorf nach Liebemühl. Dämmerung, die den Augen gut tut. Nickel muß seine 16jährige Tochter Hilde schützen. Endlich ein heiles, offenbar noch bewohntes Haus. Aber als wir eintreten, bietet sich uns ein Bild unvorstellbaren Grauens: verstreutes und verschüttetes Essen, Tote sitzen auf dem Sofa, hängen über Stühle, liegen in den Betten. Fußboden und Wände sind mit Blut bespritzt. Nur ein Hund kläfft uns wütend an. Wir flüchten ins Freie. Plötzlich ist da eine alte Frau, ruft hinter uns her: „Kommt, ruht Euch hier aus!“ Ich schüttele den Kopf, fort, nur fort von hier! Wieder bringen wir den Wagen in Gang. Ich ziehe immer noch meinen Schlitten. Im nächsten Gehöft kommen wir unter.

Es wimmelt von Menschen, viele Franzosen, die ganz lustig kochen und braten. Schleppe die Kinder auf dem Rücken ins Haus. Bekomme zu essen. In einer Ecke vor mit Stroh verstopftem Fenster finden wir Platz. Ich sehe mich um. Bauern aus Manchengut und Paulsgut, die uns kennen und Brot

[1]) Ukrainisch: simno = kalt.

geben. Verwundete Frauen und Kinder aus dem letzten Liebemühler Zug, der nicht mehr fortkam und beschossen wurde. Eine Schwester, der ich verbinden helfe. Sie ist aus einem Treck herausgeholt und von 11 Russen vergewaltigt worden. Als wir weiterziehen, schließt sie sich uns an. Schritt für Schritt geht es durch den vertrauten Liebemühler Wald. Auch dort Trümmer von Trecks und Todesgeruch. Pillauken — ein wilder Russenhaufen. Senke mein Gesicht tiefer. Roterkrug Randsiedlung abgebrannt, Osterode abgebrannt, keine Menschenseele. Vor den Ruinen der Post Geld in Haufen, niemand will es. Hier war Kühls Hotel. Ein Russe hält uns an: „Wohin?" „Nach Hause!" Er winkt grinsend ab, als gäbe es so etwas für Deutsche nicht mehr. In der Wilhelmstraße stehen noch einige Häuser. Aber man sieht keine Menschen. Was noch lebt, hält sich ängstlich versteckt. Die Molkerei beschädigt (wurde Juni 1945 völlig abmontiert).

Kommen noch bis Treuwalde, dann ist es dunkel. Das erste Haus abgebrannt, ebenso die Försterei und das Schulhaus. In einem Stall finden wir 22 Menschen Platz. Brate das Stück Schweinefleisch, das mir in Liebemühl ein Franzose gab: „Madame, pour les enfants!" Das erste Mal seit 8 Tagen ziehe ich meine Halbschuhe aus, und das erste Mal seit dem Aufbruch aus Groß-Nappern schlafe ich den Schlaf völliger, totenähnlicher Erschöpfung. Einer hat gegen Morgen Feuer gemacht, und da meine Schuhe zu nahe dran waren, sind sie steinhart zusammengeschrumpft. Ich bekomme ein Paar Knobelbecher Größe 43 verpaßt, und weiter geht es. Hoffentlich laufe ich mir nicht zu schlimme Blasen. Im Schießwald irren hungernde Pferde und ein winselnder Hund umher. Mörlen, kein Gutshaus mehr. Auf der Strecke nach Rheinsgut schneidender Ostwind, der uns beinahe umwirft. Über uns ein Fieseler Storch mit blutrot leuchtendem Sowjetstern. Von fern der Groß-Schmückwalder Kirchturm, er steht also noch.

Die Heimat rückt nahe und die bange Frage: Wie werden wir sie antreffen? Klein-Schmückwalde, das Gutshaus ist niedergebrannt. Nickel sondiert. Wir warten. Es dauert mir zu lange, und ich wage mich in die Insthäuser, finde Nickel mit Russen, bekomme meinen Pelz abgenommen. Nickel gibt mir zu verstehen, daß er nicht weiter helfen kann. Werde untersucht, abgetastet. „Partisan?", fragen sie drohend, wohl wegen meiner Skihosen, dann: „Patron?" Ich verneine. Spreche mit Frau Saloka wegen unseres Unterkommens, sie zeigt mir, daß alles reichlich besetzt ist. Ein Russe will mich ins Zimmer ziehen: „Frau, kumm!" Ich komme weg. Zu den Kindern. Wieder auf den Wagen. Im nächsten Haus, das leer ist, kommen wir unter, und ich kann etwas Eßbares zusammenbrauen. Zusammenstoß mit Frau Henzler, der wohl das Gewissen schlägt. Ich sage, daß ich mit gutem Gewissen nach Groß-Nappern zurückgehen kann. Am 3. Tag wagen wir trotz Schneesturm den nur 2 km entfernten Weg dorthin, aber die Kinder sind so schlecht auf den Füßen, daß es mir ins Herz schneidet und ich noch einmal umkehre. Der zweite Anlauf glückt.

Am 4. Februar sind wir wieder zu Hause, in Groß-Nappern. Das Haupthaus ist abgebrannt, nur das „gelbe" Nebenhaus steht. Es kommen Frau Sontowski, Frau Wilhelm Ehmke und Tochter Gertrud; andere kucken verängstigt aus dem Fenster. Nicht viele, meist 2—3 Familien, in der Angst zusammengedrängt. Tolle Szenen müssen sich abgespielt haben, haben die Russen doch eine volle Brennerei vorgefunden. Ins Haus gehe ich zunächst nicht, da ich von draußen sehen kann, wie es drinnen aussieht! Ziehen bei Meissners ein, die uns mit offenen Armen aufnehmen. Wohnen oben in Lotte Münzens Zimmerchen, 3×4 m mit 14 Menschen. 2 Betten, 1 Kinderbett, in das Irmchen Meissner gesteckt wird, wenn die Russen hinter ihr her sind, 1 Tisch, 1 Schrank, noch 1 Sofa. Ingrid und Jutta schlafen unter dem Tisch. Um 4.30 Uhr wird es dunkel. Die langen Nächte sind angefüllt mit wilden Schießereien und ständiger Menschenjagd. Oft hört man das Schreien von Frauen, das Weinen von Mädchen.

In der Küche wird den ganzen Tag für die Russen geschlachtet und gebraten. Der Kommandant bewohnt unten 2 Zimmer und benimmt sich dank Messners polnischen Sprachkünsten fast europäisch, besucht uns, und ich erfahre, daß mein Mann ein „guter Pan" gewesen sei und gerne kommen dürfe. Dabei lassen wir es. Ich bin froh und dankbar, die erfrorenen Füße und den furchtbaren Durchfall der Kinder pflegen zu können. Ein russischer Sanitäter steckt mir sogar etwas Chinosol und einige Tropfen Opium zu. Unter Aufsicht eines Feldwebels mit Hedda Meissner zum ersten Mal im Hause. Es sieht unbeschreiblich aus, nichts als Scherben, herumfliegende Federn. Ich gehe von Zimmer zu Zimmer, pralle zurück: Da liegt Bauer Puschatzki erschossen über einem Bett, er war aus der Gumbinner Gegend. Tief erschüttert trete ich den Rückzug an. Es dauert Tage, bis ich mich wieder hinwage, um den einen oder anderen noch verwertbaren Gegenstand zu holen. Viel ist es nicht. Fristen unser Leben von Tag zu Tag.

Im folgenden berichtet Vfn. über Erlebnisse und Zustände unter Russen und Polen bis zur Ausweisung im November 1945.[1])

Nr. 8

Erlebnisbericht der Medizinstudentin Josefine Schleiter aus Osterode i. Ostpr. Beglaubigte Abschrift, 20. November 1951, 20 Seiten. Teilabdruck.

Erlebnisse auf der Flucht und unter den vordringenden Russen im Raum Osterode.

Wir fahren auf dem Weg nach Elbing weiter, Stunden durch den weißen Schnee, der immer höher wird. Wir sind ganz verkrustet vom Schnee und haben kalte Füße, müssen mit klammen Fingern Brote streichen, die mit kalter Milch, die wir in einer Kanne mitgenommen haben, gegessen werden. Einige Stunden übernachten wir in einem Gutshof. Die Leute sind schon geflüchtet, und fremde Menschen haben hier für Stunden Unterkunft gefunden. In den Zimmern liegt Stroh, worauf wir uns für einige Stunden ausruhen. In der Küche ist große Stockung. Die Frauen wollen alle an einem Herd kochen, und es dauert lange, bis auch wir uns eine Suppe gekocht haben.

---

[1]) Der Bericht über Ausweisung abgedruckt unter Nr. 317, (Bd. I, 2).

Am anderen Morgen geht es weiter. Die Straßen sind voll von Flüchtlingen, Wagen und Fußgängern. Ab und zu fahren Autos dicht gefüllt mit Menschen und Koffern an uns vorbei, und neidisch folgen die Blicke der Fußgänger. Immer wieder gibt es Stockung. Eine Panik erfaßt die Menschen, als der Ruf laut wird: „Die Russen sind in der Nähe!" Man schaut sich an. Das kann doch nicht möglich sein. Auf einmal kommt ein Mann zu Pferd geritten und ruft mit lauter Stimme: „Rette sich, wer kann. In einer halben Stunde wird der Russe da sein." Eine lähmende Angst überfällt uns. Auf einmal fliegen Panzergeschosse über uns hinweg. Die vor uns liegende kleine Stadt Preußisch-Holland wird beschossen. Wir legen uns an die Erde an einen dicken Baum, und über uns fliegen die Geschosse. Ein furchtbares Dröhnen beim Einschlag. Ich habe mit meinem Leben abgeschlossen. Eine unsägliche Ruhe kommt über mich. Ich liege am Boden, neben mir das junge Mädchen, das sich ängstlich an mich schmiegt. Wir haben keine Hoffnung mehr. Wenn die Geschosse kommen, legt man unwillkürlich das Gesicht in seine Hände, als wolle man durch Rettung seines Kopfes sein Leben retten. Auf einmal hört die Schießerei auf; schon rollen Panzer an, und von allen Seiten kommen russische Soldaten in Schneehemden. Die Verwirrung war so groß, daß man nicht wußte, sind es deutsche oder russische Soldaten, und schon sah man mit hocherhobenen Armen unsere Soldaten, die aus einem Lazarettzug kamen, vor den russischen Soldaten stehen. Sie wurden gesammelt abgeführt. Die Panzer rasten durch die Wagenreihen. Wagen wurden in Gräben geschleudert, die Pferdeleiber lagen verendet im Graben, Männer, Frauen und Kinder kämpften mit dem Tode, Verwundete schreien um Hilfe. Neben mir verbindet eine Frau ihren Mann, dem das Blut aus einer breiten Wunde fließt. Hinter mir sagt ein junges Mädchen zu ihrem Vater: „Vater, erschieß mich!", „Ja, Vater", sagt der ungefähr 16-jährige Bruder, „Ich habe nichts mehr zu erwarten." Der Vater blickt seine Kinder an, die Tränen laufen ihm über das Gesicht, und er sagt mit ruhiger Stimme: „Wartet noch etwas, Kinder." Da kommt ein Offizier zu Pferd. Einige deutsche Soldaten werden zu ihm geführt, er nimmt seinen Revolver, ich schließe die Augen, Schüsse knallen, und vor uns liegen die Armen. Kopfschuß. Der Schrecken steht in ihren Gesichtern. Die Leichen bleiben liegen. Keiner wagt sie anzurühren. Da rollen die Panzer mit den Soldaten heran. Das soll die russische Armee sein, die, wie man uns erzählte, dem Hungertode nahe und schlecht gekleidet sei. Diese festen, kräftigen Kerle. Flintenweiber, die vor Gesundheit strotzen, saßen neben den Soldaten, alle in guter Uniform, mit Filzstiefeln an und Pelzmützen auf. Wir standen am Wegrande und sahen uns die vorbeirollenden Panzer und Soldaten an. Zum großen Teil waren es primitive Gesichter, rundschädlig, mit unbändiger Freude in den Gesichtern. Sie winkten uns zu und riefen: „Hitler kaputt". Einige sprangen herunter von den langsamer fahrenden Panzern und kamen auf uns zu. „Urr, Urr", klang es aus rauhen Kehlen, und ich hörte zum ersten Male die rauhe, für unsere Ohren nicht gut klingende russische Sprache. Im Nu waren die vielen Menschen ihrer Uhren und Ringe beraubt. Dem Herrn N. riß einer die herrlichen Pelzhandschuhe von den Händen und warf ihm seine durchnäßten Angorawollnen zu. Es wurde nach Waffen untersucht.. . Es dauerte dieser Vorbeimarsch einige Stunden. Auch widerliche Gesichter von Funktionären sahen wir. Da dachte man unwillkürlich an die GPU.

Es dunkelte bereits, und wir überlegten, was wir tun sollten. Wir standen hilflos auf der Landstraße. Keine Seele kümmerte sich um uns. Die Polen, die als Arbeiter auf den Höfen gearbeitet hatten und mit geflüchtet waren, schlossen sofort Freundschaft mit den russischen Soldaten, da sie sich verständigen konnten, und sagten uns: „Fahrt nach Hause, eßt und schlaft. Russe gut, Euch passiert nichts." Die Landstraße dröhnte von den vorbeirollenden Panzern. Wir fuhren weiter mit unseren Wagen. Die Franzosen hatten uns verlassen. Sie sammelten sich und meinten, sie würden nun sofort in ihre Heimat entlassen. „Was sollen wir nun machen?", war unsere Frage. Wir entschieden uns und fuhren auf dem Seitenweg auf das nächste Gutshaus. Aber dieses war schon mit Polen ganz belegt, und wir gingen in das nächste Insthaus. Dieses war fest verrammelt, und wir mußten mit einem Beil, das wir im Stall fanden, öffnen. Im Stall standen zwei Schweine vor leeren Trögen. Hühner saßen auf der Stange. Futter war nicht mehr zu sehen. In der Küche machten wir uns etwas Feuer, aßen wenig und saßen während der ganzen Nacht auf den Stühlen voller Angst." Wir wagten uns nicht zu rühren. Eine große Trostlosigkeit hatte uns gepackt, und wir sahen voller Grauen der Zukunft entgegen.

Am anderen Morgen fanden wir die weiteren Räume, ein komplettes Schlafzimmer mit Ofen. Wir machten uns Feuer. Der junge Mann holte vom Gutshof Milch. Gott Dank, die Wärme frischte uns auf. Da nahten sich Schritte. Das Blut stockt in unseren Adern. Ich sehe es an den Gesichtern der anderen. Tatsächlich, mehrere Offiziere und Soldaten kommen herein. Einer kann etwas Deutsch. Wieder schreien sie: „Hitler kaputt." „Wir fahren nach Berlin." Sie brachten Fleisch, das ich fertigmachen sollte. Sie fanden eingewecktes Fleisch und Früchte. Das schien ihnen neu zu sein. Sie machten die Gläser auf und machten Zeichen, ich sollte davon probieren, erst danach aßen sie davon. Als das Fleisch fertig war, aßen sie es mit Brot. Knochen wurden auf den Tisch geworfen oder auf die Erde. Dann tranken sie von ihrem mitgebrachten Wodka, rauchten und suchten sich mit uns zu unterhalten. So kamen in Trupps immer wieder Soldaten und Offiziere, die sich wärmten und ihr mitgebrachtes Fleisch und Brot verzehrten.

In der Nacht hatten wir uns auf die Betten gelegt. Da nahten wieder Schritte, ein Offizier kommt herein und leuchtet uns mit einer elektrischen Lampe ins Gesicht und fragt: „Germanski?" Wir bejahen. Er verläßt Gott sei Dank den Raum. Wir liegen stillschweigend auf den Betten und warten auf den Morgen. Herr N. war ganz zerschlagen und fragte immer wieder: „Wo mag meine Frau mit den Kindern sein?"

So blieben wir hier vier Tage. In der dritten Nacht kamen 5 Offiziere mit geladenem Revolver und sagten: „Heraus, hier wir schlafen." Wohin sollen wir? Im anderen Raum hatten sich 16 Franzosen einquartiert. Wir gingen zu ihnen und baten, ob wir den Rest der Nacht hierbleiben könnten. Sie bejahten, und wir saßen die ganze Nacht frierend im Stuhl. Nachmittags, ich hatte für den Abend Kartoffeln fertiggemacht und briet sie in der Pfanne, kamen junge, betrunkene Offiziere in den Raum. Einer konnte etwas Deutsch. Er sagte: „Euer Leben in Gefahr, lauft sofort." Wir zogen unsere Mäntel an und gingen auf den Gutshof, wo unsere Wagen standen. Morgens war noch alles auf den Wagen gewesen. Nun waren beide Wagen geplündert. Wäsche,

Lebensmittel und Koffer verschwunden, und Reste an Wäscheteilen lagen zerfetzt am Boden. Schnell wurden die Pferde angeschirrt, aber immer standen die Russen mit Maschinenpistolen in unserer Nähe und beobachteten uns mit lauernden Blicken. Ich hatte so das Gefühl, sie lassen uns zum Ausziehen vom Hofe alles bereit machen und wenn wir im Begriff sind, vom Hofe zu fahren, bekommen wir die Kugel. Aber es war nicht so. Sie ließen uns fahren. Wir machten uns auf den Weg, um wieder auf das Gut des Herrn N. zu fahren. Unterwegs gingen wir zu beiden Seiten der Wagen, um die Pferde zu entlasten. Ab und zu fuhren russische Autos an uns vorbei.

Auf einmal hält ein Auto, und mich umringen drei baumlange Kerls, halten mich fest und werfen mich auf ihr Auto. Mein Rufen verhallte im Schneesturm. Der Wagen setzte sich in Bewegung, und ich stand auf dem Auto, von den lauernden Blicken eines Russen beobachtet. Eisige Kälte umwehte mich. Ich war seit Mittag ohne Essen und hatte nur das, was ich am Körper hatte. Grinsend beobachtete mich einer der Kerle, der in Decken eingehüllt lag, und fragte höhnisch „Kalt?". Das Auto fuhr langsamer, ich sprang herunter, sofort hielt es, und wieder warf man mich auf den Wagen. Es folgten die entehrendsten Augenblicke meines Lebens, die nicht wiederzugeben sind. Auf einmal hält der Wagen. Ich springe herunter und laufe so schnell, wie ich konnte, in den dunklen Winterabend hinein, von einer gewaltigen Angst getrieben. Es war schätzungsweise 10 Uhr. Weit und breit war kein Haus zu sehen. Unter mir tiefer Schnee. An den Füßen hatte ich Militärschuhe; da meine naß geworden waren, hatte mir einer der Franzosen diese geschenkt. Aber das harte Leder schnitt in die Muskulatur. Ich lief ohne aufzuhören, bis ich an eine kleine Brücke kam. Hier stellte ich mich unter und hätte mich am liebsten in den weichen Schnee gelegt, um nicht wieder aufzuwachen. Was nun? Findet mich hier ein Russe, bin ich erledigt, oder komme ich in den Scheinwerfer eines Autos, wird man mich verschleppen.

Eisige Kälte kroch an meinem Körper hoch. Ich stand bis über die Waden im weichen Schnee. Herrgott, hilf mir, war das einzige, was ich sagen konnte. Aber ruhig standen die Sterne am Himmel. Was quälst Du Dich, Menschenkind, das Schicksal, das Dir auferlegt ist, mußt Du tragen. Da hörte ich Wagen und Menschen, die leise an mir vorübergingen. Gott Dank, es waren Flüchtlinge, die auch auf dem Wege nach Osterode waren. Sie hatten noch ihr ganzes Gut auf dem Wagen. Ich schloß mich an, und wir wanderten noch ungefähr 8–10 km. Wir kamen an einen großen Gutshof. Hier wurden wir von Russen, die denselben beschlagnahmt hatten, festgehalten. Kontrolle. Erst am anderen Morgen geht es weiter.

Wir kamen in den großen Kuhstall. Die Kühe liefen draußen im Schnee herum. Hier waren wohl an hundert und mehr Menschen. Man saß auf den Steintrögen. Einige Männer hatten Holz geholt und machten ein kleines Feuer. Stand man nahe davor, konnte man sich erwärmen. Qualvolle Stunden folgten, besonders für die Frauen. Von Zeit zu Zeit kamen Soldaten herein, auch Offiziere, und holten Mädchen und junge Frauen. Kein Schreien, kein Bitten, nichts half. Mit dem Revolver in der Hand faßten sie die Frauen um das Handgelenk und rissen sie mit. Ein Vater, der seine Tochter schützen wollte, wurde auf den Hof geholt und erschossen. Das Mädchen war erst recht die Beute dieser vertierten Menschen. Gegen Morgen kam sie wieder, Schrecken in den kindlichen Augen, sie war über Nacht um Jahre gealtert. Da ihr Körper aber nicht mehr eines größeren Gefühlsausbruches fähig war, sank sie in das Stroh. Traurigkeit, Mutlosigkeit überfiel alle. Wir warteten. Es kamen Gott sei Dank! keine Soldaten mehr. Rund um den Gutshof standen Soldaten mit den bekannten Pelzmützen auf dem Kopf und der umgehängten Maschinenpistole.

Am anderen Morgen wurden alle Wagen nach Waffen untersucht. Frauen und Kinder konnten durchgehen. Ich schloß mich einer Gruppe an und kam glücklich durch die Kontrolle. Flüchtlinge über Flüchtlinge waren auf der Landstraße. Wir gingen zu Fuß neben den Wagen her. Die Gräben waren angefüllt mit ausgeschüttetem Hafer, mit Betten, Wäsche, Kleidungsstücken. Die Leute hatten die Sachen abgeworfen, um ihre Wagen zu erleichtern, damit sie schneller vorwärtskamen, denn alle hatten zu viel mitgenommen. Hausrat, Lebensmittel, Betten, Kleidung, da man der Ansicht war, irgendwo im Reich als Evakuierte leben zu können, bis der Krieg vorüber war. Aber es war anders gekommen. Werte von ungeheurem Ausmaße lagen hier verstreut und sollten in der Nässe umkommen. Immer wieder sah man Leichen von deutschen Soldaten, Männern, Frauen und Kindern, die aber nun auf das Feld gebracht und wenigstens bedeckt wurden. Schauder über Schauder krochen über unsere Rücken. Hätte ich doch Gift, sagte ein Mann, ich würde mich mit der ganzen Familie vergiften. Ich würde es nicht ertragen, wenn meine Frau und meine Töchter diesen schrecklichen Menschen zum Opfer fielen. So kamen wir am Abend zu einem Gutshof, wo wir übernachten wollten.

Hier hatten sich schon Franzosen einquartiert, die gerade ein Schwein abschlachteten. Auf dem Hofe lag der Besitzer des Hauses erschossen. Der Mond beleuchtete sein schreckerfülltes Gesicht, die Augen waren weit geöffnet, der Mund war wie zu einer Grimasse verzogen. Die Besitzerin kam zu uns. Wir möchten sie nur nicht verraten, da sie Angst hatte. In einen großen Raum holten wir Stroh, die zerschlagenen Fensterscheiben wurden ausgestopft. Holz wurde zerkleinert, im Kachelofen brannte das Feuer. Langsam füllte sich der Raum, und Männer, Frauen und Kinder machten sich Lagerstätten aus Stroh. In der Küche wurde Kaffee gekocht, und bald war eine große Stille eingetreten, da sich alles mit der Abendmahlzeit beschäftigte. Es waren zum Großteil Bauern, die über große Vorräte an Brot, Butter und Fleisch verfügten.

Ich mußte mir einen Platz suchen, nachdem ich noch eine Kranke, die man hereingetragen hatte, verbunden hatte. Sie hatte im Rücken eine faustgroße Wunde, auch am Bein und an den Armen. Sie war stark beim Beschuß verletzt worden. Die Wunden waren notdürftig verbunden, sahen schrecklich aus und verbreiteten einen fürchterlichen Geruch. Ich hatte Platz auf einem Wäschesack gefunden. Seit dem Mittag vergangenen Tages hatte ich nichts mehr gegessen und getrunken. Ob sich wohl einer deiner annehmen wird? dachte ich. Keiner der schmatzenden Leute dachte daran, daß einer nichts haben könnte. Schrecklich ist das, um ein Stückchen Brot bitten zu müssen. Die Mutter der Verwundeten, woran ich mich zuerst wendete, lehnte es ab, sie wären eine große Familie und hätten selbst nicht viel. Endlich erhielt ich von einer jungen Bäuerin eine Schnitte Brot mit Schmalz, die ich mit Heißhunger verzehrte. In der Küche bekam ich von den Franzosen sogar eine Tasse Milch und Pellkartoffeln — — — Am anderen Tage ging ich auf den Bauernhof, der in der Nähe war. Hier sollte ich einige Wochen bleiben. Die junge Bäuerin war sehr gutmütig und hatte mich aufgenommen.

Es folgt eine ausführliche Schilderung über die Erlebnisse der Vfn. in Osterode bis zum September 1945.

Nr. 9

Bericht des ehemaligen Hauptabteilungsleiters der Landesbauernschaft Danzig-Westpr., Fritz Riemann aus Wossitz, Kreis Danzig-Land.

Original, Oktober 1952.

Die Vorbereitung der Räumungsaktion Westpreußen und die Fluchtbewegung im Danziger Raum.

Als nach dem Zusammenbruch der Mitte der Ostfront sich die feindlichen Heere bis an die östlichen Grenzen unseres Gaues vorschoben und uns aus Berichten von Augenzeugen der wahre Zustand der Truppe und der Lage offenkundig wurde, gelang es dem Landesbauernführer, den Gauleiter davon zu überzeugen, daß vorsorglich Maßnahmen geplant werden müßten, um bei einem weiteren Vordringen der Russen für die Flucht der Bevölkerung zu sorgen. Natürlich durften diese Vorbereitungen nur streng vertraulich vorgenommen werden, und deshalb sind auch vielfach falsche Vorstellungen darüber bekannt. Es muß anerkannt werden, daß Forster entgegen vielen anders eingestellten Ratgebern, die alle solche Maßnahmen als Defaitismus verwarfen und sich nicht scheuten, mit ähnlichen Argumenten uns zu diffamieren, die Vollmacht dazu erteilte. Allerdings mit der Einschränkung, solche Vorarbeiten nur für die Gebiete rechts der Weichsel zu bearbeiten.

So unsinnig die Vorstellung vom militärischen Standpunkt auch war, anzunehmen, ein gegnerischer Vorstoß könnte die links der Weichsel gelegenen Gebiete verschonen, da der Weichselbogen unter allen Umständen gehalten werden würde, so war er doch nicht zu erschüttern. Vielleicht findet sich darin eine Erklärung, daß der Reichsstatthalter sein eigenes Gewissen und seine Verantwortung nach Berlin damit zu beruhigen glaubte, daß er das wirksam von uns herausgestellte Argument allein gelten ließ, nämlich die so von entscheidender Bedeutung bleibende Regelung des Überganges über die Weichsel im Ernstfalle zu regeln.

Einen geordneten Übergang über den breiten Fluß vorzubereiten, darin lag in der Tat die schwierigste Aufgabe. Wir hatten und konnten uns naturgemäß nur mit dem Abtransport der Landbevölkerung befassen, da man auch an maßgebender Stelle unterstellte, daß die Städter mit der Bahn abtransportiert werden könnten. Die Landbevölkerung hingegen sollte per Treck unter Mitnahme des Viehes auf genau festgelegten Straßen auf bestimmte, den Kreisen angewiesene Weichselübergänge abziehen. Im allgemeinen waren von den Kreisbauernschaften alle Vorbereitungen verständnisvoll getroffen — ich kann sie deshalb hier übergehen.

Für uns aber waren zwei entscheidende Fragen sehr schwierig zu lösen:

1. Die Festlegung der Weichselübergänge.
2. Eine Vereinbarung mit den Ostpreußen, die ja auch den Strom überqueren mußten.

Nach sehr eingehenden, von militärischer Seite mit großem Entgegenkommen geführten Besprechungen stand fest, daß praktisch die großen, festen Brücken in erster Linie für den militärischen Verkehr unentbehrlich blieben. So blieb kein anderer Ausweg, als zusätzlich feste Notbrücken und Fähren an verschiedenen Stellen zu bauen, über die der Abmarsch der Zivilbevölkerung gehen sollte. Für den Winter bei einer festen Eisdecke wurden entsprechende Vorbereitungen an den Ufern getroffen...

Wenn so die eine Frage nach menschlichem Ermessen so zweckmäßig gelöst erschien, als es nach Lage der Dinge nur irgend möglich war, so konnte die zweite nicht gelöst werden. Zwar hatten maßgebliche Herren der Landesbauernschaft Ostpreußen nach Rücksprache mit uns gleichfalls einen genauen Plan für die einzelnen Kreise ausgearbeitet, worin in der Hauptsache der Rückmarsch über die Weichsel vorgesehen war. Als wir aber mit ihnen zu einer endgültigen Aussprache im Juli 1944 in Elbing zusammenkamen, mußten sie uns mitteilen, daß ihre Pläne plötzlich vom Gauleiter Koch zurückgehalten wären und er ihnen bei Androhung der Todesstrafe verbot, sich weiterhin mit solchen defaitistischen Plänen zu beschäftigen. Wir waren über diese Mitteilung sehr betroffen, und der Eindruck, daß diese voraussichtlich katastrophale Folgen für die ostpreußische Bevölkerung nach sich ziehen würde, hinterließ auch bei den Ostpreußen deutliche Spuren. Wir konnten ja nicht ahnen, daß der wirkliche Verlauf der militärischen Ereignisse im Januar 1945 alle solche Abmachungen über den Haufen werfen würde. Gewiß hätte der Durchbruch am 23./24. Januar alle Planungen zunichte gemacht. Dies war aber keineswegs 1944 im Sommer vorauszusehen. Festgehalten muß deshalb dennoch dies jeder Vernunft hohnsprechende Verhalten des Gauleiters Koch werden, der ohne jeden Sinn sämtliche Planungen hintertrieb und bewußt das Leben seiner Ostpreußen dem Zufall überließ. Wir fuhren unverrichteter Dinge zurück und konnten nur hoffen, daß es am Ende doch nicht zur Flucht käme. Sollte es aber doch sein, so glaubten wir, daß die westpreußischen Kreise vor dem Ansturm der Ostpreußen über die rettenden Übergänge gelangt wären. Nur provisorische Maßnahmen für den Fall, daß gleichzeitig beide Gaue zusammentreffen könnten, waren vorgesehen. Daß eine Katastrophe sich dann anbahnte, konnten wir uns nicht verhehlen — aber wir waren dagegen machtlos!

Vorgesehen worden war, daß die fliehenden Kreise diesseits der Weichsel in bestimmten Kreisen untergebracht werden sollten. An einer weiteren westlichen Verlegung zu arbeiten, wurde nicht gestattet. Wir mußten mit dem Erreichten zufrieden sein und waren es auch in der Annahme, daß gegebenenfalls eine Weiterleitung der Trecks nach Westen nach den gemachten Erfahrungen und ohne einen breiten Fluß im Rücken leichter sein würde. Wenn dies nachher auch trotz Winterwetters und großen Schwierigkeiten gelang, so doch nur, weil einmal der Feind lange Zeit das nördliche Pommern unbehelligt ließ, und nicht zuletzt, weil die Ostpreußen erst folgten, als die Westpreußen durch waren.

Daß die Ostpreußen im Februar und Anfang März in nicht abreißenden Zweier-Kolonnen nach Überquerung des Haffs doch zu einem guten Teil hinter die Oder kamen, war nur folgendem Umstand mitzuverdanken. Entgegen aller Voraussicht wurde am 26. Januar plötzlich nach der Besetzung von Elbing und kurzer Bildung eines russischen Brückenkopfes bei Lesewitz diesseits der Nogat auf militärische Anordnung das Große Werder geräumt.[1]) Die Trecks wurden jedoch im Landkreis Danzig festgehalten, weil die militärische Lage an der Nogat für 6 Wochen wieder hergestellt war. Den beiden Danziger Landkreisen war ein Treckverbot auferlegt worden, da sie zur Versorgung der Festung Danzig bestimmt waren. Und so wurde dann auch Anfang Februar die männliche Bevölkerung aus Gr.-Werder zurückgeschickt, um die Ernte auszudreschen.

Da setzte der unerwartete Zustrom der Ostpreußen über die Nehrung ein. Nach den verzweifelten Wochen, die sie hinter sich hatten, waren nicht nur die Menschen stark abgekämpft, sondern vor allem fehlte es an Pferdefutter. Jetzt konnte man deutlich an der Aufmachung der armseligen Wagen und Gespanne sehen, wie unvorbereitet und überrascht der Aufbruch erfolgt sein mußte. Die reichen Vorräte des reichen Kreises Gr. Werder allein verhalfen diesen Trecks zur Weiterfahrt, Die Menschen wurden in Steegen und Stutthof verpflegt und mit Vorräten versehen. Alles Getreide, Raufutter und die großen Vorräte an Zuckerschnitzeln der Fabrik Neuteich wurden an die Treckstraße gebracht und für längere Zeit ihnen als Pferdefutter mitgegeben. Die treuen Helfer aber selbst bangten einer unsicheren Zukunft entgegen, ihre Angehörigen waren auf ihren vorläufigen Zufluchtsorten und harrten auf die Männer, um selbst zu trecken. Und als dann endlich den Bewohnern des Gr. Werders — nicht denen aus dem Landkreis Danzig — der Abzug gestattet wurde, war es zu spät. Sie gerieten in den Durchbruch der Russen zur Küste östlich Schlawe oder kehrten um nach Danzig.

Soweit es der städtischen Bevölkerung in Danzig gelungen war, sich noch abzusetzen auf die Nehrung, sind sie bis zum Waffenstillstand mit all den zurückgebliebenen, auf engem Raum zusammengedrängten Leidensgenossen vom Lande und aus Ostpreußen, die auch nicht mehr Pommern hatten glücklich durcheilen können, und mit Teilen der Bevölkerung aus Hinterpommern per Schiff via Hela und dank der Marine nach Westen gebracht worden. Wieviele Flüchtlinge aber, anstatt den erhofften Hafen zu erreichen, ein jähes Ende in der Ostsee fanden, wird wohl immer ungeklärt bleiben!

Vorbereitet war natürlich die Bergung der Vorräte bei den Genossenschaften und Zuckerfabriken. Nach Beginn der Offensive konnten nur die Vorräte von Pelplin, Schwetz und Neuteich gerettet werden. Alle Bemühungen, die großen Vorräte im Herbst wegzuschaffen, scheiterten an der Transportfrage und auch an der Tatsache, Vorräte unter allen Umständen bis zur neuen Ernte zurückbehalten zu müssen. Der Übereifer mancher politischer Gewalthaber sah hierin eine Chance, sich besonders zu bewähren, und so unterblieb manche Möglichkeit des Abtransports.

---

[1]) Vgl. die unter Nr. 76 und 77 abgedruckten Berichte (Bd. I, 1).

Nr. 10

Bericht des ehemaligen Bürgermeisters der Stadt L ö b a u, Kreis N e u m a r k. Original, 28. Juni 1952.

Die Räumung des Kreises Neumark.

Nachdem im Sommer 1944 die Ostfront in Bewegung geraten war und die Rote Armee im Herbst 1944 bei Goldap und am Narew stand, war die Front nur noch ca. 80 km vom Kreise Neumark entfernt. Der Kanonendonner war zu hören. Vereinzelte zersprengte durchziehende deutsche Truppenteile, das Bekanntwerden der von den Russen in Nemmersdorf und Goldap an der überraschten deutschen Bevölkerung begangenen Morde, Vergewaltigungen, Verschleppungen und Plünderungen ließen besonders die deutschen Einwohner des Kreises Neumark mit Sorgen einer ungewissen Entwicklung entgegensehen.

Der Bau einer Befestigungslinie durch den Kreis von der ostpreußischen Grenze bei Nappern zur Drewenz und weiter bis in den Kreis Strasburg stellte erhebliche Anforderungen an Arbeitskräften und Fuhrwerken im Kreisgebiet. Diese Linie beruhigte aber auch, da wir annahmen, daß sie im Ernstfall besetzt und dem Russen ein Halt bieten würde, zumal auch Pak im Kreisgebiet in Stellung gebracht und Munitions- sowie Treibstofflager angelegt wurden. Bei allen Sorgen glaubten wir doch alle nicht, daß wir unsere Heimat im Januar 1945 würden verlassen müssen.

Im Herbst 1944 teilte auch die Gauleitung in Danzig unsere Sorgen. Die Kreisleitung Neumark erhielt die Anweisung, die Evakuierung der Bevölkerung vorzubereiten. Als Aufnahmegebiet für den Kreis Neumark wurde der Kreis Berent westlich der Weichsel zugewiesen. Jede Gemeinde erhielt in diesem eine Aufnahmegemeinde, z. B. die Stadt Neumark die Stadt Schöneck und Löbau die Stadt Berent. Die Verbindung beider Kreisleitungen wurde hergestellt. Die Treckstraßen, die Weichselübergänge, die Übernachtungsorte wurden festgelegt. Die einzelnen Gemeinden des Kreises Neumark erhielten dies mitgeteilt. Sie hatten die Sammelplätze für die Trecks, die Führer und Gehilfen für die Wagen- und Viehtrecks bestimmt. Außerdem war den Landgemeinden aufgegeben, für die Städte Neumark und Löbau eine bestimmte Zahl Fuhrwerke zu stellen. Ferner hatten die Ortsgruppen für die einzelnen Familien Benachrichtigungszettel vorzubereiten, in die bei Auslösung des Räumungsbefehls der Abgang von Evakuierungszügen bzw. der Trecks eingetragen und den einzelnen Familien zugestellt werden sollte.[1]) Diese Vorbereitungen waren bis Weihnachten 1944 abgeschlossen. Sie sind mir persönlich bekannt, da ich diese als Bürgermeister von Löbau durchzuführen hatte. Gleichzeitig wurde den Evakuierten aus den Bombengebieten und kinderreichen Familien nahegelegt, das Gebiet westlich der Weichsel aufzusuchen und auch den übrigen Bewohnern angeraten, Werte nach dort zu verlagern. Auch den Geschäftsleuten wurde dieses aufgegeben und angeordnet, nur das Notwendigste auf Lager zu halten. Es sollte aber keine Panikstimmung erzeugt werden.

Die polnische Bevölkerung des Kreisgebietes verhielt sich ruhig und wartete ab. Sie wollte ein freies Polen, aber nicht ein bolschewistisches.

---

[1]) Eine detaillierte Treckanweisung, wie sie den Gemeinden zugestellt wurde, liegt unter den nichtveröffentlichten Dokumenten für den Kreis Strasburg vor.

Die letzten Weihnachtsfeiertage in der Heimat verliefen ruhig. Eine kleine Unruhe entstand, da vorsichtshalber die Panzerbekämpfungstrupps des Volkssturms alarmiert wurden und an den Straßen Sicherung bezogen. In der Nacht zum 1. Feiertag wurden auch die Truppen im Kreise zur Panzerbekämpfung vorbeugend bereitgestellt. Diese Maßnahmen wurden nach dem Fest wieder eingestellt. Ich werde hier an ein kleines Erlebnis erinnert. Ich fragte einen Volkssturmmann der Abteilung III des Deutschen Volkssturms, der Panzerwache hatte, was er tun würde, wenn ein russischer Panzer käme, und erhielt die Antwort: „Ich rufe Halt, und frage nach Ausweis." Es mehrten sich in dieser Zeit die Fahnenflucht von Angehörigen der Abteilung III der Deutschen Volksliste (eingedeutschte Polen). Der Wohnungsbau für die Bombengeschädigten und andere Maßnahmen liefen neben dem Festungsbau weiter, so daß wir den Eindruck hatten, daß nichts zu befürchten sei.

So kam Mitte Januar 1945 heran. Die russische Winteroffensive begann. Der Volkssturm wurde einberufen und in den Dörfern der Befestigungslinie ausgebildet sowie in dieselbe eingewiesen. Am 18. Januar 1945 vormittags waren wir Bürgermeister und Amtskommissare des Kreises Neumark im Landratsamt Neumark zu einer Dienstbesprechung versammelt, als gegen 11 Uhr von der Kreisleitung angerufen und die von der Gauleitung angeordnete Räumungsstufe I für das Kreisgebiet bekanntgegeben wurde.[1]) Gemäß Räumungsplan war jetzt die Bevölkerung zu evakuieren bis auf die Kräfte, die auf Grund besonderer Verpflichtung zur Aufrechterhaltung der lebenswichtigen Einrichtungen, bei den Behörden, bei der Post und der Bahn bis zur Räumungsstufe II zurückzubleiben hatten. Die Besprechung beim Landrat wurde sofort abgebrochen, und wir begaben uns in unsere Ämter zur Durchführung der notwendigen Maßnahmen.

Die Bevölkerung wurde wie vorbereitet benachrichtigt und die Abfahrt der Trecks auf den Morgen des 19. Januar 1945 festgesetzt. Den Geschäften wurde Anweisung erteilt, die Vorräte frei zu verkaufen. Diese Anordnung mußte aber zurückgezogen werden, da die Bevölkerung sich zum Teil disziplinlos zeigte und Alkohol in erster Linie zu erstehen versuchte. Der Räumungsbefehl traf den größten Teil trotz der schon bestehenden Befürchtungen unerwartet. Es gelang jedoch, eine Panik zu vermeiden, da die Front noch ca. 80—100 km entfernt war. Die Polen verhielten sich ruhig. In der Nacht zum 19. Januar 1945 konnte eine erhebliche Anzahl der städtischen Bevölkerung mit der Eisenbahn nach dem Aufnahmekreis Berent evakuiert werden. Der Rest der städtischen Bevölkerung benutzte die von den Landgemeinden beorderten Fuhrwerke und am 19. Januar 1945 gestellte Sonderzüge, Autobusse und Lastkraftwagen, die teilweise wieder leer abfuhren, da die Bevölkerung[2]) bereits fort war. Der fahrplanmäßige Zugverkehr wickelte sich bis zum Abend des 20. Januar 1945 ab. Die Trecks sammelten sich an den bestimmten Sammelplätzen und waren bis zum Mittag des 19. Januar 1945 auf die vorher bestimmte und schriftlich festgelegte Marschroute gebracht. Es ergaben sich Schwierigkeiten, da durch die Einberufung zum Volkssturm nur sehr wenige Männer den Trecks beigegeben werden konnten und das polnische Personal sich bis auf wenige ver-

[1]) Über diese Vorgänge berichtete für den Kreis Strasburg der ehemalige Geschäftsführer der Kreisbauernschaft.

[2]) die zur Evakuierung vorgesehen war.

borgen hielt. So mußten des Fahrens unkundige Frauen mit Kindern sich auf den Weg machen. Es herrschte ein schneidender Wind mit Schneetreiben und Glatteis. Die Stimmung war gedrückt. Wir hofften jedoch, daß die Weichsel genügend Schutz bieten würde, und glaubten an baldige Rückkehr. Niemand ahnte den Umfang der Katastrophe.

Von der polnischen und eingedeutschten Bevölkerung flüchteten nur wenige. Von diesen kehrte der größte Teil nach der Besetzung zurück. Die Polen aus den Städten begaben sich in die umliegenden Dörfer. Trecks und Truppenteile durchzogen den Kreis. Gerüchte schwirrten vom 19. Januar umher. Der Russe in Soldau, Lautenburg, große Verwüstungen. Niemand wußte, wo die Front war. Auch die Wehrmachtsstellen nicht. Am 19. Januar 1945 nachmittags wurde Räumungsstufe II ausgelöst. Die zurückgebliebenen Behörden und verpflichtete Personen auf den Weg gebracht. Es blieben der Landrat, Kreisleiter, die Bürgermeister und Amtskommissare, Polizei und Gendarmerie mit den nächsten Mitarbeitern zurück. Auch zu diesem Zeitpunkt und bis zur Besetzung habe ich keine Ausschreitungen der Polen erlebt und gehört.

Vf. läßt eine detaillierte Beschreibung folgen über die militärische Besetzung des Kreisgebiets durch russische Truppen am 20./21. Januar 1945.

Die mit der Bahn evakuierte Bevölkerung wurde in Berent gut untergebracht, aber Ende Januar 1945 weitertransportiert. Ein Teil geriet leider im März 1945 im Kreise Greifenberg in Pommern in russische Hände und erlebte dort die Greuel, denen sie im Januar entgangen waren. Die Trecks wurden beim Eintreffen im Kreise Berent sofort weitergeleitet und haben mit Ausnahme der Fuhrwerke, die unterwegs liegen blieben, rechtzeitig das heutige Bundesgebiet erreicht, so daß sich ca. 75—80 % der Neumarker deutschen Kreiseinwohner im Westen befinden.[1]) Die Viehtrecks sind nicht über die Kreisgrenzen gekommen.

So rechtzeitig die Räumung erfolgte und jedem Gelegenheit zur Flucht gegeben war, sind in der Heimat doch Tote bei der Besetzung zu beklagen, da sich ein paar Deutsche nicht zur Flucht entschließen konnten. Es waren Alte und solche Landsleute, die nicht an die den Russen voreilenden Greuelnachrichten glauben wollten oder sie für stark übertrieben hielten. Sie haben für diesen Irrtum Schweres erleben müssen.

---

[1]) Der Kreis Neumark hebt sich in dieser Hinsicht von den weiter nördlich gelegenen Nachbarkreisen Rosenberg und Stuhm ab, deren Bevölkerung es zu einem weitaus geringeren Prozentsatz gelang, das westliche Reichsgebiet zu erreichen. Drei Umstände vor allem kamen im Kreis Neumark einem relativ reibungslosen Fluchtverlauf zustatten: 1. die frühzeitige Fluchterlaubnis (18. Januar). 2. Der Abtransport großer Bevölkerungsteile mit Eisenbahn und Kraftwagen. 3. Die sofortige Weiterleitung der geflohenen Bevölkerung durch den Aufnahmekreis Berent nach dem Westen.

Selbst die Bevölkerung des südlich anschließenden Kreises Strasburg, die gleichfalls am 18. Januar Fluchterlaubnis erhielt, konnte nicht in dieser Zahl den Russen entkommen. Der deutsche Bevölkerungsteil wurde zwar — wie H. B. aus Strasburg und der ehemalige Bürgermeister der Stadt Schwetz, A. Musolf, berichten — nach vorbereiteten Plänen rechtzeitig über die Weichsel in den vorgesehenen Aufnahmekreis Schwetz geführt. Als die Strasburger jedoch nach einem Aufenthalt von einigen Tagen weiterfliehen mußten, geriet auch eine Anzahl ihrer Trecks in die unübersichtlichen militärischen Operationen hinein, die viele Flüchtende noch in Pommern und Danzig in die Gewalt der Roten Armee brachten.

Nr. 11

Bericht des ehemaligen Bürgermeisters der Stadt Bischofswerder, Kreis Rosenberg i. Westpr., Fritz Haneberg.
Original, ohne Datum.

Die Räumung der Stadt Bischofswerder und der Fluchtweg der Bevölkerung.

Am 20. Januar 1945 erhielt auch die Stadt Bischofswerder Befehl, die Räumung am 21. Januar durchzuführen. Während die landwirtschaftlichen Betriebe mit Pferd und Wagen unter Führung des Ortbauernführers auf den Weg gebracht werden sollten, waren für den Transport der übrigen Bevölkerung zwei Eisenbahnzüge vorgesehen. Wenn uns auch bei der Räumung des Nachbarkreises Neumark am 17. Januar 1945 erklärt wurde[1]), daß der Kreis Rosenberg nicht geräumt wird, sondern die Verpflegung und Unterbringung der durchziehenden Trecks zu übernehmen habe, so ging doch jeder daran, seine Wagen entsprechend herzurichten und die notwendigen Vorbereitungen zu treffen.

Als dann der Räumungstermin feststand, war es trotzdem schwierig, die Bauern und Fuhrwerksbesitzer auf den Weg zu bringen; denn es war sehr kalt, und die Straßen waren sehr glatt. Die Schmiede hatten keine Eisen, so daß die wenigsten Pferde scharfe Eisen oder Stollen hatten. Auch die langen Leiterwagen fingen auf den glatten Straßen an zu schleudern. Aber es gelang dann doch, im Laufe des Sonntagvormittag abzufahren. Da mit der Stadt auch die Dörfer: Gr. Peterwitz, Stangenwalde und Konradswalde räumten, setzte sich ein sehr langer Zug in Richtung Freystadt in Bewegung. War es schon schwierig, mit Fuhrwerk bei Kälte und glatten Straßen wegzukommen, so war der Abtransport der restlichen Bevölkerung mit der Bahn am schlimmsten. Es waren zwei lange Züge bestellt und auch zugesagt worden; aber sie kamen zunächst nicht. Der Grund für das Ausbleiben bzw. die Verzögerung der Transportmittel war der, daß in der Stadt Freystadt ein SS-Führer als Standortältester saß, der kurzerhand die für meine Sadt durchfahrenden Züge anhielt, die Weiterfahrt verhinderte und die Züge für eigene Zwecke verwandte.

Nach endlosen Telefongesprächen mit den verschiedensten Dienststellen gelang es dann doch, den Abtransport zu bewerkstelligen. Inzwischen hatte ich durch sofortige Verbindung mit der Wehrmacht eine Fahrzeugkolonne zur Verfügung gestellt erhalten, um für alle Fälle trotzdem den Abtransport zu sichern. Jedoch wollte die Bevölkerung lieber mit der Bahn fahren. Da die Russen erst am Montag, dem 22. Januar, am Spätnachmittag zögernd von Osten her in die Stadt einrückten, gelang es ungehindert, die Bevölkerung herauszunehmen. Die Räumung war für etwa 8 Tage vorgesehen und das Ziel: Großwollental im Kreise Pr. Stargard jenseits der Weichsel.[2]) Für die Aufnahme war ein Teil der Stadt Großwollental und vier Dörfer vorgesehen, und zwar

---

[1]) Der Kreis Neumark erhielt am 18. Januar Anweisung, die Räumung am folgenden Tage durchzuführen. Vgl. den voranstehenden Bericht S. 34 f.

[2]) Über seinen Versuch, in den Aufnahmekreis Pr. Stargard zu fliehen, berichtete Bruno Ritgen aus Groß-Falkenau, Kreis Rosenberg.

für die Stadt Bischofswerder und die Dörfer Gr. Peterwitz, Stangenwalde und Konradswalde. [1]) Der Treckweg sollte folgender sein: Bischofswerder, Freystadt, Kl. Tromnau, Wandau, Kröxen, Bandtken, Liebenthal, Marienwerder, hier Weichselübergang: Grabau, Münsterwalde, Rakowitz, Lindenberg, Großwollental.

Während die Abfahrt noch einigermaßen klappte, begannen schon unterwegs die Schwierigkeiten — in Freystadt — mit den Umleitungen. Gefährlich wurde es dann an der Weichsel, wo sich unzählige Fuhrwerke an der Überfahrtstelle, die mit Stroh und Wasseraufgüssen verstärkt worden war, anstauten. Hier ging dann auch der ganze Zusammenhalt innerhalb der einzelnen Trecks verloren. Von drei Stellen strömten die Trecks zur Übergangsstelle, und zwar nicht nur der Kreis Rosenberg, sondern auch Marienwerder und auch ostpreußische Kreise. So rückte auch ein Teil in Richtung Stuhm und Marienburg weiter, um schneller herüberzukommen. Da des Nachts kein Übergang gestattet wurde, nahm man am Tage einfach 50 Wagen von links, 50 Wagen aus der Mitte und 50 Wagen von rechts und ließ sie so die Übergangsstelle passieren. So kam es dann, daß die einzelnen Trecks innerhalb der Gemeinden auseinandergerissen wurden und nun mit dem großen Strom fremder Gemeinden und Kreise weiterzogen.

In Großwollental war für die Aufnahme unserer Bevölkerung alles sehr gut eingerichtet. Aber als die ersten Fuhrwerke ankamen, war auch der Räumungsbefehl für diesen Teil gegeben, und es hieß nun weiter. Die beiden Züge wurden nicht ausgeladen, sondern in Richtung Pommern weitergeleitet. Genaues Ziel war nicht zu erfahren. Anscheinend wußte nun niemand mehr, wohin es gehen sollte. Ich selbst begab mich nach Berent, um hier zu erfahren, wo die Bevölkerung bleiben sollte. Leider war nichts zu erfahren. Ähnlich ging es mir in Bütow und Stolp. Keine Dienststelle konnte mir Auskunft geben, wie weit die Reise gehen sollte. Mit dem Ortsbauernführer, als dem Treckleiter, hatte ich mich dahingehend verständigt, in dieser Richtung zu folgen. Leider ging das auch nicht ganz, die meisten Straßen waren für die Wehrmacht gesperrt, es erfolgten Umleitungen, so daß ein Nachfolgen sehr schwer war. Erst in Schlawe war im Landratsamt eine Treckleitstelle eingerichtet, die auch Auskunft geben konnte und sich um den Weitertransport bemühte. Hier erfuhr ich auch, daß wir noch die Oder und Elbe passieren sollten, um im Raum Osthannover Aufnahme zu finden. Da die ganzen Trecks an der Küste entlang geleitet wurden, mußten diese auch Schlawe passieren.

Nach mehreren Tagen kamen von dem ganzen Bischofswerder Treck sechs Wagen mit dem Treckleiter an. Die anderen waren unterwegs in andere Richtung gedrängt durch die dauernden Umleitungen oder waren in guten Quartieren hängen geblieben. Es war auch nicht möglich, zu warten, da an ein geordnetes Fahren nicht mehr zu denken war. Von Schlawe hat sich dieser Treck dann in folgender Richtung weiterbewegt: Köslin, Kolberg, Treptow, Cammin, Gollnow, Altdamm-Stettin über die Oder und dann auf die Autobahn in Richtung Prenzlau, Waren, Parchim, Ludwigslust, Dömitz über die Elbe, Dannenberg, Dahlenburg, Lüneburg, Salzhausen, Winsen nach Niedermarschacht. Die Reise dauerte vom 21. Januar bis 21. März 1945.

[1]) Einzelheiten über die Vorbereitungen, die im Herbst 1944 im Kreis Pr. Stargard für die Aufnahme der deutschen Bevölkerung des Kreises Rosenberg getroffen wurden, berichtete der ehemalige Kreisbauernführer Hermann Steege aus Schwarzwald, Kreis Pr. Stargard.

Die Züge mit dem Rest der Bevölkerung sind bis Pyritz geleitet worden, hier ausgeladen und infolge Luftangriffs in Luftschutzbunker gekommen. Hierbei ist auch Frau Mehlin an einer erhaltenen Verwundung verstorben und Herr Otto Wollenschläger verschwunden. Der Weitertransport ist dann in aller Hast erfolgt. Während schon auf diesem Transport einige Tote zu beklagen waren, wurden es nun noch mehr. Hauptsächlich sind es die Alten und hier vornehmlich die Insassen der Diaspora-Anstalten gewesen, die einfach die Strapazen nicht aushielten...

Schon auf dem Marsch wurde ein Teil der Trecks von den nachdrängenden Russen mit Panzern überholt, zurückgeschickt, oder es wurden ihnen die Fuhrwerke abgenommen und zu Fuß zurückgeschickt, die Frauen vergewaltigt, mißhandelt. Ein Teil ist auch nach Sibirien gekommen. Ein anderer Teil ließ sich in guten Quartieren Zeit und wurde so von den Russen überrascht. So kam es dann auch, daß viele unter russische und später unter polnische Verwaltung kamen. Von diesen ist ein Teil dann später, ausgewiesen, in den Westen gekommen. Vereinzelte sind dageblieben, und andere haben in der Ostzone gesiedelt.

Ist schon in normalen, ruhigen Zeiten die Räumung von Städten und Dörfern schwierig, so war es hier, infolge der herandrängenden Russen, bei der Kürze der Zeit, den schlechten Verkehrsverhältnissen, bei strenger Kälte und Glätte beinahe zur großen Katastrophe gekommen. Wenn die Räumung Anfang Januar schon vorsorglich angeordnet und durchgeführt worden wäre, hätte sich viel Schweres und Bitteres vermeiden lassen.

Nr. 12

Bericht des Landwirts Günther v. Flottwell aus Ankemitt-Lautensee, Kreis Stuhm i. Westpr.

Original, 4. Mai 1952.

Die Räumung des Kreises Stuhm.

Trotzdem die militärische Lage östlich der Weichsel um die Jahreswende im Osten und Süden ernst genug war, durfte von einer Räumung nicht gesprochen werden.

Obwohl das Landratsamt in Stuhm seit August 1944 für den Räumungsfall gut durchdachte Pläne ausgearbeitet hatte, zögerte die Partei, diese Pläne bekanntzugeben, und ließ im Gegenteil „Widerstand bis zum Letzten" und „Jedes Dorf eine Festung" als Parolen verkünden. Lediglich eine „vorübergehende Zurückziehung von Frauen und Kindern und sogar des Viehs hinter die Weichsel wurde vorsorglich erwogen". Man hatte das Beispiel des August 1914 vor Augen, als auch bereits der Räumungsbefehl vorlag, aber durch die Schlacht von Tannenberg hinfällig wurde. Auch die neuen Geheimwaffen spielten bei der amtlichen (Flüster-)Propaganda damals schon eine große Rolle und fanden freiwilligen Glauben. Woran klammert man sich nicht, wenn man hofft, ein Aufgeben der Heimat verhindern zu können?

Eine planmäßige Vorbereitung der Bevölkerung unterblieb also, und als dann das Schicksal nahte, stand sie fassungslos vor der erchütternden Tatsache.

Am 21. Januar wurde es ernst. Tagelang hatten Trecks aus Ostpreußen den Kreis durchzogen, zogen „versprengte" Soldaten durchs Land und führten uns unser kommendes Schicksal vor Augen.

Auf die Radiomeldung (11 Uhr), daß die Russen vor Dt. Eylau ständen, rief der Gauleiter in Stuhm an und teilte mit, daß der Angriff auf Dt. Eylau abgeschlagen sei und ein Räumungsbefehl für den Kreis Stuhm nicht in Frage käme. Landrat und Kreisleiter Franz erklärte seinen Mitarbeitern, daß er die Verantwortung für eine durch diesen Befehl des Gauleiters zu erwartende Tragödie nicht auf sich nähme und überließ den Ortsgruppenleitern die Entscheidung, ob sie trecken wollten.

So einsichtsvoll diese Einstellung des Landrats war, so große Verwirrung entstand nun im Kreise, weil jeder Ortsgruppenleiter und Bürgermeister nach eigenem Ermessen handelte oder nicht handelte. Das eine Dorf packte und schickte Frauen und Kinder fort, das Nachbardorf hatte keinen Befehl oder durfte nicht trecken.

Immerhin steht fest, daß die Räumung begann, und zwar gegen Willen und Befehl des Gauleiters.

Um 12 Uhr erhielt die Strafanstalt Stuhm Räumungsbefehl. Um 16 Uhr traf in Stuhm eine Sturmgeschützbatterie ein, die gegen Niklaskirchen und Riesenburg zu sichern hatte und zu ihrer Unterstützung 60 Mann Volkssturm anforderte.

Um 18 Uhr erreichte mich als Kompanieführer im Volkssturm der Befehl vom Landrat: „Feindliche Panzerspitzen in Rosenberg (16 km), der Volkssturm sichert die von Christburg nach Süden führenden Chausseen". Das taten wir die ganze Nacht hindurch, während einige Hundert „versprengte" Soldaten, durch diese Nachricht aufgeschreckt, schleunigst ihre warmen Quartiere und die Stadt räumten. Es ereignete sich jedoch nichts. Um 19 Uhr begann auf dem Bahnhof Rehhof die Verladung von Frauen und Kindern.

Um 23 Uhr erneuter Befehl vom Gauleiter an den Landrat: „Es darf nicht getreckt werden". Es kam zu scharfen Auseinandersetzungen am Telefon, in deren Verlauf dem Gauleiter anheimgestellt wurde, selber nach Stuhm zu kommen und sich von der Lage zu überzeugen. Er ist nicht gekommen, und die Räumung ging weiter. Auch das Landratsamt stellte im Laufe des Nachmittags seine Tätigkeit ein und beließ nur einen Arbeitsstab in Stuhm.

In der Nacht vom 21./22. Januar hatten einige Ortsgruppen aus eigenem Entschluß mit der Räumung begonnen (Lichtfelde 21 Uhr, um 22 Uhr widerrufen), andere hatten den „Rat" gegeben zum Treck (Ortschaft Tiefensee). Die östlichen Nachbargemeinden der Kreise Mohrungen und Pr. Holland waren teilweise ebenfalls im Abmarsch.

Der Tiefenseer Treck marschierte die Nacht hindurch bis in die Gegend Schönwiese-Neumark, wurde dort von Polizei und Wehrmacht angehalten und zurückgeschickt, weil sich die Lage wieder gebessert hätte.[1]) Von wem dieser Befehl ausgegangen ist, konnte ich nicht feststellen, vom Landrat kam er jedenfalls nicht. Übernächtigt und erschöpft kamen die Tiefenseer in den frühen Morgenstunden des 22. Januar wieder zu Hause an, und die Gemüter beruhigten sich wieder. Eine völlige Planlosigkeit war eingetreten, jeder befahl

[1]) Darüber berichtet ausführlich der Bauer Viktor Rohde aus Tiefensee, Kreis Stuhm.

auf eigene Faust, und jeder etwas anderes. Um 9 Uhr wurde die Sturmgeschützbatterie aus Stuhm abberufen und in der Gegend Pr. Holland eingesetzt, so daß von einem militärischen Schutz des Kreises schon an diesem Tage nicht mehr geprochen werden konnte.

Die Nachbarkreise Pr. Holland und Mohrungen räumten im Laufe des Tages befehlsgemäß, gegen Abend standen dort alle Gehöfte leer. Auch die Stadt Stuhm war um diese Tageszeit fast menschenleer, nur der unvermeidliche Pöbel plünderte die Geschäfte.

Die Stadt Christburg begann ebenfalls im Laufe des Tages (22. Januar) mit dem Abtransport der Frauen und Kinder. Ein nicht abreißender Strom von Wehrmachtsfahrzeugen und Trecks aus Südosten verstopfte in dichtem Schneetreiben die Straßen und den Markt der Stadt, so daß alle Räumungsmaßnahmen stark behindert wurden.

In diesen Trubel stieß die Radionachricht: „Dreißig feindliche Panzer bei Freystadt durchgebrochen, die Front klammert sich an die Heimaterde". — Das sagte genug. Kein Wort konnte man nunmehr glauben, denn jeder wußte, daß es eine „Front" gar nicht mehr gab. Nur einzelne beherzte Trupps versuchten Widerstand zu leisten, im übrigen war die Auflösung der Truppe eine beschämende Tatsache.

Die Bevölkerung des platten Landes saß derweil in höchster Spannung bei gepackten Wagen und in erstaunlicher Disziplin und erwartete Abmarschbefehl. Alle Menschen der Dörfer und Güter waren auf bestimmte Wagen verteilt, verzweifelt und mit den hellen Tränen in den Augen kamen die Menschen und fragten um Rat — konnte man einen Rat geben? Der einzige war der: „Disziplin und Zusammenhalten!" Wo diese Parole befolgt wurde, ist auch alles glatt gegangen.

In den Städten und größeren Ortschaften sah es anders aus. Hier stand neben wenigen LKW nur die Eisenbahn zum Abtransport zur Verfügung, die — das muß hier besonders hervorgehoben werden — in der tapfersten und selbstlosesten Weise bis zum Schluß ihren schweren Dienst versah. Das Problem war eben das: Wie alle Menschen, namentlich die Alten und die Kranken, zur Bahn heranzuschaffen, die z. B. in Christburg 2 km von der Stadt entfernt liegt? Gar mancher verzweifelte oder scheute die Strapazen und blieb zurück. In Christburg mögen es 300 Menschen gewesen sein.

Auch der Bahntransport litt unter den sich widersprechenden Befehlen. So hatten sich die Frauen und Kinder aus Gr. und Oberteschendorf bereits am Freitag, dem 19. Januar (!) zur Bahn nach Niklaskirchen zu begeben. Der Zug durfte aber nicht früher abfahren, bis nicht der letzte Platz besetzt war. Da das am 19. Januar noch nicht zu erreichen war, kehrten diese Frauen und Kinder also wieder nach Hause zurück, und der Zug stand noch am 23. Januar früh auf dem Bahnhof von Niklaskirchen. Ähnlich war es in Braunswalde und anderen Bahnhöfen.[1])

Um 22 Uhr meldete sich telefonisch beim Landratsamt der Ortsgruppenleiter Brodsende ab mit der Meldung: Altdollstädt brennt, man hört Artilleriefeuer. Eine ähnliche Meldung lief aus Niklaskirchen ein. Beide Meldungen

[1]) Diese Aussage bestätigt der Bericht des Landwirts Erich Zeppke aus Gr. Teschendorf, Kreis Stuhm.

waren unzutreffend und spiegeln die Erregung wieder, die nun die bis dahin disziplinierte und ruhige Bevölkerung erfaßte, weil es an einer einheitlichen Leitung fehlte.

Der 23. Januar. Nach einer Nacht der Unruhe und Erwartung erreichte die meisten Ortschaften gegen 5 Uhr früh der Abmarschbefehl. Das langerwartete, im stillen aber immer wieder zurückgedrängte Wort war gefallen. Für den, der nüchtern die Dinge sah, konnte der Befehl nicht ausbleiben, und so war es fast wie eine „Erlösung", als es nun so weit war und gehandelt werden mußte. Das Stillsitzen und das Warten auf das Unabänderliche hatten nun ein Ende. Tausendmal hatten wir schon Abschied genommen von allem, allem was uns lieb und wert war und das wir zurücklassen mußten, vor allem von unseren Tieren, die wir einem ungewissen Schicksal überlassen mußten, in denen jahrzehntelange züchterische Arbeit den wertvollsten Teil unserer Heimat geschaffen hatte.

Ihre geplante Mitführung hätte bei dem hohen Schnee ihren sicheren Tod bedeutet, auch hatte sich die Lage so grundlegend geändert, daß man froh sein mußte, jetzt wenigstens die Menschen retten zu können. Riesige Schneemassen mußten stellenweise zunächst beseitigt werden, um mit den schwer bepackten Wagen vom Hofe zu kommen. Alles war in emsiger Tätigkeit, wenn auch mit ernsten Gesichtern und unter verhaltenem Schluchzen. Ein dichtes Schneetreiben hatte die Heimat unter einem dicken weißen Kissen verborgen, wie schon seit Jahren nicht, und die Sicht betrug nur wenige Meter. „Zum Abschiednehmen just das rechte Wetter!" —

Der Volkssturm war inzwischen durch Befehl aufgerufen worden, die Männer hatten bei der Räumung zu helfen und standen den Bürgermeistern für Sonderaufgaben zur Verfügung. Dieser Befehl kam im rechten Augenblick und hat manches Unheil verhütet. Aber überall machte sich der Mangel eines einheitlichen Willens bemerkbar. Während im Osten des Kreises der Befehl lautete: „Alle Menschen müssen räumen, die Räumung ist nötigenfalls durch Waffengewalt zu erzwingen", war in anderen Gegenden des Kreises der Befehl gegeben: „Die Viehpfleger bleiben zurück und übergeben das Vieh der Wehrmacht" (die nicht mehr vorhanden war). Die Wehrersatzinspektion vollends nahm keinerlei dienstliche Notiz vom bösen Feind und hielt noch am 23. Januar in Posilge und Stalle Pferdemusterungen ab!

Für uns begann nun das große Trauerspiel auf der endlosen Straße, die vielen zum Verhängnis wurde. Die meisten Trecks strebten auf den bekannten Wegen nach Marienburg, die aber — wie die dortigen Nogatübergänge — bereits seit Tagen von Trecks aus Ostpreußen verstopft waren. Nicht besser sah es bei Weißenberg aus. Der Osten des Kreises zog daher zum großen Teil nach Norden und suchte bei Elbing-Einlage den Flußübergang zu gewinnen.

Von deutschen Truppen war auch an diesem Tage nur das bekannte Bild der sich absetzenden Versprengten zu sehen, die mit Alarmnachrichten die Trecks zur Eile trieben. Nur von Marienburg kamen über Stuhm drei Kradstreifen, die nach Pestlin, Altmark und Niklaskirchen aufklären sollten. Die eine bekam bei Kalsen Feuer (Partisanen?) und hatte zwei Verwundete. Flüchtlinge meldeten: Feind im Walde zwischen Altstadt und Alt-Christburg.

Um die Mittagszeit des 23. Januar sollte der letzte Zug vom Bahnhof Christburg abgehen. Ab 8 Uhr warteten die letzten Christburger auf das Abfahrtssignal. Die Ungeduld steigerte sich, als gegen 11 Uhr Flüchtlinge ausAlt-Christburg und Altstadt zu Fuß und völlig erschöpft ankamen und berichteten, daß die Russen in Alt-Christburg mordeten und plünderten, sie selber seien nur mit knapper Not aus dem schon brennenden Dorf herausgekommen. Auch aus Finckenstein wurde ähnliches gemeldet. Und der Zug fuhr immer noch nicht ab! Endlich um 12.30 Uhr setzte er sich in Bewegung und brauchte 7 Stunden, um Marienburg zu erreichen.[1])

Während die auf Weißenberg und Marienburg marschierenden Trecks nach endlosem Warten die Nogat passierten, hatten die nach Norden (Einlage) Ziehenden am Abend des 23. Januar ihr erstes kriegerisches Erlebnis. Am späten Nachmittag, etwa um 16 Uhr, waren die Russen über Pr. Holland, das um diese Zeit in Brand geschossen wurde, auf Elbing vorgestoßen, das sie gegen 18.30 Uhr erreichten. Hier gerieten sie in das Abwehrfeuer der schweren Flak des Flugplatzes, doch stießen einige Spähwagen bis zum Friedrich-Wilhelm-Platz vor und schossen wild um sich.[2]) Unsere Trecks standen zu dieser Zeit an der Chaussee Marienburg—Elbing, nur wenige Kilometer von Elbing entfernt, und erlebten den Kampf aus der Nähe. Es war ein Höllenlärm von Abschüssen und Einschlägen, das grelle Mündungsfeuer von Feind und Freund blendete die Augen. Ströme von Flüchtlingen und Soldaten ergossen sich aus der Stadt mit allen Zeichen des Entsetzens im Gesicht. Mit ihrem Ruf: „Zurück, rette sich, wer kann!" brachten sie die letzte Haltung unserer wartenden Trecks zum Schwinden. Eine wilde Panik griff auch auf sie über, dem mancher Treck zum Opfer fiel. Er wurde zersprengt, andere machten kehrt, fuhren wieder zurück und kamen am 24. morgens gegen 4 Uhr wieder zu Hause an. Nur einige beherzte Männer und vor allem Frauen konnten Disziplin in ihren Trecks halten und sie heil aus diesem Hexenkessel herausbringen und die schützende Nogat erreichen.

Kurz nach diesen Ereignissen erfolgte eine erneute Anfrage unseres Landratsamts beim Gauleiter, ob nun Treckerlaubnis gegeben würde. Abermals wurde diese verweigert mit der Begründung, die Straßen müßten für die Wehrmacht freigehalten werden, die Bevölkerung müsse im Kreise bleiben.

Wenn dieser Befehl auch ohne Bedeutung war, so soll er doch hier erwähnt sein, um zu zeigen, mit welch unerhörtem Leichtsinn von Leuten mit Menschenleben umgegangen wurde, die weitab vom Schuß und ohne Kenntnis der Lage sich Entscheidungen über Tod und Leben ungezählter Tausender Verzweifelter anmaßten.

Vf. durchbricht an dieser Stelle den Zusammenhang seiner Schilderung, um an einigen kleineren Vorkommnissen aufzuzeigen, wie überraschend schnell die russischen Truppen in die eben geräumten Ortschaften hineinstießen.[3])

Die wenigen Ortschaften, die nicht am 23. Januar aufgebrochen waren, rückten am 24. Januar in den frühen Morgenstunden ab, darunter Tiefensee, Posilge, Budisch und unzählige Nachzügler aus dem ganzen Kreisgebiet. Das

[1]) In allen Einzelheiten berichtet über diesen Vorgang der Elektromeister Leo Bartsch aus Christburg, Kreis Stuhm.

[2]) Vgl. den folgenden Bericht, S. 50.

[3]) Darüber berichtet im einzelnen der Bauer Ernst Mau aus Dietrichsdorf, Kreis Stuhm.

Erwachen der am 22. Januar zurückgekehrten Tiefenseer morgens um 5 Uhr des 24. Januar war ziemlich heftig, denn feindliches Artilleriefeuer lag plötzlich auf dem Dorf, auf Niklaskirchen, Linken und den Straßen dieses Raumes und sorgte für überstürzten Abmarsch. In Richtung Riesenburg brannten mehrere große Feuer. Der Russe muß dann ziemlich schnell gefolgt sein, denn als die Tiefenseer Wagen bei Georgensdorf standen — etwa um 9 Uhr — erreichte sie wiederum das Störungsfeuer der feindlichen Artillerie. — Tiefensee wurde gegen 11 Uhr vom Feinde besetzt, also 2 Stunden später als das nördlicher liegende Christburg.

Offensichtlich lag dem Feind daran, seinen Ostflügel westlich des Sorge-Drausen-Abschnitts vorzuschieben und die Verbindung zwischen Marienburg und Elbing hier zu unterbrechen, nachdem ihm das am Vortag östlich des Abschnittes nicht geglückt war und sein erster Panzerangriff auf Elbing abgeschlagen war. Seinen Vormarsch über Christburg hinaus nach Norden beschleunigte er so, daß er etwa um 12 Uhr Posilge erreichte und bald nach 15 Uhr Altfelde besetzte. Sein weiterer Vormarsch auf Marienburg geschah zwar nur zögernd, doch holte er noch die letzten Trecks am Abend wenige Kilometer vor Marienburg ein und schoß oder rollte sie zusammen. Um diesem Schicksal zu entgehen, mußten viele Wagen einzeln oder in großen Abständen über das Eis des Nogat fahren, das sich zwar bog, doch hielt. Verluste bei Kreiseingesessenen sind [hierbei] nicht entstanden.

Eine zweite, westliche Kolonne des Feindes — wohl die, die die Tiefenseer aufgeschreckt hatte — erreichte aus Riesenkirch kommend gegen 13 Uhr Altmark-Heinrode, von wo sie aber Gott sei Dank nicht weiter vorstieß, sondern (nach Meldungen der Gendarmerie) in diesen Orten Quartier bezog. Das war das Glück aller derer, die als Nachzügler in Richtung Marienburg strebten und es nun dank des Stehenbleibens des Feindes auch erreichten. Ich selber stand, nachdem ich feindlichem Feuer ausgewichen war, gegen 17 Uhr an der Chaussee Marienburg—Altfelde bei Sandhof. Unsere im Sommer 1944 ausgehobenen Panzergräben und Stellungen fand ich nicht besetzt, eine Verteidigung der Stadt war um diese Zeit offensichtlich noch nicht für nötig gehalten worden. Hier bei Sandhof wurde mir die Schimmerlosigkeit der militärischen Führung an folgendem Beispiel klar. Feldpolizei machte die Straße frei für einen Wehrmacht-Tankwagen, der Richtung Feind fuhr und nach dem Wege nach Christburg fragte. Er sollte von einem bei Großwaplitz liegenden Brennstofflager Sprit holen (wo also seit 5 Stunden die Russen saßen). Keine Warnung half, der Mann fuhr. Das westliche Nogatufer war mittlerweile (am Industriehafen) von jungen Marineinfanteristen besetzt worden, die in ihren Erdlöchern z. T. ohne Mäntel bei der grimmigen Kälte fast erfroren.

Am reibungslosesten hat sich die Räumung des Westteils des Kreises vollzogen, was durch die Nähe der Weichsel und durch das Vorhandensein der Garnison Marienwerder zu erklären ist, die nach Süden Schutz bot. Trotzdem sei hier ein Erlebnis der Bauern Mau-Honigfelde verzeichnet, das ein Licht auf die verworrenen Zustände wirft. Infolge abseitiger Lage seines Hofes hatte Mau den Abmarsch seiner Nachbarn nicht bemerkt, wohl auch nicht an den Ernst der Lage geglaubt und war auf seinem Hof geblieben. Am 24. Januar bei Hellwerden hörte er bei Dakau-Orkusch (3 km) MG-Feuer. Da er aber „keine Truppe sah", blieb er. Am Nachmittag kam das MG-Feuer „ganz nah", und um 15 Uhr erhob sich ein lebhaftes Artilleriegeschieße auf das südlich Portschweiten liegende „schwarze Bruch", so daß Mau die Splitter um die Ohren surrten. Das Feuer galt einigen Treckwagen seines Nachbarn Görz, der friedlich dort seines Weges zog. Nun schien es auch Herrn Mau an der Zeit, abzubauen, und um 17 Uhr setzte er sich schließlich in Marsch und hat an der Weichsel das Ende der dort haltenden Treckkolonne erreicht.

Vergegenwärtigt man sich, daß Christburg (im Osten des Kreises) um 9 Uhr, Tiefensee um 11 Uhr, Heinrode gegen 13 Uhr besetzt wurden, so erscheint es fast unmöglich, daß weiter südlich viele Stunden später Deutsche in aller Ruhe zu Hause saßen und noch am späten Abend heil herausgekommen sind.

Die Kreisstadt Stuhm und ihre Umgebung hat am 24. Januar nicht unter Feindeinwirkung zu leiden gehabt, jedenfalls nicht bis 18 Uhr, doch machte die allgemeine Lage ihre Räumung an diesem Tage nötig.[1]) 16.15 Uhr verließ auch der Arbeitsstab des Landratsamtes die Stadt und marschierte zu Fuß nach Weißenberg an die Übergangsstelle der Nogat. Als letzter Eindruck dröhnte den Männern die Sprengung des Munitionslagers am Sägewerk Schmidt in den Ohren.

Nach den bis jetzt vorliegenden Berichten ist damit die Schilderung der Räumung des Kreises abgeschlossen. Wenn der Abmarsch auch ohne nennenswerte Verluste vonstatten ging, so ist doch der Blutzoll, den die Kreisbevölkerung — soweit sie deutsch war — entrichten mußte, erheblich. Die meisten Trecks wurden im Kreise Karthaus oder in Pommern von den Russen eingeholt. Die Überlebenden dieser Überrollung mußten zu Fuß in ihre Heimatorte zurück und mußten unter schwersten körperlichen und seelischen Strapazen oft noch jahrelang unter einer harten Fremdherrschaft im eigenen Lande leben, wenn sie nicht das noch härtere Los der Verschleppung traf. Nach den bisher festgestellten Zahlen muß man mit einem Verlust von etwa 25 % der deutschen Kreiseinwohner rechnen.

Nr. 13

Bericht des ehemaligen Oberbürgermeisters der Stadt E l b i n g i. Westpr., Dr. Hans Leeser.
Original, 29. Mai 1952.

Räumungsvorbereitungen und Fluchtversuche der Bevölkerung Elbings, die Belagerung der Stadt bis zu ihrer Einnahme.

Einleitend zeigt Vf. im Überblick, daß die Stadt Elbing bis zum Sommer 1944 vom Kriege nicht in Mitleidenschaft gezogen wurde, Industriekapazität und Bevölkerungszahl sogar erheblich anwuchsen.

2. Räumungsvorbereitungen.

Zum ersten Male wurde offiziell von Räumungsvorbereitungen auf einer Konferenz der Landräte und Oberbürgermeister des Reichsgaues Danzig-Westpreußen in Danzig, Ende August oder Anfang September 1944, gesprochen.

[1]) Über die Räumung der Stadt Stuhm berichten ausführlich der ehemalige Bürgermeister Dr. Josef Nester sowie zwei ehemalige Angehörige der Kreisverwaltung Stuhm.

Vf. erörtert nun die Tagesordnung dieser Konferenz, die sich zunächst mit der Planung und Ausführung von Befestigungsanlagen befaßte. Unter Punkt 2 der Tagesordnung führt er fort:

Zum Räumungskommissar wurde der Kreisleiter der NSDAP ernannt, der seinerseits wiederum den Kreisobmann der DAF mit der Durchführung beauftragte. Ortsgruppenweise wurden die Räumungswege festgelegt. Die besondere Schwierigkeit bestand darin, daß über den Elbing-Fluß nur 3 Brücken führten, nämlich die Autobahnbrücke, die Hohe-Brücke und die Leege-Brücke. Diese Brücken, soweit ich mich entsinne, wurden für Räumungsbewegungen überhaupt nicht zugelassen, da sie für die Wehrmacht freigehalten werden mußten. Die Räumung sollte daher über eine Schiffs-Brücke, die nördlich der Stadt, etwa an der Einmündung des Elbing-Flusses in das Frische Haff, lag, vorgenommen werden.

Soweit ich Kenntnis erhielt, wurde die Räumung theoretisch gut vorbereitet. Jede Ortsgruppe erhielt ihre Sammelplätze, und die Wege und Straßenzüge wurden festgelegt.

Daß die Räumung nachher in keiner Weise klappte, lag nicht nur an dem unerwartet schnellen Vorstoß der Russen, sondern in erster Linie daran, daß die Provinz Ostpreußen es abgelehnt hatte, von sich aus ebenfalls Räumungsvorbereitungen zu treffen und bei der dann einsetzenden wilden Flucht der Bevölkerung Ostpreußens die Straßen völlig verstopft waren. Dadurch sind alle Pläne über den Haufen geworfen worden.

Zu diesem Punkt möchte ich noch folgendes bemerken:

Der Stellvertreter des Reichsstatthalters in Danzig, Regierungspräsident Huth, hatte nach Eingang des Erlasses über die Räumungsvorbereitungen die Absicht, sich mit Ostpreußen und Pommern über eine Abstimmung der gegenseitigen Maßnahmen in Verbindung zu setzen. Er lud daraufhin die Vertreter Ostpreußens und Pommerns zu einer gemeinsamen Besprechung nach Danzig ein. Der Vertreter Pommerns erschien auch, von Ostpreußen erschien niemand. Dafür schrieb der Regierungspräsident Dargel in Königsberg folgenden Brief:

„Es sei nicht beabsichtigt, die Provinz Ostpreußen zu räumen. Daher halte er eine Teilnahme an der gemeinsamen Besprechung für überflüssig. Wenn aber die Absicht bestände, die Bevölkerung des Reichsgaues Danzig-Westpreußen nach Ostpreußen zu überführen, wäre er zu Verhandlungen bereit.“

Diese Äußerungen habe ich persönlich von Herrn Regierungspräsdenten Huth erfahren.

Als Aufnahmekreis für die Stadt Elbing war der Kreis Neustadt/Westpreußen vorgesehen, da die ganze Räumung unter dem Gesichtspunkt einer Widerstandslinie an der Weichsel geplant wurde, so daß also lediglich eine Räumung des Gebietes östlich der Weichsel vorgesehen war.

Vf. fügt an dieser Stelle einige Bemerkungen ein über Maßnahmen, die zur Durchführung des totalen Krieges erlassen wurden. Er führt weiterhin aus, daß durch die Anlage von Befestigungen die Bevölkerung sich keineswegs beunruhigt fühlte.

Bereits im Spätsommer 1944 wurde versucht, den luftkriegsempfindlichen Teil der Innenstadt zu räumen. Die dort vorhandenen beiden Schulen wurden geschlossen und Frauen und Kindern und Nichtberufstätigen nahegelegt, die

Stadt zu verlassen. Trotz der bedrohlichen Lage hatte diese Maßnahme nur einen ganz geringen Erfolg. Nachdem die Front in Ostpreußen Ende Oktober 1944 zum Stillstand gekommen war und bis Ende des Jahres ohne wesentliche Kämpfe war, kehrte zu Weihnachten ein Teil der freiwillig Evakuierten wieder zurück.

Es folgen zwei kurze Absätze über das Aufgebot des Volkssturms und die Auslagerung von Aktenmaterial nach Mecklenburg.

4. Die Zeit der Belagerung Elbings.

Mit dem Angriff der Russen in Ostpreußen am 12. Januar 1945 verstärkte sich naturgemäß die Unruhe in der Bevölkerung Elbings, und es fuhren freiwillig viele Familien, zumindest Frauen und Kinder ab. Die Situation wurde dadurch erschwert, daß die Züge nach dem Westen von Königsberg aus bereits mit Flüchtlingen überfüllt waren. Etwa am 15. Januar 1945 setzte der Durchzug von Flüchtlingstrecks durch Elbing ein.

Da zur Abreise aus Elbing die verschiedensten Bescheinigungen vom Arbeits-, Ernährungs- und Wirtschaftsamt erforderlich waren und diese Ämter bei dem Andrang nicht ordnungsgemäß arbeiten konnten, wurde auf Veranlassung der Stadtverwaltung in der Ritterschule eine besondere Dienststelle eingerichtet, bei der sämtliche in Frage kommenden Ämter beteiligt waren, so daß sich die Abmeldungen reibungslos vollziehen konnten.

Aber, wie gesagt, die größte Schwierigkeit war die, daß die Menschen auch trotz aller Bescheinigungen nur schwer eine Möglichkeit fanden, überhaupt abzureisen.

Da zu der gleichen Zeit die ersten Räumungen der Südkreise des Reichsgaues Danzig-Westpreußen erfolgten, blieben Anforderungen von Sonderzügen und Omnibussen aus Danzig erfolglos. Gegen den 19. Januar 1945 nahm der Flüchtlingszug aus Ostpreußen außerordentlich zu. Die Straßen durch die Stadt waren teilweise völlig verstopft. Unter den durchflutenden Flüchtlingstrecks befanden sich bereits um diese Zeit auch zahlreiche Wehrmachtsteile.

Am Samstag, den 20. Januar 1945 nachmittags, eröffnete mir der Kommandeur der Schutzpolizei, Major Schmidt, daß er soeben den Befehl bekommen habe, sich auf den Einsatz feindlicher Luftlandetruppen im Gebiete der Weichselniederung einzurichten. Das hätte praktisch bedeutet, daß der Fluchtweg nach Westen abgeschnitten gewesen wäre. Zu einer solchen Landung ist es nicht gekommen.

Anfragen des Kreisleiters als Räumungskommissar, ob er Räumungsstufe I, d. h. die Räumung der Stadt von Frauen und Kindern, durchgeben könne, wurden von der Gauleitung kategorisch verneint.

Trotzdem habe ich jedem, der mich fragte, den Rat gegeben, abzureisen. Ich habe auch einer ganzen Anzahl städtischen weiblichen Angestellten zu diesem Zweck Urlaub gegeben.

Am 20. Januar 1945, abends, teilte mir die Lagerführerin eines weiblichen RAD-Lagers mit, daß sie Befehl erhalten habe, mit ihren Maiden sofort Elbing auf dem Fußwege zu verlassen. Am gleichen Abend kam eine Anordnung des Reichsstatthalters, daß am Sonntag wegen Strommangels sämtliche Betriebe stillgelegt werden sollten. In dieser Zeit kursierten naturgemäß die unglaublichsten Gerüchte, teils positiver, teils negativer Art, in Elbing und beunruhigten die Bevölkerung.

Am Sonntag, dem 21. Januar 1945 abends, rief mich der Gaustabsleiter des Volkssturmes, der bekannte Ritterkreuzträger und U-Bootkommandant, Kapitän zur See Hartmann, an und teilte mir mit, zu irgendeiner Beunruhigung der Bevölkerung in Elbing sei kein Anlaß, die militärische Lage würde sich in wenigen Tagen grundlegend ändern. Er komme gerade von einer Besprechung aus Marienburg, wo der Reichsführer SS Himmler anwesend gewesen sei und erklärt habe, er sei der Befehlshaber der neuen Heeresgruppe Weichsel, und in wenigen Tagen würde alles wieder in Ordnung gehen.

Am Rande möchte ich hier noch folgendes bemerken:

Im Frühjahr 1946 war ich in dem Internierungslager Fallingbostel kurze Zeit mit dem ehemaligen Gauleiter Forster zusammen. Ich fragte ihn nach der Besprechung mit Himmler in Marienburg. Er sagte mir folgendes:

„Der Himmler hat uns fürchterlich belogen. Auf einer großen Karte operierte er mit Panzer-Armeen, so daß wir den Eindruck gewinnen mußten, die Lage würde sich in Kürze wenden. Hinterher stellte sich dann heraus, daß diese Panzer-Armeen überhaupt nicht vorhanden waren."

Am Montag, dem 22. Januar 1945, verstärkte sich der Flüchtlingszug immer mehr. Einige Bürgermeister kleinerer ostpreußischer Städte meldeten sich bei mir auf der Durchreise. Einer ließ sogar — ich glaube, es war der von Wormditt — seine Stadtkasse, die er mit hatte, in Elbing im Tresor zurück.

Am gleichen Tage, mittags, erschien der stellvertretende Leiter des Landwirtschaftsamtes, Oberregierungsrat Dr. Koch aus Danzig, zu einer Besprechung über die Versorgung des „Brückenkopfes Elbing" für zwei Monate. Unter Hinzuziehung der Vertreter der einzelnen Handelssparten wurde festgestellt, daß mit Ausnahme von Salz alles vorhanden war, um die Bevölkerung der Stadt für 2 Monate mit den notwendigen Lebensmitteln und sonstigen Gebrauchsgegenständen zu versorgen. Auch zu diesem Zeitpunkt lehnte die Gauleitung in Danzig die Genehmigung zur Räumung ab.

Am Dienstag, dem 23. Januar 1945, erhielt ich vormittags einen Anruf vom Kreisleiter, bei welchem er mir mitteilte, er habe soeben einen Anruf von Gauleiter Forster bekommen. Dieser habe ihm mitgeteilt, die militärische Lage habe sich stabilisiert. Es bestehe keine Gefahr für Elbing, und eine Räumung sei nicht notwendig. Eine ähnliche Mitteilung erhielt ich etwas später von dem Ia des Wehrmachtkommandanten, Major Altermann. Die Trecks durch Elbing hielten ununterbrochen an, immer mehr durchmischt von zurückgehenden Wehrmachtsteilen. Am Nachmittag erhielt ich einen Anruf eines Ratsherrn, der mir mitteilte, in Preußisch-Holland, 20 Kilometer von Elbing entfernt, seien die Russen eingerückt. Er habe diese Nachricht von dem Leiter einer NSKK-Motorschule in Preußisch-Holland bekommen, der selbst gerade noch aus der Stadt herausgekommen sei. Diese Mitteilung veranlaßte mich zu einem Anruf bei dem Ia des Kommandanten, Major Altermann. Dieser erklärte mir, die Nachricht sei falsch. Noch gegen Mittag sei ein Infanterie-Bataillon von Elbing aus nach Preußisch-Holland in Marsch gesetzt worden, und es sei gut angekommen. Während dieses Gesprächs hörte ich im Apparat, wie der Kommandant, Oberst Schöpffer, in das Zimmer des Majors trat und ihm sagte: „Hören Sie, Altermann, bei Pomehrendorf sind russische Panzer gemeldet". Daraufhin legte ich auf. Pomehrendorf war noch 8 Kilometer von Elbing entfernt.

Kurze Zeit darauf, es muß gegen etwa 17.00 oder 18.00 Uhr gewesen sein, ertönten Schüsse in Elbing. Ich forderte die sich noch im Hause befindlichen Beamten und Angestellten auf, in den Luftschutzkeller zu gehen, blieb aber selbst noch in meinem Arbeitszimmer und sah dann, wie russische Panzer aus Maschinengewehren und Kanonen feuernd am Rathaus vorbeifuhren, Richtung Markt. Zu dieser Zeit war noch friedensmäßiges Leben in Elbing. Die Straßenbahnen fuhren und die Kinos spielten. Die Panik war ungeheuer. Die Luftschutzkeller des Rathauses und des Polizeipräsidiums füllten sich mit verängstigten Personen. Ich begab mich zum Kommandanten der Schutzpolizei, der aber auch nichts Näheres wußte. Nach einigen Stunden trat eine gewisse Beruhigung ein. Wir erfuhren, daß ein Teil der Panzer abgeschossen war und der Rest sich nach Norden aus der Stadt entfernt hätte. Nunmehr setzte eine regellose Flucht der Bevölkerung und der zahlreichen Flüchtlinge aus Elbing ein. Etwa gegen 21.00 oder 22.00 Uhr rief mich der Kreisobmann der DAF. an und gab durch: Räumungsstufe III. Das bedeutete also die Gesamträumung der Stadt. Auf meine Frage, ob dies auch für die Behörden gelte, antwortete er mit Ja. Mit einigen Beamten, die im Rathaus geblieben waren, benachrichtigte ich die übrigen Behörden und sorgte dafür, daß die im Rathaus verbliebenen Angestellten mit einem Lastauto der Feuerwehr aus Elbing weggeschafft wurden.

Gegen Mitternacht rief mich der Kreisleiter an und erklärte, er habe soeben einen Anruf des Gauleiters erhalten, und dieser habe ihm eröffnet, er würde jeden Behördenleiter erschießen lassen, der Elbing verließe. Mein Versuch, noch irgendeinen Behördenleiter zu erreichen, war auf Grund des durchgegebenen Räumungsbefehls selbstverständlich erfolglos. Ich selbst blieb mit einigen Beamten, dem Oberverwaltungsrat Bergs, den Stadtamtmännern Quandt, Schröter und Moots in der Stadt.

Am 23. Januar 1945, bei Durchgabe des Räumungsbefehls,gab der Kommandeur der Feuerschutzpolizei, Major Isermann, weisungsgemäß den Befehl, daß die luftwaffeneigenen Feuerlöschfahrzeuge die Stadt zu verlassen hätten. Dieser Befehl wurde ausgeführt. Aber mit diesen Fahrzeugen verließen auch ohne Befehl sämtliche stadteigenen Feuerlöschfahrzeuge die Stadt.

An den beiden folgenden Tagen, am Mittwoch, dem 24. Januar, und am Donnerstag, dem 25. Januar 1945, blieb die Situation etwas ruhiger, da die Russen nicht weiter zur Stadt vordrangen. Es wurden nunmehr die auf dem Elbinger Bahnhof stehenden Personen- und Güterzüge als Flüchtlingszüge eingesetzt, ebenso die Haffufer-Bahn und die in Elbing vorhandenen Passagierschiffe, so daß ein Teil der Bevölkerung noch abfahren konnte. Um diese Schiffe und die bei der Schichauwerft liegenden Torpedobootsneubauten über See herausbringen zu können, wurde von der Kriegsmarine veranlaßt, daß durch das zugefrorene Frische Haff durch Eisbrecher eine Fahrrinne bis Pillau gebrochen wurde. Diese Maßnahme ermöglichte das Herausbringen der Schiffe, behinderte aber die Flucht der Bevölkerung der Landgemeinden, die über das zugefrorene Haff der Nehrung zustrebte. Es gelang auch, mit einem Güterzug die Kranken des Städtischen Krankenhauses und des Diakonissenhauses unter der tatkräftigen Leitung des Direktors des Städtischen Krankenhauses, Dr. Wotschak, und seiner Beamten und Schwestern wegzubringen. Die Flucht wurde durch die außerordentliche Kälte und den Schneefall stark behindert, da sie fast nur zu Fuß angetreten werden konnte. Auf wiederholtes dringendes Ersuchen schickte Danzig eine Kolonne Lastwagen, die aber auch nur einen Tropfen auf den heißen Stein darstellten. In den späten Nachmittagsstunden des Donnerstag, 25. Januar 1945, hatten die Russen die Bahnlinie zwischen Elbing und Marienburg unterbrochen, so daß die letzten Züge nicht mehr abgehen konnten. Im Laufe der Nacht stießen sie auch bis zur Reichsstraße Elbing—Danzig vor und sperrten damit auch den Fluchtweg über diese Straße. Es blieb als Fluchtweg nur noch die Richtung nördlich von Elbing über die Nogat-Brücke bei Fischerskampe übrig. Am späten Nachmittag des Donnerstag, 25. Januar 1945, erschienen im Luftschutzbunker des Polizeipräsidiums, wo sich auch die Kreisleitung niedergelassen hatte, zwei Oberfeldwebel der Kriegsmarine und teilten mit, sie hätten Befehl, die Torpedobootsneubauten aus Elbing herauszuschleppen, sie könnten etwa 2000 Menschen mitnehmen. Auf Grund dieser Mitteilung gab der Kreisleiter seinen Ortsgruppenleitern, soweit sie noch da waren, die Anweisung, die zurückgebliebene Bevölkerung auf diese Fluchtmöglichkeit aufmerksam zu machen. Es sammelten sich in den Abendstunden 2000 bis 3000 Menschen an den Kais des Elbing-Flusses und warteten auf diese Abtransportmöglichkeit. Tatsächlich wurden etwa 400 Personen mitgenommen. In diese Menschenmenge schoß der Russe erstmalig mit Stalinorgeln, so daß es dabei Verluste gab.

In der Nacht setzte der Beschuß mit Artillerie stärker ein und hielt am Freitag und Samstag mit abwechselnder Stärke an. Die ersten Brände entstanden und konnten nicht gelöscht werden, da motorisierte Feuerlöschfahrzeuge nicht zur Verfügung standen. Die ersten Brände wurden mit Hilfe von Wehrmachtsangehörigen und Handspritzen zu löschen versucht. Da aber die Wasserleitung infolge Ausfallens des Elektrizitätswerkes nicht mehr funktionierte und der Elbing-Fluß stark gefroren war, blieben diese Versuche im wesentlichen ohne Erfolg. Es brannten in diesen Tagen Teile der Innenstadt ab, und zwar mit als erstes die dem Rathaus gegenüberliegende Kreissparkasse und die danebenliegenden Häuser. Während dieser beiden Tage waren sicher noch mindestens 25 000 Menschen in der Stadt. Um Plünderungen zu vermeiden, wurden die Lebensmittellager der Großhandlungen polizeilich bewacht. Die Geschäfte hatten geschlossen, aber die Bevölkerung hatte zunächst noch genügend Lebensmittel. Am Sonntag, dem 28. Januar 1945, hörte der Beschuß durch die Russen vorübergehend auf. Am frühen Nachmittag erschien der Wehrmachtskommandant, Oberst Schöpffer, bei uns und erklärte: Dieser Tag sei für Elbing von besonderer Bedeutung, da zum Entsatz der Stadt vom Osten her eine Armee — ich glaube, es war die 4. — im Angriff sei und von Westen her die 7. Panzerdivision. Die ersten Panzer seien schon am Stadtrand von Elbing eingetroffen und die Straße nach Danzig wieder frei! Er forderte u. a. auch mich auf, die Panzerspitze am Stadtrand zu begrüßen. Ich fuhr in einem Wagen der Polizei mit, und wir fanden tatsächlich einige Panzer am Stadtrande von Grubenhagen vor. Im Anschluß an diese Begrüßung wollte der Kommandant noch einen Regimentsgefechtsstand des Majors Schulz besuchen, und wir fuhren durch Grubenhagen in Richtung auf die Autobahnüberführung.

Kurz vor Erreichen dieser Überführung erhielten wir Feuer aus dem Lager „Wansau" und konnten dann nur noch über die Nogat wieder in die Stadt zurückkehren. Zu dieser Zeit hatte der Beschuß wieder zugenommen. Es brannte u. a. die Omnibusfabrik Büssing, an der wir vorbeikamen.

Die Versorgung der Bevölkerung wurde dadurch sehr erschwert, daß das Gaswerk bereits am 24. Januar 1945 durch Beschuß ausgefallen war und das Elektrizitätswerk am 25. Januar 1945. Damit lag auch die zentrale Wasserversorgung still. Es standen nur einige Brunnen zum Wasserholen zur Verfügung. Der sehr starke Schneefall ermöglichte es der Bevölkerung, durch Schneeschmelzung teilweise Wasser zu erhalten. Mit dem Ausfall der Wasserversorgung lag auch die Kanalisation still, wodurch sich naturgemäß starke Unzuträglichkeiten ergaben. Nur die starke Kälte verhinderte das Ausbrechen von Seuchen.

Die ärztliche Versorgung lag ganz still, da sämtliche zivilen Ärzte mit Ausnahme des Luftschutzarztes, Dr. Tschirner, der hervorragende Dienste leistete, Elbing verlassen hatten. Ebenso waren sämtliche Apotheken geschlossen. Mit Hilfe einer polnischen Apothekerin, die an einer Apotheke in der Innenstadt dienstverpflichtet war und Elbing nicht verlassen hatte, konnte wenigstens teilweise geholfen werden. Die wichtigsten Medikamente wurden im Rathaus sichergestellt.

Am 26. und 27. Januar 1945 war der Ortsteil Grubenhagen vorübergehend von den Russen besetzt gewesen. Die Frau eines Kinobesitzers aus der Innenstadt berichtete, daß die Russen in die Keller gekommen waren, Uhren und Schmucksachen abgenommen und jüngere Frauen herausgeholt hätten.

Am Montag, dem 29. Januar 1945, war die Straße nach Danzig noch frei, so daß ein Teil der Bevölkerung noch abziehen konnte. Von Danzig her kamen eine Anzahl zweistöckiger Berliner Omnibusse, die Polizeibeamte und einen Zug der Feuerschutzpolizei, drei Ärzte - Dr. Horn, Dr. Jost und Dr. Rommeik - und ebenso auch den Leiter des Ostpreußenwerkes brachten. Die Omnibusse nahmen Verwundete aus Elbing mit.

Da die 4. Armee Elbing nicht erreicht hatte, zogen sich die Panzer der 7. Panzer-Division wieder aus Elbing zurück und nahmen bei der Gelegenheit Bewohner, insbesondere Kinder, auf ihren Fahrzeugen mit.

Am 30. Januar 1945 waren die Russen wieder über die Reichsstraße vorgestoßen und hatten den Ortsteil Grubenhagen wieder besetzt. Elbing war somit wieder abgeschlossen.[1]) Erwähnenswert ist wohl, daß durch eine aus Luftschutzgründen angelegte direkte Fernsprechleitung vom Polizeipräsidium nach Danzig die ganze Zeit der Belagerung über eine telefonische Verbindung möglich blieb.

Wie leichtfertig oder unwissend die Lage zum Teil von den Danziger Stellen beurteilt wurde, zeigt folgendes Beispiel: Am Donnerstag, dem 25. Januar 1945, rief ich den Stellvertreter des Reichsstatthalters, Regierungspräsidenten Huth, an, um ihn über die Lage zu unterrichten. Er fragte mich daraufhin, wer denn alles noch von Schichau in Elbing wäre. Als ich erwiderte: „Niemand", erklärte er: „Das ist ja unerhört." Er wolle am nächsten Tage die Produktion von Schichau wieder aufnehmen lassen.

Vf. berichtet im folgenden über den Einsatz von Polizeiverbänden.

---

1) Über die Verteidigung Elbings und den Verlauf der Kämpfe bis zur Einnahme der Stadt berichtet ausführlich der Kampfkommandant, der damalige Oberst Eberhard Schöpffer.

Die Zeit vom 30. Januar bis 4. Februar 1945 gestaltete sich für die Stadt verhältnismäßig ruhig. Trotz der völligen Einschließung blieb das Artilleriefeuer und der Beschuß durch Tiefflieger verhältnismäßig gering, so daß einige organisatorische Maßnahmen ergriffen werden konnten. Die Stadt wurde in Bezirke eingeteilt, in denen Lebensmittelgeschäfte wieder eröffnet und Lebensmittel ausgegeben wurden. In einer Baracke am Stadtpark wurde eine Gemeinschaftsküche errichtet, wo täglich mehrere 100 Portionen Mittagessen gekocht und an die Bevölkerung ausgegeben wurden. Es gelang sogar vorübergehend, das Elektrizitätswerk wieder in Gang zu bringen. Es fiel aber bald wieder durch Beschuß aus.

Große Schwierigkeiten machte auch die Beerdigung der Toten, da der Boden tief gefroren war und jüngere Kräfte zum Ausheben von Gräbern nicht zur Verfügung standen.

In diesen Tagen gelang es auch, einen Teil der Hauptverkehrsstraßen von Trümmern zu räumen, so daß sich der Verkehr der Wehrmachtfahrzeuge ungehindert abspielen konnte.

Die Bevölkerung lebte zum größten Teil in den Kellern, und es hatten sich in der Innenstadt, in den öffentlichen Luftschutzkellern, Gemeinschaften gebildet, die dort kochten usw. Auch eine Gaststätte hinter dem Theater gab Verpflegung aus.

Auch im Keller des Rathauses waren etwa 200 Menschen vorhanden, teils Elbinger Einwohner, teils aber Flüchtlinge aus Ostpreußen, die nicht weitergekommen waren; auch diese wurden laufend mit verpflegt.

Am Sonntag, dem 4. Februar 1945, trat eine entschiedene Verschlechterung der Lage ein.

Vf. führt Einzelheiten an, aus denen ersichtlich wird, daß der Kreisleiter bereits zu diesem Zeitpunkt die Stadt verlassen hatte. Er fährt dann in seiner Darstellung fort:

In den folgenden Tagen nahm der militärische Druck und die Beschießung ständig zu, so daß eine systematische Versorgung und Betreuung der Bevölkerung mit dem kleinen Stab von Beamten, die bei mir waren, nicht mehr möglich war. Der Keller des Rathauses mußte von den Flüchtlingen geräumt werden, da er Verbandsplatz für die Truppe wurde. Die Flüchtlinge wurden überführt in die Keller der Oberschule für Mädchen und andere benachbarte Keller...

Etwa am 6. Februar 1945, als nur noch ein begrenzter Teil der Innenstadt von den deutschen Truppen gehalten wurde, der etwa folgende Linienführung hatte: Fischer-Vorberg, Komnikstraße, Johannisstraße, Äußerer Mühlendamm, Neue Gutsstraße und Straßenbahndepot, erschienen einige Einwohner der von den Russen besetzten Nordstadt mit einer Kapitulationsaufforderung des Russen, die vom Kommandanten abgelehnt wurde. Unter den Überbringern befand sich auch eine Frau, die mehrfach von den Russen vergewaltigt worden war. Deren Name ist mir leider entfallen. Ich habe sie auch später in Danzig wiedergesehen, so daß sie den Russen entkommen ist.

Am 8. Februar 1945 nahm der Beschuß auf die Innenstadt und insbesondere auf das Rathaus erheblich zu. An diesem Tage wurde von einem Unteroffizier der deutschen Wehrmacht wiederum ein Kapitulationsangebot der Russen überbracht, in dem den Soldaten die sofortige Rückkehr in die Heimat nach Kriegsschluß versprochen wurde und den Offizieren sogar das Tragen der blanken Waffen in Aussicht gestellt wurde. Auch dieses Angebot wurde befehlsgemäß vom Kommandanten zurückgewiesen. Am Abend des gleichen Tages fing das Rathaus an zu brennen. Es konnte noch einmal gelöscht werden, dank der Initiative des Oberverwaltungsrats Bergs und seiner Beamten. Am Freitag, dem 9. Februar 1945 vormittags, erhielt der Kommandant den Befehl, auf dem westlichen Ufer des Elbing-Flusses in Höhe des großen Schichau-Lagers einen Brückenkopf zu bilden, um deutsche Truppen, die in der Niederung bis zur Höhe des Ostpreußenwerkes vorgedrungen waren, aufzunehmen. Inzwischen verstärkte sich der Angriff der Russen, und der Kommandant gab Befehl, die Stadt in Abschnitten zu räumen, um die befohlene Auffangstellung einzunehmen. Etwa gegen 11.00 Uhr verlegte der Kommandant seinen Befehlsstand nach dem Gymnasium. Ich schloß mich dem Kommandanten an. Wir kamen auch ohne wesentlichen Beschuß zum Gymnasium. Die übrige Gruppe der Beamten unter Ober-Verwaltungsrat Bergs, die 10 Minuten später das Rathaus verlassen sollte, erreichte das Gymnasium nicht mehr und ist später in die Hände der Russen gefallen. Mir persönlich gelang es dann, mit dem Kommandanten in den frühen Morgenstunden des 10. Februar 1945 noch den Elbing-Fluß zu überschreiten und die deutschen Linien zu erreichen.

Durch den starken Beschuß in den letzten Tagen war die Innenstadt abgebrannt. Auch das Rathaus hatte in den frühen Morgenstunden des 9. Februar 1945 wieder Feuer gefangen. Da es nicht mehr gelöscht werden konnte, war es bis auf die Mauern niedergebrannt.

Einem kleinen Teil von Zivilpersonen gelang es, in der Nacht vom 9. zum 10. Februar 1945 mit den restlichen Truppen den Elbing-Fluß zu überschreiten und damit den Russen zu entgehen.

Als ich mich am Sonntag, dem 11. Februar 1945, beim Reichsstatthalter Gauleiter Forster meldete, sagte er mir folgendes: „Ich habe nie geglaubt, daß Elbing so schnell fallen würde. Ich habe Elbing für die sicherste Stadt des ganzen Reichsgaues gehalten."

Nr. 14

Bericht des Oberleutnants a. D. C. G. aus Posen.

Original, 28. November 1951. — Die Ausführungen stützen sich laut Anmerkung des Vfs. auf Tagebuchnotizen.

Die Belagerung Elbings und ihre Auswirkung auf die Bevölkerung der Stadt.

Vf. beginnt seine Ausführungen mit einer Beschreibung der Verteidigungsanlagen Elbings; im Anschluß daran hebt er die landschaftlichen und wirtschaftlichen Vorzüge der Stadt hervor.

Als die ersten Nachrichten von dem russischen Angriff in Ostpreußen durchsickerten und von angeblich versprengten Soldaten nicht sehr wohlwollend kommentiert wurden, flüchtete — noch ehe überhaupt ein amtlicher Befehl zur Verteidigung eintraf — ein Teil der sozial besser gestellten Bevölkerung aus der Stadt in Richtung Danzig. Es handelte sich vor allem um

Familien höherer Behörden- und Staatsangestellter sowie um Parteifunktionäre. Denn nur diese verfügten über das notwendige Kraftfahrzeug. Gleichzeitig fingen die Behörden an zu räumen, besser gesagt: „zu verlegen“, gröber: „zu flüchten“. Beamte und Angestellte waren plötzlich spurlos verschwunden, trotzdem strikte Befehle „zum Ausharren“ bestanden. Die telefonische Verbindung zu den meisten Ärzten, Rechtsanwälten usw. hörten bereits am 17. und 18. Januar auf, sie waren geflüchtet.

Indessen bot das Straßenbild das gewohnte Aussehen: Schichau arbeitete wie immer, der Straßenverkehr ging vonstatten, die Gaststätten waren geöffnet und voll besetzt, die Kinos spielten, so das Kino am Friedrich-Wilhelm-Platz den Farbtonfilm „Opfergang“ nach der Novelle von R. Binding. Lediglich auf dem Bahnhof stauten sich die Massen zu beängstigender Fülle. Bis zu 4000 und 5000 Personen warteten bereits in diesen Tagen auf eine Gelegenheit zur Flucht nach dem Westen. Tag und Nacht waren alle Plätzchen und Ecken im Bahnhofsgelände besetzt. Der Zugverkehr schien von den Ereignissen der Kampfhandlungen keinerlei Notiz zu nehmen. Fahrplanmäßig und pünktlich wie in besten Friedenszeiten kamen und verließen die Züge den Bahnhof, allerdings waren die nach dem Westen strebenden Bahnen unbeschreiblich überfüllt. Überall klebten, hingen und klammerten Menschen in lebensgefährlicher Weise an den einzelnen Wagen, nur um mitzukommen.

Am 20. Januar brachte nachmittags gegen 17 Uhr ein von Elbing ausgesandter Panzerspähtrupp die Meldung, daß die Stadt Osterode brenne. Trotzdem gab es Unzählige, die das einfach nicht glaubten. Erst drei Tage später (!) erließ der Kampfkommandant, Oberst Schöpffer, den Alarmbefehl mit dem Stichwort „1600“. Die wenigen schweren Waffen wurden bei eisiger Kälte und stürmischem Nordostwind in Stellung gebracht. Stündlich verstärkten sich nun die Flüchtlingskolonnen, die sich von Preußisch-Holland und von Braunsberg her auf der Königsberger Straße in dichten Knäueln in und durch die Stadt wälzten, vermischt mit zurückströmenden Einheiten. Die anfängliche Ordnung dieser Flucht ging bald in eine regellose Unordnung, in ein wahres Chaos über, besonders an der einzigen Brücke über den Elbingfluß. Bald säumte wahllos weggeworfenes Flüchtlingsgut, Koffer, Kisten, Betten, Schreibmaschinen, Bekleidungsstücke usw. die Straße.

Erst mit der Einschließung der Stadt (etwa 25. Januar) hörte dieser Elendszug langsam auf. Es gab keine amtliche Stelle, welche sich dieser Zustände erbarmt hätte. Es wäre wohl auch vergeblich gewesen. Es war ein unmögliches Bild des Jammers, die alten, total erschöpften Leute, die schreienden Kinder und wimmernden Säuglinge vorbeiziehen zu sehen — ohne helfen zu können. Vor der Ungerkaserne halten indessen Offiziere auf eigene Faust Lastkraftwagen mit flüchtenden Soldaten an, lassen diese absteigen und dafür die am Wege wartenden Mütter mit Kindern aufsitzen und weiterfahren. So gelang manchen noch die rettende Flucht nach Westen...

Nachdem der Ring um die Stadt völlig geschlossen ist (26. Januar), treffen nur noch einzelne Flüchtlinge oder kleinere Kampfgruppen ein, welche die Verteidigung verstärken. So glückt das einer Schwadron unter Führung eines Rittmeisters Graf Finckenstein und einem noch 250 Mann starken Jägerbataillon vom Jäger-Rgt. 83 Brieg — aus dem Verband der 28. Jägerdivision unter einem Hauptmann Homburg und Oberleutnant Eisenblätter.

War diese regellose Flucht aller verantwortlichen Stellen aus der Stadt schon eine Katastrophe, so gilt das von den militärischen Vorbereitungen für die Verteidigung nicht weniger.

Vf. schildert nun im einzelnen, wie schwach die Verteidigungskräfte waren und wie unzulänglich die Mittel, die diesen zur Abwehr zur Verfügung standen.

Gegen diese fragwürdige und verantwortungslose Verteidigung richtete sich vom 23. Januar an der feindliche Stoß. Von diesem Tage ab überstürzten sich die militärischen Ereignisse. Am Vormittag passierte der letzte „SF"-Zug fahrplanmäßig und pünktlich Elbing in Richtung Danzig. Noch in der Nacht erreichten die Russen nach zuverlässigen Meldungen die Bahnlinie Elbing—Königsberg. Das Schneetreiben und die eisige Kälte dauerten an. Der Schienenweg nach Dirschau und Danzig ist noch frei, aber auch hier kann es sich nur noch um Stunden handeln. Nach Fronterfahrungen genügt ein Panzer, um den Verkehr zu unterbrechen.

Dann und wann verläßt ein über und über voller Zug Elbing. Trotz der horrenden Kälte hocken Tausende von Flüchtlingen auf dem Bahnhof auf offenen (!) Güterwagen, Mütter mit den Säuglingen im Arm, alte Männer, Halbwüchsige, Kranke, Sieche, Erschöpfte, teilweise lange schon ohne warme Verpflegung, alle von der schwachen Hoffnung beseelt, doch noch unter selbstmörderischen Umständen nach dem Westen fahren zu können. Unzählige fallen erfroren während der Fahrt vom Zuge, weil sie sich nicht mehr aufrecht halten können. Zwölf kleine Kinder lädt man in Deutsch-Eylau aus einem Flüchtlingszug aus, als Leichen. Sie sind erstickt! Als ich befehlsgemäß die Zustände auf dem Bahnhof untersuchen soll, finde ich das geschilderte Bild vor. So hocken dumpf und verschüchtert die Menschen auf den offenen Wagen. „Das ist doch Wahnsinn", schreie ich durch den Lärm einem Mann zu, der auf dem Wagen ein Kind im Arm wiegt, „ihr müßt doch alle erfrieren!" Der schreit zurück: „Fragen Sie lieber die Leute, die diesen Wahnsinn hier verschuldet haben, die Mörder und Lumpen!" „Mann", sagt der neben mir stehende Feldwebel, „sie schreien sich noch um Ihren Hals." Da tritt der andere auf uns zu und schreit mit einer sich überschlagenden Stimme: „Sie können dann ja mein Kind gleich mit aufhängen, die Verbrecher!" Es ist sinnlos, völlig sinnlos! Und immer wieder durchbricht diese brodelnde Volksstimmung das verzweifelte Weinen und Wimmern der Kinder, die jetzt gerade in der grimmigen Kälte am meisten leiden müssen.

Am Abend des 23. Januar durchfahren 7 russische Panzer, in der Dämmerung schwer auszumachen, in die Flüchtlingskolonnen geklemmt, unbemerkt die Panzergrabenübergangsstelle bei Grunauhöhe. In der Stadt schießen sie wüst mit Maschinengewehren und gelegentlich mit den Panzerkanonen, ohne aber Personenverluste zu verursachen. Sie rammen eine Anzahl von Flüchtlingsfahrzeugen. Zwei Panzer werden durch Panzerfäuste vernichtet, die restlichen 5 durchqueren die ganze Stadt, rasen die Ziesenstraße hinaus und bleiben dann für Tage am Bollwerk (nördlich der Mudrakaserne) stehen. Es entsteht nunmehr eine Massenflucht, die verheerende Panik ist unabwendbar. Alles stürzt kopflos über die Elbingbrücke, auch als die Gefahr längst vorüber ist. Die einzige Straße nach Westen ist bald über und über mit Flüchtlingen bedeckt, die um jeden Preis vorwärtsdrängen. Keiner nimmt auf den anderen Rücksicht, jeder ist nur auf die eigene Rettung bedacht. Nur mit äußerster

Gewaltanwendung können die notwendigen Truppentransporte sich ihren Weg bahnen.

Die Verteidigung sichert sich inzwischen durch zahlreiche Panzervernichtungstrupps (deren einzige wirksame Waffe die Panzerfaust ist) und beugt so weiteren Panzerüberraschungen vor. Nachts kommt als Rest eines über 6 Kilometer langen Flüchtlingstrecks aus dem Kreise Preußisch-Holland lediglich der Kreisleiter mit Familie sowie etwa 30 alten Männern an, die fast alle bereits den ersten Weltkrieg mitgemacht haben. Die übrigen Flüchtlinge, so berichten sie, seien beim Auftauchen der russischen Panzer in alle Winde zerstoben, ein großer Teil sei an Ort und Stelle getötet worden: Männer, Frauen, Kinder — ohne Unterschied! — Fieberhaft arbeitet man trotz fehlenden Schanzgeräts daran, den inneren Verteidigungsring auszubauen — ein fast sinnloses Unternehmen. Denn der Boden ist steinhart gefroren und kann nur wirksam mit Sprengpatronen aufgebrochen werden. Und die fehlen — wie vieles andere. — Dazu häufen sich bei dem starken Frost die Fälle von Erfrierungen, denn kaum einer besitzt schützende Winterkleidung. Im Nordosten verläuft der innere Verteidigungsring etwa auf der Linie Mudrakaserne—Lärchwalde—Gut Freiwalde—Vogelsang (dem wunderbar gelegenen Ausflugsziel der Elbinger am Wochenende).

Die ersten heftigen Angriffe der Russen erfolgen vom 25. Januar an im Südosten aus Richtung Preußisch-Holland. Sie können alle mit großer Mühe abgewehrt werden. Aber südlich des Drausensees gewinnt der Gegner über Rückfort hinaus ständig Boden. Dort gelingt ihm der Stoß auf Fichthorst und damit die Unterbrechung der Bahnlinie nach dem Westen. Die Verbindung wird auf der Straße nach Einlage an der Nogat für Stunden noch offen gehalten, aber aus den eingehenden Meldungen ersehe ich stündlich, wie der Russe zäh nach Norden zwischen Elbingfluß und Nogat hinaufdrängt. Eine Trift nach der anderen (Triften sind schneisenähnliche Wiesenwege) fällt ihm in die Hände. Schließlich erreicht er mit Spähtrupps das Dorf Zeyer. Damit ist Elbing restlos eingeschlossen. Im Norden bei Tolkemit und Trunz herrscht nur zeitweilige Spähtrupptätigkeit. Immer noch flüchten Bauern aus den umliegenden Dörfern nach Elbing. Teilweise werden sie sogar von den Russen hineingeschickt. Aus Trunz berichtet ein Flüchtling eidesstattlich von den Greueltaten, besonders der mongolischen Truppenteile. Er berichtet, daß die Frau des Lehrers Horst und die Gemeindeschwester die im Ort befindliche Krankenstation für ausländische Arbeiter (die am Panzergraben gearbeitet hatten) versorgt hätten. Die beiden Frauen seien grausam mißhandelt worden und hätten schließlich Gift genommen, um weiteren Quälereien zu entgehen. Solche Berichte werden von nun an so zahlreich aufgenommen, daß wir uns unser vermutliches Schicksal und das der Zivilbevölkerung selbst an unsern Fingern abzählen können.

Am 26. Januar erfolgt ganz überraschend gegen Mittag von Norden her ein starker Panzerangriff in die Stadt hinein. Es sind vorwiegend amerikanische „Sherman", aber auch einige schwere Kolosse vom Typ „Stalin" (über 60 Tonnen schwer). 42 Panzer kostet den Gegner dieser Versuch, 2 davon vernichten Amputierte einer Genesendenkompanie. Die Panzerbesatzungen tragen deutsche Uniformen und einwandfreie deutsche Soldbücher. Ein weiterer Panzerangriff folgt nicht, der Russe zieht vielmehr systematisch neue

Verbände und schwere Waffen zur regelrechten Belagerung heran. Auf eigene Faust verlassen 3 kleinere Haffdampfer Elbing. Sie werden nur unbedeutend am Bollwerk beschossen und haben ohne weitere Gefährdung Danzig erreicht.

Die Zahl der geflohenen Zivilbevölkerung schätzen wir auf etwa 10 000 bis 12 000 Personen... Dafür sind wenigstens in der gleichen Anzahl Flüchtlinge aus der weiteren und näheren Umgebung in die Stadt geströmt. Gas, Licht und Wasser gibt es vom 26. Januar an nicht mehr. Die Behörden sind verschwunden, kein Laden verkauft etwas. Die zurückbleibende Bevölkerung ist völlig sich selbst überlassen. So beginnt zuerst ein schüchternes, bald ein offenes Plündern (obwohl darauf die Todesstrafe steht). Die Spitzen der Partei haben sich längst in Sicherheit gebracht. Zurückgeblieben sind die gutgläubigen kleinen Pgs., die z. B. in der Münchener Straße erst räumen, als die Russen mit Granatwerfern die Häuser beschießen. Sie glauben auch jetzt noch an den Endsieg" — so nachhaltig hat eine verantwortungslose Propaganda gewirkt! Auf meine Anfrage beim Kreisleiter am 24. Januar betreffs einer Evakuierung der Zivilbevölkerung erhalte ich den klassischen Bescheid, das sei Sache der Partei. Und die Partei werde in 4—6 Stunden eine vollständige Räumung durchführen, die Leute sollten alle ruhig in ihren Wohnungen mit ihrem Marschgepäck warten, bis aufgerufen würde! Daß dieses nie erfolgen konnte, war mir längst klar. So gab ich denn allen denen, die an mich mit Evakuierungsfragen herantraten, den privaten Rat, sich schleunigst nach Westen „abzusetzen".

Vf. äußert unter dem Eindruck der folgenden Ereignisse die Meinung, daß die nach seiner Ansicht noch vorhandenen Möglichkeiten von den für die Räumung verantwortlichen Stellen nicht mit dem notwendigen Einsatz ausgenutzt worden seien. Denn die Bilder, die wir in den kommenden Tagen erleben, sind einfach so grauenhaft, daß man sie fast gar nicht beschreiben darf.

Es gibt keine Milch für Säuglinge und Kleinkinder. Kein ziviler Arzt praktizierte mehr. Da kommen die jammernden Mütter mit den Kindern auf dem Arm in die Kasernen und betteln flehentlich um Milch für ihre Schützlinge. Das Herz hätte einem brechen mögen angesichts dieses Hundeelends. Eine geordnete Ausgabe aus dem reichlich gefüllten Ersatzverpflegungsmagazin hätte erfolgen können, aber es gab keine zivile Stelle, die sich dessen hätte annehmen können. Stattdessen wird dort geplündert und sinnlos getrunken. Da wird ein Stabsarzt zu einer schwierigen Entbindung gerufen. Er ist ratlos. Einmal wegen mangelnder Praxis und dann deswegen, weil der Strom der Verwundeten und solcher Soldaten mit Frostwunden gar kein Ende nimmt. Da werden zwei herzkranke Frauen hereingebracht, Mutter und Tochter, und bitten fast kniefällig, in der Kaserne bleiben zu dürfen. Zwischendurch immer neue Protokolle über russische Ausschreitungen gegen wehrlose Zivilbevölkerung. Es ist die nackte Faust des Satans, die nach unserer Kehle greift.

Immer wieder schrillt das Telefon, von überallher greift der Gegner mit überlegenen Kräften an, stellenweise wird die vordere Linie zurückgenommen. Langsam aber sicher scheint sich unser Schicksal zu erfüllen. Am 27. Januar dringt der Russe im plötzlichen Vorstoß auf der Haffstraße in die Stadt ein. Er überrumpelt die Mudrakaserne und setzt sich mit mehreren Panzern, Paks und etwa zwei Kompanien an der Brauerei Englischbrunnen (am Ziesepark) fest. Zwar gelingt am nächstenTage wieder die Rückgewinnung der Kaserne, aber darüber hinaus sind die eigenen Kräfte zu schwach, um die Russen hier zu vertreiben. In der Flakstellung Lärchwalde verlange ich nach dem Batteriechef. Der dienstälteste Wachtmeister sagt wie abwesend: „Herr Hauptmann hat sich heute Nacht auf dem Gefechtsstand erschossen. — —"

Zwei Tage darauf versuchen die Russen bei Englischbrunnen nach Norden auszubrechen, werden aber bei diesem Vorhaben restlos aufgerieben. Doch auch die eigenen Verluste sind beängstigend im Ansteigen. Und sie können nicht ausgeglichen werden! Aus Urlaubern, die in Elbing gesammelt wurden, werden Urlauberkompanien aufgestellt. Sie erweisen sich, da keiner den andern kennt, als äußerst unzuverlässig. Nicht viel anders ist das Bild bei den Besatzungen, deren Torpedoboote bei Schichau auf der Werft liegen. Ihre Einheiten lösen sich förmlich auf. Teilweise beziehen Soldaten leerstehende oder sogar noch bewohnte Häuser und führen dort während der noch bestehenden kurzen Galgenfrist zum Teil ein wüstes Leben (mit Frauen).

Vom 28. Januar an wird das feindliche Artilleriefeuer stundenweise außerordentlich heftig. Schwere Geschütze und wenigstens 4 der berüchtigten Salvengeschütze („Stalinorgeln") sind in Tätigkeit. Bald brennt es vor allem in der Gegend um den Friedrich-Wilhelm-Platz. Mühsam hält die zusammenschmelzende Schar der Verteidiger noch den äußeren Stadtkern (so im Nordosten etwa in der Linie Stolzenmorgen—Pulvermühle—Danziger Kaserne). Immer wieder müssen die Stellungen zurückgenommen werden, denn feindliche Einbrüche können nicht im Gegenstoß bereinigt werden.

Das Elend der Zivilbevölkerung, das sich hauptsächlich in den Kellern abspielt, nimmt dramatische Formen an oder artet auch oft in stumpfe Lethargie aus. So hocken tagelang in der neben der Unterkaserne stehenden Volksschule 200 meist ältere Frauen und Männer stumpf und gleichgültig auf demselben Fleck, kaum daß sich einer zur Verrichtung seiner Notdurft vom Platz erhebt (sie haben den Keller nicht mehr verlassen!).

Trotz der Einschließung der Stadt besteht zeitweise eine lose Verbindung zu Teilen der 7. Panzerdivision, die am Westufer der Nogat steht (ca. 6 km). Deshalb riskieren wir auch bei Nacht mehrmals einen Abtransport von über 1000 gehfähigen Verwundeten, die nur von einem Maschinengewehrtrupp begleitet sind. Merkwürdigerweise glückt das. Die Telefonverbindungen bestehen bis zum 3. Februar (und werden natürlich von den Russen abgehört) nach Danzig und anderen Orten. So erreicht uns denn auch auf diesem Wege jener irrsinnige Befehl eines Oberbefehlshabers der Gruppe Weichsel namens Himmler, daß Elbing als Brücke vom Westen zum Osten nach dem Befehl des „Führers" um jeden Preis gehalten werden müsse. — Warum, so fragt man sich, da eine Front in Ostpreußen längst nicht mehr besteht? Eigenartigerweise kämpfen sich gerade um den 30. Januar herum zwei russische Panzer vom Typ T 34 und T 43 nach Elbing durch. Sie waren die „Überlebenden" eines zwölf Panzer starken Verbandes, der von der großen Panzerwerkstatt Braunsberg aus Befehl hatte, Elbing zu erreichen.

In der Stadtmitte sind bis auf das Rathaus und die Hauptpost fast alle großen Gebäude ausgebrannt, während am Nordrand nennenswerte Schäden noch nicht zu verzeichnen sind. Der Flugplatz im Süden ist seit dem 27. Januar in feindlicher Hand. In der Folgezeit berennen starke Kräfte die Marienburger Vorstadt auf dem Westufer des Elbingflusses. Sie muß am 1. Februar aufgegeben werden. Langsam wird die Lage kritischer. Am 5. Februar bilden die Kasernenmauern die vordere Linie, am 6. bezieht der Rest der Verteidiger eine Stellung im Stadtinnern. Die Kasernen müssen geräumt werden. So nehmen wir auch Abschied von zwei Massengräbern vor dem Eingang der Ungerkaserne mit 25 Toten, die ich dort am 31. Januar im russischen Artilleriefeuer beerdigt hatte. Nur die wenigsten waren namentlich zu ermitteln. Ein 16-jähriger Hitlerjunge namens Schröter war auch dabei. — Vom 6. Februar an war eine Bestattung nicht mehr möglich. So wurden die Verluste nur noch zahlenmäßig gemeldet.

Die Verteidigungslinie verläuft nunmehr im Norden die Grünstraße entlang zum Jahnkrankenhaus. Unser Gefechtsstand ist das Gymnasium in der Königsberger Straße. Am 6. tobt für Stunden vormittags ein wahrer Feuerorkan über der Stadt. Das Jaulen, Heulen, Fauchen und Krachen der Geschosse aller Kaliber will kein Ende nehmen. Gegen 12.30 Uhr tritt plötzlich eine Feuerpause ein. Wir nehmen an der Grünstraße einen die Königsberger Straße [entlang] kommenden älteren Mann in Empfang, der ein weißes Tuch dauernd über dem Kopf schwenkt. Er übergibt mir eine Aufforderung vom „Kommando der russischen Truppen um Elbing", uns zu ergeben. Der Kampfkommandant verzeichnet sein „Kenntnis genommen. Schöpffer" darauf, und der alte Mann geht wieder zum Feind zurück. Nachmittags setzt dann wolkenbruchartig erneut das gegnerische Feuer aus allen Rohren ein. Die Verteidigung kann dem so gut wie gar nichts entgegensetzen. Wir müssen warten, warten. — — Worauf denn eigentlich? Um 16 Uhr kommt die Meldung, daß der Russe sich der Schichauwerft bemächtigt und die dort stehende Polizei über den Haffuferbahnhof auf die Ziesestraße zurückgedrängt hat. Vom Gymnasium bis zur Werft sind es 600 m. Überhaupt kann der gesamte Verteidigungsring höchstens einen Durchmesser von 1200 m an der breitesten Stelle haben. Zusammen mit den bereits genannten Männern vom Volkssturm Preußisch-Holland soll ich die Polizei entlasten. Beim Angriff auf die kleine Kapelle in der Ziesestraße (in der Nähe der Zigarrenfabrik) werde ich verwundet, aber die Gefahr, daß der Ring der Verteidigung gespalten werden kann, ist im Augenblick beseitigt. Im Gymnasium werde ich verbunden. Ein Bombentreffer hat den Nordgiebel völlig abgerissen. Trotzdem herrscht im Keller ein wüstes Gewimmel von Soldaten, Verwundeten, Kranken, Zivilpersonen, darunter viele Frauen und Kinder. Jeder glaubt sich hier wie auf einer rettenden Insel und verläßt nur im äußersten Notfall einmal den Keller. Beim Kommandeur sitzt eine junge Mutter mit zwei 6- oder 7-jährigen Mädchen, die bei jedem Granatwerfereinschlag zusammenzucken und laut weinen. Mit Schokolade werden sie beruhigt. Nachts in einer Feuerpause — es ist ein irrsinniges Geschieße mit Maschinengewehren und -pistolen in den Straßen, nur die schweren Waffen schweigen — fahren wir auf einem Pferdefuhrwerk zum Lazarett. Das ist die „Heinrich von Plauen Schule".

Nun deckt der Russe zwei Tage lang die todwunde Stadt mit einem wahren Trommelfeuer zu. Kaum einer kann zur Verrichtung seiner Notdurft das Gebäude (besser: den Keller) verlassen. Kein Sanitäter wagt sich zum Verwundetentransport nach draußen. Dauernd ist die telefonische Verbindung zu den übrigen Befehlsstellen unterbrochen. In den Kellern, die zuletzt über

2000 Verwundete beherbergen, herrscht ein unsägliches Elend. Da liegen die armen, hilflosen Verwundeten, einer neben dem andern, so dicht, daß man sich beim Vorwärtsgehen kaum bewegen kann — ohne Versorgung und fast ohne Verpflegung. Es gibt mal eine Suppe oder etwas Tee. Die Luft ist erfüllt mit allen widerlichen Gerüchen, die sich denken lassen. Zwischen den Verwundeten hocken oder liegen Zivilpersonen, Frauen, Männer, Kinder, Greise, Säuglinge. Und das wimmert, jammert, flucht, betet und stöhnt — es ist eine schaurige Musik des Krieges, die hier zu hören ist. Im einzigen Behandlungsraum sind seit Tagen 4 Ärzte ununterbrochen beschäftigt, die Verwundeten und Kranken, die laufend durchgehen, zu verbinden — von einer geregelten Versorgung kann längst nicht mehr die Rede sein. Woher nehmen sie nur die physische Kraft, hier ihre vielleicht sinnlose Arbeit zu tun? An den Gesichtern sieht man, daß sie nur noch ein Schatten ihrer selbst sind. Im Stehen werden die meisten „Fälle" erledigt. Es riecht nach Äther zum Erbrechen, aber sicher wie immer handhaben die Hände das Messer, wenn hier oder dort ein Schußbruch zu operieren ist — „Der Nächste". So verrinnt Stunde um Stunde — und draußen mäht erbarmungslos der Tod. Dieses Bild der wimmernden und klagenden Menschen, ihre verzweifelten Gesichter — nie wird man es vergessen können. Und trotzdem wähnen sich alle irgendwie im Schutze des Lazaretts wie auf einer Insel, um die eine Sturmflut herumbrandet.

Nach zwei Tagen konnte ich alles nicht mehr mitansehen und verließ nachts, trotzdem die „Stalinorgeln" heftig am Werk waren, wieder das Lazarett, um zum Gymnasium zurückzueilen. Da das Schlüsselbein zerschmettert war, ließ ich mir die rechte Hand fest an den Oberkörper binden. Da taucht im Dunkel vor mir ein weißes Etwas auf, und laut höre ich es „Mutti! Mutti!" rufen. Da steht ein weinendes kleines Mädchen von höchstens 10 Jahren, und dabei ein Krachen um uns her, daß man stets auf dem Sprung in die Deckung sein mußte. Aber immer wieder rief das kleine Ding ihr klagendes „Mutti, wo bist Du?" Vielleicht war die Mutter längst tot — und so nehme ich das Mädchen mit zum Gefechtsstand. Sollte das noch Krieg sein? Nein, es war dies ein Stück Hölle auf Erden!

Im Gymnasium gab der Kommandeur gerade seine Befehle zum Ausbruchsversuch am nächsten Morgen. Da stand der Hauptmann, der an sich auf Krücken hätte gehen müssen, denn mit dem Stock allein schaffte er nur ein paar 100 Meter. Und er sagte ganz leise zu mir: „Es ist gut, daß Sie kommen, morgen wird das Lazarett wahrscheinlich an die Russen übergeben." Als er mein entsetztes Gesicht sah, fügte er hinzu: „Wir sind am Ende."

Nachts ging es quer durch Hinterhöfe und Gärten, ein Mann hinter dem andern, Verwundete in der Mitte, vorsichtig bis in die Nähe der Brauerei Englischbrunnen, wo die Pioniere mit Hilfe eines Lastkahnes eine Fähre gebaut hatten. Morgens um 5 Uhr — am 10. Februar — befanden sich auf dem Westufer des Elbingflusses rund 2000 Mann. Diese griffen von dem kleinen Brückenkopf aus eine westlich liegende 800 m entfernte Siedlung an, in der Annahme, dort seien Russen. In Wirklichkeit befanden sich dort Soldaten der 7. Panzerdivision, die beim Hurragebrüll der Stürmenden glaubten, es handele sich um Russen. So wurde in Verkennung der Lage dieser völlig unnötige „Angriff" von eigener Artillerie zusammengeschossen. Das sah ich von einem halb eingestürzten Graben aus. Den Soldaten drängten in Massen Zivilpersonen nach. Inzwischen hatten die Russen den Ausbruchsversuch entdeckt — und nun traf das zusammengefaßte feindliche Feuer gerade den nachfolgenden wehrlosen Haufen. So hielt der Tod hier noch eine vielfältige Ernte unter denen, die bereits die ersehnte Freiheit zu besitzen glaubten. Von nun an lag die Straße nach Zeyer (am Fluß entlang) ständig unter feindlichem Feuer.

Als ich gegen 10 Uhr im Graben kriechend die Straße benutzte, lagen dort reihenweise die Toten. An einem kleinen Mädelchen kam ich vorbei. Es lag still da, mit leicht geöffnetem Mund, fast lächelnd — daneben die Puppe, die dem Arm entglitten war.

2400 Verwundete im Lazarett „Heinrich von Plauenschule" fielen in russische Hand. Die meisten — das darf als sicher gelten — sind eines jämmerlichen Todes gestorben. Fürchterlich war das Schicksal der in der Stadt verbliebenen Zivilpersonen. ...

Nr. 15

Erlebnisbericht der Frau E. O. aus Elbing i. Westpr.
Original, 26. Februar 1951.

Zusammentreffen mit russischen Soldaten in Elbing; Mißhandlungen.

Am 29. Januar 1945 morgens 6.30 Uhr kam ich in Gefangenschaft. Sofort bei Begegnung mit russischen Soldaten wurden mir meine Stiefel und Mantel ausgezogen. In meinem Kinderwagen hatte ich meine Tochter Christa, 15 Monate alt, und meinen Sohn Horst, 7½ Jahre alt, an der Hand. Die ganze Richthofenstraße wurde mit Männern, Frauen und Kindern zusammengetrieben. Ein Zug von etwa 1500 Menschen wurde jetzt in die Bahnhofshalle gejagt und blieb dort unter vollem Beschuß der Artillerie bis nach Mittag um 4 Uhr. Hier wurden wir gemustert nach Alter und Geschlecht, indem man uns den Mund aufriß und nach den Zähnen schaute wie bei einer Pferdemusterung. Die Männer wurden fast alle abtransportiert. Niemand hat sie jemals wiedergesehen. Übrig blieben Frauen und junge Mädchen ab 15 Jahren. Hier beginnt schon die Vergewaltigung der weiblichen Jugend. Auf offenem Bahnhofplatz sah ich, wie ein junges Mädchen H. N., 15 Jahre alt, aus Elbing-Trettinkenhof von russischen Soldaten vergewaltigt wurde. Die Mutter dieser H. N. verteidigte ihre Tochter, weil die russischen Soldaten sie immer wieder gebrauchten, und besiegelte ihr Leben für den Mut und den Kampf nach zwei Tagen mit dem Tode. Die Mutter heißt M. N., Wohnung wie oben. Bei dieser Musterung wurden uns alle Wertsachen: Trauringe, Uhren, Sparbücher und Wertpapiere abgenommen.

Nach geraumer Zeit wurden wir in Richtung Tannenberger Allee abgeführt und in Behelfsheimen untergebracht. Der Krieg tobt weiter. Auf dieser Tannenberger Allee marschierten die russischen Nachschubtruppen und wurden in unmittelbarer Nähe der Behelfsheime vorübergehend untergebracht. Wir wurden jetzt noch einmal gemustert und nach Alter sortiert. Ich war damals 39 Jahre alt. Ein Zimmer von diesen Behelfsheimen war für die Vergewaltigungen hergerichtet, die nun erfolgen sollten. Zuerst kamen die jüngeren Frauen dran, ich erst gegen Morgen und wurde gleich von drei russischen Soldaten gebraucht.

Diese Vergewaltigungen wiederholten sich täglich zweimal, jedesmal mehrere Soldaten, bis zum 7. Tag. Der 7. Tag war mein schrecklichster Tag, ich wurde abends geholt und morgens entlassen. Ich wurde am Geschlecht ganz aufgerissen und hatte armstarken Geschwulst vom Geschlechtsteil an beiden Oberschenkeln bis an die Knie. Ich konnte nicht mehr laufen und nicht liegen. Dann folgten noch 3 dieser schrecklichen Tage wie bis zum 6. Tag. Dann waren wir nach Ansicht der russischen Soldaten fertig und wurden nackt aus diesem Höllenraum herausgejagt. Andere Frauen traten an unsere Stelle. Eine ältere Frau gab mir eine Decke. Diese Scheußlichkeiten wurden im Beisein von 10 Frauen und oft auch im Beisein der eigenen Kinder durchgeführt. Meinen beiden Kindern blieb jedoch dieses erspart. In diesen schrecklichen Tagen erhielten wir kein Essen, sondern nur Alkohol und Zigaretten.

Danach mußten wir zur Unkenntlichkeit gemarterten Frauen uns sammeln und wurden auf den Todesmarsch nach der 21 km entfernten Stadt Preußisch-Holland gesetzt. Man muß überlegen, daß wir keine Schuhe mehr an den Füßen hatten. Wir haben uns Sacklappen um die Füße gebunden, und ich nahm ein Kind auf den Arm und das andere an die Hand. Unter Begleitung russischer Soldaten wurden wir vorwärts getrieben. Auf diesem Todesmarsch warfen die russischen Soldaten laufend kleine eigroße Sprengkörper in den Zug. Ich mußte zusehen, wie Herr Kilian aus Elbing-Trettinkenhof tödlich verletzt wurde, desgleichen die Tochter des Beamten Herrn Neumann an einer solchen Kopfverletzung starb. Die Getroffenen mußten liegen bleiben und der ganze Zug darüber laufen. Wer nicht sofort tot war, bekam von einem Trupp russischer Soldaten, der dem Zug folgte, den Genickschuß, wir nannten es den Gnadenschuß. Ich kann bestätigen, daß das Ehepaar Jordan aus Elbing nach zweiTagen Hin- und Hermarsch nach Elbing—Pr. Holland nicht mehr mitlaufen konnte, setzten sie sich an den Straßenrand, und am nächsten Tag, als wir zurückmarschierten, überzeugte ich mich, daß die Eheleute durch Genickschuß von ihren Leiden erlöst waren. Essen gaben sie nicht, wir sollten kaputt gehen, das war der Zweck dieses Marsches. Er wurde 14 Tage durchgeführt. Von 800 Menschen, meist Frauen und Kinder (einige alte Männer waren dabei), waren bei der Auflösung des Zuges kaum noch 200 Menschen am Leben. Die Toten lagen am Straßenrand oder Straßengraben. Nach 14 Tagen wurde der Rest dieses Zuges aufgelöst, und die Menschen flohen in alle Richtungen auseinander. Die russische Armee zog nach Norden auf Danzig zu. Ich zog wieder nach Elbing mit meinen Kindern und fand noch meine Wohnung vor, außer meinen demolierten Möbeln war nichts mehr vorhanden, alles ausgeraubt. Die noch heilen Möbel wurden dann nach und nach von Polen geraubt. Gegessen habe ich in dieser Zeit mit meinen Kindern Kartoffelschalen und von den Krautstengeln die Nachwuchsblätter. Meine kleine Christa bekam Hungertyphus. Mein Horst und ich bekamen ganz dicke Leiber. Ich war dem Wahnsinn nahe.

Da ich nun vollständig kaputt war an Leib und Seele, hatte ich in Zukunft vor diesen Scheußlichkeiten Ruhe. Einmal noch wollte man mir meinen Sohn Horst wegnehmen; um ihn zu behalten, wurde ich noch einmal gebraucht. Dann kam das Verbot, Frauen zu vergewaltigen. Dann konnte man sich wehren, aber es war zu spät. Ich und viele Tausend Frauen sind kaputt bis auf den heutigen Tag, und niemand hilft uns.

In diesem Zustand habe ich mir einen kleinen Handwagen besorgt und bin mit meinen Kindern von Elbing bis Weyer/Oberlahnkreis zu Fuß getreckt. Zweimal konnte ich auf dieser Reise die Bahn kurze Strecken benutzen. Bei Grenzübertritt in die englische Zone bei Helmstedt haben sich die englischen Soldaten mir und meinen Kindern gegenüber als gute Menschen gezeigt. Kurz vor meinem Ziel verließ mich mein Geist und Verstand. Ich wurde noch rechtzeitig besinnungslos aus der Lahn gezogen.

3. Die Flucht der ostpreußischen Bevölkerung über das Frische Haff nach dem Vorstoß der Russen bis Elbing (23. Januar 1945).

Nr. 16

Erlebnisbericht des Superintendenten des Kreises Heiligenbeil i. Ostpr., Paul Bernecker.

Original, 1. Juni 1950.

Evakuierung und Flucht der Bevölkerung aus den östlichen Kreisen Ostpreußens im Herbst 1944, aus dem Kreise Insterburg im Januar 1945. Die allgemeine Fluchtsituation im Raum Heiligenbeil, Frisches Haff, Pillau im Januar/Februar 1945.

Im August 1944 fanden die ersten Einbrüche der Russen in die Grenzbezirke der Provinz Ostpreußen statt, was die Räumung eines Teiles der Provinz, vor allem des Memelgebietes und der Kreise Tilsit, Ragnit, Pillkallen, Stallupönen und Goldap zur Folge hatte. Da ich, seit 1937 aus Ostpreußen ausgewiesen, später, nach meiner Entlassung aus dem Militärdienst Anfang 1944, von der Gestapo Erlaubnis erhielt, in den Regierungsbezirk Gumbinnen zurückzukehren, verwaltete ich im Norden Ostpreußens das Kirchspiel Aulowönen. Von hier konnte ich die ersten Beobachtungen über die Räumung machen.

Anfang August 1944 stand eine gewaltige Übermacht der Russen an der ostpreußischen Grenze, jeden Augenblick bereit, die deutsche Front einzudrücken. Durch Einsatz einiger hervorragender Divisionen wurde aber der Russe, bis auf kleine Einbrüche bei Memel und Goldap, noch aufgehalten. Von sachkundiger Stelle wurde dem Gauleiter Koch im August 1944 ein Plan zur Räumung Ostpreußens von der Zivilbevölkerung und eine Umlagerung der kostbaren Bestände an Getreide, Vieh, Pferden usw. unterbreitet, wobei militärische Bewegungen keineswegs gestört werden sollten, doch wurde dieser Plan abgelehnt mit dem Bemerken: „Wer noch einmal von Räumung spricht, gilt als Verräter." So ging die Provinz mit sehenden Augen ins Verderben.

Ende August 1944 langten die ersten Flüchtlingsströme aus dem Gebiet Tilsit-Ragnit in Aulowönen, Kreis Insterburg, an. Täglich zogen ca. 10 000 Menschen mit Wagen, Vieh und Pferden durch die Dörfer. Das Wetter begünstigte die Flucht, da im Freien übernachtet werden konnte, auch bestand noch keine Gefahr durch Flugzeuge. An manchen Tagen wurden Herden bis zu 5000 Stück hochklassigen Rindviehs durch die Dörfer getrieben bis zu den großen Wiesen bei Insterburg und Georgenburg. Hier hatte sich schon eine Herde von ca. 40 000 Stück wertvollster ostpreußischer Viehbestände zusammengefunden, es konnten täglich jedoch nur etwa 1000 Stück abtransportiert werden. Es war ein Jammer, das Sterben des Viehs mitzuerleben. Der größte Teil der Tiere mußte ungemolken bleiben, da nicht genügend Menschen vorhanden waren dafür. Das verursachte den Kühen ungeheure Schmerzen, und das unheimliche Brüllen der Tiere war weithin vernehmbar.

Der Strom der Flüchtlinge, die in Richtung Süden der Provinz weiterzogen, hörte nun nicht mehr auf. Im Pfarrhaus und Wirtschaftshof des Kirchspiels Aulowönen übernachteten jede Nacht einige hundert Menschen mit ihrer mitgeführten Habe bzw. ihren Planwagen. Nun wurde von der Behörde weitere Räumung angeordnet, doch waren viele Bauern nicht zu bewegen, ihre Scholle zu verlassen. Die Chaussee Insterburg—Skaisgirren war nach Norden die Räumungsgrenze, so daß das von mir verwaltete Kirchspiel zu einer Hälfte nach Kreis Mohrungen, im Süden Ostpreußens, evakuiert wurde. Es war etwa September/Oktober 1944. Ungefähr ³/₄ der betroffenen Bevölkerung folgte der Aufforderung. In Mohrungen angekommen, mußten die Besitzer ihre Gespanne wieder zurückschicken und die Felder mit der Herbstsaat bestellen.

November 1944 setzten dann größere Beunruhigungen durch russische Flieger ein, auch begannen Fliegerangriffe auf Tilsit.

Am 13. Januar 1945 setzte der Generalangriff an der Grenze mit Trommelfeuer und Durchbruch von Panzern ein. Am 14. Januar hielt ich den letzten Gottesdienst in der Kirche zu Aulowönen. Der Räumungsbefehl für den Rest des Kirchspiels mit ca. 22 Dörfern und 3000 Menschen wurde nicht gegeben, obwohl schon deutsche Truppen aufgelöst zurückfluteten und einzelne Formationen Aulowönen räumten. Die Panzer der Russen hatten bis Skaisgirren-Georgenburg durchgestoßen und die ganze Front in Tiefe bis zu 50 km zum Wanken gebracht.

Am 18. Januar 1945 begann ein furchtbares Durcheinander. In wenigen Stunden mußte alles geräumt werden, da dem Russen keine deutschen Truppen mehr gegenüberstanden. An manchen Abschnitten wollten die Soldaten nicht mehr kämpfen, sie warfen die Gewehre fort und ergriffen die Flucht. Erst hinter ihnen flüchtete die Bevölkerung, die schon da schweren Blutzoll zahlen mußte. Ein kleinerer Teil wurde von den Russen überrannt, die andern auf der Straße bis Wehlau und Tapiau eingeholt und zum Teil vernichtet; man kann dabei an ¹/₃ der Restbevölkerung Aulowönens denken. - Die Flüchtenden wählten die verschiedensten Wege, um nur erst über den Pregel bei Norkitten, Wehlau und Tapiau zu kommen. Allgemeine Richtung war Bartenstein, Preußisch-Eylau und Königsberg. Die Hoffnung, daß die Russen an den Flußläufen von Pregel und Deime aufgehalten werden würden, trog leider. So entkamen nur diejenigen, die mit aller Kraft unermüdlich und ohne Aufenthalt Tag und Nacht nach dem Westen strebten, alle nur mit dem notwendigsten Proviant und den unentbehrlichsten Dingen bepackt.

Mir selbst gelang es, am 20. Januar 1945 nach Liebstadt zu kommen, wo ich am 21. noch der dorthin evakuierten Aulowöner Gemeinde einen Gottesdienst hielt und einzelne Glieder besuchte. Doch bereits im Laufe des Tages zogen auch hier flüchtende Kolonnen von Militär und Zivil durch, die unter allen Umständen noch am 21. Januar die Nogat erreichen wollten. Am gleichen

Tage hatten aber die Russen bei Elbing die Provinz Ostpreußen bereits abgeschnürt, und niemand konnte mehr über Land nach dem Westen gelangen.[1]) In der Nacht vom 21. zum 22. Januar mußte die Bevölkerung auch aus Liebstadt heraus, da der Russe ganz in der Nähe war. Militärfahrzeuge nahmen einen Teil der Menschen mit, die anderen versuchten, in Richtung Wormditt, Mehlsack, Braunsberg das Haff zu erreichen. Die Flucht fand in starkem Schneegestöber statt. Ein großer Teil der Bevölkerung der in der Mitte Ostpreußens gelegenen Kreise wurde bei der Flucht von den Russen überholt und erlitt schwere Verluste.

Mir gelang es, zu Fuß bis Wormditt zu kommen, dort fand ich ein Militärauto, das nach Mehlsack fuhr und mich dorthin mitnahm. Von hier ging endlich noch ein letzter Zug nach Braunsberg. Dort traf man schon auf zurückkehrende Züge aus Richtung Elbing, die nicht mehr durchgekommen waren nach dem Westen und nun wieder nach Königsberg geleitet wurden. Ich gelangte von Braunsberg noch nach Heiligenbeil, wo ich mich vom 22. Januar bis zum 21. Februar 1945 trotz Verbotes der Gestapo aufhielt. Hier begann nun ein unbeschreibliches Durcheinander, zumal der Flüchtlingsstrom aus der ganzen Provinz sich hier staute, und Braunsberg und Heiligenbeil die beiden einzigen Stellen waren, über die es aus der Provinz heraus über das gefrorene Haff noch eine Möglichkeit gab, über Danzig ins Reich zu kommen. Schwere Panzer hatten die Wege inzwischen stellenweise grundlos gemacht. Auf den Wegen und in den Gräben sah man vielfach alt gewordenes Fleisch und totes Geflügel liegen, das die Flüchtlinge nicht länger halten konnten, auch Kisten mit Waschpulver, Zucker, Kolonialwaren, Hausrat usw. lagen herum, da viele ihre Treckwagen damit zu sehr überlastet hatten und die Pferde auf die Dauer nicht mehr die Kraft hatten, diese Lasten zu ziehen. Manche hatten sogar 1—2 Kühe mitzunehmen versucht, mußten sie schließlich aber doch laufen lassen. Kühe, Schweine und Geflügel blieben überall auf den verlassenen Gehöften zurück, dazu ungeheure Mengen von Getreide. Der Russe machte große Beute.

Der 22. Januar 1945 war für die Provinz Ostpreußen und ihre Bevölkerung ein Tag von einschneidender Bedeutung, da mit dem Vorstoß russischer Panzereinheiten nach Elbing die Abschnürung der Provinz völlig wurde[2]) und der riesige Flüchtlingsstrom, der die Weichsel zu erreichen suchte, nun kehrtmachen mußte, um über den einzigen Ausweg, das Haff, zu entkommen. Diese Möglichkeit wurde immer mehr eingeschränkt durch das Vordringen der Russen von Elbing bis Frauenburg, das Ende Januar erreicht war. Am Sonntag, dem 21. Januar 1945, waren noch einige D-Züge von Königsberg abgegangen, die von Zehntausenden von Menschen gestürmt worden waren, die aber zum größten Teil zurückbleiben mußten. Diese D-Züge standen 4 Tage lang auf der Strecke Heiligenbeil—Braunsberg—Elbing, vollgepfercht mit Menschen, die trotz Kälte — es waren ca. 15 Grad minus — diese Züge nicht verließen, weil sie die Hoffnung hatten, mit ihnen aus Ostpreußen herauszukommen. In Heiligenbeil selbst starben während dieser 4 Tage 7 Menschen im D-Zug. Schließlich mußte dieser Zug wieder nach Königsberg zurückgeleitet werden, da ein Herauskommen aus der Provinz nicht mehr möglich war.

---

[1]) Am 23. Januar durchfuhren russische Panzer die Stadt Elbing; erst am 26. Januar erreichten russische Truppen bei Tolkemit endgültig das Haff.

[2]) vgl. Anm. 1.

Inzwischen trafen starke Flüchtlingsströme aus ganz Ostpreußen in Heiligenbeil ein. Die Wagenkolonnen, die aus 4 Richtungen kamen, standen manchmal stunden- ja tagelang auf ein und derselben Stelle, weil sich dem Übergang über das Haffeis Schwierigkeiten entgegengestellt hatten. Die Naziregierung hatte z. B., um aus Elbing noch einige Torpedoboote herauszuführen, durch Eisbrecher von Elbing bis Pillau die damals tragfähige Eisdecke zu einer Fahrrinne aufgerissen, so daß ca. eine Woche lang keine Möglichkeit bestand, über das Haff auf die Nehrung zu gelangen.[1]) Inzwischen schaffte man von bestehenden Baustellen Hölzer heran, um die Fahrrinne zu überbrücken, was schließlich gelang. Nun versuchten die Flüchtlinge, in einem endlosen Zug von Wagen über Rosenberg, Deutsch Bahnau und Leysuhnen die Nehrung zu erreichen.

Beim Beginn der Fahrt über das Haff spielten sich schon furchtbare Szenen ab, da ein großes Polizeiaufgebot die Besitzer der Wagen zwang, ihr Hab und Gut und die Lebensmittelvorräte, die sie aufgeladen hatten, abzuwerfen und Frauen und Kinder mitzunehmen. Auf diese Weise häuften sich auf den Wiesen in der Nähe des Haffs Berge von neuen Betten, Wäsche, Gebrauchsgegenständen, Nahrungsmitteln usw. Neben den Wagenkolonnen zogen Tag und Nacht die Menschen mit kleinerem oder größerem Gepäck, Frauen mit Kinderwagen und Kindern, Eisenbahn- und Postbeamte in Uniform in endlosem Marsch der Nehrung zu. Dabei nahm der Frost Ende Januar eine Stärke von ca. 25 Grad an, so daß eine Anzahl der Fliehenden auf dem Haff erfror. Einer Mutter z. B. waren, als sie die Mitte des Haffs erreicht hatte, bereits 2 Kinder erfroren, die sie einfach liegen lassen mußte, mit den andern beiden Kindern zog sie weiter, als sie jedoch in der Nähe der Nehrung war, waren auch diese beiden Kinder erfroren. Alte Leute saßen und lagen sterbend oder schon erfroren auf dem Wege, den der Zug nahm, niemand kümmerte sich um sie, die Menschen waren durch die wochenlangen Strapazen bereits völlig abgestumpft, sie wollten nur heraus aus der Provinz. Auf der Nehrung selbst herrschten schon im Januar unvorstellbare Zustände, da sich der Flüchtlingsstrom dort staute und die Menge ohne Dach über dem Kopf dort hauste. Ein Polizist erzählte mir, daß für die Scheibe Brot dort bereits 50 Mark verlangt würden. Zwischen Unrat und Kot verzehrten die im Freien kampierenden Menschen ihre kärglichen Mahlzeiten. Viele gingen bei diesem Leben zugrunde. Ein Teil der andauernd durchziehenden Flüchtlinge wurde vorübergehend in Pfarrhaus und Kirche untergebracht. Kamen Autokolonnen, so wurden sie organisiert und mußten Flüchtlinge nach Danzig bringen. Auch Flugzeuge mußten Flüchtlinge mitnehmen, doch wurden sie in der Hauptsache von Verwandten und Bekannten der höheren Nazis beansprucht.

Die Front rückte immer näher an Heiligenbeil heran, so daß die Stadt Anfang März 1945 offiziell geräumt wurde. Pfarr- und Gemeindeamt gab es nicht mehr. Eines Tages wurde eine große Anzahl Flüchtlinge aus meinem Haus innerhalb weniger Minuten hinausgetrieben durch die Polizei und das Gestühl der Kirche mit Äxten zusammengeschlagen und entfernt, weil Platz für die Verwundeten geschaffen werden mußte. Kirche und Pfarrhaus wurden nun Verwundetensammelstelle. Der tägliche Anfall von Verwundeten in Heiligenbeil kann auf ca. 10 000 beziffert werden. Von diesen mußte der

[1]) vgl. S. 50 und S. 72.

größte Teil am nächsten Tage Heiligenbeil wieder verlassen. Soweit die Soldaten oberhalb des Gürtels verwundet waren und sich noch aufrecht halten konnten, mußten sie zu Fuß gehen, sonst wurden sie mit Wagen und Schlitten über das Haffeis nach Danzig gebracht. Von den zu Fuß gehenden Soldaten kamen natürlich bei diesem Marsch auch viele um, da der Weg über das Haffeis für Flüchtlinge und Soldaten mit ungeheuren Strapazen verbunden war. Pillau war ca. 29 km, Danzig ca. 50 km von Heiligenbeil entfernt.

Sobald Westwind herrschte, stand das ganze Haff etwa 10--30 cm unter Wasser, und die Flüchtenden mußten im Eiswasser waten, bis sie jenseits die Nehrung erreichten. Bei der starken Benutzung der Eisdecke kam es Anfang Februar zu vielen Einbrüchen der Wagenkolonnen und Viehherden, und viele Menschen und Tiere mußten ihr Leben lassen. Tote Menschen und Pferde, eingebrochene Treckwagen und unbrauchbar gewordene Autos säumten den Elendsweg. Zu allem anderen beschoß der Russe fast täglich die Nehrung mit Bordwaffen und belegte sie mit Bomben. Die Polizei ordnete einen gewissen Wagenabstand an und versuchte, durch neue Richtlinien die brüchig gewordenen Stellen im Haffeis zu vermeiden, aber täglich wurde die Eisdecke dünner, und die Verluste häuften sich. Da die Russen inzwischen Braunsberg erobert hatten, war Anfang Februar 1945 nur noch eine ganz schmale Stelle vorhanden, über die die flüchtenden Kolonnen noch ans Haff und auf die Nehrung gelangen konnten.

In Heiligenbeil selbst wurden die Zustände immer kritischer. Es gab kein Brot und keine sanitären Hilfsmittel mehr. Die Not der Flüchtlinge wurde groß und größer. Der wochenlange Aufenthalt im Freien bei jeder Witterung und strenger Kälte, die ungenügende Ernährung — selten nur eine warme Mahlzeit oder ein warmes Getränk —, der ungenügende Schlaf usw., das alles bewirkte bei den meisten Erkältungskrankheiten und vor allem Durchfall, an dem auch fast alle Soldaten litten. Gegenmittel waren nicht mehr zu haben. Durch das Hin- und Herwerfen der Panzereinheiten über die eine Brücke in Heiligenbeil war diese sehr häufig für die Benutzung durch die Flüchtlinge gesperrt. Schließlich mußte wegen Beschuß der Stadt auch ein Teil der Lazarette, die außer in Kirche und Pfarrhaus auch in den Schulen, im Amtsgericht, im Krankenhaus und in größeren Sälen untergebracht waren, auf die Nehrung verlegt werden.

Fast täglich kamen mehrere Wehrmachtspfarrer, die in Heiligenbeil amtierten, mit dem Heeresdekan Dr. Schuster in dem einzigen Zimmer meines Hauses, das noch frei war, zusammen, um die Lage zu besprechen und Entschlüsse zu fassen. Die Zustände, die damals in Heiligenbeil herrschten, schildert auch folgendes: Vom 22. Januar bis 22. Februar 1945 fanden täglich auf dem Neuen Friedhof Beerdigungen statt. Eine ganze Kompanie war einzig damit beschäftigt, lange Gräben für die Leichen auszuheben. Täglich um ½3 Uhr wurden dann die Zivilisten, ca. 50 an der Zahl, in einer gemeinsamen Feier beigesetzt. Sie wurden einfach von den Angehörigen in die Gräben gelegt, und die Polizisten brachten die Leichen, die unterwegs gefunden worden waren, auf Wagen heran. Eine Anmeldung war ja unmöglich, eine Feststellung der Person fand nicht mehr statt. Um 3 Uhr wurden die verstorbenen Soldaten aus den Lazaretten beerdigt, etwa täglich 150, deren Namen, soweit sie aus den Lazaretten kamen, bekannt waren: viele aber kamen direkt aus der

Frontlinie, die zum Teil 3 bis 5 km von der Stadt entfernt lag. Die Auffangstelle des Militärs konnte die Menge der Verwundeten kaum fassen, so daß die meisten kaum noch verpflegt wurden, sondern nur ein wenig Kaffee oder Wasser erhielten. In der Kirche lagen die Verwundeten in einer Anzahl von 1700 bis 2000 auf Stroh, deren Betreuung außerordentliche Schwierigkeiten bereitete. Die Stadt war ja zum großen Teil geräumt, nur einige hundert Personen waren zurückgeblieben, weil sie Heimat und Besitz nicht verlassen oder den Häschern des Volkssturmes nicht in die Hände fallen wollten.

Inzwischen trafen auch Flüchtlinge ein, die bereits mehrere Tage unter den Russen gewesen waren und durch die beweglichen Kriegsereignisse wieder die Möglichkeit hatten, unter Preisgabe ihrer Habseligkeiten zu entfliehen. Unter ihnen befanden sich auch zwei Familien meines früheren Kirchspiels im Kreise Insterburg, die schon damals berichteten, welches Los diejenigen, die von den vordringenden Russen überflutet wurden, erwartete. Sie konnten schon von Vergewaltigungen der Frauen und Erschießungen der Männer erzählen.

Bis Mitte Februar hielten sich in Heiligenbeil noch der Gauleiter, zwei Regierungspräsidenten und einige Landräte auf, die sich dann aber nach Pillau absetzten, weil Heiligenbeil unter dauerndem Feuer der Artillerie und Fliegerangriffen sich befand. Am weitesten von Heiligenbeil entfernt war der Russe im Norden bei Balga. Aus diesem Bezirk strömten auch noch die meisten Flüchtlinge ein. Die Überquerung des Haffs wurde auch immer gefährlicher. Die Versorgung der Truppen mit Munition geschah von Pillau aus mit Munitionsprähmen auf einer Fahrrinne, die durch Eisbrecher offengehalten wurde. Mit den leeren Prähmen wurden dann in der Hauptsache Frauen und Kinder nach Pillau befördert, wobei die Partei immer noch maßgeblichen Einfluß ausübte über die Zulassung der Menschen zu diesen geringen Fahrmöglichkeiten.

Da das Verbleiben in Heiligenbeil wegen des immer enger werdenden Ringes, den die Russen um die Stadt legten, keinen Zweck mehr hatte und Heeresdekan Dr. Schuster mir aus einem Gespräch mit dem Oberkommandierenden Rendulicz mitteilte, daß jedes Haus in Heiligenbeil verteidigt werden würde, so entschloß ich mich, in der Nacht vom 21. zum 22. Februar 1945, nachdem die vorhergehende Nacht schweren Artilleriebeschuß mit sich gebracht hatte, mit meiner Familie und einigen Gemeindegliedern aus der Stadt über das Haff nach Pillau zu ziehen mit geringen Habseligkeiten, was nicht einfach war, da die Wehrmacht die Hauptstraße für sich beanspruchte und keinen darauf wandern ließ; man mußte auf großen Umwegen das Haff zu erreichen versuchen.

Pillau ist eine Hafenstadt mit ca. 10 000 Einwohnern und war inzwischen durch Flüchtlinge aus Königsberg und der Provinz mit ca. 70 000 Menschen überfüllt, die alle über See oder über die Nehrung nach Richtung Danzig aus dem Hexenkessel herauszukommen versuchten. Täglich verließen etwa 8 bis 10 Frachtdampfer mit Flüchtlingen den Ort. Es war ungeheuer schwer, auf eines der Schiffe zu kommen. Die Männer wurden alle, auch die ältesten, für den Volkssturm requiriert, wenn sie nicht von diesem einen Befreiungsschein erhielten. Die Gebäude des Ortes waren in allen Räumen mit Flüchtlingen über und über belegt, so daß auf kleinstem Raum 15 bis 20 Menschen auf dem Fußboden lagen. Die über die Nehrung neu ankommenden Flüchtlinge wurden nun weiter ins Hinterland abtransportiert nach Fischhausen und bis nach Palmnicken. Von ihnen ist ein großer Teil später dort umgekommen oder den anstürmenden Russen in die Hände gefallen. Alle Flüchtlinge, die mit Pferdefuhrwerken auf der Spitze der Nehrung in Neutief — gegenüber Pillau — ankamen, mußten ihre Pferde und Wagen dort einfach stehen lassen, so sah man viele herrenlose Pferde auf der Nehrung herumirren.

Der Andrang zu den Dampfern war ungeheuer, die Unterbringung auf diesen demzufolge menschenunwürdig. Da die Fahrt oft mehrere Tage dauerte, kamen in den großen Bunkerräumen, in die die Menschen hineingepfercht wurden, auf den Transporten auch öfter mehrere ums Leben. Auch bei der Unterbringung auf den Schiffen fand durch die Partei- und sonstige Stellen manche Begünstigung statt, ebenso räumten die Schiffsbesatzungen gegen Geld und Sachwerte Vorzüge ein. Die meisten Schiffe aus Pillau fuhren nur bis Danzig und wurden dort ausgeladen, wo dann die Flüchtlinge 4 Tage später denselben Kampf auf Tod und Leben ausfechten mußten, um einen Platz auf einem Dampfer zu erkämpfen, der sie vor dem Eindringen der Russen weiterbringen sollte ins Reich. In den verschiedenen Baracken, etwa in Neufahrwasser, warteten ca. 30 bis 40 000 Menschen auf den Abtransport und hatten kaum Hoffnung wegzukommen. Pillau wurde mehrfach von Fliegern angegriffen, wo es viele Tote gab. Bei den Transporten über See sind einige Schiffe aus den Geleitzügen heraus durch russische U-Boote versenkt worden, darunter die „Gustloff“ und „General Steuben“, wobei viele Tausend Menschen den Tod fanden.[1]) Auf dem einen Schiffe befanden sich sieben Königsberger Pfarrer mit ihren Familien. Auf dem Kohlenschiff, auf dem wir Unterkunft fanden, war z. B. für ca. 3000 Passagiere nur ein Abort vorhanden, dabei waren wir 5 Tage und Nächte unterwegs, bis wir nach abenteuerlicher Fahrt in Saßnitz auf Rügen ausgeladen wurden. Hier legte am gleichen Tage ein Salondampfer aus Danzig an, der Parteigenossen mit ihrem Anhang nach Saßnitz brachte, die in guter Kleidung mit viel Gepäck und schönen Kabinen die Fahrt gemacht hatten. Selbst Fahrräder und ähnliche Sachen führten sie mit sich, während in Pillau unzählige Frauen und Kinder wegen Überfüllung der Dampfer zurückbleiben mußten. Während der Fahrt auf See mußte unser Geleitzug noch einmal in die schützende Bucht bei Hela zurück, da ein Angriff russischer U-Boote auf Einheiten dieses Geleits stattfand.

Die Flüchtlingszüge, die von Saßnitz abgingen, wurden auf die einzelnen Länder verteilt, hauptsächlich auf Schleswig-Holstein, wahrscheinlich je nach Zahl und Möglichkeit der Unterbringung. Wir wurden nach Glashütte, Kreis Stormarn, gebracht, wobei der Parteiapparat bei der Verteilung der Flüchtlinge auf Glashütte wieder unangenehm in Erscheinung trat. Aber auch die Kirche mit ihren Pfarrern brachte nicht das Verständnis auf, das man von ihr und ihnen für den Flüchtlingsstrom der Armen und Ärmsten erwarten sollte.

---

[1]) Untergang der „Wilhelm Gustloff“ am 30. Januar 1945. Auf Grund der Schiffspapiere konnte festgestellt werden, daß sich an Bord des Schiffes 6 100 Passagiere und Mannschaften befanden, wovon nach zuverlässigen Ermittlungen 904 gerettet wurden. — Vgl. H. Schön: Der Untergang der ‚Wilhelm Gustloff‘. Göttingen 1952.

Nr. 17

Bericht des ehemaligen Kreisbaumeisters des Kreises Samland, Wilhelm Knoll. Original, 28. Mai 1951.

Verlauf der Fluchtbewegung im Raum des Frischen Haffs in der Zeit von Ende Januar bis Anfang März 1945.

Als am 12. Januar 1945 die deutsche Front im Weichselbogen bei Warschau durchbrochen wurde, war die Provinz Ostpreußen bereits nach 10 Tagen vom Reich abgeschnitten. Die zur Flucht aufgebrochene Zivilbevölkerung strömte aus dem Innern der Provinz in den Küstenkreis Heiligenbeil. Auf allen Wegen zogen Tausende von Fahrzeugen dem gefrorenen Haff zu, um weiter über das Eis auf die Frische Nehrung zu gelangen. Von dort aus war die Straße nach Danzig und Pillau frei.

Bei eisiger Kälte fegte Schneegestöber über das Haff. In Pelze gehüllt und tief vermummt betraten ortskundige Männer aus dem Küstengebiet das Haff, ausgerüstet mit Kompaß und Eispickel und steckten die Treckwege ab. Ihnen folgten Schlitten mit Tannenbäumen zur Markierung der Eisstraße. Hindernd war die durch die Mitte des Haffs führende Fahrrinne von 30 m Breite von Elbing nach Pillau. Die Rinnen mußten für den Abtransport von Munition und wertvollem Marinegerät per Schiff aus Elbing offen gehalten werden.[1]) Bäuerliche Fahrzeuge beförderten aus den nahen Schneidemühlen und Wäldern Langbäume zur Fahrrinne, die zu je 3 Stück mit Klammern zusammengehalten und in einer Breite von 4 m über das 30 m weite offene Wasser geschoben wurden und als Fahrbahn einen Bohlenbelag erhielten. Solche Eisbrücken wurden für die Treckwege von Alt-Passarge, Leysuhnen, Dt. Bahnau und Rosenberg nach der gegenüberliegenden Nehrung gelegt. Anfangs gestaltete sich der Brückenbau recht schwierig, weil wegen des laufenden Munitionstransportes die Brücken immer wieder aufgenommen werden mußten.

Nach dem 28. Januar 1945 wurde der Schiffsverkehr eingestellt, und die Brücken konnten jetzt liegen bleiben. Sie froren fest und waren nunmehr für alle Lasten der Trecks tragbar. Das Trecken begann nun auf allen abgesteckten Treckstraßen Tag und Nacht bei jedem Wetter. Der Verkehr wurde durch Gendarmerie geregelt. In Abständen von etwa 20 m zogen die Fahrzeuge auf das Eis. An allen Abfahrtsammelstellen hatten sich auch Tausende von Fußgängern mit Handwagen und Rodelschlitten eingefunden, die jetzt die Fahrzeuge bestiegen. Um hierfür Platz auf den Wagen zu schaffen, mußte viel mitgenommener Hausrat abgeladen werden. Streckenweise sah man aneinandergereihte zurückgelassene Truhen, Kisten, Nähmaschinen, Wannen, Körbe, Betten, Fahrräder usw. Alle Ortschaften am Frischen Haff waren damit stark angefüllt. Wehmütigen Auges schauten die abziehenden Eigentümer auf das zurückgelassene Gut, erkennend, daß die Rettung von Menschenleben an erster Stelle zu stehen hat. Pioniere und OT. befestigten die brüchigen Anfangsstrecken an den Haffufern und errichteten aus Barackenteilen Schutzhütten in der Mitte der etwa 15—18 km langen Eisstraße. In diesen Schutzhütten wurde auf Bohlenunterlagen ein offenes Feuer am Tage unterhalten, an denen man

[1]) vgl. S. 50 und S. 68.

die erstarrten Glieder erwärmen konnte, sofern das Trecken zuweilen langsam vonstatten ging.

Stark gefährdet war die Fahrt bei klarem Wetter. Wehrlos waren dann die Trecks auf der schutzlosen Eisfläche den Fliegerangriffen ausgesetzt. Mit Bordwaffen wurden die Fahrzeuge unter Feuer genommen. Bomben zerschlugen die Eisdecke. Überall sah man zusammengeschossene Fahrzeuge, tote Pferde und die Leichen von Erschossenen. An Gruppen, die sich um Verwundete bemühten und die Toten auf der Eisfläche mit einer Decke betteten, zog der endlose Treck schweigsam weiter. Das Elend war zu groß, ein lautes Klagen aufkommen zu lassen. Das Schicksal der auf so tragische Weise Umgekommenen konnte sich an den Vorbeiziehenden in der nächsten Stunde wiederholen. Einen nennenswerten Schutz gegen Fliegerangriffe gab es nicht. Nur selten waren deutsche Jäger zu sehen, die die Schwärme von Feindfliegern auseinanderjagten. Viele Fahrzeuge hofften, schneller vorwärtszukommen, indem sie außerhalb der abgesteckten Treckstraßen ihren Weg über das Eis suchten. Ortsunkundig fuhren sie ahnungslos über inzwischen wieder nur dünn zugefrorene Bombeneinschlagstellen und versanken in der Tiefe oder brachen an flachen warmen Stellen ein. Im günstigsten Falle mußte der Wagen dann abgeladen werden, um ihn wieder flott zu bekommen. Viel zurückgelassenes Gut blieb auf dem Eise liegen.

An jedem Abend fuhren Sanitätswagen die Treckstraßen ab und lasen die Gefallenen auf. Im nächstgelegenen Haffdorf wurden die Toten dann in unabsehbaren Reihen gebettet. Schmucklose Kreuze setzte man auf die Hügel, die heute längst verweht sein dürften. Sehr schwierig gestaltete sich das Trecken auf dem Eise Ende Februar bei beginnendem Tauwetter und nordöstlichen Stürmen. Dann drückte die Ostsee ihre Wasserwogen durch das Pillauer Tief auf die Eisfläche des Haffes. Bis zu den Achsen fuhren die Fahrzeuge im Wasser, der Gefahr ausgesetzt, in dem mürbe gewordenen Eise einzubrechen und zu ertrinken.

Schaurig war die Fahrt über das Eis bei Nacht, wenn der Himmel am südlichen Horizont violett und rot von der kämpfenden und brennenden Front gefärbt war. In tiefem Schweigen ging der Zug durch matt schimmernde Eislandschaft, die dann und wann gespensterhaft von in weiter Ferne abgelassenen Leuchtschirmen der Nachtflieger erhellt wurde. Oft standen die kilometerlangen Trecks bei bitterer Kälte und Schneegestöber stundenlang auf einer Stelle, weil auf der einzigen Nehrungstraße wichtige Truppen- und Munitionstransporte vorbeigelassen werden mußten. Hier, nahe der Nehrung, in Reihen zu vieren, wurden die Fahrzeuge besonderes Ziel der Fliegerangriffe.

Ende Februar 1945 waren die letzten Trecks aus dem Heiligenbeiler Kessel hinübergeschleust. Es war, als hätte der Himmel mit der furchtbaren Not der Flüchtlinge Erbarmen. Das Eis hielt, bis auch die letzten Fahrzeuge die rettende Haffnehrung erreicht hatten. An einem Morgen nach vorangegangenen lauen Frühlingsstürmen war das Eis verschwunden und mit ihm alles Elend, das darauf lag. In der ersten Zeit nahmen die Trecks auf der Nehrung ihren Weg hauptsächlich nach Danzig, um über Pommern in das Reich zu gelangen. Auf der Nehrung war aber nur ein langsames Vorwärtskommen, weil der Fährbetrieb bei Nickelswalde den schnellen Abtransport hinderte. Große

Menschenmassen und Fahrzeuge stauten sich im Nehrungswald, insbesondere in Kahlberg. Bei eisiger Kälte mußte im Freien kampiert werden. Es gab kaum Nachtquartiere und kein Trinkwasser. Groß war die Zahl der Wegmüden und infolgedesen erfrorenen Personen.

Als keine Aussicht mehr bestand, auf dem Landwege durch Pommern zu entkommen, zogen die Trecks nach Neutief, um mit Schiff die Weiterfahrt anzutreten. Die Fahrzeuge mußten hier zurückgelassen werden. Zum letzten Male wurde der treue Gefährte des Menschen, das Pferd, gefüttert. Schweren Herzens wurde von ihm Abschied genommen. Mit Hunderten zusammengedrängt sah man die zurückgelassenen Pferde frierend und hungernd stehen, der Verelendung anheimfallend, denn niemand konnte sie betreuen. Bald kamen viele von ihnen in die eingerichteten Schlächtereien. Auch von den bis hierher noch mitgeführten Gütern wurde eine Trennung notwendig, da das Schiff nur mit Handgepäck betreten werden durfte. Berge von Betten, Kisten, Stapel von Sielen, Hausrat aller Art lagen auch hier herum. Einzelne brachten ihre wertvollsten Sachen, wie Kleider, Geschirr usw., in den nahen Nehrungswald, legten alles in eichene Truhen und vergruben diese in der leisen Hoffnung, bei glücklichem Ausgang der letzten Schlacht in Ostpreußen zurückkehren und dann die Schätze wieder bergen zu können. Tausende konnten sich vom ostpreußischen Heimatboden überhaupt nicht trennen oder kamen auch mit den Schiffen vielfach nicht mit. Diese beförderten in der Hauptsache Verwundete, ferner Frauen, Kinder und Greise. Die Zurückgebliebenen suchten in den Trümmern von Neutief und Pillau Unterkunft und waren dauernd den Angriffen von Fliegern und Artilleriefeuer ausgesetzt. Viele fanden so den Tod oder fielen später in die Hand der Feinde, was meistens gleichbedeutend war.

Als Ende März der Kessel um die Haffküste immer enger wurde, gingen bald die Haffdörfer in Flammen auf, und tagelang hingen die Rauwolken über der brennenden Stadt Heiligenbeil. Auch für die Kampftruppen sowie die restlichen Dienststellen aus dem Brückenkopf Heiligenbeil erwies das Haff sich als der rettende Weg. Marine-Prähme schafften Verwundete im aufgetauten Wasser unter ständigem Artilleriefeuer von Rosenberg nach Pillau. Sich opfernd deckte die Infanterie, vornehmlich junge Regimenter aus allen Gauen unseres Vaterlandes, diesen Rückzug. Als es still wurde im Lande, vertrauten sich letzte Kämpfer auf allen möglichen Fahrzeugen dem rettenden Haff an. Sie ruderten auf Flößen und zusammengehaltenen Benzinfässern. Viele konnten von der Marine aufgefischt und in Sicherheit gebracht werden...

Nr. 18

Erlebnisbericht des Bauern und ehemaligen Bürgermeisters von Argenfurt, Kreis Tilsit-Ragnit, Albert Szameitat.
Original, 8. November 1952, 8 Seiten. Teilabdruck.

Evakuierung im Oktober 1944, Flucht über das Haff und Überrollung durch die Russen im Kreise Stolp in Pommern.

In unserm Dorf befanden sich nur wenige, als die Russen eindrangen, weil wir schon am 22. Oktober 1944 unsere Heimat infolge Räumungsbefehls verließen. Am Sonnabend, dem 21. Oktober 1944, war ich mit den volkssturmpflichtigen Männern der Gemeinde nach Raunenhof (Kankwethen) auf dem Gut des Herrn Bühler zur Aufstellung des Volkssturms erschienen. Dort traf ich den Rittergutsbesitzer Herrn Bender von Gr. Schenkendorf. Der sagte mir: „Szameitat, wissen Sie schon, daß wir morgen früh gemeindeweise zu einem Treck zusammengestellt Richtung Braunsberg die Heimat zu verlassen haben?“

Schnell hab ich mir paar vernünftige Nachbarn genommen und sofort, als die Aufstellung des Volkssturms beendet war, per Rad nach Hause, paar lange Leiterwagen zusammengesucht und die Siedler und Arbeiterfamilien, die kein Fuhrwerk besaßen, nach Bahnhof Schillen hingebracht. Zum Teil sind diese Leute in Buxtehude bei Hamburg hingekommen. Sowie sich einige von ihnen sträubten, die Heimat zu verlassen, haben die andern mir dankend berichtet, daß sie sich freuen, ohne Feindberührung einen Teil ihrer Habe nach dort hingebracht zu haben.

Und nun die andern. Am Sonntag früh 9 Uhr sollte der Treck an der Kreuzung der Königsberger und Heinrichswalder Chaussee bei Sandfelde aufgestellt und in Bewegung gesetzt werden. Wer dazu gekommen war, sich rechtzeitig das Fuhrwerk marschbereit zu machen, der kam mit. Ich und Nachbar Friedrich Eckert kamen erst um die Mittagszeit weg. Auf der Königsberger Chaussee neben meinem Hausgrundstück in Argenbrück gesellten sich noch einige Nachgebliebene. Außerhalb Kreuzingen blieben wir in einer Feldscheune über Nacht. Ich fuhr noch per Rad nach Hause, hab 5 Kühe gemolken, den Wasserbassin, der die Tränken belieferte, voll Wasser ergänzt und die Soldaten, die schon beim Morgengrau einrückten, gebeten, sie möchten nach dem Vieh hinsehen, wenn ihnen Gelegenheit geboten würde. Dann hab ich mit tränendem Auge meinen Hof verlassen.

Von Kreuzingen fuhren wir zusammen mit Nachbar Eckert und den andern über Liebenfelde, Labiau, Königsberg auf Braunsberg zu. In Wagten bei Wormditt war unser Quartier bestimmt. In der Nähe war der Flugplatz. Da die Bauern der Umgegend noch mit der Feldarbeit beschäftigt waren, fuhren wir zum Bau von Flugzeughallen Baumaterial. Jetzt hieß es, die Fliegerschule besetzt die nächstgelegenen Quartiere. Wir mußten räumen und kamen einige nach Migehnen, einige nach Bürgerwalde hin. Schon waren wir 10 km von den andern Nachbarn entfernt.

Als die Russen immer näher kamen[1]) und Migehnen, wo wir lagen, und Heinrikau in Brand schossen, verließ ich und unser Quartierwirt querfeldein das Gehöft, weil die Chaussee Migehnen—Heinrikau unter schwerem Beschuß war. Die in Korbsdorf quartierenden Nachbarn aus Eichendorf wurden dort schon von den Russen ausgeplündert, die Frauen nach Russenart belästigt. Ich mit meinem Quartierwirt, Bezirksbauernführer Poschmann, bezogen in Sonnenwalde bei Frauenburg[2]) Quartier. Der Pfarrer, auf dessen Gehöft wir lagen, hat uns noch immer zum Abwarten gemahnt. Auf einmal hieß es: Rette sich wer kann. Ein anderer Weg als über das Haff ist uns nicht offen, und nun ging es Richtung Heiligenbeil. Dort standen wir auf einem großen Platz außerhalb der Stadt einige Tage. Unterwegs hatte ich meinen Nachbarn Erich Führer aus Eichendorf gefunden und wollten zusammenbleiben. Am 17. Februar 1945 befuhren wir das Haff. Es wurde dunkel. Die Eisdecke war unsicher, wir mußten halten.

1) Im Januar 1945.
2) Gemeint ist vermutlich Sonnwalde bei Mehlsack.

Am 18. Februar morgens früh ging die Fahrt weiter. Diese Eisdecke war morsch, viele offene Stellen waren überbrückt oder mit Tannenbäumchen gekennzeichnet. Wieviel Wagen da untergegangen waren und wieviel Menschen und Tiere da umgekommen sind, das haben die gesehen, die das Haff passiert sind. In Schlawe/Pommern bezogen wir Quartier. Da unsere alte Mutter krank wurde, blieben wir einige Tage liegen.

Am 6. März machten wir uns auf den Weg, aber ohne Ziel. Die Pommerer kamen uns von Rügenwalde schon entgegen. „Wo wollt Ihr hin! Hinter uns kommen schon die Russen." Wir drehten auch um und schlossen uns ihnen an, und nun ging's Richtung Stolpmünde. Am 7. März 1945 kamen wir abends in Saleske, Kreis Stolp, an der Ostsee [an]. Da traf ich noch den einzigen Nachbar, Kurt Becker. Ein Teil der Einwohner war nach dem Strand geflüchtet. Da war Raum für die Trecks. Die Straße war, soweit das Auge sah, vom Treck gefüllt. Ich und meine alte Mutter blieben über Nacht auf dem Wagen, während die Frau und Schwester in den überfüllten Quartieren Obdach suchten. Beim Morgengrau, am 8. März 1945, hab ich den Pferden Futter vorgelegt und ging die Frauen rausholen, um weiter zu fahren in der Meinung, es gäbe noch irgendeinen Ausweg, den Russen zu entkommen, weil man doch die Gegend nicht kannte und keine Karte bei der Hand hatte. Wie in allen Quartieren, so war auch beim Bauer Heidemann, wo unsere Frauen Kaffee machen wollten, die Küche überfüllt. So wollte ich den Pferden noch etwas mehr Futter geben, damit die Frauen sich auch Kaffee machen können.

Kaum hab ich das Hoftor geöffnet, da kommen mir drei Russen mit schußbereiten Gewehren entgegen: „Idßi sudda kudda Nemze Soldat?"[1]) Unsere Soldaten kamen aus westlicher Richtung durchs Dorf gelaufen. Nach kurzem Geknatter der Maschinenpistolen lagen unsere Soldaten am Straßenrand erschossen. Die Überlebenden wurden als Gefangene abgeführt. Nur ein Russe war gefallen. Die Dorfstraße lang von Osten her stürmte uns die russische Infanterie entgegen, so breit wie die Straße faßte, wie eine Schafherde mit ihren Pelzmützen, zerlumpte, graubärtige Männer und Bengels von 16 Jahren, alles durcheinander, schleifend die Maschinengewehre hinter sich her. Dem am Straßenrand lagernden Treck, der unübersehbar war, wurden die Pferde abgespannt, zu vieren gekoppelt, die nachfolgenden vier den vordersten an den Schweifen befestigt, und dann ging's, was die Pferde laufen konnten, nach dem Osten, zu beiden Seiten ritten die Russen und hinterher auch. Meine Pferde spannten sie vor die eben erbeutete Feldküche unserer vernichteten Truppen. Herzzerreißend waren diese Erlebnisse. Weitere Truppenmassen stürmten hinterher. Unsere Mutter lag noch auf dem Wagen und rief um Hilfe.

Als die Marschkolonne etwas dünner wurde, eilte ich und Schwester, sie vom Wagen zu holen, um sie von dem plündernden Gesindel zu befreien. Was war die Folge? Ein Russe ließ mich los, der andere faßte mich, die Kleider bis auf den nackten Leib aufgerissen, Gewehr vor der Brust: „Tie Hitler"[2]), der andere „Uhr dawai". Ein anderer wieder sagte: „Nicht erschießen, zum Arbeiten ist er gut." Endlich riß die Marschkolonne wieder ab, und schnell brachten wir die Mutter vom Wagen. Kaum 20 Schritt geführt, sank sie zu-

[1]) „Idi ssjuda, kuda njemeckije soldaty" (Komm her, wohin deutsche Soldaten?)
[2]) Heißt: „Du Hitler".

sammen. „Ich sterb", war das letzte Wort. Wir trugen sie bei Heidemann, vor dessen Gehöft unser Wagen stand.

Eine Menge Frauen befand sich in dem Quartier. Hinter uns stürmten die Russen ins Quartier. Da ich aus dem ersten Weltkrieg etwas die russische Sprache gelernt hatte, suchte ich die wütenden Russen, die von den Frauen Uhren verlangten, zu verständigen. Da gab der eine Russe mir den Befehl, die Frauen hätten ihm in 5 Minuten die Uhren rauszugeben, sonst werd ich erschossen. Als die Frauen keine Uhren hergaben, weil sie schon, wie auch meiner Frau, vorher abgenommen waren, bekam er mich am Ärmel, schmiß mich zur Tür hinaus, um mich zu erschießen. In dem Moment hat Frau Brasat aus Pogegen bei Tilsit ihren Trauring vom Finger gezogen. Diesen Moment benutzte ich und warf mich schnell hinter die an der Hausecke liegende Kartoffelmiete. Der Russe schoß jedoch aus dem Hausflur, ohne zu sehen, wo ich geblieben war, ein Infanteriegeschoß ab. Die Hülse blieb im Hausflur liegen. Er ist wütend halb betrunken weitergegangen. Ich kam rein, da kamen wieder andere Russen, tobend verlangten sie von mir die Schlüssel, um alle Räume zu durchstöbern. Als ich ihnen keine Schlüssel geben konnte, weil Heidemann nach dem Strand geflüchtet war und die Schlüssel nicht da waren, haben die Russen zu zwei Mann mit den Schultern reingestoßen, daß die Türen sogar mit Türgerüst und -bekleidung rausflogen. In einer kurzen Zeit, vielleicht in 1/2 Stunde, waren Türen, Fenster und Schränke offen, und der Inhalt lag auf dem Fußboden. Eine Schar Russen ging raus, die andern kamen rein. Das Schlimme dabei war, weil sie sich in der unweit gelegenen Schnapsbrennerei angetrunken hatten.

Anschließend gibt Vf. eine kurze Zusammenfassung der folgenden Erlebnisse bis zur Ausweisung im November 1946.

Nr. 19

Erlebnisbericht der Bauersfrau I. S. aus Großroden, Kreis Tilsit-Ragnit i. Ostpr.
Original, 5. Oktober 1952, 17 Seiten. Teilabdruck.

Evakuierung nach dem Kreis Braunsberg im Oktober 1944. Flucht über das Haff im Januar 1945, Überrollung durch die Russen und Erlebnisse auf dem Rückweg in die Heimat.

August 1944. Die feindlichen Truppen waren in Ostpreußen eingebrochen. Wir in Großroden bekamen die ersten Flüchtlinge. Alles Bauern von der Grenze, die ihre reife Ernte und alles im Stich gelassen hatten. Den Roggen hatten sie schon zum Teil gemäht. Das andere Getreide stand kurz davor. Alle waren sie in größter Aufregung und Sorge und warteten jeden Tag auf Befehl zur Rückfahrt. Endlich nach 14 Tagen hieß es, die feindlichen Truppen wären zurückgeschlagen, alle atmeten auf. Aber kein Befehl zur Rückfahrt kam. Nun machten sich vereinzelte Bauern auf und fuhren zurück, um ihr Getreide einzubringen, welches auch ihnen gelungen war.

Gleichzeitig überflutete deutsches Militär unsere Dörfer. Es war ein aufregendes Durcheinander. Kanonendonner kam wieder näher. Die ganze Hauptstraße Tilsit—Königsberg mit Nachschubkolonnen und Flüchtlingen. Wieder dieselben Flüchtlinge, die zurückgefahren waren. Und auch Flüchtlinge aus Litauen, mit verstörten Gesichtern drängten sie vorwärts. Manche fast gar nichts mehr auf den Wagen als nur Kinder und paar Lumpen. Verschiedene hatten auch noch eine Kuh am Wagen gebunden. Ein trauriges Bild. Dieses haben wir (mein Mann und ich, meine beiden Jungs waren Soldaten) uns Wochen mitangesehen. Mit einmal hieß es, die feindlichen Truppen stehen vor Tilsit. Tilsit wird gehalten. So stand die Front 20 km von uns entfernt. Wir befanden uns in großer Angst. Es wurde uns nichts bekanntgegeben, was wir machen sollten. Natürlich hatten wir schon gepackt. Es hieß nur, dableiben. Der Kampf tobte Tag und Nacht. Wir hatten uns nachts nie ausgezogen. Inzwischen war es Oktober geworden. Wir hatten unsere Ernte eingebracht und ausgedroschen. Meine größte Sorge galt meinen beiden Jungs, die auch an dieser Front standen. Trotzdem ich laufend Nachricht hatte, lebte ich in banger Sorge. Dann am 20. Oktober erhielten wir doch die traurige Nachricht, daß unser Ältester gefallen war.

Am 25. Oktober Räumungsbefehl. Nun haben wir unsere ganze Kraft und Geistesgegenwart festhalten müssen, um nicht umzusinken. Haben auf die Wagen gepackt, was rauf ging. In erster Linie Futter für die Pferde, Betten, Wäsche, Kleider und für uns was zu essen. Dann sind wir am 1. November mit schwerem Herzen von unserm Gehöft weggefahren. Haben alles stehen und liegen lassen, in der Hoffnung, doch noch zurückzukehren. Nur unser Nachbar W. Schlaf war nicht zu bewegen, mitzufahren. Er blieb dann auf unserm Gehöft und wollte da solange wirtschaften, bis wir wiederkämen. Da habe ich dann jetzt von Augenzeugen gehört, daß er da schon im Sommer 1945 verhungert ist, weil die Russen alles weggenommen hatten. Verhungert sind ferner die Eheleute Petschull, die nicht flüchten konnten, weil Herr Petschull krank war. Frau Barstat mit Tochter, Frau Bublies mit Kind und Frau Adomat; sämtliche aus Großroden, die wieder zurückgekehrt waren, sind verhungert.

Nun begann für uns der Leidensweg. Unser Dorf Großroden wurde erst nach dem Kreise Braunsberg evakuiert. Woppen hieß dieses Dorf. Da fühlten wir uns erst mal sicher. Unterdessen wurde der Russe bis kurz vor Weihnachten noch vor Tilsit gehalten. Und dann brach er mit aller Wucht durch. Wir meinten, daß er noch zurückgeschlagen wird, aber alles vergebens. Es kamen da in Woppen Flüchtlinge, die schon 2 bis 3 Tage unter den Russen gewesen waren, die dann wieder von unseren Truppen befreit wurden. Die erzählten von den furchtbarsten Greueltaten und flüchteten vorwärts. Wir waren in größter Aufregung. Mein Mann wollte nämlich nicht mehr weiter fahren. Der Bauer, bei dem wir wohnten, war nämlich derselben Ansicht. Er selbst hatte beide Beine gebrochen, er lag noch in Gips. Seine Frau mit 4 kleinen Kindern, das kleinste 8 Monate alt, der Großvater alt und bettlägerig. Er sagte: „Was soll aus uns werden, es ist Januar und 20 Grad Frost, dann wollen wir lieber hier sterben. Mag da kommen, was da wolle."

Die Front kam näher. Tag und Nacht ein Gedröhne. Unsere Truppen fluteten zurück. Nun hieß es, die Russen stehen in Paulen. Paulen war ein Dorf 5 km vor Woppen. Unsere Truppen bauten Artillerie-Stellungen gleich hinter dem Gehöft. So lag dieses Gehöft zwischen der deutschen und der russischen Stellung. Und wir warteten der Dinge, die da kommen sollten. Abends am 20. Januar begann der Kampf zu toben. Wir saßen zusammengekauert in einer Ecke. Die Geschosse schlugen überall ein. Frau Schlesiger, die Bauersfrau, wurde am Bein verwundet. Um Mitternacht stürmten unsere Soldaten in die Wohnung und sagten, wir sollten machen, daß wir wegkämen. Nun haben wir angespannt und sind dann nachts 1 Uhr von da weggefahren. Den Bauer Schlesiger, so krank, wie er war, auf den kahlen Wagen geladen, die Kinder und den kranken Großvater. So fuhren wir ins Ungewisse. Wo Schlesigers geblieben sind, weiß ich nicht. Wir wurden getrennt. Auf der Straße standen die Trecks und konnten nicht weiter. Die Wehrmacht hatte den Vorzug. Kein Mensch hat sich um uns gekümmert.

Dann wurde der Russe eine kurze Zeit gehalten. Dadurch haben wir einen Vorsprung erhalten. Nun ging es vorwärts in Richtung Frisches Haff. Das war die einzigste Stelle, wo wir noch entkommen konnten. Da haben wir nach achttägiger Fahrt Passarge am Frischen Haff erreicht. Eine Nacht durften wir ausruhen, denn die Pferde schafften nicht mehr. Nun konnten wir von da aus beobachten, was sich da auf dem Eise abspielte. Die Eisdecke war noch nicht so stark, daß sie die ganze Last tragen konnte. Da waren denn die ersten Trecks eingebrochen und ertrunken. Man sah die eingebrochenen Wagen noch aus dem Eise ausragen. Da habe ich mit meinen eigenen Augen gesehen, wie ganze Reihen von Wagen eingebrochen waren. Wie wir das alles gesehen hatten, haben wir uns geweigert, auf das Eis raufzufahren. Es kam Befehl, der Damm würde in einer Stunde gesprengt, und das Dorf steht unter Wasser. Also waren wir gezwungen, raufzufahren. Es hieß, wir blieben nicht lange auf dem Eise, wir sollten quer rüber nach Kahlberg. Das wären 8 km, und dann wären wir gerettet. Aber es war nicht an dem. Wir waren schon 5 Stunden gefahren, und noch war kein Strand zu sehen. Das sagte uns ein Posten, die Posten waren dazu da, um zu sehen, daß die Wagen hintereinander fuhren und auch richtig Abstand hielten. Also mußten wir das Eis entlangfahren.

Als wir noch eine Stunde gefahren waren, wurden wir von Fliegern angegriffen; ein furchtbares Drama spielte sich ab. Die Bomben schlugen Löcher, und ganze Reihen von Wagen gingen unter. Wir hatten keinen Lebensmut und warteten sehnsüchtig auf den Tod. Aber es sollte noch nicht aus sein. Als dieser Angriff beendet war, sind wir Überlebende weitergefahren. Da sind wir dann noch die ganze Nacht durchgefahren und erreichten dann Land. Da haben wir erleichtert aufgeatmet. Aber nur für eine kurze Zeit. Wir waren in dem zweiten Kessel drin und konnten nicht mehr raus. Da sind wir dann noch bis zum 8. März 1945 in diesem Kessel hin- und hergefahren, die Pferde schlapp, die Menschen abgekämpft und abgestumpft. — Am 9. März 1945 hat uns dann der Russe überrannt, die Pferde weggenommen, alles ausgeplündert, die Frauen vergewaltigt und verschleppt, ebenso die Männer erschossen oder verschleppt. Mein Mann wurde auch gleich mitgenommen, wo ich auch heute keine Nachricht habe. Nun stand ich alleine da, ohne was zu essen, nur das, was ich auf dem Körper hatte. Ein Russe schrieb mir einen Zettel, er sagte: „Dokument." Nun konnte ich nach Hause gehen, das hieß, wandern nach Großroden; wir befanden uns da, wo der Russe uns überrannte, kurz vor Danzig. Ich konnte ja nicht gehen, ich mußte mich verborgen halten im Gestrüpp und im Walde. Dabei trafen wir uns mit den andern aus unserm Dorfe, die sich auch versteckt hatten. Nach etlichen Tagen, als die wütenden Horden über uns weg waren, sind wir gewandert in Richtung Osten. Unterwegs trafen wir noch mit mehreren Bekannten aus dem Nachbardorfe, so daß wir ungefähr 30 Mann waren. Unter diesen Bekannten waren das Ehepaar Mikoleit, Skambracks, Frau Göbel mit 3 Kindern und F. Becker.

Nun sind wir so drei Wochen umhergeirrt. Nichts zu essen, nur was wir unter den ausgeplünderten Flüchtlingswagen gefunden haben. Die meisten blieben am Wege liegen und starben. Wir Überlebende waren nur noch Skeletts. Nun hatten wir unterwegs erfahren, daß die Russen und Polen Läger errichtet hatten und die umherirrenden Menschen zur Arbeit aufgriffen. So ist es uns auch ergangen. Wir wurden in Blumenau bei Pr. Holland aufgehalten und mußten sofort arbeiten. Es war nun Anfang April; auf dem Felde war noch nichts zu tun. Dieses Lager hatte viel Vieh. Da haben wir im Stall gearbeitet, andere Heu und Stroh gefahren, andere wieder im Walde Holz geschlagen. Zu essen mußten wir uns was suchen. Kartoffeln waren ja noch in den Mieten. Herr Mikoleit starb gleich nach 8 Tagen an den Strapazen. Frau Becker starb etliche Wochen später. Die Leichen wurden in Lumpen gewickelt und auf dem nahen Friedhof verscharrt.

Im folgenden gibt Vfn. eine Zusammenfassung ihrer weiteren Erlebnisse im Lager bis zur Ausweisung im Mai 1946.

Nr. 20

Erlebnisbericht der Abiturientin M. M. aus Lyck i. Ostpr.
Original, 9. November 1951.

Flucht über das Haff nach dem Westen des Reiches.

Am 21. Januar 1945 mußte Lyck geräumt werden. Schweren Herzens trennten sich meine Mutter, meine Schwester und ich von meinem Vater, der zum Volkssturm eingezogen wurde, sowie von den Großeltern. Mein Großvater beabsichtigte, soviel wie nur irgend möglich von unserem beweglichen Gut mitzunehmen, und setzte sich mit seinem Treck in Richtung Arys in Bewegung.

Mit den letzten Zügen kamen wir bis Rastenburg, wo wir bei Verwandten übernachteten. Radioberichte, die wir hörten, ließen erkennen, daß Ostpreußen in eine aussichtslose Lage geraten war. Inzwischen erreichte uns die Hiobsbotschaft, daß der Zugverkehr nach dem Reich eingestellt worden sei. Wir hatten jetzt nur den einen Gedanken, Rastenburg so schnell wie nur möglich zu verlassen. Meine Großmutter blieb mit ihrem Hausmädchen zurück, weil sie unbedingt auf ihren Mann warten wollte. Wir sollten sie und meinen Großvater nie mehr sehen.

Auf dem Güterbahnhof von Rastenburg fanden wir drei Zuflucht in einem Güterwagen, der Soldaten in Richtung Königsberg/Pr. transportierte. In Korschen mußten wir raus, hatten jedoch das Glück, sofort einen neuen Güterzug, der mit Flüchtlingen überfüllt war, zu erwischen. Unterwegs starben Säuglinge vor Hunger.

Am 26. Januar 1945 erreichten wir Bartenstein. In ihrer Angst, den vordringenden Russen in die Hände zu fallen, hatten es zahlreiche Flüchtlinge trotz der starken Kälte fertig bekommen, sich in offenen Lorenwagen an den Transport anzuhängen. In Bartenstein waren viele bereits erfroren.

Wir blieben die Nacht in unserem Wagen. Mit Tagesanbruch verließen wir den Güterzug und suchten uns in Bartenstein ein Quartier. Eine bekannte Dame aus Lyck schloß sich uns mit ihrem Sohn, den die Flucht während seines Genesungsurlaubs überrascht hatte, an. Es herrschte eine Kälte von minus 25 Grad. Während wir unterwegs waren, hörten wir in der Ferne das dumpfe Grollen von Artilleriekanonaden.

Wir fanden eine Unterkunft und ruhten uns zwei Tage aus. Dann trieb uns das näherkommende Artilleriefeuer aus der Stadt Bartenstein. Unter den pausenlosen Detonationen der von den eigenen Truppen gesprengten Wehrmachtsanlagen in Bartenstein bahnten wir uns inmitten einer kopflos fliehenden Menschenmasse den Weg aus der Stadt. Bald sahen wir ein, daß auf den Chausseen kein Fortkommen möglich war. Wir begaben uns zum Güterbahnhof zurück und hatten wiederum das unerhörte Glück, einen Waggon zu finden, der nur mäßig besetzt war. Unser Bekannter holte sich einige Eisenbahner heran, die diesen Waggon nach vielem Zureden schließlich an einen Lazarettzug in Richtung Braunsberg anhängten. Die Eisenbahner nahmen sich der Flüchtlinge in rührender Weise an und besorgten Essen und Trinken.

Am 1. Februar 1945 gelangte der Transport nach Braunsberg. Hier erfuhren wir die neuesten Hiobsbotschaften: Allenstein gefallen! Elbing von den Russen besetzt! — Wir befanden uns in einem riesigen Kessel.

Pausenlos belegten russische Flugzeuge die Stadt Braunsberg mit Bomben und Bordwaffenfeuer. Eine Freundin meiner Mutter nahm uns auf. Viele Flüchtlinge mußten in Kellern kampieren. Bis zum 10. Februar 1945 blieben wir in Braunsberg. Täglich mußten wir stundenlang nach Lebensmitteln und Kohlen anstehen. Das Gedröhn der Stalinorgeln kam von Tag zu Tag näher. Licht und Gas fiel aus. Wir lebten mit 10 Personen in einem Zimmer. Wir faßten den Entschluß, die Stadt zu verlassen. In der Dunkelheit verließen wir mit einigen anderen Leidensgefährten unser Domizil und tappten uns durch eine stockfinstere Nacht auf einer von Menschenleichen und Tierkadavern besäten Landstraße vorwärts. Hinter uns blieb das brennende Braunsberg zurück; links von uns — um Frauenburg — tobte eine erbitterte Schlacht.

Gegen Mitternacht erreichten wir — völlig verdreckt und verschlammt — das Städtchen Passarge am Frischen Haff. In einer Scheune erwarteten wir den neuen Tag. Heinz P., unser genesender Soldat, und seine Mutter konnten nicht mehr weiter. Wir mußten sie zurücklassen, als wir unseren Fußmarsch zum Frischen Haff fortfetzten. Inzwischen war die eisige Kälte anhaltendem Regenwetter gewichen. Wir erreichten den Uferrand des Frischen Haffs, verpusteten einige Minuten und traten dann den Marsch zur gegenüberliegenden Nehrung an.

Das Eis war brüchig; stellenweise mußten wir uns mühsam durch 25 cm hohes Wasser hindurchschleppen. Mit Stöcken tasteten wir ständig die Fläche vor uns ab. Zahllose Bombentrichter zwangen uns zu Umwegen. Häufig rutschte man aus und glaubte sich bereits verloren. Die Kleider, völlig durchnäßt, ließen nur schwerfällige Bewegungen zu. Aber die Todesangst vertrieb die Frostschauer, die über den Körper jagten.

Ich sah Frauen Übermenschliches leisten. Als Treckführerinnen fanden sie instinktiv den sichersten Weg für ihre Wagen. Überall auf der Eisfläche lag verstreuter Hausrat herum; Verwundete krochen mit bittenden Gebärden zu uns heran, schleppten sich an Stöcken dahin, wurden auf kleinen Schlitten von Kameraden weitergeschoben.

Sechs Stunden dauerte unser Weg durch dieses Tal des Todes. Dann hatten wir zu Tode ermattet, die Frische Nehrung erreicht. In einem winzigen Hühnerstall sanken wir in einen flüchtigen Schlaf. Unsere Mägen knurrten vor Hunger.

Am nächsten Tage liefen wir in Richtung auf Danzig weiter. Unterwegs sahen wir grauenvolle Szenen. Mütter warfen ihre Kinder im Wahnsinn ins Meer, Menschen hängten sich auf; andere stürzten sich auf verendete Pferde, schnitten sich Fleisch heraus, brieten die Stücke über offenem Feuer; Frauen wurden im Wagen entbunden. Jeder dachte nur an sich selbst — niemand konnte den Kranken und Schwachen helfen.

In Kahlberg stellten wir uns dem Roten Kreuz zur Verfügung und pflegten Verwundete in der Strandhalle. Am 13. Februar 1945 gingen wir als Pflegepersonal an Bord eines Lazarettschiffes. Am nächsten Tage erreichten wir Danzig-Neufahrwasser und gingen von Bord.

Am 15. Februar 1945 erhielten wir ein Quartier in Zoppot zugewiesen. Meine Mutter und Schwester und ich konnten sich kaum noch auf den Füßen halten. Trotzdem schleppten wir uns zum Güterbahnhof in Gotenhafen, wo es uns zum dritten Mal durch eine wunderbare Fügung gelang, in einem Feldpostgüterwagen nach Stolp (Pommern) mitgenommen zu werden. Am 19. Februar 1945 kamen wir als Pflegepersonal mit einem Lazarettzug über Hannover nach Gera in Thüringen, wo wir bei Verwandten untergebracht wurden. Es war der 28. Februar 1945. An diesem Tag endete unsere Flucht aus Ostpreußen.

Nr. 21

Erlebnisbericht der Angestellten Eva Kuckuk aus Königsberg i. Ostpr.
Original, 2. Oktober 1952.

Flucht aus dem Kreis Wehlau, von Königsberg weiter über See. Untergang des mit Flüchtlingen belegten Schiffes durch Minentreffer.

Am 20. Januar 1945 fuhr ich mit dem fahrplanmäßigen Zuge von Königsberg (Pr.) nach Allenburg, Kreis Wehlau, um nach dem Hause meiner Eltern zu sehen und unsere dortige Einquartierung zu versorgen, da meine betagten Eltern sich bereits seit Ende Oktober bei meiner Schwester in Berlin befanden. Zum Sonntag, dem 21. Januar 1945, hatte ich eine Einladung nach dem Gut Gr. Plauen angenommen und wurde von einem Fuhrwerk bereits zum Mittagessen abgeholt. Ich hatte gebeten, spätestens um 17 Uhr wieder in Allenburg sein zu dürfen, da ich noch Flüchtlingsgut für meine Eltern packen wollte, welches Einwohner unseres Hauses mitnehmen wollten. Es hieß, daß am Dienstag, dem 23. Januar 1945, bestimmt ein oder mehrere Räumungszüge die Bevölkerung des Kreises Wehlau in Sicherheit bringen sollten. Es kam jedoch anders.

Herr v. W. auf Gr. Plauen, der gleichzeitig Bürgermeister der Gemeinde Plauen war, stand dauernd mit dem Landrat und der Kreisleitung Wehlau in Verbindung, um den Treckbefehl zu erreichen. Alle seine Vorstellungen, daß es bald zu spät wäre, fanden kein Gehör; der Landrat v. E. sagte einmal sogar: „Der Kreis Wehlau dürfe sich nicht auch noch auf die Landstraße begeben — an einer Stelle müßte ja schließlich damit Schluß gemacht werden!" Dies war etwa um 15 Uhr. Ich hatte zur gleichen Zeit Gelegenheit, mich mit einer Sekretärin des Postamtes Wehlau telefonisch zu unterhalten, die mir bestätigte, daß unweit von Wehlau die ersten Russen gesehen worden wären und daß ein etwa 8 km von Wehlau entfernt gelegenes Gehöft von diesen in Brand gesteckt worden wäre.

Ich war um 17 Uhr dann wieder in Allenburg. Es mag eine Stunde vergangen sein, während der ich packte, als eine junge Frau zu mir kam und mich davon unterrichtete, daß soeben vom Bürgermeister der Befehl an die Bevölkerung gegeben sei, daß Allenburg bis 19 Uhr geräumt werden müßte. Ein Zug fuhr nicht, andere Fahrgelegenheit war nur schnell für die Ältesten bereitgestellt, alle anderen sollten zu Fuß nach Friedland wandern und sehen, ob und wie sie von dort weiterkämen.

Sofort begab ich mich ans Telefon — die Post blieb noch auf ihrem Posten — und berichtete Herrn v. W. die neueste Lage in Allenburg. Ihm war nichts von einem Räumungsbefehl bekannt. Er setzte sich sofort wieder mit dem Landrat in Verbindung und erreichte endlich wenigstens den Befehl: „Alles zum Treck bereithalten!" Getreckt werden durfte immer noch nicht!!

Ich bat Herrn v. W. mit den Plauern trecken zu dürfen, und wurde am Sonntagabend noch einmal mit Fuhrwerk abgeholt. Wir packten dort noch die ganze Nacht, versahen uns für alle Fälle mit „Zyankali", um den Russen nicht in die Hände zu fallen, und warteten auf den Treckbefehl. Am 22. Januar 1945 um 9 Uhr war es dann endlich so weit, daß die Gemeinde Gr. Plauen — mit einigen Ausnahmen der sich nachts schon eigenmächtig aus dem Staube gemachten Leute — geschlossen treckte. Auf dem vorgeschriebenen Wege war nicht mehr durchzukommen — wir mußten Nebenwege einschlagen. Infolge des Tauwetters kamen wir nur schrittweise vorwärts. Wir brauchten 11 Stunden, um einen Weg von ca. 10 km zurückzulegen. Wir übernachteten in Kl. Schönau in einem Gasthof, wo wir abwechselnd zu zweien mal auf einem Stuhl sitzen konnten. Beim Morgengrauen setzten wir unseren Weg fort. Soweit das Auge reichte, war jede Straße mit Flüchtlingswagen, wandernden Menschen, frei herumlaufenden Tieren übersät, ein trostloses Bild einer „Völkervertreibung". Immer wieder sah man in einen Graben gekippte Wagen, das Flüchtlingsgut verstreut, die Menschen, den Blick auf ihre letzte Habe noch einmal wendend, zu Fuß weiterwandern.

Den ganzen Weg begleitete uns das Böllern der Artillerie — ob es die feindliche oder unsere war, vermochte ich nicht zu unterscheiden. Die engste Berührung mit den feindlichen Truppen blieb uns gottlob erspart, auch Tiefflieger griffen uns nicht an.

Die zweite Nacht verbrachten wir in Lisettenfeld, Kreis Bartenstein. Wir lagen zu 40 Menschen auf der Erde in einem winzigen Raum, eingepfercht wie Sardinen in der Büchse, und waren trotzdem dankbar, daß wir uns etwas Warmes zu Essen machen durften und uns einmal ausstrecken konnten.

Noch in der Nacht wurden wir davon unterrichtet, daß russische Panzerspitzen bis Elbing vorgedrungen seien, und uns der Rat erteilt, den Treck aufzugeben. Herr v. W. entschloß sich nach Lage der Dinge sofort dazu, holte seine

Leute zusammen und erklärte ihnen, daß Pferde, Wagen und Flüchtlingsgut bis auf Handgepäck und notwendige Essensvorräte der Wehrmacht übergeben würden und alle mit von der Wehrmacht zur Verfügung gestellten Lastwagen, die in Richtung Heiligenbeil-Zinten führen, mitfahren könnten. Zunächst waren die Plauer Leute und Siedlerfrauen damit einverstanden, aber etwa um 5 Uhr morgens erschien der Kämmerer und bat Herrn v. W., weitertrecken zu dürfen. Nur nach langem Zögern gab Herr v. W. seine Einwilligung, da sich die Mehrzahl der Siedlerfrauen mit dem größeren Teil der Plauer Leute dazu entschlossen hatten. Wer nicht weitertrecken wollte, fuhr mit uns mit den Wehrmachts-Lastwagen bis Königsberg oder in den Raum von Heiligenbeil-Zinten. Der Lastwagen, in dem ich fuhr, war so dicht besetzt, daß ich nur knapp auf einem Fuß stehen konnte. Entsetzlich war es, sehen zu müssen, wie kleinste Kinder erdrückt wurden oder erfroren und ihre Leichen von ihren Müttern einfach aus dem Wagen geworfen werden mußten, da zum Aussteigen und Begraben keine Zeit blieb.

Das Schicksal des Trecks, dem es nicht mehr gelang durchzukommen, ist mir bis heute ein Rätsel geblieben.

Das Ehepaar v. W. sowie ihre Begleitung nahm ich in Königsberg zu mir und brachte sie in meiner Wohnung und den z. T. bereits verlassenen Wohnungen des Hauses unter.

Erwähnen möchte ich noch, daß die Wagen des ganzen Trecks entweder von Siedlerfrauen oder von Polen geführt wurden, die umsichtig, hilfsbereit und fleißig waren. Auch die Polenfrauen kamen mit — es wollte keiner unter die Russen kommen. In Plauen blieb nur ein einziger Pole zurück, der im äußersten Falle das Vieh herauslassen sollte, das er so lange wie möglich zu betreuen hatte und dem ein Fahrrad zur Verfügung stand, mit dem er sich dann selbst absetzen konnte.

Nach einigen Bemerkungen der Vfn. über persönliche Beziehungen fährt der Bericht fort:

Der Ring um Königsberg wurde immer enger, der Kanonendonner täglich deutlicher hörbar. Herrn v. W. gelang es mit größter Mühe, einen Dampfer ausfindig zu machen, der uns mitnehmen wollte. Es war der 900 t schwere, sehr alte Handelsdampfer „Consul Cords“ aus Rostock, der zur Reparatur in der Schichau-Werft lag. Nachts um 2 Uhr waren wir auf dem Dampfer „Consul Cords“, fuhren bald darauf nach dem Hafenbecken I, um dort Flüchtlinge aufzunehmen. Bis mittags waren bereits ca. 1200 Flüchtlinge an Bord — wahllos, teils mit Berechtigungsschein der NSV., zum größten Teil aber ohne. Der Kapitän hatte den Befehl bekommen, mit Flüchtlingen auszulaufen, obgleich der Dampfer noch nicht völlig repariert war. Seine Einwendungen wurden nicht anerkannt, und so lehnte er jede Verantwortung ab. Vielleicht war dies der Grund, daß sich auf dem Dampfer keine Führung der NSV. oder der Partei befand, kein Arzt, keine Krankenschwester. Der Kapitän war ratlos und wandte sich mit der Bitte an Herrn v. W., sich der Flüchtlingsbetreuung anzunehmen, soweit es in seinen Kräften stand. Er sagte dies selbstverständlich sofort zu, ohne zunächst zu wissen, wie sich diese Betreuung auswirken sollte. Nachts waren wir in Pillau. Wir lagen im Kohlenbunker auf Stroh, nur in einer Ecke brannte eine winzige Petroleum-Laterne. Wir kamen uns vor wie im schlimmsten Gefängnis. Der Dampfer fuhr im Schneckentempo. In der Mittagszeit des nächsten Tages bat der Kapitän Herrn v. W. zu sich. Er eröffnete ihm, daß der Dampfer sich nur noch etwa 1—2 Stunden über Wasser halten würde, da die Maschine einen nicht unbeträchtlichen Schaden aufweise. Alle SOS-Rufe nach Gotenhafen blieben unbeantwortet. Außer uns wenigen wußte gottlob niemand, in welch großer Gefahr wir uns befanden. Da kam Herr v. W. auf den Gedanken, auf Hela zuzusteuern. Befragt, antwortete der Kapitän, daß er Hela vielleicht noch schaffen könnte. Herr v. W. fuhr mit dem Steuermann zum Kommandanten nach Hela — ein Lotse holte sie nach erfolgter Funk-Verständigung ab — und bat um Aufnahme für alle an Bord befindlichen Flüchtlinge. Der Kommandant sagte sofort zu, und mit Gottes Hilfe kamen wir glücklich noch bis Hela unter Wind und wurden dort von der Marine vorbildlich untergebracht und verpflegt. Vier Tage waren wir Gast des dortigen Kommandanten, dann war unser Dampfer wieder flott, nachdem die besten Ingenieure, Techniker, Schiffsbauer usw. allen Schaden repariert hatten.

Am 30. Januar mittags bestiegen wir dann wieder unseren alten Dampfer „Consul Cords" und nahmen Kurs auf Kolberg. Die Fahrt ging glatt, und in der Nacht vom 31. Januar zum 1. Februar 1945 langten wir in Kolberg an. Viele von uns bezogen in Kolberg Quartier, der größere Teil setzte sich weiter nach Westen ab. Ich möchte hier nicht unerwähnt lassen, daß Behörden und Bevölkerung in Kolberg uns sehr nett aufnahmen und sich bei jeder Gelegenheit hilfsbereit zeigten.

Wie unendlich froh waren wir, als wir endlich wieder in einem Bett schlafen konnten, und im stillen schworen wir uns, wenn es nötig sein sollte, Pommern auch zu verlassen, nicht wieder auf einem Dampfer zu fahren.

Wir verlebten in Kolberg 17 ruhige Tage, nur zweimal Fliegeralarm, jedoch keinen Luftangriff. Bedrohlich und immer bedrohlicher war allerdings der tägliche Wehrmachtsbericht. Wir beschlossen dann doch, unsere Fahrt fortzusetzen, aber es gelang uns nicht, mit dem Zuge, einem Auto oder Flugzeug fortzukommen, und da wir Verbindung mit dem Kapitän des „Consul Cords" gehalten hatten und dieser uns eines Abends erzählte, daß er Befehl hätte, nach Warnemünde zu fahren, entschlossen wir uns nach mancher Überlegung doch, mit ihm zu fahren.

Der Dampfer fuhr nun nicht mehr als eigentlicher „Flüchtlingsdampfer", sondern hatte Flugzeugmotore und Getreide geladen. Es sollten etwa 45 Personen außer der Besatzung mitgenommen werden; als es dann aber nach tagelangem Warten endlich losging, waren ca. 285 Personen an Bord.

Mir bleibt bis heute unerklärlich, warum der Befehl zum Auslaufen des Dampfers gerade an dem Tage kam — es war Sonnabend, der 17. Februar —, nachdem in der Nacht zuvor auf der Strecke Kolberg—Warnemünde von den Engländern Minen gelegt worden waren. Es hieß: die genau vorgeschriebene Wasserstraße wäre minenfrei. Bei mildem Wetter und ruhiger See ging die Fahrt zunächst sehr gut vonstatten. In der Nacht zum 18. und 19. Februar gab uns ein Feuerschiff Befehl, zu stoppen und auf ein Geleit zu warten. Da unser Dampfer nur noch sehr wenig Kohlen hatte, bat unser Kapitän, auf dem vorgeschriebenen Seeweg auch ohne Geleit weiterfahren zu dürfen, was ihm aus triftigen Gründen gestattet wurde. 2 Stunden vor dem Ziel, um 12 Uhr mittags am 19. Februar 1945, ereignete sich dann das schreckliche Unglück. Der Dampfer war auf eine Treibmine gelaufen und sank innerhalb 8 Minuten. Bei der Explosion wurde die Notglocke ausgelöst, die weithin über das Meer erschallte.

Ich befand mich im Augenblick der Explosion in der kleinen Kajüte der Bordflak. Da wir noch eine Fahrzeit von 2 Stunden vor uns hatten, mit der ich so recht nichts anzufangen wußte, legte ich mich in eine mir zur Verfügung gestellte Koje, um ein Mittagsschläfchen zu halten. Plötzlich schien mit einem unheimlichen Krach alles über und neben mir zusammenzubrechen. Ich hörte nur eine laute Stimme, die mir zurief: „Schnell raus!" Ich sprang auf, sah mich blitzschnell um nach meiner Handtasche, die ich neben mir auf den Boden gestellt hatte, aber nichts war zu finden, der Boden unter meinen Füßen war wie zermalen — ich wagte kaum aufzutreten, weil ich fürchten mußte, in die Tiefe zu sinken. Etwa 2 m von mir entfernt war von dem Aufenthaltsraum der Flak nichts mehr zu erkennen, es stand nur noch links von mir ein Stück Bretterwand. Rechts unter mir sah ich in den Trümmern einen Fallschirmjäger seine Arme aus den Trümmern hervorstrecken und sich — wie mir schien — erfolglos bemühen, emporzuklettern. Ich suchte einen Halt an dem stehengebliebenen Teil der Bretterwand zu gewinnen, legte mich lang daneben und konnte eine Hand des Feldwebels noch gerade erreichen und ihm helfen, aus seiner äußerst gefährlichen Lage herauszukommen. Etwa einen Meter tiefer erblickte ich — bis an den Hals in den Trümmern — einen Heizer des Dampfers, den ich bei allem guten Willen leider nicht aus seiner furchtbaren Lage befreien konnte.

So schnell wie möglich eilte ich nach der Kajüte des Kapitäns, wo sich zu der Zeit der Explosion das Ehepaar v. W., ihre Wirtin mit 8-jährigem Töchterchen und meine Hausgehilfin aufhielten. Aber ich konnte sie nicht mehr finden. Nie vergesse ich das Bild, das sich mir bot, als ich an der schon genannten Bretterwand vorübereilte und an diese angelehnt eine Dame aus Insterburg sah, eine blutende Wunde an der Stirn, stumm und starr blickend auf die See, regungslos. Ich kannte sie gut und ging doch an ihr vorüber, ohne ein Wort zu sprechen — so erschüttert war ich. Ihre Tochter — eine Musikstudentin — hatte als Schwimmerin sich retten können.

Die Verbindungsbrücke des Dampfers war abgerissen, und ich watete auf Strümpfen durch das hereinflutende Wasser und schwamm dann zuerst auf ein noch mit einem Seil an den Dampfer gebundenes Rettungsboot, schwang mich auf die Kante und sah, daß es leck war und einige tote Fische darin schwammen. Ein starker Ruck, und das Boot schlug um. Immer wieder versuchte ich vergebens, an die Oberfläche zu gelangen, jedoch stieß ich mir den Kopf immer wieder an dem Boot und sah schon ganz deutlich meinen Tod vor mir. Aber — welch ein Wunder: als ich doch noch einmal Mut faßte nach oben zu schwimmen, hatte ich plötzlich den blauen Himmel über mir und erblickte nicht allzuweit entfernt ein Gummifloß, auf welches ich zuschwamm. An dieses hatte sich bereits ein schwerverwundeter Oberfeldwebel der Fallschirmjäger angeklammert. Er hatte noch die Kraft, sich auf das Floß zu schwingen, was mir nicht mehr gelang. Ihm war der glühende eiserne Ofen in der Bordflak-Unterkunft bei der Explosion an den Kopf geschleudert worden. Er blutete entsetzlich, aber die Schlagader war nicht getroffen. Außer uns beiden hing sich an das Floß noch eine Frau mit einem etwa 5-jährigen Jungen, der immerfort vor sich hinweinte. Endlich hatte ich Zeit, das ganze Elend um mich zu betrachten. Etwa 200 m von mir entfernt sah ich das Ehepaar v. W. sich gegenüberstehen in der See — so sah es jedenfalls aus —, und wie ich später von ihrer Wirtin hörte, hielten sich beide an einer Tonne fest. Für mich waren sie unerreichbar, da die herumschwimmenden Trümmer, Kisten, Bretter, Koffer, Kleider usw. mich von ihnen trennten. Links von mir sah ich in einiger Entfernung einen großen Dampfer — „Margarete" —, der Schiffbrüchige aufnahm. Auch zu diesem war der Weg für mich versperrt. Meine kleine Haustochter konnte ich nicht erblicken; sie war — trotzdem sie nicht schwimmen konnte — als eine der Ersten von der Rettungsmannschaft der „Margarete" geborgen worden, wurde dann aber einige Wochen später doch ein Opfer dieser Katastrophe. Sie starb in der Rostocker Chirurgischen Klinik an Sepsis, nachdem ihr noch ein Bein amputiert war.

Das Ehepaar v. W., nach dem ich immer wieder blicken mußte, zuletzt mit einer entsetzlichen Angst, sie könnten nicht durchhalten, fand dann auch den nassen Tod, und die Wirtin von ihnen verlor ihr 8-jähriges Töchterchen in den Fluten.

Eine halbe Stunde war vergangen, und ich spürte zum ersten Mal, daß ich den linken Arm nicht mehr so recht heben konnte, da erspähten wir ein auf unsere Gruppe zukommendes Rettungsboot. Einen Moment kamen mir Zweifel, ob mein Herz noch so lange schlagen würde, aber trotzdem sprach ich meiner Umgebung Mut und Hoffnung zu und zeigte ihnen das nahende Boot.

Dann wußte ich plötzlich nichts mehr und erwachte erst 4 Stunden später auf einem Vorpostenboot in Warnemünde. Nie vergesse ich diesen Augenblick: Als ich die Augen aufschlug, beugte sich ein Matrose zu mir herunter und sagte immer wieder: „Sie sind gerettet!" — „Sie sind gerettet!" und schien sich unglaublich über den Erfolg der ärztlichen Bemühungen, bei denen er geholfen hatte, zu freuen. Da man mir alle Kleider vom Leib geschnitten hatte, stellte er mir eine weiße Leinenhose und blauen Sweater zur Verfügung. So angezogen, barfuß und in eine Decke gehüllt, brachte uns Schiffbrüchige ein Autobus in die Turnhalle einer Schule, wo wir trockene Kleidung bekamen und aus einem Haufen nasser Kleider unser Eigentum heraussuchen konnten.

Wie man mir sagte, war ich 40 Minuten am 19. Februar 1945 in der Ostsee gewesen.

Von den ca. 285 Personen (mit Besatzung) waren nur ca. 30 übrig geblieben, von welchen auch noch einige an den Folgen der Schiffskatastrophe gestorben sind. Unter den Toten befanden sich auch der Kapitän, der Steuermann, der Bordfunker sowie zwei blutjunge Leute der Bordflak.

4. Das Schicksal der Ostpreußen aus den Kreisen westlich der Masurischen Seen.

Nr. 22

Erlebnisbericht der Angestellten Hildegard Aminde aus Allenstein i. Ostpr. Original, 2. Mai 1950, 53 Seiten. Teilabdruck.

Flucht aus Allenstein über das Haff nach Danzig.

Am 21. Januar 1945, nachmittags 16 Uhr, verließ ich mit meinen alten Eltern (mein Vater Paul, Hegemeister i. R., 81 Jahre, meine Mutter Mathilde, 76 Jahre alt) mein Eigenheim am Langsee, um auf dem Hauptbahnhof einen Zug zu erreichen. Nachdem wir unter furchtbaren Mühsalen dorthin gelangt waren, war an ein Fortkommen kaum zu denken. Eine unübersehbare Menschenmenge staute sich, und alle Züge waren voll. Wir waren zuerst, wie uns gesagt wurde, auf der Verladerampe. Dann hieß es: „Alles nach dem Hauptbahnhof". Unsere Packen mit Betten blieben dort schon liegen. Auf dem Hauptbahnhof war dieselbe Fülle. Ein Zug, der ziemlich leer war, stand auf Bahnsteig 3, es durfte niemand einsteigen, weil er angeblich für Frauen mit Kindern bestimmt war. Ich bin dann auf den andern Bahnsteig rübergegangen, weil da angeblich ein anderer Zug stehen sollte. Da ging schon wieder das Geknalle los. Es war stockdunkel, die Kinder fingen an zu schreien, ich dachte, es wären Flieger wie an den Vortagen. Ein Ritterkreuzträger sagte mir aber, daß es Granatwerfer waren, die Russen schossen in die Stadt.

Als ich nun zum Bahnsteig 3 zurückkomme, finde ich meine Mutter in hellster Aufregung: Mein Vater war spurlos verschwunden. Wir haben ihn überall gesucht, leider vergeblich. Ich habe ihn nicht mehr wiedergesehen.

Dann habe ich meine Mutter in den vor uns stehenden Zug in einen Viehwagen gezwängt. Der Zug fuhr sofort an, aber nur ein Stück weiter. Ich sprang nun in den nächsten besten Wagen, unsere letzten Habseligkeiten blieben auf dem Bahnsteig liegen. Gegen Mitternacht ist dann der Zug abgefahren. Er hielt in Wartenburg. Wieder eine unübersehbare Menschenmenge. In unsern Wagen warf eine Frau drei kleine Kinder, der Zug fuhr ab, sie selbst kam nicht mehr mit. Eine junge Frau mit zwei kleinen Kindern aus unserem Wagen nahm sich auch noch dieser drei Verwaisten in rührender Weise an. Ich habe sie unterwegs wiederholt getroffen. - Am nächsten Morgen holte ich mir meine Mutter in unsern Wagen. Wie glücklich war die alte Frau, daß sie nicht ganz allein war. Wir saßen auf Kunstdung oder Zement, ich weiß es nicht, was das für weißes Zeugs war. Jedenfalls war es bitterkalt. Drei Tage und Nächte haben sie uns dann zwischen Braunsberg und Heiligenbeil hin- und hergefahren. In einer Nacht war große Aufregung. Da hatte man eine Sprengladung unter unserm Zug befestigt, die jedoch rechtzeitig gefunden wurde. Am 24. Januar abends haben sie uns dann auf freiem Felde ausgeladen. Wir gingen bis zum nächsten Dorf, wo uns mitleidige Menschen verpflegten und für die Nacht aufnahmen.

Am Nachmittag des nächsten Tages holten uns dann Bauernschlitten in ein Dorf bei Heiligenbeil (Der Name ist mir entfallen). Dort wurden wir in einer Schule untergebracht. Nachdem wir eine Woche dort gewesen waren (Meine Mutter hatte sich bei der Glätte noch das rechte Handgelenk gebrochen), mußte der Ort von der Zivilbevölkerung geräumt werden. Wieder wurden wir auf Bauernfuhrwerke verfrachtet und sollten bis ans Frische Haff gebracht werden. Dort jedoch wurde von Offizieren angeordnet, uns über das Haff zu bringen.

Es war der 2. Februar, ein Sonntag. Strahlendheller Sonnenschein. Mittags begann diese furchtbare Fahrt. Weil das Eis schon brüchig war, durften die Wagen nur in Abständen von 50 Metern hintereinander fahren. Eine endlose Treckreihe, sie riß nicht ab. Meine Mutter saß auf dem Wagen, ich selbst bin den größten Teil des Weges zu Fuß gegangen. Der Schneematsch lief über den Rand der hohen Stiefel. Von oben kamen russische Flieger mit Bomben und Bordwaffen. Wir blieben wie durch ein Wunder verschont. Der Weg war durch Zweige abgesteckt. Einige Wagen versuchten auszubiegen, um schneller weiterzukommen. Ein Teil versank vor unseren Augen, ohne daß Hilfe gebracht werden konnte. So ging der furchtbare Weg stundenlang. Endlich hatten wir abends 8 Uhr die Nehrung erreicht. Dort verbrachten wir die Nacht auf den Wagen. Am nächsten Morgen fuhren uns die Bauern bis in einen Fliegerhorst und luden uns aus. Auch dort durften wir nicht bleiben. Wir wurden von den Soldaten auf vorüberfahrende Trecks gesetzt und weiter ging die Fahrt. Zwar kamen die russischen Flieger immer wieder, aber es war erträglich. Zwar lagen eine Menge erschossener und verendeter Pferde am Wege, man war so abgestumpft, das berührte einen kaum.

Vor Kahlberg ging der Weg sehr abschüssig herunter. Die Pferde des Treckwagens, auf dem meine Mutter saß, gingen auf der glatten Straße durch. Der Bauer sprang ab, und der Wagen fiel eine ca. 4 m hohe Böschung herunter und lag mit vier Rädern nach oben. Es war zum Glück ein mit Brettern überdachter Wagen. Soldaten hoben ihn hoch, und ich war glücklich, als meine Mutter lebendig hervorkrabbelte. Wir blieben die Nacht in Kahlberg. Am nächsten Morgen ging's die Nehrung weiter hoch nach Stutthof. Soldaten hatten meine Mutter zu einem alten Herrn, einem Gutsbesitzer, auf seinen Spazierwagen gesetzt. Ich bin die ganze Tour gegangen. In einer Fischerhütte haben wir noch einmal übernachtet. Es war ein furchtbarer Weg. Berge von Gepäck lagen an dem Weg, das die Menschen fortgeworfen hatten. Amputierte Soldaten standen mit ihren blutigen Stümpfen im Schnee und baten die Bauern, sie mitzunehmen. Aber selten hat sich einer erbarmt. Sie hatten auf ihren Wagen die Ausländer, Polen und Franzosen. Diesen Weg werde ich Zeit meines Lebens nicht vergessen!

Am 5. Februar 1945 landeten wir in Stutthof. Am 6. Februar nachmittags fuhr uns ein Frachtdampfer die Weichsel runter nach Danzig, wo wir um Mitternacht ankamen. Die Nacht verbrachten wir in den Ufa-Lichtspielen in der Langgasse. Am nächsten Morgen suchte ich meine Verwandten in Oliva, die ich dort noch vorfand.

Vfn. erlebte dann in Oliva das Eindringen der Russen und schildert ferner ihre Rückkehr nach Ostpreußen im Mai 1945 sowie Erlebnisse und Zustände im Kreis Osterode einschließlich der Ausweisung im Oktober/November 1945.[1])

[1]) Die Schilderung der Ausweisung abgedruckt unter Nr. 314 (Bd. I, 2)

Nr. 23

Erlebnisbericht der Beamtenfrau Lore Ehrich aus Sensburg i. Ostpr.

Auszug der Vfn. aus einem in den Jahren 1946—47 niedergeschriebenen Bericht.

Flucht über das Haff nach Danzig und mit dem Schiff nach Kopenhagen.

Zu Anfang des Jahres 1945 gingen alle privaten Freuden und Leiden nun endgültig und restlos unter in der Sorge um unsere und Ostpreußens nächste Zukunft; denn der russische Ansturm, der im Herbst bei Goldap noch einmal zum Stehen gebracht war, hatte nun wieder begonnen. Im Rundfunk interessierten uns nur noch die Wehrmachtsberichte, und auch die Ruhe unserer kleinen Stadt war ganz dahin. Waren früher einzelne Flüchtlingszüge durchgekommen oder einige Einheiten der Wehrmacht, vor allem Pferde und nochmals Pferde, — so begann nun schlagartig der größte und traurigste Flüchtlingszug, den die Weltgeschichte bisher vielleicht überhaupt erlebt hat. Tag und Nacht rollten die Züge, und Tag und Nacht rollten die Räder der Flüchtlingstrecks in unabsehbarer Folge gen Westen. Traurig und unendlich rührend zugleich wirkten oft diese ärmlichen Leiterwagen, aus deren Innerem ganz vermummte Kinderköpfchen neugierig hervorsahen. Die an den Sprossen angebundenen Töpfe und Kannen klapperten laut. Oft trottete ein Schaf oder eine Kuh hinterher. Das waren meist diejenigen Wagen, die schon aus Rußland oder den Oststaaten unterwegs waren. Später folgten die ostpreußischen Trecks. Sie zeichneten sich oft durch stabilere Bauart und reiche Innenausstattung aus, d. h. statt des Strohs saßen die Leute warm in Federbetten, und die Seitenwände waren oft mit Brettern ausgeschlagen. Darüber wölbte sich ein Dach; z. T. war auch alles noch mit Läufern, den sogenannten Flickerdecken, verhängt, oder der ganze Aufbau war statt aus Holz aus Wellblech gearbeitet. Einige Trecks zeigten sogar Autoräder mit Gummibereifung.

Dann begann auch die gesamte Wehrmacht, sich von Polen her westwärts abzusetzen. Auch sie zog in tage- und wochenlanger Folge vorüber. Auffällig war es, daß die meisten Einheiten, die früher alle motorisiert waren, wie z. B. die Flak, jetzt auf Pferdewagen oder zu Fuß dahinzogen. Oft blieben die Kolonnen, der verstopften Straßen wegen, stundenlang stehen. Dann gingen wir mit heißem Kaffee heraus, oder Soldaten und Flüchtlinge kamen in buntem Wechsel zu uns, um sich aufzuwärmen und etwas zu kochen. — Immer wieder drängte sich uns dabei die quälende Frage auf, wann wohl die Reihe an uns sein würde.

Natürlich hatten wir schon lange vorher unsern Fortgang in Erwägung gezogen. Aber es wurden keine Evakuierungsscheine ausgegeben, und ohne diese hätten wir an anderen Orten nirgends Kohlen und Kartoffeln erhalten. Außerdem wurde jeder schwer bestraft, der öffentlich von drohender Russengefahr redete.

Jetzt noch, Ende Januar 1945, mit Zügen mitzukommen, schien so gut wie unmöglich. Die meisten kamen nur bis zum nächsten größeren Bahnknotenpunkt und mußten dort wieder umkehren. Da aber für unsere Stadt immer noch keine Evakuierung vorgesehen war, sondern nur hochschwangere Frauen auf Lastwagen fortgeschafft wurden, versuchten wir, mit Fahrzeugen der Wehrmacht mitzukommen. Aber auch dies war schon zu spät; denn inzwischen hatten sich die Einwohner dreier benachbarter Stadtkreise (Johannisburg, Lötzen und Lyck) gerade in unserem Städtchen gestaut und wurden bis zum 26. Januar herausgebracht. Da bestellte man uns auf das Landrats- und Finanzamt. In der Ferne hörte man bereits die russische Artillerie. Mütter mit kleinen Kindern und alte Leute sollten bevorzugt befördert werden. Einen Tag und eine Nacht warteten wir vergeblich darauf. Es zeigte sich nur ein lächerlich kleines, rotes Feuerwehrauto, das förmlich gestürmt wurde. Daraufhin zogen die meisten es vor, sich auf die Chaussee zu begeben und allein ihr Heil zu versuchen. Da aber draußen eisige Kälte und Schneesturm herrschten, schien mir das Unternehmen für die Kinder und meine Eltern allzu gewagt. In der großen Halle des Landratsamtes sah es traurig aus. Alte, Kranke, Lahme und Kinder hockten überall herum, und verzweifelte Mütter versuchten wimmernde Säuglinge zu beschwichtigen. Während die russische Artillerie bald stärker, bald schwächer herübergrollte, während Partei, Landrat, Frauenschaft und Behörden längst das Weite gesucht hatten, saßen wir immer noch und warteten auf die versprochene Beförderung. Nur ein einziger Parteimann stand noch auf dem Plan und suchte sich vor dem Ansturm der Fragen durch unverschämtes Anbrüllen der Leute zu retten.

Bisher hatte es stets geheißen, frühe Evakuierungen ließen nur eine Panik unter der Bevölkerung entstehen. Im rechten Moment werde die Partei selbstverständlich alle notwendigen Maßnahmen treffen. Nun gaben plötzlich alle diese selbstsicheren Beruhigungsapostel die kühle Parole aus, jeder sollte tun, was er für richtig halte. So zogen dann noch bei Nacht die meisten zu Fuß auf die verschneite Landstraße, die meisten über den Kleinbahnhof in Richtung Rössel. — Statt der Partei waren Soldaten in die Behördenhäuser eingezogen. Sie schickten sich an, ihre Artilleriegeschütze im Park des Landratsamtes einzubauen. Die meisten hatten zuviel Schnaps getrunken und waren daher in eine Wolke von rosigstem Optimismus gehüllt, unsere Stadt bestimmt zu halten. — Resigniert kehrten wir wieder in der Nacht zum 27. Januar in unsere Wohnung zurück. Dort hatte sich inzwischen eine Abteilung des Volkssturms häuslich eingerichtet. Doch rückten sie in den Morgenstunden schon wieder ab. Wir erfuhren, daß die Russen nachts schon einen Angriff auf die Stadt gemacht hatten, der abgeschlagen worden war. Inzwischen gab es kein Licht, kein Gas und kein Wasser mehr. Die Straßen lagen wie ausgestorben, nur herrenlose Hunde begehrten Einlaß. Als die Fensterscheiben sprangen und die Kugeln immer näher vorbeisausten, bekam mein 74-jähriger Vater Schreikrämpfe. In blitzschnellem Entschluß machten wir die Kinder fertig, ergriffen Rucksäcke und Handtaschen und rannten nun doch auf die Landstraße, während das Sonntagessen noch lustig auf dem Herd brodelte. Zwei Soldaten, die einen Verwundeten trugen, begegneten uns und berichteten, daß die Russen von allen Seiten kämen und bereits von der Gasanstalt schossen. Die Straßen nach Mertinsdorf, Lötzen, Rössel und Rastenburg waren alle nicht mehr passierbar. Es wäre nur noch die Möglichkeit, den Damm entlang zu gehen und von da einen 3 km langen Feldweg, der zu einem alten Gutshaus führte. Wir zogen ächzend die Kinderwagen durch den tiefen Schnee in hoffnungsloser Verzweiflung und dachten nicht anders, als daß dieser Sonntag, der 28. Januar, unser aller Sterbetag werden würde.

Mit Mühe erreichten wir das Gutshaus. Dort hatte sich der Stab eines Artillerieregiments einquartiert, und von hier aus wurde die Schlacht um Sensburg gelenkt. Ein älterer Oberleutnant d. R. nahm sich unser aller gütig an und forderte uns auf, vorläufig bei diesem Regiment zu bleiben, da das Flüchtlingselend groß wäre und viele Trecks den Russen in die Hände fielen.

Um 17 Uhr war Sensburg in russischer Hand, und nun begann für uns, immer nur 3 km von der HKL. entfernt, ein uns bisher gänzlich fremdes Wander- und Soldatenleben. Wir hatten öfters Gelegenheit, uns in Bauernhäusern auszuruhen. Doch statt der versprochenen 2—3 Tage wurden es stets nur wenige Stunden, ein Zeichen, daß uns die Russen schon wieder dicht auf den Fersen waren. Meine Eltern mußten die Fahrten auf offenen Schlitten machen, während man die Kinder und mich in den sogenannten Schmiedewagen steckte, da dieser der einzige geschlossene Wagen war, den der Troß aufwies. Es war ein grün angestrichener, fensterloser Holzwagen, durch eine Schiebetür nur von außen zu öffnen, in dem die Schmiede ihr Handwerkszeug aufbewahrten. Die Seitenwände waren vollgepfropft mit Tornistern, Aktentaschen und unsern Rucksäcken. Der freie Raum in der Mitte, der für 3 Personen natürlich viel zu knapp bemessen war, diente uns nun in den nächsten 10 Tagen als Eß-, Wohn- und Schlafgemach. Oft hielt die Kolonne auch nachts stundenlang im Wald oder auf der Landstraße. Sehen konnte ich nichts in dem dunklen Gefängnis, aber bald hatte ich es fast zur Meisterschaft gebracht, aus aufgefangenen Gesprächsfetzen und Geräuschen richtig zu kombinieren, ob es sich nur um eine Verstopfung der Straßen handelte, ob um Bomben- oder Tieffliegerangriffe, oder ob wir — wie das auch einige Male geschah — bereits von den Russen eingekesselt waren und erst von unseren Panzern freigekämpft werden mußten.

Für die Soldaten, die diese Absatzbewegungen mitmachten, war es nun schon seit Monaten ein müdes Dahinwandern in endlosen Gewaltmärschen, bei denen sie nie aus den Kleidern kamen und im günstigsten Fall zur Nacht ein Scheunenlager fanden.

Manchmal mußte man Tiefflieger- und Bombenangriffe über sich ergehen lassen; der einzige Gedanke, der unser aller Gemüter schließlich nur noch bewegen konnte, war die Aussicht auf ein Quartier. Doch war die Verpflegung immer noch gut und reichlich, und den Kindern gefiel das Wanderleben recht gut, da sie durch Federbetten geschützt waren und die Soldaten ihnen viel Freundlichkeiten erwiesen.

Nur mein Vater hielt die Fahrten auf offenem Schlitten bei der Kälte nicht aus. Schon am 2. Februar mußten wir ihn in Wernegitten in einem Dorfgasthaus, das mit Verwundeten und Flüchtlingen überfüllt war, zurücklassen. Er konnte sich nicht mehr aufrechthalten. Meine Mutter beschloß sofort, bei ihm zu bleiben. Erst nach 1½ Jahren erfuhr ich, daß mein Vater noch 9 Tage gelebt, dann von den Russen in ein Massengrab gelegt wurde und meine Mutter bei fremden Bauersleuten im gleichen Dorf nach seinem Tod Zuflucht suchte. Es gelang ihr nach einem Jahr, sich einem Transport anzuschließen, der nach Salzwedel (Altmark) ging. Ich blieb mit den Kindern noch bei der Stabskompanie, die ihren Weg zunächst über Heilsberg nahm, wo es auf der Heilsberger Rollbahn besonders hoch herging mit Tieffliegerangriffen. Immer auf schlechten, nun von einsetzendem Tauwetter ganz aufgeweichten Seitenstraßen gelangten wir ohne Menschenverluste bis Raunau, einem Dorf zwischen Mehlsack und Heilsberg. Hier teilte man uns mit, daß die Division demnächst zum Einsatz käme und daß es daher für uns ratsam wäre, uns jetzt ebenfalls den Flüchtlingszügen anzuschließen. So brachte uns der LKW. einer benachbarten Kraftfahrdivision nach Mehlsack.

Die Stadt hatte gerade einen schweren Bombenangriff hinter sich, und die meisten Einwohner, soweit sie überhaupt noch da waren, waren aufs Land geflohen. Bisher hatten uns die freundliche Behandlung und die gute Verpflegung bei der Wehrmacht und das gewisse Schutzgefühl, das wir trotz aller Mißerfolge doch noch hatten, über vieles hinweggetröstet. Nun erst sollten wir das typische Flüchtlingselend so ganz spüren. Der Bahnhof war abgeschlossen, es hieß, daß keine Züge mehr gingen. Zur Stadt war es ziemlich weit, außerdem stockfinstere Mitternacht und der Weg uns unbekannt. Die Kinder an meiner Hand schrien vor Übermüdung und Angst wie am Spieß. Meine drei Decken, die beiden Rucksäcke und die große Handtasche — unsern ganzen Besitz zur Zeit — hatten wir auf einen Rodelschlitten gelegt, der verlassen am Weg stand. „Mutti, komm schnell in ein warmes Haus!", schluchzte der vierjährige Axel immer wieder. Ich versuchte, mit Hilfe eines vorüberkommenden SA-Mannes in die nächsten Villen einzudringen, doch sie waren abgeschlossen. Die Wehrmachtwagen, die vorbeikamen, bewegten sich alle in Frontrichtung. Schließlich aber fanden wir doch noch ein Haus offen und mußten zunächst froh sein, noch auf den Steinstufen im Treppenflur ein Plätzchen zu finden. Dann erzwang ich mir in derselben Nacht noch Einlaß in eine Wohnung. Hier lernten wir die Wehrmacht, die uns vorher so freundlich und aufopfernd geholfen hatte, von der andern Seite kennen. In dieser Wohnung hatte sich ein Hauptmann von der Bahnhofskommandantur einquartiert mit seiner Sekretärin, die zugleich seine Geliebte war. Er brachte ihr Torte und Braten und ließ uns zuschauen und war so böse über unsere „Invasion", daß er es vorzog, in den nächsten Tagen auf dem Bahnhof zu übernachten.

Am nächsten Tage standen wir vergeblich stundenlang nach Brot an. Nach endlosem Warten und mühsamster Beschaffung von allen möglichen Scheinen brachten wir schließlich 10 Pfund Kartoffeln und 1/2 Pfund Haferflocken nach Hause. Als auch am nächsten Tag das Anstehen nach Brot vergeblich war, packte uns zum ersten Mal die Angst vor dem Hunger. Schließlich schenkte uns eine Flüchtlingsfamilie aus der Nachbarwohnung Brot. Aufstrich fand sich noch genügend im Rucksack, und zum Mittagessen lud uns die Hausfrau ein, die selbst fluchtbereit war und daher allmählich immer mehr aus ihrer anfänglichen Reserve herausging. So wünschten wir uns endlich, noch recht lange in diesem Quartier bleiben zu können, doch sollte Mehlsack demnächst geräumt werden. Da auch im Hause der Oberleutnant einer Kraftfahrdivision einquartiert war, setzte ich mich mit diesem wegen einer Beförderungsmöglichkeit nach Braunsberg in Verbindung. Er und seine Kameraden waren genau so entgegenkommend wie die Herren unserer Stabskompanie und sorgte dafür, daß wir mit einem Güterzug mitkamen. Allerdings mußten wir noch 2 Tage in diesem Zug verbringen, ehe er abging. Das war mit den ungeduldigen Kindern und den wenigen Eßwaren, die wir noch besaßen, eine schwere Nervenprobe, zumal sich mit der Zeit noch viele Menschen einfanden, z. T. richtige Verbrechertypen. Bei ihrem rohen, heiseren Gebrüll dachte ich oft, wir wären in eine Hafenspelunke geraten, und der naßkalte, starke Tauwind zog unbarmherzig durch alle Ritzen.

Anfangs, als ich den unliebenswürdigen Hauptmann einmal zaghaft um seine Meinung befragte, meinte er wütend: „Es ist ja alles Wahnsinn, der Kessel bereits zu, aus Ostpreußen kommt keiner mehr heraus, die Leute sollen bleiben, wo sie sind!" Als ich aber von unserer Abfahrt nach Braunsberg rezählte, meinte er knurrend: „Ja, der Zug geht, und ein Loch übers Haff ist auch noch offen!" Sein Knurren klang mir wie Sphärenmusik in den Ohren

Leider erinnere ich mich nicht mehr genau an die einzelnen Daten, doch müssen wir etwa am 12. Februar in Braunsberg angekommen sein. Auch Braunsberg hatte gerade wieder schwere Bombenangriffe hinter sich, während wir selbst in den Städten, die wir berührten, keine großen Fliegerangriffe erlebten.

Stundenlang standen wir zunächst mit einer Unmenge anderer Flüchtlinge in der ungemütlichen Bahnhofshalle herum (von den Toilettenverhältnissen ganz zu schweigen!). Gegen Mittag befahl ein Bahnhofsoffizier allen Flüchtlingen, die Halle sofort zu räumen und sich zum Rathaus zu begeben. Hier trat dann zum ersten Mal auf unserer Flucht die NSV. in Erscheinung und verteilte eine warme Suppe und Keks für die Kinder.

Dann wurden alle am laufenden Band auf die vorbeikommenden Ziviltrecks verladen, deren Lenker uns nur sehr widerwillig aufnahmen. Oft geschah es nur unter Pistolenbedrohung durch die anwesenden SA-Leute. Wir waren zu einem Bauern aus dem Kreis Neidenburg gekommen, ein großer, wortkarger, kräftiger Mann, der weder liebenswürdig noch unfreundlich war. Wir redeten alle nur das Notwendigste und kamen ganz gut miteinander aus. Der Bauer hatte nur noch einen Knecht mit sich, seine Familie war bereits vorgefahren.

Nachdem wir einen Landweg zum Haff heruntergefahren waren, setzten wir bei Anbruch der Nacht die Fahrt über das vereiste Haff fort. Vorher wurden wir noch gezwungen, einen Verwundeten, den ständige Schmerzen arg plagten, in unserm Wagen aufzunehmen.

Schon in der ersten halben Stunde brach sich das Fohlen, das neben dem Wagen herging, beide Beine und mußte zurückgelassen werden. Kurz darauf geriet eines der beiden stämmigen Pferde, die den Wagen zogen, in ein Eisloch und mußte mühsam mit einer Axt befreit werden. Der Bauer zitterte am ganzen Körper vor Furcht, auch dieses Tier könnte sich die Beine brechen, denn ein Pfe d allein hätte die Strapazen nicht bewältigen können. Auch waren wir genötigt, in riesigen Abständen zu fahren und stundenlang auf der gleichen Stelle stehen zu bleiben. Jeder, der zu überholen versuchte, wurde mit den wildesten Schimpfworten belegt und fast tätlich bedroht. Da nun aber schon lange Tauwetter eingetreten war, so war das Eis bereits mit einer Wasserschicht bedeckt, und je länger wir standen, desto höher stieg über dem Eis das Wasser.

Ich saß stundenlang unbeweglich und starrte auf den breiten Rücken des Bauern vor mir und dann durch einen Spalt daneben über die weite Fläche des Haffs und den schwarzgrauen Nachthimmel, der sich darüber spannte. Ab und zu beleuchteten Fackeln die vorgezeichnete Wegstrecke. Dann sah man die endlosen Reihen der Trecks, die sich schweigend in großen Abständen mit fast unvorstellbarer Langsamkeit fortbewegten. Es kam mir vor wie ein langer Leichenzug, und langsam und unabänderlich kroch die Kälte an uns hoch, bis wir am Morgen versuchten, die steifen Glieder in eine andere Lage zu bringen.

Als es hell wurde, sah man überall die eingebrochenen Wracks der Trecks und Autos herumliegen. Einigen Leuten war es gelungen, sich zu retten, und diese zogen nun zu Fuß weiter. Und fort ging die Fahrt noch eine zweite Nacht über das brüchige Eis bis Kahlberg. Die Kinder wurden von der Kälte und dem wenigen Essen immer matter und wollten gar nicht mehr aus dem Wagen heraus. Sie erkrankten später an ruhrartigem Durchfall, der sogenannten „Landstraßenkrankheit", der wir alle zum Opfer fielen und die uns auch noch im ersten Jahr in Dänemark schwer zu schaffen machte.

Und unsere armen Verwundeten! Wie anders hatte ich mir ihre Betreuung vorgestellt! Wie vielen war ich z. B. schon in Mehlsack begegnet, die — direkt von der Front kommend — uns blutend, hinkend, z. T. mit schwersten Verwundungen entgegenwankten. Und auch bei dieser Fahrt über das Haff wurden sie einfach in die überfüllten Trecks mit Gewalt gestopft oder lagen bei Schnee, Sturm und Regen auf offenen Heuwagen. Erst in Kahlberg wurden sie von Sanitätern in Empfang genommen und nach einer Sammelstelle für Verwundete gebracht.

Kahlberg war für uns eine große Enttäuschung. Welch guten Klang hatte dieser Name früher als idyllisch zwischen Haff und See gelegener Badeort! Jetzt herrschte ein naßkaltes Februarwetter. Alle Straßen waren völlig aufgeweicht, wir versanken bis über die Knöchel im Schlamm und bekamen überhaupt nicht mehr trockene Füße. Ein Quartier war auch nicht mehr frei, wir mußten auch nachts mit den Kindern wieder im Wagen bleiben. Die Verpflegungsfrage begann nun zum brennendsten Problem zu werden. Stundenlang war ich im Ort nach Essen unterwegs, doch mußte ich immer wieder erfolglos umkehren, da ich Furcht hatte, die Kinder allzu lange allein zu lassen. Am andern Morgen aßen wir das letzte Stück Brot! Dann begab ich mich zur Kreisleitung, wo Schiffskarten nach Danzig verteilt werden sollten. Doch hörte ich, daß man alle zurückgeschickt hätte bis auf schwangere Frauen und sehr kinderreiche Mütter. Die noch von 5 Uhr morgens dasaßen, waren durch das lange Warten in schrecklicher Wut. Der Kreisleiter, am ganzen Leib vor Wut zitternd, schrie sogar Schwerkriegsbeschädigte an, er würde sie mit der Polizei herausjagen. „Schlagt doch die braunen Hunde tot!", schrien einige Frauen neben mir: „Wenn die Russen schon hier wären, würden vielleicht wenigstens unsere Kinder nicht mehr hungern!" Ich verließ resigniert den Raum. Auch an Verpflegung konnte ich gar nichts mehr erobern, und jeder, der mit einem Brot vorüberkam, erschien mir als der beneidenswerteste Mensch unter der Sonne. Die goldenen Zeiten des „Schmiedewagens" schienen Jahre zurückzuliegen.

Viel schlimmer aber als der beginnende Hunger war der Durst. Dauernd — wahrscheinlich durch den ständigen Aufenthalt in freier Luft — klebte uns die Zunge förmlich am Gaumen fest. Wasser durfte wegen Typhusgefahr nicht getrunken werden, und Kaffee war zur Kostbarkeit geworden. Trotzdem glaubten wir nun, wo wir wieder festen Boden unter den Füßen hatten, das Schlimmste überstanden zu haben, die Nehrungstraße in einem Tag zu überwinden und dann in gute, sichere Quartiere zu kommen.

O, diese Nehrungstraße! Sie sollte das schrecklichste Erlebnis unserer Flucht werden! Sie war so schmal, daß zwei Wagen nebeneinander nur ganz knapp Platz hatten. Zur Linken schimmerte häufig die Eisfläche des Haffs, zur Rechten war Wald. Zu dem völlig aufgeweichten Boden wies die Straße ein tiefes Schlagloch nach dem andern auf, jedes von der Größe eines halben Zimmers. Zwar gab es noch eine zweite Straße, doch diese war der Wehrmacht vorbehalten. Dadurch nun, daß die Wagen in unabsehbar großer Zahl immer einer hinter dem andern fuhren, entstanden noch viel mehr Stauungen und Stockungen als sonst. Ein Drittel der Wagen etwa war schon auf dem Eis liegen geblieben, ein weiteres Drittel ging hier kaputt. Wenn wieder jemand vor uns einen Radbruch hatte, dauerte es stets einige Stunden, bis wir weiter fahren konnten.

Dieses endlose Warten und die Aussicht, daß es auch uns jeden Augenblick so ergehen konnte, machte die Fahrt wirklich unerträglich. Wieder ein Loch, wieder tiefster Schlamm, wieder eine Anhöhe! Ob wir dieses Mal noch durchkommen würden? So kamen wir tatsächlich während eines ganzen langen Tages nur 3—5 km vorwärts, und das „Hüh, jüh, hüh, jüh", dieses heisere, wütende und zugleich angstgequälte Gebrüll des Bauern, mit dem er die Pferde antrieb, wird mir ewig unvergeßlich bleiben. Ab und zu wurde unterwegs eine warme Suppe ausgeteilt, aber kein Brot. Wir bettelten häufig Soldaten an. Sie hatten aber, wenn überhaupt, nur noch ein wenig Knäckebrot mit sich und waren auch längst nicht so freundlich wie die vom Schmiedewagen.

Eines Nachmittags, als die Trecks gerade wieder stundenlang hielten, wurden dicht an uns vorbei auf der schmalen Straße Tausende von gefangenen Russen getrieben. Sie sahen zerlumpt und elend aus, viele mongolische Typen waren darunter, jeder hatte sich zwei Kohlrüben als Proviant umgehängt. Manchmal gingen einige zu den toten Pferden, die überall herumlagen, und schnitten sich ein Stück Fleisch ab, was sie dann sofort mit Heißhunger verzehrten. Einer unserer Wachsoldaten, der nebenher ging, rief mir zu: „Nehmen Sie Deckung, junge Frau, die Leute haben Hunger, und man weiß nicht, was in den nächsten Minuten passieren kann. Die Waldstraße ist schmal und einsam, und wenn die Gefangenen jetzt über die Trecks herfallen, kann niemand helfen." „Wir haben doch noch unsere Wehrmacht", sagte ich, äußerlich ganz ruhig, innerlich wie gelähmt vor Furcht. Er zuckte die Achseln: „Gott, wir paar Mann, was können wir noch machen!" Gottlob aber geschah nichts, und langsam, langsam kamen wir schließlich doch weiter. Am Weg lagen außer den toten Pferden schon viele alte Leute kraftlos da. Mütter mit Säuglingen kauerten am Straßenrand. Ihre Trecks waren unterwegs zusammengebrochen, und wahrscheinlich erreichte kaum einer von ihnen mehr Danzig, das uns damals noch an die Insel der Seligen erinnerte. Oft malte ich mir aus — während die Russen ihre Artilleriegrüße von Elbing herüberschickten —, wie furchtbar es wäre, wenn wir so kurz vor dem Ziel hier noch elend umkommen müßten. Denn zu Fuß konnte ich mit den Kindern nicht mehr 10 Schritte weit kommen. Axel hatte eine Fußentzündung, weil wir ja nie mehr aus den Schuhen kamen, und der kleine Olaf war noch kränker. Wieder aber hatten wir Glück im Unglück: Unser Wagen war einer der stabilsten. Er hatte einen Holzaufbau mit Dach und Gummirädern. Zwar hatten wir öfters Schäden, doch schließlich kamen wir alle heil über diese entsetzliche Todesstraße hinweg.

Der Bauer fuhr uns noch einige Kilometer weiter, bis wir das riesige Sammellager in Stutthof erreichten. Hier traf mich ein neuer Schlag. Leider noch durch eigne Unachtsamkeit verlor ich unser letztes Gepäck und meine Handtasche mit Geld, Sparbüchern, allen wichtigen Papieren und unserm gesamten, sehr wertvollen Familienschmuck.

Auf den Wegen des Lagers herrschte ein unbeschreiblicher Schmutz, meine Kinder lagen krank im Stroh einer Baracke. Die große NSV.-Organisation versagte völlig. Nur Leute, die gesund waren und alleinstanden, konnten mit Erfolg den ganzen Tag nach Brot und Wassersuppe anstehen. Ich konnte die Kinder nicht so viel allein lassen und hatte ja nun auch keine Gefäße mehr zum Essenholen. Nun mußte ich auch die bittere Erfahrung machen, daß größtes Elend im allgemeinen nicht verbindet, sondern im Gegenteil die Menschen nur noch viel egoistischer und härter macht. Vergebens wandte ich mich unter Selbstmorddrohungen verzweifelt an Zivil- und Aufsichtspersonen. Schließlich half mir gerade ein SS-Offizier, von dem ich es am wenigsten erwartet hatte. Er ließ die Kinder durch einen seiner Leute in eine Baracke bringen, wo diejenigen Personen sich aufhielten, die zuerst, d. h. noch im Laufe dieses Tages, weiterbefördert werden sollten. Auch eine Suppe brachte man uns, und bei Anbruch der Dunkelheit wurden wir zwar nicht in einen Zug nach Danzig gesetzt, dafür aber in einen Lastwagen der Wehrmacht, der nach Dirschau fuhr.

In einem Dorf bei Dirschau verbrachten wir eine angenehme Nacht in einem von Soldaten besetzten Bauernhaus. Es gab warmes Wasser zum Waschen, gutes Essen und sogar Radiomusik. Und ehe wir am nächsten Tag nach Dirschau weiterfuhren, schenkten uns die freundlichen Soldaten noch ein Handtuch, Seife und einen Spankorb, in dem wir die mitgebrachte Verpflegung verstauen konnten. Es war wie eine Oase in der Wüste.

Im Wartesaal des Dirschauer Bahnhofs gab es noch Kellner, gedeckte Tische, Blumen und sogar Frauen, die Hüte trugen! Dies schien uns märchenhaft. Leider aber gingen die Züge auch hier schon recht spärlich, und der Flüchtlingsandrang war so groß, die Stimmung überall so gereizt und haßerfüllt auf jeden, der einen kleinen Vorteil errang, daß meine Hoffnungen, überhaupt noch nach Danzig zu kommen, schon wieder ganz tief sanken. Danzig aber war das vorgeschriebene Flüchtlingsziel. Hier endlich sollte es Lebensmittelkarten, Bezugscheine und Privatquartiere geben. Noch weitere Ziele sich zu stecken, erschien uns damals geradezu vermessen.

Doch auch in Dirschau erwischten wir wieder einen Zipfel Glück. Ich lernte im Wartesaal — nachdem die NSV. uns noch einige Kleidungsstücke für die Kinder geschenkt — einen freundlichen Wachtmeister kennen. Dieser wiederum kannte einen Eisenbahnbeamten, und beide zusammen brachten das Wunder fertig, uns im Zug nach Danzig noch zwei Plätze zu erkämpfen. Allein hätten wir dies niemals geschafft!

Am 20. Februar trafen wir in Danzig ein und wurden zunächst in eines der großen Auffanglager geschickt, wo wir nur auf Stühlen, fast ohne Verpflegung, einen Tag und eine Nacht verbrachten. Ich war körperlich, seelisch und materiell völlig am Ende meiner Kräfte. Doch Bekannte, die meinen

Namen in der Auffangliste gelesen hatten, holten uns am nächsten Tag heraus und beherbergten uns 3 Wochen lang in ihrer Wohnung, obwohl dort bereits 10 Flüchtlinge untergebracht waren. Sie sorgten für alles Nötige, vor allem erhielten die Kinder endlich wieder die nötige Pflege. In den ersten 10 Tagen erschien uns das Leben hier geradezu paradiesisch: Die Läden waren offen, die Straßenbahnen gingen noch, man konnte noch kochen, waschen und heizen. Und was bedeutete nach allem, was wir durchgemacht hatten, schon das bißchen Fliegeralarm und Luftschutzkelleraufenthalt??! Es gingen noch einige Züge nach Berlin. Doch meine Freunde, die diese Fahrgelegenheit benutzt hatten, mußten auf halbem Wege wieder umkehren, da die Russen bereits in Pommern waren und nun — von Ostpreußen und von Pommern her — Danzig in die Zange nahmen. Schwere Fliegerangriffe und alarmierende Nachrichten, das ständige Vordringen der Russen betreffend, häuften sich. Des schlechten Gesundheitszustandes meiner Kinder wegen wollte ich so lange wie irgend möglich mit der Weiterreise „ins Reich" warten. Viele wollten sich in den Kellern häuslich einrichten und gar nicht mehr weiter. Fast hätte ich auch nicht mehr die Entschlußkraft zur Weiterreise aufgebracht, hätten nicht gute Freunde so sehr darauf bestanden. So fuhren wir am 12. März zum Hafen von Neufahrwasser, wo wir am 14. März den großen Hilfskreuzer „Hektor" bestiegen, der etwa 5000 Flüchtlinge faßte. Die Besatzung bestand fast ausschließlich aus Seekadetten. Erst mitten auf See erzählte uns der Kapitän, daß die Fahrt nicht, wie wir angenommen, nach einem Ostseehafen, sondern nach Dänemark ging.

Nach ruhiger Fahrt, wenn auch unter fast unerträglichen Unterbringungsbedingungen, erreichten wir am 19. März den Hafen von Kopenhagen.

Es folgen einige wenige abschließende Bemerkungen.

Nr. 24

Erlebnisbericht von Frau Ella Harwardt aus Rössel i. Ostpr.
Original, 1. Oktober 1950.

Die letzten Tage in der Stadt Rössel vor der Einnahme durch die Russen.

Sonnabend, 20. Januar 1945.

Es fährt kein Zivilzug von Rössel mehr. Telefonische Anfragen bei der Bahn bestätigen diese Tatsache, bringen aber die Beruhigung, es werden doch noch, sogar noch fahrplanmäßige Züge fahren. Z. Zt. würde viel Militär in die Gegend von Preußisch Holland-Elbing geworfen und ins Heilsberger Dreieck. Noch sei Ostpreußen nicht aufgegeben, und wenn diese Transporte vorüber wären, befördere die Bahn auch wieder Zivilvolk.

Dienstag, 23. Januar 1945.

Heute fand man Bestätigung der Bahnmeldungen. Unaufhörlich durchzogen Truppen die Stadt. Motorisierte Einheiten gaben auf Befragen der Bevölkerung den Bescheid, sie seien beauftragt, Elbing freizukämpfen. Freizukämpfen? Dann ist Ostpreußen ja schon vom Reich abgeschnitten! Und ringsum Eis und Schnee und — Russen! Wo soll man hin? Die Erregung steigert sich. Die Ungewißheit lastet. Die deutschen Truppen sagen, geht den Russen aus dem Wege, es sind Tiere.

Mittwoch, 24. Januar 1945.

Der Rundfunk bringt um 14 Uhr vernichtende Gewißheit. Um Elbing wird gekämpft, auf Königsberg drängt der Feind, russische Fallschirmtruppen sind auf der Frischen Nehrung! Also gänzlich eingekesselt! Völlig abgeschlossen von aller Welt! Den Russen preisgegeben! Wie in all den Wochen vorher ziehen über die verschneiten Straßen Tag für Tag, Nacht für Nacht, unaufhörlich, ohne Unterbrechung Ziviltrecks. Sie sind schwer beladen, kaum können die Pferde weiter. Die Wagen knarren und ächzen und — brechen. Dann gibt es Aufenthalte, Verkehrsknäuel, Verwirrungen. Und durch all den Jammer fährt die weichende deutsche Truppe, von sich ständig mehrenden russischen Fliegern in dauerndem Wechsel angegriffen. Bomben fallen auch in die Ziviltrecks. Die Toten, die Wagentrümmer, die Pferde werden in die Chausseegräben geschoben, ohne Aufenthalt soll es weiter gehen, nach dem Westen. Dazu strenger Frost, tiefer Schnee.

Donnerstag, 25. Januar 1945.

Die Bevölkerung hat es aufgegeben, den Russen zu entkommen, der größere Teil beschließt zu bleiben. Einige ziehen auf die Dörfer. Die Bleibenden beruhigen sich in der Hoffnung, 1914 waren die Russen im allgemeinen ja auch Menschen und benahmen sich, von einzelnen Übergriffen abgesehen, als solche. Draußen schrecken Kälte und Frost und Schnee und Hunger und der sichere Tod. Man vernimmt fernes Dröhnen, dumpfen Schall von großen Sprengungen. Es sollen die Anstalten von Carlshof, das Führerhauptquartier (die Wolfsschanze) bei Rastenburg sein.

Freitag, 26. Januar 1945.

Der Russe zieht in Rastenburg ein. Das wurde aber erst nach Tagen der Rösseler Bevölkerung bekannt. Daß er aber von Lötzen her im Anmarsch auf Rössel ist, das hörte man bald. Aus der Ferne das Rollen und Grollen der nahenden Front. Gelähmt, ohne Entschluß, ohne Tatkraft harrte man den immer näher kommenden, grauenhaft drohenden Dingen entgegen. Fast wollen die Nerven versagen.

Sonnabend, 27. Januar 1945.

Sämtliche Geschäfte sind seit Tagen dazu übergegangen, ohne Marken, ohne Bezugsscheine Waren zu verkaufen und geben sie in jeder Menge ab. Männer sind wenige in der Stadt. Die meisten der älteren holte der Volkssturm. Mittags schließen die Banken, um nie wieder zu öffnen. Sie haben ihr Bargeld völlig verausgabt. Alles zieht sich in seine Familie zurück, jeder Berufstätige, jeder Bertriebsangehörige. Einzelne wandern noch den nahen Dörfern zu und tragen und fahren auf Handwagen und Rodelschlitten die Alten und einen winzigen Teil ihrer Habe mit. Licht und Strom gibt es nicht mehr. Im Laufe des Tages sprengte deutsches Militär die elektrischen Anlagen, ebenso das Gas- und Wasserwerk. Wasser muß oft von weither geholt werden. In der Nacht zum Sonntag fährt tatsächlich noch ein Zivilzug ab. Es ist unwiderruflich der letzte, denn gleich darauf sprengen deutsche Truppen die Bahnstrecke. Grauenvolle Dunkelheit. Eine fürchterliche Nacht. Gegen Morgen rückt das Rumoren der Front näher und näher. Schon hört man das Heulen und Bersten der Granaten.

Sonntag, 28. Januar 1945.

Die Sprengung des Bahnkörpers, die mit schrillem Klirren der Schienen die Stadt erschüttert, weckte in der Nacht die vom Schlaf Überwältigten und schreckte sie hoch. Man packte, was noch zu packen war, und rüstete zum letzten Kirchgang. Zum letzten Gang. Das Landvolk, das in friedlichen Zeiten an den Sonntagen die Stadt belebte, fehlte. Es wollte die Dörfer nicht mehr verlassen, der Russe stand vor der Tür. Die große Kirche war nur zur Hälfte gefüllt. Die Orgel, die seit Kriegsbeginn von einer Katharinenschwester gespielt worden war, schwieg heute. Seine letzte hl. Messe in seiner Pfarrkirche feierte der Erzpriester Dr. Preuschoff, der wenige Monate später im Ural verhungerte, um 8 Uhr. Eine tiefe, stille Andacht senkte sich über die gequälten Menschen, verzagte, verzweifelte Hilferufe zu Gott, er möge das Schicksal wenden, stiegen zum Himmel.

Nach einer Rekapitulierung des Predigtinhaltes fährt Vfn. fort:

Die Angst der Kreatur vor den kommenden Tagen schob sich wie ein schwarzes Unwetter über die Andacht der Menschen. Der Erzpriester erteilte den letzten Segen, und aufs tiefste erschüttert mit einem letzten inbrünstigen Gebet verließen die Gläubigen die Kirche. Am Abend zogen die Russen in die Stadt, in der einige Gebäude brannten.

Nr. 25

Erlebnisbericht von Frau E. S. aus Rössel i. Ostpr.
Beglaubigte Abschrift, September 1946.

Das Schicksal der Bevölkerung von Rössel nach der Einnahme der Stadt durch die Russen.

In unserer Wohnung und in unserem Geschäft war es nicht zum Aushalten. Deshalb gingen meine Eltern am Montag, dem 29. Januar 1945, in ihr oberes Haus, das frühere Konvikt (Philippinum). In der unteren Wohnung wohnte die Lehrerin Frl. Kr. von der höheren Mädchenschule. Meine Eltern haben mit Frl. Kr. und deren Mutter eng aneinandergepreßt auf dem Boden des Hauses gelegen. Wir blieben verschont. Frau K. im 1. Stock wurde sehr schwer vergewaltigt. Ihre 78-jährige Mutter, die im Sterben lag, wurde aus dem Bett auf die Erde geworfen und blieb dort liegen. Ein 20-jähriges Mädchen wurde in dieser Nacht 20 Mal vergewaltigt. Im Korridor wurde ein Flüchtling aus Goldap erschlagen. In der Wohnung von Dr. Grunwald tobten die Russen. Sie tranken Schnaps und zerschlugen die Möbel. Dauernd kamen Russen in das Zimmer, drohten und fluchten und gingen wieder. Immer wieder wurde gebetet: „Lieber Heiland, laß uns sterben." Frl. Kr. flehte Papa um sein Taschenmesser an.

Sie wollte erst den andern, dann sich die Pulsadern aufschneiden Der liebe Gott würde es ihr verzeihen, sagte sie. Papa gab ihr das Messer nicht.

Endlich kam nach dieser Nacht voll Angst und Todesschrecken der Morgen. Meine Eltern nahmen die sterbende Frau K. in ein Laken und brachten sie ins Krankenhaus. Die Straßen — ein Bild des Grauens. Umgekippte Flüchtlingswagen, zertrümmerte Möbel, Scherben und Leichen und Pferdekadaver. In einer Nacht! Das Krankenhaus war voll besetzt. Die Russen dort tranken, soffen, fraßen, fluchten und drohten. Der Chefarzt Dr. N. hatte sich versteckt und war nicht gefunden. Die Schwester Theresia von der Pforte sagte: „Nicht sehen lassen, schnell verschwinden. Wir Schwestern wären auf ein Haar alle erschossen worden." Kaum waren wir zu Hause, da holte ein Russe meinen Vater auf den Hof, um ihn zu erschießen, aber ein Rösseler der polnisch konnte, sagte zu dem russischen Offizier: „Nicht schießen, er ist ein guter Mensch."

Etwa am 20. Februar 1945 kamen feste Verbände nach Rössel. Damit wurden wir Garnisonstadt. Tag und Nacht wurde geplündert. Die Vergewaltigungen nahmen kein Ende. Viele Frauen, z. B. Frau B., baten Dr. N. vom Krankenhaus um Gift. Er gab es nicht. Unter den von wüsten Männern viehisch Mißhandelten befanden sich Kinder von 13—14 Jahren, so die 14-jährige Tochter von W. F. und die 13-jährige Tochter von Kaufmann V. M. Meine Freundin E. W. wurde von russischen Soldaten zu ihrer Mutter gebracht, sie konnte vor Schwäche nicht mehr gehen und war lange krank. Ein Mädel aus der Siedlung konnte die Vergewaltigungen nicht mehr ertragen, nahm Essigessenz und starb unter furchtbaren Schmerzen. Ein anderes Mädel hängte sich aus demselben Grunde auf, eine Flüchtlingsfrau ebenfalls. Wenn ein Russe an der Türe erschien, flohen Frauen und Mädchen durch die Fenster. Dann umstellten die Russen die Häuser und holten sich ihre Beute.

Gleich in den ersten Tagen mußten sich die Männer bis zu 50 Jahren melden. Sie wurden verschleppt. Darunter war auch Pater Bock. Er ist inzwischen verstorben. Später nahm man auch die älteren Männer. Einige Namen: Mein Vater (60 Jahre), Kaufmann Kellmann, Fleischermeister Jekosch, Fleischermeister Nieswandt, Kaufmann Klimmeck, Stadtbaumeister Krekel, Kaufmann Hoepfner, Postassistent Zimmermann, Schlachthofaufseher Naujoks, Tischler Hermann Orlowski, die Fleischer Luhmann und Bagahn, Polzien (von der Ermländischen Genossenschaft), Bäckermeister Prill und seine Frau, Stadthauptkassenrendant Wolff, Kaufmann Hünemohr (im Lager Archangelsk verstorben), Rechtsanwalt Dorsch (70 Jahre, im Lazarett Archangelsk 1. April 45, acht Tage nach Einlieferung, laut Nachricht von Pfarrer Lic. Braun (jetzt englische Zone), verstorben), Apotheker Pessara (kam zurück, starb auf der Flucht in Deutschland), Installateur Radtke (kam zurück), Postobersekretär Lingnau mit drei Töchtern, Polizeiwachtmeister Kroll mit zwei Töchtern, Tischlermeister Schmidt und Tochter, Lehrer Buchholz mit zwei Töchtern, Frau Masuhr (Frau des Bürgermeisters — hatte falschen Paß), Frau F. (Kind oben erwähnt — Vater W. F.), Lilly Peto, Gertrud Käse, Frau Sistermanns (kam zurück), Fräulein Maria Wirdel (kam zurück, wohnt mit ihrer Mutter in Westfalen), Fräulein Gitta Harwardt (kam zurück, wohnt in Westfalen), Frau Lowitsch, Frau Schwark, Tischlermeister Dedner und zwei Töchter.

Nr. 26

Erlebnisbericht von Annemarie Kniep aus Loschkeim, Kreis Bartenstein i. Ostpr.
Die Aufzeichnungen entstanden im Frühjahr 1946 auf Grund von Tagebuchnotizen, die während des Trecks gemacht wurden. Teilabdruck.

Treck des landwirtschaftlichen Betriebes Loschkeim über das Frische Haff durch Nordpommern bis Wollin.

Loschkeim, 28. Januar 1945.

Das Haus ist übervoll. Die Flüchtlinge schlachten Schweine. 20° Kälte. Treck Blumenthal fährt los. Wir sollen mit; Vater zögert noch. Hptm. L. verspricht mir, mir rechtzeitig zu sagen, wenn es Zeit ist. Der Wohnwagen ist fast fertig beladen. Tag und Nacht geht die Türe: Soldaten, Flüchtlinge. Ich habe mir vorn im Wohnzimmer auf dem Sofa ein Lager zurechtgemacht und liege halbangezogen da. Bei jedem erneuten Beben des Hauses (Sprengungen, Artillerie) springt mir Hexe (Dackel) angsterfüllt ins Genick.

29. Januar 1945.

Es ist milder. Die Leute wollen nicht mit. Da erscheinen die Männer vom Volkssturm zurück. Nun ist mir überhaupt erst die Durchführbarkeit des Trecks gewährleistet. Der Packbefehl ist da. Wir schlafen die letzte Nacht jeder unter dem eigenen Dach. Ein Leben im Haus! Unser friedliches, stilles Loschkeim ist nicht wiederzuerkennen.

30. Januar 1945.

Hptm. L. zeigt mir ein Schreiben, nach dem ein Zögern nicht mehr ratsam ist. Die letzten Vorbereitungen zur Flucht werden getroffen. Mittags holt Färber Hexe, sie wird erschossen. Ebenso die sieben edlen Fohlen. Die ein- und zweijährigen Fohlen, z. T. die dreijährigen, bleiben da. Das Militär will das Vieh losmachen, wenn es abrückt. Um 6 Uhr werden die Leute (Männer) zusammengerufen, Abfahrt des Betriebes zur Flucht auf ca. 11 Uhr bei Mondaufgang. Wir hören die Rede Hitlers: leer und nichtssagend. Also: rette sich, wer kann. Wir sitzen zum letztenmal um den gemütlichen Tisch im Wohnzimmer, trinken mit Hptm. L. und Hptm. B. eine Flasche Wein. Hptm. L. gab mir Zigaretten, Keks und Bonbons für die Kinder für unterwegs. Ich nehme mir eine Handvoll Erde, binde sie in ein Taschentuch, nehme sie mit in die Fremde. Es liegt Schnee. Die Wagen fahren vor. Meine Mutter, die beiden Mädchen (Else und Frieda) kommen in den Wohnwagen, um Platz für Mutter zu schaffen, dann steigen die Mädchen zu Reintraud Wittkuhn (Rendantin) auf den Wagen. Die Eltern und ich verlassen gemeinsam das Haus. Der Treck ordnet sich: Wohnwagen, Tummescheits zwei Wagen — die Stuten wollen nicht anziehen, ich muß noch Soldaten um Hilfe holen —, unser Kutschwagen, Reintraud mit kleinem Kutschwagen, der Futterwagen mit Seege, die Wagen der Leute, zuletzt die Weißrussen und Polen mit ihren Wagen (11 im ganzen). Hoher Schnee, der Mond beleuchtet das Haus, die Tannen davor. Ich gehe in hohen Stiefeln, den Stock in der Hand (er hatte mir 1934 zu fröhlicher Harzwanderung gedient) am Treck entlang und fasse es nicht, daß wir nun tatsächlich die geliebte Heimatscholle verlassen müssen, uns mitten in Eis und Schnee auf die Landstraße begeben müssen. Eine Provinz auf der Straße! Ein Irrsinn und ein Elend! Doch ich denke an Hptm. L.'s Worte, als er mir zum Abschied die Hand küßte und den Schlüssel zu Georgs Zimmer nahm, das er erst öffnen wird, wenn wir fort sind: „Und nun seien Sie nicht so weich, wie Sie innerlich tatsächlich sind. So kommen Sie nicht durch. Und möge Ihnen das Schlimmste erspart bleiben."

Der Treck biegt auf die Chaussee ein, um die Ecke nach dem Eichgarten zu. Dort bleiben nun die Gräber zurück. Der Wagen von Worm hat da schon die erste „Panne". Schoels Fleischwanne geht ab. Eine Stunde wird gebraucht, um sie festzumachen. Die Weißrussen und Polen kehren um. Beim Gut Glommen hohe Schneewehen. Schwer schieben die Mädels an ihren Rädern. Hinter uns der Treck von Herrn Balsk, dann der Treck von Frau Suden (Kreis Gerdauen). Erste Rast im Feldweg hinter Teppelheim.

31. Januar 1945.

Und damit hörte für uns das Fahren auf der Landstraße auf. Die wurde belebt von den Trossen der Wehrmacht und diese hatten Befehl, die Flüchtlingsfuhrwerke in den Graben zu schieben, wenn sie im Wege waren, nötigenfalls ihnen die Pferde auszuspannen zum eigenen Gebrauch. Ich habe diesen Befehl selber gesehen, schwarz auf weiß. Wir waren also vogelfrei. Zwischen unseren Treck schoben sich andere Wagen. Die Trecks Balsk und Suden waren nicht mehr hinter uns. Nirgends gibt es Wasser. Die Front ist ca. 12 km von uns ab. Wir stehen zur Nacht auf einer moorigen Wiese bei Dexen. Ab und zu Schüsse im Wald. Immer mehr Treckwagen kommen. Sind alle Fuhrwerke da? Strauß-Lapkeim fährt seine Familie holen, die hinten geblieben sind mit Worm. Er nimmt die Pferde von Reintrauds Wagen, der wird an den großen Kutschwagen angehängt.

Reintraud und das Mädchen kommen in den Wohnwagen. Sie sind reichlich verklamt. Wir fahren früh los Richtung Gr. Peisten durch den Wald.

1. Februar 1945.

Gr. Peisten. Wir kommen gar nicht in den Ort rein. Davor auf einer großen Wiese ist ein riesiges Flüchtlingslager. Eine Herde Vieh und Schafe auf einer Wiese im Hintergrund. Reintraud und ich wollen sehen, ob noch einige Kühe zu melken sind. Es ist ergebnislos. Blutige, erfrorene, eiternde Euter. Am Zaun entlang schiebt sich lahmend und müde ein prächtiger Bulle. Er wird niemand mehr gefährlich. Neben ihren frischgeborenen, toten Kälbern stehen unglücklich muhend die Kühe. Das schöne ostpreußische Herdbuchvieh frierend und hungernd in Eis und Schnee ist ein viel trostloserer Anblick als die Wagen mit Menschen und Pferden. Die haben noch Zweck und Ziel, das Vieh aber ist bereits jetzt hilflos dem Verderben preisgegeben.

Mitten im Gewühl der Wagen treffen wir Jordans (Progen, Kreis Wehlau), die vor 10 Tagen bei uns in Loschkeim in Quartier lagen. Sie standen schon 7 Tage hier. Der gelähmte Herr J. lag apathisch im Wagen. Unsere Leute wollen abkochen etc. Ich überrede Vater, nur eben füttern zu lassen und dann unter allen Umständen Anschluß an die Treckreihe auf der Chaussee zu bekommen. Es gelingt uns dies auch, und wir stehen in Sturm und Regen auf der Chaussee. Am Nachmittag klopft es: Naß und frierend steht mein Schwager Jochins Grigull (Blumenthal, Kreis Gerdauen) da. Sie sind noch hinter uns und 2 Tage vor uns fort aus L. Nachts weiter Sturm und Regen. Die Frauen mit kleinen Kindern kommen in den Wohnwagen. Der Säugling von Frau Strauß-Lapkeim hungert. Ich gebe ihr von Hptm. L.'s Keksen. Sie zerkaut sie und schiebt sie dem Kind in den Mund. Die andern Kinder bekommen Bonbons. Da — ein Krach — ein Schleudern! Ein Militärlastwagen hat den Wohnwagen gerammt, eine Planke seitlich losgerissen, der Wind heult herein. Den Frauen wird es unheimlich, sie gehen mit den Kindern auf ihre Wagen zurück. Schrittweise rückt der Treck bis ins Dorf.

2. Januar 1945.

Im Gustahaus sind Raethjen-Bollendorf, Plock-Sechserben, Strüvy — der Besitzer von Gr.-Peisten; Plock und Frau gehen in dieser Nacht mit Handgepäck vom Treck los. Das Schießen nimmt zu. Kampflärm nähert sich. Die Gendarmerie wird unruhig, leitet den Treck rechts ab. Also die Chaussee über Landsberg ist nicht mehr zu passieren. Leuchtkugeln steigen auf. Panzerangriff. Wir biegen um 7 Uhr früh auf eine Wiese ab, fahren den Berg in die Höhe, der Treck stoppt. Unten im Kessel schon Geschrei der Russen. Links seitlich brennt Landsberg. Feindliche Flieger kreisen über der Stadt. Unser Gummiwagen hat gerade jetzt Radpanne. Eilig montieren die Männer das Reserverad auf. Ich vermeine, tiefer unten auf der Wiese meinen Schwager mit dem Jagdwagen zu sehen. Ich will ihn bitten, meine kranke Mutter (sie hatte am 2. Tag Gehirnschlag bekommen) auf den Wagen zu nehmen. Ich laufe über ein Stück freies Feld, da erhebt sich ein Brausen und Knattern über mir. Ich werde von einem Flugzeug mit Bordwaffen beschossen. Schnell auf den Bauch! Um mich herum schlägt es ein. Wie durch ein Wunder bleibe ich unversehrt. Ich richte mich auf — es war nicht J., ich laufe zum Wagen zurück. Reintraud, die Mädchen machen sich Sturmgepäck zurecht und wollen in Deckung in den Wald laufen. Doch da knallt es auch. Die Eltern[1]) wollen auch losgehen. Ich muß bei Mutter bleiben. Und sie wollen sich nicht von mir trennen. Aber es ist keine Zeit für solche Dinge. Parole: Rette sich, wer kann. Gerade, als sie gehen wollen, setzt sich der Wagen in Bewegung. Brizzi gleich dahinter. Ich stehe in der offenen Wagentür, „Spinnes" Kopf mit prustenden Nüstern dicht vor mir. Ein Zaun wird durchschnitten, ein Graben passiert, wir sind auf der Chaussee nach Pr. Eylau. Mit uns die Wagen von Tummescheit. Unser Treck ist zersprengt. In Massen strömen die Flüchtlinge aus dem brennenden Landsberg. Über Sturzacker jagen die Coupés von den umliegenden Gütern. Die Soldaten sagen: „Kehrt doch um und fahrt nachhause. Ihr kommt doch nicht mehr raus, seid im Kessel drin." Aus der Gegenrichtung — von Pr. Eylau her — kommen uns die Trecks auch entgegen. Reintraud und ich gehen neben dem Wagen her, halten Ausschau nach den übrigen Leuten. Links geht es ab nach Schönwiese. Es ist ca. 11 Uhr vormittags. Wir sind in einem Talkessel gelandet und warten. Vater trifft Herrn v. Senden. Losch und Färber kommen mit den Pferden, der Wagen hat ein Rad verloren. Viele Sachen haben sie nicht gerettet. Der Futterwagen mit Seege steht auf der Chaussee, hat auch Radbruch. Die anderen Wagen sind hinten geblieben.

Schoel ist am weitesten zurück mit den herrlichen Kutschpferden (Trespe und Angora) und den beiden Kutschwagen. Die Schießerei nimmt zu. Auf den Höhen ziehen Wehrmacht und Volkssturm auf. Auf verschneitem Hohlweg,

[1]) gemeint sind die Schwiegereltern.

teils über Sturzacker, erreichen wir bei einbrechender Dunkelheit ein Gehöft. Dort bereiten wir Abendbrot. Die Leute wollen nicht fliehen. „Wohin", fragen sie. Um 11 Uhr Alarm! Der Russe ist in Eichen, 3 km von uns. Wir rüsten. Aber der Hohlweg ist verstopft. Wir kommen nur ca. 300 m voran.

3. Februar 1945.

Wir entschließen uns, wieder mit den nötigsten Sachen und Eßwaren aufs Gehöft zurückzugehen und unser Schicksal zu erwarten. Es erscheint ausgeschlossen, daß es ein Ausweichen vorm Russen noch gibt. Meine Mutter sitzt in der Bauernstube am warmen Ofen. Die Luft ist schlecht, aber sie schläft ein. Die Schüsse peitschen über das Gehöft. Ich muß allein sein. Ich gehe in die Scheune. Die Eltern und Reintraud folgen. Wir sind alle übermüdet. Wir wühlen uns ins Stroh. Wir schlafen, schlafen tatsächlich ein trotz bellender Schüsse, bebender Scheune, zu erwartender Russenhorden. Um 10 Uhr früh wache ich auf. Es ist wie ein Wunder! Der Russe ist noch nicht da. Wir kochen Bohnenkaffe, essen Wurstbrot und beladen unsere Wagen wieder. Färber und Losch haben Pech. Ihr organisierter Schlitten wird vom Hofbesitzer als der seines Schwiegersohnes erkannt und einbehalten. Aber sie sind Meister im Organisieren. Sie kommen mit einem Kastenwagen an. Unsere Rollschinken waren derweil von Färbers Schlitten verschwunden. Langsam schiebt im vereisten Hohlweg die Treckschlange weiter. Gradi, der mal wieder im Graben gelandet ist, belädt mit Brizzi wieder den Wagen. Einiges bleibt liegen, darunter leider die Milchkannen mit Salzfleisch. Fräulein Idas Betten landen bei Losch's auf dem Wagen. Wir sind startbereit. Es geht weiter bis Kumkeim. Wir stehen dicht vor dem Wald in dichtem Knäuel von Wagen auf einem freien Platz neben der Ortschaft. Sehr starker Aribeschuß. Ein Blindgänger landet zwischen Losch's Pferden. Endlich geht es gegen Abend weiter. In Pilzen, wo wir Quartier hätten haben können, machen wir keine Rast und versuchen es im Wald. Es geht nicht mit den langen Wagen. Wir fahren weiter bis Bornehmen und halten rechts dicht am Eingang des Dorfes. Wir treffen dort Teile der R. 21. Der Stab liegt in Rossitten.

4. Februar 1945.

Ich versuche, Hptm. L. von unserer Anwesenheit zu benachrichtigen. Da das Auto keinen Brennstoff hatte, konnte der Fahrer aber den Brief nicht übermitteln. Wir kommen an diesem Tag nicht weiter.

5. Februar 1945.

Wir werden durch ein wahres Trommelfeuer geweckt. Die Front ist 3-5 km nur entfernt. Es ist klares Fliegerwetter, und wir bekommen gegen 10 Uhr heftigen Bordwaffenbeschuß. Über Pilzen kreisen viele feindliche Flieger. Wir sind froh, daß wir nicht dort geblieben sind. Trotzdem kochen wir Mittag und waschen uns gründlich. Wir treffen Frau Richter-Plensen, Kreis Bartenstein. Ihr Mann ist in Eichen gestorben (Granatsplitter). Sie haben dort den Russeneinfall erlebt. Sie haben das Grab nicht ausschaufeln können, mußten so schnell aus dem Dorf raus, das gerade wieder von Deutschen eingenommen wurde. Nachmittags geht es langsam weiter. Es wird in zwei Reihen gefahren, und beim Einbiegen auf die Hauptstraße gelingt es nur durch Anwendung von Landsknechtsmanieren, den Treck zusammenzuhalten. Wir kommen auch nur 3 km weiter bis Quehnen.

6. Februar 1945.

Frau Suden erscheint am Vormittag. Sie hat auch nur noch zwei Wagen. Mutti steht auf einmal auch der alten Frau Scheppuhn (Liekeim, Kreis Bartenstein) gegenüber. Diese war mit einem Handwagen losgezogen und zog nun mit Veterinären mit. „Wo haben Sie denn geschlafen, gnädige Frau?" Darauf die alte, feine Dame: „Ja, ist das nicht zu riechen?" Neben dem Bullen im Kuhstall. Damals fanden wir so etwas noch furchtbar. Gegen ½2 Uhr mittags machen Reintraud und ich uns auf nach Rossitten, um die R. 21 zu treffen. Unterwegs begegnen wir Schirrmachers. Sie sitzen auf dem Wagen von der Schwester von Frau Schirrmacher und bleiben auch dort. Sie erzählen, wie unsere Leute drei Tage unter den Russen waren und dann weitergefahren sind ohne Sachen und ohne unsere Pferde. Ich hoffe, daß es J. (Julius Grigull) mit seinem Treck ähnlich ergangen ist, denn seit Gr. Peisten fehlt jede Spur von ihm. Wir treffen von der R. 21 auch Sepp hoch zu Roß. Ich gebe Nachricht an Hptm. L., der auf dem Gefechtsstand in Bartenstein ist. Wir gehen zurück und kommen gerade zur Zeit, der Treck schleicht bereits vorwärts. Wir sind abends in Angam. Es wird eine unruhige Nacht, da wir unmittelbar an der Straßenkreuzung halten. Am dunklen Nachthimmel rundherum der Feuerschein der Front. Eine schmale Stelle ist dunkel. Da ist der Kessel also offen. Es soll die Straße über Arnstein-Tiefensee sein. Soll ich wirklich Arnstein, das Paradies meiner glücklichen Kindheit (ehem. väterl. Gut, Kreis Heiligenbeil) noch einmal wiedersehen? Als der Name „Arnstein" fällt, wird sogar Mutter lebhaft, die seit dem Gehirnschlag am 2. Februar 1945 unter heftigen Kopfschmerzen leidet und zeitweise ganz wirres Zeug redet. In der Nacht läuft dicht am Zaune eine noch junge Frau hin und her und schreit: „Laßt mich raus, was ist hier los?" Es hat nicht nur die alten Leute getroffen. Auch viele junge Menschen sind irrsinnig geworden. Überhaupt lastet so am 9./10. Tag des Trecks eine Angstpsychose über allen: Kopfschmerzen, Schwindel, Schlaflosigkeit. Dann wird dieser tote Punkt überwunden. Wir sind alte „Treckhasen" geworden.

7. Februar 1945.

Morgens um 7 Uhr sagt uns eine Feldgendarmerie, daß der Weg über Sangnitten freigekämpft ist. Wir schlagen also diesen ein. Da wir die ersten sind, die ihn fahren, kommen wir gut voran. Hier haben Kämpfe getobt. Tote Pferde liegen am Wege und auf dem Felde, Blutlachen auf dem Wege, Blutspritzer an den Hauswänden. Ab und zu ein frisches Grab am Straßenrand mit schlichtem Holzkreuz. Es ist heute Muttis und meines toten Bruders Geburtstag. Aber meine Mutter erinnert sich nicht mehr daran. Muttis einziges Geburtstagsgeschenk: ein Omelett. Immer weiter geht die Fahrt. Wir kommen einige 30 km voran.

8. Februar 1945.

Am Nachmittag hat Gradis Wagen Deichselbruch. Sie bleiben zurück. Soldaten helfen, die Deichsel zurechtzumachen. Sie sollen uns nachkommen. Wir wollen einen Platz zum Übernachten suchen. Wir halten abends unfern Sonnenstuhl am Wald. Es wird ein Feuer angemacht. Klarer Sternenhimmel, mäßig kalt. Brizzi wird hell vom Feuer beschienen, es wirkt wie ein Zigeunerlager. Ich denke unwillkürlich an Friedemann Bach. Aber bald ertönt Fliegerwarnung. Das Feuer wird gelöscht. Wir hören einen Zug pfeifen. So etwas gibt es also noch in Ostpreußen! Aber auch nur noch auf einer kurzen Strecke bis Braunsberg.

9. Februar 1945.

Wir fahren nur ca. 2 km weiter und machen in einem Gehöft warmes Mittag, bekommen dort auch Hafer für die Pferde für 2 Tage. Ein Soldat gibt mir einige Zigarren für Vater. Ich rauche die letzte Zigarette von Hptm. L. Meiner Mutter ging es nachts so schlecht, daß wir dachten, es ginge zu Ende. Sie ißt nichts mehr, will dauernd trinken und hat doch schon Ruhr. Wir haben noch Wein und davon bekommt sie nun immer.

Wir stehen in Sonnenstuhl, 16 km vom Frischen Haff entfernt. Die verschiedensten Gerüchte erreichen uns. „Fünf Brücken sollen über das Haff gehen. - Nur mit Handgepäck darf man rüber. . . Alles ist verstopft, es wird 14 Tage dauern, bis wir durchgeschleust werden . . . Es soll bis Danzig gehen, wo uns die Partei erwartet." Welch frohes Wiedersehen! Hier war sie nicht mehr. Wir stehen auf dem Dorfanger in Sonnenstuhl, auf jeden Fall sichtbar jedem ankommenden Wagen. Denn Neyers und Poeks mit Gradi sind noch nicht wieder bei uns, und auf sie wollen wir warten.

10. Februar 1945.

Wir stehen noch immer in Sonnenstuhl, Kreis Braunsberg. Im ehemaligen Gutshaus ist ein Altersheim und Lazarett. Mutti und ich gehen hin und sehen, ob wir Hilfe für Mutter bekommen, der es sehr schlecht geht. Ich beschreibe einer Schwester die Krankheitserscheinungen. Sie sagt, daß Hunderte von alten Menschen so erkrankt seien. Sie öffnet die Türen zu den Krankenzimmern. Gestank, Schmutz und Enge. Nein, da kann Mutter nicht hin. Ich spreche den Arzt, er sagt: „Nehmen Sie sie weiter mit, in ca. 2 Tagen ist sie tot." So leid sie mir tut, ich kann ihr nicht helfen, ihr kein Bett verschaffen. Sie schläft nun schon viel; da sie nichts ißt, nehmen die Kräfte schnell ab. Hier soll es heute pro Kopf zwei Pfund Mehl beim Bürgermeister geben. Die Mädchen nehmen einen Eimer und holen es. Unsere Leute backen Brot. Keine Zigarette mehr!

11. Februar 1945.

Gradis Wagen ist nicht gekommen, dann sind sie einen anderen Weg gefahren. Wir erleichtern unseren Wagen um die Brotmaschine. Sie ist kurz darauf aus dem Graben verschwunden. Es geht weiter durch Kriegsgebiet, an verödeten Gütern vorbei. Es gelingt mir durch Soldaten, an Leute nach Meißen eine Nachricht zu geben. Sie ist aber nie angekommen. Mutter schläft. Es ist ein sonniger, schöner Tag. Aber die Nase ist sehr spitz und eingefallen. Der Atem geht ruhig, aber sehr flach. Mutti fühlt den Puls, er ist sehr schwach. 10 Minuten vor 3 Uhr tut sie den letzten Atemzug. Sie ist so friedlich eingeschlafen, daß außer Mutti, Reintraud und mir ihren Tod keiner im Wagen bemerkte. Reintraud drückt ihr die Augen zu. Ich konnte mich nicht rühren und sitze wie erstarrt. Eine Mutter ging fort — und bleibt nun in der Heimat, die sie nicht verlassen wollte. Wir fahren im Walde zwischen Regitten und Helenenhof, Kreis Braunsberg. Bei Helenenhof biegen wir auf einen Platz am Walde ein. Im Wald wird ein schöner Platz für das Grab ausgemacht. Die Leute gehen daran, es zu graben. Es muß tief sein, wir haben keinen Sarg.

Die Tote wird in ein großes Laken gehüllt, mit einer Decke bedeckt und auf einem breiten Brett aus dem Wagen geschoben. Es tragen: Strauß, Losch, Färber, Brizzi. Das Grab ist mit Tannen- und Kiefernzweigen ausgelegt. Sanft bettet Färber die Tote auf diesen grünen Teppich. Er gibt ihr die Briefe ihres Sohnes, die Bilder ihrer Kinder und Enkel mit, die ich ihm reiche. Sie hatte sie sich zwei Nächte vorher zusammengesucht und gebündelt und dabei gemurmelt: „Meine Kinder, meine Kinderchen!" — Bevor die weiche Walderde die Tote deckt, legen wir alle noch Kiefernzweige ins Grab. Nur eine ihrer Töchter steht am Grabe. Die beiden anderen wissen es nicht, daß ihre Mutter in der Heimat blieb. Still gehen die Eltern, die Leute und ich zum Wagen zurück. Still im Wald unter den klaren Sternen liegt wieder ein einsames Grab am Wege.

12. Februar 1945.

Morgens gehen Mutti und ich noch einmal zu Mutters Grab und nehmen still Abschied. Dann fahren wir weiter. In Russen wird uns noch eine Frau mit zwei Kindern in den Wagen gesetzt. Sie hat ihren Mann vor einem Weilchen verloren. Er fuhr eine andere Straße. Sie gibt uns Zigaretten, die aus Bartenstein stammen. Der Weg über Knüppeldämme und schwappendes Wasser zu beiden Seiten ist furchtbar und lebensgefährlich. Wir sind von oben bis unten mit Dreck bespritzt. Gegen Abend stehen wir in Schlamm vor Alt-Passarge. Der Übergang über das Haff liegt vor uns.

13. Februar 1945.

Die Pferde stehen zu eng, sie beißen sich mit fremden Pferden. Ich muß mehrmals nachts raus in den fast knietiefen Schlamm und sie beruhigen. Die Männer, Frauen und Kinder haben sich Quartiere besorgt. Am Morgen haben wir die Bescherung. Luise, die Fuchsstute von Losch's Wagen ist geschlagen, das Bein ist kaputt. Sie muß erschossen werden. Die Vorderpferde von T. kommen vor den Wagen. Die Stute „Puppa" als Einzelpferd vorne vor die Hinterpferde von T. Diese Regelung wurde nach einigen Schwierigkeiten getroffen. Der gute Losch meinte, nun könnten T's Sachen von seinem Wagen geworfen werden und dann die Pferde vor ihren Wagen. Ich machte ihm den Standpunkt klar, daß er andermal besser acht haben sollte auf die ihm anvertrauten Pferde. Noch einmal würde nicht ausgeholfen. Mutti und ich gehen ins Dorf, um auf dem Standesamt meiner Mutter Tod anzumelden. Es ist geschlossen. Niemand mehr da. Vor der Kirchentüre liegen eine Reihe von Leichen, notdürftig die Gesichter mit Tüchern bedeckt. Es begräbt sie niemand. Wir stehen am Haff. In zwei Reihen — von Heiligenbeil und hier von Alt-Passarge aus — in Abständen von 100 m fahren die Treckfuhrwerke über das Haff. Es ist sonniges, klares Wetter. Das Eis ist gut. Schade, daß wir noch nicht herüberkönnen. Gegen Abend kommen wir noch bis zum Ausgang des Dorfes. War anfänglich klares Wetter und leichter Frost, so schlägt es gegen 10 Uhr um. Wir stehen im Schneesturm bis 2 Uhr nachts auf der Straße. Da wird die Parole durchgegeben: „Fertigmachen! — Es geht aufs Haff." Frau Strauß hat schlecht geträumt, ich auch.

14. Februar 1945.

Nach hundert Meter Fahrt auf dem Eis — es ist heute schlecht, und leise regnet es — stehen wir. Unser Wohnwagen ist zu schwer. Es bilden sich sofort Wasserlachen. Fahren können wir wohl, aber stehen nicht. Ich spreche mit dem

Wachhabenden. Er sieht die Gefahr ein. Ich kann auf eigne Gefahr neben der abgesteckten Treckstraße vorziehen. Strauß fährt sicher und ruhig. Die Eltern sind vorgegangen. Die Frau mit den beiden Kindern geht auf einen leichten Schlitten; es ist ihr zu gefährlich. Zu beiden Seiten der Straße eingebrochne Wagen, Teile des Verdecks und die Ohren von Pferden ragen aus dem Wasser heraus. Dann liegen wieder Fuhrwerke zertrümmert da, zerfetzt die vier Pferde: Volltreffer! Denn Frauenburg ist in den Händen der Russen. Braunsberg hat furchtbare Alarme. Auf der Nehrung bereits russische Spähtrupps. Feindliche Flieger über uns. Aber es ist zu diesig, schlechtes Fliegerwetter, und noch immer regnet es. Ich habe nasse Füße, gehe ein Weilchen in den Wagen. Bereite für Reintraud, Strauß und mich Speckspirkel. Auch der Gendarm bekommt ein Teil und ist froh. Dann räumen Reintraud und ich auf und machen uns noch Gries mit Kirschen. Meiner Mutter und meine Koffer waren auf T.'s Wagen gekommen, die Sachen der Mädchen und Reintrauds auf Losch's Wagen, um den Wohnwagen zu entlasten. Gegen 12 Uhr mittags kommen die Eltern zurück und essen auch noch Grieß mit Kirschen. Dann gehen wir wieder alle hinter dem Wagen her, der über Eisspalten schaukelt, das Wasser gurgelt, teilweise sind leichte Holzdämme über zu breite Spalten gelegt. Strauß fährt sicher. — Von Braunsberg her viele Reiter und Pferde. Wir nehmen die Ferngläser. Das Landgestüt Braunsberg ist es. Jetzt erst! Viele der edlen Tiere tanzen unruhig auf dem Eis. Unsere Tiere sind ja so müde, sie sind sehr ruhig und tun nun schon vorbildlich 14 Tage ihre Pflicht, noch nie au den Sielen gekommen. Ich habe die nassen Stiefel ausgezogen, auch schon die hohen nassen Schuhe und stehe in Halbschuhen und den Überschuhen meiner toten Mutter da. Wir haben es geschafft. Vor uns liegen die Häuser von Neukrug. Da — man faßt es nicht mit gesundem Menschenverstand: Wir dürfen nicht an Land. Die 100 m Abstand sind so dicht an Land nicht mehr gewahrt. Nicht nur unser Wohnwagen steht mitten im Wasser. Nicht weit von uns ruft eine Frau, die Leute mögen ihr doch helfen, die Pferde ziehen nicht an. Sie steht in einer großen Wasserlache. Es rührt sich niemand. Die Hände in den Hosentaschen sehen die Männer zu, stumpf von all dem Elend. Und wie zum Hohn wird uns erklärt: Das Eis ist von Pionieren geprüft. Einsturzgefahr besteht nicht. Vater glaubt es. Sachen, die schon vom Wohnwagen heraus aufs Losch's Wagen gekommen waren, werden wieder zurückgebracht. Wir essen Abendbrot. Da erscheint Strauß's Gesicht an der Wagentür. Der Wagen steht bis zu den Achsen im Wasser. Die Mädels essen nicht mal ihre Speckspirkel auf, nehmen ihr letztes Gepäck und raus. Vater gibt den Befehl, die Pferde loszumachen. Die Bracken klatschen ins Wasser, die Ketten klirren, Strauß lenkt die vier Pferde um. In mir ruft es: „Weiter fahren, auch gegen den Befehl." Aber ich bin nicht Treckführer. So rufe ich mir den Polen und die Italiener ran und reiche raus: die Fahrpelze, Mäntel, Schuhe, ein großer Koffer von Mutti. Ich will das Silber nehmen, ergreife gerade noch zwei Löffel, da rutscht der Wagen, bricht vorne rechts ein. Ich rufe nach den Italienern, sie wollen nochmal antreten, Eßwaren will ich rausgeben. Da ruft Vater, ich solle selber rauskommen und noch die Petroleumlampen mitbringen. Ohne Petroleum! Ich trinke schnell noch den letzten Schluck Wein aus. Steige aus und gleite bis zu den Knien ins Wasser. Vater hat Stiefel an und schließt den Wagen zu. Er meint, nun sollten wir zur Nacht bis nach Kahlberg gehen. Das kann ich nicht, 5 km völlig naß auf dem harschen Eis. Die Laterne geht aus. Alle geben dieses Vorhaben auf. Um 3 Uhr nachts soll auch nach Aussagen der Polen der Treck weitergeleitet werden. Ich gehe auf T.'s offenen Leiterwagen, setze mich auf seine Kleiderkiste, und Brizzi wickelt mich in Decken ein. Ich bin tatsächlich eingeschlafen und erwache erst, als wir fahren. Ich rufe entsetzt nach Reintraud: „Was ist mit dem Wohnwagen?" „Abgesoffen", ist die Antwort. „Ganz?" „Ja". „Es gab ein Klirren und Krachen, er sackte vorne weg." Es war dunkel. — Nichts war von ihm zu sehen. So verließen wir unser letztes Hab und Gut und die Eßwaren. Eine unbegreifliche Torheit. Aber viele haben ähnlich gehandelt in derselben Situation. Ein Endchen wird gefahren, dann stehen wir. Es kommen Sterne vor. Brennende Städte: Frauenburg, Braunsberg. Niemand führt. Wir fahren aufs Geratewohl. Die Pferde wollen nicht stehen, 1/4 m hoch steht Wasser auf dem Haff. Sie scharren unruhig, sie frieren auch. Wir haben auch kalte,nasse Füße. Die Eltern sind vorgegangen. Mutti ist in diesem einen Tag gealtert, daß sie kaum wiederzuerkennen ist. Sie weint bitterlich. Erst der einzige Sohn, dann der Enkel, dann die Scholle, nun die letzte bewegliche Habe — — verloren. Dafür haben die Eltern ein Leben lang fleißig gearbeitet. Es ist sehr bitter —. So fahren wir immer weiter von der Heimat fort. Das Ganze mutet wie ein Spuk an.

15. Februar 1945.

Kahlberg kommt in Sicht. Färber geht vor, um die Eltern zu benachrichtigen. Nun fängt das Hungern an. Für 8 Mann bekommen wir etwas trockenes Brot. Ich habe unbedingt das Gefühl: Zurück und sehen, was aus dem Wohnwagen geworden ist." Der Treck geht ganz flott bis zum Ende des Haffs. Die Sonne scheint. Ich habe meine nassen Schuhe und Überschuhe ausgezogen, lasse die Sonne heraufprallen. Aber es hilft nur wenig. Von Muttis guten, geretteten Schuhen finde ich nur einen, auch nur einen ihrer Handschuhe. Ich hoffe, sie liegen noch unten im Wagen. Ungewaschen, ungekämmt, mit unbeschreiblich schmutzigen Händen, so sitzen wir alle da. Zu beiden Seiten der Treckstraße auf dem Haff: tote Pferde, Menschenleichen. Spitze, gelbe Gesichter starren in den blauen Himmel. Feindflieger kreisen über uns. Niemand kümmert sich um uns. . . Die Pferde bekommen fast den letzten Hafer. Strauß hat Losch's Wagen vierspännig gemacht und führt ihn. T.'s Pferde sind wieder an seinem Wagen und noch eins von uns. Gegen Abend kommen wir in Bodenwinkel vom Haff. Ostpreußen liegt hinter uns. Mit ganz unbeschreiblich dumpfem Schmerzgefühl blicken wir noch einmal nach der herrlichen verlorenen Heimat zurück: Es dämmert, die bewaldeten Elbinger Höhen versinken — wir sind ohne Heimat. —

Ein Aufenthalt in Bodenwinkel ist zwecklos. Es gibt für Pferde und Menschen keine gute Unterkunft. Es ist ein kleines Fischerdorf. Wir fahren bis Stutthof. Der Mond geht auf. Wir kommen in Danziger Gebiet. Im Auffanglager für Flüchtlinge erhalten wir eine warme Suppe. An unserem Tisch sitzen Schönbrucher, u. a. Milchkontrolleur Fischer. Vom Nebentisch winkt mir Lehrer Blank aus Pregelswalde zu. Er sitzt dort mit seiner Frau. Sie sind mit der Wehrmacht mit rausgekommen. Herr Blank borgt mir einen Löffel zum Essen. Zur Nacht geht es in eine der großen Maschinenhallen. Vor der Eingangstür liegt ein totes Pferd. Wir sind solche Wegweiser ja gewöhnt.

Vorher hatten wir noch Karten geschrieben, Mutti nach A., ich an meine Schwestern, meine Schwägerin Ilse, Tante Inge nach Berlin, und ihnen Mutters Tod mitgeteilt. Diese Karten haben auch alle erhalten. Ich benachrichtige auch Herrn T.'s Bruder in Lenzen, daß der Treck aus Ostpreußen raus sei. Wir legen uns auf feuchtes Stroh. Es tropft durch die Ritzen der Decke. Es ist ein Bellen wie im Hundezwinger. Alle Flüchtlinge sind erkältet. Ich träume: Um die Maschinenhalle steht 3 Fuß hoch Wasser. Ich laufe zu den Eltern, rufe, wir müßten raus. Da erst wird mir bewußt, wo wir sind, als sie mich beruhigen. Ich schlafe wieder ein.

16. Februar 1945.

Es gibt noch einmal die dünne Grütze, etwas Brot, Pferdefutter. Die Eltern können auf offenem Wagen den Treck nicht weiter mit machen. Sie wollen von Danzig aus mit der Bahn nach Meißen. Wir gehen zu den Fuhrwerken. Die Eltern nahmen ihre Sachen: Koffer, Rucksack, Decken. Der einzige Pole, der noch beim Treck war, geht mit. Er soll in Danzig beim Arbeitsamt abgegeben werden. Den beiden Mädchen wird freigestellt, den Treck zu verlassen und mit nach Danzig zu gehen, oder auf eigene Verantwortung mitzufahren. Wir haben ja nichts mehr zu essen für sie. Sie bleiben. Else schließt sich Färbers an und Frieda Losch's. Vater sagt den Leuten, daß von nun an ich den Treck übernehme; die Eltern verabschieden sich von allen. Die Trennung wird allen schwer. Aber besonders mir. Da gehen sie nun hin. Wann sehen wir uns wieder. Daß wir uns wiedersehen, weiß ich. Mutti mit Decke und Rucksack, Vater mit Pelz und Kartentasche.

Saglowski nimmt den Koffer. Der Italiener Augusto geht auch mit. Auch wir fahren los, kommen langsam voran über die Nogatbrücken. Es wird Abend. Irgendwo rauf auf den Hof. Es ist ja egal, wo. Da kommt Reintraud angelaufen, ich solle bloß mal sehen kommen, wer in der Küche steht und kocht. Gretchen Meyer und Edith Pock! So haben wir die verlorenen Schäflein wieder. Die Freude auf beiden Seiten ist riesengroß. Sogar Gradi schüttelt mir lange die Hand. Auch unser Hunger ist groß. Frau Pock steht bereits da mit einem Teller von Pellkartoffeln und Speck, und wir essen beide gleich zusammen aus einem Teller. Wir schlafen in einer Tischlerwerkstatt. Oma Rohde, Pocks Kinder und ich in einem kleinen Zimmer daneben. Die Wirtsleute sind nett. Ich bekomme sogar warmes Wasser zum Waschen. Der Ofen ist geheizt. Daneben liegen meine Sachen zum Trocknen und ich nicht weit davon auf einem Unterbett auf der Erde.

17. Februar 1945.

Wir bekommen noch warmen Kaffee und brechen um ½ 8 Uhr auf. Es geht über die große Weichselbrücke.Else und Frieda gingen über Mittag — als der Treck lange stand — irgendwo Mittag essen. Sie sagten niemand etwas. Der Treck fährt, die Mädels kommen nicht zur Zeit und treffen uns auch nicht abends im Quartier in Kl. Zünder. Dort sind wir beim Bürgermeister einquartiert, die Pferde unter Dach, die Leute im Kuhstall. Reintraud erreicht sogar ein Bett im Zimmer des Stubenmädchens, und ich schlafe bei einer Kaufmannsfrau aus Danzig, an der Erde zwar, aber — auf Schlaraffiamatratzen warm und weich. Ich höre Radio, aber nichts Gutes. Wir durften alle in der Küche Abendbrot kochen, bekamen Kartoffeln geliefert. Ich bekam abends von meiner freundlichen Flüchtlingsfrau noch zwei Stücke Leber, Pfefferkuchen und Kaffee. Ich rauche auch noch eine Zigarette. *Es folgt der Text eines Liedes, das die Verfasserin zusammen mit ihrer Weggenossin Reintraud dichtete.*

18. Februar 1945.

Wir kommen durch Danzig-Ohra. Es ist Sonntag, sonst hätte ich meinen Onkel angeläutet und mich nach den Eltern und den anderen Verwandten erkundigt. Friedlich gehen die Menschen auf der Straße spazieren, bringen auch heißen Kaffee an die Treckwagen. Auf schlechtem Weg kommen wir bis Wonneberg. Die Latten fliegen von den Zäunen, Feuer prasseln. Es wird Abendbrot gemacht. Ich traf am Vormittag Heinz Grigull; er sagt mir, J. sei nicht von den Russen geschnappt, worüber ich sehr froh bin. Der Kanoter Treck ist ein Ende hinter uns. Wir bekamen auch Brot und Butter von der NSV. Heinz Grigulls Treck (Kinderhof, 22 Wagen) ist zersprengt. Er sitzt auf dem Wagen seines Schweizers, der ihn auch verpflegt.

19. Februar 1945.

Wir sind nun in der Kaschubei. Ich muß daran denken, wie seinerzeit Herr Bothe und ich in Magothen die Kaschubei aufsuchten. Das ist also: steiniger, armer Boden, ein Gemisch von Polen, Deutschen, rückgeführten Rumänen etc. Wir stehen abends 5 Uhr in Karthaus auf dem Markt. Verpflegungs- und Futterscheine holen wir uns ab, essen, füttern, erhalten den Quartierschein, der auf Garschendorf lautet, und fahren weiter. Waldig und bergig geht es bei Mondschein voran. Aber wir sind falsch gefahren, kommen auf eine vereiste Straße. Gradi sitzt mal wieder im Graben. Um 1/2 10 Uhr endlich landen wir in NasseWiese. Diese kümmerlichen Höfe machen ihrem Namen leider Ehre. Wir schlafen in der Küche auf der Erde. Einige von uns nebenbei bei Weißrussen und Ukrainern.

20. Februar 1945.

Die Wagen werden geschmiert. Wir stopfen unsere Sachen. Wir sind alle fiebrig und erkältet, ein Ruhetag tut not. Wir backen Kartoffelpuffer. Die Nacht ist furchtbar. Reintraud, unsere Leute und ich schlafen mit den Italienern, mit Polen und Ukrainern zusammen. Gegen Abend fährt ein Gutstreck auf den Hof: lauter Gummiwagen (5), ein Kutschwagen. Es ist Treck Saffran. Herr Saffran gibt uns Hufnägel und Stollen. Die „Örtlichkeiten" sind unglaublich. Unsere Leute sehen nun ein, wie gut sie es in dieser Beziehung zuhause hatten.

21. Februar 1945.

Es schleicht zu viel Gesindel rum, daher sind Nachtwachen gestellt. Am Vormittag werden Stollen eingeschroben. Unser geschickter Färber muß der Schmied sein. Er kann auch das. Auf vereister Straße geht es in bergigem Gelände vormittags noch weiter. Viel durch Wald! Der Vormittag ist sonnig, und wir frieren nicht. Nachmittags wird es allerdings regnerisch, und als wir abends gegen 1/2 7 Uhr in Sierke ankommen, fällt ein feiner, alles durchdringender Regen vom Himmel. Es gibt keine Unterkunft mehr. Die Pferde stehen draußen. Das gute, alte Milchpferd kann nun nicht mehr weiter. Es ist hier beinahe noch schlimmer als auf dem Haff. In die Scheunen können wir nicht, da haben Gefangenentransporte übernächtigt. Das Stroh ist verlaust. Aus der Küche des Hauses, vor dem wir stehen, dringt Bratenduft.

Uns läuft das Wasser im Munde zusammen. Es sind Klopse. Die halb polnischen Hausbewohner lassen keinen von uns herein. Soldaten geben uns die Reste aus ihren Kochgeschirren. Wir stürzen uns darauf. Der Löffel ist gar nicht abgewaschen. Was tut's! Reintraud, Pocks Kinder und ich schlafen mit sieben fremden Soldaten (sie waren in der Ortsgruppe Pregelswalde gewesen) in einem schmalen Zimmer auf der Erde. Es ist wenigstens warm. Später kommen noch zwei Frauen dazu.

22. Februar 1945.

Am Morgen das Übliche: Ein Trupp holt Pferdefutter (Reintraud mit Färber, Losch, Brizzi), der andere steht nach Brot an (Frau Meyer und ich). Das Milchpferd kann nicht mehr weiter und wird gegen $^1/_2$ Ztr. Hafer eingetauscht. Auch Gradi, der mit seinen erfrorenen Füßen nicht weiter kann, bleibt in Sierke, um von dort in ein Lazarett gebracht zu werden. Ich habe für 19 Personen 4 kg Brot erhalten. Verpflegung soll es in Göbeln geben. Wir fahren also los. Göbeln: nichts. Vertröstet auf Gr. Rakitt. Auch dort: nichts. Aber an der Abzweigung lese ich: Wutzkow 7 km. Ab nach Bochow. Wir fahren durch Wald und Heidelandschaft. Bochow liegt vor uns. Ich gehe vor und begrüße die Eltern Maul. Wir kommen alle unter, und die Pferde stehen im Stall. Gegen Abend verfohlt „Elite". Endlich kann ich mich waschen und umziehen. Es gibt viel zu erzählen. Reintraud und Gretchen Meyer backen Pfannkuchen unten in der Küche. Abends sitzen Mauls und ich bei einer Flasche Rotwein beisammen. Fehlt nur die Zigarette. Ich schlafe auf der Chaiselongue in Mauls Zimmer, um mich herum vertraute Gegenstände und Bilder, Erinnerungen an glückliche Kinderzeit in Ballupönen.

23. Februar 1945.

Ich bemühe mich mit Herrn Mauls Hilfe um den Totenschein für meine Mutter. Es scheint zu klappen. Gute Verpflegung.

24. Februar 1945.

Die Regierung Köslin genehmigt, daß mir der Schein ausgestellt wird, wenn ich verzichte, den Ort zu nennen: also, gestorben auf dem Treck. Der Schein soll an Herrn Maul gehen, der ihn an die Sterbekasse nach Berlin schicken will. Die Abschrift meines Schreibens nach Köslin ist bei meinen Akten in der braunen Aktentasche.

Um 9 Uhr geht es dann weiter. Die Eltern Maul winken, Tränen in den Augen. Ich habe das Gefühl, sie zum letzten Mal gesehen zu haben. Gegen 5 Uhr nachmittags finden wir Quartier in Rambow, d. h. wir stehen auf einem freien Platz im Dorf. Treck Saffran auch. Mit Mühe kommen wir einzeln unter. Auf dem Gut ist Militär, Flüchtlinge werden nicht aufgenommen. Reintraud und mich nimmt schließlich der Ortsbauernführer mit. Wir bekommen Milchsuppe und Rührei und eine Zigarette! Im selben Zimmer schläft bereits ein Mann. Nun, wir sind größere Enge gewöhnt. R. schläft auf der Ofenbank, ich auf dem Sofa.

25. Februar 1945.

Um $^3/_4$ 10 Uhr geht es weiter. Wir fahren 30 km. In Stolp Alarm! Bei regnerischem Wetter fahren wir durch bis Gr. Brüskow. In der Schule wird uns Quartier angewiesen. Altes Stroh und feucht dazu. Oben wohnen Flüchtlinge aus Bochum. Reintraud und ich erzählen uns mit ihnen. Sie laden uns zum Abendbrot ein. Überall nur die eine Frage: „Werden wir auch noch fliehen müssen?“

26. Februar 1945.

Es regnete die ganze Nacht über. Unsere Sachen sind durchgeweicht. Wir müssen aber weiter. Es ist zum Verzweifeln! Um 10 Uhr soll die Schule geräumt sein. Die Polizei kommt und gestattet gnädig, daß wir bis 1/2 12 Uhr unter Dach bleiben können. Es hört auf zu regnen. Trotzdem sind die Wagen naß. Wir setzen uns ins nasse Stroh, fahren weiter. Es ist windig. R. und ich haben heute aber bereits eine warme Mahlzeit: Kartoffeln und Fleisch intus. Nach Mecklenburg! ist die Parole. Wenn nur die Pferde durchhalten! Manchmal denke ich: Dieser Spuk auf der Landstraße muß ein Ende haben. Große Sorge außer um die nun mir anvertrauten Trecks habe ich auch um Eltern und Geschwister. Ob sie wohl alle durchgekommen sind? —

Es klärt sich auf, und wir fahren 25 km bis Natzmershagen. Die Unterbringung der Trecks klappt hier gut. Die Pferde stehen im Stall, und wir bekommen gutes und reichliches Abendbrot. Die Auflegematratzen sind feucht. Ich kann auch schlecht schlafen. Vollmond! Ich gehe draußen auf und ab. Man denkt zu viel, und der Verstand kann diesen Wahnsinn doch nicht fassen.

27. Februar 1945.

Am Morgen gibt es herrliche Milchsuppe. Der Bauer ist vom Volkssturm zurückgekommen. Der Russe ist bei Pollnow durchgebrochen. Wir nehmen die Karte vor. Es sieht brenzlig aus. Die Perde werden beschlagen. Die junge Braune von Tummescheit muß hier zurückbleiben. 1 Ztr. Hafer bekomme ich noch. Es geht über Rügenwalde—Richtung Köslin weiter, um aus diesem Kessel rechtzeitig rauszukommen. Durch Rügenwalde geht es bis Altenhagen. Ich habe zu große Schmerzen. Reintraud und Färber suchen Quartier. Es ist schwierig. Übervoll und regnerisch. Die Wagen von Strauß und Losch stehen woanders, unserer allein. Aber die Pferde werden gut verpflegt, wenn sie auch im Schweinestall stehen müssen. Das gefällt „Spinne“ gar nicht.

Ich muß vorgehen in den leeren Koben. Dann kommt sie erst nach. Aber R. und ich schlafen im Zimmer des Nachts und bekommen abends von unseren Quartierwirten einen Apfel. Die Leute dort wissen nicht, ob sie fliehen sollen. Ich rate dazu. Am Nachmittag hatte ich noch Frau Richter-Plensen getroffen. Ich fuhr ein Stückchen in ihrem Wohnwagen mit, und sie gab mir noch ein Stück Speck ab. Nachts bellte öfters der Hund. Wir standen auch dann auf und sahen nach dem Wagen. Zuletzt schliefen wir doch fest ein.

29. Februar 1945.

Morgens merkten wir, daß verschiedene Dinge aus unseren Koffern fehlten: gute Seife, Kleiderbürsten, seidene Nachthemden etc. Um 8 Uhr ging es weiter. Frau Richters Wagen steht noch unbespannt. 6 km vor Zanow soll der Russe sein. Es stockt ziemlich. Wir kommen auf einem abseits gelegenen Gehöft unter. Ein Sandweg führt hin. Die Pferde ziehen schwer. Abends verfohlt Senta. Die Pferde stehen im Stall. Die Bäuerin geht am Stock. Sie hat schwer Rheuma und 6 kleine Kinder. Polnische Arbeiter auf dem Hof. Frau Pock und ich wachen auf dem Wagen. Später löst Reintraud mich ab.

Ich wandere in den Kuhstall, wo Gretchen und Oma Rohde schon schlafen. Oma R. hat stark die Ruhr. Die Bäuerin hatte gerade frisches Brot gebacken. Ich kaufe eins für 10,— M., 10 weitere tausche ich gegen Sielen ein, dazu ein Pack Streichhölzer, die ich verteile. In Zanow ist eine Streichholzfabrik, aber wir kommen nicht mehr dahin. Am 26. Februar sang die erste Lerche. Nun ist es März, und seit Januar liegen wir schon auf der Straße! Färber gab zu, Frau Meyers Pede[1]) zu haben. Sie bekommt ihn zurück am Ende des Trecks. In Rügenwalde steckte ich Post an Mutti, Ilse, Herrn T.'s Bruder ein. Wir sollen ab Zanow über Köslin umgeleitet werden. Wenn wir nur erst heil aus diesem Kessel raus wären. 12 km von uns der Russe und keine Front! ! ! — — —

1. März 1945.

Durch herrlichen Wald geht es bei Köslin. Als wir gegen 1 Uhr in der Stadt sind und in Trecks zu 10 Wagen eingeteilt werden, heißt es: Köslin steht kurz vor Panzeralarm. Frau Meyer, Gretchen, Reintraud, Frau Pock gingen einkaufen und zur Apotheke. Wir werden über Jamund umgeleitet, es ist ein Umweg von ca. 12 km. Ich warte an der Ecke auf R., G., Frau M. und Frau P. Sie kommen nicht und ich gehe dem Treck nach, er ist 3 km voraus. Da sehe ich unseren Wagen. Er hält. Der Sturm hatte einige Koffer und den Teppich vom Wagen gerissen. Brizzi bindet ihn neu fest. Ich steige vorne auf. Frau Strauß reicht mir die Auflegematratzen, um sie seitlich zu befestigen. Erneut setzt der Sturm ein. Ich kann mich nicht halten, stürze rückwärts mitsamt den Auflagen und wäre zwischen Pferde und Deichsel gefallen; wenn nicht im letzten Augenblick Brizzi dazugesprungen wäre und mich im Rücken gestützt hätte, so wäre ein Unglück passiert. In Jamund sehen wir die ersten blühenden Schneeglöckchen und Haselsträucher. Es fängt an zu regnen. Wir sind durch naß. Unsere zwei Treckwagen sind weit voraus und die Frauen aus Köslin immer noch nicht in Sicht. Unser Quartier ist: Bast. Da müssen wir uns also alle treffen. Wir kommen auf die Hauptchaussee. In Köslin ist Panzeralarm. Die Bewohner fliehen. Das übliche trostlose Bild. Mütter mit Kinderwagen, das Nötigste oben. Alte Leute von jüngeren Verwandten gestützt. Regen und Nässe. Ein lahmer Mann hinkt die Straße entlang. Ein Paar Stiefel über der Schulter. Das ist alles. Niemand wird ihm helfen. Die Sonne kommt vor. Es ist windig. So werden wir also wieder trocken. Wir fahren ins Dorf Bast. Ich treffe unsere Wagen. Umkehren! Quartier ist auf dem Gut Gr. Bast. Ein Riesenhaus. Eine Unmenge von Flüchtlingen. Einst ein herrlicher Besitz mit Blick auf die Ostsee. Jetzt ein Schmutzhaufen. Auf dem Hof über hundert Flüchtlingswagen. Schlechte Aufnahme! Um ½ 8 Uhr ca. abends verfohlt „Spinne" (schwarzes Stutfohlen)! Die Pferde sind im Schafstall untergebracht. Sie haben es warm, und die Männer sind bei ihnen im Stall geblieben. Um ¾ 11 Uhr tut sich die Tür zu unserem Zimmer auf: Höchste Alarmbereitschaft! Ich gehe zu den Männern in den Stall. Wir suchen gemeinsam einen Ausweg, wo die Wagen rausfahren können. Setzt sich erst alles in Bewegung, so kommen wir nicht mehr raus. Spinne wird in Decken gepackt. Um 2 Uhr nachts wollten wir fort. Es ist unmöglich. Dunkles Gewölk jagt über den Himmel, Schnee und Hagelschauer prasseln hernieder. Ab und zu ein Donnerschlag.

[1]) Tragevorrichtung.

Schüsse in Richtung Köslin. Die Hölle ist los. Wir liegen im Mittelgang des Pferdestalles, zwischen Dung und Stroh, versuchen noch eine halbe Stunde zu schlafen. Um 1/2 4 Uhr fahren wir als die Ersten los.

2. März 1945.

Es ist noch immer ein entsetzlicher Sturm. Zitternd vor Kälte rücken wir dicht aneinander. Unsere Sachen sind noch alle naß. Ich habe entsetzliche Schmerzen im Unterleib, Reintraud hat Mandelentzündung. 12 km vor Kolberg werden wir umgeleitet und treffen die Loschkeimer Leute. Die Freude ist groß, die Frauen weinen vor Freude. Ich kann es so gut verstehen. Seege und Frau, Frau Heppner, Frau Bock sind sehr elend. Frieda und Else sind auch wieder da — glücklich, ihre Sachen wiederzuhaben. Seege ist Führer eines Trecks von 6 Wagen. Auf einem Loschkeimer Wagen mit 4 fremden Pferden haben 22 Menschen ihre Sachen. Else, Frieda und Herta Strauß kommen wieder zu uns. Seeges Wagen schließt sich an. Wir fahren weiter. Nachmittags der übliche Schneesturm. Wir suchen in Degow selber Quartier. Seeges Treck fährt weiter und soll in unmittelbarer Nähe auffahren. Alle Mann in einer kleinen Stube. Der Gestank ist furchtbar. Ich liege zum ersten Mal im Bett, eine Wärmflasche auf dem Leib, denn ich habe furchtbare Schmerzen.

3. März 1945.

Frau Losch hat Radio gehört und berichtet, daß der Russe aus Köslin raus mußte, auch im Samland ist er zurückgeworfen. Wir bekommen Milch zu kaufen. Das Holz ist naß, dennoch bekommen wir Grießbrei zustande. Besonders Else tut er gut, die mit ihrer Zahnfleischentzündung nicht beißen kann. Ein Eisen fehlt Strauß's Fuchs. Als er beschlagen ist, fahren wir los. 1. März 1945 sind die Männer gelöhnt worden. Ich hatte morgens noch einen langen Brief an Mutti geschrieben. Wenn ich doch nur erst einmal von ihr Nachricht hätte. Gestern schenkte mir Strauß eine Zigarette. Ich höre, daß die Straße nach Kolberg gesperrt wird. Also nach dem Westen fahren. Herta Strauß versucht, die Loschkeimer Leute zu finden, vergebens! So sind wir wieder getrennt. Es tut mir herzlich leid, aber ich kann es nicht ändern. Wir müssen sehen, durchzukommen. Es wird schwer werden.

3. März 1945.

Wir fahren durch schöne Gegenden. Kommen gegen Abend nach Gr. Jestin. Alles noch in tiefster Ruhe. Niemand ahnt, daß morgen der Russe da ist. Wir erhalten Quartier in Gr. Jestin-Abbau auf drei verschiedenen Höfen. Wir haben kaum ausgespannt, da heißt es, wir müßten weiter, in dies Gehöft käme der Stab. Das war mir gerade recht. Es geschehen Wunder! Es ist der Stab der R. 21, dessen einer Teil in Loschkeim in Quartier war. Die Offiziere fragen nach ihren Kameraden in Ostpreußen. Ich bekomme zwei Schluck Kognak, die meiner Ruhr gut tun. Oblt. Schmidtmann macht mich auf die große Gefahr aufmerksam, in der wir schweben, wenn wir nicht sofort aufbrechen. Er rückt mit den letzten Panzern ab, in 1/2 Stunde ist die Straße frei. Er bietet mir an: mich und meine und Tummescheits Sachen auf einer Zugmaschine mitzunehmen. Ich müsse Leute und Pferde dalassen. Ich bitte ihn, dies alles vor den Leuten zu wiederholen, lasse die Männer rufen. Er tut es. Sie haben wenig Lust, anzuspannen. Ich verstehe es, sie sind müde, nur es muß sein. Wir fahren nachts durch und sind morgens um 9 Uhr in Treptow/Rega.

4. März 1945.

Ich begrüße einige der Offiziere der R. 21, die bereits weiterrücken. Strauß und ich versuchen, in einer Molkerei Butter für unseren Treck zu bekommen. Kistenweise steht sie frisch und duftend da. Wir erhalten nicht ein Gramm. $1^1/_2$ Stunden später ist der Russe in Treptow, und die Polen werfen sich mit Butter. Das Flüchtlingselend ist groß, das Wetter regnerisch und diesig. In Gr. Zapplin füttern wir nur ab und kochen Kaffee. Oblt. Sch. hatte am Abend vorher gemeint, wir könnten hier Quartier machen, aber da $3^1/_2$ km hinter uns in Treptow der Russe haust, kommt das gar nicht in Frage. Wir fahren nachts durch: Richtung Cammin.

5. März 1945.

Losch hat mit dem Anspannen gezögert. Diese verlorene halbe Stunde wird uns teuer zu stehen kommen. Vorläufig hat wohl nur Reintraud mein Vorwärtsdringen begriffen. Sonst würde ich Menschen und Vieh nicht solche Strapazen zumuten, wenn es nicht unbedingt nötig wäre. Wir fahren — — fahren — — fahren — — Auf der Straße gegen 1 Uhr füttern wir kurz ab. Ein Offizier macht Schwierigkeiten, will uns auf weichen Acker schieben lassen. Unsere Pferde fressen ruhig — er tobt — Polizei auf Rädern Richtung Cammin. Flüchtlinge aus Greifenberg, wo bereits der Russe ist. Es wird brenzlig. Wir fahren weiter. Vor Cammin stoppt der Treck, schrittweise geht es voran. Wir stehen dicht vorm Eingang in die Stadt. Wir sind alle von den Wagen herunter. Färber, Frau Meyer gehn vor. Es soll niemand mehr hinein, die Panzersperren sind geschlossen. Links von uns auf der Höhe zieht Militär mit Panzerposten auf, geht in Deckung. Um 3 Uhr nachmittags sind wir mitten im Beschuß. Die Leute alle in den Gräben in Deckung. Unsere Wagen stehen mitten in der Geschoßbahn. Eine Granate schlägt ins Gasthaus, 100 m hinter uns, ein. Die Perde stehen völlig ruhig, sie sind todmüde. Ich stehe auf der Straße hinter einem Baum, Reintraud mir gegenüber. Da saust ein Geschoß unmittelbar an meinem Kopf vorbei und ihr vor die Füße. Sie schiebt es mir zu. Nur keine Verwundeten im Treck, ist mein Gedanke. Denn schon werden verwundete Zivilisten aus den Trecks vorbeigetragen. Da erschallt das Kommando: „Achtung, russische Panzer von rechts.“ Das ist unsere Straße. Also, sollen wir hier doch noch geschnappt werden?! Und wieder ein Wunder! Die Schlange der Treckwagen schiebt sich langsam voran. Wir kommen auch noch mit in die Stadt hinein, sollen in engen Seitenstraßen auffahren, in die die Panzer nicht hineinkommen. Die Bewohner Cammins kochen Kaffee und ahnen nicht, was sich in diesen Augenblicken bereits vor und in ihrer Stadt abspielt. Die ersten russischen Panzer sind da. Die Straßenkämpfe beginnen. Ganz junge Kerlchen ohne genügende Munition sollen die Stadt verteidigen. Schwerverwundete werden getragen. Die Straßen sind menschenleer. An den Kreuzungen in Deckung MGs. Hier müssen wir raus. Färber und ich gehen los. Fragen die Posten, ob sie uns noch einmal nach Richtung Dievenow die Panzersperre öffnen. „Ja, aber schnell.“ Zurück, die Wagen abfahrbereit, hintereinander auffahren. Leute alle links in Deckung. Ein Bauer schließt sich mit seinem Wagen uns an. Reintraud geht vor. Sie wird das Zeichen geben, wenn die Straße nach Dievenow, die quer auf die Hauptstraße mündet, in der Straßenkämpfe toben, passierbar ist. Ich bin am Kopf der Vorderpferde von T.'s Wagen. Dahinter Strauß und Losch mit ihren

Wagen. Sobald ich von Reintraud das Zeichen bekomme und die Vorderpferde freigebe, sollen die Fahrer, ohne sich um etwas anderes zu kümmern, so schnell es geht, die Straße nach D. hinauffahren. Wir fahren am Moorbad vorbei über Komposthaufen etc., Leitersprossen verliert T.'s Wagen. Wir sammeln sie auf. Wir kommen an die Straße. Ein Maschinengewehr rückt zur Seite, gibt den Weg frei. R. gibt das Zeichen. Ich gebe die Pferde frei, und los geht es im Galopp. Wir laufen hinterdrein, können die Wagen aber nicht einholen. Brizzi hält erst an, als er auf der Straße den Anschluß an den Treck erreicht hat. 2 km hinter uns rollen russische Panzer in Cammin ein. Springt die Infanterie herunter von den Panzern, trägt Tod und Brand in die Stadt. Häuser gehen in Flammen auf, Schreie der Frauen erschallen. Flüchtlinge irren ohne jede Habe quer übers Feld. Soldaten kommen vorbei: „Ihr müßt ausrücken, die Brücke soll gesprengt werden." Wie sollen wir ausrücken, wenn in zwei Reihen vor uns die Straße verstopft ist! ! ! Es wird dunkel, der Feuerschein des brennenden Cammins erleuchtet den Himmel. Todmüde sitzen wir auf unseren Wagen. Färber kommt: Was werden wir machen? Viele verlassen ihre Wagen, gehen mit dem Handgepäck los. Ich sage: „Ich bleibe. Ohne Gepäck und Wagen kommen wir nicht voran." So blieben alle. Und trotzdem wir jeden Augenblick damit rechnen mußten, daß russische Panzer uns aufrollen würden, schliefen wir ein. 3 km hinter uns das brennende Cammin.

6. März 1945.

Wir erwachen bei Tagesgrauen. Meine Aktentasche ist fort. Gestohlen, verloren? Wer weiß es. Aber mit ihr meine letzten Akten, die Sterbeversicherung meiner Mutter, mein Waschzeug, Kammzeug und die schöne Gummiwärmflasche. Der trauere ich am meisten nach. Uns zur Seite verlassene Höfe, Wagen, Flüchtlingsgut in den Gräben, ähnlich wie in Ostpreußen. Nur nicht denken! Frau Meyer, Frau Pock finden in einem Gehöft einen Schweinekopf und Leber. Sie braten Spirkel und Leber und trotz unserer Ruhr essen wir alles. Losch und Färber haben ein Schwein geschlachtet. Die tote Sau wird auf den Wagen geladen, zum Ausnehmen ist jetzt keine Zeit. Mittags kommen wir durch Fritzow, gegen 1/2 5 Uhr durch Dievenow. Dort ist viel Militär. D. soll verteidigt werden. Wir kommen als letzter Treck über die Pionierbrücke auf die Insel Wollin.

Es folgen Aufzeichnungen, die über den erfolgreichen Abschluß der Flucht über Swinemünde, Usedom nach Vorpommern und Berlin bis zum 26. März 1945 berichten.

Nr. 27.

Erlebnisbericht von Frau I. K. aus Gumbinnen i. Ostpr.

Original, 14. Juni 1948. Aus einem Dankschreiben an ausländische Hilfsorganisationen.

Evakuierung aus Gumbinnen im August 1944, Flucht im Januar 1945 aus Braunsberg über das Haff und durch Pommern nach Schleswig-Holstein.

Wir sind Flüchtlinge aus der Grenzstadt Gumbinnen in Ostpreußen. Nachdem im Juli 1944 die Luftgefahr sehr zugenommen hatte, wir oft stundenlang im Luftschutzkeller zubringen mußten und größere Luftoperationen erwartet wurden, evakuierte man Frauen, Kinder und gebrechliche Personen vorsorglicherweise in die nähere Umgebung der Stadt. Nach drei Tagen, am 1. August 1944 in den Abendstunden, wurden wir wieder nach Gumbinnen zurückgeholt, um uns für einen Weitertransport am nächsten Tage vorzubereiten. Einen Teil der Nacht verbrachten wir im Luftschutzkeller. In den Zwischenpausen packte ich das Notwendigste an Wäsche, Kleidungsstücken, Betten, Gebrauchsgegenständen zusammen. Es durften nur 5—6 größere Gepäckstücke mitgenommen werden. In den Morgenstunden stellten wir dann die gepackten Sachen, mit Namen versehen, vor die Haustür. Zum Abtransport wurden Lastkraftwagen zur Verfügung gestellt. Straßenweise wurden die Gepäckstücke abgeholt und zur Bahn gefahren. Mit Bekannten begaben wir uns zur Bahn, ohne zu ahnen, daß wir unsere Stadt, unsere Wohnung, unser Hab und Gut und alles, was uns lieb und teuer war, was wir uns in jahrelanger Arbeit beschafft hatten, nie mehr sehen würden.

Um 11 Uhr vormittags fuhr der Transportzug ab. Wir kamen in die Stadt Braunsberg, etwa 100 km von der ostpreußischen Grenze entfernt, hin. Der Zug benötigte zur Überbrückung dieser an sich kurzen Entfernung ca. 15 Stunden, so daß wir erst um ca. 4 Uhr morgens am Bestimmungsort eintrafen. Luftalarme, Wehrmachtstransporte usw. waren die Ursache der Störungen. Von meinem Mann, der im Brückenkopf Memel-Ostpreußen eingesetzt und eingeschlossen war, hatten wir schon lange keine Nachricht. Bis Mitte Januar 1945 wußten wir noch nicht, in welcher Gefahr wir uns befanden, da alle diesbezüglichen Gerüchte durch Presse und Rundfunk dementiert oder zumindest abgeschwächt wurden. Groß war unsere Freude, als uns mein Mann, der als Kurier eingesetzt war, am 20. Januar auf einen Tag besuchte.

Am 21. Januar ließ uns unser Quartiergeber sagen, daß wir uns für Dienstag, den 23. Januar, zum Abtransport nach der Stadt bereit halten sollten. Mein Mann mußte uns, trotz der großen Gefahr, in der wir schwebten, verlassen, ohne uns helfen zu können. Am Tage, noch besser in den Abendstunden, war der Kanonendonner von der Kampffront zu hören. In der Stadt Braunsberg herrschte eine nervöse Unruhe; es war ein Hasten und Jagen, niemand wußte, was er beginnen sollte. Die Nacht verbrachten wir schlaflos, weil der Kanonendonner immer näher rückte. Am Morgen sollte ein Transportzug nach der Provinz Sachsen abgehen. Vorsorglicherweise ließ ich mein Gepäck zur Bahn bringen, aber es wurde nicht mehr angenommen. Es wurde uns erklärt, daß der Flüchtlingszug seit Sonntag zur Abfahrt bereit stände, aber nicht ausfahren könne, weil die einzige Ausfahrtstraße nach dem Reich, Braunsberg—Elbing, unter feindlichem Artilleriebeschuß liege. Wir blieben bei meiner Schwester, die ebenfalls in Braunsberg untergebracht war. In der Stadt selbst begann es unheimlich zu werden, etwas Furchtbares schwebte über der Stadt. Wir legten uns in Kleidern zur Ruhe, aber Kanonendonner ließ uns nicht zur Ruhe kommen. Die Flüchtlinge wurden durch Lautsprecherwagen immer wieder zur Ruhe gemahnt, es hieß, es bestände keine unmittelbare Gefahr für die Einwohner. In den Morgenstunden hörten wir dann Maschinengewehrfeuer. Erst später erfuhren wir, daß russische Panzerspitzen bis an den Stadtwald herangekommen, aber von unsern Truppen zurückgeschlagen worden waren.

In den Vormittagsstunden des 27. Januar begab ich mich zur Stadtmitte, um Lebensmittel einzukaufen. Es war ein bitterkalter Wintertag. Über der Stadt lag ein Alpdruck, man glaubte, in dem nächsten Augenblick müsse Schreckliches passieren. Ohne etwas eingekauft zu haben, wollte ich nach Hause gehen, als ein Lautsprecherwagen auf dem Marktplatz Anweisungen für Frauen, Kinder und gebrechliche Personen zur Flucht gab. Schnell begab ich mich zur Wohnung meiner Schwester, die mit meinen beiden Mädeln, 16 und 3 1/2 Jahre alt, voll Unruhe auf mich wartete. In meiner Abwesenheit gingen Helfer der Volkswohlfahrt von Haus zu Haus und forderten Frauen und Kinder zur sofortigen Flucht auf. Es wurden Trecks zusammengestellt, die in Richtung Heiligenbeil in Marsch gesetzt wurden. In der Straße stand ein Trecker mit Anhänger. Da ich annehmen mußte, daß auch diese Menschen flüchten wollten, stieg ich mit meiner großen Tochter in den Anhänger ein; meine Schwester reichte mir mein kleines Mädel zu und warf schnell noch eine Steppdecke auf den Wagen. Insgesamt befanden sich 30 Personen in diesem Lastzug. Es herrschte eine grimmige Kälte, dazu noch Schneegestöber, es zog von allen Seiten, bald spürten wir unsere Füße nicht mehr. Am meisten hatte mein kleines Mädel unter der schneidenden Kälte zu leiden. Eine Mitfahrerin schenkte dann jedem von uns ein Paar wollene Socken, wir selbst waren auf diesen harten Fluchtweg nicht vorbereitet und konnten nur ein kleines Köfferchen mit den allernotwendigsten Sachen mitnehmen.

Als wir ca. 500 m vor dem Ort Leysuhnen am Frischen Haff waren, versagte der Trecker infolge der hohen Schneewehen, auch 4 Pferde, die herangeholt wurden, konnten die Zugmaschine nicht fahrbereit bekommen. Es blieb uns nichts anderes übrig, als den Weg zur nächsten menschlichen Ansiedlung zu Fuß zurückzulegen. Meine kleine Tochter mußte ich tragen. Es war kein Gehen, sondern nur noch ein Humpeln. Es dunkelte bereits, als wir im Gasthof der Ortschaft landeten. Die Räume waren schon von Flüchtlingen überbelegt. Ich versuchte, die Füße meiner kleinen Tochter zu erwärmen. Auch das offene Herdfeuer vermochte es nicht. Erst nach ca. 1 1/2 Tagen erwärmten sie sich langsam. Zum Schlafen wurde Stroh hereingeschafft, und verpflegt wurden wir aus der Wehrmachtsküche.

Nachdem wir drei Tage lang in diesem Quartier zugebracht hatten, die Lage immer kritischer wurde,keine Aussicht bestand, aus diesem Dorf herauszukommen, schloß ich mich einem ostpreußischen Bauern an, der am Dienstag, den 30. Januar, auf eigene Verantwortung den Übergang über das kaum vereiste Frische Haff wagte. Er hatte noch vier Polenfamilien, die ebenfalls vor den Russen Angst hatten, bei sich. Um 9 Uhr morgens setzte sich der Treck in Bewegung! Im ersten Wagen saßen die 18-jährige Tochter des Bauern und mein kleines Mädel, schön warm in Decken eingepackt. Die Bauersfrau, ihr 12-jähriger Sohn, meine große Tochter und ich hatten uns Wolldecken über den Kopf gehängt, um uns vor der schneidenden Kälte zu schützen, und gingen hinterher. Da der Schnee sehr hoch auf Eis lag, war es nur ein mühsames Vorwärtsbewegen, bald blieben wir ca. 100 m von den Fahrzeugen zurück, aus der Richtung von Königsberg her grollte unheilvoll der Kanonendonner über das Haff. Wir hatten etwa 5 km zurückgelegt, als ich vor Schreck gelähmt stehenblieb und nicht einmal schreien konnte. Ich sah die Pferde und die Vorderräder des Wagens, auf dem sich mein kleines Mädel und die Bauerntochter befand, versinken. Der Bauer hatte die Fahrtrichtung verloren, und der Wagen war in eine Eisspalte geraten. Wie die Bauerntochter mein kleines Mädel so schnell aus dem sinkenden Fahrzeug herausbekommen hat, ist mir heute noch ein Rätsel. Das kleine Kind, aus den wärmenden Decken gerissen, konnte sich nicht mehr erwärmen, aber es half alles nichts, wir mußten zurück, um nicht zu erfrieren. Vollkommen erschöpft kamen wir wieder im Gasthaus an. Jetzt erst wurden die Pioniere der Wehrmacht eingesetzt, die Bohlen und Pontons über die Eisspalten legten. Am Mittwoch setzte Frostmilderung ein. Am Donnerstag wurde das Haff zum Übergang freigegeben. Da setzte Tauwetter ein, und auf dem Haff bildete sich eine ca. 20 cm tiefe Wasserschicht an. Ein Übergang zu Fuß über das Haff war also vollkommen unmöglich.

Am Freitag wurde unser Quartierort Leysuhnen zur Hauptkampflinie erklärt, und alle Zivilpersonen sollten den Ort verlassen. Das Gasthaus wurde zum Lazarett umgewandelt. Ein weiteres Verbleiben in diesem Ort war also unmöglich. Wo sollten wir nun aber bleiben? Nach Braunsberg durften wir auch nicht mehr zurück, weil die Stadt mit Flüchtlingen überfüllt war. Der Weg über das Frische Haff und der 95 km lange Nehrungsweg bedeuteten den sicheren Tod, erklärten uns Offiziere der Wehrmacht. Es blieb uns nichts anderes übrig, als mit dem Treckerzug, der inzwischen flott gemacht worden war, nach Braunsberg zurückzufahren (etwa 20 Personen). Wir mußten uns im Fahrzeug ganz ruhig verhalten, um bei den Wehrmachtskontrollen nicht aufzufallen, die keine Zivilpersonen nach Braunsberg zurückließen. Der Fahrer erklärte den Kontrollen, daß er Munition für die Wehrmacht hole. So landeten wir am 2. Februar nach mehreren vergeblichen Versuchen, über das Haff zu kommen, wieder in Braunsberg. Inzwischen hatte sich meine Schwester, die uns in Sicherheit glaubte, zu Fuß auf die Flucht gemacht. Die Wohnung war von anderen Flüchtlingen belegt worden. Das Zimmer meiner Schwester wurde uns aber zur Verfügung gestellt. Die Bevölkerungszahl in der Stadt war durch den andauernden Zuzug von Flüchtlingen auf das 4- bis 5-fache angestiegen. Elektrisches Licht gab es nicht mehr. Es war fast ein Ding der Unmöglichkeit, Brot zu bekommen. Man konnte von Glück sagen, nach 2-stündigem Anstehen ein heißes Brot erwischt zu haben. Während dieser Wartezeiten gab es Bombenangriffe und Bordwaffenbeschuß. Nachdem wir nachts 6 mal den Luftschutzkeller aufsuchen mußten, sind wir beim 7. Alarm nicht mehr in den Keller gegangen. Durch all die Ereignisse so zermürbt, öffnete ich den Gashahn. Leider oder Gott sei Dank war nur noch so viel Gas in der Leitung, um kaum eine Tasse Tee wärmen zu können.

Am Montag, den 5. Februar 1945, einem herrlichen sonnigen Wintertag, wurden wir durch Bombenabwurf eines feindlichen Flugzeuges erschreckt. Das Flugzeug verschwand dann wieder, und wir beruhigten uns. Da wir unsere Lebensmittelkarten, die während der Zeit unserer ersten Fluchtversuche ausgegeben worden waren, noch nicht hatten, begaben sich zwei Flüchtlingsfrauen und meine größere Tochter zur Ausgabestelle, um die Karten in Empfang zu nehmen. Die drei hatten sich kaum aus dem Hause entfernt, als Bombenabwurf auf Bombenabwurf erfolgte. In einer kleinen Atempause wurden auch schon die ersten Verletzten in unsern Keller gebracht. Auch unsere drei, die auf dem Wege zur Kartenstelle waren, kamen verstaubt und erschreckt zurück.

Die Bombenabwürfe dauerten, mit geringen Unterbrechungen, bis in die Mittagsstunden hinein; selbstverständlich durften wir während dieser Zeit den Keller nicht verlassen. Es folgte dann eine größere Pause, in der wir frische Luft schöpfen konnten.

Während dieser Pause wurden die Flüchtlinge durch Lautsprecherwagen aufgefordert, die Stadt zu verlassen. Wie ein Ertrinkender klammerte man sich an jeden Strohhalm, um aus der Stadt herauszukommen. Um Näheres zu erfahren, eilte ich im Laufschritt über Glas- und Bombentrümmer hinweg zur nächsten, etwa 10 Minuten von unserm Quartier entfernten NSV.-Stelle. Hier brachte ich in Erfahrung, daß Lastkraftwagen und Trecks an der Frauenburger Chaussee bereitständen und Anweisung hatten, uns mitzunehmen. Auf dem Rückweg, ich hatte etwa den dreiviertel Teil des Weges zurückgelegt, vernahm ich Flugzeuggeräusche. Unter einer Linde stehenbleibend überlegte ich blitzschnell, ob ich stehenbleiben oder weiterlaufen sollte. Schließlich rannte ich, um mein Leben kämpfend, 20 m weiter zum nächsten Haus. Ich hatte nicht mehr die Zeit und die Kraft, die Türe schließen zu können, da setzte auch schon der Bombenhagel ein; gleichzeitig wurde jeder, der sich auf der Straße sehen ließ, mit Bordwaffen beschossen. Nach dem Abflug der Flugzeuge wurden die Verwundeten aus den Kellern in unbeschädigte Häuser gebracht. Vor der Linde, unter der ich ursprünglich Schutz gesucht hatte, sah ich einen Kraftwagen lichterloh brennen. Bis zu meinem Quartier war es nicht mehr weit. Ich sah dieses Haus in eine große Staubwolke eingehüllt. Gott sei Dank fand ich meine Kinder unverletzt vor. Sie hatten nur einen ordentlichen Schreck bekommen, und sie waren über und über mit Schutt und Ziegelstaub bedeckt. Eine Bombe war 3 m vom Hause entfernt in den Garten gefallen und hatte die Insassen des Luftschutzkellers ordentlich durcheinander gewirbelt. Dann setzten wieder bis in die Abendstunden hinein Bombenabwürfe und Bordwaffenbeschüsse ein.

Kein Flüchtling war in der Lage, dem Aufruf, die Stadt zu verlassen, zu folgen. Schon während der Bekanntmachung lag auch die Frauenburger Chaussee unter feindlichem Artilleriefeuer. An diesem Tage sind viele ostpreußische Kleinstädte wie Zinten, Mehlsack fast dem Erdboden gleichgemacht worden. Während der Nacht saßen wir im Luftschutzkeller, ohne ein Auge zuzumachen, niemand konnte uns helfen. Flakoffiziere, die ihre Kanonen auf dem Hof eingebaut hatten, rieten uns, in den Morgenstunden die Stadt zu verlassen. Sie beschafften auch zwei Fuhrwerke und brachten uns zum Stadtrand. Aber schon auf dem Hinwege kamen uns Soldaten und Flüchtlinge entgegen, die nicht weiter kamen. Wir sahen das Sinnlose unseres Unternehmens ein und ließen uns wieder in unser Quartier zurückfahren. Ich packte mein kleines Mädel warm in Decken ein, setzte es in einen Sportkinderwagen, packte weiter ein kleines Köfferchen mit den allernotwendigsten Sachen, und dann wollten wir, zusammen mit einer Flüchtlingsfrau aus Osterode, zum letzten Male versuchen, aus Braunsberg herauszukommen. Meine große Tochter war schon so erschöpft und verzagt, daß sie an keine Rettung mehr glaubte. In der Mitte der Stadt entdeckte die Osteroder Flüchtlingsfrau in einem Wehrmachts-Lastkraftwagen einen Bekannten aus ihrer Heimatstadt. Obwohl dieser Kraftwagen bis oben hin voll mit Reis für die Truppen in Heiligenbeil beladen war, durften wir mit, hatten allerdings kaum Platz, uns flach auf die Reissäcke zu legen.

Auf diese Art kamen wir bis nach Heiligenbeil und später mit viel Mühe und Not zum zweiten Male zum Haffübergangsort Leysuhnen. Durch Vermittlung eines Wehrmachtsarztes erhielten wir bei Fischersleuten ein Notquartier. Am nächsten Morgen wurden uns am Haffufer Plätze auf Bauernwagen zugewiesen. Leider wurde ich für eine Zeit von meinen Kindern getrennt. So begann unsere Reise durch einen Teil unseres Vaterlandes, leider anders, als wir es uns je erträumt hatten. Schauerlich spiegelten sich die hell brennenden Städte Braunsberg und Frauenburg auf dem Eise wider. Das erste Dorf, das wir nach gelungenem Haffübergang passierten, war Neukrug, ein kleines Fischerdorf. Da der Ort vollkommen mit Flüchtlingen, Verwundeten und Wehrmacht überbelegt war, fanden wir, zusammen mit 30 anderen Leidensgenossen, nur noch in einer Räucherkate Unterschlupf. Der enormen Kälte wegen waren wir gezwungen, ein wärmendes Feuer zu halten; leider hatte die Kate keinen Rauchabzug, so daß wir den beißenden Qualm in die Augen bekamen. Ein Öffnen der Eingangstür war unmöglich, da Flugzeuge überall da, wo sich Licht zeigte, unweigerlich ihre Bomben abwarfen. Nachts hörten wir die Hilferufe der auf dem Eise beim Übergang eingebrochenen Personen. Es war nicht möglich, ihnen Hilfe zu bringen, denn erstens war des Nachts nichts zu sehen, und wenn zweitens mit Laternen gearbeitet wurde, waren sofort feindliche Flugzeuge zur Stelle. So ging auch diese Nacht, die wir stehend zubrachten, weil der Raum zu klein für die große Personenzahl war, vorüber.

Dann ging die Reise dem Ostseebad Kahlberg zu. Über unsere Köpfe hinweg bahnten sich die Artilleriegeschosse der Marineartillerie ihren Weg. In Kahlberg fanden wir am Strande, auf Decken liegend, erschöpfte Greise und Greisinnen, die nicht weiterkonnten, weil sie nicht mehr die Kraft dazu hatten.

An diesem Tage hatte ich noch ein erschütterndes Erlebnis. In der Nähe der Strandhalle Steegen stand einsam und verlassen ein Kinderwagen mit einem toten Kind. Die Mutter mußte es wohl zurücklassen, weil sie ihm nicht mehr helfen konnte. In der Strandhalle fanden wir noch notdürftig Unterkunft. Hunger und Durst quälten uns, es gab dort keine Verpflegungsstelle. Der Durst wurde mit Schneewasser gelöscht.

Von Kahlberg ging es weiter nach Schönbaum an der Weichsel. Unterwegs hörten wir, daß man mit der Bahn besser und müheloser weiterkäme. Wir konnten uns durch die tagelange Treckfahrt kaum noch aufrechthalten, und ich begab mich zur NSV.-Stelle in Karthaus, um erschöpfende Auskunft einzuholen. Unser Treck hatte Anweisung zum Essenempfang, und diese Pause nahm gewöhnlich 2 Stunden in Anspruch. Als ich zum Treck zurückkehrte, war von der Wagenkolonne nichts mehr zu sehen. Da ich aber die Reiseroute kannte (Stolp/Pommern), kam ich einigermaßen auf den Weg. Leider nahm das Nachfragen eine geraume Zeit in Anspruch, und ich verlor so wertvolle Zeit. Erwähnen möchte ich hierbei noch, daß meine beiden Mädels mit dem Treck mitgefahren waren und nicht wußten, daß ich abwesend war. Daß ich den Treck doch noch einholte, hatte ich dem Umstand zu verdanken, daß sich der Eisenreifen eines Rades löste und der Schaden erst behoben werden mußte, ehe die Weiterreise angetreten wurde. Nach den Auskünften in Stutthof,

Karthaus hatte ich kein Verlangen mehr, mittels Bahntransport weiterbefördert zu werden. Die Züge waren in den meisten Fällen überfüllt, gingen mit unberechenbaren Verspätungen oder überhaupt nicht mehr ab, da auch diese Städte und Orte im Aktionsbereich der feindlichen Flugzeuge lagen. Auch die Kampffront — es waren schon mehrere Kessel gebildet worden — hatte sich bis nach Pommern verlagert.

So ging es Tag für Tag durch viele Orte weiter bis nach Langenberg an der Oder. Hier sollten wir übergesetzt werden. Wir warteten an einem Tage vom frühen Morgen bis Mitternacht darauf. Auch hier gab es noch einen Fliegergroßalarm. Die Übergangsstelle wurde nicht angegriffen, dafür gab es einen Großangriff auf Stettin. Tag für Tag, Woche für Woche ging es so weiter bei Eis und Schnee, bei Sturm und Regen, bei kristallklarem Frost und manchmal auch Sonnenschein. So manches Mal waren wir bis auf die Haut durchnäßt, die Kleider mußten am Leibe trocknen, es blieb nichts anderes übrig. Nur des Nachts gab es wenige Ruhestunden zur Entspannung. Verpflegt wurden wir in einzelnen Ortschaften, aber infolge der unregelmäßigen Mahlzeiten revoltierten Magen und Darm oft, und die Widerstandskraft der Körper erlahmte zusehends. Hervorheben möchte ich die Hilfsbereitschaft der Wehrmachtsangehörigen. Sie taten ihr Möglichstes, um den Flüchtlingen zu helfen. Auch in einzelnen Dörfern der durchfahrenen Provinzen gab es hilfsbereite und gute Menschen, die uns gut aufnahmen und verpflegten, und hier wiederum waren es gerade die Schichten der ärmeren Bevölkerung, die sich unser hilfreich annahmen. Unsere Flucht im Pferdetreck führte uns durch das restliche Ostpreußen, Westpreußen, Pommern, Mecklenburg, Herzogtum Lauenburg nach Schleswig-Holstein, wo wir am 28. März 1945 körperlich und seelisch vollkommen erledigt eintrafen. *Es folgen einige abschließende allgemeine Betrachtungen.*

5. Die Vorgänge in Königsberg und im Samland von Januar bis April 1945.

Nr. 28.

Brief des Kreisbürodirektors a. D. Eduard Schwartz aus Königsberg i. Ostpr. Photokopie, 10. August 1948, 6 Seiten. Teilabdruck.

Im eingeschlossenen Königsberg, Flucht mit dem Schiff über Pillau nach Danzig im Februar 1945, Weitertransport mit der Eisenbahn.

Vf. berichtet einleitend über seine Lebensumstände in Königsberg und fährt nach einer Schilderung des schweren Luftangriffs auf Königsberg im August 1944 fort:

Nach dem großen Luftangriff, durch den etwa 20000 Einwohner der Stadt obdachlos geworden waren, bot Königsberg ein trauriges Bild. Mit der Nachtruhe war es von da ab vorbei, denn die Russen rückten immer näher, und die Luftangriffe mehrten sich. Über die Erlebnisse in der Zwischenzeit will ich hinweggehen. Im Januar 1945 wurde der Ring um die Festung durch die Russen dauernd enger geschlossen. Tag und Nacht brachten wir im Luftschutzkeller zu, da der Artilleriebeschuß und der Abwurf von Fliegerbomben an der Tagesordnung war. Ein Aufenthalt auf der Straße war mit Lebensgefahr verbunden.

Auf vieles Zureden entschlossen wir uns Ende Januar 1945, durch den Belagerungsring in der Richtung über Brandenburg nach dem Frischen Haff zu flüchten. Mit einem beladenen Rodelschlitten brachen wir in der Nacht bei 20° Kälte, bei Eis und Schnee durch die Trümmer der Stadt auf und gelangten bis zur neuen Eisenbahnbrücke. Aus entgegengesetzter Richtung kamen Einwohner aus Metgethen nach dem Innern der Stadt, weil die Russen bereits bis vor den Vorort vorgedrungen waren. An der Eisenbahnbrücke wurden wir von der Wache zur Umkehr aufgefordert, weil wir nach ihrer Ansicht innerhalb der Festung am sichersten untergebracht wären. Wir kehrten um und eilten nach unserem Luftschutzkeller, den wir vor Morgengrauen erreichten. Die im Luftschutzkeller verbliebenen Einwohner freuten sich, als wir wieder zurückkamen. Die Eisenbahnstrecke nach Pillau konnte nicht benutzt werden, da sie bereits von den Russen besetzt war. So waren wir in der Festung eingeschlossen und mußten uns dem Schicksal übergeben, gequält von dem Gedanken, entweder verschüttet oder von den Russen in Gefangenschaft verschleppt zu werden.

Am 24. Februar 1945 forderte man uns auf, Königsberg zu verlassen. Auf dem Trommelplatz sollten wir uns ungeachtet der Fliegergefahr mit einem kleinen Handgepäck innerhalb 3 Stunden sammeln und mit Autos nach dem Hafenbecken IV gebracht werden. Noch ein Blick nach dem Grabe unserer Habe, und fort ging es zum Sammelplatz. Leider mußten wir unsere jüngste Tochter, die als Medizinerin auf dem Hauptverbandsplatz eingesetzt war, schweren Herzens zurücklassen. Aus Pflichtgefühl konnte sie die nicht mehr transportfähigen Schwerverwundeten nicht verlassen. Bitter war der Trennungsschmerz, denn was ihrer harrte, konnten wir uns denken. — Im Hafen angelangt, begann das Verladen auf Kohlenschleppkähnen. Über uns kreisten russische Flieger. Beim Dunkelwerden brachte uns ein Schleppdampfer nach Pillau. Tausende warteten dort bereits auf den Abtransport über die See. Auf einem gebrechlichen hölzernen Viehtransportdampfer wurden wir verstaut. Infolge des hohen Seegangs konnte die Abfahrt erst am 2. Tage in Begleitung von einem Torpedoboot und zwei Minensuchern erfolgen. Als wir die Hoheitsgrenze erreicht hatten, verließen uns die Begleitschiffe, und mit ängstlichen, gemischten Gefühlen ging es Richtung Neufahrwasser. Nachts um 2 Uhr erreichten wir das Ziel. Wir dankten alle Gott, daß wir wieder festen Boden unter den Füßen hatten. Eine Transportleitung war uns nicht mitgegeben, darum waren wir auf uns selbst angewiesen. In einen einfahrenden leeren Gütertransportzug, der mit einem unbestimmten Ziel ins Reich fuhr, kletterten wir hinein. In unserem Wagen befanden sich 62 Personen. Die Fahrt ging über Stolp, Kolberg, Greifswald, Rostock, Lübeck, Neumünster nach Flensburg.

Im folgenden berichtet Vf. über sein weiteres Schicksal in Schleswig-Holstein.

Nr. 29.

Erlebnisbericht der Hausfrau A. F. aus Königsberg i. Ostpr.
Original, 25. November 1952, 36 Seiten. Abdruck des 1. Teiles.

Erlebnisse und Zustände in Königsberg vom Januar 1945 bis nach der Einnahme der Stadt durch die Russen im April 1945.

Mitte Januar 1945. Erneuter Einbruch der Russen in Ostpreußen. Fliegerangriffe und Bombenabwürfe über Königsberg nehmen zu. Größte Gefahr für Königsberg. Die Personenzüge haben stundenlange Verspätungen. Truppentransporte gehen vor. Die Stadt ist voll von Zivilbevölkerung. Ein großer Teil der Menschen aus der Provinz ist in die Stadt geflüchtet. Von hier aus wollen sie weiter ins Reich. Ein aufregendes Leben und Treiben in den Straßen der Stadt. Die Menschen laufen von einem zum andern, um zu hören, was der einzelne zu tun gedenkt. Wer Telephon hat, erledigt dieses telephonisch.

Es folgen mehrere vorgreifende Reflexionen über das bevorstehende Schicksal, danach fährt Vfn. in der Schilderung fort:

Die Menschen, die zur Flucht die Eisenbahn noch benutzen konnten und ins Reich kamen, sind vielem aus dem Wege gegangen. Nicht alle Züge erreichten in den letzten Tagen des Januar noch das Reich. Eine kurze Strecke, und die Züge kamen nicht mehr weiter. Sie fuhren wieder nach Königsberg zurück. Wer will beschreiben, was sich auf den Bahnhöfen abspielte. Unzählige versuchten nun zu Fuß über das zugefrorene Frische Haff zu gehen. Die Menschen mit ihren Trecks fuhren gleichfalls über das Haff. Die Belastung der Eisdecke war zu groß. Viele fanden in der eiskalten Flut den Tod. Andere gingen über die Nehrung. Trotz Tiefflieger und Bordwaffenbeschuß. Wer kann die Opfer zählen, die allein schon diese Flucht erforderte. In Pillau stauten sich die Menschen, um per Schiff rauszukommen. Auch hier waren die

Gefahren und Schwierigkeiten groß. Doch wer kümmerte sich darum, ob das Schiff auf Minen läuft oder nicht. Auch hier hatte der nasse Tod eine reiche Ernte.

Ich selbst konnte mich zu einer Flucht nicht entschließen, obwohl ich allein war. Meine 12 und 17 Jahre alten Töchter waren schon seit Anfang November 1944 aus Königsberg draußen. Die älteste Tochter, 20 Jahre alt, verließ Ende Januar 1945 mit ihrer Dienststelle die Stadt. Sie konnte mich auch nicht überreden, doch noch nach Berlin zu fahren. Mein Mann war tot. Ich zog es vor, in der Heimat auszuharren, als Hüter und Wächter unseres Hab und Gutes für meine Kinder, da ich bis jetzt noch mein Heim hatte.

In 14 Tagen hatte der Feind Ostpreußen überrannt, um vor Königsberg nun aufgehalten zu werden. In den letzten Tagen des Januar setzte nun auch die Beschießung der Stadt ein. Tag und Nacht ging das so. Meine Bekannten, die mir gegenüber wohnten, wollten schon nach 2 Nächten dem Beschuß aus dem Wege gehen und bei Bekannten in Metgethen eine Nacht sich ausschlafen. Ich sollte mit, doch an der Straßenbahnhaltestelle angekommen, entschloß ich mich doch, umzukehren, um nicht bewußt in eine drohende Gefahr zu laufen. Tiefflieger, Aufklärer kreisten unaufhörlich über der Stadt bei dem frostklaren Wetter (20 bis 22 Grad). Mein Entschluß, zurückzugehen, war richtig. Die Bekannten kamen nicht mehr zurück, sondern wurden in Metgethen von den Russen überrascht und mußten dort Schlimmes erleben. Der Hund kam nach 14 Tagen zurück. Sie selbst wurden verschleppt, der Mann erhängte sich unterwegs.

Ich wohnte am Oberteich. Unsere Straße war durch den ersten Angriff im August 1944 schon ziemlich in Mitleidenschaft gezogen. Unser Haus ein Doppelhaus mit je zwei Familien, war verschont geblieben und stand zwischen ausgebrannten Ruinen. Die Einwohner waren alle fort, und ich habe dann ohne Furcht paar Nächte ganz allein in meinem Keller geschlafen. Die mir angebotene Gastfreundschaft von Herrn Dr. K. wollte ich noch nicht in Anspruch nehmen. Der Kriegslärm kam immer näher. Das Einschlagen der Geschosse wurde aufdringlicher. Ob nun das alleinstehende Haus oder die in den Anlagen untergebrachten Geschütze durch Aufklärer ausgemacht waren, kann ich nicht beurteilen. In einer Nacht war ein besonders starker Beschuß. Es hörte sich so an, als ob jedes Geschoß über meinem Dach explodierte. Mit einem Male ein furchtbarer Krach. Ich überzeugte mich, ob unser Haus etwas abbekommen hatte. Es war nicht der Fall. Ich blieb bis zum Morgen liegen und stellte dann bei einem Rundgang draußen fest, daß der andere Eingang durch Einschlagen eines schweren Geschosses mit dem Treppenhaus abgerissen war. Jetzt entschloß ich mich doch, die angebotene Gastfreundschaft anzunehmen, und siedelte zu Herrn Dr. K. zunächst mit meinen Betten über. Dieses Haus hatte wunderbare Kellerräume, in denen schon mehrere Personen Unterkunft gefunden hatten, die in ihrem Haus nicht mehr allein sein wollten. Unser ganzes Leben spielte sich in diesen Kellerräumen ab.

Der Ring um Königsberg schloß sich immer enger. Die große Zahl an Zivilbevölkerung in der Stadt war einer großen Gefahr ausgesetzt. Die Partei entschloß sich zu Zwangsevakuierungen, und zwar mit allen Mitteln. Auch die sich weigerten, wurden mit Gewalt gezwungen. Die Aktion in letzter Minute ... hat vielen das Leben gekostet. In den kleinen Fischerdörfern am Frischen Haff zusammengeballt, harrten die Menschen auf den Weitertransport, der nur schleppend unter großen Gefahren und Schwierigkeiten durchgeführt werden konnte. Diese Menschenmassen waren jedem Fliegerangriff, jedem Bordwaffenbeschuß ausgesetzt. Furchtbar war das Elend dieser Menschen.

In der Stadt wurden noch immer Laufgräben ausgehoben, und in den Ruinen die Keller von der Zivilbevölkerung (Mann und Frau) zur Verteidigung ausgeräumt. Die Lebensmittel gab es weiter auf Karten, was bis zum Schluß beibehalten wurde. Die Rationen wurden nicht höher, aber der Druck der Partei ... Es wurde auch am Tage immer lebensgefährlicher, die notwendigen Gänge und Besorgungen zu erledigen. In den Straßen sah man Soldaten der Division „Großdeutschland", die auch in den verlassenen Wohnungen Quartier bezogen hatten. Sie glaubten anscheinend noch an Deutschlands Sieg, wenigstens sagten sie uns das. In den Nähstuben versuchte man Kleider und Wäsche für Flüchtlinge und Ausgebombte zu nähen sowie Strümpfe zu strikken. Durch die Zwangsevakuierung kam eine produktive Arbeit kaum zustande. Die Bevölkerung wurde blockweise weiter betreut. Jeder war zur Mitarbeit verpflichtet. Da M. durch Fliegerangriff im August 1944 zum Teil zerstört war und M. sich bis Rothenstein hinzieht, war eine Betreuung der Bevölkerung sehr schwierig. In den einzelnen kleinen Häusern waren besonders alte Leute nicht zu bewegen, mit den Nachbarn zusammenzuwohnen. So mußte Haus für Haus und Keller für Keller durchgegangen werden, um die noch verbliebenen Menschen zu erfassen. Dagegen spielte sich das Leben auf den Hufen ganz anders ab. Die Straßen waren noch ziemlich erhalten geblieben. Die geschlossene Bauweise erforderte nicht die gefahrvolle Betreuung wie in den weitauseinanderliegenden Außenbezirken. Selbst das Einkaufen der Lebensmittel erforderte hier nicht den Weg von einer Viertelstunde und mehr wie bei uns. [Aber] die Art und Größe der Gefahr war überall die gleiche. Wie oft ging es an einem vorbei oder über den Kopf mit sissssss und klatsch — es war wieder mal gut abgegangen. Der Volkssturm kam auch zum Einsatz. Daß diese alten Männer, die auch jetzt ihre Pflicht kannten und taten, trotzdem versagen mußten, weiß der, der selbst dabei war oder diese Männer gesehen hat, in was für einem kraftlosen körperlichen und seelischen Zustand sie nach Hause kamen. Jede Anstrengung dieser Männer angesichts des anstürmenden und vorwärtsdrängenden Feindes mußte vergeblich sein. Ebenso jedes Opfer an Leben und Gesundheit.

Immer energischer wurde die Evakuierung durchgeführt. Die Menschen wollten nicht mehr raus, weil ein Abtransport ins Reich aussichtslos war. Sie hielten sich tagelang versteckt, um nicht erfaßt zu werden. Den Blockleitern wurde die Durchführung dieses Befehls nicht leicht gemacht. Ich selbst stand auch unter diesem Druck. Die Versicherung des Ortsgruppenleiters, daß man nur mein Bestes will und ich bestimmt zu meinen Kindern ins Reich komme, konnte mich nicht überzeugen. Es gelang mir, meinen Entschluß, nicht rauszugehen, durchzusetzen. Man verschonte mich mit weiteren Aufforderungen dieserhalb. Der Kampf um Königsberg wurde immer dramatischer. Tag und Nacht Fliegerangriffe. Sirenen gingen schon lange keine mehr. Am Brummen der Motore hörten wir schon den nahen Anflug der Flugzeuge. Am Tage Aufklärer und Tiefflieger mit ihren Bordwaffen, die auch in die Fenster der Wohnungen schossen. Das Sausen und Einschlagen großer und kleiner Geschosse gefährdeten das Leben von Menschen und Tier. Wohl waren schon viele Menschen aus Königsberg draußen. Ein oder der andere ist doch noch mit dem Schiff rausgekommen. Wieviel aber das Meer als Tribut von diesen Menschen gefordert hat, ist unfeststellbar.

Durch die Evakuierung war auch unsere Gemeinschaft kleiner geworden. Dank der Gastfreundschaft von Dr. K. und seiner Frau lebten wir in einer wohltuenden kameradschaftlichen Verbundenheit. Am Abend saßen wir um unser warmes Öfchen, strickten und nähten und erzählten dabei unsere Erlebnisse des Tages. Die Männer debattierten über Vergangenheit, Gegenwart und Zukunft, bis uns Motorengeräusch in den Luftschutzraum trieb. Schon krachten die Einschläge der Bomben, so daß oft der Boden unter den Füßen erzitterte. Die Nerven waren aufs höchste angespannt, ob und wann das Schicksal uns ereilen würde. Abschuß und Einschuß der Geschosse waren schon deutlich hörbar. Das Knattern der Maschinengewehre ließ erkennen, daß der Feind immer näher kam. Leicht wurde es ihm nicht gemacht. Noch gaben unsere Soldaten ihr Bestes her.

Ende März mußte auch Dr. K. uns verlassen. Er hatte Befehl, mit seiner Praxis nach F. überzusiedeln. Der Abschied von ihm und seiner Frau fiel uns nicht leicht und war uns auch nicht gleichgültig. Wir konnten aber in seinem Haus bleiben. Am gleichen Abend wurde auch mein Haus von Bomben zerstört. Ich selbst war zufällig nicht in meiner Wohnung, auch nicht in der Küche von Dr. K., sonst wäre ich vielleicht heute nicht mehr am Leben. Ein Brand war nicht entstanden, so daß ich noch einige Sachen herausholen konnte. Diese Anstrengung war vergebens. Es ist anders gekommen. Doch bin ich zufrieden, daß Bomben alles vernichteten und nicht ruchlose Hände sich an meinen Sachen vergreifen konnten. Was ich vorher rübergebracht hatte, ist später allerdings restlos in die Hände des Feindes gefallen. — Wer kann schildern, als die Gefahr immer näher kam, wie man da lebte. Es erübrigt sich auch, da im Reich der Krieg genau so tobte. Die Aussichtslosigkeit einer Rettung und dadurch Wendung unseres Schicksals sah jeder. Trotzdem wollten wir dieses Ende bis zum letzten Augenblick nicht sehen, wie bei einem Sterbenden, der für uns erst dann verloren, wenn der letzte Atemzug getan ist.

In den letzten Tagen wurden auch Flugblätter vom Feinde abgeworfen. Man versprach uns die Zusammenführung der Familien, ein geordnetes Leben, die Soldaten sollten die Waffen niederlegen usw. Wie diese Propaganda gehalten worden ist, haben wir später erfahren. Die Partei tat ihr Letztes, sich der Zivilbevölkerung zu entledigen. In der Nacht vom 7. zum 8. April kam der Parteibefehl, daß die Zivilbevölkerung sofort in Richtung Westen (Juditten) die Stadt zu verlassen hat. Viele sind auch jetzt noch gegangen. Hofften sie doch noch, Rettung zu finden? In meinen Augen kam das einem Selbstmord gleich. Der Feind war im Anmarsch vom Westen auf die Stadt, und zwar in unmittelbarer Nähe. Der Kampf aller Waffengattungen hatte im höchsten Einsatz begonnen. Frau Sch. und ich gingen nicht mit. In unserer Straße war sonst kein Mensch mehr. Kurz entschlossen gingen wir zur Ortsgruppe, die in gutgesicherten Bunkern in Ruinen untergebracht war. Dort waren auch die

Volkssturmmänner. Der Ortsgruppenleiter wollte uns zuerst nicht annehmen. Doch wir ließen uns nicht abweisen. Wo sollten zwei einzelne Frauen bleiben? In dieser Hauptverkehrsstraße war die Hölle los. Das ununterbrochene Dröhnen der Stalinorgel, das Sausen der Granaten und Geschosse und Einschlagen derselben, Flieger in der Luft, aufgeregtes Hin und Her der Volkssturmmänner, der Wehrmacht; doch sahen hier die Soldaten die Zwecklosigkeit ihres Kampfes schon ein. Sie waren erbittert über die Partei und deren verantwortliche Männer für unsere Stadt. Schon vor einiger Zeit hörte ich, daß der Gauleiter nicht mehr in der Stadt, sondern in Neutief bei Pillau ist. Es war uns klar, daß er bei größter Gefahr sich sofort in Sicherheit begibt, ohne sich über unser Schicksal Gewissensbisse zu machen. Uns fünf oder sechs Frauen, die in diesen Bunkern Schutz gesucht hatten, konnte auch dieses Erleben nicht mehr erschüttern. Wir waren mit den Männern dem gleichen Schicksal ausgesetzt, und das bindet und verpflichtet zugleich. Lange konnte es nicht mehr dauern, dann war auch unser Schicksal besiegelt. Am Sonntag, den 8. April, hieß es, die Ortsgruppe, der Volkssturm, wir alle setzen uns ab. Die Wehrmacht zog sich auch zurück. In dieser Stunde sagte man noch zu mir: „Es wird noch alles gut.“ Doch zum Absetzen für uns alle kam es nicht. Der Ortsgruppenleiter mit seinen Getreuen zog vor, allein zu verschwinden. Der Volkssturm mit dem stellvertretenden Ortsgruppenleiter, der es abgelehnt hatte, mitzugehen, und wir Frauen blieben zurück. Ob diesen Prominenten die Absetzung noch gelungen ist, ist mir nicht bekannt. Man sprach von einem unterirdischen Gang, der noch erreicht werden sollte und den Weg zur Rettung sicher erscheinen ließ.

Der stellvertretende Ortsgruppenleiter war zunächst noch für weitere Verteidigung unserer Stellung. Die Volkssturmmänner waren nicht der gleichen Meinung, und so kam es zu Auseinandersetzungen. Der stellvertretende Ortsgruppenleiter mußte zur Erkenntnis kommen, daß ein Widerstand von Seiten dieser paar Volkssturmmänner sinnlos war. Ebenso die eventuellen Opfer umsonst sein würden. Es konnte sich nur noch um wenige Stunden handeln, wo auch wir dem Russen in die Hände fielen. So war es auch. — Am Morgen des 9. April (Es war mein Hochzeitstag) erschienen bei uns die ersten Russen. Wieviel es waren, kann ich bis auf den heutigen Tag nicht sagen. Wir hatten unter uns Frauen auch eine Lettin, die den Russen erklären konnte, warum wir mit den Volkssturmmännern zusammen waren, um nicht als Flintenweiber angesehen zu werden. Als wir auf die Straße kamen, wurde aus den gegenüberliegenden Ruinen geschossen, was aber bald verstummte. Wir wurden abgeführt, nachdem die Männer auf Waffen untersucht waren, und zum Kommandanten gebracht. Über uns kreisende Flugzeuge wurden von den Russen verständigt, daß sie uns nicht beschossen. Beim Kommandanten angekommen, wurde Volkssturm und Zivil getrennt aufgestellt. Uns schickte man nach Hause, während die Volkssturmmänner behalten wurden. Was aus diesen geworden ist, habe ich bis heute nicht gehört.

Auf dem Wege zu unserer Wohnung hörten wir „Uhri, Uhri“ schreien. Ein Russe kam wild auf uns zu, führte uns in eine Seitenstraße und verlangte unsere Uhren, die wir aber nicht mehr hatten. Wir hatten Glück, daß er uns unbelästigt weitergehen ließ. In unsere Straße durften wir nicht rein. Wir gingen dann zu einem bekannten alten Herrn von mir, doch der Russenposten am Garten ließ mich nicht durch. Ich sah mehrere Leichen im Gang liegen. Ein anderer Bekannter, der mit uns war, wohnte ein paar Häuser weiter. Hier wollten wir uns niederlassen. Wir Frauen kochten im Keller Mittag. Die Männer waren oben geblieben. Die Russen gingen ein und aus und suchten Frauen. Ich hörte später, daß es für uns Frauen nicht ungefährlich war, sich auf der Straße zu zeigen. Da wir die Gefahr noch nicht kannten, aßen wir unser Mittag gemeinsam oben im Eßzimmer. Wir waren gerade fertig, als wieder mehrere Russen erschienen und uns aufforderten, mitzukommen. Unsere Habseligkeiten im Rucksack und in der Tasche nahmen wir mit. In einer Villa wurden wir gesammelt. Hier sah die Sache schon bedrohlicher aus. Man hörte, was den Einzelnen passiert war, und daß auch Frauen schon vergewaltigt waren. Auch hörte ich, daß der bekannte alte Herr erschossen worden war. Man hatte ein kurzes Verhör mit ihm angestellt, dann mußte er zum Laufgraben in seinen Garten gehen und wurde dort durch Genickschuß erschossen. Was wird man mit uns machen? Stecken sie das Haus an und wir müssen alle dabei umkommen? Das Haus wimmelte von Russen. Endlich hieß es, alles raus. Wegen der starken Beschießung sollten wir in Sicherheit gebracht werden. Die Kapitulation von Königsberg erfolgte ja erst ein paar Tage später.[1])

Der Weg in ein schweres Schicksal begann. Die erste Nacht verbrachten wir in einer zerstörten Kaserne. Nach einer mehr oder weniger aufregenden Nacht ging es weiter. Als wir durch die Fritzener Forst kamen, sahen wir am Wege erschöpfte Menschen, ihrem Schicksal überlassen, sitzen oder liegen. Wir konnten und durften ihnen nicht helfen. Immer weiter ging es, bis wir nach T. kamen, wo schon viele Deutsche zusammengetrieben waren. Hier erfolgte die erste Registrierung und Durchsuchung unseres Gepäcks. Nicht alles wanderte wieder in den Rucksack zurück. In verschiedene Gruppen waren wir eingeteilt. Unsere Gruppe wurde nach K. auf Umwegen zurückgeführt. Die nächste Nacht, als wir in einer Ortschaft, die voll von Russen war, verbringen mußten, war furchtbar für uns Frauen und Mädchen gleich jeden Alters. Was sich hier abgespielt hat, kann nur der erfassen, der Gleiches erlebt hat. Ich war froh, daß ich meine Töchter nicht bei mir hatte. Das Opfer, das so manche Mutter für ihr unschuldiges Kind (10 Jahre und noch jünger) bringen wollte, war ein vergebliches Bemühen. Die Verzweiflungsschreie dieser Kinder, der Mütter oder Eltern gellen mir noch heute in den Ohren. Unsere Männer standen diesen Gewalttaten machtlos gegenüber. — Am Morgen ging es weiter. Auch unterwegs kamen derlei Unruhen vor. Kommen wir tatsächlich nun nach Königsberg zurück? Noch konnten wir das nicht feststellen. Endlich war es doch so weit. Man führte uns in einen Kasernenkomplex in eine große Halle. Diese war schon gedrängt voll. Hier sahen wir Frauen und Mädchen, von uns getrennt, zusammenstehen, die einem besonderen Schicksal entgegengingen. Eine Mutter von mehreren kleinen Kindern umgeben, war keine Seltenheit. Aber diese Mütter waren nicht verzweifelt. Die Angst und die Sorge um ihr höchstes Gut ließ diese Verzweiflung nicht aufkommen. Wie mag ihr weiteres Schicksal verlaufen sein? Wieviel mag solch eine Mutter von ihren Kindern verhungern haben sehen? Nach einigen Stunden kamen wir

[1]) Am Abend des 9. April.

aus diesen Hallen raus und lagen nun vor dem Kasernentor auf der Straße. Königsberg hatte kapituliert. Ein den ganzen Tag anhaltender Abzug der russischen Truppen aus der Stadt. Der Feind hat schweres und schwerstes Material und Menschen einsetzen müssen, um die Festung einzunehmen. Bedrückt mußten wir dieses Aufgebot an Feindeskraft an uns vorüberziehen lassen. Das Menschenmaterial waren nicht alte Männer oder Knaben, wie es hieß. sondern vielleicht die Elitetruppe des Feindes. Außer diesen Truppen sprengten im wildesten Galopp auf ihren Panjepferden die Soldaten durch die Straßen. Fuhrwerke desgleichen im rasenden Tempo.

Am Abend konnten wir nun in die leerstehenden, teilweise zerstörten Wohnungen einziehen. In der Nacht rückten die motorisierten Truppen aus Königsberg ab. Weiter ging es für den Feind in Richtung Pillau. Der Krieg war ja noch nicht zu Ende. Wir machten uns nun die Wohnungen zur Übernachtung fertig. Dichtgedrängt in einem Raum, ohne Unterschied des Geschlechts, mußten wir hier leben. Unsere Gemeinschaft wurde im Laufe der Zeit eine kameradschaftliche. Einer teilte mit dem andern das Stück Brot, denn Verpflegung gab es keine. Hier bekamen wir die ersten Besuche von russischen Soldaten. Die Nacht wurde sehr unruhig. Hilfeschreie gellten von Wohnung zu Wohnung, von Zimmer zu Zimmer. Auch vorbeifahrende Lastautos hielten, die Fahrer drangen in unsere Wohnungen und versetzten uns in Angst und Schrecken. Es kam vor, daß eine junge Mutter mitgenommen wurde ohne Rücksicht, daß das Kind allein blieb. Abgekocht wurde auf offenen Feuerstellen im Hof. Das „Organisieren" von Kartoffeln, Mehl und dergleichen aus den in der Nähe befindlichen Wohnungen und Kellern begann. Man holte uns zur Arbeit, doch niemand wollte gehen, die Furcht vor Gewalttaten war zu groß. Die Strapazen, die mangelnde Ernährung, die unruhigen Nächte schwächten die Widerstandskraft des Körpers sehr, so daß wir die ersten Toten zu beklagen hatten. Ruhr war auch ausgebrochen und erzwang sich einige Todesopfer. Ich selbst erkrankte auch, aber im letzten Augenblick erholte ich mich wieder. Nach 14 Tagen wurden wir aus diesen Wohnungen rausgetrieben. Und zwar schnell, schnell, damit nicht alles geschafft wurde mitzunehmen. Wieder lagen wir auf der Straße, ohne zunächst zu wissen, wohin.

Der 2. Teil des Berichts schildert die weiteren Erlebnisse in Königsberg bis zum Frühjahr 1948 und den Abtransport nach dem Westen.[1]*)*

Nr. 30

Erlebnisbericht des ehemaligen Landrats des Kreises Samland, v. d. Gröben. Original, September 1952, 29 Seiten. Auszugsweiser Abdruck.

Verhalten der deutschen Behörden und Schicksal der Bevölkerung im Kreis Samland während der letzten Kampfhandlungen in den Monaten Januar bis April 1945.

Nach einer Charakterisierung der militärischen Lage und der Gefahr, die Ende 1944 für die ganze Provinz Ostpreußen entstanden war, schreibt der Vf.:

Etwa Ende Oktober setzte sich der sehr umsichtige Kreisbauernführer meines Kreises mit mir in Verbindung, um die Lage unseres Kreises für den

[1]) Der Abschnitt über den Abtransport aus Königsberg abgedruckt unter Nr. 364 (Bd. I, 2).

Ernstfall zu prüfen. Zum damaligen Zeitpunkt hatte das Samland bereits Menschen und erhebliche Mengen an Großvieh aus den ostpreußischen Grenzkreisen aufgenommen. Der Kreisbauernführer machte sich Gedanken darüber, was werden solle, wenn sich der Zustrom verstärken sollte und das Samland nicht mehr Raum- und Futtergrundlage für das Aufnahmegut bot. Auch der Gedanke einer Gefährdung selbst unserer „Festung", so unglaubhaft er uns an sich noch schien, war schließlich in Betracht zu ziehen.

Ich griff die Anregung des Kreisbauernführers gerne auf. Uns bewegte vor allem die Frage, wie es möglich sein könne, das Vieh nach dem Westen zu transportieren. Wir rechneten damit, daß der Eisenbahnweg über Königsberg dafür nicht zur Verfügung stehen würde, ebensowenig wie nennenswerter Schiffsraum. So blieb nur der Fußmarsch über die Frische Nehrung, und diese wiederum konnte entweder über das Pillauer Tief oder über den erheblichen Haff-Wasserweg Peyse — Kaddig-Haken erreicht werden. Wir verhandelten mit den verschiedenen Dienststellen, insbesondere der Schiffahrts- und Wasserbauverwaltung über ausreichende Transportmöglichkeiten bzw. über den Bau einer Pontonbrücke über das Pillauer Tief. Der Kommandant von Pillau fand es zwar sehr richtig, daß irgendeine Vorsorge getroffen wurde, verwahrte sich aber energisch gegen den Gedanken, daß Pillau überhaupt dem Durchzug von Flüchtlingen geöffnet werden könne. Somit schien sich der Weg über Peyse in den Vordergrund zu schieben.

Das Ergebnis unserer Erwägungen nebst konkreten Vorschlägen legten wir im Dezember vor. Die Reaktion war unerwartet: Uns wurde bedeutet, daß der Reichsverteidigungskommissar sich jede Einmischung in diese Dinge verbäte und die Beschäftigung mit Räumungsplänen und dgl. als ein Zeichen mangelnden Vertrauens und mangelnder Siegeszuversicht ansähe.[1]) Schließlich hieß es: Kein einziger Flüchtling werde je über Pillau hinaus die Provinz verlassen — ein wahrhaft prophetisches Wort im Hinblick auf die Hunderttausende, die schon wenige Wochen später in Pillau die rettenden Schiffe zu erreichen versuchten. Jede Möglichkeit einer Vorsorge für die eigene Bevölkerung war für die Kreis- und auch die Militärbehörden umso erschwerter, als nicht nur mit derartigen Bedrohungen von oben her zu rechnen war, sondern als auch die Sorge für die Bevölkerung aus der Hand der Behörden in die der Parteistellen gelegt war. Maßnahmen zum Schutz der Bevölkerung und für ihr rechtzeitiges Insicherheitbringen waren ausschließlich der Gauleitung und den Kreisleitungen vorbehalten, insbesondere durften nur sie Fluchtbefehle geben, Fluchtwege und Aufnahmegebiete vorschreiben. Obwohl sich allmählich der durch die letzten Ereignisse durchaus gerechtfertigte Eindruck vertiefte, daß dieser Last der Verantwortung keinesfalls eine vorausschauende Planung entsprach, war für die Verwaltungsstellen ihrerseits ein Eingreifen praktisch unmöglich, zumal das nur bei Zusammenfassung aller provinziellen Dienststellen einen Sinn gehabt hätte.

Es folgen persönliche Bemerkungen über das Fehlen jedes Räumungsplanes.

---

[1]) vgl. S. 9, 14, 32.

Die russische Winteroffensive lastete schon Wochen vor ihrem Beginn wie ein drohendes Gewitter über der Provinz, und es war beinahe wie eine Erlösung, als sie dann am 12. Januar begann. Eine Schilderung der militärischen Ereignisse gehört nicht hierher. Schneller als befürchtet war nicht nur der große Außenring der Provinz dem russischen Einfall preisgegeben, sondern auch das Herz, Königsberg, mit den umgebenden Landesteilen, bedroht. Von Königsberg aus gesehen war der 21. Januar, der Tag, an dem Spitzen des südlichen Stoßkeiles der Russen über Maldeuten auf Elbing losmarschierten, ein besonderes Menetekel, weil von diesem Augenblick an die Rückzugslinie über Elbing bedroht war. Tatsächlich sind dann auch am 22. die letzten Züge Richtung Berlin durchgekommen. Die Konzentration aller zivilen Verteidigungsmaßnahmen auf den Bau der Befestigungen und die Aufstellung von Volkssturmeinheiten hatte sich bitter gerächt und die Ereignisse im wesentlichen überhaupt nicht ändern können.

Das Samland war nördlich des Pregels durch ein System von Verteidigungsanlagen etwas besser gesichert als südlich des Pregels. Hier stieß daher der Feind schneller durch und eroberte mit Spitzen schon in der Mitte der Woche, also am 23. oder 24., die Ortschaft Groß Lindenau, in der lebhafte Kämpfe stattfanden. Nördlich des Pregels wurde zunächst noch die Deime-Stellung bei Labiau gehalten und ging erst in diesen Tagen nach schweren Kämpfen verloren. Eine weitere Stellung befand sich etwa auf der Grenze zwischen den Kreisen Labiau und Samland. Sie ist praktisch wohl nicht ernstlich verteidigt worden, weil es bereits an einsatzfähigen Truppen fehlte. So dämmerte selbst beim Reichsverteidigungskommissar am Freitag, dem 26., die Vorstellung, daß Königsberg akut bedroht sein könnte. Allerdings versprach man sich noch viel von der letzten gut ausgebauten Stellung auf der Linie Königsberg—Cranz, deren erfolgreiche Verteidigung die Umzingelung der Landeshauptstadt auch von Norden und Westen verhüten würde.

An dem genannten Freitagvormittag hatte der Kreisleiter des Kreises Samland seine Kreisamtsleiter und Ortsgruppenleiter nach Königsberg befohlen. Ich habe dieser Sitzung wenigstens teilweise beigewohnt. Obwohl, wie schon gesagt, die russischen Truppen im Süden schon auf Kreisgebiet standen und auch im Norden bereits Kämpfe gemeldet wurden, gab der Kreisleiter befehlsgemäß bekannt, daß kein Grund zur Besorgnis bestehe, mit einer Wendung der Dinge in Kürze zu rechnen sei und daher jeder Amtsträger, auch die Bürgermeister, mit ihren Familien auf ihren Plätzen auszuharren hätten. Von einer planmäßigen Rückführung der Bevölkerung war erst recht nicht die Rede. Es sei dafür zu sorgen, daß im Falle der Besetzung durch den Feind die Bevölkerungsteile noch rechtzeitig zurückgebracht würden.

Es war bezeichnend, daß sich gegen diese mit der Wirklichkeit in krassestem Widerspruch stehenden Darlegungen nur von einer einzigen Seite Einwendungen erhoben. Die übrigen Anwesenden dachten sich entweder ihr Teil, ohne sich der Gefahr einer defaitistischen Abstempelung auszusetzen oder ließen sich wieder einmal von dem zur Schau getragenen Optimismus anstecken.

Vf. schildert dann die Überführung seiner Dienststelle nach Fischhausen und berichtet über das weitere Vordringen der Russen im östlichen Teil des Kreises Samland.

Es mag etwa gegen 10 Uhr abends am 28. Januar, einem bitterkaltem Wintertage, gewesen sein, als der Oberpräsident und Gauleiter Koch allen Königsberger Behördenleitern die Weisung durchgeben ließ, daß er am Vormittag des kommenden Tages eine Dienstbesprechung in Fischhausen abzuhalten gedenke. Es handelte sich also um einen verdeckten Fluchtbefehl. Die Königsberger Bevölkerung wurde nicht alarmiert. Trotzdem hatte sich die Lage, die sich ja auch durch die Richtung des Gefechtslärmes abzeichnete, bei Teilen der Bevölkerung herumgesprochen, und so waren in dieser unheimlichen Winternacht, in der vor Mitternacht größeres Schneetreiben einsetzte, Scharen von Menschen zu Fuß und mit seltsamsten Gefährten, mit Schlitten und Schleifen unterwegs und bildeten auf der Pillauer Landstraße einen unabsehbaren düsteren Strom. Hunderte und aber Hunderte von Kraftfahrzeugen, in denen sich Wehrmachtsstäbe, zivile Würdenträger und sonstige bevorzugte Sterbliche befanden, wurden immer wieder durch den Gegenstrom militärischer Fahrzeuge bis herauf zu den schwersten Panzern blockiert. Zusammen mit dem Adjutanten des Generals der Kriegsgefangenen, Major Frhr. von Schrotter, den ich zufällig traf, habe ich stundenlang versucht, festgefahrene Verkehrsknäuel aufzulösen und den Strom wieder in Gang zu bringen, was umso schwieriger war, als ich in meinem eigenen kleinen Fahrzeug keinen Fahrer mehr hatte.

Die Zahl der noch aus Königsberg herausgelangten Menschen muß beträchtlich gewesen sein, da der Russe erst am nächsten Vormittag die Pillauer Landstraße erreichte und die Umschließung Königsbergs bis zum Pregel erst in den Nachmittagsstunden abgeschlossen war. Es waren das die gleichen Stunden, in denen die in Metgethen in die Hände der Russen fallende Bevölkerung unter barbarischen Grausamkeiten zu leiden hatte, die gleichen, in denen die letzten Züge auf der Fischhauser Bahn bei Seepothen vom Russen überrascht wurden.

In Fischhausen sah der gleiche Vormittag ein unbeschreibliches Gedränge. Wegen totaler Überfüllung wurde versucht, den Zustrom weiterer Flüchtlingsmassen abzudämmen, was naturgemäß nur unvollkommen gelang. Nicht nur von Königsberg her, sondern auch von anderen Teilen des westlichen Samlandes strömten Flüchtlingszüge zusammen und stauten sich in unvorstellbarer Weise. Alles wurde auf die Fischhäuser Wiek geleitet und mußte meist nach Zurücklassung von Pferd und Wagen die Strecke nach Pillau über das Eis zurücklegen. Der weitere Zustrom ließ dann plötzlich von selber nach, weil russische Truppenteile die meisten größeren Straßen erreicht hatten und einen weiteren Fluchtverkehr verhinderten.

Im folgenden wird ein genauer Überblick über die militärische Lage gegeben, die sich so entwickelt hatte, daß am 2. Februar nur noch die Festung Königsberg, Fischhausen mit Pillau sowie Neukuhren und der Flugplatz von Großdirschkeim in deutscher Hand waren. Ferner erwähnt Vf. Einzelheiten der Auswirkung dieser Lage auf die Zivilverwaltung.

Aus der damaligen Schau ließ sich nur undeutlich übersehen, wer sich bei der allgemeinen Katastrophe hatte retten können. Ich habe mir damals aus den verschiedensten Nachrichten das Bild gemacht, daß es einem verhältnismäßig großen Teil der ortsansässigen Bevölkerung, zu der ja auch Flüchtlinge aus den östlichen Kreisteilen gehörten, gelungen war, vor den Russen nach

Westen auszuweichen. Unbeschreibliche Mengen von Trecks waren auf kleinstem Raum im Dreieck der beiden Küsten zusammengeschoben oder sickerten durch die undichten russischen Verbände noch durch. Natürlich waren in allen Ortschaften Alte und Kranke und Personen zurückgeblieben, die ihr Pflichtgefühl zurückhielt oder die sich aus sonstigen Gründen entschlossen hatten, zu bleiben. Größere Bevölkerungsteile sind jedenfalls in der Ortschaft Cranz in russische Hände gefallen. Hier hatten sich innerhalb des Brückenkopfes Gollnick nach den damaligen Aussagen etwa 4000 Menschen zusammengefunden. Ihr Abtransport Richtung Neukuhren unter dem Schutz des Corps ist nach den damaligen mir zuverlässig erscheinenden Nachrichten zum Teil deswegen unterblieben, weil die letzte Befehlsausgabe der Kreisleitung optimistische Vorstellungen erweckt hatte. Es wird allerdings zuzugeben sein, daß der Fluchtweg an einem schmalen Küstenstreifen entlang, der wohl schon unter russischer Feindeinwirkung lag, nicht für jeden gangbar erschienen sein mag. Mit den zahlreichen Einwohnern und Gästen des Ortes ist auch der Bürgermeister in russische Hand gefallen.

Wie noch weiter unten zu schildern sein wird, gelang es etwa nach dem 5. Februar, eine neue Front vor Neukuhren in einem leicht eingedrückten Bogen bis auf Peyse zu aufzubauen. Die weiter westwärts vorgedrungenen russischen Spitzen fielen dabei in deutsche Hand. In den vorübergehend besetzt gewesenen Ortschaften bot sich ein unterschiedliches Bild. Häufig war nicht allzuviel passiert, vermutlich vor allem deswegen, weil es sich um rein militärische Kräfte gehandelt hatte, die sich mit oberflächlicher Plünderung, der Wegnahme von Uhren und Wertgegenständen und dgl. begnügt hatten. Amtliche Personen allerdings waren fast stets verschleppt oder erschossen worden.

Schlimmer sah es z. B. in Germau aus, wo die überraschte Zivilbevölkerung sehr zu leiden gehabt hatte. Besonders unangenehm war es, daß auch Sorgenau vorübergehend in russische Hand fiel. Hier hatte einige Tage vorher ein größerer Transport von Juden sein Ende gefunden. Es handelte sich um einen ursprünglich aus mehreren Tausend Juden bestehenden Transport, der aus dem Baltikum kam mit Marschrichtung Elbing, dann aber ins Samland abgedreht wurde, weil der „Weg ins Reich" bereits verlegt war. Auf dem Wege von Königsberg bis Sorgenau sind dann zahlreiche Mitglieder des noch immer nach Hunderten zählenden Zuges durch Entkräftung, Hunger und Mißhandlung umgekommen und unbeerdigt im hohen Schnee liegen geblieben, während der Rest von den -irgendwelchen ausländischen Hilfsvölkern angehörenden - Wachmännern in Sorgenau in die See getrieben bzw. erschossen wurde. Ein Teil der Unglücklichen soll verwundet entkommen sein. In dem allgemeinen Durcheinander war es nicht möglich, diese Wahnsinnstat, die die Bevölkerung mit Recht als unmenschliche Grausamkeit und angesichts des drohenden russischen Einfalls als Gefährdung ihrer selbst ansah, zu verhindern, zumal eigene polizeiliche Kräfte nicht mehr greifbar waren und das Wachkommando höhere Befehle hatte. Obwohl die russischen Vorhuten auf lebendige oder tote Zeugnisse dieses grauenhaften Geschehens gestoßen sein müssen, waren Vergeltungsmaßnahmen nicht unmittelbar festzustellen.

Bevor es zum Aufbau der schon erwähnten Front Neukuhren/Peyse kam, hatte es in und um Neukuhren sehr heftige Kämpfe gegeben, die ihren Höhepunkt am 3. Februar erreichten. Ich bin persönlich Zeuge dieser Kämpfe gewesen, da ich mich am gleichen Tage von Pillau aus auf einem kleinen Boot über See nach Neukuhren begeben hatte. Der Russe drückte sehr stark auf das zum Teil brennende Neukuhren, so daß der Stab des Corps Gollnick nach Rauschen verlagern mußte. Als es aber bis zum Abend des 3. nicht gelungen war, in das stark brennende Neukuhren einzudringen, flauten die Kämpfe ab, und es gelang den Divisionen, den Anschluß an die vor Blumenau aufgebaute Front westlich des Galtgarbens[1]) herzustellen. Bei der Säuberung des westlichen Samlandes wurden Reste der russischen Truppen südlich des Kleinen Hausens[2]) eingeschlossen und vernichtet.

Noch während die Kämpfe um Neukuhren im Gange waren, ging der Abtransport der gerade hier stark zusammengedrängten Flüchtlinge — es handelte sich um etwa 2000 Menschen aus dem ostwärts gelegenen Kreisteil — mit kleineren Fahrzeugen der Kriegsmarine vor sich. Nach einer Vereinbarung mit dem Kampfkommandanten von Neukuhren wurden Verwundete und Flüchtlinge je zur Hälfte abgefertigt.

Nach der Stabilisierung der Front auf der bereits bezeichneten Linie ergab sich für die zivilen Aufgaben folgendes Bild: Die ursprüngliche Wohnbevölkerung der in unserer Hand verbliebenen Ortschaften war mehr oder weniger fort, insbesondere die Menschen aus den größeren Ortschaften, aber auch in den kleinen ländlichen Ortschaften waren meist nur wenige Einwohner zurückgeblieben. An ihrer Stelle waren neue Flüchtlinge eingekehrt, die meisten mit Pferd und Wagen. Große Wagenkolonnen, unter denen sich auch die Trecks größerer Güter befanden, schoben sich namentlich von Georgenswalde über Groß Kuhren bis Germau auf den Straßen zusammen, während die in größerer Frontnähe gelegenen Ortschaften weniger belegt waren. Es erwies sich zunächst als notwendig, in den meisten Ortschaften geeignete Persönlichkeiten zu finden, die die Geschäfte des Bürgermeisters und des Bauernführers wahrnehmen konnten. Zur besseren Zusammenfassung wurde einigen vertrauenswürdig erscheinenden Männern ein größerer Bezirk unterstellt und sie mit den Befugnissen eines „Amtskommissars" betraut. Die dringendsten Aufgaben bestanden zunächst darin, eine gewisse Ordnung wieder herzustellen, die Vorräte an Lebensmitteln und Futter zu sichern, das noch vorhandene Vieh in Herden zusammenzufassen, für das Melken und den Abtransport der Milch zu sorgen, Molkereien wieder einzurichten und dgl. mehr. Im weiteren ergab sich die Notwendigkeit, die vorhandene Flüchtlingsbevölkerung oberflächlich zu registrieren und ein sehr behelfsmäßiges Rationierungssystem einzuführen. Alle diese Aufgaben wurden von mir unter Unterstützung des Kreisbauernführers Lehmann in Sankt Lorenz in Angriff genommen und konnten in verhältnismäßig kurzer Zeit nur mit den genannten Hilfskräften durchgeführt werden.

Ich bin tagelang mit einem mir von der Wehrmacht zur Verfügung gestellten Kübelwagen von Ortschaft zu Ortschaft gefahren und habe persönlich die Dinge in Gang gebracht. Es war erstaunlich, wie schnell meist ganz fremde Leute sich in den Ortschaften zurechtfanden, wie rasch mit dem Ausdrusch von Getreide begonnen werden konnte und wie schnell die Versorgung

[1]) Höchste Erhebung des Samlandes, ca. 20 km in nordwestlicher Richtung von Königsberg.

[2]) Erhebung im westlichen Samland, 6 km östlich Palmnicken.

mit Butter und mit Milch, wenigstens für die Kinder, in Fluß kam. Größte Sorge bereitete uns die Beschaffung des Futters für die Treckpferde. Die Wehrmacht drängte darauf, die Pferde abzuschieben oder zu töten, weil sie über einen gewissen Rest an Futter für ihre eigenen Zwecke verfügen wollte. Andererseits waren die Besitzer der Treckpferde nur schwer zu bewegen, sich von ihnen zu trennen, weil sie die Hoffnung aufrecht erhielten, entweder nach Hause zurückfahren oder mit ihren Wagen die letzte Habe über die Frische Nehrung retten zu können. Bis zum gewissen Grade wurde diese Hoffnung auch durch Verlautbarungen von Pillau aus aufrechterhalten, so daß ich mich in der schwierigen Lage befand, zwischen den Wünschen der Wehrmacht und den dringenden Bitten der Flüchtlinge einen Mittelweg finden zu müssen. Im ganzen wurde aber doch im Laufe der nächsten Wochen der Bestand an Pferden laufend vermindert, wobei es nur einem geringen Teil gelang, auf die Frische Nehrung zu kommen.

Der Übergang über das Tief war mit großen Schwierigkeiten verbunden, auch war die Nehrung bis auf weiteres durch die Aufnahme der Flüchtlinge von Heiligenbeil aus völlig verstopft. Es kam hinzu, daß der Abtransport der Flüchtlinge über See von Pillau aus ziemlich zügig vonstatten ging und sich doch die meisten entschlossen, Pferd und Wagen im Stich zu lassen, um sich über See zu retten. Nur ein kleinerer Teil hielt hartnäckig an der Hoffnung fest, daß das Kriegsglück sich wenden müsse und die Rückkehr in die Heimat wieder freistehen werde. Man kann sagen, daß etwa bis zum 20. Februar im großen und ganzen nur noch solche Männer zurückblieben, die zur Bewirtschaftung der landwirtschaftlichen Betriebe notwendig waren oder die ein sonstiges Amt zu versehen hatten, von Alten, Schwachen und Kranken, die transportunwillig oder -unfähig waren, abgesehen.

Nach einigen Bemerkungen über die Bereitstellung deutscher Truppen im Brückenkopf Neukuhren für einen geplanten Durchbruch nach Königsberg fährt der Bericht fort:

Es folgte am 18. und 19. Februar die Durchbruchsschlacht auf Königsberg, die von der Festung aus durch die 5. Panzerdivision erfolgreich unterstützt wurde und zu einem beachtlichen Teilerfolg führte. Der Weg nach Königsberg wurde auf einer breiten Strecke zwischen dem Haff und Seerappen geöffnet, während die Eroberung des Galtgarbens leider nicht gelang. Dieser Eckpfeiler blieb also leider in russischer Hand. Über diese militärische Aktion liegen bereits mehrere Veröffentlichungen vor[1]), so daß ich mir hier weiteres ersparen kann.

Zu den befreiten Ortschaften gehörte in meinem Kreise Großheidekrug, das ich alsbald persönlich besichtigt habe. Im Gegensatz zu Metgethen haben wir irgendwelche größeren Schandtaten nicht feststellen können. Die noch ortsanwesende Bevölkerung war verschleppt worden, ohne daß über ihr Schicksal Näheres bekannt war. Einigen war es gelungen, sich zu verstecken und so unentdeckt zu bleiben; ihre Vernehmung förderte aber nichts zu Tage, worauf auf besondere Untaten hätte geschlossen werden können. Eine andere Frauensperson hatten die Russen zurückgelassen, aber auch ihr war nach ihren eigenen Aussagen nicht allzuviel passiert.

[1]) Z. B. Thorwald: Es begann an der Weichsel, 1951, S. 200 ff.

Durch die Öffnung von Königsberg wurde die Lage für den Rest des Samlandes schlagartig anders. Der Gauleiter Koch, der bekanntlich sein Hauptquartier in Neutief aufgeschlagen hatte, wünschte, daß möglichst viele Leute aus Königsberg in das Samland verbracht würden. Nach den damaligen offiziellen Angaben befanden sich in Königsberg noch etwa 150 000 bis 160 000 Menschen, die nicht direkt mit der Verteidigung beschäftigt waren. Von dieser Bevölkerung wurden im Laufe der nächsten Wochen rund 100 000 in das Samland überführt, wobei sich folgende Verteilung ergab (alles in runden Zahlen):

20 000 Raum Peyse

20 000 Fischhausen und Umgebung

20 000 Raum Palmnicken

20 000 Raum Groß Kuhren

20 000 Rauschen und Neukuhren.

Ein Teil dieser Menschen war nur ungern aus Königsberg herausgegangen, weil sie sich, wenn auch behelfsmäßig, ganz gut eingerichtet hatten und zum Teil auch über gewisse Essensvorräte verfügten. Die sehr gedrängte Unterbringung im Samland und der Mangel an ausreichender Ernährung bestärkte sie in der Vorstellung, daß sie besser in Königsberg geblieben wären. Ein nicht unwesentlicher Teil ist dann wohl auch „schwarz" zurückgesickert. Ich selber habe mich dem Oberpräsidenten gegenüber gegen eine zu starke Belegung des Samlandes, zumindest in dem von mir als besonders gefährdet angesehenen Raum Neukuhren, ausgesprochen. Trotzdem wird man den Entschluß nicht völlig verurteilen können, da immerhin die Gefahr, daß Königsberg wieder eingeschlossen werden könnte, vielleicht größer war als ein überraschender Angriff auf das westliche Samland. Am 20. Februar konnte man nach der damaligen Lage immerhin mit einem zügigen weiteren Abtransport über See rechnen. Tatsächlich ist dann diese Rechnung nicht aufgegangen, weil etwa von diesem Zeitpunkt ab der gesamte Schiffsraum für das inzwischen stärkstens gefährdete Danzig bereitgestellt wurde. Von den genannten 100 000 Menschen sind daher tatsächlich nur noch wenige abtransportiert worden, was — entgegen der etwa bei Thorwald vertretenen Meinung[1]) — nicht auf dem mangelnden Willen der Bevölkerung, sondern ausschließlich auf dem nichtvorhandenen Schiffsraum beruhte.

Wie viele von diesen Hunderttausend sich dann schließlich bei der letzten Flucht vom 13. April ab, auf die ich noch zu sprechen komme, haben retten können, wird wohl immer ungeklärt bleiben. Sicher ist, daß ein großer Teil in russischer Hand geblieben ist.

Diese Bevölkerungsverlagerung aus Königsberg wurde meiner Erinnerung nach in den ersten März-Tagen eingeleitet und wird etwa Mitte März abgeschlossen worden sein.

Die folgenden Seiten geben einen Überblick über die im März und Anfang April im westlichen Samland erfolgten Maßnahmen zur Normalisierung des Lebens und der Versorgung der Bevölkerung. Ferner schildert Vf. die militärische Lage, die nach dem Fall von Königsberg am 7. April 1945 für das westliche Samland entstanden war und die einen baldigen Angriff der Russen auf die Samlandfront erwarten ließ:

[1]) Thorwald: Es begann an der Weichsel, S. 221.

Am 13. April nachmittags um 15 Uhr griff der Russe vor Neukuhren an. Schon einige Stunden später war die Front im Weichen. Als die Nachricht uns gegen Abend in Fischhausen erreichte, sah bereits alles sehr bedenklich aus. Der Kreisleiter Matthes ließ telefonisch nach Rauschen den Befehl durchgeben, die Flüchtlingsbevölkerung solle nach Möglichkeit versuchen, sich noch während der Nacht zu Fuß durch die Wälder nach Westen zu retten. Obwohl mir die Sorge für das Schicksal der Zivilbevölkerung und die Möglichkeit eines Eingreifens abgenommen waren, entschloß ich mich, am 14. in aller Frühe nach Rauschen zu fahren. Es war eine denkwürdige Fahrt durch die flüchtende und total aufgelöste deutsche Division unter dauerndem Bordwaffenbeschuß hindurch in das in beinahe feiertäglicher Ruhe im schönsten Sonnenschein liegende Rauschen hinein, wo ich die Flüchtlings-„Betreuer" nicht mehr vorfand, wohl aber den treuen Bürgermeister Norgal, der sich ebenso wie der größte Teil der Menschen entschlossen hatte, nun das Schlimmste und Letzte an Ort und Stelle zu erwarten. Wenn man bedenkt, daß die meisten dieser Menschen schon zwei- oder dreimal geflüchtet waren, daß fast immer alte und kranke Familienangehörige mit dazugehörten, die man nicht ohne weiteres im Stich lassen wollte, kann man verstehen, daß sich eine apathische Lähmung ausbreitete. Während es z. B. gegen Mittag noch gelang, einen Zug mit Insassen des Krankenhauses Rauschen über Warnicken herauszubringen, saßen viele Leute vor den Türen ihrer Häuser und warteten der Dinge, die nun kommen würden. Hier war nichts mehr zu retten, und nach bewegtem Abschied mit dem Bürgermeister und anderen treuen Bekannten verließ ich den Ort, als vom Bahnhof her einzelne Gewehrschüsse das Nahen der Russen anzeigten, mit dem Eindruck, daß doch wohl der weitaus größte Teil der Flüchtlinge noch im Ort war.

Es ist mir völlig klar gewesen, daß nach dem totalen Zusammenbruch unserer Abwehr das Überfluten des in unserer Hand befindlichen Landes eine Sache von Stunden sein konnte. Auf eigene Verantwortung hin veranlaßte ich die Bürgermeister und Amtskommissare in Groß Kuhren und Palmnicken zur sofortigen Alarmierung der Bevölkerung und der Ingangbringung des Abmarsches, soweit überhaupt noch möglich. Während aus Palmnicken, das bereits in den Abendstunden unter Beschuß lag, noch erhebliche Teile der Bevölkerung herausgekommen sind, dürfte von den in und um Groß Kuhren einquartierten Flüchtlingen nur noch ein kleiner Prozentsatz herausgekommen sein. Auch hier werden sich Zahlen wahrscheinlich nie ermitteln lassen, da das Durcheinander schon um die Mittagszeit ein unbeschreibliches war. Die Straßen waren von waffenlosen Soldaten jeder Richtung überschwemmt, zwischen denen die Gespanne der Flüchtenden in den verschiedensten Richtungen ziellos hin- und herfuhren, alles unter Artilleriebeschuß und dauernden Fliegerangriffen. Niemand wußte, welche Straßen er noch benutzen konnte und wohin er sich wenden sollte.

Die militärische Katastrophe vollzog sich nun weiter rasch. Während sich zunächst noch der südliche Teil der Front weiter gehalten hatte und das Armeekorps eine Abriegelung westost auf der Linie zwischen Meer und Germau erwog, wurden diese Pläne schon über den Haufen geworfen, da sich der Teil der vorwärts stehenden Truppen von der Umzingelung bedroht fühlte und so auch in die allgemeine Auflösung hineingezogen wurde. Im Raum

Peyse spielte sich die bis heute wohl nicht geklärte Tragödie der 5. Panzerarmee ab, die nach Ausfall ihres Kommandeurs offenbar einen einheitlichen Widerstand eingestellt hatte, während Teile den Gedanken des Durchbruchs nach vorne auszuführen versucht haben sollen. Im Laufe des 15. schob sich jedenfalls der Russe konzentrisch von allen Seiten auf Fischhausen heran, so daß bereits am 16. mit einem Angriff auf diese vorletzte Bastion Ostpreußens zu rechnen war. — In Fischhausen war wiederum eine andere Szenerie eingetreten: auch hier das Bild des Chaos der zurückflutenden Truppenteile und Flüchtlinge, die aber von vorne keinen Nachschub mehr erhielten, da der Russe bereits zu nahe heran war. An der See jedoch war ein schmaler Fluchtweg von Palmnicken her freigeblieben und ermöglichte einen endlosen Treck am Strand entlang.

Fischhausen selbst war am Abend des 15. von ziviler Bevölkerung bereits verhältnismäßig entblößt, so daß auch wir uns entschlossen, uns abzusetzen. Mit dem Kreisleiter Funck — Matthes befand sich bereits seit einiger Zeit in Pillau — wurde das Verlassen der Stadt auf Sonnenaufgang verabredet. Zurück blieb zunächst noch der Bürgermeister und der Ortsgruppenleiter Schultz als Vertreter der Kreisleitung. Da sich eine Benutzung des Kaftwagens wegen der völlig verstopften Straßen als gänzlich unmöglich erwies, haben wir im Laufe des Vormittags zu Fuß den Rückmarsch angetreten und sind wohlbehalten in Pillau angelangt. Fischhausen ist am Nachmittag nach vorheriger völliger Zerstörung in russische Hand gefallen. Die beiden zurückgelassenen Männer sind unter unwahrscheinlichen Umständen herausgekommen, und ich habe sie auf der Höhe von Lochstädt mit dem Blick auf das brennende Fischhausen in einem Kübelwagen aufgelesen, mit dem ich von Pillau zu diesem Zwecke vorgefahren war.

In Pillau befanden sich noch Reste der Zivilverwaltung, u. a. der Vertreter des Oberpräsidenten, der mir am gleichen Tage die Sorge für die noch vorhandenen Männer der Verwaltung und gewissermaßen seine Vertretung übertrug. Meiner Erinnerung nach sind aber bereits am nächsten oder übernächsten Tage auch diese Männer verschifft worden, und auch ein großer Teil der in Pillau zusammengestauten Flüchtlingsbevölkerung konnte per Schiff verladen bzw. auf die Nehrung übergesetzt werden. Hier bestand mein letzter, mir von [Gauleiter] Koch übermittelter Auftrag darin, mich um Flüchtlingsteile zu kümmern, die hier auf ihren Abtransport warteten. Ohne jede Hilfsmittel, ohne Kräfte und Wagen war es fast unmöglich, einen Überblick zu bekommen.

Durch nicht unerhebliche Fußmärsche, bei denen ein kleines Fluchtgepäck mitgetragen wurde, konnte ich mich davon überzeugen, daß es sich hier auf der Nehrung nur noch um geringe Reste von Flüchtlingen handelte, die sich lagermäßig zusammengeschlossen hatten und mit Wehrmachtsfahrzeugen zügig nach Süden abtransportiert wurden. An der See waren mehrfach Schiffsrampen errichtet, doch kamen die hier erwarteten Fahrzeuge nur selten oder gar nicht, da man auf dem Standpunkt stand, daß der Seeweg bis hier oben zuviel Zeit in Anspruch nahm. Das war auch sicher nicht unberechtigt, zumal der Landweg bis zur Weichselmündung offen war. Auf meinem weiteren Fußmarsch über die Nehrung nach Abtransport der Flüchtlinge in einem mir zugeteilten Nehrungsabschnitt boten sich verhältnismäßig friedliche Bilder an diesen schönen warmen Frühlingstagen. In der Weichselniederung verkehrten Eisenbahnen, die keineswegs besonders überfüllt waren, und die hier lebende Bevölkerung saß zum Teil noch auf den eigenen Höfen und ging ihrer Arbeit nach.

Die allerletzten Kämpfe in meinem alten Kreise habe ich so nicht mehr miterlebt. Bekanntlich hat der Russe dann nach der Einnahme von Pillau einen Vorstoß über das Haff auf die Frische Nehrung unternommen, wobei es noch zu erbitterten und zum Teil für uns erfolgreichen Kämpfen der deutschen Nachhuten gekommen sein soll. Auch hier werden noch Soldaten und Zivilisten in russische Hand gefallen sein, doch dürfte es sich nur um einen bescheidenen Abglanz dessen handeln, was in den schrecklichen Tagen zwischen dem 13. und 20. April im westlichen Samland an Entsetzen und Grauen, an Tod und Vernichtung oder dem Anbrechen eines neuen, noch schlimmeren Schicksals über Zehntausende deutscher Menschen gekommen ist.

Nr. 31

Erlebnisbericht der Gewerbelehrerin Käte Pawel aus Königsberg i. Ostpr.
Original, 2. November 1952.

Die letzten Tage in Rauschen, Kreis Samland, und die Flucht über See nach Saßnitz.

Nach völliger Ausbombung in Königsberg waren wir, d. h. meine 65-jährige Mutter und ich, in Rauschen untergekommen und hatten am 11. Oktober 1944 im Pestalozzihaus am Kirchenberg ein größeres Zimmer erhalten. Ich arbeitete zunächst in der Gemeinschaftsküche in Rauschen, die für 100—200 Flüchtlinge das Essen kochte. Ende September 1944 wurde in Rauschen eine Ausweichschule für die ausgebombten Königsberger Oberschulen errichtet, an der ich sodann tätig war (Ltg.: Stud.-Rätin Therese Liedtke). Unterricht war an verschiedenen Orten: im Dünenkaffee, Kaffee Waldeslust, Betsaal Friedenshöhe, im Kinderkrankenhaus und bei der Leiterin zu Hause. Von Weihnachten 1944 wurde ich auf etwa zwei Wochen zum Nähen von Volkssturmmützen abgeordnet.

Das Weihnachtsfest 1944 zeichnete sich durch viel Schnee und leichten Frost aus. Alle Gärten, Villen und der Wald waren wie verzaubert. Vom Krieg schien man noch einmal nichts zu merken. In den ersten Tagen des neuen Jahres 1945 brachte das Radio immer gefährlichere Nachrichten über das Vorrücken der Russen. Überall, wo ein Radioapparat war, sammelten sich die Hausbewohner zum Empfang der neuen Nachrichten. Am 18. Januar 1945 letzter Besuch in meiner Vaterstadt Königsberg. Noch immer aber ist Schulunterricht, und meine Primanerinnen fragen mich täglich lachend — die Jugend war ja bis zuletzt optimistisch — ob wir solange Schule haben werden, bis die russischen Panzer hier vorfahren werden. Der Rundfunk meldet nun: „Erbitterte Kämpfe im Pregeltal."

21. Januar 1945:

Soldatensender „Ursula", der in Rauschen stationiert ist, bricht fluchtartig seine Zelte ab. Die Kinderklinik transportiert werdende Mütter und Neugeborene nach Pillau ab. Wir aber dürfen unseren Arbeitsplatz nicht verlassen.

22. Januar 1945:

Viele Rauschener versuchen nun über Königsberg die Flucht ins Reich, kommen aber zurück: der Zugverkehr dorthin ist unterbrochen.

23. Januar 1945:

Heute endlich wird in Rauschen die Schule geschlossen. In den bisherigen Schulräumen werden Strohlager aufgeschüttet. Es gibt keine Möglichkeit mehr, Rauschen zu verlassen.

Von nun ab gibt es oft Fliegeralarm. Russische Flugzeuge fliegen nun häufiger über uns hinweg.

27. Januar 1945:

Letzte Zugverbindung von Königsberg nach Rauschen. Viele Flüchtlinge aus Königsberg kommen abends mit dem letzten Zug noch heraus, der unterwegs schon beschossen wird. Auch die Zugverbindung über Marienhof nach Pillau ist unterbrochen. Der Kreis um uns wird immer enger.

29. Januar 1945:

Noch immer bekommen wir Nachrichten über den Rundfunk:die Russen besetzen immer weitere Teile des Samlands, überlaufen Drugehnen, Marienhof, Pobethen. Abends gibt es in Rauschen kein Gas mehr.

30. Januar 1945:

Jetzt gibt es auch kein Wasser und kein Licht mehr. Damit fallen auch die Radiosendungen für uns aus. Die wichtigsten Nachrichten werden von jetzt ab an der Post angeschlagen. Wir können nun nur noch das Allernotwendigste auf einem kleinen Kohlenherd bei Nachbarn kochen. Zur Notbeleuchtung haben wir keine Kerzen, nur noch ein paar winzige Stummel von Weihnachtslichtern. Zum Abendbrot wird ein Lichtstümpfchen angesteckt.

31. Januar 1945:

Zu Mittag gibt es eine Kartoffelsuppe, wozu ich mir Schnee von der Tannenhecke im Garten hole. Wie gut, daß es so viel Schnee gibt! Von jetzt ab dröhnt ununterbrochen Kanonendonner herüber, gleichgültig, ob es Tag oder Nacht ist. Unsere Kreuzer schießen von See her ins Samland hinein.

1. Februar 1945:

Das Schießen kommt näher. Mutti geht kaum noch aus dem Haus. Ich mache die nötigsten Einkäufe im Ort. Unser sauberer Schnee im Garten ist jetzt verbraucht, wir müssen jetzt Wasser aus dem Mühlenteich holen.

2. Februar 1945:

Den ganzen Tag wird geschossen. Der saubere Badeort hat sich allmählich in ein Soldatenlager verwandelt. In den meisten Gärten, auch im Lärchenpark, sind deutsche Soldaten in Stellung gegangen, MGs. und Geschütze sind aufgestellt. Im Wald am Karlsberg soll Artillerie stehen. Auch unser Pestalozzihaus bekommt Einquartierung. Im Garten zum Teich wird ein MG.-Stand errichtet. Beim Wasserholen aus dem Mühlenteich sehe ich gefangene Russen. Sie sitzen grinsend auf den Rundbänken unter den alten Linden dort. Die Sassauer Landstraße und die Straßen am Teich sind gestopft voll deutscher Fahrzeuge. Arme frierende Flüchtlinge kochen sich im Freien ihr Essen ab.

3. Februar 1945:

Die Russen haben Groß Kuhren und einen Teil von Georgenswalde besetzt und nähern sich von dort her Rauschen. Am Dünenbahnhof erste Kämpfe. Flüchtlinge aus Groß Kuhren kommen in unser Haus. Wir nehmen in unserm

Zimmer auch einen älteren Mann auf. Die Kaufleute sind beim Einkaufen großzügiger geworden: Beim Fleischer bekomme ich ein großes Kalbsbein und beim Kaufmann einige Pakete Gustin ohne Marken! Die Soldaten aber schlachten in den Gärten Schweine und Rinder, die sie zwischen den Bäumen, den Kopf nach unten, angebunden haben. Ich muß durch den Wald bis hinter Bahnhof Rauschen-Ort laufen, wo ein Bäcker noch etwas gebacken haben soll. Nach einstündigem Anstehen bekomme ich ein Brot für uns und ein weiteres für die Nachbarin. Unterwegs sieht man wieder das Elend der Flüchtlingstrecks: Tote Pferde und Hunde, verhungert oder erfroren, liegen auf der Straße.

4. Februar 1945:

Tolles Schießen bei Tag und Nacht! Zwischen Karlsberg und St. Lorenz erbitterte Kämpfe, bei denen auch 2 oder 3 junge Soldaten, die eben erst in unserem Haus in Quartier lagen, ihr Leben lassen müssen. Auch von Rantau her, das die Russen besetzt haben, nähert sich der Feind in Richtung Neukuhren/Rauschen.

5. Februar 1945:

Das Kriegsglück hat sich für kurze Zeit gewendet: Georgenswalde ist wieder frei! Von heute ab gibt es alles ohne Lebensmittelkarten. Habe stundenlang nach Brot angestanden, das jetzt von Soldaten gebacken und in Tagesrationen ausgegeben wird.

6. Februar 1945:

Die Russen sind bis zur Königsberger Chaussee zurückgeworfen.

7. Februar 1945:

Wieder tolles Schießen in nächster Nähe! — Habe 3 Stunden lang nach Marmelade angestanden. — Wer noch ein Hitlerbild oder dergleichen hat, vernichtet es. Man richtet sich auf das Eintreffen der Russen ein.

8. Februar 1945:

Plötzlicher Befehl: Rauschen wird polizeilich geräumt! In Neukuhren sollen Schiffe zum Abtransport der Bevölkerung bereitliegen. Am Nachmittag oder Freitagvormittag werden zu diesem Zwecke ein paar Züge von Rauschen nach Neukuhren eingesetzt. Handgepäck darf mitgenommen werden. Ich stürze nach Hause, und wir beschließen, Freitag früh zu fahren. Ich nähe zwei Rucksäcke aus Scheuertüchern. Wir packen und werden von der Dunkelheit überrascht. Die Lichtstümpfchen sind längst verbraucht. Unser Proviant besteht aus 2 Pfund Zucker, 2 Gläschen Marmelade, etwa 200 g trockenem Brot und 2 Päckchen Gustin. Viele verlassen Rauschen noch am Donnerstagnachmittag, der letzte Zug gerät gleich hinter Rauschen unter Beschuß. Zum letzten Mal legen wir uns zur Ruhe, aber nicht für lange. Ein eigenartiges, bekanntes Geräusch läßt uns auffahren: Artilleriebeschuß! Wir verbringen den übrigen Teil der Nacht zum 9. Februar im Erdgeschoß, wo sich auch alle übrigen Hausbewohner eingefunden haben. Das Schießen hält die ganze Nacht an, an Schlafen ist nicht zu denken.

9. Februar 1945:

Wir verabschieden uns in Eile von Fräulein Nikolaus und Frau Hartmann, die das von ihnen verwaltete Heim nicht verlassen wollen. (Nach der einzigen April 1946 aus dem russischen Rauschen eingetroffenen Karte hat Fräulein Nikolaus den Tod gefunden). Wir können an Gepäck nur die zwei Rucksäcke, einen großen und kleinen Koffer und zwei Einkaufstaschen mitnehmen, alles übrige bleibt zurück. Über vereiste Straßen geht es zum Bahnhof Düne. Um 1/411 setzt sich der Zug endlich in Bewegung. Wir kommen unangefochten nach Neukuhren, wo ein aufgeregtes, wüstes Durcheinander herrscht. Im Hafen aber liegt kein Schiff! Der Ort bietet einen furchbar verwahrlosten Eindruck, alles, auch die Wohnungseinrichtungen, ist demoliert und verschmutzt. Die Nacht verbringen wir im Centralhotel auf dem Erdboden.

10. Februar 1945:

Noch immer ist kein Schiff im Hafen eingetroffen. Neukuhren ist gestopft voll von Flüchtlingen. Manche richten sich in den verlassenen Wohnungen häuslich ein. Andere stehen vor dem abgesperrten Hafen und warten, warten. Mittags gelingt es mir, von den Soldaten Essen aus der Gulaschkanone zu erbetteln: ein großes Stück Sauerbraten! Auch abends ist noch kein Schiff zu sehen. Wir ergattern zu Vieren ein Zimmer mit zwei Betten und legen uns hin. Gegen 21 Uhr wird an die Tür gebullert: „Alles fertigmachen! Abmarsch zum Hafen!" In wenigen Minuten sind wir alle unten auf der stockdunklen Straße. Rundherum Artilleriedonner. Unten am dunklen Hafen schiebt sich die Menge zu Hunderten. Unheimlich leuchtet hin und wieder eine Zigarette oder eine Taschenlampe auf. 2 Stunden stehen wir so bis über die Knöchel im wässrigen Schnee des Hafens herum. Kinder haben ihre Eltern verloren und weinen. Endlich geht ein Gemurmel durch die Menge: Schiffe sind eingelaufen, die man freilich nicht sehen kann. Es ist Nacht geworden. Die Schiffe bringen Proviant und werden erst ausgeladen. Ein Soldat schenkt uns eine Fischbüchse. Brot ist leider keins da. Um 23 Uhr gelingt es uns, auf ein kleines Schiff zu kommen. Es ist ein offener Kutter, unten mit einem Laderaum, in den hauptsächlich Mütter mit Kindern heruntergelassen werden. Wir bleiben oben an Deck und verbringen die Nacht auf unserm Koffer sitzend, in Decken gepackt. Schlackschnee setzt ein, der morgens in Regen übergeht.

Sonntag, 11. Februar 1945:

Ein grauer Morgen ist heraufgezogen, es regnet immer noch. Wir sind schon patschnaß und unser Koffer, auf dem wir sitzen, steht mehrere cm tief im Schneewasser. Endlich um 8 Uhr früh, setzt sich unser Geleitzug in Bewegung. Voran ein Kreuzer, dann mehrere kleine Schiffe, begleitet von Minensuchern und U-Booten. Eine Kollegin von mir, die zufällig auf demselben Schiff gelandet ist, stimmt unten im Laderaum das Lied an: „Wer nur den lieben Gott läßt walten ..." Alle singen mit. Die Küste, unser Samland, unsere Heimat, entschwindet langsam. Wir fahren weit in See hinaus, da die Küste überall vermint sein soll. Die See ist bewegt, große Wellen schlagen über Bord. Wir sind vollkommen durchnäßt. Viele werden seekrank. Unten kreist ein Eimer. — Der Leuchtturm von Brüsterort steht noch, die Schornsteine von Palmnicken sind nicht zu sehen. Große Rauchwolken liegen über der Gegend, besonders nach Fischhausen hin. Dieser Ort soll nachts unter Beschuß gelegen haben. Um 1/2 2 Uhr erreichen wir Pillau, wo wir auf andere Schiffe warten sollen. Den ganzen Tag über stehen wir mit Tausenden im Dreck des Hafens herum und warten. Pillau sieht infolge der nächtlichen Beschießung trostlos aus. Überall Glasscherben, Schmutz und Kot. Es ist unmöglich, auf ein Schiff zu gelangen: nur kinderreiche Familien werden durchgelassen. Wir haben schon einen Ruheplatz im Flur des Hotels Anker gefunden, als wir um 19 Uhr hören, daß ein weiteres Schiff angekommen ist. Es gelingt uns tatsächlich, in ein kleines Motorboot zu gelangen, das im Nu überfüllt ist. Dieses bringt uns zu einem großen, ehemals französischen Truppentransporter „St. Malo". In einem Durchgangsraum erwischen wir zwei Matratzen, auch wird sogar etwas Essen verteilt. Das Schiff bleibt nachtsüber im Hafen und fährt erst anderntags etwa um 9 Uhr ab.

12. Februar 1945:

Ohne Zwischenfälle, im weiten Bogen um die Minenfelder an der Küste herumfahrend, müssen wir, gegen 20 Uhr in Gotenhafen eingetroffen, das Schiff verlassen. Nun sitzen wir also wieder fest. Nach langem Umherirren kommen wir auf Holzwollstreu in einem Offiziersheim unter. Es wird uns bedeutet, daß wir hier mehrere Wochen warten müßten, aber dieses Heim muß für Verwundete freigemacht werden.

18. Februar 1945:

Endlich, nach unendlich vielen Versuchen, erhalte ich auf der Marinekommandantur zwei Karten für Dampfer „Hamburg". Trotz der wohl doppelten Überbelegung des großen Hapag-Dampfers finden wir zwei Liegeplätze auf einem Seitengang. Hier wird auch wieder endlich ein kräftiges Essen, meist Eintopf, ausgegeben, so daß wir wieder zu Kräften kommen.

19. Februar 1945:

Noch immer fährt das Schiff nicht ab. — Im „Salon" ist ein Altersheim untergebracht. Welch ein Gegensatz zwischen den maskenhaft wirkenden alten Dämchen in ihrem geretteten „Staat" und dem Elend der andern! — Man spricht davon, daß die „Gustloff" schon mit Tausenden von Flüchtliegen untergegangen ist. Endlich, am 20. Februar 1945, mittags gegen 3 Uhr, setzt sich der Riesenkasten in Bewegung. Wohin die Fahrt gehen soll, weiß niemand. Auch diesmal geht es wieder im Geleit. Am späten Nachmittag hören wir, daß acht Kinder, die bisher an Bord des Schiffes gestorben sind, zur letzten Ruhe ins Meer versenkt wurden. Abends sind wir schon in Hela.

23. Februar 1945:

Wir hatten bisher eine schöne ruhige Fahrt. Heute sind 13 Schiffe von unserem Geleit zu sehen. Gegen Mittag kommt Rügen in Sicht. Kurz darauf stoppt unser Schiff, und es ertönt der Ruf: „Fertigmachen zum Ausbooten!" Wieder einmal schnüren wir unser Bündel, doch nimmt das Ausbooten der vielen Tausende 4 volle Stunden in Anspruch und zwar von 4—8 Uhr nachmittags. In Saßnitz betreten wir wieder deutsches Land und haben noch einmal die Russen, die schon überall an der Küste stehen sollen, überholt. Die Bewirtung der Flüchtlinge durch die hier noch voll amtierende NSV. trägt allerdings der Not und dem Elend unserer Heimatgenossen nicht Rechnung: Eine sauer gewordene Kohlsuppe ist die ganze Bewirtung! Wir müssen sie aus dem Zugfenster schütten. Daß wir des weiteren in der auf Umwegen erreichten neuen süddeutschen „Heimat" dann noch in gefährliche Bombenangriffe hineinkamen, bei der andere Landsleute noch einmal das gerettete Letzte verloren, das werden andere Flüchtlinge anderswo auch erlebt haben.

Nr. 32

Erlebnisbericht des A. S. aus Pillau, Kreis Samland i. Ostpr.

Original, ohne Datum, 4 Seiten. Teilabdruck.

Die letzten Monate, Wochen und Tage in Pillau (Januar—April 1945).

Es war Mitte Januar 1945, als auch bei uns in Pillau die Unruhe aufstieg und jede Sicherheit ins Wanken brachte. Bis dahin war unser Städtchen auf der vorgeschobenen Landzunge des Samlandes, fernab vom Durchgangsverkehr, ja, eigentlich vom Kriegsgeschehen überhaupt, wie ein fernes Eiland — unwirklich dahinträumend! Die Kriegsmarine in unseren Mauern hielt trotz der erhöhten und angespannten Arbeit den alten Rahmen, sie war gepflegt und zuversichtlich, völlig unverbraucht und ungeheuer optimistisch. Der Schwere Kreuzer „Lützow" war kurz vor Weihnachten eingelaufen, es war ein fröhliches Hin und Her, Besuchemachen und Planen — wer sah denn das Gespenst, das hinter uns allen stand? Wohl hatten im Herbst 1944 Flüchtlingstransporter Esten und Letten, verzweifelte Menschen mit kargem Gepäck, bei uns abgesetzt zur Weiterbeförderung. Zum ersten Male hieß es für die Rote-Kreuz-Helferinnen: Flüchtlingsbetreuung! Und zum ersten Male spürten wir, wieviel Not und Leid dahintersteckte. Dann wurden auch die Verwundetentransporte von der Front häufiger, und ihr unendlich jammervoller Anblick schnitt ins Herz, aber an die Prophezeiung der Verwundeten: „Die Russen sind nicht aufzuhalten, sie werden auch noch hierher kommen", glaubte im Grunde keiner von uns. Es mußte ja etwas kommen, es mußte ja eine Wendung eintreten, die Front mußte ja wieder gehalten werden!

Und nun auf einmal lag Angst in der Luft, eine Bedrängnis, die man nicht mehr bezwingen und wegleugnen konnte. Dieser oder jener sprach von Flucht, noch hielt man's für feige und voreilig, wollte selbst noch Beispiel geben, um die Angstpsychose nicht ausbrechen zu lassen. Aber die Spannung und Unruhe wuchs von Tag zu Tag, selbst die Marineoffiziere machten ernste, verschlossene Gesichter, mahnten zur Ruhe und Besonnenheit und rieten doch, das Nötigste bereitzuhalten. Die Frauen, deren Männer dienstlich gebunden waren, wehrten sich am längsten gegen ein Weggehen und damit gegen das Aufgeben der Familiengemeinschaft. Dann aber ging alles sehr schnell: Immer häufiger und größer wurden die Verwundetentransporte, die „Steuben", die „Berlin", die „Gustloff" faßten kaum das, was ununterbrochen in Lazarettzügen heranrollte, und schon drängten sich Flüchtlinge an die Lazarettschiffe heran und flehten um Mitnahme. Tag und Nacht waren die Helferinnen auf den Beinen — sie lief an, die Arbeit, die bis zum Umsinken geleistet werden mußte, und jeder fühlte, daß die große, schwere Not, die schon hinter allem stand, noch viel Schwereres und Schlimmeres fordern würde. Und der Winter war grausam hart mit der unerbittlichen Kälte von 20—25 Grad! Dazu fegte ein eisiger Sturm über das Frische Haff. Alles war fest gefroren, und doch standen die Menschen, die nun in immer größeren Massen herandrängten, Tag und Nacht am Hafen, um die einlaufenden Schiffe als erste zu bestürmen.

Im Radio kamen unentwegt aufpeitschende Meldungen vom Gauleiter Koch durch: „Königsberger, bleibt in Euren Häusern, — kämpft mit der Waffe! usw.", die nur wie ein Hohn wirkten. Keiner glaubte nun mehr an einen guten Ausgang. Was herauskonnte, floh, erstürmte die Eisenbahnwagen, bis dann die Züge nach tagelangem Hin- und Herfahren plötzlich wieder zurückkamen mit der Schreckenskunde: „Eisenbahnstrecke Elbing von den Russen beschossen und besetzt!“ Und nun ergriff eine ungeheure Panik und Verzweiflung die Menschen, die wie in einer Mausefalle saßen und nur noch die einzige Möglichkeit hatten, an das Ausfalltor Pillau heranzukommen und sich dahin zu Fuß oder mit dem Treck auf den Weg zu machen, um hier einen Platz auf einem Schiff zu finden. ...

Ostpreußen auf der Flucht! Übers Haff hinüber zur Frischen Nehrung, ... [viele] brachen in der offen gehaltenen Fahrrinne ein, versanken mit Roß und Wagen, mit Mann und Maus, mit aller Habe, oder sie erfroren in den eisigen Winternächten. Und vielen wurde die Nehrungsstraße, die sie über Eis oder von Pillau aus erreichten, auch noch zum Verhängnis, teils aus der Luft von russischen Tieffliegern, teils durch Erschöpfung, teils durch Kältestarre. ...

Auf den weiten Landstraßen wanderten sie zu Tausenden mit Schubkarren und Handwagen, mit Kinderwagen, weinende, todmüde und frierende Kinder an den Händen, schwere Gepäckstücke umgehängt, bis sie nicht mehr weiterkonnten und Stück für Stück auf der Straße zurücklassen mußten. Für alle gab es nur ein Ziel: Pillau! Hier war die Rettung vor den nachstürmenden Russen, hier war noch ein Weg ins Freie. — Und wie kamen hier die Menschen an nach ihrer tagelangen Flucht, hungrig, fast erfroren, gehetzt und gepeinigt von einer rasenden Angst, viele nahezu wahnsinnig, andere stumpf und gleichgültig vor Entsetzen und Kummer, kaum das Nötigste bei sich, nicht immer alle Familienangehörigen beisammen, die alten Eltern zurückgelassen, die Kinder unterwegs erfroren und an den Straßenrändern im Schnee begraben. Spürten es die Mütter noch, oder war jedes tote Kind eine Last weniger? So stand diese verzweifelte Menschenmenge wie eine dichte Mauer am Pillauer Bollwerk, nur von dem einen Gedanken besessen, ein Schiff zu finden, das sie mitnahm „ins Reich“! Dann, so hofften sie, hätte alle Not ein Ende. — Aber nicht jeden Tag gingen Schiffe, und kein Schiff konnte diese Menschenmassen fassen, die es stürmten. Da drangen sie in die Häuser und in die Wohnungen wie eine Walze, die alles niederriß, was ihnen im Wege stand. Alle hatten tiefstes Grauen in den von der Kälte entzündeten Augen, jeder hatte bis zuletzt geglaubt und gehofft, sich an die Scholle gekrampft, erst im allerletzten Augenblick das Allernötigste ergriffen, und so waren sie dann davongezogen in ein ungewisses Schicksal hinein.

Wir Pillauer erlebten mit schreierstarrtem Herzen das ungeheure Leid, das nun zu uns heranbrandete und uns mit einschloß. Wir heizten die Zimmer, was die Öfen hielten, standen unentwegt am Herd, um dauernd Kaffee zu brühen und die fast Erfrorenen auch innerlich zu erwärmen. Wir teilten das letzte Stück Brot mit ihnen und vergaßen selbst unseren Hunger dabei, denn die Bäckereien wurden gestürmt und konnten für die vielen Tausende den Bedarf nicht annähernd decken. Tag und Nacht wurde der Badeofen angehalten, damit die Menschen nach ihrer langen, eisigen Wanderung sich säubern und wieder menschlich machen konnten. Die Kinder wurden gewaschen und die Windeln und die Babywäsche dazu. Hunderte hatten wir in diesen Tagen in unserer großen Wohnung bei uns und in den Büroräumen eingeschachtelt, die zum ersten Mal nach der Flucht aus ihrem Heimatort wieder Atem holten und erschöpft dalagen, um neue Kraft zu sammeln. ... Nie werde ich vergessen, als spät abends einmal noch ein Schub Königsberger zu uns zum Nachtquartier hereinkam, wie ein älterer Herr an seinen Stöcken zu mir in die Küche kam, um sich heißen Kaffee einschenken zu lassen. Er starrte mich an wie einen Geist, als er mich so ruhig hantieren und für alle sorgen sah. „Oh", sagte er, „ich wollte mich noch heute abend um einen Schiffsplatz bemühen. Aber wenn ich Ihre Ruhe sehe, ich glaube, dann kann ich doch noch eine Nacht hier bleiben und mal endlich schlafen. Wenn Sie noch so ruhig sind, kann es doch noch nicht so schlimm sein!" Er blieb nicht nur eine, er blieb zwei Nächte, wir schieden als Freunde und sind uns heute noch verbunden. So ging es, daß wir von manchem schwer Abschied nahmen, um den wir sorgten, wie er seinen Weg fortsetzen könnte. Und diese Angst um ihr Leben und ihre letzte Habe, die sie alle hatten!

Und dann kam die furchtbare Nacht, die alle, die sie erlebten, niemals vergessen werden. Wir hatten uns spät zu einer kurzen Ruhe hingelegt. Da wurden wir durch ein gewaltiges Donnergetöse, dem eine erdbebenartige Erschütterung folgte, aus dem Schlaf hochgerissen. Wir sahen mit aufgerissenen Augen, wie sich die Wände neigten und wieder zurückpendelten. Zugleich ein Krachen und Schlagen, als ginge das Haus um uns in Trümmer. Was war geschehen? Die Russen? Die Stalinorgel? Bombentreffer? Das waren die ersten Gedanken, nichts anderes war zu vermuten. Als wir vorsichtig die Tür öffneten, standen wir in Scherben, überall sah es verheerend aus, alle Fenster herausgeschlagen, die Türen lose in den Angeln, die Tür des Hausflurs lag auf dem Hof, die Gardinen hingen zerfetzt, die eisige Kälte drang überall ein. Das ganze Haus war auf den Beinen. War das schon der Untergang? Alle standen zitternd und mit schlotternden Knieen und wußten nicht ein noch aus. Dann kam die erste Nachricht aus der Kommandantur: „Munitionslager im Fort Stiehle in die Luft geflogen." Alles mitgerissen, was in der Nähe war, Häuser und Menschen, Baracken mit den Arbeitern. Menschen hingen zerfetzt in den Bäumen, andere irrten wie wahnsinnig umher. War's ein Unglück, ein Versehen, Sabotage? Nie wird sich das wohl genau aufklären lassen.

Aber diese Nacht des 26. Januar 1945 war der Anfang vom Untergang Pillaus. Nun hatten auch wir nichts mehr, was wir den Flüchtlingen an Wärme und Unterkommen bieten konnten. Durch alle Räume fegte der eisige Wind, und Türen und Fenster waren nicht zu ersetzen. Einige Tage kämpften wir noch mit dem schweren Entschluß der Flucht in ein ungewisses Schicksal. Unsere Hoffnung auf irgendein Wunder, das das Schlimmste verhüten sollte, war geschwunden. Am letzten Sonntag im Januar waren 8 000 Flüchtlinge gemeldet, es kamen jedoch mit der Bahn und mit Schiffen aus Königsberg 28 000 an! Dennoch gelang es, alle in den Kasernen zu verpflegen und sie dort, in den Schulen, Kirchen und Sälen unterzubringen. Die Kriegsmarine stellte Lebensmittel in reichstem Maße zur Verfügung. Im Hafen drängte alles zu den Schiffen. Fürchterliche Szenen spielten sich ab. Der Mensch wurde zum Tier. Frauen warfen ihre Kinder ins Wasser[1]), um nur mitzukommen oder sie in dem Gedränge nicht totquetschen zu lassen. Der allgemeine Wirrwarr wurde nun dadurch gleichzeitig noch erhöht, daß völlig desorgani-

---

[1]) den anlegenden Booten entgegen.

sierte Truppen in die Stadt und in die Häuser strömten, plünderten, sich mit den Flüchtlingen vereinigten und ebenfalls auf die Schiffe drängten. Um durch die Absperrungen zum Hafen zu kommen, nahmen Soldaten den Müttern Kinder weg und behaupteten, sie wollten ihre Familie an Bord bringen! Andere hatten sich Frauenkleidung angezogen und versuchten, auf diese Weise mit den Schiffen wegzukommen.

Am Montag, dem 5. Februar, erfolgte der erste Bombenangriff auf Pillau. Nachmittags 14.30 Uhr kamen die russischen Flieger in mehreren Wellen an, und in kurzer Zeit war das Werk getan. Was durch die Explosionskatastrophe noch verschont geblieben war, bekam jetzt den Rest. Viele Häuser wurden getroffen und sanken zusammen. Mehrere hundert Opfer an Toten und Verwundeten waren zu beklagen. Da der alte Friedhof im Laufe der letzten Wochen völlig belegt war, wurde ein neuer angelegt. Er erstreckte sich von der Nordermole hinter den Dünen mit der Zeit bis Ende April bis an die Strandhalle von Zöllner. Bis dahin wurden dort rund 8 000 Soldaten und Zivilisten begraben. Der ganze Friedhof war vom Heeresgräberoffizier unter natürlicher Ausnutzung des Kiefernbestandes als Heldenhain sehr geschmackvoll angelegt und ausgestaltet worden. In der Mitte auf einem Andachtsplatz ragte ein hohes Holzkreuz.

Dienstag, den 6. März, folgte der zweite Bombenangriff. Auch dieser war von schwerer Wirkung. Auch diesmal waren wieder ungezählte Flüchtlinge unter den Opfern. Mit dem Vordringen der Russen auf der gegenüberliegenden Haffseite und im Samland nahm dann auch die Artillerietätigkeit allmählich immer mehr zu. Pillau wurde von Rosenberg, Balga, Patersort, Fischhausen und Widitten aus beschossen. Jede Nacht kreisten sich regelmäßig ablösende Flieger in niedrigem Abstand über der Stadt, genannt „Nachteule" oder „U. v. D."[2]), und warfen Einzelbomben auf den geringsten Lichtschein. So wurden im Laufe der letzten Wochen getroffen und z. T. völlig zerstört: im Zitadellenhof die Kommandantur, das schöne, alte Zeughaus, die Festungskirche, die Wohnhäuser des inneren Ringes; die Kasernen am Bahnhof haben tagelang gebrannt, der Seedienstbahnhof, die Oberschule, das Amtsgericht, das Marinelazarett, in der Plantage die Offiziershäuser und die Siedlungshäuser (nur wenige sind erhalten geblieben), ferner das Marineverpflegungsamt und die Munitionsanstalt, von den Zerstörungen in der Stadt ganz zu schweigen.

Die Reste der 4. Armee, die im Raume von Heiligenbeil — Balga kämpften, wurden über Haff mit kleinen Fahrzeugen nach Pillau gebracht. Zugleich nahm die Zahl der Verwundeten aus der Samlandfront erheblich zu. Die höchste Zahl an Verwundeten, die Pillau, Lochstädt und Neuhäuser an einigen Tagen barg, betrug 32 000! Dennoch war es möglich, in verhältnismäßig kurzer Zeit diese auf Lazarettschiffen und anderen Hilfsfahrzeugen bis auf 3 000 abzubefördern. Militärisch wurde die Kriegsmarine in der Befehlsgewalt immer mehr durch das Heer ausgeschaltet. Ein Generalkommando folgte dem andern, manchmal wechselte es schon nach 5 Tagen. Die Truppen und besonders die reichlich großen Stäbe plünderten die Wohnungen in der Stadt allmählich völlig aus. Im Laufe der Zeit waren dann sämtliche Einwohner und Flüchtlinge aus der Stadt mit Schiffen aller Art abbefördert worden. Ein

[1]) Unteroffizier vom Dienst.

großer Teil mußte auf Anordnung des stellvertretenden Reichsverteidigungskommissars leider den Fußmarsch über die Frische Nehrung antreten[1]). Es war gerade die Zeit grimmiger Kälte, übelsten Winterwetters, Glatteis, während Tiefflieger von oben die Nehrungsstraße ständig beschossen. Für viele wurde dieser Marsch zum Todesweg.

Als die Front nun immer näher rückte, und es sich zeigte, daß Pillau nicht zu halten war, setzte sich der Rest des Stabes der Kriegsmarine nach Neutief ab. Ich erhielt den Befehl, mit dem Rest meiner Kompanie, 80 Mann, in der Nacht vom Hinterhafen aus abzufahren. Wir warteten von Stunde zu Stunde, aber es kam kein Schiff. So wurde es 3.00 Uhr. Das Artilleriefeuer auf die Stadt und das Bahngelände in unserem Rücken nahm immer mehr zu, und die Russen waren von Kamstigall her in das Gelände des Hinterhafens eingedrungen. Ein Teil der Häuser auf dem Russendamm brannte lichterloh. Von dorther und vom Hinterhafen aus wurden wir bereits mit MGs. beschossen. Das Artilleriefeuer auf Bahnanlagen und Holzwiese nahm weiter zu. Da immer noch kein Schiff trotz wiederholter Zusage kam, entschloß ich mich, mit meiner Kompanie mich zum Vorhafen durchzuschlagen in der Hoffnung, daß wenigstens dort noch ein Schiff lag. Einzeln oder in kleinen Trupps, nach jedem Einschlag weiterspringend, gelangten wir wie durch ein Wunder ohne Verluste über die Holzwiese und Hindenburgbrücke an dem gerade in hellen Flammen stehenden Hause des Konsuls Jansen vorbei über den Schutt der Häuser in der Königsbergerstraße (Sparkasse, Strahlendorf) und am Markt (Wendes Haus) durch die Lizentstraße, deren jedes Haus Bombentreffer bekommen hatte und dann durch die Lotsenstraße über die Trümmer des „Goldenen Ankers"zur Ecke am Vorhafen. Hier konnten wir gerade noch im letzten Augenblick den letzten Marine-Fährpram und damit das letzte Fahrzeug, das aus Pillau ablegte, besteigen. Wenige Minuten darauf, um 4.30 Uhr am Morgen des 25. April, legten wir ab.

Vf. schließt seinen Bericht mit einigen Reflexionen über das Verlassen der Heimat.

Nr. 33

Erlebnisbericht des Lehrers i. R. Otto Fritsch aus K ö n i g s b e r g i. Ostpr.
Original, 26. Mai 1952, 4 Seiten.

Untergang der „Karlsruhe" beim Flüchtlingstransport.

Seit meiner Pensionierung, April 1938, wohnte ich mit meiner Frau in Königsberg (Ostpr.). Meine einzige Tochter war an Lehrer Koytek in Bischofsburg (Ostpr.) verheiratet, welcher gleichzeitig Amtswalter der NSV. dortselbst war. Am 27. August 1944 wurde ich in Königsberg ausgebombt und zog nun mit meiner Frau nach Bischofsburg zu meiner Tochter. Als nun im Januar 1945 die Flucht kam, fuhren meine Frau, meine Tochter mit

[1]) Zahlenangaben dazu finden sich in dem Bericht des ehemaligen Stadtbürodirektors Kaftan aus Pillau, S. 7, wo es heißt: „Vom 23. Januar bis 24. April 1945 wurden etwa 180—200 000 Menschen nach Neutief übergesetzt, die über die Nehrung nach dem Westen flüchteten. ...
Mit Kriegs- und Handelsschiffen sind in der gleichen Zeit von Pillau aus etwa 141 000 Verwundete und 451 000 Flüchtlinge in Sicherheit gebracht worden."

ihren 3 kleinen Kindern und ich am 22. Januar in einem von Ortelsburg kommenden Bergungszug in Richtung Königsberg ab. Am 22. Februar kamen meine Tochter mit 2 Kindern und ich in Fischhausen (Ostpr.) an. (Das jüngste Kind meiner Tochter und meine Frau waren schon gestorben.) Da niemand die Stadt verlassen durfte, war es ausgeschlossen, fortzukommen. Erst als am 7. April auch dieses Städtchen durch Bombardierung stark in Mitleidenschaft gezogen und die Angriffe von jetzt ab stärker wurden, kam am 10. April der Befehl zur sofortigen Räumung. Am 11. April brachte uns ein Zug zur Hafenstadt Pillau, wo wir in den Frachtdampfer „Karlsruhe" eingeladen wurden und in der Abendstunde, ca. 8 Uhr, abdampften.

In aller Frühe des anderen Tages kamen wir an der Landzunge Hela an, wo das Schiff festlegte. Hier wurde ein großer Geleitzug zusammengestellt, dem sich unser Schiff anschließen sollte. Kurz vor Abfahrt des Geleitzuges kam das Führerschiff des Zuges an unsern Dampfer und fragte nach der Ladung des Schiffes, der Schnelligkeit desselben und der Anzahl der auf demselben befindlichen Personen. An letzteren waren: 888 ostpreußische Flüchtlinge, 25 Eisenbahner und eine halbe Kompagnie/Regiment Hermann Göring, zusammen 1 000 Personen. Da unser Dampfer nur mit 7 Seemeilen in der Stunde fahren konnte, der Geleitzug aber mit einer Geschwindigkeit von 9 Seemeilen fahren wollte, sollte er von einem andern Dampfer ins Schlepptau genommen werden, was aber wegen Fehlens eines Schleppseiles nicht geschah. Um 9 Uhr setzte sich der Geleitzug von Hela aus in Bewegung, hatte aber ziemlich starken Gegenwind. Dadurch und durch das Nichtmitkommen unseres Dampfers hatte der Geleitzug am andern Morgen, dem 13. April, nicht die vorgesehene Strecke zurückgelegt, so daß sich der Kapitän des Führerschiffes, um eine schnellere Fahrt zu ermöglichen, selbst erbot, unser Schiff ins Schleppseil zu nehmen. Durch die Anlegung des Seiles trat selbstverständlich ein Stillstand in der Bewegung der Schiffe ein, und beide waren eine ganze Strecke hinter dem Zug zurückgeblieben. Dies war eine günstige Gelegenheit für die russischen Flieger, die beiden Schiffe anzugreifen; denn an den Hauptzug selbst, der starke Abwehr hatte, wagten sie sich nicht heran.

Um 9.15 Uhr ertönte dann auch Fliegeralarm auf unserm Schiff. Eine Welle feindlicher Flieger kam an, ihre Bomben trafen aber nicht, die Geschosse der Bordwaffen schlugen ca. 30 m zu weit ein. Ein feindliches Flugzeug wurde sogar von unsern 2 Flakgeschützen getroffen, stürzte ungefähr 50 m von unserm Schiff entfernt ins Meer und versank. Gleich darauf kam eine zweite Welle feindlicher Flugzeuge. Durch diese wurde unser Schiff zum Sinken gebracht. Eine Bombe traf nämlich den Maschinenraum, was vielleicht noch nicht zum Untergang geführt hätte, aber ein Lufttorpedo traf die Seitenwand des Schiffes, so daß es in zwei Teile zerbrach und in 3—4 Minuten in den Meeresfluten versunken war. Furchtbar war das Schreien der Ertrinkenden und der durch Bordgeschosse und Torpedo Verwundeten anzuhören.

Meine Tochter mit ihren zwei Kindern und ich standen auf Deck des Schiffes. Als dasselbe unter meinen Füßen in zwei Teile brach, stürzte ich in die eisige Flut, konnte, als ich hochkam, mit einer Hand einen im Wasser schwimmenden Balken erfassen und mich so vor dem Versinken retten. Nach kurzer Zeit kam ein viereckiger Blechkasten (wahrscheinlich eine Art Rettungsboot) in meine Nähe, an welchem ringum ein Seil angebracht war. Dieses erfaßte ich und hielt mich daran fest, bis ich vom Minensuchboot 243 gerettet wurde. Von meiner Tochter und ihren beiden Kindern wußte ich nichts. Erst nach 4—5 Stunden traf ich in einer Kajüte des Schiffes auf meinen 2½-jährigen Enkel, der auch gerettet war. Er hatte, wie die Matrosen erzählten, auf einem kurzen Balken rittlings gesessen, sich mit beiden Händchen festgehalten und jämmerlich geweint. Meine Tochter und der andere Enkel sind ertrunken, denn auf dem Schiff, wo ich war, befanden sie sich nicht, und in der Liste der Geretteten, die das zweite Schiff herausgegeben hat, sind sie auch nicht aufgeführt. Die Zahl der Geretteten auf meinem Schiff betrug 72, während das andere Rettungsschiff ca. 80 aufgenommen hatte, so daß von den 1000 auf der „Karlsruhe" gewesenen Personen ca. 150 gerettet und 850 ertrunken sind. — Unser Rettungsschiff brachte uns nach Dänemark, wo ich mit meinem kleinen Enkel bis zum 30. Oktober 1947 verblieb.

Es folgen noch einige abschließende Bemerkungen des Vf. über das Schicksal seines Schwiegersohnes.

Nr. 34

Brief der Frau Anna Küsel aus Gumbinnen i. Ostpr.

Photokopie, 14. April 1946, 8 Seiten. Teilabdruck. An den Mann einer beim Untergang der „Androß" ums Leben gekommenen Flüchtlingsfrau aus Gumbinnen.

Untergang des Flüchtlingstransporters „Androß" im Hafen von Swinemünde.

Nach einigen privaten Einleitungssätzen schreibt Vfn.:

Schätzungsweise sind von den 2 500 Passagieren der „Androß" nur ca. 500 mit dem Leben davongekommen — vor allem natürlich die, die in den Bunker an Land gegangen waren. — Ich habe Ihre Frau öfters in den 6 Tagen, die wir auf dem Schiff zusammen waren, gesprochen. Sie erkannte mich zuerst und sprach mich an. Sie sah sehr elend aus und erzählte mir den ganzen Verlauf ihrer Flucht.

Also am 12. März früh ca. 7 Uhr kam unser Schiff, die „Androß", die am 6. Pillau verlassen hatte, im Hafen von Swinemünde an. Es hieß, wir nehmen nur Proviant und Kohlen, und dann ginge es weiter nach Dänemark. Gegen 11 Uhr kam plötzlich Alarm: „Amerikanische Bomber". Es war — meiner Ansicht nach — auf dem Schiff wenig bekannt, daß Alarm gegeben war. Nur die, die oben auf Deck waren, hatten es gehört. Und es ist — meiner Ansicht nach — auch ein Versehen von der Schiffsleitung, die Passagiere nicht davon in Kenntnis zu setzen. Ich selber hatte die Sirene auch nicht gehört. Plötzlich ruft mir Forstmeister Messing zu (ein bekannter ostpreußischer Forstmeister, dessen Familie ich mich angeschlossen hatte, weil wir zusammen in Pillau in der gleichen Baracke gelegen hatten): „Wollen Sie nicht in den Bunker gehen, es ist Alarm gegeben, meine Familie ist auch schon drüben an Land." Ich wollte zuerst nicht, aber dann tat ich's doch und ging vom Schiff — es war wohl Gottes Fügung und Führung, anders kann ich es mir nicht erklären. Denn diese Sekunde — gehst du, oder gehst du nicht — hat ja über mein Leben entschieden. Ich ging widerstrebenden Gefühls, da ich mir feige vorkam, das ganze Schiff saß noch voller Menschen. Während der ganzen Fahrt hatte ich meinen Platz in der Nähe Ihrer Frau. An dem Morgen stiegen ca. 10 Soldaten in Swinemünde aus, und da ich vorher sehr beengt saß, so ging ich in die andere Ecke des Raumes, da, wo die Soldaten gewesen waren. Sonst hätte ich an Ihrer Frau vorbei müssen, und sie wäre vielleicht mitgekommen. Von meinem jetzigen Platz hat sie mich gewiß gar nicht gehen sehen. Es ist wohl alles Bestimmung.

Als ich in den Bunker kam, war er voll. Da wies man mich in ein danebenstehendes Haus („Marine-Seeamt" oder so ähnlich hieß es), wo auch ein guter Keller vorhanden war. Auch hier herrschte eine große Fülle; viele Menschen vom naheliegenden Bahnhof und aus der Stadt waren drinnen. Um ca. ½ 12 Uhr kommt die erste Bombe, mit einem unvorstellbaren Krachen, daß man sich festhalten mußte, sonst wäre man umgefallen. Es war wohl die, die die „Andross" getroffen hatte. Eine dreiviertel Stunde dauerte der fürchterliche Angriff, man war wie betäubt von dem Krachen und Dröhnen und Splittern. Unvorstellbar! Mit zitternden Knien ging man nach der Entwarnung heraus, und ein grausiger Anblick bot sich einem: Das Schiff war gesunken, das Ende, auf dem sich Ihre Frau und ich befunden hatten, hatte den Volltreffer bekommen, da ragte nur noch ein kleiner Teil aus dem Wasser hervor. Die andere Seite war etwas besser weggekommen, da ragte noch das „Deck" über Wasser vor, und ein Teil der Passagiere sind gerettet; sogar das Gepäck, das auf Deck lag, haben diese Menschen teilweise retten können, wenn es auch teilweise im Wasser lag. Wasserschutzpolizei, Rotes Kreuz etc. beteiligten sich an den Rettungsarbeiten. Es war nicht mehr viel zu retten. Grausige Bilder boten sich einem, erlassen Sie es mir, davon Näheres zu schildern: herzerschütternde Szenen spielten sich ab — es war ein Bild des Grauens und der Verzweiflung; nie werde ich das in meinem Leben vergessen. — —

Mit Familie Messing verließen wir das Hafengelände, wir hatten ja nichts zu tragen, da all unser Gepäck, das auf Deck gelegen hatte, auch untergegangen war. Wir bekamen, nachdem man an tiefen Bombentrichtern, entwurzelten Bäumen etc. vorbeigekommen war, an zerstörten Häusern, brennenden Gebäuden etc. etc., nach langen Bemühungen gegen Abend einen Wagen, der uns nach dem 6 km entfernten Ahlbeck brachte, wo wir in einer leeren Pension Zimmer und Betten erhielten. Am nächsten Morgen setzte ich meine Fahrt fort über Wolgast, Grimmen, Strelitz etc., bis ich am 16. März hier in der Lüneburger Heide landete.

Es folgen noch einige private Mitteilungen.

6. Flüchtlingstrecks aus westpreußischen Kreisen nach dem Westen.

Nr. 35

Erlebnisbericht des Gutsbesitzers Franz Adalbert Frhr. von Rosenberg aus Kloetzen, Kreis Marienwerder in Westpr.

Original, April 1951.

Flucht eines organisierten Gutstrecks durch Pommern nach Holstein.

Am 20. Januar 1945 erhielt ich den Befehl zum Packen, am 21. Januar um 20.08 Uhr vom Ortsgruppenleiter den Befehl zum Einfinden am Sammelplatz am 22. früh, wodurch ich den Abmarsch auf 5 Uhr ansetzen mußte.

Über die Nähe des vordringenden Feindes waren viele Gerüchte im Umlauf, daß die Russen bei Dt. Eylau (ca. 35 km), daß sie schon bei Freystadt (8 km) ständen und dergl. Von den Parteistellen war die Weisung ergangen, daß alle Menschen, auch die polnischen Saisonarbeiter, das Land zu räumen hätten. Notfalls wäre Gewalt anzuwenden. Nur die Kriegsgefangenen blieben mit ihren Wachleuten zurück. Seit einiger Zeit war der Treck vorbereitet, waren alle Wagen zweispännig gemacht und, soweit möglich, mit Verdecks versehen, die Pferde und die Fahrer für jeden Wagen bestimmt und die auf jedem Wagen mit ihrem Gepäck Platz findenden Familien eingeteilt. Nach Eingang des Räumungsbefehls wurden die Wagen vor die Wohnungen gefahren. In der Nacht mußten sie in großer Eile beladen werden. Auf 64 Wagen wurden die 525 Menschen mit ihrer nötigsten Habe (Betten, Küchengeschirr, Kleidung und Eßwaren) untergebracht. Ein ganz altes Ehepaar Krumrey und die geistig beschränkte Frau Templin waren zum Trecken nicht zu bewegen und blieben zurück. Die Stalltüren wurden, wie es behördlich angeordnet war, geöffnet, und brüllend liefen Vieh und Schafe und Fohlen auf den Höfen herum und suchten sich ihr Futter in den Scheunen. Ein grausiger Anblick! Es war nicht zu verstehen, daß von den Tieren und von der Ernte nicht wenigstens ein Teil vorher fortgeschafft werden durfte.

In musterhafter Ordnung war der Treck in der dunklen Winternacht aufgefahren. Die Wagenlaternen gaben ein kümmerliches Licht. Die mit dem Abmarsch verbundene Aufregung verdeckte zunächst die Gefühle, die wir beim Verlassen unserer schönen Heimat hatten. Nicht nur bei mir war es so, sondern bei den meisten meiner Leute, daß wir einen Boden verlassen mußten, auf dem schon Generationen unserer Familien geboren waren, gelebt hatten und gestorben waren, den sie geliebt und bearbeitet, ja auch verteidigt hatten gegen manchen Feind. Diese schöne Heimat war auf unsere Generation übergegangen, die Verpflichtung, sie zu pflegen, sie weiter zu verbessern saß tief im Herzen. Wars das liebe Haus der Väter, wars das fruchtbare Land, wars der schöne Wald, wars der See, wars die mehr als 700-jährige Kirche — ja, die Liebe zu all diesem brach zusammen in einer Nacht!

Die 3 Güter waren auf 3 Trecks verteilt, die von 3 Ortsbauernführern geführt werden sollten. Bereits am 2. Trecktage erwies es sich, daß diese Art der Führung nicht möglich war. Ich zog daher meine Trecks aus den 3 Trecks heraus, bildete einen eigenen großen Treck und übernahm selbst die Führung.

Am 23. Januar gingen wir über die zugefrorene Weichsel. Die Vorbereitung war mangelhaft, es fehlte an Übergangsstellen, so daß nur das langsame Tempo des Vordringens der Russen ein großes Unglück verhinderte. Gedanken an Napoleons Rückzug 1812 kamen auf. Die Stimmung war gedrückt, zumal viele auch nicht mehr wehrpflichtige Männer in den letzten Tagen noch zum Volkssturm geholt worden waren, die uns jetzt als Fahrer fehlten. Überall sahen wir in der Weichselniederung die ersten Bilder von Plünderungen, auch durch deutsche Soldaten und Flüchtlinge. Am 24. Januar in Neuenburg, am 25. in Martensdorf, am 26. in Borkau und Neukirch, bis wir auf dem Gut Owitz bei Pr. Stargard einige Ruhetage vom 28. 1. — 3. 2. einlegen konnten. In Stargard lag das AOK. der 2. Armee (Generaloberst Weiß), von dem der Rat erging, nicht zu schnell und zu weit nach Westen zu trecken, da die Weichsellinie unbedingt gehalten und wir bald wieder auf unseren Betrieben eingesetzt werden würden. In dieser Gegend sahen wir zum ersten Mal plündernde, fahnenflüchtige Soldaten, und den Älteren unter uns stieg die Erinnerung an 1918 auf. Da der Kreis Pr. Stargard auch geräumt werden mußte, mußten wir weiter und zogen in die Gegend von Berent, wo wir vom 5.—14. Februar in einem kleinen ärmlichen Dorf Funkelkau in der Tucheler Heide Ruhetag hatten.

Die amtliche Propaganda versuchte die Stimmung zu heben, aber das glückte nicht. Vor allem die in der Mehrzahl vorhandenen Frauen wurden nervös und wollten wieder nach Hause zurück. Um die Kinder zu beschäftigen und die Mütter zu entlasten, ließ ich durch unsere drei Lehrerinnen Schulunterricht abhalten. Auf den Straßen sah man Trecks ohne Führer und Führer ohne Trecks. Das beunruhigte, und da erklärte ich meinen Leuten, daß ich sie nicht verlassen würde; entweder, wir würden alle gemeinsam von den Russen überrannt, oder wir kämen alle zusammen heraus. Ich forderte, daß meine Anordnungen während des ganzen Trecks unbedingt befolgt würden, da sonst eine Rettung nicht möglich wäre. Seit dieser Aussprache habe ich auf dem noch 3 Monate dauernden, oft sehr schweren und auch gefahrvollen Treck keinen Widerspruch erlebt, sondern immer wieder dankbar das Vertrauen empfunden, das meine Leute in mich und meine Führung setzten.

Es fehlte sehr an Männern zum Fahren der Wege, so daß oft Frauen fahren mußten, es fehlte aber vor allem an überlegten Unterführern. Mit tiefer Dankbarkeit gedenke ich der nie erlahmenden, immer energisch helfenden Unterstützung des Oberinspektors Marklewitz, des alten Hegemeisters Arndt, des Schmiedemeisters Henfler, des Spitzenfahrers Krumrey und einiger tapferer Frauen. Es gibt in solchen Augenblicken immer nur verhältnismäßig wenige, die zunächst nicht um die eigene Rettung besorgt sind, sondern die Pflicht auf sich nehmen, andere zu retten. Ich denke dabei auch an das oft sehr schwere gerechte Verteilen der meist unzureichenden Lebensmittel und des Pferdefutters, an das Quartiermachen und Quartiereinweisen in dunklen Winternächten auf weit auseinanderliegenden Bauernhöfen, an die Hilfe für die vielen Alten, an die Pflege der Erkrankten und Sterbenden, an die Sorge für die kleinen Kinder. 186 Kleinstkinder führten wir mit uns, für die oft unter großen Schwierigkeiten Milch beschafft werden mußte. Der Treck war bald zu einer Notgemeinschaft geworden, die sich nicht trennte und in der man sich gegenseitig half. So, und nur so, war es möglich, immer wieder rechtzeitig herauszukommen, wenn die Russen einen ihrer vielen Kessel bildeten.

Nach den Wartetagen in Funkelkau, wo durch Pferdeappelle und Umpacken der Wagen die Marschfähigkeit des Trecks immer wieder überprüft wurde, ging der Marsch weiter über Stendsitz nach Pommern hinein. An der westpreußisch-pommerschen Grenze in Sullenschin wurde ich am 16. Februar mit den übrigen 11 im wehrpflichtigen Alter stehenden Männern durch einen höheren SS- und SD-Führer aus dem Treck geholt. Wir sollten sofort Soldat werden, der Treck könne auch ohne uns weiterziehen. Unsere allgemeine Entgegnung, daß ein so großer Treck von über 500 Menschen, seiner Führung beraubt, der Vernichtung durch die heranrückenden Russen nicht entgehen könne, und die flehentlichen Bitten der Frauen, dem Treck nicht noch die letzten tatkräftigen Männer zu nehmen, blieben erfolglos. So nahm ich meine Uniform aus dem Koffer, fuhr mit meinen 11 Wehrpflichtigen als ihr Transportführer zur nächsten Feldkommandantur nach Bütow und erhielt dort den Befehl, beim Treck zu bleiben und ihn an sein Endziel zu führen. Alsdann sollten wir uns der Wehrmacht zur Verfügung stellen.

Als wir zu unserm Treck zurückkehrten, herrschte große Freude, und in der bisher geübten Disziplin ging der Marsch weiter über Buchenfelde und Neuendorf und Bahrenbruch, über Gr. Rakitt, Varzmin und Zechlin, über Ramnitz und Rambow, über Karstnitz, Stolp. Hier hieß es wieder, alle wehrpflichtigen Männer würden aus dem Treck herausgezogen, aber wir kamen unbehelligt durch. Auf dem Gut Pustamin wurden wir sehr freundlich aufgenommen und verlebten dort einen Ruhetag, der zum Beschlagen der Pferde, Waschen der Wäsche und Verbinden der Kranken, die vor allem Erfrierungserscheinungen aufwiesen, sehr nötig war.

Weiter ging es über Palzwitz und Drosedow und Kopahn nach Beelkow und Wandhagen, am 27. Februar durch die Stadt Köslin nach der Domäne Kasemirsburg. Hier waren uns die Russen, von Süden her zu einem neuen Kessel ausholend, unangenehm nahe gekommen, so daß ein früher Aufbruch am nächsten Morgen ratsam erschien. Abends gingen wir in einer Kaserne in Kolberg, am Tage danach in Treptow (Rega) ins Quartier. Dann weiter nach Gr. Justin und am 3. März in Revenow. Die Russen rückten weiter vor. Obwohl ein Ruhetag für die Pferde wieder sehr nötig war, mußten wir am nächsten Tage weiter marschieren, um über die Oder zu kommen. Für unsern Treck war der Oder-Übergang bei Pölitz (nördlich Stettin) vorgesehen. Da aber die Russen von Süden her rasch vorrückten, Plathe schon brannte, mußten wir den Weg ändern und über Wollin-Swinemünde marschieren. Diese Märsche stellten wegen des auf den Chausseen herrschenden Glatteises vor allem an die Pferde ungeheure Anforderungen. Immer wieder fielen die überanstrengten Pferde hin und mußten durch untergelegte Decken aufgehoben werden. Das alles bei überfüllten und verstopften Straßen. Wir durften nur auf der rechten Straßenseite fahren, um die linke für die Wehrmacht freizuhalten. Truppen, die gegen den Feind marschierten, sah man hier nicht mehr. Auch sie waren auf der Flucht in westlicher Richtung. Ein aufgeregter Offizier schrie mich an, die Wehrmacht hätte die Vorfahrt, worauf ich ihm entgegnete, das wäre richtig, wenn es gegen den Feind ginge, aber nicht auf dem Rückzug!

Die Beschaffung von Verpflegung und Futter war schwierig, da die NSV.-Stationen, denen die Versorgung oblag, meist ausverkauft waren, wenn unser großer Treck zum Empfang erschien. Wenn ich an den Zug durch Hinterpommern zurückdenke, so muß ich feststellen, daß die Versorgung des Trecks im Kreise Stolp am besten organisiert war. Als einen sehr großen Mangel für die Führung des Trecks empfand ich immer wieder das Fehlen jeglicher Orientierung über das Vorrücken der Russen. Die Treckleitstellen waren in dieser Beziehung schimmerlos.

Drei Nächte mußten wir auf der Landstraße bleiben, bis wir in der Frühe des 7. März bei Swinemünde auf einer Pontonbrücke die Swine überschreiten konnten. Der großen Anstrengung der letzten Marschtage und Nächte folgten zwei herrliche Ruhetage in Karlsburg und Züssow.

Vf. beendet seinen Bericht mit der Schilderung des Trecks durch Mecklenburg und Holstein.

Nr. 36

Bericht des Bauern Paul Ewert aus Montauerweide, Kreis Stuhm i. Westpr.
Original, 8. Juni 1952, 6 Seiten. Teilabdruck.

Fluchtvorbereitungen, Treck nach Pommern, Zusammentreffen mit den Russen und Rückkehr in die Heimat.

Nachdem die Lage der Front Anfang Januar 1945 immer schwieriger wurde, wurden wir Bürgermeister, Bezirks- und Ortsbauernführer von dem zuständigen Ortsgruppenleiter Gehrmann, Rehhof, zusammengerufen. Uns wurde ein Plan vorgelegt, in dem bei einer evtl. erforderlich werdenden Räumung die täglichen Marschstrecken, Quartiere etc. festgelegt waren. Treckführer wurden bestimmt, desgleichen Leute, die für die Rückführung des Viehs verantwortlich sein sollten. Die Ortschaften sollten geschlossen trecken, keine wilden Trecks. Wenn diese Maßnahme auch gut gemeint war, hatte sie doch den Nachteil, daß der Bevölkerung der wirkliche Ernst der Lage verschleiert wurde. Ich hatte sofort meine Einwohner entsprechend informiert und darauf hingewiesen, daß alle Vorbereitungen schleunigst getroffen werden müßten, Wagen beladen etc. Da in meiner Ortschaft viele nichtgespannbesitzende Einwohner waren, sollten die Bauern für diese Fuhrwerke bereitstellen, damit keiner zurückblieb, diesen wurde mitgeteilt, von wem sie Fuhrwerk erhalten würden. Leider konnte nur für 2 Familien ein Wagen bereitgestellt werden. Mit dem Ortsgruppenleiter stand ich in ständiger telefonischer Verbindung, der auch den Räumungsbefehl übermitteln sollte. Am Abend des 23. Januar teilte er mir mit, daß er trotz vieler Versuche keine Verbindung mit der Kreisleitung mehr erhalten könne, allem Anschein nach wäre sie bereits geflüchtet. Auf meine Frage, ob er jetzt die Verantwortung übernähme, lehnte er es ab, riet aber zur sofortigen Abfahrt. Noch während der

Nacht wurden alle Bewohner mit Unterstützung des Ortsbauernführers Otto Reimer entsprechend benachrichtigt und als Zeitpunkt der Räumung und Abfahrt der 24. Januar, 10 Uhr vormittags, festgesetzt.

Die Abfahrt ging planmäßig geschlossen vonstatten, sämtliches Vieh blieb im Stalle stehen. Die Gemeinde wurde auch schon am 25. Januar von den Russen besetzt. Die Nogat sollte bei Weißenberg passiert werden, leider kamen wir nur bis vor die Schleusenbrücke, da dieselbe vollständig durch Trecks versperrt war, da die Brücke alle Wagen von 3 Zufuhrstraßen fassen mußte. Die Polizei regelte den Übergang in der Weise, daß von jeder Zufuhrstraße nur 20 Wagen passieren durften, und so wurden die einzelnen Gemeinden schon auseinandergerissen.

Am Morgen, den 26. konnten wir die Brücke passieren, fuhren über Pieckel bis Mühlbanz ins Quartier, am 27. Januar . . . bis Kl.Trampken b. Praust. Durch das starke Schneetreiben und vereiste Straßen waren Menschen und Pferde vollständig erschöpft. Trotzdem nach mehreren Tagen Tauwetter die Straßen passierbar waren, durften wir nicht weiterfahren. In der Ortschaft selbst wurde sogar noch eine Bestandsaufnahme von Saatkartoffeln und Saatgetreide durchgeführt. Die Bevölkerung wurde dadurch leider in Sicherheit gewiegt und keine Vorbereitungen für eine evtl. Räumung getroffen. Die Abgabe von Hafer an die Pferde der Flüchtlinge wurde verboten, so daß wir gezwungen waren, uns Getreide aus den Ortschaften kurz vor der russischen Front, z. B. Heuboden, Altmünsterberg/W., des Nachts zu besorgen.

Am 23. Februar erhielten wir endlich Erlaubnis zur Weiterfahrt, leider ohne Angaben über die einzuschlagende Marschrichtung. Über Karthaus passierten wir den ehemaligen Korridor. In Pommern berührten bzw. übernächteten wir in den Ortschaften Kose, Langeböse, Kamelow und kamen am 10. März nach Polzin[1]). Uns wurde von der Polizei geraten, möglichst schnell die Küste zu erreichen, um dann per Schiff noch den Russen entkommen zu können. Es war zu spät, am 11. März morgens rollten die ersten russischen Panzer in Polzin ein. Die Wagen wurden auf einen Gutshof gefahren, die Pferde in eine Scheune gestellt, die Menschen, ca. 48 Personen einschließlich Kinder, in ein Zimmer eingesperrt und durch Posten bewacht, keiner durfte das Zimmer verlassen. Ständig kamen russische Soldaten mit dem üblichen „Uhr — Uhr“ und des Nachts das schreckliche „Frau komm!“ Erwähnt muß aber werden, daß die Russen wenigstens so viel Taktgefühl besaßen und ihre Opfer in andere Zimmer nahmen. Hier wurde auch gleich am ersten Tage der Bauer Wilhelm Nehring von seinem eigenen Polen erschossen.

Hunger, Durst und Kälte quälte uns, hauptsächlich die kleinen Kinder, so daß ich mich entschloß, von der auf dem Nachbarhof stehenden russischen Feldküche eine Axt und Wasser zu erbitten, um wenigstens zu heizen und Kaffee kochen zu können. Auch konnte ich dem Koch verständlich machen, daß wir eine Anzahl kleiner Kinder bei uns hatten, die nichts zu essen hätten. Es dauerte nicht lange, so kam er mit einem Behälter mit Essen und verteilte es. Bekanntlich hat der Russe für kleine Kinder viel übrig. Am 14. März zogen die Russen weiter, und wir konnten das Zimmer verlassen, um nach

[1]) Irrtum des Vfs., gemeint ist wahrscheinlich Perlin im Kreis Lauenburg.

unsern Pferden und Wagen zu sehen. Die Wagen waren vollständig ausgeräubert, die Pferde gegen ihre eigenen abgetriebenen und jetzt frei herumlaufenden umgetauscht. Wir konnten davon soviel eingreifen, daß wir 4 Wagen bespannen konnten, um wenigstens für die kleinen Kinder und alten Leute Fahrgelegenheit zu haben, und fuhren den gleichen Weg zurück. In einer Ortschaft wurden uns, weil noch jünger und arbeitsfähig, folgende Personen von den Russen abgenommen: Otto Reimer, Johann Flink, Fritz Nickel und Gustav Schulz. Alle sind früher oder später zurückgekommen, nur über das Schicksal von Fritz Nickel ist mir nichts bekannt geworden.

Am 16. März kamen wir auf das Gut Gr. Wunneschin im Kreise Lauenburg. Da keine Möglichkeit bestand, weiter zu kommen, beschlossen wir, hier zu bleiben und das weitere abzuwarten. Lebensmittel wie Kartoffeln und Roggen zu Brot waren reichlich vorhanden, außerdem richteten die Russen hier ein Viehkommando ein, die Frauen haben gemolken, die Männer Futter aus der Umgegend besorgt. Auch hier wurden alle noch arbeitsfähigen Männer von den Russen kassiert, ebenso am 14. April sämtliche Mädchen nach Lauenburg geholt und nach Stolp ins Gefängnis gebracht. Am 27. April kehrten sie aber alle wohlbehalten zurück, angeblich weil ein Transport nach Rußland bereits untersagt war. Belästigt sind die Mädchen nicht worden, auch ist die Verpflegung ausreichend gewesen.

Mitte Mai wurde uns mitgeteilt, daß Güterzüge über Lauenburg, Neustadt, Danzig, Thorn nach Rußland führen und Flüchtlinge in die Heimat mitnähmen. Nähere Erkundigungen bei der russischen Kommandantur in Lauenburg bestätigten dies. Nach Entrichtung von 10 RM pro Erwachsener bekamen wir einen Ausweis in russischer und polnischer Sprache und fuhren am 29. Mai von Lauenburg ab. Der Güterzug hatte Eisenbahnschienen geladen, auch waren bereits auf einem freien Platz in Lauenburg eine Unzahl von landwirtschaftlichen Maschinen zusammengeschleppt, die für einen Abtransport nach Rußland bereitstanden. Von dieser Gelegenheit nahmen ca. 100 Flüchtlinge, zum großen Teil aus dem Danziger Werder, Gebrauch, die in Danzig den Zug verließen. Wir fuhren bis Schmentau, gegenüber von Marienwerder, und wurden am 30. Mai von einer Maschine über die Notbrücke nach Marienwerder gebracht. Das Bahngleis von Marienwerder bis nach Stuhm war bereits aufgerissen, auf einem Bauernwagen schafften wir unser Gepäck nach Hause. In Mareese wurden wir noch von der Miliz kontrolliert, d. h. alle irgend noch brauchbaren Bekleidungsstücke wurden uns fortgenommen. Am 31. Mai trafen wir, 26 Personen, in Montauerweide ein. In der Gemeinde waren ein Bauerngehöft und zwei Insthäuser abgebrannt, aus der Molkerei bereits alle Maschinen ausgebaut und entfernt, der Schornstein umgelegt. Von Polen waren nur vereinzelte Grundstücke bereits besetzt. Bei unserer Ankunft waren bereits zurückgekehrt bzw. kehrten im Laufe des Sommers 97 Personen zurück[1]). Soweit mir bekannt geworden, sind 18 Personen während der Flucht bzw. an den Folgen derselben umgekommen, davon 2 von den Polen, 1 von den Russen erschossen worden. *Abschließend macht Vf. noch einige Bemerkungen über die russische Besatzung und die Ausweisung.*

[1]) Nach dem Amtlichen Gemeindeverzeichnis von 1939 zählte das Dorf Montauerweide 362 Einwohner.

Nr. 37

Erlebnisbericht der Pfarrersfrau Ella Schwarz aus Losendorf, Kreis Stuhm i. Westpr.

Photokopie, 28. Juli 1949. Der Bericht wurde vom Ehemann der Vfn. dem Synodalausschuß der evgl. Kirche in Kiel eingereicht.

Flucht durch Pommern nach Holstein.

Bis zum Januar 1945 wohnten wir in Losendorf, Kreis Stuhm, Westpr. Wir haben drei Kinder, die damals, im Jahre 1945, sieben, vier und eineinhalb Jahre alt waren. Mit uns wohnte im Pfarrhaus des kleinen Dörfchens meine Schwiegermutter, damals 62 Jahre alt. Mein Mann, seit 1937 Pfarrer der Gemeinde, befand sich seit 1940 bei der Wehrmacht.

Weihnachten 1944 hatte mein Mann einen kurzen Urlaub von wenigen Tagen. Da der Russe noch fern in Polen stand, im Westen aber die mit vielen Erwartungen begonnene Offensive stattfand, dachte niemand an eine mögliche Flucht, wenn auch erhebliche Bedenken über den Ausgang dieses Krieges heimlich hier und da geäußert wurden. Am 20. Januar 1945 erschien noch im Dorf ein Beauftragter der Partei, hielt eine Versammlung und erklärte, zu irgendwelchen Befürchtungen bestände keine Veranlassung, denn der Russe stünde noch weit in Polen, vor Marienburg wären drei starke Verteidigungsgürtel der deutschen Wehrmacht, die vom Feinde nicht zu durchbrechen wären. In der Nacht zum 23. Januar jedoch erschien ein Reiter, vom Bürgermeister des Dorfes geschickt, und gab den Befehl zum sofortigen Packen und Fertigmachen des Flüchtlingstrecks. Noch in der Nacht begann das Beladen der Wagen, auch wir wurden mit unserer Habe einem Wagen zugeteilt, und mittags am 23. Januar setzte sich der Treck in Bewegung.

Während meine Kinder und meine Schwiegermutter auf dem Wagen sitzen durften, gingen meine Hausgehilfin und ich bis Pr. Stargard zu Fuß hinterher. Da der Fluchtbefehl von unserem Stuhmer Landrat und Kreisleiter Franz viel zu spät gegeben war[1]), sind wir dicht vor dem Russen Tag und Nacht marschiert, das Trommeln der Artillerie in den Ohren und den von den brennenden Dörfern blutroten Himmel vor Augen. Es war bitterkalt, unsere mitgenommenen Lebensmittel waren bald gefroren, nun kam noch der Hunger hinzu. Überall waren die Ortschaften und Häuser geräumt und geplündert. Die Windeln meiner Kleinsten konnte ich nirgends waschen, nirgends trocknen, keine Milch für sie war aufzutreiben, etwas Schnee mußte zunächst den Durst löschen. Das Herz wollte mir brechen, wenn ich daran zurückdachte, wie wohlbehütet und gepflegt die Kinder in unserem schönen Pfarrhaus erzogen worden waren.

Vollständig entkräftet und krank kamen wir Ende Januar erst in Pr. Stargard, einer Stadt in der Nähe Dirschaus, an. Viele Kinder sind unterwegs gestorben, die wir nur schnell in den Chausseegraben, in ein Tuch gewickelt, legen konnten. Hier in dieser Stadt bekamen wir nach Wochen die erste warme Mahlzeit aus einer Soldatenküche. In einem schönen Zimmer wurden wir untergebracht. Da der Russe inzwischen wieder zurückgeschlagen war, hatten wir gerade noch drei Wochen Zeit, um die Kinder und unsere Oma vom Arzt behandeln zu lassen, da sie angefrorene Hände und Füße hatten und unter schwerem Darmkatarrh zu leiden hatten.

---

[1]) vgl. S. 41.

Auf diesem Wege schon, von Marienburg bis Pr. Stargard, der 14 Tage dauerte — der Treck konnte infolge der verstopften Brücken nicht über die Weichsel und irrte auf vielen Umwegen nordwärts — hatte sich die Treckgemeinschaft völlig aufgelöst, so daß nur wenige Wagen Pr. Stargard erreichten. Schon unterwegs hatte der Kutscher unseres Wagens völlig die Nerven verloren, war zeitweise mit seinem Wagen vom Treck abgekommen, vor Angst oft in sinnlose Wut geraten und war nun in Pr. Stargard völlig mutlos geworden, wollte nicht mehr weiter, sondern zurück in das Heimatdorf zum Russen. Da nahm ich kurzentschlossen meine Habe vom Wagen, brachte sie in das dortige Pfarramt und stellte sie auf dem Hausboden unter, wo dann auch alles geblieben ist.

Nach dreiwöchigem Aufenthalt fuhren wir mit leichtem Handgepäck mit einer Nachrichtenabteilung weiter bis Köslin in Pommern, wo wir am 17. Februar anlangten. Meine Kleinste hatte inzwischen Keuchhusten bekommen, und wieder gelang es mit Gottes Hilfe, sie innerhalb von acht Tagen vom Arzt soweit behandeln zu lassen, daß sie die Flucht weiter durchhalten konnte.

Ungefähr Ende Februar schoß der Russe bereits nach Köslin hinein, so daß wir wieder zusehen mußten, wer uns nun weiter mitnehmen würde. Ich brachte meine Familie zur Kaserne, die gerade geräumt wurde. Stundenlang lief ich von einer Dienststelle zur andern, von einer Einheit zur andern, von einem LKW. zum andern, aber niemand nahm uns mit. Der Russe schoß wie wild, und als ich nun schon fast vorhatte, in Köslin zu bleiben, da wurde mir im letzten Augenblick ein LKW. zugewiesen, den ein Franzose steuerte. Wie glücklich bestiegen wir den Wagen, aber die Freude war nicht von langer Dauer, denn der Motor war nicht in Ordnung, und nach 10 km rührte er sich nicht mehr. Wir blieben mitten auf der Landstraße bei einem gewaltigen Schneesturm zwei Tage und Nächte liegen. Niemand kümmerte sich um uns, niemand wollte uns abschleppen. Endlich am dritten Tag erbarmte sich unser eine Menschenseele und schleppte uns nach Körlin (Pom.). Dort ließ man den Wagen auf dem Marktplatz einfach stehen.

Ich brachte die Kinder und unsere Oma in einen geheizten Raum, damit sie ein bischen auftauten und war dann Tag und Nacht draußen, um zu erkunden, wer uns weiter westwärts mitnehmen könnte und wollte. Das Militär brauste durch die Stadt, aber niemand achtete auf die Flüchtlinge. Partei und NSV. waren schon lange in Sicherheit, immer dasselbe Bild auf der ganzen Flucht. Endlich erspähte ich einen Omnibus mit Flüchtlingen, und nach langem Bitten ließ sich der Fahrer erweichen, uns mitzunehmen, aber ohne Handgepäck. So ließen wir dann auch unsere letzte Habe auf dem Marktplatz stehen, um unser nacktes Leben zu retten. Um 4 Uhr morgens fuhren wir so in Richtung Kolberg weiter. Hier empfing uns schon der Russe mit gewaltigem Artilleriefeuer, so daß wir gezwungen wurden, um die Stadt herumzufahren über einen Friedhof und durch ein kleines Wäldchen. Ab und zu mußte alles raus, um Bäume zu fällen, die den Durchweg versperrten. Inzwischen hatte sich der Hauptmann, der für den Transport verantwortlich war, in einem Volkswagen auf und davon gemacht, da die Stadt Kolberg schon an allen Ecken und Enden brannte und der Russe uns gewaltig auf den Fersen saß. Schließlich gerieten wir mit unserm Omnibus in einen Sumpf, und die Fahrt war zu Ende. Es wurde uns empfohlen, wieder zurück nach Kolberg zu gehen und dort alles weitere abzuwarten.

Viele taten es, aber ich nicht. Wir wanderten zu Fuß weiter durch den Sumpf, immer bis zur halben Wade im Morast, bis uns endlich eine Zugmaschine aufnahm, die Munition geladen hatte. Unterwegs stieg noch ein schwerverwundeter Offizier zu uns, der uns aber bald wieder verließ, weil er meinte, wir führen gerade in die Russenlinie hinein. Nachts kamen wir aber doch auf dem Truppenübungsplatz in Deep an und wurden hier wieder unserm Schicksal überlassen, saßen nun hier fest, denn die Wehrmacht hatte den Ort schon verlassen. Mit meinen drei kleinen Kindern und der alten Schwiegermutter konnte ich unmöglich zu Fuß weiter. Als ich nun gar nicht mehr aus noch ein wußte, blieb mir nur noch die Hilfe Gottes, die ich dann auch von Herzen erflehte. Da wurde ich ganz ruhig und gefaßt. Plötzlich steht ein Major vor mir, und er gibt mir einen gefährlichen Rat, ich sollte mit einem Fahrzeug bis zum Wasserflughafen Kamp fahren, der allerdings schon unter Beschuß lag, und dort versuchen, mit einem Flugzeug nach Dievenow zu gelangen. Wir versuchten es. In Kamp aber lagen schon Tausende von Menschen, die auf Weiterbeförderung warteten und nicht über den Strom kamen. Ich springe aus dem Wagen, laufe an den Planken entlang zu dem Wasserflugzeug, das gerade starten will. Dort bitte ich den Hauptmann dringend, uns mitzunehmen — und er tut es. Wir fliegen glücklich hinüber nach Dievenow, das Flugzeug aber nach uns ging infolge Überbelastung unter.

In Dievenow konnten wir uns zwei Tage ausruhen, bekamen aus der Feldküche warmes Essen, nach langer Zeit das erste Mal. Eines Morgens gelang es uns, in eine Maschine zu kommen, die nach Stralsund mit Flüchtlingen startete. Plötzlich aber wurden wir von Artillerie beschossen. Die Besatzung türmte. Wir stiegen nun auch umständlich wieder aus. Ich trug erst meine Kinder über einen vereisten Laufsteg, dann half ich meiner Schwiegermutter, aber inzwischen schlugen die Granaten links und rechts von uns ein. Wir versuchten ebenfalls, die Gebäude zu erreichen, und dabei wurde unsere Oma am Bein leicht verwundet.

Ein PKW. von der Kommandantur nahm uns dann mit nach Kolzow, nach zwei Tagen Rast ein LKW. bis Swinemünde. Am nächsten Tag steckte uns die Partei in einen Zug, in dem wir Tag und Nacht immer hin und her fuhren, bis wir in Anklam aussteigen durften und ohne Verpflegung und todmüde dort landeten. Meine Kleinste wurde sehr krank, auch wir andern waren völlig erschöpft, aber wir mußten weiter. Wir wurden mit andern in einen LKW. verladen und nach Friedland in Mecklenburg transportiert. Hier fanden wir bei einer sehr netten Familie liebevolle Aufnahme, und am nächsten Tag holte ich dann auf Empfehlung unserer Wirtsleute einen sehr tüchtigen Arzt, der mit Gottes Hilfe alle wieder auf die Beine brachte.

Nach siebenwöchigem Aufenthalt in dem kleinen Städtchen ging es mit einem Sprengkommando wieder westwärts, denn der Russe fing an, die Stadt zu beschießen. Wer flüchten konnte, flüchtete. Wir fuhren zunächst bis Wismar, dort mußten wir von den Fahrzeugen, da Tieffliegergefahr bestand. Gegen Abend nahm uns ein Fahrzeug mit bis Lischow, aber als wir endlich todmüde dort ankamen, war dort alles beim Packen und Aufbruch, denn der

Russe näherte sich von Rostock der Stadt Wismar, und Lischow liegt zwischen den beiden Städten. Also wieder weiter.

Am nächsten Morgen nahm uns ein Gutstreck bis kurz vor Wismar mit, aber dann zog ich es doch vor, wieder mit der Wehrmacht zu flüchten. Wir hatten auch Glück, nach zwei Stunden Wartezeit kam ein großer LKW., der uns sofort mitnahm. Bis Lübeck war es dann noch sehr gefährlich, weil uns die Tiefflieger dauernd beschossen. Die Straße von Wismar nach Lübeck war links und rechts mit zerschossenen Fahrzeugen übersät. Wir kamen aber, gottlob, wohlbehalten in Travemünde an, und von hier ging's die Bäderstraße entlang bis Rantzau hinter Plön. Hier wurden wir nochmals umgeladen, und da Tieffliegergefahr bestand, fuhr uns der Fahrer in rasendem Tempo nach Lütjenburg in Ostholstein. Genau am 1. Mai 1945 kamen wir dort an, und unser Fluchtweg war damit zu Ende. Viele Enttäuschungen, aber auch viel beglückende Barmherzigkeit haben wir durch Menschen erlebt, das größte Erlebnis aber ist uns die bewahrende Durchhilfe unseres himmlischen Vaters gewesen. Ihm sei die Ehre und Lob und Dank!

Nr. 38

Bericht des Landwirts Karl Siebert aus Roggenhausen, Kreis Graudenz i. Westpr.

Original, 9. März 1952.

Fluchtvorbereitung und Dorftreck über Konitz, Schlawe, Greifenberg nach Niedersachsen.

Einige Tage vor der Flucht hatte unser Amtskommissar Erich Damerau, wohnhaft als Bauer in Kl. Schönbrück, Kreis Graudenz, die ihm unterstellten Ortsvorsteher vorgeladen und mit ihnen die Evakuierung der Zivilbevölkerung aus der Gegend besprochen, falls die militärische Lage es erfordern sollte. Getreckt sollte nur auf Befehl werden. Strenge Geheimhaltung der ganzen Angelegenheit wurde befohlen. Als Aufnahmekreis wurde der Kreis Konitz genannt. Trecken sollte alles, auch die eingedeutschten Polen. Der polnischen Bevölkerung wurde ihr Verhalten freigestellt. Die meisten Bauern gehörten dem Volkssturm an, sie sollten nach Erreichung des Aufnahmekreises zurückgeführt werden. Ich selber als Bataillonskommandeur des Volkssturm erhielt den Auftrag, dazubleiben und aus den wieder Zurückgeführten das Bataillon neu aufzustellen. Inzwischen überstürzten sich die Ereignisse.

In der Nacht vom 23./24. Januar 1945 erhielt die Gegend Treckbefehl. Am 24. gegen 11 Uhr verließ der Treck des Dorfes geschlossen das Dorf. Für die Bewohner, die keine Pferde besaßen, hatte ich meine Pferde zur Verfügung gestellt und nur 2 Pferde meiner Familie gegeben und 2 Pferde für mich zurückgehalten. Am Nachmittag desselben Tages hatte ich Einquartierung der ersten zurückgehenden Truppen. Die eingedeutschten Polen kehrten bereits am Abend und in der Nacht zurück und hielten sich und ihre Gespanne verborgen. Auch die fortgetriebenen Rindviehherden der Gegend waren am nächsten Tage wieder da; sie wurden mit Hilfe von Soldaten, die ich von dem Divisionskommandeur der bei Schloß Roggenhausen kämpfenden Panzerdivision erbat, wieder in Marsch hinter die Weichsel gesetzt.

Am 25. gegen 16 Uhr gingen die Panzer durch das Dorf in Richtung Norden. Beim Dunkelwerden ging die Infantrie zurück. Ich sprach mit einigen Offizieren und sagte ihnen meinen Auftrag. Sie schüttelten nur die Köpfe und fuhren schweigend weiter.

Am Nachmittag des 26., als mein Gehöft bereits mit Granaten beschossen wurde, hielt ich meinen Auftrag als nicht mehr ausführbar und fuhr über Skurjew, Burg Belchau zur Weichsel, wo zwischen Graudenz und Marienwerder bei Gr. Wolz der Übergang über das Eis möglich sein sollte. Als ich kurz vor Einbruch der Dunkelheit dort eintraf, standen dort eine große Anzahl Wagen, manche schon seit Tagen, die darauf warteten, beim Übergang an die Reihe zu kommen. Bei der strengen Kälte litten besonders Frauen und Kinder. Den Übergang leitete ein Amtskommissar. Als er mich sah, sagte er: „Ich stehe bereits seit 5 Uhr früh hier, ich kann nicht mehr, übernehmen Sie meine Aufgabe." Damit war er verschwunden, und mir blieb nichts anderes übrig, als wieder Ordnung in den Haufen der schon Verzweifelnden zu bringen. Vom hohen Weichselufer steil hinab ging die tollkühne Fahrt eines jeden Wagens auf das Eis. Am jenseitigen Ufer war dann das mit Strauchweidenstubben bestandene Vorgelände zu überwinden, bevor man auf einem schräg angelegten schmalen Fahrweg auf die Dammkrone gelangen konnte, auf der dann mit großer Vorsicht die Fahrt weitergehen konnte. Da sie glatt und vereist war wurde diese schräge Anfahrt zum Damm vielen Wagen zum Verhängnis; ein Umkippen den Damm hinunter war oft nicht zu verhindern. Durch Vorlegen half einer dem anderen, über die Weichsel die Dammkrone zu erreichen. Nach einer Rast von wenigen Stunden in einem überfüllten Bauerngehöft ging es dann in Richtung Neuenburg weiter, doch mußte vor Neuenburg kehrt gemacht werden, da die Straße gesperrt war. Inzwischen hatte sich ein kleiner Treck mir angeschlossen, und wir nächtigten nach Dunkelwerden in Gr. Kommorsk. Dann trat starkes Schneegestöber ein, auch hatte sich der Frost verstärkt.

Am 28. brachte uns unsere Fahrt über Warlubien, Plochotschin durch die Tucheler Heide bis Osche, wo wir in der Nacht eintrafen. Osche war durch Flüchtlingsströme und zurückgehende Truppen vollgepfropft, doch fanden wir irgendwo auf dem Fußboden noch ein Lager. Unseren Treck hatte ich auf der Chaussee über Tuchel nach Konitz geplant, doch war dieser Weg wegen nie abreißender Kolonnen zurückziehender Truppen blockiert und für Flüchtlingstrecks verboten. Da sich diese Sachlage nicht änderte, nahmen wir nach ein oder zwei Tagen unseren Weg durch die nie abreißende Forst nach Gr. Schliewitz. Hier kamen wir kurz vor dem Ort auf einem verlassenen Sägewerk zur Nacht unter. Am nächsten Tage ging es bei starker Kälte und Schneetreiben nach Heiderode (Czersk) weiter. Wir hatten gehofft, dort zur Nacht bleiben zu können, mußten aber weiter, da alles überfüllt war. Auch in den nächsten Dörfern konnten wir keinen Unterschlupf finden, alles war mit Militär belegt. So sahen wir endlich das Vergebliche unseres Bemühens ein und hielten auf der Nebenstraße eines Dorfes an. Die Pferde blieben vor den Wagen stehen, während die Menschen ruhelos umherstapften, um nicht zu erfrieren. In den nächsten Tagen kamen wir dann auf Umwegen über Karschen nach Friedrichsbruch bei Bruß. Hier sollten wir vorderhand bleiben.

Vf. beschreibt dann seine nochmalige Rückkehr nach Graudenz, die er als Volkssturmführer in einer dienstlichen Angelegenheit unternahm.

In Friedrichsbruch wieder angekommen, erhielten wir den Räumungsbefehl. Die Front war inzwischen recht nahe gekommen, auch machten sich feindliche Tiefflieger unangenehm bemerkbar. Sie beschossen auch aus nächster Nähe mit Verwundeten belegte Lazarettwagen, trotzdem diese als solche deutlich bezeichnet waren. Die Fetzen des Wagens flogen nur so herum. Ich befand mich dicht daneben und mußte in Deckung gehen.

Wir gedachten nach Bütow weiterzufahren, und zwar über den Truppenübungsplatz. Den einzuschlagenden Weg hatte ich kurz zuvor mit noch einigen anderen zu Pferde bei starkem Schneetreiben erkundet. Als wir uns gegen Dunkelwerden wegen der Flieger auf die Reise begaben, fanden wir die von Bruß führende Chaussee, deren erste Strecke wir zum Erreichen des Übungsplatzes benötigten, wegen zurückgehender Truppen gesperrt. Es wurde uns anheimgestellt, unseren Weg über Schwornigatz zu nehmen, was immerhin 25 km Umweg bedeutete. Auch war mir Schwornigatz kein Begriff, und von Bruß führten nur Landstraßen dorthin. In stockdunkler Nacht vor meinem Treck zu Fuß gehend, mehrmals von Patrouillen sogenannter landeseigener Verbände angehalten, die über den Weg aber auch keine Auskunft geben konnten, erreichte ich mit meinem Treck bei Hellwerden Schwornigatz, welches wir allerdings um Mittag schon verlassen mußten, da der Russe weiter vorrückte. In der Nacht fanden wir dann Obdach in einem weit von der Straße Konitz — Bütow abgelegenen kleinen Walddorfe. An der Straße selber war alles mit Truppen belegt.

Von Bütow ab machte sich Fürsorge deutscher Stellen, der NSV., bemerkbar, wenn auch ihre Hilfe bei der Unzahl der Flüchtlinge für den Einzelnen nur gering sein konnte. Bis Bütow waren wir ohne spezielle Leitungsbefehle gefahren. Wir hatten als Richtschnur nur die noch in der Heimat von unserem Amtskommissar ausgegebene Parole, den Kreis Konitz aufzusuchen. Nun erhielten wir von der Treckleitung für jeden Tag ein zu erreichendes Ziel. An dieses Ziel wurden wir dadurch gebunden, daß wir nur hier das für unsere Pferde notwendige Futter kaufen konnten. Wenn diese Ration auch nur sehr gering war — sie bewegte sich je Pferd und Tag zwischen 1—6 Pfund Hafer und manchmal auch etwas Heu — so waren wir doch darauf angewiesen. Lebensmittel für uns gab es von nun ab auch hin und wieder etwas zu kaufen. Wer noch Vorräte auf seinem Wagen hatte, war besser dran als die vielen, bei denen es nicht mehr der Fall war.

Unser weiterer Weg führte uns über Reinfeld, Zuckers, Schlawe, Köslin, Greifenberg, Gollnow, Altdamm bis zur Oder, die wir hier überschritten. Die Überlastung der Straße durch die endlosen Trecks erschwerte das Vorwärtskommen sehr. Aneinander vorbei konnte natürlich niemand, und der Treckzug selber geriet fortwährend ins Stocken. So bestand die ganze Angelegenheit aus ewigem Anfahren und Anhalten.

Um den Russen zu entkommen, fuhren wir einmal 3 Tage und Nächte hintereinander, ohne auszuspannen, doch war trotz dieser Anstrengung der zurückgelegte Weg recht gering. Als wir im Morgengrauen durch Gollnow kamen, gab es erhöhten Panzeralarm, und die ganze Bevölkerung des Städtchens flüchtete in Richtung Oder, nur mitführend, was sie eben schleppen konnte. In der folgenden Nacht — wir mußten mehrere Stunden vor einer Brücke der Ost-Oder halten — wurden wir von feindlichen Flugzeugen mit Bomben beworfen, doch waren die Verluste der Trecks nur gering. Doch furchtbar wurden die mitgenommen, die bei Hellwerden über die Brücke der West-Oder gingen. In Haufen lagen die zu einem Knäuel verstrickten Wagen, von Fliegerbomben zu einer wüsten Masse zusammengeschlagen. Sie fuhren sich bei dem herrschenden Glatteis fest, als sie der Vernichtung durch einen unerbittlichen Feind durch Schnelligkeit entrinnen wollten. Im Anschluß daran lag in langer Reihe ein Gefährt hinter dem anderen. Pferde und Menschen tot, wie zersägt von dem Maschinengewehrfeuer der Tiefflieger.

Diesem Schicksal waren wir nur dadurch entgangen, weil nicht weit davon unsere Fahrt durch steckengebliebene Wagen ins Stocken geraten war. Jenseits der Oder führte unser Weg über Penkun, Grabow, Dömitz, zur Elbe, die wir überschritten. Die hier angeführten Orte von Vorpommern und die beiden von Mecklenburg geben nur die allgemeine Richtung unseres Trecks an. Unseren Treckbefehlen und den allgemeinen Notwendigkeiten, verstopfte Straßen und Suche nach Unterkunft, folgend, ging unsere Fahrt oft hin und her und weit vom Wege ab. An dem Tage, an dem wir die Elbe bei Dömitz überschritten, waren wir in Bockup in Mecklenburg aufgebrochen, zur Nacht kamen wir dann in Gülden im Kreise Uelzen ins Quartier. Unsere weitere Wegstrecke wurde dann durch die Ortsnamen Uelzen, Eschede, Celle, Schillerslage, Oldhorst, Großburgwedel, Mellendorf in großen Zügen bezeichnet. In Negenborn fand unser Treck am 2. April 1945 sein vorläufiges Ende.

Nr. 39

Erlebnisbericht der Gutsbesitzersfrau Bertha von Bieler aus Lindenau, Kreis Graudenz i. Westpr.
Original, 1. Februar 1951, 5 Seiten. Teilabdruck.

Gutstreck nach Pommern, Zusammentreffen mit den Russen im Kreis Lauenburg.

Als am 22. Januar 1945 der Kanonendonner von der ostpreußischen Grenze her die Fenster erklirren ließ, mußte man die leise Hoffnung aufgeben, vielleicht doch um das Verlassen der Heimat herumzukommen. Fieberhaft wurden die letzten Vorbereitungen für den Treck getroffen, der von unserem Beamten Gdanietz als Treckführer gut vorbereitet war. 42 Pferde, ein Trecker und 16 Wagen für Menschen, Gepäck und Vorräte, darunter ein geschlossener Wohnwagen für Alte und Kinder, bildeten den Gutstreck Lindenau, der mit dem Treck des Bauerndorfes Königlich-Lindenau abends um 22 Uhr zusammen aufbrach. Die Frauen und Kinder der polnischen Gutsleute blieben zuhause; die Scharwerkerinnen wanderten schon von Graudenz aus wieder zurück. Nur von den zwei deutschen Familien kamen alle mit. Zurückmarschierende Truppen des Volkssturms, versprengte Flieger, durchgetriebene Viehherden und Flüchtlinge schufen ein tolles Kommen und Gehen, so daß man keine Zeit für ein trauriges Abschiednehmen von der geliebten Heimat fand, in die wir vor genau 25 Jahren gleichzeitig mit der polnischen Besetzung eingezogen waren, als wir das Gut nach dem Tode meines Schwiegervaters übernommen hatten.

In Melno war der erste kurze Stop; überall, wohin wir kamen, die gleiche traurige Aufbruchstimmung und -unruhe. In Graudenz trafen wir am frühen Morgen des 23. Januar ein; vor dem Übergang über die zugefrorene Weichsel stundenlanger Aufenthalt, da erst Truppen herübergeschleust wurden. Doch kamen wir dank der Hilfsbereitschaft des Graudenzer Kommandanten verhältnismäßig schnell weiter. Eisige Winde machten das langsame Vorwärtskommen zur Qual; da bewährte sich unsere selbstgebaute kleine Gulaschkanone mit heißem Kaffee, die sonst kaum in Benutzung genommen werden konnte. Abends spät fand sich auch unser Treck zum Nachtquartier in Rohlau zusammen. Mein Mann und ich waren schon gegen 18 Uhr dort eingetroffen. Trotz des auch dort herrschenden Aufbruchs wurden wir rührend aufgenommen und versorgt.

Der 24., ein strahlender, sonniger Wintertag, führte uns bis Osche, wo wir abends notdürftig in leeren Ausbauten Quartier fanden; am nächsten Morgen fehlten drei unserer Honoratioren, der Schmied, Stellmacher und ein Wirt. Dann ging es durch die Tucheler Heide, die mit ihren Partisanengerüchten unseren Beamten schreckten; aber unsere bewaffneten Volkssturmmänner und zwei Polizeibeamte, die denselben Weg hatten, sahen nichts Beunruhigendes. Von Rohlau aus hatten sich noch Herr Osman, Salno und Frau Wanno, Annaberg, mit leichtem Gepäck dem Treck angeschlossen. Sie blieben einige Tage dabei, bis wir südlich Bütow an eine Bahnlinie kamen, so daß sie von dort mit der Bahn weiterfuhren. Wir konnten dort leider wegen gesperrter Wege nicht, wie beabsichtigt, nach Bütow weiterfahren, so daß der Beamte den Weitermarsch südlich nach Konitz zu erzwang. Ein Höllenmarsch für Pferde und Menschen bei eisiger Kälte. Die geplanten Nachtquartiere alle überfüllt, teilweise mit betrunkenen Hiwis[1]), die von Russen nicht zu unterscheiden waren. Endlich gelang es meinem Mann, auf flehentliches Bitten hin auf einem Gut abends um 21 Uhr noch notdürftig Quartier für alle Menschen und die Pferde zu bekommen. Es wurde ein Ruhetag eingelegt, um neue Kraftreserven zu schaffen, Wäsche zu waschen und gutes, warmes Essen zu kochen.

Da die Russen hier schon in bedrohlicher Nähe waren, wurde am darauffolgenden Tage wieder Nordrichtung eingeschlagen. Bei dem Abmarsch fehlten 14 von unseren Leuten, doch konnten die notwendigen Wagen mit dem Rest gerade noch besetzt werden. Den Trecker mußten wir stehen lassen, da auch sein Fahrer, der Chauffeur, fehlte. In einem Gewaltmarsch kamen wir bis zu einem Dorf dicht vor Bütow; dank der Geschicklichkeit unseres Beamten, der es auch in den aussichtslosesten Fällen immer noch verstand, Quartier zu bekommen, kamen wir unter. Schnell zubereitete Hühner, die wir abgeschlachtet mitgenommen hatten, erquickten die müden Fahrer. Am nächsten Morgen, dem 30. Januar, ging es durch Bütow in den Stolper Kreis. Mein Mann und ich fuhren in unserem Landauer vor, um bei von Zitzewitz, Mut-

[1]) Abkürzung für ‚Hilfswillige', d. h. männliche Bevölkerung aus den von der deutschen Wehrmacht besetzten Ostgebieten, die zur Dienstleistung ohne Waffen im Besatzungsgebiet verwandt wurde.

trin, Quartier zu machen, was auch glückte. Unsere Leute kamen auf ein Nebengut, der Bauerntreck kam sehr gut in der Nachbarschaft unter. Als wir am nächsten Morgen weiterziehen wollten, waren unsere Leute sehr unglücklich: „Noch weiter von zuhause weg, bis wohin soll es noch gehen?“ Aber auf einiges Zureden hin spannten sie doch an. Da kam Treckverbot für drei Tage, — und das war unser Verderben! Denn inzwischen hatten wir uns in Muttrin so schön eingelebt, daß wir beschlossen, dort zu bleiben. Wenn die Pommern blieben, warum sollten wir es nicht auch tun? Die Nachrichten dafür lauteten günstig, und das überfüllte Deutschland, in dem wir kein richtiges Ziel für unsern Treck hatten, lockte so wenig. So verlebten wir vier fast friedensmäßig anmutende Wochen in dem gastfreundlichen Muttrin. Unsere Leute wurden dem Gutsbetrieb eingegliedert, und unser Beamter holte sogar noch den damals zurückgelassenen Trecker wieder.

Ende Februar wurden die Nachrichten immer bedrohlicher, und am 1. März überredete uns der Beamte, noch einen Treckversuch von zwei Wagen und Trecker gegen allseitiges Abreden zu machen. Nach großen Strapazen kehrten wir am dritten Tage mit erledigten Pferden und festgefahrenem Trecker, der zurückblieb, reumütig wieder nach Muttrin zurück, denn vor Rügenwalde wurden alle Trecks wieder zurückgeschickt, da die Russen westlich durchgebrochen waren. Inzwischen war auch in Muttrin wieder Militär eingetroffen und alles überfüllt, so daß mein Mann und ich nach einem Ruhetag in unserem Landauer und einem Gummiwagen mit Gepäck in den Lauenburger Kreis weiterzogen. Wir fanden bei Fließbachs, Kurow, auf dem Nebengut Goten Quartier, das der schwerkriegsbeschädigte Sohn bewirtschaftete. Unser Beamter blieb mit den dazu notwendigen Pferden und Wagen für unsere Leute in Muttrin und sollte sich dem dortigen Treck anschließen. Wie ich Jahre später von ihm aus Venezuela hörte, ist er auch mit unseren Leuten bis in die Danziger Niederung gekommen. Diese sind nach Lindenau zurückgegangen, er mit seiner Frau mit Schiff noch nach Dänemark entkommen.

Wir trafen am 7. März in Goten ein; ich übernahm den Haushalt in Vertretung der abwesenden jungen Frau. Am 9. feierten wir schon recht trübselig und voller trüber Ahnungen den 69. Geburtstag meines Mannes und versprachen Fließbachs, zu bleiben. Am Sonntag, dem 11. März, standen die ersten Russen mit vorgehaltener Maschinenpistole vor uns, aber als wir ihnen unsere Waffen und „Urren“ abgeliefert hatten, waren sie ganz friedlich. Abends folgte das übliche Freudenfest mit viel Schnaps, Weibern und Geschieße. Der Gärtner verwundete einen Russen und beging dann mit seiner ganzen Familie Selbstmord. Der junge Fließbach mußte an dem Feste teilnehmen, während mein Mann und ich ungestört in unserem Fremdenzimmer schliefen.

Nachmittags war ein Kommissar dagewesen, der uns nach Ablieferung unserer letzten Uhren und Goldketten darüber eine Bescheinigung ausgestellt hatte. Er hatte auch die Leute vernommen, und unser Maurer, der wohl freie Bahn zum Auskneifen mit unseren Pferden nach Hause haben wollte. hatte schlecht über meinen Mann ausgesagt, wie mir später ein russisches Mädchen erzählte, obgleich er uns das Gegenteil versicherte. Am nächsten Morgen war er mit drei Pferden, Wagen und seinen zwei Söhnen verschwunden, dafür kamen am Nachmittag zwei GPU.-Offiziere, von denen der eine

Deutschsprechende nett und freundlich war. Zuerst wurde unser Radio zerschossen, dann plünderte der zweite Garderobe usw., und alles wurde in dem Rohrplattenkoffer meines Mannes verstaut. Dann wurde mir mitgeteilt, daß ich für Fließbach und meinen Mann etwas Wäsche und Lebensmittel für ein paar Tage einpacken solle, da sie zu einem Verhör mitkommen müßten, ein schrecklicher Moment. Auf meine Bitte, mich zu erschießen, sagte er: „Wozu? Man ist in 4 bis 5 Tagen wieder zurück, nur „pisac",[1]) was uns etwas beruhigte; wir hatten noch keine Erfahrung mit der russischen Unaufrichtigkeit. Der schmerzliche Augenblick, als er wehmütig mit dem Taschentuch winkend um die Ecke bog, gehört zu dem Schwersten in meinem Leben. Bei dem Versuch, ihm den schweren Plünderkoffer tragen zu helfen, was ihm bei seinere Angina pectoris so schwer fiel, wurde ich zurückgejagt.

Fließbach kam noch am nächsten Morgen zu seinen Eltern, um Abschied zu nehmen, erzählte, sie wären gut behandelt worden, hätten auch Decken, Licht und Zigaretten bekommen, sein Verhör wäre ganz oberflächlich gewesen, doch er müsse sich in Stolp zurückmelden. Mein Mann wäre noch im Verhör gewesen; das war das Letzte, was ich von ihm hörte. Nach über einem Jahr, als ich schon in Westdeutschland war, teilte mir Frau Klettner aus dem Graudenzer Kreis mit, daß mein Mann im März—April im Graudenzer Barackenlager, später evtl. im Zuchthaus in Graudenz gewesen sei, ihr Mann sei dann von Graudenz fortgekommen und später heimgekehrt, so daß er nicht wisse, was weiter aus meinem Manne geworden sei. Trotz größter Bemühungen ist es mir nicht gelungen, noch irgend jemand ausfindig zu machen, der etwas über meinen Mann weiß, und da die Graudenzer Lager verrufen schlecht waren und nie ein persönliches Lebenszeichen von ihm an mich gelangte, muß ich hoffen, daß er in seinem Alter möglichst bald von den unmenschlichen Qualen erlöst worden ist.

Es folgen noch einige weitere Erlebnisse der Vfn. während der russischen Besatzungszeit.

Nr. 40

Erlebnisbericht der Gisela Friederike von Hohendorff aus Kulmsee, Kreis Thorn i. Westpr.

Original, 16. April 1951, 9 Seiten. Teilabdruck.

Flucht nach Stolp in Pommern, Zusammentreffen mit den russischen Truppen.

Meine Heimat ist Westpreußen. Wir wohnten auf dem Gut bei Kulmsee, Kreis Thorn, in dem sogenannten Kulmer Land. Schmerzlich war es uns, als am 22. Januar 1945 die Abschiedsstunde schlug. Wir konnten es nicht fassen, daß unsere teure Heimat in die Hände der Russen fallen sollte. Tagelang vorher waren 10 Wagen zum Treck vorbereitet worden. Im letzten Augenblick weigerten sich unsere polnischen Arbeiter, mitzukommen. So wurden in aller Eile nur 4 Wagen beladen, und wir verließen abends um 8 Uhr unser Gehöft

[1]) pisac = schreiben; gemeint ist vermutlich unterschreiben des Protokolls beim Verhör.

in Richtung Kulm. Da die Brücken durch die Wehrmacht überlastet waren, wurden die Trecks über die zugefrorene Weichsel geleitet. Zu diesem Zweck mußte man die ca. 10 m hohen Weichseldämme überqueren. Durch den starken Schneefall und die grimmige Kälte waren die höchstens 4 m breiten, steilen Dämme total vereist, nur unter Lebensgefahr für Menschen und Tiere zu überqueren. Ein Fehltritt der Pferde oder ein Abrutschen des Wagens nach rechts oder links hätte genügt, das ganze Gefährt zum Absturz zu bringen. Einigen ist es so gegangen, man sah unten zertrümmerte Wagen und tote Pferde liegen; noch unheimlicher war die Situation, weil sich alles in der Nacht abspielte. Wagen für Wagen wurde mit 4 Pferden denWeichseldamm heraufgezogen und an der anderen Seite abgebremst nach unten gebracht.

Als wir am nächsten Morgen weiter wollten, erkrankte uns ein Pferd, das aber durch eine Einspritzung bald wieder zu sich kam. Unser Vorratswagen, der beladen war mit Hafer, Hufeisen, Schraubstollen, Spaten, Petroleum usw. ging uns schon in der ersten Nacht verloren. Der Fahrer dieses Wagens war ein alter deutscher Mann, der den Anschluß an unsere ersten drei Wagen verloren hatte. Jetzt wurden die Pferde, die trotz warmer Decken sehr froren, endlich etwas gefüttert. Das eiskalte Wasser, das wir von weit herbeischleppen mußten, tranken die armen Tiere gierig, und ungern ließen sie sich aufzäumen, weil die eiskalten Gebisse ihnen Schmerzen im Maul verursachten. Wir selbst froren, trotzdem wir dicke Pelze anhatten, unsagbar, denn der Ostwind stürmte Tag und Nacht. Ein unheimlicher Schneeefall setzte ein, das Vorwärtskommen wurde immer wehr erschwert. Für uns gab es kein warmes Essen, wir lebten von gefrorenem Brot. Tagelang waren wir nun schon unterwegs, immer weiter ging der Treck, bis wir endlich auf dem Gut Wehr bei Schwetz für eine Nacht unterkamen. Rücksichtslos jagte die fliehende Wehrmacht an uns vorüber. Meine Mutter und ich lenkten einen Wagen allein; plötzlich streifte ein Wehrmachtswagen mit russischen Hilfstruppen der Wlassow-Armee unsere Pferde, riß ihnen die Fesseln blutig und brachte sie in einen derartig aufgeregten Zustand, daß sie kaum zu bändigen waren. Es waren edle Trakehner-Zucht-Stuten.

In Osche mußten wir wieder auf der Landstraße rasten, um die Pferde zu füttern, bald trieb uns ein Polizeikommandeur weiter mit dem Bemerken, die Russen wären 9 km hinter uns. Also zogen wir wieder los in Richtung Tuchel. Inzwischen hatte ein erneutes furchtbares Schneetreiben eingesetzt, so daß man nicht den Vorderwagen sehen konnte. Auch waren die Gräben von der Straße nicht zu unterscheiden. Rechts fuhren die Treckwagen in dichtgedrängter Kette, links mußte die Straße für die Wehrmacht freibleiben. Auf einem Waldwege war mein Vater mit seinem Wagen in eine Schneewehe geraten, ein Soldat wollte behilflich sein, lenkte die Pferde aber in den Graben, so daß der Wagen umkippte und alles durcheinander fiel. Meine kleine Schwester lag unter Koffern und Kisten vergraben und schrie um Hilfe. Es war eine furchtbare Situation, mitten in der Nacht bei Schneefall und 30 Grad Kälte im Walde in der Tucheler Heide. Von fern hörte man das Dröhnen der Kampfhandlungen, alles flutete an uns vorüber, und wir standen hilflos da! Wir luden den Wagen ab, befreiten Sybille, der nichts geschehen war, und legten Ketten an, an die wir die Pferde spannten, so gelang es uns nach vieler Mühe endlich, den Wagen wieder aufzurichten. Zum Glück war nichts zerbrochen, nur der Plan, mit dem der Wagen überspannt war, hing in Fetzen herunter, so daß Schnee und Sturm freien Zutritt hatten. Wir brachten das Gepäck nun wieder auf den Wagen, und weiter ging die Reise.

Oft wurden wir gezwungen, die Pferde umzuspannen und gegenseitig vorzulegen, um über Geländeschwierigkeiten hinwegzukommen. Die vom Schnee nassen Schuhe waren steif gefroren, wechseln konnten wir sie nicht, die Hände konnten kaum mehr als die Leinen halten, wir hatten bisher nur eine warme Mahlzeit genossen. Wo wir auch hinkamen, waren die Unterkünfte alle überfüllt, die Pferde mußten auch immer unter freiem Himmel rasten. Nirgends fanden wir Hilfe, von Kameradschaft und Volksgemeinschaft merkten wir nichts, jeder dachte nur an das eigene Fortkommen. In keiner Ortschaft wurde für Kinder und Säuglinge Milch oder Suppe bereitgehalten, darum starben auch so viel kleine Kinder und alte Leute, die man einfach in den Chausseegraben legen mußte, weil die Erde steinhart gefroren war und jeder vorwärts hastete.

Kurz vor Tuchel wurde die Straße für Zivilfahrzeuge gesperrt und die Trecks durch die Heide geleitet. Nun wurden die Schwierigkeiten für die Pferde noch größer, die Wege waren tief verschneit und unausgefahren. Die Landschaft war zauberhaft schön, doch niemand hatte ein Auge dafür. Trotz der durch neuen Schneefall geschaffenen Hindernisse ging der Treck unaufhaltsam weiter, die Pferde gaben ihre letzten Kräfte her. Inzwischen war es spät Nachmittags geworden, früh brach die Dunkelheit herein. Da die Nacht hindurch getreckt werden sollte, wurden die Pferde noch einmal gefüttert und getränkt, das alles bei eisiger Kälte und starkem Nordost-Wind. Neben dem Wagen meines Vaters stand ein Wagen, auf dem eine Frau saß und furchtbar weinte. Als wir sie nach ihrem Kummer fragten, hob sie die Decke hoch, unter der ihr toter Mann lag, es war keine Möglichkeit vorhanden, ihn zu begraben.

Wir fuhren nun in der inzwischen hereingebrochenen Nacht weiter, während es wieder stark schneite. Der Weg führte jetzt bergauf, große Schneewehen mußten passiert werden. In einer solchen Wehe blieben meine Mutter und ich mit dem Wagen stecken, die Pferde konnten uns nicht mehr herausziehen, so daß wir den Anschluß an die ersten beiden Wagen verloren, die immer weiter fuhren, weil mein Vater annahm, wir wären hinter ihm. Ich lief noch eine Strecke hinterher, konnte aber meinen Vater infolge des hohen Schnees nicht mehr erreichen. Wir versuchten nochmals, unsere Pferde anzuspornen, aber sie versagten, weil sie zu erschöpft waren. In unserer Nähe rastete ein Litauer-Treck, diese Leute verweigerten uns jede Hilfe, um die wir sie baten. So blieben wir mutterseelenallein in der Tucheler Heide mitten in der Nacht; in der Umgebung sahen wir die Blinkfeuer der in den Wäldern verborgenen Partisanen aufleuchten[1]), es war schaurig und herzbeklemmend.

[1]) Bereits 1943 begann sich die Tätigkeit von Partisanengruppen in der Tucheler Heide bemerkbar zu machen. Sie verübten Überfälle auf alleinstehende deutsche Gehöfte, denen neben alteingesessenen deutschen Bewohnern vor allem die Käufer und Treuhänder der vom deutschen Staat beschlagnahmten Grundstücke zum Opfer fielen. Polizeieinheiten waren bis zur Beendigung der Kampfhandlungen zur Bekämpfung der Partisanenbewegung eingesetzt. — Darüber berichten der Superintendent H. aus Berent sowie der Landwirt Hermann Steege aus Schwarzwald, Kreis Pr. Stargard, u. a. m.

Am nächsten Morgen zog uns ein Bauer für eine ansehnliche Summe auf die Haupttreckstraße. Wir fuhren hier zwar noch ein Stückchen weiter, aber bald versagten die Pferde ganz, wir waren gezwungen, die völlig ausgepumpten Tiere bei einem Bauern stehen zu lassen. Ein Wehrmachtsauto schleppte unsern Wagen in kurzer Zeit nach Czersk (Heiderode), wo wir hofften, meinen Vater wiederzufinden. Vergebens, er war schon weitergefahren, weil er uns nun voraus glaubte. Wir ließen nun den Wagen in Czersk stehen und übergaben alle unsere Sachen, darunter sehr viel Lebensmittel, einer polnischen Familie Papierowski. Soviel wir irgend tragen konnten, packten wir an wertvollen Sachen zusammen und versuchten, mit der Bahn weiterzukommen. Auf unserer Irrfahrt hielten wir uns kurz in Berent, Karthaus und Lauenburg auf; wir fuhren auf Lokomotiven und offenen Güterwagen. Als wir Bütow erreichten, mußten wir hier längeren Aufenthalt nehmen, da ich infolge einer Nervenlähmung in beiden Beinen keinen Schritt gehen konnte und mich in ärztliche Behandlung begeben mußte.

Nach etwa 14 Tagen erhielten wir von Verwandten aus Stolp die Nachricht, daß mein Vater mit seinem Treck in Stolp eingetroffen wäre. Da sich mein Zustand etwas gebessert hatte, reisten wir ab und trafen endlich bei meinem Onkel Eberhard v. Hohendorff in Stolp mit meinem Vater zusammen, der erschöpft war und gefährliche Frostschäden an Händen und Füßen hatte. Meine Schwester Sybille war gesund und munter. Die beiden Wagen und restlichen 4 Pferde waren auf dem Gut Wahnwitz bei Stolp untergestellt worden. Nach einigen Ruhetagen wollten wir weiter flüchten, da erkrankten meine Schwester und ich an Masern, und zwar ich selbst so schwer, daß man für mein Leben fürchtete. Wir waren also gezwungen, in Stolp zu bleiben, und erlebten hier den Russeneinfall.

Am 7. März wurde Stolp geräumt, und am nächsten Morgen waren die ersten Russen da, die uns im Luftschutzkeller überraschten. Sie nahmen uns erstmal alle Goldsachen fort, die wir leider vorher nicht abgelegt hatten, im ganzen 2 Trauringe, 3 Wappenringe, 2 goldene Damenuhren, 1 goldene Herrenkapseluhr mit goldener Kette. Durch die Sprengungen der Stolpe-Brücken durch unser deutsches Militär waren die Häuser in der Nähe der Brücken stark beschädigt, darunter auch das Haus meiner Verwandten. Tür- und Fensterrahmen waren herausgerissen, so daß die Russen freien Zugang hatten. Eine verschlossene Tür wäre auch sowieso kein Hinderungsgrund gewesen, denn der Gewehrkolben hat ganze Arbeit gemacht. Unsere Verwandten, die aus dem Baltikum stammen und auch nicht geflüchtet waren, sprachen russisch und lettisch, was uns einen gewissen Schutz gewährte. Wir saßen wie im Gefängnis, niemand durfte es wagen, auf die Straße zu gehen, denn Männer und Frauen verhaftete man von der Straße weg.

Täglich suchten uns mehrere Trupps russischer Soldaten heim, die mitnahmen, was ihnen gefiel. So fielen ihnen nach und nach Kleider, Anzüge, Pelze, Stiefel usw. zum Opfer. Besonders begehrt waren Uhren, und da unsere Armbanduhren schon gestohlen waren, nahmen sie alle erreichbaren Wecker, im ganzen 8, die wir uns dann immer wieder aus zerstörten Wohnungen geholt hatten, da wir nicht ohne Uhr sein konnten.

Die Stadt Stolp, die bis auf die Brücken völlig unzerstört in die Hände der Russen fiel, wurde von ihnen nun planmäßig angesteckt. Dazu schoß man jeden

Nachmittag zwischen 3 und 4 Uhr Brandbomben in die Häuser der Innenstadt, und das vierzehn Tage lang. Hatte sich das Feuer etwas beruhigt, fachte man es mit neuen Brandbomben an, und so bestand in kurzer Zeit das Geschäftsviertel nur noch aus Ruinen. Das Flammenmeer, das uns stündlich bedrohte, war grauenhaft anzusehen. Feurige Funken flogen wie Regen durch die Luft, so daß sich der Brandherd immer mehr vergrößerte. Unser Haus retteten wir, weil wir alle Tage und bei Nacht unaufhörlich herumgingen und kleine Brände dadurch löschen konnten. Auf den Straßen bot sich ein grauenhaftes Bild. Völlig ausgeplünderte Trecks mit abgetriebenen Pferden und Kühen trieben sich umher, auf den Plätzen stand herrenloses Vieh.

Weiter berichtet Vfn. über Erlebnisse unter russischer und polnischer Herrschaft in Pommern.

Nr. 41

Bericht des ehemaligen Kreisbauernführers G. P. aus Grünlinde, Kreis Zempelburg i. Westpr.

Original, 13. September 1952. 2. Teil eines Gesamtberichts von 5 Seiten über Planung und Durchführung der Räumungsaktion im Kreisgebiet.

Räumungsvorgang im Kreis Zempelburg.

Es war am 18. oder 19. Januar 1945, als die ersten russischen Panzer in die Nähe unserer Kreisgrenze bei Mrocza (Immenheim) kamen und diesen Teil des Kreises in helle Aufregung und Fluchtstimmung versetzten. Eine Anzahl von Bauernfamilien setzte sich gleich in Bewegung, zumal die Bewohner des Kreises Wirsitz zum Teil schon aufgebrochen waren und der Flüchtlingsstrom von jenseits der Weichsel schon seit einigen Tagen auch unsern Kreis überflutete. Dies alles veranlaßte den Kreisleiter Bütow, eine Versammlung auf Sonntag, den 21. Januar 1945, einzuberufen, zu welcher die Führer der Formationen und der Gliederungen der Partei sowie die Zellenleiter, Bürgermeister, Polizeiführer und Bezirksbauernführer des ganzen Kreises befohlen wurden. Er sprach zu diesem Gremium als Verteidigungskommissar und beruhigte die Versammelten mit optimistischen Worten und Plänen. Eine Division der Waffen-SS wäre unterwegs, um Bromberg und Umgebung wieder vom Feinde zu säubern. Ein Räumungsbefehl käme vorerst gar nicht in Frage, da bisher nur erst drei Kreise hinter der Weichsel Befehl zur Räumung erhalten hätten. Grund zur Beunruhigung sei noch nicht gegeben, er stände in fast ständiger Verbindung mit dem Gauleiter, und der würde, wenn es überhaupt soweit kommen sollte, schon rechtzeitig den Räumungsbefehl erteilen. Außerdem wolle er in den nächsten Tagen einen starken Stoßtrupp von besonders zuverlässigen Volkssturmleuten aufstellen, die, mit Panzerfäusten bewaffnet, auch stärkere Panzereinheiten abzuschlagen in der Lage wären.

Der Kreisbauernführer erwähnte, daß man trotzdem auch zunächst mit einer Evakuierung von Frauen und Kindern rechnen müsse (die Männer sollten laut Befehl restlos zur Verteidigung eingesetzt werden) und ruhig Vorbereitungen treffen sollte; wenn sie umsonst wären, wäre es umso besser. Aus eigner Verantwortung empfahl er dann den Bürgermeistern und Ortsbauernführern, die Genehmigungen von Hausschlachtungen nunmehr örtlich zu regeln und dabei großzügig zu verfahren, damit jeder bei evtl. Flucht nicht mit leeren Töpfen auf die Reise ginge. Die Regelung fand bei allen Beteiligten wie auch die volle Zustimmung des Kreisleiters. Wie mir bekannt geworden, ist davon reichlich Gebrauch gemacht worden.

Am 23. Januar fuhr ich mit dem Schlitten zur Kreisstadt und begegnete einer Menge Truppen (Lettische Waffen-SS), die neu eingekleidet und gut ausgerüstet in Richtung Osten in Bewegung war. Beim Kreisleiter angekommen, fand ich diesen in sehr guter Stimmung, dessen Optimismus soweit ging, daß er fast an einen Stillstand der Russenfront, ja, sogar an deren Zurückwerfung über die Weichsel glaubte. Er war empört über diejenigen, die sich bereits aus unserem Kreise auf der Flucht befanden, und besonders über den Arbeitsdienst, der in der Nacht zum 23. die Baracken in Zempelburg verlassen hatte und sich durchziehenden Arbeitsdienstabteilungen anschloß, die in Richtung Westen zogen, dabei Munition und Waffen in die Straßengräben warfen und eine ganze Anzahl von Gespannen aus dem Kreise mitführten, die sie gegen ihr Versprechen nicht am nächsten Tage zurückschickten und somit einigen Familien die Fluchtmöglichkeiten nahmen. Auf den mitgeführten Wagen wurden fast ausschließlich Privatgüter der RAD.-Führer befördert.

Ich empfahl dem Kreisleiter, trotzdem eine Räumung vorbereiten zu lassen, was er kurz und bestimmt mit der Bemerkung ablehnte, daß dies zunächst Unsinn wäre und zudem der Mißstimmung und Beunruhigung der Bevölkerung nur förderlich wäre. Er denke nicht daran, dem Defaitismus Vorschub zu leisten. Er werde im Gegenteil sofort Maßnahmen treffen, um jede weitere Flucht zu verhindern, und zudem auch die bereits geflohenen Familien, soweit sie noch erreichbar, zurückholen lassen. Tatsächlich hat er dann auch Volkssturmmänner an die Kreisgrenze bei Lutau beordert, die jeden Wagen aus dem Kreise anhalten und zurückschicken sollten.

Am 26. Januar brachen dann erneut Panzer, vom Nordosten kommend, in unseren Kreis bei Sassenau (Soßnow) ein[1]). Die Nachricht verbreitete sich schnell, und telephonisch bat ich den Kreisleiter, nunmehr doch den Räumungsbefehl zu geben. Nach erregter Debatte sagte er dann wörtlich zu mir: „Wer denn durchaus fliehen will, den will ich nicht mehr halten, der soll abhauen.“ Aber mit vaterländischem Pflichtbewußtsein und Treue zum Führer könne er das nicht mehr vereinbaren. Den Räumungsbefehl gebe er jetzt noch nicht. Er werde den einzelnen eingebrochenen Panzern (denn um solche handele es sich nur) sofort einige Volkssturmmänner entgegenstellen, um dieselben kurzerhand abzuschießen.

Um 18.00 Uhr rief die Polizei aus Zempelburg an und befahl kurz und bündig die Räumung, da Frauen und Kinder hier an der nun eingetretenen Front nichts mehr zu suchen hätten. Dies teilte ich sofort dem Kreisleiter mit und unterstützte die Anordnung der Polizei. Derselbe wurde wütend und sagte, die Polizei hätte keine Ermächtigung von ihm, in dieser Hinsicht Befehle zu erteilen, er werde die Schuldigen sofort zur Verantwortung ziehen und diese Anordnung rückgängig machen.

---

[1]) Von diesem überraschenden Vorstoß der Russen berichtet ausführlich H. J. v. Wilckens aus Wilckenwalde, Kreis Zempelburg.

Ich versuchte dann auf eigne Faust, einige Ortsbauernführer zu verständigen und ihnen eine sofortige Flucht nahezulegen, was mir auch in sechs Fällen gelang. Um 18.30 schnitt mir ein Trupp Letten-SS die Telephonleitung ab und legte ihr Feldkabel an, wobei sie mir erklärten, daß hier vorderste Frontlinie wäre. Daraufhin verständigte ich unser und das Nachbardorf Hohenfelde, beluden in den späten Abendstunden die vorbereiteten Wagen und brachen um 22.00 Uhr zur Flucht im Treck auf. Am nächsten Tage, also am 27. Januar, wurde Zempelburg in den frühen Morgenstunden von den Russen besetzt.

Von einer organisierten Vorbereitung zur Flucht kann keine Rede sein[1]). Jeder war sich selbst überlassen. Am 22. Januar hat der Kreisleiter lediglich die Landwacht und den Volkssturm für einige Tage beurlaubt, damit sie zu Hause einiges für die Flucht vorbereiten sollten. Ein Teil der Bevölkerung blieb zurück, weil sie sich zu Fuß nicht auf den Fluchtweg begeben wollte. Andere glaubten, ihnen geschehe nichts, wenn sie zu Hause blieben. Etliche blieben gleich in der ersten Nacht im Schneegestöber stecken, und wiederum ein Teil kehrte nach einigen Tagen Fluchtweg aus Verzweiflung über die Strapazen wieder zurück. Das Gros jedoch konnte sich absetzen. (Die Umgebung von Vandsburg floh am Sonnabend, dem 27.) Von dem Geschick, nicht fliehen zu können, wurden wegen Transportmangels die Städte mehr betroffen als das Land. Einen Räumungsbefehl hat es für unseren Kreis nie gegeben.

Angesichts der Vielzahl der russischen Panzer verließ auch der letzte Stoßtrupp des Volkssturmes, der am Stadtrande von Zempelburg Stellung bezogen hatte, ohne Schuß auf den Feind in den frühen Morgenstunden des 27. Januar 1945 die Kreisstadt.

Der Kreis ist dann später von der Letten-SS-Division bei Camin verteidigt worden, wo es auch zu Kämpfen gekommen ist.

Nr. 42

Bericht des Bauern Berthold Schönfeld aus Buchheim bei Lindenwald, Kreis Wirsitz i. Westpr.

Beglaubigte Abschrift, 25. Oktober 1952.

Flucht, Zusammentreffen mit den Russen, Fortsetzung der Flucht nach deutschem Gegenstoß.

Am 21. Januar etwa 1 Uhr früh wurde die Räumung durch die Partei angeordnet. Entsprechend dieser Parteianordnung packten die Ortseinwohner das Notwendigste auf ihre Fuhrwerke und versammelten sich ab 5 Uhr früh in Lindenwald, dem Sitz und Mittelpunkt der Ortsgruppe. Nachdem die Anwesenheit aller deutschen Bewohner festgestellt worden war, wurde die Wagengruppe der Buchheimer Gemeinde in den großen Treck der Ortsgruppe eingereiht und über Gr. Tonin, Schönweiher, Jastremken in Richtung Vandsburg in Marsch gesetzt. Treckführer war der Kaufmann und Mühlenbesitzer Erich Kottke aus Lindenwald.

---

[1]) Das bestätigt die Schilderung des Gutsbesitzers v. Wilckens.

Alle für den Volkssturm vorgesehenen Männer, damit auch ich, mußten zurückbleiben und hatten zunächst die Aufgabe, für Ordnung in den verlassenen Ortschaften und die Fütterung des zurückgebliebenen Viehs zu sorgen. Wir waren sehr überrascht, als um 10 Uhr abends dieses Tages der größte Teil unserer Treckfuhrwerke wieder nach Hause zurückkehrte. Sie hatten um die Mittagszeit Vandsburg erreicht und wollten weisungsgemäß von dort aus nach Flatow weiterfahren. Diese Absicht konnte aber nicht verwirklicht werden, da die Chaussee nach Flatow vollkommen durch andere Trecks verstopft war. Auch die Bemühungen von Wehrmachtsangehörigen, diesen Zustand zu ordnen und unseren Treck einzureihen, blieben so aussichtslos, daß der führende Offizier, ein Major, wegen der herrschenden Kälte (es waren schon 15 Kleinkinder von anderen Trecks erfroren) und der fehlenden Unterkünfte für unseren und die Treckzüge anderer Gemeinden sofortige Umkehr in die Heimat empfahl.

Dies wurde von den meisten Treckleuten für richtig gehalten und befolgt. Alle Bemühungen, mit dem Kreisleiter in Wirsitz über unsere Lage und weiteres Verhalten in telefonische Verbindung zu kommen, scheiterten, da zunächst in Nakel, später auch in Immenheim (Mrotschen) die Fernsprechzentralen unbesetzt waren. Daraufhin fuhr ich zusammen mit Treckführer Kottke nach Jastremken, Kreis Zempelburg, rief den Zempelburger Kreisleiter Bütow an und erkundigte mich nach Möglichkeiten, mit unserem Treck in westlicher oder nordwestlicher Richtung sein Kreisgebiet zu durchqueren. Er gab eine gleiche Beurteilung der Verhältnisse wie tagszuvor der Major und riet zum Abwarten. Auch bei den Gesprächen an den folgenden beiden Tagen beruhigte er uns unter Hinweis auf „eine wahrscheinlich kommende Stabilisierung der militärischen Lage durch Einsatz neuer Truppen".

Da in der Frühe des 24. Januar plötzlich aus südlicher Richtung (nach unserer Schätzung in der Gegend von Slupowo, Moritzfelde oder Bachwitz, Kreis Bromberg) starker Gefechtslärm zu hören war, wurden sofort alle deutschen Familien zum Abmarsch aufgefordert. Dieses Mal fuhren wir ab Lindenwald über Kl. Tonin, Rogalin und Kl. Wöllwitz in Richtung Zempelburg, das nach vielen Stockungen nachts durchfahren wurde. Als erste Station war ursprünglich der Ort Ziskau, Kreis Zempelburg, vorgesehen. Da Ziskau aber keine Möglichkeit zur Unterkunft mehr bot, waren unsere zuerst abgefahrenen Familien weitergeleitet worden und teilweise in Alt-Battrow und Linde untergebracht. Wegen starken Schneefalls und erneut verstopfter Chaussee durch liegengebliebene Trecks beschlossen wir, unseren Pferden nach den ungewöhnlichen Strapazen etwas Ruhe zu gönnen.

Ganz unerwartet erfolgte dann am 28. Januar 1945 nachmittags der Vormarsch einer russischen Panzerdivision auf der Chaussee aus Richtung Zempelburg. Der Feind konnte aber nur bis wenige Kilometer hinter Pr. Friedland vordringen, da ihn dann der deutsche Widerstand aufhielt. Für uns Geflüchtete kamen nun furchtbare Stunden und Tage. Daß wir unsere Pferde und damit auch die sonst noch mitgeführte Habe und Sachen von Wert verloren, brauche ich nicht besonders zu erwähnen, das ist ja tausendfältig immer das gleiche gewesen! Jeder behielt praktisch nur das, was er selbst tragen konnte. Von den Russen wurden wir immer wieder zur Rückkehr in die Heimat aufgefordert. Ob jemand und wer dieser Aufforderung Folge leistete, wer zu Schaden kam oder getötet wurde, war in dem Wirrwarr und durch die Unterbringung in verschiedenen Ortschaften nicht möglich zu erfahren. Ich weiß bis heute noch nichts absolut Sicheres. Nur weiß ich, daß die alte Frau Pauline Link, die ich zusammen mit ihrer Tochter Paula auf meinem Wagen bis Linde mitgenommen hatte, die Aufregungen jener Tage nicht überstand und gestorben ist. Sie ist in Linde beerdigt worden.

Dann setzte der Gegenstoß der deutschen Truppen ein, der die Russen zurückdrängte. Dadurch wurde Linde befreit (am 7. Februar 1945). Hier waren außer meiner Mutter, meiner Schwester und mir aus Buchheim nur die Familien Koch und Martwich (Koch 9 Personen, Martwich 5 Personen) untergebracht. Die anderen Buchheimer Familien, die sich in Alt Battrow befanden, blieben unter den Russen, da dieser Ort von der deutschen Wehrmacht nicht mehr freigekämpft werden konnte[1]). Mit der Familie Koch und Martwich zusammen flüchteten wir dann mit dem letzten verbliebenen Handgepäck teils zu Fuß, teils mit der Bahn bis Schivelbein in Pommern.

Nr. 43

Erlebnisbericht der Pfarrerstochter Ingeborg Wilke aus Lindenwald, Kreis Wirsitz i. Westpr.
Original, 9. September 1949.

Vergebliche Fluchtversuche und Zusammentreffen mit den Russen.

Am Freitag, den 19. Januar 1945, wurde anläßlich eines Amtswalterappells in Lindenwald gesagt, daß jeder, der das Dorf vorzeitig verläßt, als Deserteur gilt. Sonntagmorgen läutete bei uns das Telefon, und eine Bekannte teilte uns mit, daß der Kreis Bromberg den Befehl zum Räumen erhalten hätte. Auf wiederholte Anfragen beim Ortsgruppenleiter und den Amtsleitern bekam man aber immer wieder den Bescheid, daß dies die Wehrkraft zersetzende Gerüchte wären und daß ein Räumungsbefehl unbedingt abzuwarten sei. Umso erstaunter waren wir aber, als kurz nach Mittag der weibliche Arbeitsdienst Lindenwald verließ. In den späten Nachmittagsstunden wurde dann bekanntgegeben, daß Frauen mit kleinen Kindern die Ortsgruppe verlassen könnten, allerdings bestand die strenge Anordnung, daß alle Pferde dazubleiben hätten. Nachts um 11 Uhr kam dann der Räumungsbefehl. Alle Männer hatten dazubleiben und sich dem Volkssturm zur Verfügung zu stellen. In der Nacht wurde in allen Häusern fieberhaft gepackt, und beim Morgengrauen verließ der Treck Lindenwald. Das Gut hatte für diejenigen, die keine eigenen Fuhrwerke besaßen, Wagen und Pferde zur Verfügung gestellt. Außer Lindenwald hatten sich die Dörfer Falkenthal, Buchheim, Groß- und Kleintonin und Bischofsthal dem Treck angeschlossen. Wiesenthal und Grünfelde hatten sich selbständig auf die Flucht begeben. Wir kamen aber nicht weit, in Vandsburg war die Chaussee gesperrt, da angeblich 4000 gefangene Russen aus der Festung Thorn ins Reich transportiert werden mußten. Bis die Dämmerung hereinbrach, standen wir bei —20° auf der Landstraße, dann fuhr ein Wagen nach dem andern wieder nach Hause zurück.

---

[1]) Vgl. den folgenden Bericht.

Indessen kam der Lärm der Geschütze immer näher, heiße Kämpfe um Bromberg waren im Gange. Es wurde sofort versucht, Verbindung mit Wirsitz und anderen Orten des Kreises aufzunehmen. Leider blieb es bei dem Versuche, da alle Orte bereits geräumt waren. Nun waren wir auf uns selber angewiesen. Jeden Tag kamen die Männer auf dem Gut zusammen, um zu beratschlagen. Donnerstag früh flutete das deutsche Militär auf seinem Rückzug in das Dorf herein. Sie waren sehr erstaunt, die Bevölkerung noch anzutreffen, da die Russen bereits in Bachwitz, 6 km ab, waren. Jetzt ging es Hals über Kopf los. Mittags um 12 Uhr verließen wir das zweite Mal Lindenwald. Nun waren auch die Männer mit dabei. Diesmal wählten wir einen andern Weg. Es ging über Rogalin, Jastremken, Zempelburg bis Neu-Battrow und Linde. Nachts um 12 Uhr kamen wir dort an und verteilten uns auf die einzelnen Bauernhöfe. Am nächsten Tage gegen Abend sollte es weitergehen, da aber ein heftiger Schneesturm eingesetzt hatte, war an ein Fortkommen nicht zu denken. Die Lindenwalder quartierten sich in Battrow in der Schulklasse ein, die andern in den umliegenden Bauernhäusern und in Linde. Während in Lindenwald der Geschützdonner stündlich näher kam, herrschte hier vollkommene Ruhe. Wir fühlten uns sicher und geborgen. Daher kam es auch, daß der Gutverwalter Strohmeier nicht auf die Bitten der Frauen, weiterzufahren, einging. Außerdem war fortwährend im Radio bekanntgegeben worden, daß Himmler an der alten Grenze hinter Schneidemühl mit 4 SS-Divisionen bereitstünde. Da wir uns nun schon auf reichsdeutschem Gebiet befanden, hofften wir, daß alles gut vorübergehen würde.

Am Sonntag versammelte sich die Gemeinde im Schulhaus zum Gottesdienst. Auch die einheimischen Dorfbewohner, soweit sie nicht geflohen waren, nahmen daran teil. Das Radio meldete immer noch Kämpfe um Bromberg. Umso erstaunter waren wir, als am Montag die Russen plötzlich da waren. Sie waren bei Zempelburg durchgebrochen. Gleich in der ersten Nacht wurden die Wagen geplündert und die Pferde ausgespannt und mitgenommen. Mancher verlor dabei schon sein ganzes Hab und Gut. Da die Schule direkt an der Straße lag und die vielen Menschen einen Anziehungspunkt für die Russen bildeten, zogen die meisten aus und suchten sich Quartier in den leerstehenden Bauernhöfen. Herr Strohmeier wurde gleich in den ersten Tagen erschossen, da in dem Haus, in dem er mit seinen Pferden Unterschlupf gefunden hatte, angeblich Waffen gefunden wurden. Aus dem gleichen Grunde wurde auch der Bäcker Lemke und der Schmied Wrase erschossen. — Am 30. Januar setzten die Deutschen zur Gegenoffensive an. Wir befanden uns nun zwischen den Fronten, die an mancher Stelle nur 1 km auseinander waren. Ringsumher brannten die Gehöfte, man konnte deutlich Abschuß und Einschlag der Geschütze verfolgen. Jeden Abend glaubte man, daß am nächsten Morgen die deutschen Truppen bestimmt da sein würden. Als sich die Russen nach 4-tägigem Kampf zurückziehen mußten, nahmen sie uns Flüchtlinge mit zurück. Sie schickten uns wieder in unsere Dörfer, wo wir nach mühevollem Wandern mit Alten, Kranken und kleinen Kindern nach Tagen wieder ankamen. Wir hatten immer gehofft, daß uns die Deutschen, die bis Zempelburg hinter uns herzogen, eines Tages einholen würden.

Es folgen noch einige Bemerkungen über das weitere Schicksal der Vfn.

Nr. 44

Bericht der Frau H. H. aus Nakel, Kreis Wirsitz i. Westpr.
Original, ohne Datum, 3 Seiten. Teilabdruck.

Flucht nach Pommern, im Kreis Dt. Krone von Russen überrollt.

In der Nacht vom 20. zum 21. Januar 1945 kam ganz plötzlich der Befehl, in zwei Stunden müßten wir Nakel verlassen. Wir packten unser Allernotwendigstes ins Köfferchen, die Betten in den Sack, und zum letzten Mal traten wir aus unserm Häuschen. Mein Mann brachte mich mit unserer Tochter bis zu Jankowskis, wo wir uns noch bis zum nächsten Tag aufhielten, weil wir noch immer nicht glauben wollten, daß es tatsächlich zur Flucht kommen sollte. Mein Mann machte uns in der Zwischenzeit noch eine Zeltplane über unsern Pferdewagen, damit wir etwas Schutz hatten vor der grimmigen Kälte. Er brachte uns dann ab und zu eine Nachricht, wie und was sich draußen abspielt. Es zogen immer mehr Bewohner Nakels ab. Als es dann wieder Nacht wurde, vom 21. zum 22., und mein Mann gar nicht mehr wiederkam, wir aber schon ab und an einen Schuß fallen hörten, da hielten wir es auch für richtiger, loszufahren. So schrieb ich noch einen kleinen Abschiedsbrief an unsern Vati und legte ihn auf den Tisch. (Später ist mein Mann doch noch einmal kurz in die Wohnung gelaufen, um nach uns zu sehen, da fand er nur noch die wenigen Zeilen vor.) Meine Schwägerin mit ihren beiden Kindern, noch eine Schwägerin von mir und ich mit meiner Tochter bestiegen dann nachts 2 Uhr den Wagen und fuhren über Mrotschen - Vandsburg - Flatow - Jastrow.

8 km hinter Jastrow, das Dorf hieß Briesenitz, überholte uns dann der Russe. Wir hatten uns in Vandsburg fünf Tage aufgehalten, da es so furchtbar kalt war und die Pferde auch nicht recht fort wollten. Wir waren ja auch zu unkundig, mit Pferden umzugehen, und hatten wohl zu viel Mitleid mit ihnen. Außerdem hofften wir immer noch, der Russe würde wieder zurückgeschlagen. (Kurz nach unserm Fortfahren aus Nakel ist dann der Russe dort eingezogen.) In Vandsburg trafen wir dann mit Familie Arend aus Nakel zusammen und sind dann immer zusammengeblieben. Ebenso mit einer Frau Gertrud Wojahn mit ihrem 7-jährigen Sohn.

Am 30. bzw. 31. Januar war es dann wohl, wo wir den Überfall der Russen erlebten. Wir waren abends spät auf ein Gehöft aufgefahren, um die Nacht dort zuzubringen. Im Hause war alles voll belegt mit deutschen Soldaten und Flüchtlingen. Meine Schwägerin bekam dann noch ein Eckchen auf dem Fußboden mit den Kindern, ich blieb mit meiner Tochter und der anderen Schwägerin draußen auf dem Wagen. Natürlich haben wir nicht geschlafen, es war auch bitter kalt. Um Mitternacht wurde es plötzlich ringsum hell, überall brannte es. Das Schießen wurde auch immer heftiger und kam immer näher. Auf einmal pfiffen schon die Kugeln über unsere Köpfe. Da wurde auch im Hause alles lebendig, und alle bestiegen die Wagen, um weiterzufahren. Doch wir kamen keine 500 m, da wehten uns die Geschosse nur so um die Ohren. Unserm Vordermann seine Pferde wurden gleich getroffen, und der ganze Wagen kippte in den Graben. Beide Insassen, ein älteres Ehepaar (Karau), kamen noch mit knapper Mühe davon. Wir drehten gleich wieder um, so schnell es nur ging, denn es war ja sehr glatt und die Pferde von dem Schießen und dem Feuer wild geworden. Jedenfalls waren es furchtbare Minuten, wo wir buchstäblich Wunder Gottes erlebt haben. Die Russen hatten sich von beiden Seiten der Straße niedergelassen und verhinderten nun so das Weiterfahren. So warteten wir dann auf dem Gehöft alles weitere ab. Das Haus wurde erst noch unter Feuer genommen, ist aber nichts verbrannt.

Mit dem Tagwerden kamen dann die ersten Russen herein, in jeder Hand eine Pistole. Einer ritt auf dem Pferd sogar bis ins Zimmer. Dann haben sie alles durchsucht, unsere Personalien x-mal aufgenommen, draußen uns einige Male aufgestellt, angeblich zum Erschießen, dann aber nur, um Uhren und Schmuck abzunehmen. Ich habe meinen Trauring eingebüßt. So haben sie es dann tagelang mit uns getrieben, auch das, soweit wir noch was hatten, fortgenommen. Nach den russischen Vorposten kamen dann polnische Soldaten, wohl die kämpfende Truppe. Und weil die Front dort gerade in Briesenitz 14 Tage andauerte, kamen immer mehr Soldaten hinzu und wir, ungefähr 40 deutsche Menschen, mitten drin. Es waren furchtbare Tage, aber es sollte noch schlimmer kommen. Hin und wieder gab es auch mal einen vernünftigen polnischen Soldaten, der uns dann etwas Essen brachte oder den Kindern mal ein Brot zusteckte. So ein Soldat riet uns dann auch, von dort fortzumachen, da wir doch dicht an der Straße lagen und es immer gefährlicher wurde.

Sind dann 2 km weiter seitlich gegangen. Zamborst hieß das Dorf und lag etwas weiter ab von der Schußlinie. Unsere Betten hatten wir inzwischen auch schon eingebüßt und so nahmen wir nur unsere Kinder und ich noch mein Köfferchen und machten uns voller Angst auf den Weg. Wurden auch öfter angehalten und bedroht, aber wir kamen doch hin. Mußten uns dann erst in einem Haus ein Zimmer etwas wohnbar machen, den vielen Dreck rausschaffen und waren doch froh, hier mehr Ruhe zu haben. Aber da hatten wir uns sehr getäuscht. Dort ging dann erst das Herzeleid an. Bald kamen die ersten Russen, machten auf dem Gehöft Rast, und dann wurde gesoffen. Die verschlossenen Türen erbrochen, die Fenster schlugen sie ein, und dann suchten sie sich ihre Beute. So ging es Tag und Nacht, und immer mußten welche dran glauben. Auch ich bin nicht verschont geblieben, trotz Bitten und Flehen. Ich war ja bereit, mich erschießen zu lassen, was sie auch tun wollten, aber ohne mein Kind. Das konnte ich nicht übers Herz bringen, sie allein in der fremden Welt zu lassen, und so mußte ich diese allerfurchtbarste Erniedrigung über mich ergehen lassen. Es war manchmal zum Verzweifeln, aber da hat dann unser Herrgott eingegriffen. Eines Tages hat ein Russe (Mongole) den andern in unserem Zimmer erschossen. Wohl nicht absichtlich, aber es hat wohl sein müssen. Nach diesem Ereignis bekamen wir Ruhe, denn die Kommission kam dann raus, und es wurde schärfer durchgegriffen. Wir konnten nur danken. — Inzwischen kamen polnische Verwalter auf die umliegenden Güter und holten sich dann die jüngeren Kräfte zur Arbeit. So haben wir dann auf dem Gut in Briesenitz genau 1 Jahr gearbeitet.

Vfn. macht noch einige Bemerkungen über die Lebensverhältnisse, unter denen sie dort zu arbeiten hatte und schließt ihren Bericht mit einer kurzen Schilderung ihrer Ausweisung im März 1946.

7. Räumungs- und Fluchtversuche in den südlichen Kreisen Pommerns vor den Ende Januar 1945 eindringenden Russen.

Nr. 45

Tätigkeitsbericht von Dr. Knabe, ehemaliger Landrat des Kreises Dt. Krone und kommissarischer Landrat des Netzekreises.

Beglaubigte Abschrift, 14. April 1945, 8 Seiten. Amtlicher Bericht an den Regierungspräsidenten in Schneidemühl.

Die Räumung des Kreises Dt. Krone und des Netzekreises.

Der Kreis Deutsch Krone war nur zur Räumung vorgesehen, soweit er vor oder in der Pommernstellung lag. Insgesamt sollten etwa 70 Gemeinden geräumt werden. Der Rest des Kreises, insbesondere die Gegend um Märk.-Friedland mit ca. 23 Gemeinden, sollte nicht geräumt werden.

Der Netzekreis dagegen war ganz zu räumen.

Aufnahmekreis war für den Kreis Deutsch Krone der Kreis Demmin, für den Netzekreis der Kreis Grimmen.

Durch Erlaß des Reichsverteidigungskommissars vom 12. Dezember 1944 war die Vorbereitung aller Räumungs- und Bergungsmaßnahmen den Kreisleitern übertragen. Dem Landrat war nur die Räumung der ihm unterstellten Behörden übertragen, und auch hier war er dem Kreisleiter unterstellt. Ein ausdrücklicher Unterstellungsbefehl erging noch einmal mündlich durch den Reichsverteidigungskommissar auf der Tagung in Falkenburg am Montag, den 22. Januar 1945.

Die Ereignisse rollten wie folgt ab:

Am Sonnabend, den 20. Januar 1945, abends gegen 22 Uhr, wurde von der Kreisleitung Deutsch Krone das Stichwort „Regen" ausgelöst. Damit war die Anordnung getroffen, alles für eine mögliche Räumung vorzubereiten. Der Netzekreis erhielt zur gleichen Zeit den gleichen Alarmbefehl.

Das Stichwort wurde den in Frage kommenden Behörden durchgegeben, der Zivilbevölkerung vorschriftsmäßig jedoch nicht bekanntgegeben.

Am Montag, den 22. Januar 1945, fand in Falkenburg bei dem Herrn Reichsverteidigungskommissar eine Besprechung wegen der Räumung statt, die bis zum späten Nachmittag währte. In der Sitzung wurde eine Räumung nur als theoretisch möglich, nicht aber als unmittelbar bevorstehend behandelt. Trotzdem war von der Kreisleitung bereits vormittags um 11 Uhr an meine Behörde der Räumungsbefehl durch Auslösung des Stichwortes „Hagel" gegeben worden.

Der Kreisleiter gab dem Sachbearbeiter folgende schriftliche Weisung:

„Dt.-Krone, den 22. Januar 1945.

An alle Ortsgruppenleiter.

1. Stichwort „Hagel".

2. Die befohlene Räumungsaktion beschränkt sich zunächst auf die Rückführung der Umquartierten und auf die einheimischen Frauen und Kinder. Aufnahmekreis ist für uns Kreis Demmin/Vorpommern.

Ortsgruppenleiter sind verantwortlich, daß die obengenannten Trecks auf dem kürzesten Wege sich westlich der Pommernstellung einfinden.

Alles sofort in Marsch setzen.

Die Treckführer sind anzuweisen, sich in Demmin einzufinden.

Der Kreisleiter

gez. Quast."

Diese Anordnung wurde nach 10 Minuten zurückgezogen. Kurz darauf wurde von der Kreisleitung am gleichen Tag die Räumung von Umquartierten mit Müttern und Kindern bis 6 Jahren angeordnet und gleichfalls wieder zurückgenommen.

Die betreffende 2. Weisung lautet wie folgt:

„Durchsage von der Befehlsstelle des Gauleiters.

Montag, den 22. Januar 1945.

2. Weisung.

An alle Kreisleiter, Kreisamtsleiter der NSV., Kreisfrauenschaftsleiterin, Bannmädelführerin und den Herrn Landräten und Kreisbauernführern zur Kenntnisnahme.

Auf Befehl des Gauleiters und Reichsverteidigungskommissars sind sofort folgende Gebiete von Umquartierten und Müttern mit Kindern der bodenständigen Bevölkerung zu räumen und in die entsprechenden Bergungskreise zu leiten.

Alle Gebiete östlich der Pommernstellung und zwar in den Kreisen Arnswalde, Friedeberg, Netzekreis, Schneidemühl, Dt. Krone, Neustettin und Flatow.

Bei den Bergungsstellen auf den Bahnhöfen und an den Durchgangsstraßen sind neben ausreichender Verpflegung für Erwachsene, Kleinkinder und Säuglinge auch Heißgetränke bereitzustellen.

gez. Hube, Oberbereichsleiter."

Beide Befehle kamen über den Kreis meiner Behörden nicht hinaus. Inwieweit die Befehle von der Kreisleitung an andere Stellen gegeben wurden, entzieht sich meiner Kenntnis. Jedenfalls machte sich von Tag zu Tag eine wachsende Nervosität bemerkbar.

Als ich abends von der Tagung in Falkenburg nach Deutsch Krone kam, wurde mir gemeldet, daß der Reichsführer-SS mit seinem Sonderzug in Dt. Krone sei und mich zu sprechen wünsche. Ich meldete mich und wurde von dem persönlichen Referenten, SS-Brigadeführer, Ministerialrat Dr. Brandt, empfangen. Er teilte mir mit, daß der Reichsführer-SS den Befehl über die Weichselarmee übernommen habe, daß die entsprechenden Truppen bereits mit ihren Spitzen einträfen, und daß eine Räumung unseres Gebietes wohl kaum in Frage käme. Im übrigen habe der Reichsführer-SS sich vorbehalten, jeden Räumungsbefehl persönlich zu geben. Keine andere Stelle sei daher mehr berechtigt, in Bezug auf die Räumung etwas anzuordnen.

Ministerialrat Dr. Brandt suchte mich zusammen mit dem Ministerialrat Bode am nächsten Morgen in meinem Dienstzimmer auf und gab gleichfalls nochmals beruhigende Erklärungen ab.

Ab Mittwoch, den 24. Januar 1945, ca. 21 Uhr, erfolgte die Anordnung zum Abtransport Umquartierter und Mütter mit Kindern bis 6 Jahren aus frontnahen Orten, d. h. vor der Pommernstellung und in der Pommernstellung sollten diese Bevölkerungskreise fortgeschafft werden. Der Abtransport ging am Donnerstag, Freitag und Sonnabend weiter vor sich.

In der Nacht von Donnerstag zu Freitag hatte das Postamt in Schloppe geräumt. Es war also an diesem Tag nicht mehr möglich, von Schloppe aus Postverbindung zu bekommen. Die Sparkassennebenstelle in Schloppe war ohne Geld und konnte keine Auszahlungen mehr vornehmen. Ich fuhr selbst mit einer entsprechenden Geldsendung nach Schloppe. Als ich ankam, wurde mir berichtet, daß der Gauleiter da gewesen sei und befohlen habe, daß das Postamt Schloppe sofort wieder besetzt würde. Er habe im übrigen eine öffentliche Versammlung auf dem Markt in Schloppe abgehalten, die Bevölkerung beruhigt und erklärt, sie solle wieder auspacken, an eine Räumung dächte niemand. Freitagnachmittag waren aber bereits russische Panzer in Schönlanke. Die Netze war in breiter Front überschritten und abends um 22 Uhr wurde das Stichwort „Hagel" ausgelöst und damit die Räumung befohlen.

Ich erhielt den Räumungsbefehl von dem stellvertretenden Gauleiter Pg. Simon persönlich. Er rief mich an und sagte etwa wie folgt:

> „Der Reichsführer-SS hat mich beauftragt, die Räumung für ein Gebiet, welches 30 km von der Gaugrenze entfernt liegt, zu befehlen. Ich tue das hiermit. Für weitere 30 km wird die „Auflockerung" angeordnet."

Ich nahm die Karte zur Hand und stellte fest, daß der Kreis, soweit er in und vor der Pommernstellung liegt, zu räumen und daß der Rest des Kreises aufzulockern sei. Ich begab mich zum Kreisleiter, um mit ihm die Sache zu besprechen. Wir waren uns einig, daß unter anderem sämtliche Städte des Kreises Deutsch Krone mit Ausnahme von Märk.-Friedland zu räumen seien. Der Netzekreis war ganz zu räumen. Da der Abtransport der Bevölkerung erst am nächsten Morgen erfolgen konnte, da erst dann der 1. Zug zu erwarten sei, wurde der Räumungsbefehl an die Städte erst in den Morgenstunden gegeben, um eine unnötige Beunruhigung in der Bevölkerung zu vermeiden. Die ländlichen Gemeinden wurden sofort benachrichtigt. Eine Verbindung mit Schönlanke und Kreuz, die sofort versucht wurde, kam nicht mehr zustande.

Die befohlene Räumung des Kreises Deutsch Krone wurde von Sonnabend ab ordnungsgemäß durchgeführt. Besonders gefährdete Gebiete haben die

Räumung bereits in der Freitagnacht durchgeführt. Nur vereinzelt wurde die Räumung der Gemeinden durch feindliche Einwirkung gestört[1]).

Die Räumung der mir unterstellten Behörden erfolgte ordnungsgemäß im Laufe des Sonnabends und Sonntags. Für die Behörden in Deutsch Krone gelang es, 6 Waggons von der Eisenbahn gestellt zu erhalten, mit denen das Landratsamt mit den unterstellten Behörden und die Stadtverwaltung ihre Akten bergen konnten. So wurden insbesondere das wertvolle Material der Sparkasse, der Reichsbahn und die wichtigsten Akten der sonstigen Behörden gerettet. Leider wurde ein Waggon später in Dramburg ausgeladen. Dadurch haben die Krankenkassen und die Volksbank etc. ihre Sachen nicht herausbekommen. Die entbehrlichen Gefolgschaftsmitglieder benutzten ebenfalls diese Waggons zur Fahrt in das Bergungsgebiet. Der Rest des Bergungsgutes der Verwaltung wurde auf einen Lastkraftwagen gepackt und verließ am Sonntagmittag Dt. Krone, nachdem die Panzer 5 km vor Dt. Krone standen. Der Rest der Gefolgschaft (12 Personen) mit ihren Familienangehörigen (ca. 30 Personen) fanden gleichfalls auf dem Wagen Platz Ich schloß mich diesen Lastkraftwagen an, nachdem ich mich vorher mit dem Kreisleiter entsprechend in Verbindung gesetzt hatte.

Es war zuerst beabsichtigt, für die Gemeinden um Märk.-Friedland, die nicht geräumt werden sollten, eine Restverwaltung in Alt Lobitz einzurichten. Nachdem aber dieser Teil des Kreises auch geräumt wurde und die Panzer bei Hochzeit durchgebrochen waren und eine Umfassung drohte, wurde dieser Plan als zwecklos aufgegeben. Nach fünftägiger Fahrt bei eisigem Wetter und starkem Schneesturm kam der mit dem Lastkraftwagen beförderte Teil der Verwaltung im Bergungsort Demmin an. Der mit der Bahn beförderte Teil war bereits am 30. Januar 1945 eingetroffen. Damit hatte der Kreis Dt. Krone als einziger ostpommerscher Kreis die Räumung nahezu vorschriftsmäßig durchgeführt.

Die militärischen Ereignisse hatten sich inzwischen wie folgt entwickelt:

Am Mittwoch und Donnerstag lag Kreuz unter Artilleriebeschuß.

Am Freitag waren Panzer in Schönlanke und Borkendorf. Die Russen waren in Usch und überschritten die Netze in breiter Front. Schneidemühl lag unter Artilleriebeschuß. Sonnabend waren Panzer in Arnsfelde, Eichfier[2]) und Rose. Die Panzer standen damit 10 km westlich von Dt. Krone.

Wesentlich anders spielte sich die Absetzung im Netzekreis ab. Der Netzekreis wurde völlig unvorbereitet von den Russen überrascht. Er hat nur teilweise räumen können. Zum großen Teil ist die Bevölkerung nicht mehr herausgekommen. Soweit sie fliehen konnte, ist sie zu Fuß geflüchtet. Russische Panzer fuhren bereits am Freitag, während noch die Zivilbevölkerung da war, in die Stadt Schönlanke ein, und nur dem Umstand, daß ein Panzer abgeschossen wurde, ist es zu verdanken, daß ein großer Teil von der Bevölkerung aus Schönlanke noch herausgekommen ist. Denn die Russen drehten nach dem Abschuß des Panzers ab und kamen erst am nächsten Tage wieder nach Schönlanke. Inzwischen konnte die Bevölkerung, allerdings zu Fuß, flüchten.

---

[1]) Diese Angaben werden bestätigt durch den Bericht des Bürgermeisters von Trebbin, abgedruckt unter Nr. 46.

[2]) Vgl. den Bericht der Bäuerin I. K., abgedruckt unter Nr. 47.

Ich selbst war zuletzt am Donnerstag in Schönlanke und hatte von Freitag ab keine Verbindung mehr mit dem Netzekreis. Denn das Telefon versagte, weil die Postverwaltung bereits geräumt hatte. Dagegen wurde ich von Schönlanke in der Nacht angerufen — der Anruf erfolgte wahrscheinlich über die Bahnverwaltung — und um Hilfe für das Säuglingsheim gebeten. Die Säuglinge waren bei dem Panzerbeschuß in die Keller gebracht worden. Eine Möglichkeit zum Abtransport bestand nicht. Ich wandte mich an den Reichsführer-SS, der es möglich machte, einen Autobus am nächsten Morgen nach Schönlanke zu schicken. Die Kinder wurden in dem Autobus untergebracht und abtransportiert. Leider starben auf dem Transport von etwa über 100 Kindern 41.

Im einzelnen berichtet Kreisoberinspektor Marcks wie folgt:

„Nachdem am 20. Januar ds. Js. das Stichwort „Regen“ mitgeteilt worden war, wurden die Räumungsvorbereitungen getroffen und das Behördengut, das zur Ausweichstelle mitgenommen werden sollte, gepackt und zum Abtransport bereitgestellt. Die erforderlichen Waggons für die Beförderung zur Ausweichstelle wurden bei der Ortsguppenleitung angemeldet. Die Gestellung von Wagen zur Beförderung zur Bahn wurde vom Fahrbereitschaftsleiter zugesagt. Die Maßnahmen, die für die Zurückführung der Bevölkerung erforderlich waren, wurden mit der Kreisbauernschaft und der Ortsgruppenleitung besprochen und von dieser Stelle vorbereitet. Am Dienstag, den 23. Januar, wurde bekannt, daß in den Kreis Scharnikau, im Gau Wartheland, dem Nachbarkreis des Netzekreises, feindliche Panzer eingedrungen waren. Am Mittwoch, den 24. Januar, wurde bereits die Brücke in Scharnikau, die über die Netze in den Netzekreis führte, gesprengt. Die Nähe der Feindpanzer verursachte größte Beunruhigung unter der Bevölkerung und hatte zur Folge, daß sie, insbesondere die in dem Netzekreis Umquartierten, die Kreisstadt und den Kreis massenweise räumte, um mit den wenigen Zügen, die noch verkehrten, westwärts zu kommen.

Am Donnerstag, den 25. Januar, kam der Gauleiter nach Schönlanke und fand sich zu einer Besprechung im Rathaus ein, zu der täglich die Ortsgruppenleitung mit den Vertretern des Kreises und der Stadtverwaltung zusammenkamen. Dem Gauleiter wurde berichtet, daß die Bevölkerung fluchtartig den Kreis verlasse, worauf er sagte, daß kein Anlaß zur Beunruhigung vorliege und der Netzekreis nicht geräumt werde. Das Bekanntwerden dieser Anordnung wirkte beruhigend. Die Umquartierten versuchten aber nach wir vor, nach ihrer Heimat zu kommen. Auch viele Kreiseingesessene, besonders Mütter mit kleinen oder kranken Kindern, benutzten die westwärts fahrenden Züge zur Flucht.

Am Freitag, den 26. Januar, kurz nach Mittag, wurde durch die Sirenen das Signal „Panzerwarnung“ gegeben, und zwischen 15 und 16 Uhr drangen sechs russische Panzer auf der Chaussee von Scharnikau in die Stadt ein. Nachdem der erste von ihnen durch Panzerfaust getroffen wurde und brannte, machten die übrigen fünf Panzer kehrt und verließen die Stadt. Vorher war es den Panzern gelungen, das Stellwerk des Bahnhofs so zu beschießen, daß die Bahnstrecke von Schneidemühl blockiert war. Auch ein zur Abfahrt bereitstehender Zug wurde beschossen. Dieser fuhr trotzdem noch ab, kam aber nur bis Stieglitz, da auch dort die Bahnstrecke durch von Putzig vorgedrungene Panzer gesprengt war. Der Zug wurde hier von Panzern beschossen. Ein Teil der Flüchtlinge verließ den Zug in Stieglitz und versuchte zu Fuß nordwärts weiterzukommen. Der größte Teil blieb im Zuge, der gegen 24 Uhr nach Schönlanke zurückkehrte. Hier schlossen sich die Flüchtlinge der die Stadt verlassenden Bevölkerung an. Diese versuchte, auf Rodelschlitten und Handwagen das Notwendigste mitführend zu Fuß nordwärts zu entkommen, da inzwischen bekannt geworden war, daß der Bahnverkehr unterbunden war. Auf diese Weise haben Tausende von Flüchtlingen die Stadt verlassen.

Auf der Kreisverwaltung wurde der Dienst am Freitag, den 26. Januar, bis Dienstschluß aufrecht erhalten. Als der Anmarsch der feindlichen Panzer gemeldet wurde, wurden die Geheimsachen verbrannt.

Ein Teil der Gefolgschaft wurde schon vorher beurlaubt, um den eigenen Familien beim Abtransport behilflich zu sein. Ich blieb im Büro. Gegen 8 Uhr ging ich in das Rathaus zu der üblichen Besprechung. Diese fiel jedoch aus. Ich traf dort aber den Ortsgruppenleiter und den Beauftragten der Ortsgruppe, dem der Fahrbereitschaftsdienst übertragen war, Pg. Sachs. Dieser sagte mir in Gegenwart des Ortsgruppenleiters zu, das Behördengut mit seinem Trecker abzutransportieren. Er kam aber nicht mehr. Als ich ihn in Grimmen nach dem Grund dafür fragte, sagte er mir, daß sein Trecker von einem russischen Panzer beschossen und nicht mehr fahrfähig war.

Ein Räumungsbefehl war noch nicht ergangen. Es mußte aber nach Lage der Sache und weil die Postverwaltung bereits am Nachmittag Schönlanke verlassen hatte, mit einem solchen gerechnet werden. Telefonisch war nichts festzustellen, da das Postamt nicht mehr besetzt war und deshalb Ferngespräche nicht geführt werden konnten. Ich schickte deshalb um 22 Uhr zwei Beamte mit dem Kraftwagen nach Dt. Krone, um dort festzustellen, ob die Alarmstufe 2 bereits angeordnet sei. Infolge starker Schneeverwehungen kam das Auto nur bis 2 km hinter Niekosken und blieb dort im Schnee liegen. Ein Beamter ging nach Arnsfelde und erfuhr durch Telefonanruf von einer Wehrmachtsdienststelle aus von Herrn Landrat Dr. Knabe, daß die Alarmstufe 2 für den Netzekreis bereits angeordnet war.

Inzwischen war in Schönlanke durch die Wehrmacht bekannt geworden, daß mit feindlichem Artilleriebeschuß zu rechnen sei. Darauf hatte die Ortskommandantur die Räumung angeordnet, was durch die Ortsgruppenleitung telefonisch gegen 24 Uhr mitgeteilt wurde. Ich beabsichtigte, die Rückkehr der beiden nach Dt. Krone gesandten Beamten abzuwarten. Als aber später noch ein Wehrmachtsangehöriger im Kreishaus erschien und mitteilte, daß die Bevölkerung in Scharen Schönlanke verlasse, sagte ich dem Hausmeister und der Familie des Kraftfahrers, die auf dem Kreisgrundstück wohnten, daß wir gemeinsam nach Niekosken, nördlich von Schönlanke, wollten. Dort wollte ich die Mitteilung von Dt. Krone abwarten.

Am Sonnabend, den 27. Januar, gegen 4 Uhr morgens, verließ ich Schönlanke und traf unterwegs die beiden oben erwähnten Beamten, die mir mitteilten, daß die Alarmstufe 2 für den Netzekreis bereits angeordnet war. Wir zogen nun gemeinsam nach Dt. Krone weiter, wurden zwischen Niekosken und Arnsfelde von einem feindlichen Tiefflieger beschossen und in Arnsfelde von russischen Panzern überholt. Am Sonntag, den 28. Januar, vormittags trafen wir in Dt. Krone ein. Von hier wurden wir von dem Lastkraftwagen der Kreisverwaltung Dt. Krone bis Neubrandenburg mitgenommen und fuhren von hier mit der Bahn nach Grimmen, wo wir am 1. Februar abends eintrafen. Am 2. Februar meldete ich mich beim Landratsamt Grimmen und wurde sofort zur Bearbeitung von Flüchtlingssachen eingestellt.

Der größte Teil der Gefolgschaft hat sich nicht gemeldet. Es ist anzunehmen, daß ein großer Teil infolge der rasch vorgedrungenen Panzer nicht mehr fortkam. So ging es auch dem größten Teil der ländlichen Bevölkerung, von der schätzungsweise nur 25% entkommen sind. Aus einigen Dörfern haben sich Flüchtlinge überhaupt nicht gemeldet, weder hier noch bei der Kreisbauernschaft. Eine Ausnahme bildet die Stadt Kreuz. Infolge rechtzeitiger und ausreichender Waggongestellung hat die städtische Bevölkerung, bis auf einige Hundert, Kreuz rechtzeitig verlassen. Die bäuerliche Bevölkerung hat in Trecks Kreuz ebenfalls rechtzeitig verlassen können."

Besonders erschwerend war bei der Räumung, daß außerordentliche Kälte und ein sehr starker Schneesturm herrschte. Viele Dörfer waren völlig von der Außenwelt abgeschlossen und hatten bei den starken Schneeverwehungen keine Möglichkeit herauszukommen. So fehlt u. a. von den Dörfern Knackendorf, Marthe und Dolfusbruch jede Spur.

Aus den Vorgängen ergeben sich folgende Erfahrungen:

Vf. behauptet zunächst, daß die Räumung von den Behörden der Provinzialverwaltung sorgfältiger geplant und vorbereitet worden wäre. Aber:

Die Räumung lag nicht in den Händen der staatlichen Behörden sondern in den Händen der Partei. Ein genauer Räumungskalender fehlte. Nur ganz allgemein wurde gesagt, daß z. B. für den Kreis Dt. Krone zur Räumung des Getreides 1700 Waggons und zur Räumung der Kartoffeln 10 000 Waggons nötig seien. Ob die Eisenbahn derartige Waggons stellen konnte, war mit ihr nicht verabredet. Auch standen die Verladestellen nicht fest. Die Räumung kam auch mitten in die Vorbereitungen hinein. Der von der Kreisleitung aufgestellte sogenannte „Räumungskalender" wurde mir am 20. Januar 1945 abends 18 Uhr zur Weitergabe an den Reichsverteidigungskommissar übergeben. Ich habe den Kalender auftragsgemäß in der Tagung am 22. Januar 1945 an Oberregierungsrat Bischof abgegeben.

Wie bereits erwähnt, fand noch am Montag, den 22. Januar, eine entsprechende Besprechung in Falkenburg statt. Auswirkungen konnte diese Besprechung nicht mehr haben, da sich alles überstürzte.

Auch die Wirtschaftsräumung war nicht genügend vorbereitet. So verlangte die Firma Merseburger aus Jastrow noch während der Räumung Waggons, um 1/2 Million Zigarillos und 30 000 kg Rohtabak zu verladen. Es forderte auch die Militärverwaltung Gr. Born noch während der Räumung 440 Waggons an, um militärisches Gut zu bergen.

Es ist weiter festzustellen, daß im Ernstfalle die Verbindungen zwischen der Kreisverwaltung und den unterstellten Behörden nicht mehr aufrecht zu erhalten waren.

Die Post schnitt rücksichtslos die Telefonverbindungen ab, um für das Militär Leitungen frei zu haben. Hierbei ist allerdings zu bemerken, daß in Dt. Krone sehr viel Stäbe waren, die viele Leitungen brauchten. Es befand sich hier der Gauführungsstab, der Führungsstab des Reichsführers-SS und der Stäbe von anderen höheren militärischen Stellen. Von Tag zu Tag nahm die Möglichkeit, mit den Bürgermeistern auf dem Lande, der Gendarmerie etc. und sogar mit den Bürgermeistern in den Städten telefonische Verbindung zu erhalten, ab, bis etwa von Freitag ab überhaupt keine Möglichkeit zu telefonieren bestand. Ich war im wesentlichen auf die Verbindungen angewiesen, die auf der Kreisleitung noch vorhanden waren.

Auch jede weitere Verbindung versagte mehr und mehr. Der Zugverkehr fiel aus. Das gleiche galt für den Autoverkehr. Benzin war nicht vorhanden, so daß man nicht mehr fahren konnte, und im übrigen verhinderten auch die starken Schneeverwehungen die Benutzung von Autos.

Abschließend geht Vf. auf verwaltungstechnische Schwierigkeiten während der Räumung ein.

Nr. 46

Bericht des ehemaligen Bürgermeisters von Trebbin, Kreis Dt. Krone i. Pom.
Original, 12. September 1950, 6 Seiten. Teilabdruck.

Die Verwirrung vor der Flucht, der Treck nach Vorpommern, Überrollung durch die Russen. Rückkehr und Zustände in der Heimat.

Am 21. Januar 1945, 4 Uhr nachts, erhielten wir von dem Ortsgruppenleiter den Befehl, uns auf die Flucht für 8 Uhr vorzubereiten. Dieser Befehl wurde gegen 6 Uhr widerrufen, da angeblich an der Front Ruhe eingetreten und der Russe zurückgeworfen sei. Sämtliche Männer bis zu 60 Jahren einschließlich der Arm- und Beinamputierten wurden zu mittags 12 Uhr zum Bahnhof Schloppe zum Volkssturm einberufen und nach Sagemühl abtransportiert. Ich selbst erreichte es bereits am 22. Januar, als Bürgermeister der Gemeinde Trebbin durch das Landratsamt Deutsch-Krone freigestellt zu werden, und es gelang mir auch, einige ältere Betriebsführer und Melker von den größeren Höfen freizubekommen. Im Laufe der Woche bekamen wir den Befehl, die Treckwagen zu entladen, da keine Gefahr mehr vorhanden sei, obwohl unser Dorf ständig von langen Trecks aus dem Warthegau durchzogen wurde, wir auch ständig nachts Flüchtlinge beherbergten, die wahre Schauer- und Greuelgeschichten von den Russen, die sie zum Teil überrollt hatten, erzählten.

Am 26. Januar 1945 13 Uhr hielt Gauleiter Schwede auf dem Marktplatz in Schloppe eine flammende Rede, die ich selbst gehört habe. Er wies darauf hin, daß keine Gefahr bestehe und nur einige russische Panzerspitzen durchgebrochen wären, die man aber abgeschossen hätte. In der Tat standen die Dörfer um Schönlanke und Kreuz, ca. 15 bis 20 km entfernt, schon in Flammen, und eine Front bestand nicht mehr. Wir hatten hohe Schneelage, Schneesturm und 20° Kälte. Am 26. Januar abends gegen 8 Uhr bekam ich den Befehl,

Panzerspäher aufzustellen, und gegen 8.30 Uhr den Befehl zur Flucht. Am 27. Januar 1945 gegen 2 Uhr nachts setzte sich das Dorf auf Treckern und Pferdewagen in Richtung Schloppe-Hochzeit in Bewegung. Es war äußerst schwierig, den Treck geschlossen weiterzubringen, da die Wagen stark überladen waren und die hohe Schneelage ungeheuer hinderte. Gegen 12 Uhr hatten wir die Dragebrücke bei Hochzeit überschritten und befanden uns nun jenseits der Pommernstellung, die aber keineswegs besetzt war. Ich bog rechts ab über Marzelle in Richtung Zatten, wo wir die erste Nacht verbrachten. Alle Trecks, die in Richtung Woldenberg und Regenthin zogen, wurden von den Russen überrollt und grausam zugerichtet. Der Weg führte dann über Neuwedell, Reetz, Zachan, wo wir eine Woche liegen mußten, da der Landrat von Saatzig Treckverbot erlassen hatte. Der Russe rückte dann von Pyritz aus plötzlich nach Norden, und wir kamen kurz vor dem Beschuß noch durch Stargard über Pützerlin durch den Kreis Naugard, dort auf die Reichsautobahn (Bäderstraße) über Stettin, Kolbitzow, mußten vor Prenzlau i. d. Uckermark die Autobahn verlassen und zogen über Prenzlau, Woldeck, Neubrandenburg nach Altentreptow. Hier wurde der Treck aufgelöst, da der Kreis Demmin Aufnahmekreis für Deutsch Krone war, und auf mehrere Orte verteilt.

Ich habe diesen Treck von ca. 500 Menschen ohne Verluste geschlossen durchgebracht, und es war mir auch gelungen, alle laufend mit Milch, Butter und Fleisch aus Schlachtungen zu versorgen. Brot bekamen wir unterwegs noch reichlich. Ich selbst kam mit meiner Familie und einigen Nachbarn nach Pensin, 4 km von Demmin, zu dem Gutspächter Walter Levermann, der ebenso wie seine Frau gereifte, prächtige, lebenserfahrene Menschen waren und es an nichts fehlen ließen, um uns das Leben angenehm zu machen. In Pensin blieben wir bis zum Einmarsch der Russen, der am 30. April 1945 erfolgte. Ein Weitertrecken war von der Kreisleitung in Demmin verboten worden, auch war die Peenebrücke dortselbst bereits gesprengt und nur der Landweg über Loitz offen. Der Ortsgruppenleiter, Lehrer von Pensin, wachte eifrig darüber, daß kein Fahrzeug den Ort verließ. Die Russen rückten am 30. April 1945 gegen 10 Uhr vormittags in Pensin ein, kurz zuvor hatten sich 29 Einheimische, darunter viele Mütter mit Kindern, in der Peene ertränkt.

Es begann ein furchtbarer Jammer, alle Uhren wurden uns unter Bedrohung mit der Waffe abgenommen. Frauen und Mädchen von ganzen Trupps hintereinander vergewaltigt und geschlagen. Die plötzlich freigewordenen polnischen Landarbeiter plünderten wie die Raben, luden alles auf Wagen, nahmen sich die besten Pferde und fuhren ostwärts. Gegen Abend war der Gutshof derart von Truppen überschwemmt, daß wir um unsere Frauen und Töchter bangten und alle in den Wald flüchteten, wo wir zwei Tage und Nächte unter freiem Himmel kampierten, dann auf den Gutshof zurückgingen und feststellen mußten, daß unsere sämtliche Habe geraubt war. Mein PKW., der im Spritzenhaus stand, wurde ebenfalls weggenommen. Nun zog auf den Gutshof eine Transportkolonne ein, die das Gutshaus beschlagnahmte und uns nichts anderes übrig blieb, als in der Scheune zu kampieren. Die jungen Frauen und Mädchen wurden dauernd im Stroh versteckt gehalten, um Vergewaltigungen zu entgehen. Jetzt begannen auch bereits die Erhebungen von seiten der Russen über Maschinen und Vieh, und es dauerte nicht lange, da wurden sämtliche Viehherden nach Osten abgetrieben. Pferde waren längst abgenommen.

Nach ca. zwei Wochen kam plötzlich das Gerücht auf, es müsse alles nach Hause. Da ich noch zwei Pferde, die in der Scheune versteckt waren, und einen Gummiwagen hatte, fuhr ich mit einigen Nachbarn auch heimwärts. Am 14. Mai 1945 setzten wir uns in Richtung Jarmen in Bewegung. Schon nach kurzer Strecke wurden uns die Pferde ausgespannt und gegen lahmere von Russen umgetauscht. In Jarmen wurde der Wagen von Polen durchsucht und alles Brauchbare abgenommen. Der Weg führte dann über Anklam-Pasewalk. Überall wurden wir wieder geplündert und beraubt, die Stiefel und Anzüge ausgezogen. Überall an den Straßen saßen russische Soldaten und polnische Horden, um sich auf die unglücklichen Opfer zu stürzen. Frauen und Mädchen konnten sich manchmal kaum retten vor den ... Bestien.

In Greifenhagen, wo wir die Oder überschritten, wurden einige Landsleute und auch ich verhaftet, nachdem man alle Wagen getrennt hatte. Meine Frau und Tochter mußten nun den Weg mit sehr lahmen Pferden, diese hatte man uns schon mehrmals umgetauscht und den Gummiwagen abgenommen, alleine fortsetzen. Wir wurden in Greifenhagen in einen Ziegenstall gesperrt, der nur ein Luftloch von 20 mal 20 cm hatte, ca. 6 qm groß war und 20 Menschen beherbergte, alles mußte stehen, ich selbst stand im Türrahmen, hinter mir wurde die Tür zugepreßt. Dadurch hatte ich Glück, während die Letzten, die schon einige Tage darin saßen, hinten blieben, wurde ich am nächsten Morgen von einem russischen Dolmetscher und Oberleutnant unter Ohrfeigen vernommen und wurde entlassen. Auf der Oderbrücke wurde mir dann die Hose ausgezogen und mir zwei goldene Armbänder meiner Tochter, die ich in der Unterhose hängen hatte, weggenommen. Als ich am Bahnhof in Greifenhagen vorbei kam, hatte ich einen Güterwagen Steinkohlen zu entladen, die Russen gaben mir nicht mal Wasser. Dann traf ich zwei Dörfer weiter meinen Treck und meine Familie, die aber auch schon wieder von den Russen stark bedrängt wurden, und es an der Zeit war, weiterzuziehen. Dann ging es unter denselben Gefahren weiter, ewig in Angst, überall Russen und Horden und wir Freiwild. Über Pyritz, das wie Greifenhagen völlig zerschossen war, in Richtung Kallies, Märkisch-Friedland.

In Marzdorf, Kreis Deutsch-Krone, wurden wir am 28. Mai angehalten. Dieses 8000 Morgen große Gut wurde von den Polen verwaltet. Wir mußten eine Woche Kartoffeln pflanzen und traten dann am 5. Juni 1945 früh die Heimfahrt über Tütz—Schloppe an und waren gegen Mittag in Trebbin. Östlich der Oder bestanden schon in allen Orten polnische Verwaltungen, die Straßen wimmelten von polnischer Miliz, die halb Zivil, halb Soldat, schwer bewaffnet ein wahres Räuberleben führte und oft mit den Russen schwere Zusammenstöße hatte, die selten ohne Schießerei abgingen. Während Märkisch-Friedland wenig zerstört war, sind Tütz und Schloppe bis auf einige Häuser der Randgebiete völlig ausgebrannt, Trebbin zu 80% ausgebrannt. Bei mir selbst war das Wohnhaus, ein abseits des Hofes gelegenes Vierfamiliendeputantenhaus sowie ein mir gehöriges Villengrundstück in Schloppe, Bahnhofstraße, abgebrannt. ... Sämtliche Gebäude wurden 8 bis 10 Tage nach der Besetzung, die am 29. Januar 1945 erfolgte, systematisch in Brand gesteckt. Kämpfe haben um Schloppe noch stattgefunden, jedoch waren sie belanglos, da unsere Truppe über keinerlei schwere Waffen mehr verfügte und es sich auch nur noch um versprengte Trupps handelte.

Einige Familien, die sich zur Flucht nicht entschließen konnten, haben Grausiges erlebt. . . . Die Familie Bauer Adolf Wendland wurde mit vier Kindern erschossen. Die ersten Rückwanderer fanden sie im Mai 1945 am Giebel ihres Hauses in verwestem Zustande vor und bestatteten sie. Auch aus den Nachbardörfern, vor allem Hansfelde, Schönow, Drahnow, Eichfier usw., könnte ich berichten. Gleich nach der Besetzung durch die Russen wurden sämtliche männlichen Einwohner zusammengezogen und nach Osten abtransportiert. Umgekommen sind dort der Bauer Arthur Schulz aus Drahnow, der Bauer Richard Schlender II und der Bauer Bruno Finger, beide aus Bevilsthal. Der Jungbauer Rudolf Schulz aus Trebbin war wegen Verlust der rechten Hand 1944 entlassen worden, er wurde Mitte Februar 1945 von einer durchziehenden Kolonne als Wegweiser mitgenommen, man fand ihn später mit zerschlagenem Schädel in einem Stall des Nachbardorfes Buchholz tot auf.

Im Anschluß wird von der Verhaftung und Freilassung durch die Polen und über den Vorgang der Ausweisung im Oktober 1945 berichtet.

Nr. 47

Bericht der Bäuerin I. K. aus Eichfier, Kreis Deutsch Krone i. Pom. Original, 21. Juni 1950, 6 Seiten. Teilabdruck.

Der Einmarsch der Russen.

Es war am 22. Januar 1945, als wir den Befehl erhielten, unsere Heimat zu verlassen. Es war für uns alle kaum glaubhaft, sollten wir unser stattliches Vieh, die gefüllten Scheunen und unser schönes Heim zurücklassen? Schon am selben Abend übernachteten bei uns Flüchtlinge, die aus dem Warthegau kamen. Mit zwei Gespann Pferden und einem Trecker sollten wir zehn Familien fortschaffen. Wir ließen uns noch einige Tage Zeit, unser Bürgermeister drängte auch nicht zur Abfahrt. Dann, am 28. Januar 1945, als höherer Befehl kam, das Dorf zu räumen, überraschten uns russische Panzer und besetzten das Dorf.

Kanonenschüsse donnerten. Meine Schwägerin und ich als einzige Deutsche auf unserem Hof flüchteten in den Keller, ebenfalls auch andere Bewohner des Dorfes; sogar der Bürgermeister, der mir die Abfahrt mitteilen wollte, konnte nicht mehr zu seinem Gehöft zurück, und so saßen wir alle ängstlich im Keller beisammen. Wir vernahmen deutlich die Einschläge. Nach ungefähr einer Stunde kam unser Mädchen Anna Zutauska, eine Ukrainerin, zu mir in den Keller und sagte: „Frau K., kommen Sie, Sie brauchen keine Angst zu haben, die Russen tun ihnen nichts.“ Ich zitterte am ganzen Körper, sie nahm meinen Arm, wir gingen auf die Straße. Es kam ein Panzer, ich sah zum ersten Mal Russen. Anna Z. winkte, der Panzer hielt, sie begrüßten sich händeschüttelnd. Anna Z. meinte zu mir: „Nun ist alles, alles vorbei, nun ist alles gut.“

Ich war etwas ruhiger geworden und dachte an mein Kind, das bei meinen Eltern war, die 3 km vom Dorfe entfernt wohnten. Anna Z. war bereit, nach einer kurzen Unterredung mit einem russischen Vorgesetzten, der die Erlaubnis gab, auf meinen Wunsch zu meinen Eltern zu fahren, um zu sehen, ob sie wohl alles gut überstanden hatten. Anna Z. fuhr mit Pferd und Schlitten dem Dorfende zu. Bald darauf brachte ein Dorfbewohner mir unser Pferd und Schlitten zurück. Unser Mädchen Anna Z. aber war von Russen erschossen worden.

Im Dorf sah man hier und da Rauchwolken aufsteigen. Es brannte das Gehöft des Bauern Magalowski, das Wohnhaus des Arbeiters Villegalla, der Stall des Bauern Eltern und noch einige Gebäude. Wir waren in unserem Haus wohl schon so 20 Mann beisammen. Da kam noch der Nachbar Johann Mielke mit zwei Töchtern zu uns, sie weinten. Die Frau Mielke war auf der Ofenbank sitzend von einer Gewehrkugel tödlich getroffen worden. Dann kamen zwei, drei Russen, gingen durch alle Stuben, nahmen ein paar Würste und meine Pelzhandschuhe, die ich auf den Tisch gelegt hatte. Andre kamen, fragten nach „Urre", einige gaben ihre Uhr. Ein Russe stellte das Radio an, um es dann mit dem Gewehrkolben vom Tisch zu schlagen. Nach einigen Stunden erschreckte uns erneut das anhaltende Rollen russischer Panzer, und schließlich hörten wir mit großem Getöse die russische Infanterie auch in unser Haus dringen. Es wurde Brot verlangt. Ich gab einem, noch einem zweiten und dritten ein ganzes Brot. Noch mehr wurde gefordert. Ich ging fort, und sie nahmen selbst, bis der Vorrat aufgebraucht war.

Danach wurden wir alle in einem Zimmer sozusagen abgeschlossen. Die Russen kochten und aßen. Zum Morgen wurden wir drei, meine Schwägerin, eine junge Frau und ich, von russischen Offizieren eingeladen, mit ihnen zu feiern. Durch energischen Befehl mußten wir teilnehmen. Wir sollten trinken und essen, aber uns war elend zumute. Wir ahnten nichts Gutes, doch ließen sie uns unbehelligt.

Es war inzwischen Tag geworden, und wir alle mußten in zwei Minuten unser Haus verlassen. Wir gingen zum Nachbarn Kastner, dort hatten sich auch schon andere Bewohner des Dorfes eingefunden und erzählten, daß der Bauer Gustav Redemann, als er am Abend seine Pferde füttern wollte, von Russen erschossen worden sei. Ebenfalls seinen ledigen Bruder Otto fand man erschossen am Dorfende. Überall lagen Tote. Es waren Dorfbewohner und Flüchtlinge. Auf der Straße vor unserem Hause lag eine Leiche, die aber von den vielen vorüberfahrenden Panzern und Lastwagen zerquetscht war. Wir sahen, daß nun auch noch das Jordansche Haus, das Pfarrhaus und die alte Schule abgebrannt waren. Kühe, Schafe und Schweine liefen herrenlos umher. Uns gruselte, wir blieben den Tag im Hause, das Dorf war von Russen überfüllt.

Mehrmals am Tage visitierten uns Russen und ließen Uhren und Ringe und dergleichen Schmucksachen mitgehen. Ich hatte nur noch meine Handtasche mit Geld und Wertpapieren. Die Russen musterten uns genau, und schon am Abend kamen einige zu uns ins Zimmer, visitierten aufs neue und schoben [uns] einzeln, ob Mann oder Frau, zur Tür hinaus. Hinter mir wurde die Tür zugeknallt. Zwei junge Mädchen und eine junge Frau, hochschwanger, Flüchtlinge aus dem Wartheland, mußten zurückbleiben. Ein Schuß fiel im

Zimmer, ein Mädchen schrie auf. Wir andern, wohl so 15 Personen, wurden durch ein dunkles Zimmer bis auf die Straße gedrängt, wo ein russischer Posten mit gehobener Maschinenpistole vor uns Wache hielt. Wir alle glaubten, daß jetzt wohl unser Ende gekommen sei. Aber nach ungefähr 30 Minuten durften wir wieder in das Zimmer zurück. Ich staunte sehr, als ich außer den Russen auch die zwei jungen Mädchen und die junge Frau im Zimmer sitzen sah. Eines der Mädchen kam zu mir und sagte: „Wir haben für Euch gelitten. Ich hatte in dieser Zeit drei Russen.“ Ich konnte zuerst nicht recht verstehen. Aber als ich nach geraumer Zeit bemerkte, wie ein Russe eines der Mädchen aufforderte „Komm mit“ und mit ihr in der Nebenkammer verschwand, wußte ich, was los war.

So ging es dann die ganze Nacht. Die beiden jungen Mädchen und die junge Frau hatten besonders unter den Vergewaltigungen der Russen zu leiden. Die junge, schwangere Frau stand schon keuchend auf einen Sessel gestützt, eine Haarsträhne hing ihr ins Gesicht. Wer sollte sie schützen, ein jeder fürchtete dann die Brutalität der Russen. Folgte man nicht ihrer Aufforderung, zögerten diese auch nicht, das Gewehr auf einen zu richten.

Des Morgens zog dann dieser Trupp Russen ab. Da nun etwas Ruhe auf den Straßen war, benutzten wir schnell die Gelegenheit, um zu sehen, wie es wohl den anderen ergangen war. Bei meiner Schwägerin Erna Redemann hatte ein Russe ein Mädchen, das aus dem Warthegau zu ihr geflüchtet war, erschossen, da es nicht der Aufforderung des Russen gefolgt war. Meine Freundin Margarete Redemann, die Tochter des erschossenen Gustav Redemann, hatte sich vergiftet. Man hatte die Leiche in Tücher gewickelt auf die Scheunentenne gelegt. Die Mutter aber und die beiden Schwestern, Liselotte 20 Jahre alt und Ruth 17 Jahre alt, sowie die Tante Ottilie Redemann, Frau Neugebauer mit drei kleinen Kindern, Frau Patoneck mit Schwiegertochter und Enkel und andere, insgesamt 17 Personen, verbrannten mit dem Haus. Die Ursache und der Vorgang dieses Schicksals ist uns allen noch heute unbekannt. Auch den etwas schwachsinnigen Arbeiter des Bauern G. Redemann, Paul Krause, fand man im Kuhstall unter der Kuhkrippe tot mit aufgeschnittenem Bauch.

Viele Bewohner verließen das Dorf, und so flüchteten auch meine Schwägerin und ich zu meinen Eltern, die 3 km vom Dorf eine Landwirtschaft besaßen. Wir fanden alles gesund vor. Die Russen waren auch bei ihnen gewesen, hatten unter Mitnahme von Schmucksachen und einigen Kleidungsstücken nichts angerichtet. In der Nachbarschaft waren sieben Mann erschossen worden. Da lag hinter dem Stall der Bauer Paul Reetz und Sohn Leo sowie der Bauer Walter Manthei und Degner. In seinem Garten lag der Bauer Georg Nowack mit abgesägtem Kopf. Zu der Familie Seck kamen angeblich des Abends Russen und der bei dem Nachbarn arbeitende Pole ins Zimmer, erschossen die Frau und nahmen Herrn Seck bis zum Dorf mit und erschossen ihn. Auch der Bürgermeister Willi Tam aus Eichfier lag dort tot.

Am Abend kamen zu meinen Eltern wieder 50 Mann in Quartier. Meine Tante, die Schneiderin war, mußte einem russischen Vorgesetzten eine Bluse nähen, und so verlief die Nacht für uns ruhig. Nur zum Morgen waren ein paar betrunkene Kerle darunter, die die Lampen von der Decke rissen, die Stühle durchs Fenster stießen, mit dem Gewehrkolben in den Spiegel schlugen, der zersprang. Sie drangen auch in unser Zimmer und trieben ihr Unheil weiter. Sie warfen mit Schüsseln, aus denen sie gegessen hatten. Eine Schüssel flog an das Kinderbett, und die Scherben verletzten mein fünf Monate altes Kind im Gesicht durch drei Schnittwunden. Da das Gehöft der Eltern nur 100 m von der Aufmarschstraße der Russen entfernt lag, war bald wieder mit einem neuen Trupp zu rechnen. Um uns vor den Gewalttaten der Russen zu schützen, suchten wir unser 20 Mann, darunter auch Flüchtlinge, den Bunker auf, den mein Vater 200 m vom Gehöft entfernt in einem Wäldchen gebaut hatte. Einen kleinen Kochherd und Lebensmittel hatten wir dorthin gebracht. Wir lebten in aller Ruhe, besonders einige junge Mädchen fühlten sich dort geborgen. Ich beschloß aber, da es doch in dem Bunker an Reinlichkeit fehlte, zu der Witwe Kluck und Tochter zu gehen, die am Waldesrand ein bescheidenes Häuschen besaßen und das nicht oft von Russen aufgesucht wurde.

Im Anschluß berichtet Vfn. über ihre Erlebnisse während der Zeit der polnischen Verwaltung bis zur Ausreise im September 1945.

Nr. 48

Erlebnisbericht des früheren Bürgermeisters von Woldenberg, Kreis Friedeberg i. Pom., Otto Hemp.

Original, 16. Januar 1950, 2 Seiten. Teilabdruck.

Räumung der Stadt Woldenberg, Überrollung auf dem Treck in Berlinchen und die ersten Tage nach dem Russeneinfall.

In der Nacht vom 26. zum 27. Januar 1945 bekam die Stadt Woldenberg, Kreis Friedeberg, Neumark, den Räumungsbefehl. Der Bevölkerung von Woldenberg hatte ich am Tage vorher schon bekannt gegeben, daß als Alarm und gleichzeitig zum Abschied die Glocken läuten würden. Es standen am 27. Januar morgens drei Züge für den Abtransport bereit. Alle Bauern und Pferdehalter wurden zu Trecks zusammengestellt und rückten im Laufe des Tages in Richtung Arnswalde - Berlinchen ab mit dem Endziel Anklam. In der Nacht vom 28. zum 29. Januar rückte der Treck in Berlinchen ein. Am nächsten Morgen sollte es weitergehen. Es schneite und war glatt; die Kolonnen fuhren in Viererreihe, die Straßen waren verstopft, und wir beschlossen daher, noch eine Nacht in Berlinchen zu bleiben. Am Abend gegen 12 Uhr erschienen die ersten russischen Panzer am Eingang der Stadt. Ich lag mit einem Teil des Trecks ganz in der Nähe des Stadteingangs. Nach etwa 25 bis 30 Minuten brannte die Hauptstraße; die Russen hatten die Häuser in Brand gesteckt. Ein Teil des Trecks spannte in der Nacht an, und wir rückten in nordöstlicher Richtung ab nach dem Gut Siede, wo wir vier Tage blieben, bis der Russe auch nach dort kam. Wir zogen nochmals weiter in nördlicher Richtung nach dem Dorf Hohengrape. Als wir dort ankamen, war alles ruhig, doch in der Nacht erschienen die ersten russischen Kolonnen. Am andern Morgen fuhr ein Teil der Polen, die die Bauern mit auf die Flucht genommen hatten, mit den beladenen Wagen in östlicher Richtung davon, ohne daß wir es hindern konnten. Am Nachmittag nahm uns der Russe sämtliche Pferde weg.

Wir erlebten nun die erste schreckliche Nacht. Meine Nichte wurde von vierzehn russischen Offizieren im Nebenzimmer vergewaltigt. Meine Frau wurde von einem Russen in die Scheune geschleppt und ebenfalls vergewaltigt. Nachdem wurde sie in einen Pferdestall gesperrt und am nächsten Morgen 5 Uhr mit vorgehaltener Pistole nochmals vergewaltigt. Als die Kolonne weg war, fanden wir meine Frau unter einem Strohhaufen, wohin sie in ihrer Angst geflüchtet war. Alle in der Wohnung verbliebenen Flüchtlinge erlebten in der Nacht ebenfalls schreckliche Stunden. Es erschien ein Russe und suchte sich ein Mädchen von 13 Jahren aus. Das Kind schrie und sträubte sich, mitzugehen. Er lud seine Pistole, ließ alle antreten und drohte, uns zu erschießen, wenn wir das Mädchen nicht innerhalb von 5 Minuten in das Nebenzimmer brächten. Wir wußten genau, daß er von der Waffe Gebrauch machen würde, und mußten unter diesem Zwang sein Ansinnen erfüllen. Als sich erwies, daß das Mädchen zu schwach war, gab er es einem andern Kameraden. Er selbst erschien wieder im Zimmer, wir mußten wieder antreten, und er holte sich jetzt die Mutter, die die Jüngste von den Frauen war. Die Mutter selbst wurde im Bett vergewaltigt, während die Tochter von dem andern Russen vor dem Bett auf dem Fußboden Gewalttaten über sich ergehen lassen mußte. Die Mutter war außerdem schwanger. Der Bauer, bei dem wir in Quartier lagen, wurde mit seiner Nichte abgeholt und beide in Berlinchen erschossen, angeblich weil sie die Polen schlecht behandelt hatten.

In derselben Nacht erschienen drei russische Offiziere, darunter ein Jude, der deutsch sprach. Sie nahmen alles, was wir an Wäsche und Bekleidung hatten, in Besitz. Es war die Wäsche und Bekleidung von drei Familien. In der Zeit, wo die Russen unsere Wäsche und Bekleidung sortierten und neu verpackten, mußten unsere Frauen einen Gänsebraten herrichten. Als die Russen gegessen hatten, mußten wir die von ihnen gestohlenen Sachen auf ein Lastauto schaffen. Nach vollendeter Mahlzeit legten sie die Hand an die Mütze und sagten: „Danke schön!"

Das von uns bewohnte Haus wurde jetzt von Russen belegt, und wir selbst wurden in eine abgelegene Scheune getrieben. Täglich kam die GPU. und holte die Männer ab. Unsere Rettung war die abgelegene Scheune. Gegenüber von uns lag das frühere Gutsschloß, welches bei der Aufsiedelung zur Schule, Kirche, Lehrer- und Pastorwohnung umgebaut war. Mißhandlungen und Vergewaltigungen steigerten sich von Tag zu Tag, so daß nun jeden Abend Einheimische und Flüchtlinge in dem früheren Gutsschloß Schutz suchten. Jede Nacht erschienen auch dort die Russen, schossen durch die Fenster und Türen, schlugen die verriegelten Türen ein und vergewaltigten Frauen und Mädchen im Beisein der Kinder. Wir, die wir in der Scheune lagen, hörten die Schreckensrufe von 500 bis 600 Menschen: „Hilfe, Hilfe, Kommandant!" Es war aber alles vergebens. In einer Nacht wurde ein Mann und eine Frau, als sie die Tür öffnen wollten, sofort erdolcht. Eine andere Frau, die sich nicht ergeben wollte, wurde nackt an den Haaren über das Eis im Gutspark geschleift und blutüberströmt später aufgefunden.

Unsere Frauen, die mit uns in der Scheune lagen, durchweg über 60 Jahre alt, wurden weiter vergewaltigt. Es kam oft vor, daß Autos vor das Gutshaus fuhren und Frauen und Mädchen dort hinholten, wo sie nicht ausreichten. Am andern Morgen kamen sie dann gewöhnlich 20 bis 25 km zu Fuß zurück.

Eines Nachts wurde ich aus der Scheune geholt und gezwungen, im Schloß an die Fenster zu klopfen und 20 Frauen aufzufordern, ein angebliches Auto, das vor dem Schloß hielt, anschieben zu helfen. Die von mir aufgeforderten Frauen öffneten zu meiner Freude jedoch nicht, und die Russen fuhren diesmal unverrichteter Sache wieder ab.

Ende Februar wurde es ruhiger. *Abschließend wird die folgende Zeit unter Russen und Polen und die Ausweisung kurz zusammengefaßt.*

Nr. 49

Erlebnisbericht von Frau Mechtild Mierendorff aus Zeitlow, Kreis Friedeberg i. Pom.

Original, 9. Februar 1951, 3 Seiten. Teilabdruck.

Flucht, Überrollung durch die Russen und Rückkehr.

Der 20. Januar 1945 war für uns alle im Umkreis von Friedeberg Nm. der Tag des Treckbefehls. Nur widerstrebend konnte man sich entschließen, an die Ausführung zu gehen, sahen wir doch seit Tagen und Wochen die Unglücklichen von weiter östlich auf vereisten Straßen verzweifelt einer unsichren Zukunft entgegengehen, nicht nur unsicher, auch heimatlos, was das Schlimmste ist.

Unter Hangen und Bangen folgte dann ein Tag dem andern, bis der Kanonendonner immer näher kam und schließlich am 29. Januar sehr früh der Treckbefehl.

Um 7.30 Uhr war unser großer, schon in dieser verzweiflungsvollen Lage viel zu schwerfälliger Treck abmarschbereit. Dem Glatteis war hoher Schnee gefolgt, der Ausweichen auf den Straßen ohne Festfahren unmöglich machte. Sämtliche Deutschen des Dorfes, einige Ausländer nationaler Herkunft aus den Ostländern begannen den Marsch auf bald verstopften Straßen. Immer wieder mußten die Erwachsenen ermahnt werden, zu Fuß zu gehen, um die Wagen zu entlasten.

Etwa 10 km weit kamen wir, als uns der erste sowjetische Panzerspähwagen von vorne begegnete. Erkundung ergab, daß im nächsten Dorf das Weiterkommen durch sowjetische Truppen vereitelt wurde, also Entschluß: Dableiben! und zwar zunächst auf einem Nachbargut, da Zurückfahren auf diesen Straßen z. Zt. unmöglich war. Wir brachten uns also mit unseren Leuten in einem Schafstall unter.

Nachts nach wilder Schießerei kamen die ersten Sowjets. Vielleicht war es unser Glück, daß wir als Flüchtlinge im Schafstall ihnen gegenübertraten. In unsrem Gutshause wäre mein Mann zumindest sofort erschossen worden, wie fast alle andern Gutsbesitzer im Umkreis, was wir allerdings erst später bestätigt bekamen. So u. a. Graf Wedel aus Gerzlow
Franz Just v. Wedemeyer aus Schönrade
Ernst v. Knobelsdorff aus Mansfelde.

Hier im Stall entspann sich ein heftiges Palaver mit einem der Ausländer, der für uns sprach und uns somit das Leben rettete. Trotzdem gehören diese ersten Stunden zu den fürchterlichsten, die wir noch erleben sollten. Immer neue Sowjets kamen in den Stall, erst wollten sie nur die Uhren, dann zogen sie die Stiefel aus, dann trieben sie alle Männer bis auf meinen aus dem Stall, dann umstellten sie die Frauen und Mädchen mit MG's. Wir glaubten, wir würden nun alle erschossen, aber sie schossen nur in die Stalldecke, da sie überall noch deutsche Soldaten vermuteten.

Dann kamen sie und holten sich wahllos die Frauen und Mädchen. Immer neue Sowjets drangen in den Stall. Manche Frau, manches unglückliche Mädchen wurde in dieser Nacht, die kein Ende nehmen wollte, fünf-, manche sogar zehnmal geschändet.

Als endlich der Morgen anbrach, konnten wir sehen, wie die Polen des Dorfes sich unsrer Treckhabe bemächtigten. Große Bestürzung, da wir damals noch daran glaubten, wenigstens etwas retten zu können!

Mein 83-jähriger Schwiegervater, der die Nacht über im Gutshause unter ähnlichen Verhältnissen verbracht hatte, erhielt durch Bitten meines Mannes die Erlaubnis, weiterhin wegen seines hohen Alters im Gutshause zu verbleiben, da wir ja den Befehl erhalten hatten, zu Fuß wieder in unsre Heimatorte zurückzugehen. Unsre vierzig Pferde waren uns bereits genommen.

Mein Schwiegervater ging also nach Verabschiedung von uns zurück. Wie wir erst später erfuhren, schoß ihn ein Sowjet beim Überschreiten der Dorfstraße nieder. Er fand seine letzte Ruhestätte in einem Massengrab mit sieben andern Erschossenen.

Nach beschwerlichem Fußmarsch durch hohe Schneewehen — wir durften keine Straße benutzen — kamen wir mit einigem Handgepäck wieder zu Hause an. Alles stand noch, nichts war bisher abgebrannt. Im Dorf sah man Sowjets, einige verängstigte Polen, die sich aber offensichtlich von uns fernhalten wollten. Da unsre Leute sich nach der Schreckensnacht nicht von uns trennen wollten, unser Gutshaus mit Sowjets belegt war, zogen wir in einem andern Hause in einem leeren Raum nur auf Strohlager unter.

Im folgenden berichtet Vfn. über weitere schwere Erlebnisse unter Russen und Polen bis zur Flucht aus Pommern im Juni 1945.

Nr. 50

Erlebnisbericht des A. S. aus Schlagenthin, Kreis Arnswalde i. Pom.
Original, 12. Juli 1952.

Erlebnisse nach dem Einbruch der Russen, Flucht der Dorfbewohner während eines deutschen Gegenstoßes.

Es war am 5. Februar 1945 abends um 8 Uhr! Wir waren uns zwei Mann und standen Wache. Um 7 Uhr abends hörten wir plötzlich in entgegengesetzter Richtung mehrere Schüsse fallen und außerdem ein ungewöhnliches Geräusch. Wir liefen zurück ins Dorf und machten unsere Angehörigen und die Dorfbewohner mobil, daß keiner schlafen gehen soll, wir werden die Nacht noch fliehen müssen. Nachdem zogen wir wieder auf unsre Wache, und im selben Augenblick erhielten wir schon Feuer. Wir liefen schnell zurück und versteckten unsre Waffen. Ich war kaum an meiner Wohnung„ da rief ich noch hinein: „Es ist zu spät, die Russen sind da!" und in dem Augenblick hatte mich schon ein Russe gefaßt. Kam aber zum Glück noch zu meiner Familie. Von Minute an ging die Qual los. Mein Haus war schon voll von auswärtigen Dorfbewohnern. Wir erstens vollkommen ausgeplündert, dann nach Waffen untersucht, fanden aber nichts. Ob deutsche Soldaten da sind, [wurde gefragt,] fanden auch keinen.

Dann wurden wir aus unserm Haus sofort entfernt, dann bei unserm Nachbarn an 40—50 Personen im Zimmer von gut 20 qm eingesperrt und tagelang bewacht. Mein Dienstmädchen und noch ein Mädchen wurden von erster Stunde an von den Russen in meiner Wohnung festgehalten und vergewaltigt. Noch in derselben Nacht, gegen 2 Uhr vielleicht, kamen die beiden Mädchen ganz verwildert bei uns wieder rein. Sie waren den Russen ausgerückt. Wir durften die Türen Tag und Nacht nicht abschließen, und so hatten die Russen immer freien Eingang und Ausgang. So suchten sich die Russen die Frauen und Mädchen heraus, um zu vergewaltigen. Wir Männer waren machtlos und harrten der Dinge weiter ab. Wir versuchten doch noch, [ob sich] unsre jungen Töchter verschonen ließen, und doch ist es wenigen gelungen. Die Mädchen haben wir mehrere Tage und Nächte versteckt. Den zweiten Tag wurden wir Männer zusammen geholt, und mit Schüppen, Spaten und Hacken mußten wir los, und unter Bewachung der Russen mußten wir vor der russischen Front Schützengräben auswerfen. Wenn wir fertig waren, mußten wir uns oben auf die Wälle stellen, und [sie] schossen sich nach den deutschen Stellungen ein. Die deutschen Truppen schossen aber nicht, weil sie wohl wußten, daß wir das waren. Als die Russen sich eingeschossen hatten, brachten sie uns wieder zurück ins Dorf. Inzwischen hatten sie die Zeit ausgenutzt bei den Frauen und Mädchen. Wir Männer waren schon ganz verzweifelt, aber wir immer noch froh, wieder mit unsrer Familie zu kommen. Ich hatte die Schmiede in Schlagenthin, mußte inzwischen für die Russen die Pferde beschlagen und Autos reparieren.

In der dritten Nacht sollten wir in den Häusern lebendig verbrannt werden. Angeblicher Grund war, der Gutsbesitzer Krüger und ein Hitlerjunge sollten mehrere russische Soldaten verwundet haben. Der Gutsbesitzer Krüger wurde erschossen und in seinem Schloß verbrannt, welches bis auf die Grundmauern abbrannte. Jeden Abend wurde ein Gehöft angesteckt, auch am Tage brannten verschiedene Gehöfte bei den Kämpfen ab. Wir Männer mußten auch in die massiven Gebäude Löcher in die Wände einhauen, für ihre Maschinengewehre.

Am vierten Tag kam plötzlich ein Oberkommissar mit zwei Flintenweibern. Es war ein russisches Schnellkriegsgericht, wie mir der Dolmetscher nachher sagte. Ich kam als erster sofort zum Verhör. Der Oberkommissar hielt mir sofort seinen Revolver vor die Stirn und verhörte mich dabei durch einen Dolmetscher. Es war mein Pole, den ich mehrere Jahre beschäftigt habe. Die beiden Flintenweiber hielten ihre Maschinenpistole während des Verhörs dauernd auf mich. Er frug mich, seit wann ich in der Partei war und warum. Ob ich Soldat war. Als ich gesagt hatte, daß es uns ganz gut gegangen ist, bin ich in 37 zur Partei gegangen. Daß es zum Kriege kommen würde, damit hatten wir nicht gerechnet. Ob ich mein Soldbuch habe, [fragte er,] das hatte ich noch bei mir. Als der Oberkommissar es durchgesehen hatte, fragte er mich, ob ich U.K. gestellt war, „in Rußland so was nicht gibt", sagte er. Und ob ich in 1918 auch Soldat war, darauf sagte ich ihm, er sollte im Soldbuch nachsehen. Als er festgestellt hatte, daß ich nicht Soldat gewesen bin, frug er den Dolmetscher, wie ich die Ausländer behandelt hätte. Darauf gab der Dolmetscher die Antwort, daß ich die Ausländer alle gut behandelt hätte. Sofort war mein Verhör zu Ende, und ich war frei gesprochen worden.

Die Frauen mußten nur für die russischen Flintenweiber die Stuben aufwischen, die Tische weiß decken und das beste Geschirr aufstellen, sowie die Betten weiß beziehen. Gekocht hat der russische Koch. Sodann mußten die Frauen von Bettlagern Beutels nähen, dann wurden die gute Wäsche, Kleider und Anzüge eingepackt und nach Rußland verschickt. Zu essen bekamen wir nichts, mußten sehen, wo wir was her bekamen. Wir waren immer froh, wenn wir für die Kinder was hatten. Dann mußte ich sehr oft ins Dorf und an Autos arbeiten, hierbei wurde ich oft von russischen Soldaten mißhandelt. Aber ich war immer wieder froh, daß ich wieder nach Hause kam.

Den fünften Tag mußte ich am Nachmittag wieder mit raus zum Stellungsbau in vorderster Stellung. Es war eine Panzerabwehrabteilung, dicht an den Gutsgebäuden. Ungefähr 300 m davon stand die große Gutsscheune, dieselbe war bis oben hin gefüllt mit Getreide. Hier schossen die Russen eine Leuchtkugel hinein, dieselbe ging sofort in Flammen auf. Zu meinem großen Schrecken kamen dort an 50—60 Frauen, Kinder und Männer herausgelaufen. Als die Russen das auch sahen, schossen sie mit Maschinengewehren dazwischen. Es war ein großer Jammer, was da alle liegen blieb, weiß vielleicht wohl keiner. Ich sagte zu den Russen, warum sie das machen, die sagten nur, deutsche Soldaten auch unsre Frauen und Kinder totgeschossen. Ich sagte darauf, das glaube ich nicht, ich als Soldat hätte das nicht fertig bekommen. Aber all das Unheil war im Kurzen geschehen.

Und soweit hatten die Russen die Stadt Arnswalde eingekesselt, und wir lagen soweit in der russischen Kampffront. Inzwischen war unsre deutsche Front verstärkt worden, wir merkten es an die regere Kämpfe, die Tag für Tag stärker wurden. Wir wunderten uns, daß die Russen uns noch immer da ließen. Mein Pole, der nun Dolmetscher bei dem Oberkommissar war, erzählte mir ein paar Tage nach meinem Verhör, daß er nach mehrere Dörfer mit mußte, es wurden viele Männer erschossen und verschleppt. Mein Nachbar, der Stellmachermeister B., wurde am 17. Februar erschossen. Laufend wurden Frauen und Mädchen vergewaltigt. Wir Männer haben nachts eine Bank quer durch die Stube gestellt, und hinter uns hatten wir die Frauen und Mädchen und kleinen Kinder. Vieles haben wir dadurch verhindern können, und vieles mußten wir noch über uns ergehen lassen. *Es folgen einige Einzelerlebnisse des Vfs. mit Russen.*

Es war am 14. Februar abends um 9 Uhr, da klopfte es plötzlich am Fenster, daß in fünf Minuten alles raus muß. Es war stockdunkel draußen, und wir wußten nicht, was los war. Wir nahmen unsre Kinder an die Hand, damit wir nicht auseinander kamen. In der Dorfstraße war alles voll von Menschen und russischen Soldaten. Dann hieß es plötzlich, wir sollten Richtung Stargard gehen. Sollten aber erst durch das Dorf Reichenbach gehen, welches 2 km von uns ab lag. Reichenbach brannte lichterloh, und wir weigerten uns, dorthin zu gehen. Da nutzten wir die Dunkelheit aus und flohen in ein Schlagenthiner Ausbau, bei den Bauern Schlieske. Dort waren schon viele

Flüchtlinge aus unserm Dorfe, aber der Russe war noch nicht auf dem Gehöfte gewesen, das ganze Vieh und Pferde war noch alles da. Und wir waren sehr froh, aber nicht lange. Den nächsten Tag, am 15. Februar im Vormittag, kamen plötzlich sechs Mongolen angeritten, die wir noch nicht kannten. Sie zogen die Revolver, hielten den Frauen und Mädchen die Revolver vor die Brust, rissen ihnen die kleinen Kinder vom Schoß und schleppten sie mit raus und vergewaltigten sie. Auch hier waren wir Männer wieder machtlos. Nachdem plünderten uns die Mongolen noch das letzte weg und zogen dann ab.

In der folgenden Nacht hatten wir einen Russen zwischen uns mit seinem Gewehr, der legte sich bei uns ins Zimmer und hat die ganze Nacht geschlafen. Gegen Morgen zog er wieder ab. Gegen 10 Uhr morgens am 16. Februar setzten plötzlich die schweren Kämpfe wieder ein. Wir lagen sozusagen jetzt im Niemandsland. Unsre Frauen und Kinder mußten sich lang in die Zimmer legen, damit sie mehr Schutz hatten vor den Kugeln. Wir Männer beobachteten in Deckung die Kämpfe. Plötzlich rückten die Russen aus, ließen alles stehen und liegen. Wir wußten aber noch nicht, was los war. Auf einmal tauchten vier Panzerspähwagen auf, ob es deutsche oder russische waren, konnten wir noch nicht erkennen. Dann hielten sie plötzlich 50 m vor dem Gehöft an, wir waren nun gespannt, was nun geschieht. Auf einmal zeigten sich ein paar Hände. Wir meldeten uns aber nicht, es war uns allen noch im unklaren. Dann zeigten sich deutsche Stahlhelme mit SS. Nun wußten wir, daß es deutsche Soldaten waren. Dann war kein Halten mehr. Die Frauen und Kinder konnten wir nicht mehr halten, die Freude war zu groß. Als der Ruf erscholl, es sind unsre deutschen Soldaten, trotz Kugelregen ging es im Sturm auf die deutschen Panzerspähwagen und wurden stürmisch begrüßt, zum Glück wurde dabei niemand verletzt. In diesem Moment war aller Jammer und Elend vergessen. Wir waren gerettet. Es war eine Abteilung von der SS-Division Wiking. Nun mußten wir uns schnell Pferde und Wagen von Reichenbach holen, wo unsre viel erbeutet hatten. Wir waren kaum dort, dann hieß es, der Russe greift wieder an. Ich hatte schon ein Pferd und Wagen und fuhr im vollen Galopp zurück, um die Familie zu holen. Es war die höchste Zeit, denn wir mußten wieder unter Gewehr- und Granatfeuer flüchten. Kamen aber wieder glücklich davon, und nun ging es über tote Russen hinweg. Unser Dorf Schlagenthin brannte in allen Ecken, es ist bis zu 70% abgebrannt. Endlich abends gegen 9 Uhr waren wir in der deutschen Front und fühlten uns wie neu geboren. Es waren uns an 150 Personen, die das Glück hatten, raus zu kommen, von 900 Personen. Die übrigen wurden den nächsten Tag von den Russen verschleppt, viele sind nicht mehr zurückgekommen, wir in den vergangenen Jahren erfahren haben. — Dann fuhr ich mit meiner Familie zu unsern Eltern und Geschwistern nach Kempendorf, die wohnten in einem Dorfe. Die hatten uns schon für tot gehalten, denn sie hatten durch Flüchtlinge erfahren, die noch rausgekommen waren, daß es in Schlagenthin schwer hergegangen sei. In Kempendorf waren wir noch vierzehn Tage, inzwischen habe ich einen Treckwagen fertig gemacht, und am 1. März, nachts um 3 Uhr, mußten wir auch von hier flüchten. Nach vier Wochen Treckfahrt, wo wir auch noch viel Jammer und Elend erfahren haben, waren wir am 1. Osterfeiertag hier in Guntz. Hier völlig erschöpft von Menschen und Pferde blieben wir hier.

8. Die Fluchtversuche der pommerschen Bevölkerung in den ersten Märztagen 1945.

Nr. 51

Bericht des früheren Superintendenten von Dramburg i. Pom., Gerhard Scheske. Original, 5. Oktober 1949.

Planlose Flucht in Richtung Kolberg, Überrollung durch die Russen in Belgard und die spätere Rückkehr in die Heimatstadt.

Mitte Januar 1945, wenige Tage nach dem Zusammenbruch der Ostfront, plante der Kreisbauernführer, die gesamte Bevölkerung des Kreises durch Treck zu evakuieren, und zwar in der Weise, daß jedem Wagen zwölf Personen zugeteilt wurden. Da es ein Fußmarsch hätte sein müssen, gelangte der Plan infolge ungünstiger Witterung nicht zur Ausführung. Am 24. Januar hörte der planmäßige Zugverkehr auf. Am 25. wurde das Artilleriefeuer der Front hörbar, und Flüchtlingszüge kamen aus dem Osten, die Leute ohne Gepäck. Nach einigen Tagen war die Strecke Ruhnow-Neustettin, obgleich zweigleisig, vollkommen verstopft. Am 24. hörte ich aus zuverlässiger Quelle, daß die Festung Deutsch Krone, 40 km südlich Dramburg, kampflos genommen war. In der Nacht zum 28. fuhren meine Frau und meine vier Kinder im Auto eines Arztes nach Pyritz. Sie erreichten am 30. Demmin in Vorpommern. Am Morgen des 28. brachte die Motorsportschule ihre Familien gleichfalls nach Demmin.

An diesem Sonntag hatte viele Dramburger eine Panik ergriffen. Wer irgendeine Fahrgelegenheit fand, Wagen, Schlitten, Wehrmachtautos, Lazarettzüge, floh nach Westen. Dies setzte sich in den folgenden Wochen fort, so daß bis Anfang März etwa die Hälfte der Bevölkerung Dramburg verlassen hatte. Dafür rückten Flüchtlinge aus dem Osten und auch aus dem Süden des Kreises nach. In der Woche vom 28. Januar bis 4. Februar zogen viele Trecks aus der Bromberger Gegend durch die Stadt. Anfang Februar wurde bei Kallies gekämpft, 30 km südlich von Dramburg. Bis Mitte Februar rückte die Front auf etwa 15 km heran. Dramburg wurde Etappenort. Am 1. März wurde die Front bei Wangerin nordwestlich Dramburg durchbrochen. In der Nacht gab es Panzeralarm. Am 2. März abends wurden drei überfüllte Züge mit Zivilpersonen über Falkenburg nach Kolberg geschickt. Sie haben es nicht mehr erreicht.

Am Morgen des 3. März sollten LKW.-Transporte nach Labes gehen. Der Markt war von wartenden Leuten überfüllt. Doch der Weg nach Norden war auch schon abgeschnitten. Um 11.30 Uhr vollzog ich die letzte Amtshandlung, eine Taufe. Gegen Mittag begannen die ersten Granaten von Westen in die Stadt zu fallen. Der Volkssturm hatte Anweisung erhalten, aufgelöst nach Plathe zu marschieren. Nur noch die Chaussee nach Bad Polzin war frei. Sie war bedeckt mit Trecks, Radfahrern und Fußgängern. Ich selbst versuchte, zu Rad durchzukommen. Bei Sarranzig gab es Tieffliegerbeschuß. Dann wurde ich von einem Lazarettauto aufgenommen und erreichte um

4.15 Uhr Bad Polzin. Gerade gab es auch hier Panzeralarm. Ich fuhr weiter bis Buslar und ruhte einige Stunden bei einem bekannten Bauern. Die Buslarer rüsteten sich zum Treck, sind aber nicht mehr fortgekommen. Um 2 Uhr brach ich nach Belgard auf. Auch diese Chaussee war von langen Trecks erfüllt. Gegen 10 Uhr am 4. März erreichte ich Belgard. Ich mußte mich ausruhen, und am Nachmittag war der Weg nach Kolberg verstopft. Superintendent Zitzke war in Belgard geblieben. Bis zum Abend des 3. März war es auch Frauen und Kindern nicht gestattet gewesen, Belgard zu verlassen. An diesem Abend nun hatte ein Teil der Bevölkerung versucht, mit Treck nach Kolberg zu ziehen. Nach einigen Tagen kamen sie völlig ausgeplündert zurück.

Am 4. März gegen 18.30 Uhr begann die Wehrmacht, Belgard zu räumen, das heißt, sie floh nach Süden. Wir warteten im Keller auf die Beschießung und die Russen. Da die Stadt nicht verteidigt wurde, hörte die Beschießung bald auf. Am 5. März um 5.30 Uhr fuhren Panzer ein, blindlings mit Pistolen schießend. Die Kampftruppen zogen weiter, während nur eine kleine Besatzung in der Stadt blieb. Die Soldaten drangen in die Häuser, zerstörten, was ihnen paßte, und nahmen, was ihnen gefiel. So verlor ich selbst durch einen nächtlichen Besuch Uhr und Trauring. Die durchmarschierenden Truppen vergewaltigten wahllos die Frauen. Ein mir bekannter Kirchenältester aus Quisbernow erzählte mir, er habe zusehen müssen, ohne seinen Töchtern helfen zu können. Polen und Belgarder selbst erbrachen und plünderten die Läden. Es wurde sofort eine polnische Stadtverwaltung eingesetzt. Die Kirche blieb unangetastet.

Superintendent Zitzke, Pastor Mühlenbeck und mir wurde erlaubt, weiter zu amtieren. Gottesdienste und Amtshandlungen wurden nicht gestört. Parteigenossen und Beamte wurden einer nach dem anderen verhaftet. Die gesamte männliche Bevölkerung von 14 bis 65 Jahren wurde zur Arbeit eingezogen und verschleppt. Ausgenommen waren nur die Eisenbahner und wir Pastoren.

Am 4. April brach ich mit einer Gruppe von Frauen und Kindern zu Fuß nach Dramburg auf. In Bad Polzin auf der Kommandantur wurden wir ausgeplündert. Wir kamen am 7. April bis Dolgen, 9 km vor Dramburg. Die Stadt war am Karfreitag zwangsweise geräumt worden. Ich mußte erst in Dolgen, als auch dieses geräumt wurde, in Born bleiben. Sehr häufig kamen Russen und Polen zum Plündern. Die Mädchen mußten sich ständig versteckt halten. — Anfang Mai durfte die Dramburger Bevölkerung zurückkehren. Am 12. Mai ging ich nach Dramburg, wo ich mein Haus in unbeschreiblichem Zustand vorfand. Aber es war unbewohnt. Die Stadt war in der Nacht vom 4. zum 5. März im Straßenkampf erobert worden. Dabei war etwa der 5. Teil niedergebrannt. Der polnische Bürgermeister gab mir einen Ausweis zur Aufnahme meiner pfarramtlichen Tätigkeit. Den ersten Gottesdienst hielt ich am 1. Pfingsttag in der nur wenig beschädigten Kirche. Am 3. Juni konfirmierte ich in Dramburg etwa 20 Kinder, am 10. Juni in Zülshagen etwa 12. Es waren allmählich gegen 4000 Dramburger zurückgekehrt. Die am besten erhaltenen Stadtteile aber blieben den Polen vorbehalten.

Anschließend skizziert Vf. die Lebensbedingungen der Deutschen unter den Russen und berichtet kurz über die Ausweisung.

Nr. 52

Bericht der Frau E. K. aus Gr. Küdde, Kreis Neustettin i. Pom.
Original, 4. Januar 1952, 5 Seiten. Teilabdruck.

Erlebnisse auf der Flucht vor den Russen bis Rostock; Rückkehr bis Ziegenort bei Stettin.

Am Sonntag, dem 21. Januar 1945, schickte der Ortsgruppenleiter in den Morgenstunden von Haus zu Haus Packbefehl. Daraufhin verließ zunächst jeder, der einen bestimmten Zufluchtsort wußte und abkömmlich war, mit dem Zuge das Dorf. Anfang Februar wurden dann Frauen mit kleinen Kindern und alte Leute, die keine eigene Fahrgelegenheit besaßen, mit Omnibussen nach der Jugendherberge Wuhrberg gebracht. Von dort sollten sie dann rechtzeitig weitergeleitet werden. Über deren Schicksal ist mir nur noch bekannt geworden, daß viele von ihnen bei dem Großangriff auf Swinemünde durch Bomben ums Leben gekommen sind. Die zusammengestellten Trecks mußten auf Abruf warten. Die Gesamtleitung und Organisation lag in den Händen des Ortsgruppenleiters und Bürgermeisters.

Am Sonntag, dem 25. Februar 1945, abends, kam dann der Befehl: „Bereithalten und bei Läuten der Glocken abfahren!" Die Trecks von den Abbauten kamen noch am gleichen Abend in das Dorf gefahren. Gleichzeitig wurden einige Autobusse für Frauen mit Kindern und gebrechliche Leute bereitgestellt, zunächst bis Bärwalde. Die Glocken zum Aufbruch haben dann am Montag früh gegen 7 Uhr geläutet, nachdem in Klein Küdde der erste Artilleriebeschuß einsetzte. Ich selbst bin mit meinen Kindern am Sonntagabend mit dem Autobus mitgefahren und habe in Bärwalde auf den Treck meiner Eltern gewartet. Wir wurden zunächst in einer Schule untergebracht und am anderen Tage auf umliegende Rittergüter verteilt. Das Städtchen Bärwalde war übervölkert. Am Dienstagabend traf ich nach vielem Suchen meine Eltern, und am Mittwoch früh 6 Uhr fuhren wir Richtung Schivelbein weiter. Die ersten zwei Tage fuhr der Treck, bestehend aus etwa 10 Fuhrwerken, geordnet über Schivelbein, Greifenberg, Gülzow. Von dort waren die Straßen Richtung Wollin verstopft. Es wurde nachts nicht mehr ausgespannt. Wir sind von dort drei Tage und Nächte nur schrittweise Richtung Wollin vorwärts gekommen. Nachts war der Himmel in allen Richtungen blutrot, und eiskalter Wind pfiff über die Straßen. Mein alter Vater versagte (Durchfall, wirre Reden), da übernahm ich die Führung des Gespanns. Als ich vor Wollin mit dem Fahrrade unsere Nachbarn aufsuchen wollte, die ca. 2 km hinter uns fuhren, konnte ich sie nicht mehr erreichen. Der Russe war zwischen uns durchgebrochen und hatte die Trecks abgeschnitten.

Am 5. März 1945 früh fuhren wir endlich über die Dievenow-Brücke und durch Wollin. Wir waren etwa 1 km hinter Wollin, als hinter uns in dieser Stadt ein Munitionslager durch Artillerie-Volltreffer explodierte. Die Straßen und Landwege auf der Insel in Richtung Swinemünde waren vollkommen verstopft. Unser Treck wurde in einen Waldweg gelenkt, wo wir sieben Tage gestanden haben und ca. nur ½ km vorwärtsgekommen sind. Am zweiten Morgen bei ca. 17° Kälte drohte hier mein kleiner Junge den Strapazen zu erliegen. Mit blauen Lippen hob ich ihn nach der eiskalten Nacht aus dem

Wagen. Er konnte nicht mehr stehen noch sprechen. Da habe ich ihn in Tücher gewickelt und etwa 5 km weit getragen bis zur nächsten Försterei. Dort überließ mir die freundliche Hausfrau das geheizte Herrenzimmer und gab mir auch warme Milch. Solche Angst verleiht Bärenkräfte, ich wurde nicht lahm und müde! Auch holte ich meine Mutter und meine Tochter dorthin, und wir durften dort solange bleiben, bis mein Vater nach sechs Tagen diese Stelle mit dem Treck passierte.

Von hier aus ging es die letzten 14 km vor Swinemünde dann pausenlos weiter. Wir kamen nachts um 12½ Uhr dann mit unserem Gefährt über die Notbrücke in Swinemünde. Die Stadt war lückenlos von Trecks und Menschen ausgefüllt, und wir mußten, vollständig erschöpft und immer nach einem freien Eckchen schauend, weiterfahren und konnten erst in dem Bansiner Wald rasten. Dies war unser Glück! Denn am Morgen gegen 7 Uhr erzitterte die Erde von furchtbaren Detonationen. Es war der Großangriff auf Swinemünde. Wir fuhren sofort weiter bis Ückeritz, übernachteten dort in einer Militärbaracke, mußten aber schon wieder sehr früh weiterfahren, weil die Baracke für Verletzte aus Swinemünde freigemacht werden mußte. Mein Mädchen war selbst fieberhaft krank, und wir dachten, hier 1—2 Tage von den Schrecken der letzten Tage auszuruhen, aber wir mußten weiter.

Am 17. März 1945 langten wir endlich in Greifswald an. Von dort wurden wir in das kleine Dörfchen C. eingewiesen. Wir bekamen Quartier in einem alten Hause bei der freundlichen Familie Möller. Dort fühlten wir uns nach den überstandenen Strapazen recht wohl und erholten uns schnell. Auch die Pferde, die hart angeschlagen waren, wurden durch die Pflege wieder munterer. So fiel es uns dann nicht schwer, als in der Nacht zum 26. April 1945 alarmiert wurde, Richtung Rostock weiterzufahren. Leider war es zu spät gewesen! 2 km vor Rostock überholten uns die russischen Panzer. Unser Schicksal war besiegelt. Ein schweres Artilleriefeuer auf die Panzer setzte ein. Die Pferde wurden scheu und rasten ab, gerade als ich meinen kleinen Sohn vom Wagen nehmen wollte. Meine Mutter, mein kleines Mädchen, meine Schwester und ich warfen uns in ein Luzernefeld mitten zwischen deutsche Soldaten. Mein Vater und Junge waren auf dem rasenden Gefährt geblieben. Panzer rollten unaufhörlich, um uns Einschlag auf Einschlag und Kugelsausen über den Köpfen. Nach etwa einer Stunde beruhigte sich das Bild. Mit erhobenen Händen begaben wir uns an die Straße. Ein Russe band uns weiße Tücher um den Arm und forderte von uns „Uhra". Ein freundlicher Pole kam mit uns, nach meinem Vater und meinem Kind zu suchen. An der Landstraße lagen tote Soldaten, nach etwa 3 km fand ich das Gefährt. Mein Vater hatte das Gespann geistesgegenwärtig zwischen den rollenden Panzern hindurch auf den Hof einer Gärtnerei gelenkt. Der Wagen war bereits ausgeplündert, und mein 2-jähriger Sohn kam mir mit einer leeren Patronenhülse entgegen: „Mammi — pu, pu." Mit unsagbarem Glücksgefühl drückte ich unter Tränen mein Kind ans Herz.

Der Pole nahm uns mit auf den Bauernhof in einem Dorf, wo er als Kriegsgefangener bisher gearbeitet hatte. Er gab uns zu essen und versprach, uns zu schützen. Er erzählte uns, daß sein Bauer nicht gut sei, und zeigte uns die Zähne, die ihm hier ausgeschlagen worden seien. Er bat uns trotzdem, uns nichts von den vorhandenen Sachen anzueignen, damit sein Bauer ihn nicht bei seiner Rückkehr beschuldigen könne. — Es war auf Mittag am 1. Mai 1945. Die ersten Russen, die dort hereinkamen, waren freundlich. Sie bedauerten unser Schicksal mit den Worten: „Rußland hat den Krieg nicht gewollt. Nach Hause!" Vor den nächsten vier Mongolen gelang es dem Polen gerade noch, uns jüngere Frauen und Mädchen zu schützen. Er sagte uns aber, wir müßten sofort aus dem Hause. Wir schlichen durch Haus, Stall und Scheune und warfen uns auf dem nahen Friedhof zwischen die Gräber, als wir merkten, daß die Mongolen uns verfolgten und Schüsse in unsere Richtung abgaben.

Nach einiger Zeit kamen meine Eltern und Kinder mit dem Wagen den Landweg feldein gefahren, und wir fuhren weiter auf einen größeren abgelegenen Bauernhof. Dort waren noch etwa 50 bewaffnete deutsche Soldaten. Am nächsten Morgen kam auch dort der Russe hin, entwaffnete alle. Dabei hatte er auch die jungen Frauen und Mädchen, etwa 30, entdeckt, die dort Schutz suchten. Es begann eine furchtbare Zeit der Frauenverfolgung. Jede Nacht erschienen besoffene Russen und durchsuchten das Haus. Ich hatte mich mit meiner Schwester und einem jungen Mädchen gleich am ersten Tage auf die Decke eines Taubenschlages[1]) versteckt. Die Russen aber kamen in der Nacht, zerschlugen die Fensterscheiben, schossen über unser Dach, durchsuchten auch den Boden, wo wir zitternd kauerten und nicht zu atmen wagten. Meine Schwester wollte sich die Pulsadern öffnen. Ich hielt sie ab. Sie hatten zwei andere Frauen gefunden und waren nun zufrieden. Am nächsten Tage bauten wir uns eine Höhle auf dem Heustall zwischen vermodertem Stroh und zwischen Rattennestern. Aber besser Ratten als Russen! Meine Eltern schliefen mit den Kindern im Kuhstall.

Nach 14 Tagen wollte der Dolmetscher, ein zurückgebliebener Soldat aus Oberschlesien, nicht mehr die Verantwortung für die gesamten Frauen auf dem Hofe übernehmen. Ein Russe hatte ihm erklärt, falls sie doch Frauen fänden, würde er erschossen. Die Polen von dem Hof und der nächsten Umgebung waren bereits mit unserem Treck so Richtung Osten gefahren, wie wir angekommen waren. Einige Betten und Sachen, die gerade im Gebrauch waren, waren zurückgeblieben. Meinem Vater war es nach 14 Tagen gelungen, ein herrenloses Soldatenpferd auf dem Felde einzufangen. Auch fand er einen Soldatenwagen dazu. Wir luden unsere Habseligkeiten darauf und fuhren nach Gnoien, nachdem auch meine Nerven auf diesem Hofe zum Zerreißen gespannt waren.

Eine Episode noch: zwei alte Männer waren täglich aufgestellt, die Wege zu dem Hofe zu beobachten und zu trillern, falls Russen gesichtet wurden. Wir verschwanden dann in unsere Höhlen und zogen die Leiter hoch. Eines Tages hatten meine Schwester und ich das Warnungssignal überhört, flüchteten durch den Gartenzaun auf eine Wiese. Der grasende Bulle kam wütend brüllend auf uns zugelaufen. Wir krochen eilends durch den Stacheldrahtzaun und versteckten uns in einem der vier Strohschober. Schon nach kurzer Zeit kommt einer von den Russen, ein älteres Väterchen, nimmt geradenwegs unsere Bunde vor uns fort und fordert: „Uhra!" Ich sage: „Uhra schon Kamerad." Da packt er uns genau wieder so zu und geht. Wir taten ihm sichtbar leid.

[1]) unter dem Dach.

In Gnoien durften wir 14 Tage sehr ruhig in einem Heim unmittelbar neben der Kommandantur wohnen. Dort wurden wir nicht belästigt und atmeten auf. Leider bekamen wir nicht länger Lebensmittelmarken und mußten weiter - nach Hause! Wir schlossen uns mit einem Treck aus Ziegenort bei Stettin zusammen. Der Besitzer war Baltendeutscher und sprach fließend russisch. Dadurch hatten wir wieder etwas Schutz. Von Gnoien bis Ziegenort sind dann unsere Wagen wohl noch viermal durchgeplündert worden. Sie fanden immer noch etwas Brauchbares heraus. Eine fürchterliche Fahrt! Zweimal forderte man uns auf, abzusteigen und die Sachen in den Straßengraben zu werfen. Das Weinen und Schreien der Kinder und meiner alten Mutter hielt sie dann immer von dem Vorhaben zurück. Wir waren heilfroh, als wir nach einer Woche in Ziegenort ankamen und bei unserem Fahrtgenossen gute Unterkunft fanden. Es war am 1. Juni 1945. Der dortige Bürgermeister gab uns befristete Lebensmittelmarken. Nach drei Wochen sollten wir unbedingt den Ort verlassen. Das furchtbare Elend und das Massensterben unter den Flüchtlingen auf der Hakenterrasse in Stettin hielt uns von der Weiterfahrt ab. Da wir noch einige Lebensmittel bei uns hatten und mein Vater mit dem Pferde auch noch etwas verdiente, blieben wir noch einige Wochen ohne Genehmigung in Ziegenort. Da setzten dann auch die ersten Ausweisungen von jenseits der Oder ein.

Abschließend geht Vfn. auf ihre Flucht aus dem polnischen Verwaltungsgebiet und auf Erlebnisse in der Ostzone ein.

Nr. 53

Erlebnisbericht des K. W. aus Tempelburg, Kreis Neustettin i. Pom.

Original, 28. November 1951, 13 Seiten. Teilabdruck.

Räumung der Stadt, Überrollung auf der Flucht und Rückkehr, Zustände in der Heimatstadt nach der Besetzung.

Einleitend werden allgemeine Angaben über den Kreis Neustettin und die Stadt Tempelburg gemacht.

Schon seit Ende Januar 1945 lag der Russe vor Deutsch-Krone, einer Stadt, die sich tapfer verteidigt hat, dafür aber auch, wie ich mich später persönlich überzeugen konnte, zu 60—70% kaputtgeschossen war. Zwischen Deutsch-Krone und Tempelburg, 12 km südlich von Tempelburg, liegt das Dorf Machlin, schon zum Kreis Deutsch-Krone gehörig, und das Rittergut Haugsdorf. Hier hat der Russe ungefähr vier Wochen gelegen. Täglich fanden in dieser Gegend Artilleriekämpfe statt, die deutlich in Tempelburg zu hören waren. Ein jeder rechnete täglich mit der behördlichen Anordnung der Flucht der Einwohnerschaft. Gespannbesitzer waren verpflichtet, sich bei der bevorstehenden Flucht im Treck zusammenzuschließen, Geschäftsleute, insonderheit die Lebensmittelhändler, durften vor der allgemeinen Flucht die Stadt nicht verlassen. Die allgemeine Evakuierung der Einwohner begann dann Mitte Februar. Beispielsweise hatten viele von den Beamten und Angestellten der Ordensburg Crössinsee ihren Wohnsitz in den benachbarten Städten

Falkenburg und Tempelburg. Die Evakuierung dieser Familien — die Männer waren ja alle draußen — begann am 12. Februar in Autobussen. Die Evakuierung der sonstigen Bevölkerung begann um den 20. Februar herum. Planmäßige Züge gab es nicht mehr. Manche Familie hat, um mit dem Zuge herauszukommen, auf dem 3 km entfernten Bahnhofe nicht nur stunden-, sondern sogar tagelang auf Fahrgelegenheit warten müssen.

Die letzte Bahn verließ Tempelburg am letzten Februar und hat das Ziel — Mecklenburg —, wenn auch z. T. schon unter Beschuß, noch erreicht. Wer Kraftwagen hatte oder sonst Gelegenheit fand, verließ in den letzten Februartagen die Stadt. Auch Wehrmachtswagen, PKWs. und LKWs. nahmen Flüchtende bereitwillig mit. Die Postbehörde verließ am 1. März in Postkraftwagen und -bussen die Stadt. Endlich wurde am Vormittag des 1. März dann auch die Flucht der Gespannbesitzer im Treck für 4 Uhr nachmittags angeordnet. Da ich Gespannbesitzer war, mußte auch ich mit meiner Frau mich dem Treck anschließen. Unsere Reise sollte gehen über Schivelbein und Belgard an die Ostseeküste. Am 3. März lagen wir vor dem Rittergut Reinfeld ca. 10 km vor Schivelbein und konnten beobachten, wie Schivelbein schon beschossen wurde. Nachmittags um 4 Uhr ordnete die Feldgendarmerie ein möglichst ruhiges und geordnetes Kehrtmachen der einzelnen Gespanne an, um zu versuchen, über Bad Polzin nach Belgard zu gelangen. In Polzin erfuhren wir, daß die Persantebrücke vor Belgard schon gesprengt sei.

Am 4. März nachmittags 2 Uhr hatten wir Polzin erreicht. Ein kleiner Bauer von 30 Morgen Land nahm uns mit unserem Gespann freundlich auf. Abends um 9.30 Uhr begann die Beschießung der Stadt. Um 11 Uhr war der Russe schon mit einer Panzereinheit vor unserer Türe. Am folgenden Morgen wurde vom Hauswirt um 8 Uhr Haus und Torweg geöffnet, 5 Minuten darauf hatten die Russen schon mein Pferd abgeführt. Andere hockten auf dem Wagen, um zu plündern. Alle 10 Minuten öffnete sich die Stubentüre. Es erschienen Russen, einzeln und in kleineren Trupps, die MPs. immer auf unsere Heldenbrust gerichtet, um uns immer wieder erneut von oben bis unten abzutasten nach Uhren, Messern und sonstigen Wertgegenständen. Die letzten mitgenommenen Sachen wurden vom Wagen geraubt. Bald erfuhr man auch Einzelheiten aus der Stadt. Im Laufe des Vormittags kam der Hauswirt aus seinem Garten zurück ins Zimmer und erzählte, daß im Garten unter einem Baume vier Leichen (Männer und Frauen) lägen, während drei Leichen im Baum hingen. In dieser Nacht hatte es in Polzin zwischen 200 - 300 Leichen gegeben. Genaues war nicht zu erfahren.

Erschießungen fanden während der ersten Zeit täglich statt. Eine ganze Arztfamilie wurde erschossen, weil der Arzt bei der Behandlung der Kranken die Deutschen bevorzugt behandelt haben soll. Der Vater einer Hauseinwohnerin bei uns wurde erschossen, weil er nachts heimlicherweise im Keller den Rundfunk gehört haben soll. Gleich in den ersten Tagen nach dem Russeneinbruch erkrankte ich an Lungenentzündung, die ich ohne Arzt auskurieren mußte. Dieser Umstand hielt mich mit meiner Frau noch fünf Wochen in Polzin fest. Erst nach Ostern konnten wir an den 28 km langen Rückmarsch denken. *Hier schiebt Vf. die Schilderung des Schicksals einer Försterfamilie ein.*

Den Sonnabend nach Ostern marschierten dann meine Frau und ich zurück nach Tempelburg. Am Sonntagnachmittag langten wir dort an. Dank der liebevollen Behandlung und der guten Pflege durch unsere Wirtsleute in Polzin ging der Rückmarsch glatt vonstatten. . . .

Als wir nach Tempelburg zurückkamen, erfuhren wir dann auch bald, daß der russische Kommandant nach Einnahme der Stadt geäußert habe, die Deutschen sollten keine Angst haben, es würde ihnen nichts geschehen, sofern sie die Verordnungen befolgten. Es würde keinem ein Leid angetan werden. Und diesen Eindruck habe ich auch gewonnen, im Gegensatz zu dem Verhalten der Russen in Polzin. Wenigstens sind strenge Maßnahmen von Seiten der Russen nicht vorgekommen. Die Morde und Untaten, die sonst geschehen sind, sind von einzelnen verbrecherischen Elementen begangen worden. Namentlich ereigneten sich derartige Fälle bei Vergewaltigungen der Frauen, sofern Männer dazwischentraten oder auch die Frauen bei Männern Schutz suchten. Wiederholt ist es geschehen, daß bei Vergewaltigungen die Frauen dabei umkamen. Für die ersten fünf Tage waren die deutschen Frauen jeweils nach dem Einbruch der Russen Freiwild für die Russen, selbst nach dem Ausspruch der Russen. Dann erst flauten diese Art Verbrechen etwas ab, haben jedoch während des ganzen Jahres 1945 nie ganz aufgehört. Überall, wo der Russe hinkam, folgten ihm nach einigen Tagen polnische Truppen, und wiederum 10 - 14 Tage später folgte das polnische Zivilvolk, das von den Häusern, Geschäften und Landwirtschaften Besitz ergriff. Dies war in den Städten der Fall wie auch auf dem platten Lande.

Abschließend werden Maßnahmen der Russen und die Ausweisung durch die Polen beschrieben.

Nr. 54

Erlebnisbericht des Landwirts E. H. auf Rittergut Linz, Kreis Neustettin i. Pom.

Original, 3. April 1951, 10 Seiten. Teilabdruck.

Flucht bis vor Treptow, Überrollung des Trecks und Erlebnisse auf dem Rückmarsch.

Am 1. März 1945 hörte ich von Leuten aus Osterfelde, daß die Panzer der Russen bereits durch ihr Dorf, 7 km hinter Bärwalde, gefahren seien. Von Neulucknitz aus sah ich selbst Panzer nach Bärwalde fahren. Am Nachmittag verließ ich dann mit meiner Frau mein Rittergut Linz, um zunächst nach Wedellshof zu fahren. Nachdem wir unterwegs von Tieffliegern mit Mg. beschossen worden waren, kamen wir abends in Wedellshof an, von wo aus die Reise am nächsten Morgen weiter über Labes - Regenwalde - Cammin gehen sollte. Leider kamen wir erst nachmittags mit insgesamt sechs Wagen und außer 43 Deutschen mit 2 Franzosen, 3 Polen und einem volksdeutschen Hausmädchen weg, eine Verzögerung, die uns sehr zum Verhängnis werden sollte. Da die Straßen völlig verstopft waren, kamen wir nur sehr langsam vorwärts. Der Treck wurde mehrmals durch Flieger beschossen, es soll Tote und Verwundete gegeben haben. In der Nacht sah man die Stadt Labes und Umgebung brennen, der Russe war also nicht mehr weit. Ich fuhr durch bis

Schivelbein, wo ich in der Nacht ausspannte. Am nächsten Tage ging es weiter Richtung Stolzenberg - Moitzelfitz, wo wir am Spätnachmittag eintrafen und Unterkunft suchten. Kurz darauf fuhr mein Schwager Keske mit Familie und Arbeitern aus Zarnekow auf den Hof, fuhr aber kurz entschlossen weiter, als kein Platz mehr für seine Unterbringung war. Ich habe diese Verwandtschaft das letzte Mal gesehen. Mein Schwager ist gesund über die Oder gekommen, aber später bei dem Russeneinfall mit seiner Frau und drei Enkelkindern glatt verhungert. Als wir Kanonendonner und das Gerassel von Panzern hörten, fuhr auch ich über Petershagen weiter.

In rabenschwarzer Nacht fuhren wir auf einer Nebenstraße bis zum Morgen hindurch. Schon waren die Kirchtürme von Treptow zu sehen. Das Gedränge war furchtbar, Zivil und Militär bunt durcheinander, die Straße völlig verstopft. Ich sah die russischen Panzer kommen und fuhr mit meinen Wagen auf einen Kleeschlag. Die Polen und Franzosen sowie das volksdeutsche Hausmädchen rannten den Russen entgegen, die Hände hoch erhoben. Auch ich ging näher. Ein Offizier auf dem vordersten Tiger fragte in reinstem Deutsch, ob zwischen den aufgefahrenen Wagen Militär sei, was ich verneinte. Dann fragte er, woher wir seien, und befahl umzukehren. Es dunkelte bereits. Wir gruben uns frei und fuhren bis zu dem Gute Jarchow, wo wir Quartier machten. Der Hof wimmelte voller Flüchtlinge, der Besitzer war fort. Die ganze Nacht wurde in Richtung Treptow geschossen.

Beim Morgengrauen ließ ich anspannen und fuhr gerade vom Hof, als eine große Anzahl Panzer von Treptow zurückkam, um auf dem Gutshofe aufzufahren. Davor habe ich mich gefürchtet, und die armen Flüchtlingsfrauen und Mädchen haben gewiß entsetzliche Stunden erleben müssen. Kurz vor Einbiegen in die Chaussee nach Petershagen bot sich uns das erste schreckliche Kriegsbild. Es lagen Tote, Pferde, Hausrat und umgestürzte Flüchtlingswagen, zerschnittene Betten, viele vornehme, zerstörte Verdeckwagen bunt durcheinander. Waffen aller Art, von Panzern zerschmetterte Pferde gaben ein grauenvolles Bild. ... Die Russen hielten uns an. Der Franzose sprach mit ihnen, und da er schon seine Uhr abgegeben hatte und ich meine angeblich auch einem Russen gegeben hatte, ließ man uns passieren. Die folgenden Leute aus Wedellshof kamen nicht ganz ohne Plünderung durch.

Auf dem Vorwerk von Schlenzig in Wedderwill fand ich einen guten Stall und Unterkunft. Hier sind wir drei Tage geblieben, die Frauen backten sogar Brot. Ich selbst schlief im Wagen. Auf dem Gut war auch ein Bauer, der mir riet, mit ihm in sein Dorf im Regenwalder Kreis zu fahren und dort vorläufig zu warten. Als große Kolonnen polnischer Infanterie erschienen, fielen diese gleich über unsere Pferde her, nahmen Pferde und Geschirr und ließen ihre eigenen, abgetriebenen Pferde zurück. Durch einen Litauer ließ ich mir drei andere schlechte Pferde gegen Schnaps verschaffen. Die Franzosen und Polen verließen uns. Die 43 deutschen Personen mußten sich auf zwei Wagen verteilen.

Als ich in Schlenzig auf den oben erwähnten Bauern wartete, kam eine polnische Schwadron Kavallerie auf uns zu. Der Rittmeister, schwer angetrunken, verlangte von mir Zigaretten. Als ich erwiderte, daß ich als Nichtraucher keine Zigaretten hätte, griff er nach der Pistole und wollte mich erschießen. Die Frauen schrien auf, darauf zog er seinen Degen und hätte mich damit geschlagen, wenn ihm eine Frau aus Wedellshof nicht für mich Zigaretten gegeben hätte. Wir sollten unsere Wagen zur Seite fahren und bleiben, ich fuhr aber schleunigst fort und kam in der Nacht in einen großen Wald. Wir mußten auf der Landstraße übernachten. Die Durchfahrt der Truppen riß nicht ab.

Bei der Weiterfahrt kamen wir vor ein anderes Dorf, das total ausgeplündert war, und wo man mir noch ein Pferd nahm. Wegen des Aufmarsches der Polen kamen wir die Chaussee nicht weiter und nahmen in dem Jagdschloß Neuhof Quartier. Im Schloß sollten noch deutsche Soldaten sein. Plötzlich stand ein polnischer Offizier vor mir und beauftragte mich, die Soldaten zu veranlassen, sich zu ergeben. Auf meine Bitte versprach er mir, daß meine Wagen nicht geplündert würden. Kurz darauf waren aber schon einige Polen im Wagen und plünderten. Ich ging sofort zum Hauptmann, der veranlaßte, daß mir das Gestohlene wiedergegeben wurde. Sobald er aber im Hause war, ging die Plünderei erneut los. Ich fing nun an zu schimpfen, da sprangen gleich fünf bis sechs Kerle mit Maschinenpistolen auf mich los. Ich schlug auf meine Brust und brüllte: „Hier sitzt das deutsche Herz!" Da stutzten sie, und nun drehte ein alter Feldwebel das Gewehr um, mit dem er heftig auf mich einschlug. Ich sollte laufen, ging aber nur schrittweise zurück und bekam mörderliche Prügel. Ich meldete dies sofort dem Hauptmann, der sich daraufhin drückte und bald mit den Gefangenen abzog.

Am nächsten Morgen fuhren wir durch das Kampfgebiet bis nach Stargordt. Als ich auf einen angehaltenen Wagen wartete, holten Soldaten auch mich zurück und drohten, sonst zu schießen. An der ausgebrannten Brennerei wurden zuerst die Wagen völlig ausgeplündert. Die Koffer usw. wurden einfach mit dem Seitengewehr aufgeschlitzt. Die Räuber fanden reiche Beute, und herrschte große Heiterkeit. Dann kamen wir Menschen dran. „Hände hoch!" Von oben bis unten wurde Jung und Alt untersucht. Der Anführer war ein hoher polnischer Offizier, der mir meine Brieftasche, meine Brille und meine Taschentücher wiedergab, während er bei fast allen anderen diese Gegenstände abnahm oder vernichtete. Ganz besonders den beiden Arbeitern nahm er das Geld weg, um es auf die Straße zu werfen. Eine große Summe Papiergeld, die ich im Fahrmantel versteckt hatte, fand er nicht.

Nachdem wir jeder einzeln durchsucht waren, mußten wir etwas abseits niederknien, ich kam zuerst dran, dann meine Frau. Da diese nicht knien konnte, flüsterte ich ihr zu, sich neben mich auf einen Stein zu setzen. Ein großer Russe der GPU. mit Zipfelmütze und großem Stern, Sichel und Hammer schlug meine Frau, und diese mußte sich auch auf die Knie setzen. Der finstere Russe hatte einen schweren Revolver und musterte uns einzeln, die Waffe schußbereit haltend. Ich sah ihn gelassen an und dachte nur, er solle mich nur zuerst totschießen, dann brauche ich die anderen nicht sterben zu sehen. Zwei Lumpen von meinen Arbeitern gaben sich als Kommunisten aus. Inzwischen war die Durchsuchung der 43 Personen erfolgt. Der Russe ging immer von neuem die Reihe mit seinem Revolver entlang, und wir hatten alle mit dem Leben abgeschlossen. Plötzlich schien die Sonne, und die kleine Margot wurde gerade so hell angestrahlt, als der Russe vor ihr stand. Das

Kind sah in seiner Angst so allerliebst aus, daß der Russe ihm unters Kinn faßte, „my darling" sagte und den Revolver fortsteckte. Es war, als ob die Macht Gottes uns zu Hilfe kam.

Die Offiziere berieten sich mit dem Russen der GPU. Wir mußten aufstehen und um einige elende Arbeiterhäuser gehen. Hier mußten wir abermals niederknien. Ich dachte, jetzt komme das MG. Nach kurzer Beratung nahmen sich die Banditen Frauen und Mädchen und verschwanden. Wir anderen durften nicht aufstehen. Endlich führte man uns ab. Es kam ein jüdischer Kommissar, der uns befahl, das zugewiesene Quartier, ein elendes leeres Stübchen, nicht vor morgens 8 Uhr zu verlassen. Vor der Tür wurden ein MG. und drei Soldaten aufgestellt. In der Nacht regnete es stark, die Soldaten ließen das MG. allein, und im frühen Morgengrauen machten wir uns ganz still auf den Weg nach Labes. Der Magen knurrte, und besonders die Kinder litten unter dem Hunger. Die Chaussee von Stargordt bis Labes war zu beiden Seiten mit Kriegsausrüstungsgegenständen besät.

Wir kamen durch das Kampfgebiet und machten einige Kilometer vor Labes, in Heinrichsfelde, in einer Polenwohnung Quartier. Hier hatte man am Tag vorher Herrn von Borke, einen 84-jährigen Invaliden, drei alte Gutsarbeiter und 6 Flüchtlinge erschossen. Diese elf Männer waren gerade im Park beerdigt worden.

Kaum hatten wir uns hingelegt, um von dem großen Fußmarsch auszuruhen, als zwei Kosaken erschienen, gleich durch die Decke schossen, die zwei anderen Männer herausholten, um für ihre Pferde Futter zu beschaffen, und sich dann zwei Frauen holten. Während der Feldwebel bald wiederkam, war weder von dem anderen Kosaken noch von der Frau etwas zu erblicken. Der Feldwebel hatte die beiden Wedellshofer Männer beauftragt, den Kosaken zu suchen, und diese hatten sich, da sie ihn nicht fanden, versteckt. Ich hatte hiervon keine Kenntnis und war daher erstaunt, als mich der Feldwebel holte, mir befahl, die Hände hochzuhalten und zu suchen, indem er mit dem Karabiner hinter mir herging. Da auch ich nicht auf dem Gute Bescheid wußte und den Russen nicht fand, behauptete er, wir hätten ihn umgebracht. Er wollte ein Kommando Kosaken von Labes holen und die ganze Gesellschaft erschießen lassen.

Inzwischen ging ich in das Gutshaus zu Frau von Borke, die dann auch den Russen fand. Die Frau war in ihrer Angst mit dem Kosaken in den Keller des Gutshauses gegangen. Hier hatte Frau von Borke 62 Frauen und Mädchen versammelt. Der Kosak hatte sich ein Mädel ausgesucht und die Frau laufen lassen. Der Feldwebel kam wutschnaubend zurück, drohte mit Erschießen, und als ich ihm bedeutete, den Mann gefunden zu haben, wollte er es nicht glauben. Er ritt mit schußbereiter Waffe hinter mir her, ängstlich jede Ecke meidend. Als er seinen Untergebenen sah, ließ er mich freundlichst gehen und schalt den Mann ganz furchtbar aus.

Am nächsten Tage gingen wir über Labes, das fast völlig ausgebrannt war, um über Saagen den Landweg nach Wedellshof zu benutzen. Kurz vor Saagen mußten wir umkehren, weil dort noch ein Gefecht im vollen Gange war. Da meine Frau am Ende ihrer Kräfte war, suchten wir ein etwas abseits gelegenes Bauernhaus auf. Hier sah es so wüst aus, daß ich trotz Hungers weder essen noch ruhen konnte. Drei tote Bauern lagen hinter Stall und Scheune und tote Pferde auf dem Hof. Die andern waren nach Dramburg vorausgegangen. Vor Schönwalde war die Kraft meiner Frau zu Ende und die Energie erloschen. Nur durch Härte konnte ich es erreichen, daß sie nach einem Ohnmachtsanfall von einem Chausseestein zum andern gehen konnte. Endlich kamen wir in das Dorf, in dem wir etwas zu essen bekamen und meine Frau bei einem Bauern zurückließen, wo sie gleich einen tiefen Schlaf fand. Ich selbst ging mit zwei Begleiterinnen weiter nach Wedellshof, wo wir abends eintrafen und den Hühnerstall noch brennen sahen.

Im weiteren Verlauf berichtet Vf. seine Erlebnisse unter russischer Verwaltung und von seiner Ausweisung im Dezember 1945.

Nr. 55

Erlebnisbericht von Frau H. P. aus dem Kreis Naugard i. Pom.
Original, 16. September 1952, 12 Seiten. Teilabdruck.

Flucht nach Norden, Überrollung durch die Russen und Rückkehr.

Vfn. schildert eingangs die sich verschärfende Lage im Januar und Februar 1945, die u. a. zur Einberufung ihres Mannes zum Volkssturm führte.

Die russische Walze ließ sich nun nicht mehr aufhalten, denn die ersten Trecks kamen und fuhren weiter. Auch einzelne kleinere Trupps Soldaten kamen mit Handwagen, Kutschwagen, belegten Quartier, aßen sich satt, schliefen aus und zogen wieder weiter. Angeblich sollten sie sich in Stettin sammeln. Von meinem Mann erhielt ich die erste Nachricht aus Neustettin, später aus Tempelburg und Brotzen. Um die Wirtschaft konnte ich mich nur sehr wenig kümmern. Der Pole von der Nachbarwirtschaft half uns, so gut und viel er konnte. Und ich wußte, ich konnte mich auf ihn verlassen. Ich selbst hatte alle Hände voll zu tun, um die durchziehenden Trecks, die auf unserm Hof ausspannten, zu betreuen. Dann kam noch zwischendurch Einquartierung.

Der Februar ging zu Ende. Am 28. Februar erschien meine Schwester, die schon seit Anfang Februar von Stargard/Pom. nach Greifswald evakuiert war, bei mir, um noch Betten zu holen. Ich machte es möglich, daß wir mit einem LKW. der SS. von Naugard nach Stargard fuhren und noch alles Wichtige aus ihrer Wohnung holten. Stargard hatte schon russischen Panzerbesuch gehabt, und während wir alles packten und auf den LKW. luden, kreisten über der Stadt die russischen Flieger. Wir kamen aber wohlbehalten wieder in Naugard bzw. K. an.

Am 2. März erhielt ich durch einen Volkssturmmann einen Kartengruß meines Mannes. Der V.-Mann erzählte nur, daß der Volkssturm in Brotzen aufgelöst und mein Mann auf dem Wege nach K. sei. Ich könnte stündlich mit ihm rechnen. Mein Mann kam nicht, statt dessen rückte aber der Russe immer näher. Mein Wagen, mit dem ich trecken wollte, war immer noch nicht fertig. Mir wurde noch ein Franzose zugeteilt, der aber keine Lust zur Arbeit zeigte. Um mich alleinstehende Frau auf der Wirtschaft kümmerte sich kein Mensch. Die Hauptsache war, daß jeder Bauer seinen Wagen fertig hatte.

Ich beschwerte mich beim Amtsvorsteher, und er selbst wollte wohl etwas gutmachen: Er schickte mir seinen Polen. Dieser machte den Wagen sehr gut startbereit. Am 3. März früh bekam ich noch eine Nachrichten-Abteilung ins Haus. Und nun begann ein Hasten und Jagen. Im Dorf stauten sich die Trecks, Fahrzeuge der Wehrmacht hatten Vorrecht, es war ein haltloses Durcheinander. Ein junge Frau, in meinem Hause evakuiert, 14 Tage vor der Niederkunft, konnte ich nachmittags noch mit einem LKW.-WM. mitschicken. Ich habe nie wieder etwas von ihr gehört.

Gegen 18 Uhr kamen dann noch 35 Volkssturmmänner auf unsern Hof. Scheune , Ställe, Hof, alles war dichtgedrängt voller Menschen und Tiere und Wagen. Ich entschloß mich, im Eß- und Herrenzimmer Stroh zu schütten, damit die Männer liegen und schlafen konnten. Und wie haben sie geschlafen! 4. März morgens 7 Uhr sollte Wecken sein, aber um 5 Uhr war Alarm, und ab ging es. Die Nacht über hörte man schon ganz dicht Detonationen in Richtung Plathe-Greifenberg und Wilhelmsfelde-Massow-Daber, alles ein Feuer. Jeder versuchte nun, so schnell wie möglich fortzukommen. Wir Dorfbewohner warteten auf den Bescheid, daß wir anspannen sollten. Aber hier versagte wieder einmal unser Amtsvorsteher. Er hatte es vorgezogen, heimlich mit seinem Treck, den er schon 14 Tage in einem verschlossenen Wagenschuppen zu stehen hatte, zu verschwinden. Seine Nachbarin, Frau C. Fr., die bestimmt den Hof und alles so voll hatte, daß sie niemand mehr aufnehmen konnte für die letzte Nacht, hatte eine Frau und Kind zu ihm zurückgeschickt. Er drohte Frau Fr. mit Erschießen, falls sie sich weigere, die beiden Menschen aufzunehmen. In der Nacht vom 3. zum 4. März war ganz plötzlich die Nachrichtenabteilung verschwunden. Nachdem nun die Volkssturmmänner vom Hof waren, machte auch ich meinen Treck fertig.

Was ich bis dahin nicht fertigbrachte, in der Stunde größter Gefahr schlachtete ich meine Zuchtgänse, -puten und -enten sowie Hühner ab und warf alles in einen Sack, den ich außen am Wagen aufhing. Dann ließ ich die Pferde anspannen. Ein altes Ehepaar, die Eltern des Hotelbesitzers M. in Naugard, das bei uns untergebracht war, ließ ich auf den Wagen klettern. Noch einmal ging ich durch alle Räume, nahm alles in mich auf und von jedem Stück Abschied. Mit zusammengebissenen Zähnen ging ich über den Hof und durch die Stallungen. Wäre es besser gewesen, ich hätte das Stroh, das ich für die V.-Männer im Hause geschüttet, angezündet und das ganze Anwesen wäre in Schutt und Asche den Russen in die Hände gefallen?

Gegen 8 Uhr stieß ich dann auf der Chaussee Naugard—Gülzow zu der langen Reihe Trecks. Leider hatte ich Pech. Ich mußte erst den großen Treck des Jugendgefängnisses Naugard vorüberlassen und konnte mich dann einreihen. Ich selbst fuhr neben meinem Wagen mein Rad. Der Franzose kletterte auch in den Wagen und nahm die Zügel in seine Hände. Immer wieder wurden wir von LKWs. überholt, auf denen Soldaten, Volkssturmmänner, Zivilpersonen, teils verwundet, teils erschöpft lagen. Aus allen Wegen, die von den Ortschaften zur Chaussee führten, kamen neue Trecks und versuchten, sich einzureihen. Wiederholt gab es Stockungen. Kurz vor der Stelle, wo die Chaussee von Greifenberg/Pom. in die Gülzower Chaussee einmündet, gab es ein großes Halt. Hier hielt plötzlich der PKW. des Kreisleiters Stark-Naugard neben meinem Treck. Da niemand wußte, wohin es ging, fragte ich

Herrn Stark nach dem Ziel. Mir wurde zur Antwort: „An die Weser.“ Ich konnte mir die Bemerkung: „Hoffentlich liegt die Weser nicht noch vor der Oder“ nicht versagen. Und ich sollte recht behalten.

Nach einstündigem Halten ging es weiter. Und nun wurde aus den Pferden herausgeholt, was sie konnten. In der Nacht ging es durch Gülzow durch. Hier wurden die Trecks wechselnd geleitet gen Pribbernow und gen Pölitz. Und plötzlich kam der Augenblick, der das ganze Trecken sinnlos machte. Ich war etwa 200 m vor dem Bahnhof Rackitt. Da fuhren von links aus dem Walde 3 russische Panzer auf und versperrten die Chaussee. Mittels Sprachrohre wurden wir aufgefordert, umzukehren und wieder in unsere Heimatorte zu fahren. Dort sollten wir von ihren Kommissaren weitere Weisungen erhalten.

Und nun spielten sich Szenen ab, die man nicht so leicht vergißt, aber auch nicht mit Worten wiedergeben kann. Darum will ich von der Schilderung einiger Szenen Abstand nehmen und überlasse es dem Leser, sich ein Bild vor sein geistiges Auge zu zaubern. Mit anderen Trecks fuhr ich auf eine große Weidefläche, um die Pferde zu füttern und selbst etwas zu essen bzw. für die Nacht Eßbares fertigzumachen. Meine beiden Altchen sowie der Franzose stiegen vom Wagen, ich dagegen nahm Platz im Wagen, um für unser leibliches Wohl zu sorgen. Wie ein Blitz aus heiterem Himmel brausten plötzlich etwa 10 Maschinen im Tiefflug über uns hinweg und beschossen uns. Mit eingezogenem Kopf saß ich im Wagen und hörte das Aufprasseln der Geschoßhülsen auf den Plan. Wie ich zur Besinnung kam, konnte ich nur noch ein Pferd mein eigen nennen, das andere lag auf der Seite und mußte verenden. Es war getroffen. Aber ein langes Besinnen gab es nicht, wieder nahten die 10 Flieger im Tiefflug. Ich konnte noch gerade unter meinen Wagen kriechen. Wieder gab es Tote und Verwundete. Wir krochen aus unseren Deckungen hervor und mußten leider feststellen, daß die Flieger zum dritten Tiefangriff wendeten. Alles, was noch laufen konnte, suchte Schutz in den Gräben. Es gab keine Feinde mehr, nur noch Menschen, die um ihr Leben liefen. Franzosen, Bulgaren, Engländer usw. usw. lagen mit uns und neben uns in den Gräben. Und manch einer, der wohl keinen Gott mehr gekannt hatte, konnte plötzlich ein „Vater unser“ beten.

Nach diesen drei Angriffen beruhigte sich die Luft, aber wie sah es zwischen unseren Trecks aus: eine einzige Wüstenei. Wie ich zu meinem Wagen zurückkam, mußte ich feststellen, daß auch das zweite Pferd getroffen war, aber noch lebte. Ich schnitt ihm die Siele durch und versuchte, das Pferd hochzubekommen; leider war ein durchgehendes Gespann über seine Beine gerast und hatte die Gelenke gebrochen. Ich konnte aber auch Einschüsse in den Rücken feststellen. Mein Franzose verabschiedete sich nun von mir mit den Worten: „La guerre est finie“ und war nicht mehr zu sehen. Das Notwendigste nahm ich nun vom Wagen und ging mit meinen Altchen in den Wald. Mein Rad nahm ich mit, und wir konnten es noch gut beladen. Allmählich kam die Nacht. An Schlaf dachte niemand. Einer fragte den anderen: „Was nun?“ Immer wieder zog es mich zu unserem „Braunen“, noch höre ich das todwunde Stöhnen, und niemand war da, der ihm den Gnadenschuß gab. Hinzu kam das Stöhnen und Röcheln verwundeter Menschen, hier rief ein Junge nach seiner Mutter, dort wollte noch ein Mensch leben, und den Rahmen gaben auf einer Seite ein Fliegerangriff Swinemünde—Peenemünde und auf der anderen Seite die Feuersbrünste Greifenberg—Treptow—Labes—Naugard—Regenwalde—Massow—Daber—Gollnow—Stargard. Es war eine Nacht, die ich nie vergessen werde.

Und wieder wurde es Morgen. Ich versuchte nun, mich mit meinen Altchen übriggebliebenen Naugardern anzuschließen. Wir entschlossen uns zu einem Marsch über die Dörfer in Richtung Naugard. Die Chausseen wollten wir meiden. Aber schon tauchten überall Russen auf, die systematisch den Wald durchkämmten. Die beiden ersten Russen, die ich zu sehen bekam, nahmen sich meiner sehr „liebevoll" an, und ich glaube, man sah mir den Kampf und die Schändung an. Mehrere Tage und Nächte, nachts schliefen wir auf dem hartgefrornen Waldboden, irrten wir nun umher, unser Häuflein wurde kleiner, und endlich kamen wir in Zarnglaff an. Hier suchten und fanden wir Unterkunft in einem Bauernhause und richteten uns häuslich ein. Zu essen fanden wir genügend vor. Ich mußte mich aber besonders versteckt halten, weil die Russen im Dorf gerade in diesem Hause abends zusammenkamen. Ein Pole hatte mir dies verraten. Wir hatten uns unter das Dach zurückgezogen. Mir ist hier nichts passiert.

Vom 8.-11. März hielt ich hier aus. Sonntags, 11. März 1945, kamen etwa 15 Personen auf den Hof, und ich konnte erfreut feststellen, daß es Einwohner aus Damerow, Kreis Naugard, waren, die wir uns gegenseitig kannten. Sie übernachteten bei uns, und montags früh schloß ich mich ihnen an. Meine beiden Altchen mußte ich zurücklassen, da der alte Herr M. infolge einer Fußverletzung nicht gehen konnte. Die Nacht verbrachten wir in einem Hause in der Nähe von Altmühl. Hier trafen wir noch mehr Damerower. In einem Raum von ungefähr 16 qm hatten wir uns mit 28 Personen gesammelt. Alle Jahrgänge vom Greis bis zum Säugling waren vertreten. Die alten Leute mußten sich über die noch vorhandenen Betten legen, und wir anderen lagen auf dem Fußboden. Uns wurde die Härte unseres Lagers gar nicht bewußt, denn jeder trug des andern Last. Am nächsten Morgen ging es dann nach Damerow. Hier traf ich dann mehrere K.er Familien, und wir blieben zusammen. In unser Dorf durften wir noch nicht, da K. an der Durchgangsstraße lag und die russischen Truppen in endloser Reihe weiter nach Westen zogen. In Damerow blieben wir dann unter der Obhut von russischen Posten, denen sich einige Tage später polnische Soldaten zugesellten. Tagsüber hatten wir einigermaßen Ruhe. Aber kam die Nacht, dann galt es wachsam zu sein. Die Türen durften und konnten wir nicht versperren. Und es verging nicht eine Nacht, in der die Russen mit Kerzenlicht oder Taschenlampen sich ihre „5-Minuten-Lieben" aussuchten. Wenn wir aber durchaus das „Frau, komm" nicht verstanden, dann boten sich uns Szenen, die uns die Schamröte in die Gesichter trieben. Rücksichtlos wälzten die Russen ihre Körper über uns Frauen, zerrissen uns die Wäsche, die wir noch am Körper hatten, und ließen ihre Lust an uns aus. So ging es bis zum 1. April 1945.

Da hieß es: Die K.er dürfen in ihr Dorf zurück. Und wir gingen alle, wurden sofort registriert und mußten uns nun eine Bleibe suchen. Ich konnte in unser Haus nicht zurück, da dieses von russischen Offizieren besetzt war. Auf dem Hof stand eine Gulaschkanone, in der dauernd die Verpflegung kochte, und ein LKW.,dessen Rückwand meine Chaiselongue-Decke zierte.

Auch einige Kleinmöbel standen auf dem LKW. Sämtliches Vieh war aus den Stallungen verschwunden. Möbel, Geschirr usw. stand überall herum, teils unter freiem Himmel, teils in der Scheune. Betten, Wäsche, Geschirr, Kleinmöbel, alles lag bunt durcheinander unter Asche und Dung. Diesen Anblick und meine Empfindungen in Worte zu kleiden, vermag ich nicht. Was war aus dem „Dornröschenschloß", wie es viele genannt hatten, geworden!

Ich siedelte zu meiner Nachbarin, Frau E. M., über. Es kamen nun bittere Wochen für uns: Wir hatten nichts zu essen. Die beiden Kinder der Frau M., Junge und Mädchen, bekamen von den Russen Brot und Zucker. Aber wir konnten ihnen doch nichts wegnehmen. Die Russen warfen die Kartoffelschalen fort, und oft haben wir diese aus dem Mist wieder heimlich herausgekratzt, gewaschen und abgekocht, damit wir unserm Magen etwas anbieten konnten. Dann änderte sich plötzlich unsere Verpflegung. Die Schweine, die frei im Dorf umherliefen, wurden in unserer Scheune täglich zusammengetrieben, und drei Stück wurden täglich erschossen, abgesengt und aufgeteilt. Hier erbten wir, Frau M., ihre Kinder und ich, immer die Leber und Lunge sowie Kopf. Nun hatten wir zu essen und gaben auch noch anderen. Man konnte unser Drohnenleben nicht mehr mitansehen. „Rabotti" hieß es eines Tages. Wir wurden morgens von LKWs. um 6 Uhr abgeholt und zur Aufräumung eingesetzt.

Es folgen Darstellungen der Ereignisse und Zustände unter Russen und Polen bis zur Ausweisung im Dezember 1945.

Nr. 56

Brief der Frau Rohr aus Wurow, Kreis Regenwalde i. Pom.
Photokopie, 2. April 1946, 22 Seiten. Teilabdruck.

Flucht aus Wurow nach Norden, Überfall durch russische Vorhuten. Erneuter Fluchtversuch: entlang der Ostseeküste über Dievenow nach dem Westen.

Die ersten Seiten enthalten persönliche Mitteilungen.

Ich entsinne mich noch genau des 3. Märztages, als wir unser liebes Wurow verlassen mußten. Wir sahen uns wohl zuletzt, als Sie uns auf der Chaussee hinter Schivelbein überholten, in Richtung Stolzenberg. Erst war ja verabredet, daß alle Wagen bis Neugasthof fahren sollten. Als wir nun mit unsern Wagen in Neugasthof ankamen, hörten wir von Krüger, daß wir noch bis Stolzenberg fahren sollten. Weil die Pferde aber ziemlich schlapp waren und wir auch alle sehr durchgefroren waren, machten wir in Neugasthof Halt. Jeder versuchte einen Unterschlupf zu finden. Lindloffs und ich hatten mit noch anderen Flüchtlingen ein Zimmer bei dem dortigen Inspektor. Wir wollten uns gerade aufs Stroh legen, da kam die Kunde, Neugasthof müsse geräumt werden, die Russen wären ein Dorf vor Neugasthof. Weil wir nicht wußten, wo wir im Dunkeln hin sollten, blieben wir dort. Mit der Ruhe war es vorbei. Jeder ging an seinen Wagen. Nach einer Weile hörten wir schon die russischen Panzer die Straßen lang rollen. Es nahm kein Ende, diese „Panzerspitzen".

Wir konnten es noch alle nicht fassen. Da wurden wir durch Bremsenquietschen aufgeschreckt. Der erste russische Panzer hielt. Bald schallte es durch die Nacht: „Ura, Ura!“ Mein Herz schlug zum Zerspringen. Ich sprang in den Wagen und holte unsern schlafenden Rolfi raus. Dann blinkten überall Taschenlampen auf, die Russen kamen näher. Mir stockte fast der Atem, als die ersten zwei Russen vor uns standen. Sie verlangten die Uhren. Ich hatte meine Uhren im Koffer verpackt. Ich gab ihnen zu verstehen, ich hätte keine, da waren sie auch zufrieden und gingen an die andern Wagen. Von da aus zum Gasthaus. Es war wohl verschlossen. Da wurden die Türen und Fenster kaputt geschossen. Es dauerte nicht lange, da schallten furchtbare Schreie durch die Nacht: „Schießt mich nicht tot, ich bin eine gute Frau und habe niemand was getan.“ Doch die Russen kannten wohl kein Mitleid. Ein Schuß, und die Frau war tot.

Wir waren von Entsetzen gepackt. Wir blieben die ganze Nacht in unsern Wagen. Morgens wollten wir dann wieder die Rückfahrt nach Wurow antreten. Die Russen waren auch, nachdem wir die weiße Fahne gehißt hatten, damit einverstanden. Wir sollten um 11 Uhr vormittags fahren. Um 11 kam der Kommissar persönlich und ging von Wagen zu Wagen. Ich sehe noch deutlich das höhnisch grinsende Gesicht, als er sagte, ihr müßt bis zum nächsten Tag noch bleiben, es kommen noch die Offiziere. Habt keine Angst, die Russen sind gut. Sie tun deutschen Frauen und Kindern nichts. Kaum war er aus unserm Wagen, da schrie es: „Feuer, Feuer!“ Wir sahen aus dem Wagen, da stand das Gebäude, wo wir aufgefahren waren, von oben bis unten in hellen Flammen und drohte, jeden Augenblick auf die Wagen zu stürzen. Lindloffs sprangen runter, ich nach und riß Rolfi mit. Die Pferde waren nicht zu halten, es war ein fürchterlicher Anblick. Zum Unglück war vor uns noch ein hoher Zaun. Ich kam mit Rolfi nicht rüber. Da warf der Franzose Moritz Rolfi rüber. Ich sprang nach. Da standen unsere Leute an der andern Straßenseite, blaß vor Entsetzen und sahen in das Feuer. Zu gleicher Zeit kam ein Tiefflieger. Ich war von solcher Angst gepackt, nahm Rolfi an die Hand und lief in den nahen Wald. Mir kam Frau Bösel mit Manfred, Frau Müggenberg mit Horst und Hanni und Frau Fenner nach. Von einer kleinen Lichtung haben wir dann die Wagen beobachtet. Wir konnten aber nicht feststellen, ob unser Wagen verbrannt sei oder nicht.

Von einer maßlosen Angst gepackt, liefen wir dann weit in den Wald, haben uns unter Sträuchern versteckt und aßen Schnee, wenn wir Hunger hatten. Ich hatte nichts, nur Rolfi vom Wagen gerissen. Frau Bösel hatte ein klein wenig zum Essen, das blieb für die Kinder. Als es gegen Abend dunkelte, wagten wir es, aus unserem Versteck rauszukommen. Wir wollten nun auf einsamen Waldwegen zurück nach Wurow. Nur langsam tasteten wir uns vorwärts, wir wollten den Russen nicht wieder in die Hände fallen. Wir kamen an ein einsames Gehöft. Nachdem wir es eine Zeitlang beobachtet hatten, faßten wir Mut und gingen hin. Wir hatten Glück, es waren noch keine Russen da. Es waren nette Leute, wir konnten dort die Nacht verbringen.

Am Morgen sind wir dann zu Fuß losgegangen. Ein Stückchen ging es, dann konnte Rolfi nicht mehr laufen. Dann hab ich ihn getragen. Eine Weile ging es, dann war auch ich schlapp. Wir haben uns dann abgewechselt. Ich war mit Rolfi für die andern nur eine Last. Sie waren aber alle so nett zu mir und wollten mich mit Rolfi nicht im Stich lassen. Wir sind dann in Richtung Wurow gelaufen, mal vor und mal zurück. Hatten wir ein gutes Stück geschafft, mußten wir wieder zurück, denn wir waren oft bald wieder im Kampfgebiet. Es war furchtbar, aus allen Ecken kamen und hörte man Schüsse fallen. So waren wir denn ohne Essen gelaufen. Wie oft sagte Rolfi: „Ich hab' Hunger!" Ich konnte ihm nichts geben. Dann hab ich nur die Tränen runtergeschluckt. Auf unserm Fußmarsch trafen wir auf einem einsamen Feldweg eine Frau mit ihren beiden Kindern. Ich kannte die Frau, sie war aus Bärwalde. Sie kam von Schivelbein und erzählte uns schreckliche und grauenvolle Dinge, was sie beim Einmarsch der Russen dort miterlebt hatte. Uns ging es kalt über den Rücken. Sie riet uns dringend ab, nach Wurow zurückzugehen, sondern zu versuchen, an der Küste rauszukommen, dort sollte noch ein kleines Stückchen frei sein. (Über meine Eltern konnte sie mir nichts Genaues sagen. Bärwalde war auch geräumt, aber sicher auch zu spät.)

Wir haben dann lange überlegt, was wir machen sollten. Für die andern wäre es ja nicht so schlimm gewesen, nur für mich mit Rolfi, dazu ohne Verpflegung. Wir kamen dann zu dem Entschluß, nicht nach Wurow zu gehen. Unsere Frauen versprachen mir, mich nicht zu verlassen. So kamen wir denn nach Semerow-Ausbau, wo wir von netten Leuten aufgenommen und bewirtet wurden. Da drang die Kunde durch, daß im Dorf deutsche Wehrmacht liege und noch Zivilisten mit rausnähme. Wir haben nicht lange überlegt, ich nahm Rolfi auf den Rücken, und im Dauerlauf gings zum Dorf. Dort buddelten sich schon überall die Soldaten ein. Als wir außer Puste im Dorf ankamen, sahen wir die vollgestopften LKW. der Wehrmacht. Wir bettelten, weinten und flehten, doch es half nichts, die Wagen waren zu voll , und vor unsern Augen sausten die Wagen ab. Als Trost sagte man uns, wir sollten zu Fuß weiter gehen, es kämen noch Wagen nach. Wir machten uns dann wieder zu Fuß auf den Weg. Eine Zeitlang ging es, doch wurde es, je weiter wir kamen, immer schwieriger. Das Tragen von Rolfi wurde bald zur Last.

Dann sahen wir auf ca. 100 m Entfernung zwei Landser, welche ein Rad bei sich führten. In meiner Not lief ich diesen Soldaten nach und bat, ob sie wohl Rolfi aufs Rad nehmen würden. Als Antwort bekam ich, wenn ich das Rad führen wollte, dann ja. Mir war ein Stein vom Herzen. Wir setzten Rolfi rauf, und ich schob das Rad. Ich war wohl 100 m geschoben, da fing ich an zu taumeln, die Kräfte verließen mich. Da hatten die Soldaten Mitleid und haben Rolfi mit dem Rad geschoben. Zwei Tage saß Rolfi tapfer auf der Lenkstange. Wir haben ihn nur bewundert, daß er so tapfer aushielt. Ich zog meine Trainingshose aus, wickelte sie um seine Füßchen, ebenso meine Schals, denn es war ja doch ziemlich kalt. Wir kamen durch die Gegend, wo der Krieg in seiner ganzen Grausamkeit getobt hatte und wo Flüchtlinge total ausgeplündert waren. Überall ein Bild des Schreckens. Es war nur ein schmaler Weg, welcher freigekämpft war. Rechts und links war die Knallerei in vollem Gange. Wir trafen viel Wehrmacht, die auf dem Rückzug war. Ganz zufällig sah ich einen früheren Klassenlehrer von mir aus Bärwalde, welcher Offizier im Volkssturm war. Die Freude war groß, als wir uns sahen. Auch er sagte mir, daß die Bärwalder raus sein sollten. Dann gings weiter. Nach zwei Tagen war es wohl den Soldaten über, sich mit uns rumzuschleppen. Ich konnte es ihnen auch nicht verdenken. Da legten sie ein gutes Wort für uns bei der Wehrmacht ein. Wir hatten gerade einen Troß eingeholt. Da kam ich mit Rolfi auf einen Wagen, und die andern Frauen liefen zu Fuß nebenher, ebenso die beiden Soldaten. Nun hatten wir es doch etwas besser, vor allem, die Soldaten gaben uns Essen ab. So fuhren wir dann mit dem Wagen mit.

Eines Nachts, als wir in irgendeinem Dorf auf Stroh übernachteten (die Namen der Dörfer weiß ich nicht mehr), wurden wir geweckt. Es hieß, in 5 Minuten muß alles auf den Wagen sitzen, der Russe ist durchgebrochen. Als wir im Sturm zu unserm Wagen rannten, sausten schon die ersten Kugeln durch die Gegend. Im Galopp ging es ein Dorf zurück. Nach ungefähr 1—2 Stunden kam die gleiche Parole. Nun war schon alles so aufgeregt, keiner wartete mehr auf den andern. Es hieß, rette sich, wer kann. Rolfi war gerade eingeschlafen, und ich konnte ihn gar nicht wach bekommen. Da nahm ich denn den schlafenden Jungen in die Arme, und los gings im Galopp. In der Dunkelheit konnten wir nicht den Wagen finden. Die Frauen waren alle schon übernervös und rannten zu Fuß los. Es war ein fürcherlicher Landweg. Wir stampften im tiefen Schnee. Nur mühsam kam man vorwärts, dazu das schlafende Kind im Arm. Bald konnte ich nicht mehr, dann nahm Frau Bösel Rolfi, wir wechselten uns ab. Zuletzt kam nur jeder noch ungefähr 10 m, dann waren wir schlapp. Es war furchtbar.

Als ein großer LKW. kam, stellten wir uns in den Weg, da mußte er ja halten. Es war ein Munitionswagen. Auf unser Flehen konnte ich mit Rolfi mitfahren. Ich sollte auf der Haltestelle warten, bis die Frauen zu Fuß nachkamen. Ich weiß den Namen nicht mehr. Ich hab jedenfalls gewartet und gewartet. Inzwischen wurde auch dort geräumt, und der Flüchtlingsstrom wurde immer gewaltiger, aber kein Wurower war zu sehen. Ich war ja so verzweifelt. Vor uns war ein großer Platz, dort machten sich die Wagen der Wehrmacht zum Kampf bereit. Es waren nur noch ein paar Zivilisten im Ort. Als die Not am größten war, kräppelten sie einfach auf die Verdecks der großen Wagen. Ich stand mutterseelenallein mit Rolfi da. Inzwischen setzten sich die Wagen in Bewegung. Es waren nur noch zwei Wagen da. Ich bat den Offizier, der den Verkehr dort regelte, uns doch mitzunehmen. Er lehnte ab mit der Begründung, im Kampf könnten sie keine Frauen und Kinder gebrauchen. Ich war der Verzweiflung nahe. Ich fing an zu weinen und Rolfi auch. Dann setzte ein fürchterliches Unwetter ein, man konnte kaum ein Auge aufmachen. Wir stellten uns an einen Telegraphenmast und weinten. Ich sagte dem Offizier, uns soll lieber eine Kugel treffen, als dem Russen in die Hände fallen. Nach einer Weile hatte er wohl Mitleid mit uns und sagte, wir sollen in einen Wagen einsteigen. Wir saßen dann in einem großen LKW.-Wagen neben dem Fahrer. Die Fahrt war fürchterlich. Es ging über Holzbrücken, wo man sich kaum traute, mit dem Handwagen rüberzuziehen, und dann die schmalen, aufgeweichten und aufgefahrenen Landwege. Es war furchtbar.

Mittags ging die Truppe in den Kampf. Wir wurden in einem Ort zurückgelassen und mußten dort warten. Nun hatten sich noch mehr Zivilisten eingefunden und wurden auf die einzelnen Wagen verteilt. Da hatten wir denn Glück, ich kam mit Rolfi in einen Wagen, dort war nur der Fahrer und ein junger Wachtmeister drin. Was waren wir da froh. Der Wachtmeister hat rührend für uns gesorgt, nun hatten wir wieder was zu essen. Rolfi hatten die

Soldaten bald alle liebgewonnen und haben ihn sehr verwöhnt. Wir kamen durch Gegenden, wo der Russe grausam gehaust hatte. Überall ein Bild der Vernichtung. Nun kamen wir nach Ostseebad Horst, die Truppe ging dort in den Kampf, und wir sollten per Schiff rausgebracht werden. Uns packte das Grauen, als wir zum Strand runtergingen. Als wir am Strand waren, war weit und breit kein Schiff zu sehen. Von den Leuten erfuhren wir dann, daß es auch nicht Horst sei, sondern der nächste Ort sei erst Horst. In einem Heim bekamen wir Mittag, und dann tippelten Rolfi und ich zu Fuß nach Ostseebad Horst. Über uns kreisten dauernd die russischen Tiefflieger. Glücklich kamen wir in Horst an, nachdem ich Rolfi fast den ganzen Weg getragen hatte. Ich war müde zum Umkippen. In Horst hörten wir dann, daß es erst geplant sei, daß wir per Schiff raus sollten. In Horst war noch sehr viel deutsches Militär.

Ich entschloß mich, in Horst zu bleiben. Wir gingen von Haus zu Haus, doch keiner wollte uns aufnehmen. Ich brach bald auf der Straße zusammen, da ging denn eine junge Frau zu verschiedenen Leuten und fragte für uns um Obdach. Überall die gleiche Antwort. Da nahm uns die Frau mit zu ihren Eltern, dort konnten wir bleiben. Es waren einfache, aber sehr gute Leute. Wir hatten es dort gut. Am Nachmittag sah ich schon auf den Straßen, wie sich die Soldaten dort an allen Ecken einbuddelten. Ich ahnte nichts Gutes. Nachts um 12 Uhr wurden wir aus dem Schlaf geweckt, Horst müsse geräumt werden. Wir zogen uns schnell an und wollten versuchen, mit einem Wehrmachtsfahrzeug mitzukommen. Überall erhielten wir die Antwort, es sei schon alles überladen. Es waren dort sehr viele Verwundete, die alle mitgenommen werden mußten. Wir tappten im Stockdunkeln weiter.

Endlich nach langem Bitten nahm uns ein Kastenwagen, wo auch schon viele Verwundete drauf lagen, mit. Es war eine fürchterliche Fahrt. Die Wege furchtbar schlecht. Der Fahrer war alt und konnte nicht gucken. Jedesmal, wenn er über einen Stein fuhr, stöhnten und jammerten die Verwundeten. Im Laufe der Fahrt kamen noch mehr Zivilisten auf den Wagen. Einer lag auf dem andern. Rolfi schrie, er kriege keine Luft, und die Verwundeten stöhnten. Es war eine furchtbare Fahrt. Dann lag der Wagen auf der Kippe und drohte, eine Böschung runter zu stürzen. Alles mußte schnell raus, auch die Verwundeten mußten ausgeladen werden. Als diese Panne vorbei war, hatten wir im Dunkeln den Anschluß an die andern Fahrzeuge verloren. Es war rein doll. Gegen Morgen hatten wir wieder den ganzen Treck erreicht. Rolfi hatte ein Guckloch durch den Plan und sah plötzlich den jungen Wachtmeister. Er rief gleich: „Onkel Soldat, nimmst Du uns wieder mit?" Wir hatten Glück, nach einer Weile kam der Wachtmeister und holte uns in sein Fahrzeug. Was waren wir da froh!

Wir kamen dann nach Rewahl. Dort bot sich uns ein Bild der wahren Verwüstung. Hier hatten die Russen einen ostpreußischen Treck geplündert, es war furchtbar. Über Tag hatten wir hier Ruhe und konnten uns mal sogar waschen. Gegen Abend ging es wieder Hals über Kopf los, als die Kugeln schon durch die Gegend sausten. Wir fuhren in Richtung Dievenow, dort sollte noch ein Ausweg sein. Der freigekämpfte Weg war nur sehr schmal, und das Schießen wurde immer heftiger. Wir waren wohl schon einige Kilometer gefahren, da stockte auf einmal alles. Der Russe war mit aller Macht durchgebrochen. Die Hälfte der Fahrzeuge war gut durch, und die andere Hälfte, wo wir bei waren, war abgeschnitten, eingekesselt. Wir wußten nicht, was tun. Erst hoffte der Wachtmeister (er führte die Truppe) noch, daß Hilfe aus der Luft kommen sollte, denn die Munition war auch alle, oder sonst wollten sie die Fahrzeuge sprengen, und jeder sollte sich dann eben auf eigene Faust retten. Nun war noch ein Ausweg am Strand entlang. Da erbot sich ein Soldat, er wollte die Zivilisten am Strand entlang nach Dievenow bringen. Ich wußte erst auch nicht, ob ich bei den Soldaten bleiben sollte oder ob ich mich den Zivilisten anschließen sollte. Nach einigem Überlegen entschloß ich mich, mit am Strand entlang zu laufen. Es war stockdunkle Nacht. Als ich mich mit Rolfi durch den Wald getastet hatte und die Dünen glücklich runter geklettert war, war von den Zivilisten keine Seele mehr am Strand zu sehen. Ich war ja so verzweifelt, ich hätte laut schreien können. Es war stockdunkel, von rechts schoß unsere Schiffsartillerie, und von links ballerte der Russe in einer Tour, dazu das grauenhafte Rauschen der Ostsee. (Wenn es im Sommer auch noch so schön sein mag, jetzt war es furchtbar.)

Uns blieb nun weiter nichts übrig, als zu Fuß los zu laufen. Dies war die furchtbarste Nacht, die ich erlebt habe. Das Schießen wurde immer gewaltiger. Wir liefen so schnell wir konnten, doch bald konnte Rolfi nicht mehr. Es ging sich furchtbar schwer, denn die See war sehr stürmisch und überschwemmte immer den Dünensand. Ich hatte quatschnasse Füße, dann hab ich Rolfi getragen, doch ich hielt es nicht lange aus, dann setzten wir uns in den nassen Dünensand. So ging es abwechselnd bis zum Morgengrauen, von einer entsetzlichen Angst gejagt. Im Dämmerlicht sahen und erkannten wir die unzähligen deutschen Soldaten. Der Tod hatte reiche Beute gehalten. Uns durchlief ein Grausen. Gut, daß es Nacht war und wir die Toten nicht eher sahen. Nach langem Laufen hörten wir einen Wagen am Strand lang kommen. Die Pferde waren wie Skelette, und die Soldaten schoben den Wagen. Ich konnte Rolfi auf mein Bitten drauf setzen, mußte aber mitschieben.

Vor Dievenow hatte sich der Russe festgebissen, und wir lagen bis nachmittags auf dem Bauch in Deckung. Die Kugel sausten unentwegt über uns weg. Den Kopf durfte man nicht heben. Nachmittags war der Weg nach Dievenow frei gekämpft. Wir mußten noch wieder eine Stunde ungefähr durch einen Waldweg laufen, kamen aber gut nach Dievenow rein. Hier war zum Unglück die Fähre kaputt, welche uns übersetzen sollte. Nun mußten alle Wagen und Flüchtlinge über eine lange Holzbrücke, die aber unter dauerndem Beschuß lag. Es war ein fürchterlicher Betrieb, unzählig waren die Menschen und Fahrzeuge, die über die Brücke wollten. Ach, was haben wir uns hier in den Dreck geworfen, wenn die Kugeln über uns sausten. Es war ganz furchtbar. Manch einer hat hier sein Leben gelassen. Nun ging die Bettelei wieder los, keiner wollte uns mitnehmen, keiner wollte unnütze Last haben, weil jeder im Galopp über die Brücke jagen mußte. Ich hatte schon die Hoffnung aufgegeben. Man kam nicht zur Besinnung, dann mußte man sich wieder in den Dreck schmeißen. Wenn wir wieder hoch waren, bat Rolfi: „Mutti frag doch wieder!"

Nach langem Warten kam endlich ein kleines Auto, welches mit Pferden bespannt war. Es war nur ein Soldat drin, und der nahm uns mit. Als wir auf der Brücke waren, sausten die Kugeln wieder durch die Luft, aber zum Glück ins Wasser. Bis zum Abend fuhren wir mit dem „Auto" mit, dann waren wir glücklich aus dem Gefahrengebiet raus. Am andern Tag, als wir auf der Suche nach einem Fahrzeug waren, trafen wir ganz zufällig Frau Neitzel mit ihren zwei Kindern und Willi Hilgendorf. Die Freude war groß, endlich einen Wurow'er zu treffen.

Wir blieben dann zusammen und kamen mit viel Mühe nach Misdroy, von dort mit Lastwagen nach Swinemünde. Von Swinemünde aus benutzten wir die Bahn. Frau Neitzel konnte sich erst nicht entschließen, wo sie hinfahren sollte. Schließlich entschloß sie sich, nach Berlin zu fahren. Wir schlugen dann Richtung Helmstedt ein. Wir hatten noch oft Fliegeralarm, aber es ging gut. So kamen wir am 17. März nachmittags arm, aber doch reich in Helmstedt an, die Freude war riesengroß, als wir bei unserm Pappi im Lazarett waren.

Nr. 57

Erlebnisbericht des Pfarrers von Muttrin und Damen im Kreis Belgard i. Pom., Herbert Venske.
Photokopie, 5. Januar 1950, 4 Seiten. Teilabdruck.

Flucht über Kolberg an der Küste entlang bis Vorpommern und Rückkehr in die Heimat.

Am 28. Februar erlebten wir den ersten russischen Tieffliegerangriff, jedoch ohne Verluste an Menschenleben. Die Panzerspitzen standen bereits etwa 12 km vor Muttrin. Jeder Bauer hatte seinen Treck fertig und wartete auf das Signal zum Aufbruch.

Am 3. März wurde das Dorf geräumt. Es war zu spät. Es gab kein Entkommen mehr. Den einzelnen Dorfgemeinschaften gelang es wohl noch, etwa 30 bis 40 km nördlich bis in den Südteil des Kolberger Kreises vorzudringen[1]). Aber schon nach wenigen Tagen wurden sie von den russischen Panzern und nachrückender Infanterie erreicht. Diese erste Berührung mit den feindlichen Truppen brachte wohl kaum Verluste an Menschenleben, dafür aber umso mehr das, worüber man am liebsten schweigt. Unsre Frauen und Mädchen erlebten von nun an für Wochen und Monate die Hölle auf Erden. Ich habe später eine 82-jährige Greisin besucht, die sich von dem, was man ihr angetan hat, nicht mehr erholt hat. Schulmädchen und Konfirmandinnen erfuhren zum Teil das gleiche Schicksal. Andererseits wußten aber auch viele von wunderbaren Bewahrungen und Gebetserhörungen zu berichten. Ich weiß von mehreren Morden an jungen Frauen, die sich gewehrt haben. Einer jungen Frau und Mutter, einer ehemaligen Konfirmandin von mir, ist buchstäblich der Schädel eingeschlagen worden, als sie dem russischen Soldaten nicht zu Willen sein wollte.

Für mich selbst, meine Familie und zahlreiche Hausgenossen bestand keine Möglichkeit, auf den vollbesetzten und vollbepackten Trecks mitgenommen zu werden. So schloß ich mich mit meinen Angehörigen einem Transport an, der die zahlreichen Evakuierten aus dem Westen und sonstigen Flüchtlinge mit der Eisenbahn herausbringen sollte. Dieser Zug endete in

[1]) Vgl. den Bericht von Kurt Kath aus Belgard, abgedruckt unter Nr. 61 (Bd. I, 1).

Kolberg. Der Ring um diese Stadt schloß sich zusehends. Wir versuchten nun, in einer vieltausendköpfigen Flüchtlingssäule am Ostseestrand nach Westen zu entkommen. Fast alles Gepäck mußte in Kolberg zurückgelassen werden. Auf dem ganzen Fluchtweg längs des Strandes sah man weggeworfene Gepäckstücke, ganze Koffer mit Inhalt, wertvolle Kleidungsstücke, die im raschen Vorwärtskommen hinderten, und vor allem — Uniformen und Waffen und brennende Autos der in völliger Auflösung befindlichen deutschen Wehrmacht.

Wieviele deutsche Zivilisten haben auf dieser Flucht den Tod gefunden! Wir gerieten in die Kämpfe um das Ostseebad Hoff (zwischen Kolberg und Swinemünde) hinein. Einmal gerieten wir in die Hände einer berittenen russischen Streife. Fast als einziger Mann entging ich dem Schicksal, mitgenommen und verschleppt zu werden. Aber unsere Uhren und sonstigen Schmuck waren wir los. Mehrmals wurden wir mehrere Kilometer am Strande zurückgedrängt und gaben schon die Hoffnung auf, den Ring zu durchbrechen. In der Morgenfrühe des 11. März, eines Sonntags, begann eine deutsche Division, den Weg nach Westen freizukämpfen. In diesem Kampf fielen nicht nur kämpfende Soldaten. Unser Fluchtweg führte uns vorbei an toten und verwundeten deutschen Zivilisten, darunter Frauen und Kinder. Wir kamen am Abend des 11. März nach einer sechstägigen, abenteuerreichen Flucht in dem damals noch unbesetzten Deutschland, in Swinemünde, an. Völlig erschöpft und doch dankbar für die Rettung aus vielen Gefahren!

In der Mittagsstunde des 12. März erlebte die Stadt Swinemünde einen schweren anglo-amerikanischen Luftangriff. Das Pfarrhaus, in dem ich mit meinen Angehörigen untergekommen war, erhielt einen Volltreffer. Aus den Trümmern wurde ich als einziger meiner Familie lebend mit einer schweren Beinverletzung geborgen. Meine Frau, mein fast vierjähriges Söhnchen und fünf Verwandte fanden den Tod.

Nachdem die Russen bis nach Mecklenburg vorgedrungen waren, wurden alle Flüchtlinge aus dem Gebiet östlich der Oder aufgefordert, in ihre Heimat zurückzukehren. Nach einem mehrwöchigen Lazarettaufenthalt befand ich mich in dem westpommerschen Städtchen Grimmen. So erlebte ich das merkwürdige Schauspiel, daß russischer Befehl uns in unsere Heimat, die den Polen bereits zugesprochen war, zurücktrieb und daß wenige Monate später die polnischen Behörden mit russischem Einverständnis aus derselben Heimat für immer uns vertrieben. So kam ich Anfang Juni wiederum auf abenteuerlichen Wegen — denn die Verkehrsverhältnisse und vor allem die öffentliche Sicherheit ließen noch alles zu wünschen übrig — in meinem Pfarrdorf an.

Welch verändertes Bild! Völlig ausgeplündert waren die Trecks nach etwa 8 bis 14 Tagen nach Hause zurückgekehrt. Teilweise waren inzwischen die Häuser in Ruinen oder Halbruinen verwandelt worden. In den Wohnungen ein Bild der Verwüstung und Plünderung! Aus den Ställen wurde das Vieh fortgetrieben. Mein Pfarrhaus fand ich fast völlig ausgeraubt vor. Nur meine Bibliothek war unbeschädigt erhalten. Im übrigen lag das letzte Erleben und die gegenwärtige Angst wie ein schwerer Druck auf den Menschen. Im April sind sämtliche Männer von 16 bis 60 Jahren verschleppt worden. Viele sind von ihnen an Entkräftung gestorben, nur wenige konnten bis jetzt zu ihren Angehörigen zurückkehren.

Anschließend wird das Leben unter der russisch-polnischen Verwaltung und die Ausweisung geschildert.

Nr. 58

Bericht des Pastors der Gemeinde Garrin, Kreis Kolberg i. Pom., Siegfried Bublitz.

Photokopie, 20. Februar 1950, 8 Seiten. Teilabdruck.

Mißglückte Flucht entlang der Küste Richtung Treptow, die ersten Wochen der russischen Besatzungszeit und die Rückkehr ins Heimatdorf.

Schon im Februar 1945 berührten die Kriegsereignisse immer unmittelbarer meine pommersche Gemeinde Garrin, Kreis Kolberg, die seit 1926 meine Gemeinde und seit 1903, als mein Vater dort Pastor wurde, meine Heimat war. Immer häufiger kamen durch das Dorf die Trecks der aus Ost- und Westpreußen Vertriebenen. Wochenlang war Garrin täglich der Rastort für sie. Die Pferde wurden in Pfarrstall und -scheune untergestellt, Heu und Hafer für sie und Brot für die Menschen gab der Bürgermeister aus, neben der Schule war der kirchliche Gemeindesaal am Pfarrhaus das Nachtlager, in unserer Waschküche kochte unsere Pfarrpächterin eine kräftige Suppe mit Fleisch und Kartoffeln, einzelne Gäste suchten und fanden im Pfarrhaus Unterkunft— unser Gästebuch, neben Bibel und Gesangbuch das einzige Buch, das wir gerettet haben, nennt aus dieser Zeit unter vielen anderen: Superintendent Krause-Zempelburg, einen katholischen Pfarrer aus dem Kreise Heilsberg, Graf Lehndorff-Preyl. Erschütternd das Bild der Trecks auf der Straße wie ein Strom des Elends, erschütternd die Berichte von der Fahrt über das brechende Eis des Haffs unter dem Beschuß der Russen. So waren oft alle 10 Zimmer unseres Pfarrhauses zur Nacht belegt, manchmal mit über 60 Menschen. Außer meiner Frau und mir und unserer Tochter mit ihren beiden Kindern lebte hier eine Evakuierte aus dem Rheinland, die den zweiten Winter bei uns verbrachte, unsere Schwiegertochter aus Kulm mit Sohn und Mutter, ihre Schwester aus Berlin mit Sohn und zwei ihr bekannte Familien aus Kulm, die mit dem Treck bei uns gelandet und geblieben waren, so daß wir wochenlang über 20 Personen im Hause und am Tische hatten.

Obwohl die Russen immer näher kamen, waren meine Frau und ich uns einig, daß wir nicht freiwillig die Gemeinde verlassen, sondern bei ihr bleiben wollten. So hatte ich meine Predigt vorbereitet für Okuli 4. März und wollte früh nach der Gemeinde Simötzel fahren, wo ich die Kriegsvertretung hatte. Da ging am Nachmittag des 3. März der Befehl durch das Dorf, sich zur Räumung bereit zu machen. In aller Eile wurden Betten, Lebensmittel und dergleichen in einige Säcke gestopft, für jeden wurde ein Rucksack gepackt mit den nötigsten Lebensbedürfnissen und den wichtigsten persönlichen und amtlichen Sachen, Sparkassenbüchern usw. Der alte eiserne Kirchenkasten nahm die Abendmahlsgeräte auf, die Kirchen- und Kassenbücher und die wertvollsten Akten und wurde in den gewölbten, feuersicheren Keller geschafft, da wir wegen der Nähe der Festung Kolberg mit Beschießung und Brand des Hauses rechnen mußten; im Keller waren schon viele Kisten und Truhen mit Wäsche und dergleichen von uns, unseren Verwandten und Bekannten untergestellt. Mit einem Kulmer Treckfuhrwerk brachte meine Frau abends unsere Tochter mit den Kindern nach Kolberg, von wo sie mit einem Transportzug der Genesenden-Kompanie unseres Schwiegersohnes weiterkommen sollte; sie hat später mit dem Schiff in letzter Stunde Kolberg noch verlassen können. Inzwischen traf bei uns ein Neffe meiner Frau ein, den wir als verwundeten Offizier (Kopfschuß) nun auch noch zu hüten hatten; er hatte, aus dem Lazarett entlassen, seine Familie in Neustettin gesucht und nicht mehr gefunden.

Gegen 2 Uhr kam meine Frau aus Kolberg zurück und berichtete von ihrer Fahrt durch die unheilschwangere Nacht und dem schweren Abschied auf dem Bahnhof. Wir hatten uns eben zur Ruhe begeben, da wurden wir durch eine Nachbarin geweckt mit der Nachricht: Die Räumung von Garrin ist befohlen. Unsere Kulmer Trecks machten sich als erste fertig und fuhren gegen 6 Uhr früh ab; sie sind noch durchgekommen, haben aber bei Cammin die Mutter unserer Schwiegertochter verloren. Wir brachten die letzten Sachen in den Keller, Kranken-Abendmahlsgerät, einige Akten usw., und schafften unser „Reisegepäck" zu unserer jüngsten Schwiegertochter, die mit ihrem 9 Wochen alten Töchterchen und ihrer Mutter, einer Garriner Bauersfrau, es auf ihrem Treckwagen mitnehmen wollte; sie und ihre Mutter baten uns, sie nicht zu verlassen. Nachdem ich die Gemeindekasse, die ich seit einigen Wochen vertretungsweise führte, dem Bürgermeister abgeliefert hatte, verließen wir unsere Pfarre mit dem Gebet: „Unsern Ausgang segne Gott ...". Mit dem Rad fuhren wir ständig am Treck der Gemeinde entlang, von vielen freudig begrüßt: „Unser Pastor ist auch bei uns", und hatten Gelegenheit, einzelnen stärkende Worte zuzurufen; besonders Paul Gerhardts „Warum sollt ich mich denn grämen ... Unverzagt und ohne Grauen ..." hat an diesem Morgen uns begleitet.

Wir zogen nach Westen, in Richtung auf das Städtchen Treptow/Rega, das von Garrin etwa 25 km entfernt ist. Aber bald stockte der Zug immer häufiger und immer länger, die Straße war völlig verstopft. Von allen Seiten hörte man Schießen, besonders heftig und nahe in Richtung Treptow, und als ich mit dem Rad bis dicht an die Stadt vorgefahren war, stellte ich fest: Mit dem Rad kommen wir durch, für die Fuhrwerke ist es aussichtslos. So standen wir wieder vor der Entscheidung und entschlossen uns abermals, bei der Gemeinde zu bleiben, wieder im Gedanken an Joh. 10, 12f. Als nun noch Schneetreiben einsetzte, schlug die Mutter unserer Schwiegertochter vor, im nahen Gützlaffshagen bei ihren Verwandten vorläufig Unterkunft zu suchen. So kehrten wir um und fuhren mit andern, die uns folgten, in das seitwärts von der Straße gelegene Dorf, wo wir von der Familie Lietzke sehr freundlich aufgenommen wurden. Hier verbrachten wir, alle 6 in einem Zimmer untergebracht, die erste Nacht in der Fremde.

Sehr bald wurde uns deutlich, daß wir durch die Russen abgeschnitten waren; als die Stromversorgung aufhörte und damit der Rundfunk versagte, waren wir völlig auf Gerüchte angewiesen, und so ist es über ein Jahr geblieben. Von allen Seiten waren in Gützlaffshagen Detonationen zu hören, besonders heftig von Norden, wo Kolberg lag; aber ob es Artillerieschüsse oder

Bombeneinschläge oder Sprengungen waren, konnte keiner sagen. Bald hatten wir die ersten Berührungen mit den siegreichen Feinden: Schwerbewaffnete russische oder polnische Soldaten suchten in den Häusern nach Ringen und Uhren, bei einer solchen Gelegenheit nahm mir ein Flintenweib den Trauring, den ich kurz vorher in die Westentasche gesteckt hatte. Eine junge Frau meiner Gemeinde kam aus dem Nachbarort und berichtete verzweifelt von ihrer Vergewaltigung durch Russen. Unser Bürgermeister, zugleich Kirchenältester, und sein Bruder, Molkereiverwalter in Garrin, wurden in Gützlaffshagen von Soldaten abgeholt und mitgenommen, der eine ist später in Buchenwald gestorben, der andere in Sibirien. Daß mir persönlich nichts geschah, ist vielleicht auf das gute Zeugnis der polnischen Arbeiter in Garrin zurückzuführen, denen ich immer freundlich begegnet war, besonders als sie bei Holzarbeiten im Garriner Pfarrwald beschäftigt waren.

In Gützlaffshagen, einem Kirchen- und Pfarrdorf, dessen Pastor eingezogen war, fand ich von Anfang an manche Gelegenheit zu amtlicher Arbeit: ich taufte Kinder aus meiner und der dortigen Gemeinde, wurde zum Krankenabendmahl in das Nachbardorf geholt, machte Besuche bei Garrinern und Kranken der Gemeinde und hatte mehrere Beerdigungen zu halten. Zu den abendlichen Andachten sammelten sich alle Hausbewohner und Leute aus dem Dorf, um an Gottes Wort und den alten Tröstern des Gesangbuches sich zu stärken. Den Gottesdienst am Sonntag, 11. März, hielt ich auf Wunsch von Frau Pastor und den Kirchenältesten nicht in der Kirche, sondern in der Küche des Pfarrhauses. Bei der sich anschließenden Taufe erschien ein Russe mit vorgehaltener Maschinenpistole, als wir gerade das Vaterunser beteten, ging aber dann doch still davon.

Nach 14 Tagen, am 18. März, wurde auch Gützlaffshagen geräumt. Die erste Nacht verbrachten wir im Treckwagen, dann gingen wir mit einer Garriner Familie zu ihren Verwandten nach Sternin Abbau, etwa 15 km südlich von Garrin, wo wir gleich beim Eintreffen auf dem Gehöft von Soldaten ausgeplündert wurden. Tage darauf wurde auch dieses Gehöft geräumt, während ich gerade auf dem Berg im benachbarten Walde Ausschau hielt. So habe ich vier Tage und Nächte im Freien zugebracht, im Tannendickicht verborgen, bis meine Frau und die Andern nach furchtbaren Erlebnissen zurückkehrten und wir unserm Herrgott danken konnten für wunderbare Bewahrung und Zusammenführung. Hier in Sternin waren wir dann noch 3 Wochen, in drangsalvoller Enge zusammengepfercht, dauernd von Polen und Russen geängstet, die plündernd oder nach Frauen suchend das Gehöft durchstöberten. Auch hier konnte ich als Pfarrer tätig sein, in seelsorgerlichen Gesprächen, mit Andachten besonders in der Osterzeit und bei Begräbnissen.

Als immer zuverlässigere Nachrichten kamen, daß Garrin nicht zerstört sei, die meisten Familien dorthin zurückgekehrt seien und dort ganz leidlich lebten, entschlossen auch wir uns, vier Garriner Familien, zur Rückkehr. Wie freuten wir uns, als am Sonntag, 15. April, wir schon von weitem den hohen Garriner Kirchturm sahen und die ersten Gemeindeglieder uns begrüßten mit gerührter und rührender Freude: Unser Pastor ist wieder da. Aber welch Bild, als wir von hinten durch den Garten dem Pfarrhaus uns näherten. Mitten im Garten der eiserne Kirchenkasten aus dem Keller, erbrochen, die alten Kirchenbücher im Schmutz, die Wege mit Papier besät. Über den

Zustand des Pfarrhauses selbst steht in meinem Tagebuch das eine Wort: „wüst“. Zwar die Bücher und Akten, wohl weil schlecht zu Geld zu machen, waren verhältnismäßig unversehrt, aber in den Zimmern, vor den Fenstern und besonders im Keller: Berge von Papier, Scherben, Bildern, Federn, Wäscheresten und Schmutz. Der Kirchhof um die Kirche, der als Munitionslager gedient hatte, war zerfahren, die Pfeiler der Eingangspforte umgestürzt. Auf dem Kirchhof waren die frischen Gräber von 49 polnischen und 2 russischen Soldaten, die bei der Belagerung von Kolberg gefallen waren; die alten Kreuze und Gräber waren unzerstört, so die meiner Eltern und Schwestern. Die Kirche hatte einen Granattreffer im Dach, von dem Splitter bis in den Kirchenraum gedrungen waren und noch in den Bänken steckten. Die Gedenkkränze der Gefallenen lagen draußen auf den neuen Gräbern, die Schleifen auf den Kirchenbänken, dabei auch die unseres ältesten Sohnes.

Im Dorf hatten sehr viele Bewohner Kolbergs und der umliegenden Orte Unterkunft gefunden, unter ihnen Frau Pastor Hinz-Kolberg und mit ihr Pastor Meyer aus der Gegend von Bromberg, der von seinem Treck und der Familie abgekommen war; er hatte inzwischen mit Hausbesuchen, Andachten und Begräbnissen den Pastor von Garrin vertreten. Freilich fehlten nur zu viele Gemeindeglieder, von den Russen erschossen, gestorben, durch Selbstmord aus dem Leben geschieden, und vor allem all die Männer, die von den Russen verschleppt waren; einige sind später zurückgekommen, die meisten sind noch heute verschollen, so auch unser treuer Organist und Hauptlehrer.

Anschließend werden die Lebensumstände unter russischer und polnischer Verwaltung und die Ausweisung geschildert.

Nr. 59

Erlebnisbericht von Max Krüger aus Treptow, Kreis Greifenberg i. Pom. Original, 17. September 1950, 46 Seiten. Teilabdruck.

Flucht aus Treptow am Ostseestrand entlang nach Dievenow.

Auf den ersten Seiten berichtet Vf. über die ständig bedrohlicher werdende Lage in Treptow im Januar und Februar 1945. Ende Februar wurde die Regierung von Köslin in unsere Kreisstadt Greifenberg verlegt. Das war ein deutliches Zeichen, daß unsere Abschiedsstunde bald kommen mußte. Am Sonnabend, dem 3. März 1945, war trotz aller Besorgnis noch Schulunterricht gehalten worden; auch wurden schon die Kranken der Treptower Lazarette in einem Zuge abtransportiert.

Als wir am Sonntag, dem 4. März 1945, morgens erwachten, hörten wir von der Straße her den Ruf: „Die Stadt muß geräumt werden, sie wird beschossen!“ In größter Eile begab ich mich zur Schule und sorgte mit meinem Hausmeister für die Fortschaffung der Aktenkisten. Wir stellten sie im Rathaus ab und baten, sie den fortzuschaffenden Stadtakten beizufügen. Die Stadt war von Fahrzeugen aller Art, zivilen und militärischen, mehr als überfüllt. Allerlei Stauungen entstanden im Verkehr; Rufe der Kutscher, Peitschenknallen und Hupen der Autos und Lastkraftwagen tönten durcheinander; die Menschen irrten wie Ameisen in einem zerstörten Haufen durcheinander; das Rathaus war von einem Menschenknäuel besetzt, da jeder zur Flucht noch die Lebensmittelkarten haben wollte.

Was war am Morgen des 4. März geschehen? Der Feind war mit Panzerspitzen bis in die Nähe des Bahnhofes vorgedrungen und hatte ihn beschossen. Ein Zug mit Müttern und Kindern war der Beschießung zum Opfer gefallen. Die Mütter konnten nur in größter Eile mit ihren Kindern aus dem Bahnhofsgelände entfliehen; zur Rettung ihres Gepäckes fanden sie keine Zeit. Bald hörten wir die Einschläge von Granaten; die Kirche der altlutherischen Gemeinde, die etwa 300 m von unserer Wohnung entfernt war, erhielt einen Treffer. Am Vormittage sprach ich noch den Bürgermeister vor dem Rathaus. Er gab mir seine Zustimmung, daß ich mich mit meiner Frau in Sicherheit bringen sollte. Als ich mich verabschiedete, sagte er: „Wir haben uns heute zum letztenmal gesehen.“ Sein Plan stand wohl fest. Er verließ den Ort seiner Wirksamkeit nicht und hat noch am selben Tage — wie ich später erfuhr — sein Leben durch Freitod beendet. Gegen Mittag hatten schon die meisten Bewohner unserer Straße das Weite gesucht. Immer wieder fielen Schüsse, und starke Einschläge zeigten an, daß die Beschießung ihren Fortgang nahm.

Vf. schildert ausführlich den Abschied von Treptow und fährt dann fort: Da die zur Oderlinie führende Hauptstraße mit Fahrzeugen der Trecks völlig verstopft war, kam sie für unsere Flucht nicht in Frage; wir mußten die Wege an der Küste wählen, um vorwärtszukommen. Mit unsrem reichlich bepackten Handwagen schlängelten wir uns durch die Anlagen zur Straße nach Horst hindurch. Es war mildes, nebliges Wetter; die Straße war von einer schlammigen Schmutzschicht bedeckt. Da ich meinen Körper mit 2 Anzügen und 2 Mänteln bekleidet hatte, ließ ein Schweißausbruch nicht lange auf sich warten. Aber ungeachtet der Gefahr für den Körper nahm der Marsch seinen Fortgang. Die Straße war von einem Flüchtlingsstrom bedeckt, alles eilend, hastend, einander überholend, vorbei an Fahrrädern, die voll bepackt waren, an zweirädrigen Karren, an Hand- und Kinderwagen, an Flüchtenden, die nur ein kleines Gepäckstück trugen und die mitleidig auf die Schwerbelasteten sahen, an Bekannten, die mit kleinen Kindern ihre Schritte verlangsamen mußten, vorbei an dem Auto des Kreisleiters, der in entgegengesetzter Richtung in letzter Minute noch einmal nach Treptow fahren wollte, vorüber an dem Superintendenten Schulz, der ebenfalls mit dem Fahrrade den Weg nach Treptow eingeschlagen hatte, um — trotz aller Gefahr — seine Gemeinde, wie er sagte, nicht im Stiche zu lassen. Alles in allem: Ein Bild des Grauens und Schauderns, des Erbarmens! Der Abend brach herein; wir bewegten uns zwischen den Gehöften des Straßendorfes Mittelhagen. Für ein Nachtquartier mußte gesorgt werden; wir fanden es bei sehr freundlichen Bauern.

Nach Angaben über die Herkunft verschiedener unterwegs angetroffener Flüchtlinge berichtet Vf. weiter: Gegen Morgen wurden Sprengungen in der Ferne und Schüsse in der Nähe hörbar. Das war für uns das Signal zum Aufbruch. Es war 1/24 Uhr, als wir mit unseren Habseligkeiten den Ort wieder verließen. Die Mitführung des Handwagens machte es nötig, daß wir auf möglichst festen Wegen zu einem neuen Teilziel, dem Dorf Ninikow, zu gelangen suchten. Dort trafen wir am Nachmittage des 5. März ein, und hier wollten wir bis zum nächsten Morgen rasten. Das Dorf war fast ganz entvölkert. Im Gasthause erfuhren wir, daß der Bürgermeister und der Ortsbauernführer als erste den Ort verlassen hatten, daß viele Wirtschaften unbewohnt waren und wir uns ein beliebiges Quartier aussuchen könnten. So wurde die Behausung des Ortsbauernführers unser Quartier. Wir trafen die verlassenen Räume dieses Gehöftes in größter Unordnung an. Sie zeigten an, in welcher Hast und Aufregung Hof und Haus verlassen worden waren. Auf den Tischen standen noch die Reste der letzten Mahlzeit: Eine halbgefüllte Schmalzbüchse, Butterreste, Brotstücke, Teile von Heringen und Wurst usw. Die Betten lagen in Unordnung, Schmutz und Unsauberkeit überall. Die Speiseschränke waren noch reichlich mit gefüllten Weckgläsern besetzt.

Trotz größten Unbehagens mußten wir hier eine Nacht verbringen. Eine polnische Magd und ein polnischer Knecht waren in der Wirtschaft zurückgeblieben; sie schienen während des Krieges hier beschäftigt worden zu sein. Wir konnten beobachten, wie der Knecht in den Räumen nach Raub suchte; insonderheit hatten es ihm die mit Fleisch gefüllten Weckgläser angetan. In den späten Abendstunden stieß ein Schwarm von Flüchtlingen zu uns und nahm Besitz von den benachbarten Räumen. In der Nacht weckten uns wiederholt überlaute Geräusche von der Dorfstraße her. Von diesem Quartier nahmen wir am nächsten Morgen gern Abschied. Am dritten Tage unseres Fluchtmarsches passierten wir ein Dorf, das restlos von Menschen verlassen war, noch zurückgelassene Lebensmittel in den Geschäften halfen manchem Flüchtling bei der Stillung des Hungers. Wir erreichten den kleinen Badeort Rewahl und sahen uns schon dort genötigt, unser Wagengepäck zu erleichtern. Am Ausgang des Dorfes stellten wir zwei Koffer mit Kleidern und Wäsche in einem Hause ab. Mit dem Rest des Gepäckes ging die Reise weiter nach Westen.

Imer wieder hörten wir auf den schlechten, durchgefahrenen Wegen von Mitflüchtenden die Bemerkung: „Mit Ihrem Handwagen werden Sie nicht weit kommen!" Wir erreichten aber an diesem Tage mit dem Wagen doch die ausgedehnte Wochenendsiedlung Poberow. Entgegenkommende Menschen wiesen uns in ein verlassenes Wochenendhäuschen. Wie vorteilhaft war es eingerichtet und wie sorgfältig gepflegt! Wie anziehend für einen Erholungsurlaub in Friedenszeiten, von Wald umgeben und das nahe Meer fast vor der Tür! Der Feind hatte das vor der Siedlung gelegene Gut bereits besetzt; indes war uns die Situation, ganz dicht am Feind zu sein, noch nicht klar. Wir wagten es daher noch, uns in die gepflegten Betten zu legen, wurden aber schon nach ganz kurzer Zeit durch Schüsse aufgeschreckt.

Am Mittwoch, dem folgenden Tage, schlossen wir uns mehr an ein Ehepaar aus Berlin an, das das gegenüberliegende Wochenendhäuschen bewohnte. Wir erfuhren, daß am Nachmittage ein Treckzug und viele Flüchtlinge unter militärischem Schutz nach Westen durchbrechen wollten. In diesen Zug reihten wir uns ein, immer noch mit dem Handwagen ausgerüstet. Schon nach Zurücklegung von einigen Kilometern mußte der Zug halten; man stellte fest, daß der Feind zu stark und daher der Rückmarsch notwendig sei. Als ich in dem sehr sandigen Wege im Gewühl der Menschen mit meinem Handwagen kehrtmachte, brach die Deichsel, und ich brachte den Wagen nur mit großer Mühe in unser Quartier zurück.

Vf. schildert einige Erlebnisse in Poberow, vor allem die Tatsache, daß sich die ersten russischen Truppen in allernächster Nähe des Strandes befanden.

Der Freitag, der 9. März, — es war der Geburtstag unserer Tochter — brachte aber doch Anzeichen für eine mögliche Befreiung aus dieser trüben Situation. Ein deutscher Spähtrupp näherte sich unserem Hause; er empfahl uns, möglichst schnell und ruhig am Strande nach Rewahl zurückzugehen, da von dort aus die angestaute Masse der Flüchtlinge unter militärischem Schutz nach Westen durchgeschleust werden sollte. Man empfahl, hart an den Dünen am Strande zu gehen, da aus den Dünen Beschießung durch feindliche Soldaten wahrscheinlich sei. Wir ließen den größten Teil unserer Habe in Poberow zurück und machten uns sofort auf den Weg, nur noch mit einem kleinen Handkoffer und einem Rucksack ausgerüstet. Schon nach kurzer Zeit bewahrheitete sich der Sinn der Mahnung des Spähtrupps. Zischend sausten mehrfach Kugeln an unseren Ohren vorbei; eine Granate schlug im Strandwasser auf und schickte die Spritzer zu uns herüber. Wir erreichten aber unversehrt die bei Rewahl stehende deutsche Truppe.

Schon eine Stunde später setzte sich von hier aus ein Flüchtlingsstrom unter militärischem Schutz in Bewegung. Unterwegs traten Ruhepausen ein, in denen vorfühlende Trupps die Stärke des Feindes prüfen und die Möglichkeit eines Durchbruches erkunden mußten. Gegen 23 Uhr wurde nach langem Warten bekannt, daß infolge zu starker feindlicher Kräfte das Durchbrechen der Linien nicht möglich sei, und wieder hieß die Losung: „Kehrt marsch!" Wir verbrachten die Nacht in einem Arbeiterhaus des Gutes Hoff. Das kleine Zimmer beherbergte außer dem Arbeiter-Ehepaar etwa zehn Flüchtlinge und nahm dann noch sechs bis acht deutsche Soldaten von Panzern auf, die dringend des Schlafes bedurften. In diesem niedrigen Raum und der Menschenfülle mit allem, was sich aus dieser Zusammenpferchung ergibt, wurde die Nacht zu einer Zeit großer Pein. Es war am nächsten Morgen wie eine Erlösung, als wir im Freien wieder frische Luft atmen konnten. Wir gingen wieder nach Rewahl, das jedoch unter Beschuß lag, weshalb wir unseren Weg am Strande über Rewahl hinaus fortsetzten und Unterkunft in einem Kinderheim fanden, das bereits von Flüchtlingen stark überfüllt war. Wir trafen hier viele Bekannte aus Treptow/R., die zum Teil willens waren, in den Heimatort zurückzukehren, da sie an eine Befreiung aus der Umklammerung nicht mehr glaubten. Die Nacht brach herein; wer ein geschütztes Plätzchen erhaschen konnte, legte sich zur Ruhe. Der Gedanke, was diese Nacht uns bringen würde, ließ uns jedoch nicht zum Schlafen kommen. Irgendeine Wendung mußte für diesen Menschenstrom der Flüchtenden ja in Kürze eintreten.

Nachts gegen 2 Uhr erging Befehl an alle, sich in größter Ruhe zu dem ersehnten Abmarsch bereitzuhalten. Wieder sollte der Durchbruch der feindlichen Linien unter militärischem Schutz versucht werden, und wieder entstand die bange Frage: „Wird es uns diesmal gelingen, den Weg zur Odermündung freizubekommen?" Gegen 3 Uhr brachen wir auf; dauernd wurde im Zuge zu größter Ruhe gemahnt. Nach einer längeren Pause vor Rewahl gelang es, den Ort ohne Störung zu passieren. Hinter Rewahl breitet sich zur Küste hin ein ausgedehntes freies Feld, ein aus der Ferne gut überschaubares Gelände. Als der Flüchtlingsstrom dieses Gebiet überquerte, setzte plötzlich eine Beschießung des Zuges - mutmaßlich mit Geschossen feindlicher Panzer - ein, die bis in das Gut Hoff fortgesetzt wurde; auch das Gut Hoff lag unter Beschuß. Dabei waren natürlich Tote und Verwundete zu beklagen. Diese Lage machte es notwendig, daß der Weg hart am Strande fortgesetzt werden mußte. Der Strand war feucht, aber das Meer wenig bewegt. Immerhin kamen Menschen und Fahrzeuge nur sehr schwer vorwärts. Eine Völkerwanderung am Ostseestrande! Welch ein schauriges Bild! Wieviel wertvolles Gut ließen die Flüchtenden hier noch zurück: Da lagen Fahrräder, denen die Luft ausgegangen war, geöffnete Koffer mit wertvollen Kleidungsstücken, Reisekörbe, Federbetten, abgeworfene Kleider, zerbrochene Handwagen und viele andere noch brauchbare Gegenstände. Wieviel Leid hing da an jedem Stück! Wieviel Überwindung hatte es die Menschen gekostet, sich auch noch von dem letzten geretteten kleinen Besitz zu trennen! Und dieses höchst seltsame Strandgut mehrte sich dauernd, weil die Beschwerden der Flucht die Last allmählich unerträglich machten. In dieses überaus traurige Bild fügte sich vereinzelt auch noch ein toter Feldgrauer ein, dem die Stiefel ausgezogen worden waren.

Einige Kilometer hinter dem Gute Hoff ließ die Beschießung nach, und wir glaubten, der schlimmsten Gefahr entgangen zu sein. Mir war es durch Hergabe eines Päckchen Tabaks gelungen, meinen kleinen Handkoffer auf einen militärischen Bagagewagen zu legen. Mit diesem Fuhrwerk mußte ich natürlich gleichen Schritt halten. Da kamen plötzlich Schüsse aus dem Dünengelände. Die deutschen Soldaten schwärmten aus und nahmen das Dünengefecht auf. Die Erregung in dem Menschenstrom wuchs ins Ungemessene. Die Pferde rasten in dem Gewehrgeknatter mit den Fuhrwerken davon, Verwundete schrien auf und hemmten den Fortgang der Eilenden; sie wurden verbunden und auf Wagen geborgen. Ich hatte große Mühe, bei meinem Bagagewagen zu bleiben. Meine Frau war in der Hast hingefallen, und es dauerte einige Zeit, bis wir uns wieder fanden. Da das Fuhrwerk, dem ich angeschlossen war, Verwundete aufnehmen mußte, war ich genötigt, meine kleinen Koffer wieder in die Hand zu nehmen, und daher wurde ich von meiner Frau allmählich eingeholt. Die deutsche Abteilung hatte den Feind zurückgedrängt und damit unseren Durchbruch nach Westen erzwungen.

Am späten Nachmittag des 11. März erreichten wir die Odermündung bei Dievenow. Wir hatten an diesem Tage - seit dem Abmarsch vom Kinderheim - etwa 35 km zurückgelegt. Im Hafen von Dievenow nahmen kleine Einheiten der deutschen Flotte Flüchtlinge auf, um sie nach Swinemünde zu bringen. Wir wurden durch ein Schnellboot befördert. Die Besatzung des kleinen Fahrzeuges war außerordentlich hilfsbereit, höflich und entgegenkommend. In den behaglich eingerichteten Räumen des Bootes überfiel alle das Gefühl der Geborgenheit; die kurze Seefahrt war eine wohltuende Erholung nach der körperlichen und seelischen Belastung der letzten Tage.

Abschließend berichtet Vf. über sein weiteres Ergehen bis zum Eintreffen in Bayern.

Nr. 60

Bericht des Fleischermeisters O. G. aus Regenwalde i. Pom.
Original, 19. Oktober 1952, 28 Seiten. Teilabdruck.

Flucht aus der Stadt Regenwalde und Einfall der Russen.

Um unseren Familien das Flüchtlingselend in den Trecks auf der Landstraße zu ersparen, hatten mein Bruder Paul, Schwager Reinhold Ebel und ich beschlossen, nicht unsere Heimat zu verlassen, zumal wir politisch nicht führend [waren] und auch unsere ausländischen Arbeitskräfte menschlich behandelt hatten. Die durch Zeitung und Rundfunk verbreiteten Berichte über Greueltaten der Russen konnte ich als anständig denkender und handelnder Mensch nicht glauben und hielt diese für Goebbelssche Propaganda. Meine Gutgläubigkeit sollte jedoch bald arg enttäuscht werden.

Unsere meisten Nachbarn und viele Regenwalder verließen Freitag, den 2. März 1945 nachmittags, abends und in der Nacht zum Sonnabend unsere Stadt. Auch unsere weiblichen Verkaufskräfte zogen Freitagnachmittag mit abrückendem Militär mit, so daß Paul und ich Sonnabend allein im Laden verkauften. Unsere Frauen bezogen mit zwei Mädels aus der Küche, drei polnischen und zwei französischen Gesellen das in Aussicht genommene Gehöft von Arthur Reinke, Niederhagen-Abbau, um hier evtl. Kampfhandlungen aus dem Wege zu gehen. Bis gegen 11 Uhr vormittags war im Laden noch ein sehr reger Betrieb, alles wurde ohne Marken abgegeben. Von Einheimischen wie auch von durchziehenden Trecks wurde viel Wurst und Speck gekauft. Gegen Mittag flaute das Geschäft plötzlich ab. Paul und ich standen vor der Tür, da kam Gerhard Gauger mit zwei Kanistern Brennstoff vorbei: „Na", sagte er, „wollen Sie nicht mit, wir fahren jetzt los." Ein Kopfschütteln — wir bleiben in der Heimat.

Auf der Straße wird es merklich stiller, der Fuhrwerksverkehr hört ganz auf. Es kommen keine Kunden mehr in den Laden. Uns wird unheimlich zu Mute. Wir gehen beide auf die Straße, auf den Markt, keine Menschenseele, auch kein Hund ist zu sehen, die Stadt ist wie ausgestorben, wir gehen zurück. Uns packt ein gewisses Grauen; unruhig gehen wir durch die Stuben, den Laden, die Kühlräume, die Werkstatt, Räuchereien und Pökelkeller, wo noch überall viel, viel Ware lagert. Es mögen wohl an 150 Ztr. sein, die wir zurücklassen müssen, aber nicht das hat uns gehalten, sondern die Liebe zur Heimat.

Gegen 4 Uhr nachmittags wird die furchtbare Stille für uns unerträglich. Wir machen uns marschfertig, jeder ein Fahrrad, in Alltagskleidung und altem Mantel, denn wir wollten keine Kapitalisten sein, die Taschen vollgesteckt von Schokolade, Rosinen, Zigarren, Zigaretten, die Paul aus Ernst Rogges Werkstatt, wo ein großes Verpflegungslager von der Militärverwaltung errichtet war, geholt hatte. So verließen wir um 4 Uhr nachmittags, jeden Augenblick die einrückenden Russen erwartend, die Stadt. Sämtliche Türen offen lassend, gingen wir über die Straße, durch Hans Radtkes Haus, in den Schloßgarten, dann über die Kleinbahnbrücke zu Arthur Reinke. Hier trafen wir: Dr. Arndt mit Frau und Tochter, meinen Bruder Walter mit Frau, Frau Meta Voigt mit ihren Töchtern, Hugo Manthey mit Frau und Töchtern, Frau

Dolge, Ernst Niesert und Frau, Ernst Steinkraus, Marie Paries, Reinhold Ebel, Frau und Tochter, die alte Frau Ebel, meine Mutter mit Martha, Pauls Frau mit ihrer Mutter, Frau Buss und andere.

In den Abendstunden hören wir von der Labeser Chaussee herüber Motorengeräusch der vorbeirollenden russischen Panzer, unaufhörlich, die ganze Nacht hindurch. Überall heben sich am Himmel große Brände ab. Auch in unserer Stadt lodern bald die Flammen empor. Ohnmächtig, in stiller Wut mußten wir dem grauenvollen Schauspiel von weitem zusehen, ohne irgendwie helfen zu können. Stolz und majestätisch stand unser schöner Kirchturm in dem Flammenmeer, von allen Seiten hell erleuchtet, da. Der Sonntag und Montag vergehen in Erwartung der Russen in großer Aufregung. Auf der Chaussee nach Niederhagen sahen wir ständig lange Kolonnen fahren. Deutsche Infanteristen kamen auf den Hof und zogen wieder ab in den nahen Wald, wo es bald zu lebhaftem Feuerwechsel kam.

Dienstagvormittag peitschten plötzlich Schüsse auf unserm Hof, berittene Russen — wie wir nach einer Weile herauskommen, sind sie verschwunden, aber unsere Pferde auch. Am Nachmittag folgt weiterer Besuch — Uri, Uri — ist das erste, was sie verlangen, des weiteren Ringe und Schmuck. Handtaschen und Koffer werden nachgesehen, wo sie nicht gleich aufgehen, wird mit dem Messer das Leder aufgeschnitten. Wäsche, Strümpfe, der ganze Inhalt wahllos herausgeworfen.

Schon am Montag, also bevor die Russen auf unserm Hof waren, fühlten sich die Polen als Herren der Lage. Unsere Frauen wurden in einer Stube zusammengepfercht, während wir Männer im Stall übernachteten. Auch die Verpflegung übernahmen sie. Für uns Deutsche gab es zum Abendbrot nur recht dürftig belegte Brote. Sie selbst aßen große Pfannen voll in der Butter schwimmende Rühreier. Am Dienstagabend begann dann das Martyrium für unsere Frauen. Nach Eintritt der Dunkelheit kamen mehrere Russen und leuchteten mit Taschenlampen. Mit vorgehaltener Pistole suchten sie sich ihre Opfer aus. „Frau, komm mit" hieß es, und jeder Widerstand wäre Selbstmord gewesen. Da mehrere junge Mädchen anwesend waren, kamen unsere Frauen, die sich durch Kopftücher alt gemacht hatten, mit dem Schrecken davon. Mittwoch früh kamen weitere Russen, sahen erneut alle Koffer nach Wertsachen nach. Der ganze Garten am Hause war ein großes Warenlager, es wird alles wüst durcheinandergeworfen. Kurz nach Mittag wird plötzlich der Befehl erteilt: „Das Gehöft ist sofort zu räumen, jeder geht zurück zur Stadt an seine Arbeit."

Meine Frau hatte noch einen kleinen Handwagen, wo zwei Koffer Platz fanden, alles andere, was man nicht tragen konnte, mußte zurückbleiben. Sämtliche Lebensmittel sowie die meisten Sachen blieben zurück. Im Schneematsch geht es übers Feld an die Chaussee. Beim Paatziger Weg, Gehöft Albert Lüdtke, gebietet man uns Halt. „Alle Männer auf den Hof", heißt es, man schließt den Torweg — und wir sind von unsern Frauen getrennt, ohne ein Wort des Abschieds zu nehmen; denn für die meisten war es ein Abschied für immer.

Wir werden auf den Boden eingesperrt, warten einige Stunden und kommen einzeln vor einen gut deutsch sprechenden russischen Kommissar. „Zigarette gefällig", sagt er, „Bitte, nehmen Sie Platz." Die Personalien werden sehr genau aufgenommen, Beruf, Parteizugehörigkeit. Er liest vor, ich muß unterschreiben. Dann sagt er: „Sie brauchen keine Angst zu haben, es passiert Ihnen nichts, ein jeder wird wieder in seinem Beruf weiterarbeiten."

Von einem Soldaten werde ich hinausgeführt, es geht wieder auf den Boden; er öffnet die Räucherkammer, welche völlig dunkel ist — hinein. Mit einem von Grauen entsetzten Gesicht schreit mich mit unartikulierten Lauten jemand an, auf Strümpfen, die langen Stiefel hatte man ihm ausgezogen, die Füße naß vom Schneeschlamm — Otto, Otto, höre ich zur Not — Schwager Reinhold. Schon über eine Stunde saß oder vielmehr hukte er in der von Ruß geschwärzten Kammer. Wir glaubten jetzt, daß unser letztes Stündlein geschlagen hätte, und fanden uns auch mit diesem ab. Die eine Stunde allein und in der dunklen Kammer hatte ihn beinahe irrsinnig gemacht. Draußen hörte man Schritte, die Tür wird aufgerissen, und mein Bruder Paul ist der dritte. Nun, zu dreien läßt es sich schon leichter sterben. Er versteht es, uns wieder aufzurichten. Wir werden ruhiger. Nach einer weiteren Stunde bringt man uns wieder zu den andern auf den Boden. Plötzlich vernehmen wir auf der Treppe eine uns allen so wohlbekannte Stimme. „Reinhold, Reinhold" hören wir. „Doktor, Doktor" ruft dieser zurück, aber Dr. Arndt wurde wohl von den Posten zurückgehalten, und damit war auch leider seine Rettungsaktion fehlgeschlagen.

Unter strengster Bewachung wurden wir gegen 11 Uhr nachts mit brennenden Fackeln durch die Stadt geführt. Ein Entrinnen war unmöglich. Wir zogen vorbei an unserm brennenden Grundstück, mein ganzer Stolz, das Lebenswerk zweier unzertrennlicher Brüder ging in Flammen unter. Im Schaufenster hingen noch mehrere Rinderkeulen, und auf dem Hof sahen wir noch zwei Rehe hängen. Wie wir bei Herlingers um die Marktecke bogen, warfen Paul und ich einen letzten Blick zurück und nahmen Abschied von unserm schönen, einst so stolzen Geschäft. Obwohl bei der Einnahme der Stadt kein Schuß gefallen ist, haben die Russen systematisch einzelne Häuser sowie ganze Stadtteile in Brand gesetzt. In der Prustschen Garage gegenüber der Viehrampe am Bahnhof-Nord wurden wir untergebracht.

Im folgenden berichtet Vf. über seine Verschleppung nach Rußland.

Nr. 61

Erlebnisbericht von Kurt Kath aus Belgard i. Pom.
Original, 14. November 1952, 7 Seiten. Teilabdruck.

Flucht der Bewohner Belgards; mißglückte Flucht mit der Eisenbahn, Rückkehr.

Am Sonabend, dem 3. März 1945, war es soweit. Tagelang hatte man es schon gemerkt, aber das Leben ging immer noch normal seinen Gang. Am 2. März 1945 war die Belgarder Kleinbahn schon mit ihrem ganzen Wagenpark in Richtung Bublitz gefahren, weil die Bevölkerung der Stadt in voller Flucht war, da dort schon russische Panzer eingedrungen waren, und Bublitz ist noch 55 km von Belgard weg. Sonnabendvormittag wurde es dann auch bei uns unruhig. Die Überlandzentrale hatte sämtliche Kraftwagen eingesetzt, um Frauen und Kinder wegzubringen. Aber wo sollten die anderen alle hin? Dann hieß es schon, daß die russischen Panzer bei Schivelbein wären, was auch tatsächlich der Fall war. Trotzdem ließen die beiden Belgarder Ortsgruppenleiter Pescheke und Aschbrenner noch am Vormittag des Sonabend Plakate ankleben mit dem folgenden Wortlaut: Für Belgard besteht kein Räumungsbefehl; alle dem widersprechenden Gerüchte werden mit den härtesten Strafen geahndet; die Ortsgruppenleiter!

Im Laufe des Tages sickerte dann auch schon allerhand Gesindel in die Stadt ein, sehr viele Fremdarbeiter usw. Sonst merkte man noch nichts. Tagelang waren lange leere Militärzüge nach Stettin hochgefahren, niemand durfte mit. Es war eben ein Skandal sondergleichen. Warum ließ man nicht Frauen und Kinder mitfahren, wenn die Männer auch dablieben; aber Frauen und Kinder wären den östlichen Bestien nicht in die Hände gefallen. Die Hauptschuld hieran trägt die Kreisleitung und die Ortsgruppenleitung.

Jedenfalls abends gegen 6 Uhr ging es dann los. Es gab Panzeralarm, die Sirenen gingen ununterbrochen. Da wurde die Bevölkerung der Stadt zu Fuß mit dem tragbaren Gepäck auf die Straße geschickt. Wo sollten diese gehetzten Massen jetzt hin. Ich hatte gerade für unsere Gemeinde Vorwerk in der B.-Station das Licht eingeschaltet, als der Alarm kam. Nun ging ich zurück, da ich erst mal wissen wollte, was los war. Da sah ich schon in der Umgebung, Latzig brannte, auch in anderen Dörfern brannte es. Nun brachte ich meine Familie runter in den Keller, ebenso Lebensmittel und Betten, damit, wenn irgend Beschuß kam, die Gefahr nicht ganz so groß wäre für Frau und Kinder. So ging es bis gegen 9 Uhr abends. Da war auf der Straße solch Leben. Ich ging noch mal raus, um zu sehen, was da los war, da waren Soldaten, aber alles Waffen-SS, Fremde, Litauer und allerhand andere, alles fremde Laute. Im ersten Augenblick dachte ich, die Russen wären schon da. Etwas später kommt ein Oberleutnant und zwei Mann zu uns und sagte uns: „Diese Häuser müssen geräumt werden, wir sprengen die Persante-Brücke", worauf ich ihm sagte: „Warum wollt Ihr die Brücke sprengen, drüben ist der Russe doch auch." Na, man hat davon dann auch abgesehen.

Sicherheitshalber habe ich dann aber doch meine Familie auf die Belgarder Seite gebracht, und zwar, da es kalt war, in den Wartesaal am Kleinbahnhof, wo schon viele andere waren, ungefähr 400 m von meinem Hause. Dort blieben wir die Nacht, überall war Unruhe und hilflose Angst. Frauen liefen umher wie halb Irre und wußten nicht, wohin. Mehrmals war ich in der Nacht noch zurück und habe noch mit den uns bekannten Bauern gesprochen, die sich schon fertiggemacht hatten zum Trecken, aber sie blieben dann doch dort, weil ja alles nutzlos war. Gegen Morgen hieß es dann, es ginge noch ein Zug vom Bahnhof Belgard über Kolberg nach Rügen. Um Frau und Kinder vor dem Elend zu retten, habe ich es noch geschafft und kam auch noch durch und nach vielen Schwierigkeiten auch noch mit. Er fuhr auch ab. Aber man hatte uns erst 19 km gefahren, da ließ man uns halten. 19 Züge waren noch vor uns, bis Kolberg hin alles voll von Menschen.

Viele versuchten nun, zu Fuß nach Kolberg zu kommen, was ihnen auch gelungen ist, und sie sind dann auch noch unter unsäglichen Mühen mit den Schiffen rausgekommen. Ich hatte noch damals zwei kleine Kinder und wollte diese nicht in das Chaos bringen, also blieben wir im Zuge mit vielen Tausenden anderen und warteten, was kommen würde. Am dritten Tage morgens um 6 Uhr war dann der Russe an den Zügen. Die Uhren wurden abgenommen, und das unsägliche Leid für viele Frauen begann; dann mußten wir die Züge räumen und alle wieder an den Ort zurück, wo wir herkamen. Wir kamen aber erst nur in das Dorf Jaasde bei einem Bauern Motzehn. Weiter konnten wir uns in dem Schnee und Kälte nicht mit den Kindern wagen. Dort waren schon gegen 90 Menschen, meistens Frauen. Von Zeit zu Zeit kamen dann Russen und suchten sich die einzelnen Frauen raus und vergewaltigten sie. Ein Mädelchen von 14 Jahren, ihr Vater war bei ihr, holten diese Bestien ihm weg. Der Mann war zusammengebrochen. Schneeweiß kam das Kind nachher wieder rein. Es kamen einem direkt die Tränen, wie man das sah.

Am nächsten Tag ging es weiter über Körlin nach Hause. Überall lagen tote Soldaten und Zivilisten, von Panzern breitgefahren bis zur Unkenntlichkeit. So kamen wir wieder nach Belgard und konnten nun erfahren, was da los war und wie alles abgelaufen ist. In meine Wohnung kounte ich nicht, und so blieb ich mit meiner Familie bei meiner Mutter. Auf dem Friedhof hatte man Massengräber angelegt, da es sonst unmöglich war, die Leichen zu begraben. Viele hatten selbst Hand an sich gelegt. Einzelne kann ich noch aus Belgard nennen.

Anschließend schildert Vf. seine Verschleppung und den Aufenthalt im Sammellager Schneidemühl[1]).

Nr. 62

Bericht eines ehemaligen Offiziers[2]).
Abschrift, ohne Datum, 6 Seiten.

Kampfhandlungen während der Belagerung Kolbergs und Abtransport der Bevölkerung.

Im November 1944 begann die Erkundung zum Ausbau der Stadt Kolberg als Festung. Es wurden drei Verteidigungsringe festgelegt, von denen der Ausbau der Stadtrandsiedlung Anfang Februar 1945 durch Stellv.Gen. Kdo.II.A.K. befohlen wurde. Am 26. Januar 1945 wurde der Festungsstab Kolberg aufgestellt. Es wurden in Angriff genommen ein Panzergraben und Infanteriestellungen. Die Durchführung der Stellungsbauarbeiten litt sehr unter dem Mangel an Arbeitskräften. So waren am 1. März bei Eintreffen des neuen Festungskommandanten, Oberst Fullriede, von den vorgesehenen und in Angriff genommenen Stellungsbauten lediglich ein Teil des Panzergrabens und der Infanteriestellungen sowie 16 behelfsmäßige Stellungen für schwere Wurfkörper (28 cm) ausgebaut.

Die Festung war zu dieser Zeit verpflegungsmäßig zu 85%, munitionsmäßig lediglich für schwere Wurfkörper und Flak bevorratet. Erst am 6. und 7. März trafen über See 100 t Munition aller Art ein. An Truppen standen

[1]) abgedruckt unter Nr. 162 (Bd. I, 2).

[2]) Der Bericht befindet sich in einer privaten Sammlung von Kolberger Erlebnisberichten. Der Vf. konnte nicht ermittelt werden, es handelt sich aber zweifellos um einen deutschen Offizier, der während der Belagerung Kolbergs eine leitende Stellung innehatte.

am 1. März zur Verfügung: 1. Batl. des Feldausbildungs- und Regiments Pz.A.O.K.3 mit Regimentseinheiten und Rgt.-Stab, ein nur teilweise bewaffnetes Volkssturmbatl., ein Volkssturm-Werferzug und Teile der Flakbat. Heinzel. Am 2. März trafen 8 Geschütze l.f.H. 18 ohne Bedienung, Protzen und Bespannung ein. Protzen wurden aus dem Gerätelager Kolberg beschafft. Um wenigstens eine Batterie feuerbereit zu machen, wurden von der I.G.-Komp. zwei Beobachter und fünf Richtschützen und Kanoniere zur Stabskompanie versetzt, die fehlende Bedienung durch Volkssturm aufgefüllt. Am 3. März kam das Festungs-M.G.-Batl. 51 (M) hinzu, am 4. März der Panzerzug Römig. Nach Beginn der Kämpfe wurde aus Versprengten das Batl. Hempel aufgestellt.

Seit Ende Januar setzte ein ununterbrochener Flüchtlingsstrom ein. Die Bevölkerungszahl stieg von 35 000 auf 85 000 Einwohner. Der Bahnhof war zu dieser Zeit mit Zügen überfüllt. Ein Abfluß nach Stettin fand nur in ganz geringem Maße statt, so daß sich die von Köslin und Belgard kommenden Züge vor der Stadt stauten. Die Eisenbahn teilte auf Anfrage mit, daß Stettin Züge nicht abnehmen könnte. So standen bei Beginn der Einschließung 22 Züge mit Flüchtlingen, Verwundeten und Material aller Art auf der Strecke von Belgard nach Kolberg.

Bei der ersten Aufforderung durch den neuen Festungskommandanten am 1. März, für den Abtransport der Zivilbevölkerung zu sorgen, erklärte der Kreisleiter, daß bei ihm ein diesbezüglicher Befehl des Gauleiters nicht vorliege. Eine nochmalige Aufforderung am 2. und 3. hatte ebenfalls keinen Erfolg. Darauf erhielt der Kreisleiter am 3. März um 20.00 Uhr vom Festungskommandanten den Befehl, Flüchtlinge zum unverzüglichen Verlassen der Stadt aufzufordern. Zu dieser Zeit war ein Abfließen der Trecks über die Strandstraße nach Gribow möglich.

Auf Grund einer Feindorientierung durch Kampfgruppe Kettau wurde am 3. März abends die Besatzung alarmiert und am 4. März früh ein Spähtrupp entsandt, der um 4.00 Uhr bei Rossenthin erstmalig auf den Feind stieß. Um 5.00 Uhr erreichten feindliche Panzer und Infanterie Sellnow. Damit war die Wasserversorgung aus dem Wasserwerk Koppendicks-Grund abgeschnitten. Gegen 7.00 Uhr erreichte der Feind den Stadtrand von Gelder-Vorstadt.

Mit der Meldung von der ersten Feindberührung wurde am 4. März um 4.00 Uhr das Standrecht verhängt. Ein Versuch, durch die zuständigen Instanzen Ordnung in den zivilen Sektor zu bringen, mißlang. Darauf wurden um 16.00 Uhr dem am 27. Februar eingetroffenen Kreiskommandanten SS-Oberführer Bertling sämtliche nichtmilitärischen Dienststellen unterstellt. Weiterhin wurden zur Erhöhung der Abwehr- und Kampfbereitschaft sämtliche Versprengten durch Offz.-, Polizei- und Feldgendarmeriestreifen einer Sammelstelle zugeführt, Waffen und Gerät gesammelt und daraus das Batl. Hempel, die Artl.-Gruppe Schleiff sowie die Panzergruppe Beyer aufgestellt. Die Panzergruppe bestand aus vier Hetzern und vier P 4, die als Schadpanzer von der Div. Holstein nach Kolberg zur Instandsetzung abgeschoben waren.

Der erste Panzervorstoß des Feindes wurde am 4. März durch zwei Flak-Geschütze und sechs Werfer des M.G.-Batl. in der Gelder-Vorstadt abgewiesen. Der Feind zog sich daraufhin zunächst nach Karlsberg zurück. An diesem und dem folgenden Tage fühlte er nur mit schwächeren Panzer- und Infanteriekräften entlang der Treptower- und Körliner-Straße gegen die Stadt vor. Durch Artillerie, schwere Wurfkörper, Flak und Panzervernichtungstrupps wurden die Vorstöße abgewiesen, wobei die ersten Panzer vernichtet wurden.

Da die Straßen von Köslin und Belgard noch frei sind, strömen immer neue Flüchtlingstrecks in die Stadt. Sie können nur auf dem Strandweg nach Gribow weitergeleitet werden, jedoch auch hier nur unter Gefährdung durch einzelne Panzer. Um vor allem die Eisenbahnstrecke nach Westen freizubekommen sowie die Straße nach Gribow zu sichern und dadurch einen stärkeren Abschub von Flüchtlingen zu ermöglichen, wird für den 6. März ein Vorstoß beiderseits der Treptower-Straße auf Neu-Werder, Neu-Geldern und Karlsberg befohlen.

Der Angriff begann um 6.00 Uhr und erreichte um 6.35 Uhr den Südrand Neu-Geldern, mittags Neu-Werder, Karlsberg. Karlsberg konnte gegen überlegene feindliche Panzerkräfte, die in Alt-Werder, Sellnow und später auch in Neu-Werder auftauchten, nicht genommen werden. Infolgedessen blieb die Treptower-Straße und die Eisenbahnlinie nach Treptow unter Feindbeschuß. Lediglich die Straße über Gribow nach Westen blieb durch das Zurückdrängen des Gegners zunächst offen. In der Annahme, daß die Straße auch weiter westlich noch offen sei, wurden die Flüchtlingstrecks auf ihr abgeschoben. Eine diesbezügliche Funkanfrage über Feindlage nördlich Stettin blieb von Stettin unbeantwortet.

Im Laufe der Nacht zum 7. März und in den ersten Morgenstunden des 7. März stieß der Feind westlich und ostwärts der Stadt endgültig bis zur See vor, so daß der Einschließungsring nunmehr geschlossen war. Um 15.35 Uhr wurde durch Funkspruch vom OKH. das weitere Freikämpfen einer Abschubstraße nach Westen verboten und der Befehl gegeben, die eigenen Kräfte zusammenzuhalten, um den Abtransport der Bevölkerung über See zu schützen. Gegen Abend stieß der Feind mit Panzerunterstützung entlang der Treptower-Straße bis in die Gelder-Vorstadt. Das Batl. Hempel riegelte sofort mit einer Kompanie an der Stettiner-Straße ab. Die Kasernen blieben in eigener Hand. Die Feindverluste sind hoch. Jedoch gelingt es nicht, einzelne bis an die Ecke Camminer-Straße - Treptower-Straße vorgedrungene Feindgruppen wieder rauszuwerfen.

In den frühen Morgenstunden des 8. März verlegt der Feind den Schwerpunkt seines Angriffes von der Treptower-Straße an die Lauenburger-Vorstadt, wo er sich unter starkem Feuerschutz mit Panzern und Infanterie über die Persantewiesen entlang der Körliner-Straße gegen die Panzersperre am Strandeingang vorschiebt. Jedoch gelingt es ihm nur, die Panzersperre im Laufe des Tages in seine Hand zu bringen.

Inzwischen hat der Gegner rings um die Stadt immer neue Batterien aufgefahren. Zum Schluß wurden mindestens 20 schwere Batterien festgestellt, dazu Stalinorgeln und Granatwerferverbände schweren Kalibers. Mit ihnen eröffnet der Feind ein sich ständig steigerndes Feuer auf alle Teile der Stadt, besonders auf Hafen und Bahnhof sowie auf die Frontlinie. Die Verluste der eigenen Truppen sowie der Zivilbevölkerung in der Stadt sind erheblich. Es machen sich Anzeichen einer beginnenden Panik bemerkbar.

Um den Abtransport zunächst der Frauen und Kinder zu sichern, sind härteste Maßnahmen erforderlich. Gegen Plünderer und Drückeberger muß mit exemplarischen Strafen vorgegangen werden. In der Versorgung wird der Mangel an Trinkwasser immer spürbarer. Nach ständigem Drängen des Einsatzleiters der Kriegsmarine für den Abtransport der Zivilbevölkerung, Freg. Kpt. Kolbe, lief die Gestellung von Schiffsraum mehr und mehr an und ergab täglich wachsende Erfolge.

Am 9. März gelang dem Gegner ein Einbruch in die Lauenburger-Vorstadt. Um den Georgenfriedhof an der Gasanstalt wechselten ständige Angriffe und Gegenangriffe. Im Westen wurde ein starker Angriff gegen die Stellungen des Volkssturmbatl. Pfeiffer abgewiesen. Ein eigener Gegenangriff an der Treptower-Straße durch Lt. Hempel mit Teilen seines Batl. brachte einen vollen Erfolg und eine Beute von 24 schweren Waffen. Eigene Schiffsartillerie unterstützte die Abwehr durch wirksames Feuer auf die Bereitschaftsräume des Gegners, wobei der Feind starke Verluste an Panzern und Infanterie hatte.

Am 10. März verschob der Feind den Schwerpunkt seines Angriffes nach Osten und Südosten an die Bahnlinien nach Köslin und Körlin. Von Panzern und Pak unterstützt, konnte er seinen Einbruch in der Lauenburger-Vorstadt nach Osten erweitern und in die Waldenfels-Kaserne eindringen. Die Georgenkirche mußte, um dem Feind nicht mehr den Turm als B.-Stelle zu überlassen, durch einen Stoßtrupp in Brand gesetzt werden. Ständige, von Panzern unterstützte Feindangriffe gegen die Abschnitte des Volkssturms im Westen und des Batl. Hempel im Südwesten werden immer wieder im Nahkampf abgewiesen. Von den 7 Brücken über Persante und Holzgraben waren zu dieser Zeit bereits 4 zerstört.

Am 11. März Fesselungsangriffe an der gesamten Front, überall von Panzern unterstützt, wo der Gegner jedoch nur in die ersten Häuser eindringen kann. Wegen Fehlens eigener Pak ist es ihm möglich, Haus um Haus systematisch mit Panzern und Pak zu zerschießen und sich nach Ausfallen der Besatzung mit Infanterie weiter vorzuschieben. Die eigenen Panzer der Panzergruppe Beyer sind ständig reparaturbedürftig und kaum einsatzfähig. Sie müssen z. T. in ihre Stellungen geschleppt werden, wo meist in kurzer Zeit ein Schaden an der Abzugsvorrichtung oder am Fahrwerk auftritt.

Am 12. März morgens setzt nach schwerstem Artl.-Beschuß in der Lauenburger Vorstadt ein neuer Angriff des Feindes ein. Dem Gegner gelingt vom Georgenfriedhof aus ein Einbruch nach Norden über die Kösliner-Chaussee. Drei Gegenangriffe blieben erfolglos. Die Ostfront wird mit Einbruch der Dunkelheit auf eine neue Linie längs derWall-Straße zurückgenommen .Hinter dieser neuen Front wird im Verlauf der Nacht aus den letzten verfügbaren Reserven eine 2. Linie aufgebaut. Im Westen und Südwesten wurden an diesem Tage insgesamt 6 von Panzern unterstützte Feindangriffe unter beiderseits hohen Verlusten abgewiesen.

Am 13. März greift der Feind im Westen an der Maikuhle sowie in der Gelder-Vorstadt und im Osten an der Waldenfelsschanze mit starken Kräften an. Der Angriff an der Maikuhle wird vom Volkssturm, der in der Gelder-Vorstadt durch Teile des Batl. Hempel im Nahkampf abgewiesen. Im Osten gelingt dem Gegner ein tiefer Einbruch, der ihn in den Besitz der Gasanstalt und des Lokschuppens bringt. Der Einbruch wird im Gegenstoß unter Einsatz von zwei Panzern abgeriegelt. Am Abend muß der Volkssturm an der Maikuhle wegen der starken Ausfälle der letzten Tage in eine verkürzte Linie zurückgenommen werden.

Am 14. März setzt beim Morgengrauen an der gesamten Front bei außergewöhnlich starkem Artilleriefeuer aller Kaliber, dabei starkem Panzer-, Pak-, Salvengeschütz- und Granatwerferfeuer, ein neuer konzentrierter Großangriff ein. Er führt zu tiefen Einbrüchen an der Maikuhle in die Kasernen der Gelder-Vorstadt, aus der Lauenburger-Vorstadt in das Stadtinnere und am Gleisdreieck westlich Lokschuppen, die nur mit Mühe abgeriegelt werden können. Ein weiteres Einsickern des Feindes in die eigenen Linien kann wegen hoher eigener Verluste nicht verhindert werden. Die eigene Truppe leistet trotz ihrer körperlichen und seelischen Erschöpfung und trotz ihrer Ausfälle erbitterten Widerstand. Gegen 14 Uhr ist der Druck des Feindes aufgefangen und die eigene Front, wenn auch oft nur stützpunktartig und zunächst noch unübersichtlich, wieder hergestellt. Um 15.30 Uhr fordert das polnische Armeeoberkommando den Festungskommandanten auf dem Funkwege zur Übergabe auf. Die Antwort lautet: „Kommandant hat Kenntnis genommen.“ Auf eine zweite Kapitulationsaufforderung um 16 Uhr wurde nichts geantwortet. Unter dem Eindruck seiner am Vormittag erlittenen starken Verluste setzte der Feind seinen Angriff am Spätnachmittag zunächst nicht fort. Statt dessen lagen Stadt und Hafen unter dem konzentrierten Feuer aller Waffen. Erst mit Einbruch der Dunkelheit führte der Gegner einen durch schwere Waffen unterstützten Großangriff gegen die Waldenfelsschanze, der in 2½-stündigem harten Nahkampf abgewiesen wurde.

In der Nacht zum 15. März bricht der Feind am Gleisdreieck ein und kann erst am Ostrand des Bahnhofes aufgefangen werden. Ein eigener Gegenstoß führt nur noch zur Festigung der neuen Widerstandslinie, jedoch nicht mehr zur Bereinigung des Feindeinbruches. Im Laufe des Vormittags trifft auf Reede das Alarmbatl. Kell (I. Fest.-Rgt. 5) ein. Der Festungskommandant entschließt sich, das Batl. nicht mehr zu landen, da die Besatzung inzwischen auf einen so schmalen Streifen am Strand und Hafen zusammengedrängt ist, daß sich keinerlei Verteidigungsmöglichkeiten mehr bieten und der Einsatz des Alarmbatl. keine Entscheidung, sondern nur eine Verzögerung bringen kann. Bevor jedoch dieser Befehl die auf Reede liegenden Schiffe erreichte, waren am Spätnachmittag bereits zwei Kompanien des Batl. gelandet, die nunmehr sofort eingesetzt wurden. Der Einsatz dieser frischen Kräfte an diesem und den folgenden Tagen erfüllte jedoch nicht die Erwartung, die daran geknüpft wurde. Er brachte nur geringe Entlastung, da die Truppe, die nicht an den Straßenkampf gewöhnt war, sich in den Trümmern der brennenden Stadt nur schwer zurechtfand; da hatte das Batl. hohe Ausfälle. Die beiden Kompanien besetzten zunächst eine Widerstandslinie nördlich des Bahnhofs und rückten von dort aus gegen die Innenstadt vor. Zugleich ging rechts davon eine Kampfgruppe aus der Linie der Gradierstraße nach Osten vor, um den über den Adolf-Hitler-Platz vorgedrungenen Feind zu werfen und die am Nachmittag verlorengegangene Luisenstraße wieder zu nehmen. Jedoch gelang nur die Säuberung des Bahnhofsgeländes und die Wiederinbesitznahme des Nord- und Westrandes des Adolf-Hitler-Platzes. Unter dem

Schutz dieser Linie konnten in der Nacht die letzten Frauen und Kinder eingeschifft werden. Infolge des tiefen Einbruchs vom Osten her in die Innenstadt mußte das Batl. Hempel in der Nacht auf das Ostufer der Persante zurückgenommen werden. Die Verbindung mit dem Volkssturm und der Marine-Artl. Prien auf dem Westufer blieb erhalten.

Am 16. März belegte der Feind das kleine, in eigener Hand befindliche Stadtgebiet mit einem pausenlosen schweren Feuer aller Kaliber. Innerhalb der Stadt gelang es ihm nur durch systematisches Inbrandschießen und Zerstören der Häuser durch Panzer und Pak, die Trümmer einiger Blocks in Besitz zu nehmen. Von Panzern unterstützte Angriffe gegen Maikuhle und südlich Waldenfelsschanze wurden, teilweise im Gegenangriff, abgewiesen. Am Mittag wurden der Stab und die 3. Komp. des Batl. Koll gelandet und damit im Zuge der Moltkestraße eine neue Widerstandslinie aufgebaut. In der Nacht vom 16.—17. wurden Eisenbahner, O.T.-Arbeiter, männliche Zivilpersonen und Unbewaffnete abtransportiert.

Entgegen den Erwartungen, daß der Feind am 17. morgens zum letzten Stoß ansetzen würde, beschränkte er sich auf ständig steigernde Feuertätigkeit aller schweren Waffen. Erst am Spätnachmittag griff er ostwärts des Bahnhofs mit Unterstützung von vier Panzern an und durchbrach unsere dünne Linie. Nur dem zögernden Nachfolgen der feindlichen Infanterie war es zu verdanken, daß unsere Front sich wieder auffing.

Mit dem Abtransport der Frauen und Kinder sowie der unbewaffneten Organisationen, Schlüsselkräfte und sämtlicher Zivilisten war der am 7. März durch Funk vom OKH. gegebene Auftrag erfüllt. Der selbstverständliche Auftrag für jede Festungsbesatzung, Feindkräfte zu binden, konnte nur noch bis zum Morgen des 18. März erfüllt werden. Bis dahin war durch das Zusammendrängen der Besatzung auf einen 1800 m langen und 400 m breiten Strandstreifen, durch die zahlenmäßige Schwäche der Besatzung, ihre völlige körperliche und seelische Erschöpfung, durch den Ausfall der letzten eigenen Panzer und des größten Teiles der schweren Waffen sowie durch die in dem schmalen, noch gehaltenen Strandstreifen sich besonders stark auswirkende artilleristische Überlegenheit des Feindes die Vernichtung der Restbesatzung mit Sicherheit zu erwarten. Daher entschloß sich der Festungskommandant am Nachmittag des 17. März auf eigene Verantwortung und ohne Befehl, zu versuchen, unter Belassung von kampfstarken Sicherungen bis zum Morgen des 18. die Kampfbesatzung in der Nacht vom 17.—18. März über See abzusetzen und damit zu erhalten.

Noch vor Beginn der Absetzbewegungen erfolgte am späten Abend des 17. ein Angriff des Feindes gegen die Waldenfelsschanze, die verlorenging. Damit beherrschte der Feind durch Pak und Panzerfeuer den gesamten Strandstreifen ostwärts der Persante, die Hafenausfahrt und die Feuerstellung der restlichen eigenen Artl. Die Absetzbewegung lief unter dem massierten Feuer der schweren Feindwaffen. Deshalb konnte der Feind infanteristisch nur schwach nachdrücken. So konnten sich auch die letzten Sicherungen kämpfend vom Feind lösen. Am 18. März um 6.30 Uhr waren Strand und Mole von eigenen Truppen geräumt.

Der erste Angriff auf Kolberg erfolgte durch russische Panzerverbände, die vom Süden vorstießen. Nachdem es ihnen nicht gelungen war, Kolberg im ersten Anlauf zu nehmen, wurden sie von polnischen Verbänden, 3., 4., und 6. polnische Inf. Div., durch Panzer, Werfer und Artl. Verbände verstärkt, darunter das 4. russ. Pz.Artl.Rgt. Die Feindpanzer hatten größtenteils deutschsprechende Besatzung, die ihren Funkverkehr in deutscher Sprache führten.

Diesen starken Feindverbänden standen auf unserer Seite nur mangelhaft bewaffnete und eilig aufgestellte Kampfgruppen gegenüber. Diese wurden zudem behindert durch eine schwer zu übersehende und zu erfassende Menge fremder Troßteile, die meist die geringste Disziplin und Kampfmoral zeigten. Die Straßen und Häuser waren überfüllt mit in der Stadt angestauten Flüchtlingstrecks. Erst dem tatkräftigen Eingreifen des Kreiskommandanten, SS-Oberführer Bertling, gelang es nach und nach, Ordnung in dieses Durcheinander zu bringen. Die sich herumtreibenden Soldaten wurden aufgefangen, soweit brauchbar, in die kämpfende Truppe eingereiht, die übrigen entwaffnet und zu Arbeitsdiensten herangezogen, namentlich zu systematischen Verbarrikadierungen sämtlicher wichtigen Straßen und Plätze. Die Panikstimmung in der Zivilbevölkerung, hervorgerufen durch den pausenlosen Artl.-Beschuß, eine hohe Säuglings- und Kindersterblichkeit, hervorgerufen durch den Mangel an Milch und Trinkwasser, Kindermord durch die eigenen Mütter und Selbstmord sind häufige Erscheinungen. Davon hob sich auf der anderen Seite die tapfere Haltung mancher Frauen ab, die beim Löschen von Bränden, beim Bergen von Verwundeten unter Einsatz ihres Lebens einem großen Teil der männlichen Zivilbevölkerung ein Vorbild sein konnten. Zu erwähnen sind besonders zwei Nachrichtenhelferinnen und eine Wehrmachtshelferin, die freiwillig bis zum letzten Abtransport von Frauen und Kindern bei der Truppe aushielten und ihren Dienst in vorbildlicher Weise versahen.

An die kämpfende Truppe mußten außergewöhnlich hohe Anforderungen gestellt werden. Der hohe Grundwasserstand machte fast in allen Abschnitten ein Eingraben unmöglich, so daß die Truppe dem massierten Feuer der schweren Feindwaffen fast deckungslos ausgesetzt war. Hierzu kam ein 14-tägiger pausenloser Kampf mit weit überlegenem Gegner ohne die Möglichkeit auch nur eines zeitweiligen Herausziehens. Die schlechten Trinkwasserverhältnisse zeitigten überall schwere Verdauungsstörungen, die die körperliche Widerstandskraft der Besatzung beeinträchtigten.

Die Leistungen der Truppe waren dennoch erstaunlich. Sie mußte sich im Häuserkampf feindlicher Panzer, Pak und Flammenwerfer erwehren. Ohne jede eigene Pak wurden 28 Feindpanzer vernichtet, davon 12 mit Nahkampfmitteln, die übrigen durch Flak und Artl. Weitere Feindpanzer wurden zweifellos in nicht feststellbarer Zahl in den Bereitstellungsräumen durch die eigene Schiffsartillerie vernichtet. Weiterhin wurden mit Sicherheit vernichtet oder erbeutet: 15 Pak, 9 leichte Geschütze, 8 Granatwerfer, 2 Flammenwerfer, 10 SMG., zahlreiche leichte Infanteriewaffen und 9 LKW.

Die Menschenverluste des Feindes waren außerordentlich hoch. Nach Gefangenenaussagen war der Gegner schließlich gezwungen, seine Trosse in vorderster Linie einzusetzen.

Nach vorsichtiger Schätzung durch Gefangenenaussagen hat der Gegner bis zu 50% Verluste gehabt.

An diesen Erfolgen war die Festungs-Artl.-Gruppe Schleiff wesentlich beteiligt. Trotz ihrer improvisierten Aufstellung während der Kampfhandlung entlastete sie die Truppe immer wieder spürbar durch ihre Wendigkeit und Treffsicherheit. Dies war besonders der Tatkraft und den hohen artilleristischen Fähigkeiten des Majors Schleiff zu verdanken. Ebenso war es besonders sein Verdienst, daß die Zusammenarbeit mit der unterstützenden Schiffsartillerie der Zerstörer 43 und 34 reibungslos funktionierte. Ohne diese Unterstützung wäre ein 14-tägiges Halten Kolbergs zweifellos nicht möglich gewesen.

Wenn auch die Zusammenarbeit mit dem Einsatzleiter, Freg.Kpt. Kolbe, nicht ganz reibungslos war, so gelang es trotzdem, bis zum 16. März 70 000 Zivilpersonen, unbewaffnete Organisationen und Nichtdeutsche abzutransportieren. Weitere 5½ Tausend Wehrmachtsangehörige und Kampftruppen wurden am 17. — 18. März abtransportiert.

Bei Beginn der Belagerung von Kolberg standen dem Festungskommandanten an Truppen etwa 3300 Mann zur Verfügung, davon im infanteristischen Einsatz etwa 2200. Davon fielen während der Kampfhandlungen etwa 2300 Mann aus. Die Verluste wurden laufend durch Ausziehung der unbewaffneten Soldaten sowie durch Neuzuführung des Batl. Koll ergänzt. So wurden in der Nacht vom 17. zum 18. März noch etwa 2000 Mann kämpfende Truppen, davon etwa 1200 Infanteristen, abtransportiert.

An schweren Waffen standen zu Beginn der Belagerung zur Verfügung: 8 lFH., 7 Flak 10,5 cm, 7 Flak 3,7 cm, 1 Flak 2 cm, 820 Schuß schwere Wurfkörper in 16 behelfsmäßig vorbereiteten Feuerstellungen sowie das Festungs-MG.-Batl. 91 (M) und der Panzerzug Hptm. Römig. Am 17. März abends waren noch einsatzbereit: 3 lFH., 1 Flak 3,7 cm, 2 Flak 2 cm und mittl. Granatwerfer. Beim Abtransport wurden mitgenommen: 6 mittl. Granatwerfer, alle übrigen Waffen wurden unbrauchbar gemacht, ebenso Munitions-, Treibstoff- und Lebensmittelvorräte.

Dem Feind fiel eine völlig niedergebrannte und verwüstete Stadt in die Hand. Der Dom ist eine ausgebrannte und schwer beschädigte Ruine. Sämtliche Persante- und Holzgrabenbrücken sind gesprengt. Der Bahnhof mit Gleisanlage ist zerstört, die Verladeeinrichtungen am Hafen für lange Zeit unbrauchbar. Dies ist der Gewinn, den der Feind mit sehr hohen Blutopfern erkaufte, aber auch der Preis, um den es gelang, 75 000 Menschen dem Reich zu erhalten.

Nr. 63

Erlebnisbericht des W. G. aus Kolberg i. Pom.
Original, 4. März 1946, 10 Seiten. Teilabdruck.

Die letzten Tage in Kolberg.

Am 3. März gegen 17 Uhr begab sich meine Frau nach ganz kurzem Entschluß, da die Lage in Kolberg immer ernster wurde, auf die Flucht. Mit ihr gingen Frau Ibsch und Frau Ihlenfeld mit ihren drei Kindern. Sie wurden durch einen Lastzug von unserem Hause abgeholt und bestiegen den zweiten

Anhänger. Als ich bei der Abfahrt dem fürchterlich schleudernden Anhänger nachsah, hatte ich das Gefühl, daß meine Frau die Fahrt nach Stettin nicht überstehen würde. Ich blieb mit meinem Hunde traurigen Herzens in der Wohnung zurück.

Am Abend kamen meine Schwägerin Ida mit ihrer Tochter, um sich zu verabschieden, da sie die Absicht hatten, mit einem Treck zu flüchten. Einige Zeit später kamen etwa 20 bis 25 Flüchtlinge mit Kleinstkindern aus Köslin und baten mich um Unterkunft. Ich habe sie alle die Nacht in meiner Wohnung aufgenommen. Am Sonntag, den 4., kamen meine beiden Schwestern Rosa und Trude, die die Nacht auf dem Bahnhof in einem offenen Waggon zugebracht hatten, weinend bei mir an und fragten, was sie machen sollten, es ginge kein Zug mehr von Kolberg ab. Ich machte den Vorschlag, daß mein Vater und meine Schwestern zu mir in die Brunnenstraße übersiedeln sollten, da die Treptowerstraße schon geräumt werden mußte. Dieses geschah dann auch. Meine Schwestern brachten noch Frau Hörnig mit deren Kindern und Fräulein Erna Strelo mit. Kaum hatten sie das Haus betreten, da krachten auch schon die ersten Einschläge der feindlichen Panzer. Die Aufregung war groß, und ich hatte Mühe, alle Anwesenden in meinen Kellern unterzubringen. In der Nacht vom 4. zum 5. gab der Ortsgruppenleiter Grammersdorf bekannt, daß Kolberg unter starken Beschuß kommen würde und deshalb alle Zivilpersonen, Frauen und Kinder, sofort am Strand entlang in Richtung Maikuhle fliehen sollten. Kaum 10 Minuten später setzte schwerer Beschuß ein. Meine Schutzbefohlenen befolgten meinen Rat, den Weg durch die Maikuhle nicht zu nehmen, denn ich fürchtete das Ausbrechen einer Panik. Wie gut dieser Rat war, zeigte sich später, denn die andern Flüchtenden waren in das feindliche Feuer geraten. Nun gab es nur noch den Seeweg, um die Stadt verlassen zu können.

Die Parteileitung hatte es untersagt, daß die Zivilbevölkerung die Stadt rechtzeitig auf dem Landwege verließ. ... Meinen Verwandten gelang es erst, am 8. März Kolberg mit Genehmigung des Kreisleiters auf dem Seewege zu verlassen. Der Kreisleiter hatte meine Abreise ausdrücklich abgelehnt. Ich möchte an dieser Stelle bemerken, daß ich in der Stadt keinerlei Aufgabe hatte, die meiner Abreise im Wege gestanden hätte. Am 9. rückte das feindliche Feuer näher, so daß nun auch mehrere Treffer in der Brunnenstraße lagen; ein Einschlag erfolgte direkt vor unserem Hause, der unsere große Eichentür wie ein Sieb durchlöcherte und fast sämtliche Fensterscheiben des Hauses zertrümmerte. Am Abend kamen der Fleichermeister Gamradt mit Frau und Schwägerin sowie der Fleischermeister Fritz Groß mit Frau, die Ehefrau des Maklers Pagel und deren Tante, letztere kamen aus dem Deli-Haus, welches in Flammen stand. Außerdem befanden sich in meinem Luftschutzkeller Frau Janke, Herr und Frau Dräger, Frau Günther mit ihren Kindern, Mütter und Onkel. Ferner sechs ostpreußische Flüchtlinge. Am 12. gingen Familie Günther, Drägers, Frau Janke und die ostpreußischen Flüchtlinge zum Hafen. Nachdem mehrere Häuser in der Umgebung, teils durch Beschuß, teils durch Anzünden von seiten der Wehrmacht vernichtet worden waren, ging am 16. März auch unser Haus in Flammen auf. Wir suchten Schutz im Nachbarkeller, Brunnenstraße 4. Während der Zeit vom 9. bis zum 16. bin ich dreimal am Hafen gewesen, um zu versuchen, Kolberg auf dem Seewege zu verlassen. Leider ohne Erfolg. Männer bis zu 60 Jahren durften die Stadt nicht verlassen, sondern sollten sich dem Volkssturm zur Verfügung stellen.

Am 16. bezogen deutsche Truppen in unserem Keller Stellung und gaben bekannt, daß der allgemeine Räumungsbefehl ausgesprochen sei. Zu unserem großen Schrecken war es jedoch nun nicht mehr möglich, von der Ostseite auf die Westseite der Brunnenstraße zu gelangen. Ein feindliches MG.-Nest befand sich nämlich in Höhe der Pfannschmiede und bestrich die ganze Brunnenstraße. Die bei uns im Keller befindliche Gruppe der Wehrmacht versuchte einen Ausfall unter Feuerschutz, der aber im feindlichen Feuer unter Verlusten zusammenbrach. Es blieb uns nun nichts weiter übrig, als dem Schicksal einer Gefangennahme durch die Russen entgegenzusehen. Der Gedanke daran war sowohl für uns, als auch für die Soldaten grauenvoll.

Am 18. früh kamen die ersten polnischen Soldaten in den Keller und forderten mit vorgehaltener MP. die Herausgabe von Uhren, Ringen und sonstigen Wertsachen. Der polnische Soldat, der mit vorgehaltener MP. von mir die Uhr verlangte, wurde sofort von meinem treuen Hunde Kuno angesprungen, und ich hatte große Mühe, ihn zurückzuhalten. Die Polen forderten uns auf, den Keller zu verlassen. Man sagte uns, wir sollten in noch nicht zerstörten Häusern untergebracht werden. Aber es kam anders! Schwer beladen mit drei Koffern, Mantel und Pelz verließ ich den Keller. Dann begannen die ersten Schikanen der Polen. Wir durften nicht auf direktem Weg auf die Straße, sondern erreichten durch Mauerdurchbrüche und Kellerlöcher die Viktoriastraße. Dieser Weg dauerte eine ganze Stunde. Von hier aus wurden wir auf Umwegen durch die zertrümmerte Stadt zur Waldenfelskaserne getrieben. Am Kaiserplatz, Ecke Friedrichstraße, wurde mir von polnischen Soldaten mein großer Koffer entrissen. Mein Kuno, der noch immer bei mir war, sprang auf diese Soldaten los. Am Tor der Waldenfelskaserne angekommen, sagte ich zu Kuno: „Du mußt dableiben!" Der Hund blieb zurück, seitdem habe ich nichts mehr von ihm gesehen und erfahren.

In der Waldenfelskaserne wurden wir im Stabsgebäude in die einzelnen Zimmer untergebracht. Dort zog man mir meine langen Stiefel aus. Von dem Fleischermeister Fritz Groß bekam ich ein Paar Schuhe. Ich sah dort folgende mir bekannte Kolberger: Baumeister Max Wendorff und Frau, Eduard Scholz, Vertreter Schmidt und Frau, Frau Henning und Bruder, Frau Pakulla und Sohn, Julius Kosecki und älteste Tochter, Kosecki sen. und Frau, Tischlermeister Fischer, Friseur Semmrow sen., Kern und Frau (Schwager von Koralwski), Frau Pirwitz, Frau Volge, Frau Pagel, Lehrer Gust, Gärtnereibesitzer Schmeling, Schuhmachermeister Buchweitz u. a. Am späten Nachmittag wurden wir in Richtung Belgarder Chaussee abgeführt, es sollte nach Damgard gehen. Es stand jetzt für mich fest, daß das Ziel unseres Marsches die Gefangenschaft sein würde.

Vf. schildert des weiteren, wie er mit mehreren Zwischenaufenthalten nach dem Lager Posen transportiert und im November 1945 nach Kolberg entlassen wurde, von wo er im Dezember 1945 über die Oder floh.

9. Flucht aus Pommern und Westpreußen in den Danziger Raum nach der Abschnürung Ostpommerns durch den russischen Vorstoß an die Ostseeküste (7. März 1945).

Nr. 64

Erlebnisbericht von Frau Charlotte Dölling aus Bütow i. Pom.

Original, 10. Januar 1953, 38 Seiten. Auszugsweiser Abdruck.

Flucht aus Bütow über Stolp, Lauenburg nach Gdingen (Gotenhafen), Fahrt mit der „Goya" nach Swinemünde (Anfang März 1945).

Auf den ersten Seiten ihres Berichts schildert Vfn., wie die Nachrichten von der Front und die durchziehenden Flüchtlinge aus dem Osten eine sich ständig steigernde Angstpsychose unter der Bevölkerung Bütows auslösten, zumal diese noch keinen Evakuierungsbefehl erhalten hatte. Nach langem vergeblichen Warten sei endlich in der Nacht zum 3. März der Räumungsbefehl ergangen.

Wir traten nunmehr endgültig — am Morgen des 3. März 1945, es war Sonnabend — den Weg zur Flucht an! Meine Mutter ging als erste, sehr schnell und sehr aufrecht, daß es fast auffiel, daß ihr in Wirklichkeit ums Herz ganz anders zumute war. Die bange Frage „Ist es für immer oder nur für einige Wochen?" lag unausgesprochen in der Luft und bewegte uns so, daß jedes gesprochene Wort furchtbare Wirkung gehabt hätte. So sagten wir gar nichts, schleppten unser Gepäck, spürten nicht, wie schwer es ist. Hinter meiner Mutter stiefelten die beiden Jungen, jeder mit einem kleinen Rucksack — sie hatten vorher immer drum gebeten, wenn wir „verreisten", wollten sie auch einen auf dem Rücken haben —, der Kleinste hatte noch sein kleines Kopfkissen unter dem Arm, von dem er sich nicht trennen wollte. Dann kam Frau W., dann ich. Keine von den beiden Frauen hat sich auch nur ein einziges Mal umgedreht, ich tat es allerdings noch schnell an der letzten Ecke, wo ich unser Haus noch einmal ganz vor mir sehen konnte. Mit einem Blick erfaßte ich das Haus mit der großen Veranda und Balkon und Sonnenplatz, Garten und Obstbäume, letztere alle von meinem Vater mit meinem Bruder zusammen gepflanzt, den Teich dazu mit seinen fröhlichen Angelstunden an Sommerabenden, das alles, wo wir noch Weihnachten 1944 und das Jahresende 1944/45 still und froh im trauten Familienkreise gefeiert hatten, daß ich es an diesem Morgen einfach nicht glauben konnte und wollte, daß dies für immer verloren gehen sollte! Dieser Blick des Abschieds ist dann bei mir der letzte Augenblick gewesen, wo Gefühl und Besinnlichkeit die Oberhand gewannen. Dann trat die rauhe Wirklichkeit an mich, an uns alle heran, und damit galt es fertig zu werden!

In der Stadt herrschte ein tolles Durcheinander, die Schäden und Trümmer der Luftangriffe waren in keiner Weise beseitigt, aus allen Häusern kamen Frauen, Kinder, Alte und Gebrechliche und rüsteten zum Aufbruch. Dazwischen fuhren Wehrmachtsautos in wilder Hast umher, liefen Soldaten herum, von uns allen betrachtet, als könnten sie uns helfen. Aber die Soldaten waren im Grunde genau so hilflos wie wir, sie wußten genau so wenig und sahen in die nächste Zukunft genau so ungewiß wie die Zivilbevölkerung. Wo sie konnten, sprangen sie ein und halfen das Gepäck tragen, zogen Schlitten, auf dem Kinder saßen usw. Bei unserm Weg durch die Stadt, wobei wir kaum rechts noch links sahen, rutschte meine Mutter auf der Straße aus und stürzte. Mit dem schweren Rucksack auf dem Rücken, den Taschen in jeder Hand, den vielen Sachen, die sie anhatte, konnte sie sich einfach nicht rühren, geschweige denn, selber aufstehen. Sie lag da, sagte kein Wort, ich glaube, sie hat gar nicht ganz begriffen, daß sie hingefallen sei und ohne fremde Hilfe nicht wieder aufstehen könne. Bis ich mein Gepäck abgesetzt hatte, um ihr zu helfen, sprang schon ein Soldat hinzu, zog sie hoch und begleitete sie noch ein Stück den Weg hinan. Auf ihre bange Frage, wo denn heute früh die Russen seien, hatte er nur ein Achselzucken. Wahrscheinlich wollte er nichts sagen, um die Angst, die ja auf ihrem Gesicht so deutlich zu lesen war, nicht zu vergrößern, vielleicht aber wußte er wirklich nichts, wie wir ja alle trotz der bedrohten Lage, in der wir seit Wochen lebten, völlig im Ungewissen geblieben waren. Auch an diesem Morgen also wußten wir nur, daß wir unsere Heimat verlassen müßten bzw. dürften — denn es war ja nicht angeordnet, daß die Bevölkerung das Gebiet verlassen muß —, wie und wohin war allen unbekannt. Auch wie der Abtransport vor sich gehen sollte, ob es überhaupt eine Möglichkeit gab, anders als zu Fuß weiterzukommen, konnte auch niemand sagen.

Wild und durcheinander ging es an diesem Morgen auf den Straßen Bütows zu, die möglichsten und unmöglichsten Fortbewegungsgegenstände sah man, in erster Linie Kinderschlitten und Handwagen, mit Gepäck beladen, die dann von den zugehörigen Parteien geschoben und gezogen wurden. Meistens hatten sich Hausgemeinschaften zusammengetan, um sich besser helfen zu können.

Ich hatte nur den einen Gedanken und den einen Wunsch, daß die Lastautos, die an diesem Morgen bereitstehen sollten, nicht durch den Räumungsbefehl der letzten Nacht einen anderen Einsatzplan bekommen hätten. Am Krankenhaus, das oberhalb Bütows lag, waren schon schrecklich viel Menschen, unsere Hoffnung, fortzukommen, schwand von Minute zu Minute. Von Autos war außerdem nichts zu sehen, statt dessen näherten sich russische Flugzeuge, und wir warfen uns alle auf die Erde, gerade dorthin, wo wir standen, ohne Rücksicht auf Schnee und Dreck. Das hätte gerade noch gefehlt, daß in diesen Menschenhaufen einige Bomben fielen, der Schrecken ging aber bald vorüber. Da wir immer noch nichts erfahren konnten, wie der Abtransport gedacht sei - es ließ sich niemand von einer Dienststelle sehen -, machten sich manche zu Fuß auf den Weg und zogen einfach los. Ich muß gestehen, hätten wir nicht die Kinder bei uns gehabt, ich wäre mit meiner Mutter dort auch nicht länger stehen geblieben. Dieses Warten erschien uns unerträglich, die Russen kamen immer näher, und wir standen immer noch da und warteten.

Schließlich fuhren tatsächlich einige Lastautos vor, das Einsteigen und Verteilen der Plätze ging ziemlich rasch und verhältnismäßig geordnet vor sich, wenn auch jeder froh war, daß man überhaupt auf dem Auto war. Es waren große Lastwagen, mit Anhänger, ohne Bänke oder Sitzgelegenheit, z. T. auch ohne jegliche Schutzplane und auch ohne Stufen oder Leiter, um überhaupt nach oben zu kommen. Kinder und Kinderwagen wurden heraufgehoben, die Fahrer halfen, und wer sonst oben war, zog die anderen einfach nach. Die älteren Frauen kletterten über die Räder hinweg nach oben und stiegen über die Kastenbretter, als seien sie es gewöhnt. Es ging alles sehr schnell, wir selbst waren auf den Anhänger des 3. oder 4. Lastautos gekommen, die Kinder wurden auf die Rucksäcke gesetzt, bekamen eine Decke über den Kopf — es setzten starke Schnee- und Graupelschauer ein —, und wir Erwachsenen hockten uns irgendwo hin, wo wir gerade standen. Ich selbst habe auf dem Außenrand gesessen, neben mir stand ein Kinderwagen, ebenfalls vollkommen zugedeckt, das kleine Kind hat bis zum späten Abend darin und darunter gelegen, ohne etwas zu trinken zu bekommen, nicht einmal geschrien hat es die ganze Zeit und während der ganzen Fahrt. Ahnte es, in was für eine ungewisse Zukunft wir alle fuhren?

Endlich ging es los, ein letzter Blick zum Himmel, ob vielleicht wieder feindliche Flugzeuge erschienen? Es ging gut, und wir atmeten auf. Uns war inzwischen gesagt worden, wir sollten 8 km weitergebracht werden, die Autos sollten uns dort abladen und dann wieder zurückfahren. Es leuchtete uns wohl ein, daß alle erst einmal aus der Stadt heraus sollten und wir, die wir zu den Ersten gehörten, nicht gleich sehr weit gefahren werden konnten. Doch was nützten schon 8 km, dann standen wir dort vermutlich herum, und bald hatten die Russen uns doch eingeholt. „Wäre es da nicht besser gewesen, gleich zu Hause zu bleiben?“, diese Frage beschäftigte uns alle, wenn auch kaum ein Wort gesprochen wurde. Wir saßen, standen oder hockten auf den offenen Autos, es war bitterkalt, der Fahrtwind tat sein übriges, immer wieder schneite es, hörte dann mal wieder auf, und wir ergaben uns in unser Schicksal, wir froren nicht einmal bzw. spürten es nicht.

Es ging in nordwestlicher Richtung, die Straßen waren belebt von Flüchtlingen, zu Fuß und per Rad, auf den Bauernhöfen, an denen wir vorbeifuhren, rüstete man sich, mit Pferd und Wagen loszuziehen. Volkssturmmänner sah man mitunter an manchen Straßenkreuzungen, sie sahen uns nur kopfschüttelnd nach. Bedauerten sie uns oder sich selber? Einige Kilometer von Bütow entfernt sahen wir plötzlich an der Straße eine gute Bekannte von uns mit ihrem Gepäck stehen. War sie bis hier zu Fuß gegangen? Sie winkte heftig, man sah ihr an, daß sie sonst etwas drum gegeben hätte, säße sie ebenfalls mit auf diesem Lastauto. Aber es ging ja alles viel zu schnell, wir hätten auch keine Gelegenheit gehabt, das Auto zum Anhalten zu bringen.

Als wir das Dorf Gustkow hinter uns hatten — hier wäre ungefähr die 8-km-Grenze gewesen —, waren wir jedesmal froh, wenn wir wieder durch ein Dorf fuhren, ohne anzuhalten, vergrößerte sich doch dadurch unser Vorsprung immer mehr. Allerdings wurde die Fahrt auf den glatten und vereisten Chausseen immer beschwerlicher, des öfteren rutschten wir zurück, einmal bis dicht an eine sehr hohe Grabenböschung, Schrecksekunden für uns alle, die wir den tiefen Abhang vor uns sahen. Im Nu sprangen wir alle hinab, ein entsetzliches Unglück drohte. Aber gerade vor dem Grabenrand bekam der Fahrer wieder Gewalt über den Wagen, allerdings mußten nun alle absteigen, damit erst einmal die glatte, ansteigende Straße überwunden werden konnte. Es gab einen unfreiwilligen Aufenthalt, aber mit Schieben und Unterlegen von Decken ging es Zentimeter um Zentimeter voran. Wir waren froh, daß es überhaupt geschafft wurde und weiterging. Erst nach diesem kleinen Zwischenfall löste sich unter uns ein wenig die Erstarrung, wenn auch immer noch keiner etwas essen konnte, selbst die Kinder hielten bis zum Abend aus.

Es ging weiter und weiter, wir fuhren durch die Stadt Stolp, mehr als 60 km von Bütow entfernt, dort war alles noch ziemlich ruhig. Wohin wir nun aber eigentlich sollten, wurde uns immer unverständlicher! Einige meinten, wir würden wohl bis nach Stolpmünde gebracht werden und von dort aus entweder unmittelbar an der Küste längs Richtung Westen weitergebracht werden, denn der andere Weg durch Pommern über Neustettin weiter westwärts war ja bereits durch den Einbruch der Russen bei Schlochau, Baldenburg, Pyritz usw. versperrt, oder aber per Schiff über die Ostsee fort. Letzteres erschien uns ebenso ungeheuerlich wie unmöglich, dieser Weg kam für uns doch überhaupt nicht in Frage. Hinzu kam, daß uns Gerüchte über den Untergang der „Gustloff" zu Ohren gekommen waren, die uns damals zwar niemals bestätigt worden sind, aber wir hatten davon gehört und waren so doppelt mißtrauisch.

Hier muß ich erwähnen, daß die aus Westfalen in Bütow und Rummelsburg untergebrachten Frauen, die einige Stunden vor uns per Bahn fortgebracht werden sollten, tatsächlich nach vielen Aufenthalten auf der verhältnismäßigen kurzen Strecke und sonstigen Schwierigkeiten in Stolpmünde gelandet sind, allerdings erst dann, als es nur noch den Ausweg über die See gab. Inzwischen war der Russe nämlich bis Köslin vorgestoßen und wandte sich von dort westwärts. Selbstverständlich waren gar nicht genügend Schiffe bereit; die Szenen, die sich im Hafen zu Stolpmünde abgespielt haben, müssen entsetzlich gewesen sein. Kinder wurden von den Müttern getrennt und umgekehrt, die Schiffe fuhren ab, und die Mütter waren drauf, die Kinder blieben zurück oder umgekehrt. Mir ist bekannt, daß ein damals 10-jähriger Junge mit seiner 4 Jahre jüngeren Schwester zurückblieb, später von den Russen oder Polen in ein Waisenhaus gesteckt wurde und nach langer Zeit, als der Krieg zu Ende war, beide sich über Westpommern herausgeschlagen haben, immer auf der Suche nach der Mutter, die ohne Wissen über das Schicksal ihrer Kinder in Westfalen lebte. Sie haben sich dann auch gefunden. Allerdings berichten andere, die von Stolpmünde weggekommen sind, daß sie die oder jenen am Hafen hätten stehen sehen, seitdem fehlt von diesen aber jede Spur.

Als wir nun durch Stolp durchgefahren waren, ging es Gott sei Dank nicht nach Stolpmünde, sondern in östlicher Richtung weiter. Unser Ziel war und blieb uns unbekannt. Am späten Abend wurden wir endlich in einem größeren Dorf ausgeladen. Die Bevölkerung war hilfreich, es war alles gut vorbereitet, das erste warme Essen war vor allem für die Kinder schnell fertig, die Verteilung auf die Sammel- bzw. Einzelquartiere ging auch verhältnismäßig schnell vor sich. Wir fünf konnten auch zusammenbleiben und kamen zu einem Arzt, wo wir überaus hilfreich aufgenommen wurden.

Vfn. beschreibt eingehend, wie sie in den nächsten Tagen teils zu Fuß, teils auf Wehrmachtswagen dem allgemeinen Flüchtlingsstrom im nördlichen Pommern folgte und in kleinen Etappen weiter nach Osten gelangte.

So ging es auf ostpommerscher Landstraße immer weiter Richtung Osten, dahin, von wo eigentlich die Russen kamen. Wir waren wirklich völlig eingekreist, denn bei Köslin waren die Russen bis an die Ostsee vorgestoßen, unsere engste Heimat war bereits besetzt, von Neustettin aus stießen sie nach Westen vor, bei Pyritz — Greifenhagen waren starke Kämpfe im Gange, bei Schneidemühl standen die Russen schon eine ganze Zeit und drangen auch von dort westlich weiter und auf die Oder zu. Und wann würden sie vor Stettin erscheinen? Wohin also sollten wir noch? Nur weiter nach Osten konnten wir, wielange noch, war uns gleichgültig. Wir kamen erst mal weiter, wenn auch fremd unter uns völlig unbekannten Soldaten; ob wir jemals wieder Bütower sahen, wußten wir auch nicht; wieweit diese Fahrt ging und wielange sie währte, war genau so dunkel.

Das Bild, das sich uns jetzt auf den Straßen bot, war nicht dazu angetan, in uns den Gedanken aufkommen zu lassen, hier irgendwo zu bleiben. Immer mehr Menschen waren es, die zu Fuß weiter zogen, auch marschierende Soldaten trafen wir, allerdings in entgegengesetzter Richtung, deprimierend aber war der Anblick von umgekippten Treckwagen oder totem Vieh, das wir mitunter in den Straßengräben sahen. Der Strom der Autos und Fahrzeuge wurde immer dichter, mitunter fuhr alles kreuz und quer, ich paßte außerdem nur auf, die vor uns fahrenden Fahrzeuge nicht zu verlieren, denn in einem fuhr ja meine Mutter. Wenn ich mich umdrehte, sah ich in dem hinter uns fahrenden Auto in die großen, erschreckten Augen von Frau W., die ihre beiden schlafenden Kinder im Arm hielt und sich nicht rührte. Was wohl sie, was meine Mutter denken mochten? Ich hatte Angst vor deren Frage nach dem „Was nun?". Bisher hatte ich ihnen immer Mut zusprechen können, aber nun war mir selbst so hoffnungslos zumute, daß ich kaum noch zu einem Lächeln, geschweige denn zu einem Wort fähig war.

Es wurde immer kälter, die Dunkelheit immer stärker, der Abend brach herein, wir fuhren immer noch. Meiner Schätzung nach mußten wir schon längst im Lauenburger Kreis sein, aber wo? Der Fahrer neben mir wurde immer müder, so müde, daß ich dauernd auf ihn einreden mußte, damit er nur nicht einschliefe! Und meine Mutter hat es ähnlich gemacht.

Endlich ein größeres Dorf, Licht in den Häusern, viel Wehrmacht, aber wenig Zivil auf der Straße. Wir hielten endlich, hier sollte Quartier gemacht werden. Schon während der Fahrt hatte ich mit dem Fahrer vereinbart, daß er uns benachrichtigt, sowie er und seine Kameraden irgendeinen Befehl bekämen, der die Lage änderte. Vor allem beschwor ich ihn, uns bei einer Weiterfahrt ja wieder mitzunehmen. Dasselbe hatte meine Mutter mit dem Spieß[1]) verabredet, als wir uns in diesem Dorf im Lauenburger Kreis ziemlich spät trennten, nicht ohne den Soldaten das Haus gezeigt zu haben, in dem wir die Nacht verbringen wollten. Es war auch hier nicht leicht gewesen, überhaupt noch ein Plätzchen zu bekommen. Endlich fanden wir in einer warmen Küche auf einer langen, schmalen Bank ein bissel Sitzgelegenheit, die Kinder hatten wir auf zwei Stühlen hingelegt. Wir hatten gerade etwas gegessen und wollten den Kopf nur mal auf den Tisch legen, als einer der Fahrer erschien, um uns mitzuteilen, daß sie sofort weiter müßten, wenn wir also wieder mit wollten,

---

[1]) Hauptfeldwebel.

müßten wir sofort bereit sein. Was blieb uns weiter übrig? So schwer es uns wurde, die Wärme, das Dach über dem Kopf mit der Landstraße zu vertauschen, brachen wir doch sehr hastig auf, wir wußten ja nicht, ob und wie wir am nächsten Tag weiterkommen würden, und diese Soldaten kannten wir nun schon, sie waren anständig, freundlich, hilfsbereit und voller Verständnis für uns.

Mit unbekanntem Ziel ging es weiter, immer Richtung Osten, es war nichts bekannt, wo der Russe eigentlich war. Die Hauptsache war uns, wir kamen weiter, ganz gleich, in welcher Richtung, nur vorwärts. Die Soldaten wußten auch nicht, ob und wo sie zum erneuten Einsatz kämen, auch ihre Gedanken waren in der Heimat bei ihren Lieben, ihr eigentliches Schicksal war genau so ungewiß wie das unsrige, es hing ebenso von dem Vordringen der Russen ab wie unser Schicksal auch.

Mitten in der Nacht, es war sternenklar und bitterkalt, hielten wir plötzlich an, links ein Wald, rechts eine Scheune, vor uns anscheinend ein Dorf, man hörte unbestimmten Lärm. Hier wurde eine Ruhepause eingelegt.

Nach Wiedergabe der allgemeinen Trostlosigkeit und Verzagtheit unter den Flüchtlingen während der Marschpause fährt Vfn. fort:

Gegen Mittag ging unsere Fahrt dann weiter, nun allerdings ziemlich forsch und ohne Anhalten. Mir wurde an diesem Tage, also am Donnerstag, doch ein bissel sehr angst vor unserm eigenen Mut und auch vor unserm eigenen Schicksal. Sicher kamen die Soldaten irgendwo und vielleicht bald zum Einsatz, dann standen wir wieder auf der Straße. Ein Ausweichen vor dem Russen gab es nicht mehr, denn er war ja doch schon überall, und der Kessel, in dem wir uns noch befanden, wurde auch täglich kleiner. Wir mußten ja an einer Stelle mit ihm zusammentreffen, und wie furchtbar würde das dann sein? Langsam kamen mir Zweifel, ob es nicht doch richtiger gewesen wäre, auch wieder nach Hause zu gehen und dort zu versuchen, sein Geschick zu meistern? Dort hätten wir immerhin noch eine Weile etwas zu essen gehabt. wir hätten uns vielleicht verstecken können — es ging doch zum Frühjahr —, und hier waren wir nun so weit weg von zu Haus, daß wir es nicht mehr geschafft hätten, zu Fuß zurückzugehen.

Was sich an diesem Tag auf den Straßen zeigte, war grauenvoll und absolut nicht dazu angetan, die Hoffnung auf ein Entrinnen aus diesem Hexenkessel zu verstärken. Wir kamen schon gar nicht mehr so schnell vorwärts, im Gegenteil, immer mehr Wagen von Trecks, immer mehr zu Fuß laufende Menschen, immer mehr herrenloses Getier versperrte und verstopfte die Straßen, vor allem sah man immer häufiger totes Vieh in den Straßengräben, z. T. war die Haut abgezogen, das Fleisch offensichtlich für Genußzwecke verwandt. Solche Anblicke waren entsetzlich, dazu die müden, vergrämten Menschen, viele Soldaten dazwischen, häufig allerdings solche, die in entgegengesetzter Richtung zogen, sie sollten offensichtlich an die Front „zum Einsatz"; daß es hierbei nicht viel mehr Zusammenstöße, viel mehr Unglücksfälle gegeben hat, ist eigentlich ein Wunder gewesen. Denn an ein Ausweichen war überhaupt nicht zu denken. Und je später der Abend wurde, umso dichter wurden die Ströme der Menschen, der Autos, der Fahrzeuge, die vom Pferd gezogen wurden, selbstverständlich auch sehr viel Handwagen dabei, die von Hunden gezogen wurden, usw.

Plötzlich hieß es, wir sind bald vor Gotenhafen. Wer das gesagt hat und woher wir es wußten, weiß ich nicht, es stand jedenfalls fest. Und plötzlich wußte ich auch, was es für uns zu tun gab, welcher Weg uns nur noch blieb: der von Gotenhafen über See wegzukommen.

Vfn. schildert ihre angstvollen Überlegungen beim Gedanken an einen Seetransport und berichtet dann weiter über die Flucht, die kurz vor Gotenhafen durch einen russischen Luftangriff nochmals verzögert wurde.

Wir erreichten Gotenhafen gegen Mittag des 10. März. Da mir nur immer vorschwebte, zum Hafen und dort ein Schiff zu finden, baten wir den Fahrer, uns in der Nähe des Hafens abzusetzten. Wir blieben somit die letzten Mitreisenden auf dem Lastauto, die übrigen hatten sich schon eher irgendwo mitten in der Stadt — es waren auch alles nur Flüchtlinge, allerdings aus Ostpreußen — absetzen lassen. Wir standen an der Straße, wußten nicht, wohin und was man nun am besten anfinge und beratschlagten erst einmal, was wir tun wollten. Irgendwer hatte uns auf dem Auto gesagt, daß man sich ein Schiff selbst suchen könne, daß man nur mit dem Kapitän sprechen müsse, die nehmen einen dann schon mit; andere wieder hatten erzählt, daß es in Gotenhafen beim Roten Kreuz Schiffskarten gäbe, sonst dürfe man gar nicht auf ein Schiff herauf. Was also sollten wir nun tun? Ich ließ meine Lieben zurück und zog allein los, um eine Dienststelle des Roten Kreuzes zu suchen. Einer der Einwohner wußte Gott sei Dank Bescheid, es war sehr weit, aber zum Hafen hinunter noch weiter. So schärfte ich meiner Mutter ein, an dieser Stelle auf mich zu warten und nicht wegzugehen, denn sonst fände ich sie nie wieder; ich trennte mich sehr ungern und hätte sie am liebsten alle mitgenommen, aber wir hatten ja das Gepäck noch bei uns, und außerdem konnten weder die beiden Älteren noch die Kinder viel laufen.

Nach vielem Suchen fand ich auch die bewußte Dienststelle, traf dort sogar noch Bütower, die mir aber sagten, daß sie schon seit Tagen auf eine Karte warteten, allerdings bestätigten sie mir auch noch, daß man ohne Karte nicht auf ein Schiff käme. — Die Praxis sah dann später doch anders aus. — Und dazu ein tolles Durcheinander hier in diesem Haus. Es war zwar noch etwas von einer Organisation zu merken, aber die Menschen stürmten und drängten, daß es von vornherein aussichtslos erschien, überhaupt jemand zu fragen, ob man eine Karte bekäme, es war einfach sinnlos. Selbstverständlich wurde nicht gerade freundlich untereinander verkehrt, viele bekamen Schreikrämpfe, hatten ihre Kinder bei sich, ich glaube, es haben sich hier schon böse Szenen abgespielt.

Bald war ich wieder draußen, ich war entsetzt und mutlos zugleich; nun war alles ohne Widerstand seitens meiner Mutter gut gegangen, wir waren hier nun so dicht vor dem Ziel, sollte es nun doch alles umsonst gewesen sein? Ich wollte das einfach nicht wahr haben, mußte aber doch etwas unternehmen, der Abend brach bald herein, meine Lieben warteten doch auf mich. Da sprach ich einen Kriegsbeschädigten an, der gerade aus eben dieser Dienststelle kam und mit seinem einen Bein sehr eilig weitergehen wollte, er hatte also irgendein Ziel. Ich fragte ihn, ob er nicht einen Rat wisse, er sei doch wohl aus Gotenhafen? Nein, das sei er nicht, aber schon seit Tagen hier, ich wolle wohl auch mit einem Schiff weg? Fast wagte ich an ein Wunder zu glauben, ja, das wollte ich, aber es schien ja wohl völlig aussichtslos. Er bestätigte es mir, und nach einem kurzen Überlegen fragte er dann, wieviel Karten ich denn brauche? Ich wäre ihm am liebsten um den Hals gefallen, es war ja wohl kaum zu glauben. Ich fing dann sehr vorsichtig an zu stottern und sprach von meiner Mutter. Ja, für zwei könne er vielleicht sorgen. Und als ich dann von noch einer Mutter mit zwei kleinen Kindern sprach, verneinte er es sehr entschieden, das ginge nun wirklich nicht. Mein bestürztes Gesicht mag ihn gedauert haben, er lenkte dann doch wieder ein und wollte tun, was er tun könne. Aber wir mußten ja nun irgendwie in Verbindung bleiben, er konnte allerdings nicht mit mir mitkommen, denn wir standen ja noch irgendwo an der Straße. Kurz entschlossen gab er mir dann seine augenblickliche Wohnung an, gab mir Schlüssel mit und sagte nur, wir sollten es uns dort bequem machen und alles benutzen, was dort wäre, er käme abends spät nach Hause, wir sollten nicht auf ihn warten.

Noch ganz benommen über soviel Menschenfreundlichkeit und soviel Glück suchte ich dann meine Mutter. Den Zettel mit der Anschrift hütete ich wie ein Heiligtum, behalten hätte ich den Namen nicht können, obwohl ich versuchte, ihn mir einzuprägen, aber ich vergaß entweder den Namen bzw. die Straße.

Endlich kam mir die Gegend dann auch wieder bekannter vor, und ich wußte, daß meine Mutter hier irgendwo sein müsse. Da setzte plötzlich ein furchtbares Schießen ein, es gab einen fürchterlichen Donner und noch einen, es hörte gar nicht mehr auf, sondern wurde immer unheimlicher. Kein Mensch war mehr zu sehen, ich bin an den Häusern lang gesprungen, mich immer wieder duckend, mich hinwerfend, ich m u ß t e zu meiner Mutter. Sollten das schon die Russen sein? Denn es war ein Schießen von ganz beträchtlichen Geschützen, das war mir klar, aber wo kam es her, was hatte es zu bedeuten? Völlig verstört fand ich Mutter und Bekannte in einem Hauseingang sitzend, sie glaubten, ihr Ende sei gekommen. Später erfuhren wir, daß es deutsche Schiffsgeschütze gewesen sind, die russische Stellungen beschossen haben.

Doch das interessierte mich nicht, ich zog mit meinen Lieben gleich los, war viel zu aufgeregt, um ihnen zu berichten, was mir widerfahren sei, ich wollte nur fort in die Wohnung, um von der Straße wegzukommen. Es war ein entsetzlich langer Weg, mittlerweile war es schon ganz dunkel geworden, wir trafen kaum noch jemanden, den wir fragen konnten. Aber wir waren dann in der Straße und standen dann auch vor der Wohnungstür; in der Dunkelheit hatten wir erkennen können, daß die Häuser rundherum doch schon einige Beschädigungen aufwiesen und die Umgebung anscheinend ziemlich menschenleer sein müsse. — Als wir die uns angegebene Wohnungstür aufschließen wollten, war unser Gastgeber bereits da, hatte schon Tee für uns gekocht und war aufgeregt, daß wir noch nicht kamen.

Nun gab es erst mal ein Erzählen, meiner Mutter erschien es wie im Traum zu sein, denn warum sollte ein so fremder Mann uns einfach aufnehmen und dann noch für Schiffskarten sorgen wollen? Des Rätsels Lösung war dann sehr einfach, die Wohnung hatte er von einer Ärztin übernommen, die Hals über Kopf abgereist und froh war, daß überhaupt jemand in ihrer Wohnung sich aufhielt, ehe irgendwelche völlig fremde Menschen dort einzogen. Er selbst war als Kriegsbeschädigter Leiter in einem Heim der Kinderlandverschickung in Ostpreußen gewesen und sollte nun ca. dreihundert 12 bis 13-jährige Jungen — es waren meiner Erinnerung nach Berliner Kinder — aus diesem Kessel heimbringen, er selbst wollte dann in Mecklenburg bleiben, wo seine Frau auf ihn wartete. Und uns konnte er als Begleitpersonen mitangeben, wegen der beiden kleinen Jungen von Frau W. meinte er auch, es käme auf die beiden nicht drauf an. Natürlich machte er uns an diesem Abend keine bestimmten Versprechungen, wußte auch nicht, wann er ein Schiff bekommen würde usw., sondern tröstete uns nur in der Gewißheit, daß er uns nicht im Stich lassen würde.

Nachdem Vfn. geschildert hat, daß sie am nächsten Morgen die versprochenen Schiffskarten erhielten und sich auf den Weg zum Hafen machten, heißt es weiter:

Endlich sahen wir dann Wasser und Schiffe vor uns. Aber noch ein grausiger Blick bot sich uns, Frauen und Kinder nebeneinanderliegend in großen Hallen, auf ihren Bündeln sitzend, wartend, schimpfend und ganz verbittert, es war wirklich ein Anblick des Elends. Sauber und ordentlich sah kaum eine von diesen aus, sie hatten schon tagelang hier herumgelegen und warteten auf die Gelegenheit, daß sie auf ein Schiff kämen. Das soll schon seit Wochen so in den Hallen bei Gotenhafen zugegangen sein, und immer mehr Menschen strömten hier zusammen, und immer weniger fanden Gelegenheit, überhaupt wegzukommen. Wir mochten gar nicht hinsehen und waren doch wie gelähmt, als wir dies alles beobachten mußten, denn womit hatten wir es verdient, daß uns das hier erspart blieb, daß wir sogar bald fortkamen. „Nur fort", war daher auch unser Wunsch, als wir auf einmal von Bütowern umgeben waren, die ebenso ein Schiff suchten und erst alle mit einem Lastauto aus dem Stolper Kreis — von dort, wo wir uns selbständig gemacht hatten — hier angekommen waren.

In unserer Aufregung verließ uns die Überlegung, wir erzählten, daß wir Schiffskarten hätten. Wir wurden bestürmt, gefragt und beinahe gelyncht, als wir es nicht verraten wollten und konnten, wo denn nun unser Schiff läge, das gäbe es ja nicht, daß einige fortkämen, schon gar nicht so junge und gesunde Menschenkinder (damit war ich persönlich gemeint), und was sie uns alles an den Kopf warfen. Andere wieder fragten nach dem Weg zum Roten Kreuz, sie wollten es auch versuchen, eine Bekannte war dort gewesen und war regelrecht hinausgeworfen worden, erst müßten mal die Mütter mit den Kindern fort usw. Kurz vor dem rettenden Schiff sah ich uns zurückbleiben, aber das konnte doch nicht sein, die beiden Jungen waren schon ein Stück weitergegangen, sie hatten unser Gepäck bei sich, da bin ich einfach nachgestürzt, ohne Rücksicht auf die Umstehenden, und zog meine Mutter mit mir mit. Wir wurden die aufgeregten Menschen so los, wenn auch ein Teil nun hinter uns herkam, sie sagten sich sehr richtig, da muß ja irgendwo ein Schiff sein, also können wir vielleicht auch wieder mit.

Am Schiff stand dann unser Betreuer schon sehr aufgeregt, daß wir denn immer noch nicht kämen, auch Matrosen hatte er schon organisiert, die uns auf das Schiff hinaufhelfen sollten. Wir mußten eine ganz steile Treppe hinaufklettern, das Schiff reckte sich riesengroß vor uns in den Himmel, mir schwand aller Mut, dort mit meiner Mutter und den Kindern hinaufzukommen. Auch das wurde überstanden, mit Hilfe der Matrosen klappte es dann sogar ganz gut. Und wir standen dann oben an Deck, es war die „Goya", ein ziemlich großer Kasten, ehemaliger Frachter, nun wohl für Truppentransporte benutzt.

Abschließend wird geschildert, wie die Fahrt in der mit 3000 Flüchtlingen beladenen „Goya" nach Swinemünde glatt vonstatten ging und wie Vfn. mit der Mutter nach neuen Strapazen schließlich im Juni 1945 nach Hamburg gelangte.

Nr. 65

Erlebnisbericht des früheren Superintendenten von Stolp i. Pom., Otto Gehrke.
Beglaubigte Abschrift, 7. März 1950.

Das Flüchtlingselend in der Stadt Stolp ab Mitte Januar 1945, die Lage der Stadt kurz vor dem Einbruch der Roten Armee, Flucht über See von Stolpmünde nach Swinemünde.

Auf den einleitenden Seiten wird ein Überblick über die seelsorgerische Tätigkeit des Vfs. in Stolp gegeben.

Mitte Januar 1945 kamen die ersten „Flüchtlinge" aus Ostpreußen nach Stolp, es waren Menschen aus den Gebieten um Tilsit. In wohlgeordneten Transporten mit Eisenbahn kamen sie an und hatten auch reichlich Gepäck mitnehmen können. Sie wurden in Stolp und in den umliegenden Dörfern einquartiert und von den Bewohnern meist gern und willig aufgenommen. Dann aber setzte Ende Januar 1945 der große Flüchtlingsstrom ein aus Ost- und Westpreußen. In ununterbrochener Folge zogen die Wagen und Schlitten bepackt mit der mitgenommenen Habe der Flüchtlinge und mit Frauen und Kindern, auf den Chausseen durch Städte und Dörfer immer weiter nach Westen. Ein Elendszug erschütterndster Art war es. Müde, abgetriebene Pferde vor den Wagen, frierende, kranke und verzweifelte Menschen auf den Wagen oder neben den Wagen hergehend, über die Wagen als Schutz Teppiche und Pläne gespannt, so zogen sie in nie abreißender Folge weiter, immer weiter nach dem Westen. An Straßenkreuzungen mußte meist gehalten werden. Dort gaben Polizeibeamte ihnen die Richtung an, wohin sie weiter fahren sollten. In der Nähe unseres Pfarrhauses an der Wilhelmstraße war solch eine Wegkreuzung. Von den haltenden Trecks kamen Frauen und Kinder in unser Haus, baten um heißen Kaffee oder heiße Milch oder um die Möglichkeit, sich Speisen aufwärmen zu können. Willig und gern wurde ihnen ihre Bitte erfüllt.

Andere Frauen und Kinder gingen während der Haltepause der Trecks in Geschäfte und kauften Brot und andere Lebensmittel. Dabei kam es häufig vor, daß sie zurückkommend ihre Wagen und Angehörigen nicht mehr fanden. Inzwischen mußte die Wagenkolonne in verschiedenen Richtungen weiterfahren, ohne Rücksicht auf die Bitten der Wagenlenker, so lange zu warten, bis die Angehörigen zurück waren. So kam es, daß viele ihre Kinder und Frauen verloren, weil niemand diesen sagen konnte, in welcher Richtung ihr Wagen weitergeleitet worden war.

Während der Nächte hielten die Trecks in Dörfern, in Wäldern, an geschützten Ecken in den Städten. Froh und dankbar waren diese Menschen, wenn sie einmal ein Bett angeboten bekamen und sich ordentlich mit warmem Wasser waschen oder gar baden konnten. Meine Frau hatte immer warmes Wasser, heißen Kaffee und andere warme Speisen bereit. Auf vielen Gütern des Landkreises, wo täglich Hunderte von Wagen mit Pferden gegen Abend um Nachtquartier baten, kamen sie in Scheunen und Ställen unter, wurden meistens ordentlich mit einer in großen Kesseln gekochten Erbsensuppe gespeist, die Pferde erhielten Futter. Manche Güter haben Hunderte von Zentnern an Hafer unentgeltlich ausgegeben für Pferdefutter. Aber wenn diesen fliehenden deutschen Brüdern und Schwestern auch nach Möglichkeit geholfen wurde, so nahm die Zahl der Kranken und Sterbenden in diesen Trecks doch erheblich zu. Immer mehr Wagen mußten aus dem heimatlichen Verbande der Trecks ausscheiden, weil sie entweder wegen Krankheit eines oder mehrerer Familienmitglieder nicht mehr weiter fahren konnten oder weil ältere Leute gestorben waren und nun beerdigt werden mußten oder Kinder erfroren waren und ein Grab finden mußten, oder weil die Pferde so ermattet waren, daß sie nicht mehr weiter ziehen konnten oder der Wagen zusammengebrochen war und auf die Reparatur gewartet werden mußte. Ich kann die Zahl der Toten nicht nennen, die auf der Flucht mit Trecks in Stolp und im Landkreise Stolp beerdigt werden mußten, sie ist aber sehr groß. Es wird immer, so lange ich lebe, dieser Elendszug der Flüchtlinge in der Erinnerung bleiben, so oft ich das Wort „Treck“ höre, steht er mir wieder vor Augen.

Der Flüchtlingsstrom aus dem Osten kam aber nicht nur in Trecks, sondern auch in überfüllten Eisenbahnzügen. Tagelang hatten die Fliehenden auf ihren Heimatbahnhöfen oft warten müssen, bis sie in einen Eisenbahnzug hineinkommen konnten. Meistens bestanden diese Züge aus Güterwagen. In wochenlanger Fahrt waren diese armen Menschen in ungeheizten Waggons, die keine Sitzgelegenheiten hatten, unterwegs. Kranke und Sterbende und Tote wurden auf den Haltestellen ausgeladen. Meine Schwiegermutter, fast 80 Jahre alt, war von Marienwerder/Westpreußen bis Stolp acht Tage mit einem Zuge in einem Güterwagen gefahren. Sie kam sterbenskrank bei uns an und ist bald darauf auch heimgegangen. Dies ist nur ein Fall unter tausend ähnlichen. In Jeseritz, einer Bahnstation vor Stolp, einem Dorf, das zu meiner St. Petrigemeinde gehörte, fanden Bahnbeamte, nachdem ein Flüchtlingszug abgefahren war, der lange vor dem Haltesignal gehalten hatte, am Bahndamm 30 Kinderleichen, die aus dem Zuge herausgebracht waren. Diese 30 Kinderleichen habe ich auf dem Friedhof in Jeseritz beerdigt.

Weil Tag und Nacht die Trecks durch Stolp und die Städte und Dörfer von Ostpommern zogen und die Eisenbahnzüge mit Flüchtlingen dem Westen entgegenrollten, blieb es nicht verborgen, daß die deutsche Front im Osten zusammengebrochen war und es kein Aufhalten für die russische Armee bis zur Oder wohl geben würde. Unruhe, Angst und Furcht verbreiteten sich nun mehr und mehr unter der Bevölkerung, namentlich in der Stadt. Die Eltern der Konfirmanden baten um eine rechtzeitige Konfirmation. Wir Pastoren kamen überein, für diejenigen Konfirmanden, deren Eltern es wünschten, sofort die Konfirmation vorzunehmen. So habe ich am Sonntag Sexagesimae, dem 4. Februar 1945, in der St. Petrikirche in Stolp einen Teil der Konfirmanden eingesegnet. Mütter, die mit ihren Kindern aus Stolp „evakuiert" werden sollten, baten um die Taufe für die Kleinen, die eben geboren waren. So kam es, daß ich z. B. an einem Sonntag im Februar 1945 31 Taufen zu halten hatte. Täglich wurden Haustaufen erbeten. Es zeigte sich hierbei, wie stark die Stadt und der Landkreis mit „Flüchlingen" schon belegt war, zu denen noch Mütter und Kinder kamen, die aus dem Ruhrgebiet dorthin „evakuiert" worden waren und die nun drängten, dorthin zurückzukommen. Auf dem Bahnhof in Stolp wurden Eisenbahnzüge zusammengestellt, um diejenigen Personen, welche Stolp verlassen durften, nach dem Westen zu befördern. Teilweise haben diese Menschen bis zu 24 Stunden in den Zügen warten müssen, bis eine Lokomotive den Zug übernehmen konnte. Von Stolp bis Stettin sind diese Züge 3—4 Tage unterwegs gewesen, eine Strecke, die mit normalem Personenzug in sechs Stunden durchfahren wurde. Ein Zeichen dafür, daß die Eisenbahnstrecke völlig mit Militärtransportzügen in Anspruch genommen war und zum Teil verstopft war bei der Fülle von Flüchtlingszügen.

Ende Februar 1945 hatten die Russen von Süden über Pyritz—Stargard vorbrechend die Ostseeküste erreicht und damit den Kessel Elbing—Schneidemühl—Kolberg gebildet, der nur zur Ostsee hin offen war. Es bestand keine Möglichkeit mehr, zu Lande über die Oder hinauszukommen. Von Süden und Westen her drängte der Russe auf Danzig zu. Der mit viel Mühe und Arbeit errichtete „Pommernwall" erwies sich als zwecklos, denn nicht von Osten her kam der Russe, sondern er kam vom Westen her gegen den „Pommernwall", in dem dann kaum ein Soldat zur Verteidigung angesetzt war. Wer nun noch dem Russen entrinnen wollte, konnte es nur noch mit Schiff über die Ostsee. Noch waren die Chausseen vollgestopft mit den Trecks, die sich nun immer noch vermehrten aus den der Front naheliegenden Orten. Aber wohin sollten sie noch? Nach Westen ging es nicht mehr, nach Süden und Osten auch nicht. Ratlos fuhren viele Wagen hin und her. Auf den Chausseen und Landstraßen entstand ein fürchterliches Durcheinander. Zwei Kolonnen zogen nach Westen nebeneinander, zwei Kolonnen fuhren nebeneinander nach Osten. Niemand wußte mehr wohin. Die Eisenbahn fuhr noch zwischen Stolp und Danzig. Viele versuchten mit Schiffen von Stolpmünde, Leba oder Gotenhafen aus dem Kessel herauszukommen.

Kurze Angaben über kirchliche Handlungen in der letzten Zeit vor der Katastrophe.

Am Dienstag, dem 6. März, verließen viele Einwohner, mit Koffern und Rucksäcken bepackt, die Stadt. Sie drängten in die Eisenbahnzüge, welche in Richtung Danzig noch fuhren, oder gingen zu Fuß in Richtung Lauenburg—Danzig. Viele zogen Handwagen hinter sich her oder schoben Kinderwagen. Bald war die ganze Stadt im Aufbruch. Am Mittwoch, dem 7. März 1945, wurde früh gegen 8 Uhr der Räumungsbefehl gegeben. Ich fragte beim Standortältesten, dem Oberst v. Kleist, an, ob tatsächlich der Räumungsbefehl aufrecht erhalten würde und die Stadt verteidigt werden sollte. DerAdjutant, Major Wagner, gab mir die Antwort: „Es ist leider der Befehl vom Oberkommando gegeben worden, die Stadt räumen zu lassen und sie bis zum letzten Mann zu verteidigen. Doch außer einigen wenigen Volkssturmmännern und zusammengewürfelten Truppenverbänden haben wir nichts, vor allem keine Artillerie." Ich begab mich darauf zum Landratsamt, um zu erfahren, welche Maßnahmen dort getroffen wären. Ich fand das Landratsamt in heller Auflösung. Der Kreisoberinspektor Bachmann stand auf der Treppe, konnte kein Wort über die Lippen bringen, die Tränen liefen ihm die Wangen herunter. Keiner konnte eine vernünftige Anordnung mehr treffen. Durch die Stadt Stolp fließt das Flüßchen die Stolpe. Die Brücken über diesen Fluß waren in der Stadt für eine Sprengung vorbereitet. Es hieß, bis zur Dunkelheit müßte die Stadt geräumt sein, da dann sämtliche Brücken gesprengt würden und dann keine Möglichkeit mehr wäre, etwa aus dem westlichen Teil der Stadt herauszukommen.

Mit diesen Nachrichten kam ich nach Hause, konnte noch einige Pastoren telefonisch benachrichtigen und mit ihnen auf Grund unserer Besprechungen vom Montag, dem 5. März, verabreden, uns in Richtung Stolpmünde aus der Stadt zu begeben. Meine Frau, unsere beiden Töchter, die wir in Stolp zu Hause hatten, und alle unsere Hausgenossen bereiteten die Flucht vor und packten Koffer und Rucksäcke. Ich begab mich zum Friedhof, wo ich an diesem Vormittag drei Beerdigungen halten sollte. Ich fand die Friedhofskapelle verschlossen, niemand von den Friedhofsangestellten war mehr da, keine Leichenträger und keine Totengräber. Nur 1—3 Angehörige der Toten waren vor der Friedhofskapelle. Es gelang uns, die Kapelle zu öffnen und die betreffenden Särge unter den vielen anderen herauszufinden. Ich habe nacheinander drei kurze Trauerfeiern gehalten, aber zu Grabe konnte ich keinen Toten mehr geleiten, da niemand da war, der die Särge zu den vorbereiteten Gräbern bringen konnte. Etwa 30 Särge, vorwiegend mit verstorbenen Soldaten, standen in der Friedhofskapelle oder außen um sie herum. Sie sind erst nach dem Russeneinfall beigesetzt worden.

Als ich vom Friedhof zurückgekehrt war, brachte ich die Kirchenbücher, wichtige Archivalien und Rechnungsbücher in den Keller des Pfarrhauses. Das älteste Aktenstück war die Matrikel vom Jahre 1590, die von der Kirchenvisitation berichtete, welche damals in fast allen Kirchengemeinden in Ostpommern stattgefunden hatte und davon kundete, daß die Reformation Martin Luthers überall festen Fuß gefaßt hatte. Die Vermögensstücke der Kirchengemeinde, wie Sparkassenbücher, Wertpapiere u. a. packte ich in einen Koffer, den ich auf die Flucht mitnahm. Ich verständigte noch den Kirchenältesten Wolff, der mir gegenüber wohnte, und gab ihm auch einen Hausschlüssel. Der Kirchendiener Knop hatte schon morgens an diesem Mittwoch den Kirchenschlüssel gebracht und sich verabschiedet mit dem Bemerken, er wolle in Richtung Glowitz, um dort bei Verwandten das Weitere abzuwarten.

Es war mir bisher immer gestattet worden, mein Auto zu benutzen, weil ich umfangreiche Vertretungsdienste im Landkreis zu leisten hatte und als Standortpfarrer viel unterwegs sein mußte. In dieses Auto packte ich nun Koffer und Rucksäcke z. T. oben auf das Verdeck, wo sie fest verschnürt wurden, und alsdann stiegen meine Frau, unsere beiden erwachsenen Töchter, unsere Hausgehilfin, eine alte Tante meiner Frau und ich, also 6 Personen, in diesen 4-sitzigen Hanomag-Kurier-Wagen ein. So schwer beladen fuhren wir ab, verließen unser sehr behagliches Heim mit 10 vollständig möblierten Räumen, all die Dinge, an die sich so schöne Erinnerungen banden, Bilder und Kunstgegenstände, Bücher und alte Familienstücke, schauten über den herrlichen zwei Morgen großen Garten hinweg und nahmen Abschied von der lieben St. Petrikirche. Liebe Gemeindeglieder traten an uns im Vorbeigehen heran, als wir ins Auto stiegen — sie selbst mit Rucksäcken und Koffern bepackt und Handwagen ziehend — und verabschiedeten sich. In den Tagen vorher kamen immer wieder liebe Gemeindeglieder und drängten uns, vor allem unsere beiden erwachsenen Töchter hinter die Oder zu schaffen, damit sie nicht den Russen in die Hände fielen. Aber alle Versuche, diese beiden Töchter mit Eisenbahn, Flugzeug oder anderen Gelegenheiten aus Stolp herauszubringen, waren fehlgeschlagen. Sie blieben bei uns. Jetzt verließen wir gemeinsam unser liebes Stolp. Wann würden wir zurückkehren können? In welchem Zustande würden wir unser Pfarrhaus und unsere Kirche wiedersehen?

Wir fuhren nun durch die Wilhelm-, Wasser-, Hindenburg- und Amtsstraße zur Stolpmünder Chaussee, vorbei an fliehenden Menschen, fahrenden Trecks und einzelnen Soldaten. Die Chaussee war voller Wagenkolonnen, die teils nördlich teils südlich zogen, dazwischen unendlich viele wandernde Menschen. Es gelang mir, das Auto durch alle Hindernisse hindurch in verhältnismäßig kurzer Zeit den 18 km langen Weg von Stolp nach Stolpmünde unbeschädigt zu lenken. Ich hielt in der Nähe des Hafens, in dem einige Schiffe lagen, die mit Soldaten, Arbeitsdienstmännern und Flüchtlingen beladen wurden. Die Inhaberin einer Reederei, Frau Geiß, empfing uns mit den Worten: „Gott sei Dank, daß Sie da sind. Wir haben versucht, Sie noch telephonisch über eine Militärdienst-Telephonleitung zu bekommen.“ Wir hofften, daß auch die andern Pastoren aus Stolp verabredetermaßen dorthin kommen würden. Nur Pastor Lic. de Boor mit Frau kam noch.

Es ist unklar geblieben, weswegen die beiden anderen Pastoren, Wernicke und Spittel, mit ihren Frauen und Angehörigen nicht den Weg nach Stolpmünde genommen haben. Der eine ist in Richtung Lauenburg und der andere in Richtung Schmolsin gezogen. Beide sind umgekommen.

Frau Geiß hatte einen ihrer kleinen Dampfer mit den Angehörigen ihrer Reederei beladen lassen, und ein zweiter kleiner Dampfer „Martha“ wurde mit Flüchtlingen besetzt in solcher Fülle, daß jeder auf seinem Flecken stehen mußte. Eine meiner Töchter und unsere Hausgehilfin hatten in einem Rettungsboot Platz gefunden, das der Dampfer mit sich führte. Frauen mit kleinen Kindern wurden in den Laderaum gebracht, wo Stroh aufgeschüttet war. Wir bekamen an Deck Stehplätze. Da es sehr stürmisch geworden war und ein starker Frost herrschte, zögerte der Kapitän mit seinem mit etwa 700 Menschen beladenen Schiff den Hafen zu verlassen. Als es dunkel geworden war und wir ringsum die Feuerscheine von brennenden Dörfern sahen und die Schüsse der Panzer immer näher kamen aus Richtung Schlawe, entschloß sich der Kapitän doch auszulaufen. Es wurde eine grausige Fahrt! Sobald wir in die offene See gekommen waren, kamen die Brecher über das Vorderschiff, die Mäntel und Decken, welche die Menschen schützen sollten, waren schnell mit einer dicken Eiskruste versehen. Natürlich war alles seekrank. Der Kapitän hielt Kurs in der Nähe der Küste auf Swinemünde zu. Unsere Fahrt längs der pommerschen Ostseeküste in dunkler Nacht bei abgeblendeten Lichtern werden wir nie vergessen. U-Boot und Minengefahr auf der einen Seite, den Blick auf die Küste hin, vorbei an brennenden Ostseedörfern, vorbei an dem lichterloh brennenden Kolberg, und auf der anderen Seite ein Spielball der stürmischen See, waren wir alle dennoch ruhig und gefaßt. Ich habe keinen Laut der Klage gehört. Wir spürten es: Wir sind ganz in Gottes Hand. Wir wußten aber auch: „Weiß ich den Weg auch nicht, Du weißt ihn wohl."

Ohne einen Unfall fuhren wir am 8. März 1945 nachmittags gegen 14 Uhr in den Hafen von Swinemünde ein. Das Schiff legte an, aber es durfte nicht ausgeladen werden. Swinemünde war übervoll von Flüchtlingen, der Kapitän sollte weiter nach Stralsund fahren. Er konnte sich nicht entschließen, wegen der Minen- und U-Boot-Gefahr auf offener See weiterzufahren, vielmehr steuerte er das Haff hinauf bis Ückermünde, und von dort wurden wir durch die Peene nach Stralsund gelotst. Hier kamen wir am 9. März abends bei Dunkelheit an. Erst am nächsten Morgen konnte das Schiff verlassen werden.

Abschließend skizziert Vf. kurz seinen weiteren Fluchtweg bis Mecklenburg.

Nr. 66

Bericht der E. B. aus Stolp i. Pom.

Original, ohne Datum, 4 Seiten. Teilabdruck.

Die Räumung der Stadt Stolp und der Einmarsch der Russen.

Von deutschen zivilen Stellen wurde in der Nacht vom 6. zum 7. März 1945 die völlige Räumung der Stadt angeordnet. Die Bevölkerung sollte sich auf eigene Faust in Richtung Danzig in Sicherheit bringen. Es setzte ein großes Durcheinander ein, da alles versuchte, zu fliehen. Sämtliche Ausfallstraßen (Ritzower-, Reitzer- und Gumbinner Chaussee) waren vollkommen von Flüchtlingen und Trecks verstopft, so daß es unmöglich war, fortzukommen. Die Trecks usw. sind auch fast ausnahmslos unterwegs den Russen in die Hände gefallen, und es haben sich grausige Szenen abgespielt. So wartete ich ab, da man es nicht fassen konnte, daß der Russe so schnell kommen würde, auch mußte ich bis zum 7. März mittags noch Dienst in der Stadtverwaltung tun. Am 8. März frühmorgens versuchte ich allein mit wenigen Habseligkeiten die Stadt zu Fuß zu verlassen, kam aber nicht mehr weit, da die Herzogbrücke und auch die anderen gesprengt waren, von wem, kann ich nicht sagen. So kehrte ich in meine Wohnung zurück, bald darauf rückten ja auch die Russen ein.

Die Bevölkerung wurde zum großen Teil von den Russen überrascht und mußte den Einfall über sich ergehen lassen.

Am 8. März 1945, morgens 7 Uhr, konnte ich vom Fenster meiner Wohnung beobachten, wie die ersten russischen Panzer aus Richtung Bütow von der Kublitzer Chaussee — Bütower Straße in die Stadt Stolp einrückten. Sie stießen auf keinen Widerstand, da sämtliche deutschen Truppen in Richtung Danzig abgezogen worden waren. Zu Kampfhandlungen kam es daher nicht, nur einige russische Panzer schossen planlos in deutsche Wohnhäuser hinein. Es folgten nunmehr weitere russische Einheiten, motorisierte und bespannte Verbände. Einige lose Truppenteile lösten sich und begannen die Häuser und Wohnungen zu durchsuchen. Abends zwischen 6 und 7 Uhr zog der russische Stab in einige Häuser der Franz-Nitzschke-Straße ein.

Ich habe in Stolp keine Kämpfe beobachtet, auch sind mir keine bekannt geworden. Es befanden sich außer einigen verwundeten deutschen Soldaten keine weiteren deutschen Truppen in der Stadt.

In der Nacht vom 8. zum 9. März 1945 ging die Innenstadt fast vollständig in Flammen auf. Die Russen steckten die Häuser planlos aus reiner Zerstörungswut an. Deutsche Männer wurden von den Russen mit vorgehaltener Maschinenpistole gezwungen, gefüllte Benzinkanister in die Häuser zu werfen und in Brand zu setzen. Angesichts der brennenden Stadt konnte ich vom Fenster beobachten, wie aus der Weidenstraße kommend ein großer Zug deutscher Frauen und Kinder in die Franz-Nitzschke-Straße und auf unseren Hof von russischer Soldateska getrieben wurde. Kurz darauf fuhren zwei russische Lastkraftwagen vor, Frauen und Kinder wurden voneinander getrennt und auf die Wagen verladen. Es war ein furchtbares Bild, Mütter schrien verzweifelt nach ihren Kindern, Kinder schrien in Todesangst nach ihren Müttern, der Schein der brennenden Häuser gab diesem Bild einen schaurigen Rahmen. Von den unglücklichen Menschen habe ich nie mehr etwas erfahren.

Jeden Augenblick bewußt, daß auch mir und meinen Angehörigen dieses Schicksal bevorstehen würde, wollten wir mit einer starken Dosis Veronal unserem Leben lieber vorher, wie es so viele andere taten, ein Ende setzen. Wir lagen vier Tage bewußtlos und entgingen dadurch den furchtbarsten Schreckenstaten der Russen, und diese Zeit des Grauens ist einem somit nicht zum Bewußtsein gekommen. Nach vier Tagen war es meinen Verwandten unter verzweifelten Anstrengungen geglückt, uns dem Leben wieder zurückzugeben.

In den darauffolgenden Tagen wurden wir Frauen oft zur Arbeit geholt. Frauen und Männer mußten unter starker russischer Bewachung „Straßenaufräumungsarbeiten" leisten. Wir mußten die Zeugen der Schreckenstaten beseitigen. U. a. mußten wir auch viele Leichen, die schon einige Tage auf den Straßen lagen, deutsche Männer, Frauen und Kinder, die ermordet wurden, in den Häusern verbrannten oder sonstwie umkamen, fortschaffen. Wir luden die Leichen auf Handwagen und Karren und fuhren sie zum Friedhof, wo sie alle ohne Unterschied in eine große Grube hineingeworfen werden mußten. Niemand weiß, wen alles dieses und andere Massengräber aufgenommen haben. Zu all diesem kommen noch andere Zwangsarbeiten, Verladen der Eisenbahnschienen der abgebauten Strecken usw.

Anschließend berichtet Vfn. ausführlich über zahlreiche Vergewaltigungen und Verhaftungen sowie über die polnische Verwaltungszeit bis zur Ausweisung.

Nr. 67

Erlebnisbericht des B. A. aus Stolpmünde i. Pom.
Original, 31. Mai 1950, 8 Seiten. Teilabdruck.

Über See von Stettin nach Stolpmünde. Einnahme Stolpmündes durch die Russen.

Am 5. März 1945 wurde ich auf meinen Antrag hin von Oberst Räther für drei Tage beurlaubt, um meine wegen der Bombenangriffe nach meinem

Geburtsort „Ostseebad Stolpmünde“ umquartierte Familie auf dem Wasserwege nach Stettin zurückzuholen. Die Landverbindung nach dort war bereits unterbrochen, da die Russen schon bei Cammin den Kessel in Pommern geschlossen hatten. Nur die Städte Kolberg, Rügenwalde, Stolpmünde und Leba selbst waren noch feindfrei. Über die Bata-Leitung sprach ich fernmündlich noch mit meiner Frau und erfuhr, daß im Hafen bereits verschiedene Schiffe zum Abtransport der Zivilisten bereitlägen und die Verladung schon begonnen hätte. Sie selbst hätte ebenfalls schon Schiffskarten für Dampfer „Ernst“, der in den nächsten Tagen in See gehen würde. Ich teilte meiner Frau mit, daß sie auf mich warten möge, da ich am 6. März 1945 mit dem Dampfer „Martha Geiß“ dort eintreffen würde und sie somit sicherer zurückbringen könnte.

Am 5. März 1945 6 Uhr morgens fuhren wir von Stettin ab, um am Leitholm noch zu kompensieren. An Bord befanden sich noch drei weitere Offiziere, die ihren Truppenteil im Osten suchten, und ein Fliegermajor, welcher bei dem Kommandanten vom Schießplatz Stolpmünde für Stettin eine Maschine in Empfang nehmen wollte. — Das Schiff hatte Order, in Kolberg eine Ladung Sprit zu löschen und dann in Stolpmünde ebenfalls Zivilisten an Bord zu nehmen. — Um 6 Uhr abends kamen wir in der Kaiserfahrt an, wurden durch ein Patrouillenboot angehalten und durften erst am Morgen des 6. März 1945 6 Uhr weiter nach Swinemünde dampfen. Dort lagen bei unserer Ankunft eine Anzahl Schiffe, die bereits auf das Öffnen der Sperre warteten. Über die Notbrücke wurden gerade Truppen von Wollin nach der Insel Usedom übergeschleust. Endlich wurde das Signal gegeben, daß die Schiffe, sich dem Konvoi nach dem Osten anschließend, die Sperre passieren können. Auf der Reede vor Swinemünde sollte sich der Geleitzug formieren. Unsere Ahnung, eventuell schon zu spät zu kommen, ließ uns einfach entgegen der Anordnung des Hafenkommandanten in Swinemünde unsern Weg „alleine“ nehmen. Mit Volldampf passierten wir den vor dem Hafen liegenden Schiffsfriedhof, ein Wagnis, das der Kapitän des Schiffes nur auf Grund seiner genauen Kenntnis des Fahrwassers als Tourenfahrer zwischen Stettin und Stolpmünde mit Lotsenpatent auf seine Kappe nehmen konnte. Außerdem war ja Krieg, und das Schiff stand im Marineeinsatz.

Auf der Höhe von Kolberg kam ein Regierungsdampfer aus dem Hafen und gab uns Signal, daß der Hafen nicht mehr angelaufen werden könne, da er bereits von den Russen belagert und beschossen würde. Eine gute Aussicht für unsere Fahrt gen Osten! — — Wir dampften also weiter und begegneten bereits einige Seemeilen weiter ostwärts mehreren Landungsbooten mit Flüchtlingen aus Stolpmünde und Rügenwalde. Durch gegebenes Flaggenwinksignal versuchte ich zu erfahren, ob sich vielleicht an Bord schon meine Familie befände. Es wurde immer abgewinkt! — Es war bereits dunkel, und da wir wegen der Minengefahr dicht unter Land fuhren, konnten wir den Hafen von Rügenwalde und den Leuchtturm von Jershöft bereits brennen sehen. Unsere Hoffnung, Stolpmünde noch feindfrei anlaufen zu können, schwand immer mehr.

Kurz vor Stolpmünde kamen wir in einen Schneesturm und auf Grund. Mit eigener Kraft konnten wir uns glücklicherweise nach einer halben Stunde wieder freimachen und gingen etwas von Land ab. Um 11 Uhr abends nahmen wir Kurs auf die Molen von Stolpmünde. Jetzt kam der spannende Augenblick. Noch vor dem Passieren der Hafeneinfahrt erbaten wir durch Lichtsignal Anlegeerlaubnis. Würde die deutsche Marine antworten oder der Russe bereits Übergabebefehl geben? Stolpmünde war noch nicht besetzt!

Am Kai standen die Menschen schon seit Stunden, auf unsere Ankunft wartend. Meine Familie war nicht darunter. Wir bekamen Order, am 8. März 1945 vormittags 11.30 Uhr wieder auszulaufen. Ich hatte danach also noch einen Tag, um von meinem Geburtsort und den Gräbern meiner Eltern und sonstigen Angehörigen Abschied zu nehmen, wenn —, ja, wenn man uns über die wahre Lage informiert hätte. Ich ging also von Bord zu unserer Villa und fand meine Familie und beide Schwestern bereits mit fertigem Gepäck zuhause vor. Am nächsten Tage ging ich mit meinem Urlaubsschein zur Anmeldung auf die Hafenkommandantur, wo ich erfuhr, daß meine Familie nach dem Westen fahren könne, ich aber zur Verteidigung des Ortes dort bleiben müsse. Ich protestierte unter Hinweis, daß ich in Stettin ebenfalls eingesetzt wäre und nur für drei Tage Urlaub bekommen hätte. Es half mir nichts, ich mußte zum ca. 6 km entfernt gelegenen Schießplatz, um mir von dem Kommandanten, Oberstleutnant Gürcke, die Rückkehr nach Stettin bescheinigen zu lassen. Auf der Kommandantur herrschte ein aufgeregtes Durcheinander, trotzdem gelang es mir nach längerem Warten, die Bescheinigung zu erhalten. Während der Kommandant selbst die Erlaubnis auf die Rückseite meines Urlaubsscheines schrieb, hatte ich Gelegenheit, die große Wandkarte mit den erschreckend nahe an Stolpmünde steckenden roten Fähnchen zu sehen. Also doch!

Noch eine Nacht Ruhe, dann sollte die beschwerliche Fahrt losgehen. Am nächsten Morgen in der Frühe wurden wir mit dem Hinweis geweckt, mit dem Gepäck sofort „gen Osten“ zu fliehen, der Ort würde geräumt! ! Während sich meine Angehörigen fertigmachten, lief ich zum Hafen, um nach unserm Dampfer Ausschau zu halten. Auf dem Wege über die Kurpromenade sah ich „das letzte Schiff bereits im Westen verschwinden!“ In der Nacht war der Russe „aus dem Westen“ überraschend angerückt, die Kommandantur verschwunden und die Schiffe eiligst ausgelaufen. —

Von dem noch anwesenden Korvettenkapitän Wolff erhielt ich bei meinem Eintreffen am Hafen den Befehl, mit einem Polizei- und Panzeroffizier zu Dritt das Bollwerk von den zurückgebliebenen Menschen zu säubern, da Sprengungen vorgenommen werden sollten. Die Ausführung dieses „letzten deutschen Befehls“ verzögerte meine Flucht um mehrere Stunden. Endlich mittags um 12.15 Uhr konnte ich das Notgepäck auf einen auf dem Hof stehenden Karren laden und mit meiner Frau, meinen fünf Kindern, von denen zwei noch im Kinderwagen lagen, und meinen beiden Schwestern die Flucht nach dem Osten antreten. Man wollte versuchen, in Leba noch ein Schiff einlaufen zu lassen, das uns nach dem Westen bringen sollte.

Nachmittags um 3.30 Uhr des 8. März 1945 fiel der Russe in Stolpmünde ein und erschien um 9.30 Uhr abends 17 km östlich bei unserm Treck. Ich hatte meine Angehörigen in einem leerstehenden Haus in Gambin zu einer kurzen Rast untergebracht, als ich das Geschrei „Urri“ hörte. Da ich immer noch in Uniform und bewaffnet war, mußten wir uns schnellstens unter Zurücklassung des Gepäcks ins nahe Wäldchen zurückziehen. Dort entledigte ich mich meiner Uniformstücke usw. Während der ganzen Nacht irrten wir im Schneegestöber in der Gegend umher, bis wir im Morgengrauen von einem Bauern etwas Stroh bekamen und, mit alter Kleidung versehen, auf dem einzigsten Weg ins Moor gewiesen wurden, wo wir vorläufig sicher sein sollten. Am nächsten Tag fanden wir eine Waldhütte, die sich ein Gutsbesitzer als Zuflucht vor den Russen hat bauen lassen. Dort hausten und hungerten wir acht Tage. Nachts schlich ich zu den Bauern, um für die Kinder etwas Milch und Brot zu erhalten. Am 15. März teilte uns der Bauer mit, daß alle Flüchtlinge unter Anlegung einer weißen Armbinde in ihren Heimatort zurückgehen sollten. Man würde sie ungehindert ziehen lassen. Nach mehrmaligen Versuchen glückte der Marsch zurück. Am 17. März trafen wir wieder in meinem Heimatort ein. Unser Haus war zwar von den Russen durchwühlt, im allgemeinen aber noch heil.

Fast zwei Wochen mußten wir für die Russen am Hafen arbeiten. Während dieser Zeit wurden Nacht für Nacht von betrunkenen Soldaten die Häuser, in denen Deutsche waren, nach Frauen durchsucht und diese von ihnen in Gegenwart der Angehörigen vergewaltigt.

Im folgenden berichtet Vf. über seine Verhaftung und den Aufenthalt im Lager Graudenz, die Rückkehr nach Stolpmünde und die Ausweisung im Juni 1946.

Nr. 68

Bericht des Pfarrers Barckow aus Lauenburg i. Pom.
Original, 9. Juli 1946, 6 Seiten. Teilabdruck.

Eindringen der Russen in die Stadt Lauenburg.

In den ersten Märztagen 1945 rückten uns die Russen immer näher, und zwar von Westen her. Am Mittwoch, dem 7. März, hieß es: „Stolp brennt schon; in zwei Tagen sind sie hier!“ Donnerstag war Lauenburg voll vom Volkssturm: „Die Truppen halten nicht stand, wir können sie auch nicht aufhalten.“ Freitag schon Panikstimmung. Viele Geschäfte verteilen ihre Waren, die Eierverwertung z. B hatte ihre Türen geöffnet, und die Frauen ließen sich nicht nötigen. Fröhlich gingen sie mit ihren vielen Eiern nach Hause. Auf den Straßen immer wieder die Frage: „Bleiben Sie?“ und die Antwort: „So schlimm wird es nicht werden.“ Viele waren schon nach Gotenhafen und Danzig gefahren, um mit Schiff der Gefahr zu entrinnen, viele mit Auto, zu Fuß, mit Pferden auf die Dörfer im Kreise — hoch in den Norden — in der irrigen Annahme, dorthin würden die Russen nicht kommen.

In der Nacht zum Sonnabend (9./10. März) fortwährende Explosionen; man wußte nicht, woher sie kamen, vielleicht schon von den Russen. In der SS-Kaserne (frühere Irrenanstalt) wurde die Munition gesprengt. Im Morgengrauen sahen wir die Bahnstrecke vom Bahnhof nach Neustadt im Gänsemarsch russische Soldaten gehen, eine unablaßbare Kette. Aber auch vom Norden und Nordosten kamen russische Kolonnen, und Lauenburg war im Nu überschwemmt von den feindlichen Horden. — Die Obrigkeit war bis auf den letzten Mann verschwunden, von den Maulhelden nicht einer zurückgeblieben, die Stadt blieb ihrem Schicksal überlassen. Am Nachmittag des

10. März ergossen sich russische Truppen in die Häuser zum Plündern. „Die Urren“ (Uhren), dieser Klang blieb monatelang in den Ohren haften, tönte er doch überall uns entgegen. Kaum hatte eine Bande von etwa zwei bis vier Mann die Wohnung verlassen, kam die andere, räumte Schubladen und Schränke und Behälter, warf den nicht gefallenden Inhalt auf den Fußboden, so daß die Wohnung binnen kurzem einer Räuberhöhle glich!

Dann kam die Nacht, jene furchtbarste aller furchtbaren Nächte! ! ! Man hatte die Alkoholvorräte bei Koch und Kaspar entdeckt, die uns vorenthalten waren (Wein etc. “ausverkauft!“), ihn in ungeheuren Mengen getrunken und warf sich nun mit satanischen Begierden auf die Frauen und Mädchen. In Rudeln standen sie vor jedem Haus, bis zu 45 vergewaltigten sie e i n e deutsche Frau, ohne Rücksicht, ob sie schließlich im Sterben lag. 78-jährige Frauen, 9-jährige Kinder fielen ihnen zum Opfer — es ist zu verstehen, wenn in jener schrecklichen Nacht etwa 600 Einwohner freiwillig in den Tod gingen.

Am Sonntagmorgen Fortsetzung von Plünderung und Vergewaltigung. „Frau, komm!“ — wer nicht Folge leistete, wurde erschossen. Dabei erzählten alle, die etwas deutsch sprechen konnten, ihre Frauen und Schwestern wären noch viel schlimmer von deutschen Soldaten behandelt worden, wohl gar mit Benzin begossen und verbrannt, in den Häusern eingesperrt und verbrannt, erschossen etc.

Am Sonntag traten auch die russischen Flintenweiber in Aktion, die im Durchsuchen der Schubladen und Wohnungen eine wunderbare Kenntnis besaßen. Junge mongolische Soldaten waren die rüdesten (etwa im Alter von 18—19 Jahren). Sie ließen uns strammstehen, stießen mit Knien vor den Bauch, durchsuchten die Taschen, steckten das Gefallende ein und warfen das andere im Bogen aus dem Fenster, zertrümmerten die Bilder an den Wänden mit dem Pistolenlauf und stießen die Menschen mit dem Gewehrlauf zu Boden.

Am Montagmorgen wanderten wir mit dem Rucksack aus, um den dauernden Mißhandlungen zu entgehen. Unten vor dem Hause sagte ein Flüchtlingsbauer auf die Schreie, die aus dem Hause tönten: „Hören Sie? Sie haben meine 13-jährige Tochter heute morgen schon zum fünften Male vor!“

Wir wanderten mit etwa 20 anderen am Bahnhof vorüber, bei der SA-Siedlung an der Strecke entlang ins Lischnitzer Moor, empfangen und begleitet von den Rufen: „Urr!“ Als ich keine mehr zu geben hatte, schoß ein Russe seine Pistole dicht neben meinem Ohr ab, daß mir das Feuer ins Gesicht schlug. Die dadurch verursachte Taubheit ist bis heute nicht vergangen. Im Lischnitzer Moor fanden wir schon ein Lager von Ausgewanderten, bauten uns aus Zweigen im Gebüsch eine notdürftige Hütte, holten in der Morgen- und Abenddämmerung aus dem Graben Wasser, aßen am Tage nur einmal ein Stück Brot und lagen den ganzen Tag im Verborgenen aus Furcht vor Entdeckung. Nachts sahen wir Lauenburg brennen, hörten die Beschießung von Gotenhafen und Danzig und — hofften auf Befreiung durch unsere Truppen! Man erzählte von abgeworfenen Flugblättern: Hitler ließ sagen: „Haltet noch 14 Tage aus, dann sind unsere Soldaten dort!“

Am Sonntag gingen wir nach Lauenburg zurück. Noch länger, und wir hätten nicht mehr Kraft genug gehabt. In Lauenburg fanden wir unser Haus verwüstet. Nicht nur die Russen, leider, leider auch die eigenen Volksgenossen plünderten nach Herzenslust. Drei Tage wohnten wir in unserer Wohnung, dann mußten wir räumen. Der russische Stab beschlagnahmte die Straßen. Und nun kam eine furchtbare Zeit, in einer engen Wohnung viele Personen zusammengepfercht, auf die Straße wagte man sich nicht, Lebensmittel waren kaum vorhanden, jede Nacht bummerten die Russen an die Tür und durchsuchten die Wohnung nach Frauen und vergewaltigten sie, mochten auch die eigenen Kinder der Frau und 20 andere Personen zuschauen. Wurde nicht geöffnet, klirrten die Fensterscheiben, und man stieg hindurch, schlug auf die Deutschen ein, oder die Türen wurden mit dem Kolben zertrümmert. Sechs Wochen schlief man nur in Kleidern. Tags untersuchten die Russen immer wieder jeden Winkel bis unters Dach und gingen kaum ohne Beute fort. Am begehrtesten war Schnaps.

Wohl waren durch das Feuer viele Häuser, ganze Blocks zerstört, z. B. der Markt ganz, die Stolper-, Danziger-, Neuendorfer-, Markt-, Kloster- und Mühlenstraße, ein trostloser Anblick die Ruinen, fast schlimmer noch die Straßen der sonst so hübschen und sauberen Stadt. Überall verstreute Bettfedern, auch ganze Bettstücke, krepierte Pferde, Autowracks, unbrauchbare Räder, Wagenteile, Hausgerät, jeder Laternenpfahl umgefahren, jedes Schaufenster zertrümmert, Sessel, Stühle, Sofas lagen zerbrochen umher, dazu versperrten eingefallene Hauswände die Geh- und Fahrwege — ein Bild der Verwüstung.

Bald wurden deutsche Arbeitskräfte mit Gewalt geholt. Es mußten Kartoffeln geschält, russische Lazarette bedient, Wäsche gewaschen, Aborte gereinigt werden etc. Mit WCs. wußte man nichts anzufangen. Man füllte sie bis zum Überlaufen an, spülte nicht, sondern ließ den Unrat durch Deutsche jeden Morgen entfernen. Der russische Stab bewohnte Häuser mit modernen Einrichtungen, neue Bauten mit WCs., ließ sich trotzdem im Garten Aborte zurechtzimmern, in denen man stehend in gewohnter Weise seine Bedürfnisse verrichten konnte.

Nach etwa vier Wochen wurde das Plündern verboten, das Verbot wurde nicht beachtet. Die Vergewaltigung der Frauen nahm auch seinen Fortgang. Plünderung am hellen Tage und auf offener Straße war keine Seltenheit.

Im folgenden berichtet Vf. über die allgemeinen Zustände und seine Beobachtungen und Erlebnisse in Lauenburg bis zum Sommer 1945.

Nr. 69

Bericht der Frau E. H. aus Luggewiese, Kreis Lauenburg i. Pom.
Original, 13. Juni 1951.

Ein Erlebnis beim Einbruch der Russen.

Am 9. März 1945 mußten wir auf Befehl des Bürgermeisters unser Dorf Luggewiese räumen und nach dem Nachbardorf Gr. Damerkow flüchten, das nur 4 km von uns entfernt, aber mitten im Walde lag. So machte ich mich mit meinen beiden Kindern, meiner Mutter und meiner 25-jährigen Schwester

Käte auf den Weg und fanden Unterkunft bei meinen Schwiegereltern, die in Gr. Damerkow wohnten. Dort waren schon mehrere von unseren Verwandten und Bekannten hingeflüchtet. — Am nächsten Tag, dem 10. März, stürmten die Russen auch diesen Ort. Im Laufe des Tages waren noch viele Flüchtlinge aus den Nachbardörfern gekommen, so daß wir wenigstens 30 Personen in einem Zimmer waren. Die ersten Russen, die in die Häuser kamen, verlangten Uhren, Ringe und sonstige Wertsachen. Wer es nicht freiwillig gab, dem rissen sie es einfach weg. Auch unseren Koffer mit Lebensmitteln hatten sie uns schon weggenommen. So ging es etwa zwei Stunden lang. Da die Uhren inzwischen schon längst alle abgegeben waren und immer neue Russen kamen, so fingen diese an zu suchen und zu fluchen. Mit aufgepflanztem Gewehr schrien sie immer: „Urr, Urr!"

Plötzlich kam eine Nachbarin schreiend angelaufen, die Russen wollten sie mitnehmen. Da kamen auch schon zwei Russen bei uns rein und sagten: „Frau komm!" und griffen zwei Frauen bei den Händen. Diese schrien und baten soviel, so daß die Russen sie losließen und weitergingen.

Gleich darauf kam ein großer Russe rein. Er sagte kein Wort, guckte sich im Zimmer um und ging bis nach hinten durch, wo alle jungen Mädchen und Frauen saßen. Er winkte nur einmal mit dem Finger nach meiner Schwester. Als diese nicht gleich aufstand, trat er dicht vor sie hin und hielt seine Maschinenpistole gegen ihr Kinn. Alle schrien laut auf, nur meine Schwester saß stumm da und vermochte sich nicht zu rühren. Da krachte auch schon der Schuß. Ihr Kopf fiel auf die Seite, und das Blut rann in Strömen. Sie war sofort tot, ohne nur einen Laut von sich zu geben. Der Schuß war vom Kinn aus bis zum Gehirn gegangen, die Schädeldecke war völlig zertrümmert.

Der Russe guckte uns alle an und verließ, ohne ein Wort zu sagen, das Zimmer.

Auf dem Friedhof in Gr. Damerkow haben wir meine Schwester zur letzten Ruhe gebettet.

Nr. 70

Erlebnisbericht des A. S. aus Leba, Kreis Lauenburg i. Pom.
Original, 9. August 1950, 5 Seiten. Teilabdruck.

Flucht aus Lauenburg in Richtung Danzig—Hela. Eindringen der Russen in Leba.

Am 8. März 1945 verließ ich Lauenburg, um zu Fuß nach Leba zu marschieren, da der Bahnverkehr nach dorthin stillgelegt war. An der Ecke Neuendorfer Straße—Bismarckstraße ein fast unentwirrbarer Knäuel von Trecks, meistens Flüchtlinge aus den Nachbarkreisen Bütow, Rummelsburg und Stolp. Bis hinter Neuendorf alle Verkehrswege mit Fuhrwerken verstopft, ein regel- und zielloses Durcheinander, dazwischen hastende Fußgänger, teilweise beladene Handwagen, Karren und auch Kinderwagen führend. Auf der vereisten Chaussee war nur langsames Fortkommen möglich, dazu wehte eine steife eisige Brise aus Nordost, vermischt mit Schneegestöber. Am westlichen Horizont waren verschiedene Brände zu erkennen, in südwestlicher Richtung ein hoher, heller Feuerschein, wahrscheinlich Stolp.

Gegen 22 Uhr erreichte ich Landechow, die Zufahrtsstraße dorthin bis zu den Knien verschneit. Gastfreundliche Aufnahme in der Wohnung des Gärtners, am nächsten Morgen zu Fuß auf dem Schienenstrang weiter. Tiefe Stille links und rechts in den Waldungen, ein herrlicher, sonniger Märzmorgen, wie im tiefsten Frieden. Aber schon Bahnhof Freist zerstörte diese idyllische Stimmung. Soweit das Auge reichte, die Chaussee Vietzig—Kl. Massow mit Fahrzeugen und Menschen direkt vollgepfropft. Ein unübersehbares Bild des Rückzuges und der Planlosigkeit. Gefangene Russen, von deutschen Soldaten — meistens kaum ausgeheilte Verwundete — eskortiert, auf dem Marsch nach Osten, dazwischen Flüchtlingstrecks in gleicher Richtung, LKWs. und Motorräder der Wehrmacht nach beiden Richtungen fahrend, an den Straßenrändern hochbeladene, fahrunfähig gewordene Wagen aus den Trecks, das typische Bild eines Zusammenbruchs.

Ein LKW. nahm uns nach Leba mit. Auch hier alles in Bewegung. Einige wenige deutsche Soldaten traf ich, später einen Oberleutnant, dem der Bürgermeister und der Ortsgruppenleiter begreiflich machen wollten, daß Leba unbedingt unter allen Umständen verteidigt werden müßte!!! Ein heller Wahnsinn angesichts der geographischen Lage dieser kleinen unbefestigten Stadt, eine ideale Mausefalle für Verteidiger und Einwohner. Am späten Nachmittag verließ der Schoner „Herbert", mit Flüchtlingen vollgepfropft, den Hafen. Einige wenige Lebaer verließen den Ort mit Auto oder Fuhrwerk in östlicher Richtung. Aber der überwiegende Teil der Bevölkerung blieb am Heimatort. In den späten Abendstunden „Feuerwerk" auf dem Bahnhof, weithin erkennbar; einige dort stehende, mit Marketenderware beladene Waggons waren angezündet worden. Einsichtige retteten aus den Flammen noch einiges, u. a. auch größere Mengen Tabak.

Gegen 22 Uhr traf ich bei dem Klempnermeister Franz F. zusammen mit dem Kaufmann Willi P. und dem Ackerbürger Emil P., dem Schwiegersohn des ersteren; der Schlossermeister Erich D. war aus Lauenburg eingetroffen — er war dort Waffenmeister beim Volkssturm gewesen. Er berichtete u. a. über den Tod des Kreisleiters. Man sah den kommenden Ereignissen mit Ruhe entgegen. Ca. eine Stunde später wurde die Anordnung der Stadtverwaltung bekanntgegeben, der Ort sei wegen Gefahr eines Artilleriebeschusses zu räumen. Weitaus der größte Teil der Bevölkerung leistete dieser Anordnung Folge, nur ein paar Unentwegte blieben in ihren Gehöften.

Ein langer Zug von Fuhrwerken, Schlitten, Karren, Hand- und Kinderwagen mit rasch zusammengerafften Bündeln Lebensmitteln, Betten, Kleidung beladen, dazwischen Fußgänger, hochbepackt mit Bündeln, und auch ein paar Autos bewegten sich im Dunkeln zum Dünenwäldchen östlich des Kurhauses. Dort stand man in Gruppen zusammen und harrte der kommenden Dinge. Die Unterhaltungen wurde leise geführt. Von den dort anwesenden Vertretern und Beamten der Stadt wurde bekanntgegeben, daß der Bürgermeister, der OGL.[1]) und noch einige andere Amtspersonen unter Mitnahme der Stadtkasse vor Mitternacht den Ort in östlicher Richtung verlassen

[1]) Ortsgruppenleiter.

hätten, vom Bürgermeister seien die Amtsgeschäfte und die Schlüssel des Magistratsgebäudes dem dienstältesten Ratsherrn Fritz Brüschke übergeben worden.

Die See und der Dünenwald rauschten ihr uraltes Lied. Vor uns die zugefrorene Fläche des Sarsener Sees. Nirgends ein Lichtschein. Die Augen waren naturgemäß nach Westen und in Richtung Leba gerichtet. Einige unternahmen Erkundungsvorstöße bis zum Ortsrand und teils sogar bis in den Ort hinein, konnten jedoch nur melden, daß noch keine Russen im Ort seien. Dann hörte man aus der Richtung des Hafens Motorengeräusch. Die Kutter waren in See gegangen. Nach Mitternacht setzten Explosionsgeräusche aus westlicher Richtung ein, wahrscheinlich Sprengungen in der V-Versuchsstation Rumbke. Etwa um zwei Uhr morgens in nächster Nähe heller, hoher Feuerschein, an- und abschwellendes Geknatter von Kleinmunition, dazwischen einige stärkere Detonationen. Zuerst nahmen wir an, daß ein Gefecht in nächster Nähe stattfände und der Ort in Flammen stände. Und schon zog der Menschen- und Wagentroß weiter ostwärts, z. T. bis in die Höhe von Uhlingen. Erst später stellte sich heraus, daß das Schülerlandheim, mit Lebens- und Genußmitteln und Munition bis zum Dachstuhl angefüllt, von deutschen Soldaten angezündet worden war.

Die Kälte der Nacht und den scharfen Nordostwind hat damals wohl kaum jemand verspürt, man schickte sich in das Unvermeidliche, nirgends ein Anzeichen von Panik, Angst oder Verzweiflung, höchstens leises Bangen und Hoffnung, daß es nicht zum Schlimmsten kommen möge. Alle Standesunterschiede waren vergessen, keinerlei Haßausbrüche gegen die mit uns sozusagen zum letzten Gang angetretenen Parteigenossen, auch wenn es sich um bis dahin führende Pgs. und sogar um den kommissarischen SA-Sturmführer Hans Weith handelte. In diesen schweren Stunden waren alles nur Deutsche, leider zu spät.

Gegen fünf Uhr morgens sahen wir die letzten deutschen Soldaten, müde und langsam in den Dünen nach Osten ziehend. Wir gaben ihnen noch Ratschläge und Aufklärung über das von ihnen noch zu passierende Terrain. Einem vorüberkommenden Offizier, der unter seinem Militärmantel schon Zivilkleidung trug, wurde die Frage vorgelegt: „Was wird, wohin mit uns allen?“ Achselzucken seinerseits. Dann die zögernde Antwort: „Am besten in Richtung Hela abrücken!“ ... In südlicher Richtung hörte man dann ab und zu Gefechtslärm, etwa 20 km entfernt. Einige Bauern schlichen im Morgengrauen zum Ort zurück, um ihr Vieh zu versorgen. Bei ihrer Rückkehr meldeten sie, daß noch kein Russe im Ort sei. Nach Auskunft der im Ort Zurückgebliebenen mag es etwa 7 Uhr gewesen sein, als die ersten russischen Spähwagen den südlichen Ortseingang erreichten, ein Stück in den Ort hineinfuhren und dann wieder abdrehten. Dann folgten Kosaken, alles gedrungene, kräftige Gestalten auf kleinen sehnigen Pferden, alle ausnahmslos mit MP. bewaffnet. In den frühen Vormittagsstunden erreichte uns im Dünenwald die Parole, in die Wohnungen zurückzukehren. Jeder mußte ein weißes Taschentuch zum Zeichen der Unterwerfung in der Hand schwenken, später wurde das Tragen einer weißen Armbinde anbefohlen. Am Waldausgang zum Ort begegneten wir dann — die meisten wohl in stiller Angst — den Kosaken, die dort eine kurze Rast eingelegt hatten. Dazwischen einige gefangene deutsche Soldaten, anscheinend friedlich mit den Russen Zigaretten rauchend. Die Truppe verhielt sich ziemlich korrekt, kaum einer wurde belästigt, nur einige wurden hier schon ihre Uhren los.

Bis zur Mühlgrabenbrücke das altgewohnte Ortsbild, und dann entdeckte man überall offene und z. T. erbrochene Türen und Hoftore, stellenweise lag Hausrat usw. bis auf die Straße verstreut. Auf den Straßen und einigen großen Höfen parkte der Troß, die Pferde vorwiegend auf den Bürgersteigen an den Bäumen festgezurrt, überall Unrat, zerschlagene Gegenstände aller Art, herabgerissene Leitungsdrähte, Kabelrollen usw. Dazwischen Russen und ukrainische Zivilarbeiter mit ihnen vereint, welche die Wohnungen durchwühlten und Jagd auf Frauen machten. Auf dem großen Hof vor meiner Wohnung ebenfalls Panjewagen, Pferde, Rindvieh und Soldaten. Stallungen, Wohnungen und Schränke ebenfalls erbrochen, den Inhalt der Schränke herausgerissen. In dem einen Bett ein schlafender Soldat in voller Uniform. Die Küche ähnelte einem Schweinestall. Am Tisch Soldaten, schmausend und trinkend. Der Fußboden besät mit zerschlagenem Geschirr, Flaschen mit abgeschlagenen Hälsen, Papier, Wäschestücke usw. Ich wurde sofort meine Uhr los. Meine Stiefel waren schon vorher „requiriert" worden. Fast alle Anzüge fehlten und sogar Frauen- und Kinderkleidung. Sonst ließen mich diese Russen aber ungeschoren. Aber beim Verlassen der Wohnung wollte ein betrunkener Russe meine hochschwangere Frau und meine älteste, damals acht Jahre alte Tochter vergewaltigen; mit Reitpeitsche und Pistole hielt er uns in Schach. Ich wurde aus der Wohnung geworfen. Etwas später kehrte ich zurück. Inzwischen hatte es jedoch meine Frau, die Kinder eng an sich geklammert, fertiggebracht, das Haus ungeschoren zu verlassen.

Meine Angehörigen suchend, bin ich dann bei verschiedenen Bekannten in der Nähe meiner Wohnung umhergeirrt. Überall das gleiche Bild, durchwühlte und verunreinigte Wohnungen, Menschen in höchster Angst, flüchtende Frauen, dazwischen johlende Russen und Ukrainer. Im Hause Bublitz in der Marktstraße wurde z. B. ein 15 Jahre altes Mädchen mehrmals von Russen vergewaltigt. Im Laden des Kaufmanns Paetsch sah es fürchterlich aus. Allerlei Waren auf dem Fußboden bis auf die Straße verstreut. Die Filialleiterin der Firma Wilhelm Zeeck, Lauenburg, wollte sich der Plünderung des Ladens widersetzen. Sie wurde über den Verkaufstisch gelegt und dann in rohester Weise vergewaltigt. Beim Bauern Reinhold Fick verhielten sich die Russen zuerst ganz manierlich angesichts der ihnen vorgesetzten Schinken und Delikatessen. Und dann legten sich einige Unholde in die Betten und verunreinigten diese mit Kot und Urin. Im Mehllager der Bäckerei Börcke lag das Mehl stellenweise knietief auf dem Fußboden. In den Abendstunden verließ der Troß den Ort. Posten blieben nicht zurück.

Der ganze Ort bot ein Bild sinnloser Verwüstung. Nach und nach wagten sich die Einwohner wieder auf die Straße. Weitere Einzelheiten über das Wüten der Soldateska wurden bekannt.

Vf. zählt noch mehrere Fälle brutaler Gewalttaten der Russen auf und schildert abschließend die folgende Zeit unter russischer Besatzung bis zur Übergabe der Verwaltung an die Polen im Mai 1945.

Nr. 71

Erlebnisbericht des Landwirts Johannes Wiens aus Altfelde, Kreis Marienburg i. Westpr.

Beglaubigte Abschrift, 26. August 1952.

Flucht nach Pommern und zurück nach Danzig, Seetransport nach Dänemark.

Als am Abend des 23. Januar 1945 russische Panzer in Elbing eingedrungen waren, entschlossen wir Altfelder uns, ebenso auch die Nachbargemeinden, unsere Heimat zu verlassen; einen offiziellen Räumungsbefehl hatten wir noch nicht, und in der Nacht vom 23. zum 24. Januar verließen die Treckwagen Altfelde, denen sich noch viele fremde Flüchtlingswagen, die in Altfelde Quartier gemacht hatten, anschlossen. Erst am 24. mittags passierte unser Treck die Nogatbrücke in Marienburg, da die Straßen vollständig verstopft waren und das Tempo ungemein behinderten, außerdem der zurückflutenden Wehrmacht das Vorfahrtsrecht eingeräumt werden mußte.

Wie der Treck an der Kreisleitung Marienburg vorbeifuhr, war diese immer noch der Meinung, daß wir zu früh losgefahren seien. Was hatte es uns genützt, daß monatelang vorher alles bis ins Kleinste ausgearbeitet worden war, der Abtransport der Viehbestände und Herdbuchherden, die Marschwege, Quartiere festgelgt usw., und nicht ein Stück Vieh aus dem ganzen Kreise Marienburg ist herausgekommen, ganz abgesehen von den Tausenden von Zentnern Getreide, die dort geblieben und den Russen verfielen. In der Zuckerfabrik lagerten noch ca. 40 000 Ztr. Zucker.

Volkssturmmänner, verschiedene ältere Leute, die keine Lust verspürten, sich auf die vereisten Straßen zu begeben, und sich nicht entschließen konnten, die Heimat zu verlassen, blieben zurück. Auch ich blieb mit meinem Melkermeister im Hof, um den Viehbestand notdürftig zu füttern und nach dem Rechten zu sehen.

Eine Panzerabwehrkompanie, ca. 140 Mann stark, hatte sich schon zwei Tage, von Osten kommend, in Altfelde einquartiert, und als am Mittag des 24. Januar von Posilge, aus Richtung Christburg kommend, vier russische Panzer gemeldet wurden, übernahm diese Truppe die Verteidigung an der Chaussee Notzendorf — Posilge. Das Gefecht begann ungefähr um 3 Uhr nachmittags, in dessen Verlauf auch die gemeldeten Panzer abgeschossen wurden.

Um diese Zeit verließen mein Melker und ich die heimatliche Scholle zu Fuß querfeldein in Richtung Jonasdorf—Schadwalde, um über die Nogat zu kommen. *Vf. beschreibt im einzelnen die militärische Besetzung des Dorfes durch die Russen.* Nachdem wir in Schadwalde etwas gegessen, gingen mein Melker und ich Richtung Kalthof—Dirschau, um unseren Treck einzuholen, den wir auch in Sobbowitz trafen. Herr Hauptmann Jacob mit seinen Kameraden schloß sich uns an bis Kalthof, wo ihr Troß lag. Als wir gegen Kaminke waren, wurde der Flugplatz Königsdorf gesprengt.

Der ganze Treck der Gemeinde Altfelde war auseinandergerissen, aber jeder kannte ja das Ziel, Kreis Karthaus. In Neusitz wurden wir von einem

Schneesturm, der zwei Tage anhielt, überrascht und mußten dort vier Tage bleiben, bis die Straßen wieder fahrbar waren. Dann fuhren wir bis Kamehlen, rasteten wieder einige Tage und kamen dann in unser vorgesehenes Quartier nach Schmellen. Hier lagen wir untätig bis Ende Februar, als der Weitermarsch nach dem Westen hinter die Oder befohlen wurde. Die Trecks zogen weiter Richtung Lauenburg-Stolp und liefen dem Russen, der inzwischen über Schlawe bis zur Ostsee durchgestoßen war, direkt in die Arme. Wenn der Weiterzug nur acht Tage früher befohlen wäre, hätten die meisten ihre Fahrzeuge, Pferde und den nötigsten Hausrat hinübergerettet. So ging noch das Letzte verloren, und die Russen machten reiche Beute. Arbeitsfähige Männer, die noch beim Treck waren, und viele junge Frauen und Mädchen verschleppten die Russen, u.a. Landwirt Winter, Otto Schwarz, Martha Warsen, Lotte und Anna Hermann aus Altfelde. Alles andere wurde zu Fuß in die Heimat zurückgeschickt, da Pferde und Wagen von den Russen beschlagnahmt wurden. —

Mittlerweile hatten die Russen den Ring um Danzig geschlossen, und uns blieb nur der Weg nach Danzig offen, das wir dann auch auf Umwegen über Neustadt erreichten, weil Karthaus am 9. März schon von den Russen besetzt war.

Von Danzig konnten wir am 18. März mit Dampfer „Westpreußen" mit noch ca. 5000 anderen Flüchtlingen nach Dänemark fahren. Hier wurden wir nach der Kapitulation interniert und kamen Ende Januar 1947 mit einem Flüchtlingstransport nach Ristissen in die französische Zone. —

Nr. 72

Erlebnisbericht von Frau Frida Volckmann aus Dambitzen, Kreis Elbing i. Westpr.

Original, März 1951.

Zusammentreffen mit russischen Truppen in Pommern.

Vfn. berichtet über ihre Flucht nach Pommern. Den Lastwagen, den sie dazu benutzte, beschlagnahmte eine Parteidienststelle. Dennoch versuchte sie, in westlicher Richtung weiter zu fliehen. Aber:

Der Vormarsch der Russen war inzwischen über Schneidemühl und Stargard soweit gelungen, daß ich nicht mehr über Stettin nach Westen konnte, zumal mein Lastzug weg war und ich mit den Meinen bewegungsunfähig war. Im letzten Augenblick holte ich mir meinen Lastzug in Lauenburg, konnte aber nicht mehr nach Danzig durchbrechen, da die Russen uns bei Neustadt überflügelten. Wir wurden restlos unseres Eigentums beraubt und ausgeplündert. In fußhohem Schnee bei starkem Frost gelang es uns, in einer Tannenschonung uns zu verbergen. Nach drei Tagen und Nächten erklärten die Frauen, nicht länger im Walde der Kinder wegen bleiben zu können, und so mußten wir auf die von Russen bevölkerte Chaussee. Es blieb uns kein anderer Weg, als zurück nach Occalitz. Ein Bauer aus dem Kreis Pr. Holland, der meinen Mann kannte und auch denselben Weg hatte, nahm meine Schwiegertochter und die Kinder auf seinen Wagen. In jedem Dorf wurden wir von den Russen mehrfach angehalten, durchsucht, und immer wieder fanden sie etwas, was sie zu brauchen glaubten, so auch unsere Kleider und Mäntel. Im dritten Dorf wurde mein Mann gefangen genommen und abgeführt. Mein Mann konnte mir nur noch zurufen: „Geht nach Occalitz zurück!"

Wir sind dann mit dem Bauern aus Pr. Holland weitergefahren. Auf dem Wagen lag die Tochter des Bauern, die die Russen während der Fahrt und beim Halten in den Dörfern mehrfach vergewaltigt hatten, und ihr, als sie sich wehren wollte, in den Rücken geschossen hatten. Der Mutter der Schwerverwundeten, die ihrer Tochter zu Hilfe kommen wollte, wurde durch die Hand geschossen. Meine Schwiegertochter und die Frau eines Danziger Kaufmanns, die sich uns angeschlossen hatte, wurden während der Fahrt von aufspringenden, jungen, russischen Soldaten mehrfach vergewaltigt und das in Gegenwart der sterbenden jungen Frau, der erwachsenen Tochter der älteren Danziger Dame und der anderen Personen. —

In Occalitz konnten wir nicht auf den Gutshof, da dort die Russen hausten. Wir fuhren deshalb nach der ca. 1 km entfernten Revierförsterei, wo wir den alten Revierförster Täger mit Frau und zwei verheirateten Töchtern und deren Kindern sowie eine Menge Flüchtlinge und Frauen und Mädchen aus dem Dorf antrafen. Die Russen erschienen jeden Abend, holten sich mehrfach eine Anzahl Frauen und Mädchen bis zu den jüngsten herunter, die mehrfach täglich geschändet wurden. Am vierten Tage erschienen plötzlich vier deutsche versprengte Soldaten, die sich Lebensmittel holen und sich verbergen wollten. Unglücklicherweise kam zur gleichen Zeit eine russische Patrouille, die einen der Deutschen sofort erschoß und die andern gefangennahm. Nun wurden die Russen noch rabiater, und die zahlreichen Frauen und Mädchen waren vor Angst vor den Gewalttaten der Russen halb irrsinnig. Ein Teil der jüngeren Frauen und Mädchen begingen bereits Selbstmord.

Dem Revierförster wurde, da er sich nach Ansicht der Russen stark spionageverdächtig gezeigt habe, mit Räumung des Hauses und Schlimmerem gedroht, so daß er alle Anwesenden aufforderte, die Försterei zu verlassen, zumal er und seine Familie beschlossen hätten, in den Tod zu gehen. Die eine Tochter, eine Ärztin, habe sich bereits mit ihren beiden Kindern vergiftet. Wer sich erschießen lassen wolle, für den sei eine Kugel auch da. Andernfalls müsse das Haus sofort geräumt werden. Es sind in der Försterei allein 62 Menschen von dem Gut und Dorf Occalitz daraufhin durch Ertränken in dem See, durch Erschießen durch den Revierförster Täger, durch Gift und durch Erhängen in den Tod gegangen. Zwei alte, überlebende Frauen, die Frau des Schmiedemeisters und des Treckerführers des Gutes haben meinem Mann erzählt, daß sie ein Massengrab hätten graben müssen und die Toten beerdigen, daher konnten sie meinem Mann, als er nach seiner Entlassung aus dem russischen GPU. nach Occalitz kam, um nach uns zu forschen, sagen, daß wir nicht, wie ihm im Nachbarort gesagt worden war, in der Försterei umgekommen wären. Wir hatten sofort nach der Aufforderung Tägers mit zwei Damen aus Ostpreußen zusammen, einer Frau Schmeling und Mutter, nebst einer kleinen Nichte die Försterei verlassen, um aus dem Bereich des Schreckens zu kommen.

Nr. 73

Erlebnisbericht der Kaufmannsfrau Charlotte Hedrich aus Rospitz, Kreis Marienwerder i. Westpr.

Original, 27. Januar 1952, 5 Seiten. Teilabdruck.

Flucht in westlicher Richtung über Pr. Stargard, später nördlich nach Danzig. Zusammentreffen mit den Russen und Rückkehr in die Heimat.

Am 22. Januar 1945 verließ ich mit unserem Treck das kleine Dorf Rospitz bei Marienwerder. Mein Mann wurde zum Polizeidienst bestimmt und mußte zurückbleiben. Ich fuhr mit einer Familie, die bei uns wohnte, und einem Polen in die kalte Winterlandschaft hinaus. Es herrschte Glatteis, und schon nach kurzer Zeit gab es zerbrochene Wagen und Verletzungen bei den Pferden. Wir kamen trotzdem gut weiter und übernachteten in einer Molkerei, deren Besitzer auch schon geflüchtet war. Die Räume waren von Leidensgenossen überfüllt. Eine junge Frau war wahnsinnig geworden und versuchte, sich und ihre Kinder umzubringen, und wir hatten Mühe, sie davon abzuhalten. Es war die erste Schreckensnacht.

Ganz früh ging es weiter der Weichsel zu, doch erst am 24. Januar waren wir so weit, da die Straßen verstopft waren. Nie hätte ich mit den fremden Leuten die Überfahrt über den steilen Weichseldamm gewagt, doch plötzlich stand mein Mann vor mir, und alles ging gut. Wir hatten nun jenseits der Weichsel in einem Bahnwärterhaus Unterkunft gefunden, doch schon nach einer Stunde gab es russischen Artilleriebeschuß und die ersten Verwundeten, wir sahen Feuerschein in Marienwerder. So mußten wir dann wieder in die kalte Nacht hinaus und fuhren stundenlang durch einen tiefverschneiten Wald und mußten im Freien übernachten, da sonst nirgends Platz war. Am anderen Tag fanden wir endlich in einem Bauernhause Unterkunft und waren gezwungen, zwei Tage zu rasten, da die junge Frau und ihr zwei Monate altes Kind auf unserem Wagen krank wurden. Dadurch kamen wir von unserem Treck ab. Im größten Schneegestöber mußten wir weiter und sahen Pr. Stargard unter Bombenhagel in Flammen aufgehen und entkamen 10 Minuten vor dem Großangriff auf den Schönecker Bahnhof, dem ein langer Verwundetenzug und viele Flüchtlinge zum Opfer fielen. Schaurig tönten die Schreie der Menschen durch den frühen Morgen, und viele irrten halb entkleidet auf den Feldern umher. Die Straßen waren plötzlich von Militär überflutet, und wir wurden mitgetrieben. Dann wurde uns das Fahren bei Tage verboten, und wir mußten nachts fahren, und tagsüber gab es keine Unterkunft. Immer sehe ich noch den Blick unserer braven Pferde vor mir, als wollten sie fragen: „Wann kommen wir in unseren Stall?“ Endlich nahm uns ein großes Gut auf, wo wir fast eine Woche ausruhen konnten. Die Familie mit dem kleinen Kind übernahm ein Wehrmachtsauto.

Noch zweimal machten wir längere Rast im Freistaat Danzig und bei Karthaus. Als wir dort durch einen Wald fuhren, bot sich uns ein grauenvoller Anblick. Die Straße war von Wagentrümmern und toten Pferden übersät, die Leichenfetzen hingen bis auf die Bäume. Unsere Pferde rasten bis zum nächsten Ort. Dort hörten wir, daß ein großer Treck von russischen

Bombern total aufgerieben worden war. Vierzig Tote waren schon beerdigt, und viele Schwerverletzte lagen im Sterben.

In Karthaus mußten wir eine Nacht auf einem freien Platz übernachten. Die Pferde standen bis an die Knie im Schneematsch, hatten sich dann vor Müdigkeit hingelegt. Als es gegen Morgen fror, waren sie festgefroren. Als ein alter ostpreußischer Bauer seine Pferde so sah, war er so verzweifelt, daß er weinte. Er bekam Herzschlag und fiel neben seinen Pferden tot hin.

Ich suchte eine Baracke auf, um etwas Kaffee zu besorgen; doch da waren gerade die Überlebenden vom Haff angekommen, und es spielten sich so furchtbare Szenen ab, daß ich das Kaffeeholen aufgab und fortging. Etwa 30—40 km vor Danzig machten wir wieder längere Rast. Mein Mann hing zu sehr an der Heimat und wollte sich nicht zu weit entfernen. Das wurde ihm zum Verhängnis. Wir wurden von Russen eingeholt, im Keller unserer Wertsachen beraubt und mit ungefähr 20 Menschen eingeschlossen, während es draußen tobte, als wenn die Welt unterging. Plötzlich bekamen wir unsere Freiheit wieder, und bei stärkstem Sperrfeuer liefen wir $2^1/_2$ Stunden über tiefverschneiten Sturzacker und überquerten schließlich die Hauptstraße, die von den Russen überflutet war. — Wir wollten wieder in die Heimat. In einem Hohlweg hielten uns einige Russen an, und mein Mann mußte mitgehen. Als er sich von mir verabschieden wollte, wurden wir mit Kolbenschlägen der Russen auseinandergetrieben, und ich mußte zurückbleiben. Mein Mann rief mir noch zu: „Gehe nach Hause und warte auf mich!" Es war der 13. März 1945, und ich sah meinen Mann zum letzten Mal.

Ich versuchte nun, die Vorauseilenden einzuholen, doch erst am späten Abend erreichte ich den Trupp am Waldesrand. Wir wollten zur Försterei, da wir hofften, keine Russen vorzufinden. Doch plötzlich ertönte ein vielstimmiges „Stoi", und Gewehrläufe blitzten uns entgegen. Gleich darauf hörte ich die Frauen vorne aufschreien und Schüsse fallen, und um den Russen nicht in die Hände zu fallen, lief ich allein in den Wald. Da noch immer geschossen wurde, lief ich wie gehetzt immer weiter, bis ich erschöpft in einem Tannendickicht liegen blieb.

Als es zu tagen anfing, suchte ich nach einer Lichtung, vermied die Hauptwege, und erst als es Abend wurde und ich schon damit rechnete, die zweite Nacht im Walde zu verbringen, hörte ich Hähne krähen, ging dem Schall nach und sah zwei Gehöfte vor mir liegen. Es regnete. Hungrig, total zerrissen und zerkratzt und von Angst gepeinigt, daß es Polen sein könnten, schlich ich mich auf ein Gehöft und bat um Unterkunft für die Nacht. Sie wurde mir gewährt. Der Besitzer, ein Bessarabien-Deutscher, war auch schon beim Packen, man erwartete jeden Augenblick die Russen und den früheren Besitzer, einen Polen. Beide trafen auch ein, die Russen plünderten und erschossen Zuchtvieh usw., trotzdem der Pole kniefällig um Schonung für das Vieh bat. Bei dem Bessarabien-Deutschen bedankte er sich für die gute Wirtschaft, die noch verbessert worden war. Ich stellte mich den Russen gegenüber stumm und blieb unbehelligt.

Am frühen Morgen zogen die Familie mit sieben Kindern und ich wieder auf die Landstraße hinaus. Wir trafen noch mehrere Flüchtlinge, diese wurden dann im Wald von den Russen ausgeplündert (Ich besaß nichts mehr). Wir kamen wieder in ein ehemaliges englisches Gefangenenlager in Karthaus.

Dort waren schon mehrere Leidensgefährten. Wir mußten schwer arbeiten, Russenwäsche waschen und erhielten dafür die Speisereste der Russen. Drei Wochen furchtbaren Erlebens brachten wir dort zu, von Ungeziefer gepeinigt, ohne Trinkwasser und nachts ohne Schlaf. Türen und Fenster wurden eingeschlagen, und wir waren rettungslos diesen Bestien ausgeliefert. Nie werde ich das Wehgeschrei einer jungen Lehrersfrau vergessen, die unterwegs ihr erstes Kind geboren und an der Brust operiert war. Immer wieder rissen die Russen ihr den Verband ab, da sie Tarnung vermuteten, trotzdem die Schwiegermutter kniefällig um Gnade bat. Ein Bauer aus Ostpreußen, dessen Frau unterwegs verstorben war, hatte drei Töchter. Die jüngste Tochter war 13 Jahre alt. Er warf sich immer wieder den Russen entgegen, um seine Kinder zu schützen. Da beseitigten ihn diese Unmenschen, wir sahen ihn nie wieder. Die Frauen wurden besinnungslos geschlagen, um sie gefügig zu machen, sogar alte Frauen über 80 Jahre waren dabei. Eines Nachts kamen 30 Mongolen, total betrunken — es ist nicht wiederzugeben, was sich da abspielte. Ich wurde stets vor dem Ärgsten bewahrt, da ich keine Furcht zeigte und die Gefahr mir ungeahnte Kräfte gab. Wenn auch die Pistole mir auf die Brust gesetzt wurde, ich gab nicht nach — was hatte ich denn noch zu verlieren!

Dann kamen zwei furchtbare Tage, an denen die Polen die Herrschaft hatten. Es war am Karfreitag 5 Uhr früh. Vier Miliz, fanatische Burschen, holten uns vom Lager zur Arbeit. Zehn Frauen wurden gebraucht — ich als erste. Als sie dann zählten, war eine zu viel, und ich wurde als Älteste zurückgestellt. Die anderen Frauen wurden ohne Essen in den rauhen Regentag hinausgetrieben. Die Männer, alte ostpreußische Bauern, mußten unter Fußtritten mit den Händen die Aborte leeren. Wir Zurückgebliebenen waren glücklich, bei der Wäsche bleiben zu dürfen. Als es dunkel wurde, waren wir um die Frauen sehr besorgt. Die Kinder weinten, und da es immer später wurde, zweifelten wir an dem Zurückkommen. Endlich, kurz vor Mitternacht, kamen sie völlig durchnäßt und verhungert an. Das von uns aufgesparte Essen verschmähten sie und warfen sich todmüde, weinend auf ihr armseliges Lager. Viele fanden nicht einmal die erlösenden Tränen, sie waren wie versteinert. Zwei Frauen bekamen Krämpfe, und drei andere bekamen Schüttelfrost und lagen am nächsten Tag im hohen Fieber, eine starb davon. Die Polen hatten sie 20 km bis kurz vor Berent getrieben, dort mußten sie Stämme schlagen und die Straßen ausbessern. Sie waren den ganzen Tag ohne Nahrung geblieben, und abends mußten sie wieder die 20 km zurückgehen. Wer die Arbeit nicht schaffte, wurde schwer mißhandelt. Dieses meldeten wir einem höheren russischen Offizier, und die Polen blieben fort. An Ostern denke ich auch mit Schaudern zurück.

Jeder Tag brachte neues Leid, bis drei ostpreußische Familien und die vorhin erwähnte Bessarabien-Familie und ich zu flüchten beschlossen. Mit einer Drahtschere wurde der Stacheldraht durchschnitten, und wir kamen ungesehen fort. Doch schon in der Stadt wurden wir angehalten und mußten die russische Kommandantur säubern, bekamen Essen und durften weitergehen. Im Wald suchten wir Deckung und versuchten, die Dörfer mit den Polen zu umgehen, aber immer wieder wurden wir aufgegriffen und mußten arbeiten. Bei der nächsten sich bietenden Gelegenheit flohen wir wieder, bis wir nach Dirschau kamen. Wollten wir in die Heimat, mußten wir über die Weichselbrücke, und die war zerschossen. Zwei Tage lang trieben wir uns in der Nähe in Bunkern herum, und endlich hatten wir Glück. Eine Fähre wurde in Betrieb gesetzt. Wir konnten uns heraufschleichen und wurden übergesetzt. Unsere Freude war unbeschreiblich. Lachend und weinend umarmten wir uns, denn der Weg zur Heimat war frei — so glaubten wir. In Marienburg wurden wir einen Tag aufgehalten. Wer noch deutsches Geld besaß, mußte es abliefern, dann erhielten wir Ausweise. Bis kurz vor Stuhm wanderte ich mit den Ostpreußen zusammen. Von dort ging ich allein durch den Wald nach Marienwerder. Im Stuhmer Wald wäre ich fast das Opfer eines Irrsinnigen geworden, da kam ein russischer Wagen und befreite mich.

Am 20. April abends wanderte ich bei strömendem Regen durch das zerstörte Marienwerder, ging den Liebendamm entlang bis zu meinem Dorf. Die Hälfte der Häuser war abgebrannt, darunter auch unser Haus. (Bemerken möchte ich noch, daß die Häuser nicht durch Kriegsereignisse zerstört waren, sondern, wie ich selbst später sah, schossen betrunkene Russen sie beim Feiern ihrer Orgien in Brand.) Aus den unversehrten Häusern wehten rote Fahnen. Unbemerkt schlich ich mich an unsere Ruine in der Hoffnung, ein Lebenszeichen von meinem Mann vorzufinden — doch nichts. Als es völlig dunkel war, suchte ich die Häuser ohne rote Fahne auf, und zu meiner großen Freude entdeckte ich Bekannte, von denen ich hörte, daß ungefähr zwanzig Familien zurückgekehrt waren.

Abschließend berichtet Vfn. über ihre Erlebnisse unter Russen und Polen.

Nr. 74

Erlebnisbericht des Bauern Wilhelm Jaekel aus Lienfelde (Liniewo), Kreis Berent i. Westpr.

Original, 28. Mai 1952.

Flucht in nördlicher Richtung nach Gdingen.

Am 6. März 1945 wurde unser Heimatort Lienfelde, Kreis Berent, durch russische Panzertruppen überrollt (aus Richtung Alt-Kischau[1]), und erst gegen Sonnenuntergang konnten sich die einzelnen Trecks in Richtung Karthaus—Neustadt in Bewegung setzen. Leider gelangten nur wenige zum Ziel. (Deckart, Meyer, Huhnke und Jaekel.) Der größte Teil wurde schon in der Heimat, unterwegs oder im Raum Danzig—Gotenhafen von den Russen überrannt.

Ich selbst verließ mit meiner Mutter, 70, einem Onkel, 79, und einem Ostarbeiter (Russe), 20, gegen 16.30 Uhr den Hof, der schon seit den Mittagsstunden unter schwerem Panzerbeschuß lag, und war gegen 4 Uhr am 7. März in Karthaus. Unterwegs war ich durch deutsche Truppen von den Nachbarn getrennt worden, fuhr gegen 10 Uhr in Richtung Neustadt weiter und bezog dann um 16 Uhr in Pommersdorf (Pomietschin), Kreis Karthaus, Quartier. Weiterfahrt am 8. März in schwerem Schneesturm über Lesno—Schönwalde, dort umgeleitet nach Gr. Kölln — Blücherode, Kreis Neustadt, nach Goten-

[1]) aus Südwesten.

hafen. Unterwegs bei Kollendorf gegen 17 Uhr durch Feldgendarmerie bei dem Siedler August Koch in Abbau Kollendorf in Quartier gewiesen, da die Straßen schon vom Feinde bedroht.

In der Nacht vom 8.—9. März wurde Kollendorf von den Deutschen geräumt, und bestand keine Möglichkeit, uns auf dem Abbau zu benachrichtigen. In den frühen Morgenstunden des 9. entwickelten sich dann schwere Panzerkämpfe um Kollendorf und in den umliegenden Graf Keyserlingk'schen Wäldern, welche bis zum 11. März an Heftigkeit nicht nachließen. Eine weitere Flucht war nicht möglich. Drei ostpreußische Trecks, die es versuchten, wurden unter unseren Augen zusammengeschossen. Unsere Unterkunft, in einer Schlucht am Walde gelegen, entging den Russen bis zum 11. März. Da, gegen 9 Uhr früh, schlug auch unsere Stunde, und 20—25 Russen stürzten ins Gehöft. Mit Kolbenstößen wurden wir in ein Zimmer zusammengetrieben und nach Wertsachen (Uhren) und Waffen durchsucht. Mußten uns dann mit erhobenen Händen an die Wand stellen, die MP. natürlich auf der Brust. Frau N. N., 38, und ihre beiden Töchter, 16 und 14, wurden herausgegriffen, über die Betten geworfen und — nicht von einem Russen verschont. Nebenbei wurde dann unser und auch Kochs Fluchtgepäck geplündert und der Rest zerfetzt und in den Dreck getreten. Brauchbar war nicht mehr ein Stück. Dann, gegen 17 Uhr, zogen die Banditen weiter.

Wir machten unseren Treck wieder (soweit möglich) fahrbereit, um in der Nacht auszubrechen. Da, gegen 22 Uhr, klopft es wieder an Fenster und Tür, zu unsrer ungeheuren Freude war es eine deutsche Panzerdivision im Durchbruch von Stolp auf Gotenhafen begriffen. Jetzt schnell anspannen und anschließen. Um Mitternacht vom 11. zum 12. März ging der Vormarsch auf Gotenhafen los. Doch schon nach 2 km war mein Wagen zusammengeschossen. Es wurde schnell vom eben verlassenen Hof Ersatz geholt, und weiter rollte der Treck über Felder und durch Wälder unter schwerstem feindlichen Beschuß, die Panzerdivision zum Igel geballt. Im Morgengrauen hatte uns der Russe wieder fest, und erst mittags gings wieder unter schwersten Kämpfen schrittweise weiter. Haufenweise blieben Flüchtlings- und Wehrmachtsfahrzeuge zerschossen zurück. Die Opfer an Menschen unbeschreiblich. Gegen 14 Uhr brach mein Wagen zum zweiten Mal zerschossen zusammen. Zum Glück Menschen und Pferde unverletzt. Es gelang uns, von einem nahe gelegenen Hof noch fahrbaren Ersatz zu beschaffen und endlich über Groß- und Klein-Katz, wo wir nochmals einen Feuerüberfall erlebten, hierbei wurde ein Pferd und ich leicht verwundet, gegen 2 Uhr am 13. März mit meiner Familie und Familie Koch [Gotenhafen] zu erreichen. Dort Quartier im Keller der Stadthalle. Nie hätte ich dieses Ziel erreicht, da ich beinbehindert bin, wenn nicht mein Ostarbeiter (Russe) so treu zu uns gehalten hätte. Leider mußte er, als wir am 25. März nach Dänemark eingeschifft wurden, in Gotenhafen zurückbleiben. Ende Februar 1948 kamen meine Mutter und ich aus Dänemark und erhielten hier Wohnung.

Im folgenden führt Vf. noch an, was ihm über das Schicksal von Dorfbewohnern durch Bekannte zugetragen wurde.

10. Die Fluchtereignisse im Gebiet um Danzig und auf der Halbinsel Hela.

Nr. 75

Bericht des Journalisten Friedrich v. Wilpert aus Danzig, ehemals Rittmeister und Ordonnanzoffizier des Befehlshabers im Raum Danzig-Gdingen.

Original, Februar 1953. Der Bericht stützt sich auf Tagebuchaufzeichnungen.

Die Entwicklung der militärischen Lage in der „Festung Danzig", das Verhältnis von Partei und Wehrmacht sowie die Situation der flüchtenden deutschen Bevölkerung.

Um die Jahreswende 1944/45 war es allen Einsichtigen klar, daß die Übermacht der sowjetischen Heere mit den uns zur Verfügung stehenden militärischen Kräften nicht aufgehalten werden könne; die deutsche 2. Armee, die für die Verteidigung Westpreußens in Frage kam, hatte keine Aussicht mehr, von Westen her Ersatz zu bekommen. Andererseits setzte der Russe nach und nach nicht weniger als 10 kampfkräftige Armeen, darunter erstklassige Panzer-Armeen, gegen die 2. deutsche Armee ein. Eine geringe Aussicht, den Danziger Raum noch für einige Zeit zu schützen, hätte sich dann geboten, wenn die oberste Führung sich entschlossen hätte, von vornherein die 2. Armee auf Danzig zurückzunehmen und sie dort gewissermaßen in einer Igelstellung mit Nachschubmöglichkeiten über See zu belassen. Dann hätten die in Ostpreußen und Kurland stehenden Armeen über See nach Danzig zurückgeführt werden können, und es wäre den Russen nicht ganz leicht geworden, diese Igelstellung an der Weichselmündung zu überwältigen.

Die oberste Führung aber entschied anders: Die 2. Armee wurde wie ein Gummiband auseinandergezogen, um den gegen Berlin vorstoßenden russischen Kräften Flankenschwenkungen nach Norden gegen Westpreußen und Pommern zu verwehren. Diese Aufgabe war unlösbar, denn der Russe konnte, wo er wollte, die auseinandergezogenen dünnen deutschen Linien durchstoßen und die Armee aufspalten. Das geschah denn auch prompt. Anfang März 1945 stieß der Russe östlich von Köslin bis über die Bahn vor und verwandelte damit Westpreußen mit Ostpommern in einen Kessel, dessen Verbindung mit dem Reich nur noch über See möglich war. Einige Tage später folgte ein tiefer Einbruch in Richtung Pr. Stargard, das nach Straßenkämpfen genommen wurde.

Nun versuchte die Führung der 2. Armee (Generaloberst Weiß), die Reste der Armee doch noch in den Danziger Raum zurückzuführen. Die Durchführung begegnete aber größten Schwierigkeiten, da nicht mehr genügend Treibstoffe vorhanden waren, um Panzer, Sturmgeschütze usw. zu versorgen. Viele dieser schweren Waffen mußten daher gesprengt werden. Als an den Feldbefestigungen des äußeren Verteidigungsrings von Danzig—Gotenhafen die ersten Panzer auftauchten, waren sich die Verteidiger durchaus im unklaren darüber, ob es sich um zurückgehende deutsche Panzer oder angreifende sowjetische handelte, denn vielfach waren die russischen Panzer den deutschen Trossen und der zurückgehenden deutschen Kampftruppe weit voraus — ein heilloses Durcheinander, das sich nur unter schwersten Verlusten unsererseits allmählich klärte.

Im Bereich der zu Festungen erklärten Städte Danzig und Gotenhafen (Gdingen) gab es außer dem Volkssturm eigentlich nur Genesungskompanien, im Erdkampf eingesetzte Marine und andere Formationen, deren Kampfkraft sehr gering war. Dazu wurden noch kampffähigere Formationen wie die „Feldherrnhalle“ weniger aus militärischen als politischen Gründen auf dem Seewege von Danzig abgezogen, um mit ihnen im Reich neue Truppenverbände aufzustellen. General der Infanterie Specht, der Befehlshaber im Festungsbereich, war darüber verzweifelt; seine Einwendungen blieben aber erfolglos. So hatte er u. a. von vornherein schwerste Bedenken gegen die Erklärung von Danzig und Gotenhafen zu Festungen, denn alle Voraussetzungen dafür fehlten. Weit zweckmäßiger wäre es gewesen, die kämpfende Truppe auf die Weichsellinie zurückzunehmen und im Verein mit den ostpreußischen Truppen das Weichsel-Nogat-Delta und die weiter östlich gelegenen Landstriche unter Zuhilfenahme von Überschwemmungen der tiefliegenden Gebiete zu halten. Alle diese Vorschläge stießen auf Ablehnung. Die Festungen Danzig—Gotenhafen sollten laut Führerbefehl bis zum letzten gehalten werden.

Nicht nur Deutsche, sondern auch Ausländer wurden eingesetzt, um rings um Danzig Gräben auszuheben und Panzersperren anzulegen. Die Verpflegung dieser Arbeiter war sehr mangelhaft, ebenso ihre Unterbringung und Bekleidung. Das Wetter war bis weit in den März hinein winterlich und sehr kalt. Alle irgendwie verfügbaren Räumlichkeiten waren, soweit die Truppe sie nicht benötigte, mit Flüchtlingen, Fremdarbeitern und Verwundeten belegt. Beim Herannahen der Front aus dem Osten gegen das Weichsel-Nogat-Delta waren die dort befindlichen Ortschaften zum größten Teil evakuiert worden, und in bitterkalten Tagen auf schneeverwehten Wegen hatten die Trecks ihre Fahrt nach Westen angetreten. Sie folgten den z. T. bereits vorher abgegangenen ostpreußischen Trecks, kamen aber nicht weit. Trecks aus der Gegend von Neuteich und Tiegenhof gelangten nur bis in die Gegend von Mariensee und blieben dort wochenlang liegen, bis die vorstoßenden russischen Panzerspitzen sie zur Flucht nach Danzig hinein nötigten, um, wenn möglich, mit einem Schiff nach dem Westen zu gelangen. Dadurch verschlechterte sich die Ernährungslage im Danziger Gebiet schlagartig.

Wieviel Menschen sich damals in Danzig aufhielten, hat sich niemals zuverlässig feststellen lassen. Am 17. März wurde eine Volkszählung veranstaltet, die aber natürlich nur sehr unzureichend durchgeführt werden konnte. Der Gauleiter schätzte damals die Bevölkerung des Brückenkopfes Danzig-Gotenhafen auf 600 000 bis etwa 1 Million Menschen. Da es nicht gelungen war, die fruchtbaren landwirtschaftlichen Gebiete im Werder und in der Niederung in die Verteidigungszone einzubeziehen, reichten die Vorräte im Festungsbereich selbst natürlich nicht aus, um eine monatelange Belagerung — selbst wenn diese militärisch möglich gewesen wäre — durchzuhalten. Anfang März lagen in Danzig selbst rund 16 000 Verwundete, im gesamten Festungsbereich rund 20 000. Täglich kamen aus Ostpreußen und Kurland rund 1 000 Verwundete hinzu und weitere rund 800 aus Westpreußen. Ein Teil von ihnen wurde zusammen mit Flüchtlingen täglich über See weggeschafft, aber der Zugang war erheblich größer als der Abgang.

Unvergeßlich wird mir der Eindruck sein, den ich Ende Januar gewann, als ich meine Frau und meine jüngste Tochter an Bord der „Deutschland" brachte, die mit Flüchtlingen überfüllt auf den Befehl zum Auslaufen wartete. Dieser für den 30. Januar erwartete Befehl verzögerte sich, weil die am Vortage aus Gotenhafen ausgelaufene „Wilhelm Gustloff" einem sowjetischen Unterseeboot zum Opfer gefallen war. Die Flüchtlinge an Bord der „Deutschland" und zweier anderer gleichgroßer Schiffe wußten nichts davon. Nur die militärische Führung war unterrichtet.

Ein eisiger Wind, der den Schnee aufwirbelte, pfiff über die Holm-Insel im Danziger Hafen und über den Troyl, wo die Flüchtlingsschiffe lagen. Der Abend brach herein; der kilometerlange Weg zum Troyl war gekennzeichnet durch übermüdete, verzweifelte Menschen, vorwiegend Frauen und Kinder, die nicht weiter konnten, sich auf ihre mitgeschleppten Koffer oder Rucksäcke in den Schnee setzten und auf irgendeine Hilfe warteten. Andere zogen ihre in Säcken verstauten Habseligkeiten an Stricken wie einen Handschlitten hinter sich her. Eine Tragödie, die umso erschütternder war, als man nur ab und zu ein leises Wimmern hörte, sonst aber nur der eisige Wind pfiff und heulte. Mit der „Deutschland" wurden u. a. die Angehörigen des Lehrkörpers der Technischen Hochschule und die Frauen und Kinder der in Danzig befindlichen Stäbe fortgeschafft. Die „Deutschland" landete unbehelligt in Kiel; sie ist erst später versenkt worden.

In den ersten Märztagen hatte das Generalkommando des stellvertretenden XX. A. K. (General Specht) die Kaserne am Weißen Turm in Danzig verlassen und war in das Gebäude der polnischen Marine-Schule in Adlershorst übergesiedelt. Am 18. März ging es hinüber in die Bunker an der Spitze von Hela, wohin später auch der Führungsstab der 2. Armee folgte. Generaloberst Weiß war inzwischen durch General von Saucken ersetzt worden. Das Hauptquartier von Weiß befand sich zunächst in Pelonken bei Oliva, wurde dann nach der Westerplatte und nach Bohnsack verlegt, konnte aber natürlich auch dort nicht bleiben, als Danzig in Flammen aufgegangen war.

Am 22. März erreichten die sowjetischen Truppen über Groß-Katz das Meer zwischen Adlershorst und Zoppot. Damit war die „Festung Gotenhafen" von der „Festung Danzig" getrennt. Der Endkampf beider „Festungen, die keine waren", vollzog sich von nun an gesondert. Am 24. März 1945 ließ der russische Marschall Rokossowski ein Flugblatt aus der Luft über Danzig und Gotenhafen abwerfen, in dem es hieß:

Marschall Rokossowski
an die Garnisonen
von Danzig und Gdingen

Generale, Offiziere und Soldaten
der 2. deutschen Armee!

Meine Truppen haben gestern am 23. März Zoppot genommen und die eingeschlossene Kräftegruppe in zwei Teile aufgespalten. Die Garnisonen von Danzig und Gdingen sind voneinander getrennt. Unsere Artillerie beschießt die Häfen von Danzig und Gdingen und die Einfahrten zu denselben. Der eherne Ring meiner Truppen um Euch verengt sich immer mehr.

Unter diesen Umständen ist Euer Widerstand sinnlos und wird nur zu Eurem Untergang sowie zum Untergang von Hunderttausenden Frauen, Kindern und Greisen führen.

Ich fordere Euch auf:

1. Unverzüglich den Widerstand einzustellen und Euch mit weißen Fahnen einzeln, gruppen-, zugs-, kompanie-, bataillons- und regimentsweise gefangenzugeben.
2. Allen, die sich gefangengeben, garantiere ich das Leben und die Belassung des persönlichen Eigentums.

Alle Offiziere und Soldaten, die die Waffen nicht strecken, werden bei dem bevorstehenden Sturm vernichtet.

Euch wird die volle Verantwortung für die Opfer der Zivilbevölkerung treffen.

Der Befehlshaber der Truppen der 2. Bjelorussischen Front
Marschall der Sowjetunion
K. Rokossowski

Den 24. März 1945. (Original vorhanden)

Die Antwort darauf kam aus dem Führerhauptquartier in der Nacht vom 24. zum 25. März, dem Palmsonntag: „Jeder Quadratmeter des Raumes Danzig/Gotenhafen ist entscheidend zu verteidigen." Dieser Befehl des Führers war das Todesurteil für Danzig. Schweres Artilleriefeuer lag auf der Stadt, zweimotorige russische Bomber warfen ihre Spreng- und Brandbomben in die engen Straßen. Mehrere Tage lang stand eine Wand aus Rauch und Feuer 4—5000 Meter hoch über Danzig. Im Hafen erhielten zwei Munitionsdampfer Artillerietreffer und brannten unter ständigen Explosionen aus. Der Danziger Hafenkanal wurde durch Versenkung eines großen Schiffes gesperrt, nachdem alle noch manövrierfähigen Schiffe ausgelaufen waren. Am 26. März wurden auch die Hafenanlagen in Gotenhafen gesprengt bzw. durch Versenkung von Schiffen unbrauchbar gemacht.

Die Oxhöfter Kämpe bei Gotenhafen, auf der sich beim Ausbruch des zweiten Weltkrieges die Polen verzweifelt gewehrt hatten, bis sie überwältigt wurden, sah jetzt den Endkampf der deutschen Truppen im Raum von Gdingen. Die Übermacht der russischen Artillerie war so groß, daß jeder Widerstand aussichtslos wurde. Es gelang in einer Nacht, die letzten Reste der in Oxhöft fechtenden Truppen nach Hela herüberzuholen. Damit war auch dieser Teil der Tragödie abgeschlossen.

Daß der Festungsbereich Danzig-Gotenhafen sich verhältnismäßig lange hat halten können, ist nicht nur auf anderweitige Dispositionen der russischen obersten Führung, sondern nicht zuletzt dem Einsatz der Marine-Flak im Erdkampf zu danken. Danzig-Gotenhafen war der „Luftschutzbunker der Marine", wo monatelang die deutschen Kriegsschiffe eine fast ungestörte Zuflucht gefunden hatten. Die Flak in diesem Raum war sehr stark. Sie wurde nun zur Abwehr eingesetzt und hat gegen die russischen Panzer verheerend gewirkt. Mitte März erklärten mir russische Gefangene vom 1. Garde-Panzer-Corps, daß die 17. Brigade mit 35 Panzern von Heiderode aus vorgegangen sei. Jedes Bataillon habe damals noch 10 bis 12 Panzer (von ursprünglich 20 Panzern) gehabt, jetzt habe ihr Bataillon nur noch 3 heile Panzer, und die 16. Brigade, die mit ihnen zusammen vorgegangen sei, sei vollständig aufgerieben worden. Auch die Bedienung russischer Granatwerfer berichtete entsetzt, daß sie gegen die deutsche Flak, die unheimlich sicher getroffen hätte, nichts Gleichwertiges einzusetzen gehabt hätten.

In die Kämpfe um Zoppot, Danzig und Gotenhafen hat auch die Marine wiederholt eingegriffen. Am 15. März erhielt unser Stab eine Meldung der Marine, daß sie bis zu diesem Tage 5 600 Schuß aus den 12-cm-Geschützen und 19 000 Schuß aus den 10,5-cm-Geschützen abgefeuert habe.

Das Ende der Kämpfe im Raum von Danzig-Gotenhafen und an der Weichselmündung spielte sich wie folgt ab: Auf der Halbinsel Hela befanden sich nach der Aufgabe der Oxhöfter Kämpe annähernd 80 000 bis 100 000 Mann. Man hatte ursprünglich damit gerechnet, daß die Sowjet-Truppen in einem Großangriff die Halbinsel zu erobern versuchen würden, und zwar sollte das nach Aussage russischer Gefangener möglichst schon bis Ende März geschehen. In Wirklichkeit griff der Russe aber nicht an, und so gerieten bei der Kapitulation alle dort befindlichen Deutschen bis auf verhältnismäßig wenige, die auf allerlei kleinen Fahrzeugen sich über See zu retten vermochten, in sowjetische Gefangenschaft.

Auf der anderen Seite konzentrierten sich die deutschen Streitkräfte nach der Preisgabe Danzigs[1]) zwischen dem Haff und dem Weichsel-Durchstich. Von dort wurden bis zuletzt noch Flüchtlinge auf Sybelfähren und kleinen Fischerfahrzeugen nach Hela geschafft, dort auf der Außenreede von größeren Schiffen übernommen und nach Dänemark oder Schleswig-Holstein überführt. Die Truppe selbst geriet bei der Kapitulation in Gefangenschaft.

Das Verhältnis zwischen der NSDAP. und ihren Organisationen auf der einen Seite und der Wehrmacht auf der anderen Seite war ein gespanntes. Flüsterparolen der NSDAP. suchten die Verantwortung für den verlorenen Krieg auf „Verräter“ in der Wehrmacht abzuwälzen, die angeblich die Pläne des Führers sabotiert hätten. Umgekehrt wuchs die Erbitterung der Truppe über das Verhalten gewisser führender Persönlichkeiten der Partei, die nach außen hin zwar den „Kampf bis zum Endsieg“ propagierten und jeden für einen Verräter am deutschen Volk erklärten, der an diesem Endsieg zweifle oder sich den ihm auferlegten Verpflichtungen zu entziehen suche, die selbst aber gar nicht daran dachten, mit gutem Beispiel voranzugehen.

Verallgemeinerungen sind immer schädlich und irreführend. Es hat auch in der NSDAP. eine ganze Reihe von Männern und Frauen gegeben, die ihrem Ideal getreu sich selbst im Dienst für die Allgemeinheit aufgeopfert haben. Aber ausschlaggebend blieb doch das Verhalten der führenden Persönlichkeiten mit dem Gauleiter Forster an der Spitze. Ich hatte Gelegenheit, ihn auf Hela aus nächster Nähe zu beobachten, denn sein Sonderzug stand unmittelbar vor unserem Bunker, und jedes Mal, wenn die Halbinsel unter Beschuß lag oder ein Fliegerangriff kam, erschien der Gauleiter in unserem Bunker, „um sich nach der Lage zu erkundigen.“ Als Gotenhafen zu einer wahren Hölle geworden war und verzweifelte Flüchtlingsmassen jede Gelegen-

[1]) Die Eroberung Danzigs durch russische Truppen erfolgte im wesentlichen in der Zeit vom 23.—27. März 1945. Bereits am 19. März jedoch war den Russen der erste Einbruch gelungen.

heit zu ergreifen suchten, um mit einem Schiff oder Boot das Land zu verlassen, da bekam Gauleiter Forster es fertig, ein solches Fahrzeug für sich mit Beschlag zu belegen, um noch seine Möbel abzutransportieren![1]) Ein junger Marineoffizier weigerte sich dann allerdings, dem Befehl des Gauleiters zu folgen. Forster war ob dieser Weigerung empört und erklärte, der Marineoffizier werde schon noch merken, was es bedeute, sich gegen ihn, den Gauleiter, aufzulehnen.

Als über den Rundfunk die Weisung des Führers bekanntgegeben wurde: „Jeder Gauleiter kämpft bis zum letzten in seinem Gau", da erklärte der Gauleiter dem General Specht, sein Gau sei ja jetzt in die militärischen Operationen restlos einbezogen, er habe daher hier keine Aufgabe mehr und werde den Führer bitten, ihn mit einem Sonderauftrag nach Süddeutschland zu beordern, wo er ja auch eigentlich zu Hause sei. General Specht war darüber so empört, daß er dem Gauleiter erwiderte: „Wir haben hier im Gegensatz zu Ihnen, Herr Gauleiter, noch sehr viel zu tun, nicht zuletzt auch mit dem Abtransport der Flüchtlinge. Sie gestatten, daß ich wieder an meine Arbeit gehe!"

Das Verhältnis zwischen NSDAP. und Wehrmacht wurde ferner sehr stark belastet durch die Werwolf-Propaganda und die Tätigkeit der nationalsozialistischen Führungsoffiziere, die für die Moral von Truppe und Bevölkerung zuständig war. Am Anfang der großen Allee in Danzig wurden Soldaten aufgehängt mit Plakaten wie etwa „Ich bin Dauerversprengter", um abschreckend zu wirken. Wo es auf den mit Trossen und Flüchtlingswagen heillos verstopften Straßen zu Stockungen kam, wurden „Schuldige" herausgegriffen und aufgehängt. Wer sich vom Volkssturm drückte, wurde als „Verräter am deutschen Volk" und Deserteur behandelt. Dabei dachten aber die führenden Persönlichkeiten der NSDAP. durchaus nicht daran, sich auch im Volkssturm einzureihen; sie hatten alle die Gewißheit, im letzten Augenblick einen Platz auf einem Schiff zu erhalten, das sie in die Freiheit bringen würde. Der Gauleiter überreichte Anfang April General Specht auf Hela eine Liste, auf der eine ganze Reihe maßgebender Persönlichkeiten der NSDAP. aus der Begleitung Forsters verzeichnet standen, für die Specht die „Ausreisegenehmigung" erteilen sollte. Das war erforderlich nach den damals geltenden militärischen Bestimmungen. Nach außen hin hieß es, alle diese Männer wären kampfunfähig. In Wirklichkeit waren es fast durchweg kampffähige Männer, darunter u. a. sechs junge HJ-Führer, die z. T. als Offiziere Dienst taten.

Der „Werwolf" wurde von der Wehrmacht entschieden abgelehnt und als Verbrechen am eigenen Volk bezeichnet, weil die von ihm propagierte Heckenschützentaktik unweigerlich zu Repressalien unserer Gegner führen mußte. Der NSFO.[2]) unseres Stabes, ein junger Lehrer, erklärte ganz offen: „Wenn erst eine Reihe deutscher Geiseln als Vergeltung für die Werwolf-Taten umgelegt sein werden, dann werden auch die der NSDAP. ablehnend gegenüberstehenden einsehen, daß ihnen nichts anders übrigbleibt, als mitzumachen."

Der Abtransport der Flüchtlinge erfolgte, solange wir noch die Häfen Gotenhafen und Danzig unter Kontrolle hatten, an Bord großer Schiffe, die

---

[1]) Vgl. dazu die Ausführung eines Marinekriegspfarrers über die Vorgänge auf Hela. Abgedruckt unter Nr. 81 (Bd. I, 1).

[2]) Nationalsozialistischer Führungsoffizier.

in die Häfen selbst einfuhren. Die Verpflegung an Bord war gut und reichlich, die Unterbringung den Umständen entsprechend: in Kabinen, die für einen Deckoffizier beispielsweise bestimmt waren, lagen acht, zehn, ja, vierzehn Menschen und waren froh, wenigstens ihr Leben retten zu können. Als die Häfen verloren gingen, wurden die Flüchtlinge hauptsächlich von Nickelswalde — Schiewenhorst an der Weichselmündung eingebootet und nach Hela geschafft. Dort verbrachten sie meist einige Tage im offenen Hafengelände, hatten z. T. schwere Verluste durch Fliegerangriffe und durch Artillerie-Beschuß von der Küste, bis sie mit Sybelfähren auf die 2 bis 3 km außerhalb Helas ankernden Transporter geschafft werden konnten. Wiederholte Luftangriffe haben auch diesen Transportern gegolten. Hela war schließlich mit Menschen so überfüllt, daß die weittragenden Geschütze der Sowjets wahllos die Halbinsel abstreuen konnten und immer Treffer erzielten. Die Ernährungslage auf Hela war kritisch, aber es kam zu keiner Katastrophe, weil u. a. mehrere Tausend Pferde geschlachtet und aufgegessen wurden[1]).

Einen Überblick darüber, wieviele Flüchtlinge im Raum von Danzig-Gotenhafen und auf Hela durch Feindeinwirkung oder durch die Strapazen der Flucht ums Leben gekommen sind, wird man niemals zuverlässig gewinnen können. Nach der Besetzung Danzigs durch die Russen sind vor allem die dort befindlichen Frauen noch wochenlang mit der Bestattung menschlicher Leichen und tierischer Kadaver beschäftigt worden. Vergewaltigungen und Plünderungen waren an der Tagesordnung. Die Hoffnung, daß die Sieger Danzig und die Danziger anders behandeln würden mit Rücksicht auf die Freistaat-Vergangenheit, hatte getrogen. Eine ganze Reihe von Danzigern, die den Nationalsozialismus entschieden abgelehnt und den Verheißungen der feindlichen Rundfunkpropaganda, ihnen würde nichts geschehen, geglaubt hatten, nahmen sich, erschüttert durch die grausame Enttäuschung, die sie erleben mußten, das Leben.

Nr. 76

Bericht des ehemaligen Bürgermeisters von Kahlberg (Frische Nehrung), Kreis Elbing i. Westpr., Helmut Mietz.

Original, 26. Juni 1952.

Fluchtereignisse auf der Frischen Nehrung (westpreußischer Teil), Schiffstransport über Hela nach Bornholm, Ausweisung nach Kolberg (Pommern) und Rückkehr in die Heimat.

Am Abend des 23. Januar erreichte uns die letzte Nachricht von Elbing: Der Russe ist in der Stadt.

In der Nacht kamen die Flüchtlinge aus dem gegenüberliegenden Tolkemit über das Eis. Die ersten Tragödien begannen sich abzuspielen, als ein Eisbrecher der Fa. Schichau durch die dicke Eisdecke des Frischen Haffes eine Fahrrinne brach, um noch mit einigen anderen Schiffen in die See zu gelangen. Über die Fahrrinne wurden schmale Bretter gelegt, über die gerade immer eine Person gehen konnte. Alles andere blieb auf der anderen Seite liegen und stehen, denn die Stege durften nicht belastet werden.

[1]) Über die Vorgänge auf Hela vgl. die Berichte des Oberst a. D. Schöpffer und des Majors i. G. a. D. Ritgen. Abgedruckt unter Nr. 82 und Nr. 83.

Doch der Herrgott hatte Einsehen. Wenn es auch hart war, daß er so eine Kälte schickte, aber er baute doch damit eine Brücke über das Wasser. Ohne diese Brücke wären doch Millionen nicht mehr aus Ostpreußen gekommen, da dadurch, daß Elbing so schnell in die Hände der Russen gelangte, dieser Weg ins Reich vollständig gesperrt war. Diese Brücke wurde vielen das Grab und vielen der Weg ins Ungewisse[1]).

Am 26. Januar wurde die Bevölkerung von Kahlberg-Liep mit Kriegsschiffen abgeholt. Die Abschiedsstunde hatte also schnell geschlagen. Die See war ruhig, als wäre sie mit der Einschiffung einverstanden, und sie begann dann auch gleich am Vormittag. Aber auch noch am späten Nachmittag wurden Nachzügler zu den Schiffen gebracht, die sich bis dahin nicht entschließen konnten, die Heimat zu verlassen und dann es doch taten, da schon erste Nachrichten aus Tolkemit eintrafen, daß der Russe dort auch schon war. Die See war inzwischen unruhig geworden, als hätte sie die Geduld verloren, immer noch mehr Leid und Abschiedsschmerz auf ihren Schultern hinwegzutragen. Gegen Abend wurde dann losgemacht. Noch einmal standen sie alle an der Reling. Die alten Fischer mit den harten zerfurchten Gesichtern, die etwas erzählen konnten vom Kampf mit den Stürmen und Wogen. Die alten Mütter, müde und voll Angst in die Zukunft blickend. Die Jugend, der es etwas Neues war, auf Kriegsschiffen zu fahren. Sie alle standen und sahen hinüber zu ihrer Nehrung. Der Leuchtturm von Kahlberg sandte keinen Gruß mehr über das Meer. Nur der dunkle Wald und die hellen Dünen grüßten herüber. Wie ein Streifen, immer schmäler werdend, verschwand die Nehrung ihren Blicken im Meer, und immer standen sie noch und sahen und schauten. Wahrscheinlich sahen sie hinter die Dünen und hinter den Wald in ihr Dorf, das jetzt verlassen dalag und das sie wohl nicht mehr sehen würden. Die Fischerboote trieben herrenlos auf dem Meer herum, denn es war ja niemand da, der sie noch einmal an Land brachte. Als wollten sie ihren Herren nachfahren, die doch ein Leben lang mit ihnen gefahren waren und sie jetzt einfach dem Meer überließen. —

Inzwischen war es in dem stillgewordenen Dorf nicht mehr so still. Zurückflutende Soldaten in aufgelösten Haufen streiften durch die verlassenen Häuser. Die ersten Flüchtlinge aus Ostpreußen kamen und machten Quartier, und ich als zurückgebliebener Bürgermeister mit noch ca. dreißig Personen hatte Mühe, etwas Ordnung zu halten. Die nächsten Tage nahm der Strom der Zurückflutenden bedenklich zu. Militär-Auffangstellen wurden eingerichtet. Der Kampf um Elbing war anscheinend im Gange, man hörte es. Kriegsschiffe schossen von See aus über die Nehrung in die Stadt hinein.

Die folgenden Wochen bis Anfang März zogen unaufhörlich die ostpreußischen Trecks über die Nehrung. In fünf Ketten, auf dem Eis des Haffes, die Dorfstraße, die Waldchaussee, einen Dünenweg, der noch gebaut wurde, und am Strand entlang zogen sie dahin. In den Gesichtern der Menschen saß der Abschiedsschmerz, aber noch mehr die ausgestandene Angst beim Überfahren des Haffes. Neben ihnen hatten die Geschosse der Ari eingeschlagen, die von Frauenburg und Tolkemit die Trecks auf dem Eis beschoß. Das Eis wurde dadurch immer brüchiger, und manch einer fand in dem Eisgrab den

[1]) vgl. oben S. 50, 68, 72.

Tod, oder wenn er sich rettete, sah er sein letztes Hab und Gut, oft noch mit lieben Menschen, in den Fluten versinken. Russische Tiefflieger jagten die Reihen der Wagen entlang, und oft mußten die Wagen mit den angeschossenen Pferden stehen gelassen werden, und es ging zu Fuß weiter.

Die Menschen wurden abgestumpft gegen das Leid der anderen und auch bald gegen ihres, denn es blieb ihnen nicht einmal Zeit, ihre Toten, die unterwegs durch Beschuß, Kälte oder Entkräftung gestorben waren, zu beerdigen. Täglich fand man Tote an den Wegen und in den Häusern liegen. Es hieß immer: nur weiter, weiter, nur nicht den Anschluß verpassen. Wenn man einmal hinten blieb, fand man nicht mehr die, mit denen man diesen Weg zusammen gehen wollte.

Von der NSV. waren an den Straßenkreuzungen, in Hotels und Schulen Verpflegungsstätten eingerichtet, die laufend Brot und Suppen verteilten. Die Wohnhäuser, Ställe, Fischräuchereien usw. waren jede Nacht gerammelt voll, denn jeder sehnte sich danach, die kalte Nacht wenigstens in einem Raum zu sein. Jeder wäre noch gern einen Tag länger im Quartier geblieben, wenn er eines gefunden hatte, denn es war zu der Zeit noch verführerisch ruhig auf der Nehrung, aber die Polizei setzte jeden Tag wieder alle in Bewegung, denn Tausende und aber Tausende kamen doch noch.

Ich als Bürgermeister hatte in diesen Tagen viel zu tun. Mit noch drei Kahlbergern übernahm ich die Leichenbestattung, denn wenn auch die Lebenden vorgingen, um die Toten mußte sich auch gekümmert werden. Auf dem Friedhof in Kahlberg wurde ein großes Massengrab geschaufelt, da etwas anderes zu machen bei der Kälte gar nicht möglich war. Dort kamen sie alle herein, alt und jung, arm und reich, Zivilisten und Soldaten, 170 Personen. Später wurden Reihengräber gemacht. Über die Namen der Toten, die zu der Zeit beerdigt wurden, kann ich leider keine Angaben machen. Ich hatte die Namen, soweit ich sie erhalten konnte, mit noch anderen Personalien in einer Aufstellung festgehalten. Zu dieser erhielt ich in den letzten Tagen, die wir in der Heimat waren, noch eine Aufstellung eines Heerespfarrers über die Soldaten, die in Kahlberg von der Wehrmacht beerdigt wurden. Alle beiden Aufstellungen sind mir während der russischen Besatzungszeit abhanden gekommen.

Weiter mußte ich die Bestände aus den Geschäften sicherstellen, um sie den Verpflegungsstellen zu übergeben und somit eine gerechte Verteilung zu gewährleisten. Für die einheimische Bevölkerung mußte auch gesorgt werden, denn die hatte sich schnell vermehrt. Die Schiffe, die die Bevölkerung abgeholt hatten, wurden in Neufahrwasser ausgeladen, und dort wurden die Familien in Privatquartieren untergebracht. Jeder tat nun, was er für richtig hielt. Ein Teil fuhr per Schiff und Bahn nach Westen weiter. Ein Teil blieb noch da, und ein Teil kehrte zu Fuß nach Hause zurück, so daß im April wieder 120 Personen im Dorf waren.

Ende Februar wurden in Kahlberg in die See noch zwei Seestege gebaut, da von Danzig bzw. Hela laufend Schiffe kamen, um die Flüchtlinge, verwundete Soldaten und Kranke abzutransportieren. Der Strand glich oft einem Schlachtfeld, wo alles zurückgelassen war, was einmal Menschen als ihr eigen betrachtet hatten.

Von Tolkemit schoß ab Ende Februar laufend die russische Ari zur Nehrung. Die Nehrung war gespickt voll von Wehrmacht sämtlicher Truppenteile. Dieselbe begann nun mit dem Bunkerbau im Wald. Die ehemalige Adolf-Hitler-Straße, deren Gebäude z. T. schon alle getroffen waren, wurde restlos abgebrochen und das Holz zum Bunkerbau verwendet. Der Wald lichtete sich stark, und es entstand eine gewaltige Bunkerstadt. Jeder Berg war gespickt voll mit großen, sehr stabilen Bunkern. Die Soldaten fühlten sich im Moment noch ganz gut auf der Nehrung, die Schießerei war nach ihren Begriffen nicht zu wild. Verpflegung gab es genug. Nur ein anderer Teil ahnte aber auch, daß die Nehrung doch eine sogenannte Mausefalle war und für viele von ihnen das Grab werden würde, und letzten Endes war jeder froh, wenn es hieß: Wir setzen uns über See nach Westen ab. Das war aber bei nicht vielen der Fall.

Anfang März hörten auch die Trecks auf, die Wehrmacht war kein wilder Haufen mehr, so daß es in dieser Beziehung ruhig war. Dadurch ließen sich auch ein Teil Kahlberger dazu verleiten, wieder nach Hause von Danzig zurückzukommen. Der Ari-Beschuß und der nächtliche Besuch der „Nebelkrähe" (russisches Flugzeug) wurden in Kauf genommen, denn man war ja immer noch zu Hause. Zu essen gab's. Ich hatte mein Lebensmittelgeschäft ausverkauft und holte Verpflegung von Stutthof. Dort war das Vieh aus der überschwemmten Niederung zusammengetrieben, und es gab alles in Hülle und Fülle, was Wochen später in weite Ferne gerückt war.

Wir hörten das Grollen der Geschosse bei den Kämpfen um Heiligenbeil, Königsberg und Danzig und saßen immer noch auf unserem Eiland. Auf demselben wurden die Truppen hin und her geschoben, denn der Kreis wurde immer enger.

In der Nacht vom 26. zum 27. April landete der Russe an zwei Stellen auf der Nehrung bei Neutief und Möwen-Haken. Nun schoß die Ari fast schon den ganzen Tag, und die „Nebelkrähe" kam die ganze Nacht. Noch einmal kamen Schiffe, um die Bevölkerung und verwundete Soldaten zu holen.

Am 1. Mai stand der Russe vormittags bei Schmergrube. Nun ließ die Wehrmacht nicht mehr locker. Am Nachmittag ging ich mit ca. achtzig Personen los. Zwanzig Personen blieben in Kahlberg und haben den Einfall der Russen mitgemacht. Drei Frauen davon wurden wahrscheinlich bei Vergewaltigungen getötet, da dieselben einen Tag später nur noch verscharrt aufgefunden wurden. Vier alte Personen werden seitdem vermißt. Ein großer Teil der Bevölkerung war von Danzig mit Zügen weggefahren, zum größten Teil nach Mecklenburg und Pommern gekommen, wo sie der Russe auch wieder erwischt hat. Die am 1. Mai Kahlberg verließen, wurden an der Weichsel noch verschifft und kamen über Hela nach Dänemark, Lübeck und Kiel. Meine Familie und ich sowie einige andere Heimatgenossen wurden am 5. Mai abends in Nickelswalde/Weichsel mit Kampffähren nach Hela transportiert. Hier an der Weichsel stauten sich die Soldaten zu Tausenden und aber Tausenden mit Wagen, Autos, Geschützen und sonstigem Zubehör. Es sah aus wie ein riesiges Schlachtfeld, auf dem die Kämpfer alles stehen und liegen gelassen hatten. Jeder wollte auf so eine Fähre und damit auf den Weg nach Westen. Der Russe war an diesem Tage schon über Kahlberg hinaus, und die Kämpfe waren bei Pröbbernau in vollem Gange. Man hörte fernes Grollen und Detonationen. In Kahlberg hatte der Russe von Land aus und gleichzeitig vom Haff mit Booten angegriffen.

Am 6. Mai kam ich mit meinen wenigen Genossen aus der Heimat auf Hela an. Dort bot sich dasselbe Bild, Militär, wo man hinsah und -trat, und auch noch Zivilisten. Ein großer Teil von ihnen bemühte sich nicht, weiterzufahren. Es wurde so viel geredet von untergegangenen Schiffen usw. Es war hier verhältnismäßig ruhig, außer einigen einzelnen Angriffen. Verpflegung gab es genug, da hier viele Verpflegungsläger der Wehrmacht lagen. Um mit einem Schiff mitzukommen, gab es Bescheinigungen der Ortskommandantur für Alte und Kranke. Aber wie überall in diesen Tagen konnte und wurde auch hier nicht mehr genau nach Vorschrift gehandelt. So kamen auch wir mit einem alten Frachter, der aus Königsberg stammte und der diese Tour zum ersten Male fuhr, mit. 800 Personen waren auf demselben. Ein Teil lag im Laderaum und die übrigen auf Deck. Das Geleit bestand aus sieben Schiffen bzw. Fähren, die schwarz von Menschen waren. Die Fahrt an sich war ruhig. Nach zwei Tagen gerieten wir in Nebel, so daß ein Schiff vom anderen nichts mehr sah. Unser Frachter ankerte, da er jegliche Orientierung verloren hatte. Eine Nacht lagen wir auf dem Meer. Am Morgen des 9. Mai, wie der Nebel verschwand, lagen wir nicht weit vor der Insel Bornholm/ Dänemark. Wie wir im Hafen anlangten, wurde uns vom deutschen Hafenkommandanten mitgeteilt, daß in der vergangenen Nacht der Waffenstillstand vollzogen war.

Uns wurde freigestellt, ob wir die Weiterfahrt antreten oder dableiben wollten. Lange zu überlegen blieb uns nicht, denn am Horizont tauchten plötzlich kleine Punkte auf, die sich schnell näherten und bald im Hafen anlegten: sechs russische Schnellboote. Unter den Leuten sah es aus,- als sollte eine Panik ausbrechen, das sich jedoch bald legte, da die Russen es vorerst nur auf das Militär abgesehen hatten.

Die Insel Bornholm wurde, wie uns von den Russen mitgeteilt wurde, mit Einverständnis der anderen Siegermächte von den Russen besetzt, um die Deutschen, die darauf waren, herunter zu transportieren. Es waren dieses nach Angaben 20 000 Soldaten und 4 000 Zivilisten. Die ersten Stunden kümmerte sich niemand um uns. Am zweiten Tag kamen wir vom Schiff in die Stadt Roenne. Die Dänen, die uns zuerst ziemlich ablehnend gegenüberstanden, wurden um vieles freundlicher, als sie die Russen sahen.

Wir wurden in einem Massenlager untergebracht und vom Dänischen Roten Kreuz betreut.

Inzwischen hatte der Russe sämtliches Militär zusammengezogen, und es ging an den Abtransport.

Bornholm verfügte über eine große Fischkutterflotte und auch mehrere große Passagierschiffe, die, man weiß nicht, wo sie es hier erfahren haben, kurz bevor der Russe kam, hinüber zum dänischen Mutterland gefahren waren. Dieselben mußten nun zurückkommen und den Transport der Deutschen nach Pommern übernehmen.

Nachdem das Militär abtransportiert war, kamen auch die Zivilisten dran. Verschiedene äußerten ganz heimlich den Wunsch, dazubleiben, aber dazu bestand keine Möglichkeit. Am 13. Mai wurden wir auf einem großen Passagierschiff nach Kolberg in Pommern gebracht. Dann pfiff schon ein anderer Wind, wie wir dänischen Boden verlassen hatten. In Kolberg lag viel russisches Militär. Der Hafen und das Stadtgebiet waren ein Trümmerhaufen. Wir wurden in halbkaputte Häuser eingewiesen, die wir uns zurechtmachten. Aus anderen Häusern wurde noch Brauchbares zusammengeholt, und es wurde etwas wohnlich gemacht. Hier hörte man schon von den wenigen Deutschen, die in der Stadt geblieben waren, vom Leben unter den Russen. Dann mußten wir jeden Morgen antreten, 1—2 Stunden stehen, ehe man sich besonnen hatte, wo wir heute hinsollten. Meistens wurden Häuser ausgeräumt. Das bestand darin, daß wir die Wohnungen ganz leer machten, alles durchs Treppenhaus von oben in den Flur warfen und von dort in den Keller. Eine andere Gruppe mußte Keller ausräumen, die vollgepfropft waren mit allem Möglichen. Alles wurde vernichtet.

Eßbares haben wir uns noch herausgesucht, denn wir bekamen hin und wieder ein Stückchen Brot, sonst nichts. Fünf Tage später kam der Befehl des Räumens. Es ging 2 km aus Kolberg in eine Siedlung, deren Häuser schön ganz waren, leider leer. Wieder ging es ans Zusammensuchen. Hier verlebten wir auch das Pfingstfest am 20. und 21. Mai. Arbeiten gingen wir in die Stadt. Auch dort war unseres Bleibens nicht lange. Am 25./26. Mai kam die Parole: Alles geht nach Hause. Jeder konnte sich einen Passierschein ausstellen lassen, wo er hinwollte, aber wer wollte nicht nach Hause! Also hatten wir nun einen Weg von 360 km in die Heimat vor uns. Wir kamen an ausgestorbenen Dörfern vorbei und an solchen, die noch zum Teil von Deutschen bewohnt waren, die aber alle ängstlich nur herbeikamen und sogleich verschwanden, wenn sie eine Uniform in der Nähe auftauchen sahen. Zur Nacht wurde in leeren Häusern oder bei Deutschen Quartier gemacht. Kartoffeln gab es genug in den Mieten, und Rhabarber wuchs überall. Das war das einzige, was der Russe gelassen hatte. Überfälle der Russen des Nachts und auch am Tage mußte man sich gefallen lassen und auch, daß sie sich nahmen, was ihnen gerade gefiel. Man war nur froh, daß sie einen noch davongehen ließen. Nach zwölftägigem Marsch langten wir in der Heimat an.

Nr. 77

Bericht des ehemaligen Kreisbauernführers G. Fieguth aus Tiegenhof, Kreis Gr. Werder i. Westpr.

Original, 12. September 1952.

Räumungs- und Fluchtereignisse im Kreis Gr. Werder.

In einem kurzen Abschnitt charakterisiert Vf. eingangs an einigen Beispielen, welch unverdrossene Haltung die Dorfbewohnerschaft allen bisherigen Kriegsverlusten gegenüber bewahrte.

Aus Litauen und dem nördlichen Ostpreußen ziehen schon wochenlang ununterbrochen Trecks durch unseren Kreis, und doch kann ich bei meinen Fahrten durch den Kreis oder beim Treffen mit den 122 Ortsbauernführern nirgends eine gedrückte Stimmung feststellen. Treu und tapfer tut jeder seine

Pflicht und hofft, hofft, daß der Russe zum Stehen gebracht und zurückgeschlagen wird. So hoffen wir noch Weihnachten 1944, Neujahr 1945 und wollen und können es nicht glauben, daß auch unsere Flucht bevorsteht.

In dieser Zeit habe ich schon verschiedene Besprechungen mit den Bezirksbauernführern, wissen wir doch genau, daß auf uns, dem Reichsnährstand, bei evtl. Räumung die Hauptverantwortung liegt. Sämtliche Menschen der Dörfer müssen auf die Wagen der Höfe verteilt, Marschstraßen zu den Fähren der Weichsel aufgeteilt werden.

Ja, unsere alte Weichsel! In früheren Jahrhunderten und bis zum Durchstich zur Ostsee im Jahre 1895 hatte sie unseren Vorfahren oft schwere Sorge bereitet. Jetzt macht sie uns wieder Sorge. Wie sollen wir schnell das rettende westliche Ufer erreichen, wenn der Russe plötzlich an der Nogat steht!

Die alte Fährwerksbrücke bei Dirschau, am 1. September 1939 von den Polen gesprengt, liegt in der Weichsel, und die neuerbaute Brücke im Zuge Marienburg-Stargard — übrigens fast in der Spitze des Kreises — würde im Notfall größtenteils von der Wehrmacht gebraucht werden. Brauchbare große Dampffähren haben wir nur zwei, in Nickelswalde und Rotebude, während in Schöneberg und Palschau im Sommer zwei kleine Seilfähren tätig sind, im Winter aber ihren Betrieb einstellen.

Als Deichhauptmann des „Marienburger Deichverbandes" untersteht mir auch die östliche Deichstrecke der Weichsel, von der Abzweigung der Nogat bis zur Ostsee. Viele Jahre hatte ich mit Regierungsoberbaurat Senkpiel vom Wasserwirtschaftsamt Dirschau bestens zusammengearbeitet, Arbeiten des Friedens, doch jetzt wurde es ernst, der Krieg näherte sich der engsten Heimat. Wieder wußte S. Rat. An den bestehenden Fährstellen werden weitere Fähren eingestellt — von woher dieselben herbeigeholt wurden, kann ich heute nicht mehr sagen —, und in Ließau wird der Betrieb für eine Doppelfähre neu eingerichtet.

Mit diesen Vorbereitungen vergehen die ersten Wochen des Januar. Alles verläuft in gewisser Ruhe, immer hoffen wir noch auf das Wunder. Da tauchen neue Trecks aus den ostpreußischen Nachbarkreisen auf, grausige Dinge hatten viele von ihnen erlebt. Nun heißt es auch bei uns „alles fertig machen" zum evtl. Treck. Wagen werden hergerichtet und, soweit vorhanden, mit Plänen überspannt. Die Pferde werden neu beschlagen, und in den Wohnhäusern wird mit dem Packen der notwendigsten Dinge begonnen. Der ganze Kreis wird von Sorge und Unruhe erfaßt, denn nach dem Osten zum Feind ist die Nogat fest zugefroren, und im Westen, dem Fluchtweg, liegt die breite, offene Weichsel.

Mustergültig wie zuvor durch fünf Jahre Krieg war auch jetzt die gesamte Haltung des Kreises. Bestens unterstützt bei all unseren Vorbereitungen werden wir durch unsere 6—7 000 Gefangenen und Ostarbeiter. Nirgends — soweit mir bekannt — ergeben sich mit diesen Leuten irgendwelche Schwierigkeiten. Auch sie haben nur den einen Wunsch, dem Russen nicht in die Hände zu fallen.

Mit dem Landrat und dem Kreisleiter war verabredet worden, den Treckbefehl über die Kreisbauernschaft herauszugeben, denn unser Apparat der Bezirks- und Ortsbauernführer war durch Jahre bestens in Ordnung und hatte im Krieg oft gezeigt, daß er schnell und sauber arbeiten konnte.

22. Januar. Wilde Gerüchte, oder sind es Wahrheiten, durcheilen den Kreis. Von keiner Stelle ist Genaues zu erfahren. Die verschiedenen Dienststellen in Danzig — noch geschützt durch die Weichsel, weit vom Schuß — lehnen jeden Räumungsgedanken unseres Kreises ab. ...

23. Januar. Groß ist die Verantwortung für uns alle. Trecken wir zu früh und der Russe wird gehalten, entstehen unberechenbare wirtschaftliche Schäden. Haus und Hof ohne Aufsicht, die Viehherden ohne Wartung und Pflege. Trecken wir zu spät, überrennt uns der Russe und besetzt die Fähren an der Weichsel.

Fünf Uhr nachmittags. Die ersten russischen Panzer sind in Elbing, dicht an unserer Grenze. Von Schreck und Entsetzen gejagt, kommen Hunderte aus diesem Gebiet verstört in Tiegenhof an. Zehntausende sind abgeschnitten und fallen den Russen in die Hände. Wir geben für den Kreis erhöhte Alarmbereitschaft, das heißt, die Wagen sind fertig zu packen, die Pferde aufzuschirren. So erwartet der Kreis den Befehl zum Trecken. Nur der, der in dieser Lage gestanden hat, kann ermessen, was diese Stunden bedeuten.

Gegen Mitternacht erscheinen die Russen an der Nogat, letzter Augenblick, Befehl an die Bezirksbauernführer: „Trecken". In Minuten ist der Befehl an die Ortsbauernführer weitergegeben, und eine Stunde später sind die Straßen des Kreises voll von vieltausend Wagen. Unsere Gespanne, unsere schweren Arbeitswagen, die Jahr für Jahr das viele Getreide eingebracht, die jedes Jahr Millionen Ztr. Zuckerrüben vom Felde geschafft haben, jetzt rollen sie mit Menschenfracht, vom Kleinstkind bis zur Großmutter, bepackt mit Futter, Lebensmitteln und den notwendigsten Betten und Wäsche.

Der Aufbau der Fähren war fertig geworden und klappte bis auf wenige Störungen gut. Tag und Nacht wird ununterbrochen übergesetzt; trotzdem läßt es sich nicht verhindern, daß sich an den Fähren Massen von Wagen anstauen, daß durch das Gedränge — Kutscher sind zumeist Ostarbeiter, Gefangene, Frauen und Kinder — viele Deichseln brechen und leider auch mancher Wagen eingedrückt wird. Und wenige Kilometer hinter uns, in Marienburg, an der Nogat entlang, kracht es, tobt der Kampf.

Schon in den Morgenstunden des 24. Januar kam der Russe über die Nogat nach Lupushorst, erschoß den Molkereibesitzer Howald und seine zwei Söhne, vergewaltigte Frau H. H. war Schweizer Staatsbürger und glaubte, der Russe würde dieses achten.

Am 25. Januar war der Russe in Blumstein und Kaminke, etwas später in Lindenau, war in den Dörfern unseres Kreises und verschleppte die aus irgendeinem Grunde zurückgebliebenen Bewohner.

Vier Tage und drei Nächte wird übergesetzt, glücklicherweise nimmt auch die Brücke eine Menge Wagen auf; dann ist der Kreis geräumt. Geräumt auch von den vieltausend Wagen ostpreußischer Flüchtlinge, die in unseren Kreis hineingedrückt waren. ...

Im vorgesehenen Aufnahmegebiet der Danziger Höhe, zum Teil auch in der Danziger Niederung wurde Quartier bezogen. Hier sollte abgewartet werden, denn die Straßen um Danzig waren voll von Wagen aus anderen Kreisen, die auf den vereisten Straßen, mit ihren stumpfen Pferden[1]), kaum weiter kamen. Auch wurde uns gesagt, daß Danzig und ein großes Gebiet der

[1]) Pferde ohne Winterbeschlag.

Danziger Höhe bis zum Westufer der Weichsel auf jeden Fall gehalten werden soll. Nur zu gerne wollten auch dieses wieder viele von uns glauben.

Doch die Russen stießen bei Stettin bis zur Oder durch, sie rückten westlich der Weichsel vor und kesselten Danzig von allen Seiten ein. Unsere Trecks wurden auseinandergeschlagen, und alles drängte zur Stadt. Danzig war nun buchstäblich vom Keller bis zum Dach mit Menschen vollgestopft. Von drei Seiten wurde die unglückliche Stadt durch schwere Artillerie beschossen, große Bombengeschwader griffen pausenlos aus der Luft an, und in wenigen Tagen war das Schicksal dieser stolzen, schönen Stadt besiegelt.

Zu der ungeheuren Zahl von Menschen, die unter den Trümmern verschüttet, auf den Straßen zerschmettert wurden, gehörten auch viele Bewohner unseres Kreises. Nie wird man die Zahl feststellen können. Groß war die Zahl derjenigen, die um Danzig und in den Vororten vom Russen überrannt und verschleppt wurden. Leider sind von diesen Unglücklichen bis heute viele nicht zurückgekehrt, und auch ihre Namen sind nie genau festzustellen. Mit einem Drama von ungeheurem Ausmaß fand hier in diesen letzten Tagen des März unser Treck ein schreckliches Ende. Doch das Drama des Einzelschicksals ging weiter. Auch von denen, die mit dem Schiff zu entrinnen suchten, fanden viele, oft ganze Familien, den Tod in den Wellen.

Groß war leider auch die Zahl der Männer unseres Kreises, die zur Waffe, zum Gift griffen und für ihre Familien und für sich den Freitod suchten. Bei Beginn der Flucht konnte oder wollte wohl manche Familie ihren Hof, ihre alte Heimat nicht verlassen. Auf der Flucht verloren Familien die Nerven, und wie groß die Zahl der Familien ist, die bei der Besetzung und Verschleppung durch die Russen dem Drama ein Ende machten, wird nie festgestellt werden.

Ich will nur einige Familien erwähnen. Der Ortsbauernführer W. B., Groß Montau, brachte den Treck seines Dorfes sowie seines Hofes in tadelloser Ordnung auf den Weg, dann erschoß er seine Frau, seine Tochter, sein Enkelkind und sich. Der Bauer J. W., Schönsee, fuhr mit den Wagen seines Hofes die kurze Strecke bis zur Weichsel, dort drehte er den alten Landauer, in dem er selber, auf dem Kutscherbock sitzend, seine Familie fuhr, herum, fuhr auf seinen Hof zurück, erschoß dort seine Frau, seine drei Töchter im Alter von 17-21 Jahren und sich. Der Bauer M. P., Fürstenau, fuhr bis auf das westliche Ufer der Weichsel, dort am Straßenrand, im Schneesturm der Nacht, erschoß er seine Frau und sich. Der Bezirksbauernführer v. R., Rosenort, brachte seine Trecks in bester Ordnung bis zur Danziger Niederung, doch weiter wollte er seine Heimat nicht verlassen und wählte mit seiner Frau den Freitod durch Gift. Wer will den Stab über diese Familien brechen? Wer will das Drama versuchen zu schildern? Ich glaube, keiner, der diese Zeit miterlebt hat.

Mit einem kleinen Kreis von Mitarbeitern, Stabsleiter Dr. Christensen, Kreisgefolgschaftswart Schnase von der Kreisbauernschaft und Deichoberbaurat Weiss vom Marienburger Deichverband, war ich im Kreise zurückgeblieben.

Am 24. und 25. Januar waren dem Russen verschiedene Einbrüche in unseren Kreis gelungen. Am 26. Januar griff er auf breiter Front an und drang mit seiner Spitze bis Tannsee vor. In blutigem Nahkampf wurde er jedoch überall zurückgeworfen und eine Front an der Nogat entlang gebildet. . . .

Jeden Morgen kamen jetzt viele Bauern unseres Kreises mit ihren Gespannen über die Fähren zurück und holten Futter und Lebensmittel zur Danziger Höhe. Seit Monaten waren uns von der Bahn kaum Waggons gestellt worden, so daß nicht nur Scheunen und Speicher der Höfe, sondern auch die Läger des Getreidehandels bis oben voll waren. Allein in der Zuckerfabrik Neuteich lagerten ca. 100 000 Ztr. gesackter Zucker.

In den ersten Tagen des Februar erfuhr ich, daß mein letzter Sohn auch in der Marienburg steckte. Ich habe ihn dort so manche Nacht aufgesucht. Von den zerschossenen Wehrgängen sahen wir herunter auf die zerstörte Stadt, in der der Russe hauste, erlebten das Sterben unserer schönen, stolzen Marienburg.

Der Russe hatte die Stadt, einschließlich der Trümmer der Niederen Lauben, bis zur Burg besetzt. Unsere Infanterie hielt die zerschossene Burg und die Trümmer der Hohen Lauben.

In der Nacht vom 9.-10. März wurden die Marienburg und der halbe Kreis Großes Werder bis zur Linie Pordenau-Neuteich, unter schwerem Druck der Russen, geräumt. Bald darauf mußte unser Kreis bis zur Elbinger Weichsel aufgegeben werden. Nur ein schmaler Streifen an der Ostsee, von der Weichsel bis zur Nehrung, wurde gehalten. Dieses war nur möglich, weil wir bei Rotebude (Neumünsterberg) den Weichseldeich durchstochen hatten und das hereinbrausende Wasser den Russen Halt gebot. Auch bei diesen Rückzugskämpfen tat unsere vordere Front, unter großen Opfern, ihre harte Pflicht. Auf den Friedhöfen unserer alten Werderhöfe liegen diese Helden begraben.

In diesem letzten kleinen Kessel an der Ostsee wurden damals, Mitte März, noch eine größere Zahl Bewohner unseres Kreises zusammengedrückt. Sie waren im Januar zurückgeblieben oder auch im Laufe des Februar zurückgekommen, weil sie sich bis dahin in diesem Teil des Kreises durch das vorgelagerte Haff geschützt glaubten. Auch viele tausend Ostpreußen waren über die Frische Nehrung hierher geflüchtet. Bis zum 20. April waren diese Menschen alle, soweit sie sich nicht wegen der ungeheuer großen Schiffsverluste weigerten, aufs Wasser zu gehen, auf Prähme in Richtung Hela verladen worden. Die Zurückgebliebenen sind später dem Russen in die Hände gefallen.

Für Deichamt und Kreisbauernschaft gab es jetzt in unserem alten Heimatkreis, im Mündungsgebiet der Weichsel, keine Aufgaben mehr. So gingen wir am Abend des 26. April mit unbekanntem Ziel in See.

Nr. 78

Erlebnisbericht von Frau Klara Seidler aus Danzig.
Beglaubigte Abschrift, 10. April 1951, 11 Seiten. Teilabdruck.

Erlebnisse in Danzig während der Eroberung der Stadt durch die Rote Armee.

Vfn. beschreibt eingangs Vorgänge, die in der Stadt Danzig durch das Näherrücken der russischen Truppen ausgelöst wurden. Sie fährt dann fort:

Danzig wurde aufgefordert, sich zu ergeben. „Lieber sterben“ war die Antwort. Wir wurden nicht gefragt und wollten doch so gern leben.

Nun ging es los. Bombenhagel und Ari ballerte wie verrückt. In unserer Nähe fiel ein Haus nach dem andern in Schutt und Asche. Unserer Kaufmannsfrau ihr Haus (sie gab bis zuletzt nichts ohne Marken ab) fiel in fünf Minuten bis zum Keller herab. Die Nacht ein Flüchten aus der Stadt. Unser Nachbar G. fuhr mit seinem Gespann nach der Hundegasse, um noch ein Faß Machandel zu holen. Er wurde samt Pferd und Wagen tief in die Erde bombardiert. Seine Angehörigen fanden nichts mehr zum Begräbnis. Herr Makowke starb am Herzschlag. Im Galopp wurde er zum Friedhof gebracht und schleichend, kriechend kamen Frau und Tochter zurück. Unser Hinterhaus erhielt einen Treffer. Wir waren alle Einwohner, ca. achtzehn bis zwanzig Personen, im Keller versammelt. Die Erde bebte, und das Haus schwankte wie ein Schiff auf hoher See, das Licht erlosch, wir waren mit Schutt bedeckt. Durch die Luke wurden wir hochgezogen, niemand hatte außer Abschürfungen großen Schaden davongetragen.

Vfn. beschreibt die Löscharbeiten, die von Hilfskolonnen geleistet wurden und schließlich doch vergeblich blieben, da kurze Zeit später erneuter Artilleriebeschuß einsetzte.

Ein furchtbarer Treffer riß die Tür ein. Ein Flammenmeer kam uns entgegen. Jetzt war es höchste Zeit. Nur mit einem nassen Handtuch vor dem Mund suchten wir einen Ausgang. Die Kellerluke war durch brennende Gebäudeteile versperrt. Durch eine Öffnung im Parterre gelangten wir mittels eines Stuhles auf die Straße. Es kann zwei Uhr gewesen sein. Trotzdem herrschte Finsternis, glühende, qualmende, unerträgliche Finsternis. Jetzt wohin? In die Johanniskirche. Alles überfüllt. Keiner kam hinein. Wieder über uns ein Bombenhagel. Wir suchen am Boden die kleinste Deckung. Nun zur Langen Brücke, ein Feuermeer, die Speicherinsel brennt. Hinein in ein Haus. Die Leute stehen im Türeingang und schieben uns nach hinten. Wieder ein Treffer. Fünf Personen aus dem Türeingang tot. Wir drüber weg und weiter die Häkergasse rauf zum Damm. Der große Bunker überfüllt, auch die Treppen, also weiter in glühender, sengender Finsternis zum Hochbunker. Dort furchtbares Grauen. Dort lagerndes Material hat sich entzündet, und brennende Menschen schieben sich als Feuersäulen heraus. Ein brennender Giebel stürzt auf uns. Wir lassen alles fahren, nur die Handtasche bleibt; weiter zur Gaskasse. Die Straße ist besät mit Koffern, Mänteln und Menschen, die gekrümmt, verbrannt, tot oder sterbend dort liegen.

Mit uns laufen viele, viele Menschen um ihr nacktes Leben. Endlich, nach öfterem Ausweichen, sind wir auf Hoheseigen angelangt. Das Gebäude der Gasanstalt ist massiv, mit Schiefer gedeckt, von zwei Seiten die Radaune, auch zwei riesige Abwehrgeschütze flankieren die Seiten. Aber gestopft voll. Uns wies man nach oben in die Amtsräume, wo wir uns am Fußboden unter die Tische lagerten. Nach mehreren Einschlägen waren wir mit Glas überschüttet. Da holte uns einer von der Aufsicht herunter in den Keller, wo wir uns auf ein paar Quadratzentimeter hinhockten. Hier im Keller waren ca. 2 000 Frauen und Kinder und alte Leute untergebracht. Ein trübes Licht brannte, die Luft war trotz der Entlüftung zum Ersticken. Die dauernden Einschläge brachten uns dem Wahnsinn nahe, aber immer wieder wurde die größte Gefahr abgewendet.

Wir verbrachten den Sonntag dort eine ewig lange Nacht, dann auch Montag. Außer einem Stückchen Trockenbrot keine Verpflegung. Die Aufsicht verkrümelte sich allmählich. Außer Greisen und Kranken nur Frauen und Kinder. Ein Seufzen, Jammern, Stöhnen und Kindergeschrei. Wir waren auf dem feuchtkalten Zementboden ganz gelähmt. Das Austreten war eine Katastrophe. Diese Nacht war nicht zu ertragen.

Gegen zwei Uhr waren die Russen auf 100 m heran. „Wollen wir uns übergeben?" hieß es. „Ja!" schrien alle, und als erstes wurde in der Gasanstalt die weiße Fahne gehißt. Die Abwehrgeschütze stellten ihr Feuer ein, und wir warteten der Dinge, die kommen sollten. Es dauerte keine halbe Stunde, da erschien die russische Abordnung, ungefähr 20—24 Personen in neuen Uniformen, gutaussehend und deutsch sprechend.

Nun hieß es: „Männer heraus". Da aber nur Kranke und Alte da waren, passierte ihnen nichts. Uns wurde bedeutet, wer noch ein Heim hätte, sollte dieses aufsuchen, es würde nicht mehr bombardiert. Wir suchten nun Walters Wohnung auf Rammbau auf. Sie war zwar verschlossen, aber wir öffneten gewaltsam. Und, o Wunder, wir kamen in eine gemütliche, gut aufgeräumte Wohnung. Sie war zwar von Fremden belegt, die sich im Bunker befanden, aber auch als die Leute kamen, haben wir uns gut vertragen. Wir waren zehn Personen zusammen. Erst wurde Kaffee gekocht und gründlich gespeist.

Wir hofften, die Russen würden es gnädig mit uns machen; aber weit gefehlt! Schon gleich ging es los. Herr Bart stand in der Tür, der erste Russe riß ihm gleich die Uhr aus der Weste. Ein Wagen, mit Teppichen ausgelegt, fuhr bis glatt vor die Tür, vier russische Offiziere stiegen aus und verlangten von uns zu trinken, aber nur Wasser; Kaffee oder Tee lehnten sie ab aus Angst vor Vergiften. Sie waren höflich und freundlich und teilten auch Zigaretten aus. Herr Bart saß dauernd am Klavier und spielte mit bebenden Händen alles Russische, was ihm einfiel, aber das war vor Angst sehr wenig. Wir nähten Knöpfe an, stopften Risse an der Uniform, während die Offiziere ruhten. Das war unser Schutz, die Soldaten, die plündern wollten, verschwanden beim Anblick der Offiziere. Bei Dunkelheit fuhren die Offiziere fort, und nun waren wir geliefert.

In Rotten von fünf bis zehn Mann kamen jetzt die Soldaten plündern und schänden. Nun ging es nur „Uri, Uri" und „Frau, komm". Wir saßen bei einer Kerze zusammen. Ich hatte Binge Bart, ein strammes Mädel von dreizehn Jahren, auf dem Schoß, hatte ihr die Haare in steife Zöpfe geflochten und ihr angesagt, recht kindisch zu tun. Das schützte mich etwas. Frau F., eine große Blondine, mußte dem Ruf unter Püffen folgen und mußte sich von sechs Soldaten mißbrauchen lassen. Frau P. lag in Klaus' Kinderbett und ließ sich das Wasser aus dem Munde laufen und wimmerte, dafür ekelte sie die Leute von sich weg. Wir krochen sechs Personen in die zwei Betten und zitterten und bebten. Aber erst, als neuer Beschuß auf die Altstadt eintrat, hatten wir ein paar Stunden Ruhe. Schon zeitig standen wir auf, kochten Kaffee, machten Frühstück.

Doch um 12 Uhr begann die Totalzerstörung von Danzig. Pausenlos schoß die Ari, warfen die Bomber ihre Last und Benzinkanister ab. Wir füllten unsere Handtaschen mit Butter und Zucker, die beiden Männer aßen noch Fleisch, dann war es höchste Zeit für uns zu türmen. Nur ein Ausweg blieb uns durch die Spendhausengasse, jeder andere Weg durch brennende Gebäude versperrt. Wir rannten nun dem Wasser zu, aber da war es ganz schlimm. In einem stehengebliebenen Hause wollten wir rasten, wurden durch Russen so gequält, daß wir lieber in die brennende Hölle liefen. Wir hatten den Vogel vergessen zu töten. Herr Bart lief zurück. Da hatten die Russen schon das Rad vom Kleiderschrank geholt, das Büfett zertrümmert und saßen auf dem Klavier und hämmerten mit den Füßen auf die Tasten. Den Vogel hatten sie schon rausgeworfen. Aber lange dauerte der Spaß nicht, das Nebenhaus brannte schon.

Wir liefen nun mit brennenden Sohlen und suchten Unterkunft. Nirgends ein Fleckchen für uns. Überall Vernichtung und Feuer. Stundenlang irrten wir umher in dem Grauen. Schließlich fanden wir in der Häkergasse neben einem großen Abwehrgeschütz noch zwei Häuser, wo wir uns verkrochen. Aber unser Elend wurde noch größer. Die zweite Garnitur Russen war jetzt losgelassen, keine Frau wurde verschont. Vor den Augen der Männer, die mit der Maschinenpistole in Schach gehalten wurden, wurden die Frauen vergewaltigt. Wir versteckten uns, sie fanden uns doch. Ein vielleicht 18-19-jähriger hatte es auf mich abgesehen. Mit einer Flasche Wein bewaffnet, zwang er mich in die Telefonzelle. Ich sagte: „Alte Großmama ganz schrumplig." Nun rief er immer: „Großmama muß —". Eine junge Frau mit drei kleinen Kindern wollte noch schnell im Keller nebenbei verschwinden, als die Horde sie überwältigte. Die Kinder riefen: „Mutti, Muttilein!" Da nahm der eine Russe die Kinder und schlug sie an die Mauer. Das Knirschen vergesse ich mein Leben lang nicht. Dann nahm der nächste die Frau vor. Sie kroch nachher in die Mottlau, denn gehen, aufrechthalten konnte sie sich nicht mehr.

Wir waren jetzt noch acht Personen zusammen außer Fremden. Herr und Frau M. hielten sich eng umfaßt. Ein Trupp Russen riss die Frau weg über den Tisch, dem Mann wurde die Lederjacke ausgezogen, ebenso die Stiefel. Die Goldsachen hatte Frau M. im H. versteckt und hat sie trotz vieler Schändungen bis zuletzt behalten.

Ein Pole mit Mädel riß mir den Ring ab, der Trauring, schon dünn nach 40 Jahren Tragen, war fast eingewachsen. Da nahm der Kerl das Messer und wollte mir den Finger abschneiden. Natürlich riß ich nun den Ring mit der Haut herunter. Die Nacht über ging es aus und ein. Die Johanniskirche brannte, auch St. Katharinen und Marien. Wir lagen mit dem Mund zur Erde, ließen uns treten und rührten uns nicht.

Am Morgen wurden die letzten Teile Danzigs angezündet. Wir mußten machen, daß wir ins freie Feld kamen. Wir füllten den Geschäftswagen auf Gummirädern mit Kissen, Rucksäcken und vielen Kleidungsstücken, wie wir vorfanden, und über haushohe, rauchende Trümmerhaufen eilten wir durch die Häkergasse. In der Markthalle, ein rauchendes Stahlskelett, dachten wir, etwas Wasser zu bekommen. Aber in diesem Massengrab war nur Elend und Leichen. Frau Jacob, ein graues Gespenst nur mit einer Pferdedecke behängt, sagte nur immer: „Die Juwelen und Goldsachen sind im Keller." Längst war ihr Grundstück ein riesiger Trümmerhaufen. Wir liefen durch diese rauchende Wüste und wollten nach Ohra raus. Da dort noch Kampfhandlungen waren, wandten wir uns zur Allee nach Langfuhr hin. . .

Die Hitze und der Rauch quälten uns durch Durst, die Augen waren kaum zu öffnen. Da wir den Wagen hatten, ging es uns verhältnismäßig gut, viele blieben liegen oder ließen jedes Gepäckstück zurück. In der halben Allee gerieten wir unter Beschuß, auch da wieder eine Menge Tote. Wir gingen auf den Trinitatisfriedhof und tranken aus den Regentonnen. Der Haufe der Flüchtenden war unübersehbar. Eine Abteilung Russen führte uns und nahm sich, was ihr gefiel, besonders Koffer durfte keiner haben. Nach langer Zeit ging es weiter nach Langfuhr. Hier wieder Kontrolle und Männer heraus. Auch Herr Mietke mußte trotz Alter und Krankheit mit, wir haben ihn nie wiedergesehen. Uns trieb man eine Straße hoch, wo Russen mit Küchenwagen lagerten. Dort bettelten wir um Kaffee und erhielten Brot und heißen Kaffee, d. h. die ersten, denn für alle war nichts mehr da.

Nun sahen wir zu, daß wir fortkamen, denn wir glaubten, eine Unterkunft zu finden, aber die Hauptstraße bestand nur aus Ruinen. Alle Häuser unserer Bekannten waren nicht mehr da. Wir gingen in die Nebenstraßen, wo noch viele Häuser standen. Aus Trudchen Angels Wohnung nahm ich eine gefüllte Kaffeekanne, alles war von den Bewohnern verlassen. Von Pagels Haus war die Vorderfront weggerissen, ein Abgrund tat sich davor auf, und mehrere Blindgänger lagen umher, also weiter nach Hochstrieß. Die Kasernen, wenn nicht ganz ausgebrannt, so doch sehr zerstört. Wieder weiter. Am Strießbach in der Nähe der Gärtnereien lagerten wir uns und schliefen ein, trotz Regen und Kälte auf der nassen Erde. Nach einer Zeit, es war schon dämmrig, ging Frau F. in ein Haus, die Ari schoß grade wie verrückt und entnahm aus einem Kaffeekessel auf dem Herd unsere Kanne mit Kaffee, und wir hatten alle etwas Warmes zu trinken. Der Regen wurde stärker, und wir froren sehr.

Da gingen wir in ein auch ziemlich zerstörtes Haus und setzten uns auf die Treppe, denn die Keller und unteren Räume waren mit Flüchtlingen überfüllt. Allmählich wurden wir dreister und untersuchten die Zimmer. Ein Zimmer war bis zur Decke mit allem Möglichen gefüllt. Die Russen hatten wahllos alles hineingeschleudert und beschmutzt. Wir klemmten uns durch die Tür. Ein Ofen war im Zimmer. Nun begannen wir alles zu verbrennen, um uns einen bescheidenen Platz für die Nacht zu sichern. Bis zur völligen Dunkelheit hatten wir soviel Platz geschafft, daß sechs bis sieben Personen auf der bloßen Diele liegen konnten, wenn man eng zusammenrückte. Wir wickelten uns in unsere Decken und streckten uns aus, froh, ein Dach überm Kopf zu haben, denn Schnee und Regen wechselten immer ab.

Wenn wir aber dachten, etwas Ruhe zu finden, so irrten wir uns. In Gruppen von fünf bis sechs Russen kamen die Soldaten und nahmen uns unser bißchen Essen und was ihnen sonst noch gefiel, und dann hieß es wieder: „Frau komm!" Wer nicht gleich mitging, wurde grausam geschlagen und letzten Endes doch gezwungen mitzugehen, meistens im Treppenflur oder auf der Treppe oder auch in den oberen zerstörten Stockwerken wurden die Frauen mißbraucht, tierisch die Brüste zerbissen und furchtbar gequält, gleich immer von vielen hintereinander. Besonders unsere Frau Mietke, eine 67-jährige, wurde immer wieder geholt. Sie hatte ein Capottmützchen auf und große Brille und hat immer so kläglich gebeten, nichts half. In einem Kinderbett suchte ich Zuflucht, ganz in alten Büchern und Schutt gewühlt. Die

Arme hatte ich mir bewickelt, um den Mantel zu schonen. Da sagte der eine Russe zu mir: „Chory?“ (krank?). Ich bejahte dies, und er ließ mich in Ruhe aus Angst vor Ansteckung. Von da ab war das immer meine Ausrede, ich bekam sogar öfter Zigaretten, die ich dann den anderen Frauen gab, die leidenschaftlich rauchten.

Immer waren noch große Schießereien, immer noch Kanonendonner, daß das Haus bis in die Grundfesten schaukelte. Wir waren schon gar nicht mehr zurechnungsfähig durch Hunger und Angst. Am zweiten Tage kam ein deutscher Dolmetscher und forderte eine Frau, beim Leutnant sauber zu machen. Wir wußten, was das bedeutete, und keine ging mit. Da kam der russische Leutnant selbst, und alle heulten und zitterten. Da sagte ich als die Mutigste: „Ich komme mit, aber nur robotten, nicht — —“ und ging mit. Er brachte mich nur drei Grundstücke weiter in ein halb zerschossenes Haus. Hier hatte sich die berüchtigte GPU. reingesetzt, ca. 20—24 Offiziere und ein paar Mädels als oberstes Gericht. Hier sollte gegessen werden, Vorräte waren genug zusammengetragen. In den Zimmern waren jedenfalls Gefechte gewesen, denn Einschüsse in Wände und Decke, große Blutlachen überall und Spritzer an Wänden und Türen. Ich nahm einen Eimer Wasser, das ich aus dem Strießbach holen mußte, und fing an zu säubern. Dieser Ekel und Übergeben waren der Anfang einer Reihe Tage mit immer greulicherem Erleben, aber ich mußte weitermachen. Auch Kartoffeln schälen und in der Küche die groben Arbeiten machen, wenn ich ein Zimmer notdürftig sauber hatte, war mein Los von früh 5 Uhr bis nachts. Dann gabs einen Teller Suppe und ein Stück Brot. Allmählich kam ich auch durch die Zimmer rum und half beim Kochen, Brotschneiden usw. Auch zum Bedienen der Offiziere bei Tisch wollte mich eine der Kommissarinnen anstellen, doch die russischen Offiziere lehnten das ab aus Angst vor Vergiften.

Allmählich füllten sich die umfangreichen Kellerräume mit Gefangenen, meistens Frauen und Mädchen, aber auch viele Männer, von Kindern an bis zu Greisen. Die Kommissare und Kommissarinnen, meistenteils aus KZ.-Lägern deutscher Zeit, wurden jetzt zur Untersuchung der Gefangenen eingesetzt.

Nachdem Vfn. einiges über personelle Veränderungen beim Küchenpersonal berichtet hat, fährt sie fort:

In den Kellern unter uns herrschte das Grauen. Auf engstem Raum eingesperrt waren dort viele Hunderte Menschen. Einmal des Morges wurden sie auf den anschließenden Hof geführt, um sich zu entleeren. Tote blieben einfach liegen, kaum daß die anderen sie zur Seite räumten. Einmal brachte mir der Dolmetscher Kartoffeln rauf, die ganz mit geronnenem Blut bedeckt waren. Auf mein Befragen sagte er, daß sie einen Deutschen kurz und klein geschlagen hätten, weil er sich widersetzt hätte. Ein anderes Mal warfen die russischen Aufsichtsposten einen Eimer brennendes Karbid unter die Frauen, weil sie ihnen nicht gleich willfährig waren.

Vier Zimmer, zwei mit Kommissaren, zwei mit Kommissarinnen, wurden zur Vernehmung der Gefangenen eingerichtet. Die Vernehmung war einfach: Du bist bei der SS., SA. oder BDM. oder HJ. gewesen. Natürlich leugnete jeder. Dann ein Schlag mit der Reitpeitsche: „Du lügst, Du warst PG.!“ Bei weiterem

Leugnen wieder Schläge. Dann das Ergebnis: Ab zum Transport nach Sibirien. Nur solche Männer und Frauen oder Jugendliche, die schon zusammengebrochen waren, durften nach Hause gehen, um an der nächsten Ecke wieder aufgegriffen zu werden. So wurden manche drei-, vier- auch fünfmal zur GPU. gebracht, ohne sich wehren zu dürfen. Wenn so 2—300 Personen zusammen waren, wurden sie abtransportiert.

Ich war in der Küche neben einem Vernehmungsraum. Da baten mich die Frauen um Essen und Trinken. Ich reichte ihnen auch etwas. Da ließ mir der Russe durch den Dolmetscher sagen: wenn ich einem Deutschen was gäbe, würde ich totgeschossen. Nun, es sind Leute um weniger Grund erschossen worden.

Frau Brückmann wollte ihre Tochter von 12 Jahren nicht vor ihren Augen schänden lassen. Sie hielt ihre Inge, ein hübsches Mädel mit langem Kraushaar, im Arm. Der enttäuschte Russe knallte beide runter.

Frau Paaps Tochter, Frau Lemke, wurde von einem Russen überwältigt, ein alter Offizier wartete als nächster darauf. Als sie sich sträubte und ihre Mutter anflehte, erschoß sie der Russe, die Mutter kam mit einem Rückenschuß davon.

Auf dem Trinitatisfriedhof war die Leichenhalle mit Menschen bewohnt. Zwischen den Gräbern wurden die Frauen vorgenommen, ins Gärtnerhaus hineingeschossen, dadurch die Leute, die sich verkrochen hatten, getötet.

Dies alles spielte sich vor unseren Augen ab.

Das Wasser mußten wir aus dem Strießbach holen, täglich haben wir erst die Leichen daraus entfernt. Die wenigen Gartenpumpen haben die Russen nur für sich in Gebrauch genommen und dann zerstört. Krank und elend waren wir zum Umfallen, die Ruhr hatten wir alle. Die Toiletten ein Seuchenherd. Wir gingen im Garten über die Stange, Männlein und Weiblein nebeneinander und oft.

Durch die schwere Arbeit und ohne Schlaf fiel ich nach ein paar Tagen buchstäblich beim Saubermachen auf die Nase, und das Blut floß aus Mund und Nase. Nur mühsam ging ich nach Hause, kroch ins Kinderbett und wurde bewußtlos. Der Obornik kam mich suchen, als ihm gesagt wurde, ich sei sterbenskrank, sagte er: „Laß sie sterben!" — Ich schlief ca. 10—12 Stunden. Da rappelte ich mich wieder auf und ging arbeiten, denn alle warteten auf das bißchen Essen, das ich brachte, sonst wären sie verhungert. Der Obornik war im Grunde nicht schlecht zu mir. Als mich polnisch sprechende Frauen verdrängen wollten, sagte er: „Frau gut arbeiten, Frau bleibt, so lange ich bleibe." Er gab mir auch den Schlüssel zu dem Raum mit den Vorräten, gab mir auch reichlich Proviant mit. Er fragte, ob ich „famili" hätte. Ich gab sechs Personen an. Da gab er mir Brot (die Hauptsache), Fleisch, Zucker, Kaffee und Nährmittel soviel ich tragen konnte. Im Nebenraum war eine Wache von Russen. Als ich mit meinem Lebensmittelsack herauskam, räuberten sie mich aus. Das nächste Mal brachte mich der Obornik selbst bis zu unserer Gartenpforte. Das zweite Mal schickte er den einen Chauffeur mit, der trotz Kratzen und Schläge meinerseits gleich aufs Ganze ging. Dieser, ein ziemlich junger Kerl, hatte vier Finger jeder Hand mit Trauringen bis oben besteckt, aber abgeben tat er keinen, so oft ich ihm das auch bedeutete.

Wir hatten uns einen kleinen Vorrat an Lebensmitteln angelegt und gaben auch den Bewohnern des Hauses ab. Viele Eimer Essen mußte ich vergraben, auch viel gekochtes und gebratenes Fleisch, nichts durften die verfluchten Deutschen kriegen.

So ging es zwölf Tage unter harter Arbeit tagsüber und Angst und Schrekken nachts. Die Keller waren von Gefangenen geräumt, ein Zimmer war 1/3 voll Brieftaschen und Geldbündel sowie Pässe. Da wurden mehrere Lastwagen gepackt, die GPU. fuhr weiter nach Pommern. Viel Vorräte blieben zurück, 1 Faß Fleisch, Schmalz und Zucker, Erbsen säckeweise, Essig, Öl und vieles andere. Der Leutnant gab mir den Drücker zur Wohnung und sagte: „Alles für Frau." Da haben wir dann geschleppt, was wir konnten, gaben auch anderen was ab, und auf ein paar Wochen dachten wir genug zu haben. Aber nun traten außer Russen die Polen in Erscheinung.

Vfn. setzt im Anschluß hieran die Schilderung ihrer Erlebnisse unter den Polen und bei der Austreibung fort[1]*).*

Nr. 79

Erlebnisbericht der Frau Brigitte Pajain aus Danzig-Langfuhr.
Original, März 1952.

Erlebnisse nach dem Einmarsch der Russen in Danzig.

Es war am 27. März 1945 gegen 3 Uhr früh. Eine unheimliche Stille lag über Langfuhr. Wir hatten etwa drei Wochen nur im Keller gehaust und warteten, äußerlich ruhig und gefaßt, aber im Innern furchtbar erregt, auf die erste Begegnung mit den Russen. Wir spürten, daß sie an diesem Morgen kommen würde. Ich schaute ängstlich die Straße entlang und sah weit hinten den ersten russischen Panzer die Bahnhofstraße herunterkommen. Diese Nachricht ließ die Leute im Keller noch gespannter werden. Und dann war es so weit. Erste Durchsuchungen der Keller. Uns geschah nichts, man suchte nur nach versteckten Soldaten und Waffen. In Abständen kamen immer neue Soldaten in die Keller. Wir wurden etwas froher, denn uns geschah ja nichts. Wir trauten uns nun, da es heller wurde, zum ersten Mal auf die Straße. Außer vorbeifahrenden Panzern sah man nichts, die Front war nun in Richtung Danzig, und von dort hörte man das Dröhnen der Geschütze.

Ich besah mir unser Haus, es war auf der Straßenseite recht demoliert, denn ein großes Geschoß der Schiffsartillerie war vor etwa vier Tagen genau vor unserm Haus mitten auf der Straße eingeschlagen. Durch die Splitterwirkung wurde unser Haus sehr mitgenommen. Immerhin, die Zimmer unserer Wohnung waren einigermaßen erhalten, und wir waren Gott dankbar, daß nun der Krieg bei uns vorbei war. ...

Es mochte so gegen 8 Uhr früh des tragischen 27. März gewesen sein. Wir begannen gerade, befreit aufzuatmen, als die ersten Panjewagen in unserer Straße hielten. Und ehe wir recht begriffen, gingen 10, 20, 30 plündernde Russen durch Haus und Keller. Alle Einwohner flüchteten aus ihren Woh-

[1]) Die Schilderung der Austreibung abgedruckt unter Nr. 336 (Bd. I, 2).

nungen wieder zurück in die Keller. Was sich nun unseren Augen auftat, läßt sich kaum beschreiben. Unzählige Horden von Russen zogen raubend, plündernd, singend durch die Keller, alle waren sie betrunken, sinnlos warfen sie Eingemachtes von den Regalen herunter, zerschnitten sie Betten, Wäsche, Kleider, zerschlugen sie Kisten, Koffer und Schränke. Was ihnen gefiel, schleppten sie auf ihre Wagen, alles andere wurde zertreten, zerrissen, verwüstet. Koffer, Taschen und Rucksäcke wurden uns aus den Händen gerissen; Uhren, Ringe und Schmuck hatte längst keiner mehr. Verzweifelt, hilflos, verloren sahen wir dem Werk der Zerstörung zu.

Und dann begann für die Mädchen und Frauen die furchtbarste Zeit. Ich war damals 19½ Jahre alt. Als ich sah, wie unter Schreien und Weinen die Frauen in einen Keller gezerrt wurden, flüchtete ich auf den Hof. Hier wimmelte es von Russen, Pferden und Wagen. Die Garagen waren erbrochen, Fahrräder und Autos herausgeholt, jede Ecke, jeder Winkel wurde durchstöbert, alles wurde zerschlagen und zerbrochen oder weggeschleppt. Im Nu war ich umringt von diesen Horden, ich sah keinen Ausweg, es gab einfach nirgends ein Versteck für mich. Hilflos jagte ich hin und her, überall verfolgt. Und dann sah ich eine der Grauen Schwestern, die im Nachbarhaus eine kleine Kapelle und ein Altersheim hatten. Sie nahm mich mit, versah mich mit einem alten langen Mantel und versteckte mich bei den Alten aus dem Heim. Nur selten drangen in diesen Keller Russen ein, mit Lampen leuchteten sie die Alten an und gingen dann meist. Wir beteten hier laut und inbrünstig, stundenlang. Vielleicht würde ein Wunder geschehen, und wir würden befreit werden!

Als es Nacht geworden war, mußten wir den Keller verlassen und uns im Kellergang aufhalten. Meine Mutter hatte mich inzwischen dort gefunden. Sie hatte mich mit alten Decken und Kisten zugedeckt, und sich schützend vor mich gestellt. Es kam eine grausame Nacht. Stundenlang hörte ich aus dem Keller die Hilfeschreie der Frauen, Mädchen und Grauen Schwestern. Unentwegt schoben sich die Russen den Kellergang entlang, immer neue Opfer suchend. Meine Mutter wich nicht von mir, obgleich sie gestoßen und geschlagen wurde. Nur ihr habe ich zu verdanken, daß ich nicht gefunden wurde.

Gegen 5 Uhr früh wurde es endlich ruhiger. Die Russen waren schlafen gegangen, und ich wagte mich aus meinem Versteck. Die stickige Kellerluft trieb uns ins Freie. Ein unvergeßliches Bild bot sich uns: Unser Haus war ein Feuermeer! Ergriffen, verstört, ja, verständnislos sahen wir in die Glut. Nur Augenblicke, dann begannen wir vor Kälte zu zittern trotz der ungeheuren Hitze, die uns entgegenstrahlte. Wir gingen zurück in den Keller.

Später begann auch das Schwesternhaus zu brennen, die Russen vertrieben uns aus der kleinen Kapelle, in der wir auf unser Ende warten wollten. Im Nu waren wir ein endloser Menschenzug, der sich vorwärtswälzte, begleitet von Russen, die mit Schießen und Brüllen zur Eile antrieben. Alle Männer wurden aus dem Zug herausgesucht, sie wurden gesammelt und später in Lager gebracht. So waren wir nur noch Frauen, Kinder und Greise. Ich hatte weder einen Rucksack noch eine Tasche oder irgendwelches Gepäck, so wie ich aus unserer Wohnung davongeeilt war, über dem Kleid eine Schürze und dann den alten, langen Mantel, den mir die Schwester gegeben hatte, so zog ich mit meiner Mutter in diesem Elendszug mit. Viele der Flüchtenden schleppten noch einige Habseligkeiten mit, welche sie aber von Zeit zu Zeit fortwarfen, weil sie zu schwer wurden. Je länger wir gingen, desto mehr schrien die Kinder und blieben Greise liegen, von den Russen getreten und geschlagen. Wir zogen oft nur durch brennende Straßen, es sah so aus, als ob manche Straßenzüge gewaltsam angesteckt worden waren, denn die Häuser brannten gleichmäßig und zur gleichen Zeit. Ich sah auch Kabelschnüre, die von Haus zu Haus gezogen waren.

Wir kamen bis Oliva, dann gings nicht weiter, und es hieß: Zurück. Es kamen immer mehr Menschen hinzu, Tausende waren wir. Bis zur Dunkelheit wanderten wir auf unbekannten Pfaden, durch Wälder. An uns vorbei rollten Geschütze, Panzer. Es fing an zu regnen, vielleicht war es 23 Uhr, keiner von uns hatte ja eine Uhr. Wir mußten uns auf der Stelle niederlegen. Der Waldboden war naß und kalt, jedoch keiner widersetzte sich. Dann kamen unzählige Russen, unsere Begleitposten. Sie traten über unsere Körper und suchten sich mit Lampen ihre Opfer aus. Schreie gellten durch die Nacht, wenn die Frauen zum Lagerfeuer gezerrt wurden. Zwischendurch schossen die Russen durch die Luft, wenn sie sich wehrten. Ich wurde wie ein Wunder wieder nicht entdeckt, obgleich die Stiefel der Russen auf Kopf und Arme drückten.

Ich weiß nicht, wieviel Tage dieser Marsch gedauert hat, uns schien er eine Ewigkeit. Immer mehr Frauen, Kinder und Alte blieben liegen, immer wieder kamen Lastautos, in welche junge Mädchen hineingestoßen wurden, um sie für Sibirien zu sammeln. Grausam die hilflosen Schreie dieser Mädchen. Hätte ich nicht von einer Nachbarin ein ganz kleines, zwei Wochen altes Kind getragen, wäre ich sicherlich auch dabeigewesen.

Unvergeßlich, wie wir uns vor einer Reihe Stalin-Orgeln aufstellen mußten und diese dann plötzlich losdonnerten. Man quälte und peinigte uns, wo es nur ging.

Und eines Tages wurden wir ohne Bewachung weitergeschickt. Es hieß: „Nach Hause!" Bis zum Dunkelwerden wanderten wir, in einer Scheune legten wir uns nieder. Aber auch hier fanden wir keine Ruhe, Russen kamen und suchten Frauen und Mädchen heraus, unsere Hilfeschreie erstarben in der endlosen Verlassenheit, es gab nirgends Schutz oder Rettung.

Wir kamen später nach Oliva zurück und blieben eine Woche in irgendeinem Keller, der stockfinster und bereits überfüllt war. Tag und Nacht hier dasselbe, Vergewaltigen und Plündern der letzten Habe. Ich blieb wieder verschont, da ich mich tagsüber in einem Kohlenkeller unter den Kohlen versteckt hielt. In der letzten Nacht fand man mich. Meine Mutter versuchte mit den letzten Kräften den Russen von mir abzubringen, dafür schlug und würgte er sie. Dann ging er, um noch einen Kameraden zu holen. In der Zwischenzeit flohen wir aus dem Keller.

Auf dem Wege nach Langfuhr wurde ich von einer Streife angehalten, von meiner Mutter fortgerissen und mit etwa 30 anderen Mädchen in einen Keller gesperrt. Zwei Tage blieben wir dort, Hunger, Durst und Kälte quälten, sitzen konnten wir nicht, da der Keller voller Kohlen und ganz finster war. In der zweiten Nacht wurden wir von einem NKWD.-Offizier einzeln verhört. Je nach den Aussagen kam man in besondere Keller. Ich war nahe dem Zusammenbrechen, und konnte kaum auf die Fragen antworten. Auf Grund meiner körperlichen Verfassung kam ich am anderen Morgen mit etwa fünf Mädchen frei. Die anderen sollen später nach Sibirien gekommen sein. Auf dem Wege nach Hause wurde ich öfters zum Schuttaufräumen herangezogen.

Mit Aufbietung letzter Kräfte gelangte ich zum Schwarzen Weg zu Bekannten. Hier war das Haus voller Russen. Die Bekannten brachten mich auf den Boden, wo ein Pole bereits seine Braut, eine Berlinerin, versteckt hielt. Er versuchte jedesmal, die Russen von einer Durchsuchung des Bodens abzulenken. Meistens gelang es aber nicht, und wir mußten auf das völlig abgedeckte Dach klettern, wo ich dann zwei Nächte zugebracht habe.

Die Sorge um meine Mutter trieb mich dann nach Hause. Was ich von den drei Häusern vorfand, waren nur ausgebrannte Ruinen. Wann die beiden Gartenhäuser abgebrannt waren, weiß ich nicht.

Meine Mutter fand ich in der Baumbachallee in einem Keller. Zwei Wochen mußte ich mich noch versteckt halten, dann wurde das Vergewaltigen und Plündern verboten. Aber nun kamen die ersten Polen, sie setzten das grausame Spiel fort.

Es folgen noch einige abschließende Bemerkungen über das willkürliche und gewalttätige Benehmen der Polen.

Nr. 80

Brief des Bauern Theodor Dirks aus Güttland, Kreis Danzig-Land i. Westpr.
Beglaubigte Abschrift, 7. April 1946. Teilabdruck.

Einschiffung von Flüchtlingen in der Weichselmündung und vor Hela.

Vf. beschäftigt sich zunächst mit dem Problem der „Unterwanderung" der deutschen Bevölkerung des Freistaats Danzig durch Polen seit 1919 und fährt dann fort:

In meinem letzten Brief hatte ich Erlebnisse von meiner Flucht aus Güttland in Deinen Heimatort Schmerblock geschildert. Ich glaube, es war am 13. April, als ich von Einlage mit einem kleinen Minensuchboot, welches mit ca. 500 Menschen beladen war, nachts 2 Uhr in Richtung Hela abgefahren bin. Ich hatte schon die dritte Nacht gewartet, zuerst in Schiewenhorst am Anlegefeuer, wo aber der Andrang so groß war, daß Männer zurückgewiesen wurden und nur Frauen und Kinder bevorzugt verladen wurden. Tagsüber lagen die Menschen dann im Walde in Löchern, manche schon acht Tage lang, so auch auf der anderen Seite bei Nickelswalde. In Schiewenhorst war eine Verpflegungsstelle eingerichtet worden. Außer der Dampffähre waren noch drei Motorfähren in Gang, die Wehrmachtsfahrzeuge über die Weichsel setzten. Die Straße lag von Schiewenhorst bis Bohnsack gepfropft voll. Tiefflieger hielten reiche Ernte mit Bomben und Bordwaffen, manch ein Wagen lag ausgebrannt zur Seite geworfen. Zu Hunderten sah ich Wagen an der

Plehnendorfer Chaussee vom Damm geworfen. In Schiewenhorst waren damals erst wenig Häuser zerstört, in Einlage die Schleuseneinrichtung einige Male getroffen.

Das Warten, bis die Minensuchboote kamen, war nicht schön. Trotzdem war die Stimmung nicht schlecht, es gibt immer Menschen, die den Kopf nicht hängen lassen und die andern aufmuntern. Mädchen stimmten alle möglichen Lieder an, und wer mitkam, betrachtete es trotz allem Verlust und Leid als ein Glück, aus dem Kessel heraus zu sein, allerdings mit der einen Gefahr, noch auf hoher See angegriffen zu werden. So ist das Schiff „Gustloff“ vor Stolpmünde mit ca. 5 000 Menschen, Frauen und Kindern, untergegangen, und nur 500 sollen gerettet sein[1]). Ohne Zwischenfall landeten wir morgens 5 Uhr auf Hela[2]). Nachmittags ging es dann weiter, wieder mit einem Minensuchboot. Kurz vor Besteigen des Bootes hatten wir einen starken Tieffliegerangriff, viele Bomben fielen ins Wasser rund um den Verladesteg, es regnete noch eine Weile danach Wasser und Holzstücke. Dann schnell aufs Boot und zum großen Dampfer, bei dessen Besteigen noch ein Angriff, aber ohne Bomben. Die umliegenden Schiffe schossen stark Abwehrfeuer. Das Schiff hatte von einem früheren Treffer schon ein Loch, Handwerker waren an der Arbeit, es notdürftig auszubessern. Auf dem großen Walfischfänger war es alles andere als schön. Ca. 7 000 Menschen unter drei Decks inmitten schmieriger Maschinen.

Am Abend des 13. April muß sich der Koloß in Bewegung gesetzt haben, ein Schlepper half mit, da eine Maschine ausgefallen war. Ich habe während der Fahrt nicht die leiseste Bewegung gemerkt. Am nächsten Tage schoß dann noch einige Male die Bordabwehr, aber Bomben sind nicht gefallen, die Flieger kamen sehr hoch. An Bord gab es am Morgen etwas Kaffee und nach Eintragung in eine Liste zum Mittag einen halben Liter Roggenschlunz. Ich war damals noch gut von Hause aus versorgt. Am anderen Tage gegen Abend passierten wir die Kreideküste von Rügen, ein schöner Anblick, den ich noch nicht gesehen hatte. Das Schiff ging vor Saßnitz vor Anker. Hatte noch das Glück, mit einem Teil Wehrmacht ausgeladen zu werden, die anderen mußten bis zum anderen Tage warten. Das Schiff ist dann — es war dänisch — nach Dänemark gefahren. In einem Kino haben wir sitzend übernachtet.

---

[1]) Die Zahl der Geretteten beläuft sich auf 904. Vgl. Heinz Schön: Der Untergang der ‚Wilhelm Gustloff‘, 1952, Anhang.

[2]) In einem Bericht der Frau Elisabeth Hinz aus Danzig heißt es dagegen: „In Nickelswalde waren wir zwei Nächte, dann hieß es fort. Wir wurden am Abend auf einen Marineprahm verladen und sollten nach Hela gebracht werden. Im geschlossenen Raum kamen die Frauen mit Kleinkinder und wir oben aufs ungeschützte Wellblech. Schnee, Regen, Wind und Unsicherheit waren unsere Begleiter. Auf dem Vorschiff saßen einige Übermütige, die den Ernst der Lage nicht verstanden, sangen Schlager und spielten. — Da, auf hoher See ein großes schwarzes Ungetüm kam auf uns zu. Schreie, Weinen und Jammern durch die Luft. Wir wurden gerammt. „Hört auf zu jammern, betet und bittet den lieben Herrgott um Hilfe“, sagte ich. Die Nächstliegenden taten es laut und leise, unser Prahm hatte sich schon bedenklich auf die Seite gelegt, wir rutschten schon. Da wars, als ob unser Schiff einatmete, und es glitt wieder in die richtige Lage. Unser Kapitän kam zu uns und sagte, es wäre ein guter Engel gewesen, der uns geholfen hat, denn es sah für uns bedenklich aus. Unten war die Umfriedung abgerissen, und die Kinderwagen waren schwer beschädigt. Durchnäßt, mit den Nerven erledigt kamen wir in der Frühe in Hela an.“

Nr. 81

Erlebnisbericht des ehemaligen Kriegsmarinepfarrers Arnold Schumacher aus Gdingen i. Westpr.

Original, 23. März 1950.

Die Situation der Flüchtlinge im belagerten Gdingen und auf der Halbinsel Hela.

Bereits Anfang Januar 1945 begann der Flüchtlingsstrom, sich vom Osten gen Westen durch Gotenhafen (Gdingen) zu ergießen. Der Januar war besonders kalt und schneereich. Man muß wissen, daß Gotenhafen völlig frei liegt. Der Pole liebt Bäume nicht, so war in Gotenhafen immer ein besonders scharfer Nordostwind. Dieser Nordostwind in der Winterkälte war eine schwere Belastung für die Flüchtlinge, die in dauernd wachsender Zahl einströmten. Januar/Februar war es meist so, daß die Flüchtlinge Gotenhafen in Richtung Pommern durchzogen. Wochenlang zog Treck um Treck von Danzig her durch Gotenhafen in Richtung Lauenburg. Ein erschütternder Anblick, wie die Menschen aus dem Osten in einem kleinen Pferdewagen ihr Hab und Gut zusammengebracht hatten, um noch ein Weniges zu retten. In dem Augenblick, als die Hauptkampflinie immer näher kam, wurde die Situation entsprechend ernster. Im Hafen von Gotenhafen lagen ältere Kriegsschiffe der Marine, die pausenlos ihre Munition in Richtung der russischen Front abschossen.

Der evangelische Ortspfarrer hatte sich rechtzeitig nach Westen abgesetzt. In dieser Zeit übernahm ich in meiner Tätigkeit als Marinepfarrer auch noch die Verwaltung der verwaisten evangelischen Zivilgemeinde. Es war ein typisches Bild der damaligen Zeit, daß die Gottesdienste, je größer die Gefahr wurde, desto stärker besucht wurden. Über der ganzen Stadt lag eine unheimliche Spannung, die sich in manchem Verzweiflungsakt auswirkte. Ich entsinne mich noch sehr genau des 30. Januar 1945, als ich am Morgen meinem Admiral begegnete, der mir in tiefster Erschütterung erzählte, daß er soeben die Nachricht erhalten habe, daß die „Wilhelm Gustloff" untergegangen sei. Ich hatte noch am Tage vorher bei zwei Familien, die mit dem Dampfer gen Westen fuhren, getauft, und eine unendliche Zahl von Bekannten war mit diesem Dampfer abgefahren und nun ein Opfer des Krieges geworden.

Anfang März wurde die Lage immer bedrohlicher, als der Russe den Durchzug durch Pommern abgeschnitten hatte. So trat bald das grauenvolle Bild ein, daß die Menschenmassen vom Osten nach Gotenhafen kamen und vom Westen große Menschenmengen wieder zurückströmten. Gotenhafen war der einzige größere Hafen, aus dem noch eine Rettung zum Westen möglich war. Die Marine hat in dieser Zeit wirklich Großes geleistet. Schiff um Schiff jeder Art und Größe wurde mit Flüchtlingen gefüllt und fuhr ab. Im März nicht sehr lange vor dem Zusammenbruch kam der endgültige Befehl zur Räumung der Stadt von der deutschen Zivilbevölkerung. Auch hier wieder ein seltsames Spiel der Wiederholung alles Geschehens. In eiligster Flucht rettete sich die Zivilbevölkerung in die bereitstehenden Schiffe. Über Nacht war Gotenhafen, eine Stadt mit über 100 000 Deutschen, entleert. Totenstille in den Straßen bis auf die Trecks, die unentwegt hindurchzogen. Nach diesem

Tage zogen Flüchtlinge, die nun nicht mehr so schnell wegkonnten, in die leeren Wohnungen ein. Über Nacht waren wieder viele Zehntausende in Gotenhafen, die in den leeren Wohnungen Unterschlupf suchten.

Das Bewegendste dieser aufregenden Zeit war dies: Das Pfarrhaus stand im Mittelpunkt des Geschehens. Täglich wurden 30 bis 50 Menschen beerdigt, Alte und Junge, die die Strapazen der Flucht nicht mehr überlebt hatten. Pfarrer kamen mit großen Teilen ihrer Gemeinde durch Gotenhafen. Manche blieben noch einige Tage bei mir, besuchten Kranke, beerdigten mit, fuhren nach Hela hinüber und halfen dort auch noch im Gemeindedienst mit. Auf Wunsch der Flüchtlinge fand an jedem Morgen und an jedem Abend eine Andacht in der Kirche statt. Die Gottesdienste waren überfüllt. Es mußten extra Bibel- und Gebetsstunden eingerichtet werden, die immer wieder die Menge der Herumirrenden und nach Trost Suchenden nicht aufnehmen konnten. Die Beerdigungen waren mit die schwerste seelische Belastung. Särge gab es nicht mehr. Die Leichen wurden in Papiertüten gepackt und lagen auf dem Friedhof nebeneinander, Große und Kleine, Alte und Neugeborene. Zahlreiche erschütterte Menschen an den Gräbern, Mütter, denen die Tränen versiegt waren, weil das Leid über ihre Kraft gegangen war. Herzzerreißende Szenen spielten sich gerade in diesen Wochen an den Gräbern ab. Ins Pfarrhaus kamen besonders die Kinderreichen, die verzweifelt nach einer Möglichkeit suchten, mit ihrer großen Familie auf einem Schiff Platz zu finden. Gottlob gelang es uns immer wieder, Plätze zu chartern und die Marinestellen willig zu machen, den Alten und Schwerbeweglichen sowie den Müttern mit ihren Kindern, die ja zumeist ohne Vater die Flucht antreten mußten, Platz auf unsern Schiffen zu besorgen. Je mehr es in den März hineinging, desto geringer wurde die Zahl der Flüchtlinge, desto kleiner aber auch die Möglichkeit zur Flucht.

Mitte März rückte der Russe dann näher an Gotenhafen heran. Danzig war umstellt. Keile seiner Formationen rückten auf Adlershorst vor. Die Marine räumte weithin Gotenhafen und zog sich nach Oxhöft zurück. Die Gruppen des Heeres übernahmen die Verteidigung Gotenhafens. Zurückflutende Soldaten, eine aufgelöste Ordnung, Standrecht wurde erklärt, Soldaten, die desertiert waren, erschossen. Es wurden Zivilisten erschossen, die geplündert hatten. Ein Bild von völliger Auflösung von Sitte und Ordnung in der Stadt. Das Stichwort „sauve qui peut" hatte alle Ordnung zerbrochen. Die ersten Granaten schlugen in der Stadt ein, und dann ging es pausenlos. Nachts kamen Flieger und warfen Bomben ab.

Am 23. März ist es mir möglich, noch vier Schiffskarten für eine befreundete Familie nach dem Westen zu erhalten. Bis zum Mittag erfolgt heute kein Tieffliegerangriff, auf die Arieinschläge achtet man nicht so sehr scharf, und so ist es mir möglich, gegen 1 Uhr ziemlich rasch die Adolf-Hitler-Straße zu erreichen. Für 2 Uhr habe ich einen Elektrokarren zur Beförderung des Gepäcks bestellt. Gegen 13.30 Uhr setzt der erste Tieffliegerangriff ein, dem laufend weitere in Abständen von 5—10 Minuten folgen. Gleichzeitig erfolgt in nächster Nähe eine schwere Detonation, die ich anfangs für einen Bombeneinschlag halte. Fünf Minuten später eine weitere, noch schwerere Erschütterung. Es handelt sich um zwei schwere Arieinschläge in die Adolf-Hitler-Straße, der erste ca. 400 m, der zweite nur ca. 200 m entfernt in der Nähe der Stadtverwaltung. Große Staubwolken liegen über der Straße, anscheinend sind die oberen Stockwerke der sechs- bis siebenstöckigen Häuser abrasiert worden. Pferdegespanne jagen im Galopp die Straße entlang, Wagen mit verwundeten Gefangenen auf Stroh gebettet, einzelne Truppen mit Gefangenen zu Fuß dazwischen. Sie kann das alles nicht stören, sie laufen ihren ruhigen Trott.

Da das bestellte Fahrzeug nicht kommt, laufe bzw. jage ich von Haus zu Haus zurück zum Adolf-Hitler-Platz. Frisch gefallene Pferde liegen an verschiedenen Stellen des Platzes. Es sind in der halben Stunde mindestens vier Aritreffer in die Häuserreihe Deutsches Café — Hansa-Café erfolgt. Kaum bin ich da angelangt, startet ein Bombenangriff. Bei den ersten Bomben flüchte ich in den Luftschutzkeller von Bleck. Nach einer Viertelstunde ist es wieder ruhiger geworden, aber kaum bin ich draußen, ein neuer Tieffliegerangriff. Erst gegen 3 Uhr ist es möglich, den Fahrer zu bewegen, loszufahren. Ich gehe inzwischen zur Verwaltung zurück, um mich dort umzusehen. Da nichts vorliegt, gehe ich zum Hafen. An der Ecke Tirpitzstraße auf dem Fußsteig hat eine Granate eingeschlagen. Zwei tote Flüchtlingsfrauen mit ihrem Gepäck und einem Kinderwagen mit Säugling liegen vollkommen zerfetzt da. Bei einer Frau vermisse ich den Kopf. Tiefflieger sind von Kielau aus im Anflug, im Hausflur Hafendrogerie muß ich Deckung nehmen. Die MGs. knattern, Glas splittert. Nach 5 Minuten kann ich weiter, man watet durch Glasscherben. Im Polizeipräsidium muß ich wieder Deckung nehmen, die MGs. knattern wieder in verdächtiger Nähe.

Ein ziemlicher Strom von Flüchtlingen, hauptsächlich Frauen mit Kindern, mit Kinderwagen, allen anderen Fahrzeugen, zu Fuß und auf Pferdegespannen flüchtet die Straße entlang nach dem Hafengebiet. Auch sie stürzen alle paar Minuten in die Hausflure. Vom Polizeipräsidium komme ich gerade zwei Häuser weiter bis zur Bäckerei, wo eine Granate den dritten Stock z. T. zerstört hat. Wie ich die freie Strecke von der Hafenstraße bis zur Hafensperre schaffen soll, weiß ich noch nicht. Es gelingt mir aber, von da bis zur Brücke im Laufschritt zu kommen. Über Oxhöft und Kielau schwirren Dutzende von Fliegern herum. Der nächste Sprung von der Brücke bis zu den ersten Häusern gelingt, wo ich Deckung finde. Gegen 1/24 Uhr kommt der B-Karren mit dem Gepäck, ich fahre mit. In der Hamburger Straße kommen wieder Tiefflieger an, wir lassen uns nicht stören, in voller Fahrt geht es weiter, nur die Köpfe ziehen wir ein. Zehn Minuten später sind wir an Hafenbecken V, wo die „Walter Rauh" liegt, die die Flüchtlinge nach Kopenhagen bringen soll. Rund 3—4 000 Menschen drängen sich auf dem Kai, das Einschiffen geht langsam vor sich. Größeres Gepäck wird mit Seilen hochgezogen. Dreimal kommen Tiefflieger in bedrohliche Nähe, im Anflug sieht man das aufblitzende MG.-Feuer. Die Menschen brüllen, Kinder schreien und versuchen, hinter allen möglichen Gegenständen Deckung zu nehmen. Die zwei Vierlinge[1]) auf der „Rauh" zwingen die Angreifer aber immer zum Abdrehen. Langsam tritt wieder Beruhigung ein.

Punkt 13 Uhr werden die Brücken hochgenommen, da die Abfahrtszeit herangekommen und das Schiff voll besetzt ist (6 000 Mann). Rund 2—3000

[1]) Vierlings-Flak (2 cm).

Menschen müssen zurückbleiben. Betteln, Weinen, Schreien, Pfeifen, Johlen der Zurückbleibenden, jeder möchte noch mit. Die Sirene heult auf, die „Rauh" legt ab. Es ist inzwischen dunkel geworden. Im Osten leuchtet der Himmel blutrot, Zoppot brennt, ein grausig schönes Schauspiel. Ich gehe mit einem Kollegen zurück zur Stadt. Der Beschuß hat nachgelassen, nur einzelne Granaten schlagen in meiner Nähe ein.

Ich treffe noch Hunderte von Flüchtlingen auf dem Wege zum Hafen, sie wollen alle noch mit dem Dampfer wegfahren. Es ist ihnen nicht gesagt worden, daß die „Rauh" bereits um 13 Uhr ablegt. Die Letzten haben erst um 16 Uhr Nachricht bekommen, sie kommen weither, z. T. aus Adlershorst und Kielau. Man weint, man flucht, man brüllt, muß sich aber letzten Endes fügen und sich irgendwo in einem Schuppen ein Plätzchen für die Nacht suchen. Zurücklaufen wollen sie den Weg nicht mehr. Die Menschen sind verzweifelt.

Am Palmsonntag, dem 25. März 1945, verließ ich als fast letzter der Marine die Stadt, nachdem die Marine, wie bereits oben gesagt, nach Oxhöft verlegt worden war. Es war ein schauriger, kalter, klarer Palmsonntag. Die beiden Marinepfarrer sprangen von Haus zu Haus zum Hafen hin. Der Einschlag der 21-cm-Granaten und Beschuß von allen Seiten machten ein Gehen durch die Stadt unmöglich. Auf der Straße lagen tödlich getroffene Menschen und verendete Pferde. Erschütternd war der Anblick gerade der seufzenden Kreatur, die zum Teil angeschossen langsam verblutete, ohne daß sich ein Mensch um sie kümmern konnte. In der Frühe des Palmsonntags war ich noch in zwei Kellern und taufte dort Kinder von Marineangehörigen, deren Mütter infolge der Geburt nicht auf die Flucht gehen konnten. Es waren ergreifende Feiern innerster Beteiligung aller Anwesenden. Die Feiern selbst durch harte, dumpfe Einschläge in nächster Nähe unterbrochen, die uns alle daran mahnten, daß zwischen uns und dem Tode nur ein kleiner Schritt war.

Die Marine tat ihren Dienst in selbstloser Weise. Die Fähre nach Oxhöft hinüber wurde in Betrieb gehalten. Im Laufe des Vormittags, nach stundenlangem Marsch zum Hafen, der sonst in kurzer Zeit zurückgelegt war, kamen wir nach Oxhöft hinüber. Von der Fähre aus führte ein gerader Weg zur früheren U-Boot-Divisionskaserne. Auf dem Wege dorthin erlebten wir einen schauerlichen Tieffliegerangriff, der immer wiederholt wurde und bei dem sich die feindlichen Flieger die Mühe oder den Spaß machten, die sich im Grase Duckenden und in die Erde Einkrallenden durch Beschuß zur Strecke zu bringen. Oxhöft angefüllt mit Tausenden von Marinesoldaten. Oxhöft liegt in einem Kessel. Der Russe hatte die Oxhöfter Kämpe erreicht und schoß gnadenlos seine Granaten in die zusammengeballten Massen, die sich kaum mehr wehren konnten. Die Haupttätigkeit war für mich jetzt nur noch das Beerdigen und das Besuchen der schwerverwundeten und sterbenden Soldaten. Nur wenige Tage dauerte der Aufenthalt in Oxhöft, dann kam der Befehl, daß sich die gesamte Marine absetzen sollte. Wieder einmal hat die Marine das Meisterstück fertig gebracht und in einer Nacht mit Pontons und kleinen Booten ohne Verluste 35 000 Menschen von Oxhöft nach Hela übergesetzt.

Am Karfreitag kamen wir in Hela an. Hela einst ein altes deutsches Fischerdorf mit einer großen Kirche. Die Fischergemeinde eine kirchlich bewußte Gemeinde. Die Kirche stand in Hela buchstäblich im Mittelpunkt des

Lebens. Jetzt war Hela ein totes Stück Erde geworden. ... Die Häuser waren leer, zum Teil zerstört durch Fliegerangriffe. Nun kam Leben in dieses kleine Dorf, das einst etwa 800 Menschen beherbergt hatte. Im April waren es über 150 000 Menschen, die sich hier auf engstem Raum zusammendrängten mit der bangen Frage im Herzen: Gibt es noch eine Rettung? Täglich kamen Flieger und warfen wahllos ihre Bomben ab, die Menschen trafen. Tote blieben auf dem Felde liegen.

Was ist der Mensch? Diese Frage legte sich einem immer wieder in diesen Wochen auf Herz und Gewissen. Ging man durch den Hafen, so lagen dort tote Soldaten, verstümmelte Leichen. Jeden Tag fanden zahlreiche Beerdigungen statt. Immer wieder unbekannte Soldaten, niemand kannte sie, niemand wußte ihren Namen, niemand wird je erfahren, was aus ihnen geworden ist. Gerade dieses Erlebnis ist mit das bitterste des ganzen Krieges gewesen, daß in den letzten Monaten der Flucht ungezählte Menschen den Tod fanden, die nirgendwo registriert waren und deren Tod niemand erfährt. So warten irgendwo in Deutschland Menschen mit einer Hoffnung im Herzen, daß ihre Angehörigen doch noch eines Tages auftauchen. In Wirklichkeit sind sie als Unbekannte beerdigt oder im Meer versunken.

Ans Herz ging ganz besonders der Besuch auf den Lazarettschiffen, die von der Kurlandküste und der Nehrung hier täglich in großer Zahl einliefen. In den verschiedenen Decks der Schiffe lagen Mann neben Mann mit eiternden Wunden, stöhnend, seufzend, sterbend. Wenn ich hier durch die Decks hindurchging und zu den Einzelnen hintrat, da spürte ich etwas von der Schönheit des Trostamtes der Kirche. Wie dankbar waren die Männer für ein gutes Wort, für einen einzigen Blick, für einen Händedruck. Sie lagen ja völlig hilflos und verlassen da, jeden Augenblick in Gefahr, mit ihren Schiffen unterzugehen. Wie viele sind mit zerschossenen Gliedern, ohne sich noch retten zu können, mit ihrem Lazarettschiff in die Tiefe gesunken.

Am Ostermorgen predigte ich in der kleinen katholischen Kapelle, da die evangelische Kirche zerstört war, vor einer kleinen Schar von Soldaten. Alle andern waren in Alarmbereitschaft. Je mehr es dem Ende zuging, desto düsterer war das Bild in Hela. Große Mengen von Soldaten und Zivilisten retteten sich nach Hela auf Fährprähmen und kleinen Kriegsschiffen. Zehntausende standen am Kai und warteten darauf, daß sie ein Schiff mitnahm. Sobald die russischen Flieger kamen, flüchteten die Menschen unter die Bäume, in die Dünen und vergruben sich, um das Leben zu retten.

Gauleiter Forster tauchte noch einmal in diesen letzten Tagen in Hela auf, er redete dort sogar und verschwand dann aber sogleich[1]) mit seinem Gefolge auf einer Yacht gen Westen, ohne aber auch nur wenigstens der Form halber einen von denen mitzunehmen, die am Ufer standen und sich die Augen aussahen nach Schiffen, die vielleicht noch kommen konnten, um sie zu retten.

Im folgenden Abschnitt schildert Vf. die Bestattung eines Marineangehörigen auf See.

Wir fuhren zurück in den Hafen und blieben noch eine Weile zusammen. Plötzlich Alarmsignal. Höchste Alarmstufe. Wir eilten an Deck, über uns große

---

[1]) Vgl. den Bericht des Journalisten F. v. Wilpert, abgedruckt unter Nr. 75, S. 285 (Bd. I, 1).

Mengen feindlicher Flieger. Das kleine Boot schoß mit äußerster Kraft voraus aus dem Hafen und aus der Gefahr der herunterstürzenden Bomben. Dann sahen wir von See aus ein schauriges Bild, wie in das kleine Dorf Hela die Bomben fielen und wie Brand um Brand wie Leuchtfeuer in den Himmel stieg. Fast ganz Hela stand in Flammen. Das war der Untergang dieses kleinen Fischerdorfes, das einst fleißige und ehrbare Fischer beherbergt hatte und nun auch ein Opfer des Krieges wurde. Als ich in der Frühe des nächsten Morgens das mir lieb gewordene Hela durchzog, bot sich mir ein tieftrauriger Anblick dar. Überall Tote, die noch gehofft hatten, sich retten zu können, und nun doch noch den Tod gefunden hatten. Plötzlich kam von Gotenhafen herüber Beschuß der schweren Langrohr-Geschütze. Augenblick um Augenblick sausten die Granaten durch die Luft und schlugen in der Nähe ein. Hier heulten Menschen auf, dort wanden sich Sterbende im Todeskampf. Untergangsstimmung. Die Marine suchte mit ihrer kleinen Schar in den ehemals polnischen Bunkern Unterschlupf zu finden.

Am 4. Mai 1945 kam der Befehl, daß sich der Rest der Marine am nächsten Tage abzusetzen hätte. In zwei Minenräumbooten fand der Rest der Marine Aufnahme und fuhr am Sonnabend, dem 5. Mai, also drei Tage vor der Kapitulation, nach Westen.

Nr. 82

Bericht des Oberst a. D. Eberhard Schöpffer aus Elbing i. Westpr.
Original, 22. März 1952.

Die Situation der Flüchtlinge auf der Halbinsel Hela.

Nach den harten Kampftagen auf den Oxhöfter Kämpen kam ich mit meinem kleinen Stabe nach Hela und erhielt von dem damaligen Befehlshaber, General Specht, den Auftrag, die auf Hela landenden Flüchtlingsströme und Verwundetentransporte unterzubringen, zu verpflegen und für möglichst schnellen Abtransport nach dem Westen zu sorgen. Dieselbe Aufgabe hatte ich ebenso für diejenigen Truppen, wie Volkssturm und angeschlagene Verbände, die für den Kampf auf Hela nicht mehr in Frage kamen. Zur Durchführung dieser Aufgabe stand mir eine Anzahl äußerst tatkräftiger Unterstäbe zur Verfügung, denen allein ich es zu verdanken habe, daß das Ziel erreicht wurde.

Es war die Zeit, in der noch im Samland und in der Danziger Niederung mit Verbissenheit gekämpft wurde und in der die im Rücken dieser Kampfgruppen zusammengedrängten Flüchtlingsmassen auf Wasserfahrzeugen aller Art und Größe den rettenden Häfen von Hela zustrebten.

Zwei Häfen standen zur Verfügung: Der Fischereihafen für die Zivilbevölkerung und der Marinehafen für Truppen und Verwundete. Die größeren Schiffe mußten auf der Reede außerhalb des Hafens ankern der Wasserverhältnisse wegen und um den russischen Luftangriffen besser ausweichen zu können.

Da die Transporte nur in den späten Abendstunden wegen der Feindeinwirkung ihre Abfahrtshäfen verlassen konnten, trafen sie im Laufe der Nacht oder in den frühen Morgenstunden vor Hela ein, und nie konnten wir vorher erfahren, um welche Zahlen es sich handelte. Leider sind die genau geführten Kriegstagebücher verloren gegangen. Um aber ein Bild von den Massen zu geben, die in den schwersten Zeiten in einer Nacht in den Häfen von Hela ausgeschifft wurden, führe ich aus meinem Notizbuch eine Aufzeichnung an, die nicht vereinzelt dastand, sondern sich oft stoßweise alle zwei bis drei Tage wiederholte. Am 15. April lautet die Morgenmeldung: „Neu eingetroffen: 18 000 Verwundete, 33 000 Flüchtlinge und 8 000 Volkssturmmänner!"

Daß bei diesem Massenandrang nicht an eine ordnungsmäßige Unterbringung gedacht werden konnte, war klar, und es wurde dann nach folgender Anordnung verfahren:

1.) Die Lazarette, Schulen, ein Teil der Kasernen, Baracken und größeren Räume wurden den sehr umsichtig arbeitenden Ärzten für die Schwerverwundeten überlassen. Ein besonders dafür ausgesuchter Sanitätsoffizier mit seinem Stabe hatte die Verpflichtung, alle transportfähigen Verwundeten mit dem nächsten Geleitzug nach dem Westen abzuschieben, so daß am Abend möglichst viel Raum für Neuaufnahmen geschaffen wurde. Es war selbstverständlich, daß die Verwundeten den Vorrang auf den Transportschiffen hatten, und dank der Tatkraft des betreffenden Arztes und der starken Willenskraft der Verwundeten ging dieser Abschub auch reibungslos vor sich.

2.) Allen Flüchtlingen, mit Ausnahme der Kranken, Greise und Mütter mit kleinen Kindern, wurden Quartiere in den mit Kusseln bestandenen Dünen angewiesen, und ebenso kamen die abzutransportierenden Truppenreste und Volkssturmbataillone in das dünne Waldgelände. Diese Maßnahme erschien anfangs vielen als Härte, sie war aber bei den gewaltigen Zahlen, die nächtlich anfielen, notwendig und erwies sich auch als äußerst zweckmäßig, denn bei den warmen Nächten, die wir in der Zeit hatten, war ein Kampieren unter Zelten und Decken angenehmer als im stickigen engen Quartier, und vor allem waren diese Waldbewohner vor den Luftangriffen der Russen, die regelmäßig bei klarem Sonnenschein einsetzten, viel sicherer, da sie sich besser tarnen und durch Erdlöcher und Bunker vor Splitterwirkung schützen konnten. So erlebten wir es, daß die den Greisen und stillenden Müttern zugewiesenen Unterkünfte im Dorf Hela oft leer standen und die Einquartierten in den Wald gezogen waren. Wenn auch in diesen furchtbaren Schicksalsmonaten[1]) alle Mächte sich gegen das deutsche Volk gewendet hatten — — der Wettergott hatte Mitleid und milderte durch einen frühen und warmen Frühling die seelische Not des aus der Heimat vertriebenen Volkes.

Schwieriger als die Unterbringung war für mich die Durchführung der Verpflegung dieser in der Zahl täglich schwankenden Flüchtlingsmassen. Aber im Laufe weniger Tage wurde auch dieses Problem gelöst dadurch, daß alle auf Hela befindlichen Dienststellen uns unterstützten und die Vertriebenen selbst bei der Zubereitung und Verteilung der Kost halfen. Zunächst wurden alle großen Küchen und Waschkessel beschlagnahmt, in denen früh, mittags und abends Suppe gekocht wurde. Ein zufällig im Hafen entdeckter Verpflegungsprahm der Gauleitung Danzig mit drei gewaltigen Kochkesseln mit je 6 000 Portionen wurde ebenfalls in den Dienst der Kommandantur gestellt und ist uns wertvoll gewesen.

[1]) gemeint sind die Monate März und April.

Die Verpflegungsämter des Heeres und der Marine sorgten für Lieferung von Bohnen, Erbsen, Gemüse und vor allem Frischfleisch, das aus den Schlachthäusern der Danziger Niederung allnächtlich herübergeführt wurde. Dort war ja ein Teil der Trecks aufgelöst und wertvolles Zuchtvieh und Pferde in großen Mengen zum Schlachten freigegeben worden.

Da bei dem strahlenden Frühlingswetter die Russen fast täglich ihre Luftangriffe auf Hela machten und mit einigen Geschützen in unregelmäßigen Zeitabständen den Südzipfel der Halbinsel beschossen, mußten größere Ansammlungen von Menschen an den Ausgabestellen vermieden werden. Das brachte uns auf folgenden Einfall: Aus den Marine- und Privatwohnungen wurden die Badewannen herausgenommen und an geschützten Stellen im Walde verteilt aufgestellt. Dort wurden sie eingemauert und mit einer Feuerung versehen, die es ermöglichte, die in den Kesseln gekochte Suppe warmzuhalten. Es war also nur notwendig, das Essen mit Wagen von den Kesseln in den Wald zu fahren und die Badewannen zu füllen. Das klingt heute alles so einfach, und doch mußten diese Erfahrungen mit vielen Opfern erkauft werden, denn bei einer Ansammlung von Zigtausenden von Menschen gibt es natürlich Unvernünftige, die, verlockt durch das schöne Wetter, trotz Verbot ihre Waldlager verließen und an den Kochstellen im Dorf und den Barackenlagern Schlange standen. Wenn dann die russischen Flugzeuge ohne Warnung von See her erschienen und ihre Bomben in diese Ansammlungen warfen, gab es trotz der überall ausgehobenen Splittergräben Verluste, und die Waldbiwaks mit ihren Ausgabestellen wurden wieder geschätzt.

Aber die schwierigste uns gestellte Aufgabe war doch der Abtransport der sich auf Hela stauenden Massen. Sie war eine Sorge, die mit jeder glücklichen Landung neu angekommener Flüchtlinge wuchs und die uns Tag und Nacht nicht verließ. Und dabei war es rührend, zu beobachten, mit welchem Sicherheits-, ja, fast Glücksgefühl ein großer Teil der von Haus und Hof Vertriebenen die Küste von Hela betrat. Die armen Menschen waren tage- und wochenlang von der Angst und Sorge um ihr eigenes Leben und das ihrer Kinder und kranken Eltern gepeinigt auf den Straßen Ost- und Westpreußens hin und her getrieben worden. Rückblickend hatten sie ihre Heimatdörfer brennen sehen und von ihrer mitgenommenen Habe ein Bündelchen nach dem andern verloren oder freiwillig geopfert, um schneller vorwärts zu kommen. Im Samland, auf der Frischen Nehrung oder irgendwo in der Danziger Niederung von Panzern und Artillerieeinschlägen gejagt, hatten sie auch ihren Wagen, ihre treuen Pferde, vielleicht den geliebten Hundebegleiter verlassen müssen und waren dann, nur mit dem Nötigsten bekleidet, in die Boote an der Ostseeküste gesprungen. Man muß das Durcheinander der Verbände, das Zerreißen der Trecks und das Umherirren von Kindern und Kranken gesehen haben und sich in die bangen Seelen der Frauen und alten Männer versetzen, um das Gefühl der Geborgenheit zu verstehen, das die Angehörigen einer Familie oder Sippe beim Landen in dem Hafen von Hela empfanden.

Nicht alle, aber ein großer Teil der geflüchteten Familien und Dörfer war noch beieinander, sie zählten die Häupter ihrer Lieben und waren glücklich, wenn sie nach diesen unruhigen Trecktagen vollzählig die Sanddünen von Hela erreicht hatten. Die Angst vor dem Tode und vor Sibirien verflüchtete sich in einer Nacht, und vor ihnen strahlte die Sonne und belebte die Herzen mit neuem Mut. Der Gedanke: Nun sind wir gerettet und alle Not ist vorbei, beherrschte die Gemüter und ließ manches Ungemach auf Hela besser ertragen. Daß für sehr viele durch den Abtransport nach dem Westen durch russische Bomber und Seeminen noch schwere Gefahren zu überwinden waren und Trauer in viele Familien einzog, ahnten bei der Landung nur wenige.

Der Abtransport von Hela erfolgte auf Schiffen der verschiedensten Größe und Geschwindigkeit. Diese sammelten sich außerhalb der Danziger Bucht, wurden in Geleitzügen zusammengestellt und fuhren bei Einbruch der Dunkelheit, gesichert von Einheiten der Kriegsmarine, ohne Licht und Zeichen.

Das alles erforderte natürlich eine sehr genaue Organisation, denn schon das Herbeiholen der großen und kleinen Seedampfer mußte so geschehen, daß der von den Russen besetzten Pommernküste diese Bewegungen möglichst verborgen blieben und das Sammeln des Geleits sowie das Anbordgehen der Flüchtlinge und Truppen so schnell wie möglich gingen. Jeder kleine Fehler auf diesem Gebiet rächte sich furchtbar. Sofort setzten russische Fliegerangriffe ein, die Verwirrung in die zur Verschiffung bereitgestellten Menschenmassen und in die Flotte brachten. Schwere Verluste an Menschen und Material traten ein und stellten oft den Abtransport vieler Tausender in Frage.

Eine solche umfassende Organisation konnte nur von Sachverständigen der Marine vorgenommen werden, die einen für diese Zwecke besonders geeigneten Stab zusammengestellt hatten. Ich stand mit ihm in dauernder engster Verbindung und kann nur sagen, daß er mustergültig gearbeitet hat und unsere Aufgabe entscheidend unterstützt hat. Da die Schiffe aus Tarnungsgründen ihr Eintreffen auf der Reede von Hela durch Funkspruch nicht melden konnten, wußte der Transportoffizier bis in die Mittagsstunden selbst noch nicht die Anzahl und den Laderaum. Dann wurden diese Zahlen durch Meldung eines Marinefahrzeuges plötzlich bekannt, und schon begann eine fieberhafte Arbeit im Marine- und in meinem Stabe. Es galt, die Flüchtlinge in solchen Mengen zur rechten Zeit an den kleinen Fischerhafen zu bringen, daß die Leichter, die zum Transport vom Hafen zu den Schiffen erforderlich waren, in ununterbrochenem Hin- und Herfahren blieben.

Andererseits durften keine großen Menschenansammlungen sich am Hafen und im Ort Hela wegen der häufig um diese Zeit erfolgenden Fliegerangriffe zeigen. Man wird verstehen, daß ein zügiger Ablauf bei den Zigtausenden von Flüchtlingen nicht leicht war.

Wie glücklich waren wir, wenn am Abend eines solchen Transporttages die zur Abfahrt alarmierten und bereitgestellten 20 000 Menschen ohne Zwischenfall auf die Dampfer gesetzt waren und die Schiffe in der Dämmerung nach Westen fuhren. Aber welches grauenhafte Schicksal mußten die unglücklichen Menschen erleiden, die während der Verschiffung in einen Bombenangriff hineinkamen. Bei dem schmalen Mohlensteg, der zu den Leichtern führte, war es unvermeidlich, daß beim Sprung in die kleinen Boote Familien auseinandergerissen wurden. Mütter und Kranke waren unterwegs zu den großen Schiffen, während die Kinder noch auf der Mole auf den nächsten Leichter warteten. Wenn dann der gefürchtete Luftangriff einsetzte und eins dieser überladenen Zubringerboote durch Bomben versenkt wurde oder die

Transportflotte durch die Wucht des Angriffs gezwungen wurde, in See zu gehen, und nur mit halber Ladung den Kurs nach Westen nahm, dann war das Elend furchtbar. Kinder liefen umher und suchten ihre Mütter, und Frauen riefen nach ihren Kindern und beklagten den Tod ihrer Angehörigen, die vor ihren Augen den grausamen Tod in den Wellen gefunden hatten. Dann war es schwierig, die enttäuschten zurückgebliebenen Menschen in ihre Waldquartiere zurückzubringen und sie für den nächsten Tag zu vertrösten. Und welche Aufgaben mußten von den Dienststellen der Kommandantur außer der Feststellung der Stärken in den einzelnen Unterkünften, der Sicherstellung der Verpflegung für den kommenden Tag, der Bergung der Toten und der Überführung der Kranken und Verwundeten in die Lazarette an den Abenden solcher Unglückstage bewältigt werden.

Da fand z. B. die Streife auf dem Friedhof an der Dorfkirche ein in Windeln und Decken gewickeltes Kind von etwa neun Monaten. Es war kerngesund und schrie nur vor Hunger. Jetzt lag es auf dem Tisch des Kommandanten, der sich die größte Mühe gab, die Mutter ausfindig zu machen. Ein junges Mädchen in Schwesterntracht, die schon alte und kranke Leute betreute, nahm sich auch dieses Kindes an, und da die Mutter auch in den nächsten Tagen nicht zu finden war und die hilfreiche Schwester mit ihren Schützlingen abtransportiert werden sollte, bat sie mich, das elternlose Kind ohne Namen mitnehmen zu dürfen, und auf ihren Wunsch stellte ich ihr eine Bescheinigung aus, daß sie nicht die Mutter dieses Kindes sei.

Oder ich denke an die junge verzweifelte Mutter, die ihre beiden halbwüchsigen Kinder bei einem Fliegerangriff verloren und in einem Grabe auf dem Flüchtlingsfriedhof beerdigt hatte. Nacht und Tag saß sie an diesem kleinen Hügel und weigerte sich auf das entschiedenste, Hela zu verlassen.

So erlebte man bei jedem Rundgang durch die Lager Tragödien, die unbeschreiblich waren und die einem deshalb so nahe gingen, weil man zu schwach war, um wirklich helfen zu können. Denn schon kamen wieder die Morgenmeldungen mit den Zahlen der in der Nacht neugelandeten Flüchtlinge und Verwundeten, und die Aufgaben des anbrechenden Tages mußten gelöst werden. Vielleicht die schwerste Arbeit hatte der pflichttreue und pietätvolle Gräberoffizier mit seinen unermüdlich arbeitenden Männern. In den Sanddünen hinter dem Marinelager hatten wir einen neuen Friedhof angelegt, auf dem von früh bis zum Abend Massengräber ausgeschaufelt wurden, zweimal am Tage fanden Beerdigungen der in den Lazaretten gestorbenen schwerverwundeten Soldaten und der durch die Bombenangriffe gefallenen Flüchtlinge und Soldaten statt, nachdem die Namen durch die Erkennungsmarken und durch Ermittlungen bei den Angehörigen der Flüchtlinge festgestellt waren. Geistliche sprachen an den Gräbern, und in ruhigen Stunden wurden Kreuze errichtet und die Hügel mit Blumen geschmückt. Dort liegen auch viele meiner getreuen Mitarbeiter, die im Dienst um das Wohl und Wehe ihrer Mitmenschen ihr Leben dahingaben. Da gedenke ich besonders des Oberstleutnant Fritz mit seinem Stabe, der bei einem Fliegerangriff darum bemüht war, Kinder und Kranke von den Straßen in die Deckungsgräben und Bunker zu bringen. An seine eigene Sicherheit dachten er und seine Männer nicht, und so fiel er mit drei Unteroffizieren seines Stabes durch einen Volltreffer in dem Augenblick, in dem seine Aufgabe erfüllt war.

Mit der Aufgabe des Samlandes und der Einengung des Kampfraumes in der Danziger Niederung flaute der Zustrom der Flüchtlinge und der Verwundeten merkbar ab. Wir konnten jetzt genaue Bestandsaufnahmen machen und auch einzelnen Menschen mit Rat und Tat zur Seite stehen. Dabei stellte es sich heraus, daß die Zahl derjenigen, die Hela nicht verlassen wollten, nicht gering war. Die Gründe waren verschiedener Art. Zunächst waren es die eingesessenen Fischer, die nicht zu bewegen waren, Haus und Hof und ihren Beruf aufzugeben. Vielleicht mit einem gewissen Recht sagten sie sich, daß auch die Russen und Polen gerne Fische äßen, und sie deshalb hofften, der Gegner würde sie wieder fischen lassen.

Schwieriger waren schon die Fälle, in denen Flüchtlingsfamilien aus Ost- und Westpreußen nach monatelangem Umherirren nun auf Hela in irgendeiner Bretterbude oder in einem Waldbunker Zuflucht gefunden hatten. Sie hatten sich unter primitiven Verhältnissen aber doch ganz behaglich eingerichtet und wollten unter keinen Umständen ihr dürftiges Leben mit der Unruhe eines erneuten Trecks vertauschen. Die Unwissenheit über die militärische Lage und der Glaube an die Menschlichkeit der Sieger unterstützten ihren Willen, auf Hela das Ende des Krieges abzuwarten. Man wollte möglichst bald wieder in die Heimat zurück, denn da diese unschuldigen Menschen von Jalta nie etwas erfahren hatten, konnten und wollten sie nicht glauben, daß rechtlich denkende Christenvölker wie die Engländer und Amerikaner es dulden würden, daß ganze Provinzen, die seit Jahrhunderten von Deutschen besiedelt waren, nun restlos von diesen Deutschen geräumt würden. Wenn man sie auf ihr mögliches Schicksal in Sibirien aufmerksam machte, lachten sie und hielten das für „Goebbels-Propaganda". Es war erschreckend, mit welcher Unkenntnis und mit welchem Vertrauen in den Rechtssinn der Anglo-Amerikaner diese Menschen in ihr grausames Schicksal gingen, das nur durch einen frühen Tod sein Ende fand.

Ein zwangsweiser Abtransport war weder beabsichtigt noch durchführbar, denn wer den kurzen Augenblick der Einschiffung verpassen wollte, hatte Gelegenheit genug dazu. Immerhin gelang es mit ganz wenigen Ausnahmen, die Reste der Flüchtlinge in den ersten Tagen des Mai abzutransportieren, und ebenso waren in den Lazaretten nur noch Verwundete, die nicht transportfähig waren und die von der schmalen Helafront neu eingeliefert wurden.

Vf. erwähnt hier ein persönliches Erlebnis, welches die Mentalität mancher Soldaten in den letzten Kriegstagen charakterisieren soll.

Am 7. Mai stellte der Stab der Armee v. Saucken fest, daß die mir gestellte Aufgabe erledigt sei, und erteilte mir am 8. Mai mittags den Befehl, Hela zu verlassen. Ich durfte allerdings nur fünf Soldaten meines Stabes mitnehmen. Da alle verfügbaren Schiffe bereits mit Truppen überladen waren und niemand mehr an Bord nahmen, blieb uns nur noch die früher zwischen Pillau und Neutief hin und her pendelnde Fähre übrig, die sich im Helaer Hafen eingefunden hatte. Dieses tapfere Boot hat uns trotz Seegang und russischen Fliegerangriffen, ohne Karte und Kompaß und mit einer Besatzung, die weder das Zeugnis für hohe See hatte noch die Ostsee kannte, sicher in die Kieler Bucht gebracht.

Zusammenfassend kann gesagt werden, daß Hela das Schicksals-Sprungbrett für Hunderttausende deutscher Menschen wurde. Sie kamen hier an Land, gehetzt und geschunden, beraubt aller Habe und jeden Besitzes. Ihr Vertrauen und Glaube an die Menschheit und ihre Führung war bei der Mehrzahl verloren gegangen, und mit traurigen, leeren Augen gingen sie in ihre ungewisse Zukunft. . . .

Nr. 83

Bericht des Majors i. G. a. D. Udo Ritgen aus Gr. Falkenau, Kreis Rosenberg i. Westpr.

Original, 12. November 1952, 28 Seiten. Auszugsweiser Abdruck.[1])

Der Flüchtlingstransport von der Halbinsel Hela nach dem Westen.

. . . Da die Großschiffe in Geleiten nur noch die Reede von Hela ansteuerten, von dort aber der gesamte Verkehr zum Festland ausschließlich von kleinen Marinefahrzeugen durchgeführt werden mußte, entstand eine enorme Organisationsarbeit, deren Erfolg einzig und allein von der guten Zusammenarbeit aller Wehrmachtsteile abhing. Die Leitung der Seeleitstelle Hela war nun auf Grund eines Befehls vom AOK. Ostpreußen vom 28. März mir übertragen worden.

Vf. berichtet im folgenden von einer Besichtigungsfahrt nach Schiewenhorst in der Weichselmündung. Überall hinter den Gehöften stehen dicke Fahrzeugpulks der Zivil- und Flüchtlingsbevölkerung, gemischt mit Heeresfahrzeugen aller Art. Die Straße selbst ist frei. Feldgendarmerie regelt den geringen Verkehr.

An der Fähre von Schiewenhorst nach Nickelswalde gibt es einen Stopp. Flak hinter den Weichseldämmen hat den Luftschutz über diesen wichtigen Raum übernommen. In den Häusern von Schiewenhorst und Nickelswalde geht das Leben weiter. Die Menschen teilen mit den Flüchtlingen Dach und Nahrung, man hat die Sonntagskleider an und wartet auf Anordnungen und Weisungen, ja vielleicht auf den großen Umschwung, an den Unzählige noch immer felsenfest glauben. Welch kostbare Zeit wird in diesen Tagen und Wochen vertan! Warum wird die Bevölkerung nicht mit aller Energie abtransportiert? Freilich, es gibt nur die Möglichkeit über See, und der Schiffsraum ist knapp. Aber auch der vorhandene wird nicht voll ausgenutzt. Es gibt für diesen Tatbestand nur eine Erklärung: Die Bevölkerung glaubt in ihrer Masse blind an einen Umschwung der militärischen Lage und will sich daher nicht unnötig dem Risiko einer Evakuierung über See aussetzen. Die Nachrichtengebung des großdeutschen Rundfunks bestärkt sie auch täglich in ihren Vorstellungen, also bleibt man, wo man ist, und hat noch den Vorzug, unter eigenem Dach und auf eigenem Grund und Boden das Leben weiter-

[1]) Vf. hatte als Leiter der Seeleitstelle Hela die Schiffstransporte nach dem Westen zu organisieren. Die Ausführungen stützen sich auf seinen dienstlichen Schriftwechsel und auf Tagebuchaufzeichnungen. Die Abschnitte, die sich ausschließlich mit dem Schicksal von Truppeneinheiten und der Entwicklung der militärischen Situation beschäftigen, sind aus dem Bericht herausgenommen und ohne Kommentar als Auslassung gekennzeichnet worden.

zuführen und auf das Eigentum in Haus, Hof und Feld achten zu können, das unwiderruflich verloren ist, sobald man aufbricht. „So schnell gibt die Danziger Landbevölkerung ihre Scholle nicht preis" — sagt mir am Nachmittag ein Bauer in Steegen, und Stolz und Selbstbewußtsein leuchtet aus seinen blauen Augen im wettergebräunten Gesicht.

Aber diese psychologischen Faktoren sollen uns wenige Wochen später noch böse Kopfschmerzen bereiten, als die Räumung der Weichselniederung zur zwingenden Notwendigkeit wird und Zeit und Öl (der Treibstoff für die Marinelandungsboote) nur noch begrenzt zur Verfügung stehen.

Auf der Rückfahrt nach Hela steigt Vf. auf einen mit 500 Menschen besetzten Marinefährprahm, der gerade im Begriff ist, nach Hela auszulaufen. Ich lerne dann vor der Südspitze Helas, wo eine Anzahl Großschiffe liegt, die Schwierigkeiten kennen, die sich angesichts stürmischer See bei der Übernahme der Menschen ergeben.

Frauen und Kinder werden z. T. auf Ladegeschirr festgetäut und im hohen Bogen über den aufspritzenden Wellenkämmen schwebend übernommen. Angst und Schrecken stehen in den Gesichtern, und es dauert stundenlang, ehe die Menschen mit ihren kleinen und armseligen Bündeln, ihrer letzten Habe, eingeschifft sind.

...

Ein ganz schwieriges Problem ist die Unterbringung und sanitäre Versorgung der von Tag zu Tag ansteigenden Zivilbevölkerung der Halbinsel. Die Gefahr, daß eine Seuche oder Epidemie ausbricht, liegt auf der Hand. Die wenigen Häuser des alten Fischerdorfes sind längst überfüllt und, seitdem der Russe mit Langrohrgeschützen aus dem Raum Gotenhafen herüberschießt, auch nicht mehr gefragt. Auch die sich ständig steigernden Fliegerangriffe mit 50 und mehr Maschinen machten die Südspitze Helas für die Unterbringung all der Tausenden von Menschen ungeeignet. So entstehen in den Dünen und im Walde zwischen dem Ort Hela und Heisternest riesige Lagerplätze, in denen man sich mehr oder weniger „häuslich" einrichtet und auf die primitivste Art den Tag abwartet, wo ein Großgeleit ankommt und zur Einschiffung aufgerufen wird. Am Abend steigen Tausende von kleinen Rauchsäulen aus dem Walde empor, und immer wieder glühen - trotz unzähliger Warnungen - die offenen Lagerfeuer auf, um hastig ausgeworfen zu werden, wenn das Motorenbrummen nächtlicher russischer Störflieger sich nähert.

Die zweite Aprilwoche bringt der Halbinsel starke feindliche Luftangriffe. So wird am 5. April, trotz stärkster eigener Flakabwehr sowohl von den Schiffen wie von den Inseln aus, das Versorgungsschiff „Franken" getroffen und versenkt. Ein ganz schwerer feindlicher Luftangriff bei strahlend blauem Himmel erfolgt am 11. April. An diesem Tage werden die voll besetzten Schiffe „Posen" und „Moltkenfels" vernichtend getroffen. „Posen" geht unter, „Moltkenfels" brennt aus. Hunderte finden den Tod. Sonntag, den 15., greift der Feind wiederum in mehreren Wellen Hafen und Reede von Hela an....

... Trotz dieser starken Angriffe gelingt es am 15. und 16. April, beträchtliche Einschiffungen vorzunehmen. Hier einige Zahlen (Originalmeldungen sind vorhanden):

15. April:	Irmtraud Cords,	Swinemünde	2 000 Soldaten	
	Charlotte Schröder	„	1 600 „	
	Dora Ahrens	„	1 012 „	
	Mat. Stinnes	„	4 000 „	
	Eberh. Esberger	„	4 500 „	u. 1 500 Flüchtl.
	Fährsch. Deutschland	„	2 000 „	
	Laz.Schiff Pitea	Stralsund	1 040 Kranke u. Verw.	
	„ „ Adler,	Kopenhagen	850 „ „	
	„ „ Pretoria	„	2 000 Verw. u.	200 Flüchtl.
16. April:	F. S. Möve	Kopenhagen		1 600 „
	Merkator	„		1 450 „
	Goya	Swinemünde	1 800 Soldaten	3 500 „
	Sturmfels	„	200 „	5 700 „
			21 002 Soldaten	13 950 Flüchtl.

. . .

Doch noch einmal zurück zu den Tagen um den 20. April. Mit Ungeduld warten wir auf weitere Großschiffe, um die aus dem Danziger Raum ständig herausströmenden Menschen weiter transportieren zu können. „Zehntausende von Menschen warten auf den Abtransport“, so verzeichnet es mein kleines Tagebuch. Am Abend drängen sich die Menschen, Soldaten, Frauen, Kinder und Männer, um die Rundfunkempfänger und hören die Rede Goebbels‘ anläßlich des Führergeburtstages. Die Leute sind begeistert, mit neuen Hoffnungen kriecht jeder in sein Erdloch im Walde und wärmt sich am qualmenden Feuer die kalten Glieder. — Es ist unvorstellbar!

Am Sonnabend, dem 21. April, stehen in der Frühe 9 Großschiffe auf Hela-Reede. Die Einschiffung und Beladung trotz leichten Artillerie-Feuers auf Hela-Hafen und Hela-Reede wird mit aller Energie vorwärtsgetrieben. Am Abend sind 28 000 Personen, Soldaten, Verwundete, Kranke, sowie eine über 10 000 Köpfe betragende Zahl von Flüchtlingen an Bord. Die Schiffe laufen noch in der Nacht unter starkem Marinegeleit nach Westen ab. . . .

Auf Hela ist die ganze Situation den Tausenden nicht richtig gegenwärtig. Sie sind froh, daß noch Verpflegungsvorräte vorhanden sind, und schauen voll Hoffnung auf den immer stärker werdenden eigenen Flakschutz, dem es gelingt, die russische Luftwaffe bei ihren Angriffen erheblich zu stören.

Mit Hochdruck werden die Verschiffungen weitergetrieben. Am 25. April verlassen 5 000, am 26. April 8 000 Menschen die Insel. Kaum sind am 26. die drei großen Schiffe ausgelaufen, als ab 14 Uhr schwere Luftangriffe den Kriegshafen treffen.

In mehreren Wellen fliegen die Russen die Südspitze Helas von allen Seiten an, zersplittern die Abwehr und richten im Hafen schwere Schäden an. Ca. 200 Tote sind am Abend als Opfer zu beklagen, ein Dampfer und vier MFP[1]) haben schwere Treffer erhalten.

Der 27. April ist trübe und verhangen, das ist ein großes Glück. Sieben Großschiffe sind da, sodaß 24 000 Menschen nach Kiel und Kopenhagen abfahren können. Der Gegner, der nun auch von Großendorf vorrückt, um auf

[1]) MFP = Marinefährprahm.

dem Landwege die Basis Hela auszuschalten, wird dort glatt und ohne Schwierigkeiten abgewiesen. In den frühen Morgenstunden des 28. April gegen 3 Uhr fahren russische Schnellboote einen Angriff auf den auf Hela-Reede liegenden Dampfer „Emilie Sauber". Das Schiff wird mittschiffs getroffen, geht auf Grund und ist verloren.

...

Am Montag, dem 30. April, ist kein Schiff auf Reede. Wir funken sofort nach dem Westen: „An Land (auf Hela) etwa 3 000 Verwundete, 25 000 Flüchtlinge, 24 000 Soldaten, großer Schiffsraummangel. AOK. Ostpreußen i. A. R." (Original vorhanden.)

So warten bis hinauf nach Heisternest noch ca. 52 000 Menschen auf den Abtransport, die Halbinsel läuft fast über. Die von mir um 12.30 Uhr abgesetzte Funkmeldung an Wehrmacht-Führungsstab lautet ganz knapp „Hela an: Fehlanzeige". (Sie bezieht sich auf den ausgebliebenen Schiffsraum, im Original vorhanden).

...

In dieser schicksalhaften und historischen Nacht[1]) holen wir von Kahlberg die letzten deutschen Soldaten von der Nehrung herunter. Die MFPs. bringen von dort 1 212 Soldaten und 325 Verwundete zurück. Von Schievenhorst werden 8 440 Soldaten, 555 Verwundete, 150 Mann Sanitätspersonal, 1 660 Flüchtlinge und 35 Zöllner herübergeholt. Die ganze Nacht sind wir auf den Beinen und in Tätigkeit.

Am Morgen des 2. Mai stehen die Dampfer „Weserstrom" und „Sachsenwald" auf Reede. Sie laufen in der Nacht zum 3. Mai mit 5 150 Verwundeten, 3 000 Flüchtlingen und 400 Mann Sanitätspersonal nach Kopenhagen, zuzammen 8 550 Menschen. Schon am Nachmittag dieses Tages gingen die Torpedoboote T 108 und T 36 mit je 150 Flüchtlingen in See, Kurs Westen. Am 3. Mai 1945 melden wir zusammen mit der 9. Sicherungsdivision an den Wehrmacht-Führungsstab u. a.: „— — — Im Monat April wurden nach dem Westen abtransportiert 387 076 Menschen. Von Pillau, Kahlberg, Schiewenhorst und Oxhöfter Kämpe nach Hela mit MFP. und Sicherungsfahrzeugen 264 687 Menschen — — —" (Originale vorhanden)

Die Zahlen, so nüchtern sie sein mögen, sprechen für sich. Kaum ein Mensch ahnt, welche Anstrengungen nötig waren, um diese Transportleistungen unter den obwaltenden Umständen herauszuholen.

Die folgenden Tage bis zum Abend des 8. Mai 1945 stehen den vorangegangenen nicht nach. Dabei ist nicht zu vergessen, daß der Abtransport nach dem Westen nur die eine Hälfte der Sorgen der Führung darstellt. Die Zuführung von Munition, Verpflegung, Bekleidung,Treibstoff usw. in die Kampfräume ist eine Aufgabe, die ebenfalls größte Energie allen Beteiligten abverlangt, denn jede Tonne der Versorgungsgüter, die die Schiffe bis zur letzten Stunde aus dem Westen mitbringen, muß entweder in dem unzulänglichen kleinen Hafen Helas gelöscht werden, um auf die MFPs. verladen oder aber zunächst auf der Insel untergebracht zu werden. ...

---

[1]) Vom 1. zum 2. Mai 1945; Nachricht vom Tod Hitlers und der Nachfolge Dönitz in den höchsten Führungs- und Regierungsämtern.

Als ich an einem der letzten Apriltage nachmittags durch den Wald zur Bunkeranlage Krakau fahre, stoße ich auf einen Pulk Menschen, die, wie alle andern auch, auf dem feuchten Waldboden lagern. In Abständen stehen Polizeileute herum. Es handelt sich um das ehemalige KZ.-Lager Stutthof, 750 Köpfe stark, das in der Nacht zum 30. April nach Hela herübergeholt wurde. Ich spreche mit den Leuten. Sie alle haben nur zwei Wünsche vorzubringen: Verpflegung und Abtransport nach dem Westen! — Noch am Abend werden ihnen Nahrungsmittel zugeführt, ihre Verschiffung erfolgt am 29. April 1945 auf dem Schiff „Ruth“ und dem Schlepper „Pregel“, der außerdem noch 30 Flüchtlinge mitnimmt. Hierbei waren zeitweise psychologische Widerstände in Anbetracht der Tausende von Zivilisten, die auch sehnsüchtig auf den Abtransport warteten, zu überwinden. Aber der Gedanke, daß im Falle eines plötzlichen Kampfendes eine Gruppe höchst unzuverlässiger Elemente auf der Insel zurückgeblieben wäre, führte dann doch zu der Entscheidung eines alsbaldigen Abschubs. In jedem Fall sollte die Zukunft dieser Menschen eine weitaus leichtere sein als die der ca. 80—90 Tausend Deutschen, die nach dem 8. Mai 1945 in russische Gefangenschaft gingen.

... Nacht für Nacht holen die schneidigen Kommandanten der MFPs. mit ihren Besatzungen Tausende[1]) von Schiewenhorst und Nickelswalde ab. Dabei lassen sie sich von den großen Scheinwerfern, mit denen die Russen von Gotenhafen über die See leuchteten, nicht irre machen. Schwieriger ist es schon, die Flüchtlinge, die sich überall in dem Weichseldamm Erdhöhlen und Unterstände gebuddelt hatten, schnell und rechtzeitig an die Anlegestellen zu bekommen. Immer wieder laufen auch in diesen Tagen Meldungen darüber ein, daß sich die Menschen im Raum Schiewenhorst-Nickelswalde alle zu viel Zeit lassen und erst nach Zureden und unter Anwendung „sanfter Gewalt“ die MFPs. besteigen. Das klingt unglaublich, läßt sich aber an Hand einer schriftlichen Meldung der 13. Flottille vom 29. April 1945 dokumentarisch nachweisen.

So heißt es z. B. in einer mir am 29. April 1945 abends vorgelegten Meldung u. a.: „Nach Meldung 13. Flottille sind die aus der Weichselniederung einlaufenden Prähme erstmalig voll ausgenutzt worden“ — (im Original vorhanden). Die Zahl der in dieser Nacht durch 24 MFPs. abtransportierten Menschen beträgt: 6 755 Soldaten, 1 030 Verwundete, 1 315 Flüchtlinge. Ob die bei der Einschiffung und Verladung in Schiewenhorst und Nickelswalde zeitweise auftretenden Schwierigkeiten auf das Versagen militärischer oder ziviler Dienststellen zurückzuführen ist, läßt sich heute mit Bestimmtheit nicht mehr sagen. Fest steht nur, daß auch die Zivilbevölkerung sich oftmals sträubte, die Fahrt nach Hela herüber anzutreten, weil sie einfach nicht den Absprung finden konnte und auf dem Standpunkt stand: morgen ist auch noch ein Tag!

...

Der 5. Mai bringt den Menschen auf Hela neuen Auftrieb und der verantwortlichen Führung insofern Erleichterung, als mehrere Großschiffe, unter ihnen die Dampfer „Hansa“, „Linz“, „Nautic“, „Isar“, „Ceuta“ und „Pompeji“ sowie eine Reihe von Zerstörern und Torpedobooten, unter ihnen „Galster“, „Riedel“, „Lody“, Z 23, Z 25, T 28, 17, 19 und T 35 auf Hela-Reede stehen. Die Einschiffung erfolgt bei hereinbrechender Dunkelheit

[1]) Soldaten.

und wird trotz Artillerie-Feuers aus Gotenhafen zügig durchgeführt. Die Masse der Schiffe kann am 6. Mai früh 8 Uhr nach Westen in See gehen. Rund 43 000 Menschen haben Hela verlassen. In der gleichen Nacht, in der die Großverladung erfolgt, bringen MFPs. aus Schiewenhorst und Nickelswalde 12 180 Soldaten, 910 Verwundete und 270 Flüchtlinge zurück.

...

In der Nacht 6 Uhr schweigen die Waffen. Fünf Jahre, acht Monate und acht Tage grollte ihr Donner über die ganze Welt. Der Kampf ist aus. Als die Sonne am 9. Mai 1945 strahlend über der ruhigen blauen See aufgeht, steuern unzählige Schiffe aller Typen gen Westen. Tausende sind an Bord und schauen nach dem kaum noch erkennbaren schmalen Landstrich Helas herüber. Langsam versinkt die langgestreckte Halbinsel hinter der Horizontlinie. Ca. 60 000 Zivilisten, Soldaten aus allen Gauen des Reichs, ost- und westpreußische Landsleute, an der Spitze der Oberbefehlshaber der Truppen mit seinem Stab, General der Panzertruppe v. Saucken, bleiben ... zurück.

Nr. 84

Erlebnisbericht von C. Adomeit aus Heilsberg i. Ostpr.

Original, 21. Mai 1952.

Untergang der „Goya" in der Nacht vom 16. zum 17. April 1945.

In der Nacht vom 16. bis 17. April 1945 00.15 Uhr sank in der Höhe von Stolpmünde der Passagierdampfer „Goya" mit ca. 6—7 000 Soldaten, Verwundeten und Flüchtlingen[1]) nach zwei Torpedovolltreffern. Das Schiff sank innerhalb von 15 Minuten, und nur 165 Menschen überlebten eine der größten Schiffskatastrophen.

Wie konnte es zu diesen gewaltigen Katastrophen kommen? „Wilhelm Gustloff" mit 5 000 Menschen an Bord[2]), „General Steuben" mit 3 000 und nun die „Goya" in den letzten Kriegstagen mit fast 7 000 Menschen.

Um die ganzen Zusammenhänge zu erfassen, greift der Tatsachenbericht auf die letzten Kriegsmonate zurück und vermittelt ein Bild von der damaligen Lage und den letzten schrecklichen Wochen an der Heimatfront.

Seit Januar 1945 tobten um und in Ostpreußen die harten Abwehrkämpfe gegen einen Gegner, der an Waffen, Material und Menschen vielfach überlegen war und seit Monaten diese Operation vorbereitet hatte. In der Gegend von Heilsberg wurde in aller Eile das VII. Panzerkorps neu aufgestellt. Die Aufstellung war noch gar nicht vollendet, da erfolgte der russische Großangriff an verschiedenen Punkten, und so vollzog sich der Einsatz im Raume Zichenau, Neidenburg, Allenstein, Guttstadt, Liebstadt, Wormditt, Heilsberg, Heiligenbeil. Das VII. Panzerkorps gehörte zur 3. Armee und hatte in diesen Kämpfen viele harte Tage. Nach der Herausziehung und Neuaufstellung im Raume von Danzig erfolgte der neue Einsatz in der Tucheler Heide, Konitz, Schlochau, Rummelsburg, Schlawe, Stolp. Nach hartnäckigen Kämpfen stellten sich die

[1]) Der Major i. G. a. D. Udo Ritgen gibt in seinem Bericht über seine Tätigkeit als Leiter der Seeleitstelle Hela die Zahl der am 16. April 1945 in Hela auf die „Goya" eingeschifften Personen mit 1 800 Soldaten und 3 500 Flüchtlingen an, d. h. mit insgesamt 5 300 Personen. Vgl. den voranstehenden Bericht S. 320.

[2]) nach der Schiffsliste waren es 6 100.

Reste der 2. und 3. Armee im Raume Danzig-Gotenhafen zum letzten erbitterten Abwehrkampf. In diesem Höllenkessel vollendete sich das Schicksal der eingeschlossenen Armeen. Tag und Nacht pausenlose Angriffe von Bombern, Schlachtfliegern, Panzern, Infanterie- und Trommelfeuerwellen. Die Übermacht war in den letzten Tagen 8- bis 10fach, und infolge der großen Verluste an Menschen und Material und dem Durchbruch bei Zoppot wurde der Raum um Gotenhafen immer kleiner. Da entschloß sich General v. Kessel zur Aufgabe von Gotenhafen und Absetzung nach der Halbinsel Hela. In einer gutangelegten Aktion gelang es, im Vereine mit der Kriegsmarine fast sämtliche Restteile der zerschlagenen Divisionen nach Hela zu überführen.

Die Halbinsel Hela war bereits seit Wochen die Zufluchtsstätte von Zehntausenden von Flüchtlingen aus Ostpreußen, Westpreußen, Danzig, Pommern usw. Tausende von Leicht- und Schwerverwundeten warteten auf ihren Abtransport. In den Wäldern, Häusern, Bunkern, Kellern lagen die Menschen, um dem drohenden Schicksal zu entgehen. Die Halbinsel wurde nun zum Ziel ständiger Angriffe russischer Bomberverbände, besonders der Kriegshafen von Hela mit dem regen Schiffsverkehr.

Nach der Einnahme von Gotenhafen setzte der Russe auf Artillerie, und so lag Tag und Nacht Störfeuer auf Hela! Langsam wurden die Menschen mürbe gemacht, und 10 000 beseelte nur eine Hoffnung, heraus aus diesem Inferno; möglichst bald einen kleinen Platz auf irgendeinem Dampfer oder Transporter zu erhalten, um nach Dänemark oder Schleswig-Holstein zu gelangen. Der Leidensweg dieser getriebenen Menschen geht seit mehreren Monaten durch Wind und Wetter, Hunger, Schneestürme und Kälte. Wo ist die Habe, Pferd und Wagen? Irgendwo stehengelassen, zerbrochen, zerschossen, zerschellt. Von Schlachtfliegern, Panzern vernichtet und verbrannt.

Niemals wird sich feststellen lassen, wieviel Menschen in diesem Treiben gestorben, gefallen, verschollen und verschleppt wurden.

So wird die Halbinsel Hela langsam von den Bombern und dem Artilleriefeuer zum Trümmerfeld gemacht. Laufend gehen Geleitzüge nach dem Westen, um vor allem die Verwundeten, die seit Tagen in ihren Notverbänden liegen, wegzubringen. Dazu Frauen, Kinder, alte und kranke Personen.

In diesen Tagen erreicht uns der Befehl vom OKH.: Herausziehung des gesamten VII. Panzerkorps nach dem Raume Mecklenburg-Vorpommern. Neuaufstellung, Entsatz von Berlin.

So nahm des Schicksal seinen Lauf. Zurück in den Kriegshafen von Hela. Unter ständigen Angriffen wurden die Transporter bei Tag und Nacht laufend beladen, und so ist die Masse des VII. Panzerkorps bald verladen. Die Schiffe sind oft zum Bersten voll, und man macht sich Gedanken und hat bereits aus Berichten von dem tragischen Schicksal der „Gustloff“ und der „Steuben“ gehört.

So gehören wir zum Restkommando, und es erfolgte unsere Einschiffung auf dem größten Transporter, der „Goya“. Ein schöner, warmer, klarer Apriltag! Nach Übernahme unseres Gepäcks und Geräts befinden wir uns an Bord, und sind nun bei dem Wetter eine schöne Zielscheibe für die angreifenden Bomberverbände. So erleben wir drei Angriffe, doch ist es für die Russen nicht einfach, durch den dichten Sperriegel ihren Bombensegen anzubringen. So wird die „Goya“ von einer einzigen Bombe gestreift, dafür ist das Wasser umso mehr aufgewühlt und eine Fähre getroffen. In den Abendstunden ist die Beladung, besser Überladung, beendet, und mein Blick streift noch einmal die Steilküste von Gotenhafen, die gut zu erkennen ist. Weiter geht der Blick über Soldaten aller Formationen, Leicht- und Schwerverwundete, Frauen, Mütter und Kinder. Die Gesichter zeigen alle die Spuren der letzten Wochen und Monate.

Um ca. 20 Uhr setzt sich der Geleitzug in Richtung NW in Bewegung. Als zusätzlichen Begleitschutz erhalten wir nur zwei K.-Boote der Kriegsmarine[1]). Um ca. 21 Uhr treffe ich noch verschiedene Kameraden meiner Einheit, und sind wir erstmals froh, der drohenden Gefangennahme eines siegesberauschten Gegners entgangen zu sein.

Längst ist es dunkel geworden, und wir haben eine sternklare Nacht. Langsam wird es kühl, und man merkt eine leichte Brise. Überall stehen und liegen in Mäntel und Decken gehüllt Soldaten, Frauen und Kinder, von der Müdigkeit übermannt.

Um ca. 22—23 Uhr mache ich einen Rundgang und werde wie von einer inneren Unruhe getrieben. In den Gängen, Kabinen, Laderäumen, überall sitzen, liegen Soldaten und Flüchtlinge. Die letzte Habe, ein Rucksack, ein Koffer, eine Tasche liegt daneben, und man kann sich kaum bewegen. Im Unterdeck liegen die Schwerverwundeten, und trotz aller Schmerzen liegt über allen eine gewisse Ruhe.

Langsam steige ich wieder ans Oberdeck und schaue in die Nacht hinein. Vom schweren Flakstand wird plötzlich das Feuer eröffnet. Lange hallt es über die dunkle See. In der Ferne wurde der Schatten eines Fahrzeuges gesichtet; da es keine Erkennungssignale gab, wurde das Feuer eröffnet. Überall herrscht Aufregung. Sind es feindliche Schnellboote oder Zerstörer? Jetzt ist unser Geleitzug sicher erkannt und an die russischen U-Boote gemeldet worden.

Langsam kommt die Müdigkeit, und so entschließe ich mich, im Schutze einiger Decken auf unseren Gerätekisten zu schlafen, da man sonst nicht einen Platz mehr vorfindet. Nicht ahnend,dadurch dem Schicksal entronnen zu sein.

Kurz vor Mitternacht. Die „Goya" rauscht durch die Nacht. Die Zeiger klettern auf 11.50 Uhr. Plötzlich kurz hintereinander zwei dumpfe Einschläge. Das Schiff erbebt. Zwei gewaltige Wassersäulen steigen empor und klatschen aufs Deck hernieder.

Was ist geschehen? Sind es feindliche Schnellboote, sind wir auf Minen gelaufen oder torpediert worden? Diese Gedanken durchrasen mein Gehirn. Vor allem haben von den fast 7 000 Menschen nur 1 500 Schwimmwesten an.

Das Licht ist erloschen. Man vernimmt einzelne Rufe, Kommandos. Dann eine Totenstille. Plötzlich höre ich ein gewaltiges Rauschen. Das Wasser stürzt in die gewaltigen Löcher, die die Torpedotreffer gerissen hatten. Es hört sich unheimlich an. Auf dem Oberdeck laufen die Menschen hin und her. Alles schreit und fragt, was nun geschehen soll. Unten an den Treppen des ersten Decks müssen sich Szenen abspielen, die wohl fürchterlich gewesen sind, denn dort entspinnt sich ein Kampf auf Leben und Tod. Hunderte von Menschen versuchen, die Treppe zu stürmen, denn der Tod sitzt allen im Nacken. Das

[1]) wahrscheinlich KFK., d. h. Kriegsfischkutter.

Ende durch Ertrinken nach all den Gefahren der ganzen Kriegsjahre. Menschen im wahnsinnigen Schrecken kämpfen dort um ihr Leben, drängen und schreien. Halb angezogen, mit wirren Augen wird jeder Kranke und Schwache unerbittlich niedergetreten.

In dieser Panik, in diesem Chaos hört man nur das Schreien von Menschen. Vom Tode gejagt, es gibt keinen Ausweg mehr, versuchen Einzelne, den Weg nach oben zu finden, und selbst von diesen Menschen forderte der nasse Tod seine Opfer. Unter den 3—400 Menschen auf dem Deck ist eine Panik ausgebrochen. Die meisten haben keine Schwimmwesten, die Rettungsboote können in diesen kurzen Minuten nicht klar gemacht werden. So ist ein großer Teil ohne jede Rettungsmöglichkeit und sieht den Tod vor seinen Augen, manche versuchen, die Rettungsringe noch anzulegen, und in der Aufregung klappt es viel weniger.

Langsam neigt sich das Schiff. Flakmunition, Kisten, Gepäckstücke, alles schiebt sich über die Planken und klatscht ins Wasser. Überall halten sich verzweifelte Menschen an der Reling fest. Unheimlich dieses Gurgeln und Getöse der Wassermassen. Hunderte sind bereits von den Torpodotreffern getötet, vom Druck zerfetzt und zerrissen, Tausende sterben den qualvollen Tod durch Ertrinken der hereinbrechenden Wassermassen.

Die „Goya" neigt sich von Minute zu Minute. Plötzlich ein Beben, ein Zittern geht durch das ganze Schiff, ein Aufbäumen des gewaltigen Schiffsrumpfes, es ist in zwei Hälften zerbrochen, und nun geht alles unheimlich schnell. Es neigt sich ganz, und plötzlich sind wir im Wasser. Wir werden von einer gewaltigen Druckwelle des in die Tiefe gehenden Schiffes weggedrückt, und das ist unsere Rettung.

Dunkle Nacht, das Wasser ist eisig, und darin treiben ca. 3—400 Menschen, Kisten, Planken usw. Entsetzliche, markerschütternde Hilferufe gellen durch die Nacht. Mütter rufen nach ihren Kindern, Männer nach ihren Frauen, alles rudert und versucht sich irgendwo zu klammern. Es beginnt ein schrecklicher Kampf auf Leben und Tod, der Kampf ums Dasein, und Wasser hat keine Balken, und der Ertrinkende greift nach dem Strohhalm. Wahre Wirklichkeit. Einer zieht den anderen in die Tiefe. Hier und dort flammt ein gelbes Licht auf, und dadurch wird die ganze Situation noch gräßlicher und gespenstischer. Es sind die Farblichter einzelner Schlauchboote, die sich selbst im Wasser entzünden. Um diese Schlauchboote und Flöße beginnt ein Kampf, und alle im Wasser Treibenden versuchen sich festzuhalten oder herauf zu gelangen. Die Hilferufe werden gellender, und gurgelnd [versinkt] so mancher vor unseren Augen. Einzelne Schüsse peitschen durch die Nacht. Viele sehen keinen Ausweg und, den nassen Tod vor den Augen, greifen sie zur Waffe.

Wir haben Glück gehabt und können ein leeres Rettungsfloß erreichen. Höchste Zeit! Die Kraft läßt nach, die Kälte kriecht herauf; das Wasser ist im April noch schön eisig, und man wird langsam steif und apathisch. Weit und breit kein Land. Keine Aussicht auf Rettung? Langsam versinkt jede Hoffnung. Wir haben jedes Gefühl für Zeit und Raum verloren. Krampfhaft halten wir uns fest. Die Beine sind bereits fast steif, und wir zittern wie Espenlaub. So treiben wir bereits über eine Stunde im Wasser. In der Zeit haben sich unauslöschliche Szenen abgespielt. Die Überlebenden schreien mit letzten Kräften um Hilfe, manche weinen, manche beten. Langsam treiben wir auseinander. Der Wellengang ist sehr schwach, und das ist unser Glück. Die Rufe werden weiter und verhaltener. Langsam verlieren wir die Hoffnung auf Rettung. Neben uns treibt eine Königsbergerin im Rettungsring. Allmählich verlassen sie die Kräfte. Sie schreit entsetzlich nach ihrer Mutter und ihrer Schwester, die in den Fluten verschwunden sind. Mit letzter Aufbietung aller Kräfte fassen wir sie an und versuchen, sie zu halten.

Die Rettungsaussichten werden immer geringer, und jeder Einzelne hat seine eigenen Gedanken.

Was war das? — — — Plötzlich in der Ferne ein schwacher Lichtschein. Die Hilferufe werden stärker, und wir schreien mit letzter Kraft, um uns bemerkbar zu machen. Wir rudern mit den Armen aus letzten Kräften. Langsam geht es nur vorwärts. Doch uns beseelt eine neue Hoffnung, ein Rettungsschimmer ist da, egal, ob Freund oder Feind. Wir wollen leben!

Aus weiter Ferne vernimmt man den Ruf: „Schiffbrüchige anschwimmen." Also eigene Schiffe. — Wir sind gerettet! Die Vermutung lag nahe, daß das feindliche U-Boot aufgetaucht war und uns vielleicht noch ein schlechteres Schicksal beschieden sein konnte.

Das Schiff war ein unseren Geleitzug begleitendes K.-Boot der Kriegsmarine. Dasselbe hatte kehrtgemacht, um, trotzdem noch U-Bootgefahr bestand, mit kleinen Scheinwerfern die letzten Überlebenden aufzufischen.

So werden wir nach zwei Stunden aus dem Wasser gezogen. Halbsteif schleifen wir uns über Deck. Die blauen Jungs stellen uns ihre Drillichanzüge, Decken, Mäntel, Pullover usw. zur Verfügung, und sofort erhalten wir einen Bohnenkaffee, daß uns das Herz nur so bullert.

Langsam kehren die Lebensgeister wieder, und allmählich fängt man an zu denken und kann gar nicht glauben, daß man gerettet ist und glaubt zu träumen. Von meiner ganzen Einheit sind noch drei Mann übrig geblieben.

Am Morgen findet eine Feierstunde mit Totenehrung für die Opfer einer der größten, tragischsten Schiffskatastrophen aller Zeiten statt. Wir haben einige Tote an Bord, die in den Rettungsringen bereits erstarrt waren. In der Nacht sind durch Funk von Hela Schnellboote angefordert, um evtl. Treibende noch zu retten. Vergebens.

Am Morgen ist die See ruhig und spiegelglatt. Das Meer hat seine Opfer und schweigt. Unser K.-Boot gleitet flink durch die Ostsee in Richtung Swinemünde. Das ganze Drama zieht noch einmal wie ein Filmband an meinen Augen vorbei. 6—7 000 Menschen waren an Bord. 165 wurden nur gerettet. Eine traurige Zahl, und in 20 Minuten hat eine Kleinstadt aufgehört zu existieren.

Wer wird den ganzen Angehörigen eine Nachricht übermitteln? Niemand! Vermißt, für ewig verschollen! —

11. Die Rückkehr der pommerschen, west- und ostpreußischen Flüchtlinge in ihre Heimat nach der Überrollung durch russische Truppen.

Nr. 85

Erlebnisbericht des Bauern G. J. aus Rackow, Kreis Neustettin i. Pom.
Original, 30. März 1952, 6 Seiten. Teilabdruck.

Überrollung durch die Russen auf dem Treck nach Kolberg und Rückkehr ins Heimatdorf.

Auf Räumungsbefehl am 1. März 1945 wurde das Dorf Rackow, nach meiner Kenntnis bis auf elf zurückgebliebene Familien, geräumt. Treckführer für das Dorf war Erwin Ost, Treckführer für Abbau Rackow war der Unterzeichnete. Evakuierte: Lehrerin Fräulein Peters aus Herne mit sieben Schulkindern. Vorgeschriebene Fahrstrecke war über Tempelburg, Schivelbein nach Kolberg.

Am 3. März 1945 wurden wir gegen Abend noch vor Stolzenberg von russischen Panzern überholt. Dadurch kam der ganze Treck zum Stehen. Es entstand ein kurzes Feuergefecht, nach dem russische Panzer an den Trecks vorüberrollten. Dadurch gab es eine große Verwirrung. Einige Wagen wurden von russischen Panzern überfahren. Nach kurzem Beschuß wurde das Feuer eingestellt, und die russischen Panzer machten halt. Nun wurden die Wagen der Flüchtlinge von russischen Soldaten und Polen ausgeplündert. Was sie nicht mitnahmen, wurde auf die Straße geworfen und von den Panzern vernichtet. Sämtliche anwesenden Deutschen wurden von den feindlichen Soldaten nach Uhren, Taschenmessern und Wertsachen durchsucht und beraubt. Viele Frauen und Mädchen wurden belästigt und nach ihrer Aussage vergewaltigt. So ging es bis zum hellen Morgen. Dann wurden den Trecks die Pferde abgenommen. Einige alte und kranke Pferde ließen die Russen laufen. Von diesen holten die Flüchtlinge welche herbei. Soweit sie reichten, wurden diese vorgespannt, um Kinder, Kranke und Alte zu befördern.

Im Laufe des Vormittags des 4. März 1945 kam russischer Befehl: Trecks zurück. Von meinem Treck waren nur noch zwei Wagen beisammen. Die übrigen waren zerstreut und vernichtet. Auf dem Rückweg mußten wir über Schivelbein. Im Ort brannte es noch, und dadurch waren die Straßen gesperrt. So machten wir vor Schivelbein auf einem kleinen Gut (Neu-Schivelbein) halt. Hier lagen wir bis zum 6. März 1945. Dann erfolgte auch hier ein kurzer Beschuß. Nach diesem kamen russische Soldaten auf den Hof, und alle Deutschen mußten den Hof räumen. Es lagen dort noch mehrere Familien. Nun ging es nach Schivelbein. Hier mußten alle Fuhrwerke auf einem Schulhof haltmachen. Vor der Schule mußten sämtliche Flüchtlinge antreten, und auf Befehl ging alles in die Schule. Am Eingang kam neuer Befehl: Männer nach oben in ein Zimmer, Frauen mit Kindern unten in einen Raum und junge Mädchen in einen Nebenraum.

Jetzt folgte eine Schreckensnacht! Die Klassenräume waren ursprünglich als Lazarett eingerichtet, nun aber ohne Beleuchtung. Ein Zivilpole, am Arm mit einer rotweißen Binde, kam öfter mit einer brennenden Kerze oder Taschenlampe in den Raum der Frauen und Mädchen, suchte einige junge Frauen und Mädchen aus und forderte sie auf, mitzukommen. Wenn sie sich weigerten, wurden sie energischer aufgefordert und mit der Pistole bedroht. Darauf hörte man aus einem anderen Raum Geschrei. Nach Aussagen Zurückgekehrter mußten die Frauen und Mädchen in einen Kellerraum gehen und wurden von feindlichen Soldaten vergewaltigt. Öfter kam der Pole auch mit zwei oder drei russischen Soldaten, hatten Alkohol bei sich, tranken und sangen und nahmen dann auch einige Frauen und Mädchen mit. Zu diesen Unglücklichen zählten auch zwei bekannte Frauen aus Tempelburg. Eine hatte nach ihrer Aussage am vergangenen Tage ihren 12-jährigen Sohn beim Beschuß auf Schivelbein verloren und stand mit ihrem kleinen Töchterchen allein ihrem Schicksal überlassen. Sie zitterte vor Hunger und Kälte, bat meine Frau um ein Paar Handschuhe, die diese ihr glücklicherweise noch geben konnte und ebenfalls etwas Brot. Diese arme Frau in ihrem Elend und Schmerz um das verlorene Kind wurde mit ihrer Freundin in der Nacht oft fortgeholt. Bei einer Rückkehr rief die Freundin händeringend aus: „Eine Bombe könnte mich nur noch erlösen." So ging es nun die ganze Nacht. Augenzeugen hiervon waren meine Frau, meine Schwiegermutter sowie meine Schwägerin und verschiedene andere Frauen aus unserem Dorf. Die übrigen Frauen waren unbekannt.

Auch wir Männer hatten keine Ruhe. Die ganze Nacht wurden wir nach Uhren und Wertsachen durchsucht. Unter uns befand sich auch der Rittergutsbesitzer von Kölpin. Dieser war wohl über 70 Jahre alt. Er wurde von russischen Soldaten aus unserem Zimmer abgeholt. Nach kurzer Pause fiel ein Schuß. Nach Aussage meiner Frau lag am nächsten Morgen ein alter Mann mit weißem Bart und langen Stiefeln sowie einer Joppe bekleidet tot auf dem Korridor. Nach dieser Beschreibung kann man annehmen, daß es wohl der alte Herr war. Als wir Männer von oben geholt wurden, war die Leiche mit einer Zeltbahn bedeckt.

Am Morgen gab es Befehl: Alles raustreten und die Fuhrwerke den Schulhof verlassen, die Männer mitkommen. Einen älteren Mann, dem sie die Stiefel ausgezogen hatten, ließen sie laufen, welchem ich schnell folgte und zu meinem Fuhrwerk eilte. Die Wagen waren auf dem Hof festgefroren und mußten erst losgebrochen werden. Eine Familie Fritz aus Sabin mußte ohne ihre zwei erwachsenen Töchter zurückfahren. Diese wurden am Tage vorher von russischen Soldaten aufgefordert, Kartoffeln zu schälen. Sie waren nicht zurückgekehrt.

Auf einem Umweg mußten wir die Stadt verlassen, denn durch die Stadt waren die Wege gesperrt. Zunächst wurde ich auch meine Stiefel los. Es gab noch allerlei unangenehme Zwischenfälle. Oft wurden die Pferde ausgespannt und für schlechtere vertauscht. Dann wurden uns die Wagen von feindlichen Soldaten in den Chausseegraben gefahren. Nach größter Mühe und Anstrengung kamen wir wieder los. Darauf hielten Russen und Polen die Wagen wieder fest. Alles mußte aus den Wagen, auch Alte, Kranke und kleine Kinder. Was sonst noch an Sachen und Betten auf den Wagen war, wurde auf die Straße geworfen. So saßen wir bei Unwetter, Kälte, Schneegestöber und Glatteis in einem Chausseegraben, ohne in diesen Tagen der Flucht etwas Warmes zu essen und zu trinken. Auf vieles Bitten erhielten wir dann einen Wagen zurück, sammelten einige unserer Kleidungsstücke und Betten zusammen, damit die alte, kranke Mutter und kleine Kinder, welche ich von anderen Familien mitgenommen hatte, fahren konnten.

Am Abend kamen wir in Rützow an und wollten übernachten. Aber das Dorf war von feindlichen Truppen besetzt und mußte von Deutschen geräumt werden. So mußten wir uns den anderen Trecks anschließen und die Nacht auf offener Straße bei Wind und Kälte verbringen. Es entstand noch ein kleiner Beschuß in der Nähe des Dorfes, wurde aber bald ruhig. Am Morgen ging es, natürlich mit Zwischenfällen, über Dramburg bis Zülshagen weiter, wo wir auf einem Hof, der von Polen besetzt war, übernachteten. Am Morgen wollten wir weiter, doch da wurden erst wieder die Pferde vertauscht, und von den Polen mußte man noch allerlei Schimpf- und Schmähworte und tiefste Erniedrigungen hinnehmen. So kamen wir unter vielen Schwierigkeiten bis Heinrichsdorf, wo wir wieder übernachteten. Am Morgen wurden die Pferde wieder genommen, und ich erhielt ein kleines Pferd und zwei Ochsen. Damit ging es nun weiter, und so kam ich am 10. März 1945 wieder auf meinem Hof mit noch vier anderen Familien aus unserem Dorf an. Es war alles ruhig. Im Hause und in der Scheune sah es wüst aus. Der Kuhstall war leer, die Kühe waren abgetrieben. Schweine, Hühner und Gänse liefen draußen und in der Scheune herum. Auch die beiden Hunde waren noch da.

Nach Aussagen der zurückgebliebenen Dorfbewohner waren russische Truppen ohne jeglichen Widerstand in das Dorf eingerückt (es war am 3. März 1945) und hätten sofort mit Plünderungen und Vergewaltigungen begonnen. . .

Anschließend berichtet Vf. von einzelnen Gewalttaten der Russen und Polen, Erschießungen, Vergewaltigungen, weiter von der Enteignung und Ausquartierung der deutschen Familien und von der Ausweisung.

Nr. 86

Erlebnisbericht der Handwerkersfrau I. W. aus Heilsberg i. Ostpr.
Photokopie, Januar 1951, 8 Seiten. Teilabdruck.

Mißglückte Flucht. Erlebnisse beim Zusammentreffen mit den Russen im Raum Küstrin und während der langwierigen Rückkehr nach Heilsberg.

Die Russen rückten bedrohlich näher an die Stadt Heilsberg. Eine große Unruhe kam in die Einwohnerschaft. Die Weisung ging um, Frauen mit Kindern hätten die Stadt zu verlassen. Am Bahnhof standen einige Militärzüge bereit, die die Flüchtlinge aufnehmen wollten. Ich war gerade auf der Straße, hörte davon, lief nach Hause, um das Allernötigste zu packen, und in einer Viertelstunde saßen wir schon im Bahnwagen. Auf keinen Fall wollte ich mich von den Russen überraschen lassen, denn ich hatte Angst vor einer Verschleppung in das unheimliche Rußland. Von meinem Mann konnte ich noch brieflich Abschied nehmen und von unserm Fortzug verständigen.

Es war der 23. Januar 1945, als wir unsern Heimatort verließen. Wir fuhren die Nacht durch stets unter Beschuß von feindlichen Flugzeugen in zwei Tagen nach Danzig. Da hatte sich schon ein unabsehbarer Strom von Flüchtlingen zusammengefunden. An demselben Tage war an einen Weitertransport nicht zu denken, also mußten wir bis zum andern Tag draußen in der Bahnhofshalle bei starkem Schneesturm bleiben. Viele Kranke, alte Leute und Kinder sind dabei um ihr Leben gekommen. In dieser Nacht verloren wir auch meines Mannes Mutter, Frau Ottilie W., die mit uns gekommen war. O, was haben wir da bloß gefroren. Am zweiten Tag nach unserer Ankunft in Danzig wurden die Transportzüge nach dem Reich eingesetzt. Eine ganze Woche waren wir auf Bahnfahrt im Zick-Zack-Kurs, anscheinend wußten sie wohl nicht, wohin mit uns. Jedenfalls landeten wir am 31. Januar in dem Gebiet von Küstrin. Ein kleines Mädel schaute gerade zum Abteilfenster und krief: „Die Russen sind da!" Ein Blitzschlag hätte uns nicht tiefer treffen können als dieser Ruf. Verlassen unsere Heimat, um hier dem Russen in die Arme zu fallen. Schon hören wir auch Schüsse knallen, die Pelzmützen eilen auf unsern langen Zug zu und brachten ihn zum Stehen. Der Lokomotivführer ist schwer verwundet. Mit uns sind noch viele Verwundete und Soldaten gefahren. Sie wurden gefangengenommen. Die Zivilisten wurden in das Dorf geschickt und fanden Aufnahme bei den Einwohnern. Dies passierte in der Mittagsstunde. Später drangen russische Soldaten in das Zimmer und nahmen uns unter Bedrohung mit der Waffe die Uhren und Wertsachen ab.

Die Nacht kam. Der Höllentanz ging los. Wir lagen mit den Russen zusammen in einem Brückenkopf im deutschen Feuer. O, war das furchtbar, unvorstellbar, nichts gaben wir mehr für unser Leben. Aber Gottes Hand war schützend über uns. Nun sollten die nächsten Tage noch ärger werden. Am folgenden Morgen mußten wir unser Asyl verlassen und wurden an die Oder getrieben und fanden eine Bleibe in einem Fischerhäuschen. Mit noch andern 40 Personen fest zusammengerückt verbrachten mein Junge, meine Jüngste und ich fünf Tage und fünf Nächte unter schwerstem Beschuß, unter Hunger und Kälte. Meine Tochter Rita, 14 Jahre alt, hatte ich nicht bei mir. Diese wurde mir von einem Russen fortgenommen. Sie hat den Sprung aus einem zweistöckigen Gebäude gewagt und ist ihm entkommen. Unsere Ernährung in diesen Tagen waren Mehl, Zucker, das wir noch bei uns hatten, und Oderwasser, das wir abwechselnd aus einem schmutzigen Kochgefäß tranken. Es war ein furchtbar schauriges Erlebnis. Da habe ich ermessen können, was unsere Männer die ganzen Jahre durchmachen mußten, die im tiefsten Kriegserleben standen.

Am Abend, als der Kampf abflaute, es war schon dunkel, trieb man uns aus dem Häuschen über eine provisorische Holzbrücke über die Oder nach Osten zu. Wer da fehltrat, versank lautlos in dem eisigen Wasser. Und das waren nicht wenige. Die meisten Menschen waren von den ausgestandenen Ängsten und Hunger so erschöpft, daß sie kaum ihr Gleichgewicht halten konnten. In Massen mußten wir hinüber, denn das ganze Dorf wurde herübergetrieben. Im langen Treck mußten wir die ganze Nacht etwa 10 km wandern. Das Gepäck ließen wir im Stich, denn wir konnten uns ja vor allgemeiner Erschöpfung kaum fortbewegen. Da folgte ich einer inneren Eingebung, mich mit beiden Kindern heimlich vom Treck zu lösen und in einem Wald zu verstecken. Diesem Beispiel folgte auch eine Frau mit ihren drei kleinen Kindern. Am andern Morgen, es war der 6. Februar 1945, als wir aus dem Wald traten, kam uns mit mehreren andern Personen meine verlorene Tochter entgegen. Die Wiedersehensfreude war groß, und was haben wir unserm lieben Gott für diese Fügung gedankt. Nun hatte ich doch mein Mädel wieder. Sie sah bös aus. Vollkommen durchnäßt und ganz abgemagert. Sie hatte sich auch im Walde versteckt und die ganze Zeit kaum was genossen, weil sie nichts zu essen hatte.

Aber unsere Leiden gingen jetzt ununterbrochen weiter. Jeden zweiten Tag wurden wir mit Peitschen und geladenen Pistolen getrieben. An Verpflegung hatten wir nur das, was wir an umgestürzten Wagen am Straßenrand fanden. Meistens lebten wir von rohen Kartoffeln und Wruken. Zum Kochen ließ man uns keine Zeit. Wagten wir es doch einmal, so ließen wir es doch stehen. Aus den Kleidern kam man diese ganze Jagd nicht, keine Wäsche wechseln, das Ungeziefer begann uns zu plagen. Die Kleider wurden naß und trocken auf dem Körper. Das Schlimmste war wohl die Vergewaltigung der Frauen und Mädchen, selbst meine junge [Tochter] von 13 Jahren wurde belästigt, ja, selbst Kinder von acht Jahren und alte Mütterchen von 75 Jahren wurden nicht verschont. Dies geschah alles unter den Augen von kleinen, unschuldigen Kindern. Wie viele sind dabei zu Tode gemartert worden. Was haben wir doch für eine Not gehabt, um immer ein neues Versteck vor diesen tierischen Horden zu suchen. Oft haben die Russen die Verstecke entdeckt und die armen Frauen, die ihnen ausgeliefert waren; heute noch nach solch einer langen Zeit gellen einem noch die verzweifelten Schreie dieser unglücklichen Opfer in den Ohren.

So gingen die weiteren Tage dahin unter Kälte, Angst, Schrecken, Verfolgung und Hunger, bis uns die Russen 17 km vor Landsberg a. d. W. getrieben hatten. Da sollten wir in das Verschleppungslager. Davor wollte ich meine Kinder auf jeden Fall bewahren. Lieber in den Tod. So habe ich mit diesen einen ganzen Monat im Wald versteckt gelebt. Wir hatten Glück, daß wir einen Bunker aus Holz gebaut fanden mit etwas verdorbenen Nährmitteln und Konserven, den wohl Russen oder auch andere Flüchtlinge verlassen hatten. Auch war es im Frühjahr, so fanden wir junge Nadelspitzen, Sauerampfer, junges Grün, was uns zu unserer Nahrung verhalf. Anfang Mai wagte ich mich aus unserer Waldwohnung heraus, um im Dorfe zu erkundigen, wie die Lage stand. Da hörte ich, daß Deutschland kapituliert hatte.

Nun konnten wir unser Versteck aufgeben, weil die größte Gefahr vorüber war. Das taten wir dann auch, fanden gleich Arbeit, bekamen dafür Verpflegung und wohnten im Hause des Dolmetschers. Hier fanden wir auch Schutz gegen Überfälle, die ja weiter am laufenden Band gingen. Ich hatte keine Ruhe, ich wollte zurück über die Oder. Bin wohl auch mit meinen Kindern von Liebenow, so nannte sich unser Wohnort, zurück nach Küstrin gegangen. Aber aus meinen Papieren sahen deutsche Kommunisten, die als Kontrolleure aufgestellt waren, daß ich aus dem Osten stammte, und mußten wieder zurück.

Ich weiß nicht, was mir in jener Zeit eingefallen ist. Jedenfalls faßten wir den Entschluß, mit zwei anderen Heilsberger Familien, die wir zufällig trafen, in die Heimat nach Ostpreußen zu wandern. Da die Eisenbahn infolge Zerstörungen nicht verkehrte, ging es los auf Schusters Rappen. In 20 Tagen hatten wir den Weg von Küstrin bis Heilsberg zurückgelegt. Da haben wir bei unserer Fußwanderung gesehen, wie zerstört unser armes Vaterland ist. O, wie sah es da in den meisten Städten und Dörfern aus. Viele Dörfer dem Erdboden gleichgemacht. Nur als wir den ehemaligen Korridor durchwanderten, fand man geordnetes Leben und kaum Zerstörungen. Die Menschen hier waren eigentlich nicht häßlich zu uns. Sie gaben uns zu essen und trinken und Schlafgelegenheit, wenn wir darum baten; aber sie sprachen polnisch, besonders die älteren Leute, während die Jugend nur wenig vom Polnischen wußte. Am 6. Juni 1945 waren wir wieder in unserm geliebten Heilsberg. Viele Bekannte fanden wir doch noch vor, aber nicht einen von meinen Verwandten.

Auf weiteren drei Seiten berichtet Vfn. über ihre Erlebnisse unter Russen und Polen bis zur Ausweisung im November 1945.

Nr. 87

Erlebnisbericht des Landwirts Artur Unrau aus Zandersfelde, Kreis Marienwerder i. Westpr.

Original, 11. März 1951, 7 Seiten. Teilabdruck.

Zusammentreffen mit den Russen in Pommern und Rückkehr in die Heimat.

In Schönwalde, Pommern, zwischen der Ostsee und dem Garder-See, wurde unser Treck, der mit 52 Wagen am 22. Januar 1945 auf behördliche Anordnung geflüchtet war, von russischer Kavallerie am 11. März überrascht. Der russische Offizier gab seinen Mannschaften die Erlaubnis zum Plündern. Die russischen Soldaten schlugen die Kisten und Kasten mit ihren Bajonetten und Gewehrkolben auf, warfen alles von den Wagen und plünderten und raubten alles, was ihnen mitnehmenswert erschien. Der Ortsbauernführer und Gemeindevorsteher Otto Kohtz und der Bauer Artur Kerber, beide Führer unseres Trecks, wurden zum Erschießen in das nächste Dorf Wobesde abgeführt. Hierauf mußte ich die Führung des Trecks übernehmen. Ein großer Teil unserer Pferde war uns geraubt worden, so daß der Treck mehrere Wagen zurücklassen mußte. Mit den restlichen Wagen durften wir um ca. 16 Uhr den Weg nach Hause antreten.

Als wir durch Wobesde kamen, wurde Artur Kerber gerade aus einem Haus herausgeführt, als ich dort vorbeikam. Er rief mir zu: „Artur, grüße meine Frau und Kinder, ich werde erschossen." Fräulein Lietz, Wirtschafterin des Bauern Julius Wilms aus Morainen bei Christburg, Kreis Stuhm, Westpreußen (letzterer war Schwager des Artur Kerber), die in Wobesde im Quartier war, hat beide am Ausgang des Dorfes am nächsten Tage aufgefunden. Bei der Weiterfahrt unseres Trecks wurden uns immer wieder Pferde ausgespannt und ganze Fuhrwerke geraubt, ebenso die Wagen durchwühlt und geplündert. Käthe Korte und das Hausmädchen von Frau Pauls (Name unbekannt) wurden von russischen Soldaten von den Wagen gezerrt und in den nächsten Häusern vergewaltigt.

In Krussen, 15 km südlich von Stolp, wurden am 13. März 1945 zwölf Personen unseres Trecks im Alter von 15 bis 30 Jahren von den Russen festgenommen und ,wie sich später herausstellte, nach Sibirien verschleppt. Es sind folgende Namen: Waltraut Unrau (unsere Tochter), Ilse und Hans Kohtz, Ilse und Gert Kerber, Käthe und Horst Korte, Gert Anger (15 Jahre alt), Johanne Schimanski, Helene Gosda, Marie Bischke und Gerhard Bauer. ... Von den vorgenannten Personen sind Helene Gosda, Gert Anger und Ilse Kohtz in Sibirien an Unterernährung, großen Strapazen, Fleckfieber und Typhus verstorben; der Rest ist, an Leib und Seele ruiniert, zurückgekehrt.

Bei der Weiterfahrt unseres Trecks haben einige unserer polnischen Kutscher, teils heimlich, teils mit Gewalt, mehrere unserer Wagen geraubt und sind davongefahren.

Unsere größte Sorge galt unsern jungen Frauen und Mädchen, wenn wir in Quartiere gehen mußten in Dörfern, die von Russen besetzt waren. Musternd empfingen sie uns und wiesen uns gerne in die Quartiere ein, um sich nachts beim Schein ihrer Taschenlampen ihre Opfer auszusuchen und sie zu vergewaltigen. Sie scheuten auch nicht davor zurück, ein 13-jähriges Mädchen unseres Trecks, N. N., zwischen ihrem 11-jährigen Bruder und ihrer Mutter auf dem gemeinsamen Schlaflager zu vergewaltigen. ...

Ein anderes Mal wurde eine Nachbarin, Frau N. N., von russischen Soldaten an den Füßen von unserm gemeinsamen Schlaflager in die nebenan gelegene Küche gezerrt. Nach längerer Zeit kam sie ganz gebrochen zurück und erzählte uns, daß sie von mehreren Russen vergewaltigt worden sei.

Der folgende Abschnitt enthält die Erzählung einer Nachbarin des Vfs. über persönliche Erlebnisse.

Zu unserm Treck gehörte schließlich nur noch ein kleiner Wagen mit einem kleinen schwachen Pferd bespannt. Wir hofften, dies Fuhrwerk bis zu Hause behalten zu können, doch auch dieses letzte Gefährt wurde uns in Neukrug, ca. 18 km nordwestlich von Schöneck, von Polen mit Hilfe eines russischen Postens geraubt. Als wir die Polen baten, uns das Fuhrwerk zu belassen, da eine 80-jährige Frau nicht mehr gehen könne, sagten sie: „Die kann im Chausseegraben verrecken."

Hier in Neukrug wurde unsere älteste Tochter, Frau Ilse Wiebe, und Fräulein Martha Wilms am 29. März 1945 von den Russen geraubt und in das Lager Oliva bei Danzig verschleppt, wo bereits ca. 500 Personen waren. Meine Tochter wurde, weil sie sehr schwächlich und krank war, entlassen; ebenso war Fräulein Wilms wegen Krankheit entlassen worden. Was mit den andern ca. 500 Personen des Lagers geschah, haben wir nicht erfahren.

Von Neukrug marschierten wir zu Fuß weiter und kamen bis Pogutken, 10 km westlich von Schöneck. Hier wurden wir von der polnischen Miliz am 30. März 1945 festgehalten und auf Anordnung des dortigen polnischen Amtsvorstehers in die ca. 3 km entfernt liegende Gemeinde Jeseritz abgeführt, in der Schule einquartiert und den polnischen Bauern zur Arbeit zugeteilt. Wir Flüchtlinge mußten uns täglich bei dem polnischen Kommandanten der Miliz melden und auf dem Rücken ein Hakenkreuz aus weißem Stoff tragen. Nachdem wir ca. drei Wochen bei den polnischen Bauern gearbeitet hatten, kamen wir in das vorher von russischem Militär besetzt gewesene, ca. 2 km entfernt liegende Lager Kleschkau (polnisch Kleszczewo), angeblich wegen

Partisanengefahr. Die Polen befürchteten, wir könnten uns mit den Partisanen, die sich angeblich in den Wäldern aufhielten, nachts verständigen. Auch von diesem Lager aus wurden wir teils zu polnischen Bauern, teils zu einem russischen Pferdekommando zur Arbeitsleistung zugeteilt. Abends mußten wir immer wieder ins Lager zurückkehren und wurden dort von Posten bewacht. Die Verpflegung im Lager war sehr schlecht.

Etwa am 1. Mai 1945 bekam der polnische Amtsvorsteher von seiner vorgesetzten Behörde die Anweisung, sämtliche Lager bis zum 3. Mai 1945 von deutschen Flüchtlingen zu räumen und sie in die Heimatdörfer zu entlassen. Wir erhielten Ausweispapiere und kamen, zwar auch noch mehrmals durchsucht und beraubt, am 5. Mai 1945 in Zandersfelde, unserm Heimatort, an.

Im Anschluß hieran berichtet Vf. über seine Erlebnisse unter polnischer Staatshoheit.

Nr. 88

Erlebnisbericht der Bauersfrau L. T. aus Schönwiese, Kreis Pr. Eylau i. Ostpr.

Original, 27. Februar 1952, 45 Seiten. Teilabdruck.

Flucht aus dem Kreis Dirschau in Richtung Pommern. Nördlich Karthaus Zusammentreffen mit russischen Truppen, langwierige Rückkehr nach Schönwiese.

Strahlend geht die Sonne auf an diesem klaren, eiskalten Wintertag des 24. Januar 1945. Dampfend von der Wärme des Stalles werden unsre Pferde vor unsern schon am Abend vorher vollgepackten Flüchtlingswagen gespannt, ein langgemachter Leiterwagen mit einem schützenden Verdeck. Noch schnell die Pökeltonne mit dem 4-Zentnerschwein heraufgeschafft, das noch am Abend vorher geschlachtet wurde. Kaum können es die dickvermummten Kinder erwarten, auf den Wagen gehoben zu werden; denn sie denken, es geht auf eine Spazierfahrt. Wie blühend und gesund sie aussehen, sind sie doch noch nie jemals im Leben krank gewesen. Alle drei blond, blauäugig und rotbäckig, der gerade acht Jahre alt gewordene Gerhard, der bald 7jährige Heini und die rundliche 3³/₄jährige Gretchen.

Mir ist das Herz schwer, als ich den Wagen besteige und zumute, als steige ich in mein eigenes Grab. „Du wirst kein eignes, selbstgebackenes Brot mehr in Deinem Leben essen", durchzuckt mich ein Gedanke, als der Wagen durchs Hoftor rollt. — Schwer fällt mir der Abschied von unsrer zweiten Heimat, unsrer Pachtung in Rokitten, Kreis Dirschau/Westpreußen, wohin mein Mann seit 1940 aus Ostpreußen als Wirtschaftsberater für die Volksdeutschen aus Beßarabien und dem Warschau-Gebiet von der Landesbauernschaft Danzig-Westpreußen dienstverpflichtet ist. Deshalb darf mein Mann uns jetzt auch nicht begleiten, erst wenn Rokitten von der Wehrmacht geräumt wird, darf er fort. So haben wir jetzt den „guten" Valeri, den Zivilrussen, „Ostarbeiter", als Kutscher mit, der leider gelernter Chauffeur ist und keinen Pferdeverstand hat. Deshalb lenkt mein Mann mit sicherer Hand unser schwankendes Gefährt mit den übermütigen Pferden durch die hohen Schneewälle des Landweges bis auf die Hauptchaussee, um dann Abschied von uns zu nehmen. —

Schritt für Schritt fahren wir nun im langen, endlosen Flüchtlingszug gen Westen. Dumpfer Kanonendonner grollt schon seit gestern von Marienburg. Gleich wird der Russe die Zange um Pommern schließen, berichtete uns heute nacht ein Stabsoffizier. „Nur schnell durch bis Mecklenburg", nehme ich mir vor, — wenn die Straße nur nicht so verstopft wäre, oft müssen wir Flüchtlingswagen stundenlang halten, um Wehrmachtsfahrzeuge durchfluten zu lassen, so daß wir am Abend nur ganze 6 km gefahren sind. „Es ist doch keine Vergnügungsfahrt", merken die Kinder, als wir abends in einer mit Flüchtlingen dickbelegten Stube auf dem Fußboden schlafen.

So fahren wir fünf Tage durch. Schneesturm mit über 20° Frost setzt ein. Unvergeßlich ist mir die Nacht, als wir wohl bis gegen 2 Uhr morgens vor Berent (Westpr.) stehen; die Straße wieder dick verstopft. Valeri, unsre Perle, wieder vom Wagen fort, trinkt Schnaps mit den Ostarbeitern der andern Flüchtlingswagen, die Kinder durchgefroren und unglücklich, obgleich sie tief in Betten verpackt sind, aber der Schnee dringt durch alle Ritzen. Die Pferde sehen schon ganz zottig und schubbrig aus, obgleich wir genug Hafer mithaben.

Dann läßt man uns nicht weiter nach Westen fahren, weil die Russen wohl schon die Zange um Pommern geschlossen haben; d. h. wäre mein Mann mit uns gefahren, wären wir auf Umwegen immer noch nach Mecklenburg gekommen. Jetzt müssen wir nördlich nach Kreis Karthaus (Westpr.) abbiegen, und wir halten uns jetzt in Schönberg auf, bis dann auch dieser Ort vom Zivil geräumt werden muß und wir uns in der Nacht zum 7. März wild auf die Flucht machen müssen, da die ersten Granaten schon hinter uns krachen. Unser guter Valeri ist nur mit Mühe und Not von mir zu überreden, den Wagen zu fahren, und widerwillig und noch nachlässiger als sonst versieht er seinen Posten. In wilder Flucht geht es nun über bergige, vereiste Waldwege (denn die Hauptstraßen hat der Russe schon alle) in Richtung Gotenhafen, denn man will uns vielleicht doch noch Gelegenheit geben, uns einzuschiffen. Da droht uns der Russe schon in einer kleineren Stadt zu umzingeln, jedenfalls ist in dem Ort so ein Tohuwabohu, daß unser Wagen mit andern so eingeklemmt ist, daß wir nicht weiter können.

Ich lasse Valeri an dem Wagen, packe nur die Betten und etwas Lebensmittel auf einen Wehrmachts-LKW. und fahre mit den Kindern davon mit noch andern Frauen. Fahren stundenlang nur durch Wälder und wüste Gegenden, immer in der Nähe der Front. Unser und auch die Chauffeure der andern LKW. sind Russen, die auf deutscher Seite kämpfen. Vor einer Lichtung halten plötzlich alle Autos, alle Chauffeure springen von ihren Sitzen und lassen lange und ausgiebig ihre Schnapsflaschen kreisen. Ich habe das Gefühl, jetzt wird es brenzlig, sie trinken sich Mut an. Und richtig, kaum springt unser Wagen an, schießt sich die feindliche Artillerie gut auf uns ein. Soldaten fallen, Pferde wälzen sich in ihrem Blut. Das Dach unsres Autos hat ein großes Loch. Im Nu ist die Straße verstopft, und das feindliche Feuer konzentriert sich noch mehr auf uns. Geistesgegenwärtig biegt unser Fahrer auf das freie Feld aus, um dem Dilemma zu entrinnen, doch die warme Märzsonne hat die Erde schon aufgetaut, das Auto bleibt stecken. „Raus, die Weiber, schieben", brüllt er, im Nu gehorchen wir und kommen vorwärts, in sausender Fahrt jagt das Auto davon. Ich klammere mich an der Klappe fest und lasse mich nachschleifen, um nicht mit meinen Kindern auseinanderzukommen. In Deckung des Waldes warten wir dann auf die andern Frauen.

Doch nun kommen wir nicht mehr weiter, alle Autos fluten vorbei, wir bleiben stehen. Der Russe ist auch fort vom Steuer, ein deutscher Leutnant hat jetzt seinen Platz, — nein, wir können nicht weiter, der Kühler hat einen Granatsplitter abbekommen. — Wir sitzen nun gottergeben die ganze Nacht im Auto bei heftigstem Schneesturm und Geschützdonner. Im fahlen Morgenlicht wird alles ruhig und still. Ein verirrtes Auto erbarmt sich unser und nimmt uns ins Schlepptau. Es geht nur im Schneckentempo, da — von neuem ganz in der Nähe Beschuß, meine drei Kinder haben sich eng an mich gedrückt, haben alle weiße, verzerrte Gesichter. Ich bete immer, daß wir alle auf einmal tot wären, wenn wir sterben müssen. Uns gegenüber hat sich ein Flaksoldat eingefunden, der sich immerfort mit einer jungen Frau küßt. Widerlich.

„Russische Panzer von vorn gemeldet", schreit der Leutnant von vorn uns zu. „Wenn ich rufe, alles rausspringen, sich kleines Handgepäck bereitlegen." — Mit zitternden Händen packe ich etwas Brot, Speck, etwas Reis, Zucker und Verbandstoff ein und gebe dem Ältesten eine warme Decke zum Halten.

Plötzlich ein Krachen und Donnern, vom Auto vor uns loht eine Stichflamme hoch. „Raus!" Wir springen wie die Irren vom Lastkraftwagen runter, laufen, was wir können, von der Straße fort in den dichten Wald, — nebenbei ein Dorf, das brennt und in dem geschossen wird; auch die Bewohner des Dorfes fliehen in den Wald. Ich werfe mich mit den Kindern auf den Waldboden. — — —

Da sehen wir schon hinter den Bäumen die braunen Uniformen mit den ekligen Pelzmützen wie die Katzen angeschlichen kommen. „Jetzt werden sie uns runterknallen", denke ich. Da heben alle zum Zeichen, daß sie sich ergeben, die Hände und wir natürlich auch. „Der Chitler (sprich langes i) und die Chitler!", geht das Denunzieren der Pollacken los, und die Betreffenden werden sofort festgenommen. „Ihr jetz Ruuskis", dolmetscht uns ein Russe. Sofort nimmt sich unsrer ein russisches Flintenweib an: „Alle mit!" Durch einen reißenden Bach müssen wir noch waten, dessen Wasser den Kindern bis zu den Hüften reichen würde. Alle über sechs Jahre müssen allein durch. „Is gutt für Gesundheit", befiehlt die Russin; ich benutze das Durcheinander, um alle drei rüberzutragen; haben dadurch den Anschluß verloren, wir irren dann allein mitten im tollsten Maschinengewehrfeuer herum, die Erde spritzt uns nur so um die Ohren, nehmen überhaupt nicht Deckung, haben keine Angst, sind ganz abgestumpft, als ob uns das alles nichts angeht. —

Da endlich, ein entlegenes Haus eines Dorfes, um das sich unglückliche Leidensgenossen scharen, nein, das Polenweib läßt uns die Küche nicht betreten, wo ich um etwas warmen Kaffee für meine Kinder bitten will. „Da — soviel zu trinken", und zeigt auf den Schnee, denn ein Brunnen ist nirgends zu finden. Das arme kleine Gretchen wird bald schneeweiß infolge der furchtbaren Strapazen, und es stellt sich blutiger Durchfall bei ihr ein.

Bald geht das Plündern los. Ein feister Zivilrusse zieht mir den Trauring ab und befiehlt mir, bis zum Abend in dem einen Raum zu bleiben. Als er sich entfernt, benutze ich die Gelegenheit, auszureißen. Wieder in den Wald. Bloß fort. — Als es anfängt, dunkel zu werden, finden wir auf einer Anhöhe, ganz einsam liegend, ein halbzerschossenes Haus. „Kommt her", ruft uns ein Pollackenweib entgegen, „Trinken warmen Kaffee für eure Kinder", überaus freundlich. Das Haus ist schon angefüllt mit Flüchtlingen, und immer mehr strömen herbei. Tatsächlich, warmer Kaffee! „Gibt es doch noch edle Menschen?", denke ich, und es kommt mir nicht geheuer vor. Als wir dann noch eine Kleinigkeit von unserm bißchen Brot „von Hause" gegessen haben und es ganz dunkel geworden ist, eröffnet uns das Weib: „So, Kinder, jetzt kommen russische Soldaten und Offiziere schlafen."

Und bald ist das Haus voller Russen, die ausgehungert wie die Wölfe sind. Ich verlasse sofort die große Stube, wo die meisten Menschen zusammengepfercht sind, und lege die Kinder neben den Herd in der Küche auf den Fußboden zum Schlafen hin. Sofort drückt mir das Pollackenweib eine Bratpfanne in die Hand: „Du so sauber aussehen, diese Offizier sagen, Du für ihn Abendbrot machen". Schmalz, gute ostpreußische Rauchwurst zum Braten. Nur ist der Russe ungehalten, daß ich nicht mit ihm mitesse. Um ihn nicht zu sehr zu erzürnen, trinke ich einige Schlucke vom schwarzen Tee „mit Zucker". . . . Auf seinen Befehl muß ich auch meinen Kindern etwas von diesem lukullischen Mahl anbieten, aber die sind nicht wach zu kriegen aus ihrem bleiernen Schlaf. — Dieser Russe ist jedenfalls ein anständiger Mensch, er hat ein Gesicht wie ein deutscher Mann und sticht ab gegen die teuflischen Mongolenfratzen der andern; denn als die Russen satt sind, kommt der Schnaps heran, und man merkt, wie sie systematisch aufgehetzt sind zum Haß und Sadismus gegen uns: Sie zeigen nämlich Bilder herum, wie deutsche Soldaten auf viehische Art in Rußland russische Frauen und Mädchen ermordet haben.

Und was nun folgt, ist nicht mit Worten zu beschreiben. Wäre ich ein Komponist, würde ich diese Nacht als „Symphonie des Grauens" schildern. — Die elende Petroleumlampe ist erloschen, alles spielt sich im Dunkeln ab. Draußen, nicht weit fort, tobt die Front. Plötzlich ein Brüllen und Schreien, Bitten und Beschwören bei den Vergewaltigungen.

Ein halb irrsinniger Schrei in grauenhafter Angst: „Hilfe, Hilfe, Flüchtlinge!" — Dann scheint mir mein Blut in den Adern zu erstarren vor Angst, als ich nebenbei in der großen Stube den Verzweiflungsschrei einer Mutter höre: „Quält uns die Kinder nicht," — dann ein Brüllen und Schreien, Herausschleifen aus dem Haus, draußen ein schrilles Quieken und stoßweises Wimmern. — Was ist los? — Ich will ins Freie. — Die Russen, die mit uns in der Küche sind, lassen es nicht zu. Sollte es denn tatsächlich der Fall sein, daß die Russen uns die Kinder fortnehmen, wie es die Zeitungen in der letzten Zeit immer schrieben, — und sie uns die Kinder womöglich quälen, oder quälen sie ein Kind, weil sich eine Mutter nicht vergewaltigen läßt? — Da — „Jetzt kommen wir mit unsern Kindern heran", flüstert die Stimme eines jungen Weibes neben mir, auch in höchster Erregung. „Unser Leben hat sowieso keinen Zweck mehr", durchzuckt mich ein Gedanke, „Darf ich meine Kinder bei mir behalten, bringe ich sie doch nicht durch die Hungersnot und, wenn ja, werden beide Jungen später auch in solch braunen Uniformen stecken, und das liebe kleine Mädel wird früh eine Prostituierte sein, da hilft nur eins: Sterben."

Doch in dieser Symphonie des Grauens müßte immer wieder ein Motiv wiederkehren, das einen beruhigenden, tröstenden Einfluß hätte wie z. B. das herrliche Motiv des Pilgerchors in der Ouvertüre von „Tannhäuser", das die Stimmen der Unterwelt übertönt, und mein Motiv müßte bedeuten: „Gottes große Güte ist viel größer als das Grauen, ist größer, als du armer, elender Mensch es je begreifst." — „Doktor", brüllt jemand, „zum Verbinden", und der Lauf eines Gewehres ist auf mich gerichtet. „Was Deine Mann?" dolmetscht ein Pollack, und einem Mißverständnis verdanke ich mein Leben, denn meine Antwort von Kreisbauernschaft wiederholt er mit: „Er arbeitet beim Bauern?" „Ja, beim Bauern," sage ich; „Dann bleibst leben."

Die nächsten Tage irren wir durch zerschossene Dörfer, wo in fast jedem bewohnbaren Haus ein Pollack wohnt. Mein armer Kopf ist ganz wirr. Auch fällt mir das Tragen des bald 4jährigen Gretchens sehr schwer. Gerhard und Heini sind sehr tapfer. Beim Betteln haben wir wenig Glück. In der Gegend von Neustadt (Westpr.) sind wir. — Ganze Autos voll Kommißbrote finden wir, aber leider von der deutschen Wehrmacht beim Rückzug verätzt, mit einer stinkenden Flüssigkeit übergossen. Ich röste das Brot auf der Pfanne an. Bald bekommen wir vier Durchfall und werden infolge der unregelmäßigen Ernährung und der Strapazen ganz müde und elend. Mittags, wenn wir uns in der Sonne im Straßengraben ausruhen, sind die Kinder gar nicht mehr weiterzubekommen. Morgens, wenn wir zerschlagen und elend in irgendeiner Scheune aufwachen, ist den Kindern so schwindlig, daß sie beim Aufstehen immer taumeln. Bald sind wir total verlaust: Kopf- und Kleiderläuse. Immer nach Osten wandern wir zurück, Flüchtlinge in großen Mengen, Ostpreußen, die „nach Hause" gehen, denn nach Westen läßt uns der Russe nicht durch. Wir wandern auf der Autobahn nach Dirschau. — Unvergeßlich ist mir da eine Nacht: Den ganzen Tag im Regen gegangen, total durchnäßt, nichts Warmes im Magen, es dunkelt, kein Haus in Sicht. Da stoßen wir auf einen großen Flüchtlingshaufen, die sich entschließen, die Nacht im dichten Wald zu verbringen.

Endlich hört der Regen auf. Tannenzweige brechen wir ab und legen unsre einzige Decke herauf, auf die Decke dicht aneinander lege ich die Kinder mit meinem Mantel bedeckt (denn ich habe zum Glück den schweren, guten Mantel meines Mannes genommen) und lege mich voller Angst neben sie: Werden sie auch diese Strapaze überstehen? Klarer Sternenhimmel, Frost, in der Ferne das Grollen der Front, nicht weit entfernt Hundegebell. Werden uns die Russen mit ihren Spürhunden finden? Alle Flüchtlinge verhalten sich ganz ruhig, nur das Schreien und Wimmern der Säuglinge, die ohne Milch ja dem Tod geweiht sind, schneidet einem ins Herz. — Ich friere schauderhaft ohne Mantel, weiß mir aber zu helfen und erwärme mich immer dadurch, daß ich in gewissen Abständen Kniebeugungen mache. — Doch auch diese Nacht hat Gott uns geholfen zu überstehen. Nur war es am Morgen sehr schwierig, den Kindern die total gefrorenen Schuhe anzuziehen.

Furchtbar ist dieser Leidensweg „nach Hause" besonders für die alten Leute. So ist mir und meinen Kindern besonders ein altes, einfaches Frauchen aus Schönwalde bei Tiefensee/Zinten in Erinnerung, die sich mit Macht an uns zu klammern sucht. Wenn wir abends in einem Elendsquartier ankommen, suche ich in wüsten Kellern oder Mieten Kartoffeln und koche sie für uns alle ab. Ruhen wir uns am Tag öfter am Weg aus, läuft das arme alte Weibchen mit ängstlichen, trippelnden Schritten schon weiter, um ja mit uns mitzukommen. Verlaust und verkommen ist sie genau so wie wir. Nach ein paar Tagen zwingt sie sich nicht weiter, ist nicht dazu zu bewegen, wenigstens bis zum nächsten Dorf, das nicht mehr weit ist, zur Nacht mitzukommen, bleibt unter einem Strauch an der Straße liegen. —

Bald merke ich, daß es gefährlich ist, im großen Flüchtlingszug zu gehen; denn alle Frauen, die zur Arbeit tauglich erscheinen, werden von den Russen auf der Straße aussortiert, verschleppt, und deren Kinder bleiben allein zurück. Eines Abends treffe ich in einem Elendsquartier ein dickes, ordinäres Weib aus dem Kreis Heiligenbeil, die drei rotznasige eigne Bengels und noch drei hübsche blonde Jungen aufgelesen hat, deren Mutter verschleppt wurde. Diese sechs Jungen müssen am Tag bei den Russen Brot betteln, „denn alle sechs dobrze, ruuski Soldatas werden", erklärt sie den Russen immer wieder. — Ich werde klug, gehe immer mit den Kindern allein, dazu gehört viel Mut! Ist ein russischer Posten in Sicht, fange ich noch an zu lahmen. Auf die Frage: „Frau, wo Dokumente?" ziehe ich seelenruhig meine deutsche Kennkarte, die die Russen stets verkehrt halten. „Pascholl", die Sache ist erledigt. Damit ihnen mein guter Mantel nicht so begehrenswert erscheint, habe ich oben am Aufschlag die Klappen tief durchgeschnitten, so daß bei jedem Schritt die ausgefranste Steifleinwand auf- und zuklappt. (Es lohnt nicht, e i n e Frau zu verschleppen!)

Ich merke, daß die Kinder schon recht schwach geworden sind, und auch ich bin todmüde. Wie lange werden wir diesen Elendsmarsch noch durchhalten? — Es ist bald Ostern. „Mama, wir wollen nach Hause!" — Unser Zuhause? — Mein Mann ist ja stets den Polen gegenüber tolerant gewesen, — niemand hat einen Haß auf uns gehabt, — vielleicht nimmt uns ein guter Mensch in Rokitten auf, — und wir biegen von der Hauptstraße nach Rokitten ab.

Kaum sind wir im Dorf, steht der Gewaltige von Rokitten vor uns, Balomonczek, vor dem selbst alle Polen dort zittern, er, der sich seit 1939 als Partisan in den Wäldern versteckt hielt und dessen Besitzung mein Mann gepachtet hatte, steht vor mir, das Gewehr auf dem Rücken, am Arm die weiße Binde der Polen, — in knallroten Filzpantoffeln. Das werd' ich nie vergessen: „Frau, wo Deine Mann?!" — „Ich weiß nicht, sicher tot. Laß mich hier in Rokitten arbeiten." — „Fort, raus aus Rokitten, nach Dirschau zur russischen Kommandantur Dich melden, hab' ich Befehl!" — Und dann beeindruckt ihn wohl doch unser Elend, — sei es, daß er sich daran erinnert, daß mein Mann seine Familie gut behandelt hatte während seiner Partisanenzeit, — jedenfalls übergab er mich nicht der GPU., wie er es wohl hätte tun müssen, — sondern rät mir, so schnell wie möglich in unsre Heimat Ostpreußen zu fliehen. Eine Nacht dürfen wir sogar noch in Rokitten in einem einsamen Insthaus verbringen, allerdings mit niemand sprechen. Als wir im Morgengrauen das Dorf verlassen, hat sich hinter dem Dorf eine Frau versteckt, die all' die Jahre bei uns gearbeitet hatte, Frau Czaja, und übergibt mir für jeden ein Stück Brot und drei schöne Eier, obgleich das für sie nicht ungefährlich war.

Nur schnell über die Weichsel! Das ist leichter gesagt als getan, denn die Eisenbahnbrücke dicht an der Stadt ist gesprengt, ebenso die „Kniebauer"-

brücke, die unsre Deutschen nach dem Polenfeldzug gebaut haben. So bleibt uns nichts andres übrig, als die 60 Kilometer südlich von Dirschau entfernte Brücke in Mewe zu benutzen. — Viele Pollacken setzen die Ostpreußen mit Ruderbooten über den Fluß, aber nur gegen mindestens zehn Pfund Speck. Wir haben keine Chancen, weil wir nichts besitzen. — Doch wie erstaunt und wie erfreut sind wir, als uns bei Klein-Schlanz (20 Kilometer südlich Dirschau) ein Pole auf seinem vollgepackten Boot mitnimmt, obgleich wir ihn gar nicht darum gebeten haben. Zum Dank gebe ich ihm meine schöne Angora-Strickjacke, die ich anhabe. Verlaust ist sie sowieso!

Bis über die Knie versinke ich im Schlamm, als ich am andern Ufer meine drei Kinder an Land trage. Hochwasser an der Weichsel! „Gerettet von den Pollacken", denke ich. Wir sind in Ostpreußen! Doch nach einigen Minuten sprengt ein Russe auf einem Pferd auf uns zu. „Dawai, dawai", nicht schnell genug können wir ihm laufen bis zum nächsten Dorf. Heini weint immerfort, solche Stiche hat er in der Brust. — Wieder auf die russische Kommandantur zum Ausplündern. Bei uns ist nichts mehr zu holen. — Wir sind jetzt so erschöpft, daß wir zwei bis drei Tage hier in Groß Montau (denke ich, hieß das Dorf) bleiben. Es sind noch Kartoffeln in den Mieten, und die Kinder schlafen auch am Tag wie tot, hausen in einem wüsten Haus mit andern Flüchtlingen. Die Nächte sind hier ruhig, die russische Kommandantur ist in der Nähe, und der Kommandant muß wohl ein vernünftiger Mensch sein. Eines Abends spricht mich eine Flüchtlingsfrau (Anfang 50) an. Ich wundere mich, daß sie so undeutlich durch die Nase spricht. Wir kommen ins Gespräch: Bezirksbauernführer wäre ihr Mann gewesen im Gr. Werder (Delta zwischen Weichselarm und Nogat). Als die Russen sie vergewaltigten, wäre ihr Mann ihr zu Hilfe geeilt. Dafür hätten sie ihr das Nasenbein eingeschlagen. Auf der Kniebauerbrücke hätte sie gestern mit ihrem Mann gestanden: „Laß uns runterspringen, dann hat die Qual ein Ende", hat er sie gebeten. Doch der Gedanke an ihre Kinder hat es verhindert. — Nun ist sie so unglücklich, daß sie es nicht zugelassen hat, denn eben haben sie ihren Mann fortgenommen, im Keller der Molkerei sitzt er. Um sie zu trösten, gebe ich ihr von meinem erbettelten Fleisch und Milch ab, denn meine Kinder sind heute so elend, daß sie nichts essen können, und ich denke, was ich heute abgebe, gibt Gott mir morgen wieder, und erfreut schleicht sie sich abends im Dunkeln fort, um ihrem Mann etwas durchs vergitterte Kellerfenster zu geben. —

Dann gehe ich mit den Kindern die Autobahn entlang, in Richtung Marienburg. Es ist immer dasselbe Bild auf diesem Weg des Elends: Auf der einen Seite des Weges, fast dicht am Chausseegraben, wandern wir Flüchtlinge ostwärts, viele haben ihr elendes Gepäck auf Handwagen, Kinderwagen oder Kindersportwagen geladen, ein Pferdefuhrwerk der Flüchtlinge sieht man jedenfalls niemals. In der Mitte der Straße braust rücksichtslos fahrend der russische Nachschub mit Lastautos, auf die vielfach Schlauchboote geladen sind. Fast jedes Lastauto hat ein Geschütz angehängt. Natürlich fahren russische LKWs. auch in entgegengesetzter Richtung, von Westen nach Osten.

In einem Siedlungshaus außerhalb von Marienburg „organisieren" wir uns auch einen stabilen Handwagen und Federbetten. Die kleine Gretchen und den sehr elend gewordenen Heini setzen wir in die Betten, der tapfere Gerhard zieht an der Deichsel, und ich schiebe unser elendes Gefährt. Über das zerschossene Elbing und das wüste Braunsberg gelangen wir nach Heiligenbeil, wo ich 14 Tage freiwillig bei den Russen arbeite, weil es dort dafür etwas Brot und etwas stinkendes altes Pferdefleisch gibt. Zum 1. Mai müssen wir hier die Straßen schön fegen, und wir erleben dann wieder die Besoffenheit der roten Sieger mit den üblichen Begleiterscheinungen.

Von Heiligenbeil an gleicht Ostpreußen einer Wüste (d. h. gleich hinter der Weichsel waren alle Höfe leer, wenn nicht zufällig gerade ein Pole oben war als Besitzer). Jetzt sind wir in einer richtigen Wüste: Keine Kuh, kein Pferd, kein Schwein, kein Huhn, keine Taube, kein Kaninchen, leere Bienenstöcke, ganz öde, verlassene, zerschossene Dörfer, 10-20 Kilometer wandern wir, ohne ein menschliches Wesen zu sehen, höchstens streicht eine verwilderte Katze über die Straße. Mir ist oft himmelangst, mein Herz ist auch wohl nicht mehr ganz in Ordnung.

Über Zinten, Kanditten, Landsberg/Ostpr. landen wir endlich am 8. Mai 1945 in unserm lieben Schönwiese.

Im folgenden berichtet Vfn. über ihre Erlebnisse und die allgemeinen Zustände in Schönwiese unter Russen und Polen bis zu ihrer Ausweisung im Dezember 1946[1]).

---

[1]) abgedruckt unter Nr. 189 (Bd. I, 2).

II. Die Fluchtereignisse in den westpolnischen Gebieten und in Ostbrandenburg.

1. Fluchtversuche der deutschen Bevölkerung im ehemaligen Generalgouvernement und im Warthegebiet nach dem russischen Vorstoß aus dem Baranow-Brückenkopf am 12. Januar 1945.

Nr. 89

Bericht des Generals a. D. Walter Petzel aus Posen.
Original, 15. Juni 1949.

Überblick über die Räumungsaktion im westlichen Polen (ehemals Gau Wartheland).

Schon im Verlauf der Vorbereitungen zur „Grolmann"-Aktion während des Jahres 1944 war dem Gauleiter die kalendermäßige Vorbereitung einer planmäßigen Räumung des Warthegaues im Falle der Not angeraten worden. Dem Wehrkreiskommando kam es vor allem darauf an, zu verhindern, daß eintretendenfalls ein großes Durcheinander entstand. Für jeden Kreis mußten die Straßen für die Räumungstrecks festgelegt werden unter Freilassung der Hauptdurchgangsstraßen für die Bewegungen der Wehrmacht. Das mußte allen verantwortlichen Stellen von Partei und Verwaltung eindeutig klargemacht werden. Bei der Ideologie der Partei allerdings ein sehr heikles Thema. Schon der Gedanke an die Möglichkeit, daß die Front einmal bis in den Warthegau zurückverlegt werden könnte, war Landesverrat. Aber schließlich kam es doch zu einer Abrede und Zusage des Gauleiters, alles in dem vom Wehrkreis gewünschten Sinne vorzubereiten. Das ist wohl auch geschehen. Als die Sache nach Beginn der Russenoffensive am 12. Januar in den Bereich der Möglichkeit rückte, fanden fast täglich Besprechungen mit der Gauleitung statt. Es schien alles in Ordnung zu gehen. Aber —!

Am 12. Januar war der Staatssekretär Naumann vom Reichspropagandaministerium in Posen und hielt vor einer tausendköpfigen Zuhörerschaft eine Ansprache, in der er die Lage in den rosigsten Farben schilderte und den nahe bevorstehenden Endsieg prophezeite. Greiser betonte in seinem Schlußwort, daß kein Fußbreit Boden des Warthegaues preisgegeben würde. Es war psychologisch sehr verständlich, daß Greiser sich nun mit allen Fasern dagegen sträubte, so unmittelbar nach diesen Ausführungen den Befehl zur Evakuierung zu geben, wozu nüchterne Erkenntnis ihn drängte und was Vertreter der Wirtschaft und das Generalkommando immer wieder rieten. Schließlich fuhr er in den Ostteil des Gaues und sah den Strom der Flüchtlinge aus dem Generalgouvernement. Und da brachen wohl alle Illusionen, in denen er und alle Parteistellen bisher gelebt hatten — und die von den obersten Parteistellen immer wieder genährt wurden — zusammen. Aber auch jetzt nur halbe Maßnahmen! Am 16. Januar gab er das Stichwort „Florian Geyer" aus für das Gebiet ostwärts der Bl-Linie[1]). Das bedeutete lediglich Abtransport der Kranken, Kinder, Gebrechlichen usw. Ob der Befehl für völlige Räumung des Ostteiles vor dem 20. überhaupt gegeben worden ist, kann ich in meinen Unterlagen nicht feststellen[2]). Tatsächlich setzte nach dem Vorstoß der Russen auf Görnau[3]) am 17. abends eine regellose Flucht aus diesen östlichen Teilen ein, die sich sehr bald auch auf die westlich anschließenden Teile übertrug. Von einem Einhalten der zwischen Wehrkreis und Gau getroffenen Vereinbarungen war natürlich keine Rede mehr. Straßenverstopfungen waren die Folge, sie behinderten die Truppenverschiebungen, wie z. B. die nach Warthbrücken marschierenden Verstärkungen, die einen halben Tag zu spät dort anlangten.

Am 20. Januar vormittags erschien Gauleiter Greiser mit dem Gauleiter-Stellvertreter Schmalz und Ministerialdirektor Jäger beim Generalkommando zu einer Besprechung über die nunmehr brennend notwendig gewordene Anordnung der Räumung. Auf Grund der Erklärung des Generalkommandos, daß keinerlei Verstärkungen in Aussicht ständen und daß das Generalkommando mit seinen geringen Kräften, die obendrein zum Teil schon aufgerieben wären, nicht in der Lage wäre, den russischen Vormarsch aufzuhalten, auch in der C-Linie nicht, entschloß sich Greiser nun endlich, am 20. Januar um Mittag den Räumungsbefehl für den ganzen Gau zu geben. Aber auch er selbst verließ noch am gleichen Tage gegen 18 Uhr mit allen seinen Mitarbeitern seinen Gau und gab dadurch allen Dienststellen der Partei und der Verwaltung das Signal zur Flucht. Eine Ausnahme bildeten erfreulicherweise Oberbürgermeister Dr. Scheffler und der Polizeipräsident Montua.

Bedauerlicherweise hatte Greiser in der Eile seines Aufbruches es vergessen, die Evakuierung der Festung Posen von den Polen zu befehlen, wie es seine Pflicht gewesen wäre. Durch die Evakuierung aller Deutschen blieben schlagartig alle Fabriken und Betriebe stehen, und 150 000 polnische Arbeiter waren ohne Arbeit und ohne Lohn. Sie durften schon aus Ernährungsgründen nicht in der Festung bleiben, mit deren Einschließung man bald rechnen mußte, bedeuteten u. U. auch eine ernste Gefahr. Das Generalkommando erließ deshalb einen Aufruf an die polnische Bevölkerung, in der sie im eigenen Interesse aufgefordert wurde, Posen zu verlassen. Die Reichsbahn stellte dafür zu bestimmten Zeiten Züge zur Verfügung. Die Aktion verlief reibungslos, konnte aber wegen der Entwicklung der Feindlage nicht bis zum

---

[1]) Über die Pläne für eine evtl. Räumung des Warthegebiets berichtet Walter Bräutigam aus Welún (Wielun):
„Das gesamte Wartheland wurde in drei Zonen eingeteilt:
Zone A, das zu räumende Gebiet (dieses reichte etwa von der Linie Kulm — Schieradz — bis Mitte Welun),
Zone B, Durchgangsgebiet (von obiger Linie über Posen hinaus bis ungefähr 200 km westlich),
Zone C, Aufnahmegebiet."

[2]) Es liegen Berichte aus den Kreisen Kutno, Leslau und Turek vor, die den 18. Januar als Datum des Räumungsbefehls angeben. Am 20. Januar wurde von der Gauleitung der Räumungsbefehl für das gesamte Wartheland gegeben, wie aus vielen vorliegenden Berichten ersichtlich ist. Vgl. auch die Berichte von W. Schmidt aus dem Kreise Wreschen, abgedruckt unter Nr. 93 (Bd. I, 1), H. Dinkelmannn aus dem Kreise Schubin, abgedruckt unter Nr. 96 (Bd. I, 1), und R. Schneider aus dem Kreise Wollstein, abgedruckt unter Nr. 101 (Bd. I, 1).

[3]) Zgierz im Kreise Lodz.

Ende durchgeführt werden. Aber auch die zurückgebliebenen Polen haben sich, von einigen fanatischen Kommunisten abgesehen, loyal verhalten. Auf dem flachen Lande begegnete man sogar oft großer Hilfsbereitschaft. Auch die Polen sahen voll banger Sorge dem Herannahen der Bolschewisten entgegen. Was würde die Zukunft ihnen bringen? Sie ahnten, daß es auch für sie nichts Gutes sein würde.

Durch den Abzug Greisers war auch in den Kreisen die deutsche Zivilverwaltung mit einem Schlage verschwunden. Man fühlte sich in einem polnischen Lande. Stellenweise hatten auch schon verständige Polen die Führung übernommen, um für Ordnung zu sorgen.

Die Räumung des Westteiles des Gaues vollzog sich im allgemeinen ordnungsmäßig, wenn auch hier bei früherer Ausgabe des Befehls manches Menschenleben und manches wertvolle Kulturgut hätten gerettet werden können.

Nr. 90

Erlebnisbericht der Bauersfrau Marie Buchholz aus Alt-Felicjanow, Kreis Tómaszów i. Polen.
Original, 4. Januar 1952.

Vergebliche Flucht. Ermordung des Ehemannes durch die Polen in den ersten Tagen der Besetzung.

Da der Verkehr zwischen Polen und uns Deutschen der gleiche blieb wie vor dem Kriege, das Verhältnis also längst nicht so gespannt war wie im Warthegau, waren wir der Meinung, wir hätten nichts zu befürchten. Wir besuchten Polen, und Polen wiederum gingen bei uns ein und aus. Ja, mein Mann, der mehrmals den Posten des Bürgermeisters (Wojt) unsrer Gemeinde abgelehnt hatte, nahm diesen schließlich auf Drängen der Polen an. Wir lebten friedlich nebeneinander und merkten nicht viel vom Unheil, das bald über uns hereinbrechen sollte. Als wir am 16. Januar 1945, mein Mann feierte gerade Geburtstag, die Nachricht bekamen, daß wir weg müßten, gingen wir nach reiflicher Überlegung dennoch ans Packen. Am nächsten Tag fuhren wir ab; die auf dem Hofe versammelten Polen weinten. Nachdem wir ca. 20 Kilometer gefahren waren, mußten wir einsehen, daß es keinen Zweck hatte. Die Russen waren uns auf den Hauptstraßen schon weit voraus. So kehrten wir um. Gleich in den ersten Tagen holten die Polen alles, was nicht nagelfest war, weg. Die Deutschen wurden zu schmutzigen Arbeiten herangezogen, viele bestialisch erschlagen.

Wir wurden in den ersten Tagen etwas rücksichtsvoller behandelt. Am 3. Februar aber wurde mein Mann in unserer Wohnung von polnischer Polizei und russischen Soldaten verhaftet und in Koluszki in Gewahrsam genommen. Mein Ehemann verließ die Wohnung allein mit der Polizei und den russischen Soldaten. Wie ich am anderen Tage feststellte, wurde mein Ehemann von der polnischen Polizei zu Arbeiten verwendet. Seitdem habe ich von meinem Ehemann nichts mehr gehört, bis mir am 6. Februar 1945 von polnischen Zivilisten berichtet wurde, daß mein Ehemann vier Kilometer westlich von Felicjanów tot aufgefunden worden sei. Ich begab mich daraufhin an den bezeichneten Ort im Walde und fand meinen Mann erschossen, neben zwei anderen bis zur Unkenntlichkeit zugerichteten Deutschen, liegen. Es waren dies der Stellvertreter meines Mannes, Fr. Tierling, und der Bierverleger Edmund Baum. Ein paar Schritte von ihnen entfernt lagen die Leichen von neun ermordeten deutschen Soldaten. Am gleichen Tage, nachdem ich beim polnischen Kommandanten die Genehmigung erhalten hatte, begaben sich mein Schwager und mein jüngster Sohn mit einem Handwagen an den Ort des Grauens und holten den Leichnam meines Ehemannes ab. Wir wollten ihn nach Hause bringen und schnell noch einen Sarg zusammenzimmern, aber da kam die polnische Miliz dazwischen und erlaubte es nicht. So begruben wir den Leichnam so auf unserem Friedhof. Das war am 8. Februar 1945.

Im allgemeinen war es bei uns so, daß die polnische Intelligenz sich nicht recht traute, der Pöbel aber wütete und mordete. Ob schuldig oder nicht, danach fragte man nicht. Die vermögenden Deutschen oder diejenigen unter uns, die bei einer deutschen Dienststelle beschäftigt waren, wurden erschossen oder langsam zu Tode gequält. Aber auch die anderen Volksgenossen blieben nicht verschont.

Nr. 91

Erlebnisbericht von Irene Kahl aus Königsbach (Bukowiec), Kreis Lodz i. Polen.

Original, 13. Juli 1952, 6 Seiten. Teilabdruck.

Flucht bis Kalisch, Überrollung durch die Russen, Rückkehr und die ersten Erlebnisse in der Heimat.

Am 18. Januar 1945 sind wir aus Königsbach bei Lodz/Polen, einem reinen Schwabendorf, geflüchtet. Wir kamen bis Kalisch, und dort haben uns die Russen eingekriegt, uns wurden Pferde und Wagen weggenommen, und so, wie wir standen, haben wir den Rückmarsch wieder nach Hause angetreten.... Auf dem Heimweg wurden wir jede 1—2 km von der polnischen Miliz sowie von den Russen kontrolliert. Auf dem ersten Polizeirevier sofort fanden sie bei meiner Mutter ein Bild von meinem ältesten Bruder (als Hauptfeldwebel), da schrien sie gleich „Hitler", da sagte der Russe zum Polen, er sollte die Pistole holen; meine Mutter sagte russisch zu ihnen — die sprach perfekt russisch — er sollte sie von hinten erschießen, damit sie es nicht sieht; ich war damals 19 Jahre alt, stand neben meiner Mutter und fing an zu weinen. Da sagte der Russe nur, sie solle keine Angst haben, er erschießt keinen, da war ich beruhigt. Nun hatten sie uns in so Kammern eingesperrt, von der einen Seite nach links ging eine Tür, und wir wurden rechts eingesperrt, aber nur alles Frauen. Die Männer kamen in eine andere Kammer, und links brannte ein helles Feuer. Nun gingen an der Wand Kanäle, und der Qualm kam von diesem Feuer in unsere Kammer. Alles fing an zu husten. Wir dachten, wir würden ersticken. Mit einmal ging die Tür offen, und man holte mich raus. Meine Mutter schrie, das half aber nichts; ich wurde vergewaltigt. Danach wurden alle rausgelassen, die Augen tränten ihnen vor lauter Qualm.

Da ging es weiter bis zur Warta[1]). Dort haben sie meinem Vater die Stiefel ausgezogen, die Füße waren angeschwollen, da wir ja schon acht Tage unterwegs waren und keine Stiefel aushatten. Da stellte sich ein Russe meinem Vater auf die Brust. Sie hatten ihn hingeschmissen, und der andere zog ihm

[1]) Polnisch für Warthe.

die Stiefel aus. Ich hatte ein Kind von meiner Schwester auf dem Arm, die Schwester das andere. Nun haben sie den Kindern die Schuhe ausgezogen. Ich schaute mich um nach dem Polen, da schlug er mich mit dem Gummiknüppel über den Rücken, daß ich mit dem Kind zusammenbrach. Da hatten sie gemerkt, daß ich noch die Uhr am Arm hatte, da stürzten sich zwei Russen auf die Uhr, die hatte einen Sicherheitsverschluß und konnten es nicht offenkriegen. Beide wollten die Uhr haben, bis sie dieselbe kaputtgerissen hatten.

Von dort aus bekamen wir einen Schein und sollten uns auf dem nächsten Polizeirevier melden. Ich sagte zur Mutter: „Mutti, wenn das so weitergeht noch auf einigen Polizeirevieren, kommen wir nicht lebend nach Hause." Zum Essen hatten wir nichts, und die Kinder schrien „Hunger". Wir waren auf der Hauptstraße nach Litzmannstadt (Lodz). Nun kam uns ein LKW. entgegen. Ich stellte mich mitten auf die Straße und winkte. Der hielt, und ich bat ihn, uns mitzunehmen. Es waren Russen. Wir fuhren bis Ozorkow, 14 km vor Lodz. Den Kindern hatten wir Lappen um die Füße gewickelt, die wir auf der Straße gefunden haben, damit sie die Füße nicht erfroren. Mein Vater bekam ein Paar knochenhart gefrorene Schuhe und dazu eine Nummer kleiner, ohne Schnürsenkel, und so mußte sich mein Vater quälen.

Nun waren wir alle Mann (14 an der Zahl) bis Ozorkow gefahren. Dort schnappten sie uns gleich wieder auf und mußten zum Polizeirevier. Nun hatten wir durch die Fahrt 6—7 Polizeireviere überschlagen. Dort kamen wir mit den Wehrmachtsgefangenen zusammen. Dort waren ca. 100 bis 150 Mann Zivil und Wehrmacht. Wir konnten alle gut polnisch, da meine Eltern früher ein Geschäft hatten, und zuletzt hatte es mein ältester Bruder. Ich ging nach einem Polizisten und bat um Brot für die Kinder oder ging und brachte tatsächlich für je acht Mann ein Brot und für jeden einen Schluck Wasser. Da saßen wir die ganze Nacht auf dem Fußboden, aber Mann an Mann, man konnte sich nicht bewegen, so daß wir morgens steif waren. Dann sind wir transportiert worden nach Lodz, die Gefangenen vornweg, das Zivilvolk hinterher. Wir hatten die Kinder auf dem Arm und konnten nicht mitkommen. Da kam die polnische Miliz und jagte uns: „Los, los, sonst gibt's mit dem Knüppel." 4 km vor Lodz wurden wir wieder festgehalten. Meine Mutter war so dick, die wußte gar nicht, wie mitzukommen, auch mein Vater in seinen kleinen Schuhen. Wir haben unsere Eltern dann noch so mitgezogen; denn unterwegs machten einige schlapp, die wurden mit dem Fuß in den Straßengraben gestoßen, und keiner durfte bei ihnen bleiben. Die lagen dann und waren auf sich selbst angewiesen.

Nun kamen wir nach Haus. Dort waren die Fensterscheiben ausgeschlagen, kein Möbelstück mehr in den Zimmern. Vier Tage später wurde unser Dorf von den Deutschen geräumt. Ältere Leute wurden vor einen Wagen gespannt, und zwar ganz nackt im Februar, und mußten den Wagen durchs Dorf ziehen bis zum Feuerwehrsaal. Dort sind sie reingetrieben worden, und so junge Bengels von 18—20 Jahren, natürlich Polen, haben gepfiffen und die mußten tanzen. Da waren meine Eltern auch mit bei. . . .

Zwei Tage später ging ich mit einer Freundin nach meinen Verwandten ins Nachbardorf. Als ich nächsten Tag wiederkam, waren meine Eltern weg mit noch vielen aus dem Dorf. Ich ging mich befragen, wo sie hingekommen wären. So hat man mir keine Auskunft gegeben. Ich fuhr zur Stadt nach meiner

Schwester und gingen beide meine Eltern suchen. Die Mutter ist im Kleid weggeholt worden. Nun wollte ich ihr den Mantel hinbringen. Damit haben wir uns nachts zugedeckt, jeder mit seinem Mantel. Wir fanden aber die Eltern nirgends, in keinem Gefängnis. Zwei Wochen später kam ein Bekannter, der bei meinem Bruder im Geschäft eingekauft hat und meine Eltern gut kannte. Der war auch dort im Gefängnis. Der sollte nur Bescheid bringen, wer vom Flüchten wieder zurückgekehrt ist. Der mußte sich 24 Stunden später wieder im Gefängnis melden. Der kam zu mir so kaputtgeschlagen, daß man ihn gar nicht wiedererkannte, und sagte mir, ich sollte auf meine Eltern nicht mehr warten, die sind so geschlagen worden, daß die Mutti an den Folgen gestorben ist, und der Papa lebte wohl noch, als er rausging, aber er glaubt ganz bestimmt, daß er es nicht mehr lange aushält. Nun ist mein Papa aber noch bis vor Moskau verschleppt worden, und dort hat ihn ein Königsbacher begraben, der wiederkam.

Vfn. schildert im Anschluß noch einige Erlebnisse in der Zeit nach der Wiederherstellung des polnischen Staates.

Nr. 92

Protokollarische Aussagen der Sofje Jesko aus Penczniew, Kreis Turek i. Polen.
Original, 25. April 1951.

Greueltaten bei der Überrollung durch russische und polnische Partisanen, Rückkehr ins Heimatdorf, und die Leiden der Deutschen in der ersten Zeit der Besatzung.

Am 18. Januar 1945 erhielten die Bewohner der Umgegend von Turek den Befehl, sofort nach Westen abzurücken. Zurückflutende Wehrmachtsteile, untermischt mit Flüchtlingen aus dem Gouvernement, hatten entsetzliche Greueltaten der Sowjets berichtet und hierdurch die allgemeine Panikstimmung noch erhöht.

Deshalb verließen wir ebenfalls fluchtartig unsere Heimat. Auf völlig vereisten, verstopften Straßen war nur noch im Schritt vorwärts zu kommen.

Westlich von Schroda wurde unser Treck plötzlich von deutschen LKWs. mit vermummten Zivilisten darauf: Männern, Frauen, Kindern überholt und wir zum Verlassen der Straße und Auffahren auf dem seitlich gelegenen Acker aufgefordert.

Sehr bald stellte es sich heraus, daß dies alles russisch-polnisch-jüdische Partisanen waren, die unsren unübersehbaren Wagenpark sofort umstellten und zu plündern begannen.

Kurz darauf trafen sowjetische Panzer ein. Ein General — ich selber spreche fließend russisch und polnisch — fragte nach der Zahl der vorhandenen deutschen Offiziere und gab den Befehl zur sofortigen Liquidierung aller irgendwie Verdächtigen.

Durch Abwerfen von Nebelbomben entstand eine entsetzliche Panik. In diesem künstlichen Nebel begann nun ein allgemeines Abschlachten, Plündern, Vergewaltigen. Man hörte die Schreie der Erschlagenen, Schießen, das Kreischen der geschändeten Frauen, die Hilferufe der Kinder und alten Leute.

Auf einem LKW. — uns gelang es im Gegensatz zu unsren nächsten Bekannten, einer Frau Natalie Lange mit ihrem Sohn und reichen polnischen

Flüchtlingen, die hierbei ebenfalls erschlagen wurden, aus dem allgemeinen Hexenkessel zu entkommen, da wir allen Sowjets usw. erklärten, wir wären verschleppte Ostarbeiter — saß im offnen Pelz mit weißen flatternden Haaren eine alte Furie. Zu ihr stießen rohe Soldaten usw. junge verzweifelte schreiende Frauen mit ihren kleinen Kindern auf dem Arm. Diese alte Furie ergriff die Kinder und schlug sie mit dem Kopf auf die Kante des LKWs. „Engelchen!" Die zusammenbrechenden Mütter wurden weggeschleppt.

Die Nacht verbrachten wir zitternd in einem abseits gelegenen Waldwärterhaus. Nachts kam der Sohn, ein Pole, beladen mit Beute und erzählte, wie sie die zusammengeschleppten Leichen der Ermordeten hätten mit Benzin übergießen und anstecken müssen: „Wir nicht so dumm wie Hitler", meinte er grinsend.

Wir zogen dann langsam zu Fuß in unsre Heimat zurück. Überall in den Waldstücken stießen wir auf niedergemachte Soldaten und Zivilisten, überall trafen wir Trupps von polnischen Bengeln, die mit deutschen Gewehren bewaffnet Jagd auf Versprengte machten und sich rühmten, wieviele sie schon ermordet hätten und wie sie sie gequält hätten.

Zu Hause angekommen, gingen die Verfolgungen der Deutschen, die hier geblieben oder leichtsinnigerweise zurückgekehrt waren, weiter. Die kleinste Kleinigkeit genügte, um erschossen oder nach schweren Mißhandlungen verschleppt zu werden. Das Denunziantentum blühte. Kein Deutscher hatte auch nur das geringste Recht mehr. Nacht für Nacht schleppten polnische Bengel betrunkene Russen in die Häuser, in denen sich deutsche Frauen und Mädchen befanden, oder verrieten diese in ihren noch so geschickt ausgesuchten Verstecken.

Wir Deutschen mußten nun unter menschenunwürdigen Bedingungen als Arbeitssklaven auf unsern eignen Besitzungen arbeiten. Nur wer in früheren Zeiten sich von jeglicher Politik ferngehalten, sein Deutschtum nicht andauernd provozierend in den Kriegsjahren betont hatte, konnte dies Dasein jetzt überstehen, die andern hatten einfach kein Leben mehr.

Berichterstatterin macht eine kurze Bemerkung über die Ausweisung und umreißt das allgemeine Schicksal der im Warthegau verbliebenen deutschen Bevölkerung.

Aber von all dem Erlebten war doch das Grausigste diese alte Frau, die erbarmungslos ihren Haß an den deutschen Kleinstkindern ausließ!

Nr. 93

Erlebnisbericht des Bauern Wilhelm Schmidt aus K o r n a t y (Kornau), Kreis W r e s c h e n i. Posen.

Original, 26. September 1952, 16 Seiten, Teilabdruck.

Die Situation vor der Flucht, Treck bis vor Schrimm, Abschneiden des Fluchtweges durch russische Panzer, Rückkehr ins Heimatdorf.

Vf. skizziert zunächst die Zeit von 1940—1945 und fährt dann fort:

Der unheilvolle 20. Januar 1945 kam. In der Nacht kam Bescheid, alle Frauen, die kleine Kinder hatten, sollten sofort packen und mittags 12 Uhr in Wreschen auf dem Bahnhof zwecks Abfahrt (Flüchten) sein. Schweren Herzens verabschiedeten wir uns von unserer Tochter Erna und Kind.

Bei uns übernachteten schon Flüchtlinge aus der Koniner Gegend. Früh kam Nachricht: Die Bauern alle packen, um 2 Uhr nachmittags Abfahrt Richtung Schrimm, hinter der Warthe. Wir packten unsere Habseligkeiten auf unsere Wagen und spannten zwei Pferde davor. Doch es kamen unsere polnischen Nachbarn und baten uns, doch dazubleiben. Sie wollten für unsere Sicherheit sorgen. Es kamen Gorny, Rachelski, Frau Olek, Frau Tarczewska usw. Wir überlegten uns die Sache und ließen ausspannen. Doch nachmittags fuhr unser Nachbardorf, u. a. unser Ortsbauernführer, und wir schlossen uns diesem Zuge an. Doch wegen Entlastung der Autostraße fuhren wir über Paruszewo, Gostowo, Richtung Wreschen, also auf großen Umwegen. Wir nächtigten in Jugendfeld (Młodziejewice). Wir waren zusammen mit König, Mekling, August Ganter. Doch wie wir am Morgen 5 Uhr losfuhren, waren schon alle weg.

Am Sonntag, 21. Januar, nächtigten wir bei Schroda gegenüber dem Flugplatz; schon dröhnte Kanonendonner. Wir sahen, daß alles schon zu spät ist, und entschlossen uns, umzukehren oder abzuwarten. Wir bogen nach rechts, kamen auf leere Seitenwege und waren im Begriff, nach Trzek (Deutscheck) bei Schwersens zu Onkel Christoph zu fahren, wir hofften, er würde auf keinen Fall sein Anwesen verlassen. Doch als wir in die Nähe kamen, erzählten uns die Polen, gestern, also den Tag vorher, hätten sie gesehen, daß alle von dort wegfuhren, jedoch nicht nach Schrimm, sondern in anderer Richtung. Wir drehten um und fuhren nach Schroda, auch dort mußten wir zwei Stunden warten, um in die Reihe zu kommen, alles überfüllt. Am Ausgang der Stadt wurde gerade Wehrmacht auf Autos verladen, und ein Offizier regelte etwas den Verkehr. Er war sehr unhöflich und schimpfte, wo denn die Flüchtlinge alle hinwollten, und reihte unsere Wagen auf die Chaussee nach Kurnik — Richtung Posen, da nach Schrimm alles verstopft war.

Nachts kamen wir in Kurnik an, übernachteten dort mit Pustow, Niemeier, Orlowski und fuhren morgens 5 Uhr ab Richtung Schrimm. Es dauerte nicht lange, stießen wir auch hier auf verstopfte Kolonnen und mußten warten. Nachmittags 2 Uhr kamen wir vor Schrimm. Von weitem sahen wir schon Qualm und Rauch und Kanonendonner und hörten MG. Auf der Brücke gingen noch ganze Verbände von Wehrmacht, HJ., Autos usw. Alle diese hatten den Vorzug, und von den zusammenlaufenden Straßen wurden immer zu 10 bis 20 Wagen die Straße durchgeschleust. Doch gegen Abend, so gegen 4 Uhr, sahen wir die ersten Wagen vor uns, die schon auf der Brücke waren, machten kehrt, und schon besetzte ein kleiner russischer Tank die Brücke, und an 300 Wagen waren abgeschnitten.

Uns blieb weiter nichts übrig, als kehrtzumachen. Wir übernachteten in einem danebenliegenden HJ.-Lager, dort waren noch an 300 Gewehre, Munition, Kohlen, Lebensmittel, Kleiderkammern vollgestopft, Schuhe, Fahrradmäntel usw. Am nächsten Morgen wollten wir zurück, jedoch die Straße kilometerweit verstopft. Von Schrimm kam ein russischer Offizier in einem kleinen Tank und sagte uns, wir sollten ruhig in unsere Dörfer fahren, Rußland führt nicht Krieg gegen Zivilisten, sondern lediglich gegen den Faschismus. Wir suchten uns gegen Abend einen Feldweg und fuhren querfeldein zurück, kamen bis Santomischel; hier stießen wir auf einige russische Tanks und sahen schon wieder die Schrecken des Krieges. Zerschossene Flüchtlingswagen und Pferde, die toten Flüchtlinge hatte man schon weggeschafft. Je weiter wir kamen, desto mehr Spuren des Krieges, in Schroda brannte noch die Dampfmühle, die Zuckerfabrik, die Polen raubten die Lager und zogen schon auf ihre alten Stellen.

Bis Schroda ging noch alles so allerwege, doch hinter Schroda kamen wir durch einen Wald und stießen auf die russischen Verbände! U. a. traf ich Familie Kehlb, der sagte, vorn im Walde stehen schon die Russen, und es dauerte nicht lange, begegneten wir russischen Panzern. Die Bedienung war ausgestiegen und nahm uns zuerst die Uhren, dann Stiefel und Pferde und Lebensmittel usw., jeder brauchte etwas. Die Straßen rechts und links weggeworfene Gewehre, Radios, Fahnen, Krippen, hin und wieder ein Toter usw. Auf einmal stockte alles. Es kamen Russen und suchten Pferde, auch meine kamen dran; so kam es, daß unsere Pferde dreimal umgetauscht wurden, und zuletzt hatten wir zwei Krepierer, aber stumpf, wir kamen nicht mehr vorwärts.

An einem Wäldchen stockte wieder alles. Polnische Banden versperrten den Weg und raubten und plünderten den Wagen. Im Graben lag ein Pferd, ich lief hin, und es stand auf, gleich spannte ich einen Krepierer aus und spannte dieses vor meinen Wagen; ja, ein Stück ging und taumelte es, dann wollte es auch nicht. Bemerken will ich, es war überall ein spiegelglatter Weg, Pferde und Menschen konnten sich nicht halten. Auch unser Max mußte daran glauben; es kam ein Kosak und verlangte ein Pferd, ich beteuerte ihm, daß Max lahm und noch zu jung ist. Er legte Sattel darauf und wollte nur probieren, doch er zog los und war in wenigen Augenblicken verschwunden. Seinen 3jährigen Schimmel überließ er mir; der verstand nicht zu ziehen, ich mußte es ihm erst noch lernen. Und ein Frost zum Gotterbarmen, unter viel Mühen kamen wir nach Kroczika Wielka. Dort wurde uns ein kleiner Koffer mit sämtlichen Papieren und Dokumenten gestohlen. Die Feuerpolicen, Sparbücher, Hofkarte, Photos, arischer Nachweis, kurzum, sämtliche Dokumente.

Mit Mühe schleppten wir uns nach Wreschen. Auf Zawodzie machten wir halt und suchten so unter 20 Wagen. Doch es dauerte nicht lange, inzwischen war es dunkel geworden, kamen Russen, einer wollte dieses, der andere jenes. Die letzten Stiefel wurden mir ausgezogen, und ich bekam ein Paar Filzstiefel. Wir sahen, daß wir dort nicht bleiben konnten, und fuhren mit unserem Wagen weiter nach Wreschen. Dauernd wurden wir von Posten angehalten, und ich sagte durchweg, wir wären Polen, bis wir am Ausgang der Stadt als Deutsche erkannt wurden. Wir mußten absteigen, zuerst mußten wir alles dort lassen und zu Fuß nach Hause gehen. Als ich dann dagegen protestierte, wurde ich geschlagen, ich glaubte, ich hätte alle Zähne raus, alles vorn an der Joppe voll Blut. Der Gertrud riß ein Offizier die Brille weg und warf sie in Schnee nachts 2 Uhr. Alles wurde auf dem Wagen durchsucht, bis der russische Offizier irgendwo abberufen wurde, wir aber schnell weg, um wegzukommen. Doch jede Minute wurden wir von Posten angehalten bis vor Wilhelmsau. Dort kam eine polnische Patrouille, sie besorgte uns ein Quartier auf dem Hofe des Besitzers Wilb in Jagenau.

Der Morgen graute schon, wir standen auf der Ecke des Schmiedes Schieve. ... Auf einmal kam ein russisches Lastauto mit Anhänger, alles voll Russen. Wir bemerkten schon von weitem, wie es in einem Zickzack hin und her fuhr, dieses fuhr direkt in den Flüchtlingswagen vor uns hinein, tötete Pferde, eine Frau mit Kindern und raste an uns vorbei in den Chausseegraben. Beide Autos kippten um, ein ohrenbetäubendes Gebrüll entstand.

Ich bog sofort in einen Feldweg, um nicht gelyncht zu werden, und fuhren über Jagenau. Auch dieses schöne, reiche Dorf, wie sah es aus, die Kühe brüllten vor Hunger in den Ställen, in den Stuben lag Stroh, Heu, die Tische voll Einmachgläser, halb ausgefressen, vergossen, verschüttet, die Möbel kopfgestellt, Federbetten aufgeschlitzt, ein Elend, wie Fenster und Türen zerschlagen, alles voll Russen. Weit kamen wir nicht, wir wurden wieder von Patrouillen angehalten, und ich mußte wieder vom Wagen und wurde von den Russen verhaftet. Die Frau und Tochter konnten nach Hause, doch ich verlangte einen Offizier, stellte ihm alles vor, unter anderem, daß ich aus dem nächsten Dorf bin usw. Wir fuhren über die Autostraße nach Walken (Chwalkowice) nach Staw, wo wir noch einmal bestohlen wurden, und kamen am Abend des Sonnabend in Kornaty an. Als wir bei Jahnke vorbeikamen, fiel er mir vor Freude um den Hals und jammerte, was sie dort alles erlebt haben.

Bemerken will ich, daß nicht alle geflüchtet sind, es blieben in Kornau Tietsch, Sommerfeld, Jahnke, Renz und Bittner. ... Spät am Sonnabendabend kamen wir in unser Haus. Welcher Anblick, ein gemauerter Pfeiler vor dem Tor war umgebrochen. Marinia und Bogdan[1]) so schüchtern, im Hause alles durchgewühlt, es stank nach Schnaps und Russen.

Im Anschluß schildert Vf. die Zeit nach der Wiederherstellung des polnischen Staates und den Hergang der Ausweisung[2]).

Nr. 94

Erlebnisbericht der Bäuerin Agnes Krause aus Renkawtschinek (Ärmelau), Kreis Mogilno i. Posen.

Original, 5. August 1952, 6 Seiten. Teilabdruck.

Flucht im Treck bis Czarnikau, Überrollung durch die Russen und Rückkehr ins Heimatdorf.

Am 20. Januar 1945 treckte unser Dorf. In Gnesen kamen wir schon auseinander. Dort waren die Straßen schon so überfüllt, daß man nach langem Stehen nur schrittweise weiterfahren konnte. Wir kamen noch die Straße nach Obora raus, wo wir ungefähr 2 Uhr nachts ankamen. Dort wurde Rast gemacht, die Pferde zu füttern. Da mein Mann Mitte Januar zum Volkssturm einberufen wurde, fuhr ich selber einen Wagen und unser Deputatmann den zweiten Wagen. Bei mir auf dem Wagen hatte ich außer Lebensmitteln und Wäsche auch noch meine rheumakranke Schwester Elsa Lörke, 59 Jahre alt, in Pelz und Betten eingepackt liegen. Auf dem zweiten Wagen fuhr noch die Schwester von meinem Mann, Lina Krause, 52 Jahre alt, mit. Da hatte ich außer Sachen das Futter für die Pferde mit. Da hab ich schon drauf geachtet, daß unsre Wagen hintereinander fuhren.

---

[1]) Magd und Knecht, die wegen ihrer polnischen Volkszugehörigkeit nicht geflohen waren.

[2]) Die Schilderung der Ausweisung abgedruckt unter Nr. 308 (Bd. I, 2).

Hinter Wongrowitz hatten wir Sonntag zu Montag in der Nacht die Pferde paar Stunden in einem Stall zum Füttern untergestellt. Wie die Fahrt dann Montag früh weiterging, kam der zweite Wagen nicht gleich hinterher. Da hielt ich solange an, damit kein anderer Wagen dazwischen kam. Da war meine Schwägerin allein auf dem Wagen und sagte: „Der Juszak fährt nicht weiter mit.“ Ein Stück kamen wir noch gemeinsam weiter. Dann war meine Schwägerin mit dem Wagen hinter einem Baum festgefahren, Rad kaputt. Da hoben wir dann noch das Wichtigste auf meinen Wagen, die Pferde abgespannt, der Wagen blieb liegen. Man sah auch umgekippte Wagen im Graben liegen, auch tote Menschen und Pferde. Wir fuhren dann über Rogasen weiter. Den andern Tag traf ich zufällig meinen Mann. Die Volksstürmer waren beauftragt, ihre Familien zu führen.

Eine Nacht sind wir dann noch gefahren. Dann waren wir vor Scharnikau. Da die Pferde schon schlapp waren, haben wir bei einem großen Hof haltgemacht und Futter geholt. Es standen dort viele Wagen, um die Pferde zu füttern. Mein Mann war ins nächste Haus gegangen, um heißen Tee zu bestellen. Wie der Wagen und Pferde fertig waren zum Weiterfahren, ging ich auch in das Haus, um meinen Mann abzuholen. Da mußten wir noch etwas warten. Wie wir dann gehen wollten, setzte plötzlich Maschinengewehrfeuer ein. Wir mußten alle Deckung nehmen. Wie die Russen dann ins Haus kamen, durfte keiner rausgehen, wurden alle nach Uhren und Ringen durchsucht. Sonst haben sie uns nichts gemacht, nur Uhr und Ringe weggenommen. Wie wir dann rausgehen durften, brannten viele Häuser in der Stadt. Auch angebrannte Wagen mit einem toten und einem lebenden Pferd konnte man sehen. Aber von der Stelle, wo unser Wagen stand, war nichts zu sehen. Die Pferde sind wohl den andern Wagen nachgegangen, wie die Schießerei losging. Meine Schwester und Schwägerin waren auf dem Wagen, habe bisher nichts feststellen können über ihren Verbleib.

Eine Nacht waren wir dann noch in Scharnikau. Da hatten die Polen dann schon ihre Wachen ausgestellt. Die Männer wurden alle verhört. Dann hieß es, jeder soll wieder zurück nach Hause. Im nächsten Dorfe haben wir dann auch noch Flüchtlinge angetroffen, die noch mit ihrem Wagen auf der Rückfahrt waren. Mit einem Bessarabien-Ehepaar sind wir dann noch bis vor Elsenau zusammen gewesen. Die Hauptstraßen konnte man gar nicht fahren. Da fuhr das russische Militär uns entgegen. Die guten Pferde nahmen sie gleich vom Wagen weg und gaben solche, die nicht mehr gut vorwärts konnten. Da haben wir in einem Dorf, wo die Deutschen alle weg waren, Rast gemacht auf zwei Tage. Da waren noch viele, die auf der Rückfahrt waren. Denn es war grad solch Schneetreiben gekommen, daß man gar nicht vorwärtskam.

Wie es dann weiterging, wurden die Pferde noch wieder umgetauscht. Es gab noch oft Hindernisse auf der Reise. Vor Rogasen mußten auf einem Gut die ganzen Sachen vom Wagen geladen werden. Die Polen haben sich dann ausgesucht und genommen, was sie wollten. Es blieb nicht viel übrig für das alte Ehepaar. Mit dem Wagen mußte dann mein Mann und noch paar andre Männer die toten Menschen, die am Wege lagen, aufladen und zum Friedhof fahren. Am Abend konnte dann der Rest von den Sachen auf den Wagen geladen werden.

Die Fahrt ging weiter. Haben dann in einer Scheune genächtigt, da es wieder Schneetreiben war. Fast in allen Dörfern wurde dann der Wagen von Polen angehalten und untersucht, ob auch Schußwaffen drauf waren.

Am 7. Februar waren wir dann in unserm Heimatdorf Ärmelau, Kreis Mogilno, angekommen. Wie wir vor Abend ankamen, wurde mein Mann von den Posten, die im Dorfe waren, gleich aufgefordert, mitzugehen in die Schule, das war Kommandantur, zum Verhör. Dort wurde er sehr geschlagen aus Rache, daß mein Mann dafür sorgen sollte, daß um 22 Uhr jeder Pole zuhause sein sollte.

Am selben Abend mußte er noch nach Gembitz 8 km weit laufen zum Wotostwa[1]). War dort die Nacht durch mit paar Männern aus Gembitz in einem kleinen Raum. Wurde am nächsten Tag verhört. Da sie nun nichts Feindliches rausgefunden haben, kam er mittags zurück.

Dann schildert Vfn. ihr Leben in der Zeit nach der Wiederherstellung des polnischen Staates und geht abschließend auf das Verhalten der Polen im Jahre 1933 ein.

---

[1]) wójtostwo, d. h. Gemeindeamt.

2. Die Flucht der deutschen Bevölkerung aus den westlichen Kreisen des Warthegebietes.

Nr. 95

Erlebnisbericht des Bauern Paul Rinow aus Eitelsdorf (Nowawies), Kreis Znin (Dietfurt) i. Posen.

Original, 30. November 1952.

Die gelungene Flucht im Dorftreck bis Celle.

Ich habe Ihnen in kurzen Zügen die Vertreibung und den Treck meiner Heimatgemeinde Eitelsdorf, Kreis Dietfurt, geschildert. Da wir fast immer des Nachts gefahren sind und dadurch immer einen kleinen Vorsprung vor denjenigen hatten, welche Wert auf gute Quartiere legten, sind wir dem Griff des Russen entkommen, hatten somit nicht gerade viele tragische Erlebnisse. Die kleinen Zwischenfälle, in den Graben rutschen oder umwerfen bei der Glätte, haben uns nicht daran gehindert, vom 20. Januar bis 15. Februar von Dietfurt bis Celle zu gelangen[2]).

Einleitend berichtet Vf., daß die Dienststellen die Gefährlichkeit der Situation bis zum Eintreffen des Treckbefehls völlig verkannten.

Bis 1 Uhr mittags hatte sich der größte Teil unserer Gemeinde gesammelt, uud wir fuhren los. Teile der anderen Ortschaften trafen wir schon weiter auf der Straße. Gegen Abend in Dietfurt angekommen, gab es gleich die erste Verstopfung, da aus allen Nebenstraßen Flüchtende heranströmten. In der Nacht kamen wir durch Elsenau, und am Morgen waren wir in Eichenbrück (Wongrowitz). Da wir meine 80jährige Mutter und noch viele alte Leute und kleine Kinder mithatten, sprachen wir mit Roten-Kreuz-Schwestern, denn es stand gerade ein Zug auf dem Bahnhof. Aber es wurde niemand mitgenommen, da der Zug schon überfüllt gewesen sein soll. Wir fuhren dann weiter und kamen zur Nacht nach Rogasen und fuhren in Richtung Ritschenwalde. Hier gab es viele Stockungen, denn es herrschte die Nacht ein furchtbarer, undurchsichtiger Nebel. Wegen des Nebels ging ich vor dem Wagen und führte die Pferde am Zügel, um nicht vom Wege abzukommen, und leuchtete mit der Taschenlampe. Auf einmal sah ich in der Wagenspur ein menschenähnliches Knäuel. Ich hielt und stellte tatsächlich eine tote Frau fest, über die schon mehrere Hundert Wagen gefahren sind. Die Tote war fürchterlich zugerichtet. Ich zog sie hin in den Straßengraben und fuhr weiter.

Von Rogasen gingen neben uns viele Arbeitsdienstler aus dem Lager Rogasen. Am Morgen kamen wir nach Ritschenwalde, und hier ist meine Mutter auf dem Wagen gestorben. Da kein Magistrats- und auch kein Fried-

---

[1]) Die Fluchterlaubnis, die im damaligen Reichsgau Wartheland am 20. Januar 1945 erteilt wurde, bot den deutschen Bewohnern dieser Kreise im Gegensatz zu den weiter östlich Ansässigen im allgemeinen Gelegenheit, ihre Flucht so rechtzeitig anzutreten, daß sie sich dem Zugriff der russischen Truppen entziehen konnten.

[2]) Soweit der Anfang eines Begleitschreibens.

hofsbeamter zu finden war, nahmen wir die Mutter weiter mit. Bis Mittag sind wir in Richtung Scharnikau kaum 1 km weitergekommen, weil ein großer Berg zu überwinden war, welcher sehr glatt war. Hier hörten wir deutlich Panzerartilleriefeuer. Es soll von Elsenaus Beschießung gewesen sein. Nachmittag kamen wir in die Gegend von Scharnikau und kamen nicht von der Stelle; denn wie sich später herausstellte, haben Polen aus Scharnikau, besonders Eisenbahner, den Verkehr dadurch gestoppt, daß sie die polnischen Kutscher bei den alleinstehenden deutschen Frauen zur Umkehr überredet haben oder wenigstens die Gespanne im Stich zu lassen. Erst die Polizei brachte mit der Pistole Ordnung in die Reihen, und der Treck kam wieder in Gang, so daß wir zum Abend in Scharnikau einfuhren. Hier schossen die Russen schon über uns hinweg nach Scharnikau rein. In diesem Durcheinander wurde unser Treck von der Polizei zerrissen, indem immer einige Wagen nach Filehne, die andern nach Schönlanke abgeleitet wurden. Die nach Schönlanke geleiteten Wagen haben einen Umweg bis über Arnswalde machen müssen, und wir haben einen Teil von ihnen nicht mehr gesehen.

Wir kamen über Filehne, wo wir morgens eintrafen. Dieser Weg war furchtbar, denn durch viel Busch, Berge und Schluchten, ein Partisanengelände im wahrsten Sinne des Wortes, und dann die Glätte auf der Straße brachte schon so viele Fahrzeuge in den Straßengraben. Hier wollen einige die Stalinorgel gehört haben, denn sie schossen schon wieder über uns hinweg. Aber sonst hat sich weiter nichts ereignet. Wir kamen gegen Morgen durch Filehne. Hier stand wieder ein Eisenbahnzug, und viele, deren Pferde nicht weiter konnten oder die Wagen zerbrochen waren, sind da auf den Dächern des Zuges bei der Kälte mitgefahren, um das Letzte oder gar das nackte Leben zu retten.

Von hier ging es weiter in Richtung Kreuz. Vor Kreuz in einem deutschen Dorf Gr. Lubs haben wir auf einem deutschen Friedhof meine Mutter in aller Eile beerdigt. Ich wollte von Kreuz für die Mutter einen Sarg holen, und da wurde ich erst zum Magistrat geschickt. Und hier verlangte man von mir einen Totenschein. Hier traf ich unsern Polizeileutnant aus Dietfurt. Und er mahnte zur Eile, denn über Kreuz kreisten gerade zwei russische Flieger in geringer Höhe. Wir fuhren dann auch noch zur Nacht weiter über Driesen, Friedeberg nach Landsberg an der Warthe. Hier wurden wir das erste Mal mit warmem Essen bewirtet. Auch sollten die armen Pferde wieder mal gefüttert werden, aber bei der erdrückenden Fülle fuhren wir schon wieder nachts um 2 Uhr los, aber nicht in Richtung Frankfurt/Oder, sondern nach Küstrin. Frankfurt soll vollständig verstopft gewesen sein. Von Landsberg ging es über Schwerin nach Küstrin, wo wir nachmittags, den 29. Januar, über die Oderbrücke fuhren. In Küstrin gab es wieder etwas zu essen.

Hinter Küstrin bezogen wir auf dem Gut Wilhelminenhof Quartier in der Hoffnung, das Schwerste hinter uns zu haben und hier einige Tage ruhen und das weitere abwarten zu können. Auf dem Gute sind wir sehr gut aufgenommen worden. Es wurde das erste Mal in anerkennenswerter Weise für Mensch und Tier gesorgt. Aber als wir am andern Morgen wieder Artilleriefeuer hörten und die Flüchtlinge immer eiliger nachdrängten, machten auch wir uns wieder auf den Weg. Von Landsberg waren wieder einige Wagen weniger, denn des Nachts konnten und wollten nicht alle mit. Von hier aus ging die

Fahrt über Wriezen, wo der Volkssturm mit Panzerfäusten bereitstand. Es sollten einige russische Panzer dicht hinter uns gewesen sein. In Wriezen ist eine Litzmannstädter Familie, welche bei mir evakuiert war und mit meinem Wagen mitgekommen ist, Ehepaar und zwei Kinder, von der NSV. übernommen, weil der Frau die Beine erfroren sind. Von Wriezen ging es über Eberswalde, Zehdenick, Zerpenschleuse, Gransee in Richtung Neuruppin.

Die Fahrt um Berlin herum war besonders für die Pferde schlecht, weil dort gar kein Futter mehr aufzutreiben war, nicht einmal Stroh. So haben die Pferde oft tagelang kaum etwas Futter bekommen, denn unser Futter war im Alle-werden, so mußten wir sehr sparen. Wir Menschen haben öfter etwas zu essen bekommen wie die Pferde. Das andere große Übel in der Nähe Berlins war die dauernde Fliegergefahr. Aber am 5. Februar kamen wir doch heil in Neuruppin an, wo wir am 6. Februar bei Neustadt a. d. Dosse Quartier bekamen. Hier dachten wir aber bestimmt bleiben zu dürfen. Es war ein Bauerndorf, wo unsere Pferde endlich sich mal satt fressen konnten, und auch wir Menschen hatten es satt, von einem Dorf zum andern gejagt zu werden, und unsere Glieder waren zur Genüge durchgefroren und müde.

Als mich nach zwei Tagen Ruhe der Ortsgruppenleiter aufsuchte und mir mitteilte, wir müssen weiter nach Osthannover, habe ich mich zunächst geweigert. Habe aber dann doch eingesehen, daß wir andern Platz machen müssen, haben wir uns am 9. Februar wieder auf den Weg gemacht und sind dann über Havelberg, Wittenberge — bei Dannenberg ging es über die Elbe —, weiter über Ülzen, Eschede, Lachendorf nach Wienhausen und dann nach Offensen, Bezirk Celle, wo wir am 15. Februar eintrafen und heute noch als erwerbslose Flüchtlinge unser Dasein fristen.

Nr. 96

Erlebnisbericht des Pastors Heinrich Dinkelmann aus Labischin (Lüderitz), Kreis Schubin i. Posen.

Original, 19. März 1952.

Räumung der Stadt Labischin und Flucht in westlicher Richtung bis zur Überrollung durch die Russen im Kreis Czarnikau.

In der letzten Hälfte des Jahres 1944 trat unter der Bevölkerung der Umgebung von Bromberg, zu der ich mit meiner Familie in Lüderitz, Kreis Altburgund (Szubin), im nordöstlichen Zipfel gehörte, eine gewisse Unruhe ein. Man hörte Stimmen, die eine Umsiedlung nach Westdeutschland erwogen, die heimlich Wäsche und Möbel abgeschickt hatten, die eine besonders höfliche, wenn nicht unterwürfige Haltung den Polen gegenüber zeigten und ähnliches mehr. Dann wurden starke Aushebungen von Frauen und Männern vorgenommen, und man schickte sie zu Schanzarbeiten nach dem Osten. Es kam im November die Aufstellung des Volkssturmes, alle Männer bis zu 60 Jahren wurden erfaßt. Im Dezember 1944 erhielt Lüderitz Fronttruppen. Etwa 50 SS.-Männer mit einem, wie es hieß, sehr wertvollen Nachrichtengerät quartierten sich bei uns ein, weil die Ostfront zurückgedrängt worden war.

Die offiziellen Heeres-, Partei- und Beamtenstellen suchten jeder Beunruhigung entgegenzutreten, und die Gesamthaltung der deutschen Bevölkerung zeigte auch ein gemeinsames Verantwortungsgefühl, das kaum eine Abwanderung aufkommen ließ. Wir gehören alle zusammen und dürfen nicht Einzelwege gehen, dürfen nicht als Einzelne die Flucht ergreifen und die Gesamtheit im Stich lassen.

Selbst als Mitte Januar bei schneidendem Frost (—15°) die ersten Trecks vom Osten her unseren Ort durchzogen, wollte der Gedanke noch nicht aufkommen, daß wir auch fort müßten. Erst am Freitag, dem 19. Januar 1945, ordneten die Partei und der Kreis die Vorbereitungen zum Abzug an.

Am Sonnabend gegen Abend wurde ganz dringend zur Flucht geraten. In der Nacht war alles fieberhaft dabei, die wichtigsten Sachen wie Kleider, Betten, Wäsche und notwendigste Lebensmittel auf Wagen zu verladen und am Sonntag früh auf dem Marktplatz zu sammeln und geschlossen abzuziehen.
Der verantwortliche Leiter des Trecks, Ortsgruppenleiter Wegner, beauftragte mich, mit der ersten Gruppe früh um 7 Uhr den Abzug zu beginnen, da mir die Wege am besten bekannt waren. Ich selbst nahm im letzten Augenblick noch eine Wöchnerin mit ihrem eben geborenen Kinde in mein Auto und besorgte meinen beiden Söhnen Dieter und Rainer, vierzehn und zwölf Jahre alt, einen Platz auf einem Kastenwagen. Etwa zwanzig Wagen gehörten zu dieser Spitzengruppe. Ich selbst fuhr am Schluß und verließ erst gegen 10 Uhr den Marktplatz, als der Haupttreck sich schon zu ordnen suchte. Um diese selbe Zeit stand bereits der erste russische Panzer am östlichen Stadtrand, beschoß die Stadt und vor allem das Quartier der SS.-Mannschaft, die sich sehr tapfer verteidigte. Etwa die Hälfte ihrer Leute fiel, und der Rest konnte noch so eben den wertvollen Nachrichtenapparat herausretten. Dadurch wurden die Russen so sehr aufgehalten, daß der Haupttreck, wenn auch unter Beschuß, so doch noch herauskam.

Wir fuhren Neben- und Richtwege und mieden, solange es ging, die Chausseen. Das gab uns sehr schnell den nötigen Vorsprung, zumal wir nach Westen, die Russen nach Norden strebten.

Die polnische Bevölkerung war ruhig geblieben, nur einige wenige schossen hinter dem letzten Treck her. Die meisten Wagen hatten polnische Männer als Kutscher, die durchweg freiwillig mitfuhren. Von Dietfurt (Znin) berichtete mir ein motorisierter Unteroffizier, er habe soeben festgestellt, daß von deutscher militärischer Seite für die Polen unsere Infanteriegewehre 98 bereitgehalten würden. Er habe die Schlösser herausgenommen und sie im Beiwagen mitgenommen. So war die Gefahr für uns beseitigt.

Mehrere Deutsche, besonders Baltendeutsche, haben gleich am ersten Tage Selbstmord z. T. mit der ganzen Familie verübt, und zwar durch Gift und Aufschneiden der Pulsadern. So unser Arzt Dr. Schröder, der Amtsrichter u. a.

Unser Treck zog in den ersten drei Tagen recht geordnet und ungestört seinen Weg über Hedwigshorst, Morkau, Gollantsch. Unsere Straße war leer, ebenso waren die Dörfer schon 24 Stunden vorher von allen Deutschen verlassen. Wir trafen einzelne Posten an, die freundlich und hilfsbereit waren. Man merkte, wie ihr banges Herz in dieser Stunde der Entscheidung sich fürchtete vor den Russen.

Es war selbstverständlich, daß ich mich mit dem Auto beim Treck hielt und die Spitze führte. Am Montag, dem 22. Januar 1945, trafen wir zwischen Gollantsch und Margonin auf überfüllte Straßen. Es gab Radbrüche, ungeordnetes Fahren, Stockungen und schließlich einige Kilometer vor Kolmar einen völligen Stillstand. Die abschüssige Straße war spiegelglatt, die Pferde fielen, die Wagen rutschten und landeten z. T. im Straßengraben. Nur mit großer Vorsicht und starkem Bremsen war das Passieren dieser Stelle möglich. Jedenfalls verloren wir so einen halben Tag, und der Russe kam näher. Einzelgänger[1]) hatten hier und da schon Trecks durchquert, Verwundete hatte es gegeben, aber das Ganze zog doch seinen Weg weiter nach Westen.

Diese zwei Tage und Nächte hatten die Nerven stark angegriffen. Die Männer und Frauen ohne Schlaf, stets angespannt, als Nahrung hartgefrorenes Brot, Kranke und Gebärende im Zug, leidende und schreiende Kinder. Tag und Nacht bei 15^0 unter Null draußen auf offenem Wagen, dann die Panzer oft hörbar nahe, Schüsse und vorne Hindernisse. Nichts Warmes für die Säuglinge, die Pferde überanstrengt bei der Glätte, es fehlte an Stollen. Man darf sich nicht wundern, wenn mancher die Nerven verlor, zumal es sich ja um Kinder, Frauen und ältere Männer handelte. Die Jungen waren ja alle Soldaten. Man sah so manch alte Frau, so manches Kind, die auf dem Kutscherbock saßen, in den Pausen die Pferde versorgen mußten, denen aber auch zugleich die ganze Verantwortung für die kleinen Kinder auferlegt war.

Am Montagabend verweigerte auch der von mir geführte Treck mit einigen Wagen die Weiterfahrt. Sie könnten nicht mehr weiter, müßten jetzt die dritte Nacht doch Schlaf haben, wenn auch nur auf ihren Wagen in der kalten Winternacht. Der Haupttreck der Lüderitzer hatte den Anschluß an uns verloren, kein Wunder bei den verstopften Straßen. Einige Wagen meiner Zwanziger-Gruppe bogen vom Wege ab und suchten für die Nacht leerstehende Gehöfte auf. So mußte bereits jetzt vielen die Verantwortung für ihr Handeln überlassen werden. Ich habe selbst drei Tage und Nächte nicht geschlafen, hatte geordnet, die Wege ausgekundschaftet, Verbindungen aufrechterhalten, wenn andere Wagen sich bei uns einschoben, hatte mit meiner Frau dafür gesorgt, daß die Wöchnerinnen gelegentlich etwas zu trinken bekamen u. a. mehr. Ich wollte auch die Nacht zum 23. Januar in einer polnischen Arbeiterhütte vor Kolmar zubringen. Andere, so meine Kinder und sonstige Mitziehende, wollten auf keinen Fall rasten. Vor allem drang meine Frau in mich, ich müßte weiterfahren, denn die Wöchnerinnen bekamen Brustschmerzen und Fieber und verloren die Nahrung für das Kind. So verabschiedete ich mich von einigen Wagen, gab Weisungen zum Nachkommen und fand unsere ersten Wagen einige Kilometer hinter Kolmar auf dem Wege nach Scharnikau wieder.

Es war eine helle und kalte Mondnacht: Die Straßen waren verhältnismäßig leer, da die meisten in und um Kolmar rasteten. Wir befanden uns mitten im Walde, hörten öfter Schüsse, auch sollen dicht hinter uns russische Panzer die Straße in Richtung Schneidemühl überquert haben. Es überholten und begegneten uns auch einige Militärfahrzeuge — alles in der Nacht —, man fragte uns, wer wir seien, und fuhr weiter.

---

[1]) Offenbar Panzer.

Ob es Russen waren, ich weiß es nicht, in der Nacht jedenfalls war man so abgestumpft, daß überhaupt keine Gedanken kamen, wir waren so weit, daß wir nicht mehr konnten. Dann zogen einzelne Jungen und Mädchen, Kinder noch, an uns vorüber, die aus Schulen und Heimen fortgelaufen waren, müde und stumm wie wir.

Da der Weg frei war, die Wöchnerin in ihrer Lage uns Sorge machte, beschloß ich im Einverständnis mit meinen acht Kindern und Enkeln, die Pferdewagen fuhren, gegen 2 Uhr nachts, schnell bis Schönlanke vorzufahren, um dort die Wöchnerin mit dem Säugling abzugeben ans Rote Kreuz und sofort wieder zurückzufahren. So sollte ich am Dienstag früh die Spitze des Trecks und meine Kinder in Scharnikau wieder treffen. Es wurde vereinbart, daß, sollte ein unerwartetes Hindernis das unmöglich machen, ich dann auf jeden Fall in Filehne sie erwarten würde.

Die Fahrt bis Schönlanke verlief normal. In Scharnikau allerdings sollte gleich hinter uns die Brücke gesprengt werden, so daß wir schon wußten, eine Rückfahrt wird nur noch über Filehne möglich sein. Als ich die Wöchnerin abgeliefert hatte — sie kam glücklich heraus, und Mutter und Kind leben in der Westzone — und zurückfahren wollte, waren beide Hinterreifen des Autos völlig gerissen. Ich konnte nicht wieder von der Stelle.

Jetzt erlebte ich Bürokratie. Die mit Reifen angefüllten Läden verlangten Bezugscheine! Das Landratsamt (!) erklärte, für mich sei es nicht zuständig, ich bat, flehte, wurde im Blick auf die Zurückgebliebenen deutlich, nichts half, nicht zuständig! Die Not schrie, man hörte nicht. Da waren keine Herzen mehr, da war maschinelles Beamtentum da mit seinen Gesetzen. Ich suchte nach Menschen, ob ich unter den Geschäftsleuten welche finden würde. Ich trete ins nächste Geschäft. Da stehen SS.-Leute und suchen und nehmen für ihren Wagen, was sie brauchen; wie wird es mir gehen, werden diese Frontsoldaten mir helfen? Im selben Augenblick höre ich meinen Namen, es sind die letzten unserer Lüderitzer Einquartierung, die Befehl hatten, ihr Gerät zu retten. Der Auftrag ist ausgeführt, und sie machen sich zur Rückfahrt fertig. Aber erst wird mir geholfen! Befehl: Zuerst sind alle Wünsche von Pastor Dinkelmann zu erfüllen, dann kommen wir. Im Nu war mein Wagen wieder flott. Aber es war schon spät geworden, am Vormittag hatte ich nichts erreicht, jetzt war's 3 Uhr wenigstens. Bald kam die Dunkelheit, und es konnte nur heißen, zurückzufahren. Ein zweites Auto schloß sich an, und so war ich bei Einbruch der Dunkelheit am Bahnübergang in Filehne, am Nordufer der Netze.

Dort traf ich wieder auf unsere Trecks aus dem Osten, ohne Abstand folgte Wagen auf Wagen, ein Weiterfahren gegen den Strom war unmöglich. Also hieß es, aussteigen und Posten stehen, bis die eigenen Wagen eintreffen würden. Ich stand bis 12 Uhr nachts, viele Bekannte grüßten und baten um Wegweisung, andere baten um Rat, wohin mit den Toten auf den Wagen, die alt oder krank oder als kleinste Kinder die Strapazen nicht weiter ertragen hatten. Man konnte nur raten, sie seitlich in den Schnee zu betten, da die Erde hartgefroren war, oder sie weiter mitzunehmen. Man tat das letztere. Das waren wirklich Vertriebene, Heimatlose, von den Kriegsfurien Verfolgte.

Um 12 Uhr nachts ließ ich mich ablösen, um doch noch einen Vorstoß mit dem Auto über die Netze südlich über die militärische Postenkette, die aufgestellt war, ins Land Richtung Scharnikau zu versuchen.

Da waren die Straßen leer, nur einzelne Versprengte, Wagen oder Verunglückte traf ich, denen meine Hilfe zur mitternächtlichen Stunde gerade recht kam. Nach einigen Stunden kehrte ich ohne Ergebnis zurück. Nach einer kurzen Ruhepause bezog ich wieder Posten am Bahnübergang und prüfte Wagen nach Wagen — die unseren fehlten.

Da stürzt Frau Pastor Schenk mit Kind und Mädchen auf mich zu, es war früher Morgen, die unter den Fußgängern der Flüchtenden sich befand und fast weinend vor Schwäche, doch freudig erregt war, weil sie nach dem langen Marsch von rund 30 km seit dem Dienstagnachmittag keinen Bekannten mehr gesehen und ihren Mann bei Scharnikau verloren hatte. Nun hatte sie wieder Anschluß, konnte sich ausruhen und stärken.

Aber ihre Nachricht war furchtbar. Abgerissen, unklar und verstört stammelte sie nur, daß unser und ihr Treck von russischen Panzern einige Kilometer vor Scharnikau durchstoßen und völlig abgeschnitten sei. Ihr Mann sei vorgelaufen, um das Militär von Scharnikau zum Gegenstoß zu bewegen, aber umsonst. Nur einige wenige hätten sich durch Laufen noch herausgerettet, soweit sie vorne waren. Die 100 000 jenseits der Stadt seien verloren. Sie selbst sei ebenfalls abgesprungen und davongelaufen. Das sei am Dienstagnachmittag gegen 5 Uhr gewesen. Seitdem sei sie unterwegs, also 17 Stunden Fußmarsch ohne Ziel und in Bangigkeit und Sorge um alle anderen. Von unseren Kindern habe sie gehört, daß sie alle acht erschossen worden seien. Wir würden umsonst warten, ein Zurück zu ihnen sei unmöglich, unsere Soldaten hätten alles abgesperrt. Damit war der große Treck der Flüchtenden für West und Ost geteilt. Ein erster furchtbarer Abschluß[1]).

Ich blieb trotzdem auf meinem Posten, vielleicht kämen die unseren doch noch, außerdem konnte ich den anderen Vorüberfahrenden Wegweisung geben und Stockungen verhindern.

Gegen 12 Uhr mittags stürzt plötzlich meine erwachsene Tochter Renate mit ihrer Freundin auf mich zu, schluchzend, gebrochen und doch beglückt, weil sie mich sah und nun für sich einen Halt hatte. Ein kurzes Fragen und dann: Die Russen sind gerade bei unserem Wagen durchgestoßen, keiner durfte mehr weiterfahren. Renate ging dem Wagen voraus, um sich zu wärmen. Als sie die Russen sah, sei sie mit anderen gelaufen. Man habe hinter ihr hergeschossen, aber nicht getroffen, was in einzelnen Fällen leider geschehen war. Als sie zur Besinnung gekommen sei, habe sie zurück gewollt, aber die Freundin habe es nicht geduldet. Sie hätte doch nicht helfen können. Unsere anderen Sieben und die Bekannten? Man müsse damit rechnen, daß sie umgebracht sein könnten, aber man könne nichts Bestimmtes sagen.

---

[1]) Aus mehreren Berichten ist ersichtlich, daß die Trecks aus dem Kreise Schubin in der Mehrzahl nur bis in die Gegend von Kolmar gelangten. Einige wenige wurden bei Wirsitz oder sogar erst in Pommern (vor Neustettin) von den Russen überrollt.

Unsere physische und seelische Kraft war zu Ende, und besonders meine Frau hatte nur den einen Wunsch, hinfahren zu den Abgeschnittenen, nur mit ihnen alles gemeinsam tragen, auch Schrecken und Tod. Ich selbst hatte vier Tage und Nächte kaum geschlafen, die Hindernisse, die Aufgaben, die erregende Lage hatten mich aufgehalten. Aber jetzt merkte ich, daß, wenn wir uns den anderen Kindern — es waren noch sechs, z. T. Soldaten, irgendwo, z. T. zerstreut — erhalten wollten, wir Ruhe gebrauchten. Fast mit Gewalt verwehrten uns nächste Freunde die Weiterfahrt, mein Wagen wurde umgedreht, und nun steuerte ich das Auto nach Pommern, wo ich mit meiner Frau, der jüngsten Tochter und einem Enkel am Donnerstag glücklich bei der Schwester und Mutter meiner Frau landete. Drei Wochen blieben wir dort in der Nähe von Arnswalde, am 16. Februar ging die Flucht von neuem los, nun allerdings mit Übernachtung und normaler Verpflegung. Als wir in Wittenberge die Elbe überschritten, fühlten wir uns geborgen. Seitdem teilen wir das Los der Millionen anderer Ostvertriebener in der britischen Zone.

Nr. 97

Erlebnisbericht der Bauersfrau E. L. aus L., Kreis Kolmar i. Posen.
Original, 5. Juni 1952, 3 Seiten. Teilabdruck.

Flucht in Richtung Czarnikau, Überrollung und Rückkehr.

Mein Heimatort war L., Kreis Kolmar. Es war der 20. Januar 1945. Befehl kam, daß wir flüchten mußten die Richtung Scharnikau. Frauen mit Kindern raus. Die Männer mußten dableiben. Nun war es mir ja schwer, mit sieben Kindern, Pferde und Wagen auf die Landstraße zu ziehen. Das Kleinste war 1½ Jahr. Der zweite Sohn, Soldat, war gerade in Urlaub (ist bis jetzt noch vermißt). Wir sind zugleich von Hause weg. Der Sohn fuhr mit dem Fahrrad, sind auseinandergekommen, und von der Zeit weiß ich von meinem Sohn Lothar nichts. Mein Mann kam uns am zweiten Tage nach, hat uns zufällig auch getroffen. Am dritten Tage, dem 23. Januar, überholte uns schon der Russe. Mein Mann stand bei unserem Wagen, wollte mir die Kleine abnehmen, da wir von der Straße aufs Land flüchten wollten. Da kam auch schon ein Russe, sprang vor ihn und sagte: „Deutsch, polnisch." Auf mein Mann sein Wort „deutsch", schoß er ihn vor unseren Augen durch die Brust. Sein Tod trat auf der Stelle ein. Die eine Tochter stand hinter meinem Mann, der ging der Schuß über den Kopf hinweg. Es war 23. Januar 1945 abends.

Auf Befehl der Russen mußten wir zurück nach Hause. Mit großen Hindernissen und Hilfe der Kinder bekam ich meinen Mann mit auf den Wagen, Russen versuchten meinem Mann die Stiefel auszuziehen, bekamen sie aber nicht. Es war ein Schneetreiben und ein Geschieße, keiner half einem, jeder hatte Angst. Die ganze Nacht waren wir unter freiem Himmel. Gleich in derselben Nacht fingen die Polen an zu plündern, nahmen uns das Fahrrad, Decken und Pelze weg. Der Nachbarsfrau fuhren die Polen den Wagen in den Chausseegraben, daß alles auseinanderflog. Mit großer Schwierigkeit kamen wir nach drei Tagen in unserem Heimatdorf an. Immer wieder wurden wir durchsucht und geplündert. Ich bekam nicht einen Sarg, meinen Mann zu beerdigen. Mit Hilfe des Nachbars haben wir von eigenen Brettern einen Sarg zusammengeschlagen, wie ich dann nach acht Tagen meinen Mann beerdigen konnte. Neben ihm liegen noch sieben Soldaten, die in unserem Heimatort von den Russen erschossen wurden. Sie stammten von Sachsen, die genaue Anschrift ließen uns die Polen nicht nehmen.

Nun ging die Plünderei erst richtig los. Ich hatte über zwanzig Mann einquartiert, die Schützengräben schaufeln mußten. Die Hälfte ging nur auf Arbeit. Die anderen durchsuchten alles; was ihnen gefiel, nahmen sie mit, alles andere zerschlugen sie. Obendrein wurde ich beschuldigt, wir hätten Gewehre, wo sie sie selbst hingelegt haben. Wenn ich was sagte, sagten sie, ich solle nur ruhig sein, sie meldeten es den Russen, die stecken mir alles an. Ich meldete es der polnischen Polizei, die kamen auch und verwarnten sie, daß sie sollten Ruhe halten, aber wie die weg waren, ging es wieder weiter los. Ich bekam Ausschimpfe: „Du deutsches Weib hast gut gelebt, gib her, was du hast, gib Essen und Trinken, koch Milch.“ Sie bekamen von der Feldküche Verpflegung. Das ging so bis März, da bekamen wir einen polnischen Treuhänder auf die Wirtschaft, wir mußten auf dessen Befehl arbeiten.

Es folgt eine kurze Skizzierung der Zeit nach der Wiederherstellung des polnischen Staates.

Nr. 98

Erlebnisbericht des Pfarrers von Murowana Goslin, Kreis Obornik i. Posen, Helmut Weyer.

Original, 18. April 1952.

Treck durch Brandenburg über die Oder hinweg ins westliche Reichsgebiet.

Es ist schade, daß wir damals keine ausländischen Sender im Radio hörten, sonst wäre uns die Räumung des Warthelandes nicht so überraschend gekommen, und wir hätten ein genaueres Bild der Lage und der Zustände in der deutschen Wehrmacht gehabt. Die höheren Parteistellen täuschten der Bevölkerung — oder auch sich selbst? — eine nicht mehr vorhandene militärische Stärke vor. Zwar wußten wir, daß die Russen die deutschen Fronten am 12. Januar 1945 bei Warschau durchbrochen hatten, aber zwischen uns und Warschau lagen ja noch 300 km, lagen Panzersperren und ausgebaute Feldstellungen, lagen tiefgestaffelte Verteidigungslinien und — wie wir glaubten — kampffähige Truppenreserven.

Am Freitag, dem 19. Januar, frage ich unseren Amtskommissar: „Es wird so viel von Räumung und Flucht gesprochen, was ist eigentlich los?“ „Lassen Sie sich nicht den Kopf verdrehen, an Aufgabe des Warthelandes ist gar nicht zu denken. Was meinen Sie wohl, wie die Linie Thorn—Kalisch ausgebaut und mit Truppen besetzt ist.“ Davon war er selbst überzeugt, auch ihn traf der Räumungsbefehl ganz unerwartet.

Am Sonnabend hörten wir, daß einzelne Panzerspitzen schon auf der Linie Gnesen—Wreschen sind. In meinem Hause, das gerade vor der Einmündung einer von Gnesen kommenden Straße liegt, hat ein SS.-Kommando mit Panzerfäusten sein Wachlokal. „Wir können stündlich mit dem Auftauchen russischer Spitzenpanzer rechnen", sagen mir die Leute. Am Abend gegen 17 Uhr verlassen junge Mütter mit ihren Kindern und die von Berlin hierher verlegte „Mozartschule" mit dem Zuge die Stadt. Wie wir hinterher erfahren, ist es der letzte Zug vor der Preisgabe des Warthelandes, der unsere Stadt verlassen hat. Gegen 19 Uhr trifft mich unser Zellenleiter auf der Straße: „Nun, was sagen Sie dazu, Herr Pastor, wir müssen packen, nur kleines Handgepäck, in paar Stunden muß alles fertig sein. Schlepper mit Anhängern werden auf dem Markt stehen und die deutsche Bevölkerung abtransportieren."

Auf den Durchgangsstraßen herrscht bereits ein gewaltiger Verkehr von Gespannen, die vom Osten kommen. Die deutsche Bevölkerung des Warthelandes hat begonnen, sich nach Westen zu in Bewegung zu setzen. Ich gehe nach zwei Stunden auf den Markt, um nach den Fahrzeugen zu sehen, die uns aufnehmen sollten. Es steht ein einziger Schlepper da mit einem Anhänger, der etwa zwanzig Personen faßt und natürlich im Bruchteil einer Minute besetzt ist. Es soll jeder selbst sehen wie er weg kommt. Ich verhandele mit einer benachbarten Bäuerin, die meine Frau und mich sowie die Familie unseres Hausmädchens auf ihrem offenen Kastenwagen mitnimmt. Alle, die hinauswollten, sind auf ähnliche Weise auch hinausgekommen, die zurückgebliebenen Alten und Kranken wollten auch zurückbleiben. Es wird uns nochmals gesagt, nur wenig Gepäck mitzunehmen, es handelt sich nur um eine Räumung für wenige Tage, damit die deutschen Truppen in Ruhe aufmarschieren und zum entscheidenden Gegenangriff ansetzen können. Trotzdem nehmen wir und auch die meisten anderen — glücklicherweise — mehr mit, Wäsche, Kleidung, wobei freilich bei dem schnellen Aufbruch auch manches Nötige liegenbleibt und manches weniger Nötige mitgenommen wird.

Was mache ich mit meinen Kirchenbüchern? Werden wir mit unserem Wagen bei dem Schnee und der Glätte durchkommen? Wenn wir stecken bleiben und zu Fuß weiterlaufen müssen, verkommen die Kirchenbücher im Straßengraben. Da sind sie schließlich zu Hause sicherer. So nehme ich nur das jüngste Taufregister mit, das ich im Notfalle unter den Arm klemmen kann.

Gegen 23 Uhr fahren wir ab, aber nicht in geschlossenem Zuge, sondern, wie jeder fertig war, ordnete er sich irgendwo in die nicht abreißenden Kolonnen der von den östlicher gelegenen Ortschaften kommenden Wagen ein. Wo die Bürgermeister der Dörfer umsichtig und tatkräftig waren, bildeten die Wagen ihrer Gemeinden meist geschlossene Trecks. Für unsere Stadt war dies nicht durchzuführen. Wie ich diesen Betrieb auf der Straße sehe, wird es mir gewiß: wir sehen Goslin nicht wieder. Auf diesen von Wagenkolonnen verstopften Straßen kann keine Armee aufmarschieren. Dies ist der Anfang vom Ende. Ich denke an die Mahnung für Lots Weib und sehe mich nicht um. Jetzt gilt es, vorwärts zu schauen, damit wir aus der Gefahrenzone erst einmal herauskommen. Zum Beklagen des Verlorenen bleibt dann immer noch Zeit.

In Lüttichhof (Przepedowo) haben wir die erste und zum Glück einzige Panne unserer Fahrt. Bei dem Versuch, eine besonders glatt aussehende Stelle der Straße zu umfahren, geraten wir mit einem Rad in einen durch eine Schneemasse verdeckten Graben, und bei der Glätte bekommen unsere Pferde den schweren Wagen allein nicht heraus. Um 2 Uhr nachts endlich erhalten wir Vorspann und werden wieder flott. In langsamer Fahrt geht es weiter nach Obornik. Alle Augenblicke gibt es einen Halt, weil irgendwo vor uns ein Pferd gestürzt oder sonst etwas passiert ist, oder weil Militärkolonnen ebenfalls auf dem Wege nach Westen uns überholten. Diese nach Westen strebenden Militärfahrzeuge bestärken den Eindruck, daß unsere Ostarmee sich in völliger Auflösung und Flucht befindet und eine kampffähige Truppe überhaupt nicht mehr vorhanden ist.

Gegen ¹/₂11 Uhr, sonntags, den 21. Januar, sind wir endlich in Obornik, 20 km von Goslin. Unsere Bäuerin, Frau Lehmann, deren Mann von der Internierung September 1939 nicht zurückgekehrt ist, füttert und tränkt ihre Pferde. Sie hat sich reichlich Hafer mitgenommen und während der ganzen Fahrt ihre Pferde vorbildlich betreut und gefüttert. Ich verstehe nichts von Haferpferden und kann ihr leider nur wenig helfen. Wir essen ein Stück Brot und trinken einen Schluck heißen Kaffee aus der Thermosflasche. Man verspricht uns, in Samter sei eine warme Mahlzeit für die Flüchtlinge bereitgestellt. Also weiter nach Samter.

Einige Stunden später passiert an der Warthebrücke in Obornik ein Unglück. Ein Wagen kommt ins Rutschen, schliddert die Böschung herunter und überschlägt sich. Die alte Frau Uibel aus Lang-Goslin fällt dabei vom Wagen und stirbt einige Tage später an den Folgen des Sturzes.

Um 17.30 Uhr sind wir endlich in Samter, von einer warmen Mahlzeit ist aber nichts zu sehen, dafür stehen aber einige „Braune" dort und erzählen uns, in Scharfenort habe die NSV. für die Flüchtlinge gekocht. Um 23 Uhr sind wir dort, da ist aber von NSV. oder deutscher Polizei oder deutscher Bevölkerung überhaupt nichts mehr zu sehen. Die sind schon alle getürmt. Eine polnische Familie nimmt uns auf, die Pferde bekommen zur großen Freude von Frau Lehmann einen annehmbaren Stall. Wir kochen uns etwas Kaffee und essen zu unserem Brot von Frau Lehmanns guter, selbstgemachter Wurst, wovon sie etliche Stücke mithat und legen uns alle in der Küche auf den Fußboden zum Schlafen. Am Morgen des 22. Januar werden die Pferde besorgt, Kaffee gekocht, dazu ein Wurstbrot, die Thermosflasche wird noch mit heißem Kaffee gefüllt, und um ¹/₂9 Uhr sind wir wieder auf der Landstraße nach Zirke zu. Dort wird um 17 Uhr Halt gemacht und im Massenquartier in der Fischereischule übernachtet. Dort gibt es auch einen Teller Suppe, und die Pferde können wieder irgendwo im Stall stehen. Hier treffen wir auch eine ganze Reihe Gosliner Gespanne, bleiben aber am nächsten Morgen doch nicht mit ihnen zusammen, da sie früh aufbrechen, während Frau Lehmann auch noch die Eisen ihrer Pferde nachsehen und neue H-Stollen einschrauben läßt, was sehr gut war, so daß wir erst gegen 12 Uhr loskommen.

Auf dem Weg nach Zirke am Montag hören wir zweimal kurz hintereinander einen dumpfen Knall in der Ferne: die Warthebrücken in Obornik waren gesprengt worden. Brücken sprengt man doch nicht in einem Aufmarsch- sondern in einem aufgegebenen Gebiet.

Hier irgendwo begegnet uns Herbert Hübner aus Weißtal. Er ist als Soldat bei einem Fliegerstab Verbindungsmann zur nächsthöheren Dienststelle und als solcher immer gut informiert. Er soll sich nach Stettin durchschlagen, um dorthin Meldungen und Befehle zu überbringen. Er wußte von einer Lagebesprechung zu berichten, daß der Vormarsch der Roten Armee frühestens am Ostwall der deutsch-polnischen Grenze von 1938 aufgehalten werden kann, aber auch nur dadurch, daß einige Jahrgänge geopfert werden. Etwas leichter wird die Verteidigung hinter der Oder sein. Das sind leider entmutigende Aussichten.

In dieser Gegend muß es auch gewesen sein, daß wir die in einem Dorf haltenden Gespanne aus Kaminsker Hauland überholten. Die hatten recht schwache Pferde, die nicht weiterkonnten, und haben es nicht mehr rechtzeitig bis zur Oder geschafft. Sie wurden von den Russen überholt und haben viel Schweres durchmachen müssen, einige sind zu Tode gekommen, andere völlig verschollen. So ist es manch einem gegangen, der in Verkennung der Lage vor der Oder haltmachte und die Entscheidung der Dinge abwarten wollte. Zwischen Zirke und Birnbaum sehe ich auch meinen Nachbarn Dr. Spornberger auf Roloffs Gespann. Sein Auto hat die Wehrmacht sechs Kilometer hinter Goslin requiriert, jedenfalls damit einige der Herren noch schneller türmen konnten. Das war unser letztes Wiedersehen. Er starb schon im April an Darmkrebs, ohne etwas von der Natur seiner Krankheit zu ahnen.

Am späten Nachmittag kommen wir in Birnbaum an, es war aber dort kein Unterkommen mehr zu finden. Also weiter. Nachts gegen 21 Uhr sind wir in Willichsee. Diese Nacht in Willichsee vom Dienstag, dem 23. Januar, zum Mittwoch, dem 24. Januar, ist die widerwärtigste, unangenehmste und deprimierendste der ganzen Fahrt. Willichsee ist ein Rittergut. Die Zugänge zum Gutshof waren von Wehrmachtsposten abgesperrt, es wurde kein Flüchtlingswagen auf den Hof gelassen, obwohl dort leere, offene Schuppen waren, in denen wenigstens fünfzig Gespanne einen, wenn auch nur notdürftigen Schutz hätten finden können. So blieb uns nichts übrig, als in dieser kältesten Nacht des Winters bei 20—25 Grad auf der Straße zu stehen. Wir deckten unsere braven, treuen Pferde mit Decken zu, die wir zum Glück mithatten, und laufen auf der Straße auf und ab, um uns warm zu halten. Die an der Straße wohnende Frau des eingezogenen Gutsstellmachers erlaubt den Flüchtlingen, sich bei ihr etwas aufzuwärmen, und sorgt für heißen Kaffee. Die Leute wohnen ärmlich und klagen, daß der Gutsherr um die Wohnverhältnisse seiner Leute sich nicht kümmert.

Um 4 Uhr früh wird es uns zu dumm und kalt, so daß wir weiterfahren, andere sind schon vor uns wieder gestartet. Es ist Mondschein und gute Sicht, der Schnee knirscht unter den Rädern. Nach einigen Kilometern biegen wir rechts ab auf die große Hauptstraße Posen—Küstrin—Berlin. Hier muß der Strom der Fahrzeuge schon länger und noch dichter gegangen sein. Tote Pferde, zerbrochene Wagen, in den Straßengraben gekippte Autos, die bei der Glätte an Straßenbäumen landeten oder infolge von Brennstoffmangel oder sonst einer Panne nicht weiter konnten, säumen zu beiden Seiten den Weg. Wir haben später selbst manche gefährliche Situation besonders bei erhöhten Kurven mit angesehen. Die Erntewagen, die manche für den Treck benutzten, machten besonders Schwierigkeiten. Da mußten immer ein paar Leute den Wagen hinten am Langbaum halten und sich dagegen stemmen, und trotzdem rutschte der Erntewagen oft weg. Auf solche Weise war ein Wagen kurz vor uns die Böschung heruntergerutscht, sich dabei überschlagend. Die Leute berichten uns aber freudestrahlend, wie gnädig sie von Gott bewahrt worden sind. Weder sie selbst noch ihr Wagen haben ernstlich Schaden genommen. Sie brauchten nur ihr Gepäck und den Wagen, in kleinere Teile zerlegt, wieder die Böschung herauf auf die Straße zu schleppen, ihn dort zusammenbauen und wieder beladen, also nur ein Aufenthalt von 2—3 Stunden. Freilich ging es nicht immer so glimpflich.

Auch sonst gab es noch mancherlei Unfälle. Der treuhänderische Verwalter des Gutes Bolechewo, Herr Bussmann, brach, als er unterwegs Heu für seine Pferde holte, durch die schadhafte Dielung des Heubodens und verletzte sich das Rückgrat so, daß er nach einigen Tagen unter großen Qualen starb, wie mir seine Gattin später schrieb. Unter der Kälte litten besonders die Säuglinge, viele von ihnen sind erfroren. Flaschenkinder hatten auch dadurch Not, daß die mitgenommene Milch erfror und unterwegs keine Gelegenheit war, sie aufzutauen oder neue Milch zu kaufen. Manche hatten sich an ihren Wagen einen Wetterschutz angebracht, indem sie — soweit sie sich auf die Flucht hatten vorbereiten können — von der einen Wagenleiter zu der anderen Bügel spannten, die dann mit einer Ernteplane oder auch mit den auf diese Weise mitgenommenen Teppichen bedeckt wurde, so daß ein „abgeschlossener Wagen“ entstand.

Um die Mittagszeit waren wir in Schwerin, also westlich des „Ostwalls“ von 1939. Ich habe weder von diesem Ostwall etwas bemerkt noch von Soldaten, die ihn verteidigen wollten. Aber Panzersperren wurden allenthalben angelegt, nicht nur östlich, sondern auch westlich der Oder. Als wir in Schwerin auf dem Markt hielten, fuhren einige Gosliner Gespanne gerade ab. Die Insassen des einen sagten uns, wir sollten so schnell wie möglich weiterfahren, die Russen seien uns schon ziemlich dicht auf den Fersen. Die Schweriner selbst waren nicht so ängstlich, rechneten mit dem Räumungsbefehl jedoch in den nächsten 24 Stunden. Uns reichte es aber für heute. Da es erst Mittag war und daher fast alle Gespanne noch weiter fuhren, fanden wir leicht ein Nachtquartier, auch für unsere Pferde einen guten Stall. Wir besuchten erst noch eine aus Goslin stammende Familie, erwischten dort einen Teller Hühnersuppe und erfuhren, daß das Aufnahmegebiet für uns der Kreis Soldin sein solle, wohin wir uns am folgenden Tage über Landsberg in Bewegung setzten sollten. Im übrigen bereiteten sich die Leute selbst zur Flucht vor.

Unsere Quartiersleute sind ein Zahlmeister mit seiner jungen Frau. Der Mann findet es „furchtbar ulkig“, daß ich Pfarrer bin, aber sonst sind die Leute nett und entgegenkommend, d. h. sie überlassen uns ihre Wohnung, und wir können tun und lassen, was wir wollen, da der Mann in Begleitung seiner Frau in der Nacht mit dem Auto eine Dienstfahrt macht, von der er am nächsten Morgen den Befehl für seine Truppeneinheit bringt, sich nach Westen abzusetzen.

An diesem nächsten Morgen, Donnerstag, 26. Januar, erfahren wir als erstes, daß die Hauptstraße nach Landsberg gesperrt ist und wir in einem nach Süden ausgreifenden Bogen über Blesen—Falkenwalde, das links liegen bleibt, umgeleitet werden und kommen abends in Oscht an, wo wir bei einer sehr freundlichen, übrigens katholischen Familie, die neben ihrer Landwirtschaft auch das Kolonialwarengeschäft des Dorfes haben, Quartier bekommen. Die Leute sind erschüttert, daß wir schwarzen Kaffee ohne Zucker trinken, und schenken uns erst mal eine Tüte Zucker. Der Mann hat gerade mehrere Sack Zucker bekommen für die nächsten Wochen. Wenn er genau wüßte, daß auch sein Dorf räumen muß, hätte er uns einen ganzen Sack mitgegeben, damit der Zucker nicht in die Hand der Feinde fällt. Leider wußte er das erst 24 Stunden später genau. Hoffentlich hat er seine Bestände den Leuten des Dorfes mitgeben können. Auch sonst taten diese freundlichen Leute uns so viel Gutes, wie sie irgend konnten. Zum Abend kochten wir uns eine schöne Milchsuppe und machten uns Bratkartoffeln — die ersten Kartoffeln seit unserem Aufbruch aus Goslin. Die Schwester unseres Hausmädchens hatte auch noch ein Tütchen Kakao mit eingepackt, den sie für uns alle spendierte, kurzum, wir lebten lukullisch.

Der Freitag führte uns weiter in Richtung Königswalde, aber vor diesem Ort wieder nordwärts auf die Schwerin-Küstriner-Chaussee, die wir bei Waldowstrenk erreichten. Hier erfuhren wir, daß nicht der Kreis Soldin, sondern der Kreis Ostprignitz unser Aufnahmegebiet sein sollte. Das Gebiet östlich der Oder hatte man also abgeschnitten. Ostprignitz, das war noch ein weiter Weg. Wann werden wir da sein? Wie lange werden wir uns noch auf der Landstraße umhertreiben? Wir sind zunächst allein auf weiter Flur, ein unheimliches Gefühl, aber im nächsten Dorf haben wir wieder Anschluß an die Wagenreihen der Flüchtenden und treffen etwas später Otto Krause aus Seeforst mit weiteren vier Gespannen aus Seeforst. Er ist ziemlich verzagt. „Wie soll man sich ohne Karte nach Ostprignitz durchfinden? Jeder sagt einem einen anderen Weg, und die HJ. an den Wegkreuzungen sind erst recht dumme Jungs, die nicht Bescheid wissen.“ Ich sage ihm, wir wollen fortan zusammenbleiben, ich habe eine Straßenkarte, da finden wir nach Ostprignitz auch alleine hin, ohne jemanden zu fragen. Die Ostprignitz kenne ich etwas, ich bin 1917/18 dort Hauslehrer bei den „Edlen Gänsen zu Putlitz“ gewesen.

So bilden wir nun einen kleinen geschlossenen Treck, übernachten zum Sonnabend in einem ärmlichen Walddorf, Groß Friedrich, westlich von Kriescht, und stehen nach endloser Fahrt durch Kiefernwälder, in denen sich Munitionsanstalten befinden, am Sonnabendnachmittag vor der Oderbrücke in Küstrin. Als wir so weit gekommen waren, können wir zunächst nicht weiter. HJ. mit Schießprügeln hatte die Wache auf der Brücke und holte von jedem Wagen die etwa volkssturmpflichtigen Männer herunter. Die Verteidigungsarmee für die Oderlinie sollte nun also erst gebildet werden. Ich sage dem Jungen, daß ich als aktiver Gemeindepfarrer nicht volkssturmpflichtig sei. Er fragt, ob ich darüber eine schriftliche Bescheinigung habe. Die brauche ich nicht, das steht so im Volkssturmgesetz, das solle er einmal genau durchlesen. Aber trotzdem heißt es zunächst: kein Flüchtlingswagen darf die Brücke passieren. Die Kolonnen der Flüchtlingswagen vor der Brücke werden immer größer . . .

Inzwischen ist von einer Brückenwache nichts mehr zu sehen, ich sehe nicht ein, weshalb wir noch warten sollen. Wir fahren los, und die Kolonnen hinter uns schließen sich uns an. Weder auf der Brücke noch am westlichen Brückenkopf hindert uns jemand. Wir haben also die Oder hinter uns, und es ist uns etwas leichter ums Herz. Mit Beginn der Dämmerung finden wir in Küstrin-Kietz Unterkunft für die Pferde und in verschiedenen Häusern auch für die Menschen. Wir selbst und Frau Lehmann sind bei dem NSV.-Leiter untergekommen. Er ist ein ordentlicher Mann, der sicher aus Idealismus zur NSDAP. gekommen ist und all die schlimmen Dinge nicht billigt, zum Teil noch gar nichts von ihnen weiß. Er kommt erst spät abends aus seiner Arbeit für die Versorgung und Unterbringung der Flüchtlinge todmüde nach Hause und freut sich, als Frau Lehmann ihm auf seine Schnitte ein paar schöne Scheiben von ihrem mitgenommenen Speck legt. Brot und Speck sind doch mitunter eine trostreiche Angelegenheit. Dieser NSV.-Leiter war der letzte Amtsträger, den ich in brauner Uniform sah. All die späteren westlich der Oder taten ihren Dienst in Zivil.

Im Anschluß schildert Vf. den Verlauf des Trecks von Küstrin bis in die Ostprignitz.

Nr. 99

Erlebnisbericht der Pastorenfrau Annemarie Glück aus Filehne, Kreis Czarnikau i. Posen.
Original, Februar 1949, 13 Seiten. Teilabdruck.

Räumung der Stadt Filehne und Flucht im Treck bis in die Westprignitz.

Nachdem am Freitag, dem 20. Januar 1945, ohne Angabe eines Grundes unser Gemeindehaus beschlagnahmt wurde und innerhalb zwei Stunden leergeräumt sein mußte, trafen am Samstagabend die ersten Flüchtlinge aus Leslau und Hohensalza in Filehne ein. Es schnitt uns tief ins Herz, als die Wagen, hochbepackt mit Koffern, Säcken und vermummten Gestalten, vorbeifuhren. Noch ahnten wir ja nicht, daß uns schon so bald die gleiche Not treffen würde. Am Sonntagmorgen brachte ich den Flüchtlingen, die im Gemeindehaus untergebracht waren, einige Eimer warmes Waschwasser und lud sie zum Gottesdienst ein, der nun statt im Gemeindesaal in der unheizbaren Kirche stattfinden mußte.

Als die Glocken schon zum Gottesdienst läuteten, kam in eiliger Hast einer unserer Presbyter zu mir mit der Meldung: „Die Post hat soeben eine Nachricht bekommen, daß bis 11 Uhr der Warthegau geräumt werden solle. Sollen wir da noch Gottesdienst halten?“ Ich raste schnell in das Bürgermeisteramt und erfuhr dort, daß unser Gebiet der Räumungsbefehl nichts anginge. Dann gingen wir in unsere schöne, alte Kirche.

Nachdem Vfn. den Verlauf des Gottesdienstes geschildert hat, fährt sie fort:

Als ich nach Hause kam, fand ich dort die Zeitung vor. Auf der ersten Seite stand fettgedruckt ein Aufruf des Reichsstatthalters Greiser: „Männer und Frauen aus dem Warthegau! Für Euch kommt jetzt die Stunde der Bewährung. Niemand darf seinen Platz verlassen. Ich weiß, daß ich mich auf jeden Einzelnen von Euch verlassen kann. Wehe dem, der nicht aushält bis zum letzten —" usw. Während wir noch die Zeitung lasen, waren diese Herren bis runter zum Landrat längst über alle Berge.

Soviel war klar, daß man jederzeit mit dem Räumungsbefehl oder mit noch Schlimmerem rechnen mußte. Der Sonntagnachmittag verlief zwischen Hoffen und Bangen. Man kam überhaupt nicht zur Ruhe. Es war einfach unvorstellbar, wieviele Menschen an jenem Sonntag das Pfarrhaus stürmten und irgendwie Rat oder Hilfe begehrten. Dabei sehnte ich mich so nach einigen Augenblicken wirklicher Stille. Am Abend zündeten wir noch einmal die Kerzen am Christbaum an, der noch stand, weil wir hofften, der Vati würde auf Urlaub kommen, und saßen vor der Krippe, deren Figuren ich in den Jahren zwischen Abitur und Hochzeit selbst gesägt und bemalt hatte. So erlebten wir am letzten Abend in der Heimat noch einmal die Weihnachtsbotschaft. Von Weihnachten her begann unsere Flucht. Das letzte Erlebnis unserer Kinder in der Heimat war die Weihnachtsgeschichte, und die ging mit ihnen und wurde ihnen unterwegs in Eis und Kälte, in Ställen und Scheunen immer wieder in ganz besonderer Weise lebendig, wobei eines der Kinder allerdings einmal feststellte, daß es das liebe Christkind doch besser gehabt hätte als wir. Es hätte mit seinen Eltern und den Tieren ganz allein im Stall wohnen dürfen und eine Krippe als Bettchen gehabt (während wir wie die Ölsardinen nebeneinandergepfercht in Ställen auf der Erde lagen).

Am Abend spät ging ich noch einmal in das Bürgermeisteramt, die einzige Stelle, die vielleicht noch etwas über unsere Situation im Bilde war. Vielleicht?! Dort erfuhr ich, daß ein feindlicher Durchbruch bei Gnesen uns hätte gefährlich werden können. Er sei aber abgeriegelt, und wir könnten ruhig schlafen gehen. Die Straßen hatten sich inzwischen mit Trecks gefüllt, und die Ortsnamen an den Wagen waren uns zum Teil recht nachbarlich vertraut. Ich schlief, um jederzeit bereit zu sein, diese Nacht angekleidet. Noch immer trug ich mein schwarzes Amtskleid, in dem ich am Vormittag Gottesdienst gehalten hatte.

Am anderen Morgen gegen 1/28 Uhr, als die Kinder, die am Abend ja auch spät zur Ruhe gekommen waren, noch schliefen, bekamen wir den Räumungsbefehl. Alle Frauen und Kinder sollten sich beim Gut Arndtshof, das außerhalb der Stadt lag, etwa 20 Minuten von unserer Wohnung entfernt, versammeln und von dort pünktlich um 1/29 Uhr mit Fuhrwerken weggeschafft werden. In Eile wurden die Kinder angezogen und das zuvor bereitgestellte Gepäck zusammengerafft. Wie dankbar war ich, daß meine Mutter bei uns war und ich nicht allein mit Großmutter und den Kindern fertig werden mußte. Als wir auf die Straße kamen, mußten wir bald feststellen, daß es unmöglich war, unser Ziel rechtzeitig zu erreichen bei der vereisten und durch Trecks versperrten Straße, wenn die Kinder zu Fuß gingen, deren ältestes gerade 4 1/2 Jahre alt war. Kurz entschlossen stellte ich meine Koffer ins Haus zurück, setzte meine Kinder auf den Rodelschlitten, zog mit einer Hand den Schlitten und stützte mit der anderen die Großmutter (87 Jahre alt), die bei der Glätte kaum gehen konnte. Meine Mutter trug einen Koffer und half hin und wieder den Schlitten schieben. Sie brachte uns zum Sammelplatz und kehrte dann nochmals mit dem Schlitten um, um unser Gepäck abzuholen in der Hoffnung, daß der Treck doch nicht pünktlich fahren werde. Leider war das ein Irrtum, und wir wurden getrennt.

Unser Bürgermeister, zwar ein überzeugter Nationalsozialist, aber ein gerechter und stets das Beste wollender Mann, stand am Sammelplatz und versuchte, von all seinen Göttern schmählich im Stich gelassen, den Ausmarsch zu organisieren und zu retten, was noch zu retten war. Der arme Mann wußte selbst nicht, was eigentlich los war, ob es überhaupt noch einen Ausweg gab oder wir schon eingekesselt waren. Alle Stellen, von denen er gewohnt war, Befehle zu empfangen, hüllten sich seit Stunden in Schweigen und ließen ihn in schwierigster Situation mit seiner Verantwortung allein. Immerhin hatte er es in kürzester Zeit geschafft, so viele Fuhrwerke zu beschaffen, daß die gesamte deutsche Bevölkerung (mit Ausnahme des Gaualtersheimes, für das ihm Lazarettwagen zugesagt waren, die aber niemals eintrafen) weggebracht werden konnte. Mit eiserner Energie wachte er darüber, daß alte Frauen und Mütter mit kleinen Kindern die besten Plätze bekamen und alle untergebracht wurden. Nur wenig Handgepäck durfte jeder mitnehmen. Größere Gepäckstücke mußten, mit Namen und Heimatanschrift versehen, zurückgelassen werden und sollten mit Lastkraftwagen abtransportiert werden.

Da wir mit der Großmutter und den Kindern verhältnismäßig schnell unseren Platz bekamen, hatte ich noch einige Minuten Zeit, im benachbarten Gaualtersheim meinen lieben Alten ein Abschiedswort zu sagen. Bis zuletzt habe ich geschwankt, ob ich nicht meine Mutter mit den Kindern allein auf den Weg schicken sollte und mit den Leuten von Post, Eisenbahn und Behörde dableiben sollte, zumal ja das Altersheim noch nicht evakuiert war und ein, wenn auch geringer Teil versuchte, trotz Räumungsbefehl zurückzubleiben. Da meine Mutter bis zum Abgang des Trecks nicht zurückkam und ich auch für meine Familie sowie für die Ausziehenden mich verantwortlich wußte, entschied ich mich, auch zu gehen. Es war eine schwere Verantwortung, die in jenen Tagen uns Frauen auf die Schultern gelegt war. Wie schwer wurde oft im Gebet um die richtige Entscheidung gerungen. Wie sehnte man sich danach, sich mit irgend jemandem aussprechen zu können, aber der Mann war Soldat, und viele verängstigte Gemeindeglieder suchten bei mir Trost und Stütze. Es war alles so unendlich schwer.

Pünktlich wurde unser Treck in Richtung Driesen—Landsberg auf den Weg geschickt, eine Fahrt ins Ungewisse. Wie gut tat es, zu wissen, daß man auf den endlosen Straßen der Flucht mit all ihrem Grauen und ihrer Not in Gottes Hand war, genau so wie in der nun verlorenen Geborgenheit der Heimat. Keiner vermochte zu sagen, ob der Weg noch frei war oder wir schon eingekesselt waren, ob die Russen uns dicht auf den Fersen folgten oder überhaupt nicht kamen. Bei 22 Grad Kälte und klarem Winterwetter verließen wir unsere Heimat, die uns in dieser bitteren Abschiedsstunde noch einmal in vollendeter Schönheit grüßte, ein Bild, das sich wohl uns allen unvergeßlich eingeprägt hat.

Wenn wir uns auch im Trubel der letzten Stunden nicht völlig der Tragweite dieses Abschieds bewußt wurden, so war es uns doch allen recht schwer ums Herz. Still saßen wir, in Decken gehüllt, auf unserem Wagen und nahmen noch einmal das vertraute Bild in uns auf und reihten uns ein in die unübersehbaren, endlosen Kolonnen, die mit uns die gleiche Straße zogen, die über Nacht aus der Geborgenheit ins Elend gestoßen waren. Fast bis zur Altreichsgrenze fuhren wir durch unsere Gemeinde, die sich über ein Gebiet von etwa 25 zu 50 km erstreckte. Immer neue Wagen reihten sich ein. Schon im nächsten Dorf, Dratzig, wurden die Trecks mit Steinen beworfen (die Roskoer, die knapp zwei Stunden nach uns Dr. passierten, wurden schon von Polen beschossen), die doch nur aus völlig wehrlosen Frauen und Kindern bestanden. Später stand an der Landstraße eine Gruppe deutscher Soldaten, die den Vorbeifahrenden heißen Kaffee reichten. Als ich den Kindern dazu etwas zu essen geben wollte, fiel mir ein, daß sowohl die fertiggemachten Brote als auch Fett und Wurst sich nicht bei dem Gepäck befanden, das wir bei uns hatten. Glücklicherweise hatte ich im Rucksack einen ganzen Laib Brot und ein Taschenmesser. So lernten wir es schon am ersten Tage, dafür dankbar zu sein, daß wir wenigstens noch trockenes Brot essen konnten.

Mitten hinein in unsere ernsten Gedanken, die sich mit dem, was hinter uns und was vor uns lag, beschäftigten, schallte plötzlich laut und deutlich, wenn auch in der Melodie nicht ganz richtig, der erste Vers vom Lied: „Jesu, geh voran . . .“ / „Führ uns an der Hand bis ins Vaterland.“

Meine Annemarie hatte es angestimmt, und die Jungen sangen es, so gut und laut sie es konnten, mit. Das war ein Trostwort aus Kindermund, das bei allen, die es hörten, seine Wirkung nicht verfehlte. Ich fühlte mich in meinen sorgenvollen Grübeleien durch das selbstverständliche Lied der Kinder, die auch etwas von der Ungewißheit, die auf uns lastete, spüren mochten, tief beschämt.

Als wir das Altreichsgebiet erreicht hatten, atmeten wir auf und machten im ersten Dorfkrug Rast, um uns aufzuwärmen, das Vieh zu füttern und vor allem einen Überblick zu gewinnen, wieweit wir noch beisammen geblieben waren. Dabei stellte es sich heraus, daß außer den polnischen Kutschern, die uns übrigens bis zum Schluß treu dienten, nur ein einziger Mann bei uns war, der Verwalter von Gut Garrin, ein älterer, sehr gewissenhafter und frommer Mensch mit einem Beinleiden aus dem ersten Weltkrieg. Die übrigen deutschen Männer waren ja, soweit sie nicht Soldaten waren, noch in den letzten Tagen zum Volkssturm einberufen. Nach einer kurzen ernsten Aussprache sah er ein, daß ihm das Amt des Treckführers auferlegt sei, und er hat es treu ausgeübt, bis uns in der Westprignitz Pferde, Wagen und Kutscher beschlagnahmt wurden. Wir alle, besonders aber meine Kinder, haben ihm viel zu danken. Gott schenkte uns in ihm einen Vater und Versorger. Da er ja Gelegenheit hatte, auf dem Gutshof seinen Wagen vollzuladen, war er natürlich besser versorgt als wir alle und teilte immer wieder mit uns, was er besaß. Manche Suppe hat Frau Mielke für den ganzen

Treck gekocht. Am ersten Sonntag ging seine Tochter Lore von Haus zu Haus und brachte jeder Filehner Familie ein Stück Fleisch.

Aber nun will ich weiter in zeitlicher Folge berichten. Das erste Nachtquartier bezogen wir in einem kleinen Dorf 13 km hinter Driesen und wurden dort sehr freundlich aufgenommen und gut verpflegt. Gepäck und Wagen wurden auf einem Gutshof abgestellt, und wir wurden in verschiedenen Häusern untergebracht. Die Familie, die uns aufnahm, holte uns mit einem Rodelschlitten ab, weil unsere Kinder so todmüde waren, daß sie nicht mehr fähig waren, auch nur einen kurzen Weg zu laufen. Vor allem mein Curt, der auch heute noch der zarteste ist, fiel einfach in sich zusammen, wenn er stehen oder sitzen sollte. Mein Jüngster, der immer besonders guten Appetit hatte, verweigerte standhaft das Essen. „Is nich mein Leffel, is nich mein Teller!“ Es dauerte tagelang, bis er begriff, daß er seinen Teller und Löffel nicht mehr besaß.

Die nächsten Nächte verbrachten wir in Zechow (7 km vor Landsberg) in einem Tanzsaal. Dort wurden die Pferde neu beschlagen und die Eisen geschärft. Die Ruhepause benutzte unser Treckführer, um für uns in Briesenhorst, einem kleinen Dörfchen an der Grenze der Kreise Landsberg und Soldin, endgültige Quartiere zu machen. Der Kreis Soldin war ja als Unterkunft für die Flüchtlinge aus dem Kreis Scharnikau bestimmt, bis diese wieder in die Heimat zurückkehren konnten, wie es hieß. In Landsberg verließen uns sehr viele, fast alle, die im Reichsinneren Verwandte hatten, bei denen sie hofften, bleiben zu können, und fuhren mit der Eisenbahn weiter. Hier herrschten noch geordnete Verhältnisse

Wir erfuhren dort auch, daß unser Reichsstatthalter schon vor einer Woche mit großem Gefolge dort durchgereist ist und in einem der feudalsten Lokale den Abschied aus dem Warthegau gefeiert hatte.

Unser Treck wurde nun wesentlich kleiner. Jede Familie hatte einen Wagen für sich und konnte sich darauf so wohnlich als möglich einrichten. In Briesenhorst bekamen wir gute Quartiere mit Kochmöglichkeiten. Am Sonnabend wurde ich gebeten, doch am Sonntag für unseren Treck Gottesdienst zu halten (das haben wir später immer getan), da am Ort keine Kirche war. Wir feierten den Gottesdienst in meinem Zimmer. Die Filehner brachten ihre Quartierwirte mit, manche andere Menschen kamen auch noch, so daß die Bauernstube die Menschen kaum fassen konnte. Das silberne Amtskreuz, das mein Mann im Baltikum zur Ordination bekommen hatte, half den Tisch zum Altar gestalten. Dieses silberne Kreuz hat, solange wir unterwegs waren, noch oft seinen Dienst tun dürfen. Es ist sicher selten in einem Gotteshaus inniger gebetet, gesungen und Gottesdienst gefeiert worden, als in dieser schlichten Flüchtlingsbehausung am ersten Sonntag nach der Vertreibung. Übrigens war ich erstaunt, wie viele Bibel und Gesangbuch oder nur das Gesangbuch mit hatten. Manche, von denen ich es gar nicht erwartet hätte.

Wenn Briesenhorst auch nicht unser endgültiges Quartier blieb, so wurden uns dort doch ein paar Ruhetage geschenkt, ehe die große Hatz begann. Großmutter hatte für sich ein schmales Bett, und ich schlief mit den drei Kindern in einem großen, breiten Bett. Curt hatte Mittelohrentzündung, und Annemarie war schwer erkältet und hatte hohes Fieber.

In der Nacht von Montag auf Dienstag wurden wir herausgeklopft. „Der Russe ist in Landsberg, wir müssen sofort aufbrechen.“ In einer knappen halben Stunde waren wir fertig. Und los ging die nächtliche Fahrt durch einen wilden Schneesturm, daß man die Hand vor den Augen nicht sehen konnte. Meine beiden kranken Kinder durften bei Mielkes im geschlossenen Wagen mitfahren. Ich hatte bei diesem entsetzlichen Wetter auch vollauf damit zu tun, mich um die Urgroßmutter und meinen kleinen Christian Friedrich zu kümmern. Unser nächstes Ziel war Küstrin. Auf der Straße nach Küstrin halfen wir einem im Schnee festgefahrenen Wehrmachtsfahrzeug, wieder flott zu werden, und erfuhren, daß der Russe bereits in Küstrin sei. Der Weg über Soldin sei aber noch frei.

Nun nahmen wir Kurs auf Soldin. In Werblitz wollten wir eine Rast einlegen, weil Pferde und Menschen erschöpft waren. Nirgends fanden wir Unterkunft. Jedes Haus war schon vollgestopft mit Flüchtlingen. Schließlich fanden wir in einem zugigen Gasthausflur wenigstens noch einen Platz, wo wir ein Dach über dem Kopf hatten. Unsere Kinder fanden in einem umgedrehten Tisch etwas Schutz, wir anderen versuchten, uns, in Decken gehüllt, auf dem Steinfußboden ein wenig auszustrecken, wobei die Enge des Raumes uns zustatten kam, daß einer den anderen mit wärmte.

Kaum hatten wir eine einigermaßen passable Lage gefunden und waren ein wenig eingeschlafen, da gab es Panzeralarm. In wilder Eile verließen die Flüchtlinge das Dorf. Großmutter war den Anstrengungen und Aufregungen nicht mehr gewachsen und brach zusammen. Was blieb mir übrig, als sie in ihrem bemitleidenswerten Zustand auf den Wagen zu packen und weiterzufahren. Gegen Tagesanbruch erreichten wir Soldin. Die Straßen waren durch Wehrmachtsfahrzeuge und Flüchtlinge rettungslos verstopft, so daß man nur schrittweise vorwärtskam. Immerhin waren wir, als gegen Mittag russische Panzer in die Stadt eindrangen, schon über das Zentrum hinaus. Wir hörten wohl aus nächster Nähe die Schießereien und erfuhren von Fußgängern, die eiligst zu fliehen suchten und beweglicher waren als wir, was sich im Zentrum von Soldin zugetragen hatte, wurden aber direkt noch nicht betroffen. Noch wehte derselbe eisige Schneesturm. Wir aber saßen auf unserem Wagen und hatten an diesem Tage nicht einmal einen Schluck warmen Kaffee im Leibe. Das gefrorene Brot mochten wir auch nicht essen. Großmutter bekam einen Schwächeanfall nach dem anderen, Christian weinte vor Kälte. Wir aber waren eingereiht in die großen Kolonnen und mußten geduldig warten, bis wir wieder ein paar Pferdelängen vorankamen. Und hinter uns kamen die Russen. Wir waren alle recht müde und verzagt. Erst mitten in der Nacht erreichten wir Bad Schönfließ und fanden in der geheizten Schule noch ein Plätzchen, wo wir uns auf Stroh ausstrecken konnten. Freundliche Leidensgenossen, Unbekannte, die mit uns in dieselben unendlichen Kolonnen eingereiht waren, gaben der Großmutti noch aus der Thermosflasche einen Rest heißen Kaffee.

Am anderen Morgen ging es lange vor Tagesanbruch schon weiter, denn Eile tat not, weil der Russe uns schon auf den Fersen saß; zwei Pferde, die durch die Strapazen der letzten Tage krank geworden waren, mußten wir zurücklassen. Wir rückten alle ein bißchen zusammen und fuhren weiter. Der Schneesturm hatte aufgehört, und wir kamen diesmal etwas besser vorwärts. Am Rande der Straße sah man immer wieder das traurige Strandgut der Trecks, tote Pferde, zerbrochene Wagen und zurückgelassene Gepäckstücke. Glücklicherweise empfanden die Kinder das Grauen dieses Anblicks durchaus nicht so stark wie wir Erwachsenen. Solange klirrender Frost herrschte, mochte das ja noch angehen, aber sobald Tauwetter einsetzte, was wurde dann?

Schneller als wir es nach den Erfahrungen der letzten Tage zu hoffen gewagt hatten, kamen wir nach Königsberg/Neumark. Schilder wiesen darauf hin, wo es Verpflegung für Menschen und Tiere geben sollte. Der Marktplatz stand voller Wagen. Es dauerte eine geraume Weile, bis in dem Speiselokal Platz für uns war. Wohltuend empfanden wir die Wärme und den Duft der kräftigen Erbsensuppe. Es gab sogar die Möglichkeit, sich mit warmem Wasser zu waschen. Wie weit lag für uns doch schon die Zeit zurück, wo solche Dinge zu den Selbstverständlichkeiten des Lebens gehörten, über die man gar nicht nachdachte, geschweige denn für sie besonders dankbar war. Einige saßen schon vor dampfenden Tellern, als schrille Töne uns auffahren ließen. „Alarm, Alarm!“ Die Stadt muß von allen Zivilpersonen sofort geräumt werden. Zuallererst müssen die Flüchtlinge die Stadt verlassen.

Nun gilt es wieder weiterzuziehen. Alles rennt und rettet, flüchtet. — — In der Eile und Angst ist man gegenseitig im Wege, aber alle haben nur ein Ziel, die Oder zu überschreiten. — Noch nicht lange haben wir die Stadt hinter uns, als furchtbare Detonationen zu hören sind. Der Königsberger Flugplatz wurde gesprengt, und die Einheiten, die dort stationiert waren, fahren in eiliger Flucht an uns vorüber. Wohlmeinende Landser mahnen uns immer wieder: „Frauen, fahrt schneller, damit Ihr noch über die Oder kommt, ehe die Brücken gesprengt werden.“ Immer wieder fahren Wehrmachtswagen an uns vorüber; immer wieder stockt die endlose Kolonne, weil irgendwo ein zu Tode ermattetes Pferd gestürzt ist, eine Deichsel brach oder sonst irgend etwas die Weiterfahrt behindert. Heiße Gebete entringen sich der gequälten Brust. Je mehr wir uns der Oder nähern, desto mehr treffen wir Militär, das noch keineswegs Anstalten macht, zu fliehen. Ganz im Gegenteil, als die Soldaten, die an der Straße arbeiten, von unserer Angst hören, lachen sie uns aus. „Schwedt können wir mindestens vier Wochen halten, wenn der Russe kommen sollte.“ Diese Sicherheit ist wohltuend und beruhigend, aber nach den bereits gemachten Erfahrungen vermag sie uns nicht mehr ganz zu überzeugen.

Wir atmen auf, als wir die Oderbrücken hinter uns haben, und wähnen uns mal wieder in Sicherheit. Gern hätten wir nun auch unseren treuen Pferden Ruhe gegönnt, aber erst 15 km hinter Schwedt gelingt es uns, einen Platz für uns und unsere Pferde und Wagen zu finden. Meine Kinder bleiben mit Herrn Mielke in der Glaskutsche, während uns eine Waschküche zum Schlafsaal dient. Es ist zwar recht feucht dort, aber wir dürfen heizen, und Frau Mielke stiftet uns noch eine gute Suppe. Dann schlafen wir so dankbar und sorglos wie seit langem nicht. Am anderen Morgen nehmen wir uns noch Zeit, eine Mehlsuppe zu kochen, ehe wir die Fahrt fortsetzten. Auch jetzt waren die Straßen noch überfüllt von schier endlosen Flüchtlingskolonnen, aber es ging alles geordneter zu. Die wilde Hast, das Rennen ums nackte Leben hatte aufgehört. In den meisten größeren Ortschaften gab es Verpflegungsstellen für Flüchtlinge, so daß man manchmal sogar mehrmals am Tage etwas Warmes bekam. Auch hatte jeder Ort eine Dienststelle, die für Nachtquartiere sorgte. In jeder Weise merkte man, daß man dem Chaos entronnen war, und empfand das trotz unserer an sich wenig angenehmen Situation täglich neu mit großem Dank. Nach bestimmten Plänen wurden die Trecks geleitet und die Flüchtlinge aus den verschiedenen Kreisen wieder in bestimmte Kreise eingewiesen. Wie gut war es nun, wieder ein Ziel vor sich zu haben, das wenigstens ein Stück zweite Heimat werden sollte, und die Hoffnung auf ein Wiedersehen mit vielen Gemeindegliedern. Das waren sehr große Erleichterungen unseres Daseins, die sich noch stärker psychisch als physisch auswirkten.

Andererseits machten einsetzendes Tauwetter und Regen und die Fliegergefahr uns viel zu schaffen. Bald hatten wir keinen trockenen Faden mehr an uns. Infolgedessen fror man auch nachts, obwohl man in geheizten Räumen schlief. — Wenn Flieger kamen, war es eigentlich ein sinnloses Unterfangen, sich vor ihnen in Sicherheit bringen zu wollen, und doch versuchten wir es immer wieder. Daß auch Trecks von Tieffliegern angegriffen wurden, gehört zu den Dingen, die kaum zu begreifen waren. Die meisten Flieger hatten aber andere Ziele und kümmerten sich wenig um uns.

Im großen Bogen umfuhren wir Berlin. Unser Ziel war der Kreis Westprignitz, etwa 140 km westlich von Berlin. Die Nachtquartiere waren sehr unterschiedlich. Mit besonderem Grauen denke ich noch an die Nacht in Templin. Hunderte von Menschen waren in einem Kinosaal zusammengepfercht. Die Luft war verbraucht, und es machte alles einen schrecklich unsauberen Eindruck. Welche Menschen alle mochten vor uns schon in dem zertretenen Stroh geschlafen haben. Zu allem Überfluß setzte noch stundenlang der elektrische Strom aus, und wir waren völlig in der Finsternis. In Radensleben im Kreis Neuruppin hatten wir es dagegen besonders gut getroffen. Wir bekamen saubere Privatquartiere und durften über Sonnabend—Sonntag dort bleiben. Schon der Empfang in dem Dorf war sehr nett. — — —

Die nächsten Tage wurden wir alle ziemlich kreuz und quer geleitet. Das hatte wohl darin seinen Grund, daß man die Flüchtlingskolonnen möglichst gleichmäßig über das Land verteilen wollte, damit nicht nur die Ortschaften an den Hauptstraßen die Last zu tragen hatten. Uns machte das nicht viel aus, da wir ja doch nicht länger als ein bis zwei Nächte an einem Ort bleiben durften, ehe wir in den Kreis kamen, der uns aufnehmen sollte.

In dem kleinen Dörfchen Stavenow taufte ich um 7 Uhr morgens einen kleinen Jungen, der auch mit seiner Mutter auf der Flucht war. Paten waren die Quartierwirtin und eine Frau aus unserem Treck. In Pritzwalk hatte unser gummibereifter Wagen die erste Panne, zischend entfuhr die Luft dem rechten Hinterreifen. Ehe wir uns noch recht klar waren, was los war, entdeckten wir schon, daß wir gerade vor einer Autoreparaturwerkstatt uns befanden. So konnte der Schaden in wenigen Minuten behoben werden. Mit Dank wurde es uns in diesem Augenblick von neuem deutlich, wie gnädig uns unser Herr bis dahin geführt hatte. Ende Februar ereichten wir unsere endgültigen Quartiere in Sagast in der Westprignitz, etwa 140 km westlich von Berlin. Dort fühlten wir uns zunächst wirklich sicher und versuchten, uns einzurichten, so gut es ging. In einem freundlichen Lehrerhaus wurde uns ein Zimmer eingeräumt. — — —

Abschließend schildert Vfn. die Weiterfahrt in das von Amerikanern besetzte Gebiet, den Zusammenstoß mit den nachrückenden Russen im Sommer 1945 und die Übersiedlung in den Westen.

Nr. 100

Erlebnisbericht des Bauern Gerhard Jaeckel aus Kammthal (Grzebienisko), Kreis Samter (Szamotuły) i. Posen.
Original, 5. Februar 1951, 8 Seiten. Teilabdruck.

Räumung der Gemeinde Kammthal, Erlebnisse als Treckführer auf der Flucht bis in die Westprignitz.

Einleitend erwähnt Vf., daß er 1920 genötigt gewesen sei, seinen Hof, ein altes Familienerbe, zu verlassen und daß er abermals, nachdem er 1939 endlich zurückkehren konnte und ihm die Gemeindeverwaltung übertragen worden war, gezwungen wurde, seine Heimat aufzugeben.

Ende 1944 rückten die Russen immer näher an unsere Heimat heran. Am 20. Januar 1945 erhielt ich vom Landratsamt Samter den Räumungsbefehl mit dem Nachdruck, möglichst alle deutschen Menschen (ca. 2 000 Deutsche) aus den zehn Gemeinden gut herauszubringen. (Den ca. 4 000 Polen der zehn Gemeinden war es freigestellt, ob sie sich anschließen wollten.) Am Spätnachmittag des 20. Januar 1945 erhielten nun die zehn Ortsvorsteher und acht Gutsverwaltungen, welche alle telephonisch zu erreichen waren, von mir den Auftrag, alle deutschen Menschen ihrer Gemeinde geordnet zum Sammelplatz in der Hauptgemeinde zu bringen. Die Gutsverwaltungen wurden verpflichtet, die Gespanne für diejenigen Familien zur Verfügung zu stellen, welche keine Pferde besaßen. Fünf Stunden durften für Packen und Fertigmachen gebraucht werden. Gegen 11 Uhr abends waren die ersten Flüchtlingstrecks mit ihrem Ortsvorsteher am Sammelplatz, welche auch sofort abfahren durften, mit Auftrag über Neutomischel—Bentschen in Richtung Westen mit noch unbekanntem Ziel.

Die Ortsvorsteher waren als Treckführer eingesetzt und hatten kein leichtes Amt, da ja meist nur Frauen und Mädchen als Gespannführer zur Verfügung standen. Die Kälte von nahezu 20 Grad unter Null und die vereisten Straßen hemmten das weitere Fortkommen. Mit einem der ersten Trecks verließ auch meine Frau mit einem Gespann (drei Pferde) den Sammelplatz, während ich bleiben mußte, um erst die Menschen raus zu bringen. Gegen 3 Uhr Nachts waren acht Gemeinden durch und in Richtung Westen abgefahren. Die fehlenden zwei Gemeinden waren nicht zum Verlassen der Heimat zu bewegen. Aber auch aus den anderen Gemeinden waren nicht alle restlos gefolgt. Zu meiner Hilfe hatte ich mir sechs Mann zurückgelassen, und am 21. Januar früh fuhren wir in die verlassenen Gemeinden und versuchten, die Zurückgebliebenen zur Flucht zu bewegen. Es gelang uns auch, noch einen großen Teil zum Abfahren zu überreden, jedoch blieben schätzungsweise 20 deutsche Familien dort.

Am 22. Januar 1945 verließ auch ich mit den sechs Mann gegen Mittag den Ort Kammthal, nachdem der Russe vor Posen stand. Einen guten, aber leichten Wagen mit zwei guten Pferden hatten wir für unsere Flucht bereitgehalten und waren gegen Abend in Neutomischel, wo wir das letzte Ende unseres langen Trecks vorfanden. Der Marktplatz und die Straßen waren voll von Treckwagen und Menschen, so daß kein Durchkommen möglich war. Wir übernachteten in einem leeren Raum bei unsern Pferden. Hier fanden drei meiner Männer ihre Familien und blieben bei ihnen. Frühmorgens war jedoch kein Rauskommen, da die Straße nach Bentschen völlig verstopft war. Keine Polizei regelte den Verkehr, und so war wenig Aussicht, aus Neutomischel herauszukommen. Als ich an der Marktecke nach Westen die Verkehrsregelung übernahm, konnten die Straßen und der Marktplatz nach zwei Stunden geräumt werden. Jetzt fuhren wir auch gegen 10 Uhr (23. Januar) in Richtung Bentschen weiter. Mit unsern guten Pferden und dem leichten Wagen kamen wir gut vorwärts, da wir auch über die Felder fuhren, aber überall fanden wir hilflose und hilfesuchende Menschen, denen die Pferde auf der eisglatten Straße gefallen oder der Wagen in den Chausseegraben gerutscht war. Allein zwischen Neutomischel und Bentschen habe ich 20 Pferde für die gefallenen besorgt, und für fünf Wagen mußten sechs zerbrochene Räder beschafft werden, dies hielt auf, aber für uns war es eine Freude, Menschen, meist Frauen und Kindern, weiterzuhelfen, damit niemand zurückblieb.

Gegen Abend war unser Treckende durch Bentschen durch, und wir hatten die alte Reichsgrenze erreicht, wo wir auch noch geregelte Verhältnisse vorfanden, denn hier wurde durch Wehrmacht oder Polizei der Verkehr geregelt, und Hilfesuchende fanden auch Unterstützung. Bis zu dem Dorfe Kuschten bei Neu-Bentschen fuhr ich dann noch, um zwei Stunden Rast zu machen. Hier fanden die letzten meiner Männer ihre Familien. Hier erfuhr ich auch, daß unsere Treckspitze im Raum um Schwiebus war. Auf dem Distriktsamt in Kuschten mußten wir auch unser erstes Opfer abliefern, ein erfrorenes Kind der Familie Fechner aus Kammthal. Der Vater des Kindes war Soldat, die Frau, wie die meisten, ohne die Hilfe der Männer auf sich angewiesen. Es war an diesem Tage bereits das neunte erfrorene Kind, welches dort abgeliefert wurde. Wie furchtbar für die Mütter, welche auf so tragische Weise ihre lieben Kinder verloren und denen man nicht helfen konnte.

In Neu-Bentschen waren überall Anschläge vorhanden, aus welchen die einzelnen Kreise ersehen konnten, in welchem Kreis für ihre Unterkunft gesorgt war. Der Kreis Samter sollte in der Westprignitz untergebracht werden. Jeder wußte nun sein Ziel, und es war auch gut, denn die einzelnen Trecks waren nicht mehr geschlossen, sondern durch dazwischenkommende Trecks zum Teil zerrissen. Mir lag nun viel daran, zu erfahren, wie es unsern einzelnen Trecks wohl ginge, und so fuhr ich noch in der Nacht, wo die Straßen leer waren, noch bis Schwiebus, um meine Frau zu suchen. Nach langem Suchen fand ich diese in Riegersdorf bei Schwiebus, 7 km südlich Schwiebus. Es war inzwischen 3 Uhr früh geworden.

Am 24. Januar fuhr ich nach Schwiebus, um mich an der Hauptstraße aufzustellen und nach unsern Trecks Ausschau zu halten. Wenn diese auch auseinandergerissen waren, so hielten doch immer noch einige Wagen fest zusammen, um sich gegenseitig zu helfen. An diesem Tage erfuhr ich, daß in Schwiebus bereits 35 erfrorene Kinder und auch alte Leute eingeliefert waren. Die starke Kälte und Schneetreiben, die Glätte auf den Straßen setzte den Flüchtlingen viel zu. In Schwiebus wurden die Trecks noch mehr auseinandergerissen, denn hier wurden durch die Wehrmacht Umleitungen angeordnet. So fuhren Teile dann durch Crossen, Frankfurt und Küstrin.

Am 25. Januar übernahm ich dann mein Gespann, mit welchem meine Frau geflüchtet war. Die zwei Pferde, mit welchen ich geflüchtet war, gab ich einem aus unserm Dorf, der nicht mehr weiter konnte, und wir fuhren auf Nebenstraßen weiter, da die Hauptstraßen sehr stark in Anspruch genommen waren. Abends blieben wir in Topper, und nun glich ein Tag dem andern. An den Straßenrändern gefallene Pferde, zerbrochene Wagen, abgeladenes Flüchtlingsgut zeigten den Weg an, welchen die Trecks genommen hatten. Wir kamen gut voran und fuhren nun über Sternberg, Reppen, Frankfurt a. d. O. Überall wurden wir gut aufgenommen. Fast in jedem größeren Ort konnte man Pferdefutter und warmes Essen bei der NSV. bekommen. Da Berlin ständig Fliegerangriffen ausgesetzt war, zogen wir es vor, über Alt Landsberg—Oranienburg an Berlin vorbeizukommen. Über Neuruppin usw. kamen wir am 4. Februar in dem Kreis Westprignitz an, wo wir schon an der Kreisgrenze unser Quartier angewiesen erhielten.

Vf. beendet seine Ausführungen mit der Schilderung einiger Erlebnisse auf der Flucht aus der russischen Zone nach dem Westen.

Nr. 101

Bericht des früheren Landrats des Kreises Wollstein i. Posen, Rolf Schneider.
Original, 11. September 1952, 7 Seiten. Teilabdruck.

Überblick über die Räumung des Kreises und der Stadt Wollstein.

Nach einleitenden Mitteilungen über Materialsammlungen zur Geschichte des Kreises und der Stadt Wollstein gibt Vf. einen zahlenmäßigen Überblick über die Zuwanderung von Deutschen 1939—1945:

Kreis Wollstein, Reg.-Bezirk Posen.

1.	Einwohnerzahl des Kreises im September 1939:		ca. 49 000
		davon Polen	ca. 39 500
		Deutsche	ca. 9 500[1])
	Einwohnerzahl der Stadt Wollstein:		ca. 4 350
		davon Polen	ca. 4 000
		Deutsche	ca. 350
2.	Einwohnerzahl des Kreises im Januar 1945:		ca. 54 000
		davon Polen	ca. 37 000
		Deutsche	ca. 17 000
	Einwohnerzahl der Stadt Wollstein:		ca. 5 500
		davon Polen	ca. 2 300
		Deutsche	ca. 3 200

[1]) Nach der Volkszählung von 1910 hatte der Kreis Bomst (später Wollstein) 63 120 Einwohner, davon gaben 30 980 Deutsch, 31 794 Polnisch als Muttersprache an. (Rest gemischtsprachig). s. Statistisches Jahrbuch für den Preußischen Staat, X (1912), S. 25.

3. Die Zahl der Deutschen setzte sich wie folgt zusammen:

a) Deutsche der Volksliste Gruppe 1 und 2		ca.	9 000
b) Deutsche der Volksliste Gruppe 3		ca.	800
c) Deutsche der Volksliste Gruppe 4		ca.	400
d) ansässig gewordene Reichsdeutsche		ca.	2 300
e) Deutsche Umsiedler aus:			
	Baltenland	ca.	75
	Bessarabien	ca.	310
	Bukowina	ca.	305
	Galizien	ca.	345
	Lublin	ca.	205
	Bug	ca.	435
	Schwarzmeer-Gebiet	ca.	955
	Warschau	ca.	40
f) Bombenflüchtlinge aus dem Altreich		ca.	1 800

Über die Ereignisse im Januar 1945 kann ich für den Kreis Wollstein folgende Angaben machen:

Wann kam der Befehl zur Räumung?

Drahtfunk am 20. Januar 1945, 17.00 Uhr.

Wann war die Räumung im großen beendet?

Die im Kreise wohnhaften Deutschen — einschließlich der in der letzten Woche zugewiesenen Litzmannstädter — hatten den Kreis bis zum 22. Januar 1945 früh verlassen. — Trecks aus den östlichen Kreisen zogen noch bis zum 25. Januar 1945 mittags durch die Kreisstadt.

Nach einigen Daten über die Räumung der Kreisverwaltung fährt Vf. fort:

Wieviel Deutsche sind in Wollstein zurückgeblieben?

Die Räumung erfolgte so rechtzeitig und planmäßig, daß kein Deutscher von den Russen überrascht wurde oder nicht genug Zeit zur Räumung gehabt hätte. Die zurückgebliebenen Deutschen blieben freiwillig. Von den Volkslistengruppen 1 und 2 sind es nur sehr wenige gewesen, z. B. einige alte und gebrechliche Leute (z. B. Stahnke, Findeklee usw.). Von den Angehörigen der Volksliste 3 (etwa 800 im Kreise) sind etwa die Hälfte dort geblieben, da sie polnisch versippt waren. Die Angehörigen der Volksliste 4 (ca. 400) sind zum überwiegenden Teil dort geblieben und haben sich nach Berichten später zurückkehrender Deutscher nach dem russischen Einmarsch als besonders aggressive Polen zu rehabilitieren versucht.

Welche Treckstraßen wurden von den Wollsteiner Trecks benutzt?

Obwohl der Kreis Wollstein noch Aufnahmegebiet für die östlichen Kreise des Gaues war, wurde am 18. ein allgemeiner Räumungsplan ausgearbeitet, der vorsah, nötigenfalls die Wollsteiner Trecks so schnell auf den Marsch zu bringen, daß sie unbehindert vor den östlichen Trecks herziehen konnten. Um möglichst schnell die Oder zu erreichen, wurden drei Treckstraßen auf die drei nächsten Oderbrücken vorgesehen und für die einzelnen Amtsbezirke Marschbefehle vorbereitet. Als neue Befehlszentrale wurde Müncheberg bestimmt.

Erste Treckstraße (für Amtsbezirk Mauche): Kolzig, Kontopp, Liebenzig, Lippen, Zollbrücken, Oderbrücke Neusalz, Grünberg, Rothenburg/Schles., Nettkow usw.

Zweite Treckstraße (für Amtsbezirk Rakwitz und Wollstein, Kopnitz): Unruhstadt, Altreben, Gr. Schmöllen, Züllichau, Oderbrücke Odereck oder Oderbrücke Crossen (Übergang des Kreiskrankenhauses Wollstein).

Dritte Treckstraße (für Amtsbezirk Kirchdorf): Köbnitz, Bomst, Kleistdorf, Klemzig, Züllichau, Oderbrücke Odereck oder Crossen oder: Bomst, Schmarse, Jehser, Merzdorf, Schwiebus, Möstchen, Sternberg, Reppen, Oderbrücke Frankfurt.

Vierte Treckstraße für Amtsbezirk Deutsch-Gabel: Neu-Bentschen, Kuschten, Schmarse usw., Oderbrücke Frankfurt.

So vorbereitet konnte die Räumung am 20./21. Januar 1945 planmäßig durchgeführt werden. Die dorfweise zusammengefaßten Trecks benutzten mit einigen Abweichungen (Straßenverstopfungen durch Schnee und flüchtende Wehrmacht) die vorgesehenen Straßen und erreichten frühzeitig die Oderbrücken. Am 24. Januar 1945 wurde bekannt, daß der Kreis Jüterbog-Luckenwalde für den Kreis Wollstein Aufnahmekreis sei. Von dem Wollsteiner Verwaltungsstab wurden die Herren Schnirpel, Schulz, Strunk und Tiemann den Trecks nachgesandt, die eine entsprechende Benachrichtigung vornahmen. Die Aufnahme und Unterbringung im Aufnahmekreis erfolgte dann durch den Meldekopf Wollstein in Baruth. Spätere Verlegung in den Kreis Nauen und Uelzen (Meldekopf Suhlendorf).

In welche Gebiete sind die Eisenbahntransporte gegangen?

Mir ist nur bekannt, daß einige Transporte bis Züllichau und Grünberg gingen und dort vom regulären Zugverkehr aufgenommen wurden.

In welchen Gebieten sind unsere Flüchtlinge endgültig untergekommen?

Kreis Uelzen:	ca. 7500
Kreis Nauen:	ca. 200
Kreis Jüterbog:	ca. 300.

Es folgen Angaben über das Schicksal des Wollsteiner Volkssturms und der Schulen, des Krankenhauses, Altersheims usw., die der Verwaltung des Kreises unterstanden.

Unterbringung der Trecks:

Die Wollsteiner Trecks konnten im Kreise Uelzen verhältnismäßig gut untergebracht werden, da sie auf Grund eines schnellen Marschtempos als erste der Osttrecks dort ankamen und auf Grund einer persönlichen Bekanntschaft des Unterzeichneten mit dem dortigen Landrat eine reibungslose Organisation gewährleistet werden konnte.

Die Schwarzmeer-Deutschen, die im Kreise Uelzen Wohnung fanden, wurden gegen Ende 1945 mit Hilfe von russischen Kommissaren zum größten Teil wieder nach Osten abtransportiert und kamen später in das Verbannungsgebiet der UdSSR.

Soweit ein kleiner Teil der Flüchtlinge, insbesondere Angehörige der Volksliste 3, in den ersten Trecktagen Zweifel über die Zweckmäßigkeit eines Trecks bekamen, kehrten sie um und ließen sich von den Russen überrollen. Sie wurden von den Russen an Ort und Stelle in der Landwirtschaft eingesetzt bzw. interniert und in provisorisch eingerichteten Lägern untergebracht. Zum Teil kamen sie später in das Lager Grüne [1]) bei Lissa, wo insgesamt 10 000 Deutsche interniert gewesen sein sollen. Eine Anzahl von diesen Flüchtlingen wurde später verschleppt, einige sind im Lager verstorben, eine Anzahl ist später im Polentum aufgegangen und lebt jetzt noch dort. Ein großer Teil ist aber in den Jahren 1949/1950 in die Westzone geschickt worden und lebt jetzt hier. Soweit diese Personen bisher namentlich erfaßt werden konnten, sind sie in einer Liste zusammengestellt worden, die laufend vervollständigt wird. Gleichfalls wird eine Verlustliste geführt, die jedoch sehr unvollständig ist. — Während der Räumung in Wollstein wurden dort 19 Kinder und eine Frau beigesetzt, die von den durchlaufenden Transporten aus anderen Kreisen abgeworfen waren und nicht identifiziert werden konnten.

Trecks aus anderen Kreisen:

In den Tagen vom 20. Januar bis 25. Januar 1945 zogen aus den Nachbarkreisen und den östlichen Kreisen, vorwiegend aus Grätz, Kosten, Posen-Land, Schroda, Gnesen, Wreschen und Konin — in gelockerter Ordnung, ohne besondere Führung — Trecks durch Wollstein. Die Zahl kann leider nicht angegeben werden. Diese Trecks wurden in Wollstein selbst verpflegt und konnten — soweit erforderlich — hier rasten. Zurückgebliebene dieser Trecks konnten teils mit der Bahn, teils mit Berliner Omnibussen weiterbefördert werden. Am 25. Januar 1945 mittags hörten auch diese Trecks plötzlich auf.

Abschließend erläutert Vf. Statistiken und Photodokumente zur Geschichte Wollsteins nach 1939, die sich in seiner Hand befinden.

[1]) Internierungslager Gronowo.

3. Fluchtversuche der Bewohner Ostbrandenburgs.

Nr. 102

Bericht des früheren Fahrbereitschaftsleiters Richard Paul aus Landsberg a. d. Warthe i. Brandenbg.

Original, 15. April 1952.

Flucht der Landsberger Bevölkerung.

Nachdem noch am Abend des 29. Januar 1945 über den Drahtfunk jegliche Befürchtungen als unbegründet bezeichnet worden waren, bekam ich gegen 11.00 Uhr eine Anforderung für 10 Klein-LKW., die feindwärts eingesetzt werden sollten, die meisten fuhren sich im Schnee fest und kamen nicht wieder. Nach Mitternacht sammelten sich in meinem an der Hauptstraße gelegenen Büro außer vielen wegemüden Flüchtlingen auch zwei verwundete Soldaten, die auf Befragen erklärten, daß sie bei Straßenkämpfen gegen Panzer in Friedeberg verwundet worden seien und, auf irgendwelchen Fahrzeugen mitfahrend, Landsberg erreicht hätten. Friedeberg, etwa 25 Kilometer nordostwärts von Landsberg an der Reichsstraße 1, brenne an allen Enden, sagten sie aus [1]). Nun machte sich auf der westwärts führenden Straße auch immer stärker anschwellender Verkehr bemerkbar, flüchtende Zivilpersonen, vielfach zu Fuß mit Schlitten, Wagen, aber auch Frauen mit Kinderwagen und Gepäck, gegen Morgen auch schon untermischt mit Soldaten, ganzen Kolonnen Polizeieinheiten. Es war nun auch Geschützfeuer zu hören, und Feuerschein zeigte an, daß in den umliegenden Dörfern Brände ausgebrochen waren. Von dem Volkssturm und seinen Führern war nichts zu hören und zu sehen, ich hörte nur, daß die Lastwagenfahrer ihre und die Angehörigen des Volkssturmes aufgeladen hatten. Auf einen Anruf eines Apothekers hin, was denn nun werden sollte, konnte ich nichts unternehmen, hörte und sah aber, daß sich die Fahrzeuge alle westwärts in Marsch setzten. Gegen 8.00 Uhr sah ich dann den Kreisleiter mit seinem Stabe mit Gewehren auf dem Rücken westwärts ziehen, sie richteten sich im Büro des Gaswerkes ein. Auf meine Anfrage, wie ich mich zu verhalten habe, bekam ich zunächst keine Antwort, später den Bescheid, in einer Stunde wäre der Iwan hier.

Diejenigen, die nun erkannt hatten, wie die Kriegslage war, versuchten mit der Bahn wegzukommen, die etwa 800 Meter lange Bahnhofstraße, der Bahnhofsvorplatz und das Gebäude selbst war mit Menschen gerammelt voll, von denen die wenigsten mitgenommen werden konnten. Ein Teil resignierte und ging in die Wohnung zurück, andere machten sich zu Fuß

---

[1]) Elisabeth Rau aus Trebitsch, Kreis Friedeberg, berichtet, daß die Russen am 28. Januar über Friedeberg vorstießen und daß die Stadt zu 75 % niedergebrannt wurde.

Das überraschende Erscheinen der Russen am 29. Januar im Kreise Friedeberg wird bestätigt durch die Berichte des Otto Hemp, abgedruckt unter Nr. 48 (Bd. I, 1) und der Frau Mechthild Mierendorff, abgedruckt unter Nr. 49.

auf den Weg, andere wiederum, die die Gefahr noch gar nicht erkannt hatten, gingen morgens an ihre Arbeit, die Geschäfte öffneten wieder, die Banken bekamen sogar noch Einzahlungen. Ein Teil der Bevölkerung lehnte es überhaupt ab, bei der Witterung zu flüchten, nicht zuletzt, weil ja vom Feinde nichts zu sehen war. Das erklärt sich aber daraus, daß die vorstoßenden Kolonnen auf dem kürzesten Wege die Oder zu erreichen suchten und nördlich an Landsberg vorbeistießen. Im Laufe des Vormittags sah ich dann auch russische Jäger so niedrig über der Stadt, daß man die roten Sterne leuchten sah, ich rechnete jeden Augenblick mit Tiefangriffen auf die Flüchtenden.

Erschütternd war zu sehen, wie sich unter den Flüchtenden auch Verwundete befanden, die ihre beinverletzten Kameraden trugen oder auf Schlitten mitzuschleppen versuchten, hierfür waren ja keinerlei Fahrzeuge mehr da, denn jeder versuchte, die eigene Haut zu retten. Die letzten Flüchtlingszüge auf der Ostbahn kamen bei Küstrin noch in Beschuß durch die russischen Panzer, wobei es Verletzte gegeben haben soll. Ich selbst wurde, nachdem von Kreisleitung, Bürgermeister und Verwaltung schon niemand mehr da war, bei dem Versuch, liegengebliebene Fahrzeuge flott zu machen, andere neu einzusetzen, in den Mahlstrom der westwärts strebenden Fahrzeuge [hineingezogen], nunmehr in der Hoffnung, die Landsberger Fahrzeuge, wie es auch besprochen war, in Küstrin zu sammeln, um sie zum weiteren Transport von Frauen, Kindern und Kranken nach Landsberg zurückzuführen. Ich fand aber dort in der Nacht niemanden mehr vor, Küstrin wurde als Festung erklärt und in Verteidigungszustand versetzt, Panzersperren wurden gebaut, nachdem die russischen Panzer über das Eis der Oder schon bis Eberswalde und weiter in die Mark Brandenburg eingedrungen waren. Berlin hatte in dieser Nacht erstmalig Panzeralarm [1]). Mir blieb unter den Umständen nichts übrig, als mich bei meiner vorgesetzten Dienststelle, dem Oberpräsidenten der Provinz Mark Brandenburg, zur weiteren Verwendung zu melden.

Abschließend werden die Zustände in der sowjetischen Besatzungszone beleuchtet.

Nr. 103

Erlebnisbericht des Bauern Hans Rünger aus Bärfelde, Kreis Soldin i. Brandenbg.

Original, 2. November 1952, 9 Seiten. Teilabdruck.

Einmarsch der Russen und Leiden der deutschen Bevölkerung im Frontgebiet.

Bis 1945 blieb unser Ort von Kriegseinwirkungen verschont. Als der Januar 1945 seinem Ende zuging, spürten auch wir die schweren Folgen des grausamen Krieges, vor allem die immer näherrückenden Sowjets. Unauf-

[1]) Die Planlosigkeit und Verwirrung in Landsberg und auf der Flucht bis Küstrin wird gleichfalls durch den Bericht des Facharztes Dr. Riesenkampff aus Landsberg bestätigt.

hörlich zogen die Flüchtlingstrecks nach Westen. Sie kamen nur langsam vorwärts, da die Straßen vom Schnee verweht waren. An den Wagenschildern erkannte man Namen aus dem Warthegau, Westpreußen und Bessarabien. Am 29. Januar 1945 kamen die Bewohner aus Regenthin, Kreis Arnswalde, und machten bei uns Quartier. Als man dazu abends desselben Tages noch russische Panzer aus Richtung Berlinchen, 12 Kilometer westlich Bärfelde, schießen hörte, war wohl nun jeder unruhig geworden. Von amtlichen Parteistellen hieß es aber nur immer, Kreis Soldin wird nicht geräumt. So wagte nun auch keiner zu flüchten, trotzdem bei vielen die Wagen zum Abfahren bereitstanden. Die Männer berieten untereinander und kamen zum Entschluß, sich den zurückgehenden deutschen Truppen anzuschließen. Doch warteten wir vergebens auf deutsches Militär, es hatte sich nach Pommern rein abgesetzt.

So zog plötzlich und unerwartet am 31. Januar 1945, nachmittags zwischen 14.30 und 15.00 Uhr, der Russe in Bärfelde ein. Was von ihnen nicht mit Schlitten und Wagen fuhr, kam hoch zu Roß auf Ackerpferden. Überall wurden die Pferde gegen bessere ausgetauscht. So geschah es auch in Bärfelde. Die Gehöfte nach Schlitten und leichten Wagen auf den Kopf gestellt. Die Einwohner standen diesem Treiben machtlos gegenüber. In den Häusern waren die ersten Fragen in gebrochenem Deutsch nach Waffen und Uhren.

Inzwischen strömten immer mehr, aber sehr betrunkene Russen ein. Innerhalb von einer halben Stunde wimmelte es im Dorf nur so. Zum Unglück für uns ging der Vormarsch nicht weiter. In Bernstein hatte sich ein kleiner Trupp deutsches Militär eingeschanzt, der mit dem Bernsteiner Volkssturm vereint die Russen für ein paar Stunden aufhielt.

Zwei Stunden nach dem Einzug, gegen 17.00 Uhr, hörten wir plötzlich eine wilde Schießerei. Die Russen verließen die Häuser und suchten auf den Gehöften Deckung. Wir persönlich verdrückten uns in den Hauskeller, weil ja keiner wußte, was eigentlich los war. Wie wir später erfuhren, war der Nachschub der Russen abgerissen, und ein Zug deutsche Infanterie mit Sturmgeschützen aus Arnswalde war am östlichen Dorfeingang aufgefahren und schoß die Dorfstraße entlang. Die Russen hatten nicht viele Verluste, da sie ja meistens in Deckung lagen. Das Feuergefecht dauerte ungefähr eine halbe Stunde. Die deutsche Truppe mußte sich nun schnell wieder zurückziehen, da die russische Übermacht zu groß war. Für uns Bärfelder hatte dieser Vorfall schlimme Folgen. Die Männer am östlichen Dorfende sollten erschossen werden, weil die Russen darauf bestanden, sie hätten mit dem deutschen Militär in Verbindung gestanden. Etliche flüchteten ins Feld. Doch wurden in dieser Nacht acht Personen erschossen. Dies waren zwei Soldaten, die in Urlaub waren, eine Frau, ein Kind und vier Männer, hiervon waren drei unbekannte Flüchtlinge. In derselben Nacht brannten noch verschiedene Gebäude ab.

Zum Morgen des 1. Februar 1945 wurde es ruhiger, die Russen hatten das Dorf verlassen. Ein toter Russe und ungefähr dreißig tote Pferde lagen auf der Dorfstraße, und sonst sah man nur Verwüstungen. Das Haus des

Nachtwächters stand morgens erst in Flammen. Es wird angenommen, daß die ganze Familie von acht Personen mit verbrannt ist, da von diesem Tage an jede Spur von ihnen fehlt. In der Nacht vom 31. Januar bis 1. Februar trat Tauwetter ein. Der 1. Februar blieb ruhig, es kamen nur ein paar russische Patrouillen durchs Dorf. Am 2. Februar vormittags war plötzlich wieder Gewehrfeuer zu hören. Es kam nochmals ein Zug deutscher Infanterie von Arnswalde an der Molkerei ins Dorf, hier fuhr gerade ein Pferdewagen mit drei Russen. Die Pferde wurden vor dem Wagen weggeschossen, die Russen konnten entkommen. Das deutsche Militär kämmte das Dorf durch, konnte die Russen aber nirgends auffinden. Danach zogen sie ab nach Buchholz. Auf Andeutungen der deutschen Soldaten, daß nach Pommern noch geflüchtet werden kann, zogen einige Familien und die ganzen Buchholzer ab. Nachmittags zogen noch etliche Familien, um einem Racheakt der drei zurückkehrenden Russen zu entgehen, nach Kuckmühle und Gottberg, zwei und drei Kilometer nördlich von Bärfelde, wo bis dahin noch kein Russe gewesen war. Abends machten russische Panzer im Dorf Quartier. Diese hausten und wüteten dermaßen im Dorf, wie es wohl kaum einer miterlebt hatte. Die betrunkenen Russen belästigten und vergewaltigten die Frauen und Mädchen. In derselben Nacht wurde wieder ein Bauer erschossen und mehrere Gebäude angesteckt. Die Hälfte des Dorfes ist abgebrannt.

Am 3. Februar 1945 zogen die polnischen und russischen Zivilarbeiter nach Polen ab. In den nächsten Tagen wurde ein Zivilrusse, welcher ungefähr dreißig Jahre in Bärfelde war, von den Russen als Bürgermeister eingesetzt. Die Dorfbewohner mußten die Straße von toten Pferden und zurückgelassenem Kriegsgerät räumen. Die erschossenen Deutschen konnten des Frostes wegen nur notdürftig begraben werden. An manchen Tagen wimmelte es im Dorfe nur so von Russen. Der Nachschub rollte ohne abzubrechen oft Tag und Nacht in zwei Fahrbahnen nebeneinander, an den Seiten noch Fußtruppen, nach vorne. Diese durchstreiften die Häuser und nahmen alles mit, was sie gebrauchen konnten.

In der Nacht vom 17. Februar zum 18. Februar wurden die Männer, die in der Partei waren, abgeführt. Dies waren fünf ältere Männer, als sechster wurde der Ortsgruppenleiter im Nachbarort aufgefangen. Fünf von ihnen sind auf dem Transport und in Rußland umgekommen, als einziger ist der Lehrer 1946 zurückgekehrt.

Am 18. Februar mußte Bärfelde geräumt werden, die Russen erwarteten Kämpfe von Arnswalde aus. In Richtung Landsberg a. d. Warthe gaben sie den Räumungsbefehl. Wir zogen aber nur bis zum 7 Kilometer entfernten Mandelkow. Am 17. Februar wurde noch ein Bauer erschossen und ein paar Tage später die Frau des Ortsgruppenleiters, die von Polen verraten wurde.

Am 21. Februar 1945 wurden mein Vater mit Familie und noch eine andere Familie vom Bürgermeister und einem Russen nach Bärfelde zurückgeholt. Die beiden Männer mußten Artilleriestellungen ausheben. Bärfelde war befestigt worden. Vor dem Dorf war ein Schützengraben von der Waldecke am Gottberger Weg an der Mühle vorbei bis zu Birkholz, Feldscheune ausgehoben worden, angezeichnet und abgesteckt war er noch weiter. Die

Artillerie, Kaliber aller Art, war bis Mandelkow gestaffelt in Stellung gegangen. Im Dorf waren an der Frontseite Panzer aufgefahren. Von Arnswalde her hörte man Geschützdonner. Am 23. Februar ließ der Kampflärm nach und die Kampftruppe der Russen zog ab.

Das Vieh war in diesen Tagen aus Bärfelde fortgetrieben worden, wir sahen es, als es durch Mandelkow gebracht wurde. Später fingen wir uns in Bärfelde wieder Kühe ein, die von den großen Viehherden, die man täglich sah, zurückblieben. Zum Leben war für die Bevölkerung in diesen Tagen noch genug vorhanden, überall in verlassenen Häusern und Stellungen lag Fleisch und Brot umher, leider verdarb es sehr schnell, da das Wetter schon milde war.

In den folgenden Wochen wurde es ruhiger, die Front hatte sich weiter westwärts verlagert. Auch um Pyritz (Pommern) ließ der Kampflärm nach, den wir tagelang gehört hatten [1]). Es streiften jetzt nur noch plündernde Etappeneinheiten durch die Gegend, die noch öfter grausam hausten.

Im Anschluß wird die Zeit der russisch-polnischen Verwaltung und die Ausweisung beschrieben.

Nr. 104

Bericht des Hofrats Staercke aus Güstebiese, Kreis Königsberg/Nm. i. Brandenbg.

Original, Juni 1951, 5 Seiten. Teilabdruck.

Besetzung des Dorfes durch die Russen und Leiden der Bevölkerung in den folgenden Tagen.

Über den Ort Güstebiese zogen seit dem 29. Januar 1945 ununterbrochen Trecks aus demWarthegau und ausWestpreußen. Nach meinen Beobachtungen sind viele von ihnen jenseits der Oder von der Roten Armee überrollt worden. Eine ungeheure Zahl von Trecks wurde nach den von uns bei dem Abtransport nach Bärwalde über Sellin und Neudamm gemachten Erlebnissen von den Sowjets dort überrollt. Viele Hunderte von Trecks waren anscheinend in dem Dreieck beim Einfluß der Netze in die Warthe auf das damals noch offene Gelände abgedreht; sie sind später nach eingetretenem Tauwetter und entsprechender Überschwemmung im Hochwasser untergegangen.

Der Bürgermeister des Dorfes Güstebiese, Habermann, ist von den Russen während der ersten Wochen der Zivilgefangenschaft umgebracht worden. Der Ortsgruppenleiter Fritz Lorenz wurde zwei Wochen nach der Abführung von Güstebiese nach dem Osten auf einem bei Sellin gebauten Rollfeld verhaftet; er ist seitdem verschwunden und wahrscheinlich umgebracht worden. Mit beiden habe ich mich wegen der Räumung wiederholt

[1]) Von den länger andauernden Kämpfen im Raume Pyritz berichten auch Anneliese v. Wedel aus Fürstensee, Kreis Pyritz, und Adele v. Wedel aus Blankensee, Kreis Pyritz.

bis in die letzten Stunden hinein in Verbindung gesetzt. Das habe ich auch gegenüber einem jungen Kommandanten der deutschen Besatzung getan. Alle drei erklärten, daß die Zivilbevölkerung rechtzeitig Nachricht erhalten werde. Nach Hinweis auf die angeblich oder tatsächlich schon bei Bärwalde stehenden Russen wurden die Befragten unangenehm und erklärten, daß nur mit ihrer Genehmigung eine Abreise der Zivilbevölkerung möglich sei. Irgendeine Bekanntgabe oder Anordnung ist dann nicht erfolgt, denn auch der Ortsgruppenleiter und der Bürgermeister sind in die Hände der Russen geraten.

Am 31. Januar 1945 drangen die ersten Panzerspitzen der Sowjets in das Dorf Güstebiese ein; sie kamen aus dem Bachtal der Schlibbe, also aus der Richtung Bärwalde, und aus dem Eichhorntal vor dem Dorfe Zäckerick. Diese drei Panzer wurden am Eingang des Dorfes, von Alt-Lietzegöricke aus gesehen, in der Mitte des Dorfes und am Ausgang des Dorfes Richtung Chaussee Bärwalde von siebzehnjährigen Rekruten des Freienwalder Kradschützenbataillons durch Panzerfäuste zerstört. Im Dorf wurden durch Panzerbeschuß die ersten Zerstörungen angerichtet.

Nach meinen Ermittlungen wurde die Zivilbevölkerung nicht nur in Güstebiese, sondern auch in den Randdörfern Zellin, Alt-Blessin, Neu-Blessin, Alt-Lietzegöricke von dem sowjetischen Angriff überrascht. Nur Vereinzelten ist in der Nacht der Übergang über das Eis der Oder geglückt. Mehr als 99 v. H. konnten sich nicht mehr retten[1]). Diese Wahrnehmungen beziehen sich nach meinen Ermittlungen und Erlebnissen auch auf die Städte Bärwalde, Fürstenfelde, Neudamm und Mohrin und auf sämtliche diese Städte umgebenden Dörfer. Aus Königsberg scheint einem größeren Teil der Einwohnerschaft die Flucht gelungen zu sein.

In Güstebiese wurden Teile der Bevölkerung zum Munitionstransport über die Eisbahn der Oder, die ab Anfang Februar schon unter deutschem Artilleriebschuß lag, gezwungen. Die Russen hielten sich von dieser Arbeit infolge ihrer Gefährlichkeit fern.

Vf. benennt für seine Aussage 5 Zeugen.

Diese Munitionstransporte dauerten bis zum Abend vor dem Abtransport der Bevölkerung nach dem Osten (15. Februar 1945); in den Tagen vor ihrer Beendigung erfolgten sie unter besonders gefährlichen Umständen, da infolge des Tauwetters die Uferränder überschwemmt und das Eis der Oder brüchig geworden war.

In den Tagen vom 1. Februar 1945 bis zum Abtransport der Bevölkerung nach dem Osten der Neumark verübten die Russen unsagbare Grausamkeiten. Die weibliche Bevölkerung wurde wohl ohne Ausnahme dauernd, bei Tag und Nacht, vergewaltigt. Selbst alte Frauen, die in einen Keller des Schulgebäudes geflüchtet waren, wurden nicht verschont; sie erlebten besondere Furchtbarkeiten und haben sich bis auf einige, die später umgekommen sind, das Leben genommen. . . .

---

[1]) Zahlreiche unveröffentlichte Berichte über die Vorgänge in Ostbrandenburg bestätigen, daß die Zahl der von den russischen Truppen überrollten sehr hoch ist.

Der Abtransport der Bevölkerung nach dem Osten erfolgte in den Tagen vom 7. Februar 1945 bis zum 15. Februar 1945[1]). Die Mitnahme von Vorräten war völlig unmöglich. Bis zu den Tagen der Rückkehr, die in den ersten Maitagen einsetzte und im Laufe des Juni beendet war, erfolgte keinerlei Betreuung, Verpflegung oder Unterkunft. Die gesamte Bevölkerung war auf sich selber angewiesen; sie lebte ausschließlich von zusammengefegtem Getreide, das die Russen bei ihren Requisitionen als Fegekorn liegen gelassen hatten. Es wurde in Kaffeemühlen gemahlen und aus der Grütze unter Hinzunahme von Wasser Suppe gekocht. Im übrigen wurden den Mieten Kartoffeln entnommen und bei Verwendung von gelegentlich gefundenem Viehsalz gekocht. Sehr selten wurden Hülsenfrüchte, wenn auch in geringsten Mengen, aufgestöbert. Im Frühjahr wurde auch dann und wann das Fleisch gefallener Pferde gestattet, was aber für die große Menge Volks nur ein Geringes ausmachte. Aus Futterrübenmieten wurden diese Rüben entnommen und Syrup zu bereiten versucht. Der Genuß des Futterrübensaftes hatte aber eine erschreckende Steigerung der Ruhrerkrankungen zur Folge. In den Monaten April und Mai wurden die Evakuierten zur Feldarbeit herangezogen bzw. verpflichtet. Sie erhielten hierfür pro Woche ein ringgewichtiges Brot. Wer nicht das Glück hatte, zu diesen Bedingungen zu arbeiten, erhielt kein Gramm, auch die Ältesten nicht. Die Sterblichkeit war sehr groß. Kleinkinder haben die Gefangenschaft überhaupt nicht überlebt. Die Alten blieben fast ausnahmslos am Wege liegen.

Ab 7. Februar wurde die Zivilbevölkerung zum Bau von Rollfeldern und Flugplätzen in der Neumark herangezogen (Sellin, Pyrehne usw.), ebenso zum Bau von Befestigungsanlagen, Schützengräben, Unterständen für Maschinengewehre (z. B. an der Friedeberg-Pommerschen Front), in den Bruchgebieten des Gutscher Holländers usw. In der Gegend von Pyrehne und Vietz wurden die älteren Männer und junge Frauen nachts in die Scheunen getrieben, und nach Einbruch der Dunkelheit fielen die Russen am laufenden Bande über die unglücklichen Mädchen und jungen Frauen her.

Schon in der ersten Februarhälfte war die Sterblichkeit der aus den Oderranddörfern und Bärwalde nach Sellin transportierten Zivilbevölkerung sehr groß; sie steigerte sich in den darauffolgenden Monaten infolge der zunehmenden Aushungerung. Von Küstrin bis hinter Landsberg befand sich nur in Dühringshof eine von einem Arzt der Landsberger Heil- und Pflegeanstalt aufrechterhaltene Rote-Kreuz-Stelle mit gewissen Medikamenten. So segensreich sie für einzelne war, so wenig bedeutete sie für jene, die sie nicht kannten oder wegen weiter Wege nicht zu erreichen vermochten. In Güstebiese, Blessin, Alt-Lietzegöricke erfolgte unmittelbar nach dem Einzug der Russen eine grandiose Plünderung auch der Häuser der Ärmsten

---

[1]) Die Evakuierung der Zivilbevölkerung aus dem Frontgebiet wird belegt durch eine Reihe von Berichten aus den Kreisen Königsberg/Nm., Oststernberg und Sorau. Vgl. auch den Bericht der Editha Müller aus Weststernberg, abgedruckt unter Nr. 106 (Bd. I, 1). Andererseits blieb die deutsche Bevölkerung an einigen Orten auch im Kampfgebiet zurück. Vgl. dazu den Bericht H. Rünger aus dem Kreis Soldin, abgedruckt unter Nr. 103 (Bd. I, 1).

der Armen. Niemand blieb verschont, auch jene nicht, die aus der Zeit vor 1933 KPD.-Ausweise besaßen.

Vf. schließt seinen Bericht mit einigen Bemerkungen über die militärischen Operationen und die Verschleppungsaktion.

Nr. 105

Erlebnisbericht des Gendarmeriebeamten a. D. Friedrich Paetzold aus Kurzig, Kreis Meseritz i. Brandenbg.

Original, 10. Juni 1952, 29 Seiten. Teilabdruck.

Der Einmarsch der Russen

Einleitend gibt Vf. einen Überblick über die örtlichen Verhältnisse.

Als der Russe im Januar 1945 die deutschen Stellungen bei Warschau überrannte, bis Posen und nach Schlesien zu bis an die Oder vordrang, wurde die Bevölkerung sehr unruhig. Mein Vetter als Bürgermeister sah sich veranlaßt, die Vertreter der Gemeinde zu einer Besprechung zu laden, um eine evtl. Flucht zu beschließen und zu organisieren. Ich wohnte der Sitzung bei. Es wurden Stimmen laut, die noch sehr optimistisch waren. Einige waren der Ansicht, daß deutsche Truppen von der Tschechoslowakei aus den Russen in den Rücken fallen würden. Die Propaganda von Goebbels hatte diese harmlosen, gläubigen Gemüter in Verwirrung gebracht. Andere nahmen Bezug auf eine der letzten Reden des Kreisleiters, der mit dem bei den Bonzen üblichen Pathos ausgeführt hatte: „Wir werden jeden Bauern mit Schimpf und Schande vom Hof jagen, der seine Scholle nicht bis zum letzten Blutstropfen verteidigt!" Man einigte sich und verteilte die Einwohner, die weder Pferd noch Wagen hatten, auf die verschiedenen Bauern, die verpflichtet wurden, diese mit Gepäck mitzunehmen.

Meine Frau fuhr am 21. Januar nach Berlin, sie wollte ihre Schwester besuchen. Ich begleitete sie morgens 5 Uhr zum nahen Bahnhof. Der Platz vor dem Bahnhof stand voll von Menschen, die der von Meseritz kommende Zug kaum fassen konnte. Hunderte von den evakuierten Berlinern ergriffen die Flucht. Mit Tränen in den Augen bat meine Frau, ich möchte doch mitkommen. Ich versicherte ihr, daß wir beizeiten mit Trecker oder Pferdewagen fliehen würden, alle unsere Sachen nähme ich mit. Beruhigt fuhr sie ab. An demselben Tage kam an den Bürgermeister vom Kreisleiter ein Schreiben: Es bestehe keine Gefahr, ein paar russische Panzer demonstrierten in der Gegend von Posen! Wer den Kreis ohne schriftliche Erlaubnis des Gauleiters verließe, würde standrechtlich geahndet! Nun war mein Vetter als Bürgermeister nicht mehr zu einer Flucht zu bewegen. Ich wollte unsere letzte Habe nicht im Stich lassen und blieb auch. Wir erfuhren, daß die Arbeitsmaiden, die im Schloß Kurzig untergebracht waren, lautlos verschwunden waren.

Am Sonntag, dem 22. Januar abends, kamen Raimann, Victor, Peter und Ernest, die Gefangenen aus dem Lager, und baten um Proviant für einige Tage, sie würden abtransportiert. Sie waren vier Jahre bei meinem

Vetter Otto, sie nahmen von allen mit Tränen in den Augen Abschied, sie bedankten sich für die gute Pflege und Behandlung und sahen uns m i t - l e i d i g an. Peter sagte: „Russe nichts gut!“ Wir sollten alle mit fortgehen. Das Pionierkommando und die Arbeiter, die hier Stellungen gebaut hatten, rückten plötzlich ab. Am 27. Januar kam ein Werferzug unter Führung eines Unteroffiziers in die Siedlung. Sie gruben in den Vorgärten längs der Straße Löcher und bauten ihre Werfer ein. Abends saßen die Bewohner des Gehöfts zusammen, es herrschte eine gedrückte Stimmung. Auch die Unteroffiziere des Zuges stellten sich ein, sie äußerten, daß sie den Befehl zum weiteren Zurückgehen erwarteten. Am Nachmittag hatte die Post ihre Kasse im Büro abgegeben, auch die Gemeindekassen waren da.

Nach Mitternacht kam Bruno Plötz und erzählte, daß um vier Uhr morgens der letzte Zug nach Frankfurt abfahre. Wir beschlossen, zu fliehen und den Zug zu benutzen. Die Soldaten redeten uns zu und erzählten vieles, was sie erlebt und gesehen hätten. Ich packte die wertvollsten Sachen in zwei Koffer. Als wir zum Bahnhof kamen, war alles dunkel. Der im Stationsgebäude wohnende Beamte war am Vortage abgefahren. Der noch in der Nähe wohnende Beamte Bressel erklärte uns vom Bett aus: „Der Verkehr ist eingestellt, es fährt kein Zug mehr!“ Der letzte Zug sei schon kurz vor Frankfurt von russischen Panzern beschossen worden. Wir zogen traurig mit unseren Koffern wieder nach Hause.

Strenge Kälte hatte über Nacht eingesetzt, gegen Morgen wurde es etwas milder, es fing an zu schneien. Gegen Mittag kam ein Oberleutnant von der Feldartillerie auf den Hof geritten, er rief den Bürgermeister und erklärte ihm, daß er mit seiner Batterie südlich der Siedlung aufgefahren sei und daß er das Feuer eröffnen werde. Gegen Abend fielen auch einige Schuß, die elektrische Leitung war getroffen, wir ohne Strom, also ohne Licht und Wasser, die Pumpstation hatte Elektromotor. Auch die Werfer gaben einige Schuß ab. Ich fragte den Unteroffizier, auf was sie geschossen hätten. Er sagte, sie hätten südlich des Dorfes einen Beobachter sitzen, bis an den „Regenwurm“ bei Kurzig-Mühle seien Panzer vorgedrungen.

Hier in den Waldungen waren im Sommer 1944 bis Januar 1945 ganz moderne Stellungen gebaut, Hunderte von Berliner Arbeitern hatten unter Leitung von Pionier-Kommandos gearbeitet. Die Bauern hatten die Gespanndienste geleistet. Durchweg lagerten damals auf unseren Scheunentennen 60 bis 100 Mann. Im letzten Januardrittel 1945 wurden diese Stellungen von dem sogenannten Volkssturm, Arbeitern und Bauern aus der Gegend von Landsberg a. d. Warthe besetzt. Sie waren größtenteils in Zivil und ohne Waffen. Sie sind von den Russen erschlagen worden, sie lagen haufenweise vor den Bunkern. Der Russe trieb später die 10- bis 14jährigen Jungen zusammen, sie haben die Toten unter Aufsicht der Russen beerdigt

Am 29. Januar morgens rückten die Werfer ab, auch die Batterie. Die Tochter Helga und Ella, das Hausmädchen, hatten ihre Koffer gepackt und schlossen sich den Soldaten an. Otto und Grete, seine Frau, waren sprachlos, als sie in die Küche traten, um sich zu verabschieden. Tränen auf beiden Seiten. Aber als Ella der Hausfrau zum Abschied die Hand gab, regte sich diese auf und schrie wütend: „Das geht doch nicht, wer soll denn die Kühe melken?“ Ich sagte: „Grete, Du bist ungerecht, wenn Deine Tochter Helga flieht, dann hat Ella dasselbe Recht!“ Sie zogen ab. Der Schnee knirschte unter den Raupen der Motorfahrzeuge. Die Unruhe unter der Bevölkerung steigerte sich noch.

Das Wasser für das Vieh mußte mit Tonnenwagen aus dem 1 Kilometer entfernten See geholt werden, denn Pumpen waren auf den Gehöften der Siedlung nicht vorhanden. Für den Volkssturm wurden Stiefel und Uniformen herangefahren und auf dem großen Flur des Bürgermeisters gelagert. Der Volkssturm, ein von der Partei organisierter Haufen, war eine traurige Angelegenheit. Ich sehe heute noch die verarbeiteten, traurigen Gestalten der Arbeiter und Bauern, die an einem Sonntag im November 1944 im Schloßpark von Kurzig vom Ortsgruppenleiter Stephan, einem Kleinbauern, vereidigt wurden. Ich sagte zu meinem neben mir stehenden Vetter Otto: „Deutschlands letzte Hoffnung!“ Von Begeisterung war keine Spur vorhanden. Die Einwohner brachten alle Jagdwaffen und die italienischen Karabiner von der Landwacht zum Bürgermeister. Bruno Plötz, ein Schwager von Otto, kam zu ihm und machte darauf aufmerksam, daß in der Brennerei 12 000 l Spiritus lagerten, ob es nicht besser wäre, wir ließen ihn auslaufen. Otto sagte: „Das kann ich nicht anordnen. Die Russen sind noch nicht da, und wir wissen nicht, ob die Stellungen vor uns nicht besetzt werden. Ich als Vorstand der Brennerei käme in des Teufels Küche!“ So wurde auch dies unterlassen, der Sprit fiel den Russen in die Hände, die Leidtragenden waren die Frauen und Mädchen. Der Russe ist schlimmer als ein wildes Tier, wenn er unter Alkohol steht.

So kam der 1. Februar heran. Gegen 10 Uhr vormittags zog eine Kompagnie Soldaten aufgelöst, von Norden kommend, durch die Siedlung über den Bahnhof nach Kurzig. Das Wetter war umgeschlagen, es taute. Die Dorfstraße war leer, kein Zug fuhr mehr, kein Geräusch drang vom Pionierpark, keine Nachricht kam zu uns, der Strom war weg, kein Radio war zu hören. Einer brachte die Nachricht, daß die Soldaten und das Personal vom Pionierpark in der Nacht mit allen Kraftwagen und Pferdegespannen ausgerückt seien. Mein Vetter Otto und ich arbeiteten fieberhaft im Büro. Alle unnötigen Papiere, auch alles, was an die Partei erinnerte, wurde verbrannt. Viele Bauern kamen, sie wollten sich Rat holen, jeder erzählte, was ihm noch alles auf dem Herzen lag. So war es Mittag geworden, wir wurden zum Essen gerufen. Ich hatte keine Ruhe, ich stand vom Essen auf, ich ging nach draußen vor das Tor an die Straße. Unheil lag in der Luft. Da sah ich aus dem nahen Walde neben dem Pionierpark braune Gestalten auf die Siedlung zukommen, vorne der Führer im Schneehemd. Alle 100 Meter blieb er stehen, kniete nieder und suchte die Gegend und die Gehöfte mit dem Glase ab. Vor den ersten Häusern lösten sich die mit Pelzmützen bedeckten Soldaten auf und suchten in Trupps zu je 4 Mann die Gehöfte ab. Es war eine Kompagnie Russen.

Ich will nun diese Blätter mit all dem Grausamen füllen, mir alles Leid von der Seele herunterschreiben. Ich schreibe es nieder, wie es war, nichts als die Wahrheit. Man sagt, es gehe nur in Romanen toll und wunderlich zu. O, das wirkliche Leben ist viel toller, viel wunderlicher. Mir zu Füßen liegt ein Grab. Glaubt ihr noch, daß ein Roman bunter sei als das Leben? Die Erinnerung kommt wieder so stark über mich, die beklemmende, häßliche Erinnerung.

Ich lief über den Hof ins Haus und rief den in der Küche beim Mittagessen Sitzenden zu: „Die Russen sind da!" Dann eilte ich auf mein Zimmer im 1. Stock. Langsam und mißtrauisch zweigten sich vier Mann nach unserm Hof ab, die Maschinenpistolen schußfertig im Arm. Von meinem Fenster beobachtete ich die schmutzigen Höhlengestalten. Der erste hob die Pistole zum Schuß, ich sprang zurück, gerade zur rechten Zeit, da flogen mir die Glassplitter ins Gesicht. Der zweite Schuß zertrümmerte die Scheibe vom Eßzimmerparterre. Dann bogen die Rotarmisten um die Ecke und schossen alle vier in die Küchenfenster. Die Frauen schrien laut auf. Auf Anruf der Russen hoben auch die Männer die Hände hoch. Sie wurden durchsucht, vor allem wurden ihnen die Uhren abgenommen. Darauf nahmen die Russen ihre Karabiner, die sie neben den Maschinenpistolen noch hatten, von der Schulter und faßten sie oben am Lauf, sie formierten sich in Reihe hintereinander und schlugen mit den Kolben alle Schränke ein, ob sie offen oder verschlossen waren. Die Schubkästen zogen sie heraus und warfen sie mit Inhalt auf die Erde. So zogen sie von Stube zu Stube. Selbst Omas altertümlichen Glasschrank in der Ausgedingestube mit dem schönen, alten Geschirr schonten sie nicht, es wurde alles kurz und klein geschlagen. Unten kam als letzter Raum das Büro an die Reihe. Alle Regale und Schränke wurden ausgeräumt. Die Türen wurden zerschlagen, die Papiere und Ordner bedeckten, wild durcheinander geworfen, den ganzen Fußboden, ein unbeschreibliches Tohuwabohu. Den Bolschewisten lief der Schweiß vom Gesicht. Das Zerstören wurde genau und schematisch ausgeführt, man merkte, daß dies alles angeordnet war. Zuletzt riß einer mit einem ganz fanatischen Gesicht das Telefon von der Strippe, rannte über den Flur und warf es auf den Hof.

Dann stampften die Vier die Treppe hoch nach den Schlafräumen. Ich lief hinterher, um auf mein Zimmer zu kommen. Vor den Schlafzimmern befand sich die neue Küche der jungverheirateten Tochter. Alle Türen und Glasscheiben wurden mit den Kolben eingeschlagen, trotzdem auch hier die Schlüssel steckten. Schließlich betraten sie mein Zimmer, ich mußte erneut die Arme hochheben und wurde gründlich durchsucht. Die Türen von meinem Schrank wurden zerschlagen, alle Kleidungsstücke herausgezerrt. Meine goldene Uhr, ein wertvolles Andenken, steckte an der Kette in der Weste, im Jackett meine Brieftasche. Beides verschwand in der Manteltasche des schon erwähnten Rotarmisten. Geld und Papiere hatte er zuvor herausgenommen und zu Boden geworfen. Es mochte ihnen gesagt sein, das habe keinen Wert. Dafür wühlten sie die Betten um und warfen die Schubkästen des Waschtisches nebst Inhalt auf die Erde. Das Radio, ein guter Philipsapparat, wurde mit dem Kolben total zerschlagen. Auf derartige Räubereien war keiner vorbereitet. Ich hatte noch vorher mich und andere getröstet: „So schlimm, wie unser Radio es macht, wird es nicht sein, es sind doch Soldaten!" Es war aber weit, weit schlimmer. Ein Räuber, so hatte ich schon als Junge gelesen, nimmt einem die Wertsachen ab, und dann hat man

Ruhe. Wir haben bis zum Abtransport durch die Polen am 25. Juni 1945 keinen Tag und keine Nacht Ruhe gehabt, das Letzte wurde uns abgenommen.

Nach einer halben Stunde sahen die Räume des ganzen Hauses vom Keller bis zum Boden verheerend aus. Zuletzt wühlte die halbe Kompagnie zwischen den Uniformen im Hausflur herum, jeder verpaßte sich ein Paar neue Stiefel. Es lagerten dort ja die Sachen für eine ganze Volkssturm-Kompagnie. Der Führer der Russen, ein Kapitän, wühlte mit. Er war aber sonst ganz friedlich, forderte uns sogar auf, uns auch Stiefel auszusuchen. Jonas und Bruno taten es auch, haben aber keine Freude daran gehabt. die Sachen wurden ihnen schon am folgenden Tage von nachrückenden Bolschewisten restlos wieder abgenommen. Nach und nach stand die Dorfstraße voller Russen, Panjewagen neben zweirädrigen Karren bunt durcheinander, ohne jede Ordnung. Wenn hier ein deutsches Flugzeug erschienen wäre, es hätte eine Panik gegeben. Seit Wochen aber hatten wir kein deutsches Flugzeug gesehen, auch in Zukunft blieben sie aus.

Auf unserem Hof fuhr eine bespannte Batterie auf, den Pferden wurden Hafergarben aus der Scheune vorgeworfen. Die „Offiziere" waren im Wohnzimmer und räumten die Schränke aus, dann saßen sie um den runden Tisch und sahen sich Fotos an, die sie in einem Karton gefunden hatten. Die Frauen hatten vergessen, sie zu verbrennen, das sollte sich bitter rächen. Es waren viele Soldatenbilder dabei von den vier Söhnen. Einer war Oberleutnant, einer Gefreiter beim Regiment „General Göring", einer Feldwebel bei einem Panzerregiment, der Jüngste Oberscharführer bei der Leibstandarte.

Die Einwohner hatten alle Waffen, italienische Karabiner, die von der Landwacht benutzt waren, Jagdwaffen usw. zum Bürgermeister gebracht, sie lagen in der großen Diele. Hier stand auch noch ein großer Schrank, der der Schützengilde gehörte. In diesem Schrank waren Gewehre Modell 71 und die Fahne der Gilde untergebracht. Mein Vetter, der Bürgermeister, war 1. Vorsitzender und Kommandeur der Gilde. Seine Uniform und ein Offizierssäbel hingen auch in dem Schrank.

Ich saß mit dem Litauer Jonas in der Küche. Jonas beherrschte die russische Sprache. Ein Bolschewist, die Gildenfahne in der einen, den gezogenen Offizierssäbel in der anderen Hand, kam in die Küche. Auf die Fahne zeigend und mit dem Degen fuchtelnd, schrie er auf uns ein. Dann versuchte er, den Adler vom Kopf der Stange zu brechen und das Fahnentuch abzureißen. Es gelang nicht, das Tuch war zu fest. Er wurde immer wütender, schwitzte, fluchte und stieß zwischendurch mit dem Degen nach uns. Dies Gehabe wirkte so komisch, daß ich unwillkürlich lachen mußte. Er sah mich ganz entgeistert an, schüttelte den Kopf und wurde ruhiger. Ich habe auch bei späteren Fällen feststellen können, daß die Russen sofort einlenkten, wenn man sie nicht ernst nahm. Sobald einer die Waffe auf mich anlegte, riß ich meinen Rock auf und stellte mich breitbeinig hin. Dann schüttelten sie den Kopf und ließen mich stehen. Ihr Gesichtsausdruck schien zu sagen: Der ist wohl nicht normal!

Etwas später betrat ich mit meinem Vetter Otto den Hausflur, ein Rotarmist kam mit einer Jagdflinte unterm Arm von der Diele, er warf sie uns vor die Füße und setzte meinem Vetter die Pistole auf die Brust. Der rief nach Jonas, und dieser erklärte, was es mit diesen alten Gewehren auf sich hatte. Trotzdem wurden wir beiden immer wieder mit Erschießen bedroht.

Eine Begebenheit muß ich noch erwähnen. Ich sah plötzlich einen einzelnen deutschen Infanteristen vom Bahnhof her über die Eisenbahn die Straße der Siedlung herunterkommen. Die Russen, die auf der Straße gehalten hatten, waren gerade abgezogen. Der Infanterist, ein neu eingekleideter Volkssturmmann, trottete vornübergebeugt, des schweren Tornisters ungewohnt, vor sich hin, das Gewehr über der Schulter. Er hatte wohl keine Ahnung, daß die Siedlung von Russen besetzt war. Er wurde beschossen, suchte im Straßengraben Deckung. Dort wurde er herausgeholt und im Triumph in unser Haus gebracht. Ich machte mich unauffällig an ihn heran und fragte, wie er hierhergekommen sei. Er erzählte, er habe mit anderen Kameraden im Walde in einem Bunker gelegen. Sie hätten wohl das Schießen im Dorf gehört, aber noch keinen Russen gesehen. Es war der Bauer Hantke aus dem Dorf Paradies, der nun zu einem Verwandten, Robert Marowski, wollte.

Es war unterdessen 4 Uhr nachmittags geworden. Wir wurden nun alle in den großen Keller getrieben. Nur mein Vetter mußte bei den Offizieren bleiben. Bruno Nether rannte auf den Hof, um Stroh zu holen. Ein Russe, der vom Boden kam, rief ihm laut „Stoi!" zu. Bruno, der schwer hörte, ging weiter, der Soldat legte zum Schuß an. Ich drückte das Gewehr herunter und suchte ihm, mit beiden Händen an meine Ohren klopfend, klarzumachen, daß der Mann taub sei. Er sah mich erstaunt an, fügte sich aber.

Im Keller war inzwischen Stroh geschüttet. An der Innenseite lagen die Frauen mit den Kindern, an der Außenwand Sattler Wolf mit Frau und zwei Kindern, Jonas, Stellmacher Lange und ich. In der Mitte war ein Gang frei. Es wurde dunkel, wir steckten ein Talglicht an. Der eine Ausgang des Kellers ging nach oben in den Hausflur, der andere führte in den Hof. Wir lagerten stumm im Stroh. Ruhelos waren die Gedanken. Wir hockten zusammen, wie Vögel, deren sicheres Nest der Blitz getroffen hat. Neue Russen waren angekommen. Sie kamen in den Keller, stierten uns an. Ich dachte, wie im Panoptikum. Ich beobachtete die stupiden Gesichter, eins war wie das andere, alles Einheitsmenschen. Das ging so etwa zwei Stunden lang, dann wurde es wieder ruhig.

Gegen 19 Uhr kam mein Vetter in den Keller. Ich sagte: „Wie mag es wohl im Dorf aussehen?" Er wußte es nicht, war nicht vom Hof gewesen, sagte: „Die Offiziere haben es sich oben bequem gemacht, der Kapitän liegt auf der Chaise; ich werde mir jetzt die langen Stiefel ausziehen". Kaum hatte er das getan und die Latschen an, da kam der Kapitän in den Keller. Er hatte sich das Schneehemd angezogen, schlug meinem Vetter auf die Schulter und sagte: "Mitkommen, Dokumenta!" Dem Litauer, der neben mir lag, rief er etwas zu und verließ mit meinem Vetter den Keller. Ich fragte Jonas, was der Kapitän gewollt habe. Er meinte, keiner dürfe vor morgen früh den Keller verlassen, draußen stünden Posten, die auf jeden schießen würden. Dies war etwa um 20 Uhr. Kurz darauf hörten wir die Batterie abrücken. Kein Russe ließ sich mehr sehen, aber auch Otto Zillmann kam nicht zurück. Wir saßen verängstigt im Stroh wie Hühner, zwischen denen der Habicht gewesen ist. Oma und Grete, Ottos Frau, sahen immerzu nach der Tür. „Wo mag Otto sein", fragte Oma, „oben ist doch alles ruhig?" Niemand antwortete.

Gleich neben dem Eingang lag die 50jährige Witwe Semisch mit ihrer 10jährigen Tochter, die übrigen sieben Kinder waren ihr bei dem Durcheinander am Tage abhanden gekommen. Ihr Mann war vor einem halben Jahr auf der Bahn verunglückt. Es mag gegen 23 Uhr gewesen sein, da kamen zwei Russen in den Keller, zwanzigjährige Bengels, rissen die Frau hoch und sagten: „Mitkommen, kochen!" Die Frau wehrte sich und schrie: „Hier sind doch noch junge Frauen!" Sie meinte in ihrer sinnlosen Angst wohl Frau Wolf und Frau Matzke, aber die lagen tief im Stroh versteckt, den Kopf mit Tüchern verhüllt. Die Soldaten zerrten Frau Semisch mit. Das Kind klammerte sich an die Mutter und weinte: „Meine Mutti!" Nach einer Stunde kam die Frau laut weinend zurück, die Röcke waren ihr vom Leib gerissen, sie hielt sich den Leib mit beiden Händen und jammerte: „Mein Leib, mein Leib!" Das Kind, das mitgewesen war, weinte: „Meine liebe Mutti, was haben die Soldaten mit Dir gemacht!" Wir schwiegen ohnmächtig. An Schlaf war in dieser Nacht nicht zu denken.

Ich hatte ohnedies keine Ruhe, ich bangte um meinen Vetter. Schließlich schlich ich ins Haus. Zuerst suchte ich die Küche ab, dann die Stuben. Mit der Taschenlampe leuchtete ich in alle Ecken, Otto war nicht da. Alles war ruhig. Ich suchte weiter. Auf der linken Seite von der Diele hatte die Oma als Altenteilerin zwei Zimmer gehabt. Im ersten nichts, im zweiten, im Schlafzimmer in der Ecke neben dem Kleiderschrank, saß mein Vetter in Hockstellung, der Kopf war ihm auf die Brust gesunken, er war tot. Ich legte ihn gerade hin, er war noch warm. Er hatte 14 Schuß, zwei saßen im Kopf, der Hut, den er noch auf hatte, war beiderseits doppelt durchlöchert, die übrigen Schüsse saßen im Unter- und Oberleib. Der Mord war mit einer Maschinenpistole ausgeführt, man sah noch die Einschläge am Schrank und in der Wand. Die Taschen hatten sie ihm ausgeräumt, der Inhalt seiner Brieftasche lag auf dem Tisch.

Ich setzte mich tief erschüttert neben der Leiche auf einen Stuhl. Ich hatte nicht den Mut, die Schreckensbotschaft der Mutter und der Frau in den Keller zu bringen. Ich hielt Totenwacht bis zum Morgengrauen. Wie unter dem Einfluß einer geheimen Macht gingen meine Gedanken in die fernste Vergangenheit zurück. Mein Vetter und ich waren zusammen aufgewachsen, wir hatten als Kinder täglich zusammen gespielt. Er war ein angesehener, allgemein beliebter Mann im Kreise Meseritz geworden. Stets hatte er geholfen, wo er nur helfen konnte. Die vielen deportierten Polen, die im Dorf gearbeitet hatten, haben alle den Kopf geschüttelt oder geweint, als sie seinen Tod erfuhren. Sie betonten mir gegenüber, wie gut und gerecht er gewesen sei und wie er sich in ihre Lage hineinversetzt habe.

Ich habe mit dem Herrgott gehadert in dieser Nacht. Wie kann, warum muß so etwas geschehen? Warum läßt Gott es zu, daß Leben und Glück der Menschen vom Zufall, vom Wahn eines Irregegangenen wie Hitler, von der Bestie im Menschen, von der Machtgier einiger abhängig ist? So saß ich bis zum Tagesanbruch, ohne eine Antwort zu bekommen. Dann ging ich in den Keller. Alle Augen richteten sich auf mich. Ich setzte mich vor das Lager von Ottos Mutter. Sie sagte leise: „Er ist tot, ich sehe es Dir an, ich habe es auch geahnt." Ich konnte nur mit dem Kopf nicken. Als sie erfuhr, daß Otto in ihrer Schlafstube läge, sagte sie: „Ich kann da nicht mehr schlafen, ich würde es immer vor Augen haben. Ich ziehe zu Ida." (Ida Plötz, ihre Tochter.) Mehr wurde nicht gesprochen, jeder hing seinen eigenen trüben Gedanken nach.

Der Litauer Jonas bat mich, ob ich nicht mit ihm nach oben gehen wolle. Als er die Leiche sah, fiel er vor ihr auf die Knie und rief: „Chef, o Chef, Du gute Mensch!" Er weinte lange vor sich hin und murmelte: „Bolschewisten sehr schlecht." — Das waren die Vorgänge, die sich am 1. Februar 1945 auf unserem Gehöft abgespielt haben. Was sich in den übrigen Häusern der Siedlung und im Dorf ereignet hatte, erfuhren wir im Laufe des 2. Februar.

Die Arbeiterfrau Löchert, deren Mann im Felde stand, hatte einen furchtbaren Selbstmordversuch mit Salzsäure gemacht, ihr 10jähriger Junge war tot, sie selber lief mit wundem, verschwollenem Mund herum und konnte nicht sprechen. Sie muß entsetzlich ausgehalten haben, sie schwieg auch später, als sie wieder sprechen konnte. So erging es fast allen Frauen und Mädchen, die Scham machte sie stumm.

In den zwei Bauerngehöften, die jenseits der Bahn lagen, war es toll zugegangen. Die junge Frau Lemke hatte sich mit ihren beiden Kindern erschossen. Der Mann war Soldat, er hatte ihr die Pistole dagelassen. Ihr alter Vater hatte sich die Pulsadern geöffnet, lebte aber noch. Das im Süden der Siedlung gelegene Gehöft der Witwe Rettig war niedergebrannt, sie selbst lag erschossen in ihrem Garten. Ihre beiden Söhne befanden sich als Verwundete im Lazarett. Diese Bäuerin hatte eine russische Magd, die wohl die Bolschewisten auf sie gehetzt hatte. Das Dorf Kurzig war zum größten Teil abgebrannt, nur das Schloß, die Ställe und einige Häuser vom ehemaligen Gut standen noch. Einige Frauen und die alten Leute aus dem Spital — hier wohnten die früheren Gutsarbeiter bis an ihr Lebensende mietefrei — lagen erschossen auf der Straße. Zu uns kamen von dort mit dem Rest ihrer Habe der Nachtwächter und Gemeindediener Lange mit Frau. Sie brachten sogar noch einige Kaninchen, eine Ziege und eine Schäferhündin mit; ihr Haus war verbrannt. Außerdem nahmen wir noch von Kurzig-Dorf eine 65jährige evakuierte Berlinerin mit ihrem 14jährigen Pflegesohn Günther auf. Sie berichteten, daß die 17 und 18 Jahre alten bildhübschen Töchter des Bauern Wandrey übel zugerichtet seien, der Vater aus Gram darüber in der Nacht einem Herzschlag erlegen. Die Russen wären durchweg betrunken gewesen. Sie hatten den Spiritus in der Brennerei gefunden.

Der Bahnhof, die Brennerei und der unmittelbar an unser Gehöft angrenzende Pionierpark erhielten eine Besatzung. Der Gemeindediener Lange war in meinem Alter, also auch über 60, er war von Beruf Zimmermann und noch sehr rüstig. Auf dem Stallboden lagerte ein Stapel Bretter. Wir machten uns daran, einen Sarg für meinen erschossenen Vetter herzustellen. Frau Löchert schickte zu mir, ob ihr Junge nicht mit in den Sarg vom Bürgermeister gelegt werden könne. Ich ließ ihr sagen, wir würden noch mehr Särge machen.

Vf. berichtet auf den folgenden Seiten über seine Erlebnisse unter russisch-polnischer Verwaltung und während der Ausweisung[1]).

Nr. 106

Erlebnisbericht von Editha Müller aus Drossen, Kreis Weststernberg i. Brandenbg.

Original, 3. Juli 1952.

Feuerüberfall auf einen abfahrenden Flüchtlingszug, die ersten Tage nach der Besetzung durch die Russen.

Der Flüchtlingszug, der uns am 1. Februar 1945 um 12 Uhr fortbringen sollte und in dem sich der größte Teil der Drossener Einwohner befand, wurde ungefähr nach 300 m am Zeuschtsee von russischen Panzern beschossen. Es gab über 200 Tote. Alles drängte ins Freie. Meine 14jährige Tochter sprang zum Abteilfenster hinaus und lief in den nahen Wald, wo wir sie erst nach vielem Rufen und Suchen später wiederfanden. Meine 74jährige Mutter, mein 12jähriger Sohn, meine 5jährige Tochter und ich strebten im Zug dem Ausgang zu. Wir mußten durch Blutlachen und an blutbespritzten Kinderwagen vorbei. Aus dem Fenster eines Abteils hing ein Soldat, dem von einem Geschoß der Kopf abgerissen war. Im Walde suchten Eltern ihre Kinder, und Kinder schrien nach der Mutter. Eine Frau lief mit einem Kopfschuß irr umher, und einer jungen Frau waren sämtliche Finger zerschossen. In aller Augen Grauen und Entsetzen.

Den ganzen Nachmittag lagen wir im Schneematsch im Walde, der dauernd beschossen wurde. Wir sahen, wie der alte Herr Birkholz aus Drossen, Breite Straße, zusammenbrach und starb. Gegen Abend gingen wir, denn der Zug lag zerschossen auf der Strecke, in unser Haus am Röthsee zurück und verbrachten des Beschusses wegen die Nacht im Keller. Am nächsten Morgen gingen wir mit Nachbarn in ein abgelegenes Bauerngehöft, da unsere Stadt noch unter Beschuß lag. In unser Haus, Drossen, Weinbergsweg 9, kamen wir nicht mehr zurück. Die Polen plünderten es und steckten das Nachbargrundstück an, dieses brannte vollständig nieder. Frau Dr. Walther erzählte mir selbst, daß sie beim Einmarsch der Russen in Gegenwart ihres Mannes sechsmal hintereinander von Russen vergewaltigt worden sei und daß sie Gift nehmen würde, was sie auch später getan hat. Hundert Einwohner etwa nahmen sich im Gaswerk das Leben, viele andere durch Erschießen und Gift.

---

[1]) abgedruckt unter Nr. 210 und Nr. 293 (Bd. I, 2).

Da unser Ort noch Kampfgebiet war, wurden wir am 10. Februar 1945 nach Zielenzig evakuiert, wo es keine Nährmittel, kein Fett und keine Milch mehr gab. Sämtliche Säuglinge starben bald. Schlechtes Brot, durchgemahlener Roggen zur Wassersuppe und eventuell Sirup aus Runkelrüben bewirkten in Kürze, daß fast alle Menschen Hungerödeme bekamen, Darmkatarrh und geschwollene Beine. Am 5. Mai 1945 konnten wir nach Drossen zurück, wo aus unserem wunderschönen Holzhaus ein Mannschaftslager mit dicken Holzbalken vom Fußboden bis zur Decke gemacht worden war. Die Täfelung war aufgeplatzt, weil fingerdicke Nägel, die im Nebenraume durchkamen, eingeschlagen waren. Die Badewanne war als Abort benützt worden, Teile meiner Frisiertoilette als Waschbrett. Mein Silber, Kristall, Radio, Standuhr, Ledersofa waren zerschlagen, Teile davon lagen im Garten. Dort war auf dem Rasen ein Pferdeschuppen errichtet und mit meinen Teppichen abgedeckt. Die Laubbäume und Edeltannen — das Grundstück war gärtnerisch angelegt gewesen — waren umgehauen, der Zaun eingerissen. Kurzum, wir fanden ein Bild, das kaum zu beschreiben ist. Trotzdem waren wir glücklich, wieder zu Hause zu sein, und gingen daran, mit unseren geschwächten Kräften einigermaßen Ordnung zu schaffen.

Abschließend werden noch einige Erlebnisse aus der Polenzeit erwähnt.

III. Die Fluchtereignisse in Schlesien.

1. Die Flucht der schlesischen Bevölkerung aus dem Gebiet östlich der Oder in die schlesischen Randgebirge, das Sudetenland und nach Sachsen; Rückkehr in die Heimat nach der Kapitulation.

Nr. 107

Erlebnisbericht von Berginspektor a. D. Karl Wasner aus Friedenshütte, Kreis Königshütte i. Oberschles.

Original, August 1952, 36 Seiten. Teilabdruck.

Evakuierung aus dem Industriegebiet und spätere Flucht über das Riesengebirge; Vorgänge im Sudetenland nach der Kapitulation und Erlebnisse bei der Rückkehr in den Kreis Oels.

Dem nachfolgenden Abdruck ist eine Schilderung von Erlebnissen nach der Teilung Oberschlesiens im Jahre 1922 vorangestellt.

Vf. war in der Betriebsführung der Friedensgrube tätig und berichtet anschließend über die Polonisierung der Industriebetriebe durch systematische Verdrängung der deutschen Beamten und Arbeiter, die im Jahre 1935 auch zu seiner Entlassung führte.

Obwohl es im Januar 1945 schon recht schlimm um Deutschland stand, hatten wir Friedenshütter noch keine rechte Ahnung von der tatsächlichen Lage. Man hoffte auf ein Wunder, und wir konnten nicht glauben. daß man die Russen nach Oberschlesien, einem der wertvollsten Industriebezirke, hereinlassen würde. Man wartete von Tag zu Tag auf den großen Schlag, der endlich die Russen aufhalten und erledigen sollte. Der Donner der schweren Geschütze grollte im Osten, Detonationen von Sprengungen erschütterten die Luft, und tolle Gerüchte gingen um.

Am 18. Januar 1945, früh morgens, riet uns ein guter Freund, die Frauen und Kinder sofort in Richtung Oppeln-Breslau abzutransportieren. Mit einem Eilzug fuhren meine Frau und Kinder von Morgenroth ab. Der Zug war zum Brechen voll — es war der letzte, der nach Breslau durchkam. Ich blieb zurück und versah weiter meinen Dienst, bis mich am 20. Januar 1945 ein Ortsgruppenleiter anrief und nach dem Rathaus bestellte. Dort war alles in heller Aufregung. Der Abschnittsleiter versuchte, Klarheit über die Lage zu bekommen und ließ sich mit der Gauleitung Kattowitz verbinden. Dort war man scheinbar ebenso kopflos, und niemand wußte, was die nächsten Stunden bringen würden. Die Russen standen vor Myslowitz, die Annäherung der Heeressäule wurde immer spürbarer. Von Kattowitz bekamen wir keine Befehle mehr — aber Hunderttausende in den Städten saßen auf gepackten Koffern, Säcken und Kisten. Es fehlte indessen an Lokomotiven und Wagen, um sie abtransportieren zu können. Die meisten Pläne und Vorschläge waren nicht mehr durchführbar.

Am 21. Januar 1945 ging der erste Treck von Friedenshütte per Bahn in Richtung Rybnik - Ratibor ab, am 22. Januar 1945 kamen wir in einem Dorfe vor Leobschütz an und wurden ausgeladen, weil Leobschütz und die Strecke nach Neustadt mit Zügen verstopft waren. In der strengen Kälte erfror ein Kind, und ein alter Mann unseres Trecks starb in dem Dorf, das uns aufnahm. Das waren die ersten Verluste, die wir hatten. Nach einigen Tagen des Wartens wurde es uns unheimlich, weil Leobschütz nicht zu erreichen war. Unsere Lokomotive war weggeholt worden, der Zug stand leer auf der Strecke.

Einige Vertriebene beschlossen daher, auf eigene Faust die Flucht fortzusetzen. Bei grimmiger Kälte zogen wir zu Fuß über Hotzenplotz nach Neustadt. Es war ein jammervoller Zug von Wägelchen und Karren inmitten von Lastautos, Wagenkolonnen von flüchtenden Bauern, gefangenen Engländern, Franzosen, Russen und Juden, die von SS.-Soldaten begleitet wurden. Die Juden waren von Auschwitz gekommen und schlichen mit erfrorenen, von Lumpen umwickelten Füßen dahin. Wer zusammenbrach, wurde erschossen und liegen gelassen. Alle aber trieb der eine Gedanke: Fort nach Westen und nicht den Russen in die Hände fallen. In Neustadt O/S übernachteten wir und setzten am nächsten Tage den Marsch nach Neiße fort. Überall das gleiche Bild von Elendszügen, flüchtenden Familien, wimmernden Kindern und endlosen Wagenkolonnen. In einem Dorf vor Schweidnitz kamen in einem Gasthaus, das ich schon vorher erreicht hatte, Frauen eines Trecks an, die 19 erfrorene Säuglinge bei sich hatten. Es war grauenhaft, was diese Menschen gelitten haben.

Von dort nahm mich ein Auto mit Wlassow-Soldaten mit. Ich saß zwischen zwei fetten Schweinen und bekam zwischendurch eine Cognacflasche gereicht, um die Lebensgeister aufzufrischen. Zigarren, Zigaretten und Würste gab es in rauhen Mengen. Es war kein Wunder, wenn ich nur schweren Herzens in Schweidnitz von dieser Gesellschaft schied. Mit steifgefrorenen Gliedern ging ich nach dem Bahnhof, der einem Heerlager glich. Am nächsten Morgen ging es mit der Bahn mit unzähligen Unterbrechungen über Landeshut nach Hirschberg. In Warmbrunn traf ich mit meiner Familie zusammen — ich war vorläufig in Sicherheit.

Die wohlverdiente Ruhe, der ich mich glaubte hingeben zu dürfen, währte nicht lange. Am dritten Tage, bei der Anmeldung in Warmbrunn, „erfaßte" mich der Volkssturm. Ich wurde als einer der ältesten Männer in die Spinnstoffsammelstelle in Hirschberg abkommandiert. Das Lager war voll, und noch immer trafen ganze Wagenladungen von den umliegenden Dörfern mit Kleidungsstücken und alten Uniformen von vor 1914 ein. Dazu alte Waffen, Ferngläser und Schuhwerk. Goebbels räumte mit seinen Aufrufen die Schränke gründlich aus, und das deutsche Volk gab willig alles für den „Endsieg" her.

In dieser Zeit überschritt ich das 60. Lebensjahr. Ich erwähne das, weil ich Mitte Februar Plakate an allen Ladenfenstern und Häuserecken las, in denen Feldmarschall Schörner alle Männer zwischen 16 und 60 Jahren aufrief, zu den Waffen zu eilen. Schörner, Träger der Brillanten zum Ritterkreuz, ein Mann, von dem man nur Gutes hörte, war in diesem Augenblick für mich der Garant des Endsieges, der Mann, der sicherlich die Russen über die Weichsel treiben würde. Oberschlesien würde wieder frei sein — es war kaum auszudenken. Schnurstracks ging ich zum Wehrmeldeamt mit der Überzeugung, jetzt muß jeder ran. Unterwegs rief mich jemand an: „Herr Wasner, wohin so eilig?“ Ich erkannte in dem Hauptmann einen Bekannten aus Friedenshütte. Ich erzählte ihm rasch, was ich vorhatte. Er musterte mich lächelnd und sagte, mir die Hand schüttelnd: „Ach, Sie armes Aas.“ Etwas verärgert eilte ich weiter und war eine halbe Stunde später Soldat.

Schon am 21. Februar 1945 hatte ich mich in Mährisch-Schönberg zu melden. Was ich dort erlebt habe, ist ein Kapitel für sich und gehört wohl nicht hierher. Der Patriotismus, der mich anfangs noch beseelte, wurde mir bei der folgenden Ausbildung gründlichst ausgetrieben. Einen Tag vor Ostern, ich hatte die Ausbildung fast beendet, wurde ich von der Truppe entlassen — alte Leute über 60 Jahre konnten auf Wunsch ausscheiden. Krank und niedergeschlagen kehrte ich nach Warmbrunn zurück. Meine Familie war in der Zwischenzeit nach der Tschechei evakuiert und nach Strakonitz, südlich von Pilsen, befördert worden. Ich blieb bei meinen Verwandten in Warmbrunn und begab mich in ärztliche Behandlung.

Vier Wochen vergingen, mein Optimismus begann sich wieder zu regen, da kam in den Frühmeldungen des Rundfunks durch, daß Adolf Hitler gefallen sei. Jeder wußte, daß dies wohl endlich das Ende des Krieges bedeuten mußte. Man wurde sich aber auch klar darüber, daß das Ende für jeden entsetzlich werden mußte — die Russen in Berlin, den Vertriebenen war der Boden unter den Füßen weggezogen worden, die Städte zerschlagen! Es war ganz unmöglich, einen Plan zu fassen. Noch glaubten die Hirschberger, daß ihre Heimat ihnen erhalten bleiben würde.

Aber schon die nächsten Tage belehrten sie eines anderen. Die Russen stürmten siegesgewiß weiter vor und standen bald vor Hirschberg. Am 7. Mai 1945, in aller Frühe, rief Bürgermeister Ansorge meinen Schwager, der als Stabsarzt zwei inzwischen freigemachte Kriegslazarette zu betreuen hatte, an und empfahl ihm dringend, schleunigst das Weite zu suchen. In aller Eile packten wir ein paar Sachen zusammen, verstauten sie im Auto und brausten bis über Katzensteinbaude, Polaun nach Tannwald. Das Bild war dasselbe wie im Januar, nur das herrliche Frühlingswetter paßte schlecht zu dem Elend der Menschen, die über das Gebirge flüchteten.

Durch Tannwald preschten ohne Unterbrechung SS.-Verbände, um die Grenze nach Bayern zu erreichen — alle Fahrzeuge waren mit Flüchtlingen besetzt. Es lief mir eiskalt über den Rücken bei dem Anblick der in wilder Flucht dahinjagenden Fahrzeuge, die den Klauen der Russen zu entrinnen trachteten.

Wir übernachteten im Kreiskrankenhaus. Bei unserem Erwachen hörten wir, daß Deutschlands Wehrmacht kapituliert hätte. Ein Tscheche beförderte uns ziemlich unsanft aus dem Krankenhaus. Deutsche Einwohner aus Tannwald rieten uns, die Fahrt zurück über das Gebirge zu versuchen, da die

Tschechen die Deutschen vermutlich schlecht behandeln würden. Wir schlugen den Weg nach Rochlitz ein, wurden aber von tschechischen Posten aufgehalten und nach Hochstadt abgedrängt. Vor Hochstadt war im Wald eine Kontrolle, wir mußten aussteigen und in ein Blockhaus eintreten. Das Auto wurde durchsucht; dabei fand man einen Armee-Revolver meines Schwagers. Das Verhör war eine Tortur. Hinter dem Blockhaus im Wald wurden verdächtige Deutsche sogleich erschossen. Da ich bei dem Verhör wegen der Waffe unbeteiligt war, konnte ich beobachten, wie Deutsche nach kurzem Verhör abgeführt wurden, und hörte dann die Schüsse der Karabiner fallen.

Durch geschickte Ausreden und einen geglückten Bestechungsversuch gelang es meinem Schwager, loszukommen, und wir setzten unsere Fahrt nach Hochstadt fort. Vor dem Rathaus am Markt mußten wir aussteigen — das Auto sahen wir nie mehr wieder — und wurden in einen Saal geführt. Nachdem wir unser Geld und alle sonstigen Wertsachen abgegeben hatten, wurden wir nach einer ehemaligen Schulungsburg gebracht und schliefen mit sehr gemischten Gefühlen dem kommenden Tag entgegen. Am frühen Morgen wurden wir nach einer am Markt gelegenen Schule geleitet; ein Tscheche, mit vielerlei Waffen behangen, schritt an unserer Seite. Alle jungen Männer und Frauen wurden zu Aufräumungsarbeiten und zum Beseitigen von Straßensperren eingesetzt. Die Tschechen machten sich ein Vergnügen daraus, die Deutschen zu bespeien und mit Stöcken zu schlagen. Ein junger Mann, der sich eine solche Behandlung nicht gefallen lassen wollte und mit dem Fuß nach einem Lümmel stieß, wurde sogleich von einem Schwarm junger Burschen niedergeschlagen und buchstäblich zu Tode getrampelt.

Gegen Mittag hörten wir, daß eine russische Division Hochstadt passieren sollte. Die Stadt war mit unzähligen roten Fahnen geschmückt, Rednertribünen wurden aufgestellt, und eine Kapelle nahm am Rathaus Aufstellung. Mit beträchtlicher Verspätung zog der Troß daher. Ich hatte so etwas von verkommenem Militär und Fahrzeugen bisher noch nicht gesehen. Der Krieg war doch beendet, ein wolkenloser Himmel überstrahlte die Stadt, und dieses Gesindel, verlumpt und mit krummen Absätzen auf verkommenen Fahrzeugen, ratterte stinkend, ohne Pause, stundenlang über den Markt. Das waren also die Sieger!!

Die Deutschen mußten am Straßensaum niederknien und beten, und von hinten schlugen Frauen und Kinder mit Ruten auf sie ein. Wilder Haß und üble Instinkte feierten in diesen Tagen Orgien. Von den Rednertribünen wurde der Sieg über die Deutschen gefeiert, die Bevölkerung schrie dazu und reckte die Fäuste gen Himmel. Uns war nicht ganz wohl bei dem Bild, das sich vor unseren Augen abrollte.

Am nächsten Morgen beschloß der Magistrat der Stadt, die eingesperrten Deutschen über die Grenze abzuschieben. Gegen Mittag marschierten wir, Frauen und Männer gesondert, ab. Über Tannwald und Polaun zogen wir dem Riesengebirgskamm entgegen. In Polaun übernachteten wir, es waren

Hunderte von Flüchtlingen eingetroffen, auf freiem Felde. Während der ganzen Nacht kamen Russen, um Frauen und Mädchen gewaltsam wegzuholen. Das markerschütternde Geschrei aller Schläfer vertrieb sie größtenteils. Am nächsten Tage zog der Troß weiter. Die Tschechen und Russen hatten noch einige Kontrollstellen errichtet, um die Flüchtlinge auszuplündern und junge Frauen und Mädchen zu vergewaltigen. Gegen Abend trafen wir in Schreiberhau ein und am folgenden Tage in Warmbrunn. Auf dem Wege dahin schnappten mich Russen, besahen sich meine „Dokumente" und hielten mich fest. In einem Zuge von Tausenden von Soldaten und Zivilisten mußte ich zehn Stunden zwischen Warmbrunn, Hirschberg und den Dörfern der Umgebung marschieren. Spät in der Nacht wurden wir in einen Saal gebracht — am Morgen waren die Russen verschwunden. Ich schlich mich auf Nebenwegen, alle Ortschaften meidend, nach Warmbrunn zurück.

Nun stand ich vor einer sehr schweren Entscheidung. Wohin sollte ich mich wenden? Bei meinen Verwandten konnte und wollte ich nicht weiter bleiben, und so beschloß ich, nach Eichgrund, Kreis Oels, zu laufen. Ich hatte dort zusammen mit meinem 1939 verstorbenen Bruder ein Grundstück gekauft, wo ich von 1937 bis 1939 bereits gewohnt hatte. Daß Schlesien von den Polen in Besitz genommen war, konnte ich nicht wissen; nur das eine war mir klar, daß Oberschlesien für uns mit Sicherheit verloren war. Dahin konnte ich also nicht mehr zurück. Außerdem vermutete ich, daß auch meine Frau und meine vier Kinder dahin kommen würden, um mich zu treffen. Ich schnürte ein kleines Bündel und begab mich auf den Weg. Mein Schwager gab mir noch Geld und einige Wertsachen mit, damit ich mir notfalls damit helfen konnte. Es wurde ein trauriger Marsch!

Auf Feldwegen umging ich die Stadt Hirschberg und wanderte, immer nach Russen ausspähend, in Richtung Bolkenhain dahin. Am Abend suchte ich ein Dorf auf und schlief bei Bauern, die fast vollzählig zurückgekehrt waren. So schien es mir wenigstens. Sie ahnten noch nicht, daß die Polen ihre fetten Höfe einstecken würden und daß sie als Bettler die Heimat und ihren ererbten Boden werden verlassen müssen. Am Morgen wanderte ich weiter. ...

So erreichte ich Striegau. Lange Trecks kehrten zurück in ihre Heimatdörfer. Diese Ärmsten litten Foltern, sie wurden in jedem Dorf von Polen und Russen geplündert. Ein Treckführer stellte sich plündernden Polen entgegen und verteidigte sich und seinen Wagen gegen die Banditen. Man bearbeitete ihn mit Gewehrkolben, trat ihn mit Füßen, bis einige Russen ihn befreiten. Ich habe das mit eigenen Augen gesehen und auch weiterhin beobachtet, daß sich Russen und Polen schlecht vertrugen.

Nach einigen Bemerkungen über das Verhältnis zwischen Polen und Russen fährt Vf. in seinem Erlebnisbericht fort.

In der Nähe von Kanth kehrten Scharen von Flüchtlingen zurück. In einer Ortschaft waren sehr viele Russen einquartiert. Da es spät am Abend war, blieb ich bei einer Familie, Mutter und Tochter, die soeben von der

Flucht in ihr Häuschen zurückkehrten. Der gesamte Hausrat lag im Garten, die Fensterscheiben waren zumeist zerschlagen. Die Frauen jammerten, und wir halfen ihnen ein paar Sachen ins Haus zu schaffen — es war noch ein Breslauer dazugekommen. Dann erzählte mir die Tochter, daß sie einen toten Säugling, ihr Kind, mitgebracht hätte. Sie wollte es unbedingt nach Haus bringen und nun beerdigen. Ich warnte die Tochter, sie solle sich um Gotteswillen nicht draußen zeigen, die Soldaten beäugten jede Frau mit Stielaugen. Sie hörte nicht auf mich, und so begruben wir noch am Abend das Kind. . . .

Vf. mußte die Nacht in Gesellschaft eines russischen Soldaten verbringen und beschleunigte mit seinem Weggenossen am nächsten Morgen den Aufbruch.

Vor Breslau wurden wir nochmals ausgeplündert. Ein Russe nahm mir alle Wertsachen ab, darunter Goldschmuck von meiner Mutter. Und dann kamen wir nach Breslau. Der Süden war ein einziger Schutthaufen bis unmittelbar zum Hauptbahnhof. In manchen Gegenden der Stadt konnte man sich kaum zurechtfinden, die Verwüstungen waren grauenhaft. Und überall saßen schon die Polen. Wir verließen bald die Stadt in östlicher Richtung und liefen weiter nach Hundsfeld. Auch hier waren viele Schäden sichtbar. Mir ließ es keine Ruhe mehr, es war schon spät am Nachmittag, und ich wollte noch Eichgrund bei Sibyllenort erreichen. Mein Haus wollte ich sehen, feststellen, ob es noch ein Dach habe. Es dunkelte bereits, als ich über die kleinen Brücken vor der Eichgrunder Mühle schritt. Durch die Baumlücken sah ich, daß die Häuser unversehrt waren; wie freute ich mich darüber. Die Mühle sah mir so wunderlich aus; als ich davor stand, sah ich, daß die ganze Front außen mit großen Ölgemälden meines Bruders, der Kunstmaler war, behängt war. Da kein Mensch zu sehen war, nahm ich sogleich zwei herunter und schleppte sie zu meinem Haus. Dort stand die Haustür weit offen. In der Diele lag ein großer Haufen verfaulter Kartoffelschalen, alle Türen standen offen. Ich ging hinauf nach dem Saal. Dort sah es wüst aus — überall Stroh, Lumpen und umgestürzte Möbel. In der Mitte stand der große Bücherschrank, die Rückwand war herausgerissen, die Bücher lagen bergeweise verstreut umher. Im Schlafzimmer lagen auf den Betten nur noch einige Matratzen. Im Ankleideraum standen alle Schränke offen und waren völlig ausgeplündert. Und so war es in dem ganzen Haus. An Porzellanen und Gläsern fand ich noch einiges wieder, und dann hatte man eine Bodenkammer, die gut getarnt war, nicht gefunden. Dort waren noch erhebliche Mengen von Wertsachen verstaut.

Da es nun vollständig dunkel geworden war, rückte ich mir in meinem Bett die Matratzen zurecht, aß noch ein paar kalte Pellkartoffeln mit Fett und legte mich zur Ruhe mit der unheimlichen Frage vor Augen: Was wird nun kommen?

Vf. schildert dann ausführlich das Leben unter russischer Besatzung, unter den Verhältnissen der polnischen Verwaltung bis September 1946, seine Erlebnisse in der Sowjetzone und seine Erfahrungen beim Aufbau einer Existenz in Westdeutschland.

Nr. 108

Bericht des Hauptlehrers i. R. Waldemar Birkhoven aus Eichhagen, Kreis Cosel i. Oberschles.

Original, 10. April 1951.

Vorgänge bei den Kämpfen um die Oder-Übergänge bei Cosel, Evakuierung und Rückkehr.

Mein letzter Wirkungsort war Eichhagen. Er liegt im Kreise Cosel, und zwar neun Kilometer nördlich von der Kreisstadt an der Kunststraße, die von Cosel O/S über Oppeln, Brieg nach Breslau führt. Drei Kilometer weiter nördlich liegt Mechnitz. Beide Orte liegen auf der linken Oderseite, ungefähr ein bis zwei Kilometer von der Oder entfernt. Auf der rechten Oderseite liegen Eichhagen gegenüber Oderhain, Mechnitz gegenüber Odertal, dieses zum Kreise Gr. Strehlitz gehörend.

An der Oder bei Eichhagen ist eine Schleuse mit einem breiten Nadelwehr, bei Mechnitz ist eine Oderüberfähre. An der Oder entlang zieht sich von Eichhagen bis Mechnitz ein Eichenwald hin. Kurz davor, ehe der Eichenwald beginnt, war auf der rechten Oderseite die Schiffsbauwerft Schulz, wo viel Baumaterial lag.

Am 23. Januar 1945 meldete der Förster des Eichenwaldes dem Kreisleiter, daß am rechten Oderufer Russen erschienen sind. Der Förster war der Ortsgruppenleiter von Eichhagen und Mechnitz. Er kam gegen 6.00 Uhr abends ins Dorf und sagte, der Kreisleiter habe befohlen, daß die beiden Orte Eichhagen und Mechnitz bis 8.00 Uhr geräumt sein müssen. Es soll getreckt werden in Richtung Gr. Neukirch und von da nach dem Sudetengau.

Da Gr. Neukirch direkt südlich, also entgegengesetzt von unserem Ort liegt, wir also den Russen direkt in die Hände trecken konnten, wollte niemand diese Richtung einschlagen.

Der Ortsbauernführer sollte den Treck leiten. Vorbereitet war nichts und niemand.

Der Kreisleiter hatte ja erst am 19. Januar 1945, also vor vier Tagen, bei einer Tagung im Landratsamt den Bürgermeistern, Amtsvorstehern, Schulleitern die Erklärung abgegeben, die linke Oderseite ist nicht in Gefahr, da hat alles so zu bleiben, wie es ist. Der Russe kommt nicht über die Oder, dafür ist gesorgt. Und, wenn jemand etwas anders sagt, den läßt er sofort erschießen. Die Schulen sollen aber sofort geschlossen werden, was mich persönlich sehr stutzig machte. Infolgedessen wollte auch niemand trecken.

Es zogen nur wenige Leute fort, und zwar in die nächsten Dörfer des Kreises Leobschütz und des Kreises Neustadt.

Ich selbst brachte meine Familie in das weiter zurückliegende Altenwall.

Am nächsten Morgen, 24. Januar 1945, war ich wieder in meinem Dorf.

Den Oderübergang schützte eine Volkssturmkompagnie. Am 25. Januar 1945 wurde diese von einer Kompagnie Infanterie abgelöst, die aus auf Urlaub weilenden Wehrmachtsangehörigen der umliegenden Dörfer zusammengestellt war.

An diesem Morgen kam zu mir die Ehefrau des oben erwähnten Schiffsbauwerft-Besitzers Schulz mit Weinen und sagte, die Russen haben ihren Mann erschossen. Sie selbst mußte die ganze Nacht hindurch die Hühner, die die Russen schlachteten, rupfen und braten. Gegen Morgen gelang es ihr zu entfliehen.

Die Russen fingen an, aus dem Baumaterial zwei Brücken über die Oder zu schlagen. Ich meldete dies dem Hauptmann. Von dem Giebelfenster meiner zwei Stockwerke hohen Schule konnte man mit bloßem Auge das Treiben der Russen beobachten. Der Hauptmann setzte sich sofort mit einer unweit Mechnitz stehenden Flakabteilung, die 1944 gegen Fliegerangriffe aufgestellt war, in Verbindung, welche auch sofort den Brückenbau unter Feuer nahm. Die Infanterie ging nachmittags gegen die Oder vor. Es entspann sich ein sehr heftiges Gefecht. Granaten, Gewehrgeschosse schlugen ins Dorf, und jetzt erst glaubten die Leute, daß es ernst wird. Ein Teil ging wieder in die weiter zurückliegenden Dörfer, viele blieben noch. Da die Baustelle dauernd unter Flakbeschuß lag, verlegten die Russen den Brückenbau etwa 500 bis 600 Meter weiter auf die Schleuse zu und waren dort durch den Wald gedeckt.

Am 26. Januar 1945 brachte man am Morgen einige Gefallene in meine Schule. Das Gefecht dauerte weiter den ganzen Tag.

Da die Lage gefährlich wurde, verlegte ich den Wohnsitz in den Kreis Leobschütz, kam aber jede Woche in mein Dorf, blieb zwei Tage da.

Am 27. Januar 1945, bei Beginn der Dunkelheit, drangen die Russen, nur Fußtruppen, in die Dörfer Eichhagen und Mechnitz ein. Nach Eichhagen kamen sie über das Stauwerk der Schleuse, nach Mechnitz über die Oderüberfähre.

Hier kamen sie nicht bis ins Dorf, sondern blieben in den am Wald liegenden Dorfteilen Ritterfähre und Kolonie. Daselbst trieben sie junge Frauen und Mädchen in das Haus Smykalla, angeblich, um Kartoffeln zu schälen. Dieselben wurden dort vergewaltigt. Einigen Mädchen gelang es, durch ein Fenster zu entfliehen. Sie kamen mit auf der Brust aufgerissenen Kleidern ganz verstört im Dorf an.

In Eichhagen fragten sie zunächst. ob deutsche Soldaten da sind. Dann verlangten sie Uhren und Stiefel bzw. Schuhwerk und zu essen. Sie zündeten eine Anzahl Scheunen an, die die ganze Nacht über brannten.

Am 28. Januar 1945 nachmittags erfolgte ein Gegenangriff von unserer Wehrmacht. Die Russen wurden zurückgetrieben, zündeten vorher eine weitere Anzahl von Scheunen an. Auch meine Schule war bereits durch Granattreffer arg zugerichtet.

Am 3. Februar 1945 wiederholte sich dasselbe, am 4. Februar 1945 wurde der Russe wieder herausgeworfen. Nun fanden immer wieder Feuerüberfälle statt, auch Störungsfeuer. Die Gefechtstätigkeit lebte den ganzen Abend immer auf. Die Männer, die noch im Dorfe waren, gruben bei Nacht Schützengräben aus, befestigten das Dorf. Auch Sturmgeschütze waren im Dorf.

Am 14. März 1945 kam ich wieder bis Eichhagen, durfte aber nicht ins Dorf. Die Eingänge waren durch SS.-Gendarmerie gesperrt. Die Bewohner wurden bis auf wenige alte Personen in Autobussen weggebracht.

In den nächsten Tagen fanden schwere Kämpfe um die beiden Dörfer Eichhagen und Mechnitz statt. Eichhagen wurde zu 60 Prozent, Mechnitz zu 80 Prozent zerstört.

Der Russe stieß bis in den Kreis Neustadt O/S durch.

In Eichhagen erschossen sie eine Frau, die Wasser holte.

Der Landwirt Ferdinand Garbas hatte sich im Keller versteckt und wurde in bestialischer Weise ermordet.

Der Landwirt Johann K. wurde aus dem Hause geführt, mußte sich in einen Straßengraben legen und bekam einen Genickschuß. Seine 69 Jahre alte Mutter, die im Keller war, wurde vergewaltigt.

Frau Anna Maicher, 66 Jahre alt, wurde mit dem Gewehrkolben bearbeitet.

Verschiedene Frauen und Mädchen wurden vergewaltigt.

In Mechnitz ging es ähnlich zu.

Die Bauern Pollak und Kioltyka mit Sohn wurden im Luftschutzkeller erschossen aufgefunden. August Thomas, Valentin Mlotzek lagen am Weg erschossen. Agnes Grzezista lag im Straßengraben erschossen. Im Schwesternheim lag die Oberin im Bett tot in ihrem Blute. Auch zwei alte Herren aus Berlin, die hier Schutz gesucht hatten, lagen tot in ihren Betten.

In Mechnitz sind über 30 Personen umgebracht worden.

Bei dem Dorf Deutsch Rasselwitz im Kreise Neustadt O/S schloß der Russe den Ring. . . .

Die Trecks im Kessel schickte der Russe nach Haus. Die guten Pferde nahm er weg und gab schlechte dafür. Manche Leute fingen frei herumlaufende Pferde ein und konnten damit zurückfahren.

Von den nach Eichhagen zurückgekehrten Männern wurden am 7. April 1945 20 Mann nach Rußland verschleppt, von denen einer zurückkam. . . .

Mich hatte man mit meiner Familie im Kreise Leobschütz evakuiert und bis nach Steyr an der Enns gebracht.

Am 8. Mai kam dort der Amerikaner. Er trat dann einen Teil der Stadt dem Russen ab, und dieser schickte uns alle nach Haus. Wir waren 26 Tage unterwegs ohne jegliche Verpflegung und wurden dauernd, namentlich bei Nacht, von den Russen belästigt. Sie nahmen uns weg, was ihnen gefiel, sämtliche Uhren, Ohrringe und Ringe. Letztere rissen sie mit Gewalt aus den Ohren oder von den Fingern.

Jeden Tag starb jemand von den Kindern oder alten Leuten. Und wenn der Zug hielt, wurde der Tote neben dem Bahnkörper begraben. Wir kamen ausgehungert und schwach in Heydebreck an und gingen von da zu Fuß 16 Kilometer bis Eichhagen.

Es folgen noch einige Bemerkungen über das Verhalten der Polen und über die spätere Ausweisung.

Nr. 109

Bericht des Kreisoberinspektors Gustav Zolker aus N a m s l a u i. Niederschles.
Original, 27. November 1952.

Vorgänge bei der Räumung; Evakuierung der Bevölkerung in den Kreis Landeshut und weiter in das westliche Sudetenland, die dortigen Verhältnisse nach der Kapitulation und Abtransport der Flüchtlinge nach Sachsen.

Im Herbst 1944 begannen die Grenzbefestigungsarbeiten des „Unternehmens Barthold". Zu diesen Arbeiten wurde die Bevölkerung in stärkstem Maße herangezogen. Die Front im Osten näherte sich in den letzten Monaten des Jahres 1944 immer mehr den schlesischen Grenzen. Über die daraus entstehende Gefahr wurde aber die Bevölkerung nicht informiert. Ja, die Kreisleitung der NSDAP. verhinderte bewußt jede Information. Erst auf wiederholtes Drängen des stellv. Landrats, Kreisdeputierten Frauenholz, wurde Mitte Januar 1945 eine Versammlung der Bürgermeister des Kreises und der politischen Leiter in das Hotel am Stadttor, Gasthaus Stojan, in Namslau einberufen. In dieser Versammlung wurde, nach dem Hinweis des Kreisleiters Fischer, daß die militärische Lage nicht besorgniserregend sei, der Räumungsplan für den Ernstfall bekanntgegeben.

Akten und amtliche Unterlagen wurden aus Namslau nicht verlagert. Eine Ausnahme bildete die Kreis- und Stadtsparkasse, die ihre Kontenblätter mit einem Pferdegespann am 19. Januar 1945 (Tag der befohlenen Räumung) fortbrachte. Diese Unterlagen blieben später in Luditz (Sudetenland) liegen.

Am 19. Januar 1945, um 15.00 Uhr, sprach der Kreisleiter auf dem Ring der Stadt Namslau zu der durch die Flüchtlingstrecks aus den östlichen Kreisen Schlesiens und aus dem südlichen Wartheland sowie die zurückgehenden Wehrmachtskolonnen beunruhigten Stadtbevölkerung. Er brachte zum Ausdruck, daß kein Grund zur Beunruhigung vorhanden wäre, da er Informationen von höheren Stellen erhalten habe, wonach sich die militärische Lage geklärt hätte. Es war aber eine Beruhigung der Bevölkerung nicht mehr möglich, da bereits in einer Entfernung von etwa 15 Kilometern von Namslau russische Panzerspitzen gesichtet worden waren. Zwei Stunden nach der Rede des Kreisleiters, etwa um 17.00 Uhr, wurde dann durch die Kreisleitung der NSDAP. der vom Reichsverteidigungskommissar, Gauleiter Hanke, erteilte Räumungsbefehl bekanntgegeben.

Die Bevölkerung sollte von den Bauern aus den einzelnen Dörfern mitgenommen werden. Jedoch klappte es hierbei nicht, da die Frist zu kurz war. Die Stadtbevölkerung wartete vergeblich auf die Gespanne. Ein Teil der Bevölkerung wurde von den zurückgehenden Wehrmachtsfahrzeugen mitgenommen. Der Treck des Dorfes Glausche konnte, nachdem er zusammengestellt war, nicht abfahren, da inzwischen russische Panzer am Bahnhof Glausche (Strecke Namslau—Groß Wartenberg) eingetroffen waren und die Straße nach Namslau blockierten. Am Morgen des 20. Januar 1945 verschwanden die Panzer wieder, und die befohlene Räumung konnte durchgeführt werden. In dieser Nacht wurden viele Einwohner und russische, polnische und italienische Zivilarbeiter der Verteidigungsstellung Barthold durch Maschinengewehrfeuer getötet bzw. verwundet. Im Dorf Ordenstal wurde der Kommandeur des Volkssturmbataillons Landeshut/Schles. erschossen. Er hatte die russischen Panzer mit deutschen verwechselt. Der Nachbarort Hennersdorf wurde von den um sich schießenden Panzern in schneller Fahrt durcheilt. Auch hier waren Tote und Verwundete zu beklagen.

Der Landrat des Kreises Namslau, Dr. Heinrich, war bei der Wehrmacht. Am 19. Januar 1945 traf er, von einem militärischen Lehrgang kommend, in Namslau ein. Es war ein Glück für die Stadtbevölkerung. Dr. Heinrich war auf eigene Verantwortung (nicht zur genehmigten behördlichen Dienstleistung) nach Namslau gefahren, um zu helfen, da die Nachrichten, die er erhalten hatte, zu den größten Befürchtungen Anlaß gaben. Durch sein Eintreten bei den höheren Dienststellen des Staates und der Reichsbahn wurden Züge zur Fortbeförderung der Bevölkerung gestellt. In kurzen Abständen verließen diese Züge die Stadt. Große Teile der Bevölkerung wurden dadurch aus Namslau und den nahegelegenen Dörfern fortgeschafft [1]).

Vf. vermerkt hier noch, daß Landrat und stellv. Bürgermeister die Stadt erst verließen, als sie unter Beschuß lag.

Der Auffangkreis für Namslau war Landeshut/Schles. Die Unterbringung konnte zufriedenstellend geregelt werden. . . .

Zusammenfassend kann gesagt werden, daß die Stadt und der Kreis Namslau fast vollkommen geräumt wurden. Nur eine geringe Anzahl der Bevölkerung war zurückgeblieben. Es handelt sich hier zum größten Teil um alte Leute, die ihre Heimat nicht verließen. Das kleine Lager der russischen Kriegsgefangenen war schon vor dem 19. Januar 1945 verlegt worden. Die Evakuierten aus dem Westen und auch die westlichen Kriegsgefangenen, fast ausschließlich Franzosen, verließen den Kreis zusammen mit der Bevölkerung.

Die Räumung des Kreises von Wirtschaftsgütern, die der Landrat versuchte, scheiterte, da Transportmittel nicht zu erreichen waren.

Etwa drei Wochen war die Bevölkerung in Landeshut, als die Räumung des Kreises Landeshut von Fremden angeordnet wurde. Die Bevölkerung des Kreises Namslau mußte sich nach dem Kreis Luditz/Sudetenland (in der Nähe von Karlsbad) begeben.

In Luditz machte die Unterbringung größte Schwierigkeiten, da auch andere Kreise zugewiesen waren. Die ankommenden Namslauer wurden in dem Flüchtlingslager in der Bürgerschule untergebracht und mußten dort wochenlang bleiben. Die Verpflegung und die sanitären Verhältnisse in diesem Lager waren unter aller Würde. Erst den wiederholten Vorstellungen des Leiters des Büros Namslau, Kreisoberinspektor König, und des Kreisbauernführers Seidel bei den zuständigen Stellen und dem Eintreten des Landrats von Luditz gelang die Unterbringung der Namslauer in Wohnungen.

Das Verhältnis mit der Bevölkerung in Stadt und Kreis Luditz war wirklich gut. Leider machte sich bald eine Verknappung der Lebensmittel bemerkbar, da der Nachschub ausblieb.

---

[1]) s. hierzu den nachfolgenden Bericht des Dr. Heinrich.

Nach der Kapitulation erschien ein Auto mit fünf amerikanischen Soldaten und einem Offizer. Diese blieben aber nur wenige Stunden in der Stadt und kamen täglich für kurze Zeit wieder. Einige Tage später erhielt Luditz eine russische Abteilung als Besatzung. Nun begannen die Leiden der Bevölkerung, wobei es keinen Unterschied zwischen Einheimischen und Flüchtlingen gab. Die russischen Soldaten gaben weder am Tage noch in der Nacht Ruhe. Junge Mädchen und Frauen durften sich nicht auf der Straße sehen lassen und hielten sich versteckt, da sie auch in ihrer Wohnung nicht sicher waren.

Inzwischen waren tschechische Gendarmen, Miliz und zivile Verwaltungsbeamte eingetroffen. Die Haussuchungen und Verhaftungen rissen jetzt nicht ab. Hierbei kamen aber die Flüchtlinge noch verhältnismäßig gut davon. Die Verhafteten wurden nach dem Verhör, meist mit einem großen Hakenkreuz auf dem Rücken, in die tschechische Schule in der Nähe des Landratsamtes (in dem ich seinerzeit arbeitete) gebracht. Die Einlieferung und Bewachung erfolgten durch die Miliz (in deutscher Afrikauniform). Die Behandlung in diesem Kerker war furchtbar, die Schreie waren bis an meinen Arbeitsplatz (etwa 50 Meter entfernt) zu hören. Auch bin ich wiederholt blaugeschlagenen Männern begegnet, die sich nur mit fremder Hilfe fortbewegen konnten.

Hierzu führt Vf. ein Beispiel an.

Nach der Übernahme des Sudetenlandes durch die Tschechen wurden die Städte und Dörfer von den dort befindlichen Flüchtlingen geräumt. Die Vertriebenen machten sich, gestützt auf die Veröffentlichungen der Siegermächte, wonach die Verwaltungsgrenzen Deutschlands diejenigen des Jahres 1937 bleiben, auf den Weg in die Heimat. Ich schloß mich am 7. Juni 1945 einem Treck von etwa 300 Personen mit 16 Pferdegespannen an. Von der tschechischen Treckstelle war angeordnet worden, daß der Treck vor der Stadt auffahren sollte, um die Treckausweise zu erhalten. Als wir dort aufgefahren waren, wurden wir auf einem in der Nähe liegenden Platz zusammengetrieben und von der Miliz umstellt. Es durfte nur Handgepäck mitgenommen werden, das ein jeder tragen mußte. Der Truppführer der Miliz schoß mit der Pistole in die Luft, um sich Gehör zu verschaffen. Er gab bekannt, daß nur das mitgenommen werden darf, was jeder in der Hand tragen kann, alles andere hat zurückzubleiben. Es darf nur ein Gespann für kleine Kinder und kranke Personen mitgenommen werden. Nach Verhandlungen mit dem tschechischen Landrat wurden uns schließlich fünf Gespanne genehmigt. Nach fünfstündigem Warten setzte sich der Treck in Bewegung. Es ging auf die Reichsgrenze in Sachsen zu. Nach kurzer Wanderung wurde der Zug von russischen Soldaten überfallen und der letzte Teil, der etwas zurückgeblieben war, der wenigen Habe beraubt.

Einige Tage danach wurde der Treck von zwei tschechischen Gendarmen angehalten und zwei Gespanne zurückbehalten. Von diesen Beamten wurden außer dem Treckführer mehrere Personen durch Schläge mißhandelt, weil die vorgelegten Papiere von der Treckstelle in Luditz nicht mit dem Dienstsiegel versehen waren. Mitte Juni 1945 wurde die tschechisch-sächsische

Grenze in der Nähe von Annaberg/Sachsen erreicht. Bei der tschechischen Grenzkontrolle wurde von der Miliz eine eingehende Durchsuchung aller Personen, auch der Kleinkinder, vorgenommen. Was den Kontrolleuren als nicht brauchbar erschien, wurde zerstreut, und so haben wir alle nur das, was wir auf dem Leibe trugen, übrigbehalten. Daß es hierbei nicht ohne Mißhandlungen abging, wäre noch zu erwähnen. Neben mir wurde der Kreiskraftwagenführer Mühlbach, in dessen Brieftasche einige Briefmarken mit dem Hitlerbild gefunden wurden, mit Fäusten bearbeitet.

Wir versuchten nun, so schnell es ging, durch Sachsen zu kommen, um Schlesien zu erreichen. Zu unserem Glück oder Unglück, wer kann dies ergründen, wurden wir in der Nähe von Bautzen nach dem Kreis Kamenz/Sachsen umgeleitet und weiteres Trecken verboten. Nach und nach wurden die Treckangehörigen vom Flüchtlingsamt Kamenz auf andere Gebiete der sowjetischen Besatzungszone verteilt. Es befinden sich heut nur wenige Namslauer an einer Stelle. Ein Teil erreichte nach vielen Irrfahrten den Westen Deutschlands.

Nr. 110

Bericht des ehemaligen Landrats im Kreise N a m s l a u i. Niederschles., Dr. Heinrich.
Original, 1. Oktober 1952, 7 Seiten. Teilabdruck.

Evakuierung der Kreisbevölkerung.

Vf. schildert eingangs die Verteidigungsvorbereitungen im östlichen Grenzgebiet im Zusammenhang mit der Entwicklung der militärischen Lage, die die Dringlichkeit sofortiger Evakuierungsmaßnahmen vor Augen führt, und berichtet hierüber:

Durch Telefongespräche mit dem Oberpräsidium in Breslau und der dortigen Regierung erreichte ich es, daß in der Nacht vom 19. auf den 20. Januar 1945 fünf sehr lange Züge mit D-Zugwagen aus Oberschlesien auf der Eisenbahnlinie Beuthen—Kreuzburg—Namslau anrollten, wobei jeder Zug mit ca. 1 500 Personen besetzt wurde, so daß insgesamt 7 500 Personen aus der Kreisstadt abtransportiert wurden. Diese Züge erreichten nach jeweils 10 bis 12 Stunden Fahrtzeit den Aufnahmekreis Landeshut im Riesengebirge. Dort wurde die Bevölkerung notdürftig in Schulen, Kirchen und Privatquartieren untergebracht. Die Landbevölkerung des Kreises Namslau treckte durchweg auf den vorgeschriebenen Straßen über Brieg, Ohlau, Schweidnitz, Reichenbach, Waldenburg bei 15 bis 18 Grad Kälte und erreichte bei Tagesmärschen von 30 bis 35 Kilometern durchschnittlich nach vier bis sechs Tagen die vorgeschriebenen Ortschaften im Kreise Landeshut.

Der Evakuierungsbefehl für die ländliche Bevölkerung wurde von mir am 19. Januar 1945 gegen 14.00 Uhr ausgelöst, obwohl eine Stunde vorher der Kreisleiter sich gegen eine Räumung ausgesprochen hatte. Meine Kenntnis der allgemeinen militärischen Lage ließ es aber nicht zu, daß ich dieser Auffassung zustimmte, und ich habe auch keine Befehle irgendwelcher Art von Breslau abgewartet. Im Laufe des 19. Januar 1945, abends, habe ich vielmehr das Oberpräsidium, die Gauleitung und die Regierung davon in Kenntnis gesetzt, daß ich auf eigene Verantwortung hin diese Räumung durchgeführt habe; obwohl die Bevölkerung im Südteil des Kreises an den Ernst der Lage überhaupt nicht glaubte, gelang es doch, bis zum 20. Januar 1945 gegen 11.00 Uhr ca. 98 Prozent der gesamten Kreisbevölkerung zum Abrücken zu veranlassen unter Mitnahme sämtlicher Kriegsgefangenen aller Nationalitäten. An Menschen blieben zurück fast nur alte Leute über 65 Jahre, d. s. ca. 2 Prozent der Bevölkerung gewesen, und ca. 10 bis 15 Personen, die in den Jahren 1919 und 1921 für Polen amtlich tätig gewesen und die auch jetzt glaubten, mit den Polen wieder ihre Geschäfte machen zu können. ...

Der 20. Januar 1945 verlief relativ ruhig. Es strömten durch den Kreis in erster Linie Flüchtlinge aus dem Warthegau und den Kreisen Rosenberg und Kreuzburg. Alle Flüchtlinge wurden sofort in die Gebiete südlich der Oder abgeschoben. Auch die aus dem Westen vorhanden gewesenen Bomben-Evakuierten wurden mit Zügen möglichst weit nach Liegnitz und Görlitz abgeschoben. Der letzte zivile Eisenbahnzug verließ die Kreisstadt Namslau am 20. Januar 1945 vormittags gegen 11.00 Uhr. Es gelang im Laufe dieses Tages trotz 18 Grad Kälte, zwei Viehherden aus dem Südteil des Kreises in die Gebiete südlich der Oder abzuschieben, alles andere Vieh blieb natürlich in den Ställen stehen bis auf die Pferde, die als Vorspann von den Bauern mitgenommen wurden. An Wirtschaftsgütern konnten nach Breslau mit Hilfe der Wehrmacht abtransportiert werden einige hundert Zentner Zucker und 30 Zentner Butter. Alle sonstigen Vorräte mußten natürlich liegen bleiben. Akten, Urkunden und Kirchenbücher wurden in den seltensten Fällen mitgenommen. ...

Anschließend schildert Vf. noch die Entwicklung der militärischen Lage und berichtet weiter:

Ich selbst fuhr im Laufe des 22. Januar 1945 über Jordansmühl—Schweidnitz—Reichenbach—Waldenburg nach Landeshut und errichtete am 23. Januar 1945 in Landeshut nach Rücksprache mit dem dortigen Landrat eine Zweigstelle der Kreissparkasse Namslau, um die Kreisbevölkerung mit den notwendigen Geldmitteln zu versorgen. Wenige Akten und Unterlagen der Kreisverwaltung gelangten bis nach Landeshut. Der Volkssturm sammelte sich ebenfalls in Landeshut und wurde später zum Teil zur Verteidigung nach Breslau befohlen, ein anderer Teil wurde im Frontabschnitt zwischen Grottkau und Schweidnitz eingesetzt. Die Ernährungslage gestaltete sich sehr schwierig, so daß sofort größere Kolonnen eingesetzt werden mußten, um Verpflegung aus den Flachlandkreisen Grottkau, Neiße und dem nördlichen Teil des Kreises Frankenstein herbeizuschaffen. Nach Regelung der dringendsten Unterbringungsmaßnahmen in Landeshut begab ich mich am 26. Januar 1945 wieder zu meiner Truppe.

Die Kreisbevölkerung ist dann zwischen dem 3. und 6. Februar 1945 über Trautenau und durch den Sudetengau in den Kreis Luditz bei Karlsbad getreckt, wo die Masse der Kreisbevölkerung bis Ende Mai 1945 verblieb.

Nr. 111

Bericht der Geschäftsfrau Helene Mantel aus Gr. Wartenberg i. Niederschles. Original, 2. Mai 1950, 4 Seiten. Teilabdruck.

Flucht in den Kreis Schweidnitz und weitere Evakuierung nach Böhmen; Rückkehr nach der Kapitulation.

Einleitende Bemerkungen geben Auskunft über Heimatort und Herkommen der Vfn.

Als im Januar 1945 die Wehrmachtsberichte vom schlagartigen Vordringen der sowjetischen Truppen meldeten, glaubten wir bis zur letzten Minute nicht daran, daß auch wir werden fluchtartig alles, aber auch alles, verlassen müssen. Von Seiten der Partei wurde bis zur letzten Minute verkündet, daß keinerlei Gefahr bestünde und die Geschäfte offen gehalten werden müssen. Durch den großen Strom der Flüchtlinge und das viele zurückströmende Militär war ein Riesenbetrieb im Geschäft. Am 19. Januar 1945, abends, erfolgte Fliegeralarm, und das elektrische Licht setzte aus. In diesem Chaos kam die Nachricht, daß der Russe bis vor unsere Stadt vorgedrungen wäre und man schnellstens versuchen soll, fortzukommen. Mit kleinem Handkoffer und Rucksack gelang es uns, auf offenem Lastwagen eingezwängt, mitzukommen. Die Fahrt ging über Festenberg, Trebnitz. Obernigk, dann über die Oder bei Steinau und über Liegnitz nach Schweidnitz. In Schweidnitz waren die Kreise Oels und Groß Wartenberg untergebracht. Als in Schweidnitz der erste Bombenangriff nach drei Wochen einsetzte, transportierte man uns nach Braunau und von dort ins Protektorat. In Leitmeritz a. d. Elbe erlebten wir die Kapitulation und wurden von den Tschechen sofort zum Arbeitseinsatz gezwungen.

Als der Bahnverkehr langsam wieder in Gang kam, wurden Flüchtlingszüge über Görlitz nach Breslau eingesetzt. Wir meldeten uns sofort, da es hieß, Flüchtlinge zurück in die Heimat. Nur wer rechtzeitig zurückkehrt, hat Anspruch auf den ehemaligen Besitz. So fuhren wir am Donnerstag vor Pfingsten los, und nach ca. 45 Kilometern stand der Zug und stand auch noch nach zwei Tagen ohne Maschine, bis es hieß: „Alles aussteigen und zu Fuß in Richtung Heimat". Meine Mutter hatte mit 70 Jahren das Recht zu fahren, aber wir hätten uns trennen müssen, und so trat sie auch den unendlichen Leidensweg an. Zuerst geordnet setzte sich der unendliche Menschenstrom in Bewegung, aber allmählich riß er immer mehr auseinander, da die Kräfte der einzelnen versagten. So liefen wir pausenlos täglich von früh bis abends und nährten uns nur von Kartoffeln, die wir in den Kellern der geplünderten Häuser fanden. Das Brot war bald zu Ende. Wir gingen über Lauban, Liegnitz, Breslau, Oels und kamen Anfang Juni in Groß Wartenberg an. Übernachtet haben wir in ausgeplünderten Häusern, Scheunen oder verlassenen Russenunterkünften.

Als wie die Türme der Stadt sahen, erfuhren wir, daß unser Besitz ausgebrannt ist und völlig vernichtet. Da versagten unsere Kräfte und weinend und ängstlich versuchten wir, in die Stadt zu kommen, da die Polen sofort alle Arbeitskräfte erfaßten und die restlichen Habseligkeiten plünderten.

Einige Familien und ältere Leute waren nicht geflüchtet und haben furchtbare Schikanen und Greueltaten erlebt. Da es die erste Stadt jenseits des Warthegaues war, hat sich der Russe mit besonderer Wut darauf gestürzt. Kämpfe fanden nicht statt. ... Der Russe hatte fast die ganze Stadt ausgebrannt.

Nachfolgende Aussagen betreffen Vorgänge unter russischer Herrschaft und Verhältnisse unter polnischer Verwaltung.

Nr. 112

Tagebuchaufzeichnungen des Stellmachermeisters Gustav Schlaffke aus Beichau, Kreis Militsch i. Niederschles.

Abschrift des Vf. aus seinem Tagebuch vom 19. Januar bis 13. Februar 1945 mit einem späteren Nachtrag.

Räumungsbefehl am 19. Januar 1945, Treck über Liegnitz in den Kreis Zittau, Bahntransport durch Sachsen unter dem Eindruck der Luftangriffe auf Dresden.

19. Januar 1945.

Bürgermeister und Ortsbauernführer um 18.00 Uhr nach Trachenberg beordert. Räumungsbefehl ausgegeben. Frauen, Kinder und alte Leute müssen wegen drohendem Russeneinfall evakuiert werden. Freies Schlachten von Schweinen erlaubt.

20. Januar 1945.

Um 8.00 Uhr in Schöneich, schon im Gasthaus den Einwohnern die Abreise bekanntgegeben und die Treckfahrzeuge eingeteilt. Volkssturm trifft ein.

21. Januar 1945.

Um 6.00 Uhr ist Antreten. Gepäck je Person ca. ein Zentner kann mitgenommen werden, mehr ist nicht möglich, da sonst die ärmere Bevölkerung wegen Platzmangel zurückbleiben müßte. Auf 20 Personen wird ein Wagen gestellt, vier Wagen bzw. Gespanne werden der Stadt Trachenberg zur Verfügung gestellt. Um 7.00 Uhr folgt Abmarsch Richtung: Wohlau—Leubus—Parchwitz mit Endziel Arnsdorf b. Liegnitz. Reisedauer drei Tage.

Gegen Abend trifft ein Treck Flüchtlinge aus Litzmannstadt ein.

22. Januar 1945.

Nachts gegen 12.30 Uhr telefonischer Anruf vom Komp.-Führer des Volkssturms in Beichau, sofort den Volkssturm in Kirnitz alarmieren. Russische Panzerspitzen bereits in Militsch. Herzog und Müller als Lagerführer werden in Kenntnis gesetzt. Vorläufig abwarten. Telefonisches Gespräch mit Gendarmeriemeister Weyer, welcher mitteilt, daß keine Verbindung mehr mit Militsch zu erhalten sei. Entschluß: die letzten Einwohner zur Abfahrt zu bewegen. 6.00 Uhr marschieren die Schanzer ab. Ortsbauernführer Igel stellt letztes Gespann. Gemeindeakten werden verbrannt. Ich fahre nochmals nach Beichau, um zu sehen, ob alles abgereist ist. Frau

Bartnik und Artur Hoffmann wollen zurückbleiben. Ortsbauernführer Herrmann und Erna Kortschak machen sich abfahrbereit. Kurz vor Leubus erreichte ich die am Tage vorher abgefahrene Kolonne.

In Leubus verschaffte ich für meine Gemeinde nach vieler Mühe Quartier für die Nacht. Nach sehr kurzem Schlaf wurden wir zum sofortigen Aufbruch aufgefordert. Die Oderbrücke soll gesprengt werden.

23. Januar 1945.

In der Nacht zum 23. ging es in stockdunkler Nacht über die Leubuser Oderbrücke. Trotz schneidender Kälte und dauerndem Stocken der Trecks hielt die Kolonne gut zusammen. In Parchwitz wird haltgemacht. In einer geheizten Kirche und einer Schule wird Aufenthalt genommen. Ich finde meine Frau nicht. Erst vor dem erneuten Aufbruch erfahre ich, daß sie von einem Nachzügler krank im Straßengraben sitzend aufgefunden wurde. Bei Tagesgrauen ging die Fahrt weiter nach Pohlschildern, wo wir eine dreistündige Rast einlegten. Gegen 20.00 Uhr erreichte unser Treck das Ziel Arnsdorf [1]). Die Unterbringung stößt auf große Schwierigkeiten. Mit Mühe erhalten wir Stroh zur Lagerung im Gasthaus Seeliger. Für Pferde war kein Platz vorhanden, mußten zum Teil im Freien stehen. Ortsbauernführer Herrmann, der sich um nichts bemüht, macht mir heftige Vorwürfe, daß die Unterbringung nicht klappt. Der Bürgermeister sowie der OG.-Leiter[2]) sind nicht aufzufinden. Trotzdem gelang es wenigstens, Frauen und Kinder unterzubringen.

24. Januar 1945.

Vom Bürgermeister werden, nachdem wir im Laufe des Tages den Ort nach Quartieren absuchten, Quartierscheine ausgegeben. Die Verteilung derselben erfolgt am Nachmittag. Ein Rest muß erst am 25. Januar 1945 untergebracht werden.

26. Januar 1945.

erfolgt Personalaufnahme. Um 9.00 Uhr überbringt der OG.-Leiter die Nachricht, daß auch Arnsdorf geräumt werden soll. Um 18.00 Uhr eine Versammlung der Gemeinde sowie der Flüchtlinge, in welcher über die Räumung bzw. Abfahrt von Arnsdorf gesprochen wird. Stürmische Aussprache. Die Gespannführer bringen zum Ausdruck, daß sie wegen Glatteisgefahr und der Kälte die Fahrt in den Zittauer Kreis nicht übernehmen können. Sie wollen lieber in Arnsdorf vor die Hunde gehen, als auf der Landstraße erfrieren. Die Pferde sind nicht beschlagen, ebenso fehlen die Bremsen. Vom OG.-Leiter wird versprochen, am nächsten Tag zum Abtransport der Frauen und Kinder einen Sonderzug zu bestellen. Ich wandte mich scharf gegen die Auffassung der Gespannführer, daß die Beichauer Gemeindemitglieder, die nicht im Besitz von Fahrzeugen sind, gezwungen werden können, hier zu bleiben, anstatt sich nach freiem Willen den abfahrenden Arnsdorfern anzuschließen.

27. Januar 1945.

Gegen Morgen wird bekannt, daß ein Zug für die Gemeinde Arnsdorf abfahrbereit steht. Die Beamtenfrauen der Eisenbahner ziehen mit Gepäck

---

[1]) Kreis Liegnitz.

[2]) Ortsgruppenleiter.

zum Bahnhof. Ich selbst beabsichtige, meine schwerkranke Frau nach Sachsen zu bringen, wo sie Aufnahme bei Verwandten finden kann. Da die Beichauer Fahrzeugbesitzer die Absicht haben, weiter in Arnsdorf zu bleiben, will ich sofort wieder zum Treck zurück. Unter starkem Protest der zurückbleibenden Beichauer fahren ca. 80 Personen mit ihrem Gepäck Richtung Zittau ab.

28. Januar 1945.

Kurz vor Görlitz bekam ich eine Blasen-Kolik. Erst in Zittau konnte ich mich wieder einigermaßen bewegen. Infolge des Anfalls und ärztlichen Rates konnte ich die Fahrt zu meinen Verwandten nicht fortsetzen. Wir wurden mit Omnibussen nach Oberullersdorf gebracht. Durch Max Wog erfuhr ich, daß unsere Trecks in den Zittauer Anteil Wittgendorf, Dittelsdorf und Hirschfelde nachgezogen würden.

29. Januar 1945.

Mit Emil Ramsch vereinbare ich, in den nächsten Tagen wieder nach Arnsdorf zurückzufahren. Meine Frau war inzwischen verlegt worden. Finde sie erst nach vielstündigem Suchen.

30. Januar 1945.

Infolge eines neuen Anfalls kann ich meine Verabredung mit Ramsch nicht einhalten.

31. Januar 1945.

Da meine Verwandten von Zittau verzogen waren, fuhr ich nach Bischofswerda, wo ich weitere Verwandte hatte, die bereit waren, meine Frau aufzunehmen. Spät in der Nacht komme ich wieder in Oberullersdorf an.

1. Februar 1945.

Begab ich mich mit meiner Frau in ärztliche Behandlung.

2. Februar 1945.

Fahre ich nach Zittau, um Medikamente zu holen. Bei der NSV. versuche ich, Nachrichten über den Verbleib meiner Leute zu erhalten. Beichau soll nach Hirschfelde einquartiert werden. Angeblich sind die Wagen unterwegs. Verbindungen mit Arnsdorf haben aufgehört.

3. Februar 1945.

Ich fahre nach Hirschfelde, um Quartier für meine Gemeinde zu besorgen. In Hirschfelde ist noch nichts bekannt. Im übrigen können Pferde nicht untergebracht werden.

4. Februar 1945.

Fahre erneut zur NSV. nach Zittau. Erfahre, daß eine Anzahl Peronen aus Bargen in Wittgendorf untergebracht sind und weitere von Adolf Prause mit dem Lastwagen herangeholt werden. Versuche vom Postamt, nach Arnsdorf zu telefonieren — keine Verbindung zu erhalten. Auch beim Bahnhofsvorsteher war der Versuch, wenigstens Haynau zu erreichen, ergebnislos.

6. Februar 1945.

Mit Kühn (Breslauer), dessen Frau im Bargener Treck sich befindet und von ihm gesucht wird, gehen wir zu Fuß nach Wittgendorf. Meine Füße sind wundgelaufen. Eine mitleidige Ostpreußin nimmt uns auf ihren Wagen.

Hier angekommen treffen wir bereits Familien aus Bargen an, die von Prause mit dem Lastwagen geholt waren. Otto Seeliger gibt mir bekannt, daß die Beichauer Unterkunft in Dittelsdorf finden. Übernachte im Gasthaus.

7. Februar 1945.

Um 6.00 Uhr Fahrt mit Prause nach Arnsdorf. Unterwegs treffen wir Wagen aus Körnitz. In Siegendorf erhalten wir bei einem Fleischer gute Verpflegung — Pökelzunge, Braten und Klöße. In Arnsdorf finde ich die Beichauer Besitzer mit ihren Gespannen vor. Abmarsch ist für nächsten Tag vorgesehen. Einige wollen zurückbleiben und nach dem Einmarsch der Russen wieder nach Beichau zurückkehren. Außer Gepäckstücken nimmt Prause die Familie Welter mit. Am Nachmittag wieder in Dittelsdorf, wo ich meine Gepäckstücke zum Bürgermeister schaffe. Mit meinem Fahrrad, welches ich aus Arnsdorf gerettet hatte — Motorrad mußte ich zurücklassen — fuhr ich über Zittau zurück in mein Quartier. Meine Füße bereits vereitert.

9. Februar 1945.

Erwarte Osw. Hoffmann und meinen polnischen Gesellen mit ihren Gespannen. (Waren beide für Trachenberg beordert gewesen.) Sollen das Gepäck aller Beichauer Familien von Oberullersdorf nach Dittelsdorf überführen. Polizeiliche Abmeldung war erfolgt. Da die Wagen nicht erschienen, nahm ich Privatfuhren.

10. Februar 1945.

Nachdem wir unsern liebenswürdigen Gastgebern herzlichst für ihre gute Aufnahme gedankt hatten, fuhren wir nach Dittelsdorf. Fanden ebenfalls gute Quartiere. Hier wollte ich meine ganze Gemeinde sammeln und dann geschlossen in Richtung Leipzig weiterführen. Es kam jedoch anders. Noch am Abend gab uns der Bürgermeister bekannt, daß wir am nächsten Tage wieder abrücken müssen, die vorhandenen und noch ankommenden Fahrzeuge sollen so voll wie möglich mit Gepäck beladen werden. Für Kinder und Kranke werden Fahrmöglichkeiten mit der Eisenbahn geschaffen werden. Der Plan läßt sich nicht durchführen. Die Wagen von Labschütz und Kleinbargen machen sich selbständig. Eine von mir gemachte Aufstellung ergibt, daß 370 Personen und fast die Hälfte Kinder aus dem Ortsgruppenbereich in Dittelsdorf anwesend sind. Bis um 24.00 Uhr bringe ich mit dem Bürgermeister Abmeldungen in Ordnung.

11. Februar 1945.

Gegen 8.00 Uhr kommen Omnibusse und bringen uns nach Zittau. Das Gepäck folgt mittels Gespannen des Dorfes. Sollten am selben Tage noch weitertransportiert werden. Ein Ferngespräch mit der Kreisleitung der NSV. Militsch bestätigt mein Mißtrauen auf baldige Weiterleitung. Wir hätten vielmehr mit einem längeren Aufenthalt zu rechnen. Stroh für das Nachtlager wird angefahren. Wie aber die Lager hergestellt und geschlafen werden sollte, war mir noch nicht klar. Der Wirt und dessen Frau versuchten, uns in jeder Weise zu helfen. In der Mitte des Saales wurde ein schmaler Gang durch Beiseiterücken der Tische freigemacht, damit wenigstens die Kinder sich zum Schlafen legen können. Die älteren Leute schliefen auf Stühlen und Bänken. Für eintretende Krankheitsfälle erschienen Sanitäter. Durch Vermittlung des Zittauer OG.-Leiters kam eine Ärztin, welche eine Anzahl Kranke in ein Krankenhaus überführen ließ. Frau Löchel aus Bargen starb. Eine mitgebrachte Kinderleiche wurde am Nachmittag beerdigt.

12. Februar 1945.

Um Näheres über den Abtransport zu hören, suchte ich die NSV.-Leitung auf. Auf die geschilderten unmöglichen Zustände bekam ich die Antwort, daß wir noch froh sein dürfen, ein Dach über dem Kopf zu haben. Am selben Tage verließen uns der Landwirt Herrmann II und der Fleischermeister Paul Herrmann, die die am vorigen Tage verlorenen Trecks suchten. Die Verpflegung war gut. Nur die Ungeduld der Frauen und die Unart der Kinder fielen mir unangenehm auf die Nerven. Die NSV.-Amtsleiter von Militsch und Zittau erschienen zu später Stunde. Abreise wird für morgen versprochen. Mehrere Kartons Traubenzucker werden verteilt und unter die Menge geworfen. Ich selbst wohne noch fernmündlichen Verhandlungen bei, wo versucht wird, den Abtransport der 370 Personen zu organisieren. Unser Landrat stellt 1000 Kilogramm Betriebsstoff zur Verfügung. Auch Verpflegung wurde zugesichert.

13. Februar 1945.

Die zweite Nacht verlief wie die erste. Der erste Anruf bringt die erste Enttäuschung. Autobusse erscheinen nicht. Dafür stellt Wehrmacht einige Lastwagen zur Verfügung. Ein weiterer Anruf besagt, daß wir endgültig einen Sonderzug erhalten. Gebrachtes Essen konnte nicht genossen werden, da es sauer war (Erbsen mit Pökelfleisch). Vorsorglich ließ ich das Gepäck gemeindeweise im Freien aufstellen. Die Beichauer sollen als erste von den anrollenden Autobussen an die Bahn gebracht werden. Die Ungeduld wurde immer größer. Vom vielen Sprechen war ich schon heiser. Für acht Personen ist ein Brot und für die Gesamtheit 30 Pfund Wurst vorhanden. Gegen 15.00 Uhr erschienen die ersten Omnibusse. Für jede Gemeinde habe ich einen Führer bestimmt und jedem genaue Instruktion gegeben. Beim Einsteigen gibt es trotz allem Zureden bereits widerliche Szenen. Mit dem ersten Wagen fahre ich zum Bahnhof, um das Einsteigen zu überwachen. Der angebliche Sonderzug ist zu meinem Schreck bereits besetzt. Zum Teil fehlen Fensterscheiben. Einzelne Abteile sind mit herrenlosem Gepäck gefüllt. Dieses wird durch die offenen Fenster geworfen. Und nun begann ein wildes Hasten und Rennen. Jeder versucht, sein Gepäck unterzubringen und Platz zu finden. Weitere Omnibusse rollen heran. Ich selbst bin machtlos.

Ich fahre nochmals in das Park-Restaurant, um zu sehen, daß keiner zurückbleibt. Ich finde noch mein Fahrrad im Gebüsch und muß weiter feststellen, daß nicht alle Personen im angeblichen „Sonderzug“ mitfahren können. Die Enttäuschung sowie die Erbitterung ist groß. Es gibt bereits die ersten Zusammenstöße zwischen den im Zuge untergebrachten und den auf dem Bahnsteig zurückbleibenden Personen. Vor allem bekam ich als Transportführer heftige Vorwürfe. Die NSV.-Amtsleiter halfen, so gut es ging, Kranke und Gebrechliche in die Wagen zu bringen. Inzwischen habe ich mein Fahrrad zwischen die Waggons mit einem Strick angebunden. Das Toben und Schreien vor allem der Bargener Frauen, welche mich einen „feigen Hund“ nach dem anderen nennen, nimmt überhand. Mein Hinweis, daß die NSV. sie in Obhut nehmen wird, wird mit Schimpfen beantwortet. Die von mir angebotene Verpflegung wird zurückgewiesen. Sie sollte uns noch zugute kommen. (Ende des Tagebuches.)

Folgende Ereignisse konnte ich erst später nachtragen. Infolge der sich nun überstürzenden Ereignisse und Eindrücke, kann ich keine Daten und Zeiten mehr angeben:

Der Zug fährt von Zittau unter Verwünschungen der Zurückbleibenden pünktlich ab. Alles ist froh, aus Zittau heraus zu sein, geht es doch dem Endziel zu. Wir hoffen, gegen Morgen in Leipzig zu sein. Auf den Stationen gibt es dauernd längere Aufenthalte und damit Verspätungen. Trotz der fürchterlichen Enge in den Wagen wird geschlafen. Gegen 11.00 Uhr wird das Rattern des Zuges von einem unheimlichen Motorengeräusch übertönt. Der Zug hält abgeblendet in einer kleinen Station. Ich stelle fest, daß es Arnsdorf vor Dresden ist. Heftiges Krachen und taghelles Aufleuchten läßt alles aus dem Schlafe auffahren. Ein Bombenangriff? Gilt er uns? Die Wagen wackeln und zittern. Keiner steigt aus. Der Angriff kann nur Dresden gelten, und wir stehen in 10 bis 15 Kilometer Entfernung davor. Ein Glück, daß wir Verspätung haben, sonst säßen wir mitten drin. Der Gedanke ist furchtbar. Die Zeit scheint still zu stehen. Ununterbrochen stehen „Weihnachtsbäume“, leuchten fahlgelbe Blitze und dazu ein grausiges Bersten und fortwährendes Erschüttern der Erde [1]).

Am Morgen merkten wir, daß unser Zug umgeleitet war. Gegen Mittag hält der Zug auf freier Strecke. Wieder unendlich viel Flugzeuge. Erneut sind weit entfernte Bombeneinschläge zu hören. Welche Stadt davon betroffen wird, ist nicht zu erfahren. Der Zug hält immer vor oder hinter den Bahnhöfen. Ein Eisenbahner aus Freyersdorf steht mir bei und hilft mir. Alle Bekannten versagen und sitzen teilnahmslos in den Wagen. Sogar gute Freunde lassen mich im Stich. Das mitgenommene Brot und die Wurst verteile ich an die Flüchtlinge des Ortsgruppenbereichs Bargen. Andere Mitfahrende beschweren sich bitter darüber, daß ihre Ortsgruppen nicht für Verpflegung gesorgt haben. Trinkwasser und Kaffee können wir nicht erhalten. Jedes Verlassen des Zuges bedeutet, daß man zurückbleiben muß, wenn der Zug weiterfährt. Das Zugpersonal kann keine Auskunft geben. Der Lokomotivführer hilft mit warmem Wasser aus der Lokomotive aus. Für Kleinkinder fehlt die Milch. Eine Frau kommt zur Entbindung. Glücklicherweise ist eine Hebamme im Zuge anwesend. Während der Eisenbahner bemüht ist, das Ziel unseres Zuges auszukundschaften, versuche ich bei jedem Halt, die Verängstigten zu beruhigen. Ein Junge versucht, für seine

---

[1]) Bei dem englischen Großluftangriff auf Dresden am 13./14. Februar befanden sich mehrere Flüchtlingszüge im Hauptbahnhof und zahlreiche Trecks in den Straßen der Stadt und den Elbwiesen.
Thorwald nennt, nach amtlichen Angaben über die Luftangriffe auf Dresden, die Zahl von 40 000 Toten. — s. Jürgen Thorwald: Es begann an der Weichsel, 2. Aufl. 1951, S. 126 ff.

kleine Schwester in einem nahen Gehöft Milch zu holen. Das Abfahrtssignal geht hoch, der Junge muß zurückbleiben. In den nächsten Tagen zwei Tote und noch drei Entbindungen.

Endlich — wieviel Tage und Nächte wir gefahren sind, weiß ich nicht mehr — kommen wir in Leipzig an. Wir waren, soweit ich feststellen konnte, weit in Sachsen herumgefahren. Unser Wunsch ist es, so schnell wie möglich durch Leipzig zu kommen. In Frohburg werden wir ausgeladen und, nachdem wir eine Nacht in einer Schule untergebracht waren, durch Pferdegespanne in die Orte Altmörbitz, Dolsenhain und Gnandstein gebracht. Meine Mission ist damit beendet. Ein Teil der Trecks folgt in den nächsten Tagen und Wochen nach. — Ein großer Teil versuchte von Arnsdorf b. Liegnitz, wo sie sich von den Russen überrollen ließen, wieder in die Heimat zu gelangen. Hier hielten sie es bis zum Sommer 1946 aus, dann gingen sie, teils freiwillig, teils unter Zwang, unter Zurücklassung sämtlichen Gepäcks erneut auf die Flucht.

Nr. 113

Erlebnisbericht des Lehrers Max Christoph aus Thiemendorf, Kreis Wohlau i. Niederschles.

Original, 1. Mai 1952, 19 Seiten. Teilabdruck.

Flucht vor der Roten Armee in das bis kurz vor der Kapitulation feindfreie Gebiet am Ostrand des Riesengebirges; Rückkehr Mitte Juni 1945.

Eingangs berichtet Vf. von Schanzarbeiten an der schlesischen Ostgrenze und seinen Eindrücken von den dortigen Vorgängen beim Einbruch der Roten Armee.

Die Dörfer hatten bereits geräumt; ihre Trecks mischten sich mit den langen Kolonnen aus dem Warthegau. Viele erzählten von Zusammenstößen mit den Russen, Panzer waren in ihre Kolonnen hineingefahren; Kinder, Frauen und alte Leute litten unter der strengen Kälte, und alle sahen trostlos in die trübe Zukunft. Kranke brachen zusammen. Rinder und Pferde lagen an den Straßen, ein furchtbares Bild des Elends. Immer wieder hörte man die Maschinengewehre und das Bellen der Panzer. An den Brücken bei Steinau (Oder) hielten die Trecks stundenlang in der Angst, von den Russen eingeholt zu werden. Eine kleine Sprengkolonne der Wehrmacht erwartete den Moment der Brückensprengung. Als ich in meinem Heimatdorf eintraf, lag es voller Flüchtlinge aus den Kreisen Wielun und Kempen. Mein Heim beherbergte zeitweise 80 Personen, die sich an heißem Kaffee, Suppen und durch die Wärme in den Stuben von ihrer Erstarrung und Erschöpfung erholten. Acht Kinder waren erfroren und liegen auf dem Friedhof des Dorfes.

Am 23. Januar 1945 standen die ersten Panzerspitzen der Russen vor Steinau (Oder) und beschossen die Stadt. Das Elend steigerte sich dort von Stunde zu Stunde. Rektor Lauth aus Steinau (Oder), ein hervorragender Pädagoge und Mensch, war der Meinung, daß sich um und in Steinau (Oder) keine sonderlichen Kämpfe abspielen würden, da sich keine deutschen Truppenteile sehen ließen. Nur mit der Waffe ließe er sich zwangsweise aus seiner Heimat vertreiben. Diese Einstellung sollte ihm zum Verhängnis werden. Wenige Tage später wurde er bei der Verteidigung der Ehre seiner beiden Töchter mit einer der Töchter von Russen erschossen. ...

Am 24. Januar 1945 mußte die Gemeinde Thiemendorf gegen Abend mit dem Haupttreck und dem größten Teil der Bevölkerung die Heimat verlassen. Aber schlimmeren Stunden gingen die Bewohner des Dorfes entgegen, die freiwillig oder gezwungenerweise aus Mangel an Gespannen oder schlechter Organisation, auch aus Unkenntnis der moralischen Verkommenheit der russischen Bolschewisten, zurückblieben. Ich bekam auch keinen Platz für meine Frau und meinen Sohn und zwei Breslauer evakuierte Kinder im Alter von acht und neun Jahren auf einem Treckwagen, so daß ich mich erst am 25. Januar zur Flucht mit den Fahrrädern entschloß, nachdem der Kampf an der Oder zunahm und die ersten Granaten über unsere Köpfe heulten und im Dorfe einschlugen und nachdem ich die zwei Kinder noch mit dem Bürgermeister mitgegeben hatte. ....

Gegen 14.00 Uhr verließ ich mit meiner Familie, in Pelze gehüllt, meine liebe Heimat. Vor dem Theuerschen Gasthaus in der Mitte des Dorfes verabschiedeten wir uns von Freunden und Verwandten, die dort noch auf den Abtransport mit dem sogenannten „zweiten Treck" warteten, leider vergeblich; denn die schöne Einteilung stand nur auf dem Papier und konnte wegen Wagen- und Betriebsstoffmangel nicht durchgeführt werden.

Das Nachbardorf Töschwitz hatte noch keinen Treckbefehl und sah unserem Durchzug mitleidig nach, ohne zu ahnen, daß nicht nur die Einwohner bald fluchtartig folgen, sondern auch das ganze Dorf durch die Brückenkopfkämpfe dem Untergang nahe war. Auf der Straße Mlitsch—Lüben überholten wir im Schneegestöber auf unseren Rädern die langen Treckkolonnen der Nachbardörfer Wandritsch, Guhren und Nährschütz. Im überfüllten Lüben gelang es uns, bei unseren Verwandten Kirchner für die erste Nacht der Flucht unterzukommen. Eine kleine Abteilung junger Soldaten auf Rädern, wie es sich später aus dem Wehrmachtsbericht ergab, Angehörige der Jauerschen Unteroffizierschule, rückten mit Panzerfäusten an die Front, „ein schwacher Trost" für die Bevölkerung, wie sich einer dieser Todgeweihten selbst äußerte.

Am 26. Januar 1945 begann meine Weiterreise nach Liegnitz. Auf dem Wege dorthin erzwangen wir uns mit Hilfe eines bewaffneten Arbeitsdienstmannes auf einem leeren Viehwagen einen Platz. Vor Liegnitz hörten wir wieder die Schüsse der kämpfenden Truppe vor Maltsch; trotzdem blieben wir wieder bei Verwandten für die Nacht im Quartier und erreichten am 27. Januar 1945 nach anstrengendem Marsche die Stadt Goldberg. Die Trecks rissen nicht mehr ab; die Kutscher, häufig Franzosen, hatten mit dem hügeligen Gelände zu kämpfen, da die meisten Ackerwagen aus dem Flachland keine Bremsen besaßen. Auch hier war es noch einmal möglich, bei Verwandten ... unterzukommen und uns für mehrere Tage bis zum 2. Februar 1945 zu erholen. In Goldberg lag der Kreisstab Wohlau mit der Sparkasse, bei der ich noch 500,— Mark Bargeld abheben konnte. In Goldberg glaubte ich, nachdem Tauwetter einsetzte, mir anstelle der Autokappe eine Mütze oder einen Hut kaufen zu können. Der alte Bürokratismus ließ es nicht zu, angeblich waren noch keine Bezugscheine von Wohlau eingetroffen; die Beute für die Russen war noch nicht groß genug.

Am Tage unseres Eintreffens in Goldberg wurden unserem „berühmten" Ortsgruppenleiter K. von der Wehrmacht zwei Autos beschlagnahmt, nachdem er mit seinem Stabe in vier Autos und einem Trecker mit gummibereiften Wagen von Thiemendorf abgerückt war. Am 2. Februar 1945 stießen wir zu unserem Treck in Neudorf am Gröditzberge. Auf den Straßen und von den Treckwagen sammelten Feldgendarme die Volkssturmmänner. Am 4. Februar 1945 zog ich mit meiner Familie über Pilgramsdorf, Harpersdorf, Langneudorf und Zobten a. B. nach Märzdorf zu Familie R. . . .

Am 15. Februar 1945 rückte die Front an den Bober heran, so daß das Dorf schnellstens geräumt werden mußte. Der größte Teil der Bevölkerung aber folgte nicht dem Räumungsbefehl.

Vf. zog es vor, nach weiter westlich gelegenen Ortschaften auszuweichen, und machte sich auf die Suche nach dem verlorenen Treck. Bei rückkehrender Erkundung stellte er fest, daß Märzdorf zum größten Teil nicht geräumt hatte.

Am 20. Februar 1945 kehrte ich mit meiner Familie nach Märzdorf zurück. Acht Tage später wurde die Lage an der Front so gefährlich, daß Märzdorf den zweiten Räumungsbefehl erhielt. Nun verlegten wir unseren Aufenthalt nach Ullersdorf-Liebenthal zu dem Bauern Schuster und dessen Tochter Stelzer. In den folgenden zehn Wochen, in denen wir bei Herrn Schuster die Frühjahrsbestellung dicht hinter der Front durchführten, waren wir ernährungsmäßig so gut wie zu Hause untergebracht.

In der ersten Hälfte des Februar war meine Heimatgemeinde in Neudorf a. Gröditzberge vom Russen überrollt worden [1]). Wie uns Augenzeugen später berichteten, waren sie jämmerlich behandelt worden. Vergewaltigungen, Plünderungen waren an der Tagesordnung. Besonders schlimm erging es der Lehrersfrau in Hockenau bei Neudorf a. Gröditzberge und den dort untergebrachten Flüchtlingen aus Thiemendorf.

Hier folgen Name und Anschrift von zwei Zeugen.

Die ersten Verschleppungen traten ein. Der Viehkaufmann Theodor Gloitzen wurde von Hockenau nach Rußland verschleppt; er starb dort in einem Lager. Der Gastwirt Paul Theuer aus Thiemendorf wurde in Neudorf von den Russen erschossen; er wurde als Leiche von seiner Frau in die Heimat gebracht. Als die Russen in Neudorf einrückten, erschoß sich der Bauernsohn Walter Mummert mit seiner Braut. Der 15jährige Sohn des Autoschlossers Kleinert aus Steinau (Oder) wurde in Neudorf von den Russen erschossen. Die Gemeinde Thiemendorf erhielt zwar die Genehmigung zur Heimkehr, aber die Rückreise war ein furchtbarer Leidensweg. In Haynau wurden die meisten Frauen vergewaltigt, davon mir Elisabeth Hübel grauenhafte Einzelheiten erzählte. Manchen Frauen und Mädchen gelang es, sich zwischen den Grabhügeln des Friedhofes zu verstecken. In Haynau verschleppten die Russen den Bauern St., der seitdem verschollen ist. . . .

---

[1]) Über diesen Treck und seine Rückkehr s. auch den folgenden Bericht.

Am 7. Mai 1945 begann der Zusammenbruch an unserer Front. Die Heeresgruppe Schörner versuchte, sich durch die Tschechei nach Bayern durchzuschlagen. Die Zivilbevölkerung sollte sich vor den Russen auf demselben Wege retten. Mit dem scharlachkranken dreijährigen Sohne und einem sechs Monate alten Kinde der Frau Stelzer zogen wir mit unseren bisherigen Quartiersleuten aus Ullersdorf ab. Am 8. Mai 1945 ging die Reise über Bad Flinsberg nach Ober-Schreiberhau, wo uns der Russe einholte. Bei einer Familie P. an der Hochsteinlehne im Hinterwinkel von Ober-Schreiberhau im Riesengebirge fanden wir für fünf Wochen Unterkunft. Hier blieben wir vor Plünderungen verschont, mußten uns aber vor den russischen Patrouillen halbe Tage verstecken, da wir erfuhren, daß alle Männer von 16 bis 60 Jahren nach Rußland verschleppt wurden.

Die Russen täuschten uns in den ersten Tagen ihrer Besetzung durch Ausgabe von Lebensmitteln, die Rote Armee lud sogar die Bevölkerung zum Tanz ein, Kinos konnten spielen, die Fronleichnamsprozession fand statt. In einem Aufruf wurde den Flüchtlingen die Rückkehr in die Heimat garantiert. Mit einer russischen Bescheinigung, die uns die Räder zur Heimkehr garantierte, wagten wir am 10. Juni 1945 hinter einem Treckwagen den Weg in die Heimat. Hinter Hirschberg in Hohenliebenthal wurden uns aber die Räder von plündernden Russen und Polen geraubt. Die Wertsachen, Gold- und Familienschmuck hatten wir in Ober-Schreiberhau zurückgelassen in der Annahme, sie bei ruhigeren Zeiten dort abholen zu können. Bis heute haben wir von Familie P. noch keine Spur finden können. In Goldberg blieben wir wieder bei unseren Verwandten und reisten zu Fuß am 19. Juni 1945 über Haynau und Lüben nach Hause ... und fanden den größten Teil der Bewohner bereits vor.

Anschließend schildert Vf. die Verwüstungen, die von russischen Truppen und in ihrem Gefolge eingeströmten Polen angerichtet wurden und berichtet ausführlich über verschiedene Vorkommnisse und die Verhältnisse bis zur Vertreibung durch die Polen im August 1946. Noch ergänzungsbedürftige Namenslisten führen aus Thiemendorf weitere 7 Personen an, die von Russen oder Polen ermordet wurden, und 31 Männer, die im Februar 1945 nach Rußland verschleppt wurden, wovon nur 9 als zurückgekehrt bekannt sind.

Nr. 114

Erlebnisbericht von N. N. aus Thiemendorf, Kreis Wohlau i. Niederschles.
Beglaubigte Abschrift, Mai 1951.

Flucht in den benachbarten Kreis Goldberg und Rückkehr nach Überrollung durch die russische Front.

Unter dem Donner der Geschütze setzte sich am Abend des 24. Januar 1945 unser Treck in Richtung Lüben, Haynau in Bewegung. Nur den einen Wunsch im Herzen, dem nahenden Feind zu entkommen, das Getöse der Geschosse endlich nicht mehr zu hören, zogen wir Tage und Nächte, trotz hohen Schnees und mit wenigen Ruhepausen, den schweren und trostlosen Weg der Heimatlosgewordenen.

In Neudorf und Wilhelmsdorf am Gröditzberg fanden wir unser Quartier und Menschen, die unserem Schicksal Verständnis entgegenbrachten. Sie versuchten, unsere Lage zu erleichtern, denn täglich konnte ja auch sie dasselbe Los erreichen.

Endlose Flüchtlingszüge hasteten ununterbrochen an uns vorüber, bis dann auf einmal die Straßen wie ausgestorben waren und auch der Postverkehr zu stocken begann. Ja, selbst dann blieben wir immer noch, obwohl die Front zusehends näherrückte. Niemand — bis auf einige wenige — mochte erneut einen ins Ungewisse führenden Weg antreten, und der Gedanke, womöglich bald in ein befreites Thiemendorf zurückzukehren, blieb in allen zu mächtig.

Schließlich kam der verhängnisvolle 14. Februar 1945 heran und mit ihm die ersten Russen. Eine Welt stürzte zusammen! Nun gab es für uns nur noch diese eine Möglichkeit, nämlich nach Hause zu gehen. Unbestattete Tote zurücklassend — Walter Mummert war mit seiner Verlobten Irmgard Schlupke aus Guhren freiwillig aus dem Leben geschieden, Frau Schuhmann sowie Fleischermeister Theuer von ersten Russenkugeln erschossen —, traten wir am Morgen des 16. Februar 1945 den Heimweg an. Spuren der Verwüstung und sinnlosen Vernichtung begleiteten unseren Weg.

Bald begann auch die systematische Ausplünderung unserer Wagen, Pferde wurden ausgespannt, vollbepackte Wagen blieben stehen, Familien wurden auseinandergerissen, überall lauerten Angst und Schrecken. Die Nächte verbrachte man mit Pferden und Wagen getarnt in den Wäldern, ängstlich darauf bedacht, jedes verräterische Geräusch zu vermeiden.

So erreichten wir endlich unser Thiemendorf wieder, nachdem wir schon in Töschwitz erleichterten Herzens unseren Kirchturm als ersten heimatlichen Gruß wahrgenommen hatten. Im Gegensatz zu dem fast 90 Prozent zerstörten Mlitsch fanden wir ein von Russen wimmelndes und bis auf einige abgebrannte Häuser ein von Kriegseinwirkungen kaum beschädigtes Dorf vor.

Von den wenigen Zurückgebliebenen sehnlichst erwartet (Bock Schuster mit Frau erschossen aufgefunden, Mutter Zesbig erschlagen, Bautz sen. mit Frau tot), hielten wir unseren traurigen Einzug. Fortan blieben wir in einigen Häusern des Ober- und Niederdorfes zusammengedrängt, in ständiger Angst.

Allmählich zogen die Russen in nördlicher Richtung weiter, uns eine schwach besetzte Kommandantur auf der Erbscholtisei zurücklassend. Wir kehrten in unsere z. T. in erschreckendem Zustand sich befindenden Häuser zurück, brachten sie, so gut es ging, wieder in Ordnung. So nahm das neue Leben seinen Anfang, aber es sollte nun eine furchtbare Zeit für alle anbrechen.

Es folgen die Namen von Personen, die nach Rußland verschleppt wurden, in dortigen Arbeitslagern gestorben sind oder noch als verschollen gelten. Abschließend äußert sich Vf. noch zu den Verhältnissen unter polnischer Verwaltung.

Nr. 115

Bericht des Pfarrers Drobnitzky aus F r a u s t a d t i. Niederschles.
Photokopie, 29. Juni 1949.

Räumung von Fraustadt; erste Unterbringung der Bevölkerung im Kreise Sprottau und weitere Evakuierung nach Sachsen.

Vf. war seit 1935 Pfarrer in Fraustadt und Anfang Januar 1945 als Verwundeter in das dortige Reservelazarett verlegt worden.

Am 19. und 20. Januar 1945 passierten die ersten Züge mit Flüchtlingen aus Posen den Bahnhof Fraustadt. Eine dumpfe Furcht legte sich auf die gesamte Bevölkerung. Die Bevölkerung blieb jedoch in der Stadt und auf den Dörfern des Kreises. Am Abend des 20. Januar erklärte der Kreisleiter der NSDAP. in einer Versammlung den erschreckten und von Furcht wie gelähmten Menschen, daß nichts zu fürchten sei und eine Räumung der Stadt und des Kreises nicht nötig oder beabsichtigt sei. In der Nacht vom 20. zum 21. Januar verschwand der Kreisleiter mit seinem „Stabe" aus der Stadt, und gegen 4.00 Uhr morgens erhielt die Bevölkerung den Befehl, die Stadt sofort zu verlassen, da sie Kampfgebiet werde. Für die Patienten der beiden Zivil-Krankenhäuser und eines Entbindungsheims der Stadt Berlin wurden Kraftfahrzeuge und ein Räumungszug der Reichsbahn zur Verfügung gestellt, ein weiterer Zug für die beiden Reservelazarette; deren Chefarzt jedoch hatte solche Eile, daß er einen Teil seiner Patienten „vergaß". Mit diesen „vergessenen" Verwundeten, die zum Teil Amputierte waren, zog ich zusammen mit der Bevölkerung aus der Stadt bei etwa 18 Grad Kälte und vereisten Straßen. In zwei Tagemärschen wurde das etwa 50 Kilometer entfernte Sprottau erreicht. In der Stadt und im Kreise Sprottau wurde die Bevölkerung des Kreises und der Stadt Fraustadt zunächst untergebracht, bis am 1. oder 2. Februar die russischen Kräfte bei Steinau die Oder überschritten hatten. Da wurde auch die Bevölkerung von Sprottau zur Räumung aufgefordert.

Zunächst wurden die Flüchtlinge aus Fraustadt und den Kreisen rechts der Oder in Räumungszügen der Reichsbahn abbefördert, dann die Bevölkerung von Sprottau. Die bespannten Trecks der Landbevölkerung wurden in die Richtung Forst—Guben gewiesen, von da weiter in den Raum Chemnitz—Glauchau—Greitz—Gera. In den gleichen Raum wurden die Eisenbahntransporte geleitet. Dort fanden die Flüchtlinge notdürftige Unterkunft. Da ich von da an wieder in Lazarettbehandlung sein mußte, habe ich die weiteren Vorgänge nicht mehr miterlebt und kenne sie nicht aus persönlicher Wahrnehmung, sondern nur aus mündlichen und schriftlichen Berichten meiner Gemeindeglieder. ...

Das schlimmste Leiden scheint denen widerfahren zu sein, die beim Abtransport aus dem Raum um Sprottau in Dresden in den Terrorangriff gerieten und dann in die Tschechoslowakei geleitet worden sind. In der Umgegend von Eger wurden zwei oder drei dieser Transporte ausgeladen und haben dann nach dem Zusammenbruch schlimmste Quälereien durch die Tschechen erdulden müssen. Sie wurden erst im Jahre 1946 aus der Tschechei abgeschoben und nach Bayern gebracht, wo sie zum großen Teil jetzt noch in großer Not leben.

2. Die Flucht der Bevölkerung aus dem westlichen Oberschlesien, aus Breslau und Mittelschlesien in die schlesischen Randgebirge (Ende Januar Anfang Februar) und weiter in die Tschechoslowakei, nach Bayern und Sachsen. Rückkehr nach der Kapitulation.

Nr. 116

Erlebnisbericht des Bauern Karl Tiffert aus Lossen, Kreis Brieg i. Niederschles. Original, 26. September 1952.

Gewalttaten sowjetischer Soldaten nach dem Einmarsch, Verschleppung von Dorfbewohnern.

Eingangs bemerkt Vf., daß er sich, im Vertrauen auf seine russischen Sprachkenntnisse, mit seinen Leuten der zwangsweisen Evakuierung entzogen habe.

Am 4. Februar 1945, Sonntag, nachdem die Russen über die Oder gesetzt waren, kam es in und um Lossen zu Gefechten, welche sich in der Richtung Grottkau weiter entwickelten; hinter Grottkau stand die deutsche Front. Als die ersten russischen Panzer mit Infanterie ankamen, waren wir sofort Uhren, Ringe und andere Sachen los. Kurz darauf kam Infanterie an, und da war der Teufel los. Sofort wurden die ersten Frauen vergewaltigt, von Kindern von 12 Jahren bis zur Greisin über 80 Jahre, was ich selbst aus nächster Nähe gesehen habe. Mein zweites Dienstmädchen, Helene T., wurde von den Russen dreizehnmal hintereinander gebraucht. Es verging kein Tag, wo es ruhig war. Die jungen Mädchen und Frauen lagen meistens die Nächte im Garten unter den Sträuchern. Setzte sich ein Mann für sie ein, wurde er erschossen oder erschlagen, wie Bauer Hermann Wende erschossen mit Frau und Tochter, Kaufmann Theodor Ruscher und Max Leesch, Max Peisker erschossen. Rentner Scholz mit Frau mit dem Spaten erschlagen. Ein 12 Jahre altes Mädchen wurde von der Mutter geschützt, Mutter erschossen, Mädchen gebraucht. Es gab fast keine Frau, die nicht geschändet wurde. Eine Greisin, Frau Rahn, viermal gebraucht. Frau Schneidermeister Pfeifer aus Jeschen erhängte aus Verzweiflung ihre drei Kinder im Alter von acht bis dreizehn Jahren und sich dann selbst.

Aus dem Dorf Jeschen wurden fast restlos alle männlichen Personen verschleppt und sind verschollen, ebenso aus Lossen, die da waren. Die meisten sind verschollen. Ob Partei oder nicht. In der Villa Buchs war GPU., wo ich selbst vernommen wurde, von 30 Mann sind wir nur 4 Mann, ich auf meine russische Sprache, freigekommen, die andern verschleppt, nichts mehr von ihnen gehört. Das Vieh war im ganzen in einigen Stunden alles raus, so daß alle Wirtschaften bis auf einige Katzen leerstanden. Sämtliches Inventar wurde demoliert. Die evangelische Kirche war total ausgeräumt, in der katholischen Tabernakel erbrochen und sämtliche kirchlichen Sachen lagen verstreut im Park und Dorf im Dreck. Viele Gebäude angezündet.

Die toten Deutschen lagen, ebenso Vieh, bis zur Ernte rum. Es konnte sich ja niemand auf die Straße wagen, wollte er nicht verschleppt werden. Die Felder waren außer Winterweizen und Roggen nicht bestellt, und dieses ernteten die Russen. Von den Deutschen, die bei den Russen arbeiteten, bekam jeder auf den Tag ein Brot, die andern nichts. Zu kaufen gab es nichts, sämtliche Geschäfte ausgeräumt; da war das Schlimmste: kein Salz, die Leute nahmen dann Kali und starben dann an Typhus wie die Fliegen. — Man kann fast jedes Haus durchgehen, wo nicht einer fehlt.

Es folgen noch einige Angaben, die die Verhältnisse unter polnischer Verwaltung charakterisieren.

Nr. 117

Erlebnisbericht des Photographen Josef Buhl aus Klodebach, Kreis Grottkau i. Oberschles.

Photokopie. 1946/47 (Vf. starb am 11. November 1947), 14 Seiten. Teilabdruck.

Dorftreck in die Grafschaft Glatz und Rückkehr zur Frühjahrsbestellung; erneute Flucht ins Gebirge und Heimkehr nach der Kapitulation.

In den kalten Januartagen des Jahres 1945 war es, als die ersten Flüchtlinge bei uns Quartier suchten. Mit Pferd und Wagen oder Schlitten kamen sie und berichteten, daß sie noch knapp vor den russischen Panzern entkommen konnten und daß hinter der Roten Armee Scharen von Banditen mit blutigem Terror in das Land einfielen. Die gehetzten Menschen waren nicht zu bewegen, länger als eine Nacht bei uns zu bleiben. Sie kamen von Lublinitz und wollten weiter. Nur fort! Die Bilder auf den Fluchtstraßen waren wechselvoll. Das Elend, das sich damals bei der Kälte zutrug, ist nicht zu schildern.

Dieses Schicksal stand auch uns bevor. Breslau war zur Festung erklärt, und die Zivilbevölkerung erhielt den Räumungsbefehl. Wir richteten einen Wagen her und versahen diesen mit einer Plane, während von fern her der Donner der Kanonen dröhnte.

Das Schicksal gab uns noch eine Frist, und wir nutzten diese. Manches Besitzstück, das uns entbehrlich erschien, wurde der Erde anvertraut. Es war keine leichte Arbeit, die hartgefrorenen Erdschollen aufzugraben, und dauerte tagelang. Stück um Stück versank. Vielleicht war es gerettet; vielleicht auch versenkt für ewige Zeiten. Unsere Koffer standen fertig gepackt für die Flucht. Am 26. Januar 1945 spendete unser Vikar der ganzen Gemeinde die Generalabsolution. Die Tage vergingen zwischen Hoffen und Bangen.

Als ich am 2. Februar im Garten Edelreiser schnitt, wurde mein Optimismus verlacht. Und nicht zu Unrecht, denn schon zwei Tage später hatten wir wieder erhöhte Alarmbereitschaft. Von Grottkau her zog ein neuer Flüchtlingsstrom durch unser Dorf, und auch neue Einquartierung kam. Eine Aufregung löste die andere ab. Bald kamen gute Nachrichten, bald unerfreuliche. Die Ungewißheit blieb und gipfelte in den Worten: „Sobald das Feuerhorn ertönt, wird binnen einer Stunde der Ort geräumt!"

Auch die Stadt Neiße war zur Festung erklärt worden. Wir schickten einen Boten dorthin, um unseren Jungen herauszubekommen, damit wir im Falle der Flucht ihn bei uns hatten. Wir freuten uns, daß er bald kam, aber die Freude dauerte nicht lange. Am 10. Februar, neun Tage vor seinem 17. Geburtstag, erhielt er die Einberufung und mußte von uns fort.

Es kamen neue Flüchtlinge, nahmen Quartier und mußten wieder weiterziehen. Von Grottkau, Tiefensee, Koppendorf und Striegendorf. Neue Soldaten kamen und zogen wieder ab. Die Front schien sich wieder zu festigen. Der Rundfunk gab uns neue Hoffnung. Mitte März sollte unser Gegenstoß erfolgen, die große Frühjahrsoffensive, die uns befreien und die Wende bringen sollte. So ging der Februar dahin; es verging der Schnee.

Schon oft war man im Schlafe aufgeschreckt worden. An diesem Morgen aber war es etwas Neues, etwas Besonderes, was uns zusammenducken ließ. Es klirrten die Fensterscheiben; es dröhnte die Luft. Von 4.00 Uhr früh bis 9.45 Uhr. Unerträglich dieses Gedröhn. Ich band mir eine Kompresse um den Kopf, mir war, als müsse er mir zerspringen. Im übrigen beunruhigte uns das gar nicht. Im Gegenteil! Wir erwarteten die deutsche Frühjahrsoffensive, die für diese Zeit angekündigt worden war. Am Mittag waren wir Zeuge erfolgreicher Luftkämpfe. Wir freuten uns, wenn immer der fremde Raubvogel brennend zu Boden stürzte oder in wilder Flucht vor unseren Jägern das Weite suchte.

Das war der 15. März. Spät abends gingen wir zur Ruhe, die jedoch nicht lange dauern sollte. Gegen Mitternacht ertönte schaurig das alarmierende, gespenstische Feuerhorn. — Alles sprang erschreckt auf, rannte hin und her. Ich mahnte zur Ruhe. Unsere Flüchtlinge aus Striegendorf fuhren schon um 1 Uhr mit ihrem Handwagen zum Tor hinaus. Auf der Straße wurde es lebendig. Um drei Uhr fuhren die ersten Pferdegespanne ab. Ich hielt das alles für übereilt, zumal an die Wehrmacht kein Alarm ergangen war. Für alle Fälle aber bepackten wir die Wagen und machten alles fertig, bis endlich der Morgen graute. Ein Gespann nach dem anderen fuhr los. Wir zögerten noch immer. Krachend feuerte unsere schwere Artillerie über das Dorf hinweg. Doch als die Soldaten zu packen begannen, die Drähte der Telefonleitungen zusammenrollten und die Autos mit den Offizieren davonfuhren, blieb auch uns keine andere Wahl. Wir mußten die Heimat verlassen.

Bis zum Dorf hinaus hatte ich den Treckwagen begleiten müssen wegen der jungen wilden Pferde. Dann kehrte ich nochmals um, denn es gab noch Arbeit, und ich wollte in der Heimat bleiben bis zur letztmöglichen Stunde. Unsere Artillerie schoß noch immer über das Dorf hinweg. Bald erschienen die russischen Flieger, mit Bordwaffen feuernd. Bald krachten Bomben. Es brannte. Vom Oberdorf zogen dichte Rauchschwaden am Himmel. Ich vergrub noch einige Sachen im Garten, als ich von den Fliegern entdeckt und selbst unter Beschuß genommen wurde. Auf der Straße wurde es ganz still, unheimlich fast. Jülkes Mädel kamen gelaufen und riefen mir zu, daß die letzten Soldaten das Dorf verlassen hätten und die Russen unmittelbar folgen könnten. Sie fuhren davon. Was wollte ich noch im Dorf? Verteidigen konnte ich es allein doch nicht. So nahm ich in der Abenddämmerung mein Fahrrad und verließ den geliebten Heimatort.

Die Dunkelheit brach herein, und es kostete mich einige Mühe, meine Leute wiederzufinden. In Mösen, in einem kleinen Raum hinter dem Saale des Gasthauses, fand ich sie, auf der Streu liegend, denn es war spät geworden.

Am nächsten Tage gab es Arbeit. Infolge Überladung war eine Wagenleiter gebrochen. Wir mußten umladen und die Leiter schienen. Das kleine, mit Futtermitteln beladene Wägelchen ließen wir in Mösen zurück, liehen uns einen starken Ackerwagen und spannten ein Pferd mit dem Ochsen zusammen. — Sehnsüchtig gingen unsere Blicke ab und zu nach der Richtung Heimat, von wo über die Ullersdorfer Berge hinweg der Kirchturm von Karlshöh als letzter Heimatgruß erschien. Die Rauchschwaden in jener Richtung ließen uns Schlimmes befürchten. Über Ottmachau kreisten ständig russische Flieger.

Am nächsten Tage, einem Sonntag, mußten wir weiter. Die Flieger, die über uns kreisten, griffen glücklicherweise den Treck nicht an. Am Nachmittag erreichten wir Geseß. Das kleine Dorf war mit Flüchtlingen und Militär überfüllt, weshalb wir nicht lange dort geduldet wurden. Es bestand keine unmittelbare Feindgefahr, weshalb wir dem Räumungsbefehl des dortigen Bürgermeisters nicht Folge leisteten. In der Nacht ließ man dann das Feuerhorn ertönen, und alle Zivilisten, auch die Ortseinwohner, mußten das Dorf verlassen, damit der Oberleutnant der Luftwaffe Platz hatte mit seinen Etappensoldaten. In der dunklen Nacht ist die Wirkung solchen Alarms doch größer als bei Tage, auch wenn keine direkte Notwendigkeit besteht.

Unsere Weiterreise verschoben wir doch bis Tagesanbruch. Nun folgte die beschwerlichste Wegstrecke unserer Flucht. Es ging pausenlos von Ort zu Ort. Bergauf, bergab, und nirgends wollte man uns aufnehmen. Für mich war es deshalb besonders schwer, weil der zweite Wagen, den der Kriegsgefangene Alexander führte, keine Bremse hatte. Bei jeder Abwärtsfahrt mußte ich mit einem Knüppel in das Hinterrad eingreifen und, unten angekommen, nach der Höhe zurücklaufen, um mein oben zurückgelassenes Fahrrad nachzuholen. — Rechts von uns tauchten wieder die fremden Vögel auf, und bald war das Städtchen Patschkau eingehüllt in Rauch.

Erschütternde Bilder sah man auf der Straße, die sich nicht einzeln schildern lassen. Auch der Verkehr ist nicht zu beschreiben, da außer den endlosen Kolonnen der Flüchtlingswagen auch die Wehrmacht die Straßen befuhr. Oft gab es Stockungen, weil die Fluchtstraßen verstopft waren. Schlimm war es bestellt um die Flüchtenden mit Handwagen und die mit kleinen Kindern. Und die „Ichsucht“ bestand noch immer. Hinter Alexanders Wagen hatte eine 7köpfige Familie ihren Handwagen angehängt. Der Kinderwagen mit dem Kleinsten wurde von der Frau geschoben. Bei plötzlichem Halten fuhr der dahinter fahrende Pferdewagen auf. Es schrien die Kinder, die Frau schimpfte und fluchte. Unsere letzten sechs Gespanne waren vom Treck abgekommen, zwischen andere Kolonnen eingeschoben und festgekeilt. Als ich, hinter diesen herfahrend, nach Weißwaser kam, stand am Straßenrand der alte Stiebner, sein Handwagen zerbrochen, das Gepäck lag im Schmutz der Straße. Wenn jeder unserer sechs Wagen nur ein Stück auflud, war alles fortzubringen. Doch die fuhren immer weiter, bis glücklicherweise eine Verkehrsstockung ein „Halt“ gebot. Mit Hilfe unserer Frauen schafften wir das Gepäck nach vorn, und nach einigen Debatten war alles verstaut.

Vor Reichenstein gab es wieder Zwischenfälle und Stockungen. Am späten Abend kamen wir endlich bis Maifritzdorf. Trotzdem wir, Menschen und Vieh, todmüde waren, wollte man uns auch hier nicht aufnehmen. Besonders erwähnen muß ich das flegelhafte Benehmen des dortigen Bürgermeisters, der zwar ein Parteigenosse war, aber uns vertriebene und obdachlose Menschen beschimpfte und Lumpengesindel nannte. Aber wir konnten nicht mehr weiter, das Vieh hatte sich lahm gelaufen. Trotz des vorgeschrittenen Abends fanden wir noch ein ganz annehmbares Quartier, breiteten in der Küche Stroh aus, und bald fielen uns vor Müdigkeit die Augen zu.

Am nächsten Tage mußten die Pferde beschlagen und Wagenreparaturen vorgenommen werden, denn wir wollten den ungastlichen Ort schnell wieder verlassen. Diesmal, das hatten sich alle vorgenommen, sollte eine so große Strecke nicht gemacht werden, und so fuhren wir bis ins nächste Dorf. In Hemmersdorf duldete man uns länger, und als wir nach Ablauf einer Woche verhältnismäßig höflich an die Weiterreise gemahnt wurden, waren inzwischen die Pferde an Druse erkrankt, und wir blieben weiter an dem Ort. Frau Fritsch hatte uns das kleine Stübchen neben ihrer Küche abgetreten, wo wir fünf Personen schlafen konnten. Tagsüber hielten wir uns, wenn draußen nichts zu tun war, in der Küche auf. Mit den Kindern Horst und Ursel wurde gespielt und Musik gemacht. Wir waren nicht wie Fremde, sondern glichen einer großen Familie.

Der Vormarsch der Russen war dicht vor unserem Heimatort zum Stehen gebracht worden, was wir wohl dem großen Bechauer Wald zu verdanken hatten, durch den sich nun die HKL. dahinzog. Klodebach war noch im Besitz der deutschen Wehrmacht und wurde noch längere Zeit gehalten.

Weil allmählich das Viehfutter knapp wurde, mußte es durch die zurückgelassenen Bestände aus den leerstehenden Dörfern ergänzt werden. Dabei wagten sich einige ganz Mutige vor bis zur Front und bis nach Klodebach hinein. Bald kam es zu einer ständigen Verbindung mit der Heimat durch Radfahrer und Fahrzeuge. Wir erfuhren dadurch alle Einzelheiten über die Lage an der Front und das Schicksal unserer Heimat. Den wenigen alten Leuten, die in Klodebach zurückgeblieben, war nichts Schlimmes zugestoßen. Das Vieh war abtransportiert worden, in unseren Häusern wohnten nun Soldaten.

Es war Frühling geworden. Die Felder mußten bestellt werden, auch in der Heimat. Die Gefahr der nahen Front sollte uns daran nicht hindern. Schwere Kämpfe fanden derzeit nicht statt. Am 10. April fuhren die Gespanne ab in Richtung Heimat. Eigentlich hatte ich nie das Gefühl gehabt, daß diese nach unserer Flucht verloren sei für uns. Und doch kam ich mir überaus glücklich vor, als ich mit dem Fahrrad im herrlichsten Frühlingssonnenschein immer näher kam. Ich fand auch alles so vor, wie uns berichtet worden war. In meinem Hause, das noch völlig unbeschädigt stand, waren sieben Soldaten einquartiert, die es sich ganz gemütlich gemacht hatten. Ich kam mir vor wie ein Fremdling im eigenen Hause. Doch blieb zum Denken nicht viel Zeit, es gab Arbeit, und die Russen ließen uns vorläufig unbehelligt. Nur unsere Feldgendarmerie war unausstehlich. Weil meine Aufenthaltsgenehmigung von einer Volkssturmeinheit und nicht von der Kreisbauernschaft ausgestellt und auch nur auf fünf Tage befristet war, wurde ich bald aus dem eigenen Hause ausgewiesen. Ich mußte am Montagabend nach Hemmersdorf fahren, ließ mir dort den Schein um weitere fünf Tage verlängern und war am Dienstag schon wieder daheim.

Nun aber wurden die Russen ungemütlich. In einer Entfernung von drei Kilometern zur Front wird die Schießerei zur Gewohnheit. An einem schönen Abend war ich Zeuge der Artilleriebeschießung von Klodebach, wobei es immer über uns hinweg sauste. Ganz unheimlich wurde es am Donnerstag früh gegen 3.30 Uhr. Da krachte es so oft und schnell hintereinander über unseren Dächern, daß nicht genau festgestellt werden konnte, ob das die Stalinorgel oder irgendeine andere neue Explosivwaffe verursachte. Mit der Bettruhe war es natürlich vorbei, und der nächtliche Himmel, spukhaft beleuchtet, sah schaurig-schön aus. Als der Tag anbrach, erging an alle Gespanne der Befehl, das Dorf schleunigst zu verlassen. Wir brachten diese in Sicherheit in Kamnig. Mit dem Fahrrad fuhr ich nochmals zurück nach Klodebach, wo ich noch einen Tag und eine Nacht verblieb. Weil mich aber die Feldgendarmen wieder ärgerten (und auch andere Dinge mir die Stimmung verleideten), nahm ich mir noch am späten Abend mein Fahrrad und fuhr in der Dunkelheit bis Hemmersdorf.

Friedlich lag das kleine Häuschen und seine Bewohner schon im Schlummer, und friedlich vergingen die nächsten Tage. Am 25. April noch versuchte der Volkssturm ein letztes und schickte an alle Männer, gleich, ob lahm oder bucklig, die Order. Um 1.30 Uhr erging an mich der Befehl, bis 2.00 Uhr in Kamenz zu sein. Weil das eine Unmöglichkeit war, fuhr ich gar nicht hin. Einige Wochen vorher war ich schon von einer Volkssturmwache in Reichenstein festgehalten, aber auf Grund meines Ausmusterungsscheins wieder freigelassen worden.

Wieder an einem Freitag, am 27. April, wanderten wir weiter. Es bot sich eine günstige Gelegenheit, unseren Reisekorb mit den Eßwaren und andere große Gepäckstücke auf einen Wagen des Bauern Henkel aufzuladen, der beschlossen hatte, weiter zu trecken bis Eckersdorf. Dort befanden sich unsere Verwandten aus Breslau, und hinter einem weiteren Gebirgskamm fühlten wir uns vor Feindbedrohung geborgen. (Mit diesen Erklärungen konnten wir uns von unseren bisherigen Fahrzeugen trennen.) Die Räder mußten geschoben werden. Ich hatte meines beladen mit zwei Koffern und zwei Rucksäcken. Über Wartha, Giersdorf, Gabersdorf und Rothwaltersdorf ging es immer bergauf und bergab. Vom Regen überrascht kamen wir nachts um 22.30 Uhr völlig durchnäßt und überanstrengt in Eckersdorf an. Die Wagen hatten in Giersdorf übernachtet und trafen erst am nächsten Tage gegen Mittag ein. Da der Ort mit Flüchtlingen überfüllt war, zogen wir am

Montag nach Klein-Eckersdorf und fanden bei der guten Mutter Elsner ein schönes Quartier, während die fünf Familien von dem Ochsenwagen im Saale des Gasthauses untergebracht werden konnten.

Der Monat Mai kam heran. Der Rundfunk meldete von der Kapitulation der Festung Breslau, die sich außerordentlich lange verteidigt hatte, und den Kämpfen in Berlin. Die Fronten näherten sich einander. In einer Zange befanden sich die noch tapfer kämpfenden deutschen Truppen. Der Krieg näherte sich dem Ende. Unsere Wehrmacht flutete zurück. Am 8. Mai kamen die ersten Russen an. Weiße Fahnen wurden gehißt. Die Rote Armee ergoß sich über die Grafschaft. Die Frauen im Gasthaus konnten sich der Belästigungen kaum noch erwehren und drängten zum sofortigen Aufbruch. Sobald der Wirrwar auf den Straßen sich etwas mäßigte, traten wir die Heimreise an.

Wir hatten unsere großen Gepäckstücke auf dem Wagen verstaut, und während dieser die gefährlich gewordene Ecke so geschwind als nur möglich verließ, packten wir unsere weiteren Sachen zusammen und folgten diesem eine Stunde später, die Fahrräder schiebend, nach. Wieder hatte ich rechts und links die beiden Koffer, vorn und hinten je einen Rucksack. Durch den Ort Gabersdorf konnten wir nicht, weil es darin von betrunkenen Russen wimmelte. So schoben wir mit den vollbeladenen Rädern um das Dorf herum über die Felder. Daß uns bei dem Weitermarsch auf der Straße die Fahrräder nicht geraubt wurden, verdanken wir meinem Ausmusterungsschein, den ich unter Zuhilfenahme meiner wenigen russischen Sprachkenntnisse immer wieder den Wegelagerern vorzeigte. So kamen wir, von einer Taschenvisitation abgesehen, glücklich bis Giersdorf, wo wir unseren Wagen einholten. Hinter dem Dorfe bogen wir nach einem einsamen Waldweg ab und nahmen Nachtquartier. Die Frauen und Kinder wurden im Walddickicht am steilen Berghange versteckt. Ich blieb bei dem Wagen.

In der frühen Morgendämmerung spannten wir an und fuhren los. In dieser Stunde war die größte Sicherheit, und wir kamen unbehelligt durch das berüchtigte Wartha, da Russen und Polenpöbel ihren Alkoholrausch ausschliefen. Wegen einer Brückensprengung mußten wir Umwege machen. Die vorgesehene Mittagspause in Grochwitz wurde uns verleidet durch Pöbel, der dort mit roter Armbinde, Pistolen und gezücktem Dolch die Flüchtlinge ausplünderte. Also fuhren wir schnell weiter und machten Rast in der einsam gelegenen Holzmühle, wobei mein großer Vulkankoffer vom Wagen geraubt wurde. Gegen Abend kam es hinter Bärdorf wegen einer gesprengten Brücke zu einer großen Stockung. Tausende von Fahrzeugen standen still, stundenlang, bis bei Anbruch der Dunkelheit die Spitze nach einem Seitenweg bog. So kamen wir bis Olbersdorf. Die endlosen Wagenkolonnen aus dem Ohlauer Kreise hielten in diesem Orte aber nur zum Tränken ihrer Zugtiere und wollten aus Angst vor der Plünderung den Ort rasch verlassen und die Fahrt fortsetzen. Wir aber, durch diese Kolonne von unserem Wege abgekommen, mußten an dem Ort zurückbleiben. So unauffällig wie möglich schoben wir unseren Wagen in einen schmalen Hof, daß er zwischen zwei niedrigen Dächern und Fliederbüschen von der Straße her nicht gesehen werden konnte. Ein älteres Ehepaar war daheim, sonst aber keine

Deutschen am Orte. Ich schlief wieder neben dem Wagen, während die Frauen die Nacht im Hause verbrachten. Wieder in frühester Morgenstunde kommen wir unbehelligt aus diesem gruseligen Dorf hinaus und glücklich auf die Hauptstraße.

Am Stadtrand von Münsterberg bogen wir nach Nossen ab. Unser Wagen war allein auf weiter Flur. Wegen der drückenden Mittagshitze machten wir in Nossen mehrere Stunden Rast. Hier trafen wir auf einige anständige russische Kapitäne, die uns vor den Polen Schutz gewährten und uns ein Gefühl der Sicherheit gaben. Auch auf der Weiterfahrt hatten wir Glück. Doch als wir in Kamnig eintrafen, erzählte man, daß Klodebach die Sammelstelle der abziehenden Polen sei und wir nicht hinkönnten. Um diesen Gerüchten auf die Spur zu kommen, machte ich mich, so müde ich auch war, zu Fuß auf den Weg dorthin, überzeugte mich von der Unwahrheit dieser Parolen und ging zurück nach Kamnig, wo wir mit vielen anderen zusammen die Nacht in einer Scheune verbrachten, um am nächsten Morgen die Reststrecke anzutreten.

Es war nicht mehr weit, und schon am Vormittage kamen wir glücklich daheim an. Es war Sonntag, der 13. Mai. Wie freuten wir uns, daß wir unser Heim, vom Kriege unbeschädigt, vorfanden! Nicht allen wurde dieses Glück zuteil. Im Vergleich zu den Nachbarorten wies Klodebach trotz sieben Wochen Front nicht allzuviele Schäden auf. An meinem Grundstück nur kleine Dachschäden und im Garten einige Granattrichter, die in der nächsten Zeit beseitigt wurden. Unsere Möbel und auch andere Gegenstände holten wir uns aus den Bunkern in der Gorke, einem nahe gelegenen Wäldchen, zurück. Auch mußten die bei den letzten Kämpfen gefallenen Soldaten beerdigt werden. Die Frühjahrsbestellung wurde beendet.

Anschließend schildert Vf. das Leben unter russischer Besatzung, das Einströmen der Polen und die Zwangsmaßnahmen polnischer Miliz und Verwaltungsbehörden bis zur Ausweisung nach Westdeutschland im Mai 1946[1]).

Nr. 118

Erlebnisbericht des Pfarrers Fritz Wäder aus Ellsnig, Kreis Neustadt i. Oberschles.

Photokopie, 31. März 1950, 7 Seiten. Teilabdruck.

Flucht, Evakuierung ins Sudetenland und Rückkehr nach der Kapitulation.

Dem Bericht sind einige Bemerkungen persönlichen Charakters vorangestellt.

Im Anfang des Jahres 1945, als der Kanonendonner von der Oder her immer bedrohlicher wurde, besprach ich mit meiner Frau, was in dieser Lage am besten zu tun wäre. Ich wollte, daß sie sich mit den Kindern in eine sichere Gegend begibt. Sie konnte sich aber nicht entschließen, mich zu verlassen, sondern wollte mein Schicksal teilen. Es ist doch ein großes Erleben, in Treue zusammen zu stehen. So kam der 17. März 1945. Das war

[1]) Abgedruckt unter Nr. 343 (Bd. I, 2).

der erste „dies ater“ für unsere Gemeinde, an dem wir direkt in die Kriegsereignisse mit einbezogen wurden. Abends kam der Räumungsbefehl für den Kreis. Den Bewohnern des Nachbardorfes Lasswitz gelang es noch, in geschlossenem Treck über die nahe sudetendeutsche Grenze das schützende Gebirge zu erreichen. Wir dagegen wurden auf der durch Trecks und fliehende Wehrmacht verstopften Straße zehn Stunden aufgehalten und, in dem nur eine Stunde Fußweg entfernten Dorfe angelangt, bereits von den Russen erreicht. Wer es vorzog, lieber Wagen und Pferde stehen zu lassen, als den Russen in die Hände zu fallen, entkam in den eine Stunde entfernten Gebirgswald. Um unserer 20jährigen Tochter willen, suchten wir unter Preisgabe der auf dem Treckwagen mitgeführten letzten Habe zu entkommen. Es war ein gefahrvoller Weg unter Maschinengewehr- und Artilleriebeschuß, von Fliegern bedroht, auf dem wir bereits die ersten zerfetzten Soldaten und Pferde trafen. So mancher wurde verwundet. Wir dankten Gott, als wir aus der unmittelbaren Beschußzone heraus waren. Auf eine Straße gelangt, wurden wir von zurückfahrenden Wagen einer Sanitätskompagnie mitgenommen und nächtigten dreimal mit etwa einhundert Soldaten auf der Zeltbahn am Boden des Gasthaussaales. . . .

Am 20. März erhielten wir die Weisung, mit einem Transportauto nach Jägerndorf zu fahren und von dort mit der Eisenbahn weiter. Unser Ziel wurde Mährisch-Schönberg. Der Amtsbruder der großen Diasporagemeinde, selbst nur vertretungsweise hier, nahm meine Mitarbeit an der durch die hereinströmenden Flüchtlinge stark angewachsenen Gemeinde gern an, und die Pfarrfamilie gab ein Zimmer ab, da meine Frau durch die Strapazen schwer leidend geworden war.

Bei meinen Nachforschungen nach meinen Gemeindegliedern aus der Heimat erfuhr ich, daß der Treck aus Lasswitz durchgekommen und auf den Weg weiter nach Süd-Bayern geleitet worden war. Aus dem Kirchdorf Ellsnig machte ich nur vereinzelte Familien ausfindig, die überall zerstreut waren. Somit war meine Gemeinde aufgelöst, und ich tat die Arbeit weiter, die sich mir in Mährisch-Schönberg bot. Ich hielt hier und im Filialdorf Gottesdienste und Amtshandlungen in der weit ausgedehnten Diaspora.

Dann kam am Sonntag, dem 5. Mai, die Evakuierung sämtlicher Flüchtlinge, da die Russen nun von Süden herankamen. Bald nach dem noch von mir gehaltenen Gottesdienste kamen wir gerade zur Mitfahrt mit dem letzten Transport zurecht, der uns durch die Grafschaft Glatz nach Sachsen bringen sollte. Da die Tschechen aber den Zug nicht mehr durchließen, mußten wir nachts um 3 Uhr den Zug verlassen und wurden auf die Dörfer verteilt. In einem Weberdörfchen im Adersbachgebirge verbrachten wir 14 Tage bei freundlichen katholischen Leuten und kehrten, sobald die Möglichkeit sich dazu bot, nach unserer oberschlesischen Heimat zurück. Zunächst wurden wir mit Transportzug in die Nähe von Glatz gebracht. Weiter war kein Zugverkehr, und wir hatten einen ca. 150 Kilometer langen Fußmarsch bis zum Heimatdorf.

Unterwegs wurden wir von einer russischen Straßenkontrolle festgehalten und die Männer von den Frauen getrennt. Die Frauen durften weiterziehen; ich mit meinem Sohne und eine größere Zahl Männer wurden mit ungewissem Ziel von russischen Soldaten fortgebracht. Unterwegs wurden uns die Wertsachen geraubt, mir Uhr und Trauring weggenommen. Dann wurden wir in Richtung Glatz entlassen. Hier erhielten wir von deutschen Beamten für die Rückreise in den Heimatort einen Ausweis in deutscher und russischer Sprache ausgestellt.

Nach fünf Tagen langten wir in Ellsnig an. Im Pfarrhaus, das durch Beschuß teilweise gelitten hatte, traf ich Frau und Tochter an, die nach anstrengender Wanderung, durch Russen gefährdet, durch Polen unterwegs beraubt, bereits tags zuvor angekommen waren und angefangen hatten, die Küche vom größten Schmutz freizumachen. Das Innere des Pfarrhauses war in solchem Zustande, daß es uns bis zuletzt unmöglich war, es wieder in Ordnung zu bringen.

. . . Von der Gesamtzahl der Evangelischen von 650 traf ich etwa nur ein Viertel an. Es standen zwei Aufgaben vor mir, erstens das kirchliche Leben trotz der Schwierigkeiten, die die polnischen Behörden machten, wieder einzurichten und zweitens für das tägliche Brot selbst zu sorgen wie alle anderen. Niemand hatte das Verfügungsrecht über seinen Besitz, wir Deutschen hatten überhaupt kein Recht, sondern nur die Pflicht, für Polen und Russen ohne Bezahlung zu arbeiten.

Anschließend berichtet Vf. über das religiöse Leben in seinem Kirchenkreis und die Verhältnisse unter polnischer Verwaltung bis zur Ausweisung im Juni 1946.

Nr. 119

Erlebnisbericht der Regierungsangestellten Elisabeth Erbrich aus Breslau.
Original, April 1946.

Flucht aus der Festung Breslau nach Sachsen; Vorgänge beim dortigen Russeneinmarsch; verhinderte Rückkehr durch polnische Sperrmaßnahmen an der Neiße.

Sonntag, den 21. Januar 1945, wurde den Beamten und Angestellten der Landesbauernschaft Niederschlesien in Breslau klargemacht, daß der Russe bereits in Oberschlesien eingebrochen ist und alle weiblichen Angestellten der Landesbauernschaft am 22. Januar die Stadt Breslau zu verlassen haben, weil diese zur Festung ausgerufen worden war. Die Nachricht kam so plötzlich, daß sich furchtbare Szenen abspielten. Viele Frauen, die ihre Kinder auswärts zur Ausbildung oder in Kinderlandheimen hatten[1]), bekamen Weinkrämpfe. Die Menschen liefen in den Straßen völlig verwirrt und kopflos herum. Die Straßenbahn war überfüllt, und jeder fuhr in den letzten Tagen kostenlos. Auf dem Hauptbahnhof lagerten Tag und Nacht Flüchtlinge mit ihrer letzten Habe und warteten auf eine Gelegenheit zur Fahrt in das Innere des Reiches. Es war ein herzzerreißender Anblick, den ich nie vergessen werde.

[1]) Nach Angaben des Rektors i. R. E. Subirge wurden auf Befehl des Gauleiters bereits im Mai 1944 die meisten Breslauer Lehrkräfte mit etwa 14 000 Schülern wegen der Luftgefahr evakuiert.

Am Montag, dem 22. Januar 1945, meinem 20jährigen Dienstjubiläumstag, kam früh 10.00 Uhr der Wehrmachtsbefehl, die Stadt zu Fuß zu verlassen, weil keine Fahrgelegenheit mehr vorhanden war[1]). Es wurde dieser Tag der schwerste meines Lebens. Mit wehem Herzen nahm ich Abschied von meiner geliebten Heimatstadt. In meinem Rucksack das Notwendigste, auf dem Leibe Unterwäsche und Kleider, soviel ich anziehen konnte, ein Paar feste Stiefel an den Füßen, in einer großen Handtasche ein gekochtes Huhn und Eßbares für die nächsten Tage, so trat ich meine Flucht an. Lotti, meine treue Berufskollegin, begleitete mich ein Stück des Weges bis zur Gabitzstraße. Pioniere standen an den Oderbrücken, alles zur Sprengung bereitgemacht. Hoch oben in den Lüften, kaum sichtbar, folgen russische Schlachtflieger, Zettel abwerfend: „Deutsche ergebt Euch, es passiert Euch nichts."

Es war eisiges, sonnenklares Winterwetter und 16 Grad Kälte. Bei Lotte stärkte ich mich noch einmal, und nach einem tränenreichen Abschied marschierte ich gegen 12.30 Uhr mittags Richtung Zobten ab. Ich schloß mich einer Gruppe Frauen an, die dieselbe Richtung hatten[2]). Wie eine Karawane zogen die Flüchtlinge zu Fuß, auf kleinen Wägelchen und Kinderwagen ihre letzte Habe, sowie Autos und Pferdegespanne wie eine schwarze Schlange im leuchtend weißen Schnee. Hunderttausende waren unterwegs, darunter auch Trecks aus den Dörfern links der Oder, die schon tagelang unterwegs waren. Sie hatten infolge der großen Kälte und des unaufhaltsamen Marsches viele Tote in den Wagen, die sie an den Wegrändern niederlegen mußten, weil die steinhart gefrorene Erde die Toten nicht aufnehmen konnte.

Ich kam um 16.00 Uhr todmüde und mit wunden Füßen in Rößlingen (22 Kilometer von Breslau entfernt) an. Es wurde langsam dunkel, und ich sank in halber Ohnmacht an einem Gartenzaun nieder. Ein junges Mädchen fand mich und nahm mich zu der Frau des Bahnhofsinspektors mit, die mich mit schwarzem Tee stärkte und dafür sorgte, daß ich noch mit einem Güterzuge in Richtung Gnadenfrei mitfahren konnte. Mein Ziel war Sch., wo ich meine Schwester mit ihrem viereinhalbjährigen Buben abholen wollte. Sie war nicht wenig erstaunt, als ich sie in später Abendstunde im Schulhaus Sch. ans Telefon rief. Als ich im Schulhaus ankam, waren dort bereits Flüchtlinge und Schwerverwundete aus Oberschlesien eingetroffen. So zerschlagen und müde ich auch war, half ich noch den Verwundeten, denen der Eiter infolge des langen Fußmarsches in Strömen aus den Wunden lief, so gut ich konnte.

---

[1]) Vom 20. und 21. Januar an wurde durch Lautsprecher die Aufforderung durchgegeben: „Frauen und Kinder verlassen die Stadt zu Fuß in Richtung Opperau—Kanth!" — In diesen Tagen begann der Auszug von über 500 000 Menschen aus Breslau. Nach Angaben des zweiten Kommandanten der „Festung Breslau", General v. Ahlfen, befanden sich Anfang Februar neben den insgesamt rund 45 000 aktiven Verteidigern noch etwa 250 000 Zivilpersonen in der Stadt. — s. Jürgen Thorwald: Es begann an der Weichsel, 2. Aufl. 1951, S. 130.
In der am 16. Februar völlig eingeschlossenen Stadt betrug die Einwohnerzahl noch zwischen 150 000 und 200 000 Personen. — Vgl. „Die Tragödie Schlesiens 1945/46", bearb. und hrsg. von J. Kaps, München 1952/53, Bericht Nr. 1, S. 124.

[2]) Über den Marsch der Breslauer Frauen s. auch den bei J. Thorwald: Es begann an der Weichsel, S. 112 ff., abgedruckten Brief.

Es war uns allen klar, daß wir auch hier in Sch. nicht bleiben konnten. Da ich eine Adresse von Verwandten aus Sachsen in der Tasche hatte, bei denen eine Schwägerin evakuiert war, machten wir uns am 24. Januar zusammen mit den Verwundeten auf den Weg nach Mitteldeutschland. Wir kamen mit einem Zug von Gnadenfrei aus bis Liegnitz. Dort hatte der Bahnhof schon Beschuß durch russische Panzer, die schon jenseits der Oder lagen. Es hieß auch hier wieder, schleunigst fort, und wir folgten dem Rat eines alten Bahnbeamten, mit dem gerade leer einlaufenden Zuge nach Kohlfurt zu fahren, um aus der Gefahr herauszukommen. Die Lage auf dem Bahnhof war lebensgefährlich. Die Geschosse schlugen schon in die Bahnhofshalle, und es gab Tote. Unter den Flüchtlingen entstand Panikstimmung. Wir kamen aber wie durch ein Wunder mit unserem kleinen Winfried und dem Gepäck noch in den Zug. Vor den Zugtüren stauten sich die Massen. Einer riß den anderen von der Tür. Kinder schrien laut und wurden von ihren Müttern getrennt. Es war ein Glück, daß wir nur wenig Gepäck hatten. Von Kohlfurt aus erreichten wir dann noch einen Zug nach Görlitz, und von dort hatten wir wieder gleich Anschluß nach Dresden. Am 26. Januar nachmittags beendeten wir unsere Flucht in Kemnitz i. Sachsen.

Unter welchen Umständen sich unsere Fahrt gestaltete, läßt sich nicht beschreiben. Die Züge waren überfüllt. In einem Gepäckwagen hatten wir zwei Tote. Zwei alte Herren waren infolge der Aufregungen an Herzschlag verstorben. Auf dem Bahnhof in Dresden irrten alte Frauen umher ohne jedes Gepäck. Sie hatten den Verstand verloren und wußten nicht mehr ihren Namen und woher sie kamen. Die NSV. brachte sie fort. Beim Einsteigen fiel im Gedränge einer Mutter das Kind aus dem Steckkissen unter den schon abfahrenden Zug. Sie wurde wahnsinnig und mußte im Zug gefesselt werden. Einem kleinen zweijährigen Mädchen, das an Herzschwäche zu sterben drohte, rettete ich das Leben, indem ich es mit Kölnischem Wasser und stark riechenden Salben einrieb.

In Kemnitz brachte uns die NSV. in ein schönes Quartier auf dem Kaßberg, wo uns unsere Quartiergeber ein großes, gut möbliertes Zimmer bereitstellten. Meine Kraft war am Ende. Eine schwere Grippe und Lungenentzündung warf mich auf das Krankenbett. Lange jedoch sollten wir uns auch hier der Ruhe nicht erfreuen. Das Kriegsgespenst in Gestalt von Terrorangriffen auf die schöne Stadt begann am 6. Februar seine Arbeit. Nun mußten wir Tag und Nacht in den Keller. Oft legten wir uns mit Schuhen und Kleidern ins Bett, weil die Angriffe so überraschend kamen. Da kam uns das Schicksal zu Hilfe. Die zwölfjährige Tochter meiner Schwester meldete sich aus dem Erzgebirge. Sie befand sich nur 30 Kilometer von uns entfernt in einem KLV.-Lager[1]). Am 23. Februar siedelten wir dorthin über. Die Freude des Kindes war grenzenlos. Auch sie hatte viel Schweres auf der Flucht erlebt. Sie war mit ihrer Schule in Hain im Riesengebirge evakuiert und war von dort nach dem Erzgebirge weitertransportiert worden. In dem schönen Erzgebirge verlebten wir nun weitere zehn Wochen ohne ein Zeichen von unseren Angehörigen und Bekannten. . .

[1]) Kinder-Land-Verschickungslager, in denen Kinder aus luftgefährdeten Städten untergebracht waren.

Gegen Ende April wußten wir, daß das Ende des Krieges bevorstand. Durch unser Dorf, das an einer Hauptverkehrsstraße lag, zogen Tag und Nacht die Reste der geschlagenen deutschen Armeen nach dem Sudetengau. Was wir hier sahen, läßt sich in Worten nicht schildern. Völlig abgekämpfte, bis zum Skelett abgemagerte Soldaten und Pferde zogen in vollständiger Auflösung die Straßen weiter gegen Westen. Unser Herz krampfte sich zusammen vor Weh. Jede Frau dachte an ihren Mann oder Sohn oder Bruder.

Vor Kemnitz lag der Ami, der Russe war im Anmarsch auf Dresden. Ein deutscher Melder, der sich am 6. Mai eine Landkarte bei uns erbat, sagte uns, daß der Russe schon im Anmarsch sei und unserem Dorf von Meißen her sich nähere. Nun wußten wir, daß der Russe bei uns einziehen wird. Das ganze Haus war fluchtbereit. Nur wir Flüchtlinge aus Schlesien und ein alter 80jähriger Herr beschlossen, im Haus zu bleiben, weil es zwecklos war, noch weiter zu fliehen. Der Ami ließ auch keine Flüchtlinge mehr durch.

Kurz vor dem Einmarsch der Russen hingen wir zum Zeichen der Ergebung ein langes, weißes Bettuch aus dem Fenster. Dasselbe tat auch zur gleichen Zeit der Apotheker aus dem Haus vis à vis. Wir nahmen noch ein weißes Handtuch mit in den Keller und warteten dort weisungsgemäß die Einnahme des Dorfes ab. Es fiel kein Schuß mehr, weil Einwohner des Dorfes den Russen entgegengingen, um einen weiteren sinnlosen Kampf zu vermeiden. In unseren Keller kamen zu unserem großen Erstaunen eine russische Frau in Uniform und der deutsche Mann, der das Dorf übergeben hatte. Die Frau hatte eine schußbereite Maschinenpistole im Arm und fragte in gebrochenem Deutsch nach Nazis. Sie suchte den Besitzer des Hauses, der als Aktivist bekannt war, aber noch rechtzeitig geflohen war. Nachdem sie sich überzeugt hatte, daß der Gesuchte nicht mehr da war, durften wir den Keller verlassen und mit unserem Gepäck ein Mansardenzimmer beziehen. Die ganze erste Etage des Hauses war für den hohen Stab beschlagnahmt, und auch in das Parterre zogen russische Offiziere vom Stabe ein.

Nun kam die schrecklichste aller Nächte. Die Russen waren im Siegestaumel und durchsuchten die Häuser nach deutschen Soldaten, wobei fast alle Frauen, darunter auch 70jährige Greisinnen und halbe Kinder, ja sogar schwangere Frauen vergewaltigt wurden. In dieser Nacht nahmen sich in unserem Dorf aus Verzweiflung viele das Leben, weil sie den Aufregungen nicht mehr gewachsen waren. Darunter befanden sich auch eine schlesische Flüchtlingsfrau mit Schwester und zwei Kindern und die Bahnhofswirtin nebst deren Dienstmädchen. Eine 70jährige Frau sprang nach der Vergewaltigung aus dem Fenster. Die Hilfeschreie der vergewaltigten Frauen gellten durch die Nacht. Eine Verwandte von mir, Mutter von vier Kindern, wurde vor den Augen ihrer Kinder und ihrer alten Mutter von zwei Mongolen vergewaltigt. Die meisten Häuser wurden geplündert, und selbst Flüchtlinge blieben davon nicht verschont. Ca. vierzig mal mußten wir in der Nacht am 7. Mai die Tür öffnen. Uns selbst geschah aber wie durch ein Wunder nichts.

Am nächsten Tag zog der hohe russische Stab in die beschlagnahmte Wohnung, und damit hatten wir Ruhe vor Eindringlingen. Die Lebensmittelkarten wurden weiter ausgegeben, und die Gemeinde sorgte so gut sie konnte für eine gerechte Verteilung der noch verbliebenen Reste an Lebensmitteln. Es war alles sehr knapp, vor allen Dingen Brot, und wir hatten entsetzlich viel Hunger. Es gab für Erwachsene ein Dreipfundbrot und für Kinder ein Zweipfundbrot für die ganze Woche, später für zehn Tage.

Am 30. Mai 1945 kam ein Anruf des kommissarischen Bürgermeisters an die Schlesier, daß wir binnen fünf Tagen das Dorf zu verlassen hätten und in die Heimat zurückkehren könnten. Wir besorgten uns zwei Handwagen und zogen mit dem Guhrauer Treck Richtung Freiberg — Dresden zu Fuß gen Osten, Richtung Heimat. Verpflegung hatten wir nur wenig, und wir lebten unterwegs nur von dem, was uns mitleidige Menschen verkauften oder schenkten.

Von dem Treck mußten wir uns schon am ersten Tage trennen, weil wir mit dem Tempo der Pferde nicht lange Schritt halten konnten. Die Eisenbahn konnten wir nur auf kurzen Strecken benutzen, weil alles durch den Krieg zerschlagen war. So kamen wir über Bischofswerda nach Bautzen, wo wir im dortigen Flüchtlingslager vom Roten Kreuz aufgenommen wurden. Es waren auch schwerverwundete deutsche Soldaten in dem Lager untergebracht. In der Nacht erfuhren wir, daß Typhus ausgebrochen war, und wir brachen schleunigst wieder auf. Wir gelangten bis nach Kemnitz O/L, in die Nähe von Görlitz. Durch das verseuchte Wasser in Bautzen hatten wir alle vier schweren Darmkatarrh. Wir mußten daher acht Tage bei einem Bauern rasten, der uns auch ein Zimmer bereitstellte. Nachdem wir uns einigermaßen wieder erholt hatten, zogen wir weiter in Richtung Görlitz. Man nannte damals die langen Flüchtlingskarawanen scherzhafterweise „die Ausflügler". Als wir für das Passieren der Neißebrücke beim polnischen Kommandanten einen Passierschein verlangten, mußten wir hören, daß unsere Reise zwecklos war, weil die Polen die Grenze geschlossen hatten und keine Deutschen mehr nach Schlesien hineinließen, im Gegenteil, die noch verbliebenen auswiesen[1]).

Nun mußten wir an der Grenze unserer vielgeliebten Heimat wieder kehrtmachen. Was das bedeutete, kann nur der verstehen, der die Heimat liebt und nicht mehr in das Land der Väter zurückkehren darf. Wieder nahmen sich viele Rückwanderer das Leben, weil sie die Kraft nicht mehr fanden, noch einmal in eine ungewisse Zukunft und ohne Ziel zu wandern.

[1]) An den Zufahrtstraßen der Neiße-Übergänge stauten sich Zehntausende schlesischer Flüchtlinge, die nach der Kapitulation in ihre Heimat zurückkehren wollten. Die Übergänge waren von polnischen Militärkommandos gesperrt. In den meisten Gebieten Schlesiens hatte bereits die Austreibung der zurückgebliebenen oder inzwischen von der Flucht vor der Roten Armee aus dem Sudetenland und der Tschechoslowakei zurückgekehrten Bevölkerung begonnen. — Vgl. die in Bd. I, 2 abgedruckten Berichte Nr. 297 bis Nr. 303.

Nach den von der Stadt Görlitz herausgegebenen Mitteilungen lagen bereits Mitte Juni 1945 allein in Görlitz und Umgebung 80 000 Rückwanderer nach Schlesien, denen die polnische Kommandantur den Übergang verwehrte. — Vgl. „Die Tragödie Schlesiens", S. 75 f. und S. 130 ff.

Bettelnd und hungernd kamen wir am 5. Juli wieder in unserem Dorf im Erzgebirge an.

Anschließend schildert Vfn. ihre spätere Überführung nach Westdeutschland.

Nr. 120

Bericht des Pfarrers der Gemeinde Rogau-Rosenau, Landkreis Breslau, Walter Gerhard.

Original, August 1949, 9 Seiten. Teilabdruck.

Gemeindetreck in das Glatzer Bergland, das dortige Leben der Flüchtlinge und die Rückkehr nach der Kapitulation.

... Ende Januar 1945 durchquerten vom rechten Oderufer her die ersten Flüchtlingsmassen in langen Wagenkolonnen unsere Gemeinde. Durch tiefen Schnee stampften Menschen und Vieh, mahlten fast bis an die Achsen die Wagenräder. Auf dem an der Heerstraße gelegenen Dominium Wernersdorf liefen einen Sonntag tausend Menschen ein, ebensoviel wohl im Dorf. Bald wurde auch Rogau-Rosenau durchzogen. Im Pfarrhaus nahmen bis 42 Tag- und Nachtgäste gleichzeitig ihre Zuflucht.

Der Kanonendonner nördlich von Breslau her, aber in der Ferne auch im Osten und Westen vorrückend, hatte uns schon von drei Seiten eingeschlossen, erste Fliegergefechte in der Luft über dem nahen Rosenborner Fliegerhorst und über Rogau selbst und einzelne Bombenabwürfe machten es schon ziemlich unruhig. Da, am Sonntag, dem 11. Februar, brach mit 96 Pferde- und Ochsengespannen das Dorf Rogau-Rosenau selbst auf: Etwa 800 Evangelische mit ihrem Pfarrer und die 100 Katholiken mit dem ihrigen. Rund 200 Kinder und Alte waren etliche Tage zuvor mit einem letzten von Schweidnitz im Pendelverkehr eingesetzten Zuge vorausgesandt worden. Im Glatzer Gebirge in und um Kudowa, unmittelbar an der tschechischen Grenze, trafen sich später Eltern und Kinder wieder.

In den Tagen vor dem Aufbruch hatte sich der grimme Winter in sonniges Vorfrühlingswetter verwandelt. So ging's durch Zobten, Silinghain, Schwentnig, Kl. Kniegnitz nach Burghübel-Bankwitz, das von Flüchtenden schon stark belegt war, uns aber gastlich mit Hühner- und Putenbraten aufnahm. Nachts leuchtete der Himmel rot vom Brande von Schlössern und Dörfern und von dem 40 Kilometer entfernten Breslau her.

Nach einer kurzen historischen Betrachtung über die Wasserburg von Burghübel schildert Vf. den weiteren Treckweg.

Früh ging es bei kaltem Wind und etwas Schneetreiben durch Kl. Silsterwitz in der Enge zwischen dem Zobtenberg mit seinen Steinblöcken und Felsen und seinem herrlichen Wald auf der einen Seite und dem Wunder-Geiersberg mit seiner noch unter dem Winterkleid schlummernden alpinen Flora und Schmetterlingswelt hindurch aus dem Bereich von Kl. Kniegnitz und damit auch aus der erweiterten Kirchengemeinde Rogau hinaus. Nachdem auch der Költschenberg zur Seite gewichen, traten wir ins weite, fruchtbare Tal von Schweidnitz, Reichenbach, Frankenstein, sahen den Bergwall des Eulengebirges und ganz fern im Glanz der Vormittagssonne unser Ziel: das Glatzer Gebirge.

150 Kilometer galt's neben dem Wagen dahinschreitend zu überwinden! Wie merkwürdig arm und getröstet dies tagelange Wandern über hartgefrorenes Land durch Dörfer und die Städte: Reichenbach, Frankenstein zum Warthepaß hinan. Dort auf zugiger Höhe stärkte uns und andere stumm durchziehende Trecks die Wehrmacht mit warmer Gemüsesuppe. Im ganzen waren unsere Übernachtungen Burghübel, Hennersdorf, Habendorf, Olbersdorf bei Frankenstein, wo wir Fliegerangriffe sahen und Bomben krachen hörten, aber selbst keine Verluste erlitten. Dann Giersdorf im Glatzer Gebirge, Rauschwitz und Goldbach. Natürlich konnten mehrfach nicht alle 96 Wagen im gleichen Dorf unterkommen. Manchmal brauchten wir auch einen Ruhetag. Am 21. Februar traf der Treck geschlossen im Gebiet von Kudowa ein und wurde dort und in den ringsum liegenden Gebirgsdörfern untergebracht, z. B. Gellenau, Tanz, Grenzeck, Groß-Georgsdorf. Niemand war zu Schaden oder zu Tod gekommen. ...

Als die Einwohner von Rogau-Rosenau ihr stolzes Dorf und die fruchtbaren Ländereien verließen, geschah es in stummem Schmerz. Wohl kein Wort wurde laut über alles, was dahin war. Aber Klagen waren viel zu hören: Was wird bloß aus all dem Vieh? Das Dominium[1]) hatte tags zuvor seine 100 Stück Rinder und Jungvieh schon abgetrieben. Hühner, Gänse, Enten, Puten, Tauben mochten sich schon helfen. Aber was sollte mit den 900 Stück Rindern werden, die an Ketten in den Ställen festgebunden, was mit den 450 zurückgelassenen Schweinen?

Vf. vermerkt, daß das zurückgelassene Großvieh anfangs zwar noch notdürftig versorgt wurde, später aber im Laufe von Kampfhandlungen zum größten Teil umgekommen ist bzw. von Zurückgebliebenen und den Russen abgeschlachtet wurde.

Das berühmte Herzbad Kudowa — unmittelbar an der tschechischen Grenze gelegen — beherbergte sonst in der Hochsaison 2 000 Kurgäste, nun war es mit 12 000 Flüchtlingen überbelegt. Es bekamen manche ein hochmodernes Kurgastzimmer ..., mancher ein Unterkommen an steiler Bergstraße in bescheidenstem Gebirgshäuslein. Manche Frauen mußten zu 18 gemeinsam an einem großen Herd kochen, manche hatten einen kleinen eigenen Herd.

Wir Pfarrersleute waren wegen Fohlens eines Zugpferdes erst acht Tage nach dem ganzen Treck in Kudowa angelangt und fanden, wunderbar uns aufbewahrt, ein gutes Zimmer. Gleich am Sonntagnachmittag hielt ich in der evangelischen Kirche auf dem fichtenbestandenen Kapellenberg den ersten Gottesdienst für meine Rogauer Gemeinde, für die mit in Kudowa angesiedelten Zobtener und sonstigen Flüchtlinge, und dann weiter jeden Sonntagnachmittag bis zum Tage vor unserem Rücktreck.

Seelsorgliche Tätigkeit führte den Vf. auch zu Flüchtlingen in benachbarten Dörfern. Dabei traf ich auch die wenigen Kapsdorfer an, die dem harten Geschick der meisten ihrer Dorfgenossen entgangen waren. Dieses Rogauer Außendorf war seinerzeit vom angefangenen Treck wegen Nachtunterkunftsschwierigkeiten triumphierend zurückgekehrt. Freilich in arger Verkennung der ernsten Lage. Bei neuem Treckversuch im Morgengrauen von den Russen überrascht und zurückgezwungen, erlebten sie Furchtbares nun durch Monate.

---

[1]) Rittergut.

Im Zufluchtslande unserer ersten Vertreibung gestaltete sich eigenartig die soziale Schichtung. Die allermeisten hatten alles verloren und lebten von geretteten Ersparnissen und dem Rest der Vorräte. Noch immer, wie in den Wochen der Wanderung, zogen wir Lebensbedarf und neue Kleidung aus den im Wagen gestapelten Koffern und Säcken hervor: Komische Kletterei zum Wagen hinauf, demütigendes Wühlen im Halbdunkel unter dem Wagenzelt. Stets staunte man, von innerer Spannung gelöst, daß nichts draußen abseits vom Hause gestohlen war. Geheimnisvolles Leben an der Grenze zwischen Haben und Nichthaben! Aber die Alteingesessenen wohnten — fremdartig und unwirklich anzusehen — noch in ihren übervoll eingerichteten Häusern, hatten das altgewohnte Einkommen oder durch die 12 000 Käufer ein Vielfaches davon.

Als leeres Gerücht erwies sich, was unten im Tal erzählt worden war, daß die allzuvielen Leute in den Bergen schon im Schnee im Walde schlafen müssen, daß im Gebirge das Brot 50 Mark kostet. Das Brot hatte noch wie alles den alten Preis. Sogar kostenfreie Zuteilung gab es wiederholt an Weizen, Kartoffeln oder Fleisch für die Dörfler unternehmender Treckführer, wenn sie mit wagemutigen Männern in Kolonnen zu Tal gefahren, aus verlassenen Dörfern Lasten von -zig Zentnern heraufbrachten! Aus Zobten förderte ein Lastauto Kleider und Wäsche, brachte atemlos aufgenommene Nachricht: Unten gleich hinter dem Zobtenberge liefe die Front zwischen der Stadt und Rogau-Rosenau, mit dem Fernrohr sähe man die Russen im Dorf!!

Nach einer kurzen Bemerkung über eine interne Abmachung unter den Pfarrern im Glatzer Kirchenkreis fährt Vf. in der zusammenhängenden Darstellung fort.

Während wir im Glatzer Raum kaum etwas vom Kanonendonner hörten, wurde unten unser Rogau ins eigentliche Kriegsgebiet einbezogen. Gerade dort verlief ja vom 28. Februar 1945 bis zur gesamtdeutschen bedingungslosen Kapitulation die Hauptkampflinie entlang dem uns allbekannten Jordansmühl, Johnsberg, Steinberge, Zobten, Marxdorf, Strehlitz, Domanze. Ruinen dieser Ortschaften, Flugzeugtrümmer, viele zerschossene Panzer, z. B. bei Steinberge 16, ausgedehnte Minenfelder zeugten noch lange nach unserer späteren Rückkehr von der Erbitterung der Kämpfe. An der langen Maß fanden wir bei einem Panzer fünf tote deutsche Soldaten. Leider hatte keiner der Kriegsgefallenen eine Erkennungsmarke, einer mit einem Notizbuch wurde den Angehörigen gemeldet, neben einem lag das Feldgesangbuch als Zeichen seines letzten Trostes.

Wir im Glatzer Land erlebten den Einmarsch des Russenheeres am 8. Mai und wurden ziemlich glimpflich behandelt, obgleich auch einzelne Plünderungen, Gewalttaten, Erschießungen und im Zusammenhange damit auch Selbstmorde vorkamen. Der Gesamteindruck war freilich entsetzlich, besonders auch der Durchmarsch und zum Teil die wilde Flucht des vordem so stolzen deutschen Heeres über die tschechische Grenze.

Am ersten Pfingstfeiertag 1945, am 21. Mai, erhielten wir vom russischen Kommandanten die Erlaubnis, am zweiten Feiertag zur Heimkehr aufzubrechen. Ausgestattet mit russischen Ausweisen, dazu mit weißen und roten Fahnen an den Wagen. Wir wurden von russischem Militär umschwärmt, das sich aber nur für Wegnahme von Taschenuhren, Fahrrädern, Autos und etlichen Pferden interessierte. Mit Entsetzen sahen wir alle deutschen Anschriften an den Straßen durch unleserliche russische ersetzt. Endlos war der steile Aufstieg zum Volgersdorfer Pländel am Eulengebirge samt Abstieg nach Langenbielau. Hier verteilte sich der Zug der Wagen in einzelne Gruppen. Je näher wir dem Kampfgebiet kamen, desto mehr fanden wir die Spuren des Krieges. Unheimlich die verlassenen Dörfer wie Dreißighuben. Es begegneten uns Leute, die mehr als fünf Kilometer weit wanderten, um Brot zu kaufen.

Von der Gorkauer Höhe am Zobtenberge sahen wir ergriffen unser Kirchdorf wieder mit den noch ragenden Türmen und der Kirche und die anderen Ortschaften im weiten Land. Erst näherkommend erkannten wir: In unserem Rogau—Rosenau die evangelische Kirche ein Drittel zerstört, die katholische und das Schloß ausgebrannt, drei Viertel des vordem 1 100 Einwohner fassenden Dorfes mehr oder weniger zerschossen. Das evangelische Pfarrhaus gehörte zu den besterhaltenen Gebäuden; nur die Fenster fehlten, die beiden Giebel waren zerschossen, das übrige Dach konnte ich mit 200 Flachwerken eigenhändig regendicht machen, die ich dem stark mitgenommenen Wirtschaftsgebäude entnahm. Im Dorf und Garten Granattrichter, zerschossene Bäume, zerbrochene Mauern und Zäune, Viehkadaver überall, gefallene deutsche Soldaten ringsum, die 14 Tage oder länger gelegen. Unbeschreibliche Massen großer Fliegen, schlechte Luft. Das Pfarrhaus an Möbeln halb leer, an Wäsche, Kleidern und Büchern so gut wie ganz leer. Hinter dem Hause eine zehn Meter lange, 1 bis 1¼ Meter hohe Schanze von Wäsche, Kleidern, Büchern, Viehteilen, Flüchtlingsgut, Hausgerät, seit Monaten modernd. Plünderungen durch durchziehende Russen waren weniger in Rogau, aber in den fünf Außendörfern der Kirchgemeinde eine große Plage. In Wernersdorf, wo die Einwohner nur noch unter Trümmerhaufen lebten, war das Plündern bei Tag und Nacht so schlimm, daß die Einwohner in das mehr abseits von der Heerstraße gelegene Gr. Mohnau sich hinüberretteten.

Die nachfolgende Schilderung betrifft die Verhältnisse unter polnischer Verwaltung und die Vorgänge bei der Ausweisung.

Nr. 121

Bericht des Bauern Paul Kramer aus O b e r s t r u s e, Landkreis B r e s l a u.
Photokopie, 9. Oktober 1952, 18 Seiten. Teilabdruck.

Räumungsbefehl, Dorftrecks ins Glatzer Bergland und Heimkehr nach der Kapitulation.

Einleitende Bemerkungen geben Auskunft über die geographische Lage der Heimatgemeinden Nieder- und Oberstruse.

Auch als die örtliche Parteileitung am 24. Januar 1945 in Beratung mit den zum Amtsbezirk gehörenden Amts- und Gemeindevorstehern sowie den Ortsbauernführern die evtl. Evakuierung der Bewohner in Aussicht stellte und Maßnahmen zur Durchführung des Abtransportes der Bevölkerung festgesetzt wurden, glaubten selbst die Führenden nicht, daß unsere so stillen, abseits gelegenen Dörfer in das Kampfgebiet kommen sollten. Obwohl die Einwohnerschaft mit dieser möglichen Evakuierung bekanntgemacht wurde, kam der Räumungsbefehl durch die Kreisleitung unerwartet schnell schon am 27. Januar 1945 um 16.00 Uhr: die Ortschaften müssen bis heute 24.00 Uhr geräumt sein mit Ziel Hausdorf bei Neurode, Kreis Glatz.

Wenn auch die einzelnen Familien benachrichtigt waren, welche Wagen bzw. Gespanne sie zu benützen hatten, verzögerte sich die Abfahrt. Als auch gegen Abend ein gewaltiger Schneesturm einsetzte, der ebenfalls die Beladung der Treckwagen behinderte, erfolgte die Abfahrt des Oberstruser Trecks um 2.00 Uhr nachts bei größtem Schneetreiben und Kälte; die Fahrt ging über Mettkau, Mohnau, Strehlitz, Weizenrodau, Schweidnitz; hier wurde das erstemal übernachtet, die Frauen und Kinder auf Strohgemüll in einem kalten Kinosaal unter viel fremdem Volk, die Männer mußten bei den Pferden und Wagen Wache halten. Am nächsten Tag kam der Treck wegen des hohen Schnees, entgegenkommenden Militärs und Organen der bereits in Auflösung befindlichen Abteilung Todt nur bis Reichenbach a. d. Eule; hier versorgte die NSV. die kleinen Kinder und alte gebrechliche Leute mit Milch und warmem Essen.

Am andern Tag ging es weiter bis Weigelsdorf, Kreis Reichenbach ... Am 30. Januar 1945 war Ruhetag, die Einwohner waren hier sehr hilfsbereit und die Aufnahme der ausgefrorenen Menschen mit Verpflegung gut. Hier mußte der Treck geteilt werden, weil die Auffahrt ins Gebirge nach Hausdorf nur mit Vorspann möglich war, die Ankunft dort war am 31. Januar und 2. Februar 1945, die Aufnahme und Unterbringung bei meist kleinen Gebirgshaushaltungen war gut organisiert und gut.

In Oberstruse blieben durch eigene Schuld freiwillig 27 Personen zurück; 24 Personen konnten sich mit der Bahn nach dem Westen in Sicherheit bringen.

Die Gemeinde Niederstruse, die sich nicht an die Verordnung hielt, treckte bei Tage am 28. Januar 1945 und kam bis Weizenrode, Kreis Schweidnitz. Dort wurden sie uneinig und fuhren zurück nach Niederstruse. Sie treckten dann das zweitemal — als ein russischer Spähtrupp bis in Gillners Gasthaus gekommen war, sich aber bald wieder zurückzog und der Geschützdonner immer näher kam — am 8. und 9. Februar 1945, nachdem die letzten Wagen bereits unter russischem Beschuß lagen, und kamen am 12. und 13. Februar 1945 in Hausdorf mit den Gemeinden Mettkau und Lorzendorf an. Ein Großteil der Einwohner von Niederstruse blieb freiwillig zurück in der Meinung, die Russen sind auch Menschen; die Zahl der Zurückgebliebenen konnte nicht mehr festgestellt werden. Deshalb sind die Verluste der Zivilbevölkerung in Niederstruse durch Erschießung hoch, drei Männer, drei Frauen. *Hier folgen die Namen.*

Nach einer ausführlichen Darstellung der im Zuge von Kampfhandlungen in den Heimatgemeinden eingetretenen Sachschäden und Verluste unter den Zurückgebliebenen fährt Vf. fort:

Als ein Tag vor dem Waffenstillstand russische Truppen in unsern Zufluchtsort Hausdorf einrückten, sprengte ein deutsches Kommando gegen Abend den großen Eisenbahnviadukt zwischen Bad Zentnerbrunn und Neurode, was schwere Folgen auch für uns Evakuierte haben konnte, die Treckleitung beschloß daher, sobald wie möglich nach der Heimat zurückzufahren. Zu diesem Zweck sprach der Unterzeichnete mit Amtsvorsteher Seifert aus Lorzendorf bei dem russischen Militärkommandanten in Hausdorf vor um Genehmigung der Zurückführung der Trecks, was dieser auch sofort genehmigte. Die Abfahrt war auf den 14. Mai 1945, 6.00 Uhr früh, festgesetzt. Während der Besprechung bei der Kommandantur waren von den Evakuierten Miesmacher am Werk und hatten für morgen das Trecken abgesagt, weil angeblich 15 000 bis 20 000 mongolische Truppen auf unserer Bergstraße heraufkommen sollten. Als aber in der Nacht die mit uns getreckten polnischen Arbeiter bereits vier beste Gespanne mit Wagen usw. fortgenommen hatten und die Gefahr bestand, daß uns die Russen die übrigen wegnehmen könnten, waren die Miesmacher eines Besseren belehrt; die Abfahrt erfolgte dann um 1.00 Uhr mittags, und wir kamen gegen Abend unangefochten, ohne Truppen zu begegnen, über Peterswaldau in Faulbrück an, wo übernachtet wurde. Die Niederstruser fuhren über Reichenbach bis Hennersdorf, wo sie übernachteten, und kamen deshalb einige Stunden früher nach Struse zurück.

Der Abschied von Hausdorf war recht herzlich, die Quartiergeber, alles kleine Handwerker und Arbeiterfamilien, vergossen Tränen, wurden sie doch mit unsern Treckgespannen, die ständig nach Räumungsgut, Kartoffeln usw., zu Land fuhren, mit Lebensmitteln versorgt, weil wegen der hohen Gebirgslage der Boden wenig Ertrag bringt und der Ort mit den Evakuierten aus vier Gemeinden überbelegt war.

Der Oberstruser Heimattreck ging von Faulbrück über Hennersdorf, Költschen, Esdorf, Groß Wierau, Kaltenbrunn, Krotzel, Qualkau, hier blieb Inspektor Günter mit dem Dominium und Nitsches Wagen zum Übernachten zurück, weil dessen Pferde schon zu matt waren und gesagt wurde, die Brücken über Weistritz und Striegauer Wasser seien nicht mehr, und Umweg über Fürstenau oder noch weiter gemacht werden müßte, was sich aber nicht bewahrheitete, denn es waren überall Notbrücken geschlagen worden. ...

Wir kamen noch bei Tage im Heimatdorf, am 15. Mai, wohlbehalten an, aber der Anblick unseres so schön verlassenen Besitzes war erschauernd, alles totenstill, kein Laut, wie ausgestorben: vier scheue Tauben und die Katze waren noch da, alles andere Vieh weg, in den Stuben die Möbel zerschlagen oder standen auf dem Kopf, kein Stück unbeschädigt; die Keller bis oben hin voll Unrat, zerbrochenes Geschirr, Hausrat, Kleidung vermischt mit Asche, Heu, Stroh, Kartoffelschalen, überall in Ställen Misthaufen bis an die Decke, vermischt mit allem Möglichen, die Zäune umgelegt oder ganz verschwunden, alle Wirtschaftswagen und Geschirre und Treibriemen von Maschinen weg; dazu der Anblick der durch die Explosionen abgedeckten und durch Beschuß beschädigten Häuser, überall Greuel der Verwüstung.

Aber kein Russe war zu sehen, alle fort. Die nicht mitgetreckten Zurückgebliebenen nahmen mit gemischten Gefühlen unser Wiederkommen auf; die nach Hausdorf Getreckten kehrten alle wieder in die Heimat zurück.

Nun hieß es, wieder Mut zu fassen und neu anzufangen. Mit den wenigen zurückgebrachten Zugtieren wurde bald mit der Feldbestellung begonnen und in den Häusern wieder Ordnung gemacht; da kein Feind zu sehen war, dachte jedes, daß alles wieder gut werde. Da die beiden Gemeindebürgermeister von Nieder- und Oberstruse im Januar mit evakuiert wurden, waren beide Gemeinden ohne ordnungsmäßige Verwaltung. Während der Russenkampfzeit und -besatzung hatten der zurückgebliebene Paul Kunert und seine Frau, der damals zweiter Gemeindeschöffe war, vom russischen Kommandanten dessen Aufträge auszuführen, die Durchsuchung der Wohnungen und Häuser nach Wertgegenständen, Uhren, Nähmaschinen, Säcken, Getreidevorräten vorzunehmen; alle Uhren wurden restlos fortgenommen, Nähmaschinen desgleichen, die noch stehengebliebenen unbrauchbar gemacht.

Von den Zurückgebliebenen wurden im März - April 1945 eine Anzahl, aus Oberstruse acht Personen, aus Niederstruse zehn, vom Russen zur Arbeit nach dem Kreise Oels und Oberschlesien verschleppt. Diese kehrten jedoch im Herbst und Winter 1945 einzeln in die Heimat zurück. Volkssturmmann Heinrich Stoll, der sich von seinem Vieh nicht trennen konnte, wurde bald vom Russen verschleppt, und fehlt bis jetzt jede Nachricht von ihm. Von den mit der Bahn nach Westen in Sicherheit Gebrachten ist keine Person nach dem Waffenstillstand in die Heimat zurückgekommen[1]).

Anschließend berichtet Vf. über die Schreckenszeit unter polnischer Miliz-Herrschaft, das Eintreffen polnischer Siedler und die Verhältnisse unter polnischer Verwaltung bis zur Ausweisung.

Nr. 122

Erlebnisbericht von Frau G. F. aus Kanth, Landkreis Breslau.
Original, 10. Dezember 1951.

Leiden der zurückgebliebenen Bevölkerung durch Gewaltakte russischer Soldaten, Zwangsarbeit für die russische Besatzungstruppe.

Am 8. Februar 1945 in der Nacht gegen 4.00 Uhr brach der Russe in Kanth bei Breslau ein. Zuerst kamen die schrecklichsten Teufel in der Nacht, u. a. Kosaken, Mongolen, Asiaten — meist betrunken — in sämtliche Wohnhäuser, zertrümmerten die verschlossenen Haus- und Stubentüren mit Maschinenpistolen oder ihren Stiefeln und brachen ein; wie Bestien herrschten sie in ganz Kanth (25 Kilometer vor der Festung Breslau, wo das größte Schlachtfeld war); vom 8. Februar bis 8. Mai 1945, also drei lange Monate, haben wir gelitten wie in der Hölle. Alle Sachen in den Wohnungen wurden zerwühlt, die Schränke zerschlagen, die Federbetten mit Säbeln auf-

[1]) U. a. machten die polnischen Sperrmaßnahmen an der Neiße die Rückkehr unmöglich.

geritzt, daß überall Federn herumlagen, die Wäsche überall wurde zertrampelt, vollgesudelt mit Kot usw. und zu den Fenstern hinausgeworfen. Tag und Nacht wurden wir Frauen vergewaltigt, aber wie! — In der ersten Nacht vom 8. zum 9. Februar haben mich zwölf Kerle so groß und stark vergewaltigt, daß ich mich dauernd erhängen wollte, hatte aber keine Gelegenheit, weil ständig Russen ein und aus in die Häuser gingen.

Gemordet haben sie unzählige Menschen, den zweiten Tag gleich unsern Erzpriester, Dr. Ad. Moepert in der Pfarrwohnung, weil er die Ordensschwestern, sieben ältere Graue Schwestern, vor dem Vergewaltigen schützen wollte. Mit der Maschinenpistole haben sie ihm das Genick zerschlagen. Frauen, die zu den Fenstern hinaussprangen, um sich vor den Bestien zu schützen, haben sie nachgeschossen (viele waren verwundet), manchen den Schädel eingehauen. Am andern Tage wurden viel Männer verschleppt. Sämtliche Männer bis 60 Jahre mußten vorn an die Front — auch wir Frauen — schachten, schanzen, die toten Russen bergen, Gräber bauen, verwundete Russen bergen ... Männer im Ansehen, daß sie gut aussahen, wurden sofort erschossen, da sie als Kapitalisten bei denen galten. Den Verwalter von der großen Kulmiz-Firma, Herrn Nowe, haben sie sofort erschossen, ein Postbeamter Lindner tagelang in den Keller gesperrt, dann langsam krepieren lassen (sterben kann man nicht sagen). — Jede Minute brannten sie Grundstücke nieder ...[1]). Wir Frauen mußten früh um 6.00 Uhr antreten, dann ging es los an die Arbeit, meist Mißhandlungen, oft wurden wir jüngeren, ich war seinerzeit 40 Jahre, weggeholt für die Offiziere und auch andere Bestien zum Vergewaltigen, aber wie, gleich immer fünf bis sechs Kerle; dann in der Nacht schliefen wir nie, da ständig Russen durch Kanth kamen ...

In der einen Nacht brannten sie Grundstücke ab, so daß ganz Kanth räumen mußte, und mit unserer Habe, das, was wir Tag und Nacht am Leibe trugen, ging es von Ort zu Ort, von Dorf zu Dorf[2]). Eine Nacht, es war, glaube ich, Ende Februar, wurden drei Frauen, darunter ich, in ein Lazarett von zwei Rusen geholt, dort lagen in ca. 15 Betten leichte Verwundete; dort wurde ich und eine Frau K. und eine Frau S. von einem Bett zum andern geworfen vor die Bestien, dort haben sie uns von einem Bandit zum andern vergewaltigt, bis wir nichts mehr wußten, uns schwer angebrüllt und dann die Treppe heruntergestoßen, daß ich völlig erledigt war, nicht mehr sprechen und denken konnte. In der Nacht habe ich mich dann mit Quadronox vergiftet (ca. 10 Pillen), bin nach drei Tagen leider wieder zur Besinnung gekommen. Wir waren alle miteinander der Verzweiflung nahe, jedenfalls jede Frau und Mädel wurde schrecklich zugerichtet. Fräulein Maria Kügler aus Kanth haben sie solange vergewaltigt, daß hinten und vorn alles heraushing, und ist unter gräßlichen Schmerzen gestorben.

[1]) In einem Nachtrag bemerkt Vfn., daß die Russen Häuser in Brand steckten, sobald sie irgendwelche Uniformteile oder NS.-Embleme fanden.

[2]) Die zurückgebliebene Bevölkerung der Städte zwischen Breslau und Löwenberg wurde durch die russische Besatzung zur Räumung gezwungen und auf Dörfern und Rittergütern zum Arbeitseinsatz konzentriert. — s. auch die Berichte Nr. 127 und 128 (Bd. I, 1).

Anschließend sagt Vfn., sie könne die furchtbaren Erinnerungen nicht weiter niederschreiben, und berichtet noch kurz, daß sie einige Tage nach der Kapitulation zurückkehren konnte und — durch die Schrecken und Leiden während der schweren Zwangsarbeit, die erlittenen Mißhandlungen und Vergewaltigungen seelisch und körperlich zerbrochen — noch Jahre später ständig von Selbstmordgedanken gequält wurde.

Nr. 123

Bericht des Kreisbürodirektors a. D. Martin Frommer aus Neumarkt i. Niederschles.

Original, 30. April 1950, 5 Seiten. Teilabdruck.

Vorgänge im Zuge der Evakuierungsmaßnahmen und bei der Rückkehr eines in die Tschechoslowakei geflüchteten Trecks.

Dem nachfolgenden Abdruck gehen einige Bemerkungen über die militärischen Vorgänge im Januar/Februar 1945 voraus.

Die planmäßige Räumung der Stadt Neumarkt wurde durch die Kreisleitung angeordnet, leider viel zu spät, nämlich erst am 27. Januar 1945. Der Abtransport der Bevölkerung wurde im Kreise Neumarkt abschnittsweise durchgeführt, zuerst der Teil nördlich der Stadt, sodann Stadt Neumarkt und nähere Umgebung und schließlich der Südteil des Kreises. Die Bevölkerung wurde teils durch Trecks auf der Landstraße, teils durch Eisenbahnfahrt in das Sudetenland gelenkt. Der Landstraßentreck, bei dem sich der Verfasser dieses Berichts befand, zog am 27. Januar 1945 mittags aus der Heimatstadt Neumarkt über Jauer—Bolkenhain—Landeshut—Liebau nach Trautenau. Hier sollten wir bleiben; es hieß aber, es sei bereits alles überfüllt, und wir mußten weiter trecken durch das Protektorat (Tschechoslowakei) bis nach Leitmeritz. Auch hier wurden wir weiter abgeschoben. In Saaz wurden wir auch nicht dabehalten, es ging weiter bis ins Egerland (über Podersam) bis in den Kreis Tachau (Gegend um Karlsbad/Marienbad). Sechs Wochen lang waren wir unterwegs, bei Schnee und Eis, bei Kälte und Regen.

Von der Neumarkter Bevölkerung konnten sich rechtzeitig nur diejenigen in Sicherheit bringen, die ein eigenes Personenauto besaßen. Die Kreisleitung hatte alle Lastautos, Pferdelastwagen und Pferdefuhrwerke beschlagnahmt. Aber die Kreisleitung verweigerte auch die Abreise mit der Eisenbahn; eine Fahrkarte erhielten nur diejenigen, die von der Kreisleitung besondere Genehmigung erhielten; das waren nur wenige. Im allgemeinen galt der, der Miene machte, abzureisen, als feige! Denn es bestehe doch keinerlei Gefahr! Dabei hörte man schon Mitte Januar das Grollen der russischen Geschütze von Breslau her.

Ein Teil der Zivilbevölkerung, etwa 10 bis 15 Prozent, blieb freiwillig weiter in Neumarkt, manche wollten noch abwarten, denn die Kreisleitung gab eine Parole aus, die Lage der deutschen Streitkräfte sei „blendend!"

Viele sagten, sie wollten lieber daheim bleiben, um dem weißen Tod des Erfrierens auf der Landstraße zu entgehen, denn alle Straßen seien schon verstopft, und die Flüchtlinge müßten auf freiem Felde in Schnee und Eis kampieren.

Ein Teil der Abwartenden wurde dann noch abbefördert, z. B. auch die Kranken aus den Krankenhäusern mit Lazarettzügen. Diese Ärmsten erlebten dann die grausigen Bombenangriffe in Dresden.

Die Behörden wichen z. T. in die Gegend südlich der Stadt Neumarkt aus (z. B. auch die Kreisleitung). In Gäbersdorf, Kreis Neumarkt, soll sie der Russe überrascht haben, wobei manche Personen ums Leben gekommen sind.

Der Direktor der Kreis- und Stadtsparkasse, Erich Girke, schrieb mir, daß er der Letzte gewesen sei, der das Lokal der Sparkasse verlassen habe. Er habe alle Gelder, Wertpapiere, Wertsachen, Urkunden, Konten u. dgl. rechtzeitig in Kisten verpacken lassen. Die Kisten standen alle zum Verladen bereit, aber es sei kein Lastwagen mehr zu bekommen gewesen, so daß alles Sparkassengut den eindringenden Russen in die Hände gefallen sei. Wieder andere (z. B. ein Teil der Kreisleitung) wichen in die Festung Breslau aus.

Der Hauptteil der Flüchtlinge zog ins Sudetenland, viele aber suchten Zuflucht bei ihren Verwandten oder Bekannten in Thüringen, Sachsen oder Westdeutschland.

Nach der Kapitulation (9. Mai 1945) erhoben die Tschechen ihr Haupt, der tschechoslowakische Staat wurde wieder ausgerufen, und es wurden alle deutschen Flüchtlinge Pfingsten 1945 aus der Tschechei ausgewiesen. Wir wurden in Viehwagen, offene Kohlenwaggons gepfercht und 14 Tage lang auf den Eisenbahnschienen über große Umwege herumgefahren: über Dresden, Cottbus, Primkenau kamen wir Anfang Juni 1945 in Liegnitz an. Weiter fuhr der Zug nicht. Unterwegs wurden wir von den Tschechen, den Polen und den zurückflutenden Ostarbeitern ständig bedrängt, ausgeplündert und in Angst und Schrecken versetzt. Zu Fuß marschierten wir dann von Liegnitz aus in unsere Heimatstadt Neumarkt, wo wir am 5. Juni 1945 eintrafen.

Die nicht mit der Bahn in Richtung Heimat fortkommen konnten, treckten weiter westwärts und überschritten die bayrische Grenze, sie fanden in Bayern Unterkunft. Wir waren glücklich, noch rechtzeitig den nun einsetzenden haarsträubenden Greueltaten der Tschechen gegen die Deutschen entgangen zu sein. Ein Teil der Flüchtlinge kam in Gemeinschaftslager, die im Sudetenland aufgemacht wurden. Diese Flüchtlinge sind erst viel später — wohl erst nach Jahresfrist — in die russische Zone verfrachtet worden.

Anschließend gibt Vf. einige Tatsachen zur Kenntnis, die die Verhältnisse in der Zeit der russischen Besatzung und unter polnischer Verwaltung charakterisieren.

Nr. 124

Erlebnisbericht des Pfarrers G. S. aus Neumarkt i. Niederschles.
Beglaubigte Abschrift eines Berichts an die vorgesetzte Dienststelle, 27. Mai 1950, 10 Seiten. Teilabdruck.

Evakuierung der Stadtbevölkerung ins Riesengebirge und Ende Februar weiter nach Nordböhmen; dortige Vorgänge nach der Kapitulation, Abtransport der Flüchtlinge nach Sachsen und Heimkehr.

Als im Januar 1945 die Flut der russischen Heere unser Schlesierland überschwemmte, mußten auch wir die geliebte Heimat verlassen. Von der rechten Oderseite kommend, wälzte sich etwa vom 20. Januar ab ein ständig wachsender, ununterbrochener Flüchtlingsstrom bei Tag und Nacht durch die Straßen unserer kleinen Kreisstadt Neumarkt i. Schles. Auf Lastwagen und hochbepackten Fuhrwerken, mit Handwagen, Schlitten oder umgekehrten Tischen und sonstigen Behelfsfahrzeugen, mit Hausrat und Betten beladen, zogen in eisiger Kälte die vermummten Gestalten der Flüchtenden in fast unabreißbarer Kette vor unseren erstarrten Augen vorüber nach Westen. In aller Eile wurde eine Verpflegungsstelle für die Durchziehenden eingerichtet und bewährte sich sehr gut. Viele konnten mit heißen Getränken, Suppe und Broten versorgt werden.

Mit banger Sorge sahen wir den Tag herankommen, an dem auch für uns die Abschiedsstunde schlagen würde. Bald wurde auch die etappenweise Evakuierung der Stadt und aller nach der Oder zu gelegenen Ortschaften angeordnet. Zuerst sollten die Alten, Kranken sowie die kinderreichen Familien abtransportiert werden. Zu ihnen gehörte auch meine Familie. Der Aufbruch war für den 27. Januar festgesetzt. Mit beklommenem Herzen standen in den Morgenstunden dieses Tages die zahlreichen für die Evakuierung Bestimmten auf dem schneebedeckten Marktplatz. Von Norden her war wiederholt Geschützdonner hörbar. Der Feind rückte näher. Die von Mund zu Mund weitergegebene Nachricht, daß die Familie S. sich aus Angst vor dem Russen in der Nacht vergiftet, daß eine Reihe angesehener Bürgerfrauen sich erhängt hätten, legte sich wie ein Alpdruck auf die ganze Stadt. Endlich begann der Abtransport mit Autobussen zu dem sechs Kilometer entfernten Kleinbahnhof Schöneiche, von dort weiter mit einem Güterzug nach dem Riesengebirge. Die Trennung von meiner Familie war schmerzlich, aber ich befahl sie alle, meine Frau, meine fünf Kinder, von denen das jüngste noch nicht drei Jahre alt war, und meine Schwiegermutter in Gottes Schutz und kehrte nach der Stadt zurück, wo ich mich dem Roten Kreuz zum Abtransport von alten und kranken Gemeindegliedern mit Kraftwagen zur Verfügung gestellt hatte. Doch es kam nicht mehr dazu, da die betreffenden Wagen mit eingefrorenem Motor irgendwo steckengeblieben waren.

Am folgenden Tage, einem Sonntag, stieg die Verwirrung in der zurückgebliebenen Bevölkerung durch die plötzlich auftauchende Schreckensnachricht, daß der Russe im Westen in der Gegend von Maltsch die Oder überschritten, die schwachen deutschen Linien durchbrochen und den Fluchtweg nach Südwesten abgeschnitten habe. Die Ratlosigkeit wuchs; in Eile wurden Akten und Einrichtungsstücke des Landratsamts auf Lastwagen verladen; die Krankenhäuser wurden völlig geräumt; einige Volkssturmmänner und Parteifunktionäre sah man, mit Panzerfäusten bewaffnet, nach Westen marschieren. In einem Zug Kriegsgefangener wurden, so erzählte man sich, alle, die zerlumpt und entkräftet liegen blieben, auf Befehl des Kreisleiters erschossen; dafür hat man ihn einige Zeit später in Breslau aufgehängt.

Kurz nach Mittag erfolgte auch der Aufbruch des Roten Kreuzes, dem ich zugeteilt war. Wir erreichten in Schöneiche noch einen zur Abfahrt bereitstehenden Zug mit zum Teil offenen Güterwagen und gelangten in etwa elfstündiger Fahrt bei eisiger Kälte, in der einige Säuglinge erfroren, über Striegau, Bolkenhain, Märzdorf spät in der Nacht nach Landeshut i. Rsgb. Am nächsten Tage gelang es mir, meine Familie in einem Massenquartier in Liebau wiederzufinden, und wir durften seitdem in all den folgenden Unruhen zusammenbleiben.

Am 9. Februar machte ich nach achttägiger Erkrankung noch einmal den Versuch, nach Neumarkt zurückzukehren, da verlautete, es sei noch nicht besetzt, gelangte aber nur bis Striegau und dort in zurückflutende deutsche Truppeneinheiten, da gerade in dieser Nacht russische Panzer auf der von Liegnitz nach Breslau führenden Autobahn durchgebrochen waren, um Breslau von Westen her in die Zange zu nehmen, so daß die Verbindung nach Neumarkt nun endgültig abgeschnitten war und nur die Rückkehr nach Liebau übrigblieb. — *Zwei Tage später erlitt Vf. einen Unfall.*

Nach nur dreitägigem Aufenthalt in Hohenelbe wurde unser Flüchtlingstransport Ende Februar in Richtung des nordwestlichen Sudetengaus weitergeleitet, kam aber wegen Überfüllung der dortigen Gegend schon vorher in der Bezirksstadt Laun zum Halten. In der Nähe von Laun wurden wir, etwa 250 Personen, in dem kleinen tschechischen Dorf Riwitz ausgeladen und in verschiedenen Massenquartieren: Schulräumen, Gasthaussälen und einer Turnhalle untergebracht. Eine Organisation mit Lagerleitung, Küche, Krankenstube usw. kam bald in Gang, und das anfängliche Mißtrauen der tschechischen Bevölkerung wich allmählich, so daß wir schließlich mit den meisten Dorfbewohnern in friedlich-nachbarlichem, mit einigen Familien sogar in freundschaftlichem Verhältnis lebten.

Vf. berichtet dann noch kurz über seine seelsorgerische Betreuung der Flüchtlinge, wobei ihm tschechische Priester Hilfe leisteten.

Daß die militärische Lage immer ernster und bedrohlicher wurde, spürten wir allmählich auch in unserem abgelegenen Dörfchen. Fast täglich zogen riesige Bombengeschwader von Süden her über unsere Köpfe, und wir hörten dann die Detonationen der Bomben im nördlich gelegenen sudetendeutschen Industriegebiet. Trotzdem suchte die Partei noch bis zuletzt den Anschein völliger Sicherheit zu erwecken. So wurde noch am 19. April die Jungvolkverpflichtung der Zehnjährigen, zu denen auch meine zweite Tochter gehörte, mit einem Propagandamarsch in Laun durchgeführt, am Hitler-Geburtstage eine öffentliche Kundgebung im Flüchtlinglager und sogar noch nach dem 1. Mai eine Trauerfeier für den „gefallenen" Führer veranstaltet.

Aber dann brach auch in dem tschechischen „Protektorat" nach einigen Tagen unheildrohender Stille der Sturm los. Am 4. Mai entstanden Unruhen in unserem Dorf Riwitz. Bewaffnete Partisanen drangen in unser Lager ein, entwaffneten deutsche Soldaten und suchten bei den Flüchtlingen, besonders beim Lagerleiter, nach Waffen, am Dorfrande fielen Schüsse. Am nächsten Tage strömte die tschechische Bevölkerung auf dem Dorfplatz zusammen, und Siegesjubel brach aus über die Nachricht, daß der Waffenstillstand mit England und Amerika in Kraft getreten sei. Alle deutschen Beschriftungen an Wegweisern und Firmenschildern wurden ausgelöscht, tschechische Fahnen gehißt, die Glocken geläutet. ...

Mit einem Schlage veränderte sich nun die Haltung der vorher freundlich eingestellten Tschechen gegen uns, wurde kalt und abweisend. Ein Wehrmachtskommando, das zu unserem Schutz noch im Lager untergebracht war, verließ gegen Mittag den Ort, um in die Stadt zurückzukehren. Da ich dort noch eine dringende Besorgung erledigen wollte und die Eisenbahn nicht mehr verkehrte, schloß ich mich an, aber unser LKW. wurde bald in einer Ortschaft von schwerbewaffneten Partisanen überholt, die Soldaten, die an keine Gegenwehr mehr dachten, wurden entwaffnet und abgeführt. Nur mit Mühe gelang es mir, bei dem Anführer der Bande, der mich ständig mit seiner Pistole bedrohte, meine Freilassung zu erwirken und zurückzuwandern.

An den folgenden Tagen durften wir Deutschen uns nicht mehr auf der Straße sehen lassen, sollten nicht einmal an die Fenster treten, als am 8. Mai unter gewaltiger Beteiligung der Bevölkerung die Beerdigung von zwei erschossenen Tschechen und einem Russen stattfand. Kurz darauf gab es neue Aufregung durch ein Feuergefecht zwischen einem von Prag kommenden Auto und tschechischen Gendarmen. Sämtliche Insassen, z. T. SS.-Leute, auch Frauen und Kinder, wurden erschossen und mußten von deutschen Männern im Walde begraben werden. Eine scharfe Androhung, sämtliche Flüchtlinge zu erschießen, falls noch ein einziger Tscheche getötet würde, rief lähmendes Entsetzen hervor. Ich erinnere mich noch, wie ich mich damals innerlich gestärkt habe mit Paul Gerhardts Vers: „Kann uns doch kein Tod nicht töten, sondern reißt unsern Geist aus viel tausend Nöten."

Am 9. Mai kam die polizeiliche Anordnung zum Packen und Abrücken. Bis an die nahe Grenze des Sudetengaus wurde noch ein Wagen für unser Gepäck gestellt, und der gute tschechische Bauer, in dessen Haus wir gewohnt hatten, versorgte uns sogar noch heimlich mit Kartoffeln, Brot, Eiern und Butter.

An der Grenze begegneten uns zum ersten Mal russische Soldaten, die viele der Unsern untersuchten und beraubten. Im nächsten Dorf fanden wir Unterkunft in einer verlassenen Schäferei, und nun ging es weiter von Ort zu Ort mit Handwagen oder Leiterwagen bis in die von den Russen besetzte Kreisstadt Saaz. Große Flüchtlingsmassen ballten sich hier zusammen, und es war schwer, Platz zu finden. Endlich gelang es mir, meine Familie in einem zum Flüchtlingslager umgewandelten Gymnasium unterzubringen.

Hier wurden Transporte für die Rückfahrt in die Heimat zusammengestellt.

Verängstigt waren die Frauen besonders des Nachts, wenn die Russen betrunken von ihren Siegesfeiern zurückkehrten, und am folgenden Tage, als plötzlich im Gebäude beim Aufräumen eine liegengebliebene Mine explodierte und zwei Frauen in ihrem Blute lagen, von denen eine bald ihren schweren Verletzungen erlag. Endlich erfolgte der Abmarsch zum Bahnhof und nach langem Warten die Abfahrt des ersten Sammeltransportes in überfülltem Zuge über Dux und Aussig nach Bodenbach. In welchem Zustande die gehetzten, unter der Gepäcklast und der Hitze keuchenden, völlig erschöpften deutschen Flüchtlinge auf den Bahnhöfen lagerten, läßt sich kaum beschreiben. In einer Schule in Bodenbach fand sich eine Unterkunft für zwei Tage. Dann folgte überraschenderweise, wie ein schöner Traum mitten unter Bildern des Grauens, bei herrlichstem Sonnenschein eine Fahrt auf zwei aneinandergekoppelten Kohlenkähnen die Elbe abwärts durch die Sächsische Schweiz bis Pirna, wo eine zerstörte Brücke der Fahrt ein Ende machte.

Endlich war man wieder in Deutschland. Aber neue Schwierigkeiten tauchten auf; denn wo sollte man in der überfüllten Stadt bleiben? Noch abends um 10 Uhr lagen meine Frau und meine Kinder mit den Gepäckstücken auf der Straße. Im Pfarrhaus, wo ich anklopfte, nahm man uns nicht auf aus Furcht vor einem Verbot der Russen. Da erbarmte sich eine Kaufmannsfamilie, und wir waren geborgen, sogar für etwa 10 Tage. Es waren Tage notwendiger Ausspannung nach den vorhergegangenen Anstrengungen und Aufregungen; auch erkrankten wir der Reihe nach und mußten ärztliche Hilfe in Anspruch nehmen, fanden schließlich auch im Pfarrhaus für einen Teil der Familie Unterkunft. Doch wir mußten ja weiter. Lebensmittelkarten wurden uns nur für wenige Tage gegeben mit der Anweisung, so schnell wie möglich an den Heimatort zurückzukehren. Und wir wollten auch um jeden Preis in die Heimat, nicht nach Bayern, wohin sich damals viele gewandt haben, war uns doch schon in der Tschechei bestimmt versichert worden, daß die linke Oderseite in Schlesien deutsch bleiben würde. Schwierig war nur das Weiterkommen. Die Bahnlinien und Brücken waren auf weite Strecken zerstört, Flüchtlingszüge wurden überdies häufig von zurückkehrenden Ostarbeitern überfallen und restlos ausgeplündert, längere Strecken mit Gepäck und den kleinen Kindern zu Fuß zurückzulegen war unmöglich.

So entschloß ich mich Ende Mai — Pfingsten war schon vorüber — trotz der beunruhigenden Nachrichten von Deutschenmißhandlungen im Sudetengau, doch den Rückweg durch dieses unsichere Gebiet zu wagen, wo am ersten noch eine durchgehende Bahnverbindung zu erhoffen war. Ich fuhr voraus nach Bodenbach und erkundete dort Zugverbindungen. Dann traten wir gemeinsam die Rückreise an über Bodenbach und Reichenberg bis an die schlesische Grenze bei Polaun, wo wir allerdings erst nach zweimaliger Gepäckkontrolle durch tschechische Zollbeamte — die zweite war eine regelrechte Ausplünderung — über die Grenze gelassen wurden und aufatmeten, als wir endlich das schöne Oberschreiberhau im Riesengebirge und dann Hirschberg erreicht hatten.

Wieder mußte eine mehrtägige Erschöpfungspause eingelegt werden. Aber diesmal tat das Pfarrhaus gleich seine gastliche Pforte auf, und Pastor

Prüfer stellte uns, wie auch schon anderen Flüchtlingsfamilien, einen ausreichenden Raum zur Verfügung. Wie haben wir Gott gedankt, daß wir wieder Heimatboden unter den Füßen und einen, wenn auch nur vorübergehenden, Unterschlupf gefunden hatten. Aber Hirschberg war von den Polen besetzt, erneut begann der Kampf um Lebensmittelkarten, und das letzte Stück des Weges lag noch vor uns. Am 10. Juni konnten wir von Hirschberg aufbrechen und erreichten in anstrengenden Fußmärschen, die Kinder zum Teil mit blutenden Füßen, zunächst Goldberg, am nächsten Tage Liegnitz, gelangten weiter, teilweise auf verminten Straßen, immer vorbei an verwüsteten, verlassenen Häusern und Trümmerstätten, den Spuren der Kämpfe, aber auch über Nacht von freundlichen Menschen beherbergt, bis Parchwitz und sahen endlich am vierten Tage mit Tränen in den Augen die Türme der Heimatstadt auftauchen.

Anschließend schildert Vf. das Leben unter den drückenden Bedingungen der russischen Besatzung, den Schikanen polnischer Willkürakte und Zwangsmaßnahmen der Behörden gegenüber der deutschen Bevölkerung, vor allem den ersten Austreibungsversuch Ende Juni 1945 und die Ausweisung Ende Mai 1946[1]).

Nr. 125

Erlebnisbericht der Gutsbesitzerin Lottka v. Vegesack aus Obsendorf, Kreis Neumarkt i. Niederschles.

Original, 2. Mai 1951, 3 Seiten. Teilabdruck.

Treck in das Sudetenland, Vorgänge nach der Kapitulation, Rückkehr.

Ich treckte am 25. Januar 1945 mit meinen Gutsleuten aus Obsendorf, im Kreise Neumarkt i. Schl., mit allen verfügbaren Fahrzeugen gleich bis nach Röscha, Kreis Podersam im Sudetengau, einem fast rein deutschen Dorf. Hier kamen wir nach ungefähr 14tägiger Fahrt an und erlebten am 10. Mai 1945 die Ankunft der Sowjets und den Zusammenbruch.

Mein zweiter Sohn, der als Rittmeister und Ritterkreuzträger nicht mehr felddienstfähig war, sich aber trotzdem alle Monate einmal bei seinem Ersatz-Truppenteil in Füssen zu melden hatte, stieß kurze Zeit vorher wieder zu mir.

Ein Tscheche, der mir stets wohlgesinnt war, warnte mich und gab meinem Sohn den Rat, auf jeden Fall den Versuch zu machen, die amerikanischen Linien zu erreichen, da er als Feldzugteilnehmer im Osten keine gute Behandlung zu erwarten haben würde. Im Hinblick auf seine schwere Hirnverletzung und in der Annahme, wenigstens meinen Schmuck dadurch erhalten zu können, veranlaßte ich meinen Sohn, dieser Warnung Folge zu leisten, und vermutete ihn daher späterhin im Westen in Sicherheit.

Als die Sowjets am 10. Mai 1945 eintrafen, drangen auch mehrere Sowjets sowie Tschechen unter wüstem Gebrüll: „Wo is Rittmeister? Wir schlagen ihn tot!“ in meine kleine Kammer, in der ich mich allein befand,

[1]) Abgedruckt unter Nr. 349 (Bd. I, 2).

ein. Ein Flintenweib schlug mir eine armselige Blumenvase in die Zähne: „Du Schwein! Was Du Blumen?“ Dann schlug man mich über den Kopf, schlug mich nieder, trampelte auf mir rum, trat mir einen Bruch in meine Narbe von der Gallenblasenoperation usw. Man riß mir Schuhe, Strümpfe, die Kleider vom Leibe. Ich stand blutüberströmt buchstäblich nur noch im Hemd und Schlüpfer herum. Man raubte, was man fand, ein LKW. vor der Tür entführte alles. Meinen Leuten war es ähnlich ergangen. Nach drei Stunden war dieser ganze Spuk vorüber. Man schenkte mir einige Sachen, und nach Tagen machten wir uns dann auf den Weg in die Heimat zu Fuß. Da ich nicht mehr laufen konnte — ich bin später noch zweimal wegen dieses Narbenbruches operiert worden —, fuhr ich den letzten Teil des Weges mit der Bahn bis Liegnitz und lief von hier ganz allein zu Fuß weiter.

Es sah alles unvorstellbar aus.

In Rosenig hielten mich Sowjets fest und zwangen mich, auf dem Kirchhof Gräber für Erschlagene auszuheben, dann sperrten sie mich über Mittag oben in ihrem Hause ein. Da ich wußte, daß Alter und Aussehen keine Rolle bei den Sowjets spielten, sprang ich aus dem Fenster, um weiterem zu entgehen! Ich kam dann in Obsendorf an. Was ich hier sah, übertraf bei weitem alle meine Befürchtungen und Vorstellungen: Direkt mit Liebe, mit Raffinement, mit System war alles vernichtet, zerstört, versaut worden! Der aufgedunsene Leib eines toten Pferdes begrüßte mich vor meiner Haustür, eine Schreibmaschine lag auf dem Misthaufen, Bücher, Bilder, Möbel, Spiegel, Porzellan, kurz und gut, alles lag im Park, auf dem Hof und in den Zimmern rum. Man hatte sich sogar Mühe gemacht, um der verhaßten Bourgeoisie eins auszuwischen: das Parkett in den Zimmern mit Syrup begossen und hierauf die Federn der aufgeschlitzten Betten ausgestreut! Die sonstigen Schweinereien sind hier nicht wiederzugeben.

Während unser Gutstreck restlos ausgeplündert worden war, war es dem des Dorfes in der Tschechei etwas besser ergangen.

Ich fand nun rührenderweise Unterkunft bei unseren Schmiedeleuten.

Nach zwei Tagen trieben uns bewaffnete Polen und allerlei anderes Gesindel auf einem sogenannten viertägigen Hitler-Marsch nach Liegnitz. Unterwegs durfte niemand aus der Reihe treten. Nachts standen wir in Feldscheunen. Es wurde über unsere Köpfe hinweg geschossen und selbstverständlich bei jeder Gelegenheit geprügelt. Erst in Liegnitz, als die Sowjets diesen Unfug verboten, konnten wir wieder in unser inzwischen aber 100-prozentig ausgeraubtes Dorf zurückkehren.

Irgendeine Verbindung zu meinen beiden Söhnen, zu irgendwelchen glücklicheren Bekannten bestand natürlich nicht. Hingegen hörte man Schreckliches aus der nächsten Nachbarschaft. Gerade der Kreis Neumarkt hatte viele Opfer zu beklagen gehabt. Was war hier nicht alles ermordet worden, was hatte nicht sich selbst den Tod gegeben, was war an Vergewaltigungen, Verschleppungen, Mißhandlungen usw. passiert! Die Zahl geht in die Hunderte, um nicht zu sagen in die Tausende, allein, was das Geschehen im Kreise Neumarkt anbelangt. Die zurückgebliebenen Gutsbesitzer und Bauern waren fast restlos ermordet worden, ihre Frauen und Töchter geschändet, die Arbeitsfähigen verschleppt. Jeder Fall kann hier namentlich belegt werden.

Anschließend berichtet Vfn. über die Verhältnisse unter polnischer Verwaltung und das Schicksal ihres oben erwähnten Sohnes, der von amerikanischer Seite den Russen ausgeliefert und in ein Lager im Kaukasus verschleppt wurde.

Nr. 126

Erlebnisbericht der Schriftstellerin L. K. aus Oberschreiberhau, Kreis Hirschberg i. Niederschles.

Original, 7. Oktober 1952. Teilabdruck.

Evakuierung aus dem Riesengebirge und Flucht ins westliche Sudetenland, Erlebnisse beim Einmarsch der russischen Truppen und unter tschechischer Staatshoheit.

Nach längeren Ausführungen über die landschaftliche Schönheit des Riesengebirges leitet Vfn. über zur Schilderung ihrer Flucht Mitte Februar 1945.

Nachts um ein Uhr schrillen die Haustürklingeln: Sofortiger Evakuierungsbefehl! Alle Frauen und Kinder haben binnen weniger Stunden den Ort zu räumen. Einem Blitzschlag gleich trifft alle vernichtend diese Nachricht. ... Fieberhaft werden die notwendigen Dinge verpackt, man darf ja nur so wenig mitnehmen, um die Fahrzeuge nicht zu belasten. Man nimmt natürlich in der Eile und Aufregung das Verkehrteste, man kann alles noch nicht fassen.

Nach einer rückschauenden Betrachtung ihres Lebens fährt Vfn. schließlich fort:

Die Fahrzeuge warten! Deutsche Wehrmacht bringt die Zivilbevölkerung in Sicherheit; so glaubte man damals. Es ging ins Sudetenland. — Ein langer letzter Blick auf das Haus, das einem solange Heimstatt gewesen war und die schwerste Stunde des Lebens mit einem geteilt hatte. Eng zusammengepfercht mit dem Kind auf dem Schoß begann die Fahrt aus dem Heim, den schützenden Bergen, hinein ins Ungewisse! Landstraßendasein! Die Natur, die noch tags zuvor der Menschen liebster Freund war, wurde nun ihr schlimmster Feind und zeigte ein grausiges Gesicht. Die Kälte drang durch die Glieder, die Kinder weinten, Hunger quälte und Durst. Nachts erhob sich ein eisiger Schneesturm, der tausend Nadeln gleich die Körper stach; durch alle Fugen des Wagens drang er, durch die Planen und schüttete Schnee auf die frierenden Mütter, die schützend ihre Kinder in den vor Kälte starren Armen hielten. Weiter, immer weiter ging die Fahrt, Tags oder Nachts, je nachdem die Fahrzeuge uns transportierten.

Lange Tage machten wir in Tetschen-Bodenbach an der Elbe Halt. Ein eiskalter Wind blies vom Wasser her, nirgends war ein Platz, um sich zu erwärmen, Hunger, Kälte und Schwäche wurden immer schlimmer, die Windeln der Säuglinge waren im Nu zu steifen Brettern gefroren. Mitleidige Menschen brachten uns heißen Kaffee und Tee, belegte Brote, Medizin, denn wir husteten durch den dauernden ungewohnten Aufenthalt im Freien alle entsetzlich. Eine junge Mutter brachte sogar Windeln für die Kleinsten. Wie dankbar waren wir, als wir abwechselnd zu einer Familie gebeten wurden, um unsere erstarrten Glieder zu erwärmen; wie glücklich schätzten wir uns und diese Familie, die noch ein schützendes Dach, ein Heim hatte und in vorbildlicher Gastfreundschaft und Nächstenliebe sich unser erbarmte; heißes Wasser wurde bereitet, damit wir baden konnten, Brei für die Kleinen, eine kräftige Suppe für die Alten gekocht. Wie herrlich war es, seine Glieder wieder strecken zu können nach der tagelangen Nachtfahrt in hockender Stellung, in den engen Fahrzeugen auf Gepäck gepreßt. Wohlig war es einem, daß man die Kleider erst einmal abtun konnte, um sich zu entspannen, baden und essen zu können, wieder Mensch sein zu dürfen mit den bescheidensten Mitteln der Kultur.

Nach drei Tagen kam endlich ein Fahrzeug, was uns wieder anhängte, und die Trecks gingen weiter, immer tiefer in das Sudetenland hinein. Wir hofften noch bis nach Eger zu kommen, um dort zu den vor uns evakuierten Verwandten nach Bayern zu können, aber unweit von Karlsbad in einer kleinen Stadt in Kaaden an der Eger war Treckruhe befohlen, wir wurden aufgeteilt, und unser Schicksal sollte sich dort erfüllen. Viele kleine Kinder und ältere Leute waren von uns gegangen, sie waren unterwegs den übermenschlichen Strapazen erlegen, still starben sie alle ... auf dem Leidensweg der Austreibung. Ein kleines Grab wurde am Wegrand in den Schnee gegraben und barg für viele das Liebste, das Letzte, was sie mit der verlassenen Heimat verband.

Wir wurden in Lager eingewiesen und erhielten bald Quartiere, und trotz schwerer Krankheit, die uns alle infolge Seelennot und Schwäche überfiel, hielt uns der Gedanke, die Hoffnung auf die geliebte Heimat aufrecht. So ging der Winter hin, der Frühling kam. Ach welch ein Frühling! Er kam wie immer mit lockenden Vogelstimmen und lauer Luft ...

So kam der 8. Mai 1945. Nächtelang waren zuvor die Fahrzeuge und Truppen der deutschen Wehrmacht zurückgeflutet, alle Lazarette und Schulen waren mit Verwundeten überbelegt, ohne daß die Bevölkerung ahnte, was eigentlich geschah! Plötzlich waren überall an den Häusern große rote Plakate, daß die Rote Armee einmarschieren wird, als Signal wird der tiefe Summerton der Sirene erklingen, man solle Ruhe bewahren.

Eine entsetzliche Angst packte die ganze Stadt; wir waren vor den Sowjets aus Schlesien geflohen, und nun kamen sie hierher an die Eger, dicht an der bayerischen Grenze. „Hergott, laß es nicht geschehen, nimm Dich unser in Gnaden an", stammelten die angstvollen Lippen. Große Transparente und Beschriftungen auch auf dem Fahrdamm hatten die HJ. und der „Wehrwolf" noch angebracht. „Lieber tot als Sklav" und „Nur über unsere Leichen geht der Weg ins Reich", aber sofort nach dem Anbringen der Plakate, lange Stunden vor dem Einmarsch der Sowjets hatten sich die Behörden „abgesetzt" und die Stadt schmählich im Stich gelassen, die voll alter und kranker Zivilbevölkerung war, voll kleiner Kinder und Ostevakuierter, voll deutscher, schwerverwundeter Soldaten.

Alle Stoßgebete waren vergeblich: 20 Minuten erklang mitten in der Nacht das tiefe Summen der Sirenen, gleich den Posaunen des Jüngsten Gerichts. Es kamen die ersten Fahrzeuge, Truppen folgten in unübersehbarem Ausmaß. Pferde, Panzer, auf den Wagen russische Frauen und Mädchen, die im Siegestaumel laut sangen und kreischten, Hunde, Musikinstrumente, alles in buntem Wirrwarr; in den engen, sonst so still-verträumten Kleinstadtstraßen war nur das Geschrei der durchziehenden Soldateska zu hören, das qualvolle Stöhnen der geschändeten Frauen, der ganze Ort glich einer ziehenden Heerstraße.

Die Sowjets drangen in die Häuser ein, holten sich alles, was sie brauchten, alle Vorräte wurden geplündert, und immer und immer wieder erklang der Ruf nach Schnaps. Die Schaufenster waren binnen weniger Minuten Trümmerstätten, und die Waren, die nicht mitgenommen wurden, lagen zerstreut und zerfetzt auf der Straße umher. In ihrer großen Angst hatten die Besitzer der Häuser ihre Türen vernagelt, von innen regelrechte Barrikaden gebaut. Doch nichts nützte, kein Riegel, kein Balken, die durchziehenden Soldaten öffneten jede Tür, jedes Tor, und die oft markerschütternden Schreie der Frauen und Mädchen jeden Alters ließen einem das Blut in den Adern erstarren. Überall verbargen sich die armen Frauen, unter den Betten, hinter und in den Schränken, im Heu, auf dem Speicher. Aber alle Tarnungsversuche waren vergeblich, denn jede Frau wurde gefunden, mißhandelt und dann vergewaltigt unter Bedrohung der Familienmitglieder, die einschließlich der kleinen und kleinsten Kinder im Raum Zeuge sein mußten.

Auf die Straße zu gehen, fürchtete sich jeder Bürger, da die Männer mit Gewehrkolben geschlagen und die Frauen geschlagen und geschändet wurden. Ja, die Soldaten schreckten nicht einmal davor zurück, einer alten Dame die Maschinenpistole auf die Brust zu setzen, um an ihren Witwenringen zu zerren, die infolge der vor Angst und Schrecken angeschwollenen Hände nicht gleich vom Finger gingen. Hatten sie dann den Schmuck und die Uhr, hieben sie der alten Frau mit der Peitsche um die nackten Beine und gaben sie grinsend wieder frei. So ging es viele Tage und Nächte unter Angst und Weinen, Terror und Fluch; nach diesem Vernichtungssturm war das Gebiet wieder tschechisch, viele Kreuze und zu Tode kranke Frauen zeichneten den Weg.

Auf dem sonnenbeschienenen Marktplatz, auf dem noch Reste der Blumen am alten Stadtbrunnen blühten und die Tauben gurrten, wurde die tschechische Fahne gehißt. Die Truppen zogen ein, ruhig und geordnet im Vergleich zu den Kampftruppen der Roten Armee, die das Gelände nur „vorzubereiten" hatten. Sofort aber begann der Terror gegen die deutsche Bevölkerung, also gegen die ganze Stadt. Ab sofort mußten alle Deutschen weiße Armbinden tragen und ihre Häuser weiß beflaggen. Die Ausweisungen aus den Wohnungen nahmen ihren Anfang. Erschütternde Szenen spielten sich ab, als die Bewohner der Stadt zusammen mit uns aus Schlesien binnen weniger Minuten alles verlassen mußten; ohne jegliche Mitnahme von Hab und Gut standen sie jetzt genau so bettelarm da wie wir aus Schlesien Vertriebenen und glaubten sich doch so in Sicherheit! Die Familien, die nicht gleich in Arbeitslager oder nach Kladno verschleppt wurden, pferchte man in enge Räume zusammen, die Rationen für Deutsche wurden auf das allerknappste auf Lebensmittelkarten ausgegeben, doch durfte man nur an einer Stunde am Tage einkaufen gehen; für die Kinder gab es keine Milch, ganze Körbe mit Obst und Gemüse wurden am Abend fortgeworfen, die deutschen Frauen aber durften es nicht kaufen und auch abends sich nicht heimlich von der Straße aus dem Kehrichthaufen mitnehmen. Das deutsche bewegliche und unbewegliche Eigentum verfiel dem tschechischen Staat einschließlich unserem Flüchtlingsgut, was wir doch aus Schlesien mitgebracht hatten und mit dem neuen tschechischen Staat nichts zu tun hatte; das deutsche Geld wurde außer Kurs gesetzt, und der Terror wurde immer schlimmer und unerträglicher. Der Bürgersteig durfte nicht mehr betreten werden, so daß die deutsche Restbevölkerung, die infolge Ausweisung, Hunger, Krankheit und Tod sehr zusammengeschmolzen war, nur auf dem Fahrdamm gehen durfte und es dadurch wieder viele neue Tote gab infolge der Verkehrsunfälle.

Aber nicht genug mit diesem Leid, es begann die Zwangsarbeit an Wochen- und Feiertagen unter Bewachung mit Maschinenpistolen. Der Lautsprecher verkündete in tschechischer Sprache auf dem Marktplatz, daß alle Deutschen jeden Alters und Geschlechts sich binnen einer Stunde zum Appell auf dem Turnplatz einzufinden haben. Wehe demjenigen, dem es sein Nachbar nicht ausgerichtet hatte. Jeder, der zur Zeit dieser Appelle in seiner Wohnung angetroffen wurde, wurde wegen Nichtbefolgung standrechtlich erschossen. Bei diesen Appellen standen müde, zitternde Greise, schreiende Kinder, verängstigte Frauen und stumm harrende Männer stundenlang in Reih und Glied bei stechender Sonne, bis verkündet wurde, warum man nun eigentlich hier stehen mußte. Es wurden dann wahllos an die hundert Menschen aller Altersstufen zum Straßenbau und Kasernenreinigen befohlen, oft auch nur ganz bestimmte Jahrgänge in Kohlenwaggons weit ins Innere in den Bergbau verladen. Ungewiß war unser Schicksal, ungewiß das ihre, ungewiß war jeder Tag, den der Schöpfer uns aufs neue erleben ließ.

Das Schlimmste aber und Grauenvollste aller dieser Erinnerungen waren die öffentlichen Marktplatzerschießungen, bei denen ebenfalls alle Deutschen jeden Alters zusehen mußten, wie ihre eigenen deutschen Brüder als Geiseln erschossen wurden. Auch hier lautete wieder der Befehl: Fernbleiben hat standrechtliches Erschießen zur Folge. Hatte man nun unter unendlichen seelischen Qualen diese furchtbare Marter über sich ergehen lassen müssen, waren nach stundenlangem Stehen in angstvoller Verzweiflung, bedroht von Posten mit Maschinenpistolen und Absperrketten mit Bajonetten, die Schüsse und das Stöhnen der Opfer verstummt, so wurden ebenfalls völlig wahllos Frauen herausgesucht aus den dichten Reihen des Quadrats, das wir um die Unglücksstätte bilden mußten, welche die Toten auf Karren laden mußten und den Marktplatz vom Blut zu waschen [hatten].

Blut und Tränen! Herrgott, wann nimmt diese Grausamkeit ein Ende? Man glaubte es nicht mehr ertragen zu können. Und doch kam wieder ein neuer Tag mit Sonne und sommerlicher Wärme, zarten Vogelstimmen,

Blumen am Wegrand, aber das Leid begann mit jedem neuen Tag. Zwölf Tage lang waren täglich diese grauenvollen Marterstunden der öffentlichen Marktplatzerschießungen über uns ... Immer mehr Bürger wurden verhaftet. Nach 7.00 Uhr abends durfte kein Deutscher die Straße betreten. Täglich erhofften wir herauszukommen aus der Internierung, aus aller Qual, aber es wurde den Deutschen bei Todesstrafe verboten, den Ort zu verlassen, weder zu Fuß noch per Bahn; so ging der Frühling hin, der Sommer, der Herbst — mit Zwangsarbeit, Marktplatzappellen und Hunger.

Vfn. beendet ihren Bericht mit einer ausführlichen Schilderung ihrer Ausweisung nach Thüringen und ihren Erlebnissen dort in der sowjetisch besetzten Zone Deutschlands.

3. Die Auswirkungen des russischen Vorstoßes aus dem Steinauer Brückenkopf auf die niederschlesische Bevölkerung.

Nr. 127

Erlebnisbericht von Frau Selma Birke aus Liegnitz i. Niederschles.
Original, 28. Oktober 1950, 14 Seiten. Teilabdruck.

Vorgänge beim Einmarsch der russischen Truppen in Liegnitz und die ersten Maßnahmen gegenüber der in der Heimat zurückgebliebenen Bevölkerung.

Nachdem viele Liegnitzer und aufgenommene Flüchtlinge aus Oberschlesien Liegnitz verlassen hatten (von Ende Januar bis 8. Februar 1945), um sich „in Sicherheit" zu bringen, begann für uns Zurückgebliebene eine bange Zeit. Auch wir hatten alles gepackt, um zu flüchten, aber durch die Berichte der Heeresleitung sowie Reden des Kreisleiters wurden wir teils in Sicherheit gewiegt, teils glaubten wir den Versprechungen des letzteren, daß im schlimmsten Falle Fahrzeuge zur Verfügung gestellt würden, um uns hinauszubringen.

Auf die tiefverschneite und vereiste Landstraße trauten wir uns nicht, da wir schon manche Nachricht vom Erfrieren der Geflüchteten bekommen hatten. Mit der Bahn wegzukommen, war in den Tagen bis zum 8. Februar 1945 kaum möglich. Tage- und nächtelang saßen vielhundert Menschen auf dem großen Bahnhofsplatz und in den Wartesälen auf ihren Habseligkeiten und waren ebenfalls dem Tode des Erfrierens ausgesetzt. Und nach dem 8. Februar 1945 morgens fuhr sowieso kein Zug mehr [1]).

Am frühen Morgen des 8. Februar 1945 wurden wir durch Trommelfeuer geweckt [2]). Da zogen auch die letzten Bewohner unseres Hauses mit Handwagen fort. Meine Tochter (welche der Terrorangriffe auf Hamburg wegen seit 1943 bei mir war) und ich waren als einzige zurückgeblieben. Nun glaubte ich an den Willen des Schicksals, meine Heimat nicht zu verlassen, und ich war fest entschlossen, auszuhalten, was auch kommen mochte. Am Mittag desselben Tages erfolgte ein Tieffliegerangriff, der Tote und Verwundete forderte. Am Nachmittag folgten noch zwei oder drei Angriffe, und ich folgte der Einladung unserers Fleischermeisters (uns gegenüber), seinen Luftschutzkeller aufzusuchen, in dem schon gegen 30 Personen Schutz gesucht hatten. Wir verbrachten dort drei Tage und vier Nächte.

Am 9. Februar frühzeitig begannen Straßenkämpfe, und es pfiff und zischte dauernd an den kleinen, tiefen Fenstern vorüber. Am Spätnachmittag des 9. Februar 1945 hörten wir plötzlich furchtbares Triumphgeschrei,

---

[1]) In den Berichten von F. H. und E. P. aus Liegnitz wird die Zahl der beim russischen Einmarsch Zurückgebliebenen mit 16—20 000 angegeben, d. i. über 1/5 der Einwohner.

[2]) An diesem Tage begann die russische Offensive aus den Brückenköpfen bei Brieg und Steinau a. d. Oder, die u. a. auch zur völligen Einschließung von Breslau und Glogau führte.

fremde Laute, und wir wußten, die Russen sind in unserer Straße. Ein ukrainisches Mädchen bestätigte es uns, sie sagte aber, wir brauchten keine Angst zu haben, die Russen seien nicht böse. Wir und auch sie wurden bald eines anderen belehrt.

Am 10. Februar 1945 polterte es die Kellertreppe herab, uns stand das Herz fast still. Die Angst kann kein Mensch nachfühlen. Etwa 20 bis 25 russische Soldaten und Offiziere stürzten herein und leuchteten mit Taschenlampen jeden einzelnen an. Uhren und Frauen wollten sie. Die erste war meine Tochter; aber der Kerl, der sie aus einer Ecke hervorgeholt hatte, sah bald eine stärkere, rotwangige Frau, und gottlob schob er meine Tochter beiseite. (Seitdem blieb sie durch allerhand Kunstmittelchen verschont.) So holten sie am laufenden Band Uhren, andere Wertsachen, Koffer, Frauen und junge Mädchen, ja halbe Kinder. Den Männern zogen sie Lederjacken und Stiefeln aus, und immer hieß es: alle Männer auf den Hof. (Dieser erste Russenüberfall blieb ja leider nicht der einzige.)

So verbrachten wir in Angst und Schrecken die Tage und Nächte. Hörten, wie über uns der Fleischerladen zertrümmert wurde, wie es dauernd über Treppen und durch Wohnungen ging, wie Türen eingeschlagen und Möbel zertrümmert wurden.

Am Morgen des 12. Februar 1945 wurde das ukrainische Mädchen (Wera) von einem Soldaten herausgeholt, und sie mußte nun als Dolmetscherin fungieren. Wir wurden alle im Hof versammelt und bekamen die Weisung: heraus aus dem Keller, und alle in ein Haus, am besten in dieses ziehn. Junge Frauen nicht auf die Straße. Überhaupt, wenn irgend möglich, im Haus bleiben, es würde uns nichts passieren. Aber o weh! Es war furchtbar! Wera hat sich über ihren Brotherrn geworfen, als sie ihm den Hals durchschneiden wollten. Dann wurde sie vergewaltigt. Ein Vater stellte sich vor seine beiden jungverheirateten Töchter, als sie weggeholt werden sollten, als Strafe nahmen die Russen ihn und zwei vollkommen unbeteiligte Männer mit. Sie sind bis heute nicht wiedergekommen. Hundert ähnliche Fälle gäb' es zu berichten. In diesen Tagen sind unzählige Selbstmorde geschehen. Auch meine Tochter und eine Frau mit ihren zwei kindlichen Töchtern wollten es tun. Die Verzweiflung war unbeschreiblich. Ich habe stundenlang gebeten und gescholten, bis sie mir versprachen, auszuhalten.

Tag und Nacht polterten sie ans Tor oder an die Tür des Hauses, plünderten, suchten nach Waffen, nach Hitlerfahnen und anderen Zeichen, und wehe, wenn sie etwas fanden. Den Fleischermeister Richard Pelz holten sie am Abend des 15. Februar 1945 ab zu einer „Vernehmung". Er kam nicht wieder. Wir warteten, warteten. Nach drei Wochen kam er, körperlich und seelisch krank. In ungezählten GPU.-Kellern hatte man ihn mit vielen andern Tag und Nacht „vernommen". Im nahen und weiten Umkreise von Liegnitz (bis Bunzlau) und in Liegnitz selbst waren sie gewesen. Halbtot geschlagen hatten sie ihn, er sollte eingestehen, daß er ein Nazi sei. Er war nie in der Partei; aber man glaubte ihm nicht, ein Spitzel (Kommunist) hatte ihn und viele andere angegeben. Nach zwei Tagen wurde er wieder geholt und, nachdem er dieselbe Prozedur durchmachen mußte, nach drei Tagen wieder entlassen. Und wieder geholt. Ich war dabei, als der Dolmetscher, ein Pole, ihn immer ins Gesicht schlug und sagte: „Bist doch ein Nazi." Als ich erklärte, er sei nie Nazi gewesen, drohte mir der Pole, mich grün und blau zu schlagen, wenn ich nicht raus ginge. Herr Pelz mußte sich wieder anziehen und sollte mitgehen; da fragte der Pole: „Hast du Schnaps?" und nachdem Herr P. eine Flasche holte, klopfte der Kerl ihm auf die Schulter und sagte: „Du kein Nazi" und ging mit dem begleitenden Russen davon.

Am Abend des 12. März 1945 kamen drei russische Soldaten und machten uns begreiflich, daß wir packen und auf die Landstraße müßten[1]). Es schoß dauernd, und wir weigerten uns, aber sie sagten: „Danken Sie Hitler", und zwangen uns, zu packen. Als sie davongegangen waren, blieben wir neben unseren Wagen im Hofe wartend stehen, und als niemand mehr kam, blieben wir die ganze Nacht zusammen in der Stube sitzen. Am Morgen gingen unsere jüngeren und jungen Bewohner ihrer Arbeit nach. Sie wurden immer von einem Russen abgeholt und in eine Gärtnerei geführt, wo sie ohne Verköstigung arbeiten mußten. (Ich selbst habe dort geschneidert, wurde sehr gut verpflegt und mir wurde kein Haar gekrümmt.)

An diesem Morgen kamen die Russen wieder und waren außer sich, daß kein Bewohner ihrem Befehl gefolgt war. Sofort sollte alles raus. Da griff der Ukrainer ein, welcher Aufseher in der Gärtnerei war. Ihm hatten unsere Leute alles erzählt, und er befahl, alles sollte in seine Gärtnerei ziehen, und so geschah es. Aber leider dauerte die schöne Zeit nur sechs Tage. Da eröffnete er uns, daß er uns alle abgeben müsse; wenn er nur ein oder zwei Personen behielte, würde er erschossen. Und so hieß es, wieder packen. Das Ziel war Langenwaldau, neun Kilometer entfernt. Es war schon abends (19. März 1945), als wir dort ankamen. Schon das erste Gut nahm uns auf (wir waren auch am Ende unserer Kraft): Herrn und Frau Pelz, meine Tochter und mich. Die erste Frage der schon Anwesenden: „Bringt ihr Brot mit?" Zunächst wies man uns den Oberboden einer Scheune als Wohnung an. Es regnete zwar hinein, auch flogen Vögel durch die beiden Ritzen herein und hinaus, es raschelte von Mäusen (vielleicht auch Ratten), aber wir sanken doch todmüde aufs Stroh.

Am nächsten Tag erfuhren wir, daß in diesem Dorfe 28 000 Menschen Unterkunft gefunden hatten. Wo diese alle wohnten, ist nicht schwer zu erraten... In Pferde-, Schweine- und Kuhställen wohnten sie; wer das Glück gehabt hatte, bei den ersten Ankömmlingen zu sein, wohnte sogar in einem Häuschen, allerdings auch mit drei bis vier Familien zusammen. Die wenigen Vorräte, die wir uns noch mitnehmen konnten (seit 8. Februar 1945 gab es ja keinerlei Lebensmittel mehr), reichten nicht weit, und unser gewählter Obmann ging mit den anderen Obmännern zum russischen Kommandanten, um ihn zu bitten, uns Lebensmittel zu geben. Die Antwort lautete: „Deutsche Schweine sollen verhungern, wenn nicht wollen, sind Bäume da zum Anhängen." So, da wußten wir Bescheid!

Anschließend schildert Vfn. die Zustände in einem Arbeitslager und die Verhältnisse unter polnischer Verwaltung.

---

[1]) Vgl. den folgenden Bericht.

Nr. 128

Erlebnisbericht von Frau Hedwig Rosemann aus Breslau.
Original, 13. Februar 1952, 16 Seiten. Teilabdruck.

Erlebnisse und Vorgänge beim Einmarsch der russischen Truppen in Löwenberg und bei der zwangsweisen Räumung der Stadt zum Arbeitseinsatz der Bevölkerung im rückwärtigen Frontgebiet.

Wir sind Breslauer und mußten unsere Heimatstadt am 22. Januar 1945 in zwei Stunden verlassen, weil deutsches Militär unseren Vorort an der linken Oderseite besetzte. Wir flüchteten nach Löwenberg zu unseren Verwandten.

Am 13. Februar 1945 kam der Befehl, die Stadt Löwenberg zu verlassen und zu trecken. Die Russen sind ganz in der Nähe. Die Landstraßen waren so verstopft von Flüchtenden, daß wir nicht mehr raus konnten.

Bei den Kämpfen am 14./15. Februar 1945 suchten die zurückgebliebenen Bewohner in den Kellern Schutz.

Die Artillerie schoß die ganze Nacht. Wir blieben daher auch die ganze Nacht über im Felsenkeller. Morgens um 7.00 Uhr ein Krachen an unserer Haustür, die Russen waren da ... Wie die Wilden stürzten sie sich in den Hausflur. Im Schrank wurden alle Konserven auf die Erde geworfen. In der Schuhmacherwerkstatt alle Leisten runter auf die Erde. Es war ein fortwährendes Poltern und Krachen, und die ersten Frauenschreie gellten auf. Frauen wurden in den Hausflur gezerrt und vergewaltigt.

Eine Augenzeugin, Frau Frieda Schneider aus Breslau, die auf der Hauptstraße, Goldberger Straße wohnte, berichtete den Einzug der Russen folgendermaßen:

„Der erste Trupp waren einige Panzer, die durch die Stadt fuhren. Hinterher kam Fußvolk mit langen Eisenstäben, die sämtliche Fensterscheiben, die sie erreichen konnten, einschlugen. Dann kamen wieder welche, die Schmuck, Uhren usw. raubten und plünderten. Die nächsten, die dann kamen, fielen über alle Frauen her, ob jung, ob alt, ganz gleich wo sie versteckt waren, ob unterm Bett oder im Kamin oder im Keller. Sie fanden alle! Zum Schluß kamen polnische Arbeiter, die früher in der Stadt beschäftigt waren, sie zündeten die Geschäfte und Häuser der Parteigenossen mit Benzin und Petroleum an."

Wir blieben zehn Tage im Keller versteckt.

Frau Josef gebar am 18. Februar 1945 einen Sohn im Keller. Da die Hebamme nur einige Häuser entfernt wohnte, war sie gleich zur Stelle. Es war furchtbar in dem nassen dunklen Keller. Das Kind schrie fortwährend. Die Mutter mußte mit ihren zwei Kindern nach zwei Tagen ans Tageslicht, und sie kam mit ihrer Mutter in den zweiten Stock. Aber auch sie blieb nicht verschont vor den Vergewaltigungen, trotzdem doch jeder das kleine Würmchen neben der jungen Mutter sah.

Nach zehn Tagen mußten wir die Altstadt räumen, und wir wurden von den Russen in die Villenstadt in zwei Straßen, Kaiser-Friedrich-Straße und

Bismarckstraße, eingewiesen. Wir wohnten in der Bismarckstraße 9 in der Lehrerwohnung von Herrn Spangenberg im ersten Stock. Im zweiten Stock lag ein Kunstmalerehepaar mit seiner Tochter erschossen in den Betten. Die Gesichter waren schon schwarz. Mein Mann mußte sie mit Herrn Flicker runter tragen, eingewickelt in die Bettlaken, wo sie auf einem Rasenplatz dann noch einige Tage lagen, ehe sie beerdigt wurden.

Die Bewohner der beiden Straßen aus der Altstadt mußten sich das Wasser zum Kochen aus einer kleinen Pumpe auf der Kaiser-Friedrich-Straße holen. Dort standen wir stundenlang Schlange an, denn das Wasser war oft sehr schnell alle. Die elektrischen Anlagen waren zerstört.

Eine 45jährige Lehrerin erzählte mir, daß sie die dauernden Vergewaltigungen der Russen — täglich 20- bis 30mal — nicht mehr aushalten könne. Die Russen vergewaltigten sie, unbekümmert darum, daß sie mit ihrer 81jährigen Mutter in einem Bett schlief! Es war eben furchtbar, keine Frau blieb verschont! Die Russen kamen von der nahen Front her mit Autos angefahren, und so ging das den ganzen Tag bis morgens um 3.00 Uhr.

Am 28. Februar 1945 gab der Russe bekannt, daß sämtliche Deutschen die Stadt zu verlassen hätten, da die Deutschen die Stadt wieder besetzen würden. Die deutsche Artillerie eröffnete das Feuer, und am 1. März 1945 zogen wir in langen Kolonnen in Richtung Braunau—Ludwigsdorf, wo wir uns dann aufhalten durften. Es war Tauwetter, unheimlicher Dreck, die Straßen voller Russen, die uns angrinsten, und wir kamen mit unseren Handwägelchen nur mühsam vorwärts. Mehrere hatten Schubkarren, andere Schlitten, sie kamen einfach nicht mit und mußten immer mehr von ihrer letzten Habe im Straßengraben liegen lassen. Mehrere Frauen und auch Männer hatten Krücken. Es war ein Bild des Jammers. Wir mußten uns stets gut rechts halten, denn die Russen mit ihren klapprigen, vorsintflutlichen Autos überholten uns fortwährend nach Richtung Gröditzberg. Sie räumten ebenfalls die Stadt. Wir sollten uns im Gasthaus von Ludwigsdorf einquartieren, doch dies war voller Russen, auch die Molkerei und die größeren Güter am Anfang des Dorfes. Wir suchten am Ende des Dorfes Quartier und wohnten in der 94 bei Hanke und durften acht Tage dort bleiben.

Die Wohngemeinschaft der Vfn. blieb hier vor Vergewaltigungen verschont, da sich darunter ein russisch sprechender Mann befand.

Unten in zwei Zimmern waren 30 Löwenbergerinnen, die sich auf Stroh lagerten und Tag und Nacht keine Ruhe vor den Russen hatten, ebenso wie oben drüber Frau Josef und ihre 63jährige Mutter. Unter den 30 Löwenbergerinnen befand sich auch ein Drogistenehepaar, sie hatten Gift genommen, während der Mann tot war, wurde die Frau gerettet.

Die Ludwigsdorfer Frauen hörte man Tag und Nacht schreien, obwohl sie sich so gut tief im Heu und Stroh versteckt hatten. Die Russen suchten überall und fanden sie auch überall.

Eines Tages sah ich den katholischen Geistlichen von Löwenberg, Erzpriester Loske, mitten auf der Straße umringt von sechs Nonnen in Zivilkleidern, alte Weiblein, die vor ihm knieten und um Schutz vor den Russen baten. Auf einmal kam ein russischer Offizier und gab allen einen Schlag mit der MP. ins Kreuz, und sie stoben auseinander.

In der nächsten Nacht gab es ein großes Gepolter: 30 Russen waren in unser Haus eingezogen, sie schliefen auf den Treppen und im Hausflur. Ein Auto mit einem großen Geschütz stand im Hof, und auf dem Acker hatten die Russen in der Nacht Flakgeschütze eingegraben. Morgens kamen dann deutsche Flieger, und die Schießerei begann. Wir standen am Fenster und sahen allem mit zu, nur mit dem einzigen Gedanken, wenn sie uns doch bloß treffen wollten, damit wir endlich erlöst würden! — Die Besatzung blieb zwei Tage, dann rückte sie ab nach Löwenberg.

Am 8. März 1945 mußten wir Ludwigsdorf verlassen, und weiter ging es über Deutmannsdorf, überall zerstörte Häuser, Plünderung und Vernichtung.

In Deutmannsdorf kam uns ein 19jähriges Mädchen weinend entgegen. Die Russen hatten ihre Mutter, Frau Anna Heier, Ende der 50, erschossen, weil diese sich vor ihre Tochter gestellt hatte und nicht dulden wollte, daß sie diese vergewaltigten.

Ein paar Häuser weiter lagen zwei deutsche Soldaten erschossen.

Es ging weiter über Hartliebsdorf. Dort begegneten wir einem sonderbaren Zug von Menschen. Männer, Insassen der Provinzial-Heilanstalt Plagwitz [1]). Sie trugen noch ihre Anstaltskleidung. Manche hatten sich Strümpfe über den Kopf gezogen. Einige hatten abgezogene Kaninchen über die Schultern gehängt. Sie wurden in Dunkelwald einquartiert. Mein Mann traf sie später im Zuchthaus in Wohlau als Gefangene wieder [2]).

Wir zogen weiter und durften, da es den ganzen Tag schneite, im Dorf Gröditzberg bleiben. Wir kamen auf das Gut von Frau Prause. Hier bekamen wir ein großes Zimmer im ersten Stock. Rechts und links Stroh, in der Mitte ein schmaler Gang. Wir waren einschließlich der Kinder 28 Personen.

Nachts kam eine russische Kontrolle: zwei Russen mit MPs. hielten uns ein Streichholz vor die Nase und leuchteten jeden einzelnen ab. Uns gegenüber lag ein Bauer aus Steinau mit sieben kleinen Kindern. Die Älteste 15 Jahre alt. Auf sie hatten es die Russen abgesehen. Ein Russe setzte sich auf unseren mit vielen frischen Broten gefüllten Brotsack, die wir am Tage vorher beim Bäcker in Gröditzberg erstanden hatten. Der andere legte sich zwischen das Bauernehepaar, wo die 15jährige Tochter lag. Wir hörten das Wimmern und Weinen von dem Mädchen, und auch die Mutter weinte laut.

[1]) Über die Vorgänge in Plagwitz berichtet auch der Steinsetzer S. H.: „Am 14. Februar 1945 erreichte der Russe unser Dorf Plagwitz. Da sich noch eine kleine Gruppe deutscher Soldaten im Ort befand, die ihm Widerstand entgegensetzten, kam es zur Vernichtung eines ganzen Teiles unseres Dorfes. Ich war mit einigen Angehörigen sowie einigen Nachbarn zu Haus geblieben, der größte Teil der Dorfbewohner war jedoch geflohen. Wir bereuten schon bald nach dem Einmarsch der Russen, daß wir nicht mitgeflüchtet waren. Es folgten nun Wochen der Vergewaltigungen, Mißhandlungen usw. Wir lebten drei Wochen mitten im Kampfgebiet zwischen dem Feind, und was das heißt, können Sie sich denken. In Plagwitz befand sich eine Heil- und Pflegeanstalt für Geisteskranke. Als der Russe ein paar Tage da war, lagen Insassen dieser Anstalt überall in den Gärten und Straßengräben erschossen oder erschlagen umher. — Am 8. März mußten wir binnen kurzer Zeit unser Dorf verlassen."

[2]) Dort waren, wie der Ehemann der Vfn. berichtet, bis Kriegsende von den Russen ca. 2 000 Männer verschiedenster Herkunft, vom 12jährigen Knaben bis 80jährigen Greis, inhaftiert und wurden danach in fürchterlichen Fußmärschen nach Gefangenen- und Arbeitslagern überführt.

Der Bauer und die andern Kinder mucksmäuschenstill, denn der zweite Russe hielt seine MP. auf uns alle gerichtet. Als der erste Russe wegging, fiel der zweite Russe über sie her.

Da es ununterbrochen schneite, durften wir drei Tage lang bleiben. Dann mußten wir weiter. ... Es ging nun bergauf, vereiste glatte Straßen, die Bauernwägelchen mit ein oder zwei Kühen bespannt, kamen immer mühseliger vorwärts, dahinter wir mit unserem Handwagen, darauf den kleinen Säugling und unsere Kinder. Frau Josef und ich vorgespannt, mein Mann und Frau Langer halfen schieben. Von Gröditzberg ab sahen wir überall weiße Fahnen aus den Dachkammerfenstern. Das nächste Dorf, in dem wir uns einquartieren durften, war Adelsdorf. Auch hier wimmelte es von Russen, und in jedem Haus waren mindestens 50 Mann, die die Stuben ausgeräumt hatten und auf Bretterverschlägen lagen. Überall wieder restlose Vernichtung und Zerstörung. Das Dorf war leer von der Zivilbevölkerung. Am Ende des Dorfes durften wir uns einquartieren. Es war das Altersheim, gerade gegenüber dem Spritzenhaus. Frau Josef kochte schnell für ihren Säugling eine Weizenmehlsuppe, denn durch die dauernden Vergewaltigungen hatte sie völlig die Milch verloren, und Milch gab es doch nirgends.

Die Kühe wurden aus allen Gehöften von den Russen abgetrieben, und alle Kühe, die noch frei herumliefen, wurden von den Russen eingefangen. Das Vieh brüllte überall in den leeren Dörfern, durch die wir gekommen waren.

Wir durften in Adelsdorf zwei Tage lang bleiben. Doch die Kontrollen, die Plünderungen und Vergewaltigungen jede Nacht, die manchmal zehnmaligen Durchsuchungen unserer letzten Lumpen waren furchtbar. Was uns die Russen wegnahmen — wir wußten zum Schluß gar nicht mehr, was wir noch besaßen! — war immer wertloser. Man war zum Schluß froh, überhaupt noch selbst am Leben gelassen worden zu sein.

Nach weiteren zwei Tagen mußten wir schon wieder weiter über Woitsdorf—Bandmannsdorf, durch das viele Kompanien marschierten. In B. befand sich nämlich das russische Hauptquartier. Zivilpersonen begegneten wir überhaupt nicht mehr. Auf der Autobahn Goldberg—Haynau hielten unsere Wägelchen zwei Russen, ein Feldwebel und ein Unteroffizier, an. Sie brachten uns ... bis Brockendorf. Rechts und links in den Straßengräben lagen viele tote deutsche Soldaten, erschossenes Vieh. Wie überall die gleiche Vernichtung.

Im Gut Nieder Brockendorf durften wir im Schloß wohnen. 28 Personen waren schon anwesend. ... Am 16. März 1945 kamen noch einmal sechs Bauern mit Wagen und Kühen dazu.

Nachmittags 18.00 Uhr hieß es plötzlich: „Alle Männer runter ins Dorf auf die Kommandantur". Sie mußten gehen, so wie sie gerade von der Arbeit gekommen waren. Es hieß, in einer Stunde kämen sie wieder. Zehn Mann kamen aber nicht wieder, darunter auch mein Mann. Pastor Henschel und Herr Kluge kamen nach drei Tagen zurück. Bauer Kenge, 66jährig, erzählte, daß sie alle mit einem Russenauto nach Woitsdorf transportiert wurden, dort im Spritzenhaus auf dem Zementfußboden kampieren mußten zu 35 Mann! Nachts Verhöre mit Gummiknüppeln und MPs. Sagte einer, er sei nicht in der Partei gewesen, bekam er gleich ein paar mit dem Gummiknüppel und die MP. wurde ihm an die Schläfe gehalten. Pastor Henschel trug am linken Arm eine Stütze von einer Verwundung vom ersten Weltkrieg her, er war übrigens auch einige Wochen noch unter Hitler im KZ. gewesen. Diese beiden Männer kamen nach langen Fußmärschen, eingeschüchtert durch die vielen Verhöre, krank zurück, die andern blieben alle verschollen [1]). Nach Wochen fragte ich den Feldwebel, unseren Kommandanten, der einige Worte deutsch sprechen konnte, wo bloß mein Mann sei. Er sagte, er wisse es nicht. Der Kommandant, der sie abgeholt habe, sei ein Schwein . . . ein Deutschenhasser.

Anschließend berichtet Vfn. über die Arbeits- und Lebensverhältnisse auf dem in Frontnähe gelegenen Gut, wo zur Versorgung der russischen Truppen Vieh zusammengetrieben worden war. Von dort wurden Mitte April mehrere Frauen wegen angeblich venerischer Krankheiten zwangsweise über Bunzlau nach Tschenstochau abtransportiert und dort den Polen überliefert.

In Brockendorf wurden dann am 1. Mai 1945 die besten Kühe abgetrieben, und Frau Wahn und Tochter Rosie, Frau Jäschke und Tochter Lotte, Fräulein Ulli, die Elevin von Wahn, Frau Schneider aus Schellendorf und mehrere Frauen von dort mußten die Kühe bis Priebus treiben, dann kamen sie wieder zurück. Die Kühe kamen nach Rußland. Wir kamen mit dem Jungvieh aufs Nachbardorf nach Schellendorf, wohin wir unsere letzten Sachen auf einem Ochsenwagen mitnehmen durften. Die Frauen trieben die Bullen und das übrige Vieh, dort begann für uns Frauen wieder eine furchtbare Zeit. Jeder Russe durfte das Gut betreten, und die Vergewaltigungen waren wieder ganz schlimm. Wir hatten einen neuen Kommandanten, einen jungen Russen, der sich oft betrank und den ganzen Tag auf seinem Lager lag.

Am 15. Mai 1945 schlug endlich unsere Befreiungsstunde. Wir bekamen alle Zettel in die Hand gedrückt von einem Kommandanten vom Gut Nieder-Schellendorf, daß wir bei einer russischen Einheit in der Landwirtschaft gearbeitet hätten und in die Heimat entlassen wären.

Da ich die einzigste Breslauerin war, allein die 85 Kilometer mit meinen Kindern gehen mußte, treckte ich mit den Ludwigsdorfer Bauern mit Herrn und Frau Kluge, die es sehr gut mit mir und meinen Kindern meinten und ihr geringes Essen jedesmal treu mit uns teilten. Wir gingen denselben Weg zurück. Nirgends gab es mehr Russen. Es war eine Seltenheit, wenn man auf sie stieß. Nur die Besatzungen der durchfahrenden LKWs. belästigten und vergewaltigten uns. Aber auf den größeren Gütern gab es überall noch russische Kommandos.

Die zurückgekehrten Bauern bepflanzten die Äcker mit Kartoffeln. Das Wintergetreide war ja überall noch bestellt gewesen, und wir dachten schon: Alle Not hätte nun ein Ende. Anders war es in Deutmannsdorf. Dort lag kein Wachtkommando. Täglich kamen Einwohner, die nach der Tschechei geflohen waren, zurück. Sie kamen teilweise noch mit vollen Wagen, mit Vorräten an Mehl, Speck, guter Wäsche. Wir hatten nur noch Lumpen, denn

[1]) Der Ehemann der Vfn. kehrte erst im September 1945 wieder zurück.

die Wintersachen hatten uns ja die Russen gestohlen. Die Sommersachen die wir noch unter Schutt und Trümmern in den Dörfern gefunden hatten, sahen jämmerlich aus.

In Deutmannsdorf an der Kirche ging eine Nebenstraße nach dem Bahnhof Hartliebsdorf. Von dort kamen alle Nächte Mongolen von Haindorf, ja sogar von Greiffenberg her und überfielen die armen Frauen und verprügelten und vergewaltigten sie. Verstecken nutzte überhaupt nichts, sie fanden jede. Die schrillen Angstschreie hörte man aus großen Entfernungen. Zwei Frauen, die ich mit Namen kenne, sind hier in B. untergebracht, ihre Männer blieben beide in Stalingrad. Sie hatten beide hübsche Kinder. Jetzt sind sie krank, siechen dahin, niemand kann ihnen mehr helfen.

Anschließend berichtet Vfn. ausführlich über ihre Erlebnisse und die Verhältnisse unter polnischer Verwaltung bis zu ihrer Flucht im Mai 1946.

Nr. 129

Protokollarische Aussage des Landhelfers Kurt Lachmann aus Possen, Kreis Bunzlau i. Niederschles.

Original, 24. Juni 1952.

Vergewaltigungen, Morde und Selbstmorde nach dem Einmarsch der russischen Truppen.

Wie hielten uns im Keller auf (viele Frauen und junge Mädchen, die ebenfalls bei uns im Keller Schutz suchten, waren zugegen), als gegen Mittag erstmalig die Russen unser Haus durchplünderten und dabei alles, was für sie gerade brauchbar erschien, insbesondere Uhren, Schmuck und Trauringe entrissen. Am Abend stürmten, wie eine Horde, russische Soldaten in unseren Keller und holten alle Frauen und Mädchen in die Wohnung hinauf. Vom Keller aus konnte man dann das Aufschreien von den Frauen und Mädchen hören. Erst gegen Morgen kamen sie, teilweise blutend, zurück. Dieser Zustand dauerte etwa zwei Wochen an, und täglich wiederholten sich die gleichen Szenen.

Während dieser Zeit waren auch mein Onkel und meine Tante Berta Kremse aus Bunzlau dabei. Eines Tages war ich mit Onkel und meiner Tante auf dem Wege zum Nachbarhaus, als ein Russe uns entgegenkam und meine Tante mitschleifen wollte. Sie setzte sich zur Wehr, worauf der Russe sie mit der Maschinenpistole in den Leib schoß. Mein Onkel holte einen Handwagen herbei und fuhr die Schwerverletzte zum Nachbarhaus. Der russische Soldat folgte uns und schoß meine Tante nochmals in den Leib. Als sie daraufhin noch lebte, schlug der Russe mit der MP. auf den Kopf. Im Gehöft des Bauern Gustav Otte angekommen, trug mein Onkel unter Stöhnen und Aufschreien die Schwerverletzte in den Hausflur. Wiederum hatte uns dieser Russe bis hierhin verfolgt und gab jetzt nochmals vier Schuß auf sie ab. Als meine Tante immer noch schrie, schlug er sie nochmals mit der MP. auf den Kopf. Ihr Gesicht war sowie ihr Kopf vollkommen entstellt. Sie war damals 50 Jahre alt. Durch Androhung der Russen, daß mein Onkel am nächsten Tag weggeholt werden sollte, begingen mein Onkel, meine Mutter und jüngerer Bruder Selbstmord durch vorzeitiges Schließen des mit Kohle geheizten Ofens. Auch ich sollte mein Leben mit lassen, bin jedoch, als es mir unerträglich wurde, davongelaufen.

Mein Onkel August Lachmann (33 Jahre), schwer beinverletzt durch Unfall, wurde am ersten Tag vor Einmarsch der Russen von der Nachbarin Selma Engmann gebeten, zu ihr zu kommen, da sie mit ihrer Tochter allein im Haus war. Mein Onkel kehrte von da nicht mehr zurück. Erst zehn Wochen später fand man ihn etwa einen Kilometer von zu Haus entfernt ohne Bekleidung mit Stichwunden in der Brust liegend auf.

Die bereits angeführten Massenvergewaltigungen erfolgten sehr oft im Beisein von Kindern aller Jahrgänge. Ich selbst, damals 13 Jahre, mußte in zahlreichen Fällen ebenfalls zusehen.

Nr. 130

Protokollarische Aussage von Frau Selma Deckwart aus Possen, Kreis Bunzlau i. Niederschles.
Original, 24. Juni 1952.

Vergewaltigungen durch russische Soldaten und Ermordung des Ehemannes.

Am 13. Februar 1945 morgens gegen 8.00 Uhr rückten die russischen Kampftruppen in unseren Heimatort Possen ein. Gemeinsam mit den russischen Landarbeiterinnen, die damals im Dorf zur Landarbeit eingesetzt waren, plünderten die Kampftruppen die einzelnen Häuser durch und nahmen alles an wertvollen Bekleidungs- und Wertgegenständen mit. Durch die herrschenden Kampftätigkeiten waren wir gezwungen, mit mehreren Dorfbewohnern den Keller aufzusuchen.

Am Abend bezogen die russischen Soldaten Quartier im Dorf. In unser Haus rückten ca. 30 Mann ein. Inzwischen mußten wir den russischen Soldaten Dienste leisten und wurden während dieser Zeit laufend verhört. Zur gleichen Zeit mußte ich einige Male Vergewaltigungen über mich ergehen lassen. In den späten Abendstunden, etwa gegen 21.00 Uhr, mußte ich mit meinem Mann und der jungen Frau Embschen (21 Jahre) einer Anzahl russischer Soldaten auf die Straße folgen, und sie trieben uns etwa 100 Meter die Dorfstraße entlang. Alsdann mußten wir mit ihnen wieder umkehren, und vor dem meinem Gehöft gegenüberliegenden Häuschen der Frau Borrmann mußten wir drei uns aufstellen, und die zum Teil stark angetrunkenen Russen vollführten ein Freudengeheul, wobei sie laufend mit Erschießen drohten, jedoch aber in die Luft schossen. Kurze Zeit darauf zerrten sie Frau Embscher in den Stall.

Unter den Anrufen „dawei" trieb man mich jetzt in ein Zimmer des ersten Stockwerkes. Sechs Russen fielen jetzt wie Bestien nacheinander über mich her, nachdem sie mir vorher die Kleider vom Leibe gerissen hatten. Es würde zu weit führen, wenn ich auf Einzelheiten dieser bestialischen Behandlung eingehen wollte, jedenfalls mußte ich in dieser Nacht etwa 25 dieser Vergewaltigungen über mich ergehen lassen, unbeschreiblich war mein Zustand. In der gleichen Nacht brachte mich anschließend ein Russe in mein Haus zurück. Meinen Mann fand ich nicht vor daheim. In banger Sorge, daß sie meinen Mann erschossen haben (denn ich hatte einen nahen Schuß fallen hören, während sie mich vergewaltigten), konnte ich keinen Schlaf finden; sobald es grau wurde, suchte ich meinen Mann und fand ihn auch an der Stelle, wo ich ihn verlassen mußte, mit tödlichem Kopfschuß. Am 18. Februar 1945 habe ich dann meinen Mann mit Hilfe eines Nachbarn auf unserem Grundstück begraben.

In der folgenden Zeit darauf mußte ich fast täglich sieben bis acht Vergewaltigungen über mich ergehen lassen. Unvergeßlich werden mir diese häßlichen mongolischen Gesichter bleiben. All dies ist nicht spurlos an mir vorübergegangen; ich bin heute seelisch krank, auch körperlich. Jedesmal beim Wechsel der Truppen steckten die Abrückenden einige Häuser in Brand.

4. Das Schicksal der Bevölkerung in dem von Februar bis April 1945 umkämpften Gebiet zwischen Oder und Unterlauf der Neiße.

Nr. 131

Bericht des Fleischermeisters Paul Thiel aus Freystadt i. Niederschles. Original, 28. Juli 1951, 4 Seiten. Teilabdruck.

Gewalttaten sowjetischer Soldaten nach dem Einmarsch.

Als die sowjetische Front immer näherrückte, wurde die Stadt rechtzeitig bereits Ende Januar/Anfang Februar geräumt. Auch die östlich der Oder gelegenen Ortschaften wurden durch SS.-Kommandos evakuiert und die bedauernswerte Bevölkerung weiter westlich im Kreise untergebracht.

Am 10. Februar 1945 erschienen bei mir — ich hatte nach dem Fortgang des bisherigen Bürgermeisters die Geschäfte als solcher vorübergehend übernommen — deutsche Offiziere, um sich über die Verteidigungsmöglichkeiten der offenen Stadt zu unterrichten.

Vf. berichtet kurz über völlig unzureichende Verteidigungsvorbereitungen und fährt fort:

Nach kurzem, nicht ernst zu nehmendem Widerstandsversuch kam nun die sowjetische Invasion über meine unglückliche Heimatstadt. Ihre zurückgebliebenen Bewohner erwarteten, ängstlich in den Kellern verborgen, ihr weiteres Schicksal. ...

Zunächst erschien nun ein anständig aussehender Sowjet an der Kellertür — wir waren in den Kellern der Villa Schröter, da diese mehrere Ausgänge hatten — und fragte sehr höflich auf deutsch, ob sich noch deutsche Soldaten im Keller befänden, ob wir noch Waffen hätten, was wir ehrlichst verneinen konnten. Dann riet er uns dringendst an, alle noch jüngeren Frauen und Mädchen von jetzt versteckt zu halten, da diese auf Befehl von Stalin den sowjetischen Soldaten zur Verfügung zu stehen hätten. ...

Nun folgten pausenlos durchziehende, singende, johlende Truppen, total betrunken, die Folge der leider nicht rechtzeitig vernichteten ungeheuren Vorräte an Spiritus aus den umliegenden großen Dominialbrennereien. Die Sowjets drangen in die Häuser ein, verlangten Uhren und Ringe, plünderten im Vorbeiziehen, zerstörten und warfen schon das meiste an der nächsten Straßenecke wieder fort, da sie ja im Kampfeinsatz doch nichts davon gebrauchen konnten.

Unser netter Sowjet versprach, sich alle paar Stunden um uns kümmern zu wollen, was er auch gehalten hat. Aber er war ja machtlos diesem Treiben, diesen Mengen gegenüber.

Anfangs glaubten wir in unserem Optimismus noch, daß das Gros der Russen vielleicht ähnlich sein würde. Wir nahmen an, daß unser Hierbleiben im Gegensatz zu der Flucht der meisten unserer Mitbürger doch das Richtigere gewesen sei, aber die bittre Erkenntnis, daß dies alles nur blanker Selbstmord war, sollte nur allzu bald in uns aufgehen.

Rudel von Verbrechern, sowjetischer Nachschub, Deserteure, Polen usw. folgten der Kampftruppe, ergossen sich in die Häuser, kehrten das Unterste zu oberst. Die unglücklichen Deutschen wurden in rohester Weise von ihrem Eigentum weggerissen, mißhandelt, verschleppt, Frauen aus jedem noch so gut getarnten Versteck gezerrt und von der 12jährigen bis zur 80jährigen unbekümmert um Zuschauer in rohster Form vergewaltigt.

Es war daher kein Wunder, wenn zur Hilfe eilende Ehemänner, Väter, Frauen, Kinder einfach über den Haufen geschossen wurden, wenn weitere aus Verzweiflung, Schande ihrem Dasein ein Ende machten.

Ca. 130 Personen: Männer, Frauen, Kinder und einige Wehrmachtsangehörige wurden in den ersten Tagen beerdigt. ...

Die, wie überall, der Truppe auf dem Fuß folgende NKWD. richtete ihre Vernehmungskeller ein, und im Hause des Herrn Hein erpreßte man in nächtlichen mittelalterlichen Vernehmungen jedes gewünschte Geständnis.

Die Gerechtigkeit erfordert aber, an dieser Stelle zu bemerken, daß trotz all dem das Verhalten der Sowjets nicht diesen Grad barbarischen Sadismus' annahm wie später bei den Polen, die ihren GPU.-Keller im Gebäude der Kreisbank eingerichtet hatten. Was hier geschehen ist, ist einfach nicht mit Worten wiederzugeben!

Trotzdem darf aber nicht der nochmalige Hinweis auf die schändliche Anordnung oberster sowjetischer Stellen unterlassen werden, nach der jedes weibliche Wesen dem brutalen Sieger zur Verfügung zu stehen hatte!

Ca. 300 Frauen und Mädchen wurden unter der fadenscheinigen Tarnung eines Arbeitseinsatzes aus Stadt und Land zusammengetrieben und unter unmöglichen Bedingungen im Hause des Kaufmanns Matzke geschlossen festgehalten, um Nacht für Nacht durch Wochen hindurch der sowjetischen Truppe zur Verfügung zu stehen. Hier spielte Alter, Schwangerschaft, Krankheit nicht den geringsten Hinderungsgrund!

So wurde ferner im katholischen Krankenhaus der Zaun geschlossen und die unglücklichen Nonnen demselben Schicksal unterworfen, bis ich sie später woanders sicherer unterbringen konnte.

Während ich selbst noch einigermaßen glimpflich davonkam, da ich von den Sowjets in meiner Eigenschaft als Fleischer und Fachmann gebraucht wurde, ich es vielleicht auch sehr gut verstanden habe, mit den ja manchmal sehr kindlich eingestellten Sowjets diplomatisch umzugehen, mußte die ganze übrige Bevölkerung ohne Rücksicht auf Alter und Arbeitsfähigkeit schwer und ohne jegliches Entgelt arbeiten, Frauen z. B. die Bahnlinie abmontieren usw.

Hunderte von Frauen wurden drei Wochen nach dem Einzug der Sowjets nach Neusalz a. d. Oder abtransportiert und mußten beim Wiederaufbau der gesprengten Oderbrücke helfen. Sie mußten immer gleichzeitig zwei schwere Eimer mit Sand herbeischleppen und dies fast ohne jegliche Verpflegung. ...

Als der allgemein, auch bei den Sowjets, sehr beliebte deutsche 17jährige Achim Kintscher von polnischen Milizianten in rohester Form grundlos ermordet worden war und ich die Mörder bei den Sowjets verklagte, wäre es beinah um mich geschehen gewesen. Die Mörder erhielten ganze zwei Tage Arrest. Es bedurfte kolossaler Proteste russischerseits, um mich zu sichern!

Die Polen übernahmen nun immer mehr und mehr die Verwaltung, was die einfachen Sowjets schwer erbitterte: „Warum Stalin Polen das Land schenken, wo wir gekämpft?" Dies hörte ich immer wieder. Die sowjetische Truppe zog dann nach dem Truppenübungsplatz Neuhammer ab, und die polnische Schreckenszeit begann.

Es folgen Ausführungen über die Zwangsvertreibung. Abschließend zählt Vf. ihm bekannte Personen auf, die aus Verzweiflung ihrem Leben ein Ende machten (9), ermordet (7), vergewaltigt (10) und verschleppt (12) wurden.

Nr. 132

Erlebnisbericht des Amtssekretärs i. R. Robert Langner aus Benau, Kreis Sorau i. Brandenbg.

Beglaubigte Abschrift, 31. August 1952.

Räumung und mißglückte Flucht, Rückkehr in das von Russen besetzte Dorf und Befreiung durch deutsche Truppen.

Sonntag, den 11. Februar 1945, wurden wir früh mit der Nachricht überrascht, der Russe stehe an der Brücke von Gladisgorpe. Anrückendes deutsches Militär bestätigte dies. Da die eingesetzten Kräfte zu schwach waren, konnte der Russe mit Infanteriekräften über den Bober Fuß fassen.

Die Lage wurde für die Bevölkerung von Benau immer kritischer, so daß an die Räumung von Benau gedacht werden mußte.

Bei dem Ernst der Lage hätte dies für die Gesamteinwohnerschaft veranlaßt werden müssen. Viele warnende Stimmen, Frauen und Kinder doch abzubefördern, wurden von der Kreisleitung nicht beachtet, auch hat die Leitung der Gemeindebehörde völlig versagt.

Montag, den 12. Februar 1945, wurde die Lage unhaltbar, so daß gegen 13.00 Uhr mittags der Befehl kam, den Ort umgehend zu räumen. Jetzt war es für viele, welche kein Gespann hatten, zu spät.

Das Oberdorf wurde um diese Zeit von den Russen beschossen, desgl. der Bahnhof. Das Bahnpersonal mit seinen Familien hatte den Bahnhof mit dem Zuge verlassen, so daß der Bahnhof in Benau stillgelegt war.

Nun begann in überstürztem Maße die Räumung, jedoch nur von denjenigen, welche eigenes Gespann hatten. Die anderen waren zum größten Teil sich selbst überlassen. Auch ich bemühte mich, meinen Sohn Kurt mit Familie und meine Frau auf dem Treck unterzubringen, dies gelang mir bei dem Bauern Max Krause, welcher einen Trecker fuhr. Der Bestimmungsort für Benau war Spremberg. Ich und meine Tochter Elsa nahmen uns unsere Räder und fuhren gegen 3.00 Uhr nachmittags in der gleichen Richtung ab.

Als wir in Laubnitz anlangten, hatte der ganze Treck haltgemacht, um in Laubnitz zu übernachten. Wäre der Treck weitergefahren, so wäre ihm viel Unglück erspart geblieben, denn am Dienstag besetzte der Russe Laubnitz und behinderte den Treck am Weiterfahren.

Der Bauer Krause sowie der Bauer Paul Blobel, dieselben fuhren einen Trecker, haben in Laubnitz nicht gehalten, sind weitergefahren und haben ihr Ziel Spremberg erreicht. Ich und meine Tochter sind bis Gersdorf gefahren, um bei einem Geschäftsfreund zu übernachten. Am andern Morgen fuhren wir über Bahnhof Liebsgen nach Pitschkau, um dort zu übernachten. Hier trafen wir die Bauern Wilhelm Wittber und Bruno Flöter mit ihren Gespannen, welche hier gleichfalls übernachten wollten.

Gegen Abend kam auch für Pitschkau der Räumungsbefehl, so daß ich und meine Tochter nach Gablenz zu ihren Schwiegereltern fuhren. Hier blieben wir über Nacht. Am Mittwoch, dem 14. Februar 1945, sahen wir die letzten deutschen Posten. Da wir von den Russen eingeschlossen waren, faßte ich den Entschluß, mit meiner Tochter nach Benau zurückzukehren. Wir wollten fremde Leute nicht belästigen. Wir nahmen Richtung auf Zwippendorf. Beim Bahnübergang teilte uns ein Bahner mit, nicht über Zwippendorf zu fahren, da uns die Russen nicht mehr durchließen. Wir schlugen den Weg links der Bahn ein, um über die Lubsbrücke nach Berthelsdorf—Friedersdorf, von da nach Benau zu gelangen. Als wir ungefähr 300 Meter im Walde gegangen waren, hörten wir russische Panzer in Richtung Gassen fahren. Im selben Augenblick erschienen deutsche Flieger und beschossen die Panzer, die Panzer die Flieger. Wir waren einem mörderischen Feuer von zwei Seiten ausgesetzt. Äste flogen uns zu Füßen. Wir liefen, so schnell uns unsere Füße tragen konnten, unter einen Bahntunnel, unsere Räder liegen lassend. Nach einiger Zeit wurde es wieder ruhiger, wir nahmen unsere Räder und gingen in Richtung Chaussee. Auf dem Wege dorthin begegnete uns der Müller und erklärte, die Mühle sei von den Russen besetzt.

An der Chaussee angelangt, wir mußten über die Lubsbrücke, gewahrten wir an der Mühle einen russischen Posten. Im gleichen Augenblick erschien ein weiterer Posten mit Gewehr. Wir hoben die Hände hoch, und man ließ uns in Richtung Berthelsdorf passieren.

Kaum 200 Meter von der Chaussee entfernt, griffen unsere Flieger erneut russische Panzer an. Wir standen wieder im Bomben- und Maschinengewehrhagel; aber trotzdem die Kugeln um uns herumpfiffen, sind wir nicht getroffen worden. Wir gingen nun in Richtung Berthelsdorf. Kurz vor dem Dorfe sahen wir fahrende russische Kolonnen in Richtung Gassen, an der Bahn lang fahrend. Wir gingen in ein Gehöft, da wurde uns von der Wirtin mitgeteilt, sofort weiterzugehen, da die Russen gleich wiederkommen würden. Sie hatte ihre Tochter versteckt, da die Russen nach ihr fahndeten. Ich und meine Tochter verließen daraufhin das Haus.

Als wir ziemlich die Straße erreichten, kam uns ein russischer Offizier mit zwei Mann entgegen. Wir hoben die Hände hoch und konnten, ohne belästigt zu werden, die Straße passieren. Nun gingen wir in Richtung Friedersdorf die Straße entlang. Am Wege lagen Fahrräder, Stiefel, Hausratsgegenstände und anderes mehr, unseren Landsleuten gehörig. Als wir kurz vor Friedersdorf anlangten, kamen unsere Flieger und beschossen das dritte Mal russische Kolonnen. Auch dieses Mal blieben wir unverletzt, trotz der nahen Einschläge.

Wir gingen nun durch den Wald in Richtung Hermsdorfer Weg und wollten am Buschkretscham vorbei nach Benau, in unsere Behausung. Als wir ungefähr einen halben Kilometer durch den Wald gegangen waren, wurden wir von seitwärts angerufen. Beim Umdrehen gewahrten wir einen russischen Offizier mit Fahne. Als er näher herankam, gab er zu verstehen, daß er nicht schieße und gut sei. Dies flößte uns Vertrauen ein. Er sah nicht als Russe aus, hatte blondes Haar und blaue Augen. Er brachte eine Karte von unserer Gegend in russisch hervor, desgl. Kompaß und Zentimetermaß und fragte nach unserem Wohin. Ich zeigte ihm auf der Karte unseren Ort Benau. Er nahm ein Päckchen deutsche Zigaretten heraus und bot mir und meiner Tochter davon an, ein paar zu nehmen. Ich hatte ein Fläschchen Schnaps bei mir und bat ihn, zu trinken; ich mußte jedoch zuerst davon trinken, dann tat er dasselbe. Er liebäugelte auch nach meiner Tochter, berührte sie jedoch nicht unzüchtig. Nun nahm er das Rad meiner Tochter und schob es einen halben Kilometer durch den Wald. Am Wege begegnete uns der Bauer Gustav Spielberg aus Friedersdorf; derselbe wollte nach Gablenz zu seiner Familie, mußte jedoch nach Friedersdorf mit zurückkommen. Nun stieß ein russischer Posten zu uns, Anweisungen von ihm zu erhalten. Jetzt bestiegen die beiden ihre Räder in Richtung Fünfeichen.

Als wir dort ankamen, konnten wir unbehelligt passieren. Kurz vor dem Bahnübergang kamen wieder Russen schießend auf uns zu, aber es stellte sich heraus, daß die Schüsse nicht uns galten, sondern einer fahrenden Kolonne, welche Richters Weg in Richtung Syrau fuhr. Am Buschkretscham angelangt, erschien aus dem Klohsschen Haus wieder eine Patrouille, welche auch uns wieder passieren ließ. Der oben bezeichnete Offizier hatte bis hier Anweisung erteilt, uns unbehelligt passieren zu lassen.

Bei der Witwe Reimann begegnete uns ein Auto mit vier russischen Offizieren; wir grüßten, auch sie ließen uns passieren. Von Öl-Kluge ab sahen wir die Zerstörung des Niederdorfes, zerschossene und brennende Gehöfte, tote Deutsche und russische Soldaten, jedoch keine lebenden Benauer. Die Leere und Totenstille machten auf uns einen niederschmetternden Eindruck. Dies war wohl mit die schwerste Stunde, die ich mit meiner Tochter erlebte. Es kam uns vor, als ob wir die einzigen lebenden Benauer seien.

Wir gingen dann bei Schmied Nitschke den Fußweg über die Wiesen nach unserem Grundstück zu. Vor dem Gehöft des Bauern Willi Rautenstrauch bei der Eiche sahen wir zwei Frauen und ein Kind nach dem Grundstück Schäfer Sündermann zugehen. Im selben Augenblick hörten wir übermenschliche Schreie, denn aus dem Grundstück kamen mehrere Russen, welche wohl die Frauen belästigten. Am Abend erfuhren wir, daß es Frau Paul Sündermann mit Mutter und Tochter waren. Die Mutter ist seitdem verschwunden. Nun gingen ich und meine Tochter nach unserem Grundstück.

Am Hexengraben lag ein russisches Auto und ein toter Russe. Auf unserem Grundstück angelangt, stellten wir unsere Räder ans Haus und begaben uns in die Küche, von da in die Stube. Die Türen standen alle offen, und eine Grabesstille umgab uns. Beim Anblick der Küche und Stube, wir sind nur eine halbe Minute im Haus gewesen, packte uns das Grauen, denn es war alles Geschirr in kleinste Stücke zerschlagen. Auch im Hofe lagen die gefüllten Weckgläser zerschlagen am Boden. Ich sagte: „Komm, mein liebes Kind, hier haben wir nichts mehr zu suchen; wir haben hier zur Zeit keine Heimat mehr."

Es war uns bekannt, daß der alte Gritzbach, 75jährig, auf seinem Grundstück bleiben wollte. Wir begaben uns dorthin. Ungefähr 30 Meter vom Gritzbachschen Grundstück bei einem Bretterstapel wurden wir im Flüsterton angerufen: „Legt euch nieder". Beim Nähertreten erkannten wir ca. 30 unserer Landsleute. — Ernst Sündermann nebst Tochter und Enkel, Familie Max Tschentke, Familie Kurt Blobel nebst Mutter und Schwester, Robert Groß mit Familie, Paul Denzer mit Familie. Dieselben hatten sich vor den Russen dorthin geflüchtet. Da es zu dunkeln anfing und sehr kalt war, machte ich den Vorschlag, in den Rübenkeller bei Läbisch (Pfarrgärtner) zu gehen, was wir auch ausführten. Auf dem Wege dorthin kam ein Russe, winkte uns, zu ihm zu kommen. Bei ihm angelangt, forderte er uns auf — wir waren ungefähr sechs Mann —, das Auto helfen flottzumachen, welches von der Straße den Abhang heruntergeschleudert war. Bei näherem Hinschauen gewahrte ich Wäsche unter den Rädern. Die Wäsche war mein Eigentum, hatten sie aus meiner ca. zehn Meter entfernten Wohnung geholt; sie sollte zum Flottmachen des Autos dienen. Ich mußte dieselbe liegen lassen, hatte keine Verwendung mehr dafür. Als wir das Auto in den Hof des Bäckers Voland geschoben hatten, bedankte sich der russische Chauffeur dafür.

Wir begaben uns nun gleichfalls nach dem Rübenkeller. Als wir beim Grundstück des Fleischers Paul Stahn vorbeikamen, kamen zwei Russen auf uns zu, nahmen meine Tochter in die Mitte und führten sie nach dem Grundstück ab. Als ich es verhindern wollte, stießen sie mich zurück. Im gleichen Augenblick kam ein dritter Russe aus der Haustür, mit seinem Gewehr im Anschlag auf mich gerichtet. Hätte ich nochmal versucht, meine Tochter zu befreien, hätte er mich niedergeschossen. Ich ging dann nach meinem Grundstück ca. 100 Meter entfernt, um mein Rad zu holen. Auf halbem Wege dorthin kam meine Tochter angelaufen und erklärte mir, ein Offizier habe sie hinausgeworfen und auf die beiden Russen sehr geschimpft. Wie wir später erfuhren, mußten die Russen packen, das Mitteldorf verlassen, da unsere Truppen im Anmarsch waren, das Dorf Billendorf, ca. fünf Kilometer entfernt, schon freigekämpft hatten. Ich bin dann mit meiner Tochter nach dem Rübenkeller gegangen, wo sich die anderen Landsleute schon befanden.

Gegen Abend wurde es sehr unruhig im Mitteldorf, eine große Schießerei begann, russische Kommandos erschallten, und gegen 11.00 Uhr nachts erklangen deutsche Kommandos im Hof des Läbisch: „Gruppe Sänger Feuer frei." Ich gab dem Fräulein Marta Blobel den Auftrag — dieselbe stand gerade auf der Kellertreppe — mal nachzusehen, ob es deutsche Soldaten wären. Sie schrie dann in den Hof: „Sind deutsche Soldaten hier?“ Nach kurzer Zeit kam ein Feldwebel mit drei Obergefreiten und war erstaunt, daß so viele Leute im Keller seien. Wir erzählten ihm unser Schicksal. Er erklärte, wir hätten diese Nacht nichts zu befürchten, da das Dorf rechts und links der Chaussee ca. 300 Meter freigekämpft worden sei. Zwei Frauen begaben sich nun sofort nach der Küche des Läbisch und kochten zwei Töpfe Kartoffeln. Die haben geschmeckt, da fast alle schon zwei Tage nichts mehr gegessen hatten. Wir anderen stimmten den Choral an: „Nun danket alle Gott“.

An ein Schlafen war durch die Aufregung nicht zu denken, auch war jetzt Ruhe eingetreten. Am Donnerstagnachmittag kam Unruhe unter die deutschen Soldaten, welche im Hofe waren. Auf Befragen, was los sei, erwiderten sie, sie müßten sich zurückziehen, da russische Panzer im Anmarsch seien. Nach kurzer Zeit begann ein ohrenbetäubendes Schießen vom Bahnübergang, ca. 300 Meter entfernt, an; Ziel: die Kirche und die umliegenden Häuser. Die Erde erdröhnte; sechs Panzer, ein T 34, gaben Schnellfeuer. Unsere Lage war kritisch geworden, da die Granaten in nächster Nähe des Kellers einschlugen.

Gegen 4.00 Uhr nachmittags hörten wir Motorengeräusch. Unsere Flieger kamen und beschossen die Panzer. Drei wurden von ihnen außer Gefecht gesetzt, zwei erledigte der Kommandeur unserer Truppe, der sechste wurde von einem Obergefreiten angeschossen, fuhr jedoch durchs Niederdorf bis zum Buschkretscham. Derselbe beschoß dann in der Nacht den Kirchberg. Gegen Abend am 15. Februar 1945 wollten wir das entlaufende Vieh von Läbisch einfangen, bekamen jedoch Feuer vom Mühlischen Walde her mit Leuchtspurmunition; es war hell wie am Tage, wir bekamen Feuer von unserer eigenen Artillerie. Dieselbe war unseren Truppen zu Hilfe geeilt und nahm an, daß um die Kirche herum noch der Feind sei. Wir mußten uns nach einem neuen Übernachtungsraum umsehen, da die Scheune niedergebrannt war. (In dieser Scheune war der Rübenkeller.) Auch das Gritzbachsche Grundstück brannte vollständig nieder, sowie das Mühlische Grundstück stand in Flammen. Wir suchten endlich den Keller von Ernst Sündermann auf und verbrachten, ca. 30 Personen zusammengepfercht, die Nacht.

Am Morgen, dem 16. Februar 1945, gingen wir dann zum Pfarrhause, um zu sehen, ob dort noch Landsleute seien. Daselbst befand sich gleichfalls eine größere Anzahl. Wie war die Freude groß, als uns die frühere Schwester Fornfeist mit einer warmen Suppe empfing.

Ich begab mich zum Kommandeur unserer Truppe, der gleichfalls im Pfarrhaus untergebracht war (derselbe war beim Abschuß der zwei Panzer schwer verwundet worden), und bat um Abtransport der Frauen und Kinder, ca. 30 Personen. Leider konnte er dem Wunsche nicht nachkommen, da ihm Transportmittel nicht zur Verfügung standen. Wir bekamen des Nachts schweren Beschuß, so daß wir den Pfarrkeller mehrmals aufsuchen mußten.

Hier sind einige Vorkommnisse aus dem Nachbardorf eingeschoben, die Vf. nicht selbst erlebt hat.

Am Sonnabend, dem 17. Februar, begab ich mich betr. Abtransport der Frauen, Kinder und Kranken nochmals zum Kommandeur. Nun erklärte er mir, gegen 10 Uhr käme ein Lastauto mit Munition, fahre jedoch nach Entladung gleich wieder ab. Nun konnten ca. 30 Personen, Frauen, Kinder und Kranke, die Gefahrenzone verlassen. Wir anderen Landsleute nahmen uns die im Pfarrhause stehenden Räder, um nach Sablath, unserem Bestimmungsort, zu fahren. Als wir die freie Chaussee erlangten, bekamen wir so schweres MG.-Feuer, daß wir unsere Räder wegwarfen und in den Straßengraben sprangen. Ich bin dann bis zum Pfarrberg, ca. ein Kilometer, 1½ Stunde gekrochen, da ich beim Aufstehen gleich schweres Feuer bekam.

Meine Tochter Ella ist in rasendem Tempo gefahren, bekam jedoch am linken Schuh einen Streifschuß, der 15jährigen Inge Groß wurde der hintere Mantel zerschossen. In Nißmenau wollte ich meine Brille hervorholen, mußte jedoch feststellen, daß ich dieselbe im Jacket im Pfarrkeller habe liegen lassen, da ich mir infolge der Kälte den Überzieher angezogen hatte. Als ich zurückkehren wollte, verbot mir dies die Feldgendarmerie-Patrouille: Es dürfe keiner zurück. In Billendorf waren meine Tochter und die Groß nicht anwesend. Der Feldgendarm erklärte mir, dieselben seien mit einem Militärauto nach Christianstadt gefahren. Dies konnte jedoch nicht möglich sein, da Christianstadt von den Russen besetzt war. Ich befürchtete für die beiden das Schlimmste. Nun war ich ganz allein, da dieselben auch nicht in Sablath waren.

In Sablath setzte ich mich sofort bei den hohen Militärstellen (hier lag der gesamte Divisionsstab) zum Abtransport der Frauen und Kinder aus Benau nach Spremberg ein. Diese Stadt war für uns vorgesehen. Leider waren auch hier keine Transportmöglichkeiten vorhanden. Am Sonntag früh ließ ich mich wieder bei der Division melden, erhielt jedoch denselben Bescheid. Die Landsleute sollten sich jedoch in der Nähe des Denkmals aufhalten, es könne sein, daß ein Lastauto mal eintreffe. Ich benachrichtigte daraufhin meine Landsleute. Ich begab mich nun nach Altwasser, um bei einem alten Freund unterzukommen. Auf dem Wege dorthin überholte mich ein Lastauto. Wer saß oben? Meine Landsleute. Ich hatte für ihr Fortkommen gesorgt, nur ich kam nicht mit. Ich begab mich nun nach Buschweide — Altwasser war geräumt. Hier wurde mir mitgeteilt, daß sich alle zum Abtransport nach Cottbus in Königswille zu melden hätten. Unterwegs traf ich den Gemeindediener Wantke, Frau Gastwirt Schulz mit deren Schwester, Frau Kühn. Dieselben blieben in Hermswalde. Frau Witwe Ernst Lehmann und Frau Gustav Kluge schlossen sich mir an. Montagnacht kamen wir in Cottbus an. Am Vormittag trafen wir in Spremberg ein. Am Dienstag traf auch meine Tochter Ella ein. Ein Militärauto hatte sie mit nach Guben genommen, woselbst sie für einen Truppenteil kochen mußte.

Am Mittwoch wurden wir nach Söhren, Kreis Segeberg/Holstein, überwiesen, da meine Schwiegertochter Lischen Langner dort eine Tante hatte.

Abschließend wird in wenigen Sätzen der weitere Fluchtweg bis Bad Segeberg beschrieben.

Nr. 133

Bericht von Otto Baumert aus Lauterbach, Kreis Görlitz i. Niederschles.
Original, 18. März 1952, 3 Seiten. Teilabdruck.

Evakuierung und Rückkehr zur Frühjahrsbestellung; Flucht und Rückkehr nach der Kapitulation.

Infolge Vordringens der Russen aus dem Osten wurde Lauterbach ab Januar 1945 ständig mit Flüchtlingen aus Mittel- und Niederschlesien belegt. Meist waren dieselben nur ein bis zwei Tage im Ort, so daß fast täglich neue kamen. Gleichzeitig wurde in Lauterbach von den noch anwesenden Gemeindemitgliedern auf Befehl und unter Aufsicht von uniformierten Pgs. Barrikaden und Panzersperren gebaut.

Ab Anfang Februar fanden ungefähr zehn Kilometer östlich Lauterbach in Richtung Lauban sowie Hohkirch—Langenau—Penzig Stellungskämpfe statt. Das Feuer der abgebrannten Gehöfte war von Lauterbach aus des Nachts sehr gut zu sehen. Desgleichen hörte man das Granat-, MG.- und Gewehrfeuer. Lauterbach und der angrenzende Wald waren nun ständig mit deutschen Truppen sowie mit ungarischen Hilfswilligen belegt, unmittelbar am Ort stand schwere deutsche Artillerie, welche hauptsächlich des Nachts schoß. Am 16. Februar 1945 kam von der Partei Befehl, daß der Amtsbezirk Hermsdorf, Lauterbach, Troitschendorf am 17. Februar 1945 geräumt wird und die Bevölkerung morgens um 9.00 Uhr abmarschbereit zu stehen hat. Zurückbleiben durften nur die Männer des Volkssturms.

Der Treck ging zunächst Richtung Löbau. Hier trennte sich ein Teil der Dorfgemeinschaft, die ohne Gespann waren, wieder auf Befehl der Partei vom Treck, sie wurden mit der Bahn nach Bayern befördert. Im übrigen ging der Treck dann nach unheimlichen Strapazen für Mensch und Vieh über Meißen bis Gersdorf, Kreis Döbeln, bei Leissnig in Sachsen. Da das Zugvieh fast durchweg wundgelaufen war und die Menschen völlig erschöpft waren, sollte hier eine längere Pause eingelegt werden. Infolge von Ausbruch der Maul- und Klauenseuche und dauernden feindlichen Luftangriffen durfte nicht weitergezogen werden.

Da inzwischen Lauban von deutschen Truppen wieder zurückerobert wurde, kam Ende März wieder Befehl, daß die Bevölkerung zur Frühjahrsbestellung wieder zurückkehren kann. So traf der Treck einen Tag vor Ostern wieder im Ort ein. Der Ort war z. Z. mit SS. belegt. Da täglich von russischer Seite Angriffe erfolgten, wurde der Ort am 7. April 1945 wieder, und zwar nur von Frauen und Kindern, geräumt. Die Evakuierung erfolgte nur ca. zehn Kilometer über die Neiße nach Gersdorf, Kreis Görlitz. Hier brach der Russe bei Löbau durch, so daß die Gefahr dort noch größer wie in Lauterbach war und die Frauen soweit auf eigene Verantwortung mit ihren Kindern nach ca. 14 Tagen zurückkehrten.

Inzwischen schob sich die Front bei Lauterbach bis auf fünf Kilometer heran. Am 7. Mai 1945 setzte sich im Laufe des Nachmittags die deutsche Wehrmacht ab. Es blieb nur ein Sprengkommando zurück. Im Laufe des Abends bzw. Nacht vom 7. bis 8. Mai 1945 flüchteten daher auch die Einwohner Richtung Sudetenland. An der Grenze fanden nun zwischen den Trecks noch Kämpfe mit deutschen und russischen Truppen statt. Ein Vorwärtskommen war fast unmöglich. Die deutschen Truppen hatten Befehl, solange Widerstand zu leisten, bis die Trecks durch sind. Es gelang auch, im Laufe der Nacht die Grenze zu erreichen.

In den frühen Morgenstunden wurde der Treck in Schönwald/Sudetenland von den Russen überrannt. Geflüchtet waren bis auf ungefähr sechs Einwohner alle. Auf Befehl der Russen mußte nun alles wieder in seinen Heimatort zurück. In fast allen Fällen wurden von den Russen die Pferde weggenommen. Am 10. und 11. Mai 1945 traf der Treck wieder in Lauterbach ein. Durch Sprengungen der deutschen Truppen war das Gasthaus völlig zerstört. Fast jedes Gehöft hatte starken Schaden an Dächern und Fenstern zu verzeichnen.

In der Gegend der Sprengung lagen tote russische Soldaten und Pferde. Das Gehöft des Maurers Haupt wurde von Russen völlig niedergebrannt. Das Schloß war als russisches Lazarett eingerichtet. Das Mobiliar aus fast allen Häusern lag zerschlagen auf der Straße. Von den Zurückgebliebenen wurden die Frauen von den Russen vergewaltigt, selbst eine über 70jährige Schwachsinnige sowie eine Wöchnerin. Die Russen brachten täglich große Viehherden durch den Ort, welche von unseren Frauen gemolken werden mußten. Die Männer mußten im Ort einen russischen Friedhof anlegen und die gefallenen Russen aus der Umgegend nach Lauterbach umbetten. Ein russisches Kommando in Stärke von ca. zehn Mann blieb im Schloß, Verpflegung bekamen die Einwohner nicht. Pfingstsonnabend wurden mehrere Männer von den Russen abgeholt. Wenn die Russen eine deutsche Frau erreichen konnten, wurde sie vergewaltigt. Die Folge war, daß sich die Frauen und Mädchen meistens in den Getreidefeldern versteckten.

Die zweite Hälfte des Berichts betrifft die Zwangsaustreibung unter polnischer Verwaltung[1]).

---

1) Abgedruckt unter Nr. 301 (Bd. I, 2).

5. Die Lage der Bewohner der schlesischen Randgebirge unmittelbar vor der Kapitulation.

Nr. 134

Bericht des Pfarrers Dr. Johannes Saß aus Giersdorf, Kreis Hirschberg i. Niederschles.

Original, 6. April 1951, 6 Seiten. Teilabdruck. Bericht an den Ostkirchenausschuß verfaßt auf Grund einer Verfügung der Kanzlei der Evangelischen Kirche in Deutschland.

Evakuierungsmaßnahmen in den Dörfern des Riesengebirges und Vorgänge beim Eindringen der russischen Truppen.

Mit einleitenden Sätzen erinnert Vf. an die allgemeine Situation in Schlesien während der letzten Kriegsmonate.

Die Einwohnerzahl der Gebirgsorte war in den letzten beiden Kriegsjahren bedeutend gestiegen. In den zahlreichen Gast- und Logierhäusern lebten Hunderte von Flüchtlingen, die aus den gefährdeten Städten ausquartiert waren oder freiwillig im Gebirge, als dem Luftschutzkeller Schlesiens, eine Zuflucht gesucht hatten. Besonders auffallend und später verhängnisvoll war die Tatsache, daß in jedem Hause die Böden und Kammern mit Koffern und Kisten vollgestopft waren, welche die auswärtigen Besitzer hier aufbewahren wollten. Sie wurden später restlos eine leichte Beute des eindringenden Feindes.

Die Sicherheit der Luftschutzorte des Riesengebirges wurde bereits gefährdet, als die russische Front sich dem Fuße der Sudeten näherte. Daher wurde im Februar 1945 vom Kreisleiter des Kreises Hirschberg der Befehl zur Räumung der Gebirgsorte erlassen. Für Dienstag, den 27. Februar, wurde die totale, kompromißlose Räumung von Giersdorf und Hain angesetzt. Flüchtlinge, Evakuierte, die einheimischen Frauen und Kinder ebenso wie die arbeitsunfähigen alten Männer sollten in Sonderzügen nach dem nahen Sudetengau abtransportiert werden. „Nehmt nur das Allernotwendigste mit! — Stellt alle Gerüchtemacher, die Euch vorlügen, daß Ihr auf der Straße liegen müßt. Sie werden dem unnachsichtlichen Standgericht zugeführt! — Ihr sollt und Ihr werdet wiederkommen! Die Gewißheit des Sieges, die uns der Führer in seiner letzten Proklamation schenkte, sei in Euch! Glückliche Reise wünscht Euch Allen Ortsgruppenleiter Kaergel."

Die meisten Flüchtlinge leisteten diesem Aufruf Folge, da ihnen andernfalls die Lebensmittelkarten verweigert wurden. Die einheimische Bevölkerung jedoch schenkte zumeist auch dieser letzten Aufforderung kein Gehör. Sie blieb im Orte und entging damit zuerst einmal dem grauenhaften Elend, das in der Tschechoslowakei ihrer wartete.

Auch ich lehnte im Bewußtsein der Verantwortung für die Gemeinde eine Flucht ab, obwohl verschiedene ev. Geistliche Schlesiens ihre Gemeinden im Stich ließen, nach dem Westen flohen und hier bald zu fester Anstellung gelangten.

In den Monaten März und April 1945 rückte die Kampffront immer näher heran. Täglich kamen jetzt Scharen von Flüchtlingen aus den Kampfgebieten in das Dorf. Der Schrecken der letzten Tage war in ihren Gesichtern zu lesen. Hungrig und übermüdet suchten sie mit ihrer armseligen Habe Unterkunft auf ihrer Flucht.

Auch verwundete Soldaten, die der Russe nicht gefangengenommen, sondern fortgejagt hatte, begehrten häufig um Hilfe.

Das Pfarrhaus war in jenen Tagen geradezu ein Asyl für Flüchtlinge geworden. Unsere Zimmer waren ständig mit Nachtgästen belegt, die nicht nur Obdach, sondern auch Verpflegung erhielten. Alle waren sie dankbar, im Pfarrhaus Rat und Hilfe zu finden.

Anfang Mai 1945 standen die Russen vor der nur zehn Kilometer entfernten Kreisstadt Hirschberg entfernt. Der Donner der Geschütze war Tag und Nacht zu hören. In diesem Augenblick höchster Gefahr packten wir unsre Wertsachen, Kleidung, Wäsche, Geschirr und dergleichen sowie alles, was nur entbehrlich war, in Koffer und Kisten und versteckten sie in einer leeren gemauerten Gruft des Friedhofes neben der Kirche. (Diese wurde später in einer stürmischen Septembernacht von Russen erbrochen und völlig ausgeraubt.) Auch die übrigen Dorfbewohner vergruben ihre wertvollste Habe auf ihren Grundstücken oder mauerten sie im Keller ein. Die im Hause einquartierte SS. forderte uns wiederholt auf, zu fliehen, und prophezeite mir als dem Ortspfarrer ein gewaltsames Ende, sobald der Russe in das Dorf käme. Ich ließ mich trotzdem nicht einschüchtern und war bereit, alles hinzunehmen, was Gott schicken würde.

Eines der letzten grauenvollen Bilder jener Tage war ein Zug jüdischer KZ.-Häftlinge, die unter schwerer Bewachung an unserem Pfarrhaus vorbei nach Westen getrieben wurden, ein stummer Zug des Elends. Auf einigen Wagen, die von einem Dutzend Häftlingen an Stricken gezogen wurden, saßen hilflose Alte, Kranke und kleine Kinder. Die übrigen folgten hinterher, ihre Bündel mit Sachen schleppend, meist barfuß und abgehärmt. Keiner von den Ortsbewohnern durfte mit ihnen sprechen oder nur einen Trunk frischen Wassers reichen.

Am vorletzten Abend des Krieges durchzogen größere Polizeieinheiten unsren Ort. Auch sie waren nach langem Marsch übermüdet. Die Verzweiflung stand ihnen im Gesicht, und nun sollten sie noch 20 Kilometer bis zur tschechischen Grenze bei Schreiberhau marschieren. Sie dürften wohl kaum das folgende entsetzliche Blutbad in der Tschechei überlebt haben.

In der folgenden Nacht suchte auch die in unsrem Hause liegende SS. auf Autobussen das Weite, ohne uns von ihrer Flucht in Kenntnis zu setzen.

Nun war der letzte Tag des Krieges angebrochen (8. Mai 1945). Eine lähmende Stille lag über unsrem Dorfe. Durch das Radio wurde für den nächsten Tag der Waffenstillstand verkündet. Noch hatte kein feindlicher Soldat das Riesengebirge betreten. Mit dem Gefühl drückender Spannung erwarteten wir den Einmarsch der Russen. Es war am Mittag des 9. Mai, als sie ins Dorf einzogen. Alle Häuser hatten weiße Fahnen gehißt. Die Bevölkerung verhielt sich völlig diszipliniert, von deutscher Seite fiel kein Schuß, der irgendwelche Gewaltmaßnahmen herausgefordert hätte. Russische Soldaten, zumeist 15- bis 16jährige Burschen, mit Maschinenpistolen ausgerüstet, fuhren auf Fahrrädern der feindlichen Kolonne voran. Sie waren ebenso wie die nachfolgenden Truppenteile betrunken, stürzten dauernd mit ihren Fahrrädern hin und verstreuten sich über das ganze Dorf. Gegen zwei Uhr nachmittags drangen die ersten Russen ins Pfarrhaus ein. Ich stand gerade im Hausflur am Telefon. Ein Russe nahm mir sofort den Hörer aus der Hand, schraubte sachkundig die Membrane heraus und machte damit den Apparat unbrauchbar.

Die größte Schwierigkeit bei allen Begegnungen mit Russen bereitete die Verständigung. Da niemand von uns Russisch verstand, konnten wir auf alle Fragen nur achselzuckend antworten. Nur vereinzelt konnten russische Offiziere, wohl jüdischer Abstammung, Deutsch.

Leider hatte das Ev. Konsistorium, das von Breslau nach Görlitz geflüchtet war und sich dort auflöste, keinerlei Anweisung gegeben, wie sich die Pfarrer verhalten sollten. Wir konnten auf die Frage nach unsrem Beruf nicht Russisch antworten und konnten deshalb auch an den Pfarrhäusern kein russisches Schild anbringen. Das hätte uns viele Mißverständnisse erspart. Dem ersten russischen Soldaten, der ins Haus kam, folgten an diesem Nachmittag in laufender Folge weitere. Sie verlangten stets Uhr oder Maschine, womit sie Fahrräder meinten. In kurzer Zeit erbeuteten sie in unserem Haus vier Uhren und drei Fahrräder. Da sie alle Zimmer durchsuchten, ließ sich schwer feststellen, was sie sich alles aneigneten. Jedenfalls fehlte am Abend auch meine im Nachttisch verwahrte Brieftasche mit mehreren hundert Mark Inhalt. Da meine Frau und Tochter sich in eine Kammer eingeschlossen hatten, blieb mir allein die ungemütliche Aufgabe, die fremden Gäste zu empfangen. Ich bewirtete sie mit einigen Flaschen Wein, die ich noch besaß, und mit Tabak. So saßen zeitweise 20 Mann im Zimmer, rauchend, trinkend und lärmend. Als der eigene Vorrat an Alkohol zu Ende war, brachten sie selbst Schnapsflaschen mit, deren Inhalt von ihnen aus Wassergläsern getrunken wurde. Des öfteren gerieten die Soldaten untereinander in Streit und Tätlichkeiten. Auch einige Offiziere mit den sogenannten Flintenweibern kamen ins Pfarrhaus, setzten sich aber nicht zu ihren Mannschaften, sondern in ein seperates Zimmer. Da ich ihnen nicht klarmachen konnte, daß ich Pfarrer sei, hielten sie mich für einen Hausbesitzer und bezeichneten mich mit dem für russische Ohren gefährlichen Worte Kapitalist. Erst gegen Abend verlief sich der große Schwarm, ohne Gewaltsamkeiten gegen mich begangen zu haben. In den anderen Häusern ist dieser erste Tag der russischen Siegesfeiern nicht überall so harmlos verlaufen.

In Hain wurde ein pensionierter Beamter von einem jugendlichen Russen erschossen, weil er ihm nicht gutwillig seine goldene Uhr herausgeben wollte.

Beängstigend wurde die Lage jedoch, als die Dunkelheit hereinbrach. Da der elektrische Strom wochenlang versagte und es kaum andre Möglichkeiten der Beleuchtung gab, lag das Dorf im Finstern. Gerade abends aber setzte die Verfolgung der Frauen und Mädchen ein. Die Zahl derer, die von den Russen vergewaltigt worden sind, läßt sich nicht abschätzen, sie dürfte aber erheblich sein. Bis tief in die Nacht hinein konnte man allabendlich die gellenden Hilferufe der Verfolgten hören, ohne daß es möglich war, zu Hilfe zu kommen. Erleichtert wurden diese Gewalttaten durch den Befehl, die Häuser Tag und Nacht offen zu halten. Verängstigt wagten die Bewohner kaum, auf die Straße zu gehen. Wenige Tage nach dem Einmarsch der Russen erschienen die Befehle, sämtliches in den Häusern aufbewahrtes Gepäck der Fremden, ferner Autos, Motorräder, Fahrräder, Waffen, Schreibmaschinen und Radioapparate abzugeben. Die Nichtbefolgung der Anordnung zog schwerste Strafen nach sich. Seitdem waren wir von allen Nachrichten der Welt abgeschnitten und lebten nur noch von den wilden Gerüchten, die täglich wechselnd umliefen. Das Auftreten der russischen Soldaten erregte überall Angst und Grauen. Gelegentlich konnten wir freilich auch gute Züge an ihnen entdecken, besonders wenn sie ausnahmsweise einmal nüchtern waren. Kindern gegenüber zeigten sie sich immer freundlich, nahmen sie auf den Arm und streichelten sie. Auch die Bitten hungernder Frauen fanden bei ihnen Gehör. Mitleidig warfen sie ihnen ein Stück Fleisch von dem massenweise abgeschlachteten Vieh hin.

In das kirchliche Leben haben sich die Russen nicht eingemischt. Wir konnten ungestört unsre Gottesdienste halten, die jetzt zahlreicher als je zuvor besucht waren. In dem ersten Gottesdienst nach der Besetzung fanden sich auch einige russische Offiziere ein, die wohl als Spitzel abgesandt waren, aber sich völlig ruhig verhielten.

Eines Morgens erschienen bei mir drei Offiziere, von denen einer Deutsch verstand, und baten mich, ihnen in die Kirche zu folgen. Sie forderten mich schließlich auf, ihnen auf der Orgel etwas vorzuspielen, was ich bereitwillig tat. Mit Dank und Händedruck verabschiedeten sie sich. Trotzdem waren die Russen in ihrem Verhalten immer unberechenbar.

Anschließend schildert Vf. seine Erlebnisse unter polnischer Verwaltung bis zur Ausweisung.

Nr. 135

Bericht des E. K. aus Landeshut i. Niederschles.
Original, Sommer 1946, 158 Seiten. Teilabdruck.

Durchzug von Flüchtlingstrecks, die Situation in den Grenzorten des Riesengebirges beim Einmarsch der Roten Armee am Tage der Kapitulation (9. Mai 1945).

In den ersten Kapiteln berichtet Vf. über die Aufnahme von Flüchtlingen aus den schlesischen Gebieten ostwärts der Oder (vor allem aus dem Kreise Namslau) und den Durchzug von Trecks, die im benachbarten Sudetenland Aufnahme fanden.

Als am 10., 11. und 12. Februar 1945 Landeshut in schweren Ängsten war, daß die Russen bei Jauer durchbrechen und in wenigen Stunden die Gebirgspässe sperren könnten, hieß es auch in den Trecks: „Rette sich, wer kann, hinüber ins Sudetenland." Da überholten die kräftigeren Gespanne die schwächeren, da fuhren in Landeshut manchmal zwei, drei Reihen nebeneinander, da wurde selbst über die Bürgersteige und draußen über die Saatfelder weg überholt. Rücksichtslos wurde die Peitsche gebraucht. Was zurückblieb, blieb zurück. Zerbrochene Wagen wurden auf die Seite geschoben oder gar mit allem Hausgerät zerfahren.

Als sich nach einigen Tagen die Lage wieder beruhigte, konnten sich die Trecks zum Teil zusammenfinden und das Sudetenland erreichen. Dort aber wurden die Unterkunftsmöglichkeiten für Menschen und Tiere immer geringer und die Versorgung mit Futter und Lebensmitteln immer schwerer. Günstig war es, daß allmählich wärmeres Wetter einsetzte, wodurch ein Übernachten im Freien möglich wurde.

Die Zahl der Trecks, die durch Landeshut zogen, riß auch jetzt nicht ab, da das ganze Vorgebirgsland geräumt werden mußte. Die breite Landeshuter Pforte mit ihren zahlreichen Dörfern bot immer noch den besten Weg hinüber ins Sudetenland und weiter ins Reich. War doch durch den Vorstoß der Russen bis an die Gebirgsbahn bei Lauban ein Ausweichen der Schlesier nach Norden zu nicht mehr möglich! Wieviel Tausende von Fuhrwerken mögen bis zum 9. Mai 1945, da die Russen unsere Stadt erreichten, hier durchgekommen sein! — — —

Am Vormittag dieses 9. Mai 1945 hatte ich Gelegenheit, die letzte Phase dieser Massenwanderung in Albendorf zu beobachten — also kurz vor der Grenze. In die Bauerntrecks hatten sich Personenautos, Lastkraftwagen, riesige Omnibusse, die noch schnell aus geringerer oder größerer Entfernung herangekommen waren, eingeschoben. Sie waren so vollgefüllt, daß auch die Wagendächer mit Menschen besetzt waren. Tausende von Menschen mit allerhand Handwagen und Wägelchen, mit schwerbeladenen Fahrrädern und überschweren Rucksäcken zogen mit. Hinzu kamen noch mehr oder weniger geschlossene Militärkolonnen zu Fuß, berittene und auch motorisierte Einheiten. Doch auch sie vermochten nicht voranzukommen. Zwei, drei Reihen nebeneinander wurden stark behindert, wo sich die Straße verengte. Eine motorisierte Gruppe, die durchaus mit Gewalt vorwärts wollte, verhedderte sich mit einem zerfahrenen Kraftwagen und in sich selbst, so daß der ganze Zug zeitweise nicht einen Schritt weiterkam. — Durch Gärten und im Straßengraben schaffte ich es zu Fuß und kam, teils auf Feldwegen und auf der Fahrstraße, über Qualisch nach Radowenz, wo ich seit dem Tage vorher Quartier hatte. (Als die Russen am selben 9. Mai 1945 auch nach Radowenz vorstießen, ohne die Sudetendeutschen wesentlich zu belästigen, gingen wir nach dem stillen, kleinen Bergdörflein Brenden, wo uns Bauern freundlich aufnahmen.)

Am Nachmittag des 9. Mai 1945 stießen russische Panzer und Lastautos über Albendorf—Petersdorf nach Trautenau vor. Die deutschen Flüchtlingskolonnen wurden auf die eine Straßenseite gedrängt und — als die russische Vorhut durch war — veranlaßt, umzukehren, so daß manche am Abend schon wieder in ihrer Heimat ankamen und die böse Nacht vom 9. zum 10. Mai 1945 unter russischer Plünderung zu Hause durchmachen mußten.

Bauern aus dem Kreise Landeshut sind nur in geringer Zahl geflüchtet. Die Anordnungen durch Behörde und Partei fehlten zuletzt gänzlich; der Russe war zudem so schnell da, daß man kaum noch den nächsten Wald erreichen konnte, so blieb man. — Die Flüchtlinge und die Bewohner der sudetendeutschen Orte blieben von der 24stündigen Plünderung durch die russischen Soldaten fast ganz verschont, da das Plünderungsrecht in den Teilen, die einst zur Tschechoslowakei gehört hatten, nicht galt.

Tschechische Miliz, unter ihnen viele 17- und 18jährige Burschen, die sich nicht genug tun konnten durch Knallen aus allerhand Pistolen, übernahm schon am 10. Mai einen Teil der Verwaltung in den sudetendeutschen Orten und zwang auch schon am selben Tage die Flüchtlinge zur Rückfahrt über die schlesische Grenze.

Mit einem Treck aus dem Kreise Schweidnitz kam auch ich am 12. Mai 1945 wieder nach Landeshut zurück: — Wir kehren heim. Ist auch vieles vernichtet, wir werden die Wintersaat vorfinden, die fröhlich gedeiht, wir werden noch etwas Sommergetreide und Kartoffeln in die Erde bringen können, wir werden wieder ernten für uns und unser Volk. Selbst wenn man uns als den Besiegten schwere Lasten auferlegt, wir Bauern und unser Volk werden wieder vorwärtskommen. — Diese Gedanken beflügelten Herz und Fuß der Heimkehrenden. Sie ahnten nicht, daß die Russen und vor allem die Polen alle frohen Hoffnungen zunichte machen würden, daß alle Deutschen in Schlesien ein Jahr später froh sein würden, arm, ganz arm die Heimat verlassen zu können, zwangsweise verlassen zu müssen [1]).

Nr. 136

Erlebnisbericht des Gendarmeriebeamten Paul Seifert aus Bad Reinerz, Kreis Glatz i. Niederschles.

Original, 16. Oktober 1950, 11 Seiten. Teilabdruck.

Vorkommnisse nach dem Einmarsch russischer Truppen am Tage der Kapitulation (9. Mai 1945).

Bad Reinerz, an dessen Stadtrande wir wohnten, hatte bei normalen Zeiten ca. 5000 Einwohner. Durch das Einströmen der Ostflüchtlinge war die Bevölkerungsziffer auf über 14 000 angestiegen. Am 9. Mai 1945 in den Abendstunden zog die Spitze der russischen Besatzung bei uns ein. Sie bestand aus höheren Offizieren, Kommissaren und sonstigem Gefolge. Ihr Auftreten war korrekt, und man erklärte uns, daß keinem ein Haar gekrümmt würde.

Die mit Einbruch der Dunkelheit einströmenden Truppen in Bad Reinerz und Umgebung zeigten uns aber bald etwas anderes. Die Truppe kam betrunken an, die Auswirkungen blieben auch nicht aus. Nachdem meine Frau und ich bereits außerhalb meiner Wohnung Uhren, Schmuck, Füllfederhalter usw. losgeworden waren, erlebten wir in der Nacht weit Schlimmeres. Gegen 22.30 Uhr wurden wir in unserem Einfamilienhaus durch Poltern und Scheibenklirren aufgeschreckt. Russen mit Pistolen und Maschinenpistolen bewaffnet drangen in mein Haus ein. Sie forderten von mir Waffen, Munition, Uniform, und da sie dies nicht bekamen, ich hatte meine Waffen schon ab-

[1]) Der Teil des Berichtes, der die Austreibung durch polnische Behörden berichtet, ist abgedruckt unter Nr. 347 (Bd. I, 2).

gegeben, schlugen sie in mich hinein und setzten mir und meinem 14jährigen Jungen wiederholt die Pistole auf die Brust. Wäsche, Kleider und was es in Schränken und Behältnissen gab, wurde in allen Zimmern herausgerissen, auf den Fußboden geworfen, und die besten Sachen wurden in Zeltbahnen mitgenommen. Auf den herausgerissenen Sachen wurde mutwillig herumgetreten, die Zimmer glichen einem Trümmerhaufen. So gingen und kamen die Horden die ganze Nacht bis zum hellen Tage, nahmen, was ihnen gefiel, oder zertrümmerten es. Das Schlimmste aber war, daß meine Frau auf hinterlistige Weise und dann mit Gewalt von mir getrennt und von den Wüstlingen neunmal in dieser Nacht geschändet wurde.

Wir blieben von dieser Nacht an nicht mehr in unserem Hause, vielmehr ließen wir das Haus offenstehen, begaben uns abends zu Bekannten und überließen unser Heim der Meute, um allen Gewalttaten zu entgehen. Tag und Nacht waren junge Frauen, ja, sogar alte bis ins Greisenalter vor Vergewaltigungen nicht mehr sicher. Die meisten jungen Mädel wurden von ihren Angehörigen versteckt, doch oft zwecklos. Eine Unzahl von Vergewaltigungen wurde täglich bekannt, und viele blieben aus Scham unbekannt. Das gesamte Volk, besonders die Frauen, waren Freiwild der Sowjets. Sogar eine junge Frau, die drei Tage vorher entbunden hatte, wurde, nachdem man ihre Mutter aus der Stube gewaltsam entfernt hatte, von einem russischen Soldaten geschändet.

Dieser Zustand herrschte wochenlang. Das Leben war neben anderen Entbehrungen unerträglich geworden.

Vf. führt den Bericht fort mit der Schilderung seiner Erlebnise in polnischer Haft[1]*.*

---

[1]) Abgedruckt unter Nr. 229 (Bd. I, 2).